北京大学人文地理与城乡规划研究生教材

高级经济地理学

贺灿飞 著

商务印书馆
The Commercial Press

图书在版编目（CIP）数据

高级经济地理学/贺灿飞著. —北京：商务印书馆，2021（2022.2 重印）
ISBN 978-7-100-18511-0

Ⅰ. ①高⋯　Ⅱ. ①贺⋯　Ⅲ. ①经济地理学—研究　Ⅳ. ①F119.9

中国版本图书馆 CIP 数据核字（2020）第 86549 号

权利保留，侵权必究。

高级经济地理学

贺灿飞　著

商　务　印　书　馆　出　版
（北京王府井大街 36 号邮政编码 100710）
商　务　印　书　馆　发　行
北 京 中 科 印 刷 有 限 公 司 印 刷
ISBN 978-7-100-18511-0

2021 年 4 月第 1 版　　　开本 787×1092　1/16
2022 年 2 月北京第 4 次印刷　　印张 53 1/2
定价：238.00 元

目 录

绪论 ……………………………………………………………………………… 1

第一章 经济地理学发展历程 …………………………………………… 6
    引言 …………………………………………………………………… 6
    第一节 经济地理学早期研究 ………………………………………… 7
    第二节 计量革命与空间科学 ………………………………………… 9
    第三节 激进经济地理学 ……………………………………………… 17
    第四节 新经济地理学兴起 …………………………………………… 22
    第五节 西方经济地理学当代研究主题 ……………………………… 30
    第六节 中国经济地理学发展 ………………………………………… 37
    小结 …………………………………………………………………… 40

第二章 经济地理学研究方法论 ………………………………………… 53
    引言 …………………………………………………………………… 53
    第一节 科学研究方法论范式 ………………………………………… 54
    第二节 经济地理学研究方法论：客观主义 ………………………… 55
    第三节 经济地理学研究方法论：建构主义 ………………………… 71
    第四节 经济地理学研究范式 ………………………………………… 80
    小结 …………………………………………………………………… 97

第三章 经济地理学社会转向 …………………………………………… 104
    引言 …………………………………………………………………… 104

- 第一节 经济地理学社会转向背景 104
- 第二节 新区域主义 109
- 第三节 经济地理学制度转向 115
- 第四节 经济地理学文化转向 120
- 第五节 经济地理学关系转向 124
- 第六节 "经济地理学社会转向"在中国 129
- 小结 133

第四章 新经济地理学 143
- 引言 143
- 第一节 新经济地理学经典模型 145
- 第二节 新经济地理学理论发展 159
- 第三节 新经济地理学实证研究 170
- 第四节 新经济地理学与传统经济地理学 175
- 小结 177

第五章 演化经济地理学 184
- 引言 184
- 第一节 演化经济学的发展 185
- 第二节 演化经济地理学的发展 189
- 第三节 演化经济地理学研究内容 197
- 第四节 路径依赖与创造 201
- 第五节 中国区域产业演化 204
- 小结 207

第六章 政治经济地理学 217
- 引言 217
- 第一节 经济学与政治经济学 218
- 第二节 马克思主义地理学——经济地理学政治经济路径的肇始 221
- 第三节 政治经济地理学与文化转向——质疑与融合 234
- 第四节 政治经济地理学新发展——资本主义多样性研究 238
- 小结 253

第七章　全球生产网络······257
引言······257
第一节　全球生产网络相关理论······259
第二节　全球生产网络1.0······262
第三节　全球生产网络2.0······266
第四节　全球生产网络与区域发展······270
小结······280

第八章　产业地理学······286
引言······286
第一节　产业地理学发展脉络······287
第二节　区位论：产业地理学理论基础······291
第三节　产业地理学研究······299
第四节　中国产业地理研究······309
小结······314

第九章　产业集聚与集群······327
引言······327
第一节　产业集聚：区位论视角······328
第二节　产业集聚：经济学视角······330
第三节　产业集群理论：管理学与社会学视角······333
第四节　产业集聚理论新发展······336
第五节　产业集聚效应实证研究······339
第六节　中国产业集聚与集群研究······348
小结······354

第十章　劳动力地理学······365
引言······365
第一节　劳动力地理学发展脉络······366
第二节　劳动力与地方······369
第三节　劳动力市场地理学······377
第四节　劳动力迁移······382
第五节　全球化背景下劳动力地理学······392

小结 ··· 398

第十一章　金融地理学 ··· 411
引言 ··· 411
第一节　金融地理学发展脉络 ··· 412
第二节　金融中心研究 ··· 419
第三节　金融主体地理分布与演化过程 ··································· 424
第四节　金融网络与区域发展 ··· 429
第五节　金融化 ··· 436
第六节　中国金融地理学研究 ··· 443
小结 ··· 449

第十二章　创新地理学 ··· 463
引言 ··· 463
第一节　创新地理学兴起与发展 ··· 464
第二节　创新地理研究 ··· 468
第三节　创新环境 ··· 475
第四节　创新系统 ··· 478
第五节　创意产业与创意城市 ··· 484
小结 ··· 488

第十三章　消费地理学 ··· 496
引言 ··· 496
第一节　消费地理学发展 ··· 497
第二节　消费地理学理论基础 ··· 500
第三节　消费地理学研究 ··· 502
第四节　经济全球化与消费地理 ··· 512
第五节　中国消费地理学研究 ··· 520
小结 ··· 524

第十四章　环境经济地理学 ··· 534
引言 ··· 534
第一节　环境经济地理学发展 ··· 535

第二节　环境经济地理学 ·· 541
　　第三节　环境经济地理研究主题 ······································ 548
　　第四节　中国环境经济地理研究 ······································ 561
　　小结 ·· 566

第十五章　经济全球化 ··· 575
　　引言 ·· 575
　　第一节　经济全球化 ··· 577
　　第二节　尺度重构下的"全球"与"全球化" ························· 581
　　第三节　理解全球经济地理：相互依存的世界 ··················· 589
　　第四节　经济全球化与中国经济地理 ······························ 599
　　小结 ·· 604

第十六章　跨国公司地理 ·· 612
　　引言 ·· 612
　　第一节　跨国公司地理研究背景与发展阶段 ····················· 613
　　第二节　跨国公司地理研究理论基础 ······························ 616
　　第三节　跨国公司地理实证研究 ······································ 624
　　第四节　跨国公司直接投资与地方经济发展 ····················· 638
　　第五节　基于中国的跨国公司地理研究 ···························· 643
　　小结 ·· 651

第十七章　国际贸易与区域一体化 ································ 665
　　引言 ·· 665
　　第一节　国际贸易理论 ·· 666
　　第二节　国际贸易地理研究 ·· 673
　　第三节　区域一体化 ··· 681
　　小结 ·· 699

第十八章　区域经济发展理论 ······································ 711
　　引言 ·· 711
　　第一节　区域增长理论 ·· 711
　　第二节　区域发展理论 ·· 715

第三节　转型理论与区域发展···723
　　第四节　制度主义与区域发展···725
　　第五节　创新、知识、学习与区域发展······································730
　　第六节　全球化时代的区域发展理论···734
　　小结···740

第十九章　区域政策与空间治理···752
　　引言···752
　　第一节　西方经济地理学政策研究历程······································753
　　第二节　计划经济与经济地理学政策实践···································756
　　第三节　经济地理与区域政策研究··759
　　第四节　空间治理理论与实践··768
　　小结···775

第二十章　中国经济地理研究···786
　　引言···786
　　第一节　国家任务与学科发展··787
　　第二节　中国经济地理理论探讨···794
　　第三节　中西经济地理学对话··801
　　第四节　中国经济地理学致知之路··814

外国人名对照表··828

图　目　录

图 2-1　经验主义研究步骤 …………………………………………………………… 57
图 2-2　孔德的知识体系 ……………………………………………………………… 58
图 2-3　实证主义研究步骤 …………………………………………………………… 62
图 2-4　事件、机制与结构之间的因果层次关系 …………………………………… 69
图 2-5　批判实在论研究路径 ………………………………………………………… 70
图 2-6　科学解释的归纳与演绎途径 ………………………………………………… 89
图 2-7　基于过程的新经济地理方法论框架 ………………………………………… 97
图 3-1　大批量标准化的生产与弹性专精生产此消彼长 …………………………… 114
图 4-1　CP 模型的基本设定 ………………………………………………………… 150
图 4-2　FC 模型的基本设定 ………………………………………………………… 155
图 4-3　FE 模型的基本设定 ………………………………………………………… 156
图 4-4　区际知识关联 ………………………………………………………………… 161
图 5-1　演化经济地理学三个主要理论框架 ………………………………………… 190
图 5-2　多尺度之间的演化进程 ……………………………………………………… 191
图 5-3　区域发展路径 ………………………………………………………………… 192
图 5-4　演化经济地理学与其他理论框架的联系 …………………………………… 208
图 7-1　曼彻斯特学派与恩斯特关于全球生产网络研究路径 ……………………… 262
图 7-2　曼彻斯特学派对全球生产网络的理解 ……………………………………… 263
图 7-3　GPN 1.0 框架 ………………………………………………………………… 264
图 7-4　GPN 2.0 框架 ………………………………………………………………… 267
图 7-5　全球生产网络视角下的区域发展研究框架 ………………………………… 270
图 7-6　台湾地区汽车产业与全球生产网络动态耦合过程 ………………………… 277
图 7-7　台湾地区电脑企业与两个三角洲区域动态耦合过程 ……………………… 279
图 8-1　行为矩阵与收益性空间界限 ………………………………………………… 296

图 10-1	劳动力地理学发展脉络	366
图 12-1	理论技术周期曲线（左）以及欧洲移动通信产业技术周期曲线（右）	473
图 12-2	技术空间扩散的三个基本类型	474
图 12-3	1975~2005年美国rDNA的技术空间	475
图 12-4	区域创新系统概念的理论框架	482
图 12-5	全球通道与本地互动模式	483
图 14-1	地理学的人地关系观察	539
图 14-2	全球气候大会及取得的成绩	548
图 14-3	环境经济地理与演化经济地理的多尺度分析框架	559
图 14-4	价值链与环境	561
图 15-1	拉美国家与东亚国家（地区）工业化路径比较	597
图 15-2	1995~2011年世界主要经济体参与全球价值链的方式	600
图 15-3	2006~2015年中国对外直接投资情况	603
图 16-1	外商直接投资国家区位影响因素	625
图 17-1	技术差距论与国际贸易	669
图 17-2	产业生命周期理论	670
图 19-1	论文关键词及其相互联系	755
图 19-2	中国工业园区发展历程	762

表 目 录

表 2-1	质性研究与定量研究的区别	95
表 3-1	三种制度分析方法及其在经济地理学中的应用	117
表 3-2	经济地理学中的关系框架及理论来源	126
表 3-3	德国经济地理研究范式演变	128
表 4-1	运输成本水平与空间均衡结果	153
表 4-2	新经济地理学"核心—边缘"模型的六种基本政策启示	165
表 4-3	新经济地理学与经济地理学的差异	176
表 6-1	马克思理论的空间矩阵	223
表 6-2	五种资本主义类型	240
表 7-1	全球生产网络及其理论先驱	261
表 7-2	全球生产网络中企业策略与组织结果	268
表 7-3	GPN 1.0 与 GPN 2.0 对比	269
表 7-4	与全球生产网络战略耦合的主要区域类型	272
表 8-1	国际产业转移演进	307
表 11-1	第 19 期全球金融中心指数（GFCI）排名前十位	419
表 11-2	传统离岸金融中心全球金融中心指数（GFCI）排名前十位	423
表 12-1	"2thinknow" 2010 年和 2015 年全球最具影响 50 个创新城市	464
表 12-2	创新经济地理学发展四个阶段	468
表 16-1	对外直接投资动机与区位选择因素	622
表 17-1	不同国际贸易理论的比较	673
表 17-2	同类型区域一体化的特征	682
表 17-3	区域一体化的主要理论	686

表 18-1	创新的 STI 和 DUI 模型	730
表 18-2	从大规模生产到学习型区域	733
表 19-1	由区域差距所致的国家分裂问题典型案例	765
表 20-1	创新体系研究分支	813

绪　　论

在周一星教授建议下,2004年春季学期,我第一次在北京大学开设"经济地理学进展"研究生选修课程,旨在系统性地介绍经济地理学最新理论与实证研究成果,同时引入讨论式和互动式研究生课堂教学方式。这种参与式研究生课程在欧美大学非常普遍,需要教师和学生阅读大量文献,才能就某些理论问题和热点问题进行深入系统的讨论与交流,做到真正的"教学相长"。对我而言,准备经济地理学进展课程并非易事,经济地理学每年发表大量文章,出版众多著作,我需要花大量时间收集和阅读过去一年主要期刊发表的最新文章,并甄别一些重要文献供学生阅读。这些文献既要能够反映经济地理学最新发展,又要有学科代表性和权威性。

过去40年,世界经济形势跌宕起伏,新自由主义兴起,信息技术革命,新兴经济体崛起,经济全球化和区域一体化,全球金融危机,贸易保护主义,不同阶层、不同区域的收入差异扩大化,世界经济地理格局不断被重塑。世界经济的剧烈变动为经济地理学创造了众多新议题,同时催生了诸多新的理论视角和研究范式。在这个过程中,西方经济地理学经历不断的思潮转向,从科学转向到政治经济学转向,再到文化、制度、关系转向,最近将历史因素纳入经济地理学研究,推动演化转向。中国改革开放40年,渐进式推动体制机制改革,积极融入经济全球化,建立社会主义市场经济模式,调动各级政府、社会力量和企业以经济建设为中心,推动城市化、工业化和信息化,促使社会经济快速发展,人民生活水平显著提升。近年来,中国经济从快速增长轨道进入中低速增长的"新常态",从粗放式增长转向高质量发展模式。改革开放培育了市场力量,引入了全球力量,激活了地方力量,多重力量共同重塑中国经济地理格局。中国经济地理学者发扬学科传统,投身如火如荼的社会经济建设,以"经世"而"致知",推动学科不断发展,贡献了中国知识。

为了反映经济地理学的发展状况,我的课程每年需要纳入一些新的内容和主题,课程议题不断丰富和拓展。经过十多年课程教学,我已经积累了大量经济地理学文献素材,了解学科发展历史脉络,熟悉学科的理论方法范式演变。2017年寒假期间,我再次投入准备经济地理学进展课程，萌生了在十多年积累文献资料基础上撰写一本供研究生阅读的经济地理学教材的想法。目的就是以系统的学科知识进步来展示当代经济地理学的发展演变，为人文—经济地理学、城市和区域经济学以及城市和区域管理学等学科的研究生与科研人员展示经济地理学科前沿，提供文献参考。

本书创新之处包括：①前沿性，每一章选用经典文献和最新文献，反映经济地理学学科主要领域的历史脉络和最新进展；②系统性，内容设置具有系统性，涵盖投入—产出、微观—宏观、企业—区域、地方—全球、传统内容—新兴领域等；③广泛性，全书涵盖 20 章，囊括了当代经济地理学主要研究领域，选题广泛，可供读者系统地学习经济地理学；④学科交叉性，以经济地理学研究问题为导向，纳入经济学、管理学、商学、区域科学、社会学等相关学科文献，反映经济地理学学科的开放性和交叉性；⑤"中西一体"，除了梳理西方经济地理学的进展，在大部分章节中也展示了中国经济地理学的理论与实证贡献。

本书在系统展示经济地理学的发展历程和方法论演变基础上，通过经典文献充分展示两种"新经济地理学"，即经济地理学的社会转向和经济学的新经济地理学，进而系统梳理当代经济地理学三个主要流派，即演化经济地理学、全球生产网络和政治经济地理学；随后通过国内外文献，按照经济地理学主要研究领域逐一展开；最后收于中国经济地理学的讨论。

第一章回顾经济地理学百余年的发展历程。首先简要介绍了商业地理、人地关系以及区域地理等经济地理学早期研究，进而讨论计量革命如何推动经济地理学成为空间科学以及激进经济地理学的发展；重点论述了 20 世纪 90 年代以来经济地理学出现的新区域主义、文化转向、制度转向、关系转向以及演化转向；此外，简要回顾了当代西方经济地理学重要研究领域的进展，包括区域与地方发展、经济全球化、产业区位论、创新地理学、劳工地理学、消费地理学、环境经济地理学以及金融地理学等；最后论述了中国经济地理学的发展，强调中国经济地理学的实践导向、理论导向和方法多元化特征。

第二章基于经济地理学的发展与研究特点讨论经济地理学研究范式，强调客观主义与建构主义。在客观主义方面，主要介绍经验主义、实证主义和结构主义及其在经济地理学中的应用；在建构主义方面，主要讨论社会建构主义、后结构主义和后现代主义以及关系思维方式。从经济地理学研究实践出发，比较认识论理论化和解释学理论化、归纳与演绎以及质性研究与定量研究。

第三章阐述 20 世纪 80 年代以来全球经济发展模式转型引致的经济地理学社会转向，重点讨论经济地理学中的新区域主义及其关联的文化转向、制度转向和关系转向，并介绍经济地理学的社会转向对中国经济地理学的影响。

第四章讨论以保罗·克鲁格曼（Paul Krugman）为代表的主流经济学者发展的新经济地理学，重点介绍新经济地理学的经典模型，包括核心—边缘模型、核心边缘垂直联系模型、自由资本模型、自由企业家模型、自由资本垂直联系模型以及自由企业家垂直联系模型等；进一步讨论新经济地理学模型的最新发展，主要是引入了线性模型、知识关联、企业异质性以及政策效应分析；在理论讨论基础上，梳理了大量实证研究文献，验证了生产要素变动效应、本地市场效应、多重均衡与稳定性等；最后对比了新经济地理学与传统经济地理学。

第五章到第七章关注当前经济地理学三个重要的流派，即演化经济地理学、政治经济地理学以及全球生产网络。第五章聚焦演化经济地理学，在简要回顾演化经济学发展基础上，介绍了演化经济地理学的发展，重点从企业惯例演化、产业集群演化、企业网络演化、制度与企业惯例协同演化、区域产业衍生与区域韧性以及路径依赖与路径创造等方面梳理了演化经济地理学的研究进展，最后基于演化经济地理视角综述了中国区域产业演化的理论和实证研究。

第六章梳理了经济地理学的政治经济研究路径。首先简要描述了政治经济学的发展演化，论述了大卫·哈维（David Harvey）、尼尔·史密斯（Neil Smith）和多琳·马西（Doreen Massey）对政治经济地理发展的贡献，进一步讨论了经济地理学文化转向中的政治经济视角，最后阐述了资本主义多样性与多样化资本主义在经济地理学中的应用。

第七章介绍全球生产网络（GPN）研究。首先引入全球生产网络相关理论，包括价值链与生产链、网络与嵌入以及全球价值链与全球商品链，系统介绍了全球生产网络的研究框架，比较了 GPN 1.0 和 GPN 2.0。最后从理论上和实证上梳理了基于全球生产网络视角的区域发展研究。

第八章展示了产业地理研究发展脉络，系统介绍产业区位理论的发展；在此基础上，基于文献归纳了产业地理重要研究领域的进展，包括区位与产业地理、集聚与产业地理、嵌入性与产业地理、全球化与产业地理、区域一体化与产业地理；最后从宏观视角、区域视角和微观视角讨论了中国产业地理研究。

第九章聚焦产业集聚与集群。首先分别从区位论视角、经济学视角以及管理学和社会学视角阐述了产业集聚与集群形成机制，进而从"新"新经济地理学和演化经济地理学剖析产业集聚理论最新进展；其次，基于实证研究文献，系统梳理了产业集聚现象、产业集聚效应、产业集聚机制、主动选择与被动选择效应以及产业集群研究进展；最后总结了中国的产业集群与集群研究成果。

第十章关注劳动力地理学，强调新古典经济地理学视角、激进经济地理学视角和新经济地理学视角的不同研究范式，讨论了劳动力对城市与区域发展的影响，展示了劳动力市场地理学，系统梳理了劳动力流动的理论与实证研究进展，最后从精英阶层的跨国流动、跨国社区以及留学潮等方面展望了全球化背景下的劳动力地理学研究。

第十一章将金融地理学发展阶段划分为萌芽阶段、政治经济学主导阶段、经济地理学文化转向影响阶段，归纳金融地理学主要研究内容为金融中心、金融主体空间分布与演化过程、金融网络与区域发展相互作用以及金融化研究，最后总结了中国金融地理研究进展。

第十二章论述创新经济地理学的兴起与发展，突出了创新的测度、知识空间和技术空间研究，从创新环境、创新系统、创新网络以及创意产业和创意城市论述了创新地理研究进展。

第十三章侧重消费视角的经济地理研究。在梳理消费经济地理研究发展和消费地理学研究的理论基础之后，本章从消费区位、消费空间、消费者和消费与伦理等方面归纳消费地理研究，重点论述了经济全球化与消费地理，强调零售业跨国公司的地理扩张及其策略，最后讨论了中国消费地理研究，突出消费者行为、消费者决策、消费空间、跨国零售业等。

第十四章关切经济地理学的环境研究。首先从人地关系视角探讨环境经济地理学的发展，认为环境经济地理学重新认识了环境、经济活动与空间的关系；然后从全球气候变化、经济全球化、污染企业区位以及环境研究的新经济地理视角等方面梳理了环境经济地理研究进展；最后综述了中国的环境经济地理研究，强调经济转型的制度影响，为理解环境问题提供了制度视角。

第十五章旨在阐释经济地理学如何认识经济全球化与全球经济地理，如何在全球化研究中重建对时空关系、空间与地方、国家与区域以及尺度等核心概念的理解，进一步展示了全球经济地理格局与过程以及中国经济地理在全球化进程中的变化特征。

第十六章系统总结了跨国公司地理研究的理论基础，综述了跨国公司空间扩张、对外直接投资的区位格局及其影响因素，进而分别论述跨国公司总部、区域总部、研究开发、生产部门和销售机构等区位格局；基于理论与实证研究文献，探讨了跨国公司直接投资对东道国区域发展的直接影响和间接效应；最后基于中国视角，研究了在华跨国公司和中国跨国公司的区位和地理问题。

第十七章介绍了国际贸易理论及其最新发展，梳理了贸易与地理的关系以及贸易地理研究。本章继续探讨区域一体化的概念、类型及相关理论，研究区域一体化效应，综述区域一体化的地理研究，以欧盟、北美自由贸易区、东南亚国家联盟探讨区域一体化实践，最后梳理了中国参与区域一体化的历程。

第十八章讨论区域经济发展。从区域经济增长的趋同和趋异理论切入，介绍了新古典增长理论、出口基础理论、累积因果理论以及内生增长理论等，转而论述区域发展理论，包括发展阶段理论与不平衡发展理论；进一步讨论了弹性专业化、交易成本、规制理论、制度以及创新、知识和学习等对区域发展的影响；最后论述了经济全球化时代的区域发展理论，突出全球—地方互动、全球商品链、全球价值链与全球生产网络、全球可持续发展以及后发展主义等。

第十九章关注区域政策与空间治理，主要讨论西方经济地理学政策研究历程，计划经济时期经济地理学决策实践，深入剖析了经济地理学对激励政策、创新政策和均衡政策以及政策借鉴的研究。在空间治理方面主要梳理了空间治理概念和理论流派，以欧盟空间规划为案例展示空间治理的实践，并简要综述了中国经济地理学者对空间治理的研究成果。

第二十章以"经世"与"致知"两条主线展开，梳理中国经济地理学理论与实践相结合，在服务国家重大空间战略的同时，进行了理论探讨与知识创造，最后提出中国经济地理学的致知之路，包括视野全球化、尺度微观化、方法科学化、内容特色化、研究理论化以及知行合一化等。

本书工作量巨大，尤其是文献收集与阅读消化工作，是本人在学生团队协助下完成的。除了2004~2018年历年在北京大学选修"经济地理学进展"课程的学生，参与这项工作的研究生包括李伟、俞国军、胡绪千、郭琪、杨文韬、黎明、罗芊、李蕴雄、徐梦冉、陈天鸣、李振发、杨佳意、谭卓立、周沂、毛熙彦、夏昕鸣、陈航航、林文盛、朱向东、金璐璐、陈韬、任卓然、殷子涵、王文宇、金文纨、王翀、马佳卉、王泽宇、齐放、叶雅玲、张天然等。撰写本书的初衷是系统展示经济地理学各分支学科的知识发展与进步，为学科传承与发展尽绵薄之力。然而，限于作者学识和能力，本书内容的深度和广度有待进一步深化与拓展。对本书中各章的不足之处，还望广大读者和学界同仁批评指正！

贺灿飞

2018年12月

第一章　经济地理学发展历程

引　言

经济地理学作为人文地理学的一个分支学科，已经有百余年的发展历程。在这一百多年的发展过程中，经济地理学者在不同的社会背景下探讨相应的研究主题，不断吸收前沿的哲学观点以指导学术研究，广泛借鉴相关学科研究成果以完善自身的理论，并参与了大量社会实践。

19世纪末，西方经济地理学逐步形成。早期经济地理学研究主要集中于商业地理、人地关系、区域地理等方面。20世纪50年代中期，地理学计量革命运动拉开序幕，经济地理学者希望将经济地理学建设为一门空间科学。20世纪70年代以后，经济地理学者对计量运动的热情逐渐衰退，激进的马克思主义地理学研究开始兴起。20世纪80年代以来，经济地理学的研究主题和研究视角逐步多元化。这一时期可以称为新经济地理学的发展阶段，经济地理学的研究展现出制度转向、文化转向、关系转向以及演化转向的特点。总体而言，20世纪80年代以来，经济地理学朝着更加开放和更加多元的方向发展，使得经济地理学拥有了更多理论工具与研究方法，有助于更加全面地透视和探究真实世界以及其中的新现象。

当代经济地理学的开放性与多元化造成经济地理学很难有一个统一、明确而清晰的定义。即使从历史来看，经济地理学也在不断发展和变化。在经济地理学的各个发展阶段，不同学者所关注的重点领域、采用的理论视角和研究方法均有所差异，导致经济地理学的内涵和外延存在一定程度的弹性。对比不同发展阶段的经济地理学教科书，我们便可发现，任何有关经济地理学一词的定义均带有明显的时代特色。

第一节　经济地理学早期研究

经济地理学早期研究主要包括商业地理学、人地关系、区域地理学以及区位理论等。这些研究主要集中于 19 世纪末期到 20 世纪 40 年代，西欧及北美的地理学者、经济学者、人类学者以及其他业余爱好者都对经济地理学的早期发展做出了贡献。

一、商业地理学

19 世纪中后期，西欧进入帝国主义时代。一方面，以英国为中心的世界市场已经形成，帝国之间以及帝国与殖民地之间的贸易不断扩张，为商业地理研究提供了基础；另一方面，国家间的竞争推动各个帝国进行经济扩张。帝国为了扩张经济，就要扩大对外贸易、拓展殖民地范围、掠夺殖民地资源、探查殖民地市场规模等，因而获取地理知识，尤其是有关世界各地物产、资源、人口、贸易等方面的地理知识，成为帝国殖民扩张的必要环节。商业地理研究受到了当权者和权贵阶层的认可，推动经济地理学成为一门独立学科（Hudson，1977；Livingstone，1993；Barnes，2001a）。

1889 年，苏格兰地理学者乔治·奇泽姆（George Chisholm）出版了《商业地理学手册》，被很多学者认为是经济地理学的开端。1913 年，美国交通经济学者拉赛尔·史密斯（Russell Smith）出版了《产业和商业地理学》，是《商业地理学手册》的美国版本。早期的商业地理研究以记录商品生产地理分布和贸易为主。例如，《商业地理学手册》以商品作为分析对象，用大量地图、图表、数据及文字对散乱的信息进行重新组织，记录商品生产地、生产方法、贸易联系（尤其是宗主国与殖民地国家）以及在不同地区之间的运输方式等，为帝国军队、殖民机构和商业群体等提供了大量商业信息，也帮助人们更加清晰地认识了当时的世界（Barnes，2000）。

二、人地关系

商业地理研究以提供地理知识为主，并没有明确的理论陈述，而同时期的地理环境决定论试图运用归纳概括方法来解释地球表层人类活动的决定因素，提出了地理环境决定人类文化特征和文明的论断。

地理环境决定论由从事生物学和人类学研究的德国学者弗里德里希·拉采尔

（Friedrich Ratzel）提出。他在 1882 年和 1897 年分别出版了《人类地理学》（Ratzel，1882）和《政治地理学》（Ratzel，1897）。前者论述了自然条件对人类文化特征和历史进程的影响，后者则受查尔斯·达尔文（Charles Darwin）进化论的影响，将国家看作是争夺领土空间的有机体，认为国家只有扩张才能强大和生存。地理环境决定论思想很快传入美国。美国地理学者森普尔（Semple，1911）在《地理环境的影响》一书中提出"人类是地球表层的产物"。耶鲁大学的亨廷顿（Huntington，1915）则在《文明与气候》一书中将人类文明与气候联系起来，他认为热带地区单调的、高热的气候类型使人们无法长时间集中注意力，导致热带地区居民的精神和身体效能较低，阻碍了文明的进步。然而，西欧、北美部分地区以及白人的殖民地区气候适宜，居民有更高的精神和身体效能，能更好地生存，成为更优越的种族。

在理论层面上，地理环境决定论受到了法国地理学权威白兰士（Blache，1908）的批评。他进而提出了"或然论"，认为人类可以根据自己的文化特点主动选择如何利用自然环境，而非被动接受。在实践层面上，因为环境决定论公然宣传种族主义，并成为发动第一次世界大战的理论基础，所以在第一世界大战后臭名昭著。与此同时，第一次世界大战尤其是美国爆发经济危机后，帝国主义的扩张有所减缓，经济地理学者对全球商品生产与贸易的关注开始下降，区域地理学逐步兴起（Barnes，2000）。

三、区域地理学

19 世界中后期，区域地理学在德国和法国兴起。德国地理家学亚历山大·洪堡（Alexander Humboldt）和卡尔·李特尔（Carl Ritter）以及法国地理学者白兰士对区域地理学的创立做出卓越贡献。但 20 世纪 20 年代以后，美国和英国取代德国及法国而成为区域地理学研究的主要阵地。区域地理学主导地理学研究长达 20 多年。

商业地理研究对象是商品，通过商品生产与贸易反映全球各地区的经济联系。惠特贝克（Whitbeck，1914）认为经济地理学关注的重点应该是国家而非商品。随后，这种区域观点逐渐在美国经济地理学界流行起来。区域独特性及区域差异成为经济地理学调查研究的重点，在当时许多教科书中均有体现。例如，由惠特贝克及其合作者弗劳·芬奇（Vernor Finch）所著的《经济地理学》，根据每个区域在农业、采矿业、制造业和商业贸易、交通和通信四方面特点，来组织、挖掘每个区域的独特性并比较各个地区的差异性（Whitbeck and Finch，1924）。

美国地理学者理查德·哈特向（Richard Hartshorne）是区域地理学的集大成者，他在《地理学的性质》（1939 年）中提出：区域是由各种要素相互作用、相互影响而构成的实体。地理学要描述区域实体的独特性并研究区域差异。区域综合是认识区域独特性和区域差异的手段（Hartshorne，1939），具体做法是：首先通过专题地图等方式研究各区域在自然、经济和政治等方面的特点，包括诸如自然、气候、植被、农业、工业、人口、交通以及政治等因素。在对这些因素综合分析的基础上，通过归纳概括将不同类型的区域划分出来，形成综合分区图，达到分析区域独特性和表现区域差异性的目的。总体而言，区域地理学研究的重点在于归纳和描述区域独特性，因而不寻求建立理论，也无法提出科学法则以提供结构化的解释。除了商业地理、环境决定论及区域地理研究外，早期的经济地理学研究还包括主要由经济学者提出的区位论研究。由于区位理论是在计量革命时期被引入地理学的，我们在下一小节中介绍相关理论。

第二节 计量革命与空间科学

一、社会背景与学科背景

1. 战后繁荣与重建

第二次世界大战以后，西欧和北美的资本主义国家进入了长达 20 年的黄金发展期。在经济政策方面，许多国家实行了国家干预政策，大规模投资工业和公共基础设施。在工业生产方式方面，美国在应对 20 世纪 30 年代的经济危机和第二次世界大战过程中形成了福特制大工厂、大规模、流水线的生产方式。这种生产方式在"二战"后逐步扩展到西欧等资本主义国家，导致资本主义国家的工业及军事产品生产能力迅速扩张。在劳资关系方面，工会势力逐步强大，工人可以团结起来通过集体谈判提升工资水平。这带来了工业生产和消费的良性循环，促进了资本主义经济规模不断扩大。相应地，公共基础设施建设等方面的需求不断增长，郊区化加速推进。在社会发展方面，资本主义国家实行福利国家的政策体系，促进社会的平稳运行和经济的正常发展。

空间是经济增长的载体，也是经济增长的直接参与者。在资本主义国家经济快速发展，工业化、郊区化以及基础设施等方面的建设不断推进过程中，决策者关注的重点包括如何高效与合理利用空间、在空间中组织生产活动，例如不同类型的企业选择哪个区位更有效率；如何在区域层面上合理组织大规模工业建设；如何建设高效运输体系；如何布局商业网点；如何合理规划各个大都市区。这些现实问题同样引起了地理学者和经济学者的兴趣，促使学者们研究空间组织模式如何形成、何种空间组织方式更有效率等问题。总之，第二次世界大战后资本主义经济增长过程中，生产、销售以及运输等大规模建设及其所带来的空间组织与空间形态的变化，为经济地理学研究的科学转向提供了社会基础（Bailly，1995）。

2. 地理学科学化

地理学家弗莱德·舍费尔（Fred Schaefer）打响了地理学计量革命的第一枪，他在1953年发表文章批评区域地理学的"方法例外论"（Schaefer，1953）。所谓"例外论"，是指由于地理学研究对象为独特的区域，不能和其他学科一样采用科学的研究方法。他在文章中首先阐述了科学的本质在于建立规律与法则，并在此基础上对现象进行解释和预测。因此，地理学应该建成为一门旨在揭示空间规律与法则的社会科学，从而解释地球表面事物的地理分布。这种看法当然遭到了哈特向的反驳，但无论如何，舍费尔倡导的科学方法成了历史潮流，标志着区域地理传统开始走向衰落。

自此，地理学研究经历了三方面转变。第一，研究方法的转变。大量统计方法和数学模型被应用到地理学研究中，例如相关分析、多元回归分析、线性规划、投入—产出分析等，替代了区域地理学所采用的野外调研、现场观察、绘制地图等方法。华盛顿大学的威廉·加里森（William Garriso）于1954年在美国地理系首次开设了统计学高级课程，爱荷华大学、威斯康星大学、芝加哥大学等高校的地理学者也较早使用了新统计与计量方法。20世纪60年代到70年代初期，地理学研究大量运用计量方法和其他数学工具（Scott，2000）。

第二，强调建立理论。在计量革命以前，地理学研究并不寻求建立一般化理论，也不寻求通过理论工具来透视现实世界。计量革命以来，经济地理学开始寻求建立经济活动空间组织的理论与法则，尤其是区域科学建立了许多数学模型来推动理论发展。经济地理学大量引进和发展了诸如区位理论、空间相互作用模型、熵最大化模型、城市空间结构模型、位序—规模法则以及交通几何模型等。计量革命给地理学留下的重要遗产便是对空间规律和理论的追求。

第三，在哲学和方法论层面上，地理学从区域地理学传统转向了实证主义。美国爱荷华大学的哈罗德·麦卡蒂（Harold McCarty）等较早提出了近似实证主义的研究步骤（McCarty，1954）。首先通过观察或理论推导来提出研究假说，然后通过相关分析或多元回归分析等方法来检验研究假说（McCarty et al.，1956），这一研究程序成为此后十多年的研究样板。哈维于1969年出版的《地理学中的解释》，第一次系统地阐述了实证主义获取科学知识和进行科学解释的完整程序，一度被称为地理学的"圣经"。

二、新方法的应用和理论的引进

由于区域地理学过于强调区域综合，而不注重对各个部门如产业、交通、人口等专题进行深入研究，因此无法提供更加专业的知识（Ackerman，1945）。伴随着地理学计量革命，各部门研究逐步从区域地理学分离出来，经济地理学开始创造专门知识。事物的发展需要过程，尽管计量革命运动初期明确要加强理论探讨，但当时学科发展的理论基础还相当薄弱，因而变革重点在于新方法的应用和理论的引进。美国爱荷华大学、威斯康星大学、华盛顿大学、芝加哥大学等做出了重要贡献。爱荷华大学的麦卡蒂和其他一些学者较早引入度量空间关联性的统计方法，使用多元回归和多元相关性方法，对美国和日本制造业的区位（McCarty et al.，1956）、农村人口密度（Hook，1955）、城市内部土地价值曲线（Knos，1962）、城市居民点空间分布（King，1961）、芝加哥郊区人口增长（Thomas，1960）等进行了研究。威斯康星大学的约翰·韦弗（John Weaver）则通过多元回归方法研究了气候对大麦产量的影响（Weaver，1943）。

美国华盛顿大学地理系是地理学计量革命的重镇，常被称为华盛顿学派，以加里森、爱德华·厄尔曼（Edward Ullman）、布莱恩·贝里（Brain Berry）、威廉·邦奇（William Bunge）等为代表。他们从其他学科引入规范的理论、数学方法以及统计方法来研究地理形态规律，并将其运用到地方规划项目中，推动地理学科学化发展。他们的贡献在于：第一，评述了区位论的发展，探讨了"经济活动的空间区位与组织由什么决定"的问题（Garrison，1959a），在完善中心地理论的基础上研究了居民点及零售业的空间模式（Berry and Garrison，1958a，1958b）；第二，将新古典经济分析方法引入地理学，通过数学和线性规划求解经济活动的最优空间区位，实现资源最优分配（Garrison，1959b），如工业区位与农业分布模式（Garrison and Marble，1957；Garrison，1959a）、区际贸易（Morrill and Garrison，1960）等；第三，开展了集聚经济的经验研究，主要体现在对大型工业集聚体的研究（Garrison，1960b）；第四，参与了地方规划研究工作，如高速公路与土地利用模式的关系（Garrison，1959b）、高速公路发展与可达性的关系（Garrison，1960a）、城市增长过程的模拟（Garrison，1962）等。此外，邦奇出版了《理论地理学》，认为几何学应该是地理学的语言（Bunge，1966）。

三、空间科学的发展

1. 区位理论

"计量革命"时期，区位理论被引入经济地理学，包括杜能（Thünen，1826）的农业区位论、韦伯（Weber，1909）的工业区位论、克里斯塔勒（Christaller，1933）的中心地理论、廖什（Lösch，1940）的市场区位理论以及胡佛（Hoover，1937）的区位论等。区位理论主要由经济学者提出，他们思考怎样的空间安排能够产生最优资源配置。1826

年，德国农业经济学者杜能在《孤立国》中提出了农业区位论，并发现一种同心圆状的农作物种植空间组织方式可以使土地收益最大化。德国经济学家韦伯于 1909 年出版了《工业区位论》，分析了在给定原料地、市场区位、市场规模和劳动力分布及价格的条件下，企业布局基于成本最小化原则选择区位。1940 年，德国经济学家廖什在《经济空间秩序》中提出市场区位理论，探讨企业将销售空间边界定在哪里才能获得最优市场规模和最大化利润。他发现销售同一产品的企业间竞争达到均衡时，每个企业所垄断的市场区呈六边形，共同构成蜂窝状空间结构。当扩展到多种产品时，市场区则会形成一定的等级结构。该结论与德国经济地理学者克里斯塔勒创立的中心地理论类似。克里斯塔勒在 1933 年出版《德国南部中心地原理》系统地阐明了中心地等级体系。

区位理论首先对现实世界进行抽象，提出如均质平原和理性人的假设，然后在考虑运费和少数几个区位因子的条件下，求解企业生产成本最低或利润最大的最优空间区位。区位理论的假设具有时代特点，例如农业区位论提出时，德国资本主义工业化处于起步阶段，农业经营的目的主要是为了获取最大利润以服务于资本积累；而工业区位论更多描述了自由竞争资本主义时代企业的行为特点，即存在众多企业竞争时，只有降低成本才能获取高额利润。在廖什提出市场区位理论时，资本主义已经进入垄断竞争时代，寡头企业之间的竞争逼迫企业扩大其市场规模。中心地理论的提出则与资本主义国家加速城镇化过程中商业、贸易和服务业的集聚相关。20 世纪 50 年代中期以前区位理论在经济地理学界影响较小，但随着计量革命的到来，区位理论在经济地理学中的地位越来越高，奠定了区域科学乃至新经济地理学的基础。

2. 区域科学与城市经济学

美国经济学家沃尔特·艾萨德（Walter Isard）是区域科学的开创者。他在哈佛大学经济系获得博士学位后，进入了麻省理工学院经济系。出于对新古典经济学的不满，他在宾夕法尼亚大学开创了区域科学。在 20 世纪 50 年代初期举办的区域科学会议上，地理学者厄尔曼和加里森前去参加并逐步将区域科学引入地理学研究。区域科学运用数学模型建立理论并开发了大量数学工具与方法进行区域分析，分别在《区位与空间经济》（Isard，1956）和《区域分析方法》（Isard，1960）中所有体现。这两本书奠定了区域科学研究的基础。

在《区位与空间经济》中，艾萨德首先批评了新古典经济学对空间的忽视，认为新古典经济学构建了一个"没有维度的仙境"，所有的生产要素、生产者、商品和消费者被压缩在一个点上，空间阻力全部消失。在艾萨德看来，要素流动会引致运输成本，地区内部和地区间各种经济要素相互影响，相互关联。因此，经济过程中的交通成本、时间动态性和空间关联性需要进入统一的分析框架，建立"区位与空间经济的一般理论"。

建立在一般均衡论基础上的新古典经济学将仅仅成为"区位与空间经济一般理论"的一个特例。正如《区位与空间经济》一书的附标题所表达的:"区位与空间经济一般理论"试图将产业区位理论、市场区理论、土地利用理论、贸易理论和城市结构理论与新古典经济学一般均衡理论统一起来,用一组统一的方程来刻画要素与产品的地理分布、价格、成本以及距离等变量的关系。艾萨德在《区位与空间经济》中首先综述了传统的区位理论,然后通过建立正式的数学模型对运输指向、劳动力指向、能源指向企业区位,市场区与供给区,集聚理论与农业区位论以及区位理论与贸易理论的关系进行了分析,最后将多种传统的区位理论融合起来,进行重新书写与一般化。艾萨德提出的基于垄断竞争市场替代完全竞争市场,关注空间经济演化等观点,对后来的新经济地理学产生了重要影响。

《区位与空间经济》提出了多种概念与理论,如何测量这些概念则体现在《区域分析方法》中。《区域分析方法》对区域分析所使用的方法进行了全面介绍,如人口规模的衡量、人口迁移估算、区域资金总量、工资和利润等、区域间货物及资金流量估算、产业区位指标(劳动力成本、能源成本等)、区域间投入产出分析、线性规划、引力模型与潜能模型、偏离—份额分析法等以及区际投入—产出分析。《区位与空间经济》和《区域分析方法》两本书相辅相成,前者通过抽象的数学模型建立理论,后者则提供运用这些理论进行区域分析的方法与工具。

艾萨德侧重于区域分析,其他一些学者则开始采用新古典经济学的方法探索城市内部空间结构,为城市经济学发展奠定了基础。城市经济学早期研究主要聚焦城市内部居住、制造业和零售业区位分析以及城市最优规模和城市体系等。这些研究得益于20世纪60~70年代微观经济学的发展,为分析消费者、厂商和市场行为提供了工具。在计量革命时期,城市内部住宅区位理论是城市经济学最重要的研究领域,其理论模型一般是在家庭效用最大化和就业集中于城市中心的条件下,通过分析住宅需求与通勤成本的相互作用来解释城市居住空间结构。阿朗索(Alonso,1964)做出了开创性贡献,他在1964年出版了成名作《区位和土地利用:地租的一般理论》。在阿朗索的土地市场模型中,家庭住宅区位选择要考虑土地成本和交通成本,在假设城市就业全部集中于城市中心的条件下,通过新古典经济学的边际分析和一般均衡方法可以推导出一个静态的城市土地利用模式。在阿朗索土地市场模型的基础上,一些学者对家庭住宅区位选择所考虑的因素进行了修正,使其更符合实际,如米尔斯(Mills,1967)和缪斯(Muth,1969)的住房市场模型。在米尔斯—缪斯住房市场模型中,住宅是一种最终消费品,土地是住宅生产过程的中间投入。阿朗索、米尔斯和缪斯建立起来的分析框架为城市住宅区位选择与城市居住用地模式的理论发展奠定了基础。后来的一些学者在该分析框架的基础上加入交通拥挤、环境污染和种族隔离等因素，从而进一步完善了单中心城市内部住宅区位的理论研究（Robson，1976；Rose-Ackerman，1975）。另外一些学者则基于制造业和批发业外迁的现实基础，发展出多中心的城市内部住宅区位选择模型，将多中心的工作地点外生化，运用更加复杂的数学模型来研究居住区位、运输成本、工资收入和工作地点的关系（Curran et al.，1982）。

城市经济学还对城市内部企业区位进行初步探索，包括制造业区位和零售业区位（Mai，1981；Odland，1976）。许多制造业与零售业的区位选择模型吸收了农业区位论的思想：假设土地是完全竞争的市场，将土地视为一种带有空间属性的要素投入，因而不同类型的企业选址需要权衡接近市场而获得的运输成本降低和相应的土地价格上升。例如，索洛（Solow，1973）建立的一个产业布局模型可以推导出城市内的环带状企业分布：生产过程中需要使用较少资本和劳动但使用较多土地的企业会布局于距离市中心较远的区位，而拥有最高土地单位产出的企业类型将布局于城市的中心。怀特（White，1976）同样表明在多种生产企业存在的情况下，生产活动将进行排列，高运费、高资本密集度而低劳动与土地密集度的部门将接近市中心，其他部门则远离市中心。总体而言，计量革命时期制造业与零售业的区位选择模型还相对较少，但为20世纪80年代以后城市经济学理论模型的发展与完善奠定了基础。

3. 社会物理学派

社会物理学派的发端早于地理学计量革命，代表人物是约翰·斯图尔特（John Stewart）和威廉·恩兹（William Warntz）。社会物理学派早期的发展独立于地理学，计量革命以后其研究方法逐渐引入和融入地理学研究。斯图尔特是普林斯顿大学的天文学家，他发现事物的空间分布规律与牛顿万有引力定律有相似之处，因此，可以运用自然科学中常用的数学方法来分析社会数据以发现社会现象的空间规律，这种研究方法可以避免社会学研究中的主观描述性。斯图尔特的合作者恩兹是社会物理学派的另一位代表人物，他认为距离是社会的一个基本维度，要通过分析加总数据来发现空间现象的一般模式，从而建立起宏观地理学（Johnston and Sidaway，2015）。

社会物理学派对传统地理学者和区域科学学者产生了一定影响。社会物理学派借鉴牛顿万有引力定律提出了诸如潜能模型、距离衰减律等概念以及这些概念的量化方法。其构建的指标被广泛应用到地理学和区域科学研究之中，以分析区域之间的相互作用与联系强度。社会物理学派还将位序—规模法则等引入到城市地理研究中。总体而言，社会物理学派较强调分析宏观数据，运用归纳方法揭示宏观空间规律。

四、新经济地理学

经济地理学中的区域科学传统在 20 世纪 70 年代和 80 年代基本处于发展停滞的状态。1991 年，美国经济学家克鲁格曼在政治经济学杂志上发表了"规模递增与经济地理"一文，开辟了新经济地理研究。其后，《空间经济学：城市、区域与国际贸易》（Fujita et al., 2001）、《地理经济学导论：贸易、区位与增长》（Brakman et al., 2001）、《公共政策与经济地理》（Baldwin et al., 2003）等重要著作先后出版，代表着主流经济学开始重新关注空间问题，尤其是城市与产业集聚、城市体系、区域增长以及国际贸易等问题。经过 20 多年的发展，新经济地理学无论在理论研究方面还是实证研究方面都取得了较大进展。从理论研究来看，新经济地理学的目标在于解释在地理空间中的一系列经济集聚现象，如地方尺度的集群、城市尺度的城市规模、全国尺度的区域经济核心与外围，甚至全球经济中的南北差异。传统区位论，如杜能的农业区位论，都是事先假定均质平原中心有一个经济活动较为集中的城市，但是这些理论并没有解释为什么会存在这样的经济较为集聚的城市。新经济地理学就是试图通过建立数学模型，来模拟在集聚力与分散力共同作用下经济地理格局的形成及演化过程。值得强调的是，在新经济地理学理论模型中，经济活动的空间格局的形成与演变为内生的。

垄断竞争与产品差异化、规模报酬递增、冰山成本构成了新经济地理学模型的核心。区域科学的理论模型以新古典经济学为基础，假定厂商之间完全竞争、消费者消费同质产品、厂商自身规模报酬不变。新经济地理学模型多假定垄断竞争市场、消费者偏好多样化产品以及规模报酬递增，这些核心假设及其函数形式来源于经济学家阿维纳什·迪克西特（Avinash Dixit）和约瑟夫·斯蒂格利茨（Joseph Stigliz）1977 年发表的"垄断竞争与最优产品多样化"。该文核心假设的数学形式简单方便且易于处理，为新增长理论、新贸易理论以及新经济地理学理论的发展奠定了技术基础。与此同时，克鲁格曼在新贸易理论中开始借鉴保罗·萨缪尔森（Paul Samuelson）的冰山运输成本思想，在新经济地理学理论中将冰山成本进一步改进并纳入模型，成为空间经济分析中不可或缺的工具。新经济地理学的模型一般不像新古典经济学那样可以在消费者和生产者理论模型的基础上求解出一般均衡时的价格与产量，新经济地理学的理论模型一般无法求出解析解，只能采用计算机模拟的方式求出不同条件下所对应的空间集聚与分散状态或者条件变化时经济空间格局的演化过程。例如，在克鲁格曼最经典的核心—边缘模型中，经济活动集聚与分散的状态随着交通成本的变化而变化，交通成本很高时经济活动趋于分散，随着交通成本的降低经济活动趋于集聚，最后交通成本非常低时，经济活动又趋于分散

（Krugman，1991）。

新经济地理学除发展了具有开创性的核心—边缘模型外，城市体系模型和国际模型同样奠定了新经济地理学发展方向（Fujita and Krugman，2004）。城市体系模型假设原来仅有一个中心城市从事某种制造业，随着人口增长及全国总经济规模的扩大，在一个制造业无法辐射的地方，制造业可迁移出去形成新城市（Fujita et al.，1999）。国际模型则解释了由于上下游投入产出关系，企业为节约交通成本集聚在一起，形成地方专业化，即产业集中于某一地区。将这一模型推广到国际尺度，可解释国际专业化分工（Krugman and Venables，1995）。之后学者们在这三个经典模型的基础上，不断放松或替换理论假设或加入新要素，提出了各种各样的理论模型。随着"新"新贸易理论的发展，企业异质性越来越引起学者们的关注，新经济地理学将企业异质性纳入模型之中，提出了"新"新经济地理学（Ottaviano，2010）。

新经济地理学在经济地理学中引起了较大争论，许多正统经济地理学者对克鲁格曼持批判态度（Martin and Sunley，1996；Martin，1999；Scott，2004）。在他们看来，克鲁格曼的地理经济学模型一个重要缺陷是其只能表现金钱外部性，而忽视了技术和知识溢出对产业集聚的影响。与此同时，克氏的模型过于简化，忽略了可能影响区域发展的、对于理解空间经济十分关键的社会、制度、文化和政治因素。尽管在克鲁格曼和藤田昌久看来，经济地理学者对他们的批评含有很多嫉妒的成分（Fujita and Krugman，2004），但经历了20多年政治经济学的洗礼以及制度文化转向，地理学者已很难再接受以一种极度简化而抽象的、纯经济的、脱离历史地理情景的方式来认识世界。

五、空间科学的局限性

空间科学的影响力在20世纪60年代末和70年代初达到了顶峰，然而对它的批评也日益增多。来自行为地理学的学者将行为和不确定性引入经济地理学（Gould，1963），反对将个人看作是追求效用最大化和无所不知的个体，认为应该将人看作是有限理性的并在不确定性的环境中追求满意（Wolpert，1964），因此，空间结构不能仅仅被解释为理性人追求效用最大化的结果。美国地理学者艾兰·普瑞德（Allan Pred）是行为学派的代表人物，他在《行为与区位》（Pred，1967）中详细阐述了行为区位理论。瑞典地理学者哈格斯特朗（Hägerstraand，1970）则借助感知能力等概念，发展了时空棱柱体理论。但行为地理学如同空间科学一样机械，也陷入了实证主义的死胡同。实际上，空间科学更大的危机来自于资本主义的社会现实，这些现实催生了马克思主义激进地理学。

第三节 激进经济地理学

一、社会背景与学科背景

1. 资本主义国家的动荡

自 20 世纪 60 年代末开始,资本主义国家开始进入了一段动荡时期。在政治方面,美国于 1955 年开始介入越南战争。在美国国内,自 1964 年美国大学校园开始出现小规模的反战运动,到 1968 年反越战示威游行已遍及美国。这种躁动也发生在其他国家,如法国巴黎爆发了学生和工人运动。与此同时,1968 年,美国国内的非裔美国人民权运动也达到了高潮。在社会文化方面,美国在一些社会议题上出现了广泛的紧张态势,如对性行为、女性权利、环境破坏、精神药物实验、传统权威的态度以及对美国梦的诠释等方面,从而刺激了反文化运动的发展,挑战了主流生活方式。反文化潮流于 20 世纪 60~70 年代在西方世界大规模传播。

在经济方面,20 世纪 60 年代末到 70 年代初,资本主义世界结束了黄金增长期,经济陷入衰退。伴随着战后重建的完成、朝鲜战争和越南战争的结束,战争对美国经济增长的刺激逐渐消失。与此同时,20 世纪 70 年代布雷顿森林体系崩溃、石油危机爆发、技术红利衰退,北美和西欧国家基于凯恩斯主义刺激经济的方法开始失效,经济发展陷入了滞胀,失业率居高不下,社会贫困问题日益严重。繁荣的城市和区域陷入严重危机,美国中西部、英国的英格兰中部及德国的鲁尔等以福特制生产为特点的制造业中心在 20 世纪 70 年代相继衰退。

2. 价值取向、目的与方法论转换

面对政治动荡、社会文化混乱以及经济衰退尤其是发达区域的贫困问题,一些激进地理学者发现自己所从事的空间科学研究不仅跟这些重大的"社会议题"脱节,更难以推动根本的社会变革。1969 年,《对立面:激进地理学期刊》正式创刊,主要关注城市与区域贫困、住房问题、种族与性别歧视、公共服务可达性的不平衡、城市规划中的公平理念等社会问题以及第三世界发展等政治问题。年轻学者们通常采用一种激烈的对抗性话语来展开论述,并借助绘画、漫画、海报等新颖的方式来增强表达效果。这些研究问题既体现了一定的"社会关切",也存在一定的价值取向,即往往站在那些受压迫人群的立场上,寻找原因并推动社会变革以改变他们受压迫的状况。早期的激进地理学者还从无政府主义的政治哲学中汲取营养,强调自由个体在自愿合作的基础上形成由一个个民主的、高度分权的、不仅关注经济还关注社会公平的、自给自足的社区，这些社区之间也可以自由交换意见与产品。他们认为城乡差别将消失、大城市将衰亡，而一个平等的空间将形成。激进地理学者也试图通过激进的地理手段来改造社会，例如计量革命时期的弄潮儿邦奇转变成一名政治激进分子，他组织了"地理考察队"，通过参与社区实践来改造社会。

早期激进地理学对社会问题的关注是一种研究主题与研究内容的拓展，但是就方法论和理论基础而言，仍然是在资本主义政治经济框架内以自然科学哲学为指导进行的理论探索（Peet，1977）。这些探索仍然是关于资本主义经济和社会关系较为表面的和肤浅的认识。不引进激进的社会理论就无法对资本主义制度进行强烈的批判，无法达到激进地理学的目标。

马克思主义地理学的发展真正触及资本主义经济的根本矛盾以及资本主义制度本身。引入马克思政治经济学真正实现了经济地理学研究范式和理论基础的转变，并深刻揭示了资本主义制度本身所形成的社会和空间不平衡。20世纪70年代中期以后，多数激进地理学者开始采用马克思主义的分析工具对地理学问题进行全新的阐述。

马克思主义地理学者对自称为价值中立的新古典空间分析和区域科学展开了批判，认为空间科学忽略了经济活动背后的资本主义社会经济关系和阶级关系。空间科学在这个简化的经济系统中将物理空间描述为决定人类活动空间模式的驱动力量。这种"空间分离主义"（Sack，1974）和"空间拜物教"（Soja，1980）的变种体现了一种空间决定论的思想，掩盖了资本主义结构所决定的不公平。然而，人类活动空间模式的形成实际上是整个社会关系构建和社会过程顺利完成的必要环节，资本积累力量与相关的社会结构同样塑造地理现实。如果用这种"社会—空间辩证法"（Soja，1980）来思考问题，则人类活动的空间模式既是资本主义积累及其社会过程所决定的结果，也同样是完成这一过程所必要的手段。这种思考方式也有助于将空间模式与重要的社会议题联系起来。

马克思主义地理学促进了人们对地理不平衡发展的理解，主要由哈维及其弟子发展而来。例如，哈维提出了空间修复理论，史密斯提出了资本主义经济发展的跷跷板理论，马西提出了劳动地域分工理论，揭示了资本主义组织结构变化与地理不平衡发展的关系。这一时期，亨利·列斐伏尔（Henri Lefebvre）提出的空间生产理论、爱德华·索杰（Edward Soja）提出的社会—空间辩证法都深化了我们对空间的认识。20世纪80年代中后期，随着后现代主义、后结构主义、女性主义的发展，以哈维为代表的马克思主义地理学的宏大叙事及经济决定论受到强烈批判。20世纪90年代后，法国调节学派的相关理论引入地理学，避免了马克思主义的结构决定论，促进地理政治经济学的发展。此外，劳动地理学也开始萌芽，推动了激进经济地理学的发展。哈维和史密斯的结构马克思主义地理学以资本论为基础,通过抽象的理论推演来分析资本主义发展的时空过程。基于调节理论的经济地理学则不再仅限于由资本主导的抽象理论的探讨,而是将国家、劳动等多种因素加入政治经济分析框架之中,进行经验研究,推动了地理政治经济学的发展。

二、主要研究内容

1. 城市问题与城市空间的资本逻辑

城市贫困问题是地理学者关注的重点问题之一(Peet,1971,1975;Harvey,1972)。随着马克思主义地理学的发展,学者们开始重新阐述资本主义制度本身所造成的城市贫困(Peet,1975)。

城市住房分配及其造成的居住分异等是学者们关注的另一个重点问题。城市住房分配不仅受到空间可达性的制约,还受到"城市管理"及政策的影响(Pahl,1969)。哈维运用马克思主义的分析方法,将居住分异描述为资本主义实现阶级再生产的手段(Harvey,1974a,1975)。激进经济地理学发展初期多数研究仍然是在资本主义制度框架内探讨城市相关问题的管理主体及其政策,揭示资源分配不均和社会不公。随着马克思主义政治经济学方法的引入,学者们开始意识到管理者仅仅是执行者,资本主义制度才是导致一系列城市问题的根本原因。

激进经济地理学者研究了城市空间演进的资本逻辑,运用马克思主义基础原理揭示了城市化与郊区化的本质。1973年,由哈维所著的《社会正义与城市》被看作是马克思主义地理学诞生的标志,其中阐述了城市地租的形成机制,并且开始运用马克思主义基本原理来重新阐述城市化过程。在哈维看来,美国郊区化实际上是在特定历史时期为克服资本主义过度积累而采取的手段,因为郊区化的推进可以极大地刺激对住房、汽车以及其他耐用消费品的消费(Harvey,1974b,1978;Walker,1981)。随着研究推进,学者们倾向于将资本主义经济运行的逻辑、关键城市管理者的行为与政策以及实际观察到的城市结构三者结合起来,更加准确地回答资本主义经济如何运行以及为什么这样运行的问题。

2. 不同尺度的空间发展不平衡

地理发展不平衡一直都是经济地理学研究的核心问题,存在多种形式,也存在多种尺度。地理发展不平衡理论可以分为两类。第一类将地理发展不平衡看作是一定经济结构、政治结构和社会结构相互作用过程形成的结果,这种看法多见于各类发展理论中,如现代化理论、依附理论、不平衡交换理论和世界体系理论,其讨论的尺度多为国际尺度。激进的地理学者曾在20世纪70~80年代将这些理论引入地理学,并在这些理论尤其是世界体系理论的基础上探讨欠发达国家落后的原因（Blaut，1973；Wallerstein，1979；Rimmer and Forbes，1982），这些研究为发展地理学的进步奠定了基础（Forbes，1984；Peet and Hartwick，1999）。第二类理论则不再仅将地理发展不平衡看作是结果，而将其看作是资本主义生产方式不可或缺的一部分，是内置于资本主义体系并维持资本主义体系成功运转的必要前提。哈维的空间修复理论以及史密斯关于资本主义地理永久不平衡的跷跷板理论属于此类。他们采用一种整体主义的和历史诠释学的方法对地理不平衡发展做出解释。20世纪90年代后，学者们开始基于调节理论来研究地理发展不平衡（Peck and Tickell，1995）。新世纪以来，哈维（Harvey，2003）继续推进了地理不平衡发展理论，提出了剥夺性积累的概念，即一些公共资源的占有权从当地团体转移到全球贸易者手中，而后者将公司财富集中转移到其他地区，从而造成地理发展不平衡。

3. 区域衰落与产业重构

20世纪70年代到80年代初期，西方资本主义国家工业核心地区，如美国东北部地区，英国英格兰东北部、威尔士南部、苏格兰中部，德国鲁尔区等出现了去工业化现象。这些原来的"世界工厂"在去工业化过程中产生一系列的失业、贫困和区域衰退等问题。但与此同时，一些产业在向其他地区扩散，如美国阳光带以及英国的一些较为落后的地区。如何解释核心工业区的去工业化及其引发的失业及贫困现象成为学术界关注的重要问题，其中，地理学者运用马克思主义政治经济学的分析方法做了大量研究（Carney，1980；Walker and Storper，1981；Bluestone and Harrison，1982；Massey and Meegan，1982；Dunford and Perrons，1983；Soja et al.，1983）。

马西的劳动地域分工理论可以较好地解释原工业核心地区去工业化等产业重构现象。她认为，核心地区去工业化既受到公司组织策略的作用，还受到区域在自身发展过程中形成的社会文化结构的作用（Massey，1984）。在这些因素的作用下，公司将不同的环节如管理、科研和生产分离开来，布局到不同的地方。原来的工业核心地区由于在发展过程中形成了较为强势的工会组织和较为团结的社会氛围，使得工人们具有较高的工资谈判能力，推动公司将生产环节向工会组织薄弱地区转移，造成了核心地区的去工业化以及更大尺度上的产业重构。在产业重构的过程中，公司往往将管理和科研部门置于原来的工业化地区，因为其有较好的教育和人力资本等。劳动地域分工理论为经济地理学的发展做出了重要贡献，推动了从公司组织策略视角来研究地理不平衡发展，这一研究思路一直延续至今。

三、激进经济地理学的局限性

马克思主义地理学在发展过程中不断受到各种批评,哈维首当其冲。归纳起来,对马克思主义地理学的批评主要集中于以下五点。第一,难以完美解释人类社会与实践的多样化。马克思主义政治经济学作为一种哲学体系常被后现代主义和后结构主义批评为"高高在上的理论"(grand theory)、"元叙述"(metanarrative)以及"元理论"(meta-theory)。在让-弗朗索瓦·利奥塔(Jean-Francois Lyotard)、米歇尔·福柯(Michel Foucault)、厄尼斯特·拉克劳(Ernesto Laclau)、雅克·德里达(Jacques Derrida)、吉尔·德勒兹(Gilles Deleuze)等后现代和后结构主义学者看来,人类社会与实践存在多样性,但马克思主义政治经济学试图用一种僵化的和毫无弹性的元理论框架来理解多样化与差异化的社会,简单地对待不同时空背景下的多样化人类实践,掩盖了经济、社会及其演化的复杂性。与此同时,在后现代和后结构主义学者看来,马克思主义者观察世界时仿佛拥有"上帝之眼",并试图在此"上帝之眼"的帮助下揭示普遍真理从而再现(represent)这个世界,但实际上一切理论家和观察者的解释与言说都是社会构建的、权变的和局部的。后现代和后结构主义学者对马克思主义的批评在20世纪80和90年代逐步被引入经济地理学。

第二,忽视人类主体的能动性。结构马克思主义常常被批评为过于结构决定论而忽视了人类主体的能动性。结构马克思主义地理学作为一种方法论受到了结构化理论和批判实在论的挑战。安东尼·吉登斯(Anthony Giddens)提出了理论社会学的研究框架,在保留了马克思结构主义理论方面的同时,倡导研究人类主体能动性的重要作用。吉登斯认为将社会重新定义为一个由总体结构和个体实践构成的二元域,总体结构既是个体实践的媒介,也是个体实践的结果。在社会实践中,人们不仅自觉地以原有的逻辑不断再生产出当前的社会结构,还按照自己在行动中不断产生的新要求来调整自身行为、行为规则和社会制度,进而使得社会结构发生变化。这时社会结构从客观制约地位转入主观创造过程,人类主体的能动作用便体现出来,可见这种认识不同于马克思主义的结构决定论。安德鲁·塞耶(Andrew Sayer)则将批判实在论引入了地理学,认为社会经济过程中存在合乎逻辑的规律与机制,这些规律与机制有必然发生的倾向,但其是否真正在经验层面上发生还要取决于规律与机制所处的外部环境。

第三,经济决定论与阶级决定论。马克思主义地理学常常被批评为经济决定论(economic determinism)与阶级简化论(class reductionism)。结构马克思主义地理学在探讨因果关系时体现了经济一元论的特点,由阶级关系导致的经济或资本逻辑被描述为导致社会变革的根本力量。但从20世纪的社会现实来看，性别关系、种族关系、民族关系等往往可以超越阶级关系，成为影响经济运行和推动社会变革的重要力量。个人往往拥有多种社会身份，这些不同身份均对个人行为及整个社会变革产生影响。

第四，女性主义地理学的批评。女性主义地理学者批评马克思主义地理学忽视了女性不计薪酬的家庭"工作"，因为这些"工作"同样是实现社会再生产的重要环节（Walby and Bagguley，1989）。与此同时，地理发展不平衡的机制也不仅仅是由资本逻辑支配的，性别关系和父权制同样是导致地理发展不平衡的重要因素（Massey，1984；McDowell and Massey，1984）。20世纪90年代中期，女性主义地理学者结合后现代和后结构主义对马克思主义政治经济学进行了深刻批评，对资本主义的普遍性进行了质疑并挖掘了一些非资本主义的经济实践（Gibson-Graham，1996）。

第五，难以进行实证检验。结构马克思主义地理学在研究过程中多以抽象的资本逻辑展开分析，研究资本主义经济的运行过程。这使其难以对特定时空背景下的具体事件做出解释，也不容易针对理论进行实证检验。

第四节　新经济地理学兴起

一、新自由主义与经济全球化

20世纪70年代末期到80年代初期，西方资本主义国家仍然没有从经济衰退的泥淖中走出来，改革势在必行。1979年玛格丽特·撒切尔（Margaret Thatcher）当选英国首相，1980年罗纳德·里根（Ronald Reagan）当选美国总统。他们上台后推行了一系列以新自由主义为特点的政治经济改革，推动英国和美国于20世纪80年代中期的经济复苏。在经济复苏的过程中，西方资本主义国家原来处在外围的地区成为新兴增长区域。学者们很快从对衰退老工业区的关注转向对新兴经济增长区域的研究。这些区域往往具有后福特制的生产方式、高度集聚的产业空间、较强的内部商业网络联系及较强的创新能力等特点。

20世纪80年代末开始，随着苏联解体，西方资本主义国家在世界范围内推销新自由主义改革方案，推动大规模私有化，推行市场化改革，推进贸易与金融自由化，放松对外资的限制，限制国家在经济活动中的作用，为90年代以后经济全球化在世界范围内展开和跨国公司的全球扩张创造了条件。随着经济全球化的推进，经济地理学者很快卷入到经济全球化的争论中，并逐步认识到全球化与地方化是全球经济结构再调整过程中两个并行不悖的过程。因此，区域经济—空间集聚研究与跨国公司—全球网络研究两个主导方向出现了融合趋势（Scott，2004）。2008 年金融危机以来，西方资本主义国家仍然未能恢复经济增长，一些学者们又开始关注区域产业演化中的创新、区域恢复力以及区域长期发展能力的培育等问题。

二、新区域主义

20 世纪 80 年代初期，大多数经济地理学者还在关注资本主义国家老工业区的衰退问题。但一些学者发现在意大利中北部和德国南部存在另外一种具有较强竞争力的以柔性生产为特点的地域生产形态，即许多区域内部存在大量的相互联系、相互发包与转包的类型相同的企业。这些企业往往以质量而非价格取胜，拥有高技能和高薪酬的劳动力。这与 20 世纪 70~80 年代福特制生产方式下的去技能化趋势相反（Piore and Sabel，1984）。弹性专业化和产业区学派的研究推动了对老工业区的关注转向对这种新型地域生产模式的研究。整个 20 世纪 80~90 年代，加利福尼亚学派、创新环境学派、学习型区域学派等不断兴起，统称为新区域主义。

加利福尼亚学派将新制度经济学交易成本的概念运用到研究中，认为企业会采取一种垂直分散化的组织方式进行生产，这是企业在内外部交易成本之间进行权衡的结果。与此同时，为了应对市场风险及降低交易成本，大量同类型的、相互联系的企业需要同供应商和销售商保持地理邻近，从而促进了新产业区的形成（Scott，1986，1988；Storper and Walker，1989；Storper，1995）。

欧洲学者则继续调查新兴发展地区如第三意大利、德国符腾堡、西班牙加泰罗尼亚以及丹麦日德兰半岛地区等的发展，发现新兴地区经济成功的原因在于处理好区域内企业间竞争与合作的关系。一方面企业之间需要相互竞争才能提升活力；另一方面企业之间的合作同样有助于获得区域性竞争优势。企业之间的合作需要一系列诸如商业协会、贸易组织等制度化的组织机构的帮助，因为他们可以提供诸如培训、市场预测、技术转移、战略规划等方面的服务。但从根本来看，企业之间合作与组织机构发挥作用的基础是信任等社会因素。欧洲学者实际上已经将经济发展的基础拓展到社会文化维度，这种做法与强调个人主义的主流经济学的竞争机制以及加利福尼亚学派早期的研究存在显著差异。20 世纪 90 年代以后出现的诸如区域创新体系、创新环境、学习型区域、制度厚度以及非贸易相互依赖等理论概念都开始突出区域经济发展的社会基础。这些非经济的社会基础是基于特定地域的，并且受地理距离的影响。创新环境学派认为区域通过建设企业间相互依赖的氛围可以降低不确定性，促进企业共同学习，进而实现创新与区域发展（Capello，1999；Keeble et al.，1999）。学习型区域建立在国家和区域创新体系的理论基础上（Lundvall，1992；Nelson，1995b；Braczyk et al.，1998；Cooke et al.，1998），认为区域内企业与机构之间紧密的社会关系有助于隐性知识的传播和企业的共同学习（Storper，1995，1997a），从而促进区域产业发展（Morgan，1997；Hudson，1999）。

总体而言，新区域主义研究在借鉴经济社会学、制度经济学以及演化经济学理论基础上通过大量研究逐渐认识到：在后福特主义时代，区域发展的竞争优势可以来源于并嵌入区域内部的社会文化环境，而不仅仅是新古典经济学所强调的比较优势。特定区域内的规则、风俗、习惯、文化、惯例、制度、信任以及熟人之间的互惠主义等，都是促进和维持经济快速发展的重要因素。这些社会文化因素往往是地方性的，不容易被其他区域所复制，将导致发展的持续地理不平衡，这一论断可以在新区域主义与经济全球化学者的争论中体现。一些经济全球化学者认为，随着交通和通信技术的进步，资本将处于一种游牧状态（Amin and Robins，1990），地理空间成为被各种流塑造的动态系统，静态的地理区位不再重要，因而地理将走向终结（O'Brien，1992）。但新区域主义表明，即使全球化力量不容忽视，即使从全球的角度来看地方经济发展仅仅是更高尺度上经济过程与空间转换的结果，但在全球地方化的过程中（Swyngedouw，1997），区域社会文化系统的独特性和难以复制性仍会吸引经济要素向特定地区集聚并产生经济发展的持久地理不平衡（Amin and Thrift，1992，1995；Shachar，1997；Storper，1997b；Swyngedouw，1997）。

三、制度转向

20世纪80年代开始，经济地理学挣脱马克思主义政治经济学的束缚，广泛借鉴制度经济学、经济社会学以及调节学派的相关理论，阐述制度在不同时空背景下对资本主义经济再生产、经济活动空间分布以及地理发展不平衡的影响，促成了经济地理学的制度转向（Amin，1999；Martin，2002b）。以新古典经济学为基础的新制度经济学理论，尤其是交易成本理论，主要影响了制度转向早期加利福尼亚学派的新产业空间研究。但总体而言，经济地理学者借鉴的制度经济学理论主要来源于欧洲传统的老制度经济学。在老制度经济学中，制度主要是指一系列的规则、习惯、习俗以及价值观等。不同地区长期以来形成的独特制度安排会从微观上影响主体行为，从而对整个区域经济产生影响。由于规则、习惯、习俗以及价值观等方面的制度安排可以视为社会文化系统的一部分，因而经济活动实际上可以被看作是嵌入在非经济的社会文化之中，即制度转向可以被看作是文化转向的一部分。制度经济学理论主要对新区域主义中的产业区理论影响较大，其核心思想体现为区域独特的制度安排及社会文化环境，为中小企业及各种机构之间形成紧密的网络联系提供了基础。这种紧密的网络联系有利于区域内部劳动力共享、知识溢出、中小企业服务等，成为区域竞争优势。

经济社会学为经济地理学的制度转向提供了理论基础。该理论基础最早可以追溯到卡尔·波兰尼（Karl Polanyi），他将经济发展看作一个不断被制度化的过程。当代经济社会学的理论认为经济活动是嵌入社会文化之中的，同样强调了非经济的社会文化环境是经济要素得以良好组合的基础（Granovetter，1985）。经济地理学将经济活动的社会文化嵌入性延伸到地理维度，由于社会文化往往具有区域独特性以及难以复制性，因而特定类型的经济活动会被吸引到特定地方，进而嵌入到特定地方的社会文化系统中，从而无法向其他地方扩散。区域制度厚度作为社会文化环境的一部分会导致不同区域具有不同的资源调配能力，且区域制度厚度越高的地区进行资源调配的能力越强。区域内部大量企业、组织、协会、政府等有利于进行大范围资源调配，有利于提升生产效率和区域竞争力。同样，由于经济活动嵌入到区域社会文化系统中，区域的习俗文化以及非贸易相互依赖就有利于隐性知识的传播，有利于创新以及学习型区域发展。

经济地理学在制度转向过程中还借鉴了法国调节学派的理论。调节学派主要研究特定调节模式如何在一定时期内促进资本主义经济稳定积累。调节模式实际上就是一系列的制度安排、规范以及传统等，例如劳资关系、商业组织及其竞争形式、货币制度、政府角色以及国际体系等。当这些相互关联的制度安排可以相互协调时，生产和消费便可以较为平衡地增长，从而在一段时期内实现较为稳定的积累。调节学派区分了20世纪40~70年代北美和西欧的福特制积累模式以及20世纪70年代以弹性专业化生产为特点的后福特制积累模式。经济地理学者在20世纪90年代中后期逐渐将注意力从福特制与后福特制的争论中移开，将调节理论与地理发展不平衡联系起来（Mackinnon，2009），认为地理发展不平衡是由不同地区差异化的调节模式导致的，这些不同的调节模式又整合到国家整体的调节框架中，决定了发达地区会对落后地区进行剥削，从而导致地理发展不平衡。国际调节模式的框架同样有利于发达国家对欠发达国家进行剥削。地理学者也认为地方政府可以通过发挥其能动性，调和区域发展条件与国家管制框架。

四、文化转向

从20世纪后期开始，社会理论发生了文化转向，包括语言转向、存在论转向、解释学转向、后现代转向、后结构转向、文化批评转向、符号学转向、伦理学转向、政治转向等思潮。其对社会学、历史学、政治学、经济学、人类学、人文地理学等学科产生了广泛影响。人类社会的文化维度成为当代社会科学研究中的最受关注的领域。社会科学的文化转向影响了经济地理学,尤其是 20 世纪 90 年代中期以后的经济地理学文化转向。学者们开始重新思考经济地理学的研究对象、理论和方法,认为经济地理学应该将研究重点放在文化方面(Thrift and Olds,1996;Amin and Thrift,2000)。这是由于资本主义社会正在经历根本性的变迁,越来越朝着软的、反身性的和符号化的方向发展,这使得文化与经济之间的界限越来越模糊,甚至其间差别都已不复存在(Barnes,2001b)。

传统经济地理学的研究对象是经济活动。学者们通常会创建一般化的理论并采用科学方法进行实证检验,然而文化转向并不赞同这一研究思路。在《资本主义的终结:正如我们所知》(Gibson-Graham,1996)中,吉布森-格雷汉姆(Gibson-Graham)认为以往的理论假设决定了世界上仅仅存在少数几种资本主义经济形态,并且每种经济形态基本都是由纯经济要素组成的,非经济部分被排除在外,这种划分方式受到了西方哲学中广泛存在的二元论思想的影响。然而就实际经验来看,经济形态往往都是混杂的、异质的、多元的、非完全市场化的,世界也不只是纯经济要素在发生作用。经济往往渗透到文化、社会、政治以及环境领域,与这些领域交织、混杂在一起而变得难以分割。因此,经济地理学仅仅关注经济是远远不够的,经济地理学必须与其他学科进行交叉,进行跨学科研究才能全面揭示社会文化过程。传统经济地理学往往自上而下构建一般化理论,试图用一般化理论来映射客观世界。然而随着后结构主义的发展,支持文化转向的学者提出,理论构建并非仅仅存在这一种方式,理论构建的目的也并非仅仅反映客观世界。新构建的理论需要具有反身性、开放性,并且对理论的来源一定程度上的包容性。理论构建时可以提出一些新词汇,这些新词汇将有助于建构一个更好的世界。由此可见,文化转向扩展了理论的内涵。倡导文化转向的学者呼吁改进经济地理学的研究方法。以往在经济地理学的研究中,地理学者往往进行客观地数据收集及检验、逐字逐句地客观记录访谈内容。然而,受女性主义等思潮的影响,支持文化转向的学者呼吁在数据收集过程中学者需要加入自我意识和主观性的东西,增加与被调查对象的互动。因而,研究就不再仅仅限于冷冰冰的数据以及所谓的客观访谈,而需要拓展研究数据的范围,获得多元化数据与资料。

经济地理学的文化转向强调经济地理学不能仅仅是经济的,还要将经济与社会文化联系起来,涉及人们的精神世界包括伦理、道德等问题,经济地理学必然扩大其研究边界,转换其研究对象(Wills and Lee,1999)。在这一情形下,传统的针对客观物质世界的研究方法就不能满足新的研究需要,理论构建的对象也将超出客观物质世界,因此,必然要借鉴新的哲学和社会理论。从人文地理学整体的发展角度来看,经济地理学对社会文化方面的关注滞后于其他学科。学者们逐渐认识到,分析物质世界离不开人们的精神世界,道德、伦理、价值观、各种文化规范与认同等都与物质世界的变化有一定联系——经济地理学需要重视文化。资本和劳动等物质要素及其制度变革是促成经济奇迹或衰落的直接因素，但支撑这些物质要素发挥作用的诸多条件中有社会文化及非物质的精神内核的一席之地。当然，在经济地理学研究过程中要避免文化决定论。总体而言，经济地理学的文化转向并没有那样成功，文化转向的倡议也受到许多学者的批评（Scott，2004；Martin and Sunley，2001；Plummer and Sheppard，2001；Rodríguez-Pose，2001），但经济地理学在研究过程中仍然需要重视文化的作用。

五、关系转向

20世纪90年代中期，许多地理学者开始倡导人文地理学的关系思维（Massey et al.，1999）。经济地理学在文化制度转向以及新区域地理学研究基础上逐渐重视关系。制度转向及新区域主义都强调了在区域内部行动者紧密的网络联系可以促进知识溢出、共同学习以及区域经济增长。然而，在一个越来越全球化的时代，跨国公司逐渐抛弃垂直一体化生产组织方式，将不同生产环节布局到不同的区位，使得知识溢出、学习以及行动者网络的建立还可以发生在其他空间尺度。与此同时，在新区域主义中区域内部网络的建立依赖常被视为静态的地方性制度与文化。某种制度和文化一旦在地方形成与建立，就将以某种固定不变的方式影响行动者行为。这显然是一种机械的认识方式，并且这一认识方式具有结构决定论的色彩，行动者主体的能动性并没有在动态过程中体现出来。

为了克服以上所提到的结构与能动性、宏观区域分析与微观企业分析、地方尺度与全球尺度等二元论给经济地理学带来的困扰，经济地理学的关系转向试图建立一个复杂而全面的分析框架，用以分析不同空间尺度上行动者之间以及行动者与结构之间的复杂关系，从而最终揭示出经济活动的空间组织及其动态变化（Amin，1998；Dicken and Malmberg，2001；Ettlinger，2001；Bathelt and Glückler，2003；Yeung，2005）。关系经济地理学主要关注行动者社会—空间关系是如何与不同空间尺度上的更广阔的结构和经济过程缠绕在一起的。在理论建构过程中，关系经济地理学赋予了能动性、微观分析和全球尺度更重要的地位，与新区域主义及制度文化转向时的研究思路存在较大差异。

关系经济地理学主要由德国学派和曼彻斯特学派推动。德国学派将空间看作是一种分析视角，用以分析制度学习、创造性相互作用、经济创新和组织间沟通四个方面的社会经济过程。在这些过程中，主体行动被视为情景的、路径依赖的和权变的。它们倡导运用批判实在论的研究方法，试图超越单一事件及其情景来辨识影响经济行动因果关系的机制。从研究主题来看，德国学派主要关注全球知识、创新与技术网络以及这些网络中的学习问题（Bathelt and Glückler，2011，2003，2005；Bathelt et al.，2004）。曼彻斯特学派则提出了关系几何学，将关系、权力和行动者作为关系经济地理学理论构建的支柱。权力这一概念有助于克服社会—空间分析中结构与能动性的二元论。权力既是一种资源，又是在利用资源过程中形成的实践结果。权力拥有多种不同的形式，不同的形式表征了行动者之间不同的关系特征。而到底何种权力形式得以实现，进而影响最终结果则取决于具体的情境。从研究主题来看，曼彻斯特学派主要关注全球生产网络（Coe et al.，2008；Yeung and Coe，2015）。他们提出了一整套似乎可以包罗万象的复杂分析框架，考虑了全球经济的多层面、多尺度和多样化行动者及其网络结构特征，并试图揭示全球生产网络的产生机理和动态演化过程。

总体而言，关系经济地理学对各种行动者及其关系网络的分析，有利于展示资本主义空间经济的建构过程、各种行动者在建构过程中的作用以及空间经济的管制和治理模式等。然而，尽管关系经济地理学有助于全方位展示资本主义经济的建构过程，但它难以进行因果机制的识别。

六、演化转向

经济地理学演化转向借鉴演化经济学理论与方法，基于广义达尔文主义、路径依赖理论，以及复杂科学将时间与空间、微观企业与宏观制度内在地联系起来分析经济活动空间分布的历史演进过程，构建演化经济地理学的基本理论框架。演化经济地理学在企业集群、网络演化、集聚外部性以及组织、技术与制度的协同演化等领域取得了较大进展（Boschma and Martin，2010）。演化经济地理学将技术和知识置于理论构建核心，强调研究创新、新企业、新产业和新网络的出现及其所体现的不同发展路径。约瑟夫·熊彼特（Joseph Schumpeter）及其追随者认为现有技术或知识的重组是实现创新的重要途径（Schumpeter，1934；Fleming，2001）。由于受企业吸收能力、认知能力以及知识累积性的限制，企业之间只有具备相似知识或技能才能进行有效的学习与知识重组，从而促进创新的发生（Cohen and Levinthal，1990；Nooteboom，2000；Boschma，2005），分化出与其主营业务产品存在技术关联的新产品（Neffke and Henning，2013）。演化经济地理学从技术、知识与技能所具有的认知邻近特性出发，提出了相关多样化等概念，丰富和发展了区域产业分化理论、产业动态演变以及集聚外部性等理论。

第一，演化经济地理学发展了相关多样化的概念，其将区域产业演化看作是一个知识不断重组、产业不断分化的过程，即企业家要从区域内现有产业中汲取知识、技能与能力，发展与本地产业具有技术关联性的产业，即新产业不断从原有产业中衍生（Frenken and Boschma，2007；Klepper，2007）。第二，产业动态演变是分析区域相关多样化的重要研究内容。第三，演化经济地理学丰富了集聚外部性理论。自20世纪90年代以来经济地理学就存在专业化还是多样化能促进区域经济增长的争论（Glaeser and Shleifer，1992），然而，实证研究并未得出较为一致的结论（Capello and Nijkamp，2010）。演化经济地理学从知识学习与溢出需要认知邻近性的机制入手，将相关产业的集聚外部性与相同产业的集聚外部性区别开来。

区域现有产业体系所具有的技术、知识和技能在很大程度上规定了产业结构的演化方向，区域产业发展具有路径依赖性（Martin and Sunley，2006；Fornahl and Guenther，2010），甚至锁定于特定产业领域（Hassink and Shin，2005）。但不同产业背景下各地区如何创造全新的产业发展路径、打破路径依赖也是演化经济地理学研究的重要内容（Isaksen and Trippl，2014）。第一，相关多样化的产业之间通过知识的重组实现创新，然而这却无法打破区域原有发展路径。有研究表明，具有突破性的技术创新往往产生在不相关多样化产业聚集的地区（Castaldi et al.，2015），这有利于区域实现全新的发展路径。第二，除了通过这种内生的知识生产孵化新产业外，区域外部知识的流入也是突破区域现有产业发展路径的重要渠道，如跨国公司的直接投资有利于发展中国家实现跳跃式的技术变迁（Binz et al.，2012）。此外，企业家精神的迁移（Neffke et al.，2014）也是促进知识流动的重要途径。第三，区域的路径创造不能仅仅看作是企业在市场力作用下搜寻知识的结果（Pike et al.，2009；Pike et al.，2016），国家与区域政策的战略引导（Dawley，2014）以及包括大学和研究机构在内的非产业部门，也都是实现区域路径创造的重要力量（Tanner，2014）。近年来，欧洲许多地区陷入产业衰退，如何实现产业更新与发展成为政策研究者与学者关注的重点。另外，演化经济地理学对区域韧性进行了研究，拓展了区域韧性的内涵，认为区域韧性不仅涉及区域适应外部冲击的能力，更表现为区域创造新发展路径的能力。这与产业、网络和制度联系在一起（Martin and Sunley，2015；Boschma，2015）。

演化经济地理学对区域产业发展演变的研究存在以下两点不足。第一，演化经济地理学还未将制度和社会能动性纳入其理论分析框架，在实证研究中也常常忽略产业演化的制度背景（MacKinnon et al.，2009；Martin，2010）。从最初演化经济学的理论构建来看，与主流经济学中技术投入与经济增长的简单线性关系不同，技术、市场与制度往往被看作是一个共同演化的过程（Dosi et al.，1988；Nelson，1995a），而制度变迁多是由危机产生的变革共识、现有体制下矛盾的积累以及需要正式制度化而未正式制度化所导致（Battilana et al.，2009），往往具有区域差异性。因此演化经济地理学可以含有以上条件的分析框架下，分析不同类型的区域制度变迁、市场条件与产业共同演化关系。例如，研究发现，自由市场经济下的制度体系比协调市场经济下的制度体系更有利于不相关多样化产业衍生（Boschma and Capone, 2015）。第二，根植于熊彼特传统的演化经济地理学过于强调技术内生性，忽视了全球力量对技术及创新系统的影响。演化经济地理学及区域创新系统理论关注区域内部组织之间的互动对创新及技术演变的影响。然而，关于全球范围内的知识流动、知识产权管制，以及技术进步如何影响区域主体的行为，如何塑造区域制度变迁，如何实现多尺度关系的建构、管理与利用并最终影响区域产业体系演变等问题，需要演化经济地理学建立更大的分析框架进行深入研究（Morrison and Cusmano, 2015）。总体而言，演化经济地理学发展 20 多年来成果丰硕，但是仍然处于创立和探索阶段，研究内容广泛而分散，相互联系不紧密，尚未形成统一的研究范式，研究方法仍需高级化和严密化。

第五节　西方经济地理学当代研究主题

一、区域与地方发展

区域与地方发展是经济地理学研究的经典主题。在 20 世纪 80 年代之前，经济地理学对区域和地方的研究关注传统生产要素对经济发展的影响，而 80 年代以来的"新区域主义"关注产业集聚、产业集群与区域发展的关系，从微观层面揭示区域发展的影响因素及机制。

20 世纪 90 年代，创新和创造推动区域经济发展成为主流观点。同时，演化经济学、制度经济学和经济社会学对经济地理学也产生了较大影响，路径依赖对区域发展途径的形成（Amin, 1999）、区域性制度和社会特征对企业家精神及创新精神的鼓励（Morgan, 1997）等观点开始融入区域发展研究。区域发展研究从对区域内物质联系和投入产出关系的关注转向了对社会及制度网络的关注，学习型区域和创新环境成为这一领域占据支配性地位的理论（MacKinnon et al., 2002）。

进入 21 世纪，在经济全球化的背景下，国家对生产活动及资本流动的控制力量逐步减弱，地区成为直接参与国际竞争的主体。地区需要适应快速变化的技术和经济环境，并在资本全球流动中展现自己的竞争策略（Hudson, 1994）。面对这一新挑战，区域发展理论展现出多元化视角（Pike et al., 2010），主要观点包括：政治经济学的价值循环视角（Harvey, 2003）、全球生产网络视角（Coe et al., 2004）、演化视角（Martin and Sunley, 2006）、知识与创新视角（Bathelt, 2008）、文化与创意视角（Florida et al., 2008）等。对区域发展问题的讨论还包括地方治理、地区间不平等、可持续发展等诸多领域。全球化背景下后工业化的社会特点为区域发展带来全新挑战，区域发展研究成为经济地理学中历久弥新的研究主题。

二、经济全球化

20世纪80年代以来，在全球化和信息化飞速发展的进程中，全球劳动分工层次日益深化，新型国际劳动地域分工格局逐渐形成。除了国际垂直专业化生产外，外包等新的生产组织方式也纷纷出现：发达国家跨国公司将低附加值的生产功能外包给低成本的发展中国家或区域，将价值创造的核心环节留在母国（Neilson et al., 2014）。从产业内分工到产品内分工的新现象，使传统经济地理学提出的国际劳动分工理论很难解释越来越复杂的全球化经济。

西方经济地理学者在20世纪90年代借鉴价值链、嵌入理论和行动者网络等理论来研究经济全球化，构建了以全球价值链、全球商品链和全球生产网络为核心的全球化经济分析框架。三种分析框架相互关联，均采用价值链和网络方法解释全球生产组织，体现了经济地理学的"关系"转向。

20世纪90年代，学者们将迈克尔·波特（Michael Porter）提出的"价值链"概念在空间上扩展到全球尺度，广泛地描述了全球价值链和全球商品链分析框架（Gereffi and Korzeniewicz, 1994）。该分析框架在90年代中期以后获得蓬勃发展，对产业升级、地方发展、市场转型以及贸易模式等实证研究具有很好的解释力。但其也存在一些问题，如忽略企业之外的其他利益主体，忽略其他空间尺度，强调线性关系，忽略对高度复杂的网络结构的关注等。

21世纪初，曼彻斯特学派提出全球生产网络分析框架，充分考虑了全球经济的多维度（经济、政治、文化和社会等）、多尺度（全球、区域、国家、地方）和多样化行为主体（企业、国家和地方政府、国际组织等）的网络结构特性，弥补了全球价值链和全球商品链框架的不足。全球生产网络将全球与地方两个尺度联结起来，在全球化背景下关注复杂的地域嵌入和网络嵌入，在地理学乃至经济学、社会学和管理学界都产生了巨大的影响（Peck and Yeung, 2003），极大地提升了经济地理学的学科地位。

三、产业区位理论

产业区位理论是西方经济地理学最重要的研究内容。早期区位理论经历了以农业区位论和工业区位论为代表的成本学派、以中心地理论和市场空间竞争模型为代表的市场学派。因其均采用新古典经济学的静态局部均衡分析方法，所以又被统称为古典区位理论。新古典区位理论，突破了局部均衡分析方法，以艾萨德的"替代原则"和伯梯尔·俄林（Bertil Ohlin）的"一般区位理论"为代表，试图建立一般均衡理论。

20世纪中期，产业区位理论有了新进展：结构区位论、战略区位论和行为区位论分别讨论了生产过程的不同环节、企业内部的战略要求、决策者能力与信息掌握对产业区位的影响。20世纪后80年代以来的20年，对产业区位理论有较大影响的分别是地理学界的"新经济地理学"和经济学界的"新经济地理学"，前者强调制度、文化、关系网络和历史等非经济要素，后者强调内生集聚经济对产业区位的影响。

集聚经济和产业集群一直是产业区位研究的重要议题。对集聚经济和产业集群的理论研究主要在于对集聚经济的微观基础的讨论。阿尔弗雷德·马歇尔（Alfred Marshall）提出外部经济的概念对此进行解释，并将它区分为三个来源：中间投入品共享、劳动力共享和知识溢出。近年来对集聚经济的微观基础的讨论都是以这三个来源为基础，不断丰富和发展，探讨从基础设施、中间投入品和劳动力共享，到创新扩散、知识溢出以及资产组合、风险规避、沉没资本的再融资等因素对区位的影响。

20世纪80年代以后经济地理学者开始研究服务部门（Walker，1985；Allen，1988），最引人关注的领域之一是21世纪兴起的金融地理学。产业区位的实证研究紧随理论研究的进展，但涉及创新、环境规制、金融危机等现实问题的研究，相对超前于理论研究。20世纪后半期开始，实证研究内容越来越丰富，研究方法越来越多样化，数据质量越来越高，研究尺度越来越微观。

四、创新地理学

随着西方国家进入后工业社会，知识经济主导产业结构，增长动力转向创新、创造和创意。以创新来解释资本主义本质特征的研究可以追溯到熊彼特，他认为创新是资本主义经济增长的动力（Schumpeter，1961）。20世纪70年代，虽然技术创新是经济地理学理论建构的核心，但技术学习与创新过程机制并不明确。

直到20世纪80年代，制度经济学、演化经济学等在创新机制中发现了"地理"的重要性，创新地理研究由此诞生。此后，对于创新地理的研究主要基于"新区域主义"视角，其中弹性专业化学派、加利福尼亚学派和技术创新学派达成共识：创新是相互作用的学习过程，而学习则依赖于编码知识特别是隐性知识的分享和多样化知识的结合，并受制度化的惯例和社会习俗的内在约束。制度化的惯例和社会习俗乃是区域社会关系建造的产物，也是"集体社会秩序"的基础，因此，区域成为"非贸易相互依赖""制度厚度""集体学习""合作经济""学习经济"的中心,其支撑企业学习创新的能力构成了区域竞争优势的关键来源。

创新地理学主要研究包括三方面内容:第一,创新活动的空间组织特征;第二,创新活动集聚或分散布局的内在机制和影响因素;第三,创新活动空间分布的社会经济效应,如对区域和国家经济增长的影响(Polenske,2007)。经济地理学探讨了不同空间维度的创新活动运行机制。创新的线性模型强调,创新经历三个阶段:从基础研究到应用研究,再到产业化(Mason,2008)。然而,线性模型忽略了反馈和互动作用。由于制度、文化和路径依赖关系(Fischer et al.,2013),反馈和互动存在区域与国际边界(Asheim and Gertler,2005)。创新活动的边界激励经济地理学者开始关注跨国创新机制(Crevoisier and Jeannerat,2009;Soete et al.,2010)。同时,区域创新体系受到更为广泛的关注。与国家层面相比,区域层面的创新活动、政策、生产和经济联系更容易了解,并由此建立了大量理论和概念解释地方创新体系,包括创新集群、地方生产体系、社会环境和本地系统等(Cooke et al.,2011)。

创意地理学从产业发展角度阐释了创意活动与"地理邻近"之间的关系。创意产业的发展环境需要宜人的人居环境、宽容的社会环境、地方品牌和传统以及各种创意人才组成的社区(Scott,2006;Drake,2003)。因此,知识、创新和创意都具有地理集聚的特征。在知识集聚的区域中,知识转化和分享效率高,创新行为更容易发生,创意产业地理聚集形成。虽然创新地理学已经对区域内的知识形成、溢出和创新机制进行了深入剖析,但主要集中于研究知识的供给,忽略了对于知识的需求与消费的相关研究(Howells,2002)。

五、劳工地理学

经济地理学对劳动力的关注可以追溯至经典区位论对劳动力影响企业区位选择的研究。然而,劳工地理学作为经济地理学的分支学科出现的标志是1997年安德鲁·赫罗德(Andrew Herod)将劳工地理学定义为"以劳动力视角审视资本主义经济地理研究"(Herod,1997)。此后,派克(Peck,1996)、米切尔(Mitchell,1996)、麦克道尔(McDowell,1997)等学者奠定了学科早期理论基础。2003年,卡斯特里等(Castree et al.,2004)所著劳工地理学教科书出版,标志着劳工地理学的成熟。

劳工地理学的学科基础根植于20世纪70年代兴起的激进地理学,决定了劳工地理学者普遍持左倾政治立场(Castree,2007)。20世纪90年代末期,在赫罗德等学者的呼吁下,劳工地理学逐渐改变了将劳动力作为受资本推动被动作用于空间生产的观点,转而强调劳动力的主观能动性。

20世纪90年代以来，经济地理学出现区域主义复兴及文化与制度转向。后福特生产方式使社会福利制度转变为"工作福利"制度，增加劳动力市场的差异性。上述变化将劳工地理学研究带入劳动力市场研究，使劳工地理学研究由就业与生产活动逐步扩展至对劳动力市场内部结构及管制的研究（Cuñat and Melitz，2012；Fan，2002；Kelly，2002）。目前，劳工地理学研究的理论基础融合了马克思主义、女权主义、反种族主义及制度主义理论。新的经济社会背景也对学科发展提出了新的挑战，跨国劳动力组织、非正式就业、工会与新社会运动之间的关系等是新的研究方向（Castree，2007）。

六、消费地理学

消费地理研究伴随生产技术范式的变化和零售业的全球化进程迅速发展。消费地理研究起源于20世纪70年代，在这一时期，生产范式由福特主义转向后福特主义，差异化消费模式逐渐成为个人认同和自我表达方式。但是，20世纪90年代以前的消费地理学只是描述和定位商店区位布局特征（Leach，1984；Wolff，1985；Benson，1987；Buck-Morss，1991；Dowling，1991）。20世纪90年代以来，零售业寡头在全球迅速扩张，其零售模式和空间布局都呈现新的经济地理特征。经济地理学开始强调零售资本和经济转型的重要性（Ducatel and Blomley，1990），拓展零售行业空间组织、零售行业合作战略和市场结构研究（Christopherson，1993；Clark，1993，1994）。消费地理从过去的"经济地理学边缘学科"转向"理论与实证并重"（Flynn and Marsden，1992）的经济地理学分支。

近30年，消费地理学研究受到经济学、心理学、社会学、行为学等学科的交叉渗透影响，研究范式不断转变，主要表现为三点。①研究内容的变化。消费地理研究从研究市场和定位转向研究人类行为。传统上，地理学将消费定义为市场过程，分析市场机制和消费布局（Crang，1996）。经济地理学进而转向"人本主义"，将短暂消费体验作为理解人类社会的现象。消费不再是一个价值交易行为，而是人们情感交流的结果（Miller，2013）。②研究范围的拓展。消费地理学将研究范围从具象转向抽象，从狭隘的"消费场所"，例如超市等，拓展到道路、街区等边缘化的"消费空间"以及家庭这一内部"消费空间"。其强调消费并非一个发生在固定地点的临时过程，而是一个每时每刻可能发生的存在于流动空间中的过程（Gregson and Crewe，2003）。③研究对象的转变。消费地理学从单纯研究消费行业转向研究消费对象之间的关系（Crewe，2003）。随着"消费场所"被"消费空间"所取代，消费场所景观研究逐渐减少，虚拟消费空间中消费者和生产者、销售者之间的关系得到重视。消费地理学关注商品链和商品循环系统，关注商品从生产、购买、使用、丢弃等系列过程，尝试理解人们在消费空间的行为活动。正如路易丝·克鲁（Louise Crewe）所述："消费地理学是要将消费、价值、交换和空间纳入案例分析中，分析在特定时间与空间情境下，消费者在哪儿？为什么在那儿？以及消费者如何与商品互动？"

七、环境经济地理学

20世纪后期，随着工业化进程加速，环境问题越来越突出，经济全球化使得环境问题跨越国界，提升到全球尺度。在中观尺度上，"污染避难所""逐底竞争"等环境经济关系假说在一些发展中国家得到验证。在微观尺度上，环境规制逐渐普遍化、规范化，环境成本成为企业考虑的关键因素。但是人文地理学和自然地理学没能很好地综合，将经济地理学应用到环境研究的提议一直没有受到重视（Bridge，2008；Soyez and Schulz，2008）。直到2004年，在科隆大学召开的一次会议明确提出了环境经济地理学的概念——经济地理学明确地将环境与经济地理联结起来。

环境问题同时受到经济学和地理学的关注，环境经济学和经济地理学分别发展形成了空间环境经济学与环境经济地理学。前者从地理空间的角度审视环境经济学，将空间作为经济和环境相互作用的载体，研究经济活动在空间中对环境影响的作用机理（Siebert，1985；Deacon et al.，1998）。后者主要采用经济地理学中的理论、方法与模型，强调环境要素，包括环境管制、环境污染等对经济活动的共同作用以及经济活动的环境影响。一些经济学者试图将环境因素纳入新经济地理学的核心—边缘模型（Quaas and Lange，2004）、两区域模型（Grazi et al.，2007）等，通过模型分析环境污染和环境政策对经济活动空间区位的影响（Rauscher，2005）。而经济地理学则尝试将进化制度主义（Hayter，2008）、生态现代化和管制理论（Gibbs，2006）、创新地理学（Costantini et al.，2011）等理论应用于环境研究，主要集中于环境空间评价和环境规制研究。

目前，环境经济地理学研究仍然处于零散、宽泛的研究阶段，具有碎片化和多视角的特点。经济地理学的文化制度转向、演化转向与环境问题的结合仍然有限。在西方经济地理学转向人本主义的趋势下，研究环境伦理道德与空间经济发展的关系或将成为新的突破点。随着环境经济学与经济地理学的交叉越来越深入（Heidkamp，2008），空间环境经济学与环境经济地理学也将逐渐融合，形成更完善的理论和成果。

八、金融地理学

地理学对货币和金融的关注源于哈维在 1973 年出版的《社会公平与城市》（Harvey，1973）。货币在马克思主义理论中占有核心地位，以哈维为代表的地理学者认为，金融机构的主要功能是向特定地点传输货币，造成城市内部不平等（Harvey，1973）。在这一时期，金融地理学的研究内容多集中在房地产市场，探讨信贷配给、客户选择、金融歧视等行为对社区建设和破坏作用，以说明金融体系加深城市空间内部不均衡（Harvey and Chatterjee，1974）。起源于马克思主义地理学的研究奠定了政治经济学传统在金融地理学中的重要地位（Leyshon，1995）。

20 世纪 80～90 年代，伴随经济全球化的进程，金融活动在世界范围内不断扩张。同时，发达资本主义国家也经历了产业结构向第三产业转换的过程。金融管制放松和通信技术进步极大地改变了金融产品、金融交易乃至金融体系，金融地理学迅速兴起。这一时期的金融地理学研究更关注金融全球化属性和地方异质性。当然，20 世纪 90 年代，经济地理学的文化、制度转向对金融地理学理论构建也有重要影响，出现了多种挑战政治经济学传统的新理论（Leyshon，1997）。这些新理论强调在货币和金融地理分析中社会和人的主观能动性，以及金融活动嵌入文化制度环境的网络化视角（Leyshon，1998）。

进入 21 世纪，西方经济经历了金融主导的资本主义大发展以及随之而来的金融危机，国家涉足金融业的救助行动，金融业的经营方式及金融系统濒临崩溃，普通家庭及企业与全球金融体系的联系越来越紧密（Martin，2002a）。在这一背景下，金融地理学进入研究主题及理论多样化的空前繁荣时期。从总体上看，新世纪以来金融地理学的发展与经济地理学的理论脉络基本一致，其交叉学科则从经济学转向社会学、人类学和政治学（Hall，2011）。代表性理论进展包括文化经济学视角的"综合行为主体"（agencements）理论和"新福柯治理"理论（Hall，2012；Langley，2008）。这一时期的主要研究问题包括：金融化（French et al.，2011）、全球金融流的地方嵌入性（Clark and Wójcik，2007）、家庭和零售金融（Smith et al.，2006）以及金融服务的多样化选择（Leyshon et al.，2003）等。金融危机以来，西方学者对金融问题的研究视角更多样化也更具有批判性。

第六节　中国经济地理学发展

在中国，经济地理学是一门经世致用的学科。经济地理学的研究实践嵌入到中国经济社会发展的整体过程与情境中。中华人民共和国成立以前，经济地理学主要受到西方人地关系思想的影响。1949年后的计划经济时代，经济地理学主要受到苏联生产力布局理论的影响，具有为国民经济发展服务的实践导向。近几十年来，中国经济地理学广泛吸收西方经济地理学的研究成果，借鉴其理论和研究方法，推动中国经济地理学研究朝着理论化和方法多元化的方向发展。

一、经济地理学的引入

从20世纪开始，中国地理学者就开始在较为艰苦的条件下展开经济地理学研究。经济地理学的先驱们大多留学欧洲和北美，他们将西方早期经济地理学的思想和研究方法引入中国，翻译了不少西方地理学著作。例如，20世纪30年代，任美锷、李旭旦翻译了法国地理学者让·白吕纳（Jean Brunhes）的《人地学原理》，陈健民翻译了美国地理学者森普尔所著的《地理环境的影响》，将人地关系的思想引入中国。从早期经济地理学的研究主题来看，农业地理、人口地理以及区域地理是研究的重点领域，例如竺可桢的"论江浙两省人口之密度"（1926），翁文灏的"中国人口之分布与土地利用"（1932），胡焕庸的"中国人口之分布"（1935）、"江宁县之耕地与人口密度"（1934）、"安徽省之人口密度与农业区域"（1934），周立三的《农业地理》（1942），吴传钧的《中国粮食地理》（1942）以及张其昀的"论中国之人地关系"（1947）等。

二、实践导向的中国经济地理学

1949年后，中国开始全面学习苏联模式，经济地理学研究受到苏联经济地理学的影响，被认为是研究生产力布局的科学，它具有自然—经济—技术综合的特点（吴传钧，1960）。1950~1955年，苏联专家在中国人民大学讲授基于苏联经验的生产力布局原理，许多学员，如刘再兴、胡兆量、胡序威、杨吾扬和魏心镇等，后来都成为出色的经济地理学者（Liu and Lu，2002）。与此同时，经济地理者还积极翻译苏联工业地理学专著，对中国经济地理学理论的发展和建设影响颇大。除对生产力布局的理论探讨外，经济地理学研究作为社会实践活动的一部分以及社会主义建设的一部分，嵌入到社会主义建设的洪流之中，孕育出经济地理学服务国家发展的实践导向。地理学者走在了国民经济建设的前列，他们通过组织大规模的区域资源考察，摸清中国各地区的自然资源与经济发展状况，为 1949 年后经济建设做出了重要贡献。经济地理学服务国家发展的实践导向一直持续至今，维护了经济地理学的学科竞争力和社会影响力，可以说，以"任务带学科"是中国经济地理学蓬勃发展的一条基本经验。

中国在中华人民共和国成立之初基本处于农业经济为主的状态。为了实现快速工业化，中国在计划经济体制下运用工农业"剪刀差"为重工业发展提供资本积累，因而，农业发展至关重要，各地区从事何种农业生产成为一个关键问题。经济地理学者开展了以农业区划和土地利用为主的农业地理学研究。从 20 世纪 50 年代开始，经济地理学者对全国和各省区市的农业自然条件与农业经济发展进行了系统研究。周立三在 1955 年研究制定了一套初步的农业区划方法，自此以后很长时间内农业区划是农业地理学研究的重要内容。吴传钧则在 20 世纪 70~80 年代组织地理学者和农业部门完成了《中国农业地理》《中国 1:100 万土地利用图》以及《中国农业区划》等重要科研项目（陆大道，2000）。21 世纪以来，随着中国沿海地区大规模工业化建设，大量人口从农村地区转移到城市，导致农村土地利用闲置、"空心村"问题突出。地理学者开展了大量农村土地整治研究，旨在提升农业土地利用效率。

1949 年以后，中国实行重工业优先发展战略，因此全国各地区资源与经济条件的摸底、重点工业项目及工业基地的选址、重大交通线路的设计等都成为急需解决的问题。地理学者广泛参与到这些调查与研究之中，为国民经济建设做出重要贡献。20 世纪 50~60 年代开始，地理学者陆续参与了对黑龙江、内蒙古、新疆、青海、西南、华南等地区的综合考察，摸清了不同地区的自然资源以及经济社会发展状况。经济地理学者主要承担工业布局与规划的调查研究，主要围绕综合工业发展区、大型水电站建设区、重要矿产资源开发区及有关区域的建设展开工作（张雷和陆大道，1999）。20 世纪 70 年代后，地理学者还广泛参与了重点工业项目、工业基地以及交通线路的选址与布局研究，先后进行了山东济宁地区煤炭资源开发利用与工业布局、山东淄博地区油气资源开发与工业综合布局、河北东部地区工业基地合理布局、1976 年唐山大地震后重建新唐山规划以及安徽淮南北两地区煤炭资源开发与工业布局等调查研究工作（张雷等，2011）。经济地理学者在这些研究实践过程中提出了许多关于产业发展的技术—经济评估方法。

20 世纪 80 年代以来，中国放弃单一的重工业化战略，各地区内部逐步形成轻重工业比例较为协调的工业体系。经济地理学者在工业地理学方面的研究转向城市集聚地区、工业生产地域综合体、城市工业开发区和科技工业园等，研究地域范围从重点工业区走向较大尺度的区域及全国范围。代表性研究如辽宁中部地区资源合理开发、工业结构与布局调整、京津唐地区国土规划中的工业生产布局、山西能源基地综合开发与经济区划、长江三角洲工业基地建设与发展、珠江三角洲工业布局特点与类型分析、中国环渤海地区产业发展与布局等调研工作。在以上研究工作、苏联生产力布局理论和西方区位论基础上,吴传钧提出经济地理学要研究"人—地关系地域系统"(吴传钧,2008),陆大道提出"点—轴"系统理论(陆大道,2001)。地理学者提出的 T 形空间结构战略成为 20 世纪 80 年代中期以来中国国土开发和宏观经济布局的基本依据。20 世纪 90 年代初,陆大道出版的《中国工业布局的理论与实践》系统梳理了中国工业布局的理论。

进入 21 世纪以来,经济地理学者继续践行服务国家战略需求和地方经济发展的传统。来自中国科学院系统的经济地理学者在人地系统与区域可持续发展、区域发展的新因素与新机制、交通运输地理与空间组织、资源型城市与老工业城市转型、人口地理学、乡村地理学以及能源与环境等方面进行了深入持续的探索(刘卫东等,2011)。经济地理学者广泛参与和影响了国家及各层面的发展战略与规划,如主体功能区规划,资源环境承载能力评价,东北地区、长三角地区以及京津冀等地区的重大地域空间规划;西部大开发、东北振兴和中部崛起等重大发展战略研究;城镇化与资源环境发展研究,"一带一路"倡议等。经济地理学综合性空间思维为这些研究、战略和规划提供重要保障。

三、经济地理学的理论导向与方法多元化

改革开放以来,中国与世界在政治、经济和社会文化方面的交流越来越频繁,海外留学归国人员越来越多,西方经济地理学思想、理论及研究方法再次传入中国,促进了中国经济地理学研究对象、研究内容和研究方法的拓展,推动中国经济地理学理论化、科学化和国际化发展。

20 世纪 80~90 年代,地理学者将 20 世纪 50~60 年代西方计量革命时期的区位理论重新介绍到中国(杨吾扬和梁进社,1997),促进了经济地理学研究的数量化与科学化。近 20~30 年来,中国融入世界经济体系的程度不断加深,东部沿海地区进行了大规模的工业化和城镇化建设,经济地理学者在产业集聚与产业集群、全球化与区域发展、跨国公司与外商投资区位、技术创新等方面进行了大量研究。国际前沿研究领域,如演化经济地理学、全球生产网络、金融地理学、环境经济地理学等,也在中国逐步开展。这些研究在理论基础和研究方法上普遍受到西方经济地理学文化、制度、关系和演化转向的影响。但当前中国经济地理学在政治经济地理学领域的探索还相对匮乏。总体而言,中国越来越多的经济地理学者吸收西方经济地理学前沿领域的理论与研究方法,具备了与

国际学者对话的基础，推动中国经济地理学研究的国际化，并在立足中国经济地理学实践基础上反追和超越西方经济地理学的认识。

小 结

西方经济地理学已经有近百年的发展历程，从帝国主义殖民时代的商业地理学开始，经历区域地理学、空间科学、激进地理学、新区域主义以及近年来的文化、制度、关系和演化转向，经济地理学的发展一直处于不断变动与转型之中。其中，社会经济背景的变化和社会科学界学术思潮的转变，是经济地理学研究主题和研究方法不断变动的重要原因。未来经济地理学将走向何方，取决于社会、经济、政治环境的变化方向以及经济地理学者知识创造的努力。但不论如何，在后结构和后现代主义哲学思潮的洗礼下，经济地理学必然会在与社会学、文化学、人类学、经济学和管理学等不同学科的交融中实现理论建构的多元化，这种理论建构的多元化体现在不同地方知识建构的过程之中。正如特雷弗·巴恩斯（Trevor Barnes）对经济地理学的学科研究结论显示那样（Barnes，2001a，2002，2004；Barnes and Minca，2013），经济地理学知识往往都是片面的、局部的和地方性的。因此，经济地理学内部各学派或理论视角都需要不断发展并在持续性的对话中丰富对经济地理现象的理解。

参 考 文 献

[1] Ackerman, E. A. (1945) Geographic training, wartime research, and immediate professional objectives. *Annals of the Association of American Geographers*, 35(4): 121-143.

[2] Allen, J. (1988) Service industries: uneven development and uneven knowledge. *Area*, 20(1): 15-22.

[3] Alonso, W. (1964) Location and land use. Toward a general theory of land rent. *Economic Geography*, 42(3): 11-26.

[4] Amin, A. (1998) Globalisation and regional development: a relational perspective. *Competition & Change*, 3(1-2): 145-165.

[5] Amin, A. (1999) An institutionalist perspective on regional economic development. *International Journal of Urban and Regional Research*, 23(2): 365-378.

[6] Amin, A., K. Robins (1990) The re-emergence of regional economies? The mythical geography of flexible accumulation. *Environment and Planning D: Society and Space*, 8(1): 7-34.

[7] Amin, A., N. Thrift (1992) Neo-Marshallian nodes in global networks. *International Journal of Urban and Regional Research*, 16(4): 571-587.

[8] Amin, A., N. Thrift (1995) Globalisation, institutional thickness and the local economy. *Managing Cities: The New Urban Context*, 12: 91-108.

[9] Amin, A., N. Thrift (2000) What kind of economic theory for what kind of economic geography? *Antipode*, 32(1): 4-9.

[10] Asheim, B. T., M. S. Gertler (2005) The geography of innovation: regional innovation systems. *The Oxford Handbook of Innovation*, 2005(3): 210-229.

[11] Bailly, A. (1995) Penser la science régionale. *Revue d'Economie Régionale et Urbaine*, (4): 737-741.

[12] Baldwin, R., R. Forslid, P. Martin, et al. (2003) Public policies and economic geography. *Princeton: PUP*, 4 (5): 597-602.

[13] Barnes, T. J. (2000) Inventing Anglo-American economic geography, 1889-1960. In Sheppard, E., T. Barnes (eds.), *Companion to Economic Geography*. Blackwell.

[14] Barnes, T. J. (2001a) "In the beginning was economic geography"– a science studies approach to disciplinary history. *Progress in Human Geography*, 25(4): 521-544.

[15] Barnes, T. J. (2001b) Retheorizing economic geography: from the quantitative revolution to the "cultural turn". *Annals of the Association of American Geographers*, 91(3): 546-565.

[16] Barnes, T. J. (2002) Performing economic geography: two men, two books, and a cast of thousands. *Environment and Planning A*, 34(3): 487-512.

[17] Barnes, T. J. (2004) The rise (and decline) of American regional science: lessons for the new economic geography? *Journal of Economic Geography*, 4(2): 107-129.

[18] Barnes, T. J., C. Minca (2013) Nazi spatial theory: the dark geographies of Carl Schmitt and Walter Christaller. *Annals of the Association of American Geographers*, 103(3): 669-687.

[19] Bathelt, H. (2008) Clusters and regional development: critical reflections and explorations. *Economic Geography*, 84(1): 109-112.

[20] Bathelt, H., J. Glückler (2003) Toward a relational economic geography. *Journal of Economic Geography*, 3(2): 117-144.

[21] Bathelt, H., J. Glückler (2005) Resources in economic geography: from substantive concepts towards a relational perspective. *Environment and Planning A*, 37(9): 1545-1563.

[22] Bathelt, H., J. Glückler (2011) *The Relational Economy: Geographies of Knowing and Learning*. Oxford University Press.

[23] Bathelt, H., A. Malmberg, P. Maskell (2004) Clusters and knowledge: local buzz, global pipelines and the process of knowledge creation. *Progress in Human Geography*, 28(1): 31-56.

[24] Battilana, J., B. Leca, E. Boxenbaum (2009) How actors change institutions: towards a theory of institutional entrepreneurship. *Academy of Management Annals*, 3(1): 65-107.

[25] Benson, S. P. (1987) *Counter Cultures: Saleswomen, Managers, and Customers in American Department Stores, 1890-1940*. University of Illinois Press.

[26] Berry, B. J., W. L. Garrison (1958a) The functional bases of the central place hierarchy. *Economic Geography*, 34(2): 145-154.

[27] Berry, B. J., W. L. Garrison (1958b) Recent developments of central place theory. *Papers in Regional Science*, 4(1): 107-120.

[28] Binz, C., B. Truffer, L. Li, et al. (2012) Conceptualizing leapfrogging with spatially coupled innovation systems: the case of onsite wastewater treatment in China. *Technological Forecasting and Social Change*, 79(1): 155-171.

[29] Blaut, J. M. (1973) The theory of development. *Antipode*, 5(2): 22-26.
[30] Bluestone, B., B. Harrison (1982) *The Deindustrialization of America: Plant Closings, Community Abandonment, and the Dismantling of Basic Industry*. Basic Books.
[31] Boschma, R. (2005) Proximity and innovation: a critical assessment. *Regional Studies*, 39(1): 61-74.
[32] Boschma, R., R. Martin (2010) *The Aims and Scope of Evolutionary Economic Geography*. Utrecht University, Section of Economic Geography.
[33] Boschma, R. (2015) Towards an evolutionary perspective on regional resilience. *Regional Studies*, 49(5): 733-751.
[34] Boschma, R., G. Capone (2015) Institutions and diversification: related versus unrelated diversification in a varieties of capitalism framework. *Research Policy*, 44(10): 1902-1914.
[35] Braczyk, H. J., P. N. Cooke, M. Heidenreich (1998) *Regional Innovation Systems: The Role of Governances in a Globalized World*. Psychology Press.
[36] Brakman, S., H. Garretsen, C. Van Marrewijk (2001) *An Introduction to Geographical Economics: Trade, Location and Growth*. Cambridge University Press.
[37] Bridge, G. (2008) Environmental economic geography: a sympathetic critique. *Geoforum*, 39(1): 76-81.
[38] Buck-Morss, S. (1991) *The Dialectics of Seeing: Walter Benjamin and the Arcades Project*. MIT Press.
[39] Bunge, W. (1966) *Theoretical Geography*. Royal University of Lund, Dept. of Geography; Gleerup.
[40] Capello, R. (1999) Spatial transfer of knowledge in high technology milieux: learning versus collective learning processes. *Regional Studies*, 33(4): 353-365.
[41] Capello, R., P. Nijkamp (2010) *Handbook of Regional Growth and Development Theories*. Edward Elgar Publishing.
[42] Carney, J. (1980) *Regions in Crisis: Accumulation, Regional Problems and Crisis Formation*. Regions in Crisis, London: Croom Helm.
[43] Castaldi, C., K. Frenken, B. Los (2015) Related variety, unrelated variety and technological breakthroughs: an analysis of US state-level patenting. *Regional Studies*, 49(5): 767-781.
[44] Castree, N. (2007) Labour geography: a work in progress. *International Journal of Urban and Regional Research*, 31(4): 853-862.
[45] Castree, N., N. Coe, K. Ward, et al. (2004) *Spaces of Work: Global Capitalism and Geographies of Labour*. SAGE.
[46] Christaller, W. (1933) *Die zentralen Orte in Süddeutschland: eine ökonomisch-geographische Untersuchung über die Gesetzmässigkeit der Verbreitung und Entwicklung der Siedlungen mit städtischen Funktionen*. University Microfilms.
[47] Christopherson, S. (1993) Market rules and territorial outcomes: the case of the United States. *International Journal of Urban and Regional Research*, 17(2): 274-288.
[48] Clark, G. L. (1993) Costs and prices, corporate competitive strategies and regions. *Environment and Planning A*, 25(1): 5-26.
[49] Clark, G. L. (1994) Strategy and structure: corporate restructuring and the scope and characteristics of sunk costs. *Environment and Planning A*, 26(1): 9-32.
[50] Clark, G. L., D. Wójcik (2007) *The Geography of Finance: Corporate Governance in the Global Marketplace*. Oxford University Press.

[51] Coe, N. M., M. Hess, H. W. C. Yeung, et al. (2004) "Globalizing" regional development: a global production networks perspective. *Transactions of the Institute of British geographers*, 29(4): 468-484.

[52] Coe, N. M., P. Dicken, M. Hess (2008) Global production networks: realizing the potential. *Journal of Economic Geography*, 8(3): 271-295.

[53] Cohen, W. M., D. A. Levinthal (1990) Absorptive capacity: a new perspective on learning and innovation. In Cross, R. & S. Israelit (eds.), *Strategic Learning in a Knowledge Economy*. Routledge.

[54] Cooke, P., B. Asheim, R. Boschma, R. Martin, D. Schwartz & F. Tödtling (2011) *Handbook of Regional Innovation and Growth*. Edward Elgar Publishing.

[55] Cooke, P., M. G. Uranga, G. Etxebarria (1998) Regional systems of innovation: an evolutionary perspective. *Environment and planning A*, 30(9): 1563-1584.

[56] Costantini, V., M. Mazzanti, A. Montini (2011) Environmental performance, innovation and regional spillovers. In DIME Final Conference, 8.

[57] Crang, P. (1996) Displacement, consumption, and identity. *Environment and planning A*, 28(1): 47-67.

[58] Crevoisier, O., H. Jeannerat (2009) Territorial knowledge dynamics: from the proximity paradigm to multi-location milieus. *European Planning Studies*, 17(8): 1223-1241.

[59] Crewe, L. (2003) Geographies of retailing and consumption: markets in motion. *Progress in Human Geography*, 27(3): 352-362.

[60] Cuñat, A., M. J. Melitz (2012) Volatility, labor market flexibility, and the pattern of comparative advantage. *Journal of the European Economic Association*, 10(2): 225-254.

[61] Curran, C., L. A. Carlson, D. A. Ford (1982) A theory of residential location decisions of two-worker households. *Journal of Urban Economics*, 12(1): 102-114.

[62] Dawley, S. (2014) Creating new paths? Offshore wind, policy activism, and peripheral region development. *Economic Geography*, 90(1): 91-112.

[63] De La Blache, P. V. (1908) *Tableau de la géographie de la France*. Hachette.

[64] Deacon, R. T., C. D. Kolstad, A. V. Kneese (1998) Research trends and opportunities in environmental and natural resource economics. *Environmental and Resource Economics*, 11(3-4): 383-397.

[65] Dicken, P., A. Malmberg (2001) Firms in territories: a relational perspective. *Economic Geography*, 77(4): 345-363.

[66] Dosi G., C. Freeman, R. Nelson, et al. (1988) *Technical Change and Economic Theory*. Pinter Publishers.

[67] Dowling, R. M. (1991) *Shopping and the Construction of Femininity in the Woodward's Department Store, Vancouver, 1945 to 1960*. University of British Columbia.

[68] Drake, G. (2003) "This place gives me space": Place and creativity in the creative industries. *Geoforum*, 34(4): 511-524.

[69] Ducatel, K., N. Blomley (1990) Rethinking retail capital. *International Journal of Urban and Regional Research*, 14(2): 207-227.

[70] Dunford, M., D. Perrons (1983) *The Arena of Capital*. Macmillan.

[71] Ettlinger, N. (2001) A relational perspective in economic geography: connecting competitiveness with diversity and difference. *Antipode*, 33(2): 216-227.

[72] Fan, C. C. (2002) The elite, the natives, and the outsiders: migration and labor market segmentation in urban China. *Annals of the Association of American Geographers*, 92(1): 103-124.

[73] Fischer, M. M., J. R. Diez, F. Snickars (2013) *Metropolitan Innovation Systems: Theory and Evidence from Three Metropolitan Regions in Europe*. Springer Science & Business Media.

[74] Fleming, L. (2001) Recombinant uncertainty in technological search. *Management Science*, 47(1): 117-132.

[75] Florida, R., C. Mellander, K. Stolarick (2008) Inside the black box of regional development: human capital, the creative class and tolerance. *Journal of Economic Geography*, 8(5): 615-649.

[76] Flynn, A., T. Marsden (1992) Food regulation in a period of agricultural retreat: the British experience. *Geoforum*, 23(1): 85-93.

[77] Forbes, D. (1984) *The Geography of Underdevelopment*. Routledge.

[78] Fornahl, D., C. Guenther (2010) Persistence and change of regional industrial activities: the impact of diversification in the German machine tool industry. *European Planning Studies*, 18(12): 1911-1936.

[79] French, S., A. Leyshon, T. Wainwright (2011) Financializing space, spacing financialization. *Progress in Human Geography*, 35(6): 798-819.

[80] Frenken, K., R. A. Boschma (2007) A theoretical framework for evolutionary economic geography: industrial dynamics and urban growth as a branching process. *Journal of Economic Geography*, 7(5): 635-649.

[81] Fujita, M., P. Krugman (2004) The new economic geography: past, present and the future. *Papers in Regional Science*, 83(4): 139-164.

[82] Fujita, M., P. Krugman, T. Mori (1999) On the evolution of hierarchical urban systems. *European Economic Review*, 43(2): 209-251.

[83] Fujita, M., P. R. Krugman, A. J. Venables (2001) *The Spatial Economy: Cities, Regions and International Trade*. MIT Press.

[84] Garrison, W. L. (1959a) Spatial structure of the economy: I. *Annals of the Association of American Geographers*, 49: 238-287.

[85] Garrison, W. L. (1959b) Spatial structure of the economy: II. *Annals of the Association of American Geographers*, 49(4): 471-482.

[86] Garrison, W. L. (1960a) Connectivity of the interstate highway system. *Papers in Regional Science*, 6(1): 121-137.

[87] Garrison, W. L. (1960b) Spatial structure of the economy: III. *Annals of the Association of American Geographers*, 50(3): 357-373.

[88] Garrison, W. L. (1962) Toward simulation models of urban growth and development. *Lund Studies in Geography*, 24: 91-108.

[89] Garrison, W. L., D. F. Marble (1957) The spatial structure of agricultural activities1. *Annals of the Association of American Geographers*, 47(2): 137-144.

[90] Gereffi, G., M. Korzeniewicz (1994) *Commodity Chains and Global Capitalism*. ABC-CLIO.

[91] Gibbs, D. (2006) Prospects for an environmental economic geography: linking ecological modernization and regulationist approaches. *Economic Geography*, 82(2): 193-215.

[92] Gibson-Graham, J. K. (1996) *The End of Capitalism (As We Knew It): A Feminist Critique of Political Economy*. Blackwell.

[93] Glaeser, E. L., A. Shleifer (1992) Growth in Cities. *Journal of Political Economy*, 100(6): 1126-1152.

[94] Goodwin, M., S. Duncan, S. Halford (1993) Regulation theory, the local state, and the transition of urban politics. *Environment and Planning D: Society and Space*, 11(1): 67-88.

[95] Gould, P. R. (1963) Man against his environment: a game theoretic framework. *Annals of the Association of American Geographers*, 53(3): 290-297.

[96] Granovetter, M. (1985) Economic action and social structure: the problem of embeddedness. *American Journal of Sociology*, 91(3): 481-510.

[97] Gray, F. (1976) Selection and allocation in council housing. *Transactions of the Institute of British Geographers*, 1(1): 34-46.

[98] Grazi, F., J. C. van den Bergh, P. Rietveld (2007) Spatial welfare economics versus ecological footprint: modeling agglomeration, externalities and trade. *Environmental and Resource Economics*, 38(1): 135-153.

[99] Gregson, N., L. Crewe (2003) *Second-Hand Cultures*. Berg Publishers.

[100] Hägerstraand, T. (1970) What about people in regional science? *Papers in Regional Science*, 24(1): 7-24.

[101] Hall, S. (2011) Geographies of money and finance Ⅰ: Cultural economy, politics and place. *Progress in Human Geography*, 35(2): 234-245.

[102] Hall, S. (2012) Geographies of money and finance Ⅱ: Financialization and financial subjects. *Progress in Human Geography*, 36(3): 403-411.

[103] Hartshorne, R. (1939) The nature of geography: a critical survey of current thought in the light of the past. *Annals of the Association of American Geographers*, 29(3): 173-412.

[104] Harvey, D. (1969) *Explanation in Geography*. Edward Arnold.

[105] Harvey, D. (1972) Revolutionary and counter revolutionary theory in geography and the problem of ghetto formation. *Antipode*, 4(2): 1-13.

[106] Harvey, D. (1973) *Social Justice and the City*. London: Edward Arold.

[107] Harvey, D. (1974a) Class-monopoly rent, finance capital and the urban revolution. *Regional Studies*, 8(3-4): 239-255.

[108] Harvey, D. (1974b) The political economy of urbanization in advanced capitalist societies: the case of the United States. Johns Hopkins University, Center for Metropolitan Planning and Research.

[109] Harvey, D. (1975) *Class Structure in a Capitalist Society and the Theory of Residential Differentation*. Heinemann.

[110] Harvey, D. (1978) The urban process under capitalism: a framework for analysis. *International Journal of Urban and Regional Research*, 2(1-4): 101-131.

[111] Harvey, D. (2003) *The New Imperialism*. Oxford University Press, USA.

[112] Harvey, D., L. Chatterjee (1974) Absolute rent and the structuring of space by governmental and financial institutions. *Antipode*, 6(1): 22-36.

[113] Hassink, R., D. H. Shin (2005) Theme issue: the restructuring of old industrial areas in Europe and Asia-Editorial. *Environment and Planning A*, 37: 571-580.

[114] Hayter, R. (2008) Environmental economic geography. *Geography Compass*, 2(3): 831-850.

[115] Heidkamp, C. P. (2008) A theoretical framework for a "spatially conscious" economic analysis of environmental issues. *Geoforum*, 39(1): 62-75.

[116] Herod, A. (1997) From a geography of labor to a labor geography: labor's spatial fix and the geography of capitalism. *Antipode*, 29(1): 1-31.

[117] Hook, J. C. (1955) Areal differentiation of the density of the rural farm population in the northeastern United States. *Annals of the Association of American Geographers*, 45: 189-190.

[118] Hoover, E. M. (1937) *Location Theory and the Shoe Leather Industries*. Harvard University Press.

[119] Howells, J. R. (2002) Tacit knowledge, innovation and economic geography. *Urban Studies*, 39(5-6): 871-884.

[120] Hudson, B. (1977) The new geography and the new imperialism: 1870-1918. *Antipode*, 9(2): 12-20.

[121] Hudson, R. (1994) *Globalization, Institutions, and Regional Development in Europe*. Oxford University Press.

[122] Hudson, R. (1999) "The learning economy, the learning firm and the learning region" a sympathetic critique of the limits to learning. *European Urban and Regional Studies*, 6(1): 59-72.

[123] Huntington, E. (1915) *Climate and Civilization*. Harper & Bros.

[124] Isaksen, A., M. Trippl (2014) Regional industrial path development in different regional innovation systems: a conceptual analysis. Papers in Innovation Studies.

[125] Isard, W. (1956) *Location and Space-Economy*. MIT Press.

[126] Isard, W. (1960) *Methods of Regional Analysis*. Рипол Классик.

[127] Johnston, R., J. D. Sidaway (2015) *Geography and Geographers: Anglo-American Human Geography since 1945*. Routledge.

[128] Keeble, D., C. Lawson, B. Moore, et al. (1999) Collective learning processes, networking and "institutional thickness" in the Cambridge region. *Regional Studies*, 33(4): 319-332.

[129] Kelly, P. F. (2002) Spaces of labour control: comparative perspectives from Southeast Asia. *Transactions of the Institute of British Geographers*, 27(4): 395-411.

[130] King, L. J. (1961) A multivariate analysis of the spacing of urban settlements in the United States. *Annals of the Association of American Geographers*, 51(2): 222-233.

[131] Klepper, S. (2007) Disagreements, spinoffs, and the evolution of Detroit as the capital of the US automobile industry. *Management Science*, 53(4): 616-631.

[132] Knos, D. S. (1962) Distribution of land values in Topeka, Kansas. Center for Research in Business.

[133] Krugman, P. (1991) Increasing returns and economic geography. *Journal of Political Economy*, 99(3): 483-499.

[134] Krugman, P., A. J. Venables (1995) Globalization and the inequality of nations. *The Quarterly Journal of Economics*, 110(4): 857-880.

[135] Langley, P. (2008) *The Everyday Life of Global Finance: Saving and Borrowing in Anglo-America*. OUP Oxford.

[136] Leach, W. R. (1984) Transformations in a culture of consumption: women and department stores, 1890-1925. *The Journal of American History*, 71(2): 319-342.

[137] Leyshon, A. (1995) Geographies of money and finance I. *Progress in Human Geography*, 19(4): 531-543.

[138] Leyshon, A. (1997) Geographies of money and finance II. *Progress in Human Geography*, 21(3): 381-392.

[139] Leyshon, A. (1998) Geographies of money and finance III. *Progress in Human Geography*, 22(3): 433-446.

[140] Leyshon, A., R. Lee, C. C. Williams (2003) *Alternative Economic Spaces*. SAGE.

[141] Liu, W., D. Lu (2002) Rethinking the development of economic geography in mainland China. *Environment and Planning A*, 34(12): 2107-2126.

[142] Livingstone, D. (1993) *The Geographical Tradition: Episodes in the History of a Contested Enterprise*. Wiley-Blackwell.

[143] Lösch, A. (1940) *Die räumliche Ordnung der Wirtschaft: eine Untersuchung über Standort, Wirtschaftsgebiete und internationalen Handel*. G. Fischer.

[144] Lundvall, B.-Å. (1992) *National Systems of Innovation: Toward a Theory of Innovation and Interactive Learning*. Anthem Press.

[145] Mackinnon, D. (2009) Institutionalism/Institutional geographies. In Kitchin, R., N. Thrift (eds.), *International Encyclopedia of Human Geography*. Elsevier.

[146] MacKinnon, D., A. Cumbers, K. Chapman (2002) Learning, innovation and regional development: a critical appraisal of recent debates. *Progress in Human Geography*, 26(3): 293-311.

[147] MacKinnon, D., A. Cumbers, A. Pike, et al. (2009) Evolution in economic geography: institutions, political economy, and adaptation. *Economic Geography*, 85(2): 129-150.

[148] Mai, C. C. (1981) Optimum location and the theory of the firm under demand uncertainty. *Regional Science and Urban Economics*, 11(4): 549-557.

[149] Martin, R. (1999) The new "geographical turn" in economics: some critical reflections. *Cambridge Journal of Economics*, 23(1): 65-91.

[150] Martin, R. (2002a) *Financialization of Daily Life*. Temple University Press.

[151] Martin, R. (2002b) Institutional approaches in economic geography. *A Companion to Economic Geography*, 145(9): 77-94.

[152] Martin, R. (2010) Roepke lecture in economic geography-rethinking regional path dependence: beyond lock-in to evolution. *Economic Geography*, 86(1): 1-27.

[153] Martin, R., P. Sunley (1996) Paul Krugman's geographical economics and its implications for regional development theory: a critical assessment. *Economic Geography*, 72(3): 259-292.

[154] Martin, R., P. Sunley (2001) Rethinking the "economic" in economic geography: broadening our vision or losing our focus? *Antipode*, 33(2): 148-161.

[155] Martin, R., P. Sunley (2006) Path dependence and regional economic evolution. *Journal of Economic Geography*, 6(6): 395-437.

[156] Martin, R., P. Sunley (2015) On the notion of regional economic resilience: conceptualization and explanation. *Papers in Evolutionary Economic Geography*, 15(1): 1-42.

[157] Mason, C. (2008) Entrepreneurial dynamics and the origin and growth of high-tech clusters. In Charlie, K. (ed.), *Handbook of Research on Innovation and Clusters: Cases and Policies*. Edward Elgar.

[158] Massey, D. B. (1984) *Spatial Divisions of Labor: Social Structures and the Geography of Production*. Psychology Press.

[159] Massey, D. B., J. Allen, P. Sarre (1999) *Human Geography Today*. JSTOR.

[160] Massey, D. B., R. A. Meegan (1982) *The Anatomy of Job Loss: The How, Why, and Where of*

[161] McCarty, H. H. (1954) An approach to a theory of economic geography. *Economic Geography*, 30(2): 95-101.

[162] McCarty, H. H., J. C. Hook, D. S. Knos (1956) *The Measurement of Association in Industrial Geography*. DTIC Document.

[163] McDowell, L. (1997) *Capital Culture: Gender at Work in the City*. John Wiley & Sons.

[164] McDowell, L., D. Massey (1984) A woman's place. In Massey, D., J. Allen, J. Anderson (eds.), *Geography Matters! A Reader*. Cambridge University Press.

[165] Miller, D. (2013) *A Theory of Shopping*. John Wiley & Sons.

[166] Mills, E. S. (1967) An aggregative model of resource allocation in a metropolitan area. *The American Economic Review*, 57(2): 197-210.

[167] Mitchell, D. (1996) *The Lie of the Land: Migrant Workers and the California Landscape*. University of Minnesota Press.

[168] Morgan, K. (1997) The learning region: institutions, innovation and regional renewal. *Regional Studies*, 31(5): 491-503.

[169] Morrill, R. L., W. L. Garrison (1960) Projections of interregional patterns of trade in wheat and flour. *Economic Geography*, 36(2): 116-126.

[170] Morrison, A., L. Cusmano (2015) Introduction to the special issue: globalisation, knowledge and institutional change: towards an evolutionary perspective to economic development. *Tijdschrift Voor Economische En Sociale Geografie*, 106(2): 133-139.

[171] Muth, R. (1969) Cities and housing: the spatial patterns of urban residential land use. University of Chicago Press, 4: 114-123.

[172] Neffke, F., M. Hartog, R. Boschma, et al. (2014) Agents of structural change. The role of firms and entrepreneurs in regional diversification. *Papers in Evolutionary Economic Geography*, 94(5): 23-48.

[173] Neffke, F., M. Henning (2013) Skill relatedness and firm diversification. *Strategic Management Journal*, 34(3): 297-316.

[174] Neilson, J., B. Pritchard, H. W.-C. Yeung (2014) Global value chains and global production networks in the changing international political economy: an introduction. *Review of International Political Economy*, 21(1): 1-8.

[175] Nelson, R. R. (1995a) Co-evolution of industry structure, technology and supporting institutions, and the making of comparative advantage. *International Journal of the Economics of Business*, 2(2): 171-184.

[176] Nelson, R. R. (1995b) Recent evolutionary theorizing about economic change. *Journal of Economic Literature*, 33(1): 48-90.

[177] Nooteboom, B. (2000) *Learning and Innovation in Organizations and Economies*. OUP Oxford.

[178] O'Brien, R. (1992) *Global Financial Integration: the End of Geography*. Royal Institute of International Affairs.

[179] Odland, J. (1976) The spatial arrangement of urban activities: a simultaneous location model. *Environment and Planning A*, 8(7): 779-791.

[180] Ottaviano, G. I. (2010) "New" new economic geography: firm heterogeneity and agglomeration

economies. *Journal of Economic Geography*, 11(2): 231-240.
[181] Pahl, R. E. (1969) Urban social theory and research. *Environment and Planning A*, 1(2): 143-153.
[182] Peck, J. (1996) *Work-place: The social Regulation of Labor Markets*. Guilford Press.
[183] Peck, J., A. Tickell (1995) The social regulation of uneven development: "regulatory deficit", England's South East, and the collapse of Thatcherism. *Environment and Planning A*, 27(1): 15-40.
[184] Peck, J., H. W. C. Yeung (2003) *Remaking the Global Economy: Economic-Geographical Perspectives*. SAGE.
[185] Peet, R. (1971) Poor, hungry America. *The Professional Geographer*, 23(2): 99-104.
[186] Peet, R. (1975) Inequality and poverty: a marxist-geographic theory. *Annals of the Association of American Geographers*, 65(4): 564-571.
[187] Peet, R. (1977) *Radical Geography: Alternative Viewpoints on Contemporary Issues*. Maaroufa Press.
[188] Peet, R., E. Hartwick (1999) *Theories of Developmen*. Guilford Publications.
[189] Pike, A., K. Birch, A. Cumbers, et al. (2009) A geographical political economy of evolution in economic geography. *Economic Geography*, 85(2): 175-182.
[190] Pike, A., D. MacKinnon, A. Cumbers, et al. (2016) Doing evolution in economic geography. *Economic Geography*, 92(2): 123-144.
[191] Pike, A., A. Rodríguez-Pose, J. Tomaney (2010) *Handbook of Local and Regional Development*. Routledge.
[192] Piore, M. J., C. F. Sabel (1984) *The Second Industrial Divide: Possibilities for Prosperity*. Basic books.
[193] Plummer, P., E. Sheppard (2001) Must emancipatory economic geography be qualitative? *Antipode*, 33(2): 194-199.
[194] Polenske, K. R. (2007) *The Economic Geography of Innovation*. Cambridge University Press.
[195] Pred, A. (1967) Behavior and location, part I. *Lund Studies in Geography*, Series B: 27.
[196] Quaas, M., A. Lange (2004) Economic geography and urban environmental pollution. Discussion Paper Series, University of Heidelberg, Department of Economics.
[197] Ratzel, F. (1882) *Anthropo-Geographie*. J. Engelhorn.
[198] Ratzel, F. (1897) *Politische Geographie*. Рипол Классик.
[199] Rauscher, M. (2005) International trade, foreign investment, and the environment. *Handbook of Environmental Economics*, 3(5): 1403-1456.
[200] Rimmer, P. J., D. K. Forbes (1982) Underdevelopment theory: a geographical review. *The Australian Geographer*, 15(4): 197-211.
[201] Robson, A. J. (1976) Two models of urban air pollution. *Journal of Urban Economics*, 3(3): 264-284.
[202] Rodríguez-Pose, A. (2001) Killing economic geography with a "cultural turn" overdose. *Antipode*, 33(2): 176-182.
[203] Rose-Ackerman, S. (1975) Racism and urban structure. *Journal of Urban Economics*, 2(1): 85-103.
[204] Sack, R. D. (1974) The spatial separatist theme in geography. *Economic Geography*, 50(1): 1-19.
[205] Schaefer, F. K. (1953) Exceptionalism in geography: a methodological examination. *Annals of the Association of American geographers*, 43(3): 226-249.
[206] Schumpeter, J. A. (1934) *The Theory of Economic Development: An Inquiry into Profits, Capital, Credit, Interest, and the Business Cycle*. Transaction Publishers.

[207] Schumpeter, J. A. (1961) *The Theory of Economic Development: An Inquiry into Profits, Capital, Credit, Interest, and the Business Cycle.* Translated by Redvers Opie. Harvard University Press.

[208] Scott, A. J. (1986) High technology industry and territorial development: the rise of the Orange County complex, 1955-1984. *Urban Geography*, 7(1): 3-45.

[209] Scott, A. J. (1988) *New Industrial Spaces: Flexible Production Organization and Regional Development in North America and Western Europe.* Pion Ltd.

[210] Scott, A. J. (2000) Economic geography: the great half-century. *Cambridge Journal of Economics*, 24(4): 483-504.

[211] Scott, A. J. (2004) A perspective of economic geography. *Journal of Economic Geography*, 4(5): 479-499.

[212] Scott, A. J. (2006) Creative cities: conceptual issues and policy questions. *Journal of Urban Affairs*, 28(1): 1-17.

[213] Semple, E. C. (1911) *Influences of Geographic Environment, on the Basis of Ratzel's System of Anthropo-Geography.* H. Holt.

[214] Shachar, A. (1997) Economic globalization and urban dynamics. In Moulaert, F., A. J. Scott (eds.), *Cities, Enterprises and Society on the Eve of the 21st Century.* Pinter, London.

[215] Siebert, H. (1985) Spatial aspects of environmental economics. *Handbook of Natural Resource and Energy Economics*, 1(85): 125-164.

[216] Smith, S. J., M. Munro, H. Christie (2006) Performing (housing) markets. *Urban Studies*, 43(1): 81-98.

[217] Soete, L., B. Verspagen, B. Ter Weel (2010) Systems of innovation. In Hall, B. H., N. Rosenberg (eds.), *Handbook of the Economics of Innovation.* North-Holland.

[218] Soja, E. W. (1980) The socio-spatial dialectic. *Annals of the Association of American Geographers*, 70(2): 207-225.

[219] Soja, E., R. Morales, G. Wolff (1983) Urban restructuring: an analysis of social and spatial change in Los Angeles. *Economic Geography*, 59(2): 195-230.

[220] Solow, R. M. (1973) On equilibrium models of urban location. Essays in modern economics.

[221] Soyez, D., C. Schulz (2008) Facets of an emerging environmental economic geography (EEG). *Geoforum*, 39 (1): 17-19.

[222] Storper, M. (1995) The resurgence of regional economies, ten years later the region as a nexus of untraded interdependencies. *European Urban and Regional Studies*, 2(3): 191-221.

[223] Storper, M. (1997a) *The Regional World: Territorial Development in a Global Economy.* Guilford Press.

[224] Storper, M. (1997b) Territories, flows, and hierarchies in the global economy. In K. R. Cox (ed.), *Spaces of Globalization: Reasserting the Power of the Local.* Guilford Press.

[225] Storper, M., R. Walker (1989) *The Capitalist Imperative: Territory, Technology, and Industrial Growth.* Blackwell.

[226] Swyngedouw, E. (1997) Neither global nor local: "glocalization" and the politics of scale. *Spaces of Globalization: Reasserting the Power of the Local*, 115-136.

[227] Tanner, A. N. (2014) Regional branching reconsidered: emergence of the fuel cell industry in European regions. *Economic Geography*, 90(4): 403-427.

[228] Thomas, E. N. (1960) Areal associations between population growth and selected factors in the Chicago urbanized area. *Economic Geography*, 36(2): 158-170.

[229] Thrift, N., K. Olds (1996) Refiguring the economic in economic geography. *Progress in Human Geography*, 20(3): 311-337.

[230] Von Thünen, J. H. (1826) *Isolated State: An English Edition of Der isolierte Staat*. Pergamon.

[231] Walby, S., P. Bagguley (1989) Gender restructuring: five labour-markets compared. *Environment and Planning D: Society and Space*, 7(3): 277-292.

[232] Walker, R. (1981) *Theory of Suburbanization: Capitalism and the Construction of the Urban Space in the United States*. Methuen.

[233] Walker, R. A. (1985) Is there a service economy? The changing capitalist division of labor. *Science & Society*, 49(1): 42-83.

[234] Walker, R., M. Storper (1981) Capital and industrial location. *Progress in Human Geography*, 5(4): 473-509.

[235] Wallerstein, I. (1979) *The Capitalist World-economy*. Cambridge University Press.

[236] Weaver, J. C. (1943) Climatic relations of American barley production. *Geographical Review*, 33(4): 569-588.

[237] Weber, A. (1909) *Ueber den standort der industrien*. Рипол Классик.

[238] Whitbeck, R. H. (1914) Review of J. Russell Smith's industrial and commercial geography. *Bulletin of the American Geographical Society*, 46: 540-541.

[239] Whitbeck, R. H., V. C. Finch (1924) *Economic Geography*. McGraw-Hill Book Company, Incorporated.

[240] White, M. J. (1976) Firm suburbanization and urban subcenters. *Journal of Urban Economics*, 3(4): 323-343.

[241] Wills, J., R. Lee (1999) *Geographies of Economies*. Routledge.

[242] Wolff, J. (1985) The invisible flâneuse. Women and the literature of modernity. *Theory, Culture & Society*, 2(3): 37-46.

[243] Wolpert, J. (1964) The decision process in spatial context 1. *Annals of the Association of American Geographers*, 54(4): 537-558.

[244] Yeung, H. W. C. (2005) Rethinking relational economic geography. *Transactions of the Institute of British Geographers*, 30(1): 37-51.

[245] Yeung, H. W. C., N. M. Coe (2015) Toward a dynamic theory of global production networks. *Economic Geography*, 91(1): 29-58.

[246] 刘卫东、金凤君、张文忠等："中国经济地理学研究进展与展望",《地理科学进展》, 2011 年第 12 期, 第 1479~1487 页。

[247] 陆大道:"50 年来我国经济地理学的发展",《经济地理》, 2000 年第 1 期, 第 1~6 页。

[248] 陆大道:"论区域的最佳结构与最佳发展——提出'点—轴系统'和'T'形结构以来的回顾与再分析",《地理学报》, 2001 年第 2 期, 第 127~135 页。

[249] 吴传钧:"经济地理学——生产布局的科学",《科学通报》, 1960 年第 19 期, 第 594~596 页。

[250] 吴传钧:《人地关系与经济布局:吴传钧文集》, 学苑出版社, 2008 年。

[251] 杨吾扬、梁进社:《高等经济地理学》, 北京大学出版社, 1997 年。

[252] 张雷、菠阳、刘卫东等："中国工业地理学的回顾与展望——建所 70 周年工业地理学研究成果与发展前景"，《地理科学进展》，2011 年第 4 期，第 426～432 页。
[253] 张雷、陆大道："我国 20 世纪工业地理学的发展"，《地理学报》，1999 年第 5 期，第 391～400 页。

第二章 经济地理学研究方法论

引　言

　　西方经济地理学是社会科学的一部分。近百年以来，西方社会科学在发展过程中受到多种哲学思潮的影响，经济地理学也不例外。从整个发展历程来看，在发展早期，经济地理学者主要采用经验主义研究方法开展商业地理学、环境决定论以及区域地理学研究，通过实地考察将自己的所见所闻记录下来，通过一定的归纳概括形成自己的看法。20 世纪 20~30 年代，维也纳学派在孔德实证主义哲学的基础上逐步发展形成逻辑实证主义，其很快成为被广为接受的科学研究方法。第二次世界大战以后，实证主义研究方法传入经济地理学之中。在经济地理学的计量革命运动中，学者们普遍采用实证主义及数量方法来进行科学研究。他们以一种机械方式来认识世界，试图以揭示机械世界运动定律的方式来解释经济地理现象。20 世纪 60~70 年代，国际形势的动荡使得马克思主义重新回归到哲学及社会科学研究之中。地理学者哈维将马克思主义引入激进地理学，促进了经济地理学转向结构马克思主义。马克思主义地理学者已不满足于世界的表象，而希望揭示现象背后的本质。到 80 年代以后，伴随着经济地理学对地方发展的重视，结构化理论以及批判实在论曾短暂地出现在经济地理学的论述与研究之中，它们促进了研究者对主体能动性和经济活动社会情境的重视。

　　哲学领域在 20 世纪 60 年代就开始出现建构主义，强调主体的习惯化、制度化、客体化和社会化的建构过程，这些思想与经济地理学制度转向过程一脉相承，都是强调特定时空背景下经济活动如何被制度化的过程。到 80 年代，建构主义在哲学和社会科学界已愈加明显，学者们不再将世界看作是客观存在的，等待着人们去发现关于它的规律，而开始将世界看作是被人们通过语言、符号、话语和实践等建构出来的，这些思想体现在整个哲学及社会科学的文化转向之中。人文地理学尤其是文化和社会地理学受到了文化转向的影响，20 世纪 90 年代，经济地理学者开始呼吁并推动经济地理学的文化转向，自此，后现代主义、后结构主义以及女性主义研究方法开始出现在经济地理学研究之中，促进了经济地理学研究方法多元化发展。最近十几年来，在哲学及社会科学的建构主义中，旨在破除主客二分法的关系思维开始兴起。新世纪前后人文地理学界开始吸收这些思想，呼吁采用一种关系思维来进行思考。他们引入了行动者—网络等关系理论，推动了经济地理学中的关系转向。

第一节　科学研究方法论范式

当今社会科学领域存在的许多方法论的纷争，从本体论立场上可以划分为两类，即客观主义和建构主义。客观主义是一种本体论立场，其大体具有实在论的特点，相信存在一个独立于个体的外部世界，遵循着机械决定论法则。社会科学研究就是要通过科学方法来获得与外部世界的对象相一致的规律性知识，如同一面镜子真实地反映和再现客观世界的对象及其运动，实证主义是这一认识方式的典型代表。此外，结构马克思主义和批判实在论在本体论上都预设了一个独立于人们知识的和等待被认知的客观世界，同样具有实在论的特点。一些客观主义立场较强的学者认为，社会实在规律性和因果关系不会随着地点和时间变化而变化，这种认识一般被称作绝对客观主义。

在当代社会科学领域，建构主义则已成为一股颠覆实证主义和实在论的力量，它拒绝承认本体论中具有客观规律性实体的假设，否认社会现实本身存在不变的本质特征和普遍的必然规律，反对将社会科学的认识视为一种无条件的客观认识。建构主义者多将社会现实本身看作是一种历史性的经验构建。从地理学的角度看，社会现实本身还可以看作是在特定历史地理情境下被社会建构出来的。在一个主观和客观二分法的框架下，社会建构必须涉及其建构的主体与客体以及语言、符号、话语和实践等建构手段，这些内容包含在了建构主义发展的前两个阶段，即基于主体视角的早期阶段以及后期结构、后现代主义为特点的第二阶段。建构主义发展的第三阶段则进入了关系主义阶段，开始突破主客二分法，以关系来取代实体，并在一种过程的视野中将社会现实视为社会历史性的关系事件。总体而言，在建构主义中由于不同的主体可以根据其自身的思想、信念以及利益等进行社会建构，从而可以形成不同的社会现实。因此，社会现实本身都是相对的，这种思想多被称为建构相对主义。

社会科学研究方法还存在其他划分方法。例如德国著名哲学家和社会学家尤尔根·哈贝马斯（Jurgen Habermas）将这些研究方法划分为经验—分析方法、历史—解释方法和批判性方法。经验—分析方法以经验主义和实证主义为核心；历史—解释方法是在探究研究者或社会个体对客观世界的认知时所使用的方法论，如行为主义、现象学、存在主义等；批判性方法则包含马克思主义、后现代主义、后结构主义和女性主义等，其批判的目的在于解放思想，从而改造社会。在地理学领域，当代著名人文地理学者罗纳德·约翰斯顿（Ronald Johnston）在《哲学与人文地理学》一书中，将人文地理学的研究方法划分为经验主义、实证主义、人本主义和结构主义，并指出各研究方法的本体论、认识论和方法论。由于写作时间较早，当代人文地理学中具有建构主义传统的后结构主义、后现代主义和女性主义等研究视角未包含在本书中。

第二节　经济地理学研究方法论：客观主义

一、经验主义

1. 英国经验主义

人类如何获取知识这一问题从古希腊时期就一直存在争论，争论的双方可归结为理性主义和经验主义。理性主义一般认为理性是人们可靠知识的源泉，例如在先验命题的基础上经过不断的逻辑推演而获得知识。经验主义则与理性主义针锋相对，经验主义者一般会认为经验才是人类知识的根本来源，如果不通过感官体验，人们心中将一无所有。经验主义的集大成者是 17 世纪英国哲学家和政治思想家约翰·洛克（John Locke）。当然在洛克之前，弗朗西斯·培根（Francis Bacon）、托马斯·霍布斯（Thomas Hobbes）对经验主义的建立和发展做出了贡献。培根是英国近代经验主义哲学的开创者，他的经验论哲学思想成就主要体现在两个方面：一方面，他认为对事物进行认识需要注意方法论的研究，强调了经验归纳法；另一方面，他在对自然科学研究的基础上提出知识来源于感觉的思想，极大地打击了封建神学和经院哲学。培根的思想以承认客观外部世界为前提，所以，他的经验主义哲学具有唯物主义的特点。霍布斯继承了培根的思想，提出了机械唯物论。

洛克是近代唯物主义经验论哲学的完成者，系统地阐述了观念起源于对外界事物的感知。在 17 世纪，勒内·笛卡尔（René Descartes）的天赋观念论是理性主义的典型代表，这一理论把人的知识起源于后天经验的观点视为错误，而认为在人的心灵中本来就存在一些清楚明白的观念，比如逻辑规律、几何学公理、上帝等，这些观念都是天赋的，即与生俱来的。天赋观念论在 17 世纪的哲学界颇为流行。洛克的经验主义是针对理性主义而形成的。洛克在批判天赋观念论的基础上确立了经验主义的基本原则，即一切知识都来源于经验。他把人的脑袋形容为一张白板，经验将它塑造，不同经验将塑造出不同观念。人的观念有两个来源：一是感觉，另一个是思维或反省。感觉是指人们的感官对外界物象刺激的感受，构成了我们大部分观念的来源；反省则是各种心理活动，以思考、推理、相信、怀疑等方式来处理它所得到的各种单一感官观念。感觉是一种外在经验，以外物为对象；反省是一种内在经验，以心灵为对象。感觉得到的观念在先，反省得到的观念在后，因为心灵必须在对外物进行感知的基础上才能反观自身。可见在洛克看来，知识始于感知，通过反省而发展。

大卫·休谟（David Hume）是近代经验主义的最后一位代表，他否定了理性主义者的因果关系论，分析了归纳法的问题，最终将经验主义引向怀疑论。休谟认为人类有两种知觉，分别为印象和观念。印象是对外界实在的直接感受，观念是对印象的回忆。只要观念中具有确定的性质，观念之间就会被相互联想。联想可以通过记忆力和想象力来实现。记忆力就犹如被开水烫的例子，想象力就犹如将黄金和街道这两个不相关的事物关联起来，创造了黄金大街的观念。能够建立起联想的概念大多数满足了以下要求，即要么它们具有相似性，要么它们具有时间和空间上的连接性，要么它们具有因果性。休谟认为在这三个条件中，因果性与知识关系最大，存在因果性才能说明知识是有效的，但是因果性并非理性主义中通过逻辑推理得到的因果关系，而是人们在想象的过程中一个观念能够迅速地唤起另一个观念，是两个观念之间建立的一种恒常联结，是人们心中的一种期待。人们之所以相信因果关系并非因为因果关系是自然的本质，而是由我们所养成的心理习惯和人性所造成的。

休谟在此基础上将人类知识的对象分为两类，即观念的联结和实际的真相。观念的联结具有普遍必然性并且符合逻辑，但它们并没有任何经验内容，只是纯粹的形式，并非真正的知识，例如数学；实际的真相，例如自然科学中的知识是真实的知识，建立在经验基础之上并且具有因果性，但是缺乏普遍必然性。休谟认为具有普遍必然性的知识是不可能的，说明理性自身中的知识只与自身有关而与外部事物无关，这样的知识虽然有普遍必然性，但被限制在极其狭小的范围。理性主义试图从理性固有原则推演人类全部知识的理想破灭了。从经验主义来看，通过经验归纳法为科学知识寻求根据不可能产生普遍必然性。

2. 经验主义研究步骤

经验主义者多认为事实自己会说话而无须首先建立理论，他们坚持科学只关心客观事物，认为人们的价值观和意图等规范问题被排除在科学研究之外。经验主义研究的大致思路是人们通过感官感受到外部世界杂乱的事物，然后通过定义、分类与度量将杂乱的事物变为有条理的事物。地理学的经验研究，是将复杂的空间现象整理为有条理的空间现象，然后进行归纳概括并在此基础上建立空间法则和理论（图 2-1）。按照经验主义，研究基本到此就结束了，因为经验主义多认为事实本身就已表明了实际，因而并不需要再进行理论解释。然而在实际研究过程中，研究者往往还会从经济学、社会学、人类学、政治学及文化研究等社会科学中吸收相关理论，然后从逻辑上解释空间法则和理论。

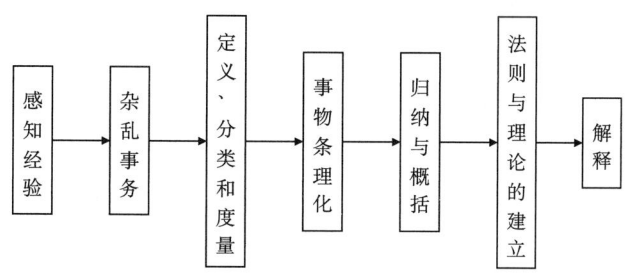

图 2-1　经验主义研究步骤

3. 环境决定论与区域地理学

经济地理学早期的研究，如商业地理学、环境决定论和区域地理学，基本都采用了经验主义研究方法。商业地理学时期，经济地理学多收集一些散乱的地理信息，如什么商品在哪里生产、如何运输等，并没有将其条理化而形成知识。拉采尔提出环境决定论和国家有机体学说时，则是在野外考察的基础上归纳出他的学术结论。区域地理学研究同样强调经验主义的运用，例如赫特纳的区域地理分析大纲提出要将地理位置、地质、地貌、气候、植被、自然资源、定居过程、人口分布、经济、交通和政治等经验要素记录下来，然后建立一个因果顺序，且每个论题探讨人与自然的关系。

二、实证主义

1. 孔德实证主义哲学

（1）知识发展与组织

实证主义创立者是法国著名哲学家奥古斯特·孔德（Auguste Comte）。他从 1830 年开始陆续出版了六卷的《实证哲学教程》，创立的实证主义学说是西方哲学由近代转入现代的重要标志。孔德将人类社会发展分为三个阶段：第一个阶段为神学阶段，人们用各种超自然的神或灵魂来解释自然现象，如地震、闪电等都有各自的神来负责，每条河流、每片大地、每种动物也都有相应的神或灵魂，这些神或灵魂都需要得到尊重与敬畏，即拜物教；第二阶段为形而上学阶段，可以看作是对上一阶段的修正，世界仍然是由抽象的无法观察到的超自然力量来解释，例如一些由人们想象得到的自然法则，打破了对神或灵魂的崇拜，但仍然脱离社会实质；第三阶段为实证阶段，人们不再寻求超自然的力量，也不再在抽象的层面对无法观察到的想象的自然法则进行思辨与推理，而开始观察现实世界中的各种现象，寻找现实世界中各种现象之间的关系，从而阐述现实世界的运行法则与机制，并获得经验性的知识。

人类社会发展到实证阶段时存在许许多多的科学知识，孔德根据知识之间的关系对这些知识进行重新划分，划分后的各类知识连成一个统一而连贯的知识体系（图 2-2）。孔德将所有知识排列成一个由简单和一般到复杂和特殊的演变序列，并且后者对前者存在依赖关系。在孔德看来，数学是最一般的、最简化的、最纯的科学，是其他科学发展的基础。当然，人们观察世界的现象时，既存在无机界的现象，也存在有机界的现象，并且有机界是依赖于无机界的，因此，有机界的知识排列于无机界之后。在无机界内部，则进一步划分为天空物理学和陆地物理学，陆地物理学包括了物理学和化学。这最终形成了由数学、天文学、物理学、化学、生理学、社会物理学构成的知识体系。

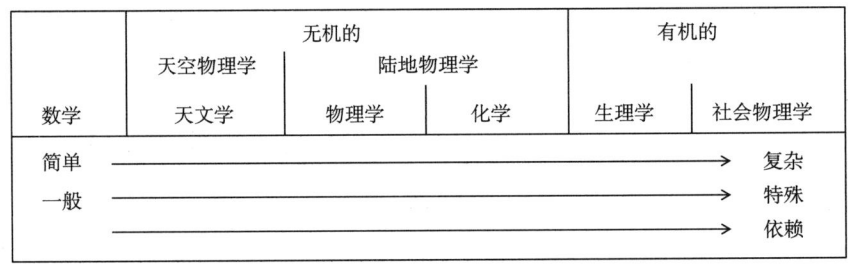

图 2-2 孔德的知识体系

（2）自然科学方法与"社会物理学"基础

在论述人类已进入实证阶段和对知识体系进行划分的基础上，孔德阐明了科学研究方法，即通过观察和推理来获取科学知识，这正是实证主义的核心。在他看来，人们根本无法知道现象的"本质"是什么，而只能知道现象之间存在的关系。如果人们在通过观察等手段进行经验研究时发现客观现象之间存在一种恒常关系，那么，他们就揭示了自然法则。这种自然法则是关于客观世界和外部世界的知识，这实际上首先预设了存在一个独立于人们主观的客观世界，是一种科学实在论的本体论预设。实证主义还预设了人们可以直接观察到所有现象，这与科学实在论的认识论立场相一致。实证主义哲学通过观察和推理来获取知识，也暗含了知识是相对的而不是绝对的，因为人们对现象的观察是不断进步的。但无论如何，实证主义哲学指导下的科学研究实际上是关于外部世界的知识，这显然不同于神学和形而上学阶段所形成的知识。在实证主义哲学的研究程序方面，孔德认为科学研究需用运用观察和数学方法来揭示世界运行的法则。尽管不同学科在观察方法方面各有侧重，但是科学的进步都体现在预测性的增强。能够对现象进行更加准确的预测就说明了我们更加有力地揭示了世界法则与规律。在这一情形下，尽管孔德反对将科学研究的最终目的看作是满足现实需求，但人们可以对世界进行干预，让世界变得更好。

在孔德生活的年代，天文学、物理学、化学和生理学都已经进入实证主义阶段，孔德倡议要在这些学科的基础上建立实证主义社会物理学。在孔德看来，自然世界和人类社会并没有太大差别，研究自然世界的方法同样适用于研究人类社会，可以用研究自然科学的方法来研究人类社会。孔德对自然科学的研究方法是一种客观描述。但孔德对社会物理学研究方法的倡议并不是客观描述，而是告诉人们社会科学的研究方法应该同自然科学的研究方法相一致，是应该怎么做的问题，而不是现在就在那么做的问题。

孔德对社会物理学研究方法的倡议并非毫无缘由。他生活的那个年代正处于法国大革命爆发之时，宗教式理念及其所创造的知识体系仍然被大多数人看作是社会发展的基础，而这些宗教式理念是造成社会动荡不安的重要因素。建立社会物理学，实质上是想将人们从宗教式理念及其政治运动中解放出来，告诉人们社会发展有其自身的规律，人们的行动并不应该基于宗教式理念，而是应该符合社会发展的客观规律。在实证主义哲学看来，基于宗教式理念的社会运动实际上破坏了社会发展的规律。因此，孔德提出在建立社会物理学时要将其他自然科学的知识整合到社会物理学中，从而最终研究出整个社会的运行规律。当人们知道社会运行的规律时，便更容易达成共识，采取的行动更可以与社会发展的规律相一致，良好的社会秩序才得以形成，社会稳定与进步才得以实现。

孔德还区分了静态与动态的科学研究，社会物理学有静态的一面，但更多地体现为动态的一面。在研究社会发展变化时应采取一种历史观察法，即研究最先进地区的社会发展演变，如西欧白人国家。因为如果社会发展存在规律性，则研究先进地区的社会发展过程可以为落后地区的发展提供指导，从而确保人们采取行动的正确性与社会干预的适当性并避免社会动荡。这些观点在现在看来可能不一定妥当，但是应该认识到它在孔德生活的那个年代是进步的。总体而言，孔德重要的贡献在于告诉了人们：社会运行可能如同自然界一样存在一定的法则与规律，社会科学的研究方法也可以像研究物理学等自然科学一样。这将人们的思想从宗教式的思考中解放了出来。

2. 维也纳学派的逻辑实证主义

孔德为实证主义的发展奠定了基础。进入 20 世纪以来，维也纳学派在继承孔德思想的基础上逐步形成了逻辑实证主义，地理学在计量革命时期主要是将逻辑实证主义付诸实践。20世纪20~30年代,许多哲学家、科学家以及数学家在维也纳大学从事教学和科研工作,他们逐步形成了维也纳学派,其核心成员为莫里茨·希克（Moritz Schlick）,其他的学者还包括了诸如鲁道夫·卡尔纳普（Rudolf Carnap）、汉斯·哈恩（Hans Hahn）、奥托·诺伊拉特（Otto Neurath）、菲利普·弗兰克（Philipp Frank）等。20世纪著名的哲学家路德维希·维特根斯坦（Ludwing Wittgenstein）也与维也纳学派有较强的联系,并对维也纳学派产生了一定影响。1929年,卡尔纳普等人出版《维也纳学派:科学的世界观》,标志着维也纳学派正式形成。尽管逻辑实证主义内部存在一些争论,但他们多认同科学世界观,认为科学要讲证据和推理,并且科学可以为组织经济社会生活提供理性基础。但科学要讲证据和推理的话语挑战了种族主义与法西斯主义政治的基础,20世纪30年代以后随着纳粹势力的扩张,维也纳学派的成员逐渐离开奥地利来到美国与英国等国家。在美国和英国为了适应新的学术环境,逻辑实证主义者逐渐去政治化并将自己的领域收缩到科学哲学领域,逐步演变成为逻辑经验主义。二者尽管存在一些差异,但经常混用。

维也纳学派的哲学既有孔德实证主义的逻辑分析传统,也有休谟的经验主义的传统,但拒绝形而上学。逻辑实证主义主要通过关注语言和意义来划分科学与形而上学的界限。首先需要关注逻辑实证主义两方面的问题,科学的统一性和对意义的证实。第一方面,在孔德的逻辑实证主义中,科学的统一性体现在两方面:①后面的科学要依靠前面的科学所得到的规律,数学是最基础的,而社会物理学是最终的;②科学方法的统一性。而在逻辑实证主义者看来,科学统一性体现在语言统一性,即可以用一套统一的语言来展现所有学科的科学规律,这套统一的语言可以贯穿于不同学科之间。第二方面是对意义的证实。逻辑实证主义主要关注陈述性语句,而非其他类型的语句,如提问或命令。陈述性语句可以分为两种:第一种是分析性的陈述,即语义的逻辑正确即可,如"爵士乐是一种音乐",这种陈述也被称作先验性的知识,独立于人们的经验,多归于逻辑学和数学的范畴;第二种是综合陈述,陈述的正确与否取决于世界的状态,例如"今年下雪了""全球人口增长了",这种陈述是一种后验性的知识,它的正确与否要依赖于经验,归属于经验科学的范畴。对于逻辑实证主义者来说,综合陈述的正确与否可以进行经验检验,从而对人们产生认知意义。但如果一种陈述无法被验证,如上帝是存在的,那么它对人们来说就不能提供认识意义。这正是逻辑实证主义者拒绝形而上学的原因——形而上学不能提供认知意义。

总体而言,逻辑实证主义通过关注语言,提出了科学统一性和意义证实原理。人类感知是获取知识的基础,对于一个陈述而言,只有我们可以通过感知才能验证它是否正确,它才会对人类产生认知意义。所以,对逻辑实证主义来说,第一步是要建立有关科学的统一的语言。当然，逻辑实证主义实际上仅能告诉我们是什么的问题，而无法回答应该是什么或我们应该怎么做的问题。例如，一些有关道德和品德的陈述在逻辑实证主义者看来是没有意义的，但当我们在处理实际问题时总会遇到应该是什么、应该怎么做的问题，这是逻辑实证主义无法回答的。

3. 波普尔批判理性主义

卡尔·波普尔（Karl Popper）是20世纪最伟大的哲学家之一，1902年出生于维也纳，20世纪20年代进入维也纳大学学习并与维也纳学派有关学者广泛接触。随着自身研究的深入，波普尔对逻辑实证主义逐步转向批判态度并提出了批判理性主义。波普尔注意到许多哲学家都在探讨知识来源于哪里，英国的经验主义者会说我们的知识来源于观察，以德国和法国为主的欧陆哲学家则认为知识来源于人们的理性。波普尔认为知识来源于哪里这一问题本身就有问题，真正的核心问题应该是我们如何确定我们获取的知识是正确的这一问题。在波普尔看来，我们创造的知识总会被后来证明是错误的，因此，只有我们不断创造知识，然后不断发现自己已创造知识的错误性，我们才能不断逼近客观真相，这就是批判理性主义的核心，它也被称为证伪主义。

（1）科学与非科学的分界

人类的知识总量是在不断增长的，有些是科学知识，有些并非科学知识，二者如何区分？波普尔认为，在20世纪20年代，学者们在进行经验研究时首先通过观察并运用归纳法将特殊现象一般化，从而形成理论和科学知识。问题在于占星术同样进行了大量观察和归纳，但却很难被看作是科学知识，可见逻辑实证主义的证实原则并不能区分科学与非科学。波普尔还考察了爱因斯坦的相对论、马克思主义理论、弗洛伊德的精神分析学和阿尔弗雷德·阿德勒（Alfred Adler）的个人心理学，发现就后面三个理论而言，任何观察都可以根据这些理论进行解析，并且任何观察都可进一步确认这些理论，但这无法证明这些理论就一定正确，即证实原则无法证伪，而事实上这些理论有可能是错误的。就相对论而言，一旦能通过事实证明他关于宇宙的预言是错误的，则相对论的整个理论体系都会崩塌。这一点对理解科学与伪科学的划分至关重要，即并非是证实了理论才是科学，因为其仍然有可能是错误的，只是现在我们还没有找到证据而已。只有理论可以被经验事实所证伪、所反驳时，它才可以被称作科学，即科学要服从可证伪原则而非证实原则。当我们不断去证伪时，我们就接近了真相。非科学的本质不在于它的正确与否，而是在于它的不可证伪性。

（2）归纳法的缺陷与演绎法的应用

在波普尔提出证伪主义之前，科学研究一般运用归纳法。但在波普尔看来，观察不太可能先于理论。不论人们意识到或者没有意识到，人们的观察实际上是依赖于理论的，人们观察什么实际上受到自己已有知识背景及其所产生的期待的影响,我们看到的东西实际上是我们自己期望可以看到的。因此,科学研究并非是从观察到理论,而应是从理论到观察。休谟早就指出归纳法存在逻辑上的漏洞,我们无法保证当前和过去的经验一定可以与未来的经验相一致。就科学理论而言,波普尔指出不论我们多少次用事实证明了理论的正确性,我们也不能保证未来的事实一定与理论相一致,即理论永远存在被未来经验事实所证伪的可能性,并且永远无法被完全证实。在分析科学与非科学的划分以及归纳法的缺陷的基础上,波普尔提出要使用演绎法,通过不断证伪人们提出的理论来生产科学知识。归纳法是从特殊到一般,而演绎法是从一般到特殊的过程。运用证伪主义进行科学研究要首先在一定理论的基础上大胆提出预测性的假设,然后不断运用经验事实来检验预测的准确性。这一方法的优点是,只要我们可以观察到一个事件不符合预测,就可以否定整个理论。我们通过不断的检验,不断的证伪,最终我们将接近事实真相(truth)。

4. 实证主义研究步骤

实证主义多采用演绎法,即首先通过感知经验获得真实世界的结构化映像,在此基础上提出先验的模式或命题,指出论证这些命题成立的前提条件或假设条件,提出变量的定义方法、分类方法以及度量方法;然后,将具体数据代入定义了的变量、议程或度量方法之中,如果通过检验则可以建立法则与理论,如果没有通过检验则回到之前的步骤;最后,对建立的法则与理论给出解释(图2-3)。当然,这是以前哈维给出的研究套路。就当前实证主义方法而言,一般首先根据文献或研究者的现实感觉提出有待验证的命题。实证主义讲究解决科学问题。所谓科学问题,一般是指从理论上推导出来的命题,往往包含一个因素对另一个因素的作用,如探究某种现象背后的机制等。

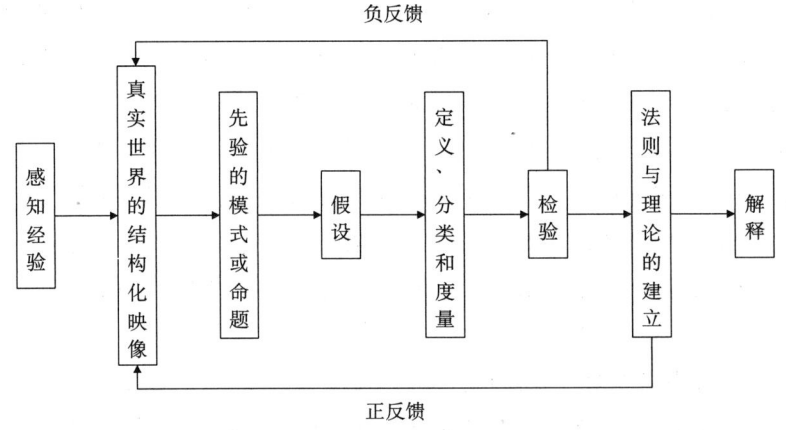

图 2-3 实证主义研究步骤

5. 实证主义与计量革命

20 世纪 30~50 年代，西方经济地理学的主流是由哈特向主导的区域地理学。区域地理学的方法论立场基本上是经验主义的，即重视从观察到归纳的方法，其基本途径就是各地事实的调查、收集、归纳整理和描述。地理现象被认为是独特的，无法通过一般规律加以解释。到 20 世纪 50 年代初期，一些富有哲学批判精神的地理学者不满足于区域地理学派与现代科学和实证主义哲学的格格不入，开展了对区域地理学派的理论基础和哲学方法论批判。率先开展对哈特向地理学例外论进行批判的是美国学者舍费尔，他于 1953 年发表了"地理学的例外论：一个方法论的探讨"（Schaefer，1953）。该文对地理学例外论的批判使地理学者跳出了独特性这个固步自封的窠臼，为地理学中的计量革命和实证主义方法论的兴起开辟了道路。

地理学中实证主义方法论的兴起与计量革命有着密切联系。地理学中的计量革命开始于美国。1955 年，美国著名地理学者加里森为了训练学习地理学的学生使用数学统计方法，在美国华盛顿大学开设了第一个研究生班，其学员如贝里、邦奇以及瑞典地理学者哈格斯特朗等，后来都成了推动计量革命发展的中坚力量。与此同时，加里森陆续发表了他在地理研究中应用数理统计、空间分析、区位模型等方法的著作，并出版了《计量地理学》教材。接着，美国爱荷华大学和俄亥俄大学等地理学者也纷纷进行有关研究，开设计量地理学课程。随后，以芝加哥大学为中心掀起了用数学方法分析地理问题、建立理论模型和检验方法的地理学定量化研究高潮。20 世纪 60 年代，这一新的研究方法从美国传到欧洲并迅速遍布全世界。地理学开始了历史上前所未有的革命运动，美国学者鲍顿称之为"计量革命"（Burton，1963）。

实证主义方法论是计量革命运动的指导思想，学者们抛弃了单纯对地理现象的描述，开始追求对普遍规律的探索，试图寻找空间秩序。爱荷华大学的麦卡蒂等较早提出了近似实证主义的研究步骤（McCarty，1954），首先通过观察或理论推导来提出假设，然后通过相关分析或多元回归分析等方法来检验这个假设（McCarty et al.，1956），他们展示的这一研究程序成为此后十多年研究的样板。在实证主义方法论的指导下，经济地理学者们借用区位理论、中心地理论、信息扩散理论，将引力、熵等其他学科中的概念应用于经济地理学研究中；另外一些学者则应用多元回归分析、发展几何、图表模型、线性规划模型、蒙特卡洛方法以及其他有关优选法、运筹学理论等开展了广泛的理论研究。1969 年，哈维对计量革命的理论成果进行总结，出版了他的名著《地理学中的解释》（Harvey，1969）。该书从实证主义方法论的角度探讨了科学解释的理论、假说、法则和模型在地理学中的应用，强有力地论证了在地理学中引用数学语言、形式语言和空间语言的重要性，从而牢固地确立了实证主义方法论在地理学中的主导地位，并对现代地理学的发展产生了深远的影响。

三、结构主义

结构主义假设存在一种深层结构，并且这个深层结构支撑着世界的表象。因而只要找到这种深层结构，就能揭示在真实世界中发生的各种事件和现象。从这个意义上说，马克思主义和批判实在论都是结构主义，因为它们都致力于揭示现实事件背后的结构。但总体而言，马克思主义和批判实在论所揭示的结构仅存在于客观领域，因为其预设了结构真实存在并且独立于人们的思维。而弗迪南·索绪尔（Ferdinand Saussure）的结构主义则体现了这样一种思想，即任何一个现象必须在知道了语境和上下文以及它们之间的相互关系后才能被真正理解。

1. 索绪尔结构主义

索绪尔（1857~1913）是瑞典语言学家，在他去世后他的学生编辑整理了《普通语言学教程》并于1916年出版。索绪尔的语言学理论体现了结构主义的思想，导致了语言学研究的哥白尼革命。在索绪尔创立结构主义语言学之前，历史比较语言学占主流地位。该领域的学者们主要对语单及语言进行分类，进而挖掘语言之间的分化演变关系。索绪尔不满这种研究，开始思考语言本质，认为语言是一个符号系统，在研究语言时应该选取一个静态横截面（即共时性）对整个符合系统进行研究，而非对纵向的语言演变（即历时性）进行研究。

索绪尔将语言看作一种符号系统，由能指（signifier）和所指（signified）构成。能指是指人们的不同声音及文字符号等，所指则是指这种声音或文字所指向的客体或者说概念，例如桌子、商店、爱、恨等。索绪尔指出，不论是能指还是所指都有任意性，因而关注符号本身并没有多大意义，而应该关注符号系统。就能指而言，人们仅仅是约定俗成地将某物用某种声音或文字表达出来。对于某种新发现的动物我们既可以用"马东东"来指代它，也可以说它是"马西西"。所指也是人们武断地对世界进行划分并以此来感受世界，例如彩虹本是连续变化的，在一个文化系统中人们将其划分为七种颜色，但也可以将其划分为二十种颜色。

符号的这种任意性使得关注符号本身并没有多大意义，而应该关注符号系统以及符号之间关系特征和结构特征。如交通信号灯是由红、黄、绿三种颜色组成的系统，如果代指通行的绿色改为紫色，符号变了但是整个系统的规则并没有变，交通仍可以正常运转。因而单个符号、单个事件并不重要，整个系统的规则才重要。用索绪尔的术语来说，语言学应该研究语言，而不是言语（parole）。这里语言是指一时期内隐藏在社会中的无意识的、整体性的规则系统，是各种要素之间关系的系统，而言语是人们日常生活中每一次个别的表达行为，是系统规则所创造的产物。索绪尔对语言与言语的划分促进了结构主义思想的出现，即结构主义者的最终目标是寻求永恒的结构，个人行为、感觉和姿态都纳入其中，由此得到它们最终的本质。

索绪尔指出，只有将符号置于一个符号系统中才能发现这个符号的意义。在索绪尔看来，声音和书写形式仅是传递意义的符号，如果不能指向具体物体或概念，这些符号就没有意义，也就称不上语言。索绪尔认为可以通过词语在语言中的位置来确定其意义。因为在一段语言中，每个词都在语句中占据特定的位置，一个词的意义是通过其周围的词的意义体现出来的。索绪尔的研究对法国著名哲学家、社会学家和人类学家列维·施特劳斯（Levi Strauss）产生了重要影响，后者将索绪尔研究中所体现的结构主义思想应用到人类学研究中。施特劳斯认为文化同样可以被当作一个符号系统来研究，人们的每一个文化活动都类似于语言系统中的一个符号，每个文化活动都在一个文化系统中传达着意义。通过研究不同文化系统中的诸如亲属关系、神话故事等，就能找到混乱的社会文化表象背后所隐藏的无意识结构。总体而言，索绪尔和施特劳斯的结构主义在经济地理学中影响相对较小，但它对理解后结构和后现代主义具有重要作用。

2. 结构马克思主义

卡尔·马克思（Karl Marx，1818～1883）的思想深深地影响了整个社会科学，也影响了许多国家的政治实践。马克思主义关于人类社会发展规律的理论一般被称为历史唯物主义，其在分析人类社会发展过程中所使用的方法为唯物辩证法。在历史唯物主义中，经济基础决定上层建筑，但上层建筑对经济基础具有反作用，二者辩证统一。上层建筑主要是指建立在一定经济基础上的意识形态及其相应制度、组织和设施的总和。按照这一理论，政治、法律、宗教、媒体、文化都是由经济基础决定的，因而，如果资本主义社会的经济基础发生变化，那么相应的上层建筑如意识形态也会发生变化。当然，这些上层建筑也会在经济发展过程中不断实现其再生产并反作用于经济基础。经济基础或生产方式由生产力和生产关系构成。生产力是指人类在生产实践中形成的改造和影响自然以使其适合社会需要的物质力量，主要包括诸如劳动力、自然资源、机器设备、生产技能等；生产关系是人们在物质生产过程中形成的不以人的意志为转移的经济关系，主要体现为资本家与雇佣工人、奴隶主与奴隶、地主与承租人在生产资料所有制及产品分配等方面的关系。在马克思看来，生产力决定生产关系，生产关系反作用于生产力，当原有生产关系的生产可能性被耗尽而无法适应新的生产力发展时，生产力便会突破原有生产关系而创造新的生产关系和社会系统，可见生产力与生产关系的矛盾运动推动着人类社会的发展。

人们在日常生活中所观察的各种事件仅仅是生产力与生产关系矛盾运动历史过程中的表象，只有将事件置于生产力与生产关系矛盾运动的历史过程之中，人们才能找到导致事件发生的最根本原因，即结构蕴含于过程之中并在过程中展现其表象。经验社会科学所观察到的事件或现象仅仅是一个整体性矛盾运动过程的结果，这些事件或现象无法通过其自身得到根本理解。历史唯物主义解释方法既不服从归纳法，也不服从演绎法，而是采用了一种反演方法，即在矛盾运动的历史过程中将理论与观察到的实际现象进行不断比对，如果一致则说明理论正确。历史唯物主义是实在论的，即相信有一个独立于人们思维的外在世界。它坚持唯物主义，即物质是第一性的，思维是第二性的，要从人们进行物质生产以满足自身需要的角度来理解社会发展。它也是结构主义的，即生产力与生产关系的互动过程作为一种结构导致了世界的表象。当然在做具体研究时，研究者往往分离出某一方面的矛盾运动并将其置于整体的矛盾运动之中。马克思从资本家与雇佣工人的互动关系入手对资本主义经济如何运转进行了研究。一些管理学者则将技术工人与资本家对生产过程的控制这一矛盾从整体中分离出来进行研究。

马克思着重从时间维度分析资本主义矛盾运动过程，但较少分析资本在空间维度的矛盾运动过程。经济地理学指出了资本主义矛盾同样体现在空间维度。当1969年哈维出版《地理学中的解释》时，他还是实证主义的弄潮儿，但很快他就转向了马克思主义。1973年，哈维出版了《社会正义与城市》（Harvey，1973），运用马克思主义分析工具来研究城市问题产生的根本原因，并批判实证主义对城市问题所做的肤浅解释和为资本主义辩护的本质。哈维及其弟子还运用马克思主义政治经济学分析了美国的郊区化，认为郊区化实际上是在特定历史时期内为克服资本主义过度积累而采取的手段，因为郊区化的推进可以极大地刺激对住房、汽车以及其他耐用消费品的消费（Harvey，1974，1978；Walker，1981）。1982年，哈维出版了马克思主义地理学的经典之作《资本的限度》（Harvey，1982），提出空间修复的概念，展示了资本积累的空间运动过程，指出了空间发展不平衡如阶级不平衡一样都是资本主义的固有属性。1984年，尼尔·史密斯出版了《不平衡发展》（Smith，1984），通过空间分异化和空间均等化的辩证关系揭示自然和空间的社会生产。不论是哈维还是史密斯，他们的理论都展示，空间不能仅仅被看作是经济活动的容器，还必须被概念化，进入理论分析框架，这样才能较为完整地分析资本主义经济矛盾运动的历史地理过程。

3. 批判实在论

批判实在论由当代英国著名哲学家罗伊·巴斯卡（Roy Bhaskar）提出，对整个社会科学的发展产生了重要影响。巴斯卡在《科学实在论理论》中提出了有关自然科学哲学的"超验实在论"，在《自然主义的可能性》中提出了有关社会科学哲学的"批判自然主义"。后来的学者将这两个观点高度相关的术语进行融合,统称"批判实在论"。20世纪80年代,塞耶等学者将批判实在论引入经济地理学研究。

(1) 有关自然科学的超验实在论

逻辑实证主义关注知识来源问题,批判理性主义关注知识有效性问题。巴斯卡的逻辑起点是,世界是怎么样的?它为科学提供了何种可能性?从整个自然科学的发展来看,都体现了一种实在论的思想,即相信世界是独立于人类的认识而存在的,或者说科学研究的客体在本体论上独立于人类的意识。实在论在巴斯卡提出超验实在论之前以经验实在论为主导,经验实在论者或经验主义者认为,人们所能感知的世界才是真实存在的世界,人类无法感知的东西是不存在的。但超验实在论认为,自然世界除了存在人类可以感知到的东西外,还存在人类无法感知到的结构与机制。这些结构与机制独立于人类的经验之外,是导致我们可以感知到的各种经验事实得以发生的重要因素,科学研究就是要揭示这些结构与机制。巴斯卡将科学研究看作一种社会实践,科学家生产的科学知识可以被看作一种社会产品,因而科学研究存在的两个维度:一是科学的不及物维度(intransitive dimension),科学研究的客体即自然世界及其物质、机制与结构是独立于我们的认知的,当我们发现自己创造的知识与客观世界运行不符合时,就会发现自己的错误;二是科学研究的及物维度(transitive dimension),它是指科学家在研究自然世界时提出的一系列概念、理论、观点、方法和范式等,各种不同的概念、理论、观点及方法等都是对同一客观世界运行的近似描述,它们会随着社会及技术的进步而不断被发展、修正、取代和抛弃。

巴斯卡关注到自然科学的实验往往是在封闭系统中研究事物之间的关系或事物之间的模式,例如在控制了其他因素的条件下,如果有 X 发生必然会有 Y 发生。然而,当人们真正在一个开放的系统中进行观察时,X 的发生并不会总伴随 Y 的发生,甚至极端情况下观测到 X 的发生会抑制 Y 的发生,因而 Y 在一个开放系统中是否真正发生还取决于开放系统中的其他条件。可见在一个封闭系统中存在的真实机制是否在一个开放系统中真正导致事件的发生,还要取决于开放系统中的其他机制与具体条件,因此,封闭系统中存在的客观机制在开放系统中是否真正能够得以触发都是权变的。在一个真实的世界中,几乎不存在封闭系统,大多数都是开放系统,因此,除了分析系统结构及其各种机制外,还要分析各种机制得以发生的系统条件。

在这些论述的基础上,巴斯卡提出了自然科学中实在的三重领域,即经验域(empirical domain)、实际域(actual domain)和真实域(real domain)。真实域是指客观实体本身或实体之间所具有的激发或抑制事件发生的属性,巴斯卡将其称为机制。这些机制是导致事件发生或不发生的倾向而非在空间中的对象,而且不论这些机制是否被触发,它们都被看作是真实存在的。实际域包含在特定条件下由各种机制所触发的事件,这些事件不一定能够被我们所感知,但可以从发生这些事件后的效应推测出来。经验域是指我们对事件的经验观察,相当于经验主义的实在层次。需要指出的是这三个域是包含关系,经验域是实际域的子集,实际域是真实域的子集,真实域包含机制、事件和经验。超验实在论中的实在包含可以被经验到的事物以及不可经验到的事件、机制与结构,观察到的现象是在结构、机制及其具体环境作用下产生的,这不同于经验实在论的因果观。从经验实在论来看,如果人们观察到了一个现象,它只能通过另一个现象来解释。

(2)批判自然主义:自然科学的方法能否应用到社会科学

在分析了自然科学研究方法的基础上,巴斯卡探讨了能否将自然科学的研究方法应用到社会科学中。巴斯卡在研究自然科学方法论时的逻辑起点是分析自然世界是怎么样的,在探讨自然科学的方法能否应用到社会科学之中时,它同样首先要分析社会是怎么样的,总体而言社会学中一直存在三个较为经典的社会学范式,即韦伯模型、涂尔干模型和马克思模型。德国社会家家马克斯·韦伯(Max Weber)在分析社会时从个人出发,认为社会是由个体组成,社会现象是个体在日常生活中进行决策的结果。巴斯卡认为这一看法的问题在于当我们在分析个人决策时必然是要首先假定存在一个社会结构,例如当人们说要用银行卡支付时,必然首先要假定存在一个银行支付系统。从结构功能主义出发,社会的运转方式是由社会结构决定的,社会结构外在于个人并且制约、规制和控制着个人行为,例如社会将个人分配到农业、工业、运输系统,不同系统相互协调并且各个系统制约和塑造着人的行为。但这种分析方法在将抽象概念具体化时便会产生问题,例如市场这一抽象概念并不存在一个真实的实体,它仅仅是个体进行交易的结果,它不可能独立于个体的行为而存在。第三种社会学理论则更多采用辩证法进行分析,例如马克思主义传统则采用了辩证法分析人类历史进程,社会结构影响个体行为,随着矛盾增加,个体又会采取一定行动推动社会结构变革。除了马克思的阶级冲突,还有种族冲突和性别冲突等理论。在巴斯卡看来,辩证法的分析方法过于简化,是一种线性的分析方法。

巴斯卡提出了另外一种认识社会的方式,即社会活动转换模型,超越了仅从个体主义或整体主义来认识社会的方式。在巴斯卡看来,社会和个体是同时存在的两种不同实体,二者相互影响。个体行为总是在预先存在的社会结构中做出的,但是个体行为既可以实现社会结构的再生产,也可以导致社会结构的转换和再创造。因此,社会结构既是个体行为的前提条件,又是个体行为进行日常社会实践活动的结果。例如,如果没有一个预先存在的外在于个体的语言系统,我们根本无法交流。但我们交流并不是为了实现语言的再生产或转换,我们在日常生活中进行生产实践时需要不断地使用语言,从而不断地完成语言的再生产或转换,这时语言系统便成为人们行为的结果。

针对自然科学,巴斯卡提出了超验实在论,并且超验实在论的实在有三重领域,即真实域、实际域和经验域。巴斯卡将自然科学的超验实在论移植到社会科学中,并稍作修改提出了社会科学中的批判自然主义。在巴斯卡看来,社会科学中的经验域是指观察到的现象,实际域还包含个体行动,真实域则更进一步包含社会结构。在自然主义(naturalism)的前面加了批判二字主要是考虑到以下三点:第一,自然科学中真实域中的各种机制是独立于实际域中的事件的,而社会科学中真实域中的社会结构并不独立于其所规制的各类活动;第二,人体在做出自己的行为时能够意识到自己在做什么,因而社会结构并不完全独立于人类行为,社会结构功能的发挥受到人类自己的影响;第三,在自然科学中,真实域中的各种机制是恒常的、不随时间变化的,但社会结构却是相对稳定的、可以发生转换的。因此,社会科学的解释必然是基于特定空间和特定时间的。

20世纪80年代,经济地理学者塞耶将批判实在论引入经济地理学研究,尤其是产业衰退的地方性研究以及与历史地理唯物主义的辩论。地理学者在引入批判实在论时,对巴斯卡的理论进行了重构(Pratt,1995)。根据塞耶(Sayer,1992),社会现象的因果关系具有层次性,每个层级都具有相对自主的因果机制、深层的因是结构、浅层的因是机制、表面的果为事件。事件、机制和结构组成一个彼此差异且处在不同层次的世界(图2-4)。

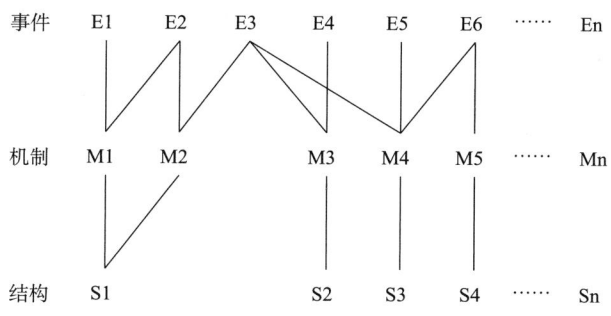

图2-4 事件、机制与结构之间的因果层次关系

资料来源:Cloke et al.(1991)。

从具体研究的过程来看,要揭示复杂的因果关系需要由具体到抽象,再由抽象到具体。抽象分析是找出封闭系统中推演出的必然性因果关系,属于理论范畴。具体分析找出理论必然性得以发挥或不能发挥的外部环境条件,属于经验范畴。研究需要在抽象分析和具体研究之间循环往复。鉴于此,批判实在论倡导广泛研究与深入研究相结合

（Yeung，1997）。广泛研究是研究群体的普遍性，采用的研究方法倾向于包括问卷调查在内的定量分析；深入研究要深入考察个体多种特性，围绕少数个案中所表现出的因果过程，采取的研究方法偏向于包括访谈、实地考察在内的定性分析，着重研究过程。总之，批判实在论在具体的区域研究中既要求识别出必然性的因果机制，又要挖掘出使这些必然性倾向得以实现或无法实现的环境条件。只有这样，我们才能知道现象发生的真正原因（Tickell et al.，2007）。杨伟聪（Yeung，1997）结合他对中国香港企业在东南亚投资的研究，总结了一个批判实在论的研究实践（图 2-5）。因此，不论是对学术研究还是对政策制定者而言，必然性因果机制非常重要，区域具体的环境条件同样重要。

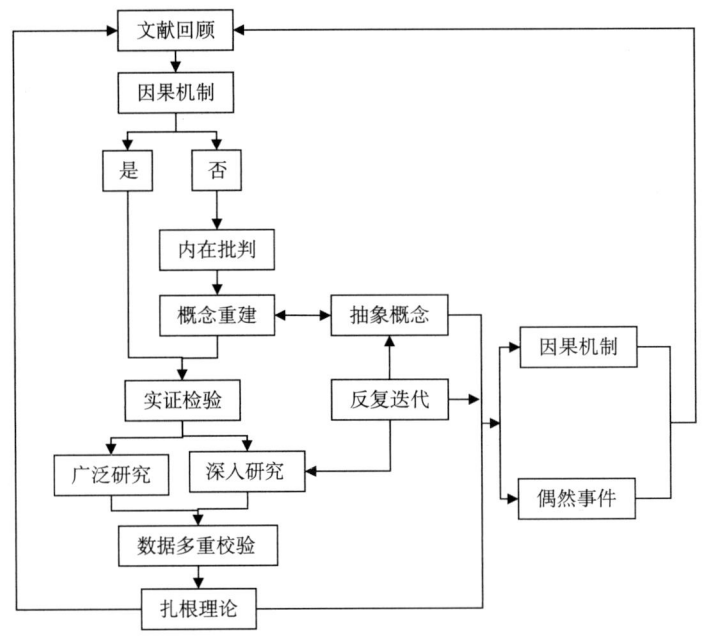

图 2-5　批判实在论研究路径

资料来源：Yeung（1997）。

4. 结构化理论

结构化理论（structuration theory）由英国著名社会学家吉登斯提出。他于 1984 年出版的《社会的构成》（*The Constitution of Society*）是结构化理论最成熟、最系统的著述，提出了社会学的研究框架，在保留某些结构主义理论的同时，倡导研究人类主体能动性（human agency）的重要作用。吉登斯认为，将社会重新定义为一个由总体结构和个体实践构成的二元域，总体结构既是个体实践的媒介，也是个体实践的结果。在社会实践中，人们不仅自觉地以原有的逻辑不断再生产出当前的社会结构，还按照自己在行动中不断产生的新要求来调整自身行为、行为规则和社会制度，进而使得社会结构发生变化。这时社会结构从客观上的制约地位转入主观创造过程，人类主体能动作用便体现了出来，这种认识显然不同于马克思主义结构决定论，也没有将人看作是不受结构约束而拥有自由意志的个体。

5. 结构主义与经济地理学

结构主义方法对经济地理学产生了重要影响。20 世纪 70 年代开始，激进主义地理学者开始转向结构马克思主义，采用马克思主义理论体系研究社会正义、地理发展不平等问题，其中大卫·哈维以及尼尔·史密斯等学者对此做出了重要贡献。之后多琳·马西则受到马克思主义者路易·阿尔都塞（Louis Althusser）的影响，同样促进了政治经济学在经济地理学中的应用。到 80 年代中期，塞耶等将批判实在论引入经济地理学，对地方发展做了相当多的经验研究。这些研究的缺陷在于很少建立一般化理论，而更多的是在不断堆砌经验研究。批判实在论成为当代关系经济地理学尤其是德国学派研究的指导思想。尽管很少有学者在结构化理论的指导下做具体研究，但它的确使人们认识到应该重视人的能动性，而不能仅仅将经济地理现象看作是深层结构的作用结果。

第三节　经济地理学研究方法论：建构主义

建构主义方法论大体可以分为三个阶段：第一阶段在 20 世纪 60 年代，建构主义主要从个体出发，挖掘个体对社会实在的建构过程；第二阶段以后结构主义、后现代主义和女性主义为特点；是较为激进的建构主义发展阶段，语言、符号、话语和实践等建构手段成为研究重点；第三阶段是关系主义阶段，学者们开始用关系来取代实体，用关系、事件和过程的思路去克服主体与客体、主观与客观的二元对立，强调个体及其行动只有置于其参与建构的社会关系结构中才能得到理解。

一、社会建构主义

彼得·伯格（Peter Bergen）和托马斯·卢克曼（Thomas Luckmann）于 1966 年出版了《现实的社会构建》，开启了社会科学中的社会建构主义。社会建构主义对社会学、人类学、历史学和心理学等学科研究方法的转变产生了广泛影响。伯格和卢克曼在书中提出，以往社会学研究都关注理论知识或所谓的学术知识，而他们则将关注的焦点转向了日常生活中的常识性知识或者说视为理所当然的、习以为常的知识，他们首先用现象学方法对日常生活进行研究，并最终阐述现实的社会建构过程。现象学的核心在于我们每个人都是通过感知和精神活动来获取有关客观世界的知识。每一个精神活动都含有意向性，这种意向性指向一定的对象或概念。这些意向对象可以是人们的某个信念，可以是人们的思想和观点，也可以是人们所爱、所恨和所恐惧的事物，例如鬼、神、宠物、毒蛇、蜘蛛，都可以被看作是意向对象。这些意向对象不可能独立于指向人们的精神活动而存在，并且人们的精神活动使得人们形成了对世界的意识。现象学就是试图理解这些精神活动。现象学研究已经不再仅仅局限于实证主义的客观领域，而且包含了主观领域。现象学的研究表明，主观与客观是无法分开的，自我与世界是无法分开的，自我与他者是无法分开的。

伯格和卢克曼试图通过分析现实的建构过程来调和两大经典的社会学认识。一方面，韦伯认为所有的人类行为都有其主观意义，因此要理解社会我们必须首先考察个体的选择及能动性；另一方面，爱弥儿·涂尔干（Émile Durkheim）则认为社会拥有客观真实性，独立于个体而存在，为个体提供其日常生活的实在并影响个体行为。从这两个理论出发，一方面，诸如学校、医院、银行、商店等都是存在的，并且为人们提出了一个有秩序的实在；另一方面，所有这些东西又都是人类思想和活动的产物。这引出这样一个问题，即人们的思想与行为如何产生了一个独立于个体的客观实在的呢？伯格和卢克曼通过研究实在的社会构建过程来回答了这一问题。

伯格和卢克曼认为，如果人们经常做某件事，人们就会发展出一种习惯性的方式来完成这件事，这种习惯性的方式在日常生活中可以大大节约我们做决策时所花费的精力。例如，人们每个早晨闹钟响起的那一刻开始便会经历诸如起床、叠被子、刷牙、洗脸、化妆等流程，在日常生活中这一流程逐渐固化形成一种惯例，这时人们便不会去想第一步做什么、第二步做什么的问题，而仅仅是习惯性地去完成一系列流程，这可以节省人们的很多精力。个人在日常生活中会形成某些习惯，在社会发展过程中某些集体或社会整体也会形成一些习惯。随着这些习惯被集体所共享，它们便会被制度化，这会大大节省社会或集体运行过程中的摩擦和能量损耗。当一种社会习惯被制度后，它便形成一种客观实在。这时客观实在开始独立于个体而存在，当一个新人加入集体时，他的行为便会被集体所同化，即客观实在社会化个人行为。例如，人类的语言最初并不存在，存在的仅仅是一些杂乱的语音和音调。对于每个人来说他们并不知道其他人语音和语调的含义或意义。当被野兽袭击时某个人会发出某种特殊的声音，最初人们并不知道这种声音的含义，随着这种习惯性行为次数的增加，人们知道了这种特殊的声音的含义，于是这种声音便在人类群体中被制度化了。随着不同的声音代表进攻、撤退等行为，这些特殊的被制度化的声音成为一种独立于个人而存在的客观实在，语言便被构建出来。语言作为一种客观实在又会不断地社会化个人，即越来越多的人接受了这种语言规则。客观实在是个人和人类集体行动的结果，是被个人和人类集体所构建出来的，它经历了习惯化、制度化、客观化和社会化等过程。当然，客观实在不仅存在一个建构的过程，它也可以在人们日常生活中，在人们思考、交流和行为过程中不断被重构。经济地理学者罗恩·马丁（Ron Martin）在"经济地理学的制度方法"一文中提出，经济地理学需要研究在特定时空背景下经济活动被制度化的过程（Martin，2000），这种观点与伯格和卢克曼的建构主义理论是非常相似的。

社会建构主义在不断发展。1999年，法国哲学家伊恩·哈金（Ian Hacking）出版了《什么的社会建构？》一书，指出社会建构主义者往往存在这样一种分析方法和目的，即首先指出X（研究客体）是如何被视为理所当然的，然后指出X并非是自然而然产生的，而是人们在日常社会生活中形成的人为结果，例如人们的性别、国家主义、精神病等。这最终是为了告诉人们世界可以不同于X。读者在阅读建构主义论文的过程中，他们会意识到X是如何被塑造成X的，进而意识到可以存在更多的可能性，这有助于改变当前的状况和约束，进而创造一个更加美好的世界。一部分女性主义经济地理学研究就是这样做的，这些研究让女性和男性认识到自身的性别角色是如何被社会构建起来的，从而使自己意识到自己还有其他的可能性。因此可以说，女性主义及女性主义地理学不仅帮助女性解放了女性自己，还帮助男性解放了男性自己。

二、后结构主义与后现代主义

后结构主义和后现代主义都体现这样一个特点，即我们所知的，不论是日常生活中的常识性知识还是学术知识，都无法与语言、社会制度和文化分割开来。后现代主义和后结构主义对经济地理学的影响主要体现在经济地理学的文化转向中（Barnes，2001）。

1. 后结构主义

后结构主义于20世纪60年代出现于法国，其代表人物包括德里达、福柯、利奥塔、琼·鲍德里亚（Jean Baudrillard）等人。这里主要介绍福柯的理论，利奥塔和鲍德里亚的工作在后现代主义部分介绍。

福柯的研究主要说明了知识、权力与实践总是联系在一起的。他的《规训与惩罚：监狱的诞生》被地理学者所熟知，该书讲述了18~19世纪欧洲社会惩治犯罪分子方式的变化。在18世纪早期，为了彰显主权，统治者们在公开场所对触犯自己权威的犯罪分子进行痛苦的折磨或者在公众面前将其送上断头台，这些方法可以使得人们对犯罪产生畏惧心理。然而，随着监狱的产生，在公众面前对犯罪分子进行肉体折磨式的惩罚逐步淡化，对犯罪分子进行改造开始流行。福柯发现这种改造犯罪分子思想的流行，权力以一种温和的方式将其触角延伸到社会生活之中，即"规训权力"不断向社会延伸。规训权力主要通过三种机制起作用：一是等级监视，即较高阶层的权力拥有者对较低阶层的受权力控制的人群进行监控；二是规范化评判，即确立人们的行为规范，这样就等于告诉人们应该做什么和不应该做什么，如果偏离了这种权力拥有者所制定的行为规范就是犯罪，就是一种不正常的行为；三是检查，即将前两者结合起来，权力拥有者检查其他人的行为是否符合自己制定的行为规范，如果符合行为规范就将这种人看作一个正常人，如果不符合这种行为规范就将其视为异常，是需要被改造的对象。这样权力就通过以上三种机制规训了人们的行为，制造了一个个符合权力标准的正常人。

福柯用环形监狱模型来说明权力如何通过空间来规训人们的行为。环形监狱由一个中央塔楼和四周环形的囚室组成，环形监狱的中心是一个瞭望塔，所有囚室对着中央监视塔，每一个囚室有一前一后两扇窗户，一扇朝着中央塔楼，一扇背对着中央塔楼，作为通光之用。这样的设计使得处在中央塔楼的监视者可以便利地观察到囚室里罪犯的一举一动，对犯人了如指掌。同时，监视塔有百叶窗，囚徒不知是否被监视以及何时被监视，他们仅仅知道自己可能正在被监视，因此，囚徒从心理上感觉到自己始终处在被监视的状态，时时刻刻迫使自己循规蹈矩而不敢轻举妄动，这就实现了自我规训。相较于使用暴力惩治犯罪分子，权力要对很多人施加影响时，显然自我规训是一种更有效的手段。这种环形监狱的模型并非意在说明监狱本身，而在于说明这规训权力塑造人们行为的一种理想模式，这种模式可以在许许多多的社会场景之中找到，如监狱、学校、医院、工厂、交通出行等。在这些场所中，权力使个人完全暴露于一种全景空间之中，个人行为无时无刻都可能受到权力拥有者及其他受监视人群的监视。因此，人们只能按照权力拥有者所制定的规则来自我规训，使自己成为一个正常的人，否则自己就如同犯了罪一般，是一个需要被改造的对象。总之，在《规训与惩罚：监狱的诞生》中，福柯将权力、空间以及人们的行为联系在了一起。

福柯在《规训与惩罚：监狱的诞生》以及其他著作中阐述了真相、知识和权力是如何通过话语而联系在一起的。话语一词并非仅仅指人们所说的语言，还包括在语言的影响下人们所采取的行动与所做出的实践活动。人们只有通过语言才能理解世界，语言中的概念、观念、想法都会影响人们可能会做出哪些行动以及如何行动。权力通过话语将不符合"正常"标准的行动标记为犯罪，创造出以前并不存在的各种各样的罪名。久而久之，人们对这些标准和罪名产生了认同。将这种关于犯罪的例子推而广之，所有的社会类别，如年龄、性别、性取向、民族等，都是在权力的作用下通过话语来建构起来的，并且可以随着话语的转变而改变。这意味着对不同社会类别的认同是可变的，意义是流动的。正如同福柯在《知识考古学》中所强调的一样，应重点关注日常生活"表面"的话语实践而非结构主义所强调的深层结构。透过福柯的研究可以得出以下三点结论：第一，知识和意义通过话语产生；第二，知识、意义和权力相互纠缠在一起；第三，空间是权力得以发挥的核心。

总体而言，后结构主义同结构主义一样，都从社会整体而非个体的角度出发来开展研究，但后结构主义将关注的重点从结构主义的深层结构转向了日常生活的表面，关注实践、行动、文本以及言说等，正是通过这些意义和认同才得以产生，权力也贯穿于这些实践、行动、文本以及言说之中。在结构主义中，例如在索绪尔的语言学中，意义是通过与符号系统中其他符号对比产生的，并且是固定不变的；而在后结构主义中意义并非固定不变的，它总是与特定时间、特定地点及其权力有关，权力又会随着时间和地点以及混杂于其中的势力对比、实践及关系的变化而变化。包括结构主义在内的科学研究关注独立于个体的客观实在，客观实在也独立于我们对它的知识而存在，但后结构主义则表明我们要理解的世界根本无法独立于那些让世界之所以成为现在这个样子的概念、言语以及观点等。在后结构主义中，根本不存在一个不变的客观实在，一切的意义和认同都是不稳定的、可变的。最后，一些结构主义理论如批判实在论关注权变性事件，试图挖掘这些事件得以产生的必要条件，如背后的不变机制及使这些不变机制得以发挥或者无法发挥作用的具体情境。而后结构主义则更关注那些习以为常的稳定现象，挖掘这些现象是如何在权变的情境中被社会构建出来的。

在经济地理学中，吉布森-格雷汉姆等学者是运用后结构主义方法的典型代表，其著名著作《（我们所知的）资本主义的终结》（Gibson-Graham，1997）运用解构的方法，分析了资本主义/非资本主义二分法是如何将资本主义建构为必然和主导经济方式的。以往非资本主义经济实践往往被看作是较软弱且不能再生产它们自身的经济实践，而资本主义就被描述为伴随着国家经济或世界经济的系统性的、自然扩张的、共存的东西。经过解构后，作者认为非资本主义经济不能仅仅被看作是不在场的、不足的或从属的经济形态，进而最终提出了其他经济形态的可能性。经济地理学者运用后结构主义方法从企业的角度对资本主义进行解构，这些文献对企业进行了再理论化，突出企业的异质性，从而使资本主义丧失其可靠而一致的认同。例如，舍恩伯格（Schoenberger）探讨文化、传统和亲和力对企业行为的影响，并证明管理中个人价值观和关系破坏了公司效率及利润最大化的假设（Schoenberger，1997）。除了解构的方法外，福柯式的话语分析同样应用到了经济地理学的研究中。例如，奥尼尔和吉布森-格雷汉姆探讨了竞争性的管理话语在塑造毫无问题的"资本主义企业"时所起的作用（O'Neill and Gibson-Graham，1999）。后结构主义的操演（performativity）理论往往同女性主义结合在一起，例如麦克道尔探讨了在买卖货币、期货和股份的过程中性别得以产生及转变的途径。性别并不是在城市之外建立并"起作用的"，而是在经济实践以及完成这种实践的过程中建构的（McDowell，1997）。

在后结构主义中，知识不仅仅局限于提供对现实的正确反映，研究也不仅仅意味着揭示世界的"面貌"。知识和研究还是一种生产和改变话语的活动，这为新的政治计划和新的主体地位的想象提供了可能。后结构主义对话语的生产、动摇与干预有利于各方主体参与到权力、客观性和社会可能性的建构过程之中（Gibson-Graham，1994）。普拉特（Pratt，1999）研究了在温哥华不同话语贬低和剥夺菲律宾妇女移民权力的方式。雅帕（Yapa，2000）试图将宾夕法尼亚州立大学的教学、研究和服务事业与对城市贫困的后结构主义干预结合起来。吉布森-格雷汉姆则试图提出一个经济多样化的话语（Gibson-Graham，2008）。

2. 后现代主义

后现代主义可以从三个角度来理解：一是将后现代主义看作是一种风格；二是将后现代主义看作是一个时代；三是将后现代主义当代一种理论或方法。对经济地理学来说最后一点最为重要。首先，后现代主义风格最早出现于20世纪60~70年代的文学批评之中，之后扩展到艺术、摄影、建筑、电影、音乐等其他领域。建筑领域的后现代主义风格与现代主义风格存在明显差别，典型的现代主义建筑就是外观上四四方方的楼房，这些楼房的功能就是为人们提供日常生活的便利，它以一种机械式的方式提高了人们的福利水平。而后现代主义的建筑体现了一种高度个人化的、混合式的风格，并且它的建设往往受到当地环境的影响，例如悉尼歌剧院那种弯曲的外观与其周围的水波遥相呼应。在电影领域，后现代主义的电影不再采用线性的叙述方法，也不再展现单一的意义或启示，而多采用非线性的叙述方法，将电影、音乐、文字叙述、电视节目等杂糅到电影之中，从多种不同的侧面来解析事件或故事，这时事件或故事就不再仅仅存在单一的真相，而是多种意义多个侧面共存的。总体而言，后现代主义拒绝单一的、线性的、全体的叙述方式，而强调混合性的叙述方式。它也不再寻求所谓的单一真相，而强调要将多元共存的意义展现给读者、听众和观众。读者、听众和观众更偏向于何种意义则取决于其自身的态度。

后现代主义作为一个时代与现代主义时代存在诸多不同。资本主义所主导的工业产品大生产是现代主义时代的显著特点，进入后现代主义时代以后文化产品的生产成为主流。在此过程中，新的消费方式不断涌现，时尚风格和流行趋势快速转变，甚至转瞬即逝。广告、电视、媒体、社交网络渗透到社会生活的方方面面，使得人们可以通过不同的方式参与到社会、文化和政治生活之中。传媒的发展使得真实与虚拟之间的界限日益模糊。全球各地方之间联系的加强使得什么是本地的和什么是外地的变得难以区分。后工业化社会、跨国资本主义、消费社会、传媒社会、知识经济都是对后现代主义时代特点的描述。

后现代主义作为一种理论或方法常常出现在经济地理学研究之中，这些研究受到鲍德里亚和利奥塔等后现代主义哲学家的影响。鲍德里亚主要关注消费社会中的模拟与超现实，社会现实是在对完美世界的模拟中被建构出来的，因而也就不存在那个具有客观统一性的实在世界；而利奥塔则致力于破除元叙述。在马克思看来，任何商品都有使用价值和交换价值，鲍德里亚提出任何商品还具有符号价值。例如市面上存在多种手机品牌，即使不同手机品牌具有相同的使用价值，但仍然具有不同的交换价值，而不同的交换价值来源于符号价值的差异，如苹果手机的符号价值在整个手机符号系统中可能要更高一些。换句话说，在一个由商品组成的符号系统中，商品的符号价值取决于其自身与其他商品的关系和差异。在当代，当人们消费时，人们不再仅仅是消费实物而更多地包含了对符号的消费，对不同手机符号的消费不仅仅满足了自身对通信的需求，而且将自己与其他人区别开来。对服装、电脑、化妆品、音乐等方面的消费都是如此，你消费了什么定义了你是谁。人们这种将自己与其他人区别开来的欲望贯穿于人的一生之中，这刺激了永无止境的消费，刺激了新产品不断被创造与生产，导致广告在资本主义社会中的泛滥。

人们为了将自己与其他人区别开来而进行差异化的消费，这种消费可以看作是人们在一个无所不包的符号系统中对商品符号进行的比较与消费。这些商品符号广泛存在于电视、互联网、广告牌等媒介之中。电视、互联网、广告牌等媒介所展示的商品符号并不都是它们现实中的样子，而往往是通过电脑等手段模拟出来的完美形象。在当代，人们已经生活在了一个由模拟现实所主导的时代，商人通过电视、互联网等媒体为人们构造了一个比现实更加完美的世界，商人通过实体建设，如迪士尼乐园、迪拜各高楼大厦中的滑雪场等，构建出一个超越现实的世界，这些都不断地刺激人们消费。当人们置身于超现实世界之中，人们会感觉到它仿佛是真实存在的，然而又仿佛不是真实存在的。我们看到的现实世界实际上由符号模拟和建构出来的完美世界的化身，因而也可以说根本就不存在那个具有统一性的、本源性的、本质性的实在世界。

利奥塔于1979年出版了《后现代的状况：一份关于知识的报告》，探究了在一个高度发达的、技术不断进步的社会之中，知识所呈现出的特点。利奥塔将知识分为叙述知识和科学知识。叙述知识主要包括神话、传说以及社会上的所用到的其他知识等。对于叙述知识，人们往往会定义什么是知识，为什么这些知识是重要的，谁知道这些知识，谁有权威来不断叙说这些知识，因此，这些叙述知识告诉人们世界是什么样子的并为其自身提供了合法性。叙述知识包括许多类型，如说明性陈述，在实证主义和证伪主义中可以被证实和证伪的陈述都是说明性陈述，如"北京人口正在快速增长"；又如操演性陈述，即说的时候行动也恰好完成，如"我宣布大会现在开始""你被开除了"等；还有指示性陈述，告诉了人们要做什么，如"去楼下"等。

与叙述知识不同，科学知识仅仅包括说明性陈述，这些陈述可以通过事实来证实或证伪，往往科学家才更有资格来说明这类陈述正确与否。由于科学知识全部是由说明性陈述构成的，本身无法为其自身提供合法性。为了给科学研究和科学知识探究提供合法性，人们在历史发展过程中构造出两条理由：其一，知识可能解放人们的思想，使人们获得自由，因此每个人都需要获取知识；其二，在不断探索科学知识的过程中，所有的科学知识最终将获得统一。利奥塔的分析指出，随着后工业化社会和后现代文明的突进，两大理由的合理性越来越受到质疑，尤其是随着计算机的发展，人类已进入信息化时代，知识越来越变成一种信息商品，知识的经济价值越来越重要，知识逐渐被异化，知识越来越成为一种控制和统治手段，甚至有一天对知识的控制将成为战争核心。因此，利奥塔最终提出，不能依靠元叙事的同构力量，而应该建立小叙事，可以在人们的实践与交流中完成自身合法化。

后现代主义的特点主要体现在三个方面。第一是反"元叙事"。各种不同类型的元叙述宣称其可以将不同理论、实践以及政治方案囊括在自己的理论体系之中，这些元叙述包括了宗教性的、科学的以及诸如自由主义或马克思主义式的政治方案。利奥塔认为应该用大量小叙述和地方性知识来取代这些高高在上的宏大理论，应该强调差异化而不是一体化，因为元叙述不可能将其他一切理论网罗到自己的体系内。第二是反对所谓的基础和本质。许多现代性的思想都体现出这样一个特点，即人们可以找到一个固有的、本质性的理论，并在这一理论的基础上发展出整个理论体系，进而解释一切现象。后现代主义受到社会建构主义的影响反对本质的存在。例如一个种族根本不存在其固有的不可改变的本质特征，那些特征不过是被社会构建出来的。后现代主义还是反基础的，人类社会中的现象并非全然都是经济原因导致的，也不太可以全部归结到生产力与生产关系，更不是由最终的那个上帝安排的。第三，关于表征或再现的问题。许多哲学家实际上首先假定了一个外在于人类的客观实在，然后试图用哲学和理论再现及认识那个客观实在。后现代主义反对将哲学和理论的目的看作是对客观世界的准确表述及反映，反对客观真理，而更强调通过持续对话来创造知识，这些知识可以将人和社会引向进步的方向。

三、关系思维：行动者—网络理论

建构主义发展到第三阶段则试图通过关系主义来驳斥社会结构的实在论，学者们用关系来取代实体，试图通过社会关系网络的建构过程中来理解个体自身及其社会外壳，其中行动者网络理论受到经济地理学较多的关注。行动者网络理论是20世纪80年代中期由巴黎学派的科学知识社会学家布鲁诺·拉图尔（Bruno Latour）和米歇尔·卡龙（Michel Callon）等提出的理论，这一理论受到了社会建构主义和后结构主义的影响。这里主要介绍拉图尔的工作。

拉图尔考察了科学知识生产过程，关注到科学实践是在由人和非人行动者组成的网络中进行的。例如，科学知识生产不仅需要科学家，各类自然物、科学仪器、科学家的社会关系、地域因素、社会文化传统都会出现在科学实践的网络之中，最终的科学理论是这些因素在科学实践网络中不断相互作用的结果。人和非人行动者在网络中的地位是对等的，不仅是人可以发挥自己的能动性，非人行动者也拥有自己的能动性，例如缺乏仪器就无法进行实验，没有电脑等非人行动者也就无法进行论文写作。这种认识方式消解了结构与能动性的二元论、主体与客体的二元论、自然与社会的二元论。

尽管以上这种对行动者—网络理论的理解过于简单化，尤其是将行动者—网络理论看作是科学知识社会学的一部分时，但如果将行动者—网络理论作为指导具体研究的理论，以上这种理解方式也是较为恰当的。运用行动者—网络理论开展具体研究时就是要不断挖掘网络主体行动者，这些行动者的连接对象，行动者之间在相互作用的过程中重塑网络的方式。需要指出的是，在行动者—网络理论中，行动者既可以是人的，包括人的情感因素，也可以是非人的物质世界中的东西。因而行动者在网络中相互作用这种认识方式使得世界处于一个无中心性的不变运动变化的过程中，也导致根本就不存在一个所谓的客观实在（reality）。行动者—网络理论作为科学知识社会学的一部分延续了建构主义的传统。

经济地理学在20世纪80~90年代就开始引入关系思维和网络思维，近年来经济地理学的关系转向本身就是以网络为中心展开的。学者们关注了产业集群内部地方生产网络、社会网络、知识网络以及商业战略合作网络的特点及其对产业集群发展、创新和企业绩效的影响（Britton，2003；Giuliani，2006；Casper，2007；Hervas-Oliver and Albors-Garrigos，2008；Li，2011；Giuliani，2013；Ter Wal，2013；Ter Wal and Boschma，2009）。网络对集群发展影响的研究主要基于两点：一是邻近性影响网络的形成，尽管网络的形成不仅受到地理邻近的影响；二是网络中主体（包括企业、企业家、知识节点等）

是异质的，主体位置是有所差别的，并且网络存在结构性特征（如中心度、密度、结构洞等）（Grabher，2006；Glückler，2007）。这些不同网络特征会影响集群发展、创新与演化。当然，地方产业集群发展不仅受到本地网络的影响，全球尺度上的知识流和技术流等都会影响地方产业集群的发展与创新（Bathelt et al.，2004）。近年来，经济地理学还运用网络思维和关系思维来研究全球生产网络、全球知识、技术与创新网络等（Coe，Hess, et al.，2004；Coe, Dicken, et al.，2008；Yeung and Coe，2015；Chen，2004；Liu et al.，2013；Ernst and Kim，2002；Binz et al.，2014）。在研究过程中，经济地理学往往从主体的社会文化嵌入性入手，从主体在网络中的相互作用与能动性、主体在网络中的权力关系、社会能动性等角度，展示与诠释企业和区域的发展。在这里，主体所在的网络并非仅在一个尺度内，而往往跨越多个尺度。当然，在关系与网络思维的指导下，经济地理学的研究往往具有诠释学的特点，即强调理解而非无法寻求解释，这一点常常受到批评（Sunley，2008）。

第四节　经济地理学研究范式

　　经济地理学是一门极具开放性的学科，不断借鉴其他学科的理论和方法来丰富自身视角。随着社会科学理论和方法的多元化以及资本主义经济的发展，经济地理学研究的问题和对经济活动现象的解释也随之发生改变，使其研究范式的发展和变化格外活跃。在近几十年，世界经济形势发生重大变革，为了更好地解释经济现象的空间特征，经济地理学经历了多次理论转向，如关系转向、制度转向、文化转向和演化转向等，也因此出现了多种新的研究范式。

一、两种理论范式：认识论理论化与解释学理论化

　　经济地理学是一门多元化的学科，容纳了一系列有时相互矛盾的观点（Barnes，2000）。经济地理学研究需要对理论进行探究，包括对理论的理解、构建理论的方法、理论来源、理论内容等，要构建理论就需要借助地理学最重要的两种研究范式——"认识论理论化"（epistemological theorizing）与"解释学理论化"（hermeneutic theorizing）。

1. 认识论和解释学

　　认识论（epistemology）是研究认识的哲学理论，是研究行为主体对客观事物的认识，

其中客观事物的存在是不以主体的意志而转移的，是外在于认识主体的。认识论一词来自希腊文"知识"和"学说"的结合，长久以来一直作为哲学的研究范畴。认识论的研究范围包括探讨人类认识的本质、结构，认识与客观实在的关系，认识的前提和基础，认识发生、发展的过程及其规律，以及认识的真理标准等。自然科学面对的是"物"，因此，认识论主要是自然科学的哲学基础，其发展一直与自然科学同步，尤其是现代认识论主要发展方向是知识论，与自然科学的关系愈发紧密。虽然认识论适合于"客观"且以数学为工具的自然科学，可以反映出人掌握自然的规律或对自然的"说明"，但是并不表示认识论完全不适用于人文科学，仅仅是在人文科学领域涉及人的价值和传统等方面，使得人文科学更加"主观"，更注重"理解"，从而使认识论在人文科学领域的局限展现出来。在地理学中，认识论的重点研究内容是如何认识地理空间中的现象。在《人文地理学词典》中，对人文地理学认识论的表述是用来检验地理知识如何进入观念系统以及地理视野如何随研究主体不同而变化（Johnston et al., 2000）。

解释学（hermeneutics），又叫诠释学，是对文本或者现象进行理解和解释的研究理论。解释学要对文本进行解释和理解，具有双重属性——物质形式和文本意义。其中，物质形式代表文本都具有物质存在形式，如语言和文字等，也可以称之为符号系统；文本意义代表文本中真正蕴含或代表的意义。最初解释学的形态有两个：一是考证古代典籍；二是通过解释去领会上帝的旨意与《圣经》的原意，使得解释学从最初的形态就与人的主观性密不可分。解释学经历过宗教改革、文艺复兴，兴起于18世纪启蒙运动时期，主观性越来越强，于是人们提出一些方法和原则方便解释文本的含义。解释学成长为独立学问归功于19世纪的弗里德里希·施莱尔马赫（Friedrich Schleiermacher），他将解释学真正地理论化和系统化，而威廉·狄尔泰（Wilhelm Dilthey）和马丁·海德格尔（Martin Heidegger）的出现才标志着解释学真正的成熟。解释学是人文科学的哲学基础，因为人文科学探讨"意义"而不是"事实"，注重"理解"而不是"说明"，比自然科学更加"主观"，所以，以人文关怀为基调的解释学更加适用于人文科学。现代解释学作为理解文本的理论或哲学已经广泛地涉及众多学科，既可以作为一种研究方法，也可以作为一种思潮。地理学尤其是经济地理学在"文化转向"时期受到人文主义的影响，强调研究社会现象时应该强调对其理解。

认识论与解释学在近代一直处在若即若离的关系中，既有联系，又有区别。在广义上，解释学可以属于认识论的范畴。认识论的发展往往与自然科学的发展相关，解释学的发展一般与人文科学的发展相关（何卫平，2004）。自启蒙运动以来，自然科学长期处于强势地位，而在19世纪伊曼努尔·康德（Immanuel Kant）的批判哲学影响下，以解释学为工具的人文科学自我意识逐渐觉醒，开始与自然科学分庭抗礼。狄尔泰在康德的思想基础上，从方法角度出发，认为"说明"适用于自然科学，"解释"适用于人文科学，将"说明"和"解释"划清界限，从此解释学和认识论开始各自独立的发展。

西方哲学主要分为崇尚科学主义的英美哲学和崇高人文主义的大陆哲学，由于哲学传统和研究方法的不同，两种思潮发展倾向不尽相同，前者倾向将认识论发展为解释学，后者倾向将认识论发展为知识论，这两种思潮有从解释学的角度融合的倾向。美国哲学家理查德·罗蒂（Richard Rorty）认同解释学具有普遍性。罗蒂（Rorty，1979）认为传统认识论以"观察"为基础，人对客观事物的认识如同镜面反射一样去反映现实，主张认识论应该被解释学代替。但解释学与认识论之间的差别不可能完全消弭，就像人文科学和自然科学的区别不能完全消失。美国哲学家默罗阿德·韦斯特法尔（Merold Westphal）批判了罗蒂的想法，认为他所说的认识论是建立在现代性意义上，而不是后现代性意义上的，解释学应该是认识论的转换，而不是认识论的终结（Westphal，2001）。总体而言，自然科学中倾向于认识论，人文科学中倾向于解释学，前者致力于事实的说明，后者致力于意义的理解。

2. 经济地理学理论

理论（theory）是人们对研究问题的理解和论述，一般包括概念、命题和假设。"理论"的定义有很多，如在《人文地理学词典》中，"理论"被定义为"用于解释相互关联的论述"（Johnston，2000）。然而，这种定义过于教条，并且假设理论论述一定包括关联，假设解释是有边界，使其被假设所限制。

理论也可以被定义为"借用一系列来自其他学科的新词汇对事物进行再描述，让陌生事物变得熟悉，用理论再描述的方式去思考、行动及组建机构、成立学术群体"（Culler，1982，1997）。虽然使用其他学科的观点可能会造成本学科的弱化或者缺乏原创性，但卡勒（Culler，1997）认为通过借鉴别学科的观点，可以使本学科在理论上更成熟，更具有理论性。

第二次世界大战后，经济地理学发生了一系列转变，如研究目的转变、研究实践方式转变、新的社会群体和学术机构的出现等，直接影响了学科理论实践。例如，恩兹（Warntz，1965）在20世纪50年代将物理学词汇引入经济地理学，将地方描述为引力场内的点；马西（Massey，1984）把自然地理词汇引入经济地理，使用"历史沉积层"去描述一个地区的工业投资和社会实践等。经济地理学理论化过程中的重新描述，强调了不同经济地理学者理论实践的连续性，而且使理论概念更具有包容性和开放性（Barnes，2001）。

经济地理学理论可以是正式的、复杂的，也可以是简化的，同时可能预测未来，其来源不是固定的。理论化过程也可能不同，如认识论和解释学的理论化就不同。但认识论和解释学并不是完全对立的，两者都有复杂和重叠的历史背景，在各自历史背景中与特定的物质和社会条件相关联后，就产生了不同的立场（Barnes，2001）。

3. 认识论理论化

认识论理论化采用具有准确含意的、相互间关系明确的、决定性的，直接类比独立真实世界的词汇去构建理论。认识论理论化要求采用合适且精确含义的词语去准确地描述现象，即像通过"镜子"般清晰和准确的反映镜像，这就要求视觉的敏感性，即知道并且能看到（Jay，1992；Gregory，1994）。认识论理论化重视知识可视化，可视化和认识论的关系以及结果一直被学者关注。罗蒂（Rorty，1979）认为，自古希腊以来，大部分西方哲学都由"视觉象征"所构建，通过"镜像""视觉"等方式定义知识的本质，作为准确的表达。同样，这个比喻不仅针对哲学家，科学家也被隐喻为"诚实的证人"，以"旁观者视角"去观察研究世界（Haraway，1997）。科学家旁观者的视角也可以被称作"无视角"，在"无视角"下，科学家对世界的观察和记录可以达到最终、完美、唯一的描述程度。

地理学第一次重要的理论构建是"计量革命"，是一种认识论理论化的实践。计量革命是地理学的一次研究方法的革新，始于20世纪50年代。在"计量革命"中，地理学者将数学统计方法应用在人文地理学研究中，同时借用其他学科的定律和规律来研究人文地理问题，使人文地理从定性分析走向定量分析，揭示了人文现象的相互关系、相互作用的空间规律性。这次认识论理论化的实践，通过结合多个学科的理论，如物理学、经济学、社会学、几何学等，将地理研究实践与严格的抽象概念如空间、区位紧密联系在一起，是一个地理学界基于新的词汇去再描述真实世界、产生出新的思想的过程。

以"旁观者视角"对真实世界做出完美的描述固然美好，但问题是，假如以此为标准，如何去找到纯粹、透明而又不失真的术语或者能反映真实世界的半透明术语。地理学在"计量革命"期间采用计量和数学等方式，大量运用多个学科的理论，在实践层面比较杂乱无章，很难实现以"无视角"完美描述世界的初衷（Barnes，2001）。尤其是地理学者受到现代认识论的影响，认为理论表述和图表推理可以精确反映世界，从许多学科借鉴词汇来描述现象，从而达到与真实世界的直接对应关系。从数学和自然科学等学科借鉴的词汇，如"计量革命"时期采用的笛卡尔二维空间经典图示等，某种程度上可以与理性主义和客观性相联系，但是社会科学的术语词汇往往并不能提供这种精确反映的功能（Rorty，1979）。在认识论的引导下，地理学者大量使用图表方式对抽象概念进行可视化，如采用经济学供需曲线等。这种方式利用图表将研究目标"镜像"的描述，看似客观反映了真实世界，但是其中隐藏了图表产生的过程（Buck-Morss，1995）。哈拉维（Haraway，1997）认为"认识论理论化"盲目迷恋可视化应用，如图表、地图、流程图等，可能会产生对事物相互依存认知的偏差。不过并不是所有的图表都存在问题或需要根除，但是要保持一种批判的态度去看待（Buck-Morss，1995）。

总之，认识论理论化追求最终结论并反映真实世界，而所采用的手段则是使用含义准确、相互间关系明确的术语词汇，并用词汇明确地将所见转化为所知。认识论理论化倾向于准确表征是"视觉象征"思想存在造成的，需要保持谨慎的态度看待。

4. 解释学理论化

解释学理论化是不断用新词汇来解释文本或现象，并通过不断地引入、筛选词汇来形成理论的过程。解释学理论化过程是循环的、反思式的、不确定的及个人视角的，必须具备足够的创造力和质疑精神，并且认识到这个过程没有终点（Barnes，2001）。换句话说，没有词语是完美的，理论化过程没有尽头。解释学理论化不再强调对知识客观的描述，也放弃了将经济事物与文化因素割裂，转而重视将读者自身置于作者的位置，认为科学家个人背景如身份、表现、社会利益等会影响读者对其理论的理解，科学家不能以旁观者的视角去描述世界，而是需要在"有视角"的视野下解释现实世界。"有视角"要求考虑个人处在"某种处境"下，围绕个人处境如何进行理论化以及其他人如何去理解所构建的理论，强调行为主体的关系性、多元性和多中心性。比如行为主体的经济活动不仅完全按照经济学中效用最大化的原则，也会受到个人属性如文化、性别、种族、阶级等方面的制约（雒海潮等，2014）。因此，在对现象解释并进行理论化的过程中，根据所关注的视角，大量使用案例，使得观点始终处在一个特定的视角和背景下，只能对世界现象进行局部解释而不再追求全面、完美的描述，从而使得解释学理论化的过程是循环的、反思式的、不确定的，并且始终没有终点。

学者总是处在特定背景下，其主观判断一定被身份和背景所限制，只能从局部去观察和解释现象，比如不同学科的学者看待同一个问题总会有不同的结论。采用解释学构建理论的过程中有一个前提，就是每一个特定视角都具有构建知识的合法性（Haraway，1991）。来自不同视角下的知识通过交流和碰撞相互影响，于是对研究事物发展出新的理解，而在此基础上不同视角继续产生不同的观点，知识便一直处在循环往复、不断发展、没有终结的过程中。知识产生非常强调交流和探讨，解释学没有先验基础，提倡使用激进的词汇，只要有交流就有达成看法一致的希望（Rorty，1979）。经济地理学的解释学理论化体现在重视知识来源的多元化，强调经济活动的文化特征，主张将经济与文化和社会背景有机结合。因为经济活动很难从文化、性别、阶级中剥离出来（Thrift and Olds，1996）。因此，经济地理学出现了众多学派共同探讨经济活动的区域差异问题，每个学派从不同的视角发表观点，如女权主义经济地理学、马克思主义经济地理学、制度经济地理学、新经济地理学、经济社会学等。

经济地理学的"文化转向"（cultural turn）是解释学理论化实践。20世纪80年代起，各学科领域都出现了所谓的"文化转向"（Johnston，1991），使得地理学从"科学主义"的量化研究转为"文化视角"，广泛吸收了人类学、政治学、文化研究、后殖民研究、后结构主义以及新马克思主义的成果，将文化阐释的问题纳入地理学。在计量革命做出突出贡献的一些经济地理学者开始转向解释学理论构建，抛弃他们以前作为客观旁观者来再描述、叙事的身份，转而以一种代入式的、个体化的故事讲述者的身份进行研究。格雷戈里（Gregory，1978）认为理论化是一种社会实践，不能脱离理论构建者本身的兴趣及个人语境，反对守旧的、单一标准的理论。经济地理学"文化转向"的解释学理论化有以下特点：理论来源多样化，其来源间没有共同连接纽带；关注与经济活动相关的文化社会特征；理论总是处于被争议与建构的过程中；理论无须反映世界，也无须指向认识论。

近些年，地理学界也在不断对解释学理论化进行探讨。首先，解释学理论化一直处在"希望"（Rorty，1982）和"怀疑"（Ricoeur，1970）的权衡中，即在术语达成一致看法的"希望"和是否有更好的替代方案的"怀疑"中选择更可靠的一方，虽然目前针对此问题还没有一个确切的答案。学者定义了理论的"有用性"，并且将理论"有用性"的标准通过政治敏感性、修辞能力、与其他理论的共鸣程度和对行为潜在指导等方面进行衡量。但是该定义不包括理论反映世界的能力，因为这样会涉及理论的最终结论，而这属于"认识论"的范畴。相反，解释学将理论化视为一种创造性和开放式的解释过程，这种过程是循环、反思、不确定和反省的（Bohman，1993）。其中，"循环"意味着理论化是一个循环运动、从解释到被解释的过程；"反思"意味着我们需要思考我们的思想；"不确定"意味着解释没有最终方案；"反省"意味着解释者处在自身的情境中，知识总是片面和不完备的。

总体而言，解释学理论化与认识论理论化差异很大。解释学拒绝先验基础，认识论有先设基础。解释学提倡用激进的词汇，而认识论使用含义准确、相互间关系明确的词汇。解释学培养对社会的批判性自省，而认识论则从客观的旁观者视角观察世界。解释学的过程是偶然性、延续性的，而认识论则以追求最终结论并反映真实世界为最终目的。

二、两种研究思路：归纳与演绎

归纳（induction）和演绎（deduction）是科学研究中两种逻辑思维方式，是一对相辅相成、功能互补的方法论范畴。人类认识活动总是先接触到个别事物，而后推及一般，又从一般推及个别，如此循环往复，使认识不断深化。在经济地理的研究中，归纳和演绎思维经常体现在具体的研究中。归纳常用来识别经济活动空间格局并总结规律，而演绎常用来识别关键驱动力和因果关系等。

1. 归纳

归纳是从个体到一般的推理方法，即从个别事实观察中概括出一般原理。归纳是人类最早认识世界的方法，是通过总结人类现实世界的感觉经验形成抽象理论的思维过程，比如涉及人类对世界本源的思考，中国古代哲学对世界"五行论"的认识和西方古代水本源说及火本源说都是人类归纳思维的一种体现。归纳法以观察事实的陈述为前提，先列举事实，然后以理论的陈述为结论，体现了由个别到一般，由具体到抽象，由特殊到普遍的逻辑方式。归纳的例子比比皆是，比如古代人们从日常生活中发现重量更大的物体从高处下降速度更快，石头比羽毛下降速度快，从而归纳出"物体下降速度与重量成正比"。归纳有五个特点：①由已知推出未知；②由单称命题推出全称命题；③从观察个别事实推出一般理论；④由历史经验来推断未来；⑤具有或然性，没有必然性。

归纳方法分为完全归纳法和不完全归纳法。通过观察事物的全貌，加以概括得出一般的结论，这种归纳方法被称为完全归纳法。然而研究对象个体数目太多，不能观察到研究对象的全貌，只能对部分对象进行考察而得出的结论，被称为不完全归纳法。不完全归纳法包括简单枚举归纳法和科学归纳法。简单枚举归纳法是在部分研究对象中发现共有属性并概括一般性结论的方法。科学归纳法是在发现部分研究对象中存在共有的某种属性，通过求同法、求异法、同异共用法、共变法、剩余法等方式，推导出全体研究对象应该都具有此类属性的方法（贾文毓，2008）。

近代科学方法史不断讨论归纳法。英国经验论创始人培根（1561~1626）认为知识源于经验，建立了一种将观察经验转化为知识的科学归纳方法，所以比较重视归纳法而轻演绎法。英国哲学家约翰·穆勒（John Mill，1806~1873）创立了"归纳五法"，认为归纳是一切逻辑的基础，强调归纳法的重要性。休谟认为归纳法从历史推到未来、从个别推到一般的思维方式并没有逻辑的必然性，其原因在于人们无法判断历史与未来情况相符合，假如用经验来证实逻辑会陷入循环论证。自休谟的批判之后，归纳一直处在一个危机的状态，而逻辑实证主义的出现改善了这一情况。逻辑实证主义认为，通过归纳法得到的知识和理论有一个"似真度"，即理论真实的概率值，"似真度"概念的出现重新奠定了归纳逻辑的有效性。总体来说，归纳法是一种不严密、或然性的推理（蔡运龙等，2011），因为归纳法并不能在逻辑上保证，在有限观测中得出的结论推广到全部样本。归纳法无法保证将现在的经验推广到未来的预测，比如古人通过天文观察和经验归纳出"地心说"，显然在"日心说"出现后便被证伪。但是归纳法在科学认识中作用依然很大。传统地理学注重格局归纳，通常采用归纳法，如美国地理学者赖利（Reilly）在调查美国150个城市的基础上，归纳出零售业的引力模型（Reilly，1931）；陈刚强等

（2008）通过全国县地级市的城镇人口数据的分析，讨论了城市空间集聚特征及演变规律等。

2. 演绎

演绎是从一般到特殊的推理形式，演绎推论有三段论、假言推理、选言推理、关系推理等形式。其主要形式是三段式：大前提、小前提和结论。其中，大前提是已知一般原理；小前提是所研究的特殊情况；结论是根据一般原理，对特殊情况做出判断。演绎中前提和结论之间的联系是必然的，是一种确实性推论。因为推理的前提是一般，推出的结论是个别，研究对象共有的属性在个体中必然体现。只要大小前提正确且合乎逻辑，则结论就可以保证正确性。演绎法有三个特点：①前提必然能推出结论，前提正确必然能推出正确结论；②结论范畴比前提范畴小；③推理只会从一般到特殊，而无法反推。

演绎法自古希腊时期开始，从"三段论"到现代演绎法，经历过多种改变。亚里士多德吸收了苏格拉底和柏拉图的经验，最早提出了演绎法以及演绎法的"三段论"形式，认为由前提到结论的演绎推断是一种客观必然的因果联系。自此，演绎法经历了漫长的历史时期，直到笛卡尔的出现。笛卡尔认为需要对传统演绎法进行改造。他认为经验会骗人，归纳法是不可靠的，只有通过演绎法才能获得真理性知识，主张改造传统"三段论"的演绎法，用数学和几何学的演绎法重建本体论，以构建严密的知识体系。斯宾诺莎（Spinoza）在笛卡尔基础上改造了演绎法，主张用几何学公理化方法和证明方法取代原有哲学论证方法，将演绎法推向相对极端的方向。莱布尼兹（Leibniz）认为归纳法可以得到偶然性的"事实的真理"，不具备必然绝对真实性，而演绎法则可以得到必然性的"推理的真理"，以此抬高演绎法的地位。波普尔提出一种不同于传统演绎法的"试错"演绎法，认为归纳法在科学认识中作用十分有限。例如，他认为科学理论没有一个是仅通过直接归纳得来的，提倡试错的"假说—演绎体系"来代替归纳法。"假说—演绎体系"否认传统演绎前提是"直觉真理"，而是将其视作"假说"，从而打破传统演绎结论是确定性真理的必然性；程序上也与传统演绎法不同，拒绝接受"演绎可以直接获取科学知识"的观点，而需要通过检验程序从"假说"中得到"优选"，从而获得科学知识。

但是演绎法也有局限性，在孤立的演绎情况下结论不一定正确，只要一个前提不是完全正确，那结论就可能是错误的。休谟认为归纳法存在逻辑问题，并不是一种可靠的推理方式，而将归纳结论作为前提的演绎因此也会陷入逻辑上的困境，归纳法的问题无法为演绎法提供逻辑上的保证。然而，人们固有的传统习惯，往往机械地套用"三段论"，得出了不少错误结论。哈维（Harvey，1996）认为演绎法本身不关注初始前提的真实性，故不能证明我们之前不清楚的事情，初始陈述只能由归纳法来确认。演绎推理在于从一般到个别,其前提是对个体共性和个性的判断,其只能揭示共性和个性的统一,不能进一步揭示两者的对立。因此,从共性出发不能揭示个性的多方面属性。

演绎法的局限性并不影响其在科学探索中的地位。通过演绎可以进行预测,通过演绎可以对现有理论进行逻辑上的证明和反驳。在经济地理学中,大量研究使用演绎法。如弗伦肯等(Frenken et al.,2007)提出假说认为相关多样化促进就业,基于荷兰就业数据进行验证,确认相关多样化推动就业增长,而不相关多样化抑制了失业增长。博什马和特尔·沃尔(Boschma and Ter Wal,2007)对意大利南部制鞋业的知识网络与创新绩效进行研究时,根据理论梳理和推断,认为公司强大的本地网络地位有利于提高他们的创新绩效,通过案例数据的分析验证了他们的推断。贺灿飞等(He et al.,2017)研究了中国土地城镇化的驱动力,通过理论梳理和推断提出假说,认为中国的土地城市化是由地方政府在土地开发过程产生的经济和政治激励所驱动,并基于2002~2008年县级城市的官方土地利用变化数据对假说进行了验证。

3. 归纳法和演绎法的关系

归纳和演绎是相互依赖、互为条件、互相补充的。首先,演绎的基础是归纳。自然科学和社会科学的大部分定律与经验公式,都是通过归纳法总结出来的,如库兹涅茨法则、霍夫曼定理等都是来源于归纳法,也可以说归纳法是科学研究工作的前提。归纳也要以演绎为指导。归纳时需要以一定的理论原则为指导,而理论原则往往是人从大量的经验材料中演绎得到的,从演绎得到的理论从而可以为归纳提供目标和方向。其次,归纳和演绎互为条件,演绎的前提是归纳出来的结论,而在一般结论的指导下,大量的归纳结果又会产生新的结论,则是利用演绎转化成了归纳。归纳后进行演绎可以加深归纳的结论,而演绎后归纳,则可通过实证来验证演绎的结论。最后,演绎和归纳可以相互补充。演绎法是从一般到个别的认识过程,导致结论的范畴要比前提的范畴小,并且演绎法得出的一般结论无法涵盖所有个别事物的丰富属性,因此,需要归纳法持续不断产生新的知识、增加一般知识的丰富性以及考察个别事物的独特属性。另外,归纳的结论不能被证实,若采用归纳的结论作为演绎前提,则很难判断演绎的结论是否正确,所以,还需要归纳进一步考察和验证。

演绎法和归纳法往往同时存在才能全面地观察和分析事物。历史上,相比于演绎法,学者更看重归纳法,重要原因是演绎非常依赖归纳的结论,甚至有人认为演绎没有创新可言。如科学归纳法的奠基人培根认为,演绎法只是个纯粹抽象的推理过程,仅仅从一个概念到另一个概念、从一个命题到另一个命题,并不提供"自然本身"的知识,要获得"自然本身"的知识只能借助真正的归纳法。归纳法虽然能概括出事物的一般特性,但是不能说明个别事物与其他事物的演变关系,因此,单纯的归纳会造成分析结论的不全面，需要演绎来完善。而单纯的演绎也是面临许多问题。演绎的前提是归纳总结出来的结论，换言之，归纳是演绎的逻辑起点。而自从演绎法引入了数学，其所能揭示的信息就不会被归纳法所代替，而且发展出一种逻辑自洽的形式，从数学推理出发提出假说，然后通过实验或观测数据进行检验。即使演绎引入数学，从极为抽象的出发点和逻辑线去论述与分析事物，但是本质上演绎所使用的抽象思维依然是对客观事物归纳分析得出的结果。演绎使用的材料来自于归纳的结论，因此，演绎的结论也需要归纳进一步验证，并且从丰富知识的角度，演绎也需要归纳进一步产生新的结论来补充演绎的材料。布坎南（Buchanan，2000）认为归纳法可以从特殊揭示出一般规律，而只有结合演绎法才能从瞬间发现永恒。总而言之，归纳和演绎需要相互结合，演绎为归纳提供指导和补充，演绎也离不开归纳提供的材料和验证。

哈维（Harvey，1969）总结了归纳和演绎法的途径（图2-6）。从图中可以看出，归纳途径可以从无序的事实归纳出一般性结论，是否能被接受依赖研究者的立场，而演绎比较依赖先验模式，从学者对真实世界的感知出发，随之通过数据的处理等方式进行检验并证明合理性。

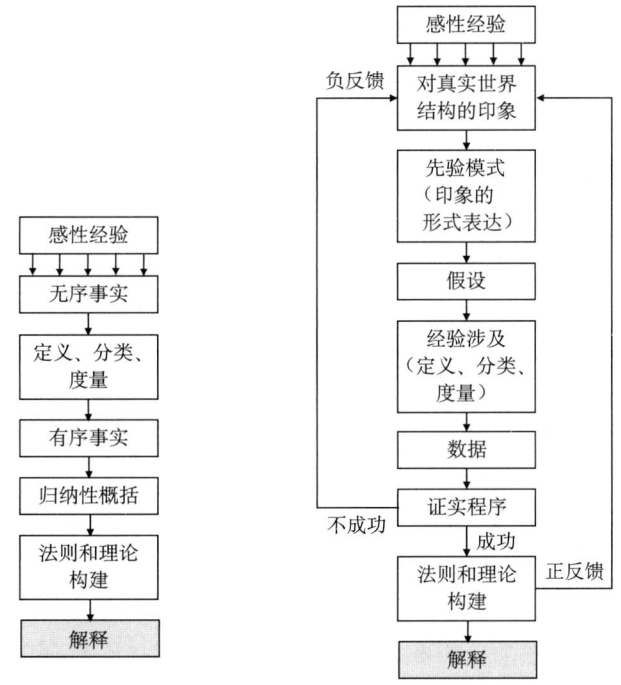

图2-6　科学解释的归纳与演绎途径

资料来源：Harvey（1969）。

三、两种研究方法：质性研究与定量研究

"定量"（quantitative）和"质性"（qualitative）是经济地理学常用的两种基本研究方法，而这两种研究方法在研究对象、资料形式和研究目标上都有较大的差别。定量研究即采用定量方法的研究，质性研究则是采用质性方法的研究。经济地理学中的"质性"和"定量"之争已经长期存在，两种研究方法一直处在此消彼长的过程中。

1. 质性研究

质性研究，又称定性研究，指通过观察、实验、访谈和分析等方式，确定事物具体特征或行为等本质属性的研究；要求在考虑研究者背景以及与研究对象的关系后，通过收集研究对象的一手资料，记录研究过程，以归纳为主要分析方式，站在研究对象的角度去构建理论，然后通过证伪等方式去进行检验。

质性研究是地理学传统的研究类型，质性地分析和描述是早期地理学研究的主要工作，如资料整理、知识罗列和简单归纳等。20 世纪 60 年代计量革命后，地理学逐渐注重计量和数学方法的运用，希望借助模型和计量方法来构建理论，此时定量研究崛起，同时也伴随着定性研究的衰落。20 世纪 70 年代初，地理学者发现很多定量研究为了计量而计量，且并没有发展出强有力的理论，从而开始对地理学的极端实证主义进行批判（Cloke et al.，1991）。如马克思主义地理学者批判实证主义方法无法使人们认识到空间规律和模式如何催生资本主义（Harvey，1973）。在经济地理学的文化转向过程中，地理学者认为人的行为复杂、主观、非理性而又相互矛盾，开始强调能让他们更加主观地理解我们所生活世界的方法，如焦点小组、深度访谈、参与性观察等（Ley，1974；Seamon，1979）。女性主义和后结构主义地理学者致力于改进质性方法，以便更准确地收集信息（WGSG，1997），着重关注研究者立场和表达方式（Moss，2001）。后结构主义地理学者逐渐形成和发展出视觉方法论，关注人的经验如何在事物中表现出来，进一步促进人文地理学者转向质性研究（Pocock，1981）。

虽然"质性研究"与"定性研究"在英文翻译中一样，但是后现代主义背景下的质性研究与传统意义的定性研究略有区别。定性研究和质性研究都是以人作为主体，不过定性研究关注主体对客体的认识，强调研究者主观的思考和个人观点，属于实证主义范畴；而质性研究关注对问题的分析和理解，重视主体与客体在客观条件下的互动和进行理论构建，相比于对问题的认识更关注对问题的理解，属于后实证主义、建构主义、解释学等范畴。可以看出，质性研究注重文化独特性和多元性，关注研究对象的性质和主体性，强调"自下而上"地看待世界。

对质性研究内涵和方法的理解，不同研究背景的学者有所不同。诺曼和林肯（Norman and Lincoln，1994）认为质性研究是通过访谈、观察、交流和体验等方式收集资料，然后解释个人行为对社会的意义。麦克斯韦（Maxwell，2004）认为研究者应该将自己沉浸在研究对象的环境中体会其生活经历。施特劳斯和卡宾（Strauss and Corbin，1990）认为质性研究需要让研究对象参与到研究过程中，通过全面收集资料，然后对资料进行深入的解释，并不看重数学统计分析的运用。学者普遍认同质性研究注重资料的收集和对资料的理解，并不注重数学工具的运用。但是并不代表质性研究不使用数学工具而只采用文字描述和解释，因为使用数学工具并不代表就不是质性研究了，假如使用数学工具，但没有进行系统的数据分析，这项研究依然属于质性研究（茅于轼，1985）。质性研究使用计量方法是为了了解数量的深入含义（McEvoy and Richards，2006；Mayhew，1997）。

质性研究有以下六个特点：①需要在真实环境下开展研究，而不是人工创造的环境；②研究者和研究对象彼此间相互互动、共同理解，研究对象参与研究过程中去并具有话语权；③研究者需要站在研究对象的视角研究问题；④使用多元方法对问题进行深入、全面的认识和理解，如使用参与式观察、深度访谈、实物收集等；⑤对研究对象的刻画注重用语言进行"深入描述"，然后构建扎根理论，较少使用复杂的计量统计方法；⑥对研究对象的理解不断演化，资料收集方向、分析方向、结构建构方式都会随着对研究对象理解的深入不断变化。

质性研究方法呈现出多元化、松散化的特点，主要是基于田野调查和历史比较研究。田野调查是研究者对一个社会团体或情景进行一段时间的研究，通过进入这个团体或情景后扮演一定的角色，然后展开一段时间的观察，在观察期间思考观察的重点并逐步调整观察方向；最后，离开田野情景，整理笔记和资料并着手撰写书面报告。历史比较研究是研究一定历史时期或者不同文化层面的社会生活，研究者需要关注一段或者几段历史时期，或者关注一种或者多种文化，或者综合历史和文化两方面因素；进而提出一些粗略的设想，随着研究的开展不断修正研究问题，比较注重现有资料的整理和分析，如文献和已经观察到的结果；最后对资料进行描述性、探索性或者解释性研究，其中描述性研究最为常见。常见的质性研究方法有参与式观察、深度访谈、行动研究、历史研究等。

（1）参与式观察。研究者融入到研究对象的背景中，与研究对象进行互动，在互动过程中对研究问题进行深入、细致的观察。参与式观察根据身份的公开性分为公开参与式观察和隐蔽参与式观察，前者公开观察者身份，后者隐藏观察者身份。其优点在于不破坏和影响研究对象的原有情况，所以更容易接近研究对象、内部本质和潜在关系，获得更为准确的一手资料；其缺点在于主观因素较大，可能会被误导，且时间成本、人力物力投入太多。

（2）深度访谈。又称无结构访谈或自由访谈，研究者与研究对象针对某一问题进行长时间、一对一的谈话，以获得研究对象对某一观点、情况或事物的看法和思考逻辑，如了解女性对工作中性别歧视的看法、消费者跨区消费习惯等。深度访谈经常被用在探测性调查，即对情况不明确前提下寻找问题所在并揭示出来，所以，深度访谈就要求调查者具备较强的谈话技巧，能够驾驭对话题深入的控制。其优点是灵活性强，充分发挥双方能动性，能深入、详细了解问题；缺点在于耗时长，结果难以统计分析，并且非常依靠调查者访谈能力。应用范围包括：深入了解研究对象复杂的行为，深层认识社会敏感话题，对企业高层、专家、政府官员针对某个问题详细访谈等。

（3）行动研究。调查研究对象的一种或多种行动对组织群体的影响。行动研究以解决问题为主要目的，要求理论与实践相结合。一般分为三个阶段：情况调研判断、反馈、自我参与。情况判断阶段为了描述"计划"与"行动"之间的关系，通过调研、访谈收集资料，为下一步行动打下基础；反馈是将上阶段调查结果向调查对象反馈；自我参与是调查对象得知结果后，参与解释结果的含义并制订方案，在实践中实施。其优点在于：适应性、灵活性强，可以充分应用调查结果，而且有效的激励调查对象的参与；缺点是对研究条件的控制较弱，情境特定性强，限制了结论的推广。

（4）历史研究。又称纵向研究，运用历史资料，如传记、史实等，按照时间顺序对问题进行研究。历史研究以过去为中心，通过对已有资料进行深入分析，对研究的问题追根溯源，探索发展轨迹中的规律，然后对未来进行预测。在制度地理学应用比较多，其目的在于判断制度的现状和演变趋势，通过系统地研究制度的发展和变迁，判断各种时间的因果关系，演绎制度出现的原因和未来的发展方向。历史研究本身不创造数据，重点在于解释某种现象背后的意义。其优点在于：有助于研究者理解现在的情况，并有借鉴意义，即"以史为鉴"；有助于预测未来的情况，避免重蹈覆辙，即"预防"。缺点是历史资料难以完备，影响了结论的有效性；历史具有不可重复性，无法确定新的情境是否能得到一样的结论。

经济地理学对待质性研究有一个转变。克鲁格曼认为绝大多数经济地理学者的研究是反模型、反量化和反简洁的（Krugman，1995）。在"计量革命"时期，经济地理学者采用定量研究的确发现了一些主流经济理论的基本问题，如忽视经济活动的空间差异（Sheppard，2000）。不过经济地理学者使用的数学工具和所解决的问题都非常普通，即使确实揭示主流经济学思想上存在逻辑上的矛盾，由于问题描述方式上的差异，却很难让主流经济学家相信其经济范式中存在深层次的问题。由此，部分学者强调应该解放经济地理学的研究方法，如认为经济地理学应摒弃使用主流经济学理论与方法，寻找主流经济学之外的经济学知识（Amin and Thrift，2000）。如果要对资本主义的空间动态和社会结果有更深层次的理解，以及将这种理解作为思考其他领域的基础，就需要质性研究，因为质性研究对复杂性问题更加敏感。定量研究和质性研究应该相互补充，而不是相互竞争，需要超越经济地理学中定量和质性方法的二元论观点（Plummer and Sheppard，2001）。

2. 定量研究

定量研究又称量化研究，是利用数学模型和统计技术来认识研究对象的研究。定量研究的开端是测度，通过测量获取数据，通过数据去分析研究对象并得出结论，结论相比质性研究更为准确和客观。不过定量研究不能等同于运用数学工具，如果研究中只包括数学也未必是定量研究，只有既包括文字和数学，同时通过数学思维解释数字背后的比例关系，才能算是严格意义的定量研究（蔡运龙等，2011）。定量研究要求客观地分析研究对象，这就要求研究者不能以定性研究"自下而上"的视角，而要"自上而下"地去了解社会。

定量研究起源于启蒙运动后的科学主义，在地理学领域的应用始于20世纪50年代，是年轻地理学者面对"第一次地理学危机"对地理学救亡图存的结果，掀起了轰轰烈烈的"计量革命"。1939年，哈特向《地理学的性质》中指出，地理学研究对象是区域差异，区域独特性是地理学研究的核心。在这种区域主义环境下，地理学的严谨性逐渐被其他学科的学者质疑，此时的地理学被认为流于表面化，只能做描述性分析。20世纪40年代，哈佛大学校长詹姆斯·科南特（James Conant）认为，"地理学不是一门大科学"。在外界的质疑和地理学内部的斗争中，于1948年哈佛大学地理学系解散，在地理学界引起了极大的震惊。为了地理学的发展，舍费尔发表的"地理学中的例外主义"一文，拉开了"计量革命"的帷幕。"计量革命"中年轻地理学者借鉴其他社会学科科学化方法，在地理学研究中采用计量统计方法和数学模型并大量使用其他学科的理论，逐渐形成以空间科学为导向的系统地理学。人文地理学通过大量引用其他学科的理论以及计量模型的应用，推进学科迅速发展，如借鉴物理学理论发展出引力模型和最大熵模型，借鉴经济学发展出中心地理论和区位理论，借鉴社会学理论发展出等级规模法则等，借鉴几何学和交通科学发展处网络理论，借鉴哲学发展出理论范式。从此，定量研究在地理学中真正地推广开来，逐步渗透到地理研究各个分支，成为地理学最具有活力的研究方向，并且在经济地理学领域一直与质性研究分庭抗礼，在后来文化转向、制度转向、演化转向中与质性研究此消彼长。

定量研究以实证主义作为理论基础，遵从实证主义的本体论、认识论和方法论。定量研究将研究者和研究对象截然分开，研究者可以运用一系列的数学工具获得对研究对象的认识，然后将认识还原为直接的经验内容，即形成具有一般规律的"知识"，最后通过经验来验证知识的真理性。在定量研究中，通过将研究者与研究对象完全分开来避免对社会现象的偏见，来保证研究过程和结论的客观公正性，以至于定量研究学者的研究问题、研究假设和理论根据都蕴含着这种价值观。定量研究要求对社会现象进行客观的分析，在方法上客观、中立、严密、科学，具体研究方法主要是观察法、实验法、调查法、统计法、模型法。

（1）观察法。指研究者根据研究目的，通过研究工具或直接观察研究对象，从而获得资料的方法，分为参与式观察法和非参与式观察法。定量研究要求客观性，所以一般采用非参与式观察法。非参与式观察法需要一定程度跳出研究对象的环境，研究者需要与研究对象设置一定"心理距离"和"观察距离"，使研究者保持中立和客观。其优点在于可以获得客观和中立的结论，并且成本相对比较小；其缺点在于难以全面和深入了解研究对象。

（2）实验法。使用自然科学实验采用的逻辑和原理，在实验室或者现实世界中进行实验。实验法比较适用于解释性研究，有利于排除因果推断中的混淆因素，清晰、直接地解释现象与原因的因果关系。实验法将研究对象分为控制组和实验组，对实验组进行干预，然后对比实验组和控制组是否出现了显著差异。经济地理中，可以利用自然实验研究政策导致的经济活动区域差异等。

（3）调查法。使用问卷询问研究对象不同的问题并记录答案，常用于描述和解释性研究。研究者一般不会设置场景，只是根据问卷询问研究对象对问题的答案，具体方式有电话访谈、邮寄问卷、访谈式调研等。调查问卷需要根据研究问题精确设置并进行信度和效度分析，可以通过预调查或专家讨论等方式修改问卷。调查法可以让研究者较快地了解研究对象对研究问题的大概看法，通过科学的抽样方法从关注群体中抽取研究样本，然后将结论推广到总体中。

（4）统计法。对收集到的数据、资料使用统计方法进行整理、分类、分析和解释，并根据结果给出一定结论的方法。只要有数据的地方，基本都会用到统计方法。正确选择统计方法要根据研究目的、研究类型、数据特征，然后根据专业知识和实际情况灵活选择统计方法。

（5）模型法。为方便研究社会现象和谈论事物的规律，根据观察资料和数据，对研究对象进行简化的描述，再现研究对象的本质和内在特征。有两种方式建立模型：第一种要求对研究对象的数据和资料进行整理与分析，在对研究对象形成基本的认识后，抓住主要矛盾，忽略次要矛盾，通过计量方法或者归纳方法，推理出一般规律和模型；第二种要求采用数学的方法，在一定的假设条件下，使用抽象、概括的方式将客观现象条件模型化。

定量研究在经济地理学最流行的时期集中在"计量革命"期间，但现在依然是重要的研究方法。梅休（Mayhew，2001）认为定量研究有利于帮助提高地理学的地位，而且能帮助学者尽量客观地看待研究对象。福瑟林厄姆（Fotheringham，1997，1998，1999）将定量研究在地理学未来可能的发展趋势概括为"重视地方""重视计算"和"重视视觉"。"重视地方"是因为定量研究的新技术为研究"地方"提供了重要工具，空间数据分析统计方法为更好地理解空间过程提供了可能（Fotheringham，1997）。目前经济地理学实证研究面临的挑战是如何利用现有的技术来提高对空间过程的理解，就需要改进现有的分析方法，"重视计算"（Fotheringham，1998）。"重视视觉"是可视化统计技术与其他数据统计技术相比较少，面对日益繁杂的空间数据，需要对可视化统计技术进行更多的研究（Fotheringham，1999）。

3. 质性研究和定量研究的选择

目前在经济地理学领域中，虽然质性研究和定量研究都遵循基本的科学原则，但是界限仍然清晰，在许多方面存在较大差异（表2-1）。定量地理学者通过计数、校准、建模和绘图对物质世界进行研究，而定性地理学者通过访谈、参与、观察等方式对人类社会进行研究（Philo et al.，1998）。因为研究方法的差异，两大研究类型的支持者经常难以接受对方的研究做法，彼此充满敌意，而且不只是经济地理学，几乎与社会科学沾边的学科都涉及定量研究和定性研究的分歧。莱文（Levine，1993）将"定量社会科学"称为"真正的社会科学"。丹津和林肯（Denzin and Lincoln，1994）却认为，定量研究已经过时，随着定性研究在近几十年迅速扩展，很快就会被取代。两种看似相互对立的

表 2-1 质性研究与定量研究的区别

类别	质性研究	定量研究
哲学基础	建构主义、解释学、现象学、后实证主义	经验论、实证主义
研究目标	理解意义	发现规律
研究视角	自下而上	自上而下
方法特征	关注含义，强调理解	关注测度，强调客观预测和控制
研究内容	主观意向性、文化意义	客观事实
研究设计	随研究进程而变化	研究开始前确定
研究焦点	互动的过程、事件	变量
受限程度	受情景限制	不受情景影响
研究方法	参与观察、行动研究、历史研究法	观察、实验、调查、统计等
研究者位置	置身其中	保持中立

资料来源：Denzin and Lincoln（1994）；Philo et al.（1998）。

观点其实反映出两种研究目前依然界限清晰，纵贯社会研究历史可以发现，定量研究其实在模仿自然科学，而质性研究是从人文科学中推演而来的，都只是一种研究方式。如果过分重视定量研究，忽视了其局限性，并且缺乏对质性研究的了解，则会导致研究出现偏差。

质性研究和定量研究都是科学研究中最常用研究方式，各具长处和局限，在对真实世界的探索中都起到了重要的作用，而且两种研究在地理学中还有广阔的发展空间，如谢泼德（Sheppard，2001）认为地理学的量化研究尚未完全发挥力量，仍然有很大的潜力。关于经济地理学中定性和定量的选择，学者给出了不同的观点。哈默斯利（Hammersley，1992）认为定量和定性研究的选择应该根据具体研究目的与实际情况而定。定量研究擅长探究社会现象的一般规律，得出普适性的结论，但是只能对研究对象的认识浮于表面，既不精确也不全面；质性研究擅长对特定的情况和事物做出解释，可以深度发掘研究对象的本质，但是也容易受到主观干扰，同时研究角度比较片面，很难得出一般的结论。有学者认为，应该重新思考经济地理研究在定性和定量方法上的选择，因为过去 20 年方法进展严重滞后于理论进展。经济活动的空间差异本质上属于人类实践的领域，人类的活动是由多种因素、复杂的经验相互交织而呈现出的人文现象，既包括客观事实，又包括人文意义，而经济地理学研究的问题正是这种复杂的人文现象的一部分。因此，只用定量研究来研究问题，无疑将人类活动自然化处理，丧失了人文价值，忽视了文化的独特性和多元性，此时应该采用质性研究作为补充，对深层次的问题进行探讨。

从长远来看，质性研究与定量研究的结合是地理学的发展趋势。金等（King et al.，1994）认为最好的研究往往是结合定量和质性两种研究特点的作品。拉金（Ragin，1994）解释了两种研究类型的互补：定量方法需要凝聚资料，然后可以通过分析收集的资料，来观察研究对象的全貌；而质性研究恰好相反，其注重增强资料，通过增强的资料才能清楚地看见个体关键特征。质性研究和定量研究都无法单独解释所有现象或回答所有问题，两种研究从不同的侧面对同一事物进行研究，不应该对立，而应该相互支持、相互补充。但是，目前经济地理学面临的问题是如何将定量研究和质性研究恰当、有机地结合起来，两种研究的结合目前来看还具有一定的问题。质性研究有复杂化和片面化的倾向，对研究对象的认识和理解过于片面与深入，使得不容易找到与定量研究结论的结合点。杨伟聪（Yeung，2003）在总结以往研究的基础上认为，在新经济地理学研究中，不应该采用社会科学将质性和定量清晰分开的二元论方法论，应该建立一种更包容且开放的框架，因此提出了基于过程的方法论框架（图 2-7）。

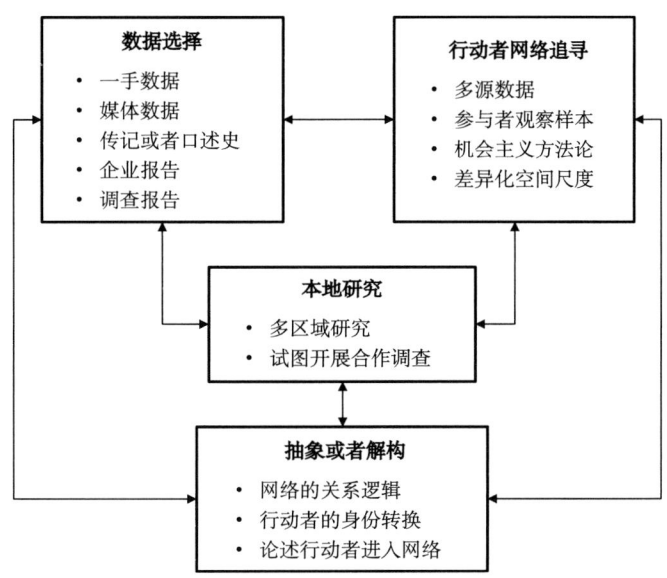

图 2-7 基于过程的新经济地理方法论框架

资料来源：Yeung（2003）。

小　　结

经济地理学的任何研究都受到某种哲学流派的影响，本章介绍了经济地理学在知识创造过程中所涉及的哲学思想与不同思维方式，这些不同的哲学思想及思维方式体现了学者们思考世界的方式及其预设前提。从经济地理学的发展历程来看，在早期商业地理学、环境决定论以及区域地理学时期，学者们主要采用经验主义研究方法。第二次世界大战后的计量革命运动推动经济地理学者采用实证主义研究方法来创造知识。激进经济地理学研究则体现出了结构主义的特点。当代经济地理学研究多建立在建构主义基础之上，这与实证主义及实在论思想形成鲜明对比。经济地理学的研究范式需要保持多元化，通过持续性的对话不断丰富对现实世界的理解。当然，当今经济地理学基本上还较少将道德哲学和伦理学纳入研究方法之中，或许在未来将会成为经济地理学研究方法中不可或缺的部分。在经济地理学方法论的讨论中，我们要注意以下六个问题。

第一，关于自然主义与反自然主义。自然主义主要是指能否基于自然科学方法研究社会科学。在经验主义和实证主义发展阶段，经济地理学研究基本上是自然主义的。然而，当代经济地理学多数是反自然主义的，尤其是文化转向以来，主观概念与语言等成为研究过程中不可或缺的一部分，因而研究客观世界的自然主义方法无法再适用于新时期的经济地理学研究。这导致了定量研究的减少，而定性研究大增。

第二，关于归纳法与演绎法的应用。总体而言，自然主义者偏好演绎法，而反自然主义者多运用归纳法。当代经济地理学研究受方法论的约束，归纳法比演绎法更加流行一些。

第三，关于研究是否具有政治及社会目的。在经验主义和实证主义者看来，研究应该秉承价值中立的态度，研究目的就是为了解释世界。然而，在马克思主义以及女性主义者看来，创造知识是为了寻求解放，为了将社会及政治结构改造得更好，因而是具有行为导向的而非价值中立。

第四，关于是否以客观和中立的方式获得对事物的知识。经验主义、实证主义以及结构主义多将研究者看作是对客观世界的记录者和观察者，而女性主义者则需要特定的认识完成对世界的建构，因而会将自己的信仰、个人兴趣甚至偏见等代入其中。

第五，实在论与反实在论。实在论是指存在一个客观的世界等待我们去认识，而反实在论者多认为世界只存在于心灵之中，提出我们思想之外的物质存在是没有逻辑原因的。总体而言，经验主义、实证主义和结构主义都是实在论的，社会建构主义可以称为社会建构实在论，实在仍然是存在的，尽管它是由人们主观建构的。一个相信存在客观世界与另一个相信世界是被建构起来的人在做研究时往往会采用不同的方法。

第六，结构与能动性。当代经济地理学有大量关于结构与能动性的讨论，这事关人们如何认识社会运作及社会行为。马克思主义地理学中社会结构决定了社会运作，但它没有给人的能动性留下空间。而之后从新区域地理学开始，经济地理学者多开始强调能动性。

以上六个问题对于经济地理学的研究非常重要，因为在研究之前学者们就需要就这些基本问题做出决定，而这些决定将会在很大程度上影响研究所使用的方法以及研究结论。

参 考 文 献

[1] Amin, A., N. Thrift (2000) What kind of economic theory for what kind of economic geography? *Antipode*, 32(1): 4-9.

[2] Barnes, T. J. (2001) Retheorizing economic geography: from the quantitative revolution to the "cultural turn". *Annals of the Association of American Geographers*, 91(3): 546-565.

[3] Bathelt, H., A. Malmberg, P. Maskell (2004) Clusters and knowledge: local buzz, global pipelines and the process of knowledge creation. *Progress in Human Geography*, 28(1): 31-56.

[4] Binz, C., B. Truffer, L. Coenen (2014) Why space matters in technological innovation systems – mapping

global knowledge dynamics of membrane bioreactor technology. *Research Policy*, 43(1): 138-155.
[5] Boschma, R. A., A. L. J. Ter Wal (2007) Knowledge networks and innovative performance in an industrial district: the case of a footwear district in the south of Italy. *Industry and Innovation*, 14(2): 177-199.
[6] Bohman, J. (1993) *New Philosophy of Social Science: Problems of Indeterminacy*. MIT Press.
[7] Britton, J. N. (2003) Network structure of an industrial cluster: electronics in Toronto. *Environment and Planning A*, 35(6): 983-1006.
[8] Buchanan M. (2000) *Ubiquity: The Science of History or Why the World Is Simpler than We Think*. Weidenfeld & Nicolson.
[9] Buck-Morss, S. (1995) Envisioning capital. *Critical Inquiry*, 21: 435-67.
[10] Burton, I. (1963) The Quantitative revolution and theoretical geography. *Canadian Geographer*, 7(4): 151-162.
[11] Casper, S. (2007) How do technology clusters emerge and become sustainable? Social network formation and inter-firm mobility within the San Diego biotechnology cluster. *Research Policy*, 36(4): 438-455.
[12] Chen, S.-H. (2004) Taiwanese IT firms' offshore R&D in China and the connection with the global innovation network. *Research Policy*, 33(2): 337-349.
[13] Cloke, P. J., C. Philo, D. Sadler (1991) *Approaching Human Geography an Introduction to Contemporary Theoretical Debates*. Paul Chapman.
[14] Coe, N. M. (2012) Geographies of production II: a global production network A-Z. *Progress in Human Geography*, 36(3): 389-402.
[15] Coe, N. M., P. Dicken, M. Hess (2008) Global production networks: realizing the potential. *Journal of Economic Geography*, 8(3): 271-295.
[16] Coe, N. M., M. Hess, H. W. C. Yeung, et al. (2004) "Globalizing" regional development: a global production networks perspective. *Transactions of the Institute of British Geographers*, 29(4): 468-484.
[17] Cooke, P. (1989) *Localities: The Changing Face of Urban Britain*. Unwin Hyman.
[18] Culler, J. (1982) *On Deconstruction: Theory and Criticism after Structuralism*. Routledge & Kegan Paul.
[19] Culler, J. (1997) *Literary Theory: A Very Short Introduction*. Oxford University Press.
[20] Ernst, D., L. Kim (2002) Global production networks, knowledge diffusion, and local capability formation. *Research Policy*, 31(8-9): 1417-1429.
[21] Fotheringham, A. S. (1997) Trends in quantitative methods I: stressing the local. *Progress in Human Geography*, 21(1): 88-96.
[22] Fotheringham, A. S. (1998) Trends in quantitative methods II: stressing the computational. *Progress in Human Geography*, 22(2): 283-292.
[23] Fotheringham, A. S. (1999) Trends in quantitative methods III: stressing the visual. *Progress in Human Geography*, 23(4): 597-606.
[24] Frenken, K., F. V. Oort, T. Verburg (2007) Related variety, unrelated variety and regional economic growth. *Regional Studies*, 41(5): 685-697.
[25] Gibson-Graham, J. K. (1997) The end of capitalism (as we knew it): a feminist critique of political economy. *Capital & Class*, 21(2): 186-188.

[26] Gibson-Graham, J. K. (2008) Diverse economies: performative practices for "other worlds". *Progress in Human Geography*, 32(5): 613-632.

[27] Gibson-Graham, J. K. (1994) "Stuffed if I know!" Reflections on post-modern feminist social research. *Gender Place & Culture a Journal of Feminist Geography*, 1(2): 205-224.

[28] Giuliani, E. (2006) The selective nature of knowledge networks in clusters: evidence from the wine industry. *Journal of Economic Geography*, 7(2): 139-168.

[29] Giuliani, E. (2013) Network dynamics in regional clusters: evidence from Chile. *Research Policy*, 42(8): 1406-1419.

[30] Glückler, J. (2007) Economic geography and the evolution of networks. *Journal of Economic Geography*, 7(5): 619-634.

[31] Grabher, G. (2006) Trading routes, bypasses, and risky intersections: mapping the travels of "networks" between economic sociology and economic geography. *Progress in Human Geography*, 30(2): 163-189.

[32] Gregory, D. (1978) *Ideology, Science, and Human Geography*. Hutchinson.

[33] Gregory, D. (1994) *Geographical Imaginations*. Blackwell.

[34] Hammersley, M. (2017) Deconstructing the qualitative-quantitative divide. In *Mixing Methods: Qualitative and Quantitative Research* (pp. 39-55). Avebury.

[35] Haraway, D. J. (1991) *Simians, Cyborgs, and Women*. Routledge.

[36] Haraway, D. J. (1997) *Modest-Witness, Second-Millennium: Femaleman Meets Oncomouse: Feminism and Technoscience*. Routledge.

[37] Harvey, D. (1969) *Explanation in Geography*. Edward Arnold.

[38] Harvey, D. (1973) *Social Justice and the City*. Edward Arold.

[39] Harvey, D. (1974) The political economy of urbanization in advanced capitalist societies: the case of the United States. Johns Hopkins University, Center for Metropolitan Planning and Research.

[40] Harvey, D. (1978) The urban process under capitalism: a framework for analysis. *International Journal of Urban and Regional Research*, 2(1-3): 101-131.

[41] Harvey, D. (1982) *The Limits to Capital*. Blackwell.

[42] He, C., Zhou, Y., Z. Huang (2016) Fiscal decentralization, political centralization, and land urbanization in china. *Urban Geography*, 37(3): 436-457.

[43] Hervas-Oliver, J.-L., J. Albors-Garrigos (2008) The role of the firm's internal and relational capabilities in clusters: when distance and embeddedness are not enough to explain innovation. *Journal of Economic Geography*, 9(2): 263-283.

[44] Jay, M. (1992) Scopic regimes of modernity. In *Modernity and Identity,* ed. S. Lash and J. Friedman, pp. 178-195. Blackwell.

[45] Johnston, R. J. (1991) *Geography and Geographers: Anglo-American Geography since 1945*. 4th ed. Edward Arnold.

[46] Johnston, R. J., D. Gregory, G. Pratt, et al. (2000) *The Dictionary of Human Geography*. Oxford, UK: Blackwell Publishers.

[47] King, G., Keohane, R. O., Verba, S. (1994) *Designing Social Inquiry: Scientific Inference in Qualitative Research*. Princeton University Press.

[48] Krugman, P. (1995) *Development, Geography and Economic Theory*. MIT Press.
[49] Levine, J. H. (1993) *Exceptions are the Rule: An Inquiry into Methods in the Social Sciences*. Westview.
[50] Ley, D. (1974) *The Black Inner City as Frontier Outpost: Images and Behavior of a Philadelphia Neighborhood. Monograph 7*. Washington, DC: Association of American Geographers.
[51] Li, P.-F., H. Bathelt, J. Wang (2011) Network dynamics and cluster evolution: changing trajectories of the aluminium extrusion industry in Dali, China. *Journal of Economic Geography*, 12(1): 127-155.
[52] Liu, J., C. Chaminade, B. Asheim (2013) The geography and structure of global innovation networks: a knowledge base perspective. *European Planning Studies*, 21(9): 1456-1473.
[53] Norman, K., Y. S. Lincoln (1994) *Handbook of Qualitative Research*. SAGE.
[54] Martin, R. (2000) *Institutional Approaches in Economic Geography*. Blackwell Publishing Ltd.
[55] Massey, D. (1984) *Spatial Divisions of Labour: Social Structures and the Structure of Production*. MacMillan.
[56] Maxwell, J. A. (2004) *Qualitative Research Design: An Interactive Approach*. SAGE.
[57] Mayhew, S. (2001) *Oxford Dictionary of Geography*. Oxford University Press.
[58] McCarty, H. H. (1954) An approach to a theory of economic geography. *Economic Geography*, 30(2): 95-101.
[59] McCarty, H. H., J. C. Hook, D. S. Knos (1956) The measurement of association in industrial geography. DTIC Document.
[60] McDowell, L. (1997) *Capital Culture: Gender at Work in the City*. Blackwell.
[61] Moss, P. (2001) *Feminist Geography in Practice: Research and Methods*. Blackwell.
[62] O'Neill, P., J. K. Gibson-Graham (1999) Enterprise discourse and executive talk: stories that destabilize the company. *Transactions of the Institute of British Geographers,* 24(1): 11-22.
[63] Philo, C., R. Mitchell, A. More (1998) Reconsidering quantitative geography: the things that count. *Environment and Planning A*, 30(2): 191-201.
[64] Plummer, P., E. Sheppard (2001) Must Emancipatory Economic Geography be Qualitative. *Antipode*, 33(2): 194-199.
[65] Pocock, D. C. (2014) *Humanistic Geography and Literature: Essays on the Experience of Place*. Croom Helm.
[66] Pratt, A. C. (1995) Putting critical realism to work: the practical implications for geographical research. *Progress in Human Geography*, 19(1): 61-74.
[67] Pratt, G. (1999) From registered nurse to registered nanny: discursive geographies of Filipina domestic workers in Vancouver, B.C. *Economic Geography*, 75(3): 215-236.
[68] Ragin, C. C. (1994) *Constructing Social Research: The Unity and Diversity of Method*. Pine Forge Press.
[69] Reilly, W. J. (1931) *The Law of Retail Gravitation*. WJ Reilly.
[70] Ricoeur, P. (1970) *Freud and Philosophy*. Yale University Press.
[71] Rorty, R. (1979) *Philosophy and the Mirror of Nature*. Princeton University Press.
[72] Sayer, A. (1992) *Method in Social Science*. Routledge.
[73] Schaefer, F. K. (1953) Exceptionalism in geography: a methodological examination. *Annals of the Association of American Geographers*, 43(3): 226-249.

[74] Schoenberger, E. J. (1997) *The Cultural Crisis of the Firm*. Blackwell.

[75] Seamon, D. (1979) *A Geography of the Lifeworld*. Croom Helm.

[76] Sheppard, E. (2001) Quantitative geography: representations, practices, and possibilities. *Environment and Planning D: Society and Space*, 19(5): 535-554.

[77] Sheppard, E., G. Clark, M. Feldman, et al. (2000) Geography or economics? Conceptions of space, time, interdependence, and agency. *The Oxford Handbook of Economic Geography*, 99-119.

[78] Smith, N. (1984) *Uneven Development: Nature, Capital, and the Production of Space*. University of Georgia Press.

[79] Strauss, A., J. Corbin (1990) *Basics of Qualitative Research*. SAGE Publications.

[80] Sunley, P. (2008) Relational economic geography: a partial understanding or a new paradigm? *Economic Geography*, 84(1): 1-26.

[81] Thrift, N. J., K. Olds (1996) Refiguring the economic in economic geography. *Progress in Human Geography*, 20(3): 311-337.

[82] Ter Wal, A. L. (2013) The dynamics of the inventor network in German biotechnology: geographic proximity versus triadic closure. *Journal of Economic Geography*, 14(3): 589-620.

[83] Ter Wal, A. L. J., R. A. Boschma (2009) Applying social network analysis in economic geography: framing some key analytic issues. *The Annals of Regional Science*, 43(3): 739-756.

[84] Tickell, A., E. Sheppard, J. Peck, et al. (2007) *Politics and Practice in Economic Geography*. SAGE.

[85] Walker, R. (1981) *Theory of Suburbanization: Capitalism and the Construction of the Urban Space in the United States*. Methuen.

[86] Warntz, W. (1965) *Macrogeography and Income Fronts. Monograph No. 3*. Regional Science Research Institute.

[87] Westphal, M. (2001) *Overcoming Onto-theology: Toward a Postmodern Christian Faith*. Fordham University Press.

[88] WGSG (Women and Geography Study Group) (2014) *Feminist Geographies: Explorations in Diversity and Difference*. Longman.

[89] Yapa, L. (2000) Integrating teaching, research, and service: a Philadelphia field project. *Bulletin of Science Technology & Society*, 20(3): 175-176.

[90] Yeung, H. W. (1997) Critical realism and realist research in human geography: a method or a philosophy in search of a method? *Progress in Human Geography*, 21(1): 51-74.

[91] Yeung, H. W. (2003) Practicing new economic geographies: a methodological examination. *Annals of the Association of American Geographers*, 93(2): 442-462.

[92] Yeung, H. W., N. Coe (2015) Toward a dynamic theory of global production networks. *Economic Geography*, 91(1): 29-58.

[93] Zaheer, A., G. G. Bell (2005) Benefiting from network position: firm capabilities, structural holes, and performance. *Strategic Management Journal*, 26(9): 809-825.

[94] 蔡运龙、叶超、陈彦光等：《地理学方法论》，科学出版社，2011年。

[95] 陈刚强、李郇、许学强："中国城市人口的空间集聚特征与规律分析"，《地理学报》，2008年第10期，第1045～1054页。

[96] 何卫平："解释学与认识论——一种历史眼光的透视",《人文杂志》,2004年第3期,第1~6页。
[97] 贾文毓:《地理学研究方法引论》,气象出版社,2008年。
[98] 雒海潮、苗长虹、李国梁:"西方经济地理学文化转向的哲学思考",《人文地理》,2014年第5期,第14~18页。

第三章　经济地理学社会转向

引　言

经济地理学是常为新的，其研究对象和研究范式总是随着社会经济发展与制度演变而调整。20 世纪 70 年代以来，全球经济发生了一系列变化，新自由主义兴起、经济全球化、知识经济发展、生产技术范式更替、亚洲国家经济崛起等等，这些变化重塑了全球和地方经济地理，激发了经济地理学者重新思考经济地理理论。经济地理学者不断重新定义"经济"，也经常重新诠释"地理"。他们强调，经济活动并非如新古典经济学所假设的那样在真空中运行，也不是如马克思政治经济学所认为的由生产力与生产关系矛盾决定。一个国家和地区的经济发展，不仅受制于自然资源、人力资本、技术水平、基础设施等，更与政策制度、法律条例、社会文化环境等"软环境"有关。经济活动嵌入在本地社会经济文化制度之中。经济地理学者对"经济"和"地理"的重新阐释直接促使了经济地理学的制度转向、文化转向和关系转向，统称为"社会转向"。

第一节　经济地理学社会转向背景

经济地理学的"社会转向"是时代发展和学科自身发展的产物，肇始于 20 世纪 70 年代，兴起于 20 世纪 90 年代，并迅速成为经济地理研究的重要范式。经济地理学"社会转向"具有广阔的社会、经济、技术以及理论背景。

一、从国家经济走向地方和全球经济

从现代国家起源以来，以国家为经济管理单元的经济活动一直是世界各国经济发展的主要特征。19世纪以来，随着交通与通信技术不断完善和法律、货币、金融、教育等制度的国家统一，国家政治对经济的支配愈发强烈（Scott，1998）。20世纪30～60年代，美国等西方发达国家为应对经济危机，以福特制生产范式为手段，通过国家投资、金融支持等凯恩斯主义经济政策复兴工业，取得了飞速发展，并于20世纪50～60年代达到"鼎盛时期"（Marglin and Schor，1990；Webber and Rigby，1996）。在国家经济模式下，一批具有资源优势地区和工业聚集区，如美国北部的制造业带和西欧的煤矿资源集中区，成为当时经济发展的核心区域。

随着"二战"后经济繁荣的结束以及随即而来的新自由主义兴起，交通和通信技术大幅度提升，以跨国公司为代表的全球化力量开始迅速渗透国家边界，以全球生产网络、全球贸易网络、全球创新网络等为代表的新兴产业组织模式将全球各区域紧密连接起来，成为时代的主旋律。在此背景下，欧美国家的经济地理格局发生剧烈变化。一方面，受经济全球化冲击以及个性化、多样化新消费时代来临的影响，以福特主义大规模、标准化生产模式为典范的美国东北部制造业带和英国东北部等地区出现了大规模去工业化衰退过程；另一方面，一批传统上不受国家政策扶持的落后地区开始迈入经济增长的快车道，如"第三意大利"、法国科技城、美国硅谷等，并成为20世纪90年代以后工业地理学研究的主要对象。其中，"第三意大利"是这类落后地区"逆袭"的典型代表。事实上，自20世纪80年代以来，全球范围内发达国家以弹性生产模式为代表的新区域崛起比比皆是，把全球经济变成由区域拼接的马赛克版图（Scott，1998）。

二、从福特制走向后福特制

福特制是国家经济时代主要的生产技术范式。1936年，由查理·卓别林（Charlie Chaplin）导演并主演的喜剧电影片《摩登时代》逼真地展现了福特制生产与组织管理模式：快速传动的流水线旁，工人们进行单一、简单、快速的操作，或拧螺丝，或敲榔头，或擦辊轴……而老板则坐在办公室不断调看各个摄像头，一边监控工人们的工作，一边决定调整不同工序上具体的参数。1913年，当福特T形车从福特公司位于美国密歇根州的海兰帕克工厂推出以后，标志着以福特主义为代表的大规模生产模式达到了19世纪以来的顶峰。这种以劳动分工理论为依据，以单一的、标准化消费的市场需求为支撑的生产技术范式在欧美发达国家风靡了 20 世纪的前 70 年。

20 世纪 70 年代后期以来，以福特制为代表的大生产范式开始衰落，能快速响应消费需求变化的弹性生产模式登上舞台。其中最具代表性的是发端于日本的即时生产模式（JIT）（Cusumano，1985；Fruin，1992）。JIT 吸收了福特制"无限细分"的生产任务执行模式，摈弃了福特制流水线式的时间管理模式（宋宪萍和范歆，2007）。为了以低成本的方式满足个性化、快速变化的市场需求，JIT 在多个方面改进或颠覆了福特制模式。比如，为节省不必要的时间耗费，JIT 模式中将用螺栓和螺帽固定模具的传统方法改成用夹持器固定，还将模具的一些部分标准化，以省下装卸时间。同时还将福特制中直线形的机器排列方式替代为"U"字形排列，以便同一个员工可以同时操作多台机器。由于要应对灵活多变的市场需求，JIT 通过将生产流程垂直分离并在空间上集聚，以在实现零库存的同时缩短订单周期。由于市场需求总是快速变化，任何环节出现问题，都有可能造成整体交货时间延期，进而造成重大损失，因此，JIT 还要求各个环节厂商之间高度信任与充分可靠。

在后福特制中，技术变革被视为弹性专业化经济成功的关键（Freeman et al.，1982；Dosi et al.，1988）。以微电子技术为基础的产品生产过程和通信网络是"第五个康德拉捷夫长波"的核心。这些技术包括范围经济、弹性生产系统以及设计、生产、营销的整合，以计算机网络为基础的组织内和组织间的合作与交流，促成了电子办公、家庭作业和弹性工时等新型工作模式，也形成了基于远距离通信技术的新生产和消费地理格局（Amin，1994）。尽管以新技术为特点的弹性生产模式是 20 世纪 70 年代以来发展起来的，但弹性生产模式却比福特制出现得更早。较早存在的弹性生产区域比较多，如法国里昂的丝绸产业区，圣艾蒂安的缎带、五金、特钢产业区，阿尔萨斯的印花棉布产业区，鲁贝的羊毛和棉纺织产业区；德国索林根、雷姆沙伊德的锋利工具、餐具、特钢产业区；美国费城、波塔基特的棉织品产业区等（Piore and Sabel，1984）。

三、后现代主义与后结构主义的兴起

从 20 世纪 80 年代开始，社会科学中基于现代主义、结构主义的理论研究范式招致越来越多的批评，最具代表性的批判来自法国哲学家利奥塔（Lyotard，1984）的观点，现代主义过于强调大叙述，试图用少数或单一基础理论去解释复杂世界，而那些决策者也试图用输入/输出矩阵去管理真实的世界。他对"宏大叙事"提出质疑，并认为当下的理论和社会更需要关注小故事。后现代主义是反元叙述、反根本和反本质主义的。现代主义认为文本、图像、方程、图示等可以用来表述一个客观世界，而后现代主义有不同的观点。他们认为世上没有绝对的真理,也没有办法了解普适的真理,世界本身就是由表述建构的(格里宾,2015)。因此,现实世界是一个"仿真"的世界,是一个构想的世界(阚维民,2000)。索杰(Soja,1989)认为,空间不应当是被动的、非辩证的,而应当是积极的、动态的和辩证的。后现代主义地理学将地方和情境置于重要地位,因为只有这些才是真正属于当地的,突出了空间积极性。社会学理论也同样将地方与情境置于重要地位:地方与情境是人们在日复一日不断交流中形成的,对人们的行为方式产生重大影响(吉登斯,1998)。后现代主义地理学让地理学再次回归到差异化的地方和区域。

后结构主义与后现代主义相似,它不是结构主义,但又包含了一些结构主义的思想,并强调能动性的重要作用。结构主义往往认为,人的行为是由一种超脱于个体行为的结构决定的,如宗教生活(Durkheim,1995)。而后结构主义认为,人的行为既受个人能力影响,也受目的影响。20 世纪 80 年代开始,越来越多的学者希望把人类活动的结构因素与能动性统一起来。其中,塞耶(Sayer,2000)将批判实在论引入人文地理学,产生了深远影响。批判实在论认为,应当把结构置于偶然性的、特殊情景条件下去理解,使得结构与能动性得到较好的统一。在后结构主义地理学中,一个重要分支就是关系地理学。关系地理学强调一种事物的存在依赖于另外一种事物。在关系视角中,那些深藏于表面现象之下的结构不再被关注,转而关注现实存在的相互关系。在关系地理学中,传统的区域关系不再重要,而更重要的是这些区域之间的拓扑关系,这为理解经济地理现象,特别是全球—地方关系开创了重要的视角。

四、从认识论走向解释学

从 20 世纪 50 年代开始,西方经济地理学爆发了"计量革命",以反对描述性区域地理研究,转而追求新的科学范式,同时也对"二战"后经济建设需求予以必要的呼应。这场由华盛顿大学和爱荷华大学为"根据地"的"计量革命之火"烧遍了 20 世纪 50~60 年代的英美大学经济地理学。经济地理学的计量方法主要以逻辑实证主义为哲学基础,以经济学和物理学为理论来源,以统计推断技术为工具建构设计而成。这种认识论理论化的目的在于对纷繁复杂的经济地理现象找到普适的、精确的、单一的理论解释(Barnes,2001)。在计量方法中,研究者被认为是客观公正的,理论犹如映照世界的一面镜子,能够精确"反映"世界。这种认识论的理论范式强调对经济活动空间特征的解释与预测,因而在 50~70 年代区域主义盛行的时候,经济地理学理论多被用于指导国家经济建设。

然而，这种认识论理论很快受到了马克思政治经济学和新马克思政治经济学的批评。批评者认为，计量方法不能解释现实社会（Harvey，1972），不能解释空间交互（Olsson，1975），不能反映真实的因果逻辑（Sayer，1979），不能反映真实的人的行为（Massey，1974）。这些批评最终促使计量方法逐渐失去了它在经济地理学中的主导地位。但无论是计量方法，还是马克思主义或者新马克思主义，从根本上来说可以理解为一种结构主义方法，同样遭到后结构主义的批评。后结构主义指出，社会科学研究中根本不存在一种对世界的穷尽解释（Rorty，1979），理论总在"希望"（Rorty，1982）与"怀疑"（Ricoeur，1970）之间不断轮回递进。这促进经济地理学研究由认识论转向解释学（Barnes，2001）。解释学认为研究者与知识创造本身是一种互动关系，理论研究并不在于对经济地理现象提出一种单一的、普适的解释，而在于对特定的现象给出一种特定的解读。这种解读包含了研究者自身的人生观、价值观、世界观及其特有人生经历对周遭的理解。它强调研究者及其研究对象的相互理解。理论构建成功与否取决于理论在多大程度上被人们接受。同时，理论建构并不是封闭的、固定的，而是一个创造的、开放的过程，不同人对理论有不同理解。总之，经济地理学由认识论转向解释学，促使经济地理学从一个封闭的、单一的理论范式走向开放的、多元的理论范式，对学科的发展具有重大意义。

上述背景对经济地理学的社会转向具有重要影响，并存在一定的对应关系。①世界经济从国家经济走向地方经济与全球经济，塑造了一个个"次国家"新区域经济，促成了新区域主义的诞生。同时，全球力量对区域发展的作用日益明显，推进了关系经济地理学研究，也使得基于关系视角研究全球—地方关系显得非常有必要。②生产范式由福特制转向后福特制，激励生产垂直分离，促进以弹性专业化生产为特点的地方经济的崛起，也使得全球生产联系成为可能。③社会科学后现代主义的兴起，引发了经济地理学基于逻辑实证主义解释经济地理现象的反思。学者们认为理解经济现象可以是多元的，促成了经济地理的"文化转向"。后结构主义的兴起，不仅让经济地理学者基于拓扑关系来理解经济地理现象，还提出了能动性对于结构发挥作用的重要影响，促成了经济地理学的关系转向。④经济地理学从认识论走向解释学，促使学者们对解释经济地理现象的传统范式产生了怀疑，促进经济地理学的文化制度转向。总之，经济地理学的社会转向不是自发进行的，而是根植于时代背景。

第二节 新区域主义

区域是经济地理学中的重要概念,是经济地理学者观察经济活动和开展研究的基本空间单元。区域一般是指"根据一定目的和原则而划定的地球表面一定范围的空间,是因自然、经济和社会等方面的内聚力而历史奠定的,并具有相对完整的结构,能够独立发挥功能的有机整体"(魏后凯,2011)。区域范围可大可小,既可以是国家尺度或超国家尺度,也可以是次国家尺度。在经济地理学中,区域多为次国家尺度(Scott,1998)。地理学中区域的内容也不断演变,从把区域作为描述和认识世界的工具(哈特向,1996),到把区域作为一个真实存在的对象(Minshull,2007),到剥离了社会、政治、文化的抽象区域(Isard,1956),到把区域作为社会交互的舞台(Thrift,1983),再到最近把区域当作一个透镜(Bathelt and Glückler,2003)。伴随地理学者对区域概念理解的变化,在经济、政治、社会实践中对于区域的理解与应用也在不断发生变化。其中,最具代表性的就是区域主义与新区域主义。

一、从区域主义到新区域主义

1. 区域主义

区域主义兴起于 19 世纪后半叶,是人们基于区域地理学对区域的理解基础上衍生出来的一种政策主张。作为一种概念工具,在区域规划和区域政策制定中具有举足轻重的作用。在 19 世纪末的欧洲,国家发展呈现出极不平衡的两极分化格局——一边是高度集聚发达的城市地区,另一边是贫困潦倒的乡村地区,从而导致了一系列的环境与社会问题。为解决这些现实问题,规划学者提出了田园城市理论(霍华德,2010)、有机疏散理论(沙里宁,1986)等,以促进区域之间的和谐发展。20 世纪 20~30 年代,美国田纳西河流管理局(TVA)是运用这些理论进行区域管理的众多机构中的典型代表,其模式后来被印度、墨西哥、苏联等国家广泛学习。"二战"以后,随着福利国家和"冷战"的兴起,以福利区域主义为代表的区域规划开始登上历史舞台。福利区域主义意识到,区域之间的经济发展不平衡问题会不断加剧,因此要实现区域经济平衡发展必须有政府干预。区域主义以佩鲁(Perroux,1950a,1950b)的增长极理论、缪尔达尔(Myrdal,1957)的循环因果累积理论、赫希曼(Hirschman,1958)的不平衡发展理论等作为基础,

20世纪60~70年代在世界各地广泛传播应用，如巴西从里约热内卢迁都到巴西利亚、法国索菲亚安蒂波利斯科学城的建设等都是以这些理论为依据（王缉慈，2016）。另外，区域主义以中心地理论（克里斯塔勒，2010；勒施，2010）和区域科学（Isard，1956）理论为基础，探讨国家城市等级体系，或将企业经营看作是资本、土地、劳动力等生产要素的函数，探讨区域发展。总的来说，区域主义以城市和区域为基础，以计量分析和数学模型为工具，以大公司为中心，以投资刺激、国家驱动的区域政策为手段，试图通过社会经济规划，把国家财富重新分配到各区域，试图高效率地解决国家经济增长、区域经济增长和区域经济不平衡问题（Amin，1999；苗长虹等，2012）。

然而，区域主义发展模式需要以强有力的中央集权政府作为推手，需要以大量单一品种的产品需求作为保障，但其机械式的发展模式很难适应时代的变化。随着20世纪70年代以来经济全球化和后福特制生产范式的兴起，大量老工业区衰落，一批传统落后地区的崛起，促发经济地理学者重新思考新的区域发展模式。

2. 新区域主义兴起

20世纪70年代开始，随着交通和通信技术进步和西方新自由主义兴起，经济全球化往纵深推进，并以前所未有的速度向各个国家和地区渗透（迪肯，2009）。20世纪90年代早期，国际商业界、国际经济学界、政治界广泛掀起了"地理终结论""地理已死论"（Ohmae，1990，1995a，1995b；O'Brien，1992；Lévy，1995），认为经济、政治、文化正在历经全球趋同。然而，尽管商品流、资金流、信息流、人口流等比以往任何时候都能更快、更便捷地在全球范围内流动，但经济活动仍然主要集聚在全球的少数地区，如高技术产业主要分布在发达国家，低成本制造主要分布在中国、马来西亚、印度等，全球金融中心主要在伦敦、纽约、东京、中国香港等世界城市。因此，虽然席卷而来的全球化打破了国家的边界，但这并不意味着地理的消失。以次国家区域为代表的区域直接参与全球经济竞合，表现出比国家参与全球经济活动更为突出的地理差异（Storper，1997；Scott，1998）。

新区域主义正是在全球化背景下凸显地方的重要性，诸如"第三意大利"、德国巴符州、美国硅谷等区域持久的经济活力，很难用纯粹的市场力量来解释，也很难基于政策干预来解释。除却经济发展所需的一般条件，区域文化制度环境对区域发展有着重要的影响。借用波兰尼（Polanyi，1944）"经济是嵌入在社会关系中的"观点，新区域主义认为，经由日常交互而结构化的地方惯例、规范、规则、习惯、信任和面对面交流等能够促进隐性知识的流动，降低交易成本。与区域主义相同，新区域主义也具有很强的实践指向性。20世纪90年代末期，以新区域主义统领的区域发展策略繁多，如区域创新系统（Cooke et al.，1997）、关联经济（Cooke and Morgan，1998）、创新环境（Ratti et al.，

1997)、学习型区域（Florida，1995；Morgan，1997）、制度厚度（Amin and Thrift，1994）、非贸易相互依赖（Storper，1995）以及产业集群（Porter，1998）等。

需要指出的是，尽管新区域主义与区域主义都强调区域的重要性，但看待区域经济发展的逻辑有所差异。首先，从理论假设上，新区域主义认为经济行为具有很强的社会基础，受社会文化制度激励或约束，而区域主义不考虑经济行为的社会性；其次，新区域主义认为不同的区域具有差异化的社会经济特点，因而制定政策时需因地制宜，而区域主义认为区域具有同质性，因而政策可以基于相同标准；最后，新区域主义认为政策应当激发区域内由下而上的力量以实现区域"自力更生"，而区域主义政策则是由上向下的计划形式。概括来说，区域主义将区域当作是政治经济发展过程的产物，而新区域主义则把区域看作是各种社会经济生活的基本空间单元（Storper，1995）。

二、新区域主义的理论基础

真实的经济世界是非均衡的、不完美的、非完全经济理性的，经济运行受到多种文化制度条件的影响。新区域主义受到了经济社会学和制度经济学的重要影响（Amin，1999）。

1. 经济社会学

经济社会学是运用社会学的理论和方法来解释稀缺物品与服务的生产、分配、交换及消费的学科。斯默瑟和斯威伯格（Smelser and Swedberg，2005）认为经济社会学主要有七个显著特点。①行动者是由社会建构的"互动人"或"社会人"，其行动受到其他人的影响并影响其他人。因此，社会学通常从群体和社会结构层面来分析现象，而不会仅仅考虑个人行为。②人的行为既可以是理性的，也可以是惯例的、情感的，但通常情况下以后者为主。人的理性行动是符合惯例条件的形式理性，或者是受宗教价值观等影响下价值理性。经济过程和目标本身就是人类行动的意义。控制和支配权力对于经济行为具有显著影响。③行为人的社会结构、社会关系、文化身份等影响个体经济行动。④坚持经济过程的社会分析，强调经济与社会其他方面的联系和相互作用，关注构成经济社会情境的制度和文化变迁。⑤强调对经济现象的生动描述并对现象做出解释，批判经济学一般化的、形式的、抽象的模型以及对经验数据的忽视。⑥采用大量多元化方法，比如统计分析、独立调查分析、参与式观察和田野调查、历史数据和对比数据分析等。⑦经济社会学者通常需要大量阅读过去的典籍，并把传统典籍与新近研究置于同等地位。

2. 制度经济学

制度经济学主要思想与经济社会学存在诸多类似，但它属于经济学的一个分支领域。

一般将制度经济学分为两大学派：一个是以托斯坦·凡勃伦（Thorstein Veblen）、约翰·康芒斯（John Commons）等为代表的老制度经济学派；另一个是以罗纳德·科斯（Ronald Coase）、奥利弗·威廉姆森（Oliver Williamson）、道格拉斯·诺斯（Douglass North）等为代表的新制度经济学派。新区域主义主要以老制度经济学作为理论基础。老制度经济学诞生在资本主义大生产时代社会矛盾不断激化的时期。在这一背景下，老制度经济学派认识到新古典经济学的局限性，需要理论革新将社会引向正常轨道。根据塞缪尔斯（Samuels，1995）的总结，老制度经济学有以下六个特点：①关心社会权力结构，认为权力结构是决定资源配置的根本因素；②认为行为主体与文化是相互依赖的，在方法论上推崇整体主义；③认为市场只是制度的一个隐喻，制度塑造了市场并对市场发挥作用；④注重经济行为人在真实决策过程的合理性；⑤强调基于动态的、演化的观点分析经济活动；⑥强调经验主义、实用主义的问题解决方法。新制度经济学从交易费用、产权和制度三个基本范畴研究经济活动。特别是科斯的交易费用概念在新区域主义中应用较广。交易费用指交易双方完成一次交易所需要的各种成本，包括协商、谈判和履行契约所需费用。

三、新区域主义主要学派

新区域主义主要包括意大利学派、加利福尼亚学派、"欧洲创新研究组"和技术—组织学派等（Scott，2000）。

1. 意大利学派

意大利学派以意大利佛罗伦萨大学的贾科莫·贝卡蒂尼（Giacomo Becattini）及其同事们为代表。他们主要分析意大利东北部和中部的新兴手工业地区（"第三意大利"）马歇尔式产业区的经济活力。在《意大利产业区和企业间合作》一书中，贝卡蒂尼（Becattini，2017）从社区、企业群落、人力资本、市场、竞争与合作、自适应系统、技术变迁、地方信用体系、动力来源、意识阶层十个方面对"第三意大利"现象进行系统解剖。他把产业区定义为由工业镇、社区和企业集群融合的、具有一定自然和历史边界的独特区域实体。产业区内企业具有高度一致的价值观，对新事物具有很强的包容性。企业集群深深扎根于本地，每个企业都有独特的发展历史，并且与当地人的日常生活深度融合。小企业间合作频繁，通过相互分工合作生产市场所需的品种繁多的产品。产业区还鼓励劳动力流动，以促进技术的交流，从而促使专业技术知识的不断扩散，营造"创新氛围"。在市场上，人们通过面对面谈判，相互了解商品质量或客户需求。产业区内企业竞争非常激烈，但是竞争的根本目的不是为了获利，而是为了增强家族与个人的地位。意大利学派主要关注扎根本地的制度和社会文化基础对小企业与企业家网络的影响。

2. 加利福尼亚学派

加利福尼亚学派以艾伦·斯科特（Allen Scott）、迈克尔·斯托伯（Michael Storper）和理查德·沃克（Richard Walker）等为代表，强调生产过程的垂直分离、产业间交易网络和地方劳工市场对产业区形成的影响（Scott，2000）。斯科特（Scott，1988）在《新的产业空间》一书中着重分析了"第三意大利""法国科学城"和"美国硅谷"等新的产业空间。他采用强调地方劳动力市场弹性和企业交易对于理解产业与空间动态的重要性，并将上述地区称为"资本主义弹性积累模式"下的"新产业空间"。斯托伯和沃克（Storper and Walker，1989）基于政治经济学的观点尖锐地批评了基于新古典区位理论范式的区域发展模型，认为是资本主义工业化、企业竞争和技术变迁推动了地理空间发展的不平衡，创新企业在那些能够吸引资源、资本和劳动力的"区位机会窗口"进行资本积累，并创造高额利润。斯托伯（Storper，1995）提出要把区域理解为经济主体之间的非贸易相互依赖的所在地，在日常交流和互动中形成的非贸易相互依赖构成了区域的物质与非物质资产，较贸易性依赖对于经济主体之间的沟通、调整、学习过程更为重要。

3. "欧洲创新研究组（GREMI）"

GREMI 成立于 1984 年，位于法国巴黎，汇集了欧洲和北美的创新研究团队，主要研究技术创新和区域环境之间的关系。GREMI 学派认为，创新是区域增长的引擎，但创新力量隐含在异质性的地方经济和社会结构之中。正如 GREMI 的创办人艾达洛特（Aydalot，1986）所言："企业不是天生就能选择环境的，而是环境孕育了它……企业与环境不是割裂的，企业是环境的一部分。区域历史、企业组织、集体行为和共识是创新的重要组成部分。"创新是一个复杂的交互式过程（Rosenberg，1982），行动者之间的交互作用对于技术变迁的学习过程是决定性的，而创新环境形成了产业文化、正式和非正式企业网络、集体学习过程的基础。GREMI 学派的研究内容有明显的演进过程（Ratti et al.，1997），主要包括四个阶段：第一阶段强调创新环境对创新的影响；第二阶段强调创新对环境的影响；第三阶段强调创新网络与环境的互动关系；第四阶段强调同时考虑地方因素和全球联系对创新环境的影响。

4. 技术—组织学派

技术—组织学派以迈克尔·皮奥里（Michael Piore）和查尔斯·萨贝尔（Charles Sabel）为代表，强调区域技术和组织的变迁对于区域经济发展的影响。他们在《第二次产业分化》（Piore and Sabel，1984）一书中，批评了那些把 20 世纪 70 年代以来美国的经济危机归结为石油危机或者政府干预市场的观点，并从技术—组织的角度解读美国经济的繁荣与萧条。他们认为，18世纪末到20世纪60年代是物资短缺时代，基于生产垂直一体化原则的福特主义大生产组织模式在当时取得了胜利。在20世纪60年代中后期开始，市场条件发生了变化，大生产模式已经很难适应变化多端的市场，弹性专业化的后福特制生产组织模式应运而生。特别是电脑辅助设计和制造、弹性加工系统、自动化技术等技术发展，使得中小企业获得了新发展机会，并能够跟随市场节奏快速灵活地改变生产工艺并获得竞争优势（王缉慈等，2001；卡斯特，2001）。弹性生产要求企业间经常性地沟通协调和进行频繁的交易，因此，企业会倾向于地理集聚，形成专业化产业区（图3-1）。

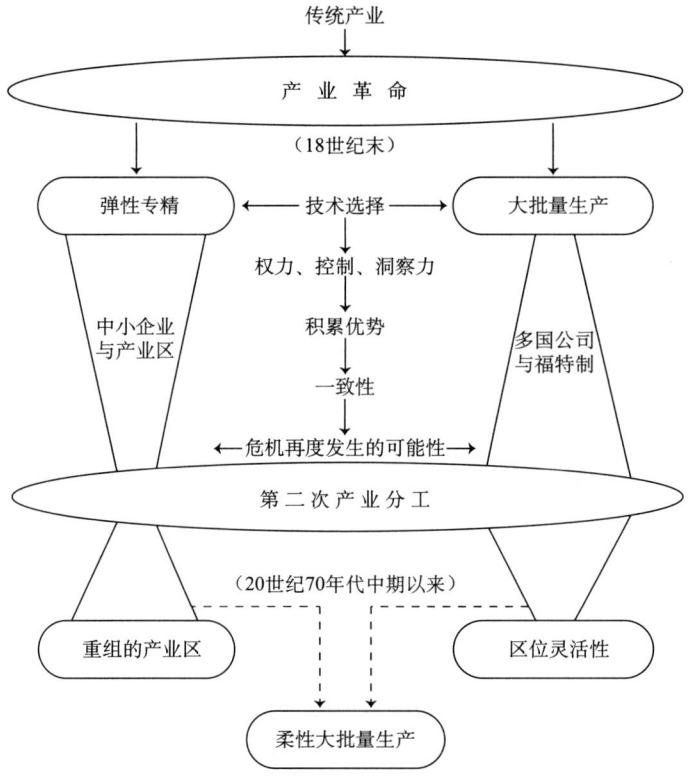

图 3-1　大批量标准化的生产与弹性专精生产此消彼长

资料来源：根据《创新的空间》（王缉慈等，2001）图10重绘。

四、新区域主义影响与反思

新区域主义从20世纪70年代萌芽到90年代达到鼎盛，推动了经济地理学的概念与理论发展，特别是对区域的再重视与重新认识，至今影响着经济地理学各个分支领域的研究。然而到了21世纪，新区域主义的一些不足也日渐显现。一是新区域主义的经验证据不足。除了美国硅谷、伦敦、德国巴符州等少数经典案例外，鲜有其他有力证据，让新区域主义有将政策实践与学术研究混为一谈的嫌疑（Lovering，1999）。二是地理邻近性的说服力不强。新区域主义十分强调本地制度文化对区域创新的重要性，然而最近研究认为认知邻近（Nooteboom et al.，2007）、社会邻近（Breschi and Lissoni，2003）、制度邻近（Gertler，1995）以及组织邻近（Williamson，1985）等是知识溢出与相互学习的关键，而并非地理邻近本身。三是对区域外部因素考虑不够。新区域主义将视角限定在区域之内，过于强调地方资产的重要性，而对全球化力量以及区域之外的经济联系考虑不足。

第三节　经济地理学制度转向

新古典经济地理学认为区域经济差异是基于个人理性与自由市场基础上的土地、资本、劳动力、技术等因素造成的，而马克思主义经济地理学则认为是生产力—生产关系之间的矛盾造成区域经济格局的不断演化。这两种研究范式均把经济从其赖以运行的社会、制度、文化背景中抽离出来，从而将空间经济差异看作由一些外生因素或结构决定的，但事实上经济过程同时也是社会文化过程（Thrift and Olds，1996；Crang，1997）。脱离了经济活动赖以存在的各种社会文化制度，就难以对各种经济景观的形成与演化给予有说服力的解释（Martin，2000）。从20世纪80年代开始，经济地理学者开始偏离新古典经济学范式（Tomaney，2014），批判基于理性人假设的新古典经济地理学（Amin and Thrift，2000），强调经济活动的社会、制度和文化嵌入性，开始了经济地理学的制度转向。制度转向是经济地理学在广泛吸收法国调节理论的基础上独立出来的，同时还受到了经济学、社会学、政治经济学等社会科学的影响（Martin，2000）。制度经济地理学抛弃了传统的理性人假设，认为现实中人的行为受习惯、规则、惯例等影响，无法像新古典范式中的理性人那样进行最优化计算，仅是有限理性的。在空间观点上，制度经济地理学认为区域是社会经济生活的根本基础（Storper，1997），区域经济差异并非由外生力量使然，而是由区域异质性社会制度差异造就的。制度经济地理学就是要研究不同区域制度的产生、演化过程及其如何影响经济行为从而塑造不同的空间经济差异。

一、制度

1. 概念

关于制度目前尚无严格统一的界定（Martin，2000）。霍奇森（Hodgson，1988）认为"制度是一种社会组织，通过惯例、习俗或法律以建立人们持久的、规范的行为模式"。卢瑟福（Rutherford，1994）认为"制度是一种行为准则，或是一种被社会成员广泛接纳的行为规范"。艾德奎斯特和约翰逊（Edquist and Johnson，1997）认为"制度是像惯例、规范、共识、道德类似的东西"。通常情况下，研究者针对具体研究内容或研究需要来定义制度（Lundvall and Maskell，2000；Gertler，2010；Bathelt and Glückler，2014）。总之，制度是一种社会结构或者结构化社会，主要是调节经济活动行为的一套规则（Smelser and Swedberg，2005）。在制度经济地理学中，经济活动嵌入在社会文化关系中，因此，制度与经济之间的关系并非决定与被决定的关系。

2. 内容

制度内容在经济地理学不同流派中也十分多元。在调节理论中，制度形式包括货币约束形式、工资关系、竞争形式、国际体系中的地位和国家的形式等（Boyer，1990）。在特定宏观经济背景下，不同国家或地区拥有不同的制度形式，从而表现出截然不同的经济绩效。在老制度经济学中，制度主要包括习惯与规则，被认为是理解一切经济行为的基础（Hodgson，1998）。由于制度是人们在长期互动过程中形成的，因而不同国家或区域可能拥有截然不同的制度形式，从而表现出不同的经济行为。制度经济地理学中的制度主要包括两个方面：一是制度环境，主要包括影响人们生产生活的惯例、习俗、规范等以及影响就业、合同、贸易、公司治理、福利保障的法律法规；二是制度安排，指政府机关、法人团体、自发组织等的特定组织形式。制度安排是制度环境的结果，也由制度环境所控制。反过来，制度安排也对制度环境产生影响。

3. 正式制度与非正式制度

正式制度指编码化的政治制度、法律法规、规章规则等，非正式制度指未成文或非编码化的惯例、风俗、规范、价值观念、社会关系等。正式制度与非正式制度，既有区别又相互联系，并在一定条件下相互转化（Jones and Clark，2000）。正式制度可以是内生的，如村规民约或地方法规可以是当地居民长期价值观念形成的文化；也可以是外生的，如某地为整治环境污染而出台清洁生产管理办法。对于前者，正式制度与非正式制度比较吻合；对于后者，正式制度与非正式制度是矛盾的。积极的、合理的正式制度，随着时间的推移可演变为非正式制度而内化为人们的价值观念；而消极的、不合理的正式制度，往往会受到人们的强烈抵抗而逐渐失去其约束性作用。

4. 制度厚度

制度厚度是制度经济地理学的重要概念，是对所有影响经济活动的社会文化制度因素的概括，主要包括四个方面（Amin and Thrift，1994）：一是密集的组织机构构成制度厚度的基础，如企业、金融机构、地方商会、培训机构、行业协会、商业服务、政府部门等；二是基于地方共识的高频互动，如经常性的洽谈、合作与交流信息等，这些互动并非外力强制的，而是自发的协同合作过程；三是基于共同行动的发展，具有明确的个人利益与集体利益意识，比如通过集体行动将成本社会化，或者通过集体行动共同抵制有损集体的行为；四是行动者具有共同愿景等。

二、制度主义思想流派

制度转向有三种主要的制度主义思想来源，即理性选择制度主义、社会制度主义和演化制度主义（Hall and Taylor，1996；Martin，2000）。这三种制度主义思想各有侧重，但均围绕两个方面展开：一是如何解析制度与经济发展之间的关系；二是如何通过制度起源或变迁解释经济发展过程（表 3-1）。

表 3-1 三种制度分析方法及其在经济地理学中的应用

视角	关注点	制度观点	理论基础	制度变迁描述	地理应用
理性选择制度主义	在资本主义背景下，制度怎么产生特定的组织形式	制度通过约束、信息或强制组织个体行为。制度好坏的标准是它们是否能降低交易成本或提高经济效率	交易成本经济学、代理理论、契约理论和产权	制度随市场行为的结果而变化，演化轨迹由竞争选择决定	空间集聚和经济活动地方化创造能够降低交易成本的制度
社会制度主义	把经济理解为一个嵌入于社会制度的系统	制度作为文化特殊性的社会信任网络，反身性合作和支持经济行为与关系的义务	网络理论、组织理论、团体理论和文化理论	制度随新的社会合法性逻辑或者新共享的认知地图的社会建构过程而变	基于地方的正式或非正式的信任、合作和知识转移网络对于促进企业地方嵌入性的作用
演化制度主义	在资本主义经济历史动态中制度演化的作用	制度作为社会、经济和政治权利关系的系统，制度框定了经济活动规则和协调	后凯恩斯主义、演化经济学、规制理论、长波理论和比较政治学	具有持久性，通过缓慢积累起来，具有迟滞的路径依赖和锁定特点，长期演化是与经济发展交互的偶然结果	地方制度的性质和演化以及它们对于社会调节与当地经济管制的作用

资料来源：Martin（2000）。

1. 理性选择制度主义

理性选择制度主义起源于新组织经济学（Moe，1984），后者强调产权、寻租和交易成本对于制度运行与发展的影响。理性选择制度主义假定参与经济活动的主体都是"理性人"，具备完全信息并追求自身利益最大化。如果缺乏特定的制度安排，容易导致类似"囚徒困境"或"公地悲剧"的集体行动次优。因此，合适的制度结构能够影响行动各方的替代方案、选择范围和偏好次序，减少行动者在决策过程中的不确定性，从而使得在保证各方利益最大化的同时，实现社会福利最大化。理性选择制度主义认为，制度是根据行为者在某种特定制度下的行为而倒推设计出来的，制度是市场行为的结果（Martin，2000）。制度还服从竞争选择，低效制度最终会被淘汰。制度经济地理学主要基于理性制度主义考察地方制度能否降低交易成本，并以此来解释地方经济的兴起和发展（Martin，2000）。

2. 社会制度主义

社会制度主义不仅把制度定义为正式规则、程序或者标准，还把符号系统、认知文本和道德范本等包括在内，认为任何行动者都处于形形色色的社会网络之中，并扮演着特定的社会角色。与理性选择制度主义中行动者目标外生于制度不同，社会制度主义中的制度内化于行动者本身，不仅影响行动者的策略，还影响其基本偏好和特定认知。社会制度主义强调行动者的理性行动是由社会建构的，其行动目的在于用合适的途径来展现行动者的身份，其行动很大意义上在于体现他们的社会合法性。在制度经济地理学中，社会制度主义重点考察地方经济是否形成信任、合作和知识传播的正式和非正式社会网络，以及这种社会网络对于培育地方企业嵌入性的作用（Martin，2000）。

3. 演化制度主义

演化制度主义是"理性人"假设和"社会人"假设的折衷，既强调制度对理性选择的影响，也强调社会文化背景对行动者决策的影响。但演化制度主义具有独特的分析视角。一是强调制度在行动者中不均衡分配权力的方式，关心这种不对称的权力分配如何导致行动者的表现差异性。二是强调制度的路径依赖性，认为区域内行动主体间形成的纳什均衡或者无意对制度本身进行反省是造成制度滞后的原因。演化制度主义拒绝"同样的外部力量作用于不同的区域将产生相同结果"的说法，认为外力作用效果与区域特有的制度路径高度相关。三是强调重大事件对于路径创造的重要性，但重大事件何时发生具有一定的历史偶然性。四是认为制度不是影响行动者决策的唯一因素，对其他影响因素具有很强的包容性。在经济地理学中，演化制度主义重点关注地方制度的性质和演化以及它们对于社会调节与当地经济管制的作用（Martin，2000）。

三、"制度转向"的研究主题

随着经济地理学"制度转向"的不断深化,许多本来研究内容都发展成了新的研究领域。但概括起来,"制度转向"仍然可包括以下四个方面的主题。

1. 制度对空间经济的塑造

制度通过影响经济效率对空间经济产生作用。阿明和思里夫特（Amin and Thrift,1994）认为"制度厚度"对区域经济发展有重要影响。特别是当企业、金融机构、商会、培训机构、政府机构、工会等制度安排集聚在一定区域内,经过长期的日常接触,能够增加彼此之间的了解,提升相互之间的信任程度,进而提升交易效率。亨利和平奇（Henry and Pinch,2001）意识到制度并非越"厚"越好或越"薄"越坏,而是存在四种情况:①"厚而有效";②"厚而无效";③"薄而有效";④"薄而无效"。因此,制度影响区域经济发展的核心不在于制度厚度而在于制度质量（Farole et al.,2010）。斯托伯（Storper,1995）则从"关系资产"或"非贸易相互依赖"的角度来理解制度,认为基于地方共同行为规则、习俗、价值观的行为主体之间的非贸易相互依赖性能提高行为主体对隐性知识的交流,促进知识、信息的快速流动,减少风险,降低行为主体的搜寻、筛选和选择信息的成本。

2. 制度通过影响技术创新对空间经济产生作用

制度能够抑制或促进创新（Hage and Hollingsworth,2000；Edquist,1997；Langlois and Robertson,1995）。意大利学派认为,本地鼓励劳动力流动的制度有助于技术的流动,从而提升本地创新能力（Becattini,2017）。GREMI 学派研究认为,本地创新环境能影响企业的"学习过程",从而提升企业对外界环境变化的应对能力（Ratti et al.,1997）。萨克森尼（Saxenian,1994）认为,"硅谷"的持续成功与当地企业家不断的冒险精神、紧密合作又激烈竞争的环境、高度容忍失败的文化环境、企业与斯坦福大学之间良好的交流合作机制等密不可分。但是在某些情况下制度也会阻碍区域创新（Bathelt and Glückler,2014）,新制度主义学者把这种情况称为制度"硬化症"（North,1981）。

3. 制度对经济景观演化的影响

制度具有稳定性特征,因此制度是"历史的携带者"（David,1994）,联系着过去、现在和将来（North,1990）,在没有外界统一干扰的情况下能够导致整个制度系统向着较为统一的方向演化（David,1994）。制度延续性对经济景观演化的影响研究,已被演化经济地理学吸收并发展,主要目标是研究"经济景观——生产、流通、分配和消费的空间组织——如何随时间推移而演化"（Boschma and Martin，2010）。在制度路径依赖的情况下，区域发展会呈现路径锁定（Storper，1997；Cooke and Morgan，1998）与路径突破两种情况（Boschma and Frenken，2006；Zhu et al.，2017）。旧制度能否延续或者新制度能否被创立取决于制度结构与行动者能动性的较量（Bathelt and Glückler，2014）。

4. 制度对区域经济管制与社会调节产生影响

制度主义主张以区域作为管制着力点，利用各种正式和非正式制度调节区域经济发展的方向，提高发展潜力。制度主义特别强调管制手段与发展规划要注重本地制度基础（Boyer，1990；Amin，1999）。

第四节 经济地理学文化转向

经济地理学对于文化的关注可以追溯到 20 世纪 80~90 年代（Massey，1984；Boyer，1990）。伴随着 20 世纪后期时代的变迁和社会科学的发展，经济地理学越来越意识到文化在各种经济活动中的重要性，并于 20 世纪 90 年代中后期涌现了大量重要著作，启动了经济地理学的"文化转向"（Thrift，2000）。文化转向不仅采用文化方法理解经济活动和经济发展空间，更为重要的是，它意味着经济地理学看待经济根本范式的转变。

一、概念

文化是一个难以界定的概念，不同学科、领域、研究目的对于文化的定义不同。地理学较多采用英国文化理论家威廉姆斯（Williams，1983）的定义：文化是一种特殊的生活方式，包括信仰、思想、价值观、符号、物品、语言、规则、法律、实践等。在现实中，文化可以为诸如音乐、文学、绘画、雕刻、戏剧、电影、宗教、阶级、种族、性别，甚至笑容。总之，文化的核心是意义、符号或表述相关的实践和关系（Sayer，1997）。文化不是一个单体概念，而是存在于群体之中的，代表的是一个群体特征；文化不是一个静态概念，而是在人们的实践过程中不断地创造与被创造；文化更不是一个无地理差异、无地理边界的概念，而是有着根深蒂固的历史传承性。文化也不是一个标准概念，不同人基于不同文化背景对于文化有不同的理解。因此，文化更多需要的是解读，而不是解释。

二、文化转向过程

长期以来，在经济地理学中，功利的、唯物的、有形的、通俗的以及与无关道德的"经济"和非功利的、唯心的、美学的、无形的、规范的"文化"一直处于割裂状态（Jackson，2002）。在区域地理学中，文化与经济作为不同类别被分别描述；在空间科学中，经济是自发的，也不可能将捉摸不透的文化作为变量；在哈维的政治经济学中，文化仍然被视作经济基础决定的产物（Harvey，1973）。直到20世纪70年代，文化与经济才出现融合之势。引发这一融合的力量来自时代的推动。20世纪70年代中后期开始，欧美国家进入了后工业化时代，涌现了信息、金融、保险、房地产以及健康、教育、研究、管理、休闲娱乐等新兴服务业，并超越工业成为主要产业（丹尼尔，2003）。与过去依靠机器生产且劳动力作为机器附属的大生产方式不同，这些新兴产业需要大量的人才，人才成为产业发展的主要决定因素。在这种背景下，经济地理学者重新思考文化与经济的关系（Sayer，1997）。正如戈德利尔（Godelier，1986）所言，"没有一样人类的物质产物是跟精神、表述、判断、思想无关的。"经济地理学理论演进也不断要求学者强调文化的重要性。一方面，调节学派（Boyer，1990）和批判实在论（Sayer，1979，2000）认为，资本主义的成功不仅取决于消费和投资的关系，还与地方的惯例、规范、习俗等文化因素有关；另一方面，马西（Massey，1984）通过分析性别、父权制、宗教、文化政治学等文化因素理解经济，推动了经济地理学的文化转向。尽管经济地理学在时代应景与理论进步两个方面都需要文化转向，但是文化转向过程却并非一蹴而就，至今仍在深刻争论探讨之中（Lee and Wills，1997；Barnes，2001）。一般认为，经济地理学从20世纪90年代中后期正式开始文化转向。

三、重构"文化—经济"关系

重构文化与经济关系的起点是对文化—经济二元论进行反思。在空间科学时期，经济地理学的主要任务在于探索经济活动空间规律，这种客观规律往往通过数学公式、图表、影像等表达出来，犹如映射客观世界的"一面镜子"（Barnes，2001）。由于探究客观规律，经济地理学者往往需要将自己视作一个"客观的观察者"，以防止个人主观判断影响研究客观性。然而，基于精确数据解释真实的人类世界只能是一种"虚假的精确"（哈耶克，2007），因为学者的知识局限性、社会经验等直接影响他们所选择的解释变量。在马克思政治经济学中，哈维（Harvey，1973）认为，上层建筑最终决定于经济基础，也就是生产力与生产关系的矛盾关系。佩因特（Painter，1997）显然不认同哈维的观点，认为文化与经济至少应当是相互决定的。布尔迪厄（Bourdieu，1984）认为，文化与经济之间的关系应当是相互"经营"多于相互决定，相互成为"隐喻式的生产力"多于直接的因果关系。事实上，没有一种思想或理论能够独立于社会关系（Godelier，1986）。显然，文化—经济二元论的弊端十分明显。重构文化与经济的关系就是要重塑经济地理学的研究对象、理论与方法（Philo，2009），促使文化与经济转向融合与交互影响（Lash and Urry，1994）。

1. 重构研究对象

吉布森-格雷汉姆（Gibson-Graham，2006）在《资本主义的终结》一书中对纯粹的经济提出了批评，认为真实的经济应该被看作是与文化、社会、环境等相结合的杂糅的、异质的、多元的、非市场的存在。如舍恩伯格（Schoenberger，1997）在《公司的文化危机》一书中所写的，有些美国跨国公司的破产是因为管理者的文化导致了错误决策，而并非公司经营本身的问题。再如，一些服务业中经济绩效优劣与服务者的性别、种族等有关，电影、音乐等文化产品更是具有文化与经济双重属性（Coe et al.，2012）。因此，文化转向要求将"经济活动"同时看作"文化活动"。

2. 重构理论化过程

与实证主义强调理论对客观世界的解释不同，文化转向认为世界是由表述建构出来的，人类世界并不存在唯一的客观规律，理论应当是自反的、开放的、丰富的，学者的任务是通过文化与经济融合的视角来解读世界，把理论建构交给认同这种理论的人们。如果建构的理论得到了人们的认同并用于实践，那么理论就算暂时创建成功。当然，随着时间推移，这种理论又会被重新认识——推翻、修正或强化。同时，文化转向认为经济地理理论没有对与错之分，只有人们接不接受的问题。巴恩斯（Barnes，2001）认为，在社会科学中，所有理论建构都只是一种隐喻而已，无论这种理论用的是严格的数学语言、图表，还是文本。

3. 重构研究方法

文化转向认为，经济活动嵌入在社会网络关系中（Polanyi，1944；Granovetter，1985），因此需要置于文化情景去理解经济活动（Hart，1982）。这意味着基于文化转向的研究应当从认识论转向解释学（Barnes，2001）。研究方法上，文化转向推崇深度访谈、焦点小组、口授历史、民族志、参与式观察、话语和文本分析、行动研究等，对文化经济活动开展个案分析和质性研究。在研究过程中，研究者还需注意到数据采集过程中的反身性，以免给研究带来较大的偏差。

四、文化转向的研究主题

由于"文化转向"是开放性的,因此,"文化转向"的研究并无严格的主题,体现了文化的多元性。"文化转向"的研究大致包括四个维度。

1. 经济"文化"化

经济对文化的作用主要体现为,经济发展成果逐渐成为一种文化符号而为人熟知或经济发展对已有文化的影响。各种享有盛名的产业区早已超越了其经济区域的概念,如巴黎、米兰、伦敦、纽约、东京等"时尚之都"(沈滨,2017),杭州"丝绸之府"、温州"中国鞋都"等。戴维森等(Davidson et al.,2002)将集群文化品牌比作"冰山","冰山"之下是消费市场、产品质量、产业人才、地方文化、社会网络、工艺与关键技术等经济与非经济因素。麦克道尔(McDowell,1997)在《资本主义文化》一书中提到,20世纪80~90年代,法律、会计、商业和金融服务业等通过职业性别隔离制度、日常话语中的表述及话语建构等方式,强化或塑造了女性的温柔文化和男性的阳刚文化。

2. 文化"经济化"

文化对经济的作用主要体现在文化的物质化。文化"经济化"研究聚焦文化创意产业研究,成果丰富。阿多诺(Adorno,1991)在《文化产业》一书中对音乐、电影、电视等大众文化产业进行了系统研究,表明文化产业不是简单的经济对象,而是要从审美认知角度去理解文化产业。对于经济地理学有较高参考价值的是鲍尔和斯科特编撰的《文化产业和文化生产》,集中了一批城市地理学者和经济地理学者的研究成果(Power and Scott,2004)。值得强调的是,无论是经济"文化"化,还是文化"经济化",都不是一个单向的过程,而是相互交错的过程。

3. 文化情境中的经济

经济应置于种族、身份、习俗、惯例、规范、性别等文化背景中去理解。例如,在关于挪威恩林索伊(Ellingsøy)的鱼加工集群中渔民与贸易方交易的案例研究中发现,渔民与贸易方之间经过长期的交易实践,已经形成了一种相互信任的文化,交易从来不用签订任何合同,签订合同反而会让人觉得别扭,这是一个典型的基于互相信任的交易惯例(Fløysand and Jacobsen,2010)。离开这种文化环境,这种行为难以理解。再如,消费空间与相应群体的文化认同与体验存在一定关联。例如,米勒等(Miller et al.,1998)在英国的两大购物中心(Brent Cross Shopping Centre,Wood Green Shopping City),通过问卷调查和长达一年的民族志研究,发现消费空间与消费群体的文化认同和体验存在一定关联，购物不仅是身份的再现，更是身份建构的重要组成部分。消费者身份感与消费者所去购物场所存在某种微妙的关联。与此相关的文献还有很多（Douglas and Isherwood，1979；McKendrick et al.，1982；Appadurai，1986；Miller，1987；Campbell，1987）。

4. 文化话语下的经济

重构理论话语是"文化转向"的重要方面，是"文化转向"后现代主义特点体现。例如，尽管激进政治经济学理论在"文化转向"中遭到批评，但"文化转向"并未拒绝将阶级关系作为一种话语建构来理解经济活动。吉布森-格雷汉姆（Gibson-Gbaham，1997）认为，尽管福特制资本主义模式遭到了挫败，但是这并不意味资本主义体系的瓦解。她们通过对"阶级"的重新定义建构了"资本主义中心"话语体系，并基于这套体系分析资本主义全球化现象。传统的资本主义剥削—被剥削关系很普遍而且显而易见，但在经济全球化背景下这种关系变得隐蔽。尽管在后福特制区域中似乎人人在为自己工作，但他们马不停蹄的劳动其实与过去的被剥削阶级并未不同，而那些剥削阶级如今正"盘踞"在一些特定区域，通过金融、贸易或房地产赚取丰厚的剩余价值。通过资本主义中心话语体系构建可以将许多理论分析置于其中，而《资本主义的终结》一书却通过女性主义的视角瓦解了这种资本主义中心话语体系，构建了一种理解世界的新视角（Gibson-Gbaham，2006），重构理论话语体现了经济地理理论的包容性和多元化。

文化转向促使文化与经济融合，体现了"文化"才是塑造经济空间与建构经济地理理论的核心。尽管文化转向也受到一些批评（Scott，2004），但正如思里夫特（Thrift，2000）所说，文化转向所做的是打开了潘多拉盒子，现在再也关不上了。文化转向像一个顽皮的孩子在地理学、经济学、社会学、人类学、心理学、管理学等多学科之间跳跃穿梭，为经济地理学的理论探索带来了新颖的视角。

第五节 经济地理学关系转向

伴随着哲学对于空间的再认识以及经济地理学对空间经济活动的研究，经济地理学逐渐意识到空间是由一系列经济社会关系建构而成的，从而引发了经济地理学的"关系转向"。关系转向就是要重构经济地理学中传统的物理空间观和抽象空间观，构造一种新的空间——关系空间，就是要探讨行动者之间、结构之间的动态异质性关系与社会空间演变之间的因果关系（Yeung，2005）。

一、"关系思维"产生

"关系转向"的源头可以追溯到哲学领域对空间的思考。长期以来,空间一直被区分为"精神空间"和"物理空间"(Lefebvre,1991)。前者如欧式空间、拓扑空间等抽象空间,后者是指自然空间。1974年,法国思想大师列斐伏尔在《空间的生产》一书中提出了"社会空间"的概念,认为空间是被生产出来的,是人类社会关系建构的一种社会现实。赛义德(Said,1979)在《东方主义》一书中说道,因为我们创造了自己的历史,所以我们也创造了我们的地理;东方不是"就在那里",而是因为我们在这里。列斐伏尔提出,既然空间是一个产物,那么研究重点就要从空间中的物(things in space)转向空间生产本身。列斐伏尔的著作对地理学具有重要启示意义(Massey,2005)。20世纪90年代,一批人文地理学者从"空间容器"的传统思维束缚中跳出来,认为地理空间并非事先给定之物,而是由人们在相互行动中构建起来的"关系空间",从而促发了地理学界广泛的"关系思维"(Massey,1999)。无疑,世事万物总是处于各种关系之中,然而一旦某物与其他事物的关系变化了,那么此物也就不是原来的物了(皮特,2007)。关系思维本质上是要跳出孤立的个体思维、封闭的空间思维,将事物置于广泛的关系网络中,研究事物的关联方式以及"关系空间"生产途径(Cresswell,2013)。需要特别指出,"关系空间"并非一种静态的、决定论空间,而是一种始终处于变化的、开放的、不完整、区域异质的建构空间。

二、关系转向过程

经济地理学关系转向最早可以追溯到马克思政治经济地理学。20世纪60~70年代的西方社会发生了一系列大事件,公民暴力运动、种族主义运动、反越战运动等等,以哈维为代表的地理学者意识到,造成社会不平等发展的原因是生产力与生产关系的矛盾,并认为这种矛盾关系造成了区域之间的不平衡发展(Harvey,1972,1982;Gregory and Urry,1985)。马西(Massey,1984)认为,"经济空间要作为业已分异且不断交互的社会关系结果来理解——空间实际上是由社会现象之间的关系建构而成,是这些关系的产物。"波伊尔(Boyer,1990)认为,资本主义宏观结构与地方社会文化结构相结合才能更好地理解区域发展不平衡现象。新区域主义和制度经济地理学认为,经济活动嵌入于地方的社会网络关系之中,并提出了"制度厚度"(Amin and Thrift,1994)、"非贸易相互依赖"(Storper,1995)、"创新氛围与环境"(Ratti et al.,1997)等一系列概念,强调地方社会关系网络对于区域发展的重要性。斯托伯（Storper，1995）认为行动者之间的非贸易相互依赖构成了区域"关系资产"，并进一步提出了"技术—组织—地域"的"三位一体"构架（Storper，1997）。行为主体及其社会关系的形成演化成为部分经济地理学者研究中心议题（Scott，1988；Dicken and Malmberg，2001；MacKinnon et al.，2002；Boggs and Rantisi，2003）。21世纪初，一批探讨经济主体关系本身的文献开始涌现（Ettlinger，2001，2003；Yeung，2002a，2005；Boggs and Rantisi，2003；Bathelt and Glückler，2003；Murphy，2003；Sturgeon，2003），标志着经济地理学"关系转向"或者"关系经济地理学"真正开启。表3-2总结了经济地理学中的关系框架及理论来源。

表 3-2 经济地理学中的关系框架及理论来源

关系框架	主题概念	主要作者	空间表现	理论来源
地方和区域发展中的关系资产	制度厚度；贸易和非贸易相互依赖；集聚倾向；氛围与环境；社会资本	Ash Amin；Phil Cooke；Anders Malmberg；Ron Martin；Peter Maskell；Kevin Morgan；Allen Scott；Michael Storper；Nigel Thrift	新的产业空间；产业区；集群；学习型区域；全球城市中的马歇尔节点	演化和制度经济学；新经济社会学；组织分析；城市研究；民主与社会运动的政治研究
网络关系嵌入：社会行动者、公司和组织	组织间的关系网络；行动者网络；生产网络；混合与性别关系	Ash Amin；Peter Dicken；Meric Gertler；Gibson-Graham；Gernot Grabher；Roger Lee；Linda McDowell；Jonathan Murdoch；Nigel Thrift；Sarah Whatmore	全球—地方张力；组织空间的差异化生产；路径依赖；混合地理和多重轨迹	新经济社会学；组织分析与管理研究；后结构主义与女权主义；科学与技术研究
关系尺度	地理尺度作为关系建构；社会关系作为尺度建构；尺度重构和再地域化	Neil Brenner；Kevin Cox；Bob Jessop；Jamie Peck；Neil Smith；Erik Swyngedouw；Peter Taylor	尺度地理；全球化的政治；城市与区域管制；地方劳动力市场的社会调节	地理学；社会学；制度分析

资料来源：Yeung（2005）。

三、关系经济地理学的建构

1. 哲学建构

经济地理学的"关系转向"在理论上要跳出新古典主义范式下的"绝对空间"和马克思政治经济学范式下的"相对空间"思维，转而关注行动者、结构及其社会关系，从而构建关系经济地理学。

在本体论上，关系经济地理学强调行动主体能动性的作用，关注事件变化对于整体的影响（Boggs and Rantisi，2003）。当然，主体行为本身仍然具有结构性。因此，关系经济地理学既重视行动的"权变性",也要重视行动的"情境性"和"路径依赖"(Bathelt and Glückler, 2003)。

在现实世界中,行动者网络关系十分复杂且难以穷尽,有时甚至很难判断究竟是什么原因真正影响了行动者决策。因此,关系经济地理学认同批判实在论(Bathelt and Glückler, 2003),强调从结构与情境性双重视角理解关系网络状态,经验研究只能作为本质与现实之间的桥梁。

关系经济地理学关注行动主体及其相互关系,不太关注宏观层面的政治体制、政策制度等(Boggs and Rantisi, 2003)。行动主体主要包括企业和个人。由于企业和个人也处于中观或宏观层次的关系网络中,因此关系经济地理学不拒绝对整体层面进行观察。在研究方法上,关系经济地理学多采用个案叙述(Boggs and Rantisi, 2003)、参与式观察(Yeung, 2002a)等。

在尺度关系方面,关系地理学不再强调地方与全球尺度的区别,也不拒绝地方与全球的区别。地方为行动主体提供了制度、文化和社会基础,在某些时候这些地方基础对于行动主体具有重要影响(Boggs and Rantisi, 2003)。

2. 关系经济地理学的研究设计

巴瑟尔特和格吕克勒(Bathelt and Glückler, 2003)认为,关系经济地理学研究要素应当包括组织、演化、创新及行为主体相互作用。组织是协调经济活动与经济关系的基本单位,不但要处理组织内部各要素的关系、组织内部要素外部化与外部要素内部化的关系,还要处理与其他组织之间的关系。这种组织嵌入在多元化的社会文化关系网络中,因此组织关系不断演化。演化概念假设经济和社会过程是基于历史经验的、积累的、反身的,意在表明当前的决策是路径依赖的。创新包括组织的知识创造、新技术发展、技术变迁等,被看作是交互的社会过程的结果,因为创新的过程需要创新主体间不断交流和反馈。相互作用就是经济主体之间相互影响、相互渗透的力量。杨伟聪(Yeung, 2005)进一步明确了将"关联性""权力"和"行动者"作为关系经济地理学理论建构的支柱,并认为行动者和结构之间动态的、异质的关系可以概念化为经济景观社会空间变化的因果机制。他将权力与关系联系起来,并把权力置于关系经济地理学研究的核心地位,并进一步借鉴福柯的权力概念,认为行动主体间关系核心在于通过行动实践"夺权"过程,即权力大的行为主体占用较多资源,更容易取得成功。同时,他还把行动主体间关系进行了拓展,提出"关系几何"图式,将各种行动主体广泛地嵌入到一个拓扑网络空间中,并以此为基础,强调了区域网络关系的异质性。表 3-3 归纳了德国的经济地理研究范式。

表 3-3 德国经济地理研究范式演变

研究设计维度	区域经济地理学	区域科学	关系经济地理学
空间的概念	空间作为研究对象和解释变量	空间作为研究对象和解释变量	空间作为透镜（地理透镜）
知识的对象	区域特定的经济—空间形式	行动的空间显现（结构）	情景中的经济关系（社会实践，过程）
行动的概念	环境决定论/或然论	原子的：个人主义方法论	关系的：网络理论/嵌入性观点
认识论观点	实在论/自然论	新实证主义/批判理性主义	批判实在论/演化观点
研究目标	区域性质的表意理解	经济行为空间法则的发现	用空间的观点发现社会经济交易机制

资料来源：Bathelt and Glückler（2003）。

四、关系转向的主题

关系转向的研究内容大致可分为关系资产、关系嵌入、尺度关系三个主题。

1. 关系资产

关系资产研究本质上是"制度转向"的直接反映（苗长虹等，2012），但更侧重关系网络本身的空间效应。斯托伯（Storper，1997）认为空间是由技术、组织和地域的"三位一体"关系建构的，并且地域化与经济生活中的各种相互依赖紧密相关。关系资产研究认为，制度厚度（Amin and Thrift，1994）、非贸易相互依赖（Storper，1995）、区域创新系统（Cooke et al.，1997）、关联经济（Cooke and Morgan，1998）、创新环境（Ratti et al.，1997）等是促使经济活动集聚的主要原因，从而塑造了独特的地域空间。但是，关系资产研究忽视了经济全球化对地方制度的影响，过于强调地方资产的稳定性，把行动者作为一个对外界条件产生反应的机械人等。

2. 关系嵌入

关系嵌入研究关注个体、企业和组织之间的网络关系对于塑造差异空间的重要性。关系嵌入研究认同，经济活动嵌入在广泛社会文化关系网络中的观点（Polanyi，1944；Granovetter，1985），强调组织在经济活动中作为认知、文化、社会以及政治关系网络的重要性（Dicken and Thrift，1992）。一部分关系嵌入研究强调网络及其网络关系（Taylor and Asheim，2001）。另外一部分研究基于后结构主义范式更关注行动者的多元化特征是怎么由不同网络建构起来的。如埃特林格（Ettlinger，2003）指出，工厂车间中的问题可以由员工通过私下的、非经济的以及广泛的社交网络来解决。

3. 尺度关系

尺度是地理学常用概念，但直到 20 世纪 90 年代才被认为是资本主义下由关系建构而成的（Swyngedouw，1992；Brenner，1999；Herod and Wright，2002；Sheppard，2002；Sheppard and McMaster，2004）。尺度关系研究认为尺度的"相对化"是理解当代资本主义全球化及其地域结果、城市与区域管制和治理的关键（Jessop，1999；苗长虹等，2012），因此全球化研究者也热衷于探讨尺度（Yeung，1998，2002b；Peck and Yeung，2003）。尽管与行动者网络理论在关于是否存在尺度的理解上存在差异，但尺度关系研究还是吸收了行动者网络理论关于任何物质的和非物质的、自然的和非自然的存在都是由关系建构的核心思想，如认为房子、城市、区域都是由社会建构的，而并非事先给定之物。对于关系经济地理学是否应有尺度之分在学术界仍存在较大争议（Cresswell，2013）

五、关系转向的影响

关系转向的贡献在于让经济地理学摆脱了传统空间概念的思维束缚，把空间作为一种关系建构来对待，进而把地理空间作为一种透镜来理解经济主体本身以及他们之间的相互关系。关系转向与制度转向、文化转向一起，突破了马克思政治经济地理学的宏观结构与"空间科学"的理论研究范式，采用后结构主义范式促进经济地理学向更为现实的方向发展，为经济地理学带来了新的研究视角。关系转向作为经济地理学中一种思潮，为社会网络、全球价值链、全球生产网络、地方—全球的互动关系等研究领域奠定了理论基础。

第六节 "经济地理学社会转向"在中国

中国经济地理学的社会转向研究的重心主要体现在理论吸收、消化与创新方面，涌现了一批实证研究成果。

一、"制度转向"在中国

1. 理论引入与实证研究

中国经济地理学对于"制度转向"的研究开始于20世纪90年代末期。李小建（1997）在总结西方新产业区理论的基础上，将新产业区的概念予以一般化，即"贸易取向性的新生产活动以一定规模在一定空间范围内集聚，具有明显劳动分散、生产网络和根植性的特点"。随后，苗长虹等较为系统地介绍了西方经济地理学中关于新区域主义与"制度转向"（苗长虹等，2002；苗长虹，2004，2006，2007）。然而，正如帕克和马尔库森（Park and Markusen，1994）所发现的那样，世纪之交的中国并未出现如西方经济地理学中所说的新产业区现象，因而"制度转向"的实证研究相对较弱。进入21世纪，王缉慈等（2001）系统引进了西方新产业区理论、产业集群理论等。她在《创新的空间：企业集群与区域发展》一书中，对地方生产系统、产业集聚理论、"新产业区"及相关学派等作了详细梳理，几乎涵盖了西方新区域主义理论中的所有学派与学者。同时，她们还基于新产业区理论对台湾IC产业、中关村电子信息产业、东莞电脑相关企业集群等高技术产业集群和诸暨大唐袜业、河北清河羊绒产业区等传统产业集群进行了实证分析，印证了新产业区理论中的制度厚度、分工合作、本地网络的重要性。

随后，经济地理学领域涌现出了大批基于制度转向的实证文献。如文嫮和李小建（2003）通过对河南省偃师市翟镇针织业的研究，发现了新区域主义中"非贸易相互依赖"对于创新型学习的重要性。王敬甯等（2011）基于调节学派视角对台中市后里区乐器产业升级进行了案例研究，认为地方科研机构以及地方政府对于该产业区的发展具有重要作用。李鹏飞等（2008）在对山东临朐和广东大沥铝型材产业集群的研究中发现，西方新区域主义理论并不能完全解释所有产业集群的创新扩散过程，认为处于不同发展阶段的产业集群有着不同的创新扩散过程。曾刚和文嫮（2004）基于新区域主义理论对上海浦东信息产业集群建设进行了规范性评价研究，强调集群内部联系网络建立、内部制度环境建设对于该产业集群发展的重要性。黄亚生和钱美君（Huang and Qian，2017）发现了中国环境下政府干预、政企关系对于工业用地利用的正效应。苗长虹和魏也华（2009）通过演化制度主义视角对河南鄢陵县花木产业集群的成长发展过程进行案例研究，印证了斯科特（Scott，1988）中所特别强调的地方政府推动、分工深化与弹性专业化模式中的"干中学"对于产业集群发展的重要性。

2. 理论应用、发展与突破

制度经济地理学和新区域主义相关理论对于中国的园区和开发区建设具有重要指导价值。王缉慈（2004a）根据产业集群理论提出五个措施来培育地方产业集群：①鼓励和推动民间投资；②鼓励行业协会等中介服务机构的建立和发展；③为产业集群的空间集聚提供条件；④大规模招商引资；⑤引导和鼓励产业集群中的企业进行技术改造和升级。王琳等（2005）则更加注重制度厚度的作用，提出注重发挥行业协会、产业联盟的作用和本地生活、工作、商务环境的营造等。但是，各地基于新区域主义理论来培育各种名义的开发区或产业集群，忽视了新区域主义所特别强调的本地资产。产业集聚、产业地理集中和产业集群存在概念差异，产业集聚或产业地理集中尽管能够形成集聚经济，但是并不一定导致产业集群（王缉慈，2004b）。王缉慈等（2010）出版了《超越集群》一书，强调集群是一个中性词，并提出要"超越依靠低成本和规模扩张'打造产业链'和'打造产业集聚区'的做法"，要"超越产业集群内'共同的社会文化和价值观必然促进企业合作'的命题"，要"超越'产业集群必然导致区域经济发展'的逻辑"，要"超越'产业集群必定是创新的空间'的思维"，要"超越从'集群经济'层次理解集群的高度"，要"超越把产业集群作为静态的产业组织形态的认识"，要"超越把产业集群看作封闭系统的思维"，要"超越仅从发达国家理论指导中国实践的思维"等新的观点。

显然，基于西方经济社会文化背景的新区域主义理论与制度转向理论在中国环境中应用需要修正。如在"新区域主义"或新产业区理论看来，产业集群是"在流动空间中的黏性区位"（Markusen，1994），然而在中国，学者发现中国产业集群中并非具有那么强的黏性，在过度集聚中导致交易成本上升并出现转移现象（王缉慈等，2007；朱华晟等，2009）。产业集群内部互动学习效应并非在任何发展阶段都会得到加强（高菠阳和刘卫东，2008），集群知识扩散可能呈现"S"形曲线（李鹏飞等，2008）。集群的竞争优势并非与生俱来，而是有其更深层次的内在来源，比如李小建和李二玲（2004）发现，中原地区模仿创新的普遍发生、中原文化背景、制度扶持和较低的劳动力、土地等要素成本是集群竞争来源的重要组成部分。另外，技术创新对于集群演化有重要影响（宋周莺等，2007；宋周莺和刘卫东，2013），集群并非是一个静态的组织。总之，新区域主义与制度转向在中国已经发展了20多年，在理论方面有待进一步突破。

二、"文化转向"在中国

苗长虹等（2011）在《新经济地理学》一书中较为系统地介绍了西方经济地理学文化转向研究。雏海潮等（2014）介绍了文化转向的哲学基础，提出经济地理学对文化的处理从"常量"到"变量"、从"无视角"到"有视角"、从表述的"唯一"到"多元"、从"实证主义"到"人文主义"转变共四个方面的转变。中国经济地理学文化转向研究主要包括两方面：一是以经济地理学者为代表的文化经济研究；二是以文化地理学者为代表的文化语境下的经济活动研究。

1. 文化经济研究

目前，文化经济研究以实证研究为主，理论探讨较少。陈倩倩和王缉慈（2005）以英国菲尔德文化小区与曼彻斯特北部文化小区作为案例，对音乐产业集群进行了研究，归纳了创意产业集群发展的五大主要条件：良好的产业发展环境、紧密的企业合作网络、强大的销售系统及消费市场、运用先进技术的能力、有效的知识产权保护系统。任宝等

（2007）强调产品品牌对于产业集群发展的影响。朱华友等（2012）研究了乐器产业区，发现尽管乐器制造产业区与一般制造产业区的形成和发展存在诸多相似之处，但其在品牌建设等方面比一般制造业具有更高的要求，体现了乐器的文化维度。基于乐器制造业对于品牌建设的要求，与产品品牌对于集群建设的影响形成呼应。李蕾蕾等（2005）对深圳市广告产业集群进行了研究，界定了广告主主导型集群、媒体依赖型集群、产业关联型集群、成本导向型集群、环境-氛围导向型集群、社会关系型集群六种广告产业集群类型等。文化经济研究有两个共同点：一是把文化产业作为研究对象来处理；二是尽管诸多研究也将品牌、文化等因素纳入到研究中，但是对于理解文化产业仍然采用"理性人"假设，没有突出人的能动性。

2. 文化语境下的经济活动

研究出发点是文化地理学，延伸探讨区域或文化构建对于经济发展的影响。谢涤湘和朱竑（2008）将创意产业的发展与老城区更新联系起来，以广州市荔湾区为例，提出老城区要以重点发展文化旅游、特色商业、艺术创作、产品设计等产业，加强创意产业发展的配套，以形成良好的创意产业氛围，促进老城区的经济发展。郑诗琳等（2016）在以西双版纳傣族园傣家乐为例，融合了异域文化、"家"的文化认知与民宿的经济性，从"家"的视角出发解读"商业化的家"，发现在民宿空间的地域独特性文化与现代化的家庭需求等是吸引旅游下榻的重要影响因素。王敏等（2017）以"互联网+"时代为背景探究了乡村地方品牌的建构过程，发现通过规划师以及当地居民对地方性赋予地方品牌想象、提供符号性象征意义的品牌形象定位等能够重构一种独特的地方品牌效应，能够通过"互联网+农业""互联网+旅游业"等促进地方经济的发展。刘博和朱竑（2017）在对快时尚品牌 ZARA 的研究中发现，品牌在西方发达国家和中国有不同的品牌定位。ZARA 通过结合异源文化国家的独特环境，塑造一种独特的消费品牌文化观念，在西方国家定位为中低收入群体，而在中国则定位为中高收入群体，从而实现销售额的增长。

文化经济研究和文化语境下的经济研究研究成果丰富。但是，文化转向所特有的通过文化话语建构方式来理解经济发展现象却十分稀少。尽管也有一些研究试图采用生态学隐喻理解小尺度的经济活动（朱华友和吕飞，2010），但是对于大尺度的经济活动方面形成一定体系的话语构建仍然缺乏。同时，文化转向强调话语构建的普遍认同性，当前经济地理研究尚无具有重大影响力的理论话语。

三、"关系转向"在中国

在引入关系转向基本思想基础上，艾少伟和苗长虹（2009）较为详细地介绍了行动者网络理论及其与经济地理学的关系。苗长虹和魏也华（2007）在对技术学习与创新的文献梳理中，发现了关系邻近性对于技术学习与创新的重要性，指出经济地理学强调的关系邻近不仅包括组织的关系接近还包括个人关系，在很大程度上个人关系构成了组织关系的基础。贺灿飞和毛熙彦（2015）综述了围绕尺度重构视角对经济全球化的研究，指出人文地理学中对于尺度建构的两个关键认识，即"尺度建构不一定建立在相对性的基础上并构成垂直体系，基于关系建构的全球尺度更加契合不同主体和空间联系日趋紧密的特征"以及"全球化与地方化过程是并存的"。对于全球化的研究关键要以一种立体的网络思维去理解，即以关键主体与空间为节点、以关系为纽带，使得过程分析限定于具有边界的地域范围内，再通过过程表述实现多尺度的综合。

在实证研究和案例研究方面，李小建（1996）通过对香港企业在大陆直接投资区位问卷研究发现，个人关系是香港企业投资时所考虑的最重要的因素之一，突出了不同关系之间的相互转化关系。叶琴等（2017）从组织与认知邻近角度出发研究了东营市石油装备制造业的创新网络演化，指出不同维度的邻近性对不同发展阶段的创新网络的影响不同，亲友圈、朋友圈等关系的建立是促进认知邻近发展的有效途径。

小　　结

经济地理学是一门紧扣时代脉搏的学科，是一门充满活力、不断创新的学科。20世纪80年代以来，西方社会变化与人文社科思潮转向促使经济地理学从空间科学、马克思政治经济学转向制度、文化和关系经济地理学，形成了研究领域宽广、视角多元的"新经济地理学"（苗长虹等，2011）。新经济地理学以新区域主义为理论温床，将经济活动视为一种社会文化建构和社会关系建构，大大拓展了经济地理学对真实的经济活动的理解。制度转向关注制度对区域经济发展的影响。制度对于理解发展中国家与地区的经济崛起和在全球化时代中地方经济的崛起具有重要意义。文化转向关注文化与经济的融合，将经济活动视为一种文化活动。文化转向实现了经济地理学从认识论理论化向解释学理论化的转变，认为经济地理理论建构在于形成一定的理论认同群体，并非寻求单一的、普适的解释。关系转向聚焦关系与空间，强调关系是构建空间的本体。关系转向推动经济地理学研究从传统的"空间容器"思维中跳出来，转而强调关系视为，关注空间生产本身，是经济地理学研究中的一次思维的巨大跳跃。

经济地理学的社会转向发生在西方发达国家从工业化发展阶段向后工业化发展阶段转变时期。当前，中国也正由工业化发展阶段向工业化后期，甚至后工业化发展阶段过渡。中国具有独特的地域文化、制度安排和制度环境，经济地理学的社会转向在中国具有较好的研究前景。第一，随着中国经济的驱动因素从传统的人口红利、资源红利向制度红利转变，制度将成为解读中国经济地理格局演变的关键维度。第二，随着中国从传统的制造大国向消费大国、创新大国转变，文化和经济的融合和交互作用将愈加明显，可能将成为中国今后经济发展的主要趋势，因此文化经济地理学也大有作为。第三，随着中国"一带一路"建设全面展开，推动包容性全球化，中国与非洲、亚洲、拉丁美洲、欧洲等经济技术联系将愈加密切，形成包容性全球生产网络，关系视角将推动基于全球尺度的中国经济地理研究。

参 考 文 献

[1] Adorno, T. (1991) *The Culture Industry: Selected Essays on Mass Culture*. Routledge.

[2] Amin, A. (1994) *Post-Fordism: A Reader*. Blackwell.

[3] Amin, A. (1999) An institutionalist perspective on regional economic development. *International Journal of Urban and Regional Research*, 23(2): 365-378.

[4] Amin, A., N. Thrift (1994) *Globalization, Institutions, and Regional Development in Europe*. Oxford University Press.

[5] Amin, A., N. Thrift (2000) What kind of economic theory for what kind of economic geography? Antipode, 32(1): 4-9.

[6] Appadurai, A. (1986) *The Social Life of Things*. Cambridge University Press.

[7] Aydalot, P. (1986) Milieux innovateurs en Europe – Innovative Environments in Europe. GREMI, Paris.

[8] Barnes, T. (2001) Retheorizing economic geography: from the quantitative revolution to the "cultural turn". *Annals of the Association of American Geographers*, 91: 546-565.

[9] Bathelt, H., J. Glückler (2003) Toward a relational economic geography. *Journal of Economic Geography*, 3(2): 117-144.

[10] Bathelt, H., J. Glückler (2014) Institutional change in economic geography. *Progress in Human Geography*, 38(3): 340-363.

[11] Becattini, G. (2017) The Marshallian industrial district as a socio-economic notion. *Revue d'économie Industrielle*, (1): 13-32.

[12] Boggs, J., N. Rantisi (2003) The "relational turn" in economic geography. *Journal of Economic Geography*, 3(2): 109-116.

[13] Boschma, R., K. Frenken (2006) Why is economic geography not an evolutionary science? Towards an evolutionary economic geography. *Journal of Economic Geography*, 6(3): 273-302.

[14] Boschma, R., R. Martin (2010) *The Aims and Scope of Evolutionary Economic Geography* (No. 1001). Utrecht University, Section of Economic Geography.

[15] Bourdieu, P. (1984) *Distinction: A Social Critique of the Judgement of Taste*. Routledge & Kegan Paul.

[16] Boyer, R. (1990) *The Regulation School: A Critical Introduction*. Columbia University Press.

[17] Brenner, N. (1999) Beyond state-centrism? Space territoriality and geographical scale in globalisation

studies. *Theory and Society*, 28(1): 39-78.
[18] Breschi, S., F. Lissoni (2003) *Mobility and Social Networks: Localised Knowledge Spillovers Revisited*. Bocconi University.
[19] Campbell, C. (1987) The Romantic Ethic and the Spirit of Modern Consumerism. Blackwell.
[20] Coe, N., P. Kelly, H. Yeung (2012) *Economic Geography*. Wiley.
[21] Cooke, P., K. Morgan (1998) *The Associational Economy: Firms, Regions and Innovation*. Oxford University Press.
[22] Cooke, P., M. Uranga, G. Etxebarria (1997) Regional innovation systems: institutional and organisational dimensions. *Research Policy*, 26(4-5): 475-491.
[23] Crang, P. (1997) *Cultural Turns and the Reconstitution of the Economic*. Arnold.
[24] Cresswell, T. (2013) *Geographic Thought: A Critical Introduction*. Wiley-Blackwell.
[25] Cusumano, M. (1985) *The Japanese Automobile Industry*. Harvard University Press.
[26] David, P. (1994) Why are institutions the "carriers of history": path dependence and the evolution of conventions, organizations and institutions. *Structural Change and Economic Dynamics*, 5(2): 205-220.
[27] Davidson, W. R., A. D. Bates, S. J. Bass (2002) The retail life cycle. *Retailing: The Evolution and Development of Retailing*, 55(6): 89-96.
[28] Dicken, P., P. Malmberg (2001) Firms in territories: a relational perspective. *Economic Geography*, 77(4): 345-363.
[29] Dosi, G., C. Freeman, R. Nelson, et al. (1988) *Technical Change and Economic Theory*. Frances Pinter.
[30] Douglas, M., B. Isherwood (1979) *The World of Goods*. Allen Cone.
[31] Durkheim, E. (1995) *The Elementary Forms of Religious Life*. The Free Press.
[32] Edquist, C. (1997) *Systems of Innovation: Technologies, Institutions, and Organizations*. Pinter.
[33] Edquist, C., B. Johnson (1997) Institutions and organizations in systems of innovation. In Edquist, C. (eds.) S*ystems of Innovation: Technologies, Institutions and Organizations*. Pinter.
[34] Ettlinger, N. (2001) Relational perspective in economic geography: connecting competitiveness with diversity and difference. *Antipode*, 33(2): 216-227.
[35] Ettlinger, N. (2003) Cultural economic geography and a relational and microspace approach to trusts, rationalities, networks, and change in collaborative workplaces. *Journal of Economic Geography*, 3(2): 145-171.
[36] Farole, T., A. Rodríguez-Pose, M. Storper (2010) Human geography and the institutions that underlie economic growth. *Process in Human Geography*, 35(1): 58-80.
[37] Florida, R. (1995) Toward the learning region. Futures, 27(5): 527-536.
[38] Fløysand, A., S. Jacobsen (2010) The complexity of innovation: a relational turn. *Progress in Human Geography*, 36(5): 328-344.
[39] Freeman, C., J. Clarke, L. Soete (1982) *Unemployment and Technical Innovation. A study of Long Waves in Economic Development*. Frances Pinter.
[40] Fruin, W. (1992) *The Japanese Enterprise System*. Clarendon Press.
[41] Gertler, M. (1995) "Being there": Proximity, organization, and culture in the development and adoption of advanced manufacturing technologies. *Economic Geography*, 71(1): 1-26.
[42] Gertler, M. (2010) Rules of the game: the place of institutions in regional economic change. *Regional*

Studies, 44(1): 1-15.
[43] Gibson-Gbaham, J. (1997) Re-placing class in economic geographies: possibilities for a new class politics. In Lee, R., J. Wills (eds.) *Geographies of Economies*. Arnold.
[44] Gibson-Gbaham, J. (2006) *The End of Capitalism*. University of Minnesota Press.
[45] Godelier, M. (1986) *The Mental and the Material: Thought, Economy and Society*. Verso.
[46] Granovetter, M. (1985) Economic action and social structure: the problem of embeddedness. *American Journal of Sociology*, 91(3): 481-510.
[47] Gregory, D., J. Urry (1985) *Social Relations and Spatial Structures*. Macmillan.
[48] Hage, J., J. Hollingsworth (2000) A strategy for analysis of idea innovation networks and institutions. *Organization Studies*, 21(5): 971-1004.
[49] Hall, P., R. Taylor (1996) Political science and the three new institutionlisms. *Political Studies*, 44(5): 936-957.
[50] Hart, J. (1982) The highest form of the geographer's art. *Annals of the Association of American Geographers*, 72(1): 1-29.
[51] Harvey, D. (1972) Revolutionary and counter-revolutionary theory in geography and the problem of ghetto formation. *Antipode*, 4(2): 1-13.
[52] Harvey, D. (1973) *Social Justice and the City*. Edward Arnold.
[53] Harvey, D. (1982) *The Limits to Capital*. Blackwell.
[54] Henry, N., S. Pinch (2001) Neo-Marshallian nodes, institutional thickness, and Britain's "Motor Sport Valley": Thick or thin. *Environment and Planning A*, 33(7): 1169-1183.
[55] Herod, A., Wright, M. (2002) *Geographies of Power*. Blackwell.
[56] Hirschman, A. (1958) *The strategy of Economic Development*. Yale University Press.
[57] Hodgson, G. (1988) *Economics and Institutions*. Polity.
[58] Hodgson, G. (1998) The approach of institutional economics. *Journal of Economic Literature*, 36(1): 166-192.
[59] Huang, Y., M. Qian (2017) How gradualist are Chinese reforms? Evidence from rural income determinants. *The European Journal of Finance*, 24(1): 1-21.
[60] Isard, W. (1956) Regional science, the concept of region, and regional structure. *Papers in Regional Science*, 2(1): 13-26.
[61] Jackson, P. (2002) Commercial cultures: transcending the cultural and the economic. *Progress in Human Geography*, 26(1): 3-18.
[62] Jessop, B. (1999) Some critical reflections on globalization and its illogic(s). In Olds, K., P. Dicken, P. Kelly, et al. (eds.) *Globalisation and the Asia-Pacific: Contested Territories*. Routledge.
[63] Jones, A., J. Clark (2000) Of vines and policy vignettes: Sectoral evolution and institutional thickness in the Languedoc. *Transactions of the Institute of British Geographers*, 25(3): 333-353.
[64] Langlois, R., P. Robertson, (1995). *Firms, Markets and Economic Change*. Routledge.
[65] Lash, S., J. Urry (1994) *Economies of Signs and Space: After Organized Capitalism*. SAGE.
[66] Lee, R., J. Wills (1997) Geography of Economies. Routhledge. Arnold.
[67] Lefebvre, H. (1991) *The Production of Space*. Blackwell.
[68] Lévy, B. (1995) Globalization and regionalization: toward the shaping of a tripolar world economy? *The*

International Executive, 37(3): 349-371.

[69] Lovering, J. (1999) Theory led by policy: the inadequacies of the 'new regionalism' (illustrated from the case of Wales). *International Journal of Urban and Regional Research*, 23(2): 379-395.

[70] Lundvall, B., P. Maskell, (2000) *Nation States and Economic Development: From National Systems of Production to National Systems of Knowledge Creation and Learning*. Oxford University Press.

[71] Lyotard, J. (1984) *The Postmodern Condition: A Report on Knowledge*. Manchester University Press.

[72] MacKinnon, D., A. Cumbers, K. Chapman (2002) Learning, innovation and regional development: a critical appraisal of recent debates. *Progress in Human Geography*, 26(3): 293-311.

[73] Marglin, S., J. Schor (1990) *The Golden Age of Capitalism*. Clarendon Press.

[74] Martin, R. (2000) *Institutional Approaches in Economic Geography*. Blackwell Publishing Ltd.

[75] Maskell, P. (2001) The firm in economic geography. *Economic Geography*, 77(4): 329-344.

[76] Markusen, A. (1994) Sticky places in slippery space: a typology of industrial districts. *Economic Geography*, 72(3): 293-313.

[77] Massey, D. (1974) *Towards a Critique of Industrial Location Theory*. Centre for environmental studies.

[78] Massey, D. (1984) *Spatial Divisions of Labour: Social Structures and the Geography of production*. Macmillan.

[79] Massey, D. (1999) *Issues and Debates*. Polity Press.

[80] Massey, D. (2005) *For Space*. SAGE Publications Ltd.

[81] McDowell, L. (1997) *Capital Culture: Gender at Work in the City*. Blackwell Publishers Ltd.

[82] McKendrick, N., J. Brewer, J. Plumb (1982) *The Birth of a Consumer Society: The Commercialisation of Eighteenth Century England*. Hutchinson.

[83] Miller, D. (1987) *Mass Consumption and Material Culture*. Blackwell.

[84] Miller, D., P. Jackson, Thrift, N., et al. (1998) *Shopping, Places, and Identity*. Routledge.

[85] Minshull, R. (2007) *Regional Geography: Theory and Practice*. Aldine Transaction.

[86] Moe, T. (1984) The new economics of organization. *American Journal of Political Science*, 28(4): 739-777.

[87] Morgan, K. (1997) The learning region: institutions, innovation and regional renewal. *Regional Studies*, 31(5): 491-503.

[88] Murphy, J. (2003) Social space and industrial development in East Africa: Deconstructing the logics of industry networks in Mwanza, Tanzania. *Journal of Economic Geography*, 3(2): 173-198.

[89] Myrdal, G. (1957) *Economic Theory and Underdeveloped Regions*. Gerald Duckworth & Co., Ltd.

[90] Nooteboom, B., W. Haverbeke, G. Duysters, et al. (2007) Optimal cognitive distance and absorptive capacity. *Research Policy*, 36(7): 1016-1034.

[91] North, D. (1981) *Structure and Change in Economic History*. W. W. Norton & Company.

[92] North, D. (1990) *Institutions, Institutional Change and Economic Performance*. Cambridge University Press.

[93] O'Brien, R. (1992) *Global Financial Integration: The End of Geography*. Council on Foreign Relations Press.

[94] Ohmae, K. (1990) *The Borderless World: Power and Strategy in the Interlinked Economy*. HarperCollins.

[95] Ohmae, K. (1995a) *The End of the Nation State: The Rise of Regional Economies*. HarperCollins.

[96] Ohmae, K. (1995b) *The Evolving Global Economy: Making Sense of the New World Order*. Harvard Business School Press.

[97] Olsson, G. (1975) *Birds in Egg*. Michigan Geographical Publications.

[98] Painter, J. (1997) Local politics, anti-essentialism and economic geography. In Lee, R., J. Wills (eds.) *Geographies of Economies*. Arnold.

[99] Park, S., A. Markusen (1994) Generalizing new industrial districts: a theoretical agenda and an application from a non-Western economy. *Environment and Planning A*, 27(1): 81-104.

[100] Peck, J., H. Yeung (2003) *Remaking the Global Economy: Economic-Geographical Perspectives*. SAGE.

[101] Perroux, F. (1950a) The domination effect and modern economic theory. *Social Research*, 17(2): 188-206.

[102] Perroux, F. (1950b) Economic space: theory and applications. *Quarterly Journal of Economics*, 64(1): 89-104.

[103] Philo, C. (2009) International encyclopedia of human geography. *International Encyclopedia of Human Geography*, 23(4): 180-184.

[104] Piore, M., C. Sabel (1984) *The Second Industrial Divide*. Basic Books.

[105] Polanyi, K. (1944) *The Great Transformation*. Beacon Press.

[106] Porter, M. (1998) Clusters and the new economics of competition. *Harvard Business Review*, 76(6): 77-90.

[107] Power, D., A. Scott (2004) *Cultural Industries and the Production of Culture*. Routledge.

[108] Ratti, R., A. Bramanti, R. Gordon (1997) *The Dynamics of Innovative Region: The GREMI Approach*. Ashgate.

[109] Ricoeur, P. (1970) *Freud and Philosophy*. Yale University Press.

[110] Rorty, R. (1979) *Philosophy and the Mirror of Nature*. Princeton University Press.

[111] Rorty, R. (1982) *Consequences of Pragmatism* (*Essays: 1972-1980*). University of Minnesota Press.

[112] Rosenberg, N. (1982) *Inside the Black Box: Technology and Economics*. Cambridge University Press.

[113] Rutherford, M. (1994) *Institutions in Economics: The Old and the New Institutionalism*. University of Cambridge Press.

[114] Said, E. (1979) *Orientalism*. Vintage Books.

[115] Samuels, W. (1995) The present state of institutional economics. *Cambridge Journal of Economics*, 19(4): 569-590.

[116] Saxenian, A. (1994) *Regional Advantage: Culture and Competition in Silicon Valley and Route* 128. Harvard University Press.

[117] Sayer, A. (1979) Epistemology and conceptions of people and nature in geography. *Geoforum*, 10(1): 19-44.

[118] Sayer, A. (1997) The dialectic of culture and economy. In Lee, R., J. Wills (eds.) Geographies of Economies. Arnold.

[119] Sayer, A. (2000) *Realism and Social Science*. SAGE.

[120] Scott, A. (1988) *New Industrial Spaces: Flexible Production Organization and Regional Development in North America and Western Europe*. Pion.

[121] Scott, A. (1998) *Regions and the World Economy*. Oxford University Press.
[122] Scott, A. (2000) Economic geography: the great half-century. *Cambridge Journal of Economics*, 24(4): 483-504.
[123] Scott, A. (2004) A perspective of economic geography. *Journal of Economic Geography*, 4(4): 479-499.
[124] Sheppard, E. (2002) The spaces and times of globalization: Place, scale, networks, and positionality. *Economic Geography*, 78(3): 307-330.
[125] Sheppard, E., R. McMaster (2004) *Scale and Geographic Inquiry: Nature, Society and Method*. Blackwell.
[126] Schoenberger, E. (1997) *The Cultural Crisis of the Firm*. Blackwell Publishers.
[127] Smelser, N., R. Swedberg (2005) *The Handbook of Economic Sociology* (Second edition). Princeton University Press.
[128] Soja, E. (1989) *Postmodern Geographies*. Verso.
[129] Storper, M. (1995) The resurgence of regional economies, ten years later: the region as a nexus of untraded interdependencies. *European Urban and Regional Studies*, 2(3): 191-221.
[130] Storper, M. (1997) *The Regional World: Territorial Development in a Global Economy*. The Guilford Press.
[131] Storper, M., R. Walker (1989) *The Capitalist Imperative: Territory, Technology and Industrial Growth*. Blackwell.
[132] Sturgeon, T. (2003) What really goes on in Silicon Valley? Spatial clustering and dispersal in modular production networks. *Journal of Economic Geography*, 3(2): 199-225.
[133] Swyngedouw, E. (1992) *"Glocalisation" Interspatial Competition and the Monetary Order: The Construction of New Scales*. In Dunford, M., G. Kafalas (eds.) Cities and Regions in the New Europe. Belhaven.
[134] Taylor, M., B. Asheim (2001) The concept of the firm in economic geography. Economic Geography, 77(4): 315-328.
[135] Thrift, N. (1983) On the determination of social action in space and time. *Environment and Planning D: Society and Space*, 1(1): 23-57.
[136] Thrift, N. (2000) Pandora's box? Cultural geographies of economies. In Clark, G., M. Feldman, M. Gertler (eds.) *The Oxford Handbook of Economic Geography*. Oxford University Press.
[137] Thrift, N., K. Olds (1996) Refiguring the economic in economic geography. *Progress in Human Geography*, 20(3): 311-337.
[138] Tomaney, J. (2014) Region and place I: Institutions. *Progress in Human Geography*, 38(1): 131-140.
[139] Webber, M. J., D. Rigby (1996) *The Golden Age Illusion: Rethinking Post-War Capitalism*. Guilford.
[140] Williams, R. (1983) *Keywords: A Vocabulary of Culture and Society*. Fontana.
[141] Williamson, O. (1985) *The Economic Institutions of Capitalism*. The Free Press.
[142] Yeung, H. (1998) Capital, state and space: Contesting the borderless world. *Transactions of the Institute of British Geographers*, 23(3): 291-309.
[143] Yeung, H. (2002a) Towards a relational economic geography: old wine in new bottles? Paper presented at the 98th Annual Meeting of the Association of American Geographers, Los Angeles, USA, 19-23.
[144] Yeung, H. (2002b) The limits to globalization theory: a geographic perspective on global economic

change. *Economic Geography*, 78(3): 285-305.

[145] Yeung, H. (2005) Rethinking relational economic geography. *Transactions of the Institute of British Geographers*, 30(1): 37-51.

[146] Zhu, S., C. He, Y. Zhou (2017) How to jump further and catch up? Path-breaking in an uneven industry space. *Journal of Economic Geography*, 17(3): 521-545.

[147] 艾少伟、苗长虹："行动者网络理论视域下的经济地理学哲学思考"，《经济地理》，2009 年第 4 期，第 545～550 页。

[148] 陈倩倩、王缉慈："论创意产业及其集群的发展环境——以音乐产业为例"，《地域研究与开发》，2005 年第 5 期，第 5～8 页。

[149] 丹尼尔（美）、王建民："技术轴心时代（下）——《后工业社会的来临》1999 年版前言"，《当代世界社会主义问题》，2003 年第 2 期，第 50～71 页。

[150] 迪肯（英）：《全球性转变：重塑 21 世纪的全球经济地理》，商务印书馆，2009 年。

[151] 高菠阳、刘卫东："我国彩电制造业空间变化的影响因素"，《地理研究》，2008 年第 2 期，第 375～384 页。

[152] 格里宾（英）：《寻找薛定谔的猫：量子物理的奇异世界》，海南出版社，2015 年。

[153] 哈特向（美）：《地理学的性质——当前地理学思想述评》，商务印书馆，1996 年。

[154] 哈耶克（英）著，冯克利译：《哈耶克文选》，江苏人民出版社，2007 年。

[155] 贺灿飞、毛熙彦："尺度重构视角下的经济全球化研究"，《地理科学进展》，2015 年第 34 期，第 1073～1083 页。

[156] 霍华德（英）：《明日的田园城市》，商务印书馆，2010 年。

[157] 吉登斯（英）著，李康、李猛译：《社会的构成》，生活·读书·新知三联书店，1998 年。

[158] 卡斯特（美）：《网络社会的崛起》，社会科学文献出版社，2001 年。

[159] 克里斯塔勒（德）：《德国南部中心地原理》，商务印书馆，2010 年。

[160] 勒施（德）：《经济空间秩序》，商务印书馆，2010 年。

[161] 李蕾蕾、张晓东、胡灵玲："城市广告业集群分布模式——以深圳为例"，《地理学报》，2005 年第 2 期，第 257～265 页。

[162] 李鹏飞、王缉慈、林涛："同行业不同发展阶段产业集群内技术扩散对比研究——以山东临朐和广东大沥铝型材产业集群为例"，《中国软科学》，2008 年第 5 期，第 67～73 页。

[163] 李小建："香港对大陆投资的区位变化与公司空间行为"，《地理学报》，1996 年第 3 期，第 213～223 页。

[164] 李小建："新产业区与经济活动全球化的地理研究"，《地理科学进展》，1997 年第 3 期，第 18～25 页。

[165] 李小建、李二玲："中国中部农区企业集群的竞争优势研究——以河南省虞城县南庄村钢卷尺企业集群为例"，《地理科学》，2004 年第 2 期，第 136～143 页。

[166] 刘博、朱竑："跨地方品牌升级的影响因素与路径——ZARA 广州案例"，《地理研究》，2017 年第 2 期，第 281～293 页。

[167] 雒海潮、苗长虹、李国梁："西方经济地理学文化转向的哲学思考"，《人文地理》，2014 年第 5 期，第 14～18 页。

[168] 苗长虹："变革中的西方经济地理学：制度、文化、关系与尺度转向"，《人文地理》，2004 年第 4 期，第 68～76 页。

[169] 苗长虹：" '产业区' 研究的主要学派与整合框架：学习型产业区的理论建构"，《人文地理》，2006年第6期，第97~103页。

[170] 苗长虹："欧美经济地理学的三个发展方向"，《地理科学》，2007年第5期，第617~623页。

[171] 苗长虹、樊杰、张文忠："西方经济地理学区域研究的新视角——论'新区域主义'的兴起"，《经济地理》，2002年第6期，第644~650页。

[172] 苗长虹、魏也华："技术学习与创新：经济地理学的视角"，《人文地理》，2007年第5期，第1~9页。

[173] 苗长虹、魏也华："分工深化、知识创造与产业集群成长——河南鄢陵县花木产业的案例研究"，《地理研究》，2009年第4期，第853~864页。

[174] 苗长虹、魏也华、吕拉昌：《新经济地理学》，科学出版社，2011年。

[175] 皮特（美）著，周尚意译：《现代地理学思想》，商务印书馆，2007年。

[176] 阙维民：《历史地理学的观念：叙述、复原、构想》，浙江大学出版社，2000年。

[177] 任宝、李鹏飞、王缉慈："产品品牌数量对产业集群影响的实证研究——以中国服装产业集群为例"，《地域研究与开发》，2007年第3期，第6~10页。

[178] 沙里宁（美）：《城市：它的发展、衰败与未来》，中国建筑工业出版社，1986年。

[179] 沈滨：《时尚之路——上海国际时尚制度建设的新探索》，经济管理出版社，2017年。

[180] 宋宪萍、范歆："后福特制生产方式下的生产与流通"，《经济问题探索》，2007年第12期，第134~138页。

[181] 宋周莺、刘卫东："信息技术对产业集群空间组织的影响研究"，《世界地理研究》，2013年第1期，第57~64页。

[182] 宋周莺、刘卫东、刘毅："中小企业集群信息技术应用及其影响因素分析——以温岭市鞋业集群为例"，《地理科学进展》，2007年第4期，第121~129页。

[183] 王缉慈："中国地方产业集群及其对发展中国家的意义"，《地域研究与开发》，2004a年第4期，第1~4页。

[184] 王缉慈："关于中国产业集群研究的若干概念辨析"，《地理学报》，2004b年第S1期，第47~52页。

[185] 王缉慈：《创新集群三十年探索之旅》，科学出版社，2016年。

[186] 王缉慈等：《创新的空间》，北京大学出版社，2001年。

[187] 王缉慈等：《超越集群》，科学出版社，2010年。

[188] 王辑慈、李鹏飞、陈平："制造业活动地理转移视角下的中国产业集群问题"，《地域研究与开发》，2007年第26期，第1~5页。

[189] 王敬甯、马铭波、王缉慈："台中市后里区乐器产业升级的案例及启示"，《地域研究与开发》，2011年第4期，第37~41页。

[190] 王琳、王玊琛、曾刚："产业集群与浦东集成电路产业建设"，《世界地理研究》，2005年第1期，第23~27页。

[191] 王敏、马纯莉、朱竑：" '互联网+'时代下的乡村地方品牌建构——以从化市良口镇三村为例"，《经济地理》，2017年第1期，第115~122页。

[192] 魏后凯：《现代区域经济学》，经济管理出版社，2011年。

[193] 文嫮、李小建："非正式因素影响下的中小企业网络学习与区域发展——河南省偃师市翟镇针织业的研究"，《人文地理》，2003年第3期，第73~76页。

[194] 谢涤湘、朱竑："创意产业的发展构想与老城区更新——以广州市荔湾区为例",《热带地理》,2008 年第 5 期,第 450～454 页。

[195] 叶琴、曾刚、陈弘挺："组织与认知邻近对东营市石油装备制造业创新网络演化影响",《人文地理》,2017 年第 1 期,第 116～122 页。

[196] 曾刚、文嫮："上海浦东信息产业集群的建设",《地理学报》,2004 年第 S1 期,第 59～66 页。

[197] 郑诗琳、朱竑、唐雪琼："旅游商业化背景下家的空间重构——以西双版纳傣族园傣家乐为例",《热带地理》,2016 年第 2 期,第 225～236 页。

[198] 朱华晟、王缉慈、李鹏飞等："基于多重动力机制的集群企业迁移及区域影响——以温州灯具企业迁移中山古镇为例",《地理科学进展》,2009 年第 3 期,第 329～336 页。

[199] 朱华友等:《乡镇乐器专业化产业区的变迁与升级研究》,经济科学出版社,2012 年。

[200] 朱华友、吕飞："文化生态视角下的产业集群演化与升级",《经济地理》,2010 年第 6 期,第 965～969 页。

第四章 新经济地理学

引　言

新经济地理学是 20 世纪 90 年代初发展起来的空间经济学分支，旨在解释经济活动空间集聚的内生机制。开创者和代表人物是 2008 年诺贝尔经济学奖获得者克鲁格曼。他采用规范数学模型方法，通过建立垄断竞争市场结构下的规模报酬递增模型，把空间因素纳入主流经济学模型。新经济地理学极大地激起了主流经济学者对经济地理问题的兴趣，在很大程度上推动了经济地理学和空间经济学的复兴。

人们普遍相信全球正在经历前所未有的经济一体化。在经济全球化背景下，距离被认为不再是重要限制因素，边界被看作是沿袭历史的任意划界，因而国家和区域的分割在经济生活中不再那么重要。与此同时，许多有关经济空间差异的争论纷至沓来，人们也开始对这种空间差异形成清醒的认识。现实告诉我们，不能因为贸易成本下降就得出区位不再重要的结论。事实上，如果厂商更加自由，那么在贸易成本很低时，厂商对微小的区域差异仍然十分敏感，故而区域差异将对经济活动的空间分布产生重大影响。经济一体化似乎并未引领人们迈向更加一体化的世界，然而这种看法掩盖了空间邻近和空间均衡不能同时并进的事实（Combes et al., 2008）。新经济地理学延续经济学思维方式，基于严谨的数学建模，发展了一套能够解释经济全球化与空间不均衡并存的世界中经济空间和产业布局演变的模型体系。

新经济地理学的起源可以追溯到传统的古典区位理论。古典区位论研究在特定区域开展经济活动可能获得更大成本节约或者更大利润对产业布局的影响。古典区位论产生于 19 世纪 20 年代，为了研究德国农业经营模式和产业化问题，杜能投身农业生产和经营多年，收集了大量而详细的第一手资料，于 1826 年出版《孤立国同农业和国民经济的关系》。他在书中提出了"孤立国"模式和假设，并以此形成农业的空间配置，发展了农业区位理论。

20世纪初，包括德国在内的许多欧洲国家已经完成第一次工业革命，并迅速展开第二次工业革命，工业蓬勃发展激发了许多学者对工业布局问题的思考，一些学者开始探讨工业布局的区位条件。德国经济学家韦伯是第一个系统研究工业区位理论的学者，他于1909年出版《工业区位论》，从经济区位视角探究了资本、劳动力等要素向城市流动的空间机制，并提出一个地区对工业的吸引力不仅取决于运费，还取决于劳动力成本和集聚经济。以韦伯为代表的工业区位论学者构建了一套较为完整的区位概念和理论框架，成为早期经典的工业区位理论。

20世纪20年代以来，随着垄断资本主义的发展，生产能力过剩，市场需求不足，市场开拓成为企业生存与发展的关键。在这样的背景下，成本最小化准则并不能完全确定厂商在一个区域内的布局，因为需求因素对产品价格的影响不再微不足道。以取得最大利润为原则、以市场为中心的区位理论得以发展，其中最具代表性的人物当属克里斯塔勒和廖什。前者于1933年发表中心地理论，以市场原则、交通原则和行政原则探讨中心地空间布局；后者则在中心地理论和工业区位论等理论的基础上，考虑市场因素，首次将一般均衡理论应用于空间经济研究。

第二次世界大战后，在古典区位论基础上发展起来的新古典区位论衍生出两个主要发展方向：一是以马蒂娜·拉伯（Martine Labber）与雅克-弗朗索瓦·蒂斯（Jacques-Francois Thisse）等学者为代表的微观新古典派，利用拓扑网络构建区位模型，研究微观经济主体的区位选择问题；另一个方向是以艾萨德和马丁·贝克曼（Martin Beckman）为代表的经济学者，基于凯恩斯宏观均衡分析方法，结合古典区位论、市场区位论与国际贸易理论，推动了区位论发展。艾萨德计划将前人的理论模型统合到一般均衡区位理论框架中，把区位选择问题重新表述为厂商对一种区位因素和另外一种区位因素的权衡。虽然艾萨德的一般区位均衡并未实现，但是他在区位理论方面的努力，推动了现代区位论的发展，开创了区域科学。

区位论在20世纪进一步发展并没有拉近与主流经济学的距离。相反地，尽管区位理论发展历史很长，然而伴随主流经济学不断走向数学化、模型化，难以在模型中刻画的空间因素逐渐被主流经济学者束之高阁。克鲁格曼认为主流经济学之所以对空间问题置之不理，并不是因为区位问题不重要；相反，它很重要，只是因为经济学家们没有掌握必要的研究工具。他指出："在空间经济学中，如果你不找到某种方法来处理规模经济和寡头厂商的问题，那么你事实上根本无从入手，正如地理学者因为知道手中没有可以解释山脉成因的模型，所以不会认真研究山脉的形成，同样，经济学家们也因为知道无法把空间因素模型化，而不去研究经济的空间问题。"因为研究现实的经济空间问题，运输成本就是不得不考虑的因素，那么就必然面临不完全竞争和报酬递增的市场结构。

然而，长期以来，经济学的基本框架都是以完全竞争一般均衡为基点。因此，厂商层次的报酬递增难以与竞争性的一般均衡相容，被排除在主流经济学之外，其中所有隐含报酬递增的地理集聚只好基于马歇尔外部性来解释。引入"外部经济"的概念其实也就放弃了对该现象的解释，因为"外部"二字即说明了现有理论框架对此无能为力（谢燮和杨开忠，2004）。

事实上，经济学者曾至少两次尝试将空间因素纳入主流经济学，但都未取得预期的成功。杜能在研究农业区位时做出了第一次重大尝试，不过他的研究并未得到主流经济学家的重视，直至阿朗索（Alonso，1964）将其理论模型框架引入城市经济学。霍特林（Hotelling，1929）建立的空间竞争模型是经济学融入空间的又一次尝试，但同时代的经济学者只是将他的模型看作解释市场失灵的双寡头垄断模型。两次尝试的失败与当时的建模技术的约束直接相关，主要是由于新古典经济理论无法脱离传统的规模报酬不变范式。

尽管规模报酬递增和垄断竞争能够解释经济活动的空间集聚，但在一般均衡框架下探讨这类问题并不容易。在20世纪的很长一段时间内，限于数据可获得性以及数理分析技术不成熟，以新古典理论为基础的经济学主流分析框架一直都无法对规模收益递增展开深入研究。然而，随着D-S模型（Dixit and Stiglitz，1977）和新贸易理论的相继出现，技术难题得以解决。克鲁格曼提出的新经济地理学（NEG）为在空间经济学上难以解决的诸多问题提供了相对令人满意的答案。新经济地理学的兴起，使得经济地理学和空间经济学再次焕发活力。

第一节 新经济地理学经典模型

一、理论前身：D-S 模型与新贸易理论

新经济地理学得以创立和发展，并被主流经济学接纳，离不开 D-S（Dixit-Stiglitz）模型（Dixit and Stiglitz，1977）。D-S 模型将规模收益递增与不完全竞争市场结构一起纳入一般均衡模型中，为经济学者将空间因素纳入均衡分析中提供了可能性。

在 D-S 模型中，消费种类和生产分工程度内生于市场规模。对消费者而言，产品种类越多越好，因为可以提高效用水平，而对生产者来说则是产品种类越少越好，因为可以充分利用规模经济效应，由此产生了一个多样化消费和规模经济之间的矛盾。而市场竞争能够解决这种两难问题并实现垄断竞争均衡。垄断竞争兼具垄断和完全竞争的部分

特点，每个厂商都是某个产品生产的垄断者，但由于存在潜在的市场进入者，因而并不能直接制定垄断价格。新厂商自由进入不仅意味着达到均衡时所有厂商满足"零利润条件"，同样意味着单个厂商对于产品定价没有控制能力。市场规模扩大使得规模经济优势更加明显，生产效率和产品种类均能得到增长，于是两难问题解决的空间范围得以扩大。

按照上述逻辑，贸易起了关键作用。贸易使得市场可以不断扩展直至覆盖全球，使得参与贸易的各国家能够共享单一产品的大规模生产和产品种类增加的好处，让更多人有更多机会消费更加丰富而廉价的产品，从而提高人们的效用水平。因此，基于对 D-S 模型的分析，我们不难发现，即使不存在传统贸易理论强调的比较优势和要素禀赋差异，国际贸易仍然能够建立在规模经济基础之上，而这正是新贸易理论的核心观点。对于现实的观察同样支持了这种观点。第二次世界大战后国际贸易增长最快的部分并非资源禀赋差异很大的国家间贸易，而是要素禀赋相似的先进工业化国家间的贸易；大量贸易也并非发生在行业间，而是发生在行业内部，例如日本和美国既是汽车出口大国，也是汽车进口大国。20 世纪 70 年代后期，克鲁格曼等人发展了新贸易理论来解释产业内贸易的机制，成为与新古典贸易理论互为补充的贸易理论。

以多样性偏好、规模经济、垄断竞争和运输成本为基础的新贸易理论同样孕育了新经济地理学的理论雏形。新贸易理论探讨多样性偏好和规模经济权衡下产业内贸易，新经济地理学则分析贸易模式和经济活动的区位选择问题，即哪个国家生产并出口哪些产品。从新贸易理论到新经济地理学，克鲁格曼的思想一脉相承。这种同源性主要体现在以下两点。

（1）新贸易理论和新经济地理的核心假设都是多样化的需求偏好、规模收益递增的生产结构以及垄断竞争的市场结构，分析基础都是 D-S 模型以及"冰山"形式的运输成本，因此新贸易理论和新经济地理模型拥有共同的模型属性与技术特征。这种建模思维指出，当存在运输成本、贸易壁垒等阻碍贸易的因素时，就会产生要素流动以替代贸易。在此过程中，劳动力会流向具有较大规模劳动力市场的国家，以获得更高的实际工资和更丰富消费品种类，最终的均衡就是劳动力聚集在某个地区，这就是新经济地理模型中"集聚"和"自我强化"的过程。

（2）两个理论在建模思维上的一致性使得两者在逻辑上呈现互补性。新贸易理论阐释了在规模经济和产品多样性偏好的背景下，垄断竞争产业内发生贸易的机制，完善了传统贸易理论，但仍不能充分解释贸易和分工模式，无法说明什么因素导致不同国家生产不同种类的产品，而新经济地理则恰好专注于这个问题。

新贸易理论解释了贸易流量和贸易结构，而新经济地理则说明了贸易流向及贸易模式，因此，新经济地理学应看作是新贸易理论在空间层面上的应用和拓展。从古典区位论到新贸易理论，伴随着社会经济的变迁和理论与实践的进步，新经济地理学应运而生。

二、核心—边缘模型（CP）

核心—边缘模型（CP）是新经济地理学的核心模型，由克鲁格曼于20世纪90年代初提出，随后经过诸多学者的进一步完善。为了更清晰地理解核心—边缘模型的建模思路和重要特征，我们首先对模型运行的基本逻辑进行简要介绍。

首先，在核心—边缘模型中，存在三种重要的经济效应。第一是"本地市场效应"（home market effect，HME），指的是垄断竞争企业选择市场规模较大的区位进行生产，并向规模较小的市场区位销售产品的行为。第二是"生活成本效应"，指的是企业的地理集聚对当地居民生活成本的影响。在企业相对集中的地区，本地产品的种类和数量较多，外地输入的产品种类和数量较少，因此总体而言，该地区销售的产品平均运输成本较低，因而产品价格较低，当地居民的实际工资就较高。第三是"市场拥挤效应"，指的是垄断竞争企业趋于选择竞争者较少的区位进行生产。前两种效应是推动企业地理集聚的向心力，第三种效应则是促使企业分散生产的离心力。

1. 本地市场效应

为了较为深入地理解核心—边缘模型的建模思路和方法，我们将较为细致介绍核心—边缘模型，从而呈现出新经济地理学不同于传统经济地理学的独特价值和魅力。

了解本地市场效应是真正理解新经济地理模型运行机制的第一步。在两区域经济中，本地市场效应意味着存在较大本地需求的区域能够吸引更多垄断竞争企业，从而使得该区域企业占行业的比重高于需求所占的比重。

我们考虑核心—边缘模型中最简单的情况。假设只存在两个区域（A和B），经济中有现代（X）和传统（Z）两个部门，采用两种生产要素，即资本（H）和劳动（L）。假设经济体中有H资本家和L劳动力，资本家和劳动力均无弹性地生产1单位相应的要素。资本家固定在初始区位，而资本服务则可以在两个区域间完全流动；劳动力不能在区域间流动。劳动力分布情况：比例为θ（$\theta \in (0,1)$）的劳动力生活在A区域，$L_A = \theta L$。假设当前$\theta > 1/2$，即A区域的劳动力较多。为了消除赫克希尔—俄林（Heckscher-Ohlin）的比较优势，资本家在A区域的比例同样为θ，$H_A = \theta H$。因而，两区域的相对要素禀赋相同。对于传统部门Z，其在规模收益不变和完全竞争的条件下生产一种同质无差别的产品；而现代部门X则在规模收益递增的条件下生产差异化商品，且商品种类是连续分布的。此外，令$\lambda \in [0,1]$代表区域A利用资本的比例，因而$(\theta - \lambda)H < 0$（或> 0）表示资本流入（或流出）区域 A 的程度。

在上述假设的前提下，我们借助 CES 效用函数和"冰山"成本，推导区域间企业的均衡分布。

首先，i 区域的一个消费者偏好次序可用效用函数表示：

$$U_i = Q_i^{\mu} Z_i^{1-\mu} \tag{1}$$

其中，$Q_i = \left(\int_0^N q_i(s)^{\sigma-1/\sigma} ds \right)^{(\sigma-1)/\sigma}$ 是现代部门生产的商品 X 的消费量，Z 是传统部门生产的计价商品消费量，$q_i(s)$ 是商品 X 品种 s 的消费量，N 是商品 X 的品种数。每个品种本身是可以忽略不计的，因此，$\sigma > 1$ 可以被视作任何品种的需求弹性和任意两类品种间的替代弹性。

根据式（1）的效用最大化，求解得到 i 区域的消费者对 j 区域生产的某个品种的 CES 需求为：

$$q_{ji}(s) = \frac{p_{ji}(s)^{-\sigma}}{P_i^{1-\sigma}} \mu Y_i \tag{2}$$

其中，p_{ji} 是 j 生产的品种在 i 出售的价格，P_i 是与式（4）相联系的本地 CES 价格指数：

$$P_i = \left[\int_{s \in n_i} p_{ii}(s)^{1-\sigma} ds + \int_{s \in n_j} p_{ji}(s)^{1-\sigma} ds \right]^{\frac{1}{1-\sigma}} \tag{3}$$

其中，n_i 是 i 区域生产的品种的数目，因此，$n_A + n_B = N$。区域收入 Y_i 由资本租金（R_i）和劳动力工资（$\omega_i L_i$）组成：

$$Y_i = R_i + \omega_i L_i \tag{4}$$

由此，区域 i 的消费者的预算约束可以表示为：

$$\int_{s \in n_i} p_{ii} q_{ii} ds + \int_{s \in n_j} p_{ji} q_{ji} ds + p_i^Z Z_i = Y_i \tag{5}$$

由于传统部门 Z 的商品是完全竞争的计价商品且无运输成本，因此，$p_i^Z = \omega_i = 1$。而现代部门 X 生产的商品在贸易中存在贸易壁垒和运输成本，因此，采用萨缪尔森的"冰山"成本进行建模，即为了将 1 单位商品运到目的区域，需要运输 $\tau \in (1, \infty)$ 单位商品。又由于企业生产需要固定的资本投入（f），且资本市场出清，则均衡时的企业数目由 $N = H/f$ 决定：

$$n_A = \frac{\lambda H}{f} - n_B = (1-\lambda)H/f \tag{6}$$

可以发现，一个区域内企业数目与本地使用资本数量成正比。

进而我们考虑 i 区域的企业最大化利润：

$$\Pi_i(s) = p_{ii}q_{ii} + p_{ij}q_{ij} - TC_i(s) \tag{7}$$

$$TC_i(s) = r_i f + \omega_i m x_i(s) = r_i f + m(q_{ii} + \tau q_{ij}) \tag{8}$$

其中，TC_i 为总成本，包括资本租金 $r_i f$ 和劳动力总工资 $\omega_i m x_i(s)$。根据式（7）和（8），利润最大化的一阶条件要求如下：

$$p_{ii}^*(s) = m\sigma/(\sigma-1), \quad p_{ij}^*(s) = \tau m\sigma/(\sigma-1) \tag{9}$$

结合式（9），对于每个 i 和 j，本地 CES 价格指数公式（6）可以改写为：

$$P_i = \frac{m\sigma}{\sigma-1}(n_i + \phi n_j)^{1/(1-\sigma)} \tag{10}$$

其中，$\phi \equiv \tau^{1-\sigma} \in (0,1)$ 刻画了地区间的贸易自由度，其随着 τ 的下降而增加。

根据零利润条件，联立式（2）、（9）和（10），均衡时存在：

$$r_i = \frac{m x_i}{f(\sigma-1)} = \frac{m(q_{ii} + \tau q_{ij})}{f(\sigma-1)} \tag{11}$$

i 区域 X 部门生产的各品种的市场出清意味着：

$$x_i^* = \frac{\sigma-1}{m\sigma}\left(\frac{\mu Y_i}{n_i + \phi n_j} + \frac{\phi \mu Y_j}{\phi n_i + n_j}\right) \tag{12}$$

联立式（6）和（12），A、B 区域的租金如下：

$$r_A(\lambda) = \frac{\mu}{\sigma H}\left[\frac{Y_A}{\lambda + \phi(1-\lambda)} + \frac{\phi Y_B}{\phi\lambda + (1-\lambda)}\right] \tag{13}$$

$$r_B(\lambda) = \frac{\mu}{\sigma H}\left[\frac{Y_B}{\lambda + \phi(1-\lambda)} + \frac{\phi Y_A}{\phi\lambda + (1-\lambda)}\right] \tag{14}$$

对于 $\lambda \in (0,1)$，由企业均衡分布求得 $r_A(\lambda) = r_B(\lambda) = r$，因此：

$$Y_A = \theta(rH + L), \quad Y_B = (1-\theta)(rH + L) \tag{15}$$

联立式（13）、（14）和（15），求解得到企业内部均衡分布：

$$\lambda^* = \frac{1}{2} + \frac{1+\phi}{1-\phi}\left(\theta - \frac{1}{2}\right) > \theta > \frac{1}{2} \tag{16}$$

式（16）清晰地表明存在本地市场效应，即具有较大本地市场的区域拥有超过市场需求比例的企业。根据式（16），可以发现 λ^* 随着 ϕ 的增加而增加，而因为 $\phi \equiv \tau^{1-\sigma}$，因此随着运输成本下降和替代弹性减小，$\lambda^*$ 会增大，本地市场效应会进一步增大。

克鲁格曼和维纳布尔斯（Krugman and Venables，1990）首先提出并构建了上述的理论推导，在理论上证明了本地市场效应的存在，为克鲁格曼（Krugman，1991）提出核心—边缘理论的完整版打下坚实的基础。他们的模型研究表明，持久的冲击会导致区域部门生产专业化从而造成程度大且持久的分异。然而这个"不完整版"的核心—边缘理论明显的不足在于模型中处于核心或边缘的区域市场大小是预先给定的外生变量，没有回答"为什么条件非常相似的国家可能发展出非常不同的生产结构"（Ottaviano and Puga，1998）这一问题。

2. 考虑劳动力流动的核心—边缘模型

我们将进一步介绍以克鲁格曼（Krugman，1991）提出的核心—边缘模型为基础的"完整版"的核心—边缘模型，在这个模型中即使是小而短暂的冲击也会造成区域间大而持久的差异。该模型允许劳动力在区域间自由流动，并在工作地消费所有收入。

该模型的假设（图 4-1）与上一小节的假设基本相同，不同的设定主要在于：H 不再是实物资本，而是以工人为载体的劳动力，工人只能在其居住地消费。所以，可将 H 和 L 理解为两类劳动力，即工人和农民，工人可以跨区域流动，而农民则不流动。为方便起见，可以认为农民平均分布在两个区域。需要强调的是，虽然市场均衡仍是集聚的向心力和离心力共同作用的结果，但是工人的流动既影响目标区域的供给，又影响其需求，这将使得本地市场规模内生化。

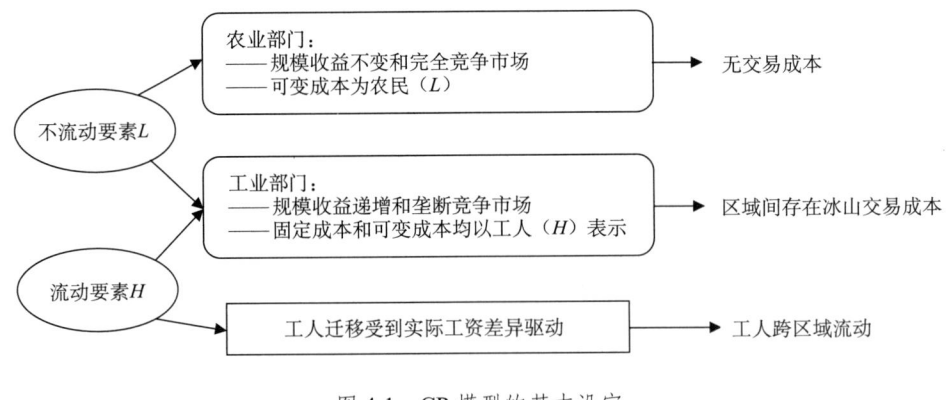

图 4-1　CP 模型的基本设定

资料来源：Fujita et al.（1999）。

基于式（1）的效用函数，得到相应的间接效用差分：

$$\Delta v(\lambda,\phi) = \mu^\mu (1-\mu)^{1-\mu} \left\{ \frac{w_A(\lambda,\phi)}{[P_A(\lambda,\phi)]^\mu} - \frac{w_B(\lambda,\phi)}{[P_B(\lambda,\phi)]^\mu} \right\} \tag{17}$$

其中，$w_i(\lambda,\phi)$ 是 i 区域的平均工资。这里直接将式（9）代入式（11），得到 A 区域的价格指数表达式：

$$P_A = \frac{m\sigma}{\sigma-1} [\lambda + \phi(1+\lambda)]^{1/(1-\sigma)} \left(\frac{H}{f}\right)^{1/(1-\sigma)} \tag{18}$$

对于 P_B，对称的表达式成立。式（18）表明在给定工资的情况下，具有更多工人因而拥有更多制造企业的区域有更高的购买力，产生更多的消费者剩余。其相对较低的综合价格指数，使得该区域存在更大的生活成本效应。这一效应与本地市场效应共同形成集聚的向心力对抗市场拥挤效应，最终塑造制造企业的空间布局。

为了求解工人平均工资，我们将本模型中的区域收入定义为：

$$Y_A(\lambda,\phi) = \frac{L}{2} + w_A(\lambda,\phi)\lambda H, \quad Y_B(\lambda,\phi) = \frac{L}{2} + w_B(\lambda,\phi)(1-\lambda)H \tag{19}$$

将式（19）代入式（13）、（14）和（15），可以解得均衡时的工人工资 w_i^*，结合式（9），可将 w_i^* 写成企业分布（λ）和贸易自由度（ϕ）的函数，最终能够得到：

$$\frac{w_A^*(\lambda,\phi)}{w_B^*(\lambda,\phi)} = \frac{2\phi\lambda + \left[1 - \frac{\mu}{\sigma} + \left(1 + \frac{\mu}{\sigma}\right)\phi^2\right](1-\lambda)}{2\phi(1-\lambda) + \left[1 - \frac{\mu}{\sigma} + \left(1 + \frac{\mu}{\sigma}\right)\phi^2\right]\lambda} \tag{20}$$

令式（20）对 λ 微分，可以发现一个反向力量折衷的结果，即只要 ϕ 大于（小于）临界值 $\phi_r \in (0,1)$，那么有较多工人的区域提供了较高（较低）的工资。

$$\phi_r \equiv \frac{1 - \frac{\mu}{\sigma}}{1 + \frac{\mu}{\sigma}} \tag{21}$$

结合 $\phi \equiv \tau^{1-\sigma}$，可以发现式（21）可以同时体现上述提及的三种效应。当运输成本（τ）高时，市场拥挤效应强；当商品需求价格弹性和替代弹性（σ）大时，企业需求对价格指数更敏感，因而生活成本效应更强；当开支在制造业商品上的收入比重（μ）高时，市场规模效应强。

为了对均衡点进行分析，我们将式（18）和（21）代入式（17），得到：

$$\Delta v(\lambda,\phi) = \frac{C \cdot \Delta V(\lambda,\phi)}{\phi\left[\lambda^2 + (1-\lambda)^2\right] + \left[1 - \frac{\mu}{\sigma} + \left(1 + \frac{\mu}{\sigma}\right)\phi^2\right]\lambda(1-\lambda)} \quad (22)$$

其中 $C > 0$，是独立于 ϕ 的参数，且

$$\Delta V(\lambda,\phi) \equiv 2\phi\lambda + \left[1 - \frac{\mu}{\sigma} + \left(1 + \frac{\mu}{\sigma}\right)\phi^2\right](1-\lambda)\left[\lambda + \phi(1-\lambda)\right]^{\frac{\mu}{1-\sigma}} \\ - 2\phi(1-\lambda) + \left[1 - \frac{\mu}{\sigma} + \left(1 + \frac{\mu}{\sigma}\right)\phi^2\right]\lambda\left[\phi\lambda + (1-\lambda)\right]^{\frac{\mu}{1-\sigma}} \quad (23)$$

根据式（22）的结构，显然达到均衡时，$\Delta V(\lambda,\phi) = 0$。而完全集聚的情况（$\lambda = 0$ 或 1）下，模型达到均衡需要 $\Delta V(0,\phi) \leq 0$ 或 $\Delta V(1,\phi) \geq 1$。因此，我们可以得到：

$$\Delta V(0,\phi) = -\Delta V(1,\phi) = \frac{\left[1 - \frac{\mu}{\sigma} + \left(1 + \frac{\mu}{\sigma}\right)\phi^2\right]}{\phi^{\frac{\mu}{1-\sigma}}} - 2\phi \quad (24)$$

可见完全集聚在任一区域的均衡是稳定的，只要运输成本足够低，以至于 ϕ 高于临界值 ϕ_s（被称为支撑点）：

$$1 - \frac{\mu}{\sigma} + \left(1 + \frac{\mu}{\sigma}\right)\phi_s^2 - 2\phi_s^{1+\frac{\mu}{1-\sigma}} = 0 \quad (25)$$

当转向内部均衡（$\lambda \in (0,1)$），我们可以证明，$\Delta V(0,\phi) = 0$ 至多存在三个解。容易证明其中一个均衡在 $\lambda = 1/2$ 时得以实现，这使得工人和企业的空间分布呈现均匀状态。只要 $\Delta V(0,\phi) < 0$，这个解便是稳定的，这一条件当且仅当运输成本足够大并使得 ϕ 小于临界值 ϕ_b 时成立，ϕ_b 被称为突破点，定义为：

$$\phi_b \equiv \frac{1 - \frac{1}{\sigma} - \frac{\mu}{\sigma}}{1 - \frac{1}{\sigma} + \frac{\mu}{\sigma}} \phi_r \quad (26)$$

此外，除了 $\lambda = 1/2$，至多还存在两个其他的内部均衡，围绕这一均衡点对称分布，在此我们就不做详细的分类分析。但是通过上文的推导和分析，可以发现关于集聚的向心力和离心力的强度，受到运输成本水平的影响，具体可以总结如表 4-1。

为了更通俗地理解这一机制，我们不妨假设当前存在两个初始条件相同的区域（东部地区和西部地区），这两个区域除了名称，可以认为是完全对称的。但当有一天有至少一个劳动力从西部迁移至东部，则初始均衡状态被打破。迁移的劳动力将自己的收入消

费在工作地区（东部），因而西部的市场规模萎缩而东部市场规模扩大。因为存在"本地市场效应"，部分企业从西部迁移至东部以接近更大的市场。这就使得东部地区能够给本地消费者生产种类和数量相对更多的产品，在"生活成本效应"的作用下，东部地区居民（劳动力）的实际工资更高，从而使得东部地区更具吸引力。在此之后，可能由于东部地区的企业过多，使得东部地区企业竞争更为激烈，而西部地区的竞争则日趋减弱，因此东部地区的名义工资不得不下调，而西部地区的名义工资则出现提升。这种"市场拥挤效应"的存在使得两地的吸引力发生新的变化。

表 4-1 运输成本水平与空间均衡结果

运输成本水平	均衡结果
高运输成本	离心力>向心力；每个区域的制造业份额都等于其禀赋。此情况下，市场竞争效应是一种充分的离心力，使得生产趋于均匀分布
中等运输成本	向心力>离心力；企业被核心区域较大的市场潜力所吸引，核心区域的企业可以较为轻松地增加对边缘地区的出口，从而削弱市场竞争效应产生的离心力
低运输成本	离心力>向心力；因为从周边出口到核心区域，并无需太多贸易成本，因此更多的企业倾向于向周边区域迁移（生产要素价格较低），这是利用两区域要素价格差异的一种方式

资料来源：Fujita et al. (1999)。

由此可见，在当前的简单设定下，初始的短暂而微弱的冲击，会在上述三种效应的共同作用下形成"累积循环因果效应"，对产业或企业的宏观布局产生长期而显著的作用。这种内生累积循环的分析思路还会出现在此后拓展的更多以核心—边缘模型为基础的模型中。

三、核心—边缘垂直联系模型（CPVL）

在上述模型中，集聚是流动的劳动力产生的本地市场规模的内生性结果。如果劳动力在区域间不流动但在部门间完全流动，则累积循环因果效应不会出现，对称均衡是唯一稳定结果（Puga，1999）。然而，一些研究者发现，基于劳动力流动的集聚解释，似乎并不能解释欧洲的集聚现象，因为欧洲地区的劳动力流动性很弱。基于此，欧洲学者提出"空间经济活动的聚集不仅仅取决于消费者的最终需求"（Siebert，1997；Obstfeld and Peri，1998；Puga，2002），研究者逐渐将目光投向企业间的投入—产出垂直联系。通过模型推导发现，即使没有劳动力的跨区域流动，集聚仍然可以在企业间的投入产出联系与规模报酬递增、运输成本的相互作用下发生。

考虑最简单的情况，即对同一行业内的投入—产出联系建模，则相较于考虑劳动力流动的核心—边缘模型中的假设，需要进行两处修改：其一是该模型中的生产要素为劳动力，总量不变且在两个区域中均匀分布（两区域要素禀赋相同），且劳动不能跨区域流动但可以跨部门流动；其二是制造业的固定成本可视作一种组合投入，由劳动和不同品种的商品 X 构成，在克鲁格曼和维纳布尔斯（Krugman and Venables，1995）的简化下，这种组合投入的形式可以被写成 L_i^X 和 Q_i 的柯布—道格拉斯函数（Cobb-Douglas function）。

通过与前文相同思路的推导，可以发现不考虑劳动力跨区域流动，上述本地市场效应、价格指数效应和要素的跨部门流动也产生了"累积循环因果效应"。换言之，在考虑投入—产出联系的条件下，小而短暂的冲击同样能够对空间经济产生大而持久的影响。

我们仍假设有两个区域（南部和北部），存在农业和工业两个部门，初始条件一致。若北部至少一个劳动力离开农业部门，加入当地的工业部门，伴随着中间投入品需求的增加，北部地区的工业产值增加；运输成本的存在意味着这些需求倾向于选择距离更近的北部地区投入品市场，这将增加北部地区企业的盈利水平，从而吸引新的（关联）企业迁移到北部地区，这些新企业又将在北部的农业部门招工，产生"累积因果效应"；而南部地区则进入与之相反的过程。

当向心力大于离心力时，最终均衡结果将是一个区域变成工业集聚区，另一个区域成为农业专业化地区。当向心力占据主导地位时，冲击会促使区域经济进入一种自我强化的过程，而当离心力占据支配地位时，则空间经济会趋于恢复如初。在 CPVL 模型中，集聚的向心力同样是本地市场效应和生产（生活）成本效应，而市场拥挤效应为离心力。

集聚的向心力和离心力的强度，仍受到运输成本水平的影响，高运输成本或低运输成本都会使得集聚的离心力大于向心力，从而造成企业分散分布。然而，有研究基于假设"区域不会完全专注于差异化商品的生产"，得出运输成本变化会产生非典型影响的结果。关于这一模型分析，感兴趣的读者可以参阅普加（Puga，1999），提供了一个综合性的模型，囊括了劳动力跨区域流动（Krugman，1991）、跨部门流动（Puga，1998）和垂直联系（Krugman and Venables，1995）。

不难发现，CPVL 模型继承了 CP 模型的各方面特点，包括其局限性。其中最明显的是，CPVL 模型无法把那些决定企业区位和工人分布的内生变量表示为产业空间布局的显函数，因此，对模型的均衡以及其稳定性特征只能求助于数字模拟进行刻画。

四、自由资本模型（FC）

虽然 CP 模型在理论模型上简洁严谨且具有启发性，但是它同样存在着如无法将产业和劳动力区位的内生变量表示为空间经济的显函数形式等操作性问题。基于这一方面的不足，马丁和罗杰斯（Martin and Rogers，1995）提出了自由资本模型，模型基本设定如图4-2所示。

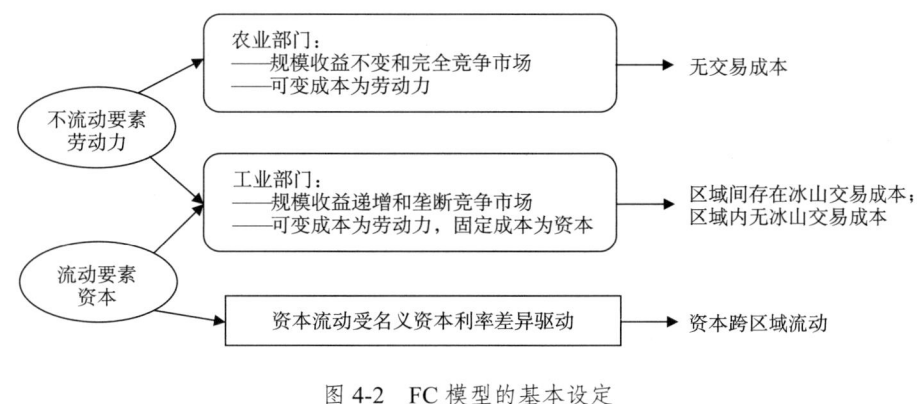

图 4-2　FC 模型的基本设定

资料来源：Baldwin et al.（2011）。

回顾 CP 模型的作用机制，我们可以发现 CP 模型存在需求关联与成本关联的累积循环因果关系。一方面，CP 模型假设劳动力将收入全部消费在工作地，因此如果生产发生迁移，那么劳动力也将随之迁移，从而使得消费发生迁移，而消费迁移又会引起生产转移，从而促成累积循环因果效应；另一方面，生产转移还会影响商品运输成本的变化，运输成本随着商品生产地与市场的距离减小而降低，从而降低当地的价格指数，另外相对较低的生活成本（当地劳动力的实际工资较高）也使劳动力更愿意迁移到与更多种商品生产邻近的区域，这种劳动力迁移又会引起新一轮生产转移，从而形成了成本关联的循环因果关系。

我们可以看出 CP 模型形成累积循环因果效应发挥作用的关键在于，流动要素收入的消费与要素使用地不能分离。然而 FC 模型改变了这一特性，假定流动要素的收入全部消费在要素初始地，从而使资本所有者的生活成本和资本收入与资本使用脱钩，进而直接抛弃了上述两种循环因果关系。具体而言，在 FC 模型中，虽然支出转移可能导致生产转移，但由于资本收入全部返回资本所有者所在地消费，生产转移并无法导致支出转移，因此模型不存在需求关联的循环累积因果效应。另外，资本流动受到名义资本收益率的驱动而非通过价格指数调整的实际资本收益率的驱动。因此，生产转移会改变生活成本，但模型中资本所有者并不迁移，所以生活成本变动不会使生产发生转移，故也不存在成本关联的循环累积因果效应。

不过 FC 模型也具有 CP 模型不具备的新特征。在 FC 模型中，如果资本在最初并非平均分配，那么资本在两区域间的流向是不确定的，其流向取决于贸易成本。当贸易成本很高时，资本会从资本丰富的区域流向资本缺乏的地区，但当贸易成本下降到一定水平时，资本的流向就会发生转变。这与 CP 模型相似，也是本地市场效应和市场拥挤效应共同作用的结果。本地市场效应使得资本丰富的区域由于拥有更大的市场规模而受到企业和人们的青睐；而市场拥挤效应使得竞争压力小、缺乏资本的区域更具吸引力。

由于经典的 FC 模型假设资本所有者不能迁移，资本收益都将返回资本所有者所在地消费，因此模型十分简化。模型中，劳动力也不存在跨区域迁移，因此该模型并不适合解释同一国家内部的集聚现象，而更适合解释两个国家间的经济地理现象（Baldwin et al.，2011）。

总的来说，FC 模型是新经济地理学理论发展早期，学者对于经典 CP 模型一次重要的创新性拓展，为后续研究发展新经济地理理论提供了重要的启示。与 CP 模型相比，FC 模型虽然仍具备本地市场效应，不过由于严苛的假设条件而丧失了诸多 CP 模型的特征，包括十分重要的需求关联和成本关联的循环累积因果效应。然而这样的调整使得 FC 模型的优点十分突出，即在展示了推动经济集聚驱动力的同时，可以获得产业布局的显性解。

五、自由企业家模型（FE）

自由企业家模型由福斯利得（Forslid，1999）和奥塔维亚诺（Ottaviano，2001a）相继独立提出，兼具 CP 模型与 FC 模型的特点，基本设定如图 4-3 所示。

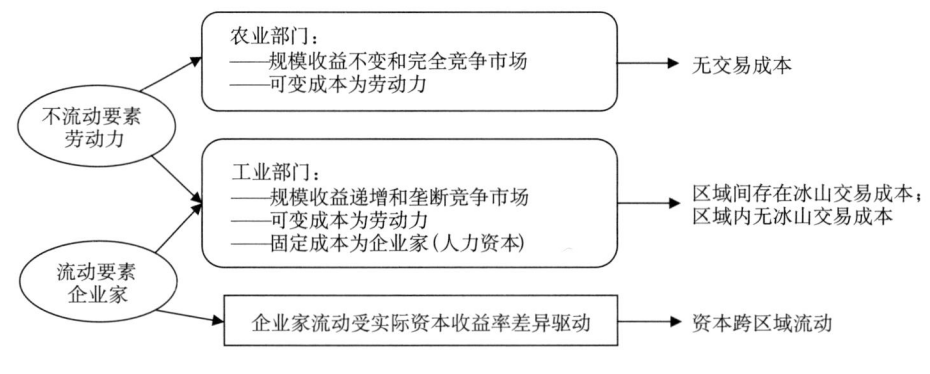

图 4-3　FE 模型的基本设定

资料来源：Baldwin et al.（2011）。

FE 模型假设空间流动要素是人力资本。人力资本即自由企业家,其名义工资是可变的,普通劳动力的名义工资是不变的。由于人力资本固化在企业家身上,因此流动要素不能脱离要素所有者单独流动。这使得生产迁移会牵动消费转移,消费在区域间的变动会引起市场规模变化,这种变化在本地市场效应作用下会再一次引起人力资本的流动;同时,区域资本实际收益率差异和各区域不尽相同的生产能力(产品多样化不同),会对当地的一般价格水平产生影响。人力资本份额高(生产能力强)的区域销售本地生产的商品,因而需要支付的平均运输成本较低,从而使得当地生活成本较低(生活成本效应),实际工资相对较高,对人力资本所有者具有更强的吸引力。由此可见,虽然对于流动要素的设定有所不同,但是 FE 模型在本质上与 CP 模型有着十分紧密的联系,都存在需求关联和成本关联的累积循环因果关系。

FE 模型与 FC 模型都假设流动生产要素是资本,但 FC 模型认为流动的资本是物质资本,FE 模型强调流动要素是人力资本(企业家)。这一差异间接造就了两种资本流动的追求目标相异,FC 模型中的物质资本追逐的是名义收益率最大化,资本流动的均衡结果是各区域具有相同的名义收益率;而 FE 模型中的人力资本追求的是实际收益率的最大化,因此空间均衡的结果是各区域的实际收益率相同。FE 模型另外一个重要的特点是(人力)资本及其所有者的不可分离性。这使得 FE 模型拥有了 FC 模型没有的特点,即企业家跨区域流动带来的累积循环因果。

从模型的机制和分析结果的可显示程度而言,FE 模型显然与 CP 模型更为相像,虽然假设不同,但是二者都同时具有需求关联和成本关联的循环累积因果关系。这种本质上的一致也造就了 FE 模型基本上具有 CP 模型的典型特征,这也使得 FE 模型虽然与 FC 模型都是基于资本视角的新经济地理学模型,但是却不具备与 FC 模型相同的简洁程度——FE 模型必须借助数据模拟技术求解,而无法得出 FC 模型那样的显性解。

FE 模型丰富了新经济地理学模型,因为其首次在模型中引入了人力资本。FE 模型关注人力资本在生产过程中的重要作用,相对于劳动而言,人力资本的空间流动性更强,这种流动性也是生产空间集聚的重要前提,也是对于经典 CP 模型核心机制的延续。

六、资本、企业家与垂直联系

回顾经典的 CP 模型,其在 D-S 的垄断竞争框架内,能够得出许多具有启发性的结论,但是其将生产集聚主要归因于要素的跨区域流动。事实上,要素流动在一国之内更容易发生,而在国家之间(如欧盟)却不太明显(Baldwin et al.,2011)。基于这种现实观察，研究者们提出了核心边缘垂直联系模型（CPVL）。CPVL 的设置与 CP 模型十分相似，两者主要不同在于：要素跨区域流动是 CP 模型中集聚的主要原因，而在 CPVL 模型中，企业间投入产出联系（要素的跨部门流动）才是引致集聚的关键。不过 CPVL 模型与 CP 模型一样，同样存在可操作性差的缺点，无法得出显性解，因此难以用于政策分析。

在 CPVL 模型的基础上，新经济地理学者创造了两个新的可操作性强的"垂直联系"模型，即自由资本垂直联系模型（FCVL）和自由企业家垂直联系模型（FEVL）。FCVL 在 FC 模型基础上结合 CPVL 模型的设定发展而来。不少学者在研究过程中发现，除了劳动力跨区域流动，企业间垂直联系也可以很好地解释国际间产业集聚现象，一旦在集聚模型中考虑了资本要素，那么跨区域的要素流动就无法忽视，因此很快在 FC 模型中考虑了垂直联系，将 FC 模型进行了重要的拓展，形成了 FCVL 模型。FCVL 模型在很多方面与 FC 模型和 CPVL 模型有着相似之处。与 CPVL 模型相比，除了多加入了资本变量，许多公式的表达形式相同；两者都具有本地市场效应引致的集聚机制以及需求关联、成本关联的累积循环因果关系。

但是与 CPVL 相比，其主要存在以下三点不同：①在模型设定中，制造业部门的成本函数不再具有齐次性；②在模型中引入资本要素，同时考虑劳动力和资本两种要素；③资本及其所有者可分离，且长期来看，资本要素可以跨区域流动。由于 FCVL 模型同时考虑了资本流动和垂直联系，因此其在分析具体经济政策时更具优势，不过该模型仍然无法解出内生变量的显性解。

在 FCVL 模型提出的同时，基于 FE 模型设定，同时考虑产业垂直联系的 FEVL 模型也诞生了。纵览 FEVL 模型的前后向联系的作用机制，可以发现其与 CPVL 模型的设定完全一样，唯一明显的差别在于函数形式的不同。因此，FEVL 模型同 CPVL 模型一样具有需求关联和成本关联两种循环累积因果关系以及引致集聚的本地市场效应。另外，FEVL 模型能够解出模型中内生变量的显性解，克服了包括 FCVL 模型在内的诸多模型无法解决的问题，很大程度上提升了 D-S 框架下新经济地理学模型的实用性。

总体而言，FCVL 模型和 FEVL 模型是在 D-S 模型架构下提出的 CP 模型的综合拓展形式，结合了 CP 模型、FC 模型、FE 模型以及垂直联系模型等多类模型的设定与特征，不仅具有严谨的理论性，同时也具有更好的可操作性，因而在分析经济政策时具有更高的适用性。

第二节 新经济地理学理论发展

一、线性模型

通过对新经济地理学经典模型的梳理，我们发现，这一领域的模型发展严重依赖于 D-S 垄断竞争的一般均衡分析框架、CD/CES 的效用函数设定以及"冰山"贸易成本假设。这些模型的解析最终不得不借助数字模拟方法，极大地限制了新经济地理学模型的实用性。虽然借用数字模拟能够在一定程度上展示各变量对经济活动空间分布的影响，但是这类方法很难对所有可能的情况进行模拟。更重要的是，当使用数字模拟进行经济政策分析时，繁琐复杂的过程和结果使得模型结论难以清晰地理解，难以产生足够的说服力。因此，新经济地理学经典模型的实用性一直被政策决策者和许多经济学家视为"鸡肋"。所以，自 CP 模型诞生之时，就有学者相继尝试在模型解析分析能力方面进行完善和改进。

奥塔维亚诺等（Ottaviano et al.，2002）提出的核心边缘线性模型在模型丰富程度和解释程度间找到了一种更偏向解释力的平衡。线性模型与经典模型相比，最具突破性的改变在于舍弃了模型中 CD/CES 型效用函数和"冰山"成本的设定，并使用准线性的二次效用函数和线性的运输成本作为替代。这一改变使得线性模型在继承 CP 模型诸如本地市场效应和累积循环因果关系等特征的同时，还可以获得内生变量的显性解，从而具有了完全的解释能力。

线性模型的突破主要在于对模型设定的创新性改变，但是从理论的本质逻辑来看，其仍与传统的新经济地理学模型一脉相承，并且同样使用一般均衡的思维对模型进行构建和解释。在线性模型的分析框架下，分别结合 FC 模型和 FE 模型，相应给出了线性 FC 模型和线性 FE 模型。类比于 FE 模型和 FC 模型的差异，线性 FE 模型和线性 FC 模型的主要差别同样在于资本的含义与形式不同。线性 FE 模型中的资本指的是人力资本，这种资本无法与资本所有者分离，但可以跟随资本所有者跨区域流动；线性 FC 模型中的资本指的是物质资本，虽然这种资本可以与资本所有者分离，但是资本收益将全部返回资本所有者所在地消费，因此在资本所有者不存在区域迁移的前提下，资本流动并不会造成实际支出的空间转移和市场规模的改变。

在线性 FC 模型中，消费支出的空间分布其实是由外生要素禀赋决定，资本流动无法改变实际消费空间结构，因此线性 FC 模型同 FC 模型一样，不具有生活成本效应。如若两个区域的要素禀赋均匀分布，那么这种空间对称分布将成为一种长期均衡状态；如若两区域要素禀赋存在差异，那么随着运输成本降低，制造业部门将可能出现集聚现象。

在线性 FE 模型中，人力资本不可分离性使得资本所有者跨区域迁移与资本空间转移绑定在一起。资本跨区域流动直接导致两区域相对市场规模的改变，从而消费支出的分布将不再同线性 FC 模型一样独立于生产的分布。另外，线性 FE 模型中的人力资本与 FE 模型一样，追求实际收益率的最大化，这意味着该模型中的企业区位决策需要考虑不同区域的价格水平，因此，生活成本效应将发挥影响。在线性 FE 模型中，本地市场效应和生活成本效应将一同构成产业集聚向心力。

线性模型在提升新经济地理学模型的解释能力方面贡献巨大，是核心边缘理论模型的重要拓展。不过从分析逻辑上看，其仍是基于金钱外部性原因来分析产业集聚，因此与最初提出的核心边缘模型的理论逻辑并无本质区别。

二、知识关联

虽然经典的核心边缘模型与线性模型在一些重要的模型设定上有所差别，但两者本质上都是强调传统经济活动（商品或服务的生产与交换）产生的联系，作为推动经济空间集聚的内生力量发挥的作用，因此这两类模型可以被统称为"经济关联"（e-linkages）类模型。

学者们逐渐不再满足于基于"经济关联"的理论构建，转而关注知识创造和传播扩散过程中所产生的关联，即"知识关联"（k-linkages），对经济活动空间分布所产生的影响。"知识溢出""知识外部性"等强调知识在经济聚集过程中发挥的作用的词汇带有一种被动影响和传播的意味，不能准确刻画知识创造与扩散对经济空间布局发挥的作用。因此，贝利南和藤田昌久（Berliant and Fujita，2009）、藤田昌久（Fujita，2007）等提出了"知识关联"一词，并围绕"知识关联"建立了知识创新与扩散模型——"双人模型"（two person model，TP）。

"双人模型"，顾名思义，即是从最简单的两人情境入手，对两个人之间知识关联过程进行刻画，来理解知识的创新和扩散的机制及其产生的影响。假设 K_i 和 K_j 分别是 i 和 j 两人的知识总储备，D_{ij} 表示 i 独有知识的集合，而 C_{ij} 则表示两人共有知识（或技术、文化）的集合。通过不同渠道的知识传播或交流，两人在共有知识的基础上交流各自的独有知识，从而产生知识创新。在知识传播和扩散的过程中，存在一个"最佳"的共有知识量。若两人共有知识过多，两人知识结构太过相似，则两人缺乏合作生产新知识的动力；而两人共有知识太少，则缺少合作交流的知识基础。因此，TP 模型正是基于

"共有知识",对两人进行知识创新和扩散的机制和边界条件,进行讨论和分析。

TP 模型强调知识创新和扩散的效率是动态可变的,当共有知识量达到一定水平,两人便会发生合作,进行知识创造和扩散。高效的知识创新和扩散存在类似累积循环因果关系的自我强化效应,使得两人各自的独有知识与共有知识达到均衡时,知识创新和扩散效率最高。假设知识创新和扩散的主体变成两个初始禀赋无差别的区域,在人口规模可以视作外生给定的情况下,同一区域的人们之间随着交流范围和次数的增加,人们之间的共有知识会不可避免地增加。这终究使得该区域的创新效率下降,知识所有者不得不进行跨区域迁移,寻找新的合作伙伴,以维持相对高效的知识创新和扩散。

如图 4-4 所示,知识所有者 i 进行跨区域流动,从 A 区域迁移至 B 区域,进行知识创造和传播,产生知识关联的过程。这种人口的跨区域流动,使得 B 区域的创新部门市场规模增加,在本地市场效应和生活成本效应的共同作用下,形成累积循环因果关系。长此以往,A 区域的企业逐渐开始使用 B 区域产生的新知识作为中间投入,从而形成两区域间对"知识"的投入产出关系。在合适的运输成本水平下,B 区域成为知识创新部门的集聚区,随着知识所有者不断进入 B 区域,最终实现创新核心区和边缘区的"核心—边缘"结构。

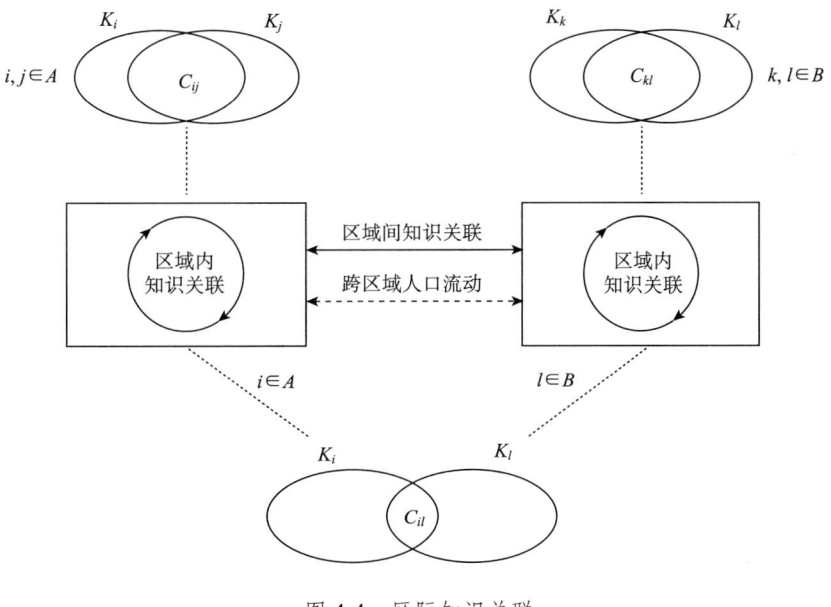

图 4-4 区际知识关联

资料来源:Baldwin et al.(2011)。

此外，与经典的 CP 模型一样，TP 模型中同样存在市场拥挤效应，作为产业集聚的离心力。由于 B 区域的人口不断增加，随之产生的搜寻和匹配成本将迅速上升，并产生更多的部门管理成本，市场拥挤效应越发明显，最终将完全抵消本地市场效应和生活成本效应带来的优势。在一定的运输成本水平下，一些知识所有者开始向 A 区域迁移，集聚现象将逐渐消解。

TP 模型的重要贡献之一，在于强调了知识（技术、文化）对于经济活动空间布局的重要性，并敏锐地发现，经济主体在一定水平的共有知识基础上，才能进行高效的交流和创新，而长期拘囿于同一"圈子"，会逐渐使人丧失维系知识高效创新和扩散的动力。TP 模型的另一贡献则是利用"知识关联"将新经济地理学的核心理论与新增长理论的思想完美结合。TP 模型讨论了知识创新对经济活动空间布局的重要影响，并揭示了创新驱动的增长和集聚的本质，开拓了新经济地理学理论研究新篇章。

三、"新"新经济地理学

1. 从新经济地理到"新"新经济地理

新经济地理学一直专注于在垄断竞争和规模经济的框架下，通过同质化的企业或居民的微观区位选择机制来解释集聚经济的宏观异质性，而对企业和居民这类微观主体的异质性视而不见。在微观主体同质性的假定下，区域内同一产业的任何企业或居民的区位选择，在一定的地理条件和市场环境下都无差别，经济活动空间分布在微观层面上缺少解释，而在产业层面上的解释也更多地侧重于环境因素约束下的影响和演化，更有学者提出新经济地理学的传统观点存在"环境决定论"的特点。

然而，真实世界却比理论模型构建的理想世界复杂的多。经济学家擅长将复杂的真实情况进行有目的的抽象和简化，通过添加必要假设，摒弃一些难以处理或不关键的部分，以便运用严谨的数学和逻辑推导得出结论。出于这种思维和习惯，现代经济学往往容易朝数学化的方向发展，而空间经济学在 D-S 模型出现之前，由于难以数学化的原因而一度被束之高阁。也正是由于考虑异质性会很大程度上提升模型推导的复杂程度，因此，在新经济地理学发展初期，研究者都有意无意地回避了微观主体"异质性"。随着新经济地理学的快速发展，越来越多的学者开始批评新经济地理学模型忽视微观主体的异质性，使得模型结果偏离现实且缺乏政策启示。经济地理学者马丁和弗伦肯更是因此将经典新经济地理学模型刻画的世界称为"经济学仙境"。事实上，同一产业内的不同企业（消费者、劳动力）之间存在各方面的差异，在同样的环境下，其区位选择并不相同。从这种意义上来讲，经济活动的空间分布是微观主体与其环境互动的结果。因此，为了理解和把握经济地理的规律，必须深入微观的企业层面，重视和考虑微观主体异质性的作用（杨开忠等，2016）。

梅兹（Melitz，2003）首先将企业异质性引入垄断竞争框架下的动态产业模型中，发现只有高生产率企业才能参与国际贸易，而生产率最低的企业将在国内市场的竞争中被淘汰。这一新的贸易理论的提出，开创了贸易研究的新方向，被称为"新"新贸易理论。新贸易理论向 "新" 新贸易理论的转变，为新经济地理学模型引入"异质性"提供了可供借鉴的思路。

鲍德温和大久保（Baldwin and Okubo，2006）基于梅兹（Melitz，2003）建立的规模报酬递增、垄断竞争与企业异质性的分析框架，建立了第一个基于微观主体异质性的新经济地理模型。2011年，奥塔维亚诺梳理了引入"异质性"的新经济地理学研究进展，并将其称为"新"新经济地理学。"新"新经济地理学假定，每个企业生产率水平不尽相同，高生产率企业由于能够经受激烈的竞争，因而能够在市场规模较大的地区生存并获得规模经济效应，而生产率较低的企业对竞争更为敏感，为避免竞争只能分布于外围。这种分析可以解释新经济地理"核心—边缘"结构中存在"质"的不同，处于经济中心的企业与外围企业相比具有更高的生产效率，而不仅仅是新经济地理所看到的企业产出规模、企业就业人数等外在的"量"的差异。

2. "新"新经济地理学主要分析框架

"新"新经济地理学脱胎于新经济地理学，两者最大的差别在于"新"新经济地理学在新经济地理学模型基础上引入微观主体"异质性"，从而将研究尺度进一步细化到企业层面。回顾新经济地理学的分析框架，主要可以总结为三类：D-S 垄断竞争模型（D-S 模型）、线性模型（OTT 模型）以及新发展的知识关联模型。"新"新经济地理的分析框架继承了 D-S 模型和 OTT 模型的分析思路。

D-S 模型是经典新经济地理学模型的基础，也是新经济地理学分析最常使用的模型，从最初的 CP 模型到后来的多种垂直联系模型，都是在此分析框架下进行的。新经济地理学开创者在理论发展初期甚至认为，新经济地理学都是建立在 D-S 垄断竞争分析框架、"冰山"贸易成本、动态演化和计算机模拟基础上的。因此，"新"新经济地理学在开创之初都使用这一框架进行建模分析。例如，鲍德温和大久保（Baldwin and Okubo，2006）在 FC 模型中加入了企业异质性，发现 NEG 中提到的本地市场效应仍然存在，但是由于"空间选择效应"的存在，高效率企业倾向于集中在同一地区。而大久保（Okubo，2010）将企业异质性引入 FE 模型，则得出了不同的结论。他认为高效率企业迁移会导致更严重的竞争，因而高效率企业不愿率先离开，低效率企业在区位选择上更自由，最先迁移的反而是低效率企业；高效率的企业空间排序将多样化而低效率企业会选择集聚，所以企业异质性是一种集聚的力量。大久保（Okubo，2010）的这一研究结论与此前鲍德温和大久保（Baldwin and Okubo，2006）的研究结论正好相反。因此不难发现，企业的空间选择行为在不同的模型和条件下可能会表现出不同的特征，主要可以归纳为正向选择效应和逆向选择效应两类，即具有"双向选择效应"的特点。

基于 D-S 框架的"新"新经济地理学模型虽然应用广泛，但是具有 D-S 框架难以避免的缺点，即方程求解极为困难，基本上得不到显性解，因而不得不运用数值模拟的方法来研究参数变化的影响，这就使得模型结论显得繁琐而缺乏信服力。因此，奥塔维亚诺、田渊（Tabuchi）和蒂斯建立了一个基于准线性二次函数的分析框架（OTT），这一分析框架使得消费者需求不仅受到产品价格影响，同时还受到同类产品价格的影响；更重要的是，OTT 的准线性二次函数的设定使得所有的内生变量都可以用外生变量的线性表达式表示，因而具有完全的解析分析能力。梅兹和奥塔维亚诺（Melitz and Ottaviano，2008）将企业异质性引入 OTT 框架，发现市场规模和贸易可以影响竞争的激烈程度，而竞争激烈程度也会反过来影响企业的区位决策，最终生产率较高的企业才能在市场规模较大的地区生存。田渊和蒂斯（Tabuchi and Thisse，2002）则尝试将消费者异质性引入到 OTT 框架中，在假设居住条件异质性偏好和劳动力可流动的基础上，研究了人口与产业的空间分布问题。模型分析表明，异质性偏好是一种很强的分散力，运输成本的变化会导致分散、部分的聚集以及最后的分散三种均衡状态。由于 OTT 框架的相对易操作并可以对方程进行完全解析，这一模型在今后"新"新经济地理学研究方面的应用潜力巨大。

除了上述两类分析框架外，福尔摩斯等（Holmes et al.，2010）在"新"新贸易理论中 BEJK 模型的基础上引入企业家和企业异质性生产率分布，建立了 BEJK 模型下的"新"新经济地理模型。模型假设同一产业的企业生产同质产品，在此基础上他们发现在企业家和劳动力可流动条件下，产业集聚地区的企业会有较高平均生产率。

虽然"新"新经济地理学理论框架及其模型的微观基础与新经济地理学不尽相同，但目前来看仍属于新经济地理学的一个分支方向，尚未形成完全独立于新经济地理学的系统理论框架。不过我们可以看到，"新"新经济地理学将微观主体异质性以恰当的方式融入新经济地理学之中，为空间经济学研究提供了崭新的途径，使新经济地理学研究得以进入微观层面进行更加深入研究，对于新经济地理学的发展而言，无疑是一次突破。

四、政策

许多学者都指出新经济地理模型和相关理论忽视了政策分析,并认为这是新经济地理模型的主要缺点(Martin,1999;Neary,2001)。随着新世纪的到来,新经济地理学理论体系逐渐成形,一些学者逐渐将研究兴趣转向政策分析。鲍德温等(Baldwin et al.,2011)出版的《经济地理与公共政策》一书,梳理了新经济地理学政策分析的方向和典型的举措,被视作是新经济地理学"政策转向"的标志。

现有新经济地理学涉及的政策分析思路大致可以分为两类:①从标准的新经济地理模型出发,直接分析潜在的"政策含义"(表4-2);②从具体的问题出发,通过对模型局部的改动等方式,进行模型推导和政策分析。我们不妨称前者为基本政策分析,后者为特定政策分析。

表4-2 新经济地理学"核心—边缘"模型的六种基本政策启示

影响特征	政策启示
区域副效应	各种非区域性政策都可能对区域经济活动的均衡结果造成影响
贸易交互效应	贸易和经济一体化可能对经济活动的空间均衡结果产生重要影响
门槛效应	政策对于经济活动的空间均衡的影响需要达到一定的临界值才能显现
锁定效应	短期的政策可能产生难以估量的长期影响
选择效应	政策可以改变(选择)不同的均衡结果
协同效应	通过影响代理人的期望,决策者可以确定经济活动的均衡空间格局如何建立

资料来源:Martin and Sunley(2010)。

1. 基本政策分析

(1)区域副效应(regional side effect)

经济活动的空间分布是区域政策的核心问题,因其与福利分配有千丝万缕的联系。新经济地理模型的第一个基本政策含义是,各种非区域性政策可能会产生"区域副作用",这对经济活动的区位以及财富的地理分布有潜在的巨大影响。特别是那些影响市场扩张和市场拥挤效应之间平衡的所有政策都会产生副作用。由于经济活动地理分布对大多数政策来说都是内生的,所以对经济活动的影响进行评估,而不考虑经济主体的流动性将产生难以估量的风险。

以旨在减少企业市场垄断力量的反垄断法为例。根据新经济地理模型,这种政策将增强市场拥挤效应，从而导致企业分配更加均衡，这即是反垄断法的区域副作用。又如，旨在减少贸易自由度的保护主义措施，将使市场拥挤效应超过产业集聚的向心力，从而导致经济活动的空间配置更加平衡（Baldwin et al.，2011）。

（2）贸易交互效应（trade interaction effect）

新经济地理模型的第二个基本政策含义是，贸易和经济一体化可能对经济活动的空间均衡结果产生重要影响。因此，无论是基于税收、补贴、基础设施建设，还是研究开发制定的政策，这些相似的干预措施将对企业的空间布局产生更大的影响。

例如，在投资补贴方面，欧盟实行国家援助上限（state-aid caps）的政策，限制了公共资金在最初对私营企业进行投资的份额。这一上限在不同区域存在差别，使我们间接地确定了双边补贴差距最大化的矩阵。在这种设定下，区域的低效率可以通过最优补贴差异来纠正，将有利于边缘地区的发展。如此一来，尽管贸易一体化增加了低效率的企业布局所带来的福利损失，但恢复效率所需的政策不对称性却降低了。正因如此，随着贸易成本的下降，企业流动性将增强，促使在边缘地区集聚的企业能获得更大市场潜力，也使得企业对补贴的差距更加敏感（Ottaviano，2001）。

当区域市场潜力存在差异时，可流动企业间的税收竞争对于自由市场而言是提高效率的（Ottaviano and Van Ypersele，2005）。因为税收竞争会产生有利于边缘地区的补贴差异，企业由于集聚经济等因素被吸引到核心地区，所以核心地区可以适当压低补贴，而不失去原有吸引力。然而，若税收竞争导致补贴差距过于明显，将造成过多企业迁移到边缘地区。这为国家援助上限政策提供了理论依据，使其以贸易成本为条件来限制税收竞争。

（3）门槛效应（threshold effects）

门槛效应意味着政策对于经济活动空间均衡的影响需要达到一定的临界值才能显现。我们考虑经典的两区域 CP 模型中存在很高的运输成本，那么企业将趋于均匀分布在两个区域，并保持稳定的均衡状态。只要运输成本高于门槛值（突破点），那么这种分散式的企业布局就不会发生改变。然而，随着运输成本下降，当其跌破门槛值，则会发生突发式集聚，由于循环累积因果关系的存在，这种集聚将导致新的均衡（Baldwin et al.，2011）。这意味着规模有限的政策干预可能对企业的区位选择并无实质影响。只有当干预的程度超过阈值时，经济的空间布局才会开始变化。

门槛效应的存在，似乎表明小幅政策调整是无效的，而超过阈值后，政策的影响则是巨大的。金德等（Kind et al.，2000）以及鲍德温和克鲁格曼（Baldwin and Krugman，2004）的研究表明，如果另一个地区想要吸引企业迁移过去，就必须提供比现有企业享受的集聚租金明显更高的补贴，任何达不到差异的阈值补贴，对企业区位迁移都不构成实质性影响。

（4）锁定效应（lock-in effect）

锁定效应表明，短期政策可能产生难以估量的长期影响。假设处于边缘区位的一处荒凉之地能够提供足以诱发所有企业迁移的补贴，补贴需要多长时间才能维持转移的集聚？理论上的答案是不需要时间。一旦企业进行了迁移，就不需要任何补贴，因为新的集聚存在自我强化的过程。关于这一点，本章第一节已进行了详细的推导和分析。因此，即使暂时的政策干预也可能对区域经济发展产生持久的影响。此外，使用政策很难扭转一定政策的影响，因为需要的政策力度明显更大。

（5）选择效应（selection effect）

选择效应体现了新经济地理框架下政策的主动性，意味着政策可以改变（选择）不同的均衡结果。当存在多种可能的稳定均衡时，选择效应就可以切实发挥作用。以经典的 CP 模型为例，假设最初企业在各地区均匀分布，而运输成本足够高以至于这种空间布局可以稳定存在。当贸易自由度提高到"阈值"之上，则企业将最终集聚在一地。然而这些地区的外在属性相同，因此最终企业在何处集聚是不确定的。那么此时，即使是微小的政策变化也可以击碎这种不确定性，从而对企业的最终的空间布局产生重大影响。如此一来，在其他条件不变的情况下，其中一地即使提供了只能吸引个别企业的小额补贴，也足以吸引整个集群，其原因同样离不开累积循环因果关系的影响。因此，在存在多种潜在的稳定均衡的情况下，政策干预可以主动影响企业或产业的区位选择。

（6）协同效应（coordination effects）

协同效应意味着政策决策者可以通过影响和协调企业的期望来塑造经济空间布局（Baldwin et al.，2011）。企业的空间区位选择，本质上是企业在主观预期下做出的理性行为。在微观层面上，其实是企业的预期促使其做出最终的区位决策。因此，即使各区位并未发生的实际变化，对企业预期的影响也能对最终宏观层面的经济布局产生明显的影响。从决策者的视角来说，决策者可以通过对企业预期进行干预，从而对空间经济进行调控。理论上，即使没有任何政策被落实，协同效应也可以发生。

例如，在上述讨论补贴的情况中，在合适的时机下，即使是小额的暂时性补贴最终未被落实，集聚仍会发生（Ottaviano，2001）。因为真正发挥作用的是人们预期将获得的补贴，这将足以让企业对该地区的未来产生乐观的看法。在上述锁定效应的作用下，企业将最终集聚此地。因此，可靠的政策公告足以使政策达到既定目标；相反，完全合理的政策若是由于缺乏公信力或传播，则可能事倍功半，甚至适得其反。

2. 特定政策分析

由于新经济地理学自身理论建模的特点，其政策研究发展较为滞后，但仍有学者关注了特定政策的研究与分析，这里我们主要介绍新经济地理学框架下的贸易政策、税收政策和环境政策研究。

（1）贸易政策

贸易自由度是研究经济活动区位问题的核心变量之一，区域和国家间的贸易政策研究理应是新经济地理学的研究重点之一。对于贸易政策的探讨，首要聚焦在对贸易保护主义政策的分析上。经典的新贸易理论认为，施行单边的贸易壁垒政策有利于降低本国的国内商品价格（Venables，1987；Baldwin et al.，2011），而在新经济地理框架下，产业集聚力能够强化这种贸易保护的降价效应（Baldwin，1999）。鲍德温等（Baldwin et al.，2011）提到，基于 CP 模型的基本假设，在模型中加入关税税率τ，可以将这种贸易保护对本国价格水平的影响分解为三部分。其一，是反映生产份额变化对价格水平影响的"区位效应"。由于贸易保护使得国外企业倾向于转移到国内，通过影响交易成本，从而有助于降低本国的价格水平。其二，是反映交易成本对商品种类数量影响的"多样化效应"。由于在新经济地理模型中，一般假设交易成本的变化并不影响市场中商品的种类变化，因此该效应在模型分析中并不起作用。其三，则是反映交易成本变化对商品价格水平直接影响的"直接价格效应"。考虑到提升贸易壁垒（如提高进口关税）将更大程度上限制国外商品进入本国市场，进而提升本国商品的价格水平。因此，贸易保护政策最终能否降低本国物价水平，将取决于上述提及的"区位效应"与"直接价格效应"的相互拮抗的结果。而"区位效应"的增强，显然会更加有利于贸易保护政策达到其目的。

也有研究从新经济地理学视角探讨了自由贸易政策的影响（Puga and Venables，1997，1999；Baldwin et al.，2011）。研究主要使用垂直联系模型作为工具，探讨消费品市场和中间品市场的贸易保护带来的影响，并引入了贸易保护效率（trade protection efficiency）的概念。研究发现，消费品市场的中度保护和中间品市场的自由开放，将促进本国工业产品的生产份额。

鲍德温等（Baldwin et al.，2011）在《经济地理与公共政策》一书中，还详细讨论了新经济地理学框架下关税与配额的影响。在传统贸易理论中，关税和配额的等价性作用是一条金科玉律。然而从新经济地理模型出发，我们却可以发现，相同程度的进口关税政策和配额政策，对商品生产的空间布局、本国市场价格水平、资本收益率等存在差异性的影响。

此外，还有少数学者在新经济地理框架下探讨了多边贸易协定的影响（Krugman，1993；Puga and Venables，1997；Forslid et al.，2002；Baldwin et al.，2011），并得出了诸如"多米诺效应""轴心效应"等有意思的结论。近年来，研究仍然主要关注国家或地区间双边贸易的政策研究，尤其是 HME 在双边贸易中发挥的作用（Campolmi et al.，2014；Pham et al.，2014；Matsuyama，2015）。

(2) 税收政策

税收政策是经济学家长期关注的政策问题，新经济地理学兴起之后，一些研究开始使用数学模型理论工具，尝试以空间经济的视角分析区域税收和税收竞争等问题。在新经济地理学的研究框架中，由于存在集聚经济和集聚租金，区域税收竞争的结果与新古典的税收理论有诸多不同。露德玛和伍顿（Ludema and Wooton，2000）建立了一个同质商品供过于求的新经济地理学模型，发现自由贸易政策可以减轻税收竞争，因为当集聚力加强时，集聚地区可以在不流失流动要素的前提下提高税率。鲍德温和克鲁格曼（Baldwin and Krugman，2004）指出，自由贸易政策可能会导致"高税率的竞争"（race to the top），而集聚租金是贸易自由化程度的倒U形函数，税收的差异会随自由化程度先增大后减小。

许多有关税收竞争的研究都得到一个重要的结论，即区域间的资本流动性是税收无效率的主要源泉之一。鲍德温等（Baldwin et al.，2011）基于资本创造模型（CC）和自由企业家模型（FE）系统分析了引入税收变量给税收空间布局、税收效率等带来的诸多影响。鲍德温和福斯利得（Baldwin and Forslid，2002）、鲍德温等（Baldwin et al.，2011）还结合博弈论讨论了区域间税收合作的理论框架。他们通过模型分析，发现形式简单（如采用统一税率）的税收合作并不能带来帕累托改进，甚至会使得双方的福利水平都出现损失。在存在集聚力时，税收竞争意味着市场规模较大的核心区更愿意进行税收合作，而其他市场规模较小的边缘区在选择税率时并不受税收竞争的限制，在没有其他补偿的前提下，并没有动机改变税率。因此，从这个角度分析，税收合作并实现共赢是很困难的。此外，加藤（Kato，2015）通过对寡头行业的理论研究，发现在国际税收竞争中，如果市场规模较小的国家采取宽松的税收政策，那么企业将可能被吸引至该国，经典的本地市场效应也会出现反转。

(3) 环境政策

随着全球对环境问题关注日益增加，经济学家也将应对气候变暖与环境污染的议题纳入主流经济学的研究范畴之中。从理论角度出发，早期的新经济地理学在分析经济集聚的微观基础时强调市场外部性的作用，不考虑技术外部性。但是在很多情形下，社会、生态和环境变量主要通过技术外部效应影响经济变量及其空间分布，这类变量在新经济地理学主流模型中的缺失将导致模型出现预测偏差（刘安国等，2014）。在这一背景下，一些研究开始关注新经济地理学框架下的环境外部性（Elbers and Withagen，2004；Lange and Quaas，2007；Eppink and Withagen，2009；Alonso-Villar，2011），但这些研究并没有明确地引入生态与环境政策变量。

近年，一些研究开始尝试在建模过程中直接引入生态环境政策变量进行分析和模拟

（Grazi et al.，2008；Feddersen，2012；刘安国等，2015）。在新经济地理学的框架下，集聚力量在碳减排和减少污染方面可以发挥的重要作用。企业迁移会产生的长期减排效应，而要素价格或企业规模变化会产生的短期减排效应，长期减排的影响会显著高于短期减排。费德森（Feddersen，2012）通过理论推导，进一步向我们展示了这种集聚力量的存在是如何使政策变化对全球减排的影响难以发挥显著作用。刘安国等（2015）则基于对区域协调发展理论研究进展所作的观察，借助 OTT 模型，建立引入环境外部性、环境政策和环境技术创新的新经济地理学模型，探讨大国内部的区域协调发展问题。他们同时提出，在存在环境外部性的情形下，讨论新古典意义上的帕累托最优空间格局没有意义，社会次优意义上的最优经济空间演化路径是最优空间规划与最优环境财政政策组合作用的结果。

不同于新古典主义的政策分析，新经济地理学视角下的政策分析从建模之初就强调了其他因素与空间因素的交互影响，正所谓"牵一发而动全身"，虽然起步较晚且发展仍不成熟，但是新经济地理学的政策研究，无疑启迪了众多研究者，尤其是经济学者：政策最终发挥的效果是各类经济政治社会因素与空间因素交织作用的结果。

第三节　新经济地理学实证研究

内亚里（Neary，2001）早在 21 世纪伊始就提到"新经济地理学已经进入成熟期"。从理论上看，新经济地理学的确应得到这样的评价；但在实证方面则不然，与之相关的方法和结论仍存在不少问题有待解决。在模型估计方面，甚至在因变量选取上都未达成一致，因此这一领域的许多实证文章的方法和结论难以比较。藤田昌久等（Fujita et al.，1999）和鲍德温等（Baldwin et al.，2011）都在其著作中强调应投入更多的精力对新经济地理学的理论进行实证检验。尽管如此，对新经济地理学的实证探讨仍存在很大的空间。我们尝试将当前对于新经济地理学的实证研究综合起来，并归纳了三个具有代表性的实证研究方向，进行简要介绍。

一、生产要素变动

地理学关注空间因素和空间影响，经济学关注生产要素的合理配置，而以经济学思维探讨地理学因素的新经济地理学则尝试以比较静态或动态的视角，分析和评价生产要素的空间配置问题。因此，在新经济地理学的实证探讨中，人们也持续关注生产要素的价格变动及其空间流动。

1. 要素价格变化

大量新经济地理学的理论研究都一致认为，产品多样化、规模报酬递增和不断降低的运输成本是生产厂商集聚的主要动力。集聚的均衡状态会导致更大的生产规模和更高的要素价格。根据克鲁格曼和维纳布尔斯（Kruguman and Venables，1995）模型可以得出新经济地理学模型隐含的要素价格。在坚实的理论基础上，"市场潜力"（market potential/market access）这一概念逐渐被引入新经济地理学，并由雷丁和维纳布尔斯（Redding and Venables，2004）进行了较为完善的模型化。在新经济地理学中，市场潜力作为重要的实证变量被定义为综合描述运输成本和需求规模的一个代理变量，在实证研究中被刻画为一个地区自身及周边对该地区商品需求的距离加权总和。新经济地理学研究者也正是通过构建以生产要素价格和市场潜能表示的"工资方程"以及对市场潜力的估算，来探究新经济地理学中的集聚力对生产要素价格的影响。

汉森（Hanson，2005）基于美国各州数据，利用结构方程求解了名义工资，发现名义工资和市场潜力之间存在很大的相关性。迈耶（Mayer，2008）的研究也表明，人均收入和市场潜力之间的相关性不仅存在于横截面数据中，同样存在于时间序列数据中。布雷尼西（Breinlich，2006）以及黑德和迈耶（Head and Mayer，2006）基于欧盟的区域数据，利用两个横截面数据的时间序列差异，进一步证实了名义工资和市场潜力的密切联系。除此之外，有研究分别基于中国和哥伦比亚的区域数据，对上述关系进行实证检验，结果表明，名义工资与市场潜力的关联在转型经济体和发展中国家同样存在（Hering and Poncet，2006；Rodriguez and Acevedo-Villalobos，2013）。尽管大量实证研究证实了劳动力工资和市场潜能之间存在相关关系，但是实证研究的关键挑战是确定两者的因果关系。要将市场潜力对劳动力工资和区域经济发展的影响分离出来并非易事。例如，繁荣的邻近地区可以反映该地区良好的市场潜力，但同样可以反映这些地区可能拥有同样高效的政府机构或具有共同有利的自然禀赋。

要从诸多影响因素中提取出市场潜力的影响，无疑需要在实证时进一步考量。目前，主要存在两类处理方法。一种比较常见的方法是使用工具变量测量市场潜能水平，如滞后人口水平或人口增长率。但这些工具变量要求是可识别的，因而严格来说，其在实践中的局限性很大。例如，政府机构和自然禀赋是外生给定的，因此不太可能仅用滞后的人口规模来测度市场潜能的影响。另一种方法是使用贸易自由化作为市场潜能的变化指标。汉森（Hanson，1996，1997）借助墨西哥 1985 年的贸易自由化的契机进行了一次自然实验。墨西哥在 1985 年突然结束了长达 40 年的贸易保护，转而实行国际贸易自由化政策，而现实的转变印证了新经济地理学模型的预测：墨西哥城是墨西哥的政治经济中心，在 1985 年前，墨西哥的大部分工业活动集聚在墨西哥城，而实行贸易自由化之后，墨西哥城的工资梯度降低，较大的地区工资梯度逐渐向美墨边境转移。这类方法虽然巧妙地解释了工资变化与市场潜能的因果关系，但是此类自然实验无法在多个国家或地区进行重复检验，并且此类方法也存在潜在的内生问题。利用外生变化的自然实验和借助工具变量的技术处理方法，为新经济地理学的实证检验提供了两种互补的实证研究思路，两种方法虽各有特点，但均支持了新经济地理学的理论预测，并为将来的相关实证研究打下了基础。

2. 劳动力流动

城市产业集聚与劳动力流动是新经济地理学实证中的重要研究内容。大多数实证研究表明，劳动力向城市迁移的关键在于城市产业集聚带来的外部性，包括金钱外部性和技术外部性。

新经济地理学的实证研究更多关注金钱外部性与劳动力流动的关系，主要是由于新经济地理学模型更加强调金钱外部性的作用，技术外部性由于难以测量和模型化而一直难有进展。不少研究者从"前向联系"的机制出发研究"本地市场效应"与劳动力流动的关系。如克罗泽特（Crozet，2004）借助欧洲各国的劳动力流动数据，最早采用新经济地理学模型分析"前向联系"对劳动力流动的影响，并发现由于企业集聚，劳动力被吸引到市场潜力较高、价格指数较低的地方。此后，学者们借鉴克罗泽特（Crozet，2004）的研究框架，对各自国家的劳动力流动与市场潜力关系进行了研究，并得到了基本一致的结论（Fabregat and Badia-Miró，2014；Bosker and Garretsen，2010；Kancs and Kielyte，2010；Kondo and Okubo，2012）。冈萨雷斯-瓦尔（González-Val，2011）采用空间计量模型研究美国拉丁美裔劳动力流动的影响因素，发现城市集聚的金钱外部性与拥挤效应共同决定了拉丁美裔的劳动力流动，并且劳动力流动与市场潜力之间存在复杂的非线性关系。中国作为世界上发展最快的国家之一，拥有差异性足够大的内部市场，因此新经济地理学的模型很适合中国这样经济快速发展的国家。博斯克等（Bosker et al.，2012）结合中国的制度特点，将户口制度纳入基于新经济地理学模型，采用中国地级市的劳动力数据，基于新经济地理学模型模拟不同制度对劳动力流动的影响，发现放松户籍制度约束会增加劳动力流动性，从而导致更明显的"中心—外围"现象。上述实证研究从"前向联系"机制出发研究本地市场效应对劳动力流动的影响，而传统的新经济地理学模型中的另一种集聚力"生活成本效应"则会对城市工资水平产生重要影响，进而影响劳动力的流向选择。不过这类研究的重点在于探究市场潜力对于区域工资的影响。

从新经济地理学视角出发，研究技术外部性与劳动力流动的实证研究相对较少。目前对技术外部性的影响机制仍然处于"黑箱状态"，技术外部性与城市集聚的内生互动关系仍处于探索之中。少数学者实证分析了城市产业集聚的技术外部性与劳动力工资差异之间的关系，从而结合理论论证技术外部性与劳动力流动两者的关系。莫雷蒂（Moretti，2004）采用城市大学生数量占总人口比重来表征城市集聚的技术外部性，发现 1982～1992 年美国大学生人口比重每上升 1 个百分点，劳动生产率上升 0.6%～0.7%，并且高科技产业的劳动生产率上升更快，劳动生产率的提高将促使城市工资水平的上升，尤其是低技能劳动力工资的上升，从而可能吸引更多的劳动力迁移此地。但费尔森斯坦（Felsenstein，2011）的研究却表明，技术外部性是高技能劳动力集聚的结果，在这种自我强化的过程中，知识溢出对高技能的劳动力更具有吸引力。

二、本地市场效应

由于本地市场效应（HME）的存在，一个国家将出口国内需求较多的产品（Krugman，1980）。这是因为在规模报酬递增下，本国需求大也就意味着企业能够更好地利用规模经济，产品成本下降，提升其国际市场竞争力。验证 HME 将直接支撑新经济地理学理论，然而从模型构建到指标和数据的选择都存在难以解决的问题。直到 1996 年，真正意义上对 HME 的实证检验成果才问世。戴维斯和温斯坦（Davis and Weinstein，1996）基于 OECD 国家数据分离了 HME 和要素禀赋对贸易的影响，结果表明要素禀赋至关重要，解释了 90%的贸易，而 HME 仅仅解释了 10%。但是，基于同样方法使用日本的地区数据进行研究时发现，日本 19 个部门中有 8 个部门存在 HME，这主要是因为 HME 测度地区间贸易效果强于国家间贸易（Davis and Weinstein，1999）。基于 OECD 国家数据，对超常需求变量引入诸如经济规模、双边贸易的距离等对引力方程有影响的因素后，发现 HME 在更多的产业中显著存在（Davis and Weinstein，2003）。韦德（Weder，2003）使用 1970～1987 年美国和英国工业部门数据也证实了 HME 的存在。另外，克拉弗等（Claver et al.，2011）和金姆（Kim，2015）分别使用西班牙和韩国的工业数据验证了部分产业中存在 HME。克罗泽特和特乌姆费蒂（Crozet and Trionfetti，2008）更是采用 25 个主要国家的 25 个产业进行了 HME 的实证研究，发现 HME 普遍存在。中国学者对中国产业进行了 HME 的验证，发现其中多半产业的 HME 是显著的（张帆和潘佐红，2006；钱学锋和陈六傅，2007；Lin and Tang，2010；毛艳华和李敬子，2015）。

近年，随着服务业的快速发展，服务贸易的重要性日益增强，一些学者开始将目光转向对服务业本地市场效应的分析。阚大学（Kan，2013）发现 HME 和劳动力要素禀赋比较优势都促进了中国对日本的服务出口。陈艳莹等（2014）发现中国商务服务和交通运输等信息传递成本较高的生产性服务业集聚由本地市场效应主导，而信息服务、金融保险业等信息传递成本低的行业则主要由比较优势主导。但这类研究虽然在实证上验证了服务行业 HME 的存在，但是却在理论上存在无法回避的问题，即新经济地理学的理论模型的假设并不符合服务业的特点，如若直接使用"冰山成本"这样的模型设定，可能使得检验结果缺少实际意义。

总结当前检验 HME 的实证研究，不难发现这些研究都是基于规模收益递增模型，利用产量、出口和国内需求间的关系进行实证研究。总体而言，这类研究虽然具有价值，但受限于方法、指标和数据，不同研究得到的结论并不一致。在某些设定下，一些实证结果有力地支持了 HME，另外一些不支持 HME。对这一不够稳健结果的主要解释是，这种集聚力量的作用更多地体现为在需求较大的地区出现更高的要素收入，而不是在规模收益递增的产业中扩大产量份额（Head and Mayer，2004）。

三、多重均衡与稳定性

新经济地理学理论框架的重要特征之一是存在多重均衡，且其中只有某些均衡是稳定的。虽然经济地理中的多重均衡的证据并不能直接支持新经济地理学的理论，但是否定多重均衡的实证结果却能够支持早先的"自然优势"的理论，即一个地区是否出现经济集聚是有外生给定的自然禀赋决定的。这是因为集聚的地理模式在经历较大冲击的前后如果保持稳定，则表现出了"自然优势"模型中才存在的单一均衡特点，这种均衡是全局稳定的，仅随自然条件的缓慢变化而变化。而新经济地理学模型在这种冲击下，则可能会呈现出不稳定的特点。

检验短期冲击的稳定性目前存在两种统计学方法：其一是简单地看当前集聚规模与以往记录的关联性；其二是估计当前区位在受到短期冲击后可以恢复的程度。第一种长期关联方法的实质就是对比当前指标与多年之前同一指标的简单相关或秩相关，如果相关性强，则表明该区域的空间均衡稳定性强。戴维斯和温斯坦（Davis and Weinstein，2002）研究了日本 39 个区域，以其人口密度作为集聚指标，通过计算发现，1998 年人口密度与 1600 年人口密度的简单相关系数为 0.76，秩相关系数高达 0.83。四个世纪以来，即使日本人口翻了十番，传统农业经济体系也早已转变为工业和服务业主导的经济体系，但是其区域的集聚程度排序呈现出明显的相对稳定性。布雷克曼等（Brakman et al.，2004）使用类似方法研究了德国城市规模的稳定性，计算了德国 60 个城市 1939 年和 1999 年人口排序的相关系数为 0.84，虽然低于戴维斯和温斯坦（Davis and Weinstein，2002）研究中对同时段（1920~1998）日本城市人口排序的相关系数，但仍然体现出很强的稳定性。

基于短期冲击的持久性回归来检验地区的恢复能力则更加有趣。戴维斯和温斯坦

（Davis and Weinstein，2002，2008）巧妙地借助日本"二战"的历史资料，为验证均衡的稳定性设计了一系列自然实验。他们意识到"二战"时期盟军对日本的轰炸对日本城市的规模有很大的短期冲击，不过实证结果表明，尽管盟军轰炸对城市规模产生了巨大的冲击，包括遭受原子弹冲击的广岛和长崎，但日本城市仅用 15~20 年便又回到了原有的城市规模。戴维斯和温斯坦（Davis and Weinstein，2002，2008）的实证结果无疑给这一领域的实证研究留下了棘手的问题。一方面，一些重要历史事件显然能长期影响经济活动的空间分布，这符合多重均衡结果；另一方面，如果连巨大的战争轰炸都不能扭转多重均衡的经济空间分布，那么新经济地理学模型核心结论的实证关联就不再明朗了。尽管对政策制定者而言，他们想借助新经济地理学分析，使用微小短暂的政策干预厂商选址进而产生永久性的影响，但战争轰炸后的永久性影响并没有出现，这不免催生了人们对以新经济地理学为理论支撑的政策的质疑。

对此问题的一个解释是：战争的冲击是相对短暂的轰炸，然而选址决策是具有前瞻性的，涉及大量的沉没成本，持续存在的道路等网络设施和部分幸存的商业及住宅结构可以作为周围重建的中心，因此仍可能无法改变多重均衡的经济结果。此外，比如产权和土地使用法规等制度约束也可能解释人口和工业活动的再度出现。因此，雷丁（Redding，2010）认为可以将德国的分裂和东西德国的重新统一作为另一个外部冲击的来源。研究发现，这一冲击大约在 40 年间严重影响了厂商选址行为，比如德国航空枢纽从柏林迁到法兰克福，就是在多重均衡中的不同均衡状态之间转变的。

第四节 新经济地理学与传统经济地理学

人们对经济地理学的兴趣随着经济全球化而日益增加，促使经济地理学研究不断深入和丰富。20 世纪 90 年代以来，地理学者推动了传统经济地理学的文化制度转向和演化转向，使得经济地理学理论视角开始多元化（李小建，2004）。以克鲁格曼为代表的经济学家也开始对地理产生浓厚兴趣，将空间作为一个核心要素引入主流经济学研究的框架。特别是在 2008 年，瑞典皇家科学院诺贝尔奖委员会宣布将诺贝尔经济学奖授予克鲁格曼，激发了不少经济学者和地理学者对新经济地理学的研究兴趣，新经济地理学相关的各类研究和文章的数量增长迅速。

然而，在过去的 30 多年里，经济学和地理学在方法论上出现越来越大的分歧。克鲁格曼曾在 2010 年美国地理学年会上作为特邀嘉宾谈及传统经济地理学与新经济地理学的差异：经济地理学不仅拒绝理性人假设和一般均衡，还拒绝数理建模甚至定量方法的使用。地理学的综合性思维和经济学抽象模型之间存在天然的矛盾，经济学数理模型的建立需要简化和抽象，也就失去了丰富性和全面性。克鲁格曼认为地理学要想获得更大的影响力，需要在方法论上跟经济学接近一些。他承认经济学的思维方式可能存在盲点，但是却很有威力和深度，认为经济学应该在不牺牲自身优点的前提下学习地理学。克鲁格曼认为，主流经济学家关注的是有能力回答"如果怎么样"的问题，即如果某个变量发生变化，将会如何影响经济发展？如果总是强调每个案例的独特性以及特殊历史，那么将注定无法回答这样的问题。

当然，新经济地理学同样也受到了来自地理学界的批判。首先，正统经济地理学者批评新经济地理学并不"新"，而且由于其研究过度依靠抽象的数学模型，从而降低了经济地理学的复杂性和丰富性；其次，另有一些学者批评新经济地理学研究的问题有点不合时宜，认为新经济地理学理论阐述的重要因素和过程更符合一个世纪之前的情形，但是对当代的经济过程的解释力非常有限。

由于名称上的相近，自新经济地理学诞生时起，国内外的诸多学者就开始将其与传统的经济地理学进行比较。全面详细地对比两者的差异几乎是不可能的，同时也超出了本部分的范围。因此，总结当前学者对于两者差异的研究，我们从以下方面对新经济地理学与经济地理学的差异进行简单的比较（表4-3）。

表4-3 新经济地理学与经济地理学的差异

对比方面	新经济地理学	经济地理学
理论渊源	发扬古典区位论	放弃古典区位论
方法论	演绎法 正规模型 实证研究	归纳法 评论性推理 案例描述
关键假设	完全理性 利益最大化驱动 规模报酬递增 不完全竞争	有限理性 环境条件驱动 知识溢出 完全/不完全竞争
分析模式	均衡分析 从微观到宏观	静态分析 从宏观到微观
空间特质	中性、同质	真实、异质
影响因素	内生	外生

资料来源：Baldwin et al.（2011）。

从两者的理论渊源来看，新经济地理学继承和发扬了古典区位理论，而传统经济地理学则已经抛弃古典区位论并进行了多次"转向"。在方法论层面上，新经济地理学主要采用演绎方法，构建模型，进行实证研究；经济地理学主要采用归纳方法，评价性推理，进行案例研究和描述分析。在假设方面，新经济地理学认为行为人是完全理性的，受利益最大化的驱动，在微观层面企业存在规模报酬递增，强调金钱外部性的重要性，市场是不完全竞争的；经济地理学则认为人是有限理性的，受所处的各种环境驱动，强调技术外部性，微观层面的企业既存在不完全竞争，也存在完全竞争。在分析模式方面，经济学遵循从微观到宏观的思路，采用均衡分析方法；地理学遵循从宏观到微观的思路，采用静态分析方法。对空间的处理方式，新经济地理学假设空间是同质、中性的，运输成本对空间的作用较大；经济地理学则认为空间是真实、异质的，各种环境下行为体是具有路径依赖的特性。

自从克鲁格曼获得诺贝尔经济学奖，经济地理学被越来越多的人所认识，唤起了经济学家对空间的思考和重视，也促进了传统经济地理学者的反思，从而为经济地理学者和经济学者的对话与交流创造了条件。2010年美国地理学年会上，克鲁格曼被授予荣誉地理学家，也一定程度上反映了地理学界对克鲁格曼及新经济地理学的接受和认可。不过，尽管克鲁格曼在2010年美国地理学年会上的报告中强调经济学家越来越重视地理和空间视角，并以2009年世界银行《重塑世界经济地理》的报告作为重要依据之一，但是斯托伯（Storper，2009）指出，世行报告认为经济发展政策应该是"地理中性"的，这个结论没法说服经济地理学者。地理学者只有充分地理解地理学和经济学在学术范式与思维方面的差异，才能更好地传达和融合彼此的理念。

小　　结

克鲁格曼开创的新经济地理学对于当代经济地理学的发展意义重大。首先，它丰富了经济地理学的研究内容。虽然身为经济学家的克鲁格曼所研究的经济地理学在内涵上仍然属于区位论的范畴，但是其研究的外延已明显拓展。20世纪90年代以来，经济全球化和地方化已成为经济地理学研究的新热点，但由于缺乏理论基础，尤其缺乏微观机制的分析，总体来看这些研究都比较概念化或偏向于定性判断。在这一点上，克鲁格曼填补了经济地理学的空白。虽然不少地理学者批判新经济地理学的研究假设简单而脱离现实，但是其假设条件比经典区位论更接近现实，建立的模型不但丰富了经济地理学的空间区位分析模型体系，而且为经济地理学区位分析建模提供了一些有启发性的思路和方法。

从学科发展的角度而言，新经济地理学的兴起无疑扩大了经济地理学的学科影响。克鲁格曼开创的新经济地理学研究，尤其是其在 2008 年斩获诺贝尔经济学奖的这一学术至高成就，对于提高经济地理相关学科的知名度和影响力发挥了重要作用。此外，新经济地理学的出现也提高了经济地理学对新形势下区域发展的政策指导作用。在经济全球化和贸易自由化的背景下，一个国家或地区经济活动会发生什么样的变化？如何在经济全球化浪潮中找到国家发展的分工和定位？新经济地理学在为人们提供一种全新的经济学视角的同时，也启发了经济地理学者政策研究的新思路。

新经济地理学在前人研究的基础上，把新贸易理论、新增长理论最新发展成果引入传统区位理论，并创新性地构建出一套新的空间区位理论。在以经济学者为主的诸多研究者的努力下，创造了一系列严谨的基于 D-S 框架以及其他理论框架的数学模型，解决了许多传统区位理论未能解决的难题，如产业内贸易、资源禀赋相似的国家之间的贸易、市场准入与国际贸易等，为经济地理学的发展做出了巨大贡献。当然新经济地理学也有许多需要完善或者值得商榷的地方。首先，新经济地理学把报酬递增和不完全竞争放在首位，对劳动分工和专业化没有给予充分重视；其次，新经济地理学强调市场规模经济，而缺乏对技术外部性的重视，不能解释技术在促进产业增长、区域发展和经济全球化中的作用；再次，新经济地理学对区域、地方等概念处理过于简单化，忽视了区域、地方在自然、文化、社会架构及制度等方面的差异；最后，新经济地理学对于空间集聚的分析完全依托于初始条件、偶然性、路径依赖，这一点也并不全面。但正如克鲁格曼本人所言，新经济地理学虽然存在不足，但是其确实起到了很重要的启发作用。总体而言，这是经济地理学对于空间区位理论挖掘又一次成功的尝试，也为经济地理学今后的发展创造了更广阔的空间和契机。

参 考 文 献

[1] Alonso, W. (1964) Location and land use: toward a general theory of land rent. *Economic Geography*, 42(3): 11-26.

[2] Alonso-Villar, O. (2011) Measuring concentration: Lorenz curves and their decompositions. *The Annals of Regional Science*, 47(2): 451-475.

[3] Baldwin, R. (1999) Agglomeration and endogenous capital. *European Economic Review*, 43(2): 253-280.

[4] Baldwin, R., R. Forslid (2002) Tax competition and the nature of capital. CEPR Discussion Paper No. 3607.

[5] Baldwin, R., R. Forslid, P. Martin, et al. (2011) *Economic Geography and Public Policy*. Princeton University Press.

[6] Baldwin, R., P. Krugman (2004) Agglomeration, integration and tax harmonisation. *European Economic Review*, 48(1): 1-23.

[7] Baldwin, R., T. Okubo (2006) Agglomeration, Offshoring and Heterogenous Firms.CEPR Discussion Paper No. 5663.

[8] Berliant, M., M. Fujita (2009) Dynamics of knowledge creation and transfer: the two person case. *International Journal of Economic Theory,* 5(2): 155-179.

[9] Bosker, M., S. Brakman, H. Garretsen, et al. (2012) Relaxing Hukou: increased labor mobility and China's economic geography. *Journal of Urban Economics*, 72(2): 252-266.

[10] Bosker, M., H. Garretsen (2010) Trade costs in empirical new economic geography. *Papers in Regional Science*, 89(3): 485-511.

[11] Brakman, S., H. Garretsen, M. Schramm (2004) The strategic bombing of German cities during World War II and its impact on city growth. *Journal of Economic Geography*, 4(2): 201-218.

[12] Breinlich, H. (2006) The spatial income structure in the European Union–what role for Economic Geography? *Journal of Economic Geography*, 6(5): 593-617.

[13] Campolmi, A., H. Fadinger, C. Forlati (2014) Trade policy: home market effect versus terms-of-trade externality. *Journal of International Economics*, 93(1): 92-107.

[14] Claver, N. D., C. F. Castejón, F. S. Gracia (2011) The home market effect in the Spanish industry, 1965-1995. *The Annals of Regional Science*, 46(2): 379-396.

[15] Combes, P. P., T. Mayer, J. F. Thisse (2008) *Economic Geography: The Integration of Regions and Nations*. Princeton University Press.

[16] Crozet, M. (2004) Do migrants follow market potentials? An estimation of a new economic geography model. *Journal of Economic Geography*, 4(4): 439-458.

[17] Crozet, M., F. Trionfetti (2008) Trade costs and the home market effect. *Journal of International Economics*, 76(2): 309-321.

[18] Davis, D. R., D. E. Weinstein (1996) *Does Economic Geography Matter for International Specialization?* National Bureau of Economic Research.

[19] Davis, D. R., D. E. Weinstein (1999) Economic geography and regional production structure: an empirical investigation. *European Economic Review*, 43(2): 379-407.

[20] Davis, D. R., D. E. Weinstein (2002) *Technological Superiority and the Losses from Migration*. National Bureau of Economic Research.

[21] Davis, D. R., D. E. Weinstein (2003) Market access, economic geography and comparative advantage: an empirical test. *Journal of International Economics*, 59(1): 1-23.

[22] Davis, D. R., D. E. Weinstein (2008) A search for multiple equilibria in urban industrial structure. *Journal of Regional Science*, 48(1): 29-65.

[23] Dixit, A. K., J. E. Stiglitz (1977) Monopolistic competition and optimum product diversity. *American Economic Review*, (67): 297-300.

[24] Elbers, C., C. Withagen (2004) Environmental policy, population dynamics and agglomeration. *Contributions in Economic Analysis & Policy*, 3(2): 3.

[25] Eppink, F., C. Withagen (2009) Spatial patterns of biodiversity conservation in a multiregional general equilibrium model. *Resource and Energy Economics*, 31(2): 75-88.

[26] Fabregat, D., M. Badia-Miró (2014) New evidence on regional inequality in Iberia (1900-2000): a geographical approach. *Historical Methods: A Journal of Quantitative and Interdisciplinary History*,

47(4): 180-199.

[27] Feddersen, J. (2012) Why we can't confirm the pollution haven hypothesis: a model of carbon leakage with agglomeration. University of Oxford Department of Economics Discussion Paper 613.

[28] Felsenstein, D. (2011) Human capital and labour mobility determinants of regional innovation. *Handbook of Regional Innovation and Growth*, 119-131.

[29] Forslid, R. (1999) Agglomeration with human and physical capital: An analytically solvable case. CEPR Discussion Papers.

[30] Forslid, R., Haaland, J., K. Knarvik, et al. (2002) Integration and transition: scenarios for the location of production and trade in Europe. *Economics of Transition*, 10(1): 93-117.

[31] Fujita, M. (2007) Towards the new economic geography in the brain power society. *Regional Science and Urban Economics*, 37(4): 482-490.

[32] Fujita, M., P. R. Krugman, A. J. Venables, et al. (1999) *The Spatial Economy: Cities, Regions and International Trade*. MIT Press.

[33] González-Val, R. (2011) Deviations from Zipf's law for American cities: an empirical examination. *Urban Studies*, 48(5): 1017-1035.

[34] Grazi, F., J. C. Van den Bergh, J. Van Ommeren (2008) An empirical analysis of urban form, transport, and global warming. *The Energy Journal*, 29(4): 97-122.

[35] Hanson, G. H. (1996) Economic integration, intraindustry trade, and frontier regions. *European Economic Review*, 40(3): 941-949.

[36] Hanson, G. H. (1997) Increasing returns, trade and the regional structure of wages. *The Economic Journal*, 29(4): 113-133.

[37] Hanson, G. H. (2005) Market potential, increasing returns and geographic concentration. *Journal of International Economics*, 67(1): 1-24.

[38] Head, K., T. Mayer (2004) The empirics of agglomeration and trade. *Handbook of Regional and Urban Economics*, 4: 2609-2669.

[39] Head, K., T. Mayer (2006) Regional wage and employment responses to market potential in the EU. *Regional Science and Urban Economics*, 36(5): 573-594.

[40] Hering, L., S. Poncet (2006) *Market Access Impact on Individual Wage: Evidence from China*. CEPII research center.

[41] Hotelling, H. (1929) Stability in competition. *The Economic Journal*, 39(153): 41-57.

[42] Holmes, T. J., W. T. Hsu, S. Lee (2010) A Model of Cities, Entrepreneurship, and Exit. NBER Working Paper.

[43] Kan, D. (2013) Measuring the home market effects of Sino-Japanese Service Trade. *South China Journal of Economics*, 3: 8.

[44] Kancs, A., J. Kielyte (2010) European Integration and Labour Migration. European Integration Online Papers, 14(16).

[45] Kato, H. (2015) *Lobbying and Tax Competition in an Agglomeration Economy: A Reverse Home Market Effect*. CES Discussion Paper.

[46] Kim, J. K. (2015) Testing for the home market effect in inter-regional trade in Korea. *Advances in Management and Applied Economics*, 5(1): 51.

[47] Kind, H., K. Knarvik, G. Schjelderup (2000) Competing for capital in a "lumpy" world. *Journal of Public Economics*, 78(3): 253-274.

[48] Kondo, K., T. Okubo (2012) *Structural Estimation and Interregional Labour Migration: Evidence from Japan*. Keio/Kyoto Joint Global COE Program.

[49] Krugman, P. (1980) Scale economies, product differentiation, and the pattern of trade. *The American Economic Review*, 70(5): 950-959.

[50] Krugman, P. (1991) Increasing returns and economic geography. *Journal of Political Economy*, 99(3): 483-499.

[51] Krugman, P. (1993) On the relationship between trade theory and location theory. *Review of International Economics*, 1(2): 110-122.

[52] Krugman, P., A. J. Venables (1990) Integration and the competitiveness of peripheral industry (No. 363). CEPR Discussion Papers.

[53] Krugman, P., A. J. Venables (1995) Globalization and the Inequality of Nations. *The Quarterly Journal of Economics*, 110(4): 857-880.

[54] Lange, A., M. F. Quaas (2007) Economic geography and the effect of environmental pollution on agglomeration. *The BE Journal of Economic Analysis & Policy*, 7(1).

[55] Lin, F., Y. Tang (2010) Comparative Advantage, Home Market Effect and China Manufactured Products Export. *Journal of International Trade*, 1: 5.

[56] Ludema, R., I. Wooton (2000) Economic geography and the fiscal effects of regional integration. *Journal of International Economics*, 52(2): 331-357.

[57] Martin, P. (1999) Public policies, regional inequalities and growth. *Journal of Public Economics*, 73(1): 85-105.

[58] Martin, P., C. A. Rogers (1995) Industrial location and public infrastructure. *Journal of International Economics*, 39(3): 335-351.

[59] Martin, R., P. Sunley (2010) The new economic geography and policy relevance. *Journal of Economic Geography*, 11(2): 357-369.

[60] Matsuyama, K. (2015) The home market effect and patterns of trade between rich and poor countries. Unpublished Manuscript.

[61] Mayer, T. (2008) Market Potential and Development. CEPR Discussion Paper.

[62] Melitz, M. J. (2003) The impact of trade on intra-industry reallocations and aggregate industry productivity. *Econometrica*, 71(6): 1695-1725.

[63] Melitz, M. J., G. I. P. Ottaviano (2008) Market size, trade, and productivity. *The Review of Economic Studies*, 75(1): 295-316.

[64] Moretti, E. (2004) Workers' education, spillovers, and productivity: evidence from plant-level production functions. *The American Economic Review*, 94(3): 656-690.

[65] Neary, J. P. (2001) Of hype and hyperbolas: introducing the new economic geography. *Journal of Economic Literature*, 39(2): 536-561.

[66] Obstfeld, M., G. Peri (1998) Regional non-adjustment and fiscal policy. *Economic Policy*, 13(26): 206-259.

[67] Okubo, T. (2010) Firm heterogeneity and location choice. RIETI discussion paper.

[68] Ottaviano, G. I. P. (2001a) *Home Market Effects and the (in) Efficiency of International Specialization*. Mimeo, Graduate Institute of International Studies.

[69] Ottaviano, G. I. P. (2001b) Monopolistic competition, trade, and endogenous spatial fluctuations. *Regional Science and Urban Economics*, 31(1): 51-77.

[70] Ottaviano, G. I., D. Puga (1998) Agglomeration in the global economy: a survey of the "new economic geography". *World Economy*, 21(6): 707-731.

[71] Ottaviano, G., T. Tabuchi, J. F. Thisse (2002) Agglomeration and trade revisited. *International Economic Review*, 43(2): 409-435.

[72] Ottaviano, G. I. P., T. Van Ypersele (2005) Market size and tax competition. *Journal of International Economics*, 67(1): 25-46.

[73] Pham, C., M. Lovely, D. Mitra (2014) The home-market effect and bilateral trade patterns: a reexamination of the evidence. *International Review of Economics & Finance*, 30: 120-137.

[74] Puga, D. (1998) Urbanization patterns: European versus less developed countries. *Journal of Regional Science*, 38(2): 231-252.

[75] Puga, D. (1999) The rise and fall of regional inequalities. *European Economic Review*, 43(2): 303-334.

[76] Puga, D. (2002) European regional policies in light of recent location theories. *Journal of Economic Geography*, 2(4): 373-406.

[77] Puga, D., A. J. Venables (1997) Preferential trading arrangements and industrial location. *Journal of International Economics*, 43(3): 347-368.

[78] Puga, D., A. J. Venables (1999) Agglomeration and economic development: import substitution vs. trade liberalisation. *The Economic Journal*, 109(455): 292-311.

[79] Redding, S. J. (2010) The empirics of new economic geography. *Journal of Regional Science*, 50(1): 297-311.

[80] Redding, S., A. J. Venables (2004) Economic geography and international inequality. *Journal of International Economics*, 62(1): 53-82.

[81] Rodriguez, L. J., C. M. Acevedo-Villalobos (2013) Access to market and income gap in the Colombian departments. *Trimetre Economico*, 80(320): 869-901.

[82] Siebert, H. (1997) Labor market rigidities: at the root of unemployment in Europe. *The Journal of Economic Perspectives*, 11(3): 37-54.

[83] Storper, M. (2009) Roepke lecture in economic geography–regional context and global trade. *Economic geography*, 85(1): 1-21.

[84] Tabuchi, T., J. Thisse (2002) Taste heterogeneity, labor mobility and economic geography. *Journal of Development Economics*, 69(1): 155-177.

[85] Venables, A. J. (1987) Trade and trade policy with differentiated products: a Chamberlinian-Ricardian model. *The Economic Journal*, 97(387): 700-717.

[86] Weder, R. (2003) Comparative home-market advantage: an empirical analysis of British and American exports. *Review of World Economics*, (2): 220-247.

[87] 陈艳莹、聂萍、黄嚣："比较优势、本地市场效应与生产性服务业集聚",《产业经济评论：山东》，2014年第4期，第31～43页。

[88] 李小建："新世纪中国区域经济学理论研究的重点领域",《经济经纬》，2004年第3期，第38～

41 页。

[89] 刘安国、张克森、杨开忠:"环境外部性之下的经济空间优化和区域协调发展——一个扩展的新经济地理学模型",《经济问题探索》,2015 年第 12 期,第 91~99 页。

[90] 毛艳华、李敬子:"中国服务业出口的本地市场效应研究",《经济研究》,2015 年第 8 期,第 98~113 页。

[91] 钱学锋、陈六傅:"中美双边贸易中本地市场效应估计——兼论中国的贸易政策取向",《世界经济研究》,2007 年第 12 期,第 49~54+87 页。

[92] 谢燮、杨开忠:"新经济地理学诞生的理论基石",《当代经济科学》,2004 年第 4 期,第 53~57+110 页。

[93] 杨开忠等:"'新'新经济地理学的回顾与展望",《广西社会科学》,2016 年第 5 期,第 63~74 页。

[94] 张帆、潘佐红:"本土市场效应及其对中国省间生产和贸易的影响",《经济学(季刊)》,2006 年第 1 期,第 307~328 页。

第五章 演化经济地理学

引　言

自 20 世纪 80 年代以来，经济地理学超越新古典经济学，逐渐回到了社会科学大家庭。一方面，经济地理学开始从异端经济学，如经济社会学、制度经济学和政治经济学中吸收营养；另一方面，经济地理学广泛借鉴人文社会科学，如社会学、文化研究、人类学和管理学等学科的理论，形成了制度转向、文化转向和关系转向的趋势，主要关注了制度、文化和社会条件以及不同尺度上的经济、制度、文化和社会因素对产业、城市与区域发展的影响。然而这些理论视角仍多为静态的，并没有从历史角度解释经济体系演变的原因及特征，即没有回答经济体系是如何在自身积累的历史过程中改变当前的积累条件与环境约束，从而内生推动自身演变的。

当今时代，新的技术突破、组织形式、制度条件、社会关系不断出现，世界正在加速变动，因而越发需要演化视角（Neild，2017）。演化视角有助于更加全面地理解经济主体行为模式、技术进步、组织模式、空间结构及其与经济、社会、文化和政治条件的共同演化。20 世纪 80 年代演化经济学诞生，90 年代中后期经济地理学者逐渐将演化经济学及演化视角纳入经济地理学研究之中，提出经济地理学也可以是一门演化科学。演化经济地理学在区域创新、区域技术变迁、区域发展路径、区域产业演变以及区域韧性等方面展开了探索，取得了一系列研究成果。

第一节 演化经济学的发展

一、动态世界与新奇

对现代科学家而言，经济增长与变化是最引人注目和最重要的事实。

——凡勃伦，1909

资本主义就其本质来讲是推动经济变动的一种形式或方法，它不仅不是，而且永远不可能是静止的。

——熊彼特，1942

动态演变是演化经济学及演化经济地理学看待世界的起点。演化经济学与新古典经济学眼中的世界完全不同，前者为动态的世界，而后者为静态的世界。新古典经济学在分析时首先给定外部约束，如技术水平，然后代表性经济主体在这些给定外部约束条件下通过价格机制进行调节，调节过后资源配置效率达到最优。从此以后，每个经济主体将不断地重复昨日的故事，世界将静止于这个最优状态，直到下一个外生冲击如技术变迁打破当前的平衡。

在演化经济学看来，新古典经济学所给定的外生冲击大多可以被看作是社会经济系统内生创造的新奇，这些新奇一次又一次地推动着社会经济系统远离均衡状态。就经济增长而言，纠正资源错配可以促进经济增长，然而经济增长与变迁更大的来源必然是社会经济体系不断积累而内生创造出的新奇。因此，经济分析的核心就应该是动态社会经济体系中新奇的内生创造问题，而非静态世界中以价格为主要机制的资源最优配置问题。从理论工具与方法层面上，新古典经济学的静态均衡方法并不适用于动态世界中新奇的创造问题，只能将新奇外生化。一般均衡的方程组仅仅能解出均衡时的价格、产量等，但解不出新奇是如何产生的，而这恰恰是经济增长与变迁最重要的力量，并且它是系统内生的。演化经济学希望建立适用于动态分析的理论工具与方法，试图在经济体系不断积累的历史变迁中，挖掘新奇是如何被创造出来的以及新奇在内生创造过程中所呈现出的内在规律性，这有助于理解真实世界中经济体系的积累、变迁与演进。

二、演化经济学的发展

演化经济学两个最主要的思想来源分别是凡勃伦和熊彼特，他们都将资本主义看作是动态演变的。20 世纪 80 年代以来，演化经济学逐步进入人们的视野。一方面，在理查德·纳尔逊（Richard Nelson）和西德尼·温特（Sidney Winter）的理论基础上，演化经济学者广泛借鉴组织理论及管理学理论，对微观层面上的企业组织学习与创新行为进行了大量研究，增强了对技术变迁的理解；另一方面，受调节学派以及国家创新系统等理论的启发，演化经济学者越来越在宏观和历史层面考察技术与制度的相互作用关系，从而从整体上理解经济体系的动态演变以及技术与政治、经济、社会和文化的共同演化。

凡勃伦是老制度主义的鼻祖，也是演化经济学一词的创立者。他在 1899 年出版了《有闲阶级论》一书，对人类的本能、习惯性思维以及由此而形成的制度进行了深度剖析，认为制度是由人们的习惯性思维形成的，而习惯性思维又是从人类本能产生的，所以制度归根结底是受本能支配的。该书力图用达尔文的演化思想来研究现代经济生活，分析经济、政治、文化习惯与制度对经济发展的影响。他于 1909 年发表了"为什么经济学还不是一门演化科学"一文，提出经济学需要借用进化论思想和生物学隐喻来研究经济演变，而非用牛顿力学来机械地认识世界。熊彼特同样被当作演化经济学的思想源泉，他在 1942 年出版了《资本主义、社会主义与民主》一书，提出资本主义进行着不断的创造性破坏。在创造性破坏过程中，新的组合形式可能由以下五种情况产生：采用一种新产品；采用一种新的生产方法；开辟一个新的市场；原材料或半成品新的供应来源；新的工业组织形式。总体而言，凡勃伦的研究更体现出达尔文进化论思想，在其书中有许多达尔文进化论的词汇，这时的制度经济学就是演化经济学。熊彼特所用的分析方法与主流经济学相似，几乎没有引用过达尔文的理论，但创造性破坏的概念启示着人们应认识到资本主义经济的动态本质。凡勃伦和熊彼特之后，经济学中的演化方法基本处于停滞状态。

在纳尔逊和温特于 1982 年出版了经典著作《经济变迁的演化理论》之后，演化经济学重新进入人们的视野。纳尔逊和温特之所以提倡演化经济学，同样是因为对新古典经济学静态均衡分析方法的不满。他们指出经济体系总是处于动态演变过程之中，这一演变过程总会出现各种不确定性，因而演化的结果是无法完全预测的。在这一情形下，新古典经济学在静态均衡下通过方程式计算出来的、满足收益最大化的决策可能并非是最优决策。换句话说，如果将时间断面的最优决策置于历史过程之中，这个决策可能并非是最优决策，即时间断面最优不等于过程最优。在纳尔逊和温特看来，有限理性的企业，其决策很大程度上并不依赖于收益最大化，而是依赖于企业惯例。这些惯例是企业在长期发展与实践过程中，通过内部及外部之间不断互动而形成的惯常性行为。纳尔逊和温特将企业惯例比作生物的基因，新企业从原有企业中生成，企业惯例就会得到复制。但就像生物体的遗传变异一样，企业惯例并不会被一模一样地复制出来，而是会产生变异，这就是新奇的来源。企业惯例在不断复制过程中形成了异质性的企业，并构成企业群体，即产业部门。拥有不同企业惯例的异质性企业具有不同获利能力，从而决定了其能否在市场竞争中胜出。在群体层面，成功的企业惯例得到不断遗传，不能适应外部环境的企业惯例则逐步被淘汰，最终随着时间的推移，整个群体企业惯例的量变导致群体的质变。

为了解释经济变迁，纳尔逊和温特及其影响下的新熊彼特主义学派建立了适合进行动态分析的方法论、研究框架及基本概念，其大体具有以下特征。第一，方法论上坚持通过动态过程原则来解释现象的发生。主流经济学认为，某现象 Y 的出现是由于横截面上 X 的出现，然而这仅仅是一种因果解释方法，演化理论认为某现象 Y 的出现还可以从时间与过程的维度来解释，即 Y 出现之前的事物约束着事物的发展方向，导致 Y 现象而非 Z 现象的出现。Y 现象的出现是经济体系不断积累从而内生创造出的。第二，研究框架借鉴了进化论中遗传、变异和选择的思想。这些理论框架必然要求与之相适应的、适合于动态分析的概念工具，如有限理性、企业异质性、新奇等。第三，企业是有限理性的，其对所处环境的感知及对未来事物的发展并不能做出与真实情况完全一致的判断。因此，企业在有限理性下的行为模式值得研究。第四，有限理性和企业学习的路径依赖性决定了不同企业主体面对相同环境与机会时，会做出不同感知，因而企业必然是异质性的。企业异质性是实实在在可以观察到的，而企业同质是假定的。科学研究的起点应该建立在可以观察到的事实之上，而非假定的事物之上。第五，企业主体具备不断创造新技术、培育新行为模式和建立新组织形式的能力。不能将企业仅仅看作是在市场上被动接受价格信号的经济主体，而应该将企业看作是可以通过主动的战略选择创造新事物，从而影响原有市场体系与价格信号系统的经济主体。第六，异质性主体承载着不同的技术、惯例以及战略等。他们作为一个集体，在市场内和市场外进行着相互作用，并且在相互作用过程中产生不同的增长路径。因而宏观经济现象应该被视为异质性主体在共同相互作用这一选择过程中涌现出的结果，而非简单线性加总的结果。

需要注意的是，就纳尔逊和温特所开创的演化经济学及其影响下的新熊彼特主义学派而言，他们的着眼点是企业，注重分析企业如何学习、搜索和创造新的知识以推动技术变迁。因此，这就要求将企业当作一个组织单元来研究，而无法像新古典经济学那样将企业当作一个点来对待。企业作为一个组织不能仅仅被看作是企业内部主体的简单加总。比如，不能将企业的组织学习行为简单的看作是人力资本积累。从现在的研究来看，企业组织的快速学习、创新行为以及学习能力的提升，必然受到自身组织特征、所处层级以及外部环境（如学习对象、制度条件、社会条件、政治经济关系）的约束。这决定了演化经济学必须将企业组织打开，了解企业组织行为以及企业组织行为如何受到制度条件和多种政治、经济、社会关系的影响，而这必然需要借鉴技术史、组织理论、管理学、制度经济学、经济社会学、政治经济学等其他学科的理论。随着研究的推进，这种交叉与融合在很大程度上导致了演化经济学的离心化，越来越难以辨识演化经济学的边界（Hodgson and Lamberg，2016；Witt，2014）。

尽管演化经济学的外延变得越来越宽泛，但总体而言，纳尔逊和温特及其影响的新熊彼特主义学派理论建构的核心一直都是技术变迁（Dosi et al.，1988），他们围绕技术变迁展开了三个方面的研究（Winter，2014）。第一，演化经济学者从技术维度研究了技术变迁所具有的特点，大量借鉴了技术及技术经济史研究。演化经济学者引入和提出了一系列概念，如技术创新的不确定性等；区分了缄默知识与编码知识以及创新过程中的产品创新与过程创新；指出了技术累积性与技术演变的路径依赖性，提出了技术轨迹与技术范式（Dosi，1982）等概念。第二，演化经济学者在企业层面上围绕企业的组织学习与创新行为进行了一系列研究，如企业自身的组织特征对企业学习与吸收能力（Cohen and Levinthal，1990）的影响、企业学习与创新中对知识的邻域搜索（Dosi，1988）、企业创新的多主体互动（Lundvall，1988）等。对于企业层面上的学习与创新行为研究，演化经济学者主要借鉴了组织理论和管理学理论，尤其是借鉴了以赫伯特·西蒙（Herbert Simon）为代表的卡内基学派的相关理论。除了在微观企业层面上展开企业学习与创新等研究，演化经济学者越来越多地在宏观和历史的层面上考察技术变迁与制度变迁的关系。第三，演化经济学者研究了技术变迁与制度的关系。他们将技术变迁与创新的基本分析范畴从企业尺度提升到产业、区域和国家尺度，提出了产业、区域和国家创新系统理论（Freeman，1989）。他们认识到创新是将实验室中的发明成功进行商业化的过程，而这一过程顺利进行需要一系列的制度及组织支持。技术变迁不仅受到技术本身演变特征的影响，还受到政治、社会、文化等多种制度和组织因素的影响，并与它们在一个多层级、多主体的系统中进行共同演化。在研究过程中，非线性系统思想逐步吸收进演化经济学中，例如经济系统中的一些正反馈或负反馈引起系统的非线性演变。

除了新熊彼特主义学派，当前演化经济学中的制度主义方法也在快速发展中。学者们一直在呼吁要将制度经济学与演化经济学融合起来（Hodgson and Stoelhorst，2014），将演化经济学的动态概念纳入制度经济学中；同时，在演化经济学中更加注重制度分析，尤其是技术与制度的互动作用。

第二节 演化经济地理学的发展

一、演化经济地理学的兴起

自 20 世纪 80 年代以来,经济地理学理论基础超越新古典经济学,走向多元化发展。经济地理学不但从制度经济学、演化经济学、政治经济学等吸纳营养,也从社会学、人类学、文化学、管理学等寻找理论出发点(贺灿飞等,2014)。无论是经济地理学的"新经济地理",还是经济学的"新经济地理",两者均未引入时间因素,无法揭示经济系统随时间的演化。经济地理学与演化经济学的结合催生了演化经济地理学(刘志高和尹贻梅,2006;苗长虹,2007;刘志高和崔岳春,2008;颜银根和安虎森,2013)。20 世纪 90 年代中后期,受到演化经济学的启发,经济地理学者开始探索经济活动空间分布的历史演化,逐步建立起演化经济地理学的基本理论框架。演化经济地理学借鉴演化经济学的历史视角,将时间与空间要素联系起来,融合了演化经济学与经济地理学的基本观点,从历史角度研究经济活动空间分布的渐进演化机制(Frenken and Boschma,2007)。演化经济地理学从企业进入、增长、衰落和退出及其区位行为入手,解释企业、产业、网络、城市和区域的空间演化,不仅关注演化过程对产业地理的影响,也关注经济系统对演化过程的影响。

二、演化经济地理学理论基础

演化经济地理学建立在四个基本假设基础上。

(1)反对完全理性人假设。演化经济地理学与演化经济学一样,反对"完全理性人"假设,支持"有限理性"学说。演化经济地理学认为,由于社会的复杂性、未来的不确定性和知识局限性,"完全理性"不可能存在,主体的决策不再是依赖瞬时函数,而是遵循自身的习惯、经验、规则等具有相对稳定的准则,而习惯和经验是人在历史过程中累积的,因此称为"过程理性"。

(2)动态性和过程不可逆转。演化理论摒弃传统古典经济学的静态或相对静态假设,开始关注动态变化,并且假设经济系统中主体的行为不可逆转。

(3)演化结果非最优化。演化分析强调经济体系是一个开放系统,充满不确定性,经济最终发展形态很难预测。虽然个人行为有目的,但由于不确定性和变异的存在,社会经济演化过程并不必然趋于最优的结果。

（4）创新是自我转型的终极原因。经济主体（个人与企业）的创新能力和市场的创新函数是推动经济演化与适应性调整的动力。

演化经济学中的企业惯例、创新与选择过程是从企业的微观演化机理揭示经济系统的演化过程，而为演化经济地理学解释空间经济异质性的历史演化过程提供了微观基础。随着演化经济地理学的发展，近几年来相关研究已从初期的较为零散的状况，初步形成了演化经济地理学的基本理论框架。经济地理学主要分析经济活动的空间分布问题，而演化经济地理学则侧重于分析经济活动空间分布的历史演进过程，或从历史角度解析经济活动空间异质性的渐进演化机制。因此，演化经济地理学将时间与空间要素内在地联系起来，融合了演化经济学与经济地理学的基本观点（Frenken and Boschma，2007）。演化经济地理学的理论框架主要包括广义达尔文主义、复杂性理论和路径依赖理论。广义达尔文主义探讨异质个体种群如何通过彼此之间的相互作用和与环境的相互作用而进行演变；复杂性理论关注多样化的创造；路径依赖理论强调已有信息和知识的延续（图5-1）。

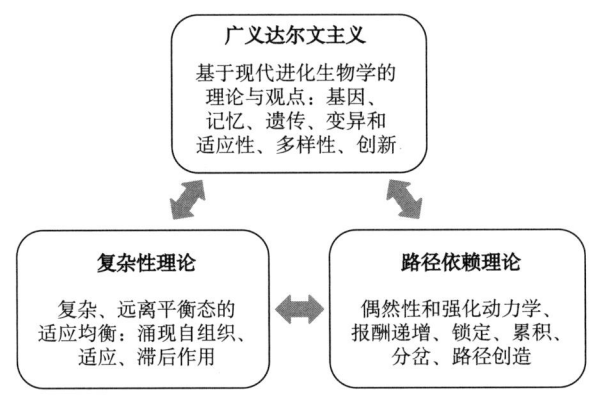

图 5-1　演化经济地理学三个主要理论框架

资料来源：Boschma and Martin（2010）。

1. 广义达尔文主义

演化经济学主要基于广义达尔文主义的现代进化生物学的理论与观点，特别是解释多样性、创新、记忆、变异和适应性时主要基于这一理论框架。演化经济学之所以基于广义达尔文主义建立自己的学科基础，主要源于自然系统和社会经济系统有着极为相似的共性（Hodgson，1993）。广义达尔文主义的提倡者引入多样化、选择和遗传这些概念作为理解社会经济演化的核心定义，为建立起空间经济分析的演化视角奠定坚实基础。选择的主体是演化观点的基础，其可能是企业、劳动者、技术、制度或地方惯例等，通常选择企业作为基本分析单元,分析企业竞争的动态变化。区域通常被视为"选择"环境,一方面由企业组成,企业的竞争与演化直接或间接地改变着区域的选择环境;另一方面区域限制着政治经济主体的活动,空间和制度环境的变化影响企业的竞争压力,导致新一轮的探索和创新。同时,这样的循环和相互影响又是跨越时间维度的,企业活动不仅受到自身过去惯例的影响,也会改变区域的现状和未来;同理,区域环境不仅受到地方发展历史和发展模式的影响,也会影响企业未来的惯例和行为(图5-2)。基于广义达尔文主义的演化经济地理学,利用经济动态分析的演化方法,研究产业如何在空间中出现和发展;区域经济作为"选择"环境如何发挥作用;各种遗传机制以何种方式导致特定区域模式的锁定;经济关系的空间网络和空间经济集聚的形式如何随时间变化。

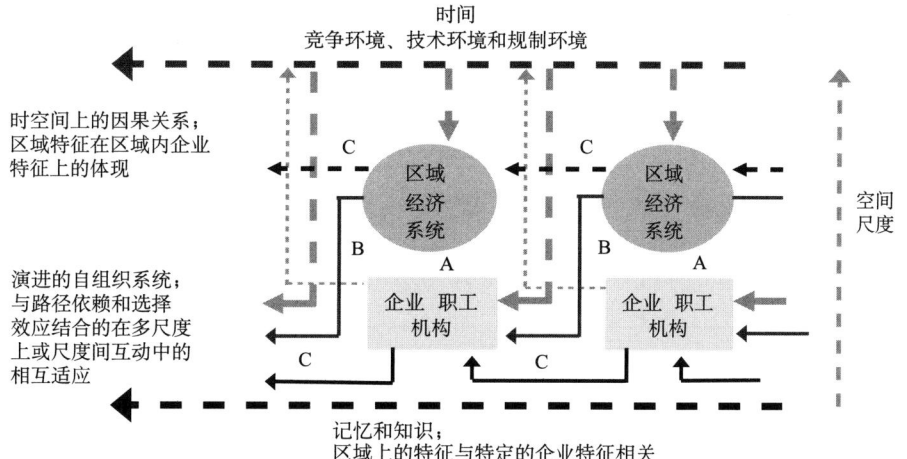

A-企业、职工和制度空间集聚形态的出现;
B-集群特征影响现存企业和职工并且吸引新的企业和职工进入集群;
C-涉及企业内部的记忆效应、集聚与区域外部的记忆效应和选择效应。发展演化的路径依赖过程。

图 5-2 多尺度之间的演化进程

资料来源:Martin and Sunley(2015)。

2. 路径依赖理论

自 19 世纪 80 年代以来,路径依赖被广泛地应用于人类学、历史学、政治学、社会学、经济学和管理学等诸多学科。经济地理学的文化、制度和关系转向以及演化经济地理学甚至认为经济景观的基本特征是路径依赖(Martin and Sunley,2006)。路径依赖理论从历史维度解释经济增长,强调偶然性、自我强化和锁定的重要作用,认为经济系统并不趋近于单一均衡状态,而是一个开放的系统,其演化依赖于系统过去的发展路径,因此经济系统的发展路径是内生的过程。区域路径依赖由诸多原因造成,包括自然资源、地方资产和基础设施的沉没成本,产业专业化引致的地方外部经济,区域技术锁定效应,集聚经济如劳动力池、市场规模、投入—产出网络关系、供应商、服务业等,区域制度、社会习俗与文化传统等,以及区际联系和区际相互依赖性(Martin and Sunley,2006)。即使区域系统的发展路径依赖已有路径,也可以分为正向依赖和负向依赖,如图 5-3 所示,实线是实际发生的路径,虚线是可能的延续路径,这里的发展路径由创新率或相对经济增长来表示,A 是正向依赖,即沿着过去发展路径,创新率或经济增长逐渐得到提高,B 是负向依赖,尽管起点与 A 一样,但从 t+1 开始,B 逐渐被 A 拉开了距离,从 t+3 开始创新率或经济增长开始下降。

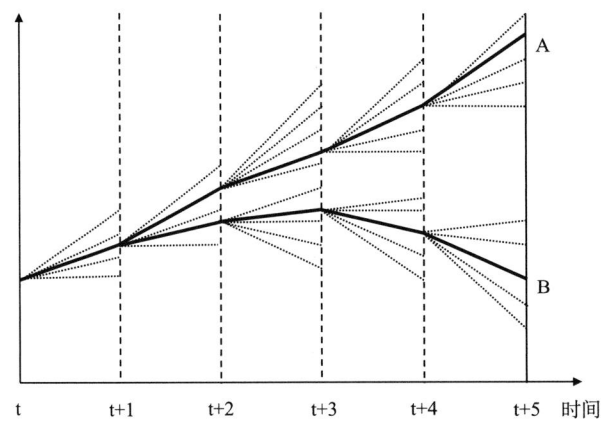

A-含有时间上连续的正向"锁定"阶段的发展路径;
B-正向"锁定"发展为负向"锁定"的发展路径。
虚线表示可能的路径,实线表示实际发展路径。
图中发展路径可能通过创新率或相对经济增长等因素变量。

图 5-3 区域发展路径

资料来源:Martin and Sunley(2006)。

3. 复杂性理论

与达尔文主义和路径依赖理论相比,复杂性理论很少受到关注,但是这种研究路径越来越多地得到认可。广义达尔文主义过于关注选择机制,限制了其在社会经济背景中的适用性,因此被学者们质疑,而福斯特和梅特卡夫(Foster and Metcalfe,2001)为代表的演化学者们强调基于复杂理论从更具形态发生视角对社会经济的演化现象进行研究。20 世纪 70~80 年代,复杂性科学起源于对自然界和物理学中动态属性、非线性结构转换且远离平衡系统的研究,近 20 年来,该领域得到迅速发展,以"自组织系统""自我再生系统""复杂自适应系统"和"复杂演化系统"为代表的复杂性思想,开始影响经济学、考古学、政治学、人文地理学等社会科学研究领域。

复杂系统是复杂性理论最重要的概念，区别于其他系统，它具有以下特征：第一，分布式性质和表现，系统的资源分布在不同位置，系统元素之中存在的功能和关系发生在不同的空间范围与规模上，即复杂系统有多尺度特征；第二，开放性，即复杂系统与其环境之间的边界不固定，并存在不断的互动和交换，不仅依赖于系统自身任何内在的属性；第三，非线性动态，即由于组成要素之间出现各种复杂反馈和自我增强的相互作用，复杂系统显示出非线性动态，因而在系统的轨迹和行为上有不可逆及路径依赖的趋势；第四，功能分解的有限性，即由于高度的连通性以及结构的开放、动态性质，将一个复杂系统分解成稳定的组件时，分解范围有限；第五，突现和自组织，即宏观尺度结构和驱动力，有一个从微观尺度行为和系统组成要素的相互作用中自发形成的倾向；第六，自适应特质，即无论是在响应外部环境的变化时，还是来自内部通过协同演化机制或是响应自组织临界时，自组织的相同过程使复杂系统有潜力来调整它们的结构和动态；第七，非确定性和不易处理，即使完全知道组件的功能，也不可能精确预见它们的行为。

复杂性系统的这些特征启示经济地理学：第一，不应再将复杂地域经济看作是封闭的、静态线性的和均衡的，而应该是开放的、动态的、非线性的和远离均衡的；第二，经济主体不应该是完全理性的、不需要学习和适应、完全信息的，而应该是试错的、具备学习和适配能力的和非完全信息的；第三，经济主体之间不应该仅仅存在基于市场机制的互动，而应该是在网络联系中的多重关系互动；第四，微观与宏观不应该仅仅是独立研究的领域，还应该分析微观相互作用过程中所涌现出的中观和宏观模式；第五，经济增长不仅仅是纠正要素扭曲的结果，还是系统在分异、选择和放大的演化过程中由新奇与创新导致的。

从复杂性视角出发，经济的空间结构和组织，例如产业区、企业集群、城市与区域、网络等，应被理解为经济的突现属性，它们不仅是大量单独的经济主体无意识的中观结果，也连同由中观水平构成的宏观过程一起，反过来影响微观层面的行为和活动。复杂性的演化经济地理研究进程，需要阐述这些向上和向下的因果关系及其空间表现与空间嵌入系统（Hodgson and Knudsen，2004），以及它们在多尺度上的表现。演化经济地理学者借鉴复杂系统理论，将自身研究的空间实体（如集群、城市与区域）看作是一个复杂适应系统。①复杂适应系统中的要素存在多尺度、多层次网络关联与相互作用，这些微观相互作用会在无意识中自下而上地涌现出中观和宏观特征（如集聚外部性），甚至空间实体本身就是微观相互作用所涌现出的空间秩序。然而，应该认识到微观相互作用的强度受制于系统与自组织层级。在实际研究过程中还需要注意涌现出的新特征是如何自上而下地反作用于微观行为的。②空间实体的演化是一个自组织创生过程,一个要素改变后其他要素会改变自身以适配前者的变化,如果在这种共同演化过程中涌现出正向的效应,则会推动复杂适应系统的结构转型。在实际研究中还需要挖掘自组织演化过程中的权力不平衡、内生动力、强弱关联点以及其他要素是为何、如何调配自身。③基于复杂性经济理论的演化经济地理学不仅关注广义达尔文主义的被动选择,还突出了主体主动创造环境的能动性,这使得复杂适应系统变成了一个可以实现自我转型的系统,而转型的核心在于创新和新奇。创新和新奇发生不仅仅是变异的偶然事件,有许多也是主动的战略选择行为。总之,演化经济地理学需要将复杂性理论中的相互关联、涌现、自组织和适应等概念纳入分析框架之中,并将创新和新奇置于理论研究的核心,从而解释创新、新奇、知识与经济社会空间结构的共同演化。

4. 发育系统理论

近来,有学者提出要借鉴演化发育生物学和发育系统理论来拓展演化经济地理学的研究框架(Martin and Sunley,2015),也有学者试图将地理政治经济学与经济地理学的演化方法融合起来(MacKinnon et al.,2009;Pike et al.,2016)。理论来源与研究视角的多样性一方面使演化经济地理学拥有了更全面的分析框架和更透彻的理论工具,但另一方面,不同研究视角或理论来源往往在研究目标、研究主题、基本概念、基础理论、具体研究方法等方面存在差异,这导致当前演化经济地理学存在多种相互竞争又相互补充的研究范式或研究方法。总体而言,出于对纳尔逊和温特以企业为中心的研究传统的不满,当前演化经济地理学者越来越倡导一种整体主义的研究方法。

演化经济地理学在建立之初主要受到广义达尔文主义的影响,并且现在仍占主流地位。基于广义达尔文主义的演化经济地理学主要建立在纳尔逊与温特的研究工作基础之上。纳尔逊与温特的演化理论以企业为研究对象,从企业行为的惯例性出发,推导市场选择过程中经济体系的动态演变。演化经济地理学者以企业惯例的复制以及企业对知识的邻域搜索、学习与重组为逻辑起点,在这一微观过程基础之上,推导中观和宏观层面区域产业演变的路径依赖性及其对区域空间发展不平衡的影响(Boschma and Frenken,2006;Essletzbichler and Rigby,2007)。尽管演化经济地理学与新古典经济学在理论层面上存在对立,但从研究方法上,其与新古典经济学一样,都从企业个体出发,试图将区域经济空间格局演变解释为具有异质性惯例的企业在市场竞争中进行遗传和选择的结果。

广义达尔文主义的理论基础、研究框架及其所决定的方法论近年来越来越受到来自生物学内部的挑战(Martin and Sunley,2015)。广义达尔文主义以基因为中心,从微观视角出发,将变异、选择和遗传作为演化过程的总体分析框架。然而近年来,演化发育生物学和发育系统理论挑战了以基因为核心的微观个体研究方法，指出变异、选择和遗传这一分析框架不足以涵盖完整的演化过程。这两种理论各自提出了新的概念体系和研究框架，试图将发育理论与演化理论统一起来，以一种更加整体主义的方式全面地揭示演化机制与过程。演化发育生物学将个体看作是一个复杂适应系统，指出这一复杂适应系统在外部环境变化或内部条件改变时会做出某些调整。个体作为一个复杂适应系统，在系统稳健性、可塑性、外部机会建构能力和演化性等方面存在差异，因而会产生异质性的个体，塑造出异质性的外部适应性环境，进而在个体与环境的互动中形成演化方向。可见，在演化发育生物学中，演化不再仅仅被变异、选择和遗传机制所解释，个体作为一个复杂适应系统，其稳健性、可塑性、外部机会建构能力和演化性等更多的演化机制同样包含其中。

发育系统理论指出演化过程中真正发生变化的是发育系统。发育系统作为基本研究单元，需要被看作是由所有互动主体构成的关系整体。正是由于发育系统是一个关系整体，其不同层级上的主体，如分子、细胞、个体、生态系统、社会以及生物地理等均可以发生相互作用。因而主体发育可以被看作是多个层级上的、相互独立的因果力量的综合结果，这些因果力量并没有哪一个处于决定位置，其是否真正起了作用取决于情境和系统等其他方面的状态，这是发育系统理论所坚持的多元化和分散化系统因果观，与个体发育的基因决定因果观不同。发育还具有历史权变性，本期发育系统若有任何变化，都可能会产生较大的长期效应，即得到继承的那些发育要素会进行非线性、自反馈和自组织的再建构，先期发育系统的差异会造成演化方向的不同。在广义达尔文主义中，新奇来自于现有基因的变异，而在发育系统理论中，新奇还被看作是在发育系统要素相互作用过程中涌现出来的。发育系统是自组织的，即系统更低层级主体往往服从本层级的相互作用规则，并在相互作用过程中涌现出更高层级的新模式、秩序或结构。因而更低层级相互作用规则的改变会自行影响更高层级的模式、秩序或结构，也可以说更高层级的模式、秩序和结构是低层级主体在一定规则下相互作用的派生物。总体而言，发育系统理论的原则与基于复杂系统理论的演化经济地理学（Martin and Sunley, 2007）有很多相似之处，这里不再赘述复杂系统理论。

基于演化发育生物学和发育系统理论，经济地理学者提出要借鉴这些新的概念与理论，推动演化经济地理学的发育转向，甚至建立发育演化经济地理学。第一，演化经济地理学的研究单元要从微观的企业组织惯例转向多层度空间经济发育系统，关注空间经济发育系统的涌现、再生产、适应及发育路径的演化。第二，要进行深度情境化，关注影响空间经济发育系统演化的所有因素，包括内部与外部的、地方与非地方的、结构与权变的。情境化可以从三个方面展开，即向下的包括能动性与战略行为，向上的和旁侧的包括社会—制度结构及调节模式。第三，要将空间经济发育系统看作是自组织的实体，资本积累是自组织的基本逻辑之一，并且受到权力的影响。空间经济发育系统这一实体具有涌现性特点，它是新奇的来源，并且是一个动态过程。第四，要挖掘空间经济发育系统可以在多大程度上构建自身的发展环境，即企业和机构等主体是如何受到制度、权力关系及调节模式的影响并如何去改变这些条件。第五，历史遗产可以通过非线性的、自催化的方式形成路径依赖，要深入挖掘历史遗产，如经济与制度结构与实践如何影响空间经济发育系统的演化。第六，要探寻发展路径稳健性和可塑性的意义。

演化经济地理学的发育转向在方法论上体现了以下五个特点：一是做具体研究时需要坚持系统导向的、整体主义的方法论；二是坚持多元化和分散化系统因果观，系统内不同空间尺度上的经济、社会、政治和文化要素及结构都会对系统演化产生影响；三是坚持权变性的而非决定性的因果观，在不同的空间和历史条件下，导致事件发生的因果倾向或趋势是否真正实现取决于具体情境，这一点或多或少受到批判实在论的影响；四是倡导历史层叠思维，过去的历史遗产可以通过非线性的、自我建构的方式影响当前，这一点受到路径依赖理论的影响；五是强调能动性，主体可以通过自身的努力去建构有利于自身发展演化的外部环境。总体而言，演化经济地理学的发育转向提出时间不长，以空间经济发育系统作为研究对象的实证研究还相对较少。从具体研究方法来看，最初的复杂适应系统理论本身多用数量方法来刻画自身特点，但演化经济地理学者提出，当我们了解了复杂适应系统的特点后，便可以用定性的方法来探究空间经济复杂系统是否也会符合或表现出这些特点（Martin and Sunley，2007）。

基于广义达尔文主义的演化经济地理学不仅受到来自生物学新理论的挑战，还受到了经济地理学内部其他研究方法的挑战。如地理政治经济学者对演化经济地理学以企业为中心的微观研究方法表示不满，指出空间经济的演化不能仅仅还原为企业的行为和动机，国家作用、社会能动性、权力关系等其他不同尺度上的宏观结构性力量都能强化区域路径依赖或推动区域形成新的发展路径，从而影响到空间经济演化（MacKinnon et al.，2009；Pike et al.，2009；Pike et al.，2016）。从理论层面来看，空间经济的演化不能仅从技术或知识维度来理解，上述的结构性力量都要加入演化经济地理学的研究框架之中。研究框架的拓展以及结构力量的跨尺度性要求演化经济地理学在分析空间经济演化时应采用一种整体主义的研究方法，并在实证研究中偏重定性研究方法，例如采用历史过程和经验比较等研究方法。历史过程的分析方法强调只有将空间经济置于过程之中才能得到理解，在设置好初始的社会空间关系、经济基础、政治条件、文化环境、制度、关系主体、权力关系等方面的约束后，综合运用归纳与演绎，将中观与宏观尺度上的真实经验过程与背后的政治经济逻辑进行对应，从而认识空间经济演化的各种政治、经济和社会逻辑。不论是学者指出的案例延伸法、路径追踪法还是深度情境法（Pike et al., 2016）都离不开基于过程的分析方法。这里可以看出也需要指出，受批判实在论的影响，基于地理政治经济学视角的演化经济地理学在本体论方面坚持分层本体论，在因果观方面坚持非决定性的因果观，强调结构力量的因果效应是权变的，其能否真正实现取决于特定的时空情境。由于这种空间经济演化结果的开放性，要求学者在实证研究中要注重采用比较研究的方法，这样才能总结归纳出真实的结构、机制以及能真正发挥作用的条件。

第三节　演化经济地理学研究内容

一、企业惯例演化

演化经济地理学关注企业如何影响经济空间结构（Boschma and Frenken，2006）。演化经济地理学认为，为了规避风险，企业行为一般受限于其惯例（routine），这里的惯例指的是企业对每次决策的结果进行经验总结后所形成的历史记忆，具有传递信息的功能，并且具有累积性质，不易改变，其他企业很难模仿。演化经济地理学从微观视角研究新惯例如何产生以及如何进行时空演变（Boschma and Frenken，2003）。

每个新企业都会在初期选择更适应市场竞争的惯例，这些企业就是"适者"，而一些不适应市场竞争的企业即退出市场。企业如何选择惯例，取决于市场和制度。当制度发生巨大变化时，企业惯例随之改变。企业家对于惯例的成败有很大影响，新企业选址会受到企业家籍贯、社会网络、经验与能力等因素影响。成功企业的惯例通过企业内部和企业间的学习与复制而得到传播。但是学习与复制并不是完全的，其结果会受到企业间地理距离、企业学习能力、企业认知相似程度、企业间关系等因素影响。企业惯例若依赖地理距离扩散，则属于传染扩散。当成功企业改变空间战略而发生位移时，其惯例也随之进入迁入地，这是迁移扩散，同时开启了迁入地的累积循环过程。

二、产业集群演化

马歇尔认为，企业集聚可以在共享劳动力、供应商和专业知识中受益（Marshall，1920），然而他没能解释产业集群是如何发生的。演化经济地理学提出，产业集群的形成原因是企业进入，本地企业越多，则新进入企业越多（Sorenson and Audia，2000；Stuart and Sorenson，2003）。企业高进入率具有示范效应，引导潜在企业家在本地创业（Wenting and Frenken，2011）。衍生企业从母企业继承了优秀的能力，会比其他进入者更有竞争力。通过企业衍生，集群就会形成（Buenstorf and Klepper，2009）。因此，产业集群源于成功企业的衍生过程，这种集群受母企业的区位选择影响。

演化经济地理学还探讨集群生命周期，尤其是研究成功集群如何衰落的内生变化过程。当一个产业集群形成后，企业能力异质性提高，但随后因为企业参与竞争、企业间学习和网络建构，企业能力会趋于同化。如果这种趋同一直持续，集群的活力就会下降（Rigby and Essletzbichler，1997）。一个衰落的集群有三种方式实现再生：通过集群外信息的流入升级知识储备；整合本地知识库；以本地知识储备为基础向新产业衍生（Menzel and Fornahl，2009）。产业集群生命周期的动态变化也来源于企业区位选择的从众行为，企业之所以聚集于产业集群，是因为"地理的魅力"（Suire and Vicente，2009）。一些产业集群的口碑很好，是因为成功企业对于其他企业具有吸引力，与成功企业在一起会提高其知名度和区位选择的"合法性"。如果区位选择行为占主导，产业集群就会发展，但是这种机制比马歇尔外部性脆弱，一旦成功企业失去声誉，集群也不复存在。

衍生过程与集聚过程是知识和惯例形成与扩散的两种机制。衍生将知识和惯例从母企业传播到子企业；而一旦产业集群出现后，集聚经济效应就显现出来。一个区域的衍生过程会强化集聚经济的力量，反过来，集聚力量也会提高衍生过程的效率，因此两种机制是互补的（Boschma and Frenken，2003）。衍生与集聚经济两种效应在产业生命周期的不同阶段影响力不同（Boschma and Wenting，2007）。总之，演化经济地理学对于产业集群研究的主要贡献在于挑战了马歇尔外部性对于集群产生和发展的权威解释（刘志高等，2011），认为即使不存在集聚效应，集群也会凭借企业衍生而出现。

三、企业网络演化

演化经济地理研究网络的形成与演化（Boschma and Frenken，2006）。网络演化源于网络中新节点的出现或进入，这些新节点与已有节点之间存在一定的联系，从而改变了网络结构（Barabási and Albert，1999）。产业集群中并非所有企业都彼此相连，而是存在一些企业之间的知识联系比其他企业之间更紧密，这些在本地知识网络中占据核心地位的企业通常具有更强的吸收能力（Giuliani and Bell，2005）。这些企业能够吸收来自集群内外其他企业的知识，掌握本地核心知识。这一发现挑战了马歇尔关于集群中企业同质性的假设。

网络主体具有异质性，其对于合作伙伴或交流与学习对象有强烈偏好，更倾向于和那些与自己有相似性的主体建立联系，例如相似知识、规范和价值、相同区位、相似社会联系或相似组织边界等。这些相似性分别被称为认知邻近、制度邻近、地理邻近、社会邻近、组织邻近等（Boschma，2005）。邻近性可以解释为什么集群内网络不是均质的，为什么一些企业可以与集群外企业有更多联系。然而，尽管邻近性可以提高企业合作的可能性，但并不必然提升合作质量，有时还可能有负面作用，这被称为"邻近悖论"（Broekel and Boschma，2011）。例如，认知邻近有利于企业间交流和知识转移，但也缩小了学习范围，提高了不情愿的知识溢出风险，而事实上，认知距离太远或太近都不利于企业间知识溢出。在社会邻近方面，高或低的社会邻近有利于企业提高合作效果，因为一些关系需要较高信任，而另一些则需要保持距离。对于地理邻近，研究强调本地和非本地知识的组合对于集群长期发展的重要性（Asheim and Isaksen，2002；Bathelt et al.，2004）以及企业通过会议和贸易展览会等临时邻近交流知识的重要性（Torre，2008）。

网络演化是演化经济地理学最近研究的主题。巴兰德等（Balland et al.，2012）通过研究全球电视游戏产业的网络动态变化发现，随着产业发展，地理邻近对于网络节点的形成越来越重要。企业倾向于在较近的地理距离内合作是因为电视游戏的技术复杂性和电视游戏生产的项目机制（Grabher，2006；Sorenson et al.，2006）。特尔·沃尔（Ter Wal，2013）却在生物科技产业发现了地理邻近对于共同研发网络的重要性在降低，这是因为生物科技的编码化。总之，企业网络演化研究为集群研究了提供一个不同的视角，把企业在集群网络中所处的地位和他们的学习能力联系在一起（Morrison，2008）。

四、制度与企业惯例的协同演化

演化经济地理学认为，创新过程根植于区域制度，本地制度与文化很难被其他区域模仿，区域是创新的重要力量（Storper，1992；Belussi and Sammarra，2005）。尽管如此，学者们仍然批判演化经济地理学对制度的忽略（MacKinnon et al.，2009），因为许多实证研究并没有讨论制度对演化过程的重要性。

理论上，制度与演化的结合一直是演化经济地理学讨论的问题（Boschma and Frenken，2009）。制度对于区域产业演化可能产生激励，也可能产生阻碍（Malmberg and Maskell，2010）。制度与新技术和新市场协同演化，可以促进新产业发展（Nelson，1994），新产业形成的机会依赖于支持性制度的时效性和方向性（Murmann，2003）。制度变化受到很多条件的影响，包括危机所带来的冲击、新产业对已有秩序的挑战和低水平的制度化。制度不是外生的，而是随着技术和市场的变化与企业惯例进行协同演化（Schamp，2010；Nelson，1995）。一些研究关注私有或公共部门如何参与集体行动，从而改变知识、资源和公共规范，进而建立新制度，关注政府在区域经济发展中所起作用（Sotarauta and

Pulkkinen，2011；Binz et al.，2012）。各种制度之间并不存在必然的相关性，而是表现为一定的独立性。这表明，在总的制度框架内，企业可以选择多种演化路径（Strambach，2010）。具有创造性的企业更有能力改变已有惯例，在不突破现有制度框架的条件下创造出新企业惯例。因此，区域制度演化与产业演化之间存在着密切的相关性，各区域主体会主动调整制度，为新产业提供发展机会，或者使成熟产业获得新生（Maskell and Malmberg，2007）。近年来，制度变量也被引入到演化经济地理学的定量研究中。如研究发现巴黎严格的设计职业管制严重阻碍了广告设计行业新企业的诞生（Wenting and Frenken，2011），与社会市场经济的制度相比，自由市场经济相关的制度能给不相关行业更多的发展空间（Boschma and Capone，2015）。

决定企业行为的主要因素是企业惯例，而不是区域制度。路径依赖是企业惯例得以传承的主要渠道，即使在相同的制度条件下，集群中的企业在经济力量、学习能力和网络中地位等方面存在很大不同，企业运作方式不可能完全一样。制度变化会改变企业发展环境，进而导致企业惯例演化。因此，同一制度背景下的企业惯例在一定程度上会具有相似性。当然，企业面临制度变化时所做出的反应仍受到企业惯例的影响（Spicer et al.，2000）。因此，不应只在区域制度框架下分析企业行为和绩效，而应该分析制度与企业惯例协同演化（Gertler，2010）。

五、区域产业衍生与区域韧性

演化经济地理学最近聚焦于区域如何通过发展新产业来维持长期发展。熊彼特把创新灵感的来源归结为知识组合（Schumpeter，1912），即已经存在的技术以一种新奇的方式实现部分重组，从而获得创新（Fleming，2001）。因此，一个区域产业多样性是创新的前提条件，知识更能够跨产业溢出（Jacobs，1969）。然而，产业多样性必须具有关联性，知识更容易在具有关联性的产业间溢出（Frenken and Boschma，2007）。

区域产业发展演化是一个区域衍生的过程（Frenken and Boschma，2007）。如果一个新产业与本地产业高度关联，这个新产业在当地出现的概率会很高，因为相关产业为新产业提供了知识、能力和潜在的企业家（Klepper，2007）。在国家层面，那些在"产品空间"中与已存出口产品高度关联的新产品更容易出现（Hidalgo et al.，2007）；在区域层面、产业层面以及技术层面，技术关联的重要性也得到了验证（Boschma et al.，2013；Kogler et al.，2013；Essletzbichler，2015）。

区域韧性一般被机械地定义为对外界干扰的一种回应和自动恢复到稳定状态的能力。演化经济地理学基于演化视角，强调韧性是区域重构社会经济结构的一种长期能力，也就是区域发展新增长路径的能力（Boschma，2015）。演化视角没有简单地否定历史和路径依赖的作用，而是更加客观地看待区域的历史，认为历史不仅是开发新路径的障碍，同时也提供了特定产业基础，为关联产业衍生创造了机会。演化视角试图开发一个更加全面的概念，将区域产业、网络和制度维度整合在一起，并进一步区分区域韧性的原因和影响。产业、网络和制度是影响区域韧性的重要因素，探讨产业结构、网络结构和制度结构中的冲击如何影响区域开发新增长路径的能力，是理解"区域韧性"的关键。

区域能否依赖相关多样化或不相关多样化推动区域长期发展是一个值得讨论的重要问题。已有研究开始探讨如何让区域发展不相关经济活动。不相关技术或服务之间的知识整合很少成功，但一旦成功，这种激进创新不仅会开拓新市场和创新机会，也能为长期竞争优势的形成奠定基础，有研究发现不相关多样性与区域突破式的技术创新相关（Castaldi et al.，2015）。为了突破路径依赖，创造新增长路径，区域不得不更依赖其他区域的知识和资源，这样，跨国公司、企业家和政府政策都是可能导致新路径创造（Dawley，2014）。

第四节　路径依赖与创造

路径依赖指某一事件是其自身历史结果的现象。这个概念最早可以追溯到门格尔（Menger，1883）对新制度演化的分析和凡勃伦（Veblen，1898）对习俗和传统的累积循环机制的探讨。但路径依赖这个概念真正引起学术界的重视是源于保罗·大卫（Paul David）关于技术经济史以及布莱恩·阿瑟（Brian Arthur）关于非线性经济过程的研究。关于路径依赖的机制，经济学中主要有三个解释，即大卫的技术锁定（technological lockin）、阿瑟的动态规模效应（dynamic increasing returns）以及诺斯等的制度依赖性（institutional hysteresis）（尹贻梅等，2012）。大卫认为历史偶然事件对技术、组织和系统具有长期的影响，而技术、组织和系统可以被锁定为某个特定形式，技术锁定的原因包括技术关联性、规模经济以及投资的不可逆转性等（David，1985；David and Bunn，1988）。阿瑟主要聚焦于不同类型的集聚效应，包括大规模的固定资产启动投资、动态学习效应、协调效应以及自我强化预期等（Arthur，1988，1994）。研究发现，正式和非正式制度随时间变化较慢，制度与社会组织互相影响，制度演化具有路径依赖特征（North，1990）。还有观点认为制度与经济将会共同演化。短期内，制度是经济系统的外生力量；长期而言，制度内生于经济系统，制度安排会锁定在一段时间（Setterfield，1993）。新贸易理论和新经济地理学也探讨了路径依赖对专业化和产业集聚的影响，在其研究模型中突出了规模经济效应的作用（Krugman，1991，2011）。

自20世纪80年代以来，路径依赖被广泛地应用于人类学、历史学、政治学、社会学、经济学和管理学等诸多学科。经济地理学者也陆续引入路径依赖的概念，经济地理学的文化、制度和关系转向以及演化经济地理学甚至认为经济景观的基本特征是路径依赖（Martin and Sunley，2006）。区域经济是历史活动叠合的产物（Massey，1995），产业区位受到历史决策的影响，即遵循路径依赖（Walker，2000）。解释经济景观需要借助路径依赖式的经济演化理论（Scott and Storper，1986）。路径依赖的演化理论从历史维度解释经济增长，强调偶然性、自我强化和锁定的重要作用，认为经济系统并不趋近于单一均衡状态，其演化依赖于系统过去的发展路径，即使产生新路径，也会受到已有路径的影响，因此，经济系统的发展路径是内生的过程。区域路径依赖由诸多原因造成，包括自然资源及其引致的相关产业，地方资产和基础设施的沉没成本，产业专业化引致的地方外部经济，区域技术锁定效应，集聚经济（如劳动力池、市场规模、投入—产出网络关系、供应商、服务业等），区域制度、社会习俗与文化传统等，以及区际联系和区际相互依赖性（Martin and Sunley，2006）。

路径依赖是经济地理学关于区域产业发展的重要理论视角，但是有些区域能够突破现有路径，甚至创造新路径（Martin and Sunley，2006；Martin，2010）。经典的路径依赖模型为四个阶段（Martin，2010）：①历史偶然，由某个历史偶然事件或随机事件导致了企业最初区位；②初始路径创造，自我强化的区位选择；③路径依赖和锁定，规模效应递增导致锁定；④路径解锁，不可预测、非预期的外部冲击导致产业衰退与消失。

路径解锁以后，区域如何创造新路径？文献中关于路径创造有不同的理论视角。其一，路径创造是纯粹的随机过程。阿瑟的路径依赖模型就强调历史偶然性，即企业随机区位决策决定了产业区位。其二，区位机会窗口理论认为，基于新技术的新产业具有大量符合其发展要求的区位可供选择，具有一定的区位自由选择权，即所谓的区位机会窗口（Storper and Walker，1989）。新企业可以选择他们满意的任何地方，而这种选择受到偶然性事件影响（Boschma and Frenken，2003）。其三，有针对性的战略性行动能够创造新路径（David，1994；Puffert，2002）。这种战略性行动可能源于企业家和地方政府的决策者（Garud and Karnøe，2001）。区域产业发展的路径创造有很多种方式，如通过本地创造培育完全新技术和产业；提升产业、技术与组织的异质性与多元性，促进创新和经济重组；从区域外部引进新产业和新技术，创造区域路径；基于核心技术的相关产业多元化；引入新技术、新产品和服务，升级现有产业等（Lester，2005）。

演化经济地理学基于认知邻近性开展了区域产业发展的路径依赖探讨。传统集聚经济研究认为，企业的地理邻近性有利于知识溢出，尤其是非编码和不易模仿的隐性知识的扩散和溢出（Gertler，2003）。隐性知识的溢出需要通过面对面的学习，因此地理上邻近更有利于此类知识的溢出。然而，地理邻近性不是知识溢出的充分必要条件，产业间的认知距离直接影响知识溢出效应（Lambooy and Boschma，2001）。不同产业间存在认知距离，认知距离太远不利于进行有效的沟通，认知距离太近则容易产生路径锁定，只有产业间认知距离处于合适范围才能促进产业间的学习和知识溢出。因此，技术关联性强的产业之间才会发生知识溢出，属于不同产业但却存在技术关联的本地企业之间更容易从知识溢出中获益（Boschma，2005；Boschma and Frenken，2011）。技术关联是研究认知邻近的重要概念，技术关联仅发生在具有某些相似知识背景的相关行业之间。波特（Porter，2003）第一个意识到存在技术关联的产业其空间外部性的重要性，认为与集群产业存在技术关联的产业专业化比该产业自身专业化更能促进区域发展。弗伦肯和博什马（Frenken and Boschma，2007）、博什马和亚马里诺（Boschma and Iammarino，2009）分别基于荷兰和意大利的数据对产业多样性进行研究，发现关联产业多样性比不相关产业多样性更有利于区域经济增长。

技术关联也广泛被用于解释新技术、新产品、新产业和新集群产生。这些研究强调"认知邻近"的重要性，发现技术关联对国家和区域产品演化具有显著影响（Boschma et al.，2012）。伊达尔戈等（Hidalgo et al.，2007）认为关联产品对生产要素禀赋（劳动力、土地、资本等）、技术、制度有相似的要求，因此国家更容易向自己具有比较优势的关联产品演化。豪斯曼等（Hausmann et al.，2007）、伊达尔戈和豪斯曼（Hidalgo and Hausmann，2009）进一步基于产品空间研究国家比较优势的演化，认为由于技术关联产品对劳动力、土地、资本等生产要素以及生产技术和管理经验的要求较为相似，因此，产品距离在国家或区域的产业结构演化中发挥着重要作用，产品间技术关联程度越高，企业越容易向相关联的新产品跳跃。如果一个国家具备新产业所需要的大多数条件，这个新产业出现的概率就会大大提高。也就是说，一个国家的产品演化路径依赖于其生产能力，更容易向存在较强技术关联的产品转化。路径依赖对产品演化过程的影响因国家能力不同而异，发展中国家更加容易发生路径依赖，因为他们没有足够的能力向与自己生产结构不相关的产品进行演化。国家不仅受自己过去生产结构的影响，也受到与其他国家的关系影响，即地理邻近、政治关系和国际贸易进出口联系。依赖于这些国际网络因素实现路径突破是发展中国家摆脱贫困魔咒的途径之一（Boschma and Capone，2015）。

即使在国家内部，很多能力在区域间也很难流动，因此，区域若要向新产业演化，也需要具备相关的生产能力。位于产品空间边缘的区域因缺乏必要的关联，很难向更核心的产品演化。相关多样化发展所需要的知识溢出渠道根植于本地，区域产业发展是一种由区域内已有产业衍生出关联产业的"衍生过程"（regional branching）（Boschma et al., 2012)。内夫克等（Neffke et al., 2011）发现瑞典的区域产业演化强烈遵循路径依赖，即与区域生产能力有紧密技术关联的新产业，更可能进入该区域。埃斯利茨比希勒（Essletzbichler, 2015）利用美国大都市区数据得到了类似的结论。博什马等（Boschma et al., 2013）还进一步发现区域层面的技术关联比国家层面的技术关联对西班牙区域产业演化的影响更大，这说明技术能力跨区域流动并不容易，本地化特征显著。

第五节 中国区域产业演化

近年来，一些新兴经济体的崛起挑战了路径依赖理论，经济地理学者开始关注路径突破，即区域发展路径突破过去生产能力和技术的限制，实现了产业发展的飞跃。他们发现一些外生力量或突变会导致路径突破，从全球性或国家层面的技术革新、经济危机，到政府刺激性发展政策，都是打破区域路径锁定的外生力量。

改革开放以来，中国采取了渐进式的经济转型，实现了市场化、全球化和区域分权化。中国经济从计划经济迈向市场经济，从封闭经济走向开放经济。经济转型也是经济决策权力从政府交还给企业和市场、经济管理权从中央政府下放给地方政府的过程，在此基础上形成了所谓的区域分权式威权体制。经济决策权还给了企业和地方，激励了市场竞争和地方竞争，构成了中国经济快速增长的制度基础。在以经济建设为中心的经济转型中，地方官员有很强烈的动机支持经济发展。因此，经济转型改变了区域经济发展的微观决策主体和决策机制，通过建立市场经济和开放经济，拥抱经济全球化，引入了全球力量和外部联系，强化了市场力量的作用，而区域分权唤起了地方力量。

在计划经济体制下，政府在资源配置过程中发挥主导作用，市场机制缺失导致要素无法自由流动，知识也没有渠道在行业间溢出。与私有企业追求利润和效率最大化不同，国有企业作为市场活动的主要参与者，其企业管理人员同时又是政府官员（Qian, 1996; Freund, 2001），需要承担诸如吸纳城镇冗余就业人员等社会责任（Zhu and Fahey, 1999; Li and Xia, 2008）。随着中国逐渐步入市场经济体制，要素市场和商品市场逐步确立。地区市场化水平提高促进了资本和劳动力要素的自由流动，加强了产业间联系和企业家精神的发展，进而推动企业间知识溢出以及新产业产生（He and Pan, 2010）。研究表明，市场化水平高的地区往往拥有更紧密的产业内和产业间联系网络（Wei et al., 2010; Yang and Liao, 2010; Zhu and He, 2013），更容易吸引新产业进入或衍生出新产业。而市场化水平低的地区，产业间联系难以建立，且知识溢出效应也被边缘化，新产业产生往往是政府干预的结果（邱风等，2005）。市场化为区域产业发展演化创造了有利条件，一方面可能使得区域产业沿着既有的路径演化，表现出路径依赖的特征；另一方面，市场竞争也可能为路径创造提供条件。

除了市场化，中国经济转型积极融入全球化为区域路径创造提供了机会和制度环境。全球化过程加强了区域与外部的投资和贸易联系，这些联系带来了新知识，是区域产业发展出新路径的重要渠道（Martin and Sunley，2006）。当专业化程度较高的地区面临路径锁定时，可以通过全球联系吸引关联产业，并结合本地知识基础实现创新和发展（Boschma and Capone，2014）。外商直接投资和国际贸易可以为区域带来新的产业知识，打破区域路径依赖，创造新产业演化路径（Bathelt et al.，2004）。外商直接投资对东道国可以产生显著的技术溢出效应，包括示范效应、竞争效应、产业联系效应和人力资本效应等（Caves，1974；Blomström and Persson，1983；Driffield and Munday，2000；Sinani and Meyer，2004），尤其是当外资引进产业与本地产业形成相关多样化时，更有利于本地经济增长（Boschma and Iammarino，2009）。国际贸易能够通过技术扩散促进技术进步（Grossman and Helpman，1991），开放国家更容易从国际贸易中获取先进技术（Findlay，1978）。国际贸易还可以通过产业间和产业内国际分工为本地带来新的产业发展机会，促进本地产业演化。改革开放以来，中国通过利用外商直接投资和参与国际贸易，积极融入全球经济。在全球—地方相互作用下，大量外资企业入驻中国，带来新的管理经验和先进技术，促进了对本地企业的正向溢出（Liu，2008）。

中国经济转型还伴随着区域分权过程。1994 年的分税制改革从根本上改变了中央和地方的财政关系（Zhang，1999；Wong，2000）。区域权力下放极大地提升了地方政府的自主决策能力，同时也导致了激烈的政府间竞争，地方政府具有强烈的地方保护主义倾向和产业发展战略的模仿行为（Zhao and Zhang，1999）。以 GDP 为导向的官员晋升评价体系和财政激励制度相结合，使地方政府为促进区域经济增长盲目建设。例如，地方政府倾向于引进中央产业政策的支持产业，这会在一定程度上导致重复建设、产业结构趋同和产业分散布局（Young，2000；Poncet，2005）。此外，地方政府往往通过提供税收减免和低价土地等方面的优惠措施吸引企业，而不考虑区域现有能力和知识基础，可能导致区域偏离自身的比较优势。因此，政府干预会弱化产业关联带来的路径依赖，新产业更易进入政府干预强的区域。

近年来，我们针对中国区域产业发展演化发表了一系列成果，主要回答了以下几个问题：①中国区域产业演化是否受制于技术关联，是表现出路径依赖还是路径创造的特征？②什么产业更依赖技术关联进行区域拓展，什么产业可以创造新路径？③什么企业更容易在区域内引入相关或不相关新产业？④什么区域制度激励路径创造？⑤区域如何突破技术关联的约束？借鉴伊达尔戈等（Hidalgo et al.，2007）的产品空间方法，我们绘制了1999年和2007年的地级单位的四位数产业空间。1999~2007年，更多产业进入中国产业空间，新产业与原有产业的联系紧密，表明随着区域产业演化，产业关联得到强化，区域产业演化具有一定路径依赖特征。进一步分区域考察发现，沿海地区的产业演化更加依赖于产业关联强度，而西部地区出现的一些新产业则与现有产业关联性不大，说明西部地区创造了新路径。基于中国海关贸易产品出口数据，我们也绘制了2001年和2013年的四位数产品空间。结果再次表明中国的产品关联性得到了显著提升，新出现优势产品与现有产品关联性较强。2001~2007年，四大区域的出口产品空间演化受到技术关联的显著影响；2008~2013年，东部、中部和东北地区的产品空间演化仍然受到技术关联影响，西部地区则受技术关联影响不明显。总体上，中国区域产业演化发展受到原有产业结构的影响，表现为路径依赖。但是这种路径依赖发展模式存在显著的区域差异。

我们建立计量模型探讨中国区域产业演化的影响因素。无论是产业层面还是产品层面，模型统计分析都发现，区域转型产业或者新产业都与现有产业结构存在显著关联性。结果验证了区域产业衍生过程，即区域倾向于发展与原有产业关联性较强的产业，显示中国区域产业演化具有路径依赖性（贺灿飞等，2016；Guo and He，2017）。路径依赖强度还取决于产业特征和区域制度，如市场化程度、参与全球化程度等（Zhou et al.，2016），反之，与区域现有产业关联性较弱的产业退出市场的概率也较大（He and Yang，2016）。我们也发现，中国区域有很多机会发展不相关产业。郭琪和贺灿飞（Guo and He，2017）发现，企业贷款、企业补贴以及中央财政支持等能够催生不相关产业；罗芊和贺灿飞（2017）发现，"十一五"规划中对特定产业的支持也能够推动其发展壮大。贺灿飞等（He et al.，2016）发现，在模型中控制产业技术关联后，外商直接投资和出口贸易能够吸引新产业进入。新产业更容易进入市场化程度较高，财政状况较好以及土地财政活跃的区域（He et al.，2016）。金璐璐等（2017）发现，在区域产业演化过程中，新产业进入和已有产业退出是区域路径创造者——地方政府利用补贴引导不同特征产业进入和退出，为地区创造新路径，实现路径突破。有研究直接探讨中国区域在产业演化上如何能够跳得更远，摆脱技术关联的约束，发现政府补贴对区域产业发展的路径突破有显著作用（Zhu, He et al.，2017；Zhu, Pickles et al.，2017）。不断提高区域对外联系强度和广度，改善基础设施、提升人力资本、研究开发投入以及培养开放的社会制度环境都有利于区域实现路径突破。中国是转型发展中国家，在建立社会主义市场经济体制的同时，也认可"有为政府"的重要性。在制度上，政府积极介入经济发展，创造了经济激励和政治激励机制，其产业政策、税收政策、金融政策、贸易政策、土地政策以及地方化的国家经济政策成为区域路径创造的催化剂。例如，国家级高新技术开发区、经济技术开发区等已成为区域新产业的落脚地，而新产业的入驻催化了路径创造实现。中国经济转型得益于积极融入经济全球化，发展外生主导型模式，开拓了国际市场，引进了先进技术和跨国直接投资，为区域带来了新知识、新技术，乃至新产业，创造了新的路径。

小　　结

演化经济地理学借鉴演化经济学的理论与方法，探索空间经济活动不均衡分布的历史演进问题，将经济活动空间分布视为一个历史进化过程（Boschma and Martin，2007）。演化经济地理学将区域发展视为内生发展过程，强调区域产业发展的路径依赖性。源于发达市场经济的演化经济地理学具有明显的局限性。而许多研究发现，区域，尤其是后发达区域，存在很多路径创造的机会。演化经济地理学研究过于重视内生因素，忽略了外生因素。目前，演化地理学还处于创立和探索阶段，研究内容广泛而分散，相互联系不紧密，没有形成统一的研究范式。演化经济地理学研究中没有实现多尺度交互作用和企业在演化框架中的嵌入性，从企业微观行为的切入点解释中观和宏观层面的空间经济结果，忽略了其他空间尺度的影响。同时，其过分强调企业作为经济变化的原动力，忽略其他主体作用，例如国家、劳动力、公民社会组织，进而无法识别企业在更大网络中的定位，例如在全球生产网络的嵌入（MacKinnon et al.，2009）。实际上，企业和制度在多个尺度上强烈地相互作用，一方面，企业合作或区位决策离不开地方外部性、国家或国际规则和国际市场的作用；另一方面，制度本身也存在于多个尺度上。目前演化经济地理对多尺度交互作用在理论上有一些讨论，但是仍然缺乏实证研究手段和方法。

虽然制度一直没有离开演化理论的视野，许多经济地理学者也都承认制度对区域发展的重要性（Gertler，2010；Rodríguez-Pose，2013），但是演化经济地理学对制度的研究还远远不够。实证研究中通常把制度简化为一个影响因素，但制度其实是个人和组织之间复杂的交互作用所形成的社会上层建筑，同时，它又通过向下的作用力影响和限制社会中各个主体的行为和决定。制度对微观个体和企业的作用不是均衡的，会受到个人异质性和组织异质性的影响，所以需要一个更宽的视角来理解制度，强调它对微观个体的重要作用（Hodgson，2009）和多尺度的相互作用，而不是仅仅将组织惯例和制度之间的关系简单地线性化（MacKinnon et al.，2009；Pike et al.，2009）。

鉴于演化经济地理学的局限性，一些学者建议加强演化经济地理学与地理政治经济学的融合（MacKinnon et al.，2009；Pike et al.，2009）；另外一些研究认为制度经济地理学和关系经济地理学可以完善演化经济地理学（Hassink et al.，2014）。最近，全球生产网络研究也引入了动态观，试图与演化经济地理学相结合（Yeung and Coe，2015）。德国学者哈辛克等（Hassink et al., 2014）梳理了演化经济地理学与相邻学科的关系，指出了演化经济地理学的发展方向（图 5-4）。地理政治经济学探讨资本主义与政府、劳动力和资本的关系如何导致区域不平衡性。通过与地理政治经济学的融合，演化经济地理学可以强化外部投资、跨国公司与本地企业的不对等权力关系、劳资关系和政府管制（MacKinnon et al., 2009；Pike et al., 2009）。路径创造和路径依赖嵌入在区域制度中，通过与制度经济地理学的结合，演化经济地理学可以强化区域中个体能动性的分析，内生和外生制度之间的相互作用及其演化，强调不同地理尺度的差异性（Gertler, 2010）。关系经济地理学能够更加综合地讨论制度、权力、行为主体及其在不同尺度上的互动关系（Bathelt and Glückler, 2003；Yeung, 2005）。关系经济地理学认为企业嵌入在不同尺度的社会关系和制度安排中，进而探讨正式和非正式制度对产业演化和区域经济发展的影响（Yeung, 2005）。

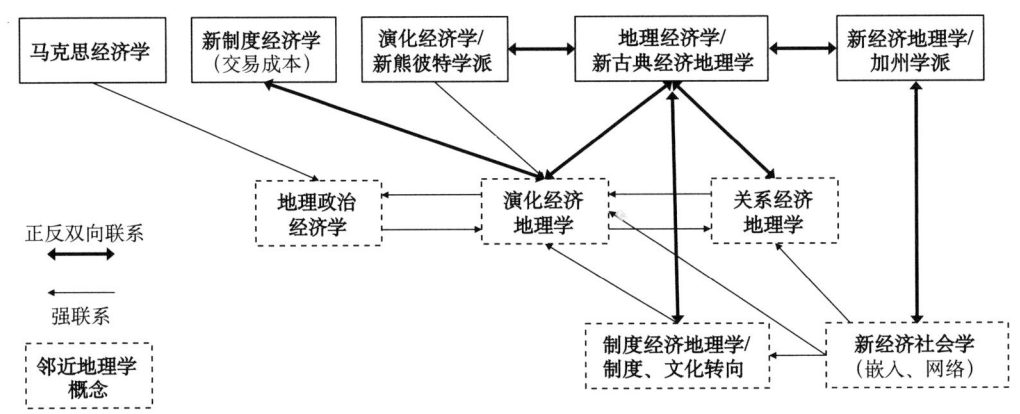

图 5-4　演化经济地理学与其他理论框架的联系

资料来源：Hassink et al.（2014）。

基于演化经济地理学对中国区域产业发展的研究，并将其与地理政治经济学、制度经济地理学和关系经济地理学融合是目前非常重要的拓展研究方向。目前演化经济地理学的实证研究主要为案例研究和基于产品、企业和产业的定量研究，将来需要强化质性研究与定量模型研究的结合，为中国区域产业演化的路径依赖和路径创造提供系统深入的解释。其具体需要在五个方面深入讨论，包括：①企业和政府的能动性和战略性行为，企业有目的的行动（如创新行为、产品多元化、空间市场拓展和衍生过程等）是区域产业演化的微观机制，而中央政府和地方政府的政策制度会给企业和政府创造经济和政治激励；②不同行为主体的权力关系，包括企业与政府的权力关系，跨国公司与地方政府的权力关系，跨国公司与本地企业的权力关系等，这些权力关系对区域产业演化有重要影响；③内生和外生的区域制度，企业嵌入在区域社会文化制度中，其行为受到制度的规制，内生制度与企业惯例共同演化，外生制度对企业带来冲击；④行为主体与区域环境互动模式，区域环境包括市场环境、产业集聚、制度环境以及社会网络等；⑤来自不同地理尺度的资源、资本、知识与制度的互动关系及其对区域产业演化的影响。

参 考 文 献

[1] Arthur, W. B. (1988) Self-reinforcing mechanisms in economics. In Anderson, P. W., K. Arrow, D. Pines (eds.) *The Economy as an Evolving Complex System*. Oxford Uiversity Press.

[2] Arthur, W. B. (1994) *Increasing Returns and Path Dependence in the Economy*. University of Michigan Press.

[3] Asheim, B. T., A. Isaksen (2002) Regional innovation systems: the integration of local "sticky" and global "ubiquitous" knowledge. *The Journal of Technology Transfer*, 27(1): 77-86.

[4] Balland, P. A., M. D. Vaan, R. Boschma (2012) The dynamics of interfirm networks along the industry life cycle: the case of the global video game industry, 1987-2007. *Journal of Economic Geography*, 13(5): 741-765.

[5] Barabási, A. L., R. Albert (1999) Emergence of scaling in random networks. *Science*, 286(5439): 509-512.

[6] Bathelt, H., J. Glückler (2003) Toward a relational economic geography. *Journal of Economic Geography*, 3(2): 117-144.

[7] Bathelt, H., A. Malmberg, P. Maskell (2004) Clusters and knowledge: local buzz, global pipelines and the process of knowledge creation. *Progress in Human Geography*, 28(1): 31-56.

[8] Belussi, F., A. Sammarra (2005) *Industrial District, Relocation, and the Governance of the Global Value Chain*. Universita di Padova.

[9] Binz, C., B. Truffer, L. Li, et al. (2012) Conceptualizing leapfrogging with spatially coupled innovation systems: the case of onsite wastewater treatment in China. *Technological Forecasting and Social Change*, 79(1): 155-171.

[10] Blomström, M., H. Persson (1983) Foreign investment and spillover efficiency in an underdeveloped economy: evidence from the Mexican manufacturing industry. *World Development*, 11(6): 493-501.

[11] Boschma, R. (2005) Proximity and innovation: a critical assessment. *Regional Studies*, 39(1): 61-74.

[12] Boschma, R. (2015) Towards an evolutionary perspective on regional resilience. *Regional Studies*, 49(5): 733-751.

[13] Boschma, R., G. Capone (2014) Relatedness and diversification in the EU-27 and ENP countries. *Papers in Evolutionary Economic Geography*, 14(7): 1-43.

[14] Boschma, R., Capone, G. (2015) Institutions and diversification: related versus unrelated diversification in a varieties of capitalism framework. *Research Policy*, 44(10): 1902-1914.

[15] Boschma, R., K. Frenken (2003) Evolutionary economics and industry location. *Review of Regional Research*, 23(2): 183-200.

[16] Boschma, R., K. Frenken (2006) Why is economic geography not an evolutionary science? Towards an evolutionary economic geography. *Journal of Economic Geography*, 6(3): 273-302.

[17] Boschma, R., K. Frenken (2009) Some notes on institutions in evolutionary economic geography. *Economic Geography*, 85(2): 151-158.

[18] Boschma, R., K. Frenken (2011) The emerging empirics of evolutionary economic geography. *Journal of Economic Geography*, 11(2): 295-307.

[19] Boschma, R., K. Frenken, H. Bathelt, et al. (2012) Technological relatedness and regional branching. *Beyond Territory: Dynamic Geographies of Knowledge Creation, Diffusion and Innovation*, 64-68. Routledge.

[20] Boschma, R., S. Iammarino (2009) Related variety, trade linkages, and regional growth in Italy. *Economic Geography*, 85(3): 289-311.

[21] Boschma, R., R. Martin (2007) *Constructing an Evolutionary Economic Eeography*. Oxford: Oxford University Press.

[22] Boschma, R., R. Martin (2010) The aims and scope of evolutionary economic geography. In R. Boschma, R. Martin (eds.) *The Handbook of Evolutionary Economic Geography*, 3-39. Cheltenham: Edward Elgar Publishing.

[23] Boschma, R., A. Minondo, M. Navarro (2013) The emergence of new industries at the regional level in Spain: a proximity approach based on product relatedness. *Economic Geography*, 89(1): 29-51.

[24] Boschma, R., R. Wenting (2007) The spatial evolution of the British automobile industry: does location matter? *Industrial and Corporate Change*, 16(2): 213-238.

[25] Broekel, T., R. Boschma (2011) Knowledge networks in the Dutch aviation industry: the proximity paradox. *Journal of Economic Geography*, 12(2): 409-433.

[26] Buenstorf, G., S. Klepper (2009) Heritage and agglomeration: the Akron tyre cluster revisited. *The Economic Journal*, 119(537): 705-733.

[27] Castaldi, C., K. Frenken, B. Los (2015) Related variety, unrelated variety and technological breakthroughs: an analysis of US state-level patenting. *Regional Studies*, 49(5): 767-781.

[28] Caves, R. E. (1974) Multinational firms, competition, and productivity in host-country markets. *Economica*, 41(162): 176-193.

[29] Cohen, W. M., D. A. Levinthal (1990) Absorptive capacity: a new perspective on learning and innovation. *Administrative Science Quarterly*, 35(1): 128-152.

[30] David, P. A. (1985) Clio and the economics of qwerty. *The American Economic Review*, 75(2): 332-337.

[31] David, P. A. (1994) Why are institutions the "carriers of history"? Path dependence and the evolution of conventions, organizations and institutions. *Structural Change and Economic Dynamics*, 5(2): 205-220.

[32] David, P. A., J. A. Bunn (1988) The economics of gateway technologies and network evolution: lessons from electricity supply history. *Information Economics and Policy*, 3(2): 165-202.

[33] Dawley, S. (2014) Creating new paths? Offshore wind, policy activism, and peripheral region development. *Economic Geography*, 90(1): 91-112.

[34] Dosi, G. (1982) Technological paradigms and technological trajectories: a suggested interpretation of the determinants and directions of technical change. *Research Policy*, 11(3): 147-162.

[35] Dosi, G. (1988) The nature of the innovation process. In G. Dosi, C. Freeman, R. Nelson (eds.) *Technical

Change and Economic Theory, 221-238. Pinter.
[36] Dosi, G., C. Freeman, R. Nelson, et al. (1988) *Technical Change and Economic Theory*. Pinter.
[37] Driffield, N., M. Munday (2000) Industrial performance, agglomeration, and foreign manufacturing investment in the UK. *Journal of International Business Studies*, 31(1): 21-37.
[38] Essletzbichler, J. (2015) Relatedness, industrial branching and technological cohesion in US metropolitan areas. *Regional Studies*, 49(5): 752-766.
[39] Essletzbichler, J., D. L. Rigby (2007) Exploring evolutionary economic geographies. *Journal of Economic Geography*, 7(5): 549-571.
[40] Findlay, R. (1978) Relative backwardness, direct foreign investment, and the transfer of technology: a simple dynamic model. *The Quarterly Journal of Economics*, 92(1): 1-16.
[41] Fleming, L. (2001) Recombinant uncertainty in technological search. *Management Science*, 47(1): 117-132.
[42] Foster, J., J. S. Metcalfe (2001) *Frontiers of Evolutionary Economics: Competition, Self-Organization and Innovation Policy*. Edward Elgar.
[43] Freeman, C. (1989) *Technology Policy and Economic Performance*. Pinter.
[44] Frenken, K., R. A. Boschma (2007) A theoretical framework for evolutionary economic geography: industrial dynamics and urban growth as a branching process. *Journal of Economic Geography*, 7(5): 635-649.
[45] Freund, C. (2001) On the long-run effects of expanding regionalism. *Regionalism in Europe*, 23-44.
[46] Garud, R., P. Karnøe (2001) Path creation as a process of mindful deviation. *Path Dependence and Creation*, 138. Psychylogy Press.
[47] Gertler, M. S. (2003) Tacit knowledge and the economic geography of context, or the undefinable tacitness of being (there). *Journal of Economic Geography*, 3(1): 75-99.
[48] Gertler, M. S. (2010) Rules of the game: the place of institutions in regional economic change. *Regional Studies*, 44(1): 1-15.
[49] Giuliani, E., M. Bell (2005) The micro-determinants of meso-level learning and innovation: evidence from a Chilean wine cluster. *Research Policy*, 34(1): 47-68.
[50] Grabher, G. (2006) Trading routes, bypasses, and risky intersections: mapping the travels ofnetworks' between economic sociology and economic geography. *Progress in Human Geography*, 30(2): 163-189.
[51] Grossman, G. M., E. Helpman (1991) Trade, knowledge spillovers, and growth. *European Economic Review*, 35(2-3): 517-526.
[52] Guo, Q., C. He (2017) Production space and regional industrial evolution in China. *GeoJournal*, 82(2): 379-396.
[53] Hassink, R., C. Klaerding, P. Marques (2014) Advancing evolutionary economic geography by engaged pluralism. *Regional Studies*, 48(7): 1295-1307.
[54] Hausmann, R., J. Hwang, D. Rodrik (2007) What you export matters. *Journal of Economic Growth*, 12(1): 1-25.
[55] He, C., F. Pan (2010) Economic transition, dynamic externalities and city-industry growth in China. *Urban Studies*, 47(1): 121-144.
[56] He, C., R. Yang (2016) Determinants of firm failure: empirical evidence from China. *Growth and*

Change, 47(1): 72-92.

[57] He, C., Y. Zhou, Z. Huang (2016) Fiscal decentralization, political centralization, and land urbanization in China. *Urban Geography*, 37(3): 436-457.

[58] Hidalgo, C. A., R. Hausmann (2009) The building blocks of economic complexity. *Proceedings of the National Academy of Sciences*, 106 (26): 10570-10575.

[59] Hidalgo, C. A., B. Klinger, A. L. Barabási, et al. (2007) The product space conditions the development of nations. *Science*, 317(5837): 482-487.

[60] Hodgson, G. M. (1993) *Economics and Evolution: Bringing Life back into Economics*. Cambridge: Polity Press.

[61] Hodgson, G. M. (2009) Institutional economics into the twenty-first century. *Studi e Note di Economia*, 14(1), 3-26.

[62] Hodgson, G. M., T. Knudsen (2004) The firm as an interactor: firms as vehicles for habits and routines. *Journal of Evolutionary Economics*, 14: 281-307.

[63] Hodgson, G. M., J. A. Lamberg (2016) The past and future of evolutionary economics: some reflections based on new bibliometric evidence. *Evolutionary and Institutional Economics Review*, 15: 1-21.

[64] Hodgson, G., J. W. Stoelhorst (2014) Introduction to the special issue on the future of institutional and evolutionary economics. *Journal of Institutional Economics*, 10(4): 513-540.

[65] Jacobs, J. (1969) *The Economy of Cities.* Vintage.

[66] Klepper, S. (2007) Disagreements, spinoffs, and the evolution of Detroit as the capital of the US automobile industry. *Management Science*, 53(4): 616-631.

[67] Kogler, D. F., D. L. Rigby, I. Tucker (2013) Mapping knowledge space and technological relatedness in US cities. *European Planning Studies*, 21(9): 1374-1391.

[68] Krugman, P. (1991) Increasing returns and economic geography. *Journal of Political Economy*, 99(3): 483-499.

[69] Krugman, P. (2011) The new economic geography, now middle-aged. *Regional Studies*, 45(1): 1-7.

[70] Lambooy, J. G., R. A. Boschma (2001) Evolutionary economics and regional policy. *The Annals of Regional Science*, 35(1): 113-131.

[71] Lester, R. (2005) Universities, innovation, and the competitiveness of local economies. A summary Report from the Local Innovation Systems Project: Phase I. Massachusetts Institute of Technology, Industrial Performance Center, Working Paper Series.

[72] Li, S., J. Xia (2008) The roles and performance of state firms and non-state firms in China's economic transition. *World Development*, 36 (1): 39-54.

[73] Liu, Z. (2008) Foreign direct investment and technology spillovers: theory and evidence. *Journal of Development Economics*, 85(1): 176-193.

[74] Lundvall, B. A. (1988) *Innovation as an Interactive Process: From User-Producer Interaction to the National System of Innovation. Technical Change and Economic Theory*. Pinter Publishers.

[75] MacKinnon, D., A. Cumbers, A. Pike, et al. (2009) Evolution in economic geography: institutions, political economy, and adaptation. *Economic Geography*, 85(2): 129-150.

[76] Malmberg, A., P. Maskell (2010) An evolutionary approach to localized learning and spatial clustering. In Boschma, R., R. Martin (eds.) *The Handbook of Evolutionary Economic Geography*. Edward Elgar

Pub.

[77] Marshall, A. (1920) *Principles of Economics*. Royal Economic Society (Great Britain).

[78] Martin, R. (2010) Roepke lecture in economic geography-rethinking regional path dependence: beyond lock-in to evolution. *Economic Geography*, 86(1): 1-27.

[79] Martin, R., P. Sunley (2006) Path dependence and regional economic evolution. *Journal of Economic Geography*, 6(4): 395-437.

[80] Martin, R., P. Sunley (2007) Complexity thinking and evolutionary economic geography. *Journal of Economic Geography*, 7(5), 573-601.

[81] Martin, R., Sunley, P. (2015) Towards a developmental turn in evolutionary economic geography? *Regional Studies*, 49(5): 712-732.

[82] Maskell, P., A. Malmberg (2007) Myopia, knowledge development and cluster evolution. *Journal of Economic Geography*, 7(5): 603-618.

[83] Massey, D. B. (1995) *Spatial Divisions of Labor: Social Structures and the Geography of Production*. Psychology Press.

[84] Menger, C. (1883) *Untersuchungen uber die Methode der Sozialwissenschaften und der Politischen Oekonomie insbesondere*. Ducker & Humboldt.

[85] Menzel, M. P., D. Fornahl (2009) Cluster life cycles-dimensions and rationales of cluster evolution. *Industrial and Corporate Change*, 19(1): 205-238.

[86] Morrison, A. (2008) Gatekeepers of knowledge within industrial districts: who they are, how they interact. *Regional Studies*, 42(6): 817-835.

[87] Murmann, J. P. (2003) *Knowledge and Competitive Advantage: the Coevolution of Firms, Technology, and National Institutions*. Cambridge University Press.

[88] Neffke, F., M. Henning, R. Boschma, et al. (2011) The dynamics of agglomeration externalities along the life cycle of industries. *Regional Studies*, 45(1): 49-65.

[89] Neild, R. (2017) The future of economics: the case for an evolutionary approach. *The Economic and Labour Relations Review*, 28(1): 164-172.

[90] Nelson, R. R. (1994) The co-evolution of technology, industrial structure, and supporting institutions. *Industrial and Corporate Change*, 3(1): 47-63.

[91] Nelson, R. R. (1995) Co-evolution of industry structure, technology and supporting institutions, and the making of comparative advantage. *International Journal of the Economics of Business*, 2(2): 171-184.

[92] North, D. C. (1990) *Institutions, Institutional Change and Economic Performance*. Cambridge University press.

[93] Pike, A., K. Birch, A. Cumbers, et al. (2009) A geographical political economy of evolution in economic geography. *Economic Geography*, 85(2): 175-182.

[94] Pike, A., D. MacKinnon, A. Cumbers, et al. (2016) Doing Evolution in Economic Geography. *Economic Geography*, 92(2): 123-144.

[95] Poncet, S. (2005) A fragmented China: measure and determinants of Chinese domestic market disintegration. *Review of International Economics*, 13(3): 409-430.

[96] Porter, M. (2003) The economic performance of regions. *Regional Studies*, 37(6-7): 549-578.

[97] Puffert, D. J. (2002) Path dependence in spatial networks: the standardization of railway track gauge.

Explorations in Economic History, 39(3): 282-314.

[98] Qian, Y. (1996) Enterprise reform in China: agency problems and political control. *Economics of Transition*, 4(2): 427-447.

[99] Rigby, D. L., J. Essletzbichler (1997) Evolution, process variety, and regional trajectories of technological change in US manufacturing. *Economic Geography*, 73 (3): 269-284.

[100] Rodríguez-Pose, A. (2013) Do institutions matter for regional development? *Regional Studies*, 47(7): 1034-1047.

[101] Schamp, E. W. (2010) On the notion of co-evolution in economic geography. In Boschma, R., R. Martin (eds.) *The Handbook of Evolutionary Economic Geography*. Edward Elgar Pub.

[102] Schumpeter, J. A. (1912) *The Theory of Economic Development: an Inquiry into Profits, Capital, Credit, Interest and the Business Cycle*. Harvard University Press.

[103] Scott, A. J., M. Storper (1986) *Production, Work, Territory: the Geographical Anatomy of Industrial Capitalism*. Allen and Unwin.

[104] Setterfield, M. (1993) A model of institutional hysteresis. *Journal of Economic Issues*, 27(3): 755-774.

[105] Sinani, E., K. E. Meyer (2004) Spillovers of technology transfer from FDI: the case of Estonia. *Journal of Comparative Economic*, 32(3): 445-466.

[106] Sorenson, O., P. G. Audia (2000) The social structure of entrepreneurial activity: geographic concentration of footwear production in the United States, 1940-1989. *American Journal of Sociology*, 106(2): 424-462.

[107] Sorenson, O., J. W. Rivkin, L. Fleming (2006) Complexity, networks and knowledge flow. *Research Policy*, 35(7): 994-1017.

[108] Sotarauta, M., R. Pulkkinen (2011) Institutional entrepreneurship for knowledge regions: in search of a fresh set of questions for regional innovation studies. *Environment and Planning C: Government and Policy*, 29(1): 96-112.

[109] Spicer, A., G. A. McDermott, B. Kogut (2000) Entrepreneurship and privatization in Central Europe: the tenuous balance between destruction and creation. *Academy of Management Review*, 25(3): 630-649.

[110] Storper, M. (1992) The limits to globalization: technology districts and international trade. *Economic Geography*, 68(1): 60-93.

[111] Storper, M., R. Walker (1989) *The Capitalist Imperative: Territory, Technology, and Industrial Growth*. Blackwell.

[112] Strambach, S. (2010) Knowledge commodification and new patterns of specialisation: prfessionals and experts in knowledge-intensive business services (KIBS). Working Papers on Innovation and Space.

[113] Stuart, T., O. Sorenson (2003) The geography of opportunity: spatial heterogeneity in founding rates and the performance of biotechnology firms. *Research Policy*, 32(2): 229-253.

[114] Suire, R., J. Vicente (2009) Why do some places succeed when others decline? A social interaction model of cluster viability. *Journal of Economic Geography*, 9(3): 381-404.

[115] Ter Wal, A. L. J. (2013) The dynamics of the inventor network in German biotechnology: geographic proximity versus triadic closure. *Journal of Economic Geography*, 14(3): 589-620.

[116] Torre, A. (2008) On the role played by temporary geographical proximity in knowledge transmission. *Regional Studies*, 42(6): 869-889.

[117] Veblen, T. (1898) Why is economics not an evolutionary science? *The Quarterly Journal of Economics*, 12(4): 373-397.

[118] Walker, R. A. (2000) The geography of production. In Sheppard, E. (ed.) *A Companion to Economic Geography*. Blackwell Publishing.

[119] Wei, Y. H. D., J. Li, Y. Ning (2010) Corporate networks, value chains, and spatial organization: a study of the computer industry in China. *Urban Geography*, 31(8): 1118-1140.

[120] Wenting, R., K. Frenken (2011) Firm entry and institutional lock-in: an organizational ecology analysis of the global fashion design industry. *Industrial and Corporate Change*, 20(4): 1031-1048.

[121] Winter, S. G. (2014) The future of evolutionary economics: can we break out of the beachhead? *Journal of Institutional Economics*, 10(4): 613-644.

[122] Witt, U. (2014) The future of evolutionary economics: why the modalities of explanation matter. *Journal of Institutional Economics*, 10(4): 645-664.

[123] Wong, K. K. (2000) Big change questions Chicago school reform: from decentralization to integrated governance. *Journal of Educational Change*, 1(1): 95-103.

[124] Yang, C., H. Liao (2010) Industrial agglomeration of Hong Kong and Taiwanese manufacturing investment in China: a town-level analysis in Dongguan. *The Annals of Regional Science*, 45(3): 487-517.

[125] Yeung, H. W. C. (2005) Rethinking relational economic geography. *Transactions of the Institute of British Geographers*, 30(1): 37-51.

[126] Yeung, H. W., N. Coe (2015) Toward a dynamic theory of global production networks. *Economic Geography*, 91(1): 29-58.

[127] Young, A. (2000) The razor's edge: distortions and incremental reform in the People's Republic of China. *The Quarterly Journal of Economics*, 115(4): 1091-1135.

[128] Zhang, L. Y. (1999) Chinese central-provincial fiscal relationships, budgetary decline and the impact of the 1994 fiscal reform: an evaluation. *The China Quarterly*, 157: 115-141.

[129] Zhao, X. B., L. Zhang (1999) Decentralization reforms and regionalism in China: a review. *International Regional Science Review*, 22(3): 251-281.

[130] Zhou, Y., C. He, S. Zhu (2016) Does creative destruction work for Chinese regions? *Growth and Change*, 48(3): 274-296.

[131] Zhu, Y., S. Fahey (1999) The impact of economic reform on industrial labour relations in China and Vietnam. *Post-Communist Economies*, 11 (2): 173-192.

[132] Zhu, S., C. He (2013) Geographical dynamics and industrial relocation: spatial strategies of apparel firms in Ningbo, China. *Eurasian Geography and Economics*, 54(3): 342-362.

[133] Zhu, S., C. He, Y. Zhou (2017) How to jump further and catch up? Path-breaking in an uneven industry space. *Journal of Economic Geography*, 17(3): 521-545.

[134] Zhu, S., J. Pickles, C. He (2017) Global and local governance, and industrial and geographical dynamics: a tale of two clusters. In Zhu, S., J. Pickles, C. He (eds.) *Geographical Dynamics and Firm Strategy in China*. Springer.

[135] 贺灿飞、董瑶、周沂："中国对外贸易产品空间路径演化"，《地理学报》，2016 年第 6 期，第 970~983 页。

[136] 贺灿飞、郭琪、马妍等："西方经济地理学研究进展"，《地理学报》，2014 年第 8 期，第 1207~1223 页。

[137] 金璐璐、贺灿飞、周沂等："中国区域产业结构演化的路径突破"，《地理科学进展》，2017 年第 8 期，第 974~985 页。

[138] 刘志高、崔岳春："演化经济地理学：21 世纪的经济地理学"，《社会科学战线》，2008 年第 6 期，第 65~75 页。

[139] 刘志高、尹贻梅："演化经济地理学：当代西方经济地理学发展的新方向"，《国外社会科学》，2006 年第 1 期，第 34~39 页。

[140] 刘志高、尹贻梅、孙静："产业集群形成的演化经济地理学研究评述"，《地理科学进展》，2011 年第 6 期，第 652~657 页。

[141] 罗芊、贺灿飞："产业政策与区域产业演化"，《2017 年中国地理学会经济地理专业委员会学术年会论文摘要集》。

[142] 苗长虹："欧美经济地理学的三个发展方向"，《地理科学》，2007 年第 5 期，第 617~623 页。

[143] 邱风、张国平、郑恒："对长三角地区产业结构问题的再认识"，《中国工业经济》，2005 年第 4 期，第 77~85 页。

[144] 颜银根、安虎森："演化经济地理：经济学与地理学之间的第二座桥梁"，《地理科学进展》，2013 年第 5 期，第 788~796 页。

[145] 尹贻梅、刘志高、刘卫东："路径依赖理论及其地方经济发展隐喻"，《地理研究》，2012 年第 5 期，第 782~791 页。

第六章 政治经济地理学

引　言

政治经济学有着悠久的历史，18 世纪中后期到 19 世纪中后期，亚当·斯密（Adam Smith）、大卫·李嘉图（David Ricardo）、马克思等基于政治经济学在广阔的社会、政治背景中分析经济问题，筑成了古典政治经济学和马克思主义政治经济学。后者更是成为指导国际社会主义实践的思想武器。但是 19 世纪后期以后，在以经济学为代表的社会科学领域，边际分析和数量方法逐渐成为主流。政治经济路径更多地在政治和革命领域发挥作用。

现代经济地理学研究的政治经济路径肇始于 20 世纪 60～70 年代，其产生与地理学者对战后一系列社会问题和计量革命等地理学科发展中本身面临的问题的反思密切相关。在反思的过程中，一些地理学者拾起了马克思主义的思想观点和方法作为其新的地理学理论的重要基础，从而促使了激进地理学向马克思主义地理学演变。到了 20 世纪 80 年代，政治经济路径一度成为经济地理学的主流研究方法，而采用这一研究方法的学者大都或多或少地接受了马克思主义的理论。20 世纪 90 年代以后，在文化、制度转向的冲击下，政治经济路径的影响力被大大削弱，但是仍然作为一种重要的研究方法，独立或与其他研究方法一起呈现于经济地理研究中。进入 21 世纪后，特别是伊拉克战争和全球金融危机发生后，国际经济环境和安全环境的恶化使得更多的地理学者开始重新采用政治经济路径研究当代社会的各种现象。

关于政治经济地理学研究，谢泼德（Sheppard，2011）概括出三个特征：一是认为资本主义仅是组织社会经济活动的一种方式，而非自然或终极的方式；二是认为地理对于经济现象并不是外生的，它实际上作为主动因素参与了经济现象的形成过程；三是认为经济过程与自然、生理、社会过程联系广泛，并受到其他过程的影响。

第一节　经济学与政治经济学

经济学英文表述为"economics"，即家计学或家计管理。在古希腊，家计学是关于产业、奴隶管理和创造财富的学问。古希腊的经济学并不"纯粹"。论者并不单纯着眼于经济现象本身，而是将经济现象作为更宏观的社会现象特别是政治现象的一部分进行探讨。这种从社会现象角度、政治现象角度切入探讨经济现象的方法，可以说是最早的政治经济路径。值得注意的是，地理在相关的著述中也扮演了十分重要的角色，如希罗多德（Herodotus）在长期游历中写成的《历史》，就涉及了古希腊和古波斯世界不同地方不同的政治、社会和经济现象。直至欧洲近代，这种古老的政治经济路径的叙事方式仍旧伴随着人类对经济现象的研究，并在17世纪中期前后发展成为古典政治经济学的方法论基础。

一、古典政治经济学——起源

进入17世纪后，欧洲在经济、社会、政治领域发生了一系列变化：以机器生产和手工工场为代表的工业资本主义取代了传统的生产关系，以庄园经济为代表的农业经济开始动摇。新兴资产阶级开始在各个国家积蓄变革力量，并在英国、荷兰等国很快取得了政治方面的主导地位。这些变化大大超出了既有理论的解释能力，学者开始更新政治经济路径的思维方法，古典政治经济学应运而生。

1776年，斯密出版《国民财富的性质和原因的研究》，是古典政治经济学的奠基之作。1817年，李嘉图出版《政治经济学及赋税原理》，被认为是古典政治经济学的巅峰，同时也成为该学科走向衰落和分裂的起点。

斯密作为最著名的古典政治经济学家和思想家，最为人所熟知的观点就是"看不见的手"。斯密崇尚竞争性市场，认为这种形式的市场结构会自动配置资源并实现均衡。竞争性市场理论的起点是理性人假设。该假设认为人类个体是理性的，如果对其不加干预，每个个体都会追求自身私利的最大化。这种逐利的需求意味着，在某一部门内部，如果存在超过成本的收益，竞争者就会进入，从而增加产品供给，最终导致产品价格维持在成本水平上。而资本经过在不同部门流动，重复部门内部产品价格和成本趋同的趋势，会最终导致利润率、工资等要素在不同部门之间的均等化，从而实现资源的最优配置。此时，由于劳动者支付的购买产品的价格等于其获得的工资，整个社会的利益也实现了最大化。基于此，斯密主张自由放任的经济政策，反对政府和资本家联合对竞争性市场进行干预。

古典政治经济学是人类系统理解资本主义生产关系下经济、社会、政治现象的最初成果。不同于既有理论，经济现象成为政治经济路径关注的核心。但是随着技术、资本壁垒带来的垄断形势的变化和阶级矛盾的激化，古典政治经济学的解释力逐渐弱化，并被新的理论所取代。

二、马克思主义政治经济学——突破

马克思的思想来源包括了黑格尔哲学、法国乌托邦思想和古典政治经济学。但是马克思并没有被其思想来源所限制，而是对这些思想进行了深刻的反思和批判，并以此为基础进行了大规模的理论创新。其中，他对古典政治经济学的批判主要在于，古典政治经济学没有考虑生产力如何破坏生产关系（兰德雷斯和柯南德尔，2014）。

马克思所采纳的政治经济路径的核心是剩余价值理论，这是在李嘉图的劳动价值论基础上的进一步发展。马克思认为，产品全部价值和成本来自于劳动，资本家通过强迫工人延长劳动时间获得更多的产品及其对应的价值，而其所发放的工资即生产成本却少于工人所生产产品的价值，中间的差额，也即利用剩余劳动时间创造的价值就是剩余价值。利润的创造依赖于增收和减支，通常情况下，为了进一步获取利润，资本家可以选择利用之前的利润简单扩大生产规模实现增收，但伴随而来的问题是这种方式需要招收更多的工人并导致用工成本上升。因此，很多资本家选择更新机器，同时提高劳动生产率并减少工人的雇佣，从而获取更多利润。这种安排导致产品供应增加和工人失业，最终导致扩大的产品供给不能被萎缩的产品需求有效吸收，也即生产过剩。同时，机器等工业资本因为生产过剩而被迫闲置，闲置的资本和劳动力无法组合用于生产，也即积累过剩。生产与积累过剩带来了系统性的经济危机和工人阶级生存状况的进一步恶化。

马克思的模型可以简化为，资本主义生产关系下，资本追求剩余价值的属性导致其对工人的剥削不断加剧，最终导致产品供求的匹配、资本和劳动力的匹配严重失调，引发了系统性的经济危机，并激化了阶级矛盾。而解决这些问题的方法，就是推翻现有的生产关系，使生产资料不再如资本主义生产关系下为少数人所集中占有。

马克思开创的政治经济路径为思考经济问题及与之相关的社会、政治问题提供了全新的视角，但也动摇了资本主义生产关系的根基，导致资本主义制度的支持者开始寻求新的理论捍卫现存制度。

三、边际革命和经济学的数学化——分裂

马克思政治经济学继承了古典政治经济学特别是劳动价值论的观点，却得出了与后者完全相反的结论，导致 17 世纪以来的政治经济路径已经不能被用来捍卫资本主义生产关系。因此，持不同论点的学者开始寻找替代劳动价值论的新价值理论，并逐渐避免和政治经济学的表述发生联系。

边际革命以威廉·杰文斯（William Jevans）、门格尔、里昂·瓦尔拉斯（Léon Valras）在 19 世纪 70 年代初分别发表《政治经济学理论》《国民经济学原理》《纯粹政治经济学要义》为标志。值得注意的是，农业区位论的提出者杜能就是边际分析方法的重要开创者之一，他在农业区位论的演绎中就已经使用了这一方法。

边际效用理论的核心观点是，价值并非由要素成本而是由边际效用决定的。这种观点直接颠倒了古典政治经济学和马克思主义政治经济学关于价值的整套因果逻辑。劳动和劳动生产的中间产品不再是最终产品的价值来源，最终产品的边际效用反过来决定了最终产品和中间产品的价值。事实上，边际效用理论使用的价值概念更类似于马克思主义政治经济学中价格的概念。之后的经济学也基本不再区分价值和价格。

边际效用理论的提出使持该观点的学者眼中的世界比古典政治学和马克思主义政治经济学学者眼中的世界更加简单，这使得数学表达式和函数图像有了更大的应用空间，相关研究成果也变得更加接近科学的形式。由于政治立场的缘故，关于价值的观点和成果表达形式的分歧越来越大。后来大部分经济学者逐渐抛弃了政治经济学称谓，转而用经济学作为本研究领域的统称。这一传统到 1890 年马歇尔出版《经济学原理》后得到正式确立。之后，凡是认同边际效用理论的学者，即使从广阔的社会背景来研究经济学问题，也通常不再自冠以政治经济学的名称，而以理论经济学、国民经济学等代替。20 世纪初，在拉格纳·弗里希（Ragnar Frisch）、简·廷伯根（Jan Tinbergen）、特里夫·哈维默（Trygve Haavelmo）和考利斯委员会（Cowles Commission）的努力下，经济学的数学化程度进一步深化。经济计量学得到了极大的完善和迅速的推广，与政治经济学的分野也进一步明晰。

第二节 马克思主义地理学
——经济地理学政治经济路径的肇始

第二次世界大战之后的世界并不比战时更加平静。一方面,战争秩序迅速被两极对峙的冷战秩序所替代。以美国为首的资本主义阵营和以苏联为首的社会主义阵营仍然在经济与意识形态等战场上争夺对世界的主导权。另一方面,技术革新特别是信息技术革命带来的信息爆炸效应深刻改变了人类社会的发展方式,推动了生产方式、贸易方式、交往方式乃至科学研究方式的大革新。

20世纪50年代之前,由阿尔弗雷德·赫特纳(Alfred Hettner)和哈特向等人主张的区域地理一直主导着地理学界的思维,认为地理学应该致力于研究区域特色及其差异,而不是像其他学科一样,去探索一般的规律。正如哈特向本人所言,"除了所有地区都是独特的这一地理通则之外,(地理学)没有发展一般原则的必要"(哈特向,1963)。20世纪50年代中期开始,美国地理学界以华盛顿大学和芝加哥大学为中心掀起了使用多元回归分析、线性规划等计量工具建立模型,分析地理现象的高潮,并在短时间内席卷整个地理学界,这场运动后来被称为"计量革命"。计量革命推动了地理学研究方法和地理学的科学化。但是20世纪70年代之后,地理学计量化的反对者对计量革命展开了激烈的批评。一方面是因为该方法的哲学基础逻辑实证主义在学界受到了广泛的质疑;另一方面,更重要的是,过度简化的数学模型很难对地理现象做出充分解释。值得注意的是,这些反对者中包括曾经的计量革命先锋、地理学家哈维。而他批判地理学计量化的武器,正是马克思主义的理论和方法。

除了对计量革命的批判和反思,政治和社会生活中的新形势也是马克思政治经济学被引入地理学的重要背景。20世纪60年代中期,经历战后30年的发展,欧美资本主义国家的经济发展达到较高水平并开始放缓,伴随而来的是各种社会问题和人们对公民权利的要求。这一时期,人们发起了一系列反对贫困、种族和性别歧视、环境破坏和越南战争的运动,如法国的五月风暴、美国的黑人民权运动等。许多地理学者也展开了关于相关社会问题的研究,不少学者还成为各种运动的重要参与者。1969年《对立面:激进的地理学杂志》的创刊,标志着激进地理学作为一种地理学流派正式登上历史舞台。但是激进地理学者在研究社会问题和参与社会运动的过程中,也暴露出理论和方法无法满足对特定现象的研究的问题。因此,激进地理学者也开始逐渐寻找适合的理论和研究方法以完善自身。马克思主义政治经济学作为研究资本主义社会矛盾和问题最有效的研究工具被纳入这些学者的考量之中,推动了激进地理学转向马克思主义地理学。

一、空间、城市和全球化——哈维的理论探索

哈维是城市研究领域的杰出理论家,被《图书馆杂志》评论为"20世纪后半期最具影响力的地理学家之一"。哈维是马克思主义地理学的开创者。他最早清醒地认识到激进地理学学科发展中面临的理论支持不足的困境,并最早开始寻求在方法上从含混的方法论或逻辑实证主义的方法论向马克思主义政治经济路径转变。1973年出版的《社会正义与城市》一书,清晰地反映了哈维思想的转变过程。该书也成为马克思主义地理学的奠基之作。

1. 关于空间的再认识

在哈维的理论中,空间的概念始终扮演着最为重要的角色。哈维在马克思历史唯物主义的基础上加入了空间维度,将历史唯物主义方法论改造成为历史—地理唯物主义方法论。哈维使用的空间概念,已经超越了通常语境下的含义。

在一般语境下,空间被认为是事物存在的以长宽高为表征的客观区域。如果按照这种理解,空间的性质应该保持中立。早在20世纪60年代初就有学者对这种关于空间的一般认识提出挑战。而系统的新空间观最早建构者则是法国哲学家列斐伏尔(Lefebvre,1974)。在1974年出版的《空间的生产》一书中,列斐伏尔系统阐述了他的空间观念。在他看来,"在传统意义上,'空间'一词更多地让人联想到数学、几何学及其定理,因而它是一个抽象物:没有内容的空壳子"(Lefebvre,1974)。事实上,空间并非客观、独立或中性的,而具有鲜明的社会性、政治性、阶级性和意识形态性。列斐伏尔将空间划分为三种形式,即物质空间、空间的再现和再现的空间。其中,空间的再现是指以符号方式构想和抽象地再现出来的概念化空间,如地图、图书,或几何学、建筑学等学科;而再现的空间是指以想象、情感、意义、幻想等形式表现出来的心理空间(钱厚诚,2016)。显然,基于以上认识,空间变成一种可以在物质和精神层面生产的现象,而不再仅是发生社会现象的场所本身。值得注意的是,列斐伏尔作为新空间理论的开创者,影响了包括哈维在内的一批学者。但是这些学者在对空间的认识和基于这些认识的理论建构上,却常常与列斐伏尔的学说存在各种出入。然而,空间的非中立性和可生产性却作为一种共性,体现于所有这些学者的理论之中。

哈维对马克思主义理论中不太系统的空间观念进行了较大程度的完善。在传统的马克思主义的政治经济路径中,空间和空间生产的概念并非没有涉及。如在《共产党宣言》

中，马克思和弗里德里希·恩格斯（Friedrich Engels）就这样描述过作为空间现象的城市："资产阶级使农村屈服于城市的统治。它创立了巨大的城市，使城市人口比农村人口大大增加起来……资产阶级日甚一日地消灭生产资料、财产和人口的分散状态。它使人口密集起来，使生产资料集中起来，使财产聚集在少数人的手里。"这一描述实际上反映了城市空间生产和资本主义发展的动态关系。马克思通过梳理人类社会特别是资本主义社会的发展历程，看到了资本主义必然灭亡的未来，却忽略了资本在空间上运动，缓和资本主义危机的灵活性。当然，这主要因为在马克思时代，交通、通信技术和城市的发展水平还远未达到能够改变理论家心中传统观念的程度。20世纪以来，特别是第二次世界大战之后，交通、通信技术急速发展带来的"时空压缩"效应才使得理论界开始认识到空间的重要性。正是结合马克思主义政治经济路径的思维传统，加上对现代社会现象的考察，哈维的历史—地理唯物主义思想方法才得以形成。

哈维对于空间的认识可以基于他建立的时空矩阵进行清晰的勾画。时空矩阵以列斐伏尔的物质空间（经验的空间）、空间的再现（概念化的空间）、再现的空间（生活的空间）横向展开，并以哈维从过往思想理论中总结出的三种对空间的认识——绝对空间、相对空间、关系空间纵向展开，形成了三行三列的矩阵。哈维认为"其中的交叉点指出了理解空间和时空之意义的不同模态"（Harvey，2005）。哈维进一步利用他的时空矩阵将马克思理论中的概念一一对应到矩阵的行列交点之中，从而对马克思的时空观念进行了比较系统的梳理和归纳（表6-1）（Harvey，2005）。

表 6-1 马克思理论的空间矩阵

	物质空间（经验的空间）	空间的再现（概念化的空间）	再现的空间（生活的空间）
绝对空间	有用的商品、具体劳动过程、纸币和硬币、私有财产/国家疆界、固定资本、工厂、营造环境、消费空间、警戒线、占领空间（静坐）；猛攻巴士底狱或冬宫……	使用价值与具体劳动：过程的剥削（马克思）vs 工作是创造性的游戏（傅里叶）；私有财产地图与阶级排斥；不均衡地理发展的拼贴	异化 vs 创造性的满足；孤立的个人主义 vs 社会团结；忠于地方、阶级、认同等；相对剥夺；不公不义；缺乏尊严；愤怒 vs 满足
相对空间（强调趋势与流动）	市场交换；贸易、商品、能量、劳动力、货币、信用或资本的循环流动；通勤与迁移；贬值与降级；资讯流动与外界的扰动	交换价值（运动中的价值）：积累的框架；商品链；迁移与流动模型；投入—产出模型；时空修复的理论、经由时间消灭空间、资本穿越营造环境的循环；世界市场的形成、网络；地缘政治关系与革命策略	货币与商品拜物教(永远无法满足的欲望)；时空压缩的焦虑/欢快；不稳定性、不安全、行动与运动的强度 vs 静止（一切坚实的都烟消云散……）

续表

	物质空间 （经验的空间）	空间的再现 （概念化的空间）	再现的空间 （生活的空间）
关系空间 （强调交互背后的本质规则）	抽象劳动过程；虚拟资本；抵抗运动；政治运动的突发性展现与表现性爆发；"革命精神扰乱……"	货币价值：价值之为社会必要劳动时间；相对于世界市场的凝结人类劳动；运动中的价值法则以及货币的社会力量（全球化）；革命的希望与恐惧；变革策略	价值：资本主义霸权（没有其他出路）；无产阶级意识；国际团结；普遍人权；乌托邦梦想；诸众；对他者的移情作用（另一个世界是可能的）

资料来源：Harvey（2005）。

在哈维看来，在时空矩阵的各个行列交点跨越、穿梭，才能更加扩展理解的广度和深度。空间本质上是社会的构成物。人类实践活动创造并利用特定空间。在资本主义社会，资本是塑造空间形式、推动空间生产转换的根本力量（任政，2014）。在资本逐利的过程中，在小尺度上建立了工厂、楼宇等生产空间；在中等尺度上建立了城市这一空间存在，并在城市内部形成了空间景观的差异；而在区域和全球尺度，则在各个国家、地区配置生产，改变了全球空间景观。

2. 空间和城市

城市是哈维空间理论应用的起点。哈维出版的《社会正义与城市》正是探讨城市空间与社会正义的问题，他认为城市化是一种资本主义发展的表现和结果，城市发展过程中产生的生产方式、劳动分工、社会分化等现象，都是资本作用的结果形式。

资本在城市发展中最直接的作用是塑造了城市景观，并推动城市景观不断地发生变迁。出于追逐剩余价值的目的，资本在城市内部流动并制造具有内部功能和外部特征的空间。空间因此被资本化，成为追逐利润、榨取剩余价值的重要手段和途径。不同类型的资本——在城市发展初期是工业资本和农业资本，后来加入了商业资本和金融资本，随着城市化的深入又加入了投机资本，以及某些情形下的国家资本——都基于自身获取剩余价值的需要争夺和制造空间。在城市发展的全过程中，不同类型的资本都按照各自的需求争夺空间和生产空间，并在争夺过程中发生对抗和冲突。而在资本主义和城市发展的不同阶段，各种资本的力量对比不同。处于强势的资本类型，在竞争中获得优势，并按照其利润最大化的需要进行空间生产，从而推动了城市景观的不断变迁。显然，类似的变迁过程，在另一个层面而言也是资本和空间的破坏与浪费过程。不断变化的资本积累需求决定了城市空间生产的流变性和复杂性，这必然无法实现城市空间资源在使用、消费和分配上的公正平等性，并由此导致了公共空间过度资本化、旧城市中心区的废弃、城市遗产保护等一系列城市危机（张佳，2015）。

城市空间的资本化也经常出于化解积累过剩危机的需求。按照马克思的理论，积累过剩、剩余资本和剩余劳动力无法匹配是资本主义不得不面临的危机。而哈维发现，通过投资于基础设施等固定资产，推迟价值重新进入流通领域的时间，积累过剩的危机可以得到一定程度的缓解，这种安排称为时间修复。时间修复显然无法真正解决积累过剩的危机，反而酝酿着更大的危机。因为在范围有限的城市区域，短时间内投入大量资本，带来的是土地价格的大幅度上升，价格与价值的背离程度急剧拉大，从而带来新的投机和剥削方式。正如哈维（2010）在《巴黎城记》中描述的现象一样，"巴黎房地产越来越被视为是一种纯粹的金融资产，一种虚拟的资本形式，它的交换价值被整合到一般的资本流通当中，完全支配了使用价值。"土地及地上空间的使用价值被投机价值所取代。土地拥有者和金钱资本拥有者疯狂炒作城市空间，空间剥削取代了剩余劳动时间剥削，成为新的和更加便利的剥削形式。资本主义的剥削由以往的社会剥削走向社会—空间的双重剥削（任政，2014）。双重剥削拉大了城市的贫富差距，实际上进一步加剧了资本主义的危机。

　　除了在宏观上塑造城市景观，资本也是推动城市内部空间分异的决定性力量。在生产空间方面，资本主导下的城市空间严格按照资本获取利润的需求进行布局。比如，在城市中心布局的往往是高级写字楼等资本密度极高的空间事物，而与之搭配的是拥挤的人流、嘈杂的环境和极少的绿化。这种空间安排极大地降低了信息等方面的成本，实现了资本收益的最大化，但也带来了较高的通勤成本、时间成本和糟糕的工作环境。作为主体的人被裹挟在资本的洪流之中，其全面发展被完全忽视，伴随着的是人的异化。而在生活空间方面，资本带来的是居住区的集中和阶级之间居住区的隔离。由于城市中大多数区域被资本生产成为生产空间，极高的资本密度推动了地价的上升，生活空间面临着极大的压缩。资本家和高收入者能够为城市郊区的优良环境与较高的通勤成本买单，因而在城市郊区建立了高档社区。而城市中的低收入阶层、劳动者在生活空间的竞争中则处于劣势。他们一方面没有与生产空间竞争的力量，也缺乏支付足够的租金和通勤成本的能力，因而只能集中居住在城市中心生产空间和郊区高档住宅包围起来的逼狭地带，甚至散落在生产空间中的贫民区之中。作为城市空间生产的主要劳动载体以及城市中数量最庞大的群体，低收入者却在生活空间竞争中完全地处于下风。更加重要的是，空间的区隔伴随着阶层之间的割裂和对立，空间层级造就了身份等级。因此，资本主义制度下的空间生产实际上还是身份和等级的生产。生活空间隔离后，随之而来的是身份排斥、身份歧视。处于特定空间之中的群体，在话语权的争夺中也逐渐被边缘化，在未来的城市空间生产中处于更加不利的位置。资本主义启蒙思想家梦寐以求的人人平等的目标，在城市空间的生产中被碾为齑粉。在阶级对立达到一定限度之后，伴随而来的必然是更大程度的反抗和斗争。哈维的空间和城市的关系理论为认识资本主义制度及城市中的地理现象提供了重要的视角，同时也在社会学、城市规划等领域有着重要的影响。

3. 空间和全球化

全球化是指以货物与资本在全球范围内的流动为核心的经济全球化，以及与其相关的人员往来、信息交流和制度安排等。关于全球化的起点，不同学者的观点存在很大分歧。一些学者认为，从地理大发现开始，世界就进入了全球化时代，如斯塔夫里阿诺斯（1992）就认为经济全球化起源于1500年，从彼时起，人类、动物和植物开始全球性扩散，经济关系、政治关系和文化关系在全球范围内相互联系、相互作用，地区历史转变为全球历史。也有学者将全球化起点推后到工业革命之后、电气革命之后、20世纪初或第二次世界大战之后。尽管存在时点判断上的分歧，但是几乎所有的学者都将货物、资本、人员、信息等的跨国流动作为全球化的必要条件。电气革命之后，交通和通信技术的变革推动了货物更加快速地在全球范围内流动，而资本开始跨出国界，在全球范围内组织生产活动。一般认为，1865年德国拜耳公司收购位于美国纽约州的一家工厂，标志着跨国公司开始登上历史舞台。

对于经济全球化现象，马克思在著作中也多有论及，但他采用的是"世界市场"和"世界历史"的概念。马克思在论及世界市场的形成过程时，按时间划分了三个阶段，其中，15世纪末至17世纪中叶，美洲新大陆的发现、开发和欧洲商业革命的爆发是世界市场的初创阶段；17世纪中叶到19世纪中叶，工业革命带来的生产变革和产品在工业化国家、殖民地及半殖民地之间的流动，意味着世界市场扩展到了全球各地；19世纪中叶以来，随着交通和通信技术变革而来的商品与资本在全球范围内的快速输出，代表着世界市场第一次"真正地形成了"（朱丽君和阎孟伟，2003）。在马克思看来，世界市场的最终形成意味着资本主义竞争从国内竞争过渡为全球竞争。在马克思的论述中，全球竞争本身仍然没有涉及"空间"的概念。马克思认为，只是交通和通信条件的改善以及世界市场的形成加剧了竞争的强度，空间在这里仍然是单纯的容器。如果按照这种理解，随着竞争的加剧，资本主义灭亡的时间应该很快到来，然而后来的历史显示，理论并未能实现。

第二次世界大战之后，随着交通、通信技术的进一步发展以及布雷顿森林体系的确立，资本在全球的流动变得空前便利。发达工业国家的资本开始在全球范围内进行空间生产。世界各个角落被裹挟加入到原材料和商品销售全球体系及资本全球运作体系中。随着时间的推移，跨国公司越来越成为国际舞台上的重要力量。同时，世界生产和贸易的规模空前扩大，但世界经济在战后20年时间内没有发生较大危机。以哈维为代表的学者开始意识到空间在资本主义维持中所起到的作用。哈维提出的空间修复概念，便是他关于资本在空间上扩张的最根本认识。哈维认为，为了缓解危机，资本在时间上采取时间修复的策略，是通过提前投资固定资产延缓资本再流通的速度；在空间上则采取空间修复的策略，资本在一地发生积累过剩的现象，通过在他地投资来缓解本地的积累过剩，并在他地生产出新的空间。同时，不同地方的空间通过交通通信设施相互联结，构成了更宏观的空间景观。得益于全球化，学者能够得以认识空间在资本主义发展中的作用。因此，哈维也注意到了战后全球化在空间方面的与之前不同的一些特色。

首先是空间生产速度加快和资本空间权力膨胀。在全球化的过程中，地方，特别是落后国家的部分地方，成为空间生产集中的区域。通过在这些地方投资低端制造业，使这些国家的工业城市脱离了地方民族产业体系，甚至相对独立于地方政府的权力体系，成为一座服从国际资本需求的制造业孤岛。跨国公司甚至拥有了超越政府的对空间的支配权力。

其次是金融资本在空间中的自由流动和权力的扩大。无论是布雷顿森林体系建立带来的汇率统一，还是布雷顿森林体系解体带来的汇率自由化，都在不同的阶段为金融资本在全球的流动提供了极大的便利。信息技术在资本的全球流动中同样起着关键的作用，其最重要的功能是使资本即时流动，从而几乎完全摆脱了时间和空间方面的限制，实现时空的极限压缩。通过这种安排，资本可以更便利地在全球范围内实现空间生产，或在"赛博空间"中实现规模更大的投机等交易行为（哈维，2006）。在这种金融资本的自由流动过程中，其权力也随着空间的生产和本身的增值而逐步扩大。另外，呈现在空间中加速城市化及全球城市的出现、中心边缘的剥削体系的形成等都是哈维所关注过的现象。

哈维从空间的视角以空间修复的理论解释全球化，是对马克思理论的重要完善。他将马克思未能完整揭示的空间在资本主义发展中的重要性比较全面且深刻地描述了出来，将历史唯物主义更新为历史—地理唯物主义，使对资本主义现象的政治经济解释得到进一步深化。

4. 空间中的弹性积累

弹性积累是依附于哈维空间理论的重要理论，是哈维结合20世纪后期资本主义发展特别是全球化发展进程中的一系列新现象而提出的适应性理论。

20世纪30年代，西方发达工业国家爆发了资本主义生产方式确立以来的最大危机。以美国为代表的先进工业国家，见证了电气革命以来生产规模的急剧扩大和自由放任的经济政策一起造就的空前的经济泡沫的破裂，以及之后历时六年的帝国主义战争——第二次世界大战。受到一系列事件的影响，各先进工业国家开始反思19世纪末以来造就繁荣的生产方式、积累方式和政府在国民经济中的位置，最终建立了一种福特主义的生产组织和社会管理方式。福特主义生产方式的特点是：在生产层面，以机械化、自动化和标准化形成的流水线作业及其相应的工作组织，通过精细化劳动分工和大规模生产提高劳动生产效率；而在国家治理层面，以凯恩斯主义为特征，强调国家对经济的干预，特别是通过介入劳资集体谈判和建立福利国家体制，提高劳动者的消费能力，刺激有效需求，以需求带动经济增长并防止生产过剩和经济危机。但是这种依靠国家干预和需求拉动的生产组织形式并不能解决资本主义的固有矛盾，特别是随着生产规模的不断扩大，固定资产沉淀等原因最终又导致了利润率的下降。最终，在1968~1972年的经济危机和第一次石油危机之后，资本开始寻求新的生产组织方式，以消解资本主义社会的矛盾并实现新的积累目标。弹性积累方式应运而生。

弹性积累之所以是"弹性"的，是因为与福特主义下"刚性"的集中劳动、大规模生产和标准化产品相比，新的生产方式在劳动过程、劳动力市场、生产和消费模式上都表现出充分的灵活性（哈维，2003），并且资本积累本身也因为生产上的灵活性而变得更加灵活。弹性积累包括弹性雇佣、弹性生产、弹性消费等多方面的特征，其中最核心的就是弹性生产。弹性生产是指在地理上分散进行生产，特别是把资本转向第三世界劳动力价格低廉的地区，小规模生产和追求买方市场。不同于福特制依靠集中大规模生产带来的高效率获取利润，跨国公司通过在不同地区布局子公司或生产企业进行分散生产，甚至直接将同一产品的不同部分进行分拆生产。显然，这种安排影响了全球的空间景观。伴随越来越多的地方被纳入跨国公司的生产布局，当地的景观也与之前呈现出不同的样貌。"它导致了不平衡发展模式中的各种迅速变化，包括各个部门与各个地理区域之间的迅速变化"（哈维，2003）。

企业在全球分散的布局损失了大规模生产带来的效益，但廉价的劳动力补偿了这些损失，仍然实现了利润和积累的增加。而这种廉价的劳动力成本，并非仅来自于落后地区较低的生活成本（当然这也是资本获取的剩余价值的重要来源），也来自于弹性雇佣。在福特主义和凯恩斯主义制度安排下，工会通过与企业谈判为工人争取较高的工资，福利国家制度也为工人提供了生活上的保障，工人成为"功能性的中产阶级"（熊易寒，2016）。而在弹性积累的框架下，除了保留必要的"核心"工人，跨国公司不再保有数量庞大的享受完善保障的员工，而是转而雇佣"具有技艺的全日工作的雇员"和"非全日的、不定期的、固定条件的全日工作人员，临时的、转包合同的和公共津贴资助的受训人员"（哈维，2003）。在这种弹性雇佣制度下，跨国公司可以根据宏观波动、周期需求变化等因素随时决定雇佣或解雇工人，而无须像在福特主义制度下在淡季也必须为工人支付工资等费用，从而极大地减少了工资、福利开销。经济欠发达国家劳动保障制度的不健全，为跨国公司弹性雇佣提供了极大的便利。而且在弹性生产的模式下，随着一个先前投资地方劳动保障制度的完善，跨国公司可以决定将工厂搬离或者更换外包厂商，以维持较低的工资和福利成本。

在弹性生产和弹性雇佣的模式下，消费与生产互动也更加方便。面对消费多样化需求，位于不同地方的工厂可以快速地做出迎合本地市场需求的调整，而弹性雇佣的模式也可以使企业快速地更换具有不同技能的劳动力以快速实现转变。与此同时，技术和创新的地位得到了极大提升。对大企业而言，一方面，缺少了规模化带来的效率提升，通过创新和技术更新维持成本与产品优势变得更加必要；另一方面，轻资产和弹性雇佣的运营方式也减少了更新技术带来的沉没成本损失。而对众多小企业特别是作为外包服务提供者的小企业，在激烈的竞争中获得大企业订单并保持不可替代性的方式就是通过创新不断地更新技术。

弹性积累是全球化过程中的新现象，也是资本主义制度进行空间修复的新模式。哈维提出的这一概念为更加全面地认识全球化现象提供了新的视角，同时也揭示出新的模式并未解决资本主义的固有问题，反而在对劳动力剥削等方面更加变本加厉，只能是孕育着新危机。

二、资本主义不平衡发展——史密斯的理论贡献

史密斯1954年出生于英国，师从哈维，1982年在约翰·霍普金斯大学取得博士学位，曾先后任教于哥伦比亚大学地理系和罗格斯大学地理系。2012年逝世前，史密斯担任纽约大学研究生院人类学和地理学特聘教授。在社会理论方面，他的主要研究兴趣为政治经济、马克思主义和不平衡发展理论。

1. 关于自然的再认识

关于自然的再认识是史密斯理论体系中的重要一环。文艺复兴以来，人类通过科学探索和技术革新，逐渐"摆脱"了被自然"支配"的命运，并开始大肆开发和利用自然资源，为人类自身的发展服务。这种物质上的"胜利"也反映在了精神层面。许多学者将自然作为纯粹的服从因果关系的客观空间，而将人类思维及思维所支配的活动理解为服从理性的理性空间，从而造成了人的心灵和有机体、理性和自然的决裂（陈四海，2013）。史密斯对这种割裂的自然—人类（社会）关系理论持批判的态度："它分解了知识，并且把自然降低到仅仅是资本主义经济和新古典经济学的'外部因素'"（皮特，2007）。

为了摆脱这种扭曲的自然观念束缚，史密斯重新梳理了马克思自然观，提出了自然的生产概念。这样，资本主义、阶级斗争、空间生产、不平衡发展等一系列问题都可以从整体自然观出发进行考察，"除非将空间概念化为独立于自然的现实存在，否则空间生产就是自然生产的逻辑结果"（Smith，2008）。在整体的自然观下，人类理性并非是

与自然格格不入的存在。通过自发性，人类实现了两者的连结。在这种自发性的作用下，人类从事生产性活动，创造出了人的精神和物质世界结合的产物——人造物，或曰第二自然。第二自然的产生使人类摆脱了和动物相同的生存状态。剩余产品的存在产生了交换的需求，并使一部分人在生产活动中解放出来，产生了交易和阶级以及之后的市场经济与资本主义制度。因此，人类的生产活动、空间的生产，实际上是自然的生产过程。这也意味着资本的活动受制于自然的规律，资本主义社会的危机不仅产生于人类社会本身，还可能因违背了自然的运行而遭受报复——如资源稀缺、环境污染等。因此，资本无限增值的逻辑"无论自然界变得如何接近人类，人们还是要生产"必然导致越来越大的危机，而解决的方案正是对自然的生产进行控制，"这是社会主义一个可以实现的梦想"（Smith，2008）。

史密斯在马克思主义政治经济路径中加入的自然和环境的概念，实际上是在原有分析框架内对人类面临的自然、环境危机的一种回应。这种创设使马克思主义政治经济路径在思考资本主义制度问题方面的考量更加全面。

2. 资本主义不平衡发展

不平衡发展理论的完善是史密斯对马克思主义经济地理学的最大贡献。史密斯在1984年出版《不平衡发展——自然、资本与空间的生产》，提出了自然的生产、"跷跷板"理论等经典的理论，是马克思主义地理学的典型代表作品（皮特，2007）。关于不平衡发展的问题，哈维在不同的著作中多有论述，其他学者如索杰及其学生、哈维的其他学生也多有见解。史密斯也是在哈维的启发下开始这方面的研究。但是在思考的深入性和理论的系统性上，史密斯的不平衡发展理论都超过了哈维和其他学者的理论，并在后来为各种理论所借鉴和吸收。

资本主义制度下不平衡发展的现象一直是马克思主义学者所关注的问题。不平衡发展有其资源禀赋的原因：自然环境、历史条件本身就造成了发展的不平衡。然而，关于资本主义持续发展和越来越多的地方被纳入全球市场后各地的发展会呈现怎样的态势，则有不一样的判断。马克思认为，伴随着资本在空间上的扩张，各地的发展水平将会实现相对均等化。显然后来的事实无法支持这一判断。后来，列宁（Лéнин）修正了这一理论，认为资本主义进入帝国主义阶段导致了更加严重的发展不平衡（Smith，1986）。显然，传统的马克思主义理论在分析不平衡发展问题上并未纳入严谨的空间考量，而仅从历史的角度进行总结和解释。以史密斯为代表的马克思主义地理学者引入了空间维度，基于历史—地理唯物主义对不平衡发展问题给出了新的解释。

史密斯仍然以空间修复为起点探讨不平衡发展的问题。资本主义制度为了解决利润率下降和积累过剩的问题，将资本投向欠发达地区以实现空间修复，并在空间上将欠发达地区纳入资本主义全球生产体系。如果保持其他条件不变，则欠发达地区随着资本的进入和产业崛起而快速发展，其利润率和积累速度高于先前的发达地区，最终的结果是整个资本主义世界发展的均等化和利润率趋向于零。这种结果是资本主义所不能接受的，资本的特性要求它必须无限地积累，均等化违背了资本的这一特性。

因此，史密斯认为不平衡发展是资本主义发展的必要前提和必然结果：只有发展的不平衡性存在，资本才有其生存的土壤。然而，在全球都被纳入资本主义世界体系以及资源禀赋逐渐不能带来超额利润之后，资本该何去何从呢？史密斯提出资本此时可以能动地制造出新的空间不平衡，以对抗发展均等化的趋势，维持在全球范围内的持续积累。事实上，资本在全球范围内一直持续这样的运动。比如，资本在 20 世纪前半期在美国五大湖沿岸建立了高度发达的重工业生产体系和城市群，并使当地在一定时间内呈现出高度繁荣的局面。但随着综合成本上升和利润率下降，资本开始在全球的许多欠发达地区重新构造生产空间并带动了这些地区的繁荣，当地因此却变得萧条。越来越多的资本开始进入东南亚等更为欠发达的地区，改变着这些地区的空间形态。史密斯将这种资本的运动方式称为"跷跷板"运动，也被总结为"跷跷板"理论。史密斯认为，当资本流入地区遭遇了利润率下降、积累受阻，资本会重新进入之前离开的区域，制造新的空间不平衡。尽管资本重新回归可能需要漫长的过程，美国五大湖沿岸等"锈蚀地带"的再工业化现象也已经表明史密斯预期的正确性。

哈维的空间修复理论为资本在空间上的扩张提供了全新视角，但这一理论基本上是一种静态理论，和马克思的理论一样，它未能解释资本主义制度缓解自身危机的持续机制。史密斯则用持续制造空间不平衡和"跷跷板"这一比喻，揭示了资本主义通过空间修复缓解危机的动态过程。

三、关系、空间与劳工——马西的新视角

马西于 1944 年出生在英国。她先后毕业于牛津大学圣休学院和宾夕法尼亚大学，并于 1972 年获得硕士学位。马西曾在智库环境研究中心从事研究工作，1982 年开始在英国开放大学任教，直至退休。马西被认为是马克思主义地理学的代表人物之一。和哈维、史密斯等人相比，马西的思想来源更加复杂，关注的领域也和其他学者存在较多的不同，甚至在很多问题上与其他学者有着截然不同的观点。正如马西自己所言，"当然，我确实受到了马克思主义的影响，这一影响来自阿尔都塞。我也确实在某种程度上受到了后结构主义的影响。但是，如果'后'马克思主义者意味着反马克思主义者的话，我会拒绝这一称谓。当然，最可以肯定的是，我是一名女性主义者"（张也，2015）。

1. 对哈维空间理论的批评

在马西的认识中,"空间实际上是由社会现象之间的关系建构而成的,是这些关系的产物。我们主动地在生活中创造空间,而且,我们创造空间的方式将反过来影响社会的结构化和我们生活的结构化"(马西,2010)。显然,马西的空间理论并没有超过哈维的时空矩阵,而是在关系空间和相对空间的某几个维度上。但是基于她的空间视角,马西还是对哈维提出了比较系统的批评,而且这些批评确实指出了哈维理论中存在的一些问题。

首先是关于哈维全球化和时空压缩的看法。在马西看来,哈维在讨论空间生产的过程中,过于强调资本的作用。"这样的解释似乎表明,世界围着时空和金钱在转,而我们围着世界在转,资本主义及其发展被认为是决定着我们对空间的理解和体验"(Massey,2013)。而马西认为,"时空压缩以及人们所进行的空间实践不完全是由资本所决定的,种族和性别等因素也能对人们的空间活动产生重要影响"(Massey,2013)。关于这一点,马西从女性主义角度的论述尤多。

其次是关于哈维对地方的论述。哈维认为,在资本主义进行全球扩张的过程中,地方被纳入了资本主义的全球体系,并被资本所建构或改造,以满足资本获取超额利润和进行时空修复的目的。而在马西看来,地方不只是空洞建筑物和套牢资本的场所,或是缓解过剩资本和劳动力所带来的压力的手段,更是各种社会关系相互交织的结果,是多元轨迹并存的场所。资本的逻辑没有界定地方概念的权力(丁乙和袁久红,2017)。

马西关于哈维空间理论的批评一定程度上是中肯的。尽管哈维对空间的概念有非常系统的总结,而且也确实实现了在时空矩阵中的灵活切换。但在论及全球化、资本主义的空间修复等问题时,哈维确实有空间绝对化的倾向。

2. 劳动的空间分工与不平衡发展

在马西看来,哈维等人的理论中充斥着经济决定论的影子,因此,她致力于建构一种超越经济决定论的空间理论。在马西的理论中,空间作为一种关系的构成物受到多方面因素的影响:"不同类型空间结构的演化不只是由劳动过程、资本积累的要求所决定。空间结构通过管理者、工人及政治代理人的政治经济战略和斗争而确立、强化和变化"(马西,2010)。

在探讨空间问题的过程中,马西还是突出强调了劳动因素在空间形成和演化过程中的重要作用。通过分析生产企业展示了一幅不平衡的劳动分工的图景,马西认为:"资本主义的发展特点,既是经济所有权与占有权的分离,也是每一种所有权和占有权当中复杂的功能科层体系的发展"(马西,2010)。基于这一论述,马西将生产企业中的科层制分为管理科层制和生产科层制。管理科层制主要是指总部和分厂的分工中体现出的一种科层制。马西进一步分别分析了普遍存在的三种生产科层制。第一种是存在总部—分厂结构且总部和分厂之间职能都不同的企业科层制。如电子业在同一总部的控制下，总部负责研发，其他分厂负责制造或组装。分担不同职能的总部或分厂往往位于不同的地区，从而形成了关系空间意义上的空间分异。科层中存在着权力的差异，科层制代表工作职位控制权被撤除的不同程度和非熟练化的不同程度（马西，2010）。总部从事研发、设计等工作的工人主要涉及脑力劳动，因此对工作方法和工作速度保留了一定的控制权。而从事组装等体力劳动的工人，则对工作完全没有控制权。从事生产、操纵机械设备的工人，则处于两者之间。第二种和第三种则是存在总部—分厂结构但所有分厂功能都基本相同的企业科层制，以及存在于单一地区的自主企业的科层制。这两者在实体上塑造绝对空间，在权力意义上塑造关系空间。生产科层制是指技术分工意义上的科层制，同一企业内不同分厂担纲不同职责可以认为是生产科层制的一种形式。当然，分厂或单厂内部、分厂或单厂之间，都可能存在技术分工，自然也存在生产科层制。生产科层制也在绝对空间和关系空间意义上塑造空间形态。

那么，空间是如何演化的呢？以哈维和史密斯为代表的学者认为是资本基于剩余价值和空间修复的动机作跷跷板运动，导致了区域不平衡发展的动态演化。但这一理论一定程度上无法充分地解释，为什么资本会流入这个地区，而不是发展水平相似的其他地区。马西以劳动力分工为切入点给出了答案。在研究菲亚特汽车工厂转移时，马西就注意到该公司率先将组装工厂、零件分装工厂等分厂转移到意大利南部地区。此类工厂在管理和生产科层制体系中都位于最底端，而菲亚特核心职能部门依然位于都灵。马西认为："这种新的空间结构是建立在劳动分工之上的"（马西，2010）。根据马西的观察，在落后的意大利南方，工人普遍缺乏熟练的技术，也缺乏组织工会的经验，当地工人的议价能力低下，适合组织低端组装厂的生产。马西还通过其他例子说明，当地工人的态度和规划对工厂的进入同样重要，证明空间结构的形成并不是资本单方面意志作用的结果。马西的分析包含充分的动态性，而且考虑了多种因素的影响，因此比哈维和史密斯等人的理论表现出了更好的适应性。她认为："不同种类的空间结构可以视为按历史顺序出现在一个连续体中，其中每一种结构都被强加在之前的空间结构作用之上，并且与之结合"（马西，2010）。因此，不同于"跷跷板"理论，马西的空间演化理论是基于对历史上形成的劳动力分工的连续响应，更接近多数人的认知，也显示出了一种背离结构主义方法的倾向。

与哈维和史密斯等马克思主义地理学者不同，马西不再主要从资本等角度入手分析空间问题，而是将着眼点投向了更多因素，包括劳动力、性别、阶级、政治斗争等一系列因素，从而提高了政治经济学分析社会经济现象的适应性和解释力。

第三节　政治经济地理学与文化转向
——质疑与融合

20世纪80年代末到90年代初，面对资本主义社会中的新现象，在后结构主义和后现代主义思潮的影响下，经济地理学也开始从依赖计量工具和马克思主义政治经济学，转向更新的研究方法，关注更广域的社会现象，出现了文化制度关系转向。

一、对马克思主义地理学的批判

20世纪70年代，马克思主义政治经济学在经济地理学研究方法中占据主导地位，对其批判也随之增加。全球政治经济形势和社会科学思潮的变化以及政治经济学方法本身的局限性都是这一范式遭受质疑的重要原因。20世纪70年代初的经济危机之后，新自由主义理念开始复兴。信息技术革命和国家干预减少共同促进了全球资本主义经济的回暖及繁荣。与此同时，社会主义国家面临的政治、经济危机逐渐加深。

马克思主义政治经济学本身的局限性也是它招致众多批评的原因。首先是对经济决定论的批评。在马克思主义政治经济路径中，资本是塑造全球空间形态的决定性因素。在批评者看来，过度强调经济因素，实际上是忽略了社会、地理现象的复杂性。其次是对过分强调阶级因素的批评。特别是女性主义者，认为过分强调人的阶级属性忽略了性别在社会和空间中的作用。最后是对理论忽视个体能动性的批评。由于强调经济的决定作用和阶级斗争，尽管"人的全面发展"是马克思主义的重要主题，个人及其能动性在马克思主义地理学中几乎被完全忽略。

二、调节学派——制度转向的开端

调节理论是20世纪70年代出现的一种政治经济理论，秉持调节理论的学者被称为调节学派。这一学派继承了约翰·凯恩斯（John Keynes）和马克思两派的部分观点与方法，在此基础上提出了以"积累模式"和"调节方式"为核心的理论与方法。不同国家的学者基于各自国家的状况提出了不同版本的调节理论并形成了不同的流派，如荷兰的阿姆斯特丹学派、美国的积累社会结构学派、瑞典的北欧模式学派、西德的调节主义学派以及日本的调节学派等。理论提出最早、体系最完善、影响最大的仍是法国调节学派。

若不加特殊说明，调节学派指法国调节学派（吕守军，2015）。

1. 调节学派与调节理论

1976年，法国青年马克思主义经济学者米歇尔·阿格利塔（Michel Aglietta）出版《调节与资本主义危机》，标志着调节学派的诞生。作为调节学派的主要理论家，阿格利塔和阿兰·利皮茨（Alain Lipietz）以及波伊尔被称为调节学派的"三剑客"。

调节学派学者大都接受马克思主义以利润率下降和积累过剩为核心的危机理论，但并不认同这种危机在短时间内会达到不可克服和造成资本主义必须被推翻的情况。他们基本接受了凯恩斯的理论框架，但是也用马克思主义的理论修补了前者对社会矛盾及其作用考虑不足的问题。他们还借鉴进化论观点，引入经济演化思路。调节理论的核心是"积累模式"和"调节方式"及其相互关系。积累模式指维持稳定经济生产与消费平衡类型的模式，如凯恩斯主义的积累模式就是规模生产和规模消费的结合。而调节方式则是指融合规范、制度、传统、组织形式、社会网络、行为类型等在一起的复合体（胡海峰，2005）。基于此，调节理论指出，当一种积累模式在现行调节方式下利润率极大下降，发展潜力被耗尽，就会发生经济危机，而解决危机的办法就是建立新的积累模式和调节方式。通过加入调节方式，调节学派成功地在宏观和微观经济现象之间加入一个中间层，一定程度上解决了马克思主义政治经济学在宏观和微观上的含混以及经济学在宏观和微观上的断裂，为后来的社会科学研究提供了更广阔的思路。

2. 调节理论在经济地理学中的应用

在地理学中，关于具体制度的空间差异及空间影响研究比比皆是，如关于政治制度、司法制度对经济发展影响和空间差异的研究。但这些研究大多数采用实证的方法，只能得出选择性的和静态的结论。调节理论则按照政治经济路径的一贯方式，从结构化视角出发，解读制度与其他现象的相互关系。

调节学派代表人物利皮茨先从空间视角研究了新型国际劳动分工。他认为由于福特主义积累模式在资本主义发达地区遭遇危机，因此资本寻求在全球范围内转移。不同于哈维的空间修复理论和史密斯的跷跷板理论，利皮茨不认为这种转移是资本自发地化解积累过剩危机的现象，而是一个与调节密切相关的过程。由于各地区在调节方式上存在差异，即各有不同的制度，因此，福特主义的积累模式在一地遭遇危机，仍然存在与另一地的调节方式匹配的可能性。换言之，如果一地建立了与福特主义积累模式相适应的调节方式，就会吸引资本流入并按照福特主义的原则建立生产体系。而对于发生危机的地区，也并非像哈维和史密斯认为的那样陷入彻底的衰落，而是可以通过"再调节"，即重新建立新的调节方式，匹配新的积累模式，从而克服危机。在这种模型下，由于不同地区的资本家、政治家所建立的调节、再调节方式都不一致，因此，构成了复杂且不平衡的全球制度网络，形成了现有的和动态的新型国际劳动分工体系。由此看出，利皮茨的研究基本契合了后福特制时代的特点，福特制生产组织方式在微观层面仍然存在，并和后发达国家的制度相适应。而现有发达国家及国家内部的部分地区也成功实现了制度转型和产业转型，并未因为资本的流出而彻底衰落。

利皮茨及其他学者将调节方法引入经济地理学研究，其理论较之前的理论更具适应性和动态性。但这种基于全球尺度的解释仍然不能使大部分地理学者满意，因此，后续研究开始更多地寻求从多尺度和尺度互动关系中研究调节方式与不平衡发展的关系（Lim，2017）。这些研究关注身份、话语权、权力关系等主题，越来越多地开始与其他研究方式交叉，汇聚成制度转向的潮流。

制度转向研究中存在很多流派，如弹性专业化和产业区学派、新产业空间学派、学习型区域学派、创新环境学派、区域创新系统学派等，也包括调节学派（雒海潮等，2014）。相关研究强调制度的作用，相对弱化了人的理性和抽象的经济重要性。这种范式改变使得经济地理学研究与现实世界更加贴近，提高了经济地理学的解释力。

三、文化转向与政治经济路径的融合

1. 文化转向潮流与经济地理学

经济地理学的文化转向是西方人文社会科学文化转向大潮流中的小潮流。事实上，从弗里德里希·尼采（Friedrich Nietzsche）和海德格尔起，西方思想界就有越来越多的学者开始反思从柏拉图（Plato）以来的西方思想界的结构主义。自柏拉图将世界一分为二为理念世界和感觉世界起，二元对立的思维方式就始终萦绕于西方思想界之中。物质和意识的关系、阶级二分法等都是这种思维方式的体现。随着技术和社会变革，技术革命、大众文化的普及、平权运动的深入开展和消费经济的推广，结构主义的思维方式至少在某些领域变得更加容易被质疑和诘难。基于此，许多反传统的思想家和思想流派纷纷涌现，开始结合新的社会现象对传统的认识和阐释世界的理论进行深刻的批判。1964年，当代文化研究中心在英国伯明翰大学成立，文化研究开始逐渐在西方思想界掀起一场轰轰烈烈的文化转向思潮。事实上这一思潮也可以追溯到法兰克福学派及更早的思想家和思想流派。理查德·霍加特（Richard Hoggart）、斯图亚特·霍尔（Stuart Hall）等文化研究的代表人物，先后以当代文化研究中心为阵地，不断地输出文化研究的成果和思维方式，并最终席卷了整个西方社会科学，自然也包括作为地理学重要分支的经济地理学。

经济地理学文化转向，也系基于与思想界整体的文化转向相似的原因。首先是经济和社会形态的变化，信息技术革命、后福特主义的积累方式的出现和经济全球化，越来越体现出制度、文化等因素在不同尺度的区域发展过程中的重要作用；而文化产业的兴起和大众化、工厂化文化和文化产品的普及以及平权运动的开展，都在形式上开始打破二元对立的实际状况和思想观念。其次，以哈维为代表的结构主义总体叙事方式，曾经为经济地理学界乃至整个思想界开辟了全新的分析视角，但在应对资本主义以上种种现象时却使许多学者感到缺乏解释力，特别是在应对小尺度、个体和文化现象时显得力不从心。最后，文化研究潮流和对二元对立思维方式的批判，必然与结构主义的理论发生龃龉，这也是新生代的学者研究新生事物、现象和实现学术突破所必须采取的策略。

广义经济地理学文化转向至少还包括文化转向、关系转向和尺度转向。提出和参与文化转向的经济地理学者认为，经济生活嵌入在社会和文化环境中，经济过程也是一个社会文化过程，经济现象可以被置于使其获得意义的文化、社会和政治关系中而实现其情景化（苗长虹，2004）。关系转向的参与者则从关系视角出发研究经济地理现象，提出了关系资产、网络研究等概念或研究范式。尺度转向则强调地理尺度具有建构性，认为地理空间不是单纯的社会经济现象的发生场所，而是社会经济现象发生和变迁的能动参与者。

2. 文化转向中的政治经济路径

文化转向尽管是在对马克思主义地理学的反思中登场，却和马克思主义的政治经济学存在千丝万缕的联系。一方面，文化转向的主要思想来源和倡导者属于"左派"。这种思想和身份认同使这一思潮不可避免地与马克思及其继承思想家发生联系。另一方面，哈维、史密斯、马西等马克思主义地理学的代表人物也在不断地完善自身的理论。尽管这些学者的转变可能最终是在维持其总体性、结构化的理论，但其观点和研究方法确实融入了文化研究所感兴趣的内容和使用的方法，如关于不平发展问题和平权问题的研究以及对于空间的再认识等。

文化政治经济学研究就是较为典型的政治经济路径和文化转向融合的例子。作为这种融合的代表人物，鲍勃·杰索普（Bob Jessop）在 2013 年出版了较为详细阐述这一研究路径及进展的著作《走向文化政治经济学：在政治经济学中安放文化》。文化政治经济学融合了批判符号分析、演化分析、制度分析和政治经济路径的内容及方法，形成了独特的理论和分析框架。

杰索普总结文化政治经济路径的三大特点：首先，不同于一般的符号研究，而类似于演化和制度的政治经济分析，文化政治经济路径反对跨历史分析，强调历史和制度的重要性，看重差异、竞争、选择的符号演化过程；其次，相比于演化和制度的政治经济分析，文化政治经济路径更加重视意义和实践之间的关系，认为主体间的意义对于描述、理解和阐释政治经济现象与过程有重要作用；最后，文化政治经济路径强调符号和非符号的协同演化过程，以及这一过程对资本主义发展的影响（Jessop and Oosterlynck，2008）。

杰索普理论的核心概念是生态系统。他认为，资本主义社会形态包含政治、经济、法律、宗教、文化等具有自我指涉性、独特运行逻辑、自我演化能力和"元编码"的自组织系统，这些系统独立运作并相互影响，共同存在和演化。其中，在通常情况下占据统治性地位的是经济系统（Jessop，2001）。通过这种安排，杰索普的理论在形式上克服了经济决定论的障碍，并将调节理论、文化研究的相关内容和方法纳入了理论框架之中。关于时间和空间问题，杰索普继承和发展了哈维及调节学派的理论，提出了时空定位的概念。在特定的时空定位下，特定的调节方式可以匹配特定的积累模式，实现积累的顺利进行；而不同的时空定位又界定了系统的边界，主要的空间尺度围绕着时空定位而建构（何子英，2007）。在福特制时期，国家是最重要的空间尺度；而在后福特主义时期，全球尺度和多元化尺度的变化与重组都是资本主义社会发展和政治经济研究的重点。

文化转向代表着经济地理学关注的问题和研究方法的一次重大变革。这一变革趋势尽管发端于对马克思主义地理学的反思，但也不可避免地借鉴甚至继承、发展了后者的理论和方法，体现着这一思潮的包容性和复杂性。

第四节 政治经济地理学新发展
——资本主义多样性研究

一、资本主义多样性研究

20世纪90年代前后，东欧剧变，苏联解体，冷战结束。西方政治经济学者从关注不同意识形态所带来的制度差异转变为研究资本主义体系内部差异性和多样化。有学者认为，这些表面差异的背后是发展上的"趋同性"。美国经济由于其效率成为世界各国学习的对象，以致全球范围的资本主义向"美国型"收敛（吕守军和郭俊华，2010）。与这种学说相对的，就是资本主义多样性理论。

资本主义多样性作为一种理论观点，很多学派都对此进行了肯定及研究，包括比较制度学派、资本主义多样性学派、调节学派以及生产社会体系。这些学派基本上是沿着新旧两种制度思路展开。在旧制度思路方面，调节学派、生产社会体系等流派主要秉承历史制度主义的思想传统，强调制度历史动态演化。在新制度主义方面，比较制度学派、资本主义多样性学派则强调理性选择制度,从制度优劣和效率入手(谢志刚,2012)。这些学派中,比较新近才产生的资本主义多样性学派备受关注。

2001年,彼得·霍尔(Peter Hall)和大卫·索斯凯斯(David Soskice)出版了《资本主义的多样性:比较优势的制度基础》,标志着资本主义多样性学派的产生。这一学派以企业为分析中心——因为企业的主要目的是获得核心竞争力并获得盈利的动态能力。他们是面对技术进步及全球化竞争时,做出应对性举措的关键行动者,其行为共同决定了经济的整体效率(欧兹维伦等,2015)。资本主义多样性强调了五个方面的差异性:劳资关系、职业教育和培训、公司治理、企业间关系和雇员。企业可以采取两种方法来协调解决上述问题。一是市场协调,企业通过内部等级设置和竞争性的市场安排来协调;二是战略协调,企业更多依靠了非市场的方式,如私下合约、信息交换,这种协调主要是依靠合作而非互相竞争(吕磊,2003)。据此,霍尔和索斯凯斯归纳出两种政治经济体制:自由市场经济和协调市场经济。前者更强调市场和价格机制,倡导政府为市场提供基础性保障而非直接干预,金融流通壁垒较低、证券市场分散度高、劳动力市场弹性大且保护低,美国、英国、澳大利亚、加拿大、新西兰和爱尔兰属于这种模式;后者则依赖于企业间战略性协作,企业对资本的获得依靠声誉而非完全是股价、就业保障程度较高,日本、瑞士、荷兰、比利时、瑞典、挪威、丹麦、芬兰和奥地利属于该模式(冉昊,2014)。

由此带来一个问题,企业行为模式为什么一定会导致国家在其他领域中采取一致的协调方式呢?霍尔和索斯凯斯在回答上述问题时,提出了一个观点——制度互补:"如果一种制度提高了从另一种制度中可获得的收益或另一种制度的功效,那么这两种制度可以被认为是互补的。"在经济中核心领域采取特定协调方式的国家,倾向于在其他各个领域中发展出与之互补的实践,从而可以企业的协调行为为基点,观察并归纳出不同的资本主义模式。根据"制度互补性"理论,当一个国家能够建立起整个制度的互补性,那么在长期来看这一制度框架就能平稳运行,企业也能够从中获益。霍尔和索斯凯斯并不认为自由市场经济与协调市场经济之间存在优劣之分,并确定上述两种纯粹的市场经济模式要更优于混合型的市场经济。同时,在两种经济模式没有优劣的前提下,没有发现协调市场经济向自由市场经济趋同的情况出现,回应了"趋同论"的观点。如不同制度背景下的企业会对同一变化采取不同的应对措施,对劳动力低成本的追逐不一定会导致向海外转移,因为制度支持同样重要等(欧兹维伦等,2015)。

资本主义多样性研究目标可以归纳为:如何构筑一个综合的理论框架来理解资本主义的多样性和变化性?如何对趋同论进行评价并对彼此竞争的资本主义及其运行方式进行分析?如何在理论上系统地理解资本主义国家实现其经济绩效和竞争力的不同途径?无疑,资本主义多样性理论确实为理解上述问题提供了基本思路和重要范畴。资本主义多样性学派获得了"可以认为是过去十年间最具影响力和作为研究议题的社会科学概念之一"的高度评价（常庆欣，2016）。

资本主义多样性学派的论述和归纳是不完整的。一个缺陷就在于仅研究发达国家的资本主义多样化。此后，对这一理论学派的批判和发展也经常集中于此。一些学者关注中东欧资本主义模式的发展，如费尔·弗里德曼（2015）在资本主义多样性理论框架下考察了爱沙尼亚的经济制度、经济表现以及面对经济危机的脆弱性，提出这一理论框架能够解释爱沙尼亚在经济表现方面的重要特征，但仍存不足；一些学者则从拉美国家入手研究是否存在新的资本主义模式，如施耐德（Schneider，2004）提出通过"等级市场经济"来分析拉美资本主义。除了研究地域的不断扩张，很多学者也对资本主义核心类型做了扩张。其中比较著名的理论包括阿玛布尔（Amable，2003）的"资本主义五类型说"和波伊尔（Boyer，2004）的"资本主义四类型说"。阿玛布尔（Amable，2003）从国家和政治的因素入手，通过对 21 个 OECD 国家宏观经济数据以及对产品市场制度、劳动市场制度、金融制度、福利制度、教育制度等的考察，将资本主义确立为市场主导型、亚洲型、社会民主主义型、欧洲大陆型和地中海（南欧）型五种类型（山田锐夫，2006）。具体如表 6-2。

表 6-2 五种资本主义类型

资本主义类型	制度领域					比较优势产业	代表性国家
	产品市场	劳动市场	金融	福利	教育		
市场主导型	规制缓和	灵活性	以市场为基础	自由福利国家模型	竞争的教育系统	生物、信息、航空宇宙	美国、英国
亚洲型	与其说是规制不如说是"统治"的产品市场	规制的劳动市场	以银行为基础	低水平社会保障	私立高等教育制度	电子技术、机械	日本、韩国
社会民主主义型	规制的产品市场	规制的劳动市场	以银行为基础	普遍主义模式	公共教育制度	与健康相关的产业、木材	瑞典、芬兰
欧洲大陆型	没有竞争的宽松的产品市场	协调的劳动市场	以金融机构为基础	全体主义的模式	公共教育制度	没有特别的优势产业	德国、法国
地中海（南欧）型	规制的产品市场	规制的劳动市场	以银行为基础	限制的福利国家	教育制度弱	纤维衣服、皮革	意大利、西班牙

资料来源：山田锐夫（2006）。

在对资本主义进行分类基础上，阿玛布尔还基于各国 GDP 增长率、就业率等数据进行实证研究，得出上述各个类型的资本主义均具有效率性，并以此为根据对"趋同论"进行了反驳（吕守军，2010）。波伊尔则从劳资关系入手，通过对调节劳资关系的方式进行研究，将协调资本主义进一步划分，并最终确立了以美国为代表的盎格鲁-萨克逊型资本主义、以日本为代表的企业主导型资本主义、以德国为代表的国家主导型资本主义和以瑞典为代表的社会民主主义型资本主义（Boyer，2004）。

资本主义多样性理论除了在关注的国家和地域上饱受诟病并不断完善以外，也存在很多其他固有的弱点。这一理论其实是将效率和功效作为一种资本主义模式追求的目标，是有限范围内做出制度选择的决定因素。从这个角度上来说，多样性本身的存在价值和诉求就已经消失了，只不过是因为效率不分高低，导致共存而已。此外，豪厄尔（Howell，2003）认为，在这一理论体系中，国家和劳动力的作用被低估了。海斯和刘易斯（Heyes and Lewis，2015）提出该理论类型难以对经济危机做出预测，协调资本主义模式的国家并没有像理论中的那样去保护就业，并强调资本主义理论分析框架缺少关于资本主义的理论——基础性社会关系、再生产乃至于权力行使、意识形态、阶级斗争等。然而，我们所谈论的资本主义多样性，到底是"资本主义"的多样性，还是同一种资本主义在不同历史背景下的不同表现？从这个角度来说，是否可以认为一个国家由于其历史和地理位置的不同都有一个多样性？这一疑问带来了资本主义多样性致命弱点的批判——它混淆了资本主义的本质和形式。也许，我们可以认为任何政治经济系统内都会有各种各样的多样性，而这种无所不在的多样性拥有着超越目前研究的很多可能。

虽然资本主义多样性理论受到诸多质疑，但是不可否认的是，这一研究框架和思路具有很强的理论意义。比如法卡斯（Farkas，2017）将这一理论框架用于研究中东欧国家的资本主义模式。常庆欣和张元鹏（2015）对资本主义多样性研究成果进行整理与分析，认为其有助于补充、完善及推动马克思主义运用于当代资本主义分析，也有助于深化对中国特色社会主义市场经济建设的理解。在中国的历史文化、制度背景之下，按照"趋同论"的理论走新自由主义的道路只能是一种不切实际、盲目选择的想法。

二、资本主义多样性在经济地理学中的发展

资本主义多样性理论被提出之初，就关注了地理范围对资本主义发展的影响。沃森（Watson，2003）认为资本主义多样性理论提醒我们，生产和消费存在特定地理范围，它们所代表的具体经济活动网络在社会和空间方面都存在局限性。彼得·霍尔和索斯凯斯在研究资本主义演化时，也考虑了文化的、制度的、地理的初始条件（欧兹维伦等，2015）。因此，资本主义多样性不仅是经济学、社会学、政治学的研究领域，也是值得经济地理学研究的重要问题。

首先对资本主义多样性进行研究的经济地理学者是派克和尼克·西奥多（Nik

Theodore)。他们认为资本主义多样性研究方法既受到民族主义、静态分析、功能制度主义的限制，亦难以在国家特殊性、制度依赖性和资本主义发展的潜在趋势之间取得平衡。尽管如此，这一方法为先进资本主义的空间性提供了一种有力的解释，经济地理学者不仅应从中受到启示，同时也对这一理论做出了贡献。派克和西奥多的核心观点在于，资本主义的多样性并非仅体现于国家之间，而是体现在从企业到产业等多个层次，资本主义多样化发展正成为一种全球趋势。两位经济地理学者提出了多样化资本主义理论（variegated capitalism）。多样化资本主义理论在以下方面不同于资本主义多样性理论，尽管他们可能难以从表述中区分开（Peck and Theodore，2007）。

派克和西奥多（Peck and Theodore，2007）强调，目前对资本主义多样性的研究，在围绕着新自由主义、金融主义、帝国主义之外，应重视地理范围，尤其是强调一些新的政治经济地理范围。除了"多样性"之外，还有很多地理问题。资本主义的发展是不平衡的，资本主义多样性本身就应该是地理学的研究范畴。因此，经济地理学在资本主义多样性理论领域的缺席应当得到反思。虽然"多样化资本主义"理论部分借鉴了已经建立起来的理论，一部分仍在萌芽中，而且更多的是批评和解构，没有提出现成答案，但是已经形成了一个可以供经济地理学者争论的领域（Peck and Theodore，2007）。随后，他们又对上述观点进行了发展，将多样化定义为"系统性生产的地理政治差异"，并将其作为新自由主义概念再阐述的核心（Peck and Theodore，2010）。

拉菲基（Rafiqui，2010）提出，资本主义多样性除了体现在国家之间外，也应该体现在国家内部。另一些研究强调，多样化资本主义拓展了资本主义多样性在方法论和概念上的局限性，不再聚焦于简化的趋同/发散辩论，而是根植于经济地理学，承认复杂性和空间性（Agnantopoulos and Lambiri，2015）。埃贝瑙（Ebenau，2015）则认为，为了分析国家间的相互依赖对国家或区域制度结构的影响，也许把资本主义多样性与"多样化资本主义"两个概念结合起来更有价值。"多样化资本主义"在方法论上比传统的依附理论更具体，而且更适合用来理解当代社会的变化过程。

三、多样化资本主义的实证应用

近年来，经济地理学者已经将多样化资本主义这一理论发展成为一种把握各类"系统形成的地缘制度差异"的手段，并将这一分析运用到不同区域。

1. 关于国家的研究

（1）关于欧洲国家的研究

欧洲国家的资本主义，自资本主义多样性理论产生伊始，即备受关注。经济地理学者在研究多样化资本主义时，也经常从欧洲国家入手。

过去 20 年希腊发生了"新自由化进程"。希腊政府接受了新自由主义的市场紧缩政策，在 1991~2008 年连续发起 63 次私有化实践（Agnantopoulos and Lambiri，2015）。随着交易所和银行部门的私有化，希腊金融部门在经济总量中的比重不断提高，共同基金以及公司和私人债务也不断提高。在加入欧盟后，希腊削减了企业债务并在劳动力市场自由化方面迈出了重要一步。因此，希腊实际上开始了新自由主义的进程。其危机源头不能说是过度扭曲和普遍腐败，其公共支出和公共就业与欧盟保持了同一水平。持续的政府预算赤字来自于公共收入明显短缺。多样化资本主义并不研究希腊的自由主义到底取得了多大进展，而是自由主义进程和监管历史框架的相互作用在多大程度上导致希腊独特的自由主义路径。研究发现，保护主义已经成为新自由主义进程中的必要条件，因为有效地替代了福利缺失，减轻了不安全感和不平等感，保护了弱势群体，使新自由主义获得了合法基础。多样化资本主义还强调了如 EPL 等国际指数的局限性——它们过高地估计了希腊劳动力市场的刚性，没有考虑大量非正式员工和自由职业者，也没有考虑寡头垄断者会利用"公私合作"来攫取更大的利润巩固自己的寡头地位。多样化资本主义不会单纯地指责希腊"狭隘"的经济结构，而是强调危机的蔓延效应、欧元区内部日益扩大的外部失衡和欧盟解构本身的缺陷。

有学者则从匈牙利和克罗地亚入手，对欧洲福利国家多样化资本主义进行研究（Lendvai and Stubbsb，2015）。他们认为多样化资本主义提供了动态的分析方法，从而能够捕捉到制度实践的不断改革与重构。在 20 世纪 90 年代以及其后的发展过程中，匈牙利追求激进的自由主义已经成为各个政党的共识。福利变化情况更为复杂，福利改革有时会在福利削减和紧缩措施之后出现，在其他时候则表现为扩张的趋势。加入欧盟之后，由于欧盟给予匈牙利较高的贷款额度，加重了匈牙利的公共和私人债务。匈牙利拥有特别慷慨的养老金制度，在 20 世纪 90 年代新自由主义以"财务可持续性"为理由进行了养老金私有化改革。有趣的是，2012 年又以同样的理由对养老金"国有化"。这一行为既是对经济压力的直接反应，也是对以反市场话语为基础的国内政治服务。匈牙利对福利的大幅削减，似乎出现了一种将新自由主义经济政策和福利政策结合起来的方式。此外，匈牙利也出现了很多"去欧洲化"的行为，如学校隔离，对无家可归的行为定罪，对穷人社会援助的激进退出，这些行为均与所谓"欧盟保证"相反（Ferge，2012），使得不平等和两极分化在匈牙利日益加强，可见其越来越强调社会控制。欧盟所提供的有时限的项目资金甚至加重了社会服务的普遍贫困化，而没有解决更广泛的贫困问题。在某种程度上匈牙利不仅没有实现对欧洲的政策学习、更有效的福利政策以及适应性，反而在战略架构和优先事项上与欧盟产生了深刻的政治斗争。这点在 2014 年匈牙利国家改革方案明确拒绝了欧盟的一些建议中体现得淋漓尽致。实际上，在危机应对中，匈牙利所采取的各类激进的调整福利制度的方式和手段（休克疗法），有的时候选择靠近欧盟的做法，有的时候则选择与欧盟保持距离。

克罗地亚自 2009 年开始经济一路下滑，到 2014 年一直采取严厉的紧缩措施并认为国际货币基金组织的援助措施是不必要的。该国没有改变其 20 世纪 90 年代建立的养老金制度，尽管该国曾对欧盟承诺削减对养老金制度的补贴以减少债务比例。在加入欧盟的过程中，克罗地亚政府致力于将一些服务外包。即便政府缺乏相应的能力，也未能阻止其行为向新自由主义倾斜。多样化且不稳定的福利解决制度长期存在。克罗地亚的文件很少提及改革问题中的社会正义和不平等问题。其 2014 年 4 月制定的第一个国家改革方案仅提及了要在目前公共财政的背景下处理医疗保健、养老金、社会福利问题以及劳动力市场的竞争力和灵活性。然而上述方案以及之后的国家社会报告都没有更详细的说明，虽然后者提供了一些细节。在克罗地亚发展的政治背景下，退伍军人和家属拥有极强的政治影响力，并是广泛福利政策的主要受益者。克罗地亚的福利分层制度——退伍军人的利益不可触碰，但其他弱势群体的低福利支出却处于威胁之中，仍然构成了其社会福利制度的重要部分。这一问题并没有引起欧盟的重视。克罗地亚并没有采取"休克疗法"式的激进市场主义，而是采取了嵌入式的新自由主义，受到保护主义以及与国外急躁的、掠夺式资本家联系紧密的市场化部门的双重影响。

对匈牙利和克罗地亚的研究认为主流的"欧洲化"研究过于乐观，重视问题的提出而非问题的产生，导致针对欧洲福利制度产生了大量非政治化的辩论。而通过多样化的福利资本主义方法，强调不均衡的新自由主义、关联性、多阶级性和危机倾向性，可以更好地理解欧洲化的动因。匈牙利和克罗地亚变革的过程远远超过了普通的政策学习。

杰索普（Jessop，2014）同样认为"多样化资本主义"是一种研究资本主义多样化的替代方法。他重点关注了受到德国模式影响、试图融入受到新自由主义影响的欧盟经济空间体制，并强调这一体制与欧盟经济危机息息相关，从而带来了采用经济组织"新方法"的努力。德国经济模式在多样化资本主义研究中被作为协调经济模式的典范，而多样化资本主义突出了德国积累体系的新重商主义特征及在德国经济背景下的调控模式。德国与其他欧盟经济体之间的不对称依赖性因为一系列稳定和增长协定而加强。很多欧盟国家为达到与欧盟融合的标准而采取虚增财政收入等欺骗的方式，避开国家债务的障碍。且紧锁的政策导致了很多结构性弱点，如隐藏公共债务、减少教育医疗开支，损害了长期竞争力。但市场上关于欧洲薄弱环节的猜测，加剧了危机的深化。每一次新的冲击都进一步强调了欧元区内部结构的不一致性以及世界上其他地方危机的传染性，使得更难依靠财政金融政策以及政治手段解决危机问题。欧元区危机不仅加剧了相关国家的治理危机，也损害了欧盟的合法性。如何解决欧元区危机所带来的重大政治和经济风险这一问题上，反映了多样化资本主义的分歧。尽管欧盟体制性解决方案中的关键要素，如监管和存款保险、制定和执行财政规则的准财政部等，已经被广泛接受，但是并没有奇迹般地协调多样化欧洲资本主义中的各类矛盾。更大的经济财政一体化可能不仅无助于危机的解决，也难以实现，结构性问题依然存在。

（2）关于墨西哥和土耳其的研究

马丁内斯和马洛瓦（Martinez and Marois，2014）考察了墨西哥与土耳其对2008～2009年经济危机的反应，并以此作为多样化新自由主义的实例。面对危机，墨西哥和土耳其的资本与政府通过特殊的国内政策制定及危机管理过程，积极重构了市场监管设计和新自由主义社会原则的整体参数。

第二次世界大战后，墨西哥和土耳其采取了进口替代工业化的策略，试图将资本固定在国内。这种战略是由国家直接领导并通过一系列贸易保护、政府补贴、劳动法规、基础设施建设等方式实现。这一策略导致了剥削性生产和不成比例的收益分配，使国内外大企业受益。在20世纪80年代，新自由主义转型遇到障碍时，两国都采取了通过资本账户自由化来管理资金流动。这一方式鼓励控股集团通过兼并和收购实现资本集中，新的国外资本与合作伙伴反过来促使了墨西哥和土耳其大型控股集团的资本国际化。大型控股集团的盈利能力不仅取决于国内的生产与销售，也取决于国内外的资本流动性。在市场风险加剧的情况下，两国当局采取进一步的金融改革措施来保护金融流动性，并试图保护、强化外部新自由资本主义的阶级关系不平等性。

2008～2009年的经济危机给依赖出口的墨西哥和土耳其造成严重影响。在不同的资本固定性和流动性背景下，墨西哥和土耳其的资本对危机做出了不同的竞争与积累战略。资本的国家差异并不妨碍归纳其总体趋势，即资本外逃、国内生产减少以及在全球市场上改变资本竞争规则（Martinez and Marois，2014）。在此基础上，可以认为资本固定性和流动性是国家进行变革的构成要素，这种要素反过来影响资本积累战略。而这一过程如何发生，取决于每个国家历史的特殊性、当代社会形态以及国家体系内的相对地位。

对两个国家应对经济危机的比较更加直观和具体地深化了对多样化资本主义的理解。实际上资本不会更加忠于本国经济，国内资本家会将外汇资金转移到国外来保护其资本积累，国家也会采取措施来保护国内外资本的需求，因而危机引发的国家干预背后强化了国际和国内的权力阶级结构，而不是改善大多数人的生活条件。墨西哥和土耳其就是如此。但这一危机应对却保持了新自由主义发展的连续性，资本积累和社会规则的主要策略仍是新自由主义的多样化。马丁内斯和马洛瓦在结语中认为，新兴资本主义的资本固定性和流动性加深了对世界资本主义的理解，因而它们不是新自由主义的被动接受者，而是积极动因；通过对资本固定性和流动性的透视，可以深化对制度的比较分析；对上述问题进行批判性评价的过程亦有益于提出进一步的替代性政策和制度。

（3）关于老挝的研究

东南亚新兴经济体也是近年来资本主义多样性研究的重要范例。安德里埃塞（Andriesse，2014）认为，将社会资本、非正式性和区域制度多样性融入资本主义多样性研究中开辟了欠发达国家区域研究一条有价值的途径。老挝作为殖民地时代的产物，同样受到越南战争的巨大影响，至今仍由老挝人民革命党领导。面对外债、经济混乱、中国和越南的经济改革，人民革命党于1986年宣布成立新经济机构，负责设计资本主义制度、私有化、市场开放以及外国投资等。老挝的服装、木制品和加工食品具有很高的出口潜力。但是老挝经济中蓬勃发展的是金矿、铜矿和水电，不仅制造污染而且几乎不产生就业机会。

在企业制度、所有权制度和金融体制等背景下，老挝的这三个制度互补。①国家对政治、经济、金融等控制以及对工会的压制导致了特殊的资本主义形式。大企业通过各种方式与执政党建立联系，小企业发展受阻，国有企业和外资企业待遇优厚。②缺乏包容性的就业关系，人民教育程度低，工资水平低，增加了社会不平等，造成了高速但不均衡的增长。③公司治理技能缺失和公司内部信任基础缺乏导致了制度真空，使得老挝的公司难以融入全球价值链，相关行业受益者也几乎没有共同努力来提高行业的能力。上述制度互补性解释了老挝的目前政治经济以及缺乏包容性的经济发展。区域视角的研究需要结合社会资本、非正式性和区域制度的多样性。

受惠于区域一体化发展，老挝在边界地区受到多种发展模式的影响。中国、越南较早在老挝的投资中获益，并受到老挝各地政府的支持，这也导致了日益复杂的边界经济动态。不仅老挝、越南、泰国和中国的企业与政府参与其中，少数民族和橡胶小农也不可忽视。因此，应认识到自发性包容性发展的重要性。除了人民革命党权力的地域差异外，万象也在不断变化中。关于老挝地区主义变化的研究，显示出将大湄公河区域变成公平发展区域的观点更加复杂，无论是企业、政府还是橡胶小农，都会对国家制度进行重新解释，甚至无视国家制度。

老挝的情况表明，与邻国的经济一体化带来了特殊的区域资本主义、新的国有企业关系以及新的地方—中央关系。尽管制度互补性产生了经济增长，但它们既不能转化为蓬勃发展的中小企业，也不能促成生产性就业和包容性发展。这就要求把资本主义的正式和非正式的制度从增长导向转向发展导向。发展中国家需要在非核心领域投入更多来发展教育，提升技能；而在战略和制度之间创造平衡对区域包容发展也至关重要。

2. 关于行业的研究

"多样化资本主义"方法不仅被用于分析国家层面的资本主义，还用于分析特定行业。

（1）关于金融业的研究

狄克逊（Dixon，2011）认为多样化资本主义研究方法缺乏对公司理论的探讨，但一个有效的研究资本主义的方法应当以公司为中心，通过分析代理人和他们面对的激励机制，尤其是金融市场提供的激励机制，理解公司行为和宏观经济过程，从而为多样化资本主义提供微观基础理论。实际上，在金融地理领域，经济地理学者已经参与到资本主义多样性的讨论中。

多样化资本主义方法假定：由于规模报酬递增，一个处于协调市场经济中的企业不会退出，因为退出成本大于潜在的好处。同时，多样化资本主义方法认可路径依赖性，认为不同国家之间难以产生激进或者累积的转变。然而，路径依赖虽然可以成为区域经济研究一个有用的概念，从长远来看可能并不显著，路径创造的潜力和摆脱旧传统枷锁的能力同样重要，过分强调路径依赖会忽略新的变化。而改变与革新正是经济地理学所关注的热点。企业是管理实体，不是静态的对象，会受到自己历史和地理位置的影响。企业决策者的首要任务是实现企业作为经济实体的价值，为此可以重新动员、分配、重组甚至抛弃不同的资源。也就是说，企业组织结构，企业与劳工、金融、国家之间的关系，将受到历史地理条件的影响而不断变化。

在全球化背景下，越来越多国家的企业正改变游戏规则，并谋求退出现有的制度关系。这种与全球金融有关的、侵蚀国家独特性的企业行为模式可以包括背离、套利和趋同隐藏。①背离。研究发现，德国大型公司治理越来越趋近于全球资本市场的标准，背离了当地资本合作和循环的承诺（Clark and Wojcik，2007）。德国不是一个公司治理体系，而是包括几个区域性体系，一些地区正在更加接近全球金融，另一些地区的企业则更接近本地传统，全球金融正影响着政治—经济地理学。②套利。对法国股票市场的研究发现，外国投资者进入促使法国大公司开展海外扩张计划，但是这种扩张却没有达到国际资本市场的盈利预期，导致国内经营就业减少而国外经营就业扩张（Johal and Leaver，2007）。③趋同隐藏。尽管企业缺乏协调传统，社会团结却并不一定受到侵蚀，或者说各种形式的自由化正在被社会团结掩盖着。趋同不是全面的，而是隐藏的。例如，狄克逊和蒙克（Dixon and Monk，2009）发现荷兰与英国的固定福利养老金体系已经发生变化。国际会计标准的施行意味着两国养老金直接体现在资产负债表中，从而对企业股价产生影响。因此，在荷兰和英国，公司都大幅降低了他们的养老金水平，英国将养老金义务转移至员工个人，荷兰则将养老金义务安置到"平均工资"计划中。他们强调，一种相对稳健的比较方法不会只关注某个特定地点的动态变化，也不会仅比较当地和全球的标量关系，而是对比和比较包括国家在内的多个区域的相似性与差异性，从而产生让人信服的结果。加强这一方法论上的工具对于扩展经济地理学的研究方法具有重要价值。

（2）关于数字经济的研究

里昂（León，2015）在多样化资本主义框架下探讨了数字经济发展的方式，即通信技术发展如何与特定地区的制度、政策以及经济布局相互作用，塑造以数字信息的生产、分配以及消费为中心的地理差异化经济问题，并通过地理定位技术的发展以及对确定互联网管辖权方法的影响来考察上述相互作用。数字经济不是在地理或者政治真空中发展的，而是资本主义制度不断发展的一部分，应当将其理论化，作为资本主义转型的一部分进行研究。因此，数字经济可以分为三个层次：一是基本基础设施要求，使数字通信网络及其组件的存在成为可能；二是数字经济是通过特定地点的规则、法律、政策等嵌入更广泛的社会环境中，这些规范确立了数字经济运作的规则；三是与数字经济相关的一系列社会实践。虽然上述三个层次都受到技术可用性的影响，但是数字实践与文化绝不仅仅是技术能力和当地规则的延伸，而是在不断重建。构成数字经济的要素在国家内部层面差异很大，超国家尺度力量对这一过程也有明显的影响，如 IMF/WTO 等国际机构、跨国公司有强烈动机将数字信息商品同质化，从而最大化货币信息流。多样化资本主义方法正是提供了一个视角来整合处于经济地理格局中、多样化的数字经济行为者、技术和尺度。

目前，互联网已经实现了从信息交换手段到经济活动平台的实质性转变。里昂（León，2015）用"数字"来描绘这一经济形式，主要体现在数字产品制造和消费的行业、组织、企业以及消费者与他们之间的交易关系，还包括数字商品的使用和消费模式、非货币交易以及针对数字环境的监管框架。在计算机和互联网发展的过程中，除了数字要求和基础设施之外，还有一系列决定、争议、谈判、诉讼及合同，从而使得某一地方的互联网用户能够或允许在线执行某些活动。这些社会、政治和经济的制度安排，以不同的方式在不同的地区建立起互联网和数字经济，对其嵌入的资本主义经济体系至关重要，它们正是国家、市场和组织共同塑造、调节、控制数字信息交换的方式。其间，数字信息的货币化对数字经济的发展至关重要。目前主要依靠提供互联网广告以及应用程序市场的整合来实现。但是数字经济的不确定性加上盗版、黑客、身份盗用等风险，需要地方司法进行管辖，带来了跨国信息流动管制和管辖权冲突方面的问题。在互联网嵌入地方之后，这个问题的答案在很大程度上取决于它在哪个地方被提出。正是在这样的情况下，多样化资本主义能够提供关于国家、企业、国际组织、公民社会和其他行为主体如何相互作用导致数字经济在不同地域和尺度中产生的有益见解。

里昂（León，2015）从地理定位、管辖权两个角度来阐述数字经济。①地理定位。在早期，互联网是一个匿名的地方，没有地理位置的概念，但是随着地理定位技术的提升和普及，地理位置在互联网领域的重要性不断上升，如 IP 地址的普及。互联网上的信息可以在空间中定位，代表它可以更加明确地融入地方社会、法律、政治以及经济进程。地理定位技术不仅可以用于改善网络管理和云计算性能，甚至有公司如 Quova 公司将其运用到地方立法、许可要求、技术标准、法院命令、税收和刑事责任中。②管辖权。在现实生活中，网络受到国防和基础设施地域性的影响，通过建立一个更明确的本地化和地域化互联网，信息转化为资本已经得到了加强，但是很多网络用户却无法感知到这一点。这就导致固定在具体物理空间上的网络和虚拟空间的网络共存于今天，并成为建立互联网法律框架的核心问题。2000 年的雅虎案是互联网史上最具象征意义的案件之一，并带来了两个值得思考的问题：一是如何将国家管辖权强加于跨国通信网络及其中的信息；二是如何确定用户的实际地理位置以符合这些国家的管辖范围。实际上，互联网如何规范，谁来管理，已经成为互联网运营的中心问题，但还没有完全解决。关于隐私、安全和监视的辩论也让这一问题持续突出。斯万特松（Svantesson，2006）提出了两种解决互联网管辖权争议的方法：①在互联网上设置边界，或者根据领土划分边界；②将互联网视为一个独立的领域，具有自己的法律、监管和治理动态。这是两种不同的地域化过程——将互联网认为是国家领土的延伸还是超国家领域。实践中，应对管辖权争议的案例也很多。如在金·多特康姆（Kim Dotcom）的案例中，美国即在两个方面施加了超越其领土边界的权力：对美国版权所有者的经济损失以及导致这些损害的服务器的实际位置。这种超越并不是个例，虽然司法实践会受到互联网活动类型、可用的法律先例以及特定管辖权的法理传统等因素的影响。

数字经济应该被理解为嵌入各种空间形态中，既包括国家，也包括城市、区域和超国家形态（León，2015）。随着数字经济的不断发展，研究它与整个资本主义的关系以及它在各个地方的不同表现，有很重要的价值。多样化资本主义视角代表了一个富有成效的理论途径，它使地理上有差异的社会、政治、技术和经济因素相结合，共同创造数字经济。只有协同研究资本主义整体系统及其地方特色，才能够理解数字经济如何为重建空间、国家和地区做出贡献，并反过来评估上述资本主义转型的尺度、范围和质量。

四、超越资本主义的经济多样性

凯瑟琳·吉布森（Katherine Gibson）和茱莉亚·格雷汉姆（Julie Graham）两位女性主义地理学者以吉布森-格雷汉姆的名义发表了一系列反思资本主义的文章和著作。这些作品主要继承了西方马克思主义和文化批判的方法，以女性在现代资本主义社会中遭受的一系列不公平对待为切入点，对资本主义和资本主义霸权进行了深刻的解构，并期待形成一个公正和多元包容的经济与社会秩序。

1. 祛魅——为什么不是资本主义

吉布森-格雷汉姆认为，资本主义在本体论、认识论和价值论层面塑造了自身强大、统一的霸权形象。资本主义已经渗透到社会发展的每一个领域、每一个层面，从经济形态到文化结构再到思维方式，从而成为人们日常生活的现实，在某种程度上取得了本体论的地位。资本主义将自身定位为主导性的、可塑的和具有创造力的。从其出发可以得到全部的观念上层建筑，如现代工业、全球化等，进而决定着人们对客观世界的思考和表达方式。在价值论上，资本主义通过强化其对抗专制制度、推动生产力进步的贡献，散播资本主义是人类文明最高形式的价值认同。

资本主义在各方面表现着自己作为统一性的、单一性的和整体性的有机体，成为"现代工业社会的世俗王国，或者说现代化的俨然改革代表；一种单一的、系统的自我繁殖的经济体系；一套用各种方法可使国家维持下去的变化自如的组织机构；一个能将具有客观事实和表意符号的世界不断整合的模型；还有那构成社会空间并赋予社会习惯的社会制度以男权意义的菲勒斯"（吉布森-格雷汉姆，2002）。在这种资本主义中心主义视角下，各种社会现象都从资本主义中得到意义，所有其他经济形态和社会制度都成为资本主义的派生物而无法构成与其独立的对立物，如封建主义、社会主义成为"一种同质的残缺物"（吉布森-格雷汉姆，2002）。

吉布森-格雷汉姆认为，应该用反本质主义的态度从根本上破除对资本主义统一性、单一性和整体性的认识。她们将女性主义者的斗争经验引入研究中，以解释这个问题。女性主义者认为，如果男人是绝对的和独一无二的，存在单一的群像，则女性必然会被简单地定义为男人的对立面。基于此，一切的女性主义斗争话语都被迫建立在反对男性的基础上，女性作为主体依然是边缘化的和模糊的。只有男性本身被定义为异质性的、多元化的，女性才有可能真正有自己的独立话语和地位。同样，在反对资本主义霸权方面，吉布森-格雷汉姆认为经典马克思主义及其斗争策略使用的话语体系事实上强化了资本主义的支配地位，而消解的方法就是深入资本主义的"稻草人"内部，发掘资本主义的异质性，破坏资本主义的统一性、单一性和整体性。

吉布森-格雷汉姆从经济形式和阶级关系两方面例证了资本主义并非是内部逻辑一致的。她们在探讨通常被作为同质性经济的金融业时提出一些公司是以剩余价值形式占有雇员剩余劳动的资本主义场所，但同时另一些公司也会表现为不同的形式。吉布森-格雷汉姆通过弗拉德等（Fraad et al.，1994）的案例研究阐释了资本主义社会中阶级的模糊性：苏和丈夫比尔因为比尔的煤矿工人身份而通常被定义为工人阶级，苏是少数族裔、中产阶级的女儿、家庭主妇、社会工作者和单元房房东，比尔是白人、煤矿工人、公司股票持有者、单元房房东和右翼政党支持者，两人在各自家庭关系、经济关系中同时拥有剥削者和被剥削者的多重角色，阶级关系的复杂性在本例中得到了充分的展示。吉布森-格雷汉姆关于资本主义异质性的理解实际上是为一条不同于以往乌托邦式的理想社会建设之路奠基。通过解构资本主义，对于多元经济形态的理解确实有了更加深入的可能性。

2. 灵动空间与经济多样性

列斐伏尔、哈维、马西等人的理论引入了相对空间、关系空间的概念，以代替绝对空间。然而后结构主义者并不满足于此，他们认为，在这些空间理论中，空间依赖于本体、存在才能有意义。女性主义者继承了这种来自柏拉图、德里达的空间观念——灵动空间（Chora）。灵动空间意味着空间是完全去本体化、去中心化和无序的，"灵动空间不是一个本源，不管从哪种意义上来说，它也不是一个会导致可预知结果的原因"（Lechte，1995）。

在相对空间和关系空间语境下，"妇女被限制在家庭空间，向男性提供后援，理所当然地隐蔽在公众的视线之外"（Marcus，1993）。而她们与城市空间唯一的交集在于消费："妇女就像空虚的欲望空间，必须由消费满足。在一种推论中她们被定为购物者，合理合法地进入城市经济空间以便获得满足，然后再返回到居住空间，在那里，不断更新的、最终难以满足的消费欲望会被激发出来"（Swanson，1995）。在传统的空间理论下，女性作为消费者参与到资本主义在生产当中，变成男性经济主体的补充物和附属品，作为"积极的衬托空间"而存在（Kern，2003）。

在更加宏观的经济领域，同样的问题仍然存在。各种形式的经济形态和个人，被裹挟在资本主义的逻辑之下，空间被资本"塞满了"。在这种情形下，甚至应对危机的经济改革和左派革命都主动与被动地在资本主义的逻辑下运行。左翼分子"为了创造就业机会和重建社会，他们必须参与制定促进资本主义发展、资本主义重新工业化和资本主义经济增长的战略和计划。许多左翼分子都乐于看到资本主义的一个替代物，但他们面临的单一性经济在近期没有估计到这种可能性。他们的选择就是促进资本主义经济健康地运转起来，或者说目睹工人和其他人被边缘化与贫困化"（吉布森-格雷汉姆，2002）。

灵动空间的概念为打破资本主义经济霸权提供了可行路径。资本主义构建了经济阶梯式变迁的发展范式，封建经济—原始积累—竞争市场经济—福特制—后福特制被理解为连续发展过程（Gould，1991）。然而吉布森-格雷汉姆认为，生物进化式的理解更能代表经济演化的过程。在任一时间点上，生物界都存在无数异质性个体和可能性方向。而在经济领域，多样性经济形态同样也并存而且竞争。资本主义的成功使人们忽略了选择的机制而认为经济可以继续沿着这种道路发展下去，然而事实上同时存在的无数多种形态的经济依然保留着将经济进化树引向另一个方向的可能性。在多种经济形态背后，各种非经济活动又通过复杂的影响机制决定着经济形态的发展。通过这种理论上溯，吉布森-格雷汉姆所述的灵动空间比较全面地表现出来，资本主义失去了作为原因的地位，空间呈现出无限的可能性。

3. 强奸范式与经济全球化

全球化是资本主义作为"二战"后的全球性现象，也是左翼学者所重点研究的领域之一。传统左派将全球化描述成"资本主义渗透到生产、流通和消费的全部过程"，"关于渗透和支配富有生命力的意向牵涉到这样一个观点，即认为世界已经或者正要变成完全资本主义的世界，即是变成一个由资本主义'理所当然拥有'的世界"（吉布森-格雷汉姆，2002）。

针对这一现象，吉布森-格雷汉姆也提出了独特的看法。她们仍然从女性主义的角度出发去解读这个问题，把资本主义全球化也看作一种"强奸范式"的映射。这种范式的大意是，女性天生柔弱，难以和强大的男性对抗，因而极易被强奸。她们所能做的只能是避免出现在公共场所或在晚间外出，以尽可能避免被强奸或者背负想要被强奸的恶名。这种范式假定"女性不是已经被强奸的就是可被强奸的"，深化了女性柔弱的刻板形象，实际上扩大了男性的权力（Marcus，1992）。全球化也是同理，由于全球化被定义为必然的、大势所趋的，全球化可以不遭受抵抗地肆意渗透到各个经济形态和个人生活中，"既然社会主义不再被视为一个威胁，全球化就成了资本主义独有的特权。在体验了渗透——通过商品化、市场合并、无产阶级化、跨国公司侵入之后，一些东西已经失去，再也不会恢复了。所有的非资本主义形式受到破坏、受到侵犯、趋于衰落、从属于资本主义"（吉布森-格雷汉姆，2002）。

全球化的强大形象限制了多样性经济形式的表达和工人的反抗。异质的经济形式和工人因为害怕被资本抛弃而被迫放弃了平等对话和要求改善福利的努力。吉布森-格雷汉姆基于实证方式证明了全球化并非如此强大。她们引用赫罗德（Herod，1995）关于美国钢铁工人联合会通过各国工会干预政府抵制 Ravenswood 铝业公司产品，并迫使其向被排斥在新合约谈判外的工人妥协的事例，说明了经济全球化的主要担纲者跨国公司是可以被打败的（吉布森-格雷汉姆，2002）。同时，她们也强调地方在对抗全球化的贡献，地方对全球化的抵制，以及利用全球化的技术扩散结合本地特色发展的异质化经济，如东南亚半导体工业的发展等，都是对全球化的有力回应。"全球化过程在某种意义上可以在某些地方遭遇阻碍，因而变成那些地方自力更生发展的基础"（Lash and Urry，1993）。

如果说资本主义多样性理论试图在资本主义内部寻找多样性因子，吉布森-格雷汉姆则直接超越资本主义，寻求建立一种去中心化的经济多样性理论。尽管进行了详尽的列举，吉布森-格雷汉姆的设想在理论上仍显单薄。在否定资本主义的中心地位后，无序和无限可能的世界似乎缺乏一套可以自我运转的逻辑，相关思想体系仍有待继续搭建。

小　　结

在社会科学思潮、视角和方法越来越多元化的今天，政治经济路径仍然在思想和研究领域扮演着重要的角色。对于某些方面的问题，这一研究路径更是具有突出的适应性。回顾政治经济路径的发展历程可以发现，自马克思主义政治经济学成型以来，每逢资本主义社会遭遇经济危机、严重的阶级矛盾等重大问题或发生重大变化时，政治经济路径往往就成了为学者分析和试图解决社会问题所优先考虑的方法，因此，它在很大程度上是被作为一种应对危机的武器。这也一定程度上解释了为何学者不论怎样对其进行调整，都无法完全消除这一路径中结构主义的印记。归根结底，人类社会在长期轨道上前进，但所有现实的人面对的都是短期。因此，人类需要一套应对短期问题的知识体系，也需要总体性、结构性的知识在短期发展与长期愿景偏离时纠正方向。当然，随着政治经济路径不断地吸收如文化研究等其他流派的可利用因素，其他流派也在不断地从政治经济路径中寻找理论和方法素材，长期和短期、总体和细节正在逐渐地交叉和接近，其结果是对人类社会的认识趋于深刻。而就经济地理学而言，随着社会科学越来越空间化和技术、社会的不断进步，政治经济路径的运用前景是极其开阔的。

参 考 文 献

[1] Agnantopoulos, P., D. Lambiri (2015) Variegated capitalism, the Greek crisis and Syriza's counter-neoliberalisation challenge. *Geoforum*, 63: 5-8.

[2] Amable, B. (2003) *The Diversity of Modern Capitalism*. Oxford University Press.

[3] Andriesse, E. (2014) Regional varieties of capitalism in southeast Asia. Working Paper No. 175 February 2014.

[4] Boyer, R. (2004) New growth regimes, but still institutional diversity. *Socio-Economic Review*, 2(1): 1-32.

[5] Clark, G. L., Wojcik, D. (2007) *The Geography of Finance: Corporate Governance in the Global Marketplace*. Oxford University Press.

[6] Dixon, A. D. (2011) Variegated capitalism and the geography of finance: towards a common agenda. *Progress in Human Geography*, 35(2): 193-210.

[7] Dixon, A. D., Monk, A. H. B. (2009) The power of finance: accounting harmonization's effect on pension provision. *Journal of Economic Geography*, 41(5): 108-114.

[8] Ebenau, M. (2015) *Directions and Debates in the Globalization of Comparative Capitalisms Research. New Directions in Comparative Capitalisms Research*. Paigrave Macmillan UK.

[9] Farkas, G. (2017) *Human Capital or Cultural Capital? Ethnicity and Poverty Groups in an Urban School District*. Rouledge.

[10] Ferge, Z. (2012) And what if the state fades away? The civilising process and the state. In *The End of the Welfare State?* (pp. 230-252). Routledge.

[11] Fraad, H., S. A. Resnick, R. D. Wolff (1994) *Bringing it All Back Home: Class, Gender and Power in the Modern Household*. Pluto Press.

[12] Gould, S. J. (1991) *Bully for Brontosaurus: Further Reflections in Natural History*. Norton.

[13] Harvey, D. (2005) *Spaces of Neoliberalization: Towards a Theory of Uneven Geographical Development*. Franz Steiner Verlag.

[14] Herod, A. (1995) The practice of international labor solidarity and the geography of the global economy. *Economic Geography*, 71(4): 341-363.

[15] Heyes, J., P. Lewis (2015) *Employment Protection Legistation and the Growth Crisis. The British Growth Crisis*. Palgrave Macmillan UK.

[16] Howell, C. (2003) Varieties of capitalism: and then there was one? *Comparative Politics*, 36(1): 103-124.

[17] Jessop, B. (2001) Regulationist and autopoieticist reflections on polanyi's account of market economies and the market society. *New Political Economy*, 6(2): 213-232.

[18] Jessop, B. (2014) Variegated capitalism, das modell deutschland, and the eurozone crisis. *Journal of Contemporary European Studies*, 22(3): 248-260.

[19] Jessop, B., S. Oosterlynck (2008) Cultural political economy: on making the cultural turn without falling into soft economic sociology. *Geoforum*, 39(3): 1155-1169.

[20] Johal, S., A. Leaver (2007) Is the stock market a disciplinary institution? French giant firms and the regime of accumulation. *New Political Economy*, 12(3): 349-368.

[21] Kern, S. (2003) *The Culture of Time and Space, 1880-1918: With a New Preface*. Harvard University Press.

[22] Lash, S., Urry, J. (1993) *Economies of Signs and Space*. SAGE.

[23] Lechte, J. (1995) Belonging in postmodern space. In Watson, S., K. Gibson (eds.), *Postmodern Cities and Spaces*. Blackwell.

[24] Lefebvre, H. (1974) *La production de lespace*. Anthropos.

[25] Lendvai, N., P. Stubbs (2015) Europeanization, welfare and variegated austerity capitalism – Hungary and Croatia. *Social Policy & Administration*, 49(4): 445-465.

[26] León, L. F. A. (2015) The digital economy and variegated capitalism. *Canadian Journal of Communication*, 40(4): 637-654.

[27] Lim, K. F. (2017) *Regulation/Deregulation. The International Encyclopedia of Geography*. John Wiley, Sons.

[28] Marcus, S. (1992) Fighting bodies, fighting words: a theory and politics of rape prevention. In Butler, J., J. Scott (eds.), *Feminists Theorize the Political*. Routledge.

[29] Marcus, S. (1993) Placing rosemary's baby. *Differences: A Journal of Feminist Cultural Studies*, 5(3): 121-154.

[30] Massey, D. (2013) *Space, Place and Gender*. John Wiley, Sons.

[31] Martinez, H. M., T. Marois (2014) Capital fixity and mobility in response to the 2008-2009 crisis: variegated neoliberalism in Mexico and Turkey. *Environment and Planning D: Society and Space*, 32(6): 1102-1119.

[32] Peck, J., N. Theodore (2007) Variegated Capitalism. *Progress in Human Geography*, 31(6): 731-772.

[33] Peck, J., Theofore, N. (2010) Mobilizing policy models, methods and mutations. *Geoforum*, 41(2): 169-174.

[34] Rafiqui, P. S. (2010) Varieties of capitalism and local outcomes: a Swedish case study. *European Urban, Regional Studies*, 17(3): 309-329.

[35] Schneider, B. R. (2004) *Business Politics and the State in Twentieth-Century Latin America: Consultation and Contention in the Making of Cooperative Capitalism in Chile*. Cambridge University Press.

[36] Sheppard, E. (2011) Geographical political economy. *Journal of Economic Geography*, 11(2): 319-331.

[37] Smith, N. (1986) On the necessity of uneven development. *International Journal of Urban and Regional Research*, 10(1): 82-83, 87-104.

[38] Smith, N. (2008) *Uneven development: Nature, Capital and Production of Space*. Basil Blackwell.

[39] Svantesson, J. B. (2006) *Borders on, or Border Around- the Future of the Internet*. Law papers.

[40] Swanson, G. (1995) Drunk with the Glitter: Consuming Spaces and Sexual Geographies. *Postmodern Cities and Spaces*, Blackwell Oxford.

[41] Watson, M. (2003) Ricardian political economy and the "varieties of capitalism" approach: specialization, trade and comparative institutional advantage. *Comparative European Politics*, 1(2): 227-240.

[42] 常庆欣："没有'资本主义'的资本主义多样性研究",《政治经济学评论》,2016年第3期,第169～192页。

[43] 常庆欣、张元鹏："资本主义多样性理论介评",《河南社会科学》,2015年第3期,第106～110页。

[44] 陈四海："麦克道威尔第二自然的自然主义疏论",《自然辩证法通讯》,2013年第2期,第9～14页。

[45] 丁乙、袁久红："对大卫·哈维空间政治理论局限性的批判反思——来自马克思主义女性主义者多琳·马西的视角",《马克思主义与现实》,2017年第1期,第116～123页。

[46] 费尔德曼(英)著,周艳辉译："资本主义多样性和爱沙尼亚的经济：自由市场经济体中的制度、增长与危机",《国外理论动态》,2015年第8期,第25～35页。

[47] 哈特向(美)著,黎樵译：《地理学的性质透视》,商务印书馆,1963年。

[48] 哈维(英)著,胡大平译：《希望的空间》,南京大学出版社,2006年。

[49] 哈维(英)著,黄煜文译：《巴黎城记——现代性之都的诞生》,广西师范大学出版社,2010年。

[50] 哈维(英)著,阎嘉译：《后现代的状况——对文化变迁之缘起的研究》,商务印书馆,2003年。

[51] 何子英："理解资本主义国家：杰索普的方法、框架和范畴",《求是学刊》,2007年第4期,第39～45页。

[52] 胡海峰："福特主义、后福特主义与资本主义积累方式——对法国调节学派关于资本主义生产方式研究的解读"，《马克思主义研究》，2005年第2期，第63~69页。

[53] 吉布森-格雷汉姆（英）著，陈冬生译：《资本主义的终结——关于政治经济学的女性主义批判》，社会科学文献出版社，2002年。

[54] 兰德雷斯（美）、柯南德尔（美）著，周文译：《经济思想史（第四版）》，人民邮电出版社，2014年。

[55] 雒海潮、苗长虹、李国梁："西方经济地理学文化转向的哲学思考"，《人文地理》，2014年第5期，第14~18页。

[56] 吕磊："制度差异和资本主义的模式"，《南京大学学报》，2003年第5期，第52~60页。

[57] 吕守军："当代资本主义多样性的演化经济学分析"，《教学与研究》，2010年第12期，第55~62页。

[58] 吕守军："国际马克思主义经济学调节学派最新发展述评"，《毛泽东邓小平理论研究》，2015年第12期，第82~88+90页。

[59] 吕守军、郭俊华："资本主义多样性理论与马克思主义经济学创新"，《经济纵横》，2010年第10期，第10~13页。

[60] 马西（英）著，梁光严译：《劳动的空间分工：社会、结构与生产地理学》，北京师范大学出版社，2010年。

[61] 苗长虹："变革中的西方经济地理学：制度、文化、关系与尺度转向"，《人文地理》，2004年第4期，第68~76页。

[62] 欧兹维伦、哈乌斯、卡劳祖兹著，尹昕、曹浩瀚译："从资本主义阶段到资本主义多样性：教训、局限和前景"，《国外理论动态》，2015年第11期，第2~18页。

[63] 皮特（美）著，周尚意等译：《现代地理学思想》，商务印书馆，2007年。

[64] 钱厚诚：《辩证的乌托邦理想——大卫·哈维空间理论文本解读》，中国社会科学出版社，2016年。

[65] 冉昊："福利国家生产系统理论发展的逻辑分析：多样性和雇主视角"，《国外理论动态》，2014年第7期，第36~44页。

[66] 任政："资本、空间与正义批判——大卫·哈维的空间正义思想研究"，《马克思主义研究》，2014年第6期，第120~129页。

[67] 山田锐夫："現代資本主義の多様性と「社会」の調整"，《季刊経済理論》，2006年第1期。

[68] 斯塔夫里阿诺斯（美）著，吴象婴、梁赤民译：《全球通史——1500年以后的世界》，上海社会科学院出版社，1992年。

[69] 谢志刚："资本主义多样性与制度动态演化：比较政治经济学的新进展"，《经济学动态》，2012年第9期，第36~42页。

[70] 熊易寒："集权化市场、弹性积累与劳工政治的转型"，《复旦政治学评论》，2016年第1期，第113~130页。

[71] 张佳："大卫·哈维的空间正义思想探析"，《北京大学学报（哲学社会科学版）》，2015年第1期，第82~89页。

[72] 张也："空间、性别和正义：对话多琳·马西"，《国外理论动态》，2015年第3期，第2~8页。

[73] 朱丽君、阎孟伟："世界市场、世界历史与全球化"，《新视野》，2003年第3期，第47~49页。

第七章 全球生产网络

引　言

20世纪80年代以来，在新自由主义、信息技术革命和经济全球化浪潮的推动下，技术和市场两个决定国际劳动分工的因素同时得以突破，国际劳动分工由产业间分工转向产业内分工，甚至产品内分工。生产制造技术和交通通信技术迅猛发展，显著降低了企业生产成本和沟通成本。同时，各国自由化投资和贸易政策推动了全球市场的开放。在这种背景下，作为经济全球化的推动者，跨国公司能充分利用各地区的资源禀赋优势和政策制度优势，根据其价值链上不同功能属性特征，将其布局在不同的国家或地区，以实现成本降低，形成垂直分工和水平分工并存的格局。新型国际劳动分工将过去处于世界经济体系边缘的国家整合到全球生产体系，创造了生产率提升和经济增长的新源泉，原有的全球分工体系得以深化和扩展，进一步推动全球经济向组织网络化方向发展。在新型国际分工中，全球生产网络逐渐走向成熟和完善。同时，各种区域性经济合作组织，如东南亚联盟、欧盟、亚太经合组织等，进一步促进了跨国公司的国际生产一体化。

经济地理学长期关注地方经济发展，即使在全球化"时空压缩"背景下（Harvey, 1989），地方仍是学科关注的核心（Storper and Walker, 1989）。嵌入到地方尺度的产业发展历史、社会组织结构以及制度环境等要素共同作用，通过产业集聚、收益递增和路径依赖等机制影响区域发展及产业重构。由于经济主体发生联系并建立信任是以地理邻近为前提的，所以这些机制有赖于地方社会网络（Storper, 1997; Barnes and Gertler, 2002）。此外，知识和技术的传播具有显著的地理衰减效应，尤其是当产业中存在大量缄默知识时，地理邻近和面对面交流变得更为重要。企业在同一地方的集聚能够催生高效、密集的知识溢出，并推动专业化劳动力市场的快速形成。因此，经济地理学者认为，区域发展具有明显的地方性。区域社会网络往往变化缓慢，且具有较强的地方和路径依赖性，进一步强化了区域发展的地方性。对于地方的关注可以追溯到经济地理学中的"新区域主义"。20世纪80~90年代，涌现出一大批关于产业集群、产业集聚、创新系统和创新环境的研究，代表着"新区域主义"的兴起。"新区域主义"将区域发展动力和"制度厚度"（Amin and Thrift，1994）、嵌入性（Granovetter，1985）以及非贸易相互依赖性（Storper，1997）等机制相联系，强调区域竞争力源于在地方尺度上形成的正式和非正式、垂直和水平的企业间联系以及区域创新环境。由于一个地方的制度、文化和关系变化通常是缓慢的，所以非经济要素具有极强的路径依赖性和地方性，不同地方之间的制度、文化和关系差异往往可以持续很长时间。在此影响下的企业行为、企业网络、产业联系以及区域产业发展也具有地方性。

然而，"新区域主义"难以全面地深入认识经济全球化背景下区域产业发展机制。"新区域主义"过于关注地方尺度的经济和非经济要素等变量对区域发展的影响，忽视了外生力量的作用。经济地理学对"全球化"的尺度重构，改变了区域内涵。区域不再是"地方—国家—全球"垂直体系中的一个特定层级。相反地，区域成为不同行动者实现跨尺度、跨边界联系的"场所"（Marston et al.，2005）。本土与外来行动者的共聚、协作与竞争所产生的资源以及知识和制度联系等成为影响区域发展的重要力量，构成区域发展的"全球—地方"联系。基于联系视角发展了一系列具有代表性的理论框架，如"流的空间"与"地方的空间"（Castells，1999）、"依存空间"与"交互空间"（Cox，1998）、"全球生产网络"（Coe et al.，2004）、"全球通道—地方传闻"（Bathelt et al.，2004）等。

在经济全球化背景下，外部联系对于区域经济发展与产业动态变得尤为重要。在"后福特主义"生产片段化背景下，单个区域难以覆盖生产链条所有环节（Scott，2006），区域发展所需的知识与技术同样难以实现自给自足。为此，区域接入全球生产网络，参与不同尺度下的劳动分工成为必然。随着区域经济结构逐步向更为复杂的形态演化，对知识与技术的要求势必不断提升，区域在知识和技术方面同样存在不同尺度的联系与整合，从而表现出网络化形态（Wolfe and Gertler，2004；吕国庆等，2014）。由此可见，理解区域对外联系的网络化特征是全球化背景下区域产业动态研究的必然趋向。

基于"全球—地方"联系的研究多以区域为主体，强调"全球—地方"的双边特征对于区域发展的共同作用。"全球—地方"联系一方面强调地方在全球化进程中不可替代的重要性（Agnew，2002），并不否认"新区域主义"对于区域内在发展动力的重视，反对极端全球主义对区域异质性的忽视；另一方面，"全球—地方"关注区域作为开放系统的不确定性。随着外来行动者的进入，非本地的资源、知识与制度冲击着区域发展的既定路径，形成区域发展的外生力量。为此，"全球—地方"联系同时也批评"新区域主义"忽视了这些外生力量的作用（Martin and Sunley，1998）。"全球—地方"联系研究的问题在于，以区域为主体，忽视了联系主体是行动者而非区域本身（Hassink and Klaerding，2012），缺少微观视角和对微观机制的解读。此外，这方面的研究更关注"全球—地方"之间的共同作用，忽视了"全球—地方"之间的相互作用。

以亨德森等（Henderson et al.，2002）、迪肯（Dicken，2003）、科等（Coe et al.，2004）为代表的曼彻斯特学派提出了经典的全球生产网络框架，指出区域不是一个有明确边界的空间，而是一个由广阔网络连接的开放边界（Coe et al.，2004）。该框架以价值、权力、嵌入为主要变量，从企业、部门、网络、制度等维度，关注企业内部、外部及企业之间的关系网络配置以及协作如何促进区域发展。近年来，全球生产网络进一步发展出 GPN 2.0 框架（Yeung and Coe，2015），重点关注全球生产网络的运作机理和动态演化过程，试图回答经济发展为何存在空间不均衡现象。全球生产网络通过各种平等或不平等的关系将地方企业融入新的网络结构，并打破传统组织界限；通过复杂广泛的经济联系将国家和区域经济融入新的发展路径（Coe and Hess，2013；Horner，2014）。这一理论体系符合当今世界生产组织的新变化以及区域发展过程的多元化特征（Henderson et al.，2002；Hess and Coe，2006；Yang，2013）。全球生产网络为理解全球化背景下的区域发展提供了一个重要理论框架，其以行动者为节点，以战略耦合为核心的分析框架，契合了区域空间在全球化进程中所表现出的"全球—地方"联系。

第一节 全球生产网络相关理论

一、价值链与生产链

全球生产网络理论的思想萌芽可追溯到 20 世纪 80 年代初。1985 年，波特提出价值链分析框架，在研究企业内部价值链联系基础上，延伸至整个产业上游的研发和设计环节，产业中游的零部件制造与总装，以及产业下游的广告、销售与售后服务全过程。价值链框架被赋予空间内涵之后，为全球生产网络框架提供了一个关键的分析概念，明确揭示不同空间结构中价值创造、增强和捕获，可以真正理解制造业活动全球化本质。

迪肯等（Dicken et al.，2001）在价值链研究基础上提出了生产链的概念，来研究不同生产环节参与主体及其主要活动。不同附加值的各个生产活动需依靠不同的技术投入、交通和通信连接起来，通过企业组织协调与控制，嵌入在特定金融与政策体系中，最终形成一个完整生产网络。

二、网络与嵌入

从 20 世纪 20 年代始，社会学一直较为关注网络与嵌入，集中于社会互动作用，将其作为社会构成的微观基础。从 20 世纪 80 年代中期开始，经济社会学对网络与嵌入表现出极大兴趣。特别是 20 世纪 80 年代中期以后，马克·格兰诺维特（Mark Granovetter）反对基于交易成本理解社会经济联系，认为经济活动嵌入在社会关系网络中，从此嵌入与网络思想在管理及组织研究中得到积极响应。

基于嵌入、网络和关系的研究为经济地理学中"文化/制度/关系"转向提供了新的视野。经济地理学者开始将经济活动者的网络嵌入或者地方嵌入作为分析的焦点。到 20 世纪 90 年代末期，嵌入成为全球生产网络的核心研究内容。但基于网络联系的嵌入研究同样有很多缺陷，特别是忽视地理空间中的企业角色。由此，经济地理学者开始关注网络及其组成部分的本质和特性。全球生产网络分析框架亦将行动者视为网络组成部分，只有通过网络组织，行动者才能实现网络活动的跨空间运作。行动者及其网络关联打破了以往经济地理学中仅关注企业间经济联系的思路，使经济地理学者可以在更大范畴内思考企业组织及其空间效应。

三、全球价值链与全球商品链：研究尺度的扩张

20 世纪 90 年代末，加里·杰里菲（Gary Gereffi）提出全球商品链理论，认为全球商品链是围绕生产某一商品一系列集群内部组织网络，在全球经济体系里连接产品上下游企业以及地方和国家；在区位上是特定社会建构，且同当地融合，强调经济组织的社会嵌入。全球商品链分析包括四个层面：①分析多层次工业企业生产链组织；②分析生产地域空间差别和不同区域层次的市场网络；③分析企业管理结构链相互进行决策的过程；④分析国家及地区政府对企业运营过程的影响。全球商品链理论认为，不同跨国公司的运营机制、管理模式、投资区位选择以及发展战略诸多差异，主要在于他们所生产的商品链环节不同。杰里菲打破了基于交易成本理解企业社会经济联系的片面性，赋予全球商品链分析以社会学内涵。同时，通过嵌入在全球企业之间及其内部网络之间的合作权力机构，突出国家中心论在研究跨国公司对区域经济和社会发展影响方面的限制，拓宽了全球生产网络的研究范畴。

随着经济全球化的深入发展，汉弗莱（Humphrey，2004）、汉弗莱和施密茨（Humphrey and Schmitz，2002）采用全球价值链一词取代了全球商品链。在一般意义上，"商品"

是指大量生产的标准化产品，但是全球商品链往往分析差异产品的贸易，全球价值链可以集中关注价值链中增值利益的获得者。此后，全球价值链的提法得到广泛应用，指为实现产品价值增长而连接各生产和销售过程的全球性企业网络组织，包含所有生产者和生产活动的组织及价值在不同环节的生产与分配。与价值链相比较，全球价值链更关注空间维度，价值空间竞争问题开始纳入研究范畴。从全球价值链的内涵来看，更强调生产投入—产出过程空间分配和领先企业对价值链治理的主导权，侧重生产组织的上下层级关系。

全球生产网络（GPN）与全球商品链（GCC）/全球价值链（GVC）理论都关注价值和权力视角，广泛运用于经济地理学、国际政治经济学等领域（Neilson et al.，2014），其理论差异是学者普遍争论的问题。科等（Coe et al.，2008）总结三者在学科背景、研究对象、核心概念等方面的差异。GPN 理论以经济地理学为主要学科背景，以嵌入为独特视角，而 GCC/GVC 理论的学科背景是经济社会学，研究对象是企业网络（表 7-1）。在研究方法上，GPN 侧重于主要行动者关系的定性分析，GCC/GVC 在定量分析上有优势。GPN 理论独特性表现在：①将企业以外的行动者整合到生产网络中，而不像 GCC/GVC 理论将其视为研究背景；②关注从地方到全球多尺度空间的相互作用，而 GVC 理论难以开展对国家内部的区域研究；③将生产系统作为垂直和水平联系相互交织的网络，克服了 GCC/GVC "链"式分析方法缺陷；④GPN 治理特征受到价值活动、权力关

表 7-1 全球生产网络及其理论先驱

相关理论	学科背景	研究对象	主要概念	产生时间	代表学者
价值链框架	战略管理	生产活动的空间组织	生产阶段；竞争优势	20 世纪 80 年代早期	Michael Porter
网络与嵌入	经济社会学；组织研究；战略管理	网络；嵌入；价值	组织间关系；经济行为与社会结构的关系	20 世纪 80 年代中期	Ronald Burt，Mark Granovetter 等
ANT 理论	后结构主义；科学技术研究	行动者关系网络	关系网络；行动者	20 世纪 80 年代中期	Michael Callon，Bruno Latour 等
GCC/GVC 理论	经济社会学；发展研究；产业研究	企业网络	附加值链；组织学习；产业升级	20 世纪 90 年代中期	Gary Gereffi，Korzeniewicz，Miguel 等
GPN 理论	经济地理学；政治经济学	GPN 与区域发展	价值；权力；嵌入；战略耦合	2002 年	曼彻斯特学派

资料来源：Coe et al.（2008）；Coe and Yeung（2015）。

系、嵌入性等共同影响，且随时间变化，比 GCC/GVC 更加复杂。此外，GPN 2.0 对生产网络产生机理和发展动态等关键问题进行进一步探讨，而这也是 GCC/GVC 理论所缺少的（Yeung and Coe，2015）。

第二节　全球生产网络 1.0

一、曼彻斯特学派与恩斯特研究路径

以亨德森等（Henderson et al.，2002）、迪肯（Dicken，2003）、科等（Coe et al.，2004）等为代表的曼彻斯特学派及夏威夷大学恩斯特（Ernst，2002）相继提出了全球生产网络研究框架（图 7-1），将全球生产网络表述为基于一定正式规则，参与者通过网络等级层次的整合来组织跨企业及跨界价值链的一种全球生产组织治理模式。

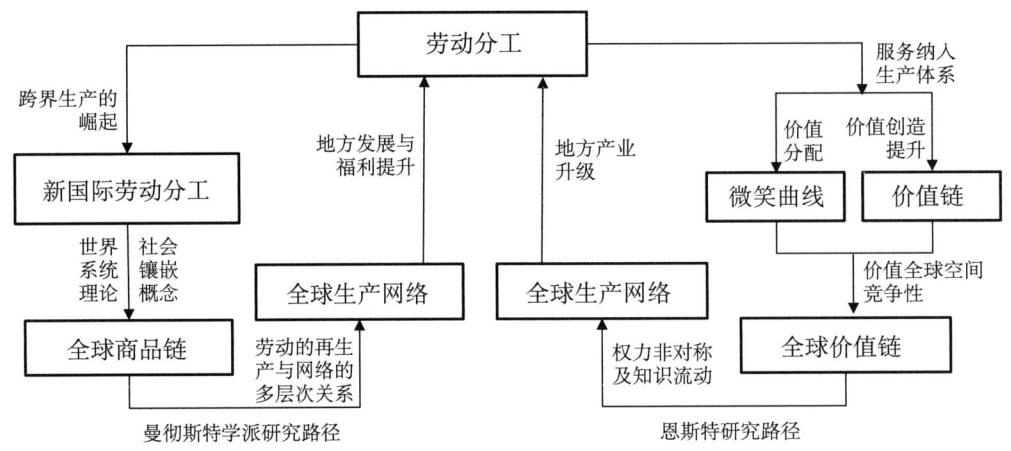

图 7-1　曼彻斯特学派与恩斯特关于全球生产网络研究路径

资料来源：李健和宁越敏（2011）。

以恩斯特为代表的管理学派在延续全球价值链研究路线的同时，将全球生产网络建构为一种特别类型的企业组织，侧重研究承担不同生产功能的企业网络关系，重视服务功能，如从产品设计到市场销售，同时强调网络成长中知识流动与共享对地方产业升级的推动作用。曼彻斯特学派批判管理学派的观点（Hess et al.，2006b），认为恩斯特仅局限于企业组织创新形式，缺少严格周密的概念框架（Henderson et al.，2002）。

曼彻斯特学派将全球生产网络视为一个组织平台（图 7-2），不同国家和地区的企业及非企业行动者通过该平台组织分散在不同区域的经济活动,以竞争和合作方式获取更大价值(Yeung et al.,2015)。它秉承了全球价值链、全球商品链理论的内涵,兼具管理学、经济学及社会学色彩,分析空间尺度更加多元化,把握了经济全球化中全球、区域和地方的经济与社会的诸多方面,研究内容与内涵更加丰富,在强调价值创造、价值分配及权力履行的同时,重视制度嵌入,认为以企业为中心的全球生产网络的实质都受到所嵌入的特定社会政治文化背景的影响,强调地方对全球化的呼应,在全球化与地方化的互动中实现地方发展和福利提升。

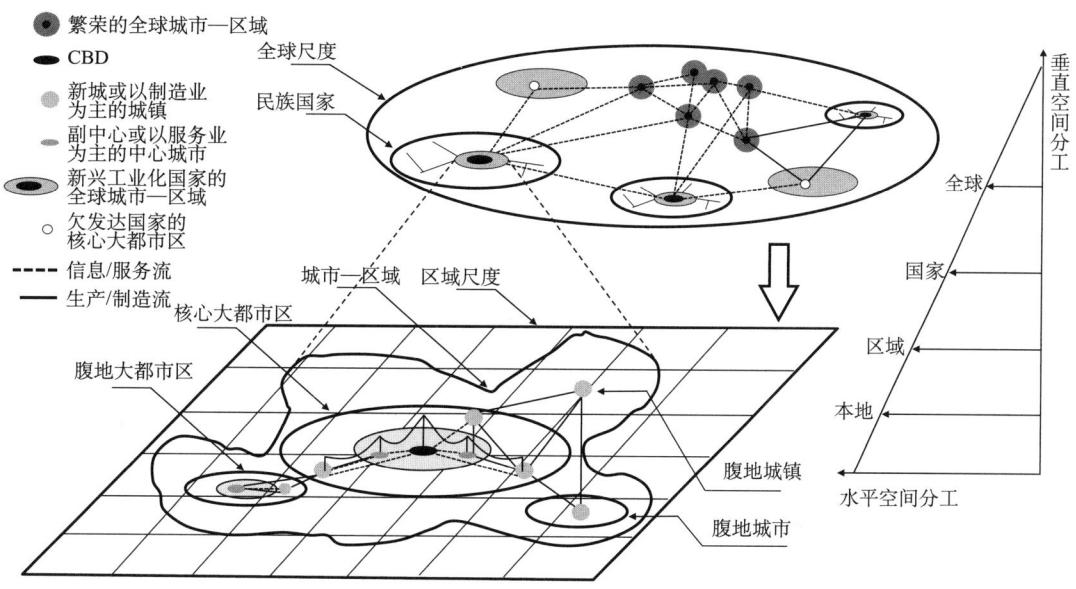

图 7-2 曼彻斯特学派对全球生产网络的理解

二、GPN 1.0

曼彻斯特学派提出了经典的 GPN 1.0 框架(图 7-3)。该框架以价值、权力、嵌入为主要研究工具,从企业、部门、网络和制度维度,关注企业内、企业外和企业间的经济活动网络以及网络在组织和地域上的配置(Henderson et al.,2002)。近年来,全球生产网络进一步发展出 GPN 2.0 框架,重点关注全球生产网络整体运作机理和动态演化过程,试图从全局角度回答区域间产业发展不均衡。

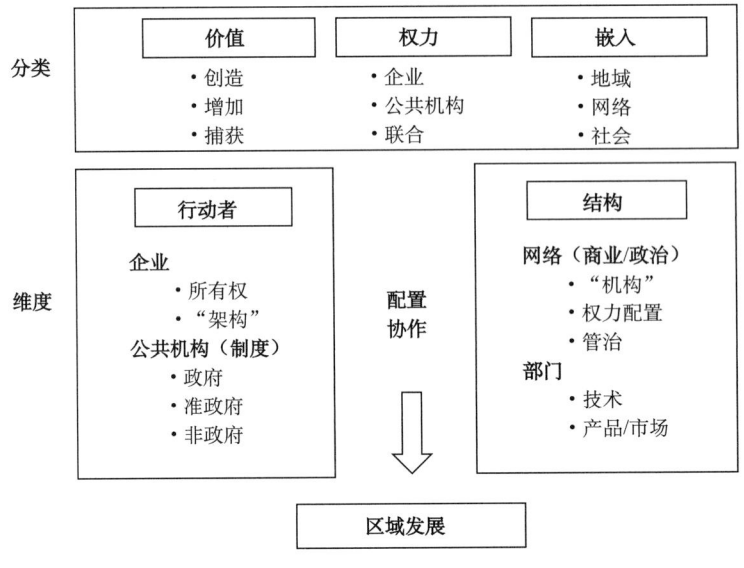

图 7-3　GPN 1.0 框架

资料来源：Henderson et al.（2002）。

1. 行动者

行动者是在全球生产网络中发挥不同作用的行动主体，包括所有参与全球生产的企业和公共机构（Henderson et al.，2002）。其中，企业包括领导企业、战略合作伙伴、供应商等。领导企业发挥协调和控制作用，而战略合作伙伴则共同参与制造业和高端服务业的设计与开发，为领导企业提供战略决策（Yeung and Coe，2015）。供应商包括专业化供应商和一般供应商，分别为领导企业及其战略合作伙伴提供高附加值及低价值的产品和服务（Coe and Yeung，2015）。

公共机构包括国家政府、国际组织、劳工组织、中介机构、消费者组织、民间组织等（Henderson et al.，2002）。国家通过限定所有权、改革创新，制定产业政策和市场规则等，发挥促进和调控作用（Dicken，2011）。国际组织通过制定和实施行为准则及国际制裁等措施，对金融、劳动力、商业道德等方面产生影响（Yeung and Coe，2015）。劳工组织通过集体博弈，对特定企业进行管治和施压，影响工人工资水平和工作条件（Cumbers et al.，2008；Carswell and De Neve，2013）。中介机构包括金融中介、物流供应商和标准设定机构（Yeung and Coe，2015），其中，物流供应商通过提高整个生产网络的效率、速度和灵活性来连接其他行动者（Hesse and Rodrigue，2006）。

2. 价值

价值既指剩余价值，也指经济租金。区域福利提升即为区域进行价值创造、价值提升与价值捕获的过程。价值创造是劳动力通过劳动转化成真实价值的过程。因此，就业、技能及工作条件以及工人所在的社会制度环境在这个过程中就显得尤为重要。价值创造也是产生各种各样租金的过程，如技术租金（对核心产品和生产技术的可获性）、组织租金（特定的组织和管理技能，如及时供应生产技术和全面质量管理技术等）、关系租金（不同企业之间的关系，包括生产管理的联系、发展战略联盟等）（Henderson et al.，2002）。同时，生产网络开放性也是价值共同创造的重要因素（Redlich et al.，2014）。价值提升的核心是降低成本和提高效益，主要途径是知识技术转让与产业升级；同时，国家机构与制度对于价值提升的影响至关重要。价值捕获关注价值分配和转移，一些外资企业会将它们所获利润返回母国，使东道国价值流失。企业所有制类型、企业管理、国家关于保护财产所有权的法律等对于价值捕获过程有重要影响（Shin，2014；Yeung and Coe，2015）。

3. 权力

权力是指不同行动者相互制衡关系，具有不对称性和差异性（Henderson et al.，2002）。全球生产网络中权力来源以及权力实践方式对于价值提升和价值捕获具有决定性意义，进而影响区域发展（Parker and Cox，2013）。权力形式主要有三种：①企业权力，领导企业在全球生产网络中具有影响决策和资源分配的权力，同时中小企业也会形成集群，强化在网络中的自主权来发展和施展自己的升级策略；②公共机构权力，指国家和地方政府、国际组织等对地方和企业发挥的影响力；③组织权力，指一些联合机构，如工会、行业协会及与社会环境问题相关的非政府组织，如环保组织，它们可直接与特定企业或集团抗衡，也可通过影响国家政府或国际机构进而影响地方发展。

4. 嵌入与战略耦合

全球生产网络嵌入方式主要包括全球力量对地方自上而下的地域嵌入，以及地方对全球生产网络自下而上的网络嵌入（Henderson et al.，2002）。地域嵌入指行动者与特定地域建立经济联系的方式，跨国公司在全球生产网络中某节点的嵌入源于该节点能够提供最多的生产便利条件。地域嵌入主要表现在全球生产网络在地方采购原材料和零部件、运营资金、雇佣管理研发人才、营销产品，由此可以重构地方生产网络。理论上，跨国公司嵌入东道国是企业可持续发展的必然途径，地域嵌入程度提高往往会加强地方价值提升和捕获过程，对地方发展有着深远而持续的影响。若地域嵌入程度低，全球地方是一种弱联系，如供应商和产品市场都不在当地的"松脚型企业"，与地方本土企业之间互动较少，一旦地方原有资源优势，如廉价劳动力、土地成本发生改变，此类跨国公司极易发生区域转移，与地方"脱嵌"。

地方对全球生产网络的网络嵌入指全球生产网络中连接各个节点的网络结构及连

程度，具体指企业联系程度。网络嵌入受到行动者之间的联系持久性和稳定性的影响，是不同行动者信任建设过程的产物（Yeung and Coe，2015）。

区域发展受到区域资产和行动者战略需求的共同影响，二者相互嵌入的过程即战略耦合（Coe et al.，2004）。当区域资产符合全球生产网络战略需求时，二者共同促进区域发展（Yeung and Coe，2015）。战略耦合具有战略性、时空偶然性和跨空间边界性三大特征（Coe et al.，2004）。企业、公共机构和消费者之间的博弈是战略耦合的重要部分。全球—地方战略耦合的方式及程度对于促进区域发展及福利提升具有重大影响。

第三节 全球生产网络 2.0

一、背景

21 世纪以来，全球区域经济发生了新变化，面临更多风险和不确定性。全球经济由加速发展期进入深度调整期，金融危机后到 2015 年，全球贸易年均增幅由危机前的 7%降为 3%。发达国家高端制造业回流与新一轮产业转移持续推进。金融危机后，美国为代表的发达国家先后制定了"美国先进制造业伙伴关系计划""德国工业 4.0 战略""日本制造业白皮书"等以重振制造业为核心的再工业化战略，重塑高端制造业在国家战略中的关键地位。与此同时，越南、印度等国家发挥自然资源和劳动力优势，承接来自西方发达国家以及中国的劳动密集型制造业转移。英国脱欧、特朗普上台等使得全球经济组织面临更多风险；贸易保护主义蔓延和国际贸易壁垒增多对全球贸易形成新的挑战。生态环境污染与治理已经引起各国政府和民众的广泛关注。GPN 1.0 没能很好地应对全球经济的变化，解释全球生产网络动态变化的问题。在这样的背景下，GPN 2.0 应运而生。

二、GPN 2.0 的内涵

GPN 1.0 理论框架忽略了组织平台起源与动态，过度强调了治理类型和分析框架。GPN 2.0 是一个动态理论框架，可以更好地解释不同企业活动的产生、战略性、网络效应和全球经济的地域效应；从机制层面考察了不同产业、部门和经济体中全球生产网络的起源、组织结构及演化过程。GPN 2.0 框架将全球生产网络的形成视为企业之间动态竞争与外部风险环境共同作用的结果。科和杨（Coe and Yeung，2015）定义了四个主要变量解释企业在复杂竞争市场环境中组织全球生产网络的四种不同战略（图 7-4）。变量包括：①企业成本—能力比，为成本与企业能力之间的比率；②市场拓展，进入广阔市场可以强化企业价值捕获能力；③应对金融监管的能力，金融制度会制约企业家研发新产品或开拓新市场等价值创造过程；④外部风险环境，包括经济、产品、规制、劳动力和环境风险。以上变量将影响企业内部和企业之间的组织策略，最终呈现在全球生产网络形态中。

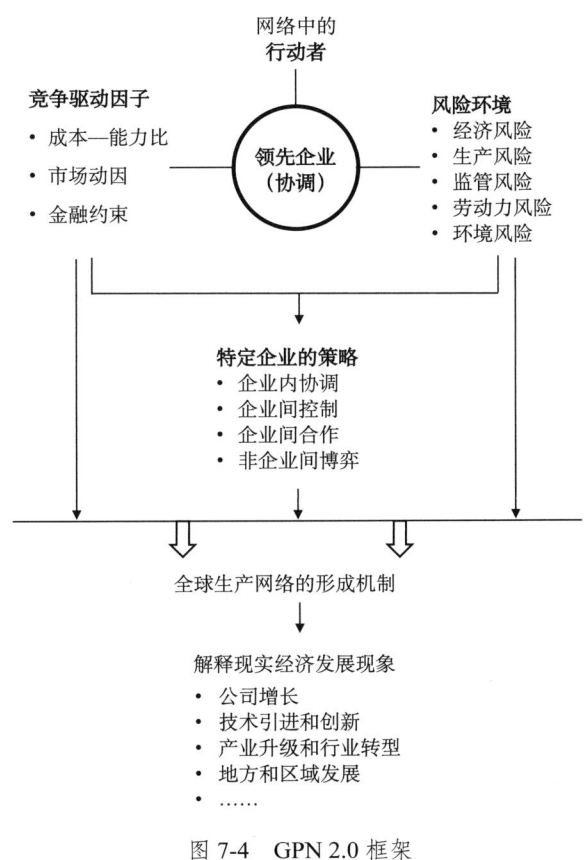

图 7-4　GPN 2.0 框架

资料来源：参考 Coe and Yeung（2015）。

在一个不确定的市场环境中，当以上变量影响企业和非企业行动者时，企业会采取四种特定的战略。①企业内部协调。为了最大化企业效率，领导企业必须通过公司内部协调，在其组织内巩固其价值创造活动。公司内部的协调包括国内扩张、领导企业对其供应商的并购等等。②企业间相互控制。领导企业可以采取产品或服务外包策略，但时刻掌控外包商产品生产进度及产品或服务的质量。③企业间伙伴关系。领导企业可以和 GPN 中的战略合作伙伴或专业化供应商建立各种各样的合作关系，这些合作关系的形成通常需要合作伙伴之间在技术、知识、市场经验等方面存在互补性。④企业谈判。指企业与其他行动者，如国家政府、非政府组织、国际组织以及消费者等双向协商谈判的过程（Coe and Yeung，2015）。不同企业通过不同策略与网络建立联系，形成复杂的全球生产网络，随着竞争驱动因子以及风险环境的变化，企业也会采取动态的策略进而影响全球生产网络的演化。

表 7-2 列举了不同行业面对企业间动态竞争及外部风险环境所采取的策略。

表 7-2　全球生产网络中企业策略与组织结果

行动者策略	竞争驱动力			风险	GPN 组织结果
	成本—能力比	市场动因	金融约束		
企业内协调（例如医药和零售）	低	高	低	高	国内扩张/外国直接投资和并购；高层次网络集成外包，但是依靠供应商的集合
企业间控制（如汽车和IT服务）	高	低	高	中等	外包，但是依靠供应商的集合
企业间合作（如电子产品和物流）	高	高	高	高	外购，与合作者和平台领先者共同发展
非企业间博弈（如资源和农产品）	中等	高	高	高	分化融入全球生产体系

资料来源：Yeung and Coe（2015）。

（1）具有低成本—能力比的领先企业，例如医药和零售业企业，倾向于采取企业内协调策略。因为外包给供应商不仅不会明显降低生产成本，反而会有泄露关键技术的风险，导致企业能力降低。这类企业不需要面对紧张的金融约束。在风险方面，企业内协调有效地帮助企业规避市场环境风险，控制关键技术和市场资源。

（2）高成本—能力比的领先企业，如汽车和 IT 服务企业，会采取企业间控制策略。当领先企业在现有能力下面临较高成本，供应商却可以通过更低生产投入获得成本优势、享受较为宽松的监管制度时，外包就会发生。外部化过程可以剥离附加值较低的活动以便使领先企业将重点放在建立和维持其高水平和更有价值的动态能力上。

（3）高市场需求、高融资限制和高风险环境同时出现会促使领先企业从企业间控制转变为合作，如电子产品和物流业企业。虽然价值不能在网络行动者中均匀分布，但合作关系提供了一种更加互利的竞争战略。在快速多变的市场环境下，为了减少市场波动、技术转移和供应链中断带来的风险，领先企业及其合作伙伴需要采取科学的分工和合作安排。

（4）领先企业和国家有差别地融入全球生产网络。对于领先企业，高竞争压力产生双重倾向，即采取全球化运营以达到更高的效率，同时采取本地化合作来保证一定的自主权。对于国家，全球化加速与地方组织和功能重组紧密相关。领先企业和国家机构之间的博弈关系与这些复杂的全球-地方张力相对应,在国家监管强的行业尤为明显。

总之,在 GPN 2.0 框架中,领导企业及其他企业,包括战略伙伴、专业化供应商以及一般供应商等,对于价值捕获和价值提升尤为重要。尽管不同形式的战略耦合方式依然是 GPN 中垂直关系及横向关系形成的重要机制,但 GPN 2.0 框架更加强调了以企业为中心,而一定程度限制了社会、文化等制度发挥作用。

三、GPN 1.0 与 GPN 2.0 评述

对比 GPN 1.0 和 GPN 2.0 所表现出的理论取向,可以发现,GPN 1.0 更接近"全球—地方"的区域发展理论建构,强调地方化的制度和文化要素可能通过影响价值创造、提升和捕获而促进或抑制区域发展(Henderson et al.,2002)。然而,强调区域异质性,尤其是关注非经济因素,在一定程度上导致战略耦合过程多样化特征远大于一般化特征。GPN 1.0 研究以静态描述为主,缺少对全球生产网络组织协调演变的动态理解,在关系网络配置、产业升级以及集群和地区的战略耦合等方面的理论发展还有待提升。为此,GPN 2.0 更强调从机理上解释全球生产网络的形成与动态演化。GPN 2.0 的主要贡献在于发展了一个更为动态的全球生产网络理论,将三个关键竞争动力和风险环境理论化,将其结构特性与行动者特定策略相联系,来分析全球生产网络的形成和运行机制,不仅解释了全球生产网络的起源,而且说明了全球生产网络结构变化。GPN 2.0 采用行动者网络理论分析企业与外部行动者及中介机构对网络发展轨迹的影响(Coe and Yeung,2015)。可见,GPN 2.0 在一定程度上"回归"了价值链治理理论基础,但空间概念上相应也变得模糊(表 7-3)。

表 7-3 GPN 1.0 与 GPN 2.0 对比

类别	GPN 1.0	GPN 2.0
产生背景	全球化加速发展阶段	全球化深度调整阶段,全球经济面对更多的风险和不确定性
企业行动者	领袖企业、供应商	领袖企业,战略合作伙伴,专业供应商(产业指定的或者跨产业的),普通供应商,主要消费者
主要影响因素	企业成本;技术能力;买房市场与生产者	成本—能力比率;市场动因;金融约束
风险管理	—	经济风险、生产风险、监管风险、劳动力风险、环境风险
理论建构	企业、部门、网络和制度等为分析维度,研究价值创造、提高和捕获;权力创造和维持;行为主体嵌入地方	将成本—能力比率、市场动因和金融约束三种动态驱动力和风险管理结合;四种全球生产网络的行动者策略
对区域发展的影响	战略耦合	战略耦合—再耦合—退耦合

资料来源:王艳华等(2017)。

第四节　全球生产网络与区域发展

一、GPN 框架下的区域发展

在 GPN 1.0 中，全球生产网络与区域之间的联系体现在"战略耦合"（Coe et al.，2004），即行动者嵌入地方，而区域嵌入生产网络的双向过程，直观地表现出了区域发展过程中的"全球—地方"联系（图 7-5）。在此过程中，区域发展取决于其嵌入全球生产网络并进行价值创造的能力（Henderson et al.，2002）。"战略"意味着"全球—地方"联系是一个行为主体表现出主动性的过程。区域自身要素禀赋包括资本、技术、劳动力等传统生产要素对区域的发展具有重要作用。一方面，特定知识、技能和工人的高度本地化集中在一定区域内能实现规模经济；另一方面，由于这些本地化集聚所产生的学习氛围、隐性知识溢出以及合作网络的存在，各种不同高附加值活动倾向于在这些地区发展，从而促进广泛的生产和创业活动，形成范围经济（Coe et al.，2004）。区域发展进而从"技术—组织—地域"产生的规模经济和范围经济中获利（Storper and Salais，1997）。

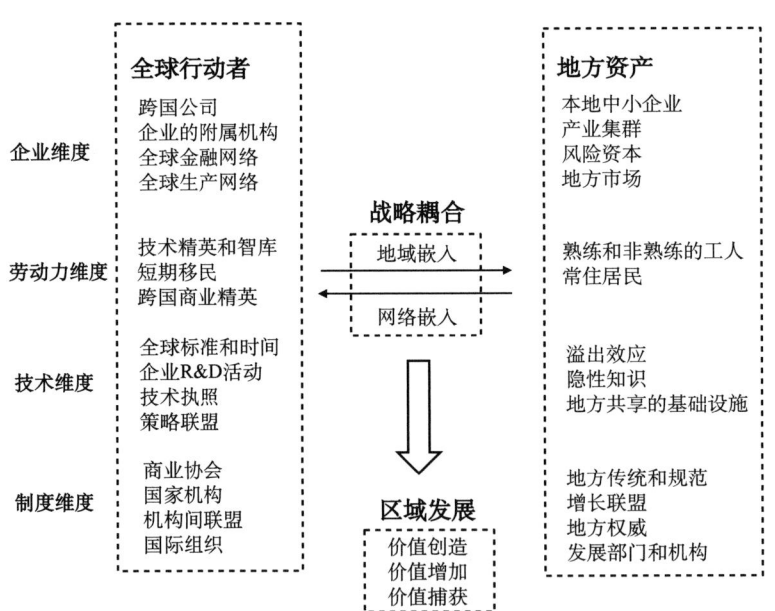

图 7-5　全球生产网络视角下的区域发展研究框架

资料来源：根据 Coe et al.（2004）整理。

与区域资产相对应的是，为追求低成本、高效率和高弹性，进而在全球尺度上组织经济活动的企业和非企业机构，如跨国企业、全球市场、分散的商业和金融网络、全球流动的劳动力、国际组织等，商品和服务通过这些全球行动者得以在全球范围内生产和分配。当区域资产与其相应尺度的行动者形成了利益趋同的战略性协作时，"全球—地方"的战略性耦合过程得以发生。全球生产网络一方面通过各种平等或不平等关系将地方企业融入新的网络结构，并打破传统组织界限；另一方面，通过复杂广泛的经济联系将国家和区域经济融入一种新的发展路径中，区域开始进行价值创造、提升及捕获过程（Coe and Hess，2013；Horner，2014）。

在 GPN 2.0 框架下，企业、公共机构和消费者博弈是战略耦合的重要部分（Yeung and Coe，2015）。企业会根据企业间动态竞争以及外部风险环境而采取不同的企业策略，从而与全球生产网络形成不同耦合模式。霍纳（Horner，2014）根据耦合过程差异性将耦合模式分为内在耦合、功能耦合和结构耦合。其中，内在耦合由内而外，区域发展具有丰富的地方资产和自主性；功能耦合由内而外或由外而内，自主性有限；而结构耦合由外而内，区域对于外部网络具有较强的依赖性，极易遭受来自全球生产网络负面影响。但值得注意的是，区域与全球生产网络战略耦合模式并不是一成不变的，随着区域内竞争动态以及外部环境的变化，企业也会采取变化的企业策略应对，通常在宏观上表现为区域通过与全球生产网络退耦并通过再耦合方式实现向功能型或内在型耦合模式的动态变化，从而增强区域价值创造和捕获的能力。

基于全球生产网络的区域发展分析框架主要从以下三方面扩展了传统研究框架。①增加了区域对外联系的分析。在新区域主义语境下，早期研究更关注来自区域内部的发展动力。演化视角下的区域发展分析指出区域发展受制于路径依赖的风险（Martin and Sunley，2006；Kogler，2015）。然而，在全球化进程中，外部冲击对于区域发展路径的影响是显著的。全球性的外部冲击甚至有能力打破区域固有的发展惯性，为创造新的发展路径提供动力（He et al.，2018）。就此而言，全球生产网络为在区域发展分析中引入外部力量提供了一个有效的理论框架，其关注地方在与全球生产网络进行战略耦合时所发生的缓慢结构变化和转换，而不过分强调内源性结构。②增加了对区域间相互作用的分析。在区域不均衡发展研究中，新区域主义侧重于识别关键性的区域内在差异。在此语境下，要素流动和区域间联系的增强有助于弥合区域差异，并推动区域均衡发展。然而，新区域主义难以回答为何部分区域趋同的同时，导致了其他区域的差异。传统框架下完全依赖于集聚外部性和根植性的解释可能并不充分，因为跨国公司的经济活动并不一定都会嵌入区域并产生影响。全球生产网络框架将区域差异视为不同区域之间在全球经济中的复杂竞争关系，以及跨国公司组织战略影响下的区域价值创造、增加和捕获过程所产生的不同结果,提供了一个理解区域间相互作用机制的方法(Phelps et al.,2003;White,2004)。③实现了多尺度的联系。基于全球生产网络的区域发展分析框架包含了"全球—国家—地方"等不同尺度的企业及非企业层面的行动者,涉及全球对地方的地域嵌入及地方对全球的网络嵌入,尺度转换灵活、主体多元,能更好地帮助分析全球经济影响下的区域发展。

二、区域发展实证研究

现有文献中有大量基于全球生产网络关于欧美发达地区、东亚地区和中国的实证研究,我们结合三种耦合模式对三大典型地区的实证研究结果进行归纳总结(表7-4)。不同区域的实证结果印证了价值创造、增加及捕获过程区域差异化特征,也进一步揭示了地方生产网络与全球生产网络动态耦合过程中的区际差异。总体而言,全球生产网络框架的区域发展实证研究在检验既有理论框架的同时,也将为进一步完善全球生产网络框架提供与理论预测相左的案例和发现。

表7-4 与全球生产网络战略耦合的主要区域类型

耦合模式	耦合区域类型	代表区域	特点	相关行业
内在型耦合(Indigenous)	创新枢纽;全球城市	硅谷、伦敦、米兰、巴黎、纽约、东京、香港等	较强的区域自治权利和丰富的区域资产	电子、汽车、时尚、高级生产服务业
功能型耦合(Functional)	全球战略伙伴;物流枢纽;离岸管辖;市场区域	新加坡、台北、爱尔兰、南非、香港、迪拜、上海等	一定的管制体系,有限的区域自治权,一定的地方资产	电子、石油化工、金融、交通物流、旅游、零售、教育等
结构型耦合(Structural)	加工平台;原材料或中间品生产地	拉美、马来西亚、泰国、珠三角、长三角、澳大利亚西部等	区域资产有限,高度依赖外部网络	电子、汽车、纺织、玩具、石油、天然气

资料来源:改编自 Yeung and Coe(2015)。

1. 欧美发达地区

20世纪70年代以来,欧美核心资本主义经济体经历了福特制生产方式的危机和布雷顿森林体系的瓦解等一系列政治经济制度与社会空间组织的转型。这些转型表现为"第三意大利"等新产业空间出现、新自由主义兴起、金融化力量凸显,相关论述主要在新区域主义研究中(Cooke and Morgan,1994;Camagni,1995;Morgan,2007;Clark et al.,2005)。然而,随着产品生命周期缩短、折旧速度加快、研发压力及投资数额急剧增长，欧美发达地区也开始积极嵌入全球生产网络之中，成为全球生产网络中大量领导企业的所在地，具有较强的价值创造和捕获能力。针对意大利威内托大区（Bialasiewicz，2006）、东北英格兰（Hudson，2005a）、美国加利福尼亚州（Jonas and Pincetl，2006）的研究明确指出，新区域主义过度强调区域分权和本地关系网络的作用，忽视了全球市场对区域财富积累的积极影响。因此，全球生产网络理论主要应用于欧美发达地区的实证研究中，主要关注汽车、电子、纺织等复杂分散的产业链中劳动密集环节的"退耦"过程（朱华友和王辑慈，2013）。"退耦"分为战略性主动退耦和结构性被动退耦，欧美学者的研究较少涉及跨国企业主导下的被动退耦过程，多关注社会经济综合视角下企业的主动退耦，即将研发、设计、营销等活动都保持在该区域，而将低价值生产环节转移到其他国家的过程。

"退耦"既是空间过程，也是功能整合过程，即同时存在生产过程的完全或部分转移的现象（UNIDO，2003），以及企业供应链在不同空间尺度的分离与再组合现象（谭文柱等，2006）。这一过程涉及三类空间尺度。一是国内区域层面，如1970年英国企业积极寻找低生产成本区位导致了企业在大城市外围地区、英格兰东北地区以及北爱尔兰建立分厂（Evans and Smith，2006；Hudson，2005b）。二是多国区域一体化层面。"退耦"在欧洲各国间表现为新型国际劳动分工从北欧到南欧迁移，尤其是葡萄牙、希腊和西班牙，而这种劳动分工是从20世纪70年代以来由劳动密集型活动发展而来的（Frobel et al.，1981；Lipietz et al.，1987）。在美国和加拿大之间的"退耦"则表现为贸易自由化下的跨国企业转移（Susane，1998）。三是全球生产网络层面，欧美跨国公司主要致力于研发设计和市场销售的核心环节，而将原料加工、物流等环节通过外包、合同制造以及战略联盟等方式与东亚和非洲等低要素成本国家的企业进行合作，要求外包企业按照合同规格进行生产和提供合格产品。美国公司可以在此过程中利用亚非企业成熟的生产能力降低成本。美国企业与亚非企业主要是一种合同关系，这种关系基于法律合同而不是股权，给品牌商和供应商都提供了很大的自主性。网络中的品牌商可以选择不同供应商，供应商也可以更换品牌商，这样建立起的生产网络具有灵活、开放的特点。其典型代表有硅谷的IT企业和美国的耐克公司等，他们以战略联盟、虚拟企业等形式在全球组织生产销售，形成独特的模块化生产网络。

在全球生产网络中，欧美发达区域的企业力量通常大于非企业力量，企业转移时，需考虑自身与母地生产网络或投资地生产网络的依存关系。受到网络中企业权力不对等关系的影响，跨国企业和供应商的退耦表现出整体转移或单独转移等不同的形式，并对母国和东道国的产业集群和地方生产网络产生明显的影响。欧美发达国家作为母国，企业退耦会对其区域竞争力、产业升级及就业率等方面产生重要影响，但影响的方向仍是学者们长期争论的话题。一方面，有学者认为，战略性主动退耦下的全球发展往往会加强发达国家原来的优势（Lyberaki，2011）。欧美企业将制造环节从其生产经营活动中剥离之后，转而致力于研发创新，使其国内出现了由信息产业带动的"新经济"现象。"制造"与"创新"的分工，使东亚企业可以专门做硬件，如元件、阶段性生产以及相关的研发活动，美国企业专门负责软件，如定义、架构、标准等，这既带动了其他经济体的技术升级，也为美国率先进入信息经济时代奠定了基础。另一方面，诸多分析将发达国家，如法国、比利时和德国不断增加的失业与企业退耦活动联系在一起（Ghose，2003）。基于欧洲基金会数据的估计显示，"退耦"是引起欧盟每年 9%失业率的原因（Eurofound，2006）。随着金融危机爆发，发达国家经济体遭受重创，更是加剧了这种由于"退耦"而引起的失业等负面影响。因此，大量制造业活动开始回归欧美发达区域，这种"再耦合"活动的动因和机制及其对区域发展的影响需要得到更多学者的关注。

2. 东亚地区

东亚地区在全球商品生产中占据了举足轻重的位置，尤其是在机械、电子等制造业方面，东亚已经形成了比较成熟的区域生产网络。东亚生产网络的构建，不但给东亚区内经济体带来了良好的经济发展机遇，同时也为区内国家提高自身在东亚地区劳动地域分工中的比较优势指明了方向，进而促进整个东亚生产网络的完善和升级。

东亚区域生产网络的发展可以分为两个阶段。第一阶段以"雁行分工模式"为主，是东亚区域生产网络的雏形阶段。第二阶段自 20 世纪末开始，这一阶段，国际分工进一步深化，跨国公司在东亚地区内的投资、生产战略进一步调整，东亚地区各国对外经贸发展的政策逐渐转变，东亚国家的企业已经开始通过战略耦合过程逐步远离国家机器而嵌入到不同的生产网络之中（Yeung，2014）。此时的生产、分工形式明显突破了"雁行分工模式"下的垂直产业间分工格局，地区内分工形式大多遵循价值链上的不同生产环节展开，并向更深层次的网络生产、分工模式发展。在此背景下，东亚地区逐渐成为 GPN 理论应用的热点区域。实证研究聚焦于东亚地区和全球生产网络耦合策略的时空动态，以及不同耦合机制对区域发展的影响。

（1）雁行模式在东亚的发展与崩溃

1930 年，日本经济学家赤松要（Kaname Akamatsu）在研究东亚和日本的工业发展后，提出了雁行模式的概念；小岛清（Kiyoshi Kojima）等人对雁行模式进行了拓展，用以解释东亚区域经济体的贸易和产业转移现象。东亚传统雁行模式的基本内涵是，"二战"后，率先实现工业化的日本作为头雁，依次把成熟的或者具有潜在比较劣势的产业转移到作为雁身的"亚洲四小龙"，后者又将其成熟的产业依次转移到处于雁尾地位的中国大陆和东盟国家。雁行模式实质就是按发达经济体—次发达经济体—落后经济体的顺序梯次转移产业并实现区内产业结构的逐次升级，这种区内分工是一种典型的基于资源禀赋和经济发展水平的产业间垂直分工模式。

雁行模式在东亚地区得到发展，与当时的区域经济发展的历史背景密切相关。在雁行模式的形成过程中，日本一直是推动者与控制者。作为雁行模式的推动者，日本首先将其失去比较优势的夕阳产业，如服装、玩具等劳动密集型产业，以及有危害的产业，如化工、能源等产业，向区内次发达经济体进行整体产业链转移，为东亚其他经济体提供了产业升级空间和借鉴机遇，也给区内发展产业间贸易提供了基础。作为雁行模式的控制者，日本掌握着最先进的生产技术，在建立雁行模式的同时，将自己的潜在竞争者纳入这个模式中，让其支持日本的经济发展，形成"日本怀抱中的东亚生产联盟"（Hatch and Yamamura，1996）。

雁行模式在建成的一段时期内，给东亚区域经济的发展带来了很大机遇，甚至出现了所谓的"东亚奇迹"。然而，雁行模式也有其致命弱点，就是严重依赖日本技术进步，一旦日本在自主创新时遇到阻滞，就会对整个东亚的经济传递机制造成严重影响。日本在20世纪90年代以后技术研发步伐减缓，加之广场协议对日本经济的打击，导致整个东亚雁行模式发展停滞。1997年亚洲金融危机的爆发，昭示着雁行模式走向终结。

（2）东亚区域生产网络

广场协议签订后，日元大幅升值，日本因泡沫经济被捅破而深陷于经济衰退的沼泽中。然而，中国正迎着改革开放的春风大步发展市场经济，连续数年经济保持高速增长，中日之间的经济差距也迅速缩小，到2010年，中国的经济规模超过日本。由于经济全球化浪潮的不断推进，东亚国家获得先进技术的渠道显著拓展，摆脱对日本技术高度依赖的时机到来，东亚区内的产业分工开始出现多种形式并存的局面。产业内分散化生产逐步取代产业间分工成为东亚区域生产分工的新趋势，这种国际分工在20世纪90年代之前已经零星存在。罗兰-霍尔斯特（Roland-Holst，2003）使用了"竹节型资本主义"（Bamboo Capital Model）来描述东亚地区新的国际分工形式。参与分工生产的经济体依据自身比较优势，按照一种产品的价值链，参与产品某个环节的生产，经济体之间的贸易也主要体现在零部件等中间产品，零部件在东亚经济体之间来回、反复流动，最后再进行组装加工，最终产品大部分流向区域外。随着全球化浪潮进一步推进，资本、技术等要素在全球范围流动，加之东亚各国新经济政策的实施，使东亚国家更易获得自身生产所需的技术和资金，进一步强化了东亚分工由产业间分工向产业内的垂直分工转变，东亚区域生产网络也在这个过程中逐渐形成。

东亚区域分工形式转变，受到多方面因素推动。一方面，东亚国家借鉴北美和欧洲国家经济发展的经验，纷纷实行投资和贸易自由化政策吸引外贸，以促进自身经济的发展；另一方面，全球技术飞速发展，尤其是模块化技术的进步，使得产品生产可以分割成不同的模块单独进行生产，产品按模块随网络分散到不同国家进行专业化生产，最后再进行加工组装。制度支持和技术进步的共同作用，促使一个可以充分发挥区域内各个经济体比较优势的生产网络形成和快速发展。

（3）东亚区域与全球生产网络的耦合类型

杨伟聪（Yeung，2009）通过分析企业、行业及公共机构与全球领导企业的战略耦合策略，将东亚地区与全球生产网络的耦合模式归纳为内在创新型、战略合作伙伴型、生产平台型三种类型（表7-4）。虽然东北亚经济体，如日本东京都市圈、韩国首尔都市圈等主要靠自身的资金积累与自主创新活动实现工业化，属于与全球生产网络进行内在耦合的区域。但东亚国家的崛起是国际劳动分工变化的结果，此类区域主要以功能耦合和结构耦合方式嵌入全球生产网络，外生资本、人力和知识/技术的引入对东亚资本主义的发展具有重大意义（Yeung，2012）。例如东南亚国家即为全球领导企业及其战略合作伙伴的生产平台，以其廉价的生产成本优势嵌入全球生产网络，价值创造、提升和捕获的能力相对较弱（Wei et al.，2007；Yang，2007）。

日本和西方跨国企业在中国、泰国等这类结构性耦合区域的嵌入程度会对地方发展产生持续的深远影响，嵌入程度越低，越会削弱地方价值的提升和捕获过程。如日本对这些地区的投资就有较强控制性，嵌入程度较低。日本跨国公司不仅要掌控核心环节，还要在产品原材料购买、制造技术、制造、物流等方面给供应商提供支持。而供应商针对性地进行投资，只对较小范围内的特定产品进行生产。这种生产关系使得供应商对领导企业存在很强的依赖性，要受到领导企业的高度监控。日本企业在小心翼翼地维持着自身在技术上的优势，既想充分利用东亚的比较优势，又要尽力避免培养出能与自己竞争的企业。由于日本企业不愿对东南亚转移先进的技术，他们的对外直接投资主要以绿地投资为主，技术溢出效应十分微弱，在当地造成了"无技术工业化"，也形成了独特的"东亚的日本式生产网络"。

可见，结构型耦合模式下，区域对外部网络具有较强依赖性，极易遭受来自全球生产网络负面影响，因此，区域也会通过与全球生产网络退耦并进行再耦合的方式实现向功能型或内在型耦合模式转变，增强区域价值的创造和捕获能力。中国台湾地区汽车产业就是通过本土创新与升级以及地区合作实现了从结构型耦合到功能型耦合的动态升级（Yu and Lee，2009）。可见动态发展的研究视角是东亚区域研究的关键，厘清区域动态耦合的时空变化对区域相关政策和发展策略的制定具有重要的启示意义（图7-6）。

此外，这种灵活、开放的生产网络研究框架也引发了区域间竞争的理论分析。全球生产网络内企业竞争使得嵌入全球生产网络中的各区域间竞争关系日益复杂，例如台

动态耦合过程	发展阶段
生产平台型（结构型耦合）	嵌入发展期：1950~1970年 • 进口替代：奠定产业基础 • 出口导向：为欧美等国家代工，融入GPN；质量不佳，规格混乱，产品低端
战略伙伴型（功能型耦合）	持续发展期：1970~1990年 • 标准化；品质提升；规模扩张 • 1980年超过日本成为最大输出国
"退耦"进行自主创新，升级为内在型耦合	转型升级期：1990年至今 • 劳力成本高、汇率升等导致大量外移（昆山、深圳），空心化危机 • 品牌通路；创意设计；质量提升；A-TEAM（2003）；中卫体系

图 7-6　台湾地区汽车产业与全球生产网络动态耦合过程

资料来源：根据 Yu and Lee（2009）整理。

北—新竹地区、长江三角洲、槟城、罗勇和新加坡在 ICT 产业的产业内竞争并非零和博弈，而是分别作为全球领导企业的战略合作伙伴和生产平台有着互补且竞争的复杂关系，但是这些关系还有待进一步理论化。

3. 基于中国的实证研究

20 世纪 80 年代以来，国际制造业资本快速向中国大陆扩散，缺乏全球资源整合能力的中国企业迅速融入全球生产网络，推动中国经济快速增长。全球生产网络理论综合、全面的特点正好为中国各个区域复杂的自然、社会、制度环境以及迥异的发展路径提供了较好的分析框架。

中国沿海地区，如珠三角、长三角分别通过提供廉价的生产要素成本或建立工业园区等不同的策略，加入全球生产网络而实现迅速发展（Yang，2009）。中国大陆所吸引的外资有 70%是来自香港、台湾以及东南亚的华人资本。海外华人与大陆在血缘、地缘以及文化上的密切联系，可以使其进入中国大陆后很快适应当地的市场环境。因为在语言和文化上的亲缘关系，大陆企业也很愿意与华人企业合作，从而形成了海外华人的"关系型生产网络"。

刘德学（2006）、李健等（2008）、谭文柱等（2006）以全球生产网络为分析框架，对中国电脑、服装、玩具、鞋业等行业进行了探讨。一方面，研究发现，跨国公司与东道国制造商双方不但有上游中间投入品以及最终产品的配套、组装、供应关系，也有企业之间以及内部的联合产品开发和市场开发关系。但无论哪种关系，外方在股权、产品技术以及市场渠道等方面对东道国制造商实行不同程度的控制，从而减弱了技术和知识外溢，使东道国制造商的功能升级被锁定在有限的范围内。另一方面，中国国内广阔的市场与制度环境在重塑当地公司和外企之间耦合的过程中也扮演了重要的角色。庞大的市场和分散的地区经济使得当地企业能够打造自己的价值链，并不断地融入全球生产网络中，使得当地公司能够追赶上全球领先企业。地方企业和跨国公司之间可以通过"互补"或者是基于制度匹配的国家制度来实现战略耦合。参与全球市场带来了新技术，同时也加剧了全球竞争，带来了高额交易成本，包括市场进入、品牌推广、分销和售后服务；而在国内市场中，尽管技术水平上要落后于国外竞争者，但由于广阔市场有利于当地企业打造较为完整的价值链，因此其生产成本、交易成本、制度成本等更低。这意味着当地企业面临着一种国内外市场的平衡，他们需要谨慎地去挑选耦合的对象，从而能够更快地升级和发展。刘卫东和迪肯（Liu and Dicken，2006）以中国汽车产业发展为案例，探讨了中国政府如何利用制度力量使外国投资者嵌入国家经济体系中，并推动国民经济发展，进而提出了跨国公司"被动嵌入"的概念，讨论了地方文化、政治和制度环境使得中国各地区在全球生产网络中仍具有一定权力。

21世纪以来，中国沿海地区土地紧缺、环境污染、区域恶性竞争、劳资冲突、贸易争端等一系列矛盾凸显，引发资本转移。全球生产网络研究关注焦点开始转向跨国企业的地方退耦及地方产业升级等内容（Henderson and Khalid，2011；Yang，2013）。首先，杨友仁和科（Yang and Coe，2009）通过研究21世纪以来台湾地区电脑企业从珠三角向长三角的转移发现，除了要素成本，资本的空间配置还极大地受到区域制度的影响，这种制度既包括政府支持性的政策等正式制度，也包括当地行业规范、企业文化、信任等非正式制度；而全球生产网络中全球领导企业在两个三角洲区域进行资本的空间再配置，是其与两个区域的制度以及当地较低层级企业之间进行不同战略性耦合的结果（图7-7）。其次，由于其他东南亚地区能提供价格更低的生产要素，企业开始从中国大陆迁出，出现大规模的企业"被动退耦"现象。由于中国供应商在生产网络上表现出"低关联、高外向度"的特点，缺乏竞争力且极度依赖外部网络，典型代表为广东深圳、东莞及江苏昆山等电子类加工贸易产业集群，结果可能导致地方生产网络的无序或中断。

一般认为，珠三角地区发展是一种外资驱动型和出口导向型发展。而杨春（Yang，2013）发现，顺德家电企业却利用全球生产网络发展出了另外一种模式并迅速完成了升级。在顺德，主要的生产厂商都是当地企业，前15名的厂家仅有两家是外商投资企业，以美的为代表的本地企业在商誉上也不落下风，这些公司在成立初期主要是面向国内市场。20世纪80年代末，随着经济全球化发展，顺德企业开始尝试依靠低成本供应能力打入全球市场。为了打入国际市场，顺德企业往往是以代工转包商形式跟跨国企业合作。

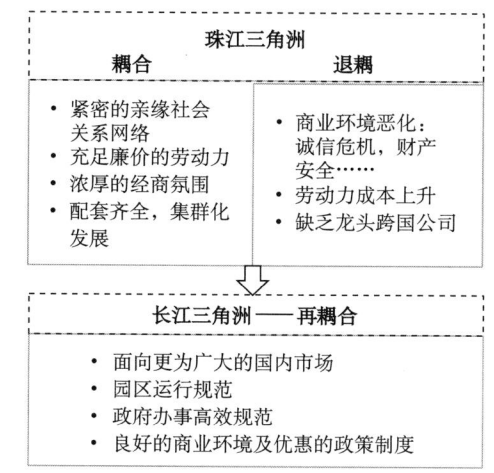

图 7-7　台湾地区电脑企业与两个三角洲区域动态耦合过程

资料来源：根据 Yang（2009）整理。

根据 GVC 的理论，这实际上是一种"降级"策略，使得顺德企业能够接触先进技术，保持良好业绩。通过与领先企业合作，顺德企业在生产过程中不断消化吸收设计技术、制造及组装工艺，并且进行二次创新，主要是外形设计创新和功能创新。当然，这种创新是不可持续的，因为当地企业总是被外国先进企业所牵制，尤其是在定价和技术变革上，顺德企业极易受到行业领先企业的影响。经过多年转包商角色的发展，顺德企业积累了生产能力和供应网络，许多企业便致力于建立自有品牌、自主设计产品、扩大营销网络、采用最新技术、工艺、延长产业链、研制高质量产品，通过这一系列措施，顺德家电已逐渐成长为有一定国际影响力的家电品牌，不少当地企业都升级为全球领导企业的战略合作伙伴，例如 Macro 首先与东芝成立了合资企业，后来卖给了顺德美的。在这一过程中，中国企业美的顺利地掌握了核心科技。

20 世纪末至 21 世纪初，中国区域主要是以结构耦合和功能耦合的模式加入全球生产网络，区域发展对外力依赖程度较高。随着对外联系力量的不断强化，实证研究主要聚焦于：①区域如何强化外来行动者与本土行动者之间的有效联系；②如何挖掘根植于区域独有价值，改变区域与跨国行动者之间长期以来的不对等关系；③如何有效规避外部风险输入，并通过相互协调的知识流动推动本土区域生产网络的升级。

这些研究存在一定不足。①对于区域产业升级的微观机制揭示不足。②全球生产网络分析框架中，对潜力巨大的本国市场重视不足。新兴市场国家本身就能创造出巨大的本国市场，对领先企业全球生产网络的构建提出了挑战，也为本国企业构建国内市场导向的生产网络提供了机遇，为其快速成长为全球领先企业提供了可能。③不同产业的全球生产网络的性质不同，在其形成、发展过程中起主要作用的竞争驱动力量也不尽相同。对成本敏感的产业，如以纺织、服装为代表的劳动密集型行业发生产业转移的概率较高；而高新技术产业如阿里巴巴、百度、腾讯、华为、小米等企业主要依靠技术创新、产品创新、销售渠道创新等创新能力获得超额利润，即使成本较高也会有较强的市场竞争力；在创新型产业和传统产业之间还存在很多过渡型产业，如发展较为成熟的汽车产业，既需要大量劳动力也需要很高的技术，同时还需要创新。

GPN 2.0 虽然提出了三个竞争驱动力，但是一般化规律无法完全解释中国经济高度复杂性。需要根据产业性质对全球生产网络进行分类，寻找影响不同类型全球生产网络的关键因素，深入研究其影响机制。未来，中国将以主动全球化的姿态融入全球生产网络，而主动全球化对区域需要有"超越边界"的理解。当本土企业具备在更大范围内整合资源的能力时，区域发展的关键将会转向如何在日益强化的区域竞争与区域联系中寻求共赢，这些问题还有待深入探讨。

小　　结

在全球生产一体化的背景下，全球生产网络等理论框架将影响区域经济发展的关键行为主体联系起来，建立起了包含全球和区域网络生产以及最终消费者的分析框架。全球生产网络视角在研究区域发展的独特性表现在：①将企业以外的公共机构等行动者整合到生产网络中；②将生产系统作为垂直和水平联系相互交织的网络，克服了 GCC/GVC "链"式分析方法的缺陷；③全球生产网络通过战略耦合、地域嵌入、价值的创造、提升、捕获等概念将区域纳入其分析框架中，具有多尺度、多元主体且随时间动态变化的特点，比 GCC/GVC 更加复杂。

全球生产网络视角考察区域发展至少从三个层面补充了新区域主义的研究框架。首先，新区域主义认为区域发展演化具有路径依赖性，然而全球性的外部危机可能迫使该地区打破这种轨迹的锁定，寻求替代的发展途径。全球生产网络则提供了一个分析区域发展的外部动态视角，关注地方与全球生产网络战略耦合时所进行的缓慢结构变化和转换，而不过分强调内源性结构。其次，在理解区域差异和不平衡发展时，新区域主义研究视角侧重于以区域为主体，强调其内在特征的影响。然而在全球化进程中，为何区域间联系的强化和要素流动成本的降低在推动部分区域趋同的同时，还导致了其他区域的差异呢？完全依赖于集聚外部性和根植性的解释可能并不充分。全球生产网络分析框架提供了一个明确的比较方法，认为区域发展差异是不同区域之间在全球经济中的复杂竞争关系以及跨国公司组织战略的影响下，区域价值创造、提升和捕获过程不同的结果（Phelps et al., 2003; White, 2004）。最后，该框架包含了全球—国家—地方等不同尺度的企业及非企业行动者，涉及全球对地方的地域嵌入及地方对全球的网络嵌入，尺度转换灵活，主体多元，能更好地帮助分析全球经济影响下的区域发展。

目前，欧美发达国家及东亚发展中国家等全球各个区域均已被纳入全球生产网络框架进行研究。研究发现，以内在耦合模式为主的欧美发达区域往往是全球生产网络中大量领导企业的所在地，高附加值活动都保持在该区域，而将较低价值提升的生产过程转移到其他国家如东亚地区。因此，欧美国家作为劳动密集型生产活动的转移地，具有较强的价值创造和获取能力。对于此类地区的研究聚焦于全球生产网络中生产活动的"主动退耦"过程，关注如何在与全球生产网络耦合过程中最大化区域利益。东亚地区作为相应生产活动的接收地，价值创造和捕获能力相对较弱。因此，在全球生产网络框架下，区域与全球生产网络之间的动态耦合策略以及不同耦合策略对本地生产网络的影响是学者们研究的重点。制度作为全球生产网络框架中的内在主体在东亚区域研究中也受到广泛关注。可见，全球生产网络理论为不同类型的区域发展及其联系提供了较好的分析框架。

全球生产网络为理解全球化背景下的区域发展提供了一个重要理论框架，其以行动者为节点，以战略耦合为核心的分析框架，契合了区域空间在全球化进程中所表现出的"全球—地方"联系。然而，其重格局、重全局、重质性的内在特征也决定了将全球生产网络完全用于区域层面的分析存在明显的局限性。①全球生产网络分析框架在揭示区域产业动态的机制与方向上存在不足。GPN 1.0 框架将区域发展动态抽象为战略耦合、退耦、再耦合的过程，但这一过程是区域动态的表现，而非机制。虽然 GPN 2.0 框架意识到这一问题，但现阶段 GPN 2.0 框架的核心被解释变量是企业间组织联系。区域发展更多表现为"策略"或"战略"行为。这意味着全球生产网络框架的分析重心并不在于揭示区域的经济结构及其对区域发展本身的意义。②全球生产网络框架更侧重全局综合而非局部分析，并且全球生产网络中的"网络"旨在以网络为喻，并不指向网络的拓扑关系。为此，全球生产网络框架是一个天然地以质性分析为基础，而并非为定量分析而设计的理论框架。

因此，未来全球生产网络研究内容还需继续深化全球生产网络视角下，区域与全球生产网络耦合策略动态变化的研究，加强对区域内产业动态机制的探讨，将演化经济地理学相关理论纳入分析框架，以更好地回答行动者在面对转型升级时如何打破路径锁定以融入到全球生产网络中；应逐渐关注劳动力、金融、市场（Coe et al., 2014; Carswell and De Neve, 2013; Yeung, 2014）等要素的重要性。在此基础上，还需要建立起关于技术知识网络和创新网络如何影响区域与全球生产网络战略耦合的理论框架，不断增强对全球经济格局变化的解释力。

参 考 文 献

[1] Agnew, J. A. (2002) *Place and Politics in Modern Italy (No. 243)*. University of Chicago Press.

[2] Amin, A., N. Thrift (1994) Holding down the global. *Globalization, Institutions, and Regional Development in Europe*, 257-260.

[3] Barnes, T., M. S. Gertler (2002) *The New Industrial Geography: Regions, Regulation and Institutions*. Routledge.

[4] Bathelt, H., A. Malmberg, P. Maskell (2004) Clusters and knowledge: local buzz, global pipelines and the process of knowledge creation. *Progress in Human Geography*, 28(1): 31-56.

[5] Bialasiewicz, L. (2006) Geographies of production and the contexts of politics: dis-location and new ecologies of fear in the Veneto Citta Diffusa. *Environment and Planning D: Society and Space*, 24: 41-67.

[6] Camagni, R. P. (1995) The concept of innovative milieu and its relevance for public policies in european lagging regions. *Papers in Regional Science*, 74(4): 317-340.

[7] Carswell, G., G. De Neve (2013) Labouring for global markets: conceptualizing labor agency in global production networks. *Geoforum*, 44: 62-70.

[8] Castells, M. (1999) *Information Technology, Globalization and Social Development (Vol. 114)*. Geneva: United Nations Research Institute for Social Development.

[9] Clark, G. L., M. P. Feldman, M. S. Gertler (2005) *The New Oxford Handbook of Economic Geography*. Oxford University Press.

[10] Coe, N., P. Dicken, M. Hess (2008) Introduction: global production networks – debates and challenges. *Journal of Economic Geography*, 8(3): 267-269.

[11] Coe, N. M., M. Hess (2013) Global production networks, labour and development. *Geoforum*, 44: 4-9.

[12] Coe, N. M., M. Hess, H. W. C. Yeung, et al. (2004) "Globalizing" regional development: a global production networks perspective. *Transactions of the Institute of British geographers*, 29(4): 468-484.

[13] Coe, N. M., K. P. Y. Lai, D. Wójcik (2014) Integrating finance into global production networks. *Regional Studies*, 48(5): 761-777.

[14] Cooke, P., K. Morgan (1994) The regional innovation system in baden-wurttemberg. *International Journal of Technology Management*, 9(3/4): 394-429.

[15] Coe, N. M., H. W. Yeung (2015) *Global Production Networks: Theorizing Economic Development in an Interconnected World*. Oxford University Press.

[16] Cox, K. (1998) Spaces of dependence, spaces of engagement and the politics of scale, or: looking for local politics. *Political Geography*, 17: 1-23.

[17] Cumbers, A., C. Nativel, P. Routledge (2008) Labour agency and union positionalities in global production networks. *Journal of Economic Geography*, 8(3): 369-387.

[18] Dicken, P. (2003) *Global Shift: Reshaping the Global Economic Map in the 21st Century*. SAGE Publications.

[19] Dicken, P. (2011) *Global Shift: Mapping the Changing Contours of the World Economy.* 6th ed. Guilford Press.

[20] Dicken, P., P. F. Kelly, K. Olds, et al. (2001) Chains and networks, territories and scales: towards a relational framework for analysing the global economy. *Global Networks*, 1(2): 89-112.

[21] Ernst, D. (2002) Global production networks and the changing geography of innovation systems. Implications for developing countries. *Economics of Innovation and New Technology*, 11(6): 497-523.

[22] European Foundation for the Improvement of Living and Working Conditions (Eurofound) (2006) *ERM Report 2006: Restructuring and Employment in the EU:Concepts, Measurement and Evidence[EB/OL]*.

[23] Evans, Y., A. Smith (2006) Surviving at the margins? Deindustrialization, the creative industries, and upgrading in London's garment sector. *Environment and Planning A*, 38: 2253-2269.

[24] Frobel, F., J. Heinrichs, O. Kreye (1981) *The New International Division of Labour.* Cambridge University Press.

[25] Ghose, A. (2003) *Jobs and Incomes in a Globalizing World.* International Labour Organization.

[26] Granovetter, M. (1985) Economic action and social structure: the problem of embeddedness. *American Journal of Sociology*, 91(3): 481-510.

[27] Harvey, D. (1989) *The Condition of Postmodernity (Vol. 14).* Blackwell.

[28] Hassink, R., C. Klaerding (2012) The end of the learning region as we knew it; towards learning in space. *Regional Studies*, 46(8): 1055-1066.

[29] Hatch, W., K. Yamamura (1996) *Asia in Japan's Embrace: Building a Regional Production Alliance (No. 3).* Cambridge University Press.

[30] He, C. F., Y. Yan, D. Rigby (2018) Regional industrial evolution in China. *Papers in Regional Science*, 97(2): 173-198.

[31] Henderson, J., P. Dicken, M. Hess, et al. (2002) Global production networks and the analysis of economic development. *Review of International Political Economy*, 9(3): 436-464.

[32] Henderson, J., N. Khalid (2011) Greater China, the challenges of global production networks and the dynamics of transformation. *Global Networks*, 11(3): 285-297.

[33] Hess, M., N. M. Coe (2006) Making connections: Global production networks, standards, and embeddedness in the mobile-telecommunications industry. *Environment and Planning A*, 38(7): 1205-1227.

[34] Hesse, M., J. P. Rodrigue (2006) Global production networks and the role of logistics and transportation. *Growth and Change*, 37(4): 499-509.

[35] Horner, R. (2014) Strategic decoupling, recoupling and global production networks: India's pharmaceutical industry. *Journal of Economic Geography*, 14(6): 1117-1140.

[36] Humphrey, J. (2004) Upgrading in global value chains. *Social Science Electronic Publishing*, 209-239.

[37] Humphrey, J., H. Schmitz (2002) How does insertion in global value chains affect upgrading in industrial clusters? *Regional Studies*, 36(9): 1017-1027.

[38] Hudson, R. (2005a) Region and place: devolved regional government and regional economic success? *Progress in Human Geography*, 29: 618-625.

[39] Hudson, R. (2005b) *Economic Geographies: Circuits, Flows and Spaces.* SAGE.

[40] Jonas, A. E. G., S. Pincetl (2006) Rescaling regions in the state: the new regionalism in California.

Political Geography, 25: 482-505.

[41] Kogler, D. F. (2015) Editorial: evolutionary economic geography-theoretical and empirical progress. *Regional Studies*, 49(5): 705-711.

[42] Lipietz, A. (1987) *Mirages and Miracles: The Crisis of Global Fordism.* Verso.

[43] Liu, W. D., P. Dicken (2006) Transnational corporations and "obligated embeddedness": foreign direct investment in China's automobile industry. *Environment and Planning A*, 38(7): 1229-1247.

[44] Lyberaki, A. (2011) Delocalization, triangular manufacturing, and windows of opportunity: some lessons from greek clothing producers in a fast-changing global context. *Regional Studies*, 45(2): 205-218.

[45] Marston, S. A., J. P. JonesⅢ, K. Woodward (2005) Human geography without scale. *Transactions of the Institute of British Geographers*, 30(4): 416-432.

[46] Martin, R., P. Sunley (1998) Slow convergence? The new endogenous growth theory and regional development. *Economic Geography*, 74(3): 201-227.

[47] Martin, R., P. Sunley (2006) Path dependence and regional economic evolution. *Journal of Economic Geography*, 6(4): 395-437.

[48] Morgan, K. (2007) The learning region: institutions, innovation and regional renewal. *Regional Studies*, 41(S1): 147-159.

[49] Neilson, J., B. Pritchard, H. W. C. Yeung (2014) Global value chains and global production networks in the changing international political economy: an introduction. *Review of International Political Economy*, 21(1): 1-8.

[50] Parker, R., S. Cox (2013) Power relations and small and medium-sized enterprise strategies for capturing value in global production networks: visual effects (vfx) service firms in the hollywood film industry. *Regional Studies*, 47(7): 1095-1110.

[51] Phelps, N. A., D. Mackinnon, I. Stone, et al. (2003) Embedding the multinationals? Institutions and the development of overseas manufacturing affiliates in Wales and North East England. *Regional Studies*, 37(1): 27-40.

[52] Redlich, T., P. Krenz, S. V. Basmer, et al. (2014) The impact of openness on value co-creation in production networks. *Procedia CIRP*, 16: 44-49.

[53] Roland-Holst, D. (2003) *East Asian Patterns of Comparative Advantage.* Research Paper, Asian Development Bank Institute.

[54] Scott, A. J. (2006) Creative cities: conceptual issues and policy questions. *Journal of Urban Affairs*, 28(1): 1-17.

[55] Shin, H. S. (2014) The second phase of global liquidity and its impact on emerging economies. In Chung, K., S. Kim, H. Park, et al. (eds.) *Volatile Capital Flows in Korea.* Palgrave Macmillan.

[56] Storper, M. (1997) *The Regional World: Territorial Development in a Global Economy.* Guilford Press.

[57] Storper, M., R. Salais (1997) *Worlds of Production: The Action Frameworks of the Economy.* Harvard University Press.

[58] Storper, M., R. Walker (1989) *The Capitalist Imperative: Territory, Technology, and Industrial Growth.* Blackwell.

[59] Susane, F. (1998) Trade liberalization and delocalization: new evidence from firm-level Panel Data. *Canadian Journal of Economics Revue Canadienne d, Economique*, 31(4): 749-777.

[60] UNIDO (2003) *International Subcontracting Versus Delocalization? A Survey of the Literature and Case-studies from the SPX Network.* UNIDO.

[61] Wei, Y. D., W. Li, C. Wang (2007) Restructuring industrial districts, scaling up regional development: a study of the Wenzhou model. *China Economic Geography*, 83: 421-444.

[62] White, M. C. (2004) Inward investment, firm embeddedness and place: an assessment of Ireland's multinational software sector. *European Urban and Regional Studies*, 11(3): 243-260.

[63] Wolfe, D. A., M. S. Gertler (2004) Clusters from the inside and out: local dynamics and global linkages. *Urban Studies*, 41(5-6): 1071-1093.

[64] Yang, C. (2007) Divergent practices of capitalisms in China: Hong Kong and Taiwan-invested electronics clusters in Dongguan. *Economic Geography*, 83: 395-420.

[65] Yang, C. (2009) Strategic coupling of regional development in global production networks: redistribution of Taiwanese personal computer investment from the pearl river delta to the Yangtze River Delta, China. *Regional Studies*, 43(3): 385-407.

[66] Yang, C. (2013) From strategic coupling to recoupling and decoupling: restructuring global production networks and regional evolution in China. *European Planning Studies*, 21(7): 1046-1063.

[67] Yang, D. Y., N. M. Coe (2009) The governance of global production networks and regional development: a case study of Taiwanese PC production networks. *Growth and Change*, 40(1): 30-53.

[68] Yeung, H. W., N. M. Coe (2015) Toward a dynamic theory of global production networks. *Economic Geography*, 91(1): 29-58.

[69] Yeung, H. W. (2009) Regional development and the competitive dynamics of global production networks: an east asian perspective. *Regional Studies*, 43(3): 325-351.

[70] Yeung, H. W. (2012) East asian capitalisms and economic geographies. *Physica Status Solidi*, 108(2): 129-132.

[71] Yeung, H. W. (2014) Governing the market in a globalizing era: developmental states, global production networks and inter-firm dynamics in East Asia. *Review of International Political Economy*, 21(1): 70-101.

[72] Yu, C., T. Lee (2009) Investigation of network structure in Taiwan automobile industry. 2009 International Conference on Advance in Social Network Analysis and Mining.

[73] 李健、宁越敏："全球生产网络的浮现及其探讨——一个基于全球化的地方发展研究框架",《上海经济研究》, 2011 年第 9 期, 第 20～27 页。

[74] 李健、宁越敏、汪明峰："计算机产业全球生产网络分析——兼论其在中国大陆的发展",《地理学报》, 2008 年第 4 期, 第 437～448 页。

[75] 刘德学:《全球生产网络与加工贸易升级》, 经济科学出版社, 2006 年。

[76] 吕国庆、曾刚、郭金龙："长三角装备制造业产学研创新网络体系的演化分析",《地理科学》, 2014 年第 9 期, 第 1051～1059 页。

[77] 谭文柱、王缉慈、陈倩倩："全球鞋业转移背景下我国制鞋业的地方集群升级——以温州鞋业集群为例",《经济地理》, 2006 年第 1 期, 第 60～65 页。

[78] 王艳华、郝均、赵建吉等："从 GPN 1.0 到 2.0：全球生产网络理论研究进展与评述",《地理与地理信息科学》, 2017 年第 6 期, 第 87～93 页。

[79] 朱华友、王缉慈："去地方化与区域发展：欧美实证与中国启示",《经济地理》, 2013 年第 2 期, 第 6～11 页。

第八章 产业地理学

引　言

经济活动空间分异是经济地理学发展的驱动力。相应地,描述和解释产业活动在不同时空尺度上的格局及演化特征是产业地理学的核心问题。自20世纪20年代以来,产业地理研究经历了四个主要发展阶段,其主要研究内容分别是区位论、新区域主义、新经济地理学和演化经济地理学。实证研究从产业和区域层面深入到企业层面(Carlsson,1987),关注点也从投入要素和交通成本等传统因素转向学习、创新、制度、文化、关系和网络等新因素。区位理论和贸易理论是"同一个硬币的两面"(Isard,1956),随后出现的集聚理论解释了产业空间集聚带来的益处。新经济地理学则在垄断竞争和报酬递增的全新假设下,运用数学模型演绎了经济活动的空间集聚与分散(Fujita and Hu,2001)。

伴随着产业地理理论的不断完善,"区位"这一反映经济活动的空间配置的概念贯穿始终(Clark et al.,2000)。由于地理环境中的任何活动主体都需要依照一定原则与特定位置相互匹配,因此,产业区位格局及其演化动态成为产业地理研究的核心问题。古典区位论将成本最低或利润最高作为基本原则,探讨产业活动空间分布不均的原因,以及使资源最优配置的企业选址和市场区位。至20世纪40年代初,区位理论进一步发展和完善,形成区位理论体系雏形。相关研究结合贸易理论和价格理论,利用边际分析和一般均衡方法,重新研究地租作用下的土地利用模式以及运费、劳动力、能源指向下的产业地理空间规律。20世纪60年代,地理学界的"新经济地理学"研究通过放松假设约束条件,令产业地理理论更接近客观现实,引发行为、制度、关系、文化转向。由此衍生的行为区位论(Pred,1967)、战略区位论(Clark,1981)、组织区位论(Scott,1983)分别讨论了不同生产环节、企业战略要求、决策者能力和信息对产业地理的塑造,影响较为广泛。与之相对,"新经济地理学"强调集聚力、分散力作用下经济地理格局的形成及演化过程。克鲁格曼(Krugman,1991)、藤田昌久和克鲁格曼(Fujita and Knugman,

2004）等学者构建核心—边缘模型、城市体系模型和国际模型，对地方尺度上的集群、城市尺度上的城市规模、全国尺度上的区域经济核心与外围，甚至全球经济中的南北差异进行全面解读。

近年来，伴随全球化的进一步推进，世界范围的投资、贸易迅速扩张，传统理论指导下的产业地理格局进一步改变。运输手段和互联网的进步引发大规模时空压缩，弱化了地理距离对经济活动的阻隔，强化了知识创新的作用（Dicken，2011）。物联网系统令交通成本不仅局限于运费，更拓展到时间层面。各类新兴的产业形态也在地理空间中呈现出不同于传统理论的行为规律和布局特征（Fang et al.，2008）。

第一节 产业地理学发展脉络

产业地理学是经济地理学的分支，主要研究产业空间区位、空间组织以及地理格局演化态势。伴随生产技术及社会经济的进步，生产系统、产出内容、组织架构、空间分布和竞争模式等也不断更新，产业界限变得模糊，产业地理的研究范畴也相应拓展，逐渐囊括了企业、产品、服务等产业相关主体的内部结构及空间演化等内容。同时，影响产业空间格局的因素也日益扩充，从传统的经济要素，逐渐过渡到社会、经济、政治、制度、技术等诸多层面。

一、计量革命与新古典主义

商业地理学是产业地理学的前身，由德国地理学家戈茨（Götz）在1882年创建。戈茨对地区专业化、商品生产空间以及货物流动空间等方面进行基础性观察，通过经验性归纳和总结，为生产布局以及市场区的确定提供依据（Barnes，2015）。奇泽姆的《商业地理学手册》是这一时期研究成果的代表（Chisholm，1889），其通过地图、图表以及事实描述等途径归纳商业地理布局模式，同时强调特定地点所承载自然、人文要素的异质性决定了不同产业活动和空间布局。商业地理学时代对产业活动认知为后来区位论发展埋下了伏笔。

20世纪中叶，在主流地理学仍然关注全球商品生产和贸易格局、环境决定论和殖民主义等内容的同时，部分地理学者已经开始构建学科概念体系和定量化方法以推进学科发展。其他社会、人文学科强调严密定量方法助推了这一趋势，令地理学吸纳科学化思维和方法的呼声不断加强。为了提升地理学在相关学科体系中的地位，大批学者呼吁构建可度量、数学化的地理学研究框架，继而引发了"计量革命"。自此之后，区域科学逐渐融合于地理科学，地理科学借鉴物理学、数学、社会学，特别是经济学研究方法，逐步构建系统化科学定义、严密的计量手段以及抽象化的模型，重塑地理学科体系。

"计量革命"为地理学带来了大量经济学理论和方法，产业区位格局也是其中的重要内容。现代工业区位论可追溯到1909年德国经济学家韦伯（Weber，1909）出版的著作《工业区位论》。韦伯奠定了工业区位论成本最小化的研究思路，之后帕兰德（Palander，1939）、胡佛（Hoover，1937）等人又加以拓展完善。与此同时，区位相互依赖理论又为区位选择提供了收益最大化的研究思路。20世纪60年代，韦伯的成本最小化分析占据了区位研究的主流地位，而以收益最大为目标的市场区分析则多出现在与中心地理论相关的研究中。廖什（Lösch，1940）、格林哈特（Greenhut，1956）、艾萨德（Isard，1956）等学者曾在成本最小与收益最大两种思路的融合方面做过尝试，但影响较为有限。

"计量革命"虽然推动了地理研究方法的科学化，但同时也限制了这一时期理论研究的进步。整个20世纪50~60年代，产业地理学者大都专注于借鉴以韦伯为代表的德国区位学派的经典观点，从效益最大化和理性选择等新古典经济视角理解产业区位特征，通过提取抽象化的影响因素提取和建立模型推定最佳区位。产业地理研究主题包括产业地理格局及其随时间演化、区位选择机制、城市内地租分布及其对产业区位的影响等。

二、行为主义转向

20世纪60年代末期，区位研究已经成为当时产业地理研究方向的主流。然而，行为主义兴起是由于学者意识到新古典范式存在严重局限性。一方面，由于新古典成本—收益模型对数据的要求较高，因此，采用新古典区位论空间经济分析方法开展实证研究的难度较大，相比之下，基于观察和个案分析的传统方法更为适用（Gold，1980）。另一方面，新古典区位研究框架难以做到全面认知现实世界的产业区位。比如，它无法有效处理空间不均衡问题，也无法将除经济因素之外的其他区位因子完整地纳入进来（Golledge，1981）。在此背景下发展起来的行为主义方法致力于弥补新古典主义框架的上述短板，试图通过于企业决策者视角探究企业文化对企业组织架构的影响、企业新建或关停分支机构的区位决策、企业与地方生产网络之间的对接和联络等问题（Aitken and Bjoklund，1988）。

20世纪70年代，行为主义指导下的产业地理研究主要形成两个转向。一个是区位决策由求最优解向追求次优解的转变；另一个是更加强调企业内部的组织和文化对个体区位决策以及宏观产业格局的作用（Golledge，2006）。这两个转向均反映了行为主义对新古典主义的超越。企业不再被视作同质、完全理性和点状的个体，而是在竞争市场环境中的不完全理性、具有复杂组织结构的异质性微观个体。基于上述逻辑，行为主义区位研究的关注点从最初的单厂企业区位转向多厂企业、多产品企业区位，进而拓展到整个产业体系的空间格局。

三、马克思主义、激进方法与规制理论

从20世纪70年代末到80年代末，马克思主义经济学在产业区位中的应用成为产业地理学的发展潮流。由于不满于新古典主义方法过于强调抽象的、与社会政治无关的产业地理建构，哈维（Harvey，1972，1973，1974）在20世纪70年代开始重新反思他曾经推崇过的新古典主义方法论，并结合马克思主义理论，将这一激进的方法应用到研究中。当时，资本主义经济处于转型阶段，纺织服装、钢铁等传统优势产业面临生产萎缩、企业倒闭、投资转向海外等问题，引发了大规模的制造业工人失业，导致西方部分传统工业化地区出现产业空洞化问题。在此社会背景下，强调经济危机以及区域发展不均衡的激进主义地理学和政治经济学为产业地理学提供了更理想的理论框架。英国学者马西（Massey，1984）的著作《劳动地域分工理论》基于政治经济学理论，同时吸纳批判现实主义方法论，在批判现实主义围绕特定产业及其区位开展的大量案例研究的基础上，对上述社会问题给出了激进主义地理学最初的理论解读，并加以实证分析。

同一时期，美国加州的部分学者也以马克思主义为基础开展了理论和实证研究。尽管当时美国以"锈带"为代表的工业区也在经历经济滑坡和制造业工人大规模失业的去工业化过程，但加州学派关心的重点不在于资本主义的衰落，而在于资本主义的创造力和恢复力。萨克森尼（Saxenian，1996）、斯科特（Scott，1988）、斯托伯和沃克（Storper and Walker，1989）汲取政治经济学、制度经济学观点，以新兴产业、高技术产业、服装产业和电影产业为案例进行理论与实证研究，发现资本主义具有重塑产业地理格局并恢复经济活力的能力。

20世纪80年代末期，规制理论统一了英美学者关于激进主义地理学的研究分歧，奠定了未来十余年产业地理学的发展方向。规制理论由利皮茨（Lipietz，1979）、波伊尔（Boyer，1990）等法国经济学家提出，解释了为什么资本主义经济没有像马克思预言的那样走向衰亡。规制理论认为，生产模式和积累制度的恰当组合是资本主义得以延续至今的重要原因。在这一视角下，英国和美国学者的观点可以被理解是硬币的两面。英国产业地理学者关心传统福特制积累制度和凯恩斯福利规制模式的瓦解，而美国产业地理学者则关心后福特积累制度和新规制模式的兴起。

四、制度、文化、关系转向

20世纪90年代，在分析后福特主义和柔性生产模式的过程中，产业地理学者重新回顾了产业区的概念，即企业共聚并建立生产、交易联系的特定区位。产业区最早由英国经济学家马歇尔提出，之后被皮奥里和萨贝尔等加以完善。产业区是产业地理在生产模式从大规模生产转向柔性生产过程中所呈现的空间特征。在产业区理论的指导下，虽然经济要素对产业区位的影响仍然是产业地理研究的核心内容，但是区位因子逐渐"软化"，社会制度、文化等环境因素的重要性不断上升。经济活动并非发生在真空，其受到特定社会文化与制度背景的影响（Granovetter，1985）。一方面，非经济的社会文化环境是经济要素得以良好组合的基础，往往具有区域独特性，难以复制。因而特定类型的经济活动会被嵌入到具备特定社会文化的系统中，难以向其他地方扩散。另一方面，在特定制度环境中，企业不仅仅是生产活动的基本单元，更是相关利益方进行博弈和战略决策的场所以及诸多社会关系交织影响的空间（McNee，1960；Krumme，1969）。因此，经济地理学逐渐强调正式、非正式制度对产业空间的塑造；制度"路径依赖"和"锁定"机制作用下产业活动的空间动态演化过程；区域和地方发展的社会管制与治理机制对产业地理的作用。

文化过程是决定制度路径依赖的重要因素，因而文化转向是制度转向的扩展。经济是融入在文化和社会中的，经济过程应当被置于文化、社会和政治关系中理解。文化转向涵盖了后马克思主义、后结构主义、女性主义等多个思想流派，具有极强的包容性，在分析和理解经济活动的空间差别时，高度关注经济过程的文化性质以及经济与文化的内在双向关系。学者从劳动力分工、劳动力市场、女性主义等多个方面阐述了产业空间变化的机制，研究地方文化传统、生活方式和认知对产业空间的影响。倡导文化转向的学者还呼吁改进经济地理学研究方法，拓宽研究数据的来源范围，使其更加多元化。同时，学者们在传统的客观分析中加入自我意识、与被调查对象的互动等带有主观性质的内容（Barnes，2015）。类似地，关系转向重点关注在不同地理尺度上，经济主体间如何通过发生各种经济联系而建立起社会空间关系并发生相互作用。

五、演化转向

20世纪90年代，受演化经济学启发，经济地理学者开始探索经济活动空间分布的历史演化，并逐步构建演化经济地理理论。演化经济地理学借鉴演化经济学的历史视角，联系时间与空间要素研究经济活动空间分布的演化机制（Frenken and Boschma，2007）。演化经济地理学从企业的进入、增长、衰落和退出入手，解释企业、产业、网络、城市和区域的空间演化，揭示演化过程对产业地理的影响（Boschma and Frenken，2011）。

演化经济地理理论认为，产业在地方尺度上的演化极有可能遵循以往发展形成的"惯例"，呈现出显著的路径依赖特征（Dosi，1997；Martin and Sunley，2006）。区域产业发展演化是一个区域衍生过程（Frenken and Boschma，2007）。地方产业选择和演化方向很大程度上取决于现有产业基础。在集聚外部性作用下，与现有产业存在适当"认知邻近性"的新行业能够以更高的效率利用地方劳动力市场、适应供需关系、整合跨产业知识溢出，从而有更大的概率承受住市场竞争的选择，进入地方内部，成为地方优势产业（Jacobs，1969；Frenken and Boschma，2007）。

在产业集聚问题上，演化经济地理学也提供了新的框架（Malmberg and Maskell，1997）。马歇尔（Marshall，1920）解释了企业集聚的原因，但并未涉及产业集群发生的具体机制。相比之下，演化经济地理学者不仅回答了产业为什么集聚的问题，也回答了一个产业为什么会出现在这个地方而不是其他地方的问题。他们认为，产业集群的出现是成功企业不断衍生的结果。因此，这种意义下的集群很大程度受到母企业的影响（Klepper，2007；Buenstorf and Fornahl，2009）。演化经济地理学者认为，某一地区内企业的高进入率具有示范效应，会引导潜在企业家在本地创业（Wenting and Frenken，2011）。克莱伯（Klepper，2007）指出，企业惯例和能力具有异质性，由企业进入某一地区前的经验决定。衍生企业从母企业继承了优秀的能力，因而比其他进入者更具竞争力。通过企业衍生，集群得以生长，而不一定需要马歇尔外部性（Buenstorf and Fornahl，2009；Boschma，2015）。

第二节 区位论：产业地理学理论基础

一、古典区位论

1. 农业区位论

德国经济学者杜能于1826年著有《关于农业和国民经济的孤立国》，开辟了农业区位论乃至古典区位论。在18世纪末、19世纪初的普鲁士，农业生产是最主要的经济活动。政治体制改革催生出企业家和农民共同组成的资本主义农场式企业经营模式。农业生产方式也逐渐由三圃制向轮作制转化。在此背景下，杜能试图回答在哪里布局何种作物可以实现最大利润的问题,并利用假设演绎法建立模型,提出同心圆状农业生产空间。

现实地理环境是非均质的,为了排除土质、肥力、河流等因素干扰,杜能提出了"孤立国"假设。他将地理空间抽象为封闭的均质空间,仅考虑利润最大化目标下农业生产布局与城市间距离的关系。利润大小与产量、价格、生产成本和运输成本直接相关。其中,只有运输成本是区位变量。因此,杜能农业区位论实质即为运输成本最低原则下的农业生产布局。随着与城市距离的增加,运费也不断增加,纯收益相应减小,直至为零,此距离即为可接受的最远种植距离。距城市越近,纯收益越高,所以企业都愿意租用距城市近的土地。企业对土地的竞争会抬高租金,最终导致全部纯收益均转化为地租。在每一个区位上,地主都会把土地租给能支付最高价格的生产者,形成一条市场租金梯度线,即为杜能推导出的农业生产布局模式。这种模式不仅实现了企业效益最大化,还能够保证每个区位均由土地利用集约度最高的生产模式占据,即土地利用效率最大化。杜能根据实际经营经验,计算各种农作物的地租曲线,绘制出最佳作物空间配置图,被称为"杜能圈"。

杜能农业区位论引入抽象演绎和数学推导方法,系统阐释了农业空间分异规律及其背后的原因。之后,韦伯工业区位论、克里斯塔勒中心地理论多延续了杜能的最小运费原则和抽象化方法。"杜能圈"也在宏观(Jonasson, 1925)、中观(华熙成, 1982)和微观尺度(Nwafor, 1979; Lee, 2000; 王鹏飞和徐文萍, 2015)不断得到验证。但是,杜能农业区位论也存在局限。首先,伴随城镇化发展,土地利用方式逐渐多元化,居住、工业、商业等用地围绕城市布局,打破了杜能的预设(Kellerman, 1989)。其次,虽然杜能强调运费率、地理距离对农业生产区位决策的决定性作用,但交通运输和货物存储技术的进步正逐渐削弱这些因素对产品生产、消费的限制(朱文哲等, 2015)。最后,辛克莱尔(Sinclair, 1967)研究美国中西部城市周边土地配置,发现了"逆杜能圈"结构。这一结构的出现是由于在快速城镇化进程中,大城市周围的农地随时可能转化为城市用地,因此,城市周边的农民为了降低征地的风险而减少对农业的投入,农地利用集约程度低于偏远区位。

2. 工业区位论

工业革命后,工业成为推动经济发展的主要生产活动。区位研究相应转向工业企业的决策布局。德国经济学家韦伯于1909年出版《工业区位论》,详细探讨了在给定原料地、市场区位、市场规模和劳动力分布及价格的条件下,企业布局在哪里可以使生产成本最小的问题。

韦伯将运费最小化原则拓展为费用最小化原则。他指出,经营者会选择费用总额最小的空间区位进行布局,并综合分析了影响工业区位的诸多因素,认为工业区位主要与运费、劳动费和集聚力直接相关。工业企业倾向于选址在最小运费区位，而劳动费和集聚力令区位偏离最小运费区位。基于这一思路，在均质平原、完全竞争市场、企业间相互独立的假设条件下，韦伯首先提出原料指数概念，通过范力农框架确定运费指向下成本最低的区位；然后再基于劳动力成本差异，运用等费用线和区位三角形确定运费及劳动费总和最低的区位；最后，根据集聚和分散力判断综合费用最低情况下区位是否进一步发生变动。

韦伯工业区位论深入剖析了原料指数，并分类讨论运费、劳动费和集聚指向，全面真实地刻画了现实中的企业区位决策，在实际工业区位案例中广泛应用。大量学者对不同区域的工业区位进行研究，证实了交通成本、资源禀赋、劳动力、集聚经济等因素对企业选址的关键作用（颜燕等，2014）。

韦伯理论也存在一定局限性。首先，韦伯对交通成本的假设过于简单，没有分析交通成本与距离的复杂关系。针对这一问题，帕兰德引入可变运费率，补充运费率递增、递减时的企业区位决策（Palander，1939）；胡佛关注运费结构和运输方式，讨论不同运输方式对应的站场作业费、线路运输费及其适用的生产模式和运输距离（Hoover，1937）。其次，韦伯假设特定区位的需求固定且对企业区位选择无影响，为了拓宽这一假设，胡佛阐述了在生产地、消费市场和竞争条件已知的情况下，产地价格和运费率对产品销售范围的影响，得出产品销售范围即市场区大小的结论（Hoover，1937）。最后，韦伯理论将企业视作处于完全竞争市场中的抽象个体。为弥补这一缺陷，以霍特林、格林哈特等学者为代表的区位相互依存学派，将不完全竞争理论引入区位研究，对市场区域的描述由"点"扩展为"线"，同时给出了在消费者行为、竞争对手决策影响下，以占领市场区为根本目标的企业空间均衡布局模式（Hotelling，1929；Greenhut，1956）。

3. 中心地理论

在资本主义经济高度发达以及商业、贸易和服务业集聚的时代背景下，克里斯塔勒提出中心地理论。克氏于1933年出版《德国南部中心地原理》，系统阐明了中心地等级体系，包括中心地数量、规模和分布模式等。之后，该理论被逐步运用到服务业区位决策中。

中心地是为周围区域居民提供所需货物和服务的地点。中心地等级和职能相对应。中心地等级越高，提供的商品和服务种类越多，服务范围也相应越大，但数量较少，分布也更稀疏。克里斯塔勒将研究区域视作均质平原，消费者为节省交通费用倾向于选择最近的中心地购买商品。在上述假设下，他给出了各等级中心地的空间分布形态，并根据市场原则、交通原则、行政原则提出了不同形态的中心地系统。

类似地，德国经济学家廖什在1940年出版的《经济空间秩序》中也提出了六边形的市场区位理论。当时，资本主义已进入垄断竞争时代，寡头企业间的竞争逼迫企业将扩大市场规模作为核心目标。因此，廖什回答了企业如何划定市场区边界才能获得最优市场规模和最大化利润的问题。他首先着眼于均衡价格和销售量，即平均生产费用曲线和需求曲线的交点，再基于此确定市场达到均衡状态时的企业空间分布。廖什发现，对于一种产品来说，当企业间竞争达到均衡时，每个企业所垄断的市场区都会呈现为六边形，以保证每个企业都获得一般利润，而没有超额利润。当扩展到多种产品时，多个六边形市场结构会叠加形成一定的等级结构，和克里斯塔勒的中心地系统不谋而合。

中心地理论实证案例比较丰富。威尔克等（Werck et al.，2008）分析比利时佛兰德地区地方政府提供公共服务的空间差异时，将大城市作为高级中心地，大城市周围的中小城市作为次级中心地，发现大城市政府在提供公共服务中的文化职能方面具有特殊优势。张贞冰等（2014）利用计算机辅助功能界定中国各个大城市群在交通原则、经济原则和行政原则下的空间范围，发现长三角城市群与中心地模型最为相似，珠三角和京津冀地区次之，武汉城市圈空间发育程度最低。

中心地理论同样存在缺陷。中心地理论假设消费者会理性选择离自己最近的中心地。首先，事实上，消费者对能够提供多样商品和高水平服务的高级中心地有一定偏好；其次，中心地理论忽视了同一等级或不同等级的设施集中布局所产生的集聚效应；最后，中心地理论关注静态分析，没有考虑需求增加、交通发展、人口迁移等动态因素带来的影响。针对这些问题，学者们将全球化、知识经济背景下的全球城市网络和专业化分工体系纳入中心地研究，以德国汽车制造业、英国零售业等级体系为案例，重新审视和评估城市在原有中心地体系中所处的位置，令中心地理论得以继续扩充和发展（Dennis et al.，2002；Scheer，2004）。

二、新古典区位论

包括农业区位论、工业区位论和中心地理论在内的早期区位理论均采用新古典经济学的静态局部均衡分析方法，因而统称为古典区位论。新古典区位理论以俄林"一般区位理论"和艾萨德"替代原则"为代表，突破了局部均衡分析方法，试图建立一般均衡理论。

1. 俄林：一般区位理论

瑞典著名经济学家、1977 年诺贝尔经济学奖获得者俄林将贸易理论和价格理论相结合，建立一般区位理论。俄林认为，不同地区由于资源禀赋和生产要素价格存在差异而形成地域分工，进而形成不同产业区位，推动区际贸易。若资本和劳动能够自由流动，此时工业区位决定于运输成本。在这一情况下，俄林补充了韦伯理论的两点不足：一是更加强调原料产地、工业区位和消费市场三者间相互依存关系；二是强调运输边界程度的差异。

若土地、劳动力、资本三类生产要素均无法自由流动，则生产要素价格比率的任何变化都会导致原有均衡关系的破坏和新均衡关系的形成。此时，俄林将区位决策的重心放在生产要素相对价格差异方面，把本地区内某商品各类生产要素之间价格的比例称为相对价格。如两个地区各要素的价格比例不相同，则两个地区间存在相对价格差异。基于这种相对价格差异，不同地区会选择利用对自己有利的生产要素，生产具有相对价格优势的商品参与贸易，以换取本地区不具备生产优势的产品。据此，俄林认为，工业区位变动是生产要素根据相对价格差异在不同区域间重新配置的结果。

2. 艾萨德：一般空间区位理论

美国经济学家艾萨德运用替代原理分析区位均衡，并将区域科学的数学工具和方法引入区位研究中，在其《区位与空间经济》（Isard，1956）和《区域分析方法》（Isard，1960）中阐述了"一般空间区位理论"。

艾萨德十分强调区位的现实意义。他认为，以新古典经济学为理论基础的古典区位论将生产要素、厂商、产品和消费者全部压缩在原料地、生产区位及市场区三个点上，完全忽略了空间阻力的存在。而现实中，要素流动需要克服运输成本等空间摩擦。地区内部和地区间的各种经济要素相互影响、相互关联，而非彼此孤立。艾萨德致力于将产业区位理论、市场区位理论、土地利用理论、贸易理论和城市结构理论结合起来，同时引入经济过程的时间动态性和空间关联性，建立区位与空间经济的一般理论，并用一组统一的方程来刻画区位与产品价格、要素成本以及距离等变量的关系。在《区位与空间经济》一书中，艾萨德在传统区位理论基础上，通过建立正式的数学模型将古典区位论与其进行融合、重新书写和一般化。艾萨德还提出用垄断竞争替代完全竞争、关注空间经济演化等观点，对新经济地理区位理论的诞生产生了重要影响。

三、区位论的新发展

1. 行为区位论

古典与新古典区位论假定经济和社会活动的行为主体是"经济人"。事实上，人们获得的信息是有限的，难以做出最优决策。因此，行为区位论研究便是一种考虑人的主观因素对区位决策影响的理论。

大卫·史密斯收益性空间界限分析（Smith，1981）在行为分析研究的发展过程中具有重要意义。该模型综合了韦伯的空间费用曲线和廖什的空间收入曲线，得到收入空间界限。通过对收入空间界限进行分析，找到最佳区位点或接近最佳区位的点等。大卫·史密斯指出，总收益超过总费用金额最多的地点即为利润最大点。大卫·史密斯还发现，收益性空间区位模型是动态变化的，费用和收益曲线的变动会导致企业能够盈利的区域范围扩大或缩小，令企业愈发分散或集中。一般来说，经营能力高的企业获利空间范围更广阔，可选区位范围也更大。

地理学者普瑞德（Pred，1967）把"满意人"的概念引入区位论中，运用行为矩阵解释区位选择结果，并充分考虑了不完全信息和非最佳化行为对区位选择的影响。如图 8-1 所示，行为矩阵由能力轴和信息量轴组成。其中，能力轴代表企业家利用信息能力的高低，信息量轴代表企业家进行区位决策时能掌握的高质量信息量。矩阵中右下角的行为者拥有丰富的信息和较高的信息利用能力，与最佳行为最为接近。决策者 Z 可以认为他的区位是最佳区位。而如果行为者在矩阵的左上角，则行为者拥有的有效信息较少，利用能力较低，与最佳行为相距甚远，其最终选择的区位不可能是最佳区位点，甚至会在收益性空间界限之外，如 Y。除这两种极端情况外，更多行为者处于 A 和 X 的位置。这些行为者并非拥有充足信息，其自身的信息利用能力也有限，因此选择的区位与最佳区位点存在一定距离。

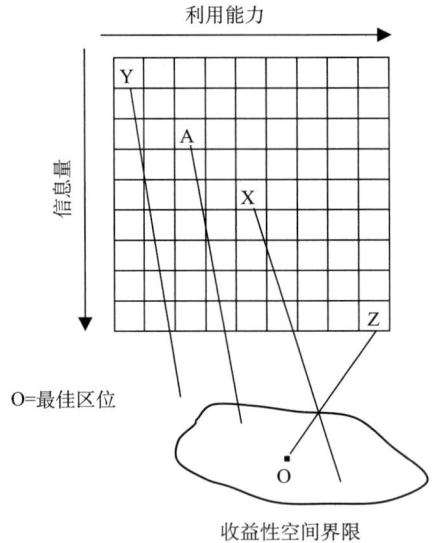

图 8-1　行为矩阵与收益性空间界限

2. 战略区位论

战略区位论认为企业区位决策过程涉及不同的企业利益相关主体，包括竞争对手、政府、工会等，因此，企业战略区位会不可避免地受到这些利益主体的影响。基于企业和利益相关主体之间目标与动机的差异，企业通过与利益主体间协商确定区位决策。比如，企业以扩张市场、获取利益或关键资源作为根本目标；而政府的目标却是经济发展和就业增长等。二者目标动机存在差异，因而需要进行谈判，并相应付出谈判成本。目标和动机差异越大，协商成本就越高，企业面临的不确定性越大。当两者之间的谈判成本过高时，企业就不会选择在此布局，而是倾向于选择目标和动机差异小的利益相关者所在区位（Kobrin，1987；Skulason and Hayter，1998）。

这种企业区位选择还可以看作是资本对劳动力的一种空间战略。资本和劳动力对于生产过程的控制与雇佣条件存在冲突，但两者相互依赖。在一个企业中，由于不同岗位的分工职能不同，对劳动力素质的需求也存在差异，据此可将企业雇佣的劳动力分为核心员工和非核心员工。为了增加资本对于劳动力谈判的筹码，企业会选择不同的区位战略，令核心员工和非核心员工在空间上分离。非核心员工大多安排在劳动力素质不高、数量丰富且成本便宜的地区；而研发机构等核心劳动力聚集的部门则位于利于企业决策的地区，更加靠近资本并远离非核心劳动力。这个理论可以用来解释全球化时代，发达国家跨国公司将劳动密集型部门向发展中国家和地区转移，而将总部和科研机构留在本国的现象（Clark，1981）。

3. 组织区位论

20 世纪 80 年代以来，伴随全球化进程以及生产范式和交通、信息技术的迅速变革，企业组织由垂直一体化向功能分散化转型。不同于过去大规模、标准化的福特生产模式，高技术水平催生了一种柔性专业化分工形式。中小企业之间高度协作，运用劳动力和资本进行多样化或专门化的集合生产。

组织区位论从企业联系入手，研究柔性化生产影响下的企业布局策略。企业间联系包含多个方面。首先，功能分散化将产业链切断，各个生产环节属于不同专门化企业。同时，企业内部也形成多个不同功能机构，如总部、研发部门、销售部门等。因此，不论是企业内还是企业间，都涉及物质、技术、信息、贸易等联系，企业通过付出相应的交易、协作成本建立起上述联系，进而建立以自身为核心的交易空间，并将其集合为地方生产网络。在地方生产网络中，每个企业都是一个节点，并通过各种联系与其他节点相连。几乎所有的企业都会有与自己联系紧密的企业，比如该企业的上下游企业，基本没有独立于网络之外的企业。在区位决策过程中，企业为降低交易成本会选择靠近与自己联系较为紧密的经济主体。所以，彼此之间存在资本、技术、产品联系的企业会倾向于集聚布局（Scott，1983）。

4. 新经济地理区位论

20 世纪 80 年代以来对产业区位理论有较大影响的分别是地理学界的"新经济地理学"和经济学界的"新经济地理学"，前者强调制度、文化、关系网络和历史演化等非经济要素，后者强调内生集聚效应对产业区位的影响。

经济活动是嵌入到社会文化之中的（Granovetter，1985）。非经济的社会文化环境是经济要素得以良好组合的基础，具有区域独特性和难复制性，因此，特定类型经济活动往往为追逐某一文化因素而被吸引到特定地方，进而嵌入到该地的社会文化系统中。制度厚度是衡量区域资源调配能力的概念。某区域制度厚度越高，说明该区域内部的企业、组织、协会、政府等主体有更强的资源调配能力，更容易吸引企业落地。在制度、文化转向的基础上，经济地理学的关系转向试图分析不同空间尺度上行动者与行动者之间、行动者与结构之间的复杂关系，揭示出经济活动空间组织及其动态变化（Amin，1998；Dicken and Malmberg，2001；Ettlinger，2001）。演化转向是经济地理学的最新动态，基于广义达尔文主义、路径依赖理论以及复杂科学理论，强调知识和创新作为核心因素对区域产业历史演进的影响，据此构建理论框架并应用于企业、产业演化问题中（Boschma and Martin，2010）。

在经济学界，克鲁格曼（Krugman，1991）基于贸易理论和新增长理论对传统区位理论加以改造，构建起新经济地理模型，揭示经济活动的空间集聚、城市发展以及区域差异形成机制等问题。该理论假设存在两个区域、两类产业的垄断竞争市场。其中，农业规模效益不变，制造业的规模效益递增；农产品不需要运输成本，制造业产品运输需要成本，且与距离相关；两个区域间的劳动力可以自由流动，每个劳动力既是生产者又是消费者。在这样的条件下，克鲁格曼基于数学模型描绘了产业分布的核心—边缘结构。当区域间贸易成本很高时，规模经济几乎不存在，制造业商品消费份额也较低，不利于产业聚集，制造业会倾向于布局在靠近消费市场的区位，彼此趋于分散。当贸易成本为中间水平时，企业可形成一定强度的前后向关联，倾向于集聚布局。而特定地区的市场需求越大，制造业份额也会越大，商品价格指数越低，消费者能获得更高的效用水平，因而能够吸引更多劳动力，令该区域市场容量进一步增大。在此情况下，两个区域逐渐演变成一种核心—边缘的经济结构。

第三节 产业地理学研究

一、产业区位与产业地理

1. 区位因子与产业地理

20世纪中期,地理学兴起计量革命,区位选择成为可量化的最优解问题。随后,大量与区位有关的经济学理论和方法被引入到产业地理研究。1909年韦伯(Weber,1909)提出的工业区位论是最重要的代表。由韦伯提出,帕兰德(Palander,1939)、胡佛(Hoover,1937)等学者加以完善的成本分析方法,深刻影响了同时期的产业地理研究。以中心地理论为背景衍生出的市场区位理论涉及与收益分析相关的内容。廖什(Lösch,1940)、格林哈特(Greenhut,1956)、艾萨德(Isard,1956)等学者将上述两个区位分析视角进行结合,形成了以成本—收益分析为核心思路的产业区位研究方法。在20世纪50年代后期以及整个20世纪60年代,产业地理学者主要沿袭这一研究思路,将产业区位理解为新古典经济学理论下以效益最大化为目标的理性选择行为。产业布局于特定区位需要付出的成本和可能获取的收益是该区位所承载的各类区位因子综合作用的结果。因此,建立产业区位的成本—收益函数,要明确影响区位选择的区位因子。

杜能农业区位论将生产地与消费地之间的距离作为决定农业活动空间分异的首要因素(Thünen,1826)。他还首创性地将区位决策过程中涉及的变量用函数形式表达,并通过微积分方法求解最优区位。采用类似的方式,韦伯关注运输成本、劳动力成本以及集聚等因素对工业最优区位的影响,并定量分析这些因子对生产成本及区位决策的影响。克里斯塔勒(Christaller,1933)在中心地理论中,运用高等数学、几何学方法,认为"门槛人口""服务半径"等区位因素是影响商业布局的关键因素。廖什指出市场规模和需求结构是产业区位需要考虑的区位因子(Lösch,1940)。

随后,区位理论由纯粹理论推导转向对实际区域分析和应用模型的研究。俄林(Ohlin,1933)在《区域间贸易和国际贸易》中指出,交通便利的区域能吸引大量资本、劳动力,可以布局规模经济明显、难以运输的产品生产活动;其他地区则适合生产运输较为方便,规模经济不显著的产品。艾萨德(Isard,1956)在《区位与空间经济》中系统提出了工业选址的原料、市场、动力燃料、劳动力、技术、资金和环境等七大指向。弗农(Vernon,1966)侧重技术的创新与扩散等角度,分析处于不同生命周期的生产活动在全球范围内的流动和布局。

新古典经济学模型以完全竞争市场、消费者不存在偏好差异、规模报酬不变为假设前提。新经济地理学模型构建在垄断竞争市场、消费者偏好多样化产品、规模报酬递增的基础上（Stiglitz，1977）。基于经济学发展起来的新经济地理学，将垄断竞争与产品多样化、规模报酬递增、冰山成本作为研究的核心，试图通过数学模型刻画集聚、分散力作用下的经济地理格局及其演化。在核心—边缘模型中，经济活动随交通成本下降而逐渐趋于集聚（Krugman，1991）；城市体系模型则研究制造业中心城市的人口增长及市场规模扩大对新城市形成的作用（Fujita et al.，1999）；国际模型则阐述了具有上下游投入产出关系的企业，为节约交通成本而形成地方专业化集聚，以及全球尺度上专业化劳动分工的机制（Krugman and Venables，1995）。当前，随着"新"新贸易理论发展，新经济地理学者又将企业异质性作为区位因子纳入模型中，提出"新"新经济地理学（Ottaviano，2011）。

基于上述理论研究产业区位，学者们一般采用下述模型开展研究：①投入产出模型，可估计地区间投入产出关系、区域市场潜力、区外产品与本地产品间的关系等问题，为区位研究提供支撑（Leontief，1966）；②线性规划模型可用于解决资源在空间上最优分配和最优利用的问题，如产业最优布局、交通运输最优布局、资源开发利用的最优规模等；③国际贸易和产业组织模型，如垄断竞争模型（Dixit and Stiglitz，1977）和企业区位选址模型（Hotelling，1929）等；④新经济地理模型包括核心—边缘模型、城市体系模型、国际模型。

2. 农业地理

对农业生产格局的研究主要涵盖宏观尺度、中观尺度以及微观尺度。宏观的例证有乔纳森（Jonasson，1925）的欧洲农业分区研究。乔纳森结合欧洲的人口密度、各种农作物的分布与农业景观，以西北欧为中心划分出七大地带：一为温室、花卉带；二为园艺、果品、马铃薯、烟草带；三为奶酪制品、肉用牛羊、饲料、亚麻带；四为普通农业带；五为谷物、油料带；六为牧场带；七为森林带。

中观尺度的农业区位论实证案例集中在城市层面。在中国的实证研究中，完全符合"孤立国"假设的案例较少，且多集中于发展初期。如华熙成（1982）对20世纪80年代初的上海市农业布局进行研究，发现城郊农业以城区为中心，由近及远有四个圈层，呈环形分布。近年来，城镇化进程的快速推进使得城市外围土地利用形态更加多样化，农业不再是唯一可供选择的生产经营模式。此外，农产品种植保存手段的进步、交通运输技术的发展也令农产品生产对土地的依赖性逐渐减弱，供应范围不再局限于单一市场，地理距离对保鲜和运输的约束渐趋消失。在这一背景下，中国农业空间格局不再严格遵循传统的杜能圈模式，而是受消费需求、自然条件、交通状况以及种植技术影响，变得更加灵活多变。朱文哲等（2015）以河南省开封市蔬菜生产区位为例进行研究发现，开封蔬菜种植在紧邻城市中心的区位分布较少，反而在中远郊地区和交通便捷的区位分布密集且规模较大。多市场供应模式、交通运输发展、郊区地价攀升以及蔬菜储藏技术进步都是导致杜能圈蔬菜圈层发生变形的重要原因。

微观尺度的经典研究以纳瓦佛（Nwafor，1979）在非洲卢旺达丘陵地带的农村聚落研究为代表。他发现，在发展中国家存在以农村聚落为中心的同心圆状土地利用形态，从而验证了微观尺度的杜能圈模式。王鹏飞和徐文萍（2015）基于对山东诸城市东老庄村种植户、养殖与种植户、大棚蔬菜种植户等实地调研，分析了微观尺度下由于农户生产决策而导致的农业生产差异，发现以农户住宅为中心，形成了杜能模式的同心圆结构。

在农业区位因子方面，除了自然因素外，研究还关注政策、城镇化以及技术进步等社会经济过程对农业区位的作用。特纳等（Turner et al.，1994）系统研究了土地利用/土地覆盖变化的基本理论、变化过程及其驱动机制，阐述了社会经济因素对土地使用决策的影响，以及土地利用/土地覆盖变化过程中的城乡作用机制、水资源约束机制。科纳加亚等（Konagaya et al.，1999）和里布萨姆等（Riebsame et al.，1994）分别基于地租理论与系统论建立了概念性杜能—李嘉图模型和土地利用综合变化模型，研究了地租、交通成本等传统区位因素对农业土地利用变化的影响机制。默滕斯（Mertens，2002）、斯温顿（Swinton，2002）等探讨了运费与价格对土地利用变化的影响。G. 纳尔逊和盖根（Nelson and Geoghegan，2002）基于杜能土地利用模型，利用遥感数据探讨了国家基础设施发展与政策对城郊土地利用的影响。霍尔登和约翰内斯（Holden and Yohannes，2002）以埃塞俄比亚为例，分析土地重新配置政策对其南部农地利用的影响，发现地方政策因素与农地占用规模呈显著正相关关系。美国学者辛克莱尔（Sinclair，1967）提出，在工业化、城市化迅速发展的城市边缘地区，会出现同杜能圈模式完全相反的土地利用模式，即所谓的"逆杜能圈"。田至美和朱容（1995）以交通技术进步为背景，探究便捷交通线贯穿市场中心后，杜能圈变形的一般性规律。张林和刘继生（2006）则认为随着信息技术的普遍应用，信息、社会和文化因子的重要性显著提升，而农业时代的运费的重要性在逐渐下降，出现区位因子"软化"趋势。

3. 工业地理

工业地理学是经济地理学的分支，是描述各类工业部门及其生产活动的空间分布特征、组织结构和演进规律，探究其背后影响因素和作用机制的学科（李文彦，1984）。早期工业地理学萌芽于19世纪末的欧美发达国家，以描述工业空间特征和演变过程为主要任务。随着全球化和知识经济时代的到来，生产、运输形式发生重大改变，工业区位要素及其相对重要性不断变动，工业地理学的研究内容也在不断更新。现代工业地理学关注的问题主要包括工业生产过程和工业部门的空间组织模式，工业空间组织的主要影响因素，包括自然因素、劳动力因素、市场因素、社会制度因素等。国内外学者在工业空间特征、动力机制以及外部效应等方面进行了深入研究，从资源环境、市场需求、创新空间、学习能力、劳动力市场、信息化和全球化等视角对引起工业区位变化的影响因素进行了探讨。

为了探究成本、规模经济、市场潜力等区位要素的影响，克拉夫茨和穆拉图（Crafts and Mulatu，2005）通过建立模型，验证了运输成本是影响1871～1931年英国工业区位布局的决定性因素，而市场联系等新经济地理区位要素的影响并不显著。克莱因和克拉夫茨（Klein and Crafts，2011）对19世纪末到20世纪初美国工业带形成机制进行探究，发现规模经济、市场潜力是推动其发展的重要因素。加拉瑞嘉（Galarraga，2012）以西班牙工业企业区位选择为案例，对俄林一般均衡理论进行验证，发现要素禀赋、比较优势是这些企业工业区位选择的关键要素。

在文化、制度转向的背景下，社会学网络理论被引入工业地理研究（Yeung，1994；Malmberg，1994）。研究越来越关注生产网络的空间重构现象，论证网络构建、网络联系和生产区位的关系，发现工业空间集聚和地方性生产网络的形成对工业区位产生了深远影响（Malmberg，1997；Yeung，2000）。例如，丹麦的家具制造业和英国的机械制造业都出现了企业为追求特定知识技术或文化制度而嵌入地方生产网络从而引发的集聚现象（Maskell，1998；Pinch and Henry，1999）。

强调政策制度因子也是制度转向的重要产物（吕拉昌和魏也华，2005）。除社会嵌入性外，还涵盖了制度环境、治理制度以及资源配置和就业等方面（史进和贺灿飞，2014）。麦金农等（Mackinnon et al.，2009）强调，塑造社会关系、指导资源配置的制度因素在区域生产结构和布局变动中发挥的重要作用。生产结构的转变更有可能依赖新制度经济学视角下较为正式、合法化的政治制度扶持（North，1990），如政府倾斜性产业政策。纳尔逊（Nelson，1995）、尚普（Schamp，2010）等将政策制度视为参与地区生产技术、生产结构和市场互动，进而对生产区位产生影响的重要因素。近年来，一些学者选择巴西、墨西哥、撒哈拉以南的非洲等地区，通过实证研究发现，治理制度层面下的产业政策能够有效推动区域产业发展，为产业进入及产业增长注入活力（Murmann，2003；Abdon and Felipe，2011；Jankowska et al.，2012）。

演化经济地理学认为区域产业发展是一种衍生过程（Frenken and Boschma，2007）。如果一个新产业与本地产业高度关联，这个新产业进入本地的概率会很高，这是因为相关产业为新产业提供了知识、能力和潜在的企业家（Klepper，2007）。伊达尔戈等（Hidalgo et al.，2007）在国家层面上也分析了产业衍生现象，发现国家更容易发展那些在"产品空间"中与已存在出口产品高度关联的新产品。在区域、产业以及技术层面，技术关联作为一种新区位因子的重要性得到广泛验证（Neffke et al., 2011；Boschma et al., 2013；Essletzbichler, 2015）。

路径依赖是演化经济地理学关于产业区位选择的重要理论视角，但是也有些区域能够突破现有路径，甚至创造新路径，令产业区位摆脱技术关联的束缚。阿瑟（Arthur, 1989）强调历史偶然性，即企业随机区位决策决定了产业区位。类似地，区位机会窗口理论认为基于新技术的新产业具有大量符合其发展要求的区位可供选择，具有一定区位自由选择权，新企业可以选择他们满意的任何地方，而这种选择受到偶然性事件影响（Storper and Walker, 1989；Boschma and Frenken, 2003）。有针对性的战略性行动也能够创造新路径（Puffert, 2002）。如通过本地培育完全新技术和产业，提升产业、技术与组织的异质性和多元性，促进创新和经济重组以及从区域外部引进新产业和新技术，创造区域路径等（Lester, 2006）。

4. 服务业地理

20世纪70年代以来，西方国家进入后工业社会时期，信息技术发展和全球化深入令全球城市间联系日益紧密，服务业迅速发展。欧美发达国家和地区的产业结构率先呈现出"工业经济"向"服务业经济"转型。服务业地理引起学者广泛关注，成为地理学中新兴研究领域（王海文，2010）。服务业地理学以服务业活动的地域系统为核心探索服务业空间活动规律（柳坤和申玉铭，2013）。服务业区位是服务业地理学的核心内容（方远平和闫小培，2008）。从研究内容来看，服务业区位研究主要集中于区位格局、区位决策及其影响因素方面。

服务业门类广泛、部门间差异较大，因而对服务业区位的研究大多从具体行业部门出发。丹尼尔斯（Daniels, 1991）基于区域尺度分析了欧盟服务业发展的空间差异，发现服务业大量集聚在伦敦、巴黎等世界城市。伊乐里斯（Illeris, 2003）等表明，20世纪70~80年代，西欧、北美国家大都市区服务业发展水平普遍高于其他区域，北欧各国70%以上的生产者服务业集中在首都及其周边区域。近年来，生产者服务业又呈现出由大都市中心区向外扩展，逐渐多中心化分布的发展态势（Longcore and Rees, 2006；Forstall and Greene, 2007）。对加拿大蒙特利尔高端服务业进行研究发现，生产者服务业扩散促进了多中心城市结构的形成，优化了产业空间组织（Coffey and Shearmur, 2002）。

服务业集聚特征明显，在全球和国家尺度上高度集聚于少数大都市区，在城市内部则集中分布于CBD等城市中心商务区，产业联系密切，形成大分散—小集聚空间格局。同时，信息技术的发展也推动了服务业在城市内部的小尺度集聚开始向周边扩散，令服务业空间格局特征更加多样。

不同类型服务业具有差异性区位模式，其区位因素也各不相同。

(1) 零售业

零售业是直接为消费者提供服务的行业，包括商业、餐饮业等。其行业特点是需要直接接触消费者，因而能否吸引消费者以及消费者数量是零售业企业经营效益的关键。零售业区位决策影响因子可概括为市场、交通、地价等方面。苏尔堡（Surborg，2006）研究河内市服务业集群，发现远离市中心的许多地方早已确定为不同领域的行政和商业活动，通过区位分析发现零售业的选址决策主要受建筑环境、区域特点以及地价的影响。肖琛等（2013）分析南京市苏果超市空间分布特征，发现人口规模、交通可达性和经济环境对于超市选址的影响较大。等级低、规模小的超市对人口因素的依赖程度较高，大型卖场则更注重区域内的交通情况。高端超市布局对区域内经济环境、人均购买力要求较高。贺灿飞等（2011）发现沃尔玛的布局呈现从东南沿海向内陆递减的趋势，强调零售业的集聚经济和规模经济，受开放政策的影响较小；而家乐福集中布局在京津冀、长三角和珠三角地区，注重市场规模与潜力、制度环境等因素。

(2) 生产者服务业

生产者服务业地理集聚趋势明显，且集聚地点多为大城市。美国三大商业和专业服务工作中心有两个位于大都会区；日本有50%的信息服务、研究和广告工作位于东京；英国几乎1/4的商业服务工作位于伦敦（Bryson et al.，2004）。大都市是孕育生产者服务业的一片沃土，可达性、人力资本、产业联系、集聚外部性和制度环境等因素至关重要。丹尼尔斯（Daniels，2005）对亚太城市高级生产者服务业区位布局进行研究发现，接近信息源、接近客户、交流成本、与互补性行业邻近性等因素都对企业选址产生影响。赫梅林（Hermelin，2009）对斯德哥尔摩生产者服务业企业进行访谈，发现其区位决策过程中，劳动力素质、信息获取难易程度、与服务对象的距离、基础设施完善程度更加重要。詹姆斯（James，2009）研究发现，生产者服务业试图通过空间集聚，促进彼此间的学习和创新，以增强自身竞争力。布赫（Buch，2000）以德资银行为例，发现集聚经济、市场环境和开放政策在外资银行区位选择中发挥重要作用。赵群毅和谢从朴（2008）发现，北京朝阳区和CBD管委会的高办事效率是大量外资金融机构入驻的重要原因。

(3) 文化创意产业

创意产业起源于20世纪40年代法兰克福学派提出的文化产业。在区域尺度上，基础设施、城市文化与环境、创意阶层以及政策制度是创意产业区位选择需要考虑的主要因素。基础设施为创意产业的生产经营提供基础条件，也通过吸引创意产业工作者来吸引创意企业（Glaeser et al.，2001）。拉泽雷蒂等（Lazzeretti et al.，2009）发现，意大利创意产业布局受到当地艺术和文化遗产的显著影响；大城市创意阶层也与创意产业集聚密切相关。类似地，佛罗里达（Florida，2002）强调开放多样的氛围和创意人才对创意经济发展的促进作用。

在城市尺度上，周边地区的创意和创新氛围同样会影响创意产业区位。创新氛围理论认为，城市空气质量会通过影响创意人群生活体验对创意产业的区位选择产生影响（Mathijs and Nico，2009）。豪金斯（Howkins，2001）将创意产业分为文化类创意产业和科技类创意产业，指出不同类型创意产业区位选择影响因子各不相同。软件等科技类创意产业需要邻近科研院所或大学，以获取优质的人力资源和创新氛围；而文化类创意产业需要与顾客紧密接触，倾向于布局在城市 CBD 等紧邻市场的区域。

在现实中，也有相当一部分创意产业从业人员选择在中小城市居住和工作，以追求低生活成本。例如，澳大利亚创意产业工作者更多地选择集聚在郊区而非内城，以寻求更实惠的居住和较高质量的生活，推动了伍伦贡（Wollongong）北部出现自发形成的创意社区（Waitt and Gibson，2009）。

二、集聚经济与产业地理

地理集聚是企业在地理空间中相互靠近而呈现的整体产业布局特征，具有普遍性，产业地理集聚分析是产业地理的重要主题。本书下一章重点讨论产业地理集聚与集群。

三、嵌入性与产业地理

产业区与嵌入性是集聚理论的衍生。自 20 世纪 80 年代以来，具有福特制大规模生产特征的老工业区开始衰落，意大利中北部和德国南部等地区以柔性、定制化生产为主的生产组织形式的竞争力不断提升。因此，经济地理学开始强调区域发展所依赖的制度、文化和社会基础的重要性，推动经济地理学的文化制度和关系转向。

以斯科特为代表的加利福尼亚学派以交易成本、外部经济以及企业的空间联系为核心构建新产业区理论，用以解释新产业区的兴起。新产业区由一系列高度专业化、生产联系密切的中小企业集聚而成。他们引入交易成本概念，认为中小企业会采取垂直分散化的生产模式，以应对市场风险、降低交易成本（Scott，1986，1988；Storper and Walker，1989；Storper，1995）。处于同一价值链的上下游企业和属于同一行业的竞争性企业在特定地域范围内集聚，相互间持续地进行产品交易、信息交换、文化交融和学习交流，形成紧密的企业网络化经济，这正是新产业区降低成本、增加收益、提高集聚效益的关键。同时，企业网络深刻嵌入特定地域，并依赖地方制度、文化、产业结构和企业组织等社会环境的支持。

萨克森尼（Saxenian，1996）对美国硅谷和波士顿 128 号公路进行比较研究发现，制度环境和文化背景显著差异导致这两个信息产业集群竞争能力的巨大差异。硅谷因为具有集体学习、网络合作和鼓励冒险的创新文化，适应了剧烈变动的竞争环境；波士顿 128 公路地区则因为崇尚集权和传统、鼓励稳定和自力更生的僵硬文化而急剧衰落。

可见，由于经济活动嵌入到区域社会文化系统中，区域非贸易相互依赖性就会有利于隐性知识传播，从而推动创新以及学习型区域的发展。区域独特的制度安排及社会文化环境为中小企业及各种机构之间形成紧密的网络联系提供基础，有利于区域内部劳动力共享、知识溢出、中小企业服务，使得区位获得竞争优势，激发新区域主义视角下的新产业区发展壮大。

四、经济全球化与产业地理

20 世纪中后期以来，交通运输与通信技术的快速发展导致学习成本、交易成本和交通成本的大幅缩减（Harvey，1990）。这种"时空压缩"削弱了工业生产对于邻近地方性资源的需求，推动了资本、知识、劳动力等生产要素在更广阔的区域范围内自由流动，产业地理日益关注跨边界联系、管理水平和技术创新。国际劳动分工日益深化，除传统的垂直专业化生产模式外，还出现了外包等新的生产组织方式。发达国家跨国公司将研发创新、管理等核心环节留在母国，将附加值较低的生产环节移植到劳动力、资源成本低廉的发展中国家（Neilson et al.，2014）。进入 21 世纪后，随着全球化进程不断深化，国家对生产活动及资本流动控制力进一步减弱，地区作为参与全球经济竞合的主体，成为产业地理研究的基本地域单元（Hudson，1994）。

国际产业转移是由于资源供给或产品需求条件发生变化，某些产业从某一国家或地区向其他国家或地区转移的经济过程，其本质是经济全球化背景下世界范围内的产业结构和布局的调整（陈建军，2002）。第二次世界大战后，全球经历了四次大规模的产业转移（表 8-1），总体上呈现出由发达国家和地区向发展中国家和地区转移的趋势，发生空间转移的产业部门也由最初的劳动密集型产业逐步拓展到资本密集型、技术密集型产业（赵建吉等，2014）。

国际产业转移理论伴随产业转移实践而不断发展。20 世纪 60 年代，日本学者赤松要基于对本国棉纺工业的研究，归纳出"产品进口、国内生产、产品出口"的三阶段雁行转移模式（Akamatsu，1962）。弗农基于产品生命周期理论指出，特定产业会经历引

表 8-1　国际产业转移演进

时间	主要转移与承接区域	转移内容
20 世纪 50 年代	美国→日本、联邦德国	钢铁、纺织等资源、劳动密集型产业
20 世纪 60~70 年代	美国、日本、联邦德国→亚洲四小龙等新兴工业化国家和地区	轻工、机电、造船等劳动、资本密集型产业
20 世纪 80 年代~21 世纪初	美国、日本、四小龙→以中国为代表的发展中国家和地区	劳动、资本密集型产业；一般技术密集型产业
2008 年金融危机后	发达工业化国家→发展中国家；中国东部沿海→中国中西部地区	劳动、资本密集型产业；少量技术密集型产业

资料来源：赵建吉等（2014）。

入、成长、成熟、衰退等阶段。在产品生命周期不同阶段，企业会选择在当期具有比较优势的国家或地区开展生产经营活动，进而催生了国际产业转移（Vernon，1966）。小岛清将赤松要的雁行理论与弗农的产品生命周期理论结合起来，提出了边际产业扩张理论（Kojima，1978）。他认为，对外直接投资会选择那些在投资国已经或即将处于比较劣势的产业，因此，投资者会将东道国具有比较优势的产业作为载体。上述理论将国际产业转移归因于比较优势或动态比较优势的变化。邓宁（Dunning，1993）提出的国际生产折衷理论，将国际贸易理论、产业组织理论以及产业区位论进行融合，从公司所有权优势、市场内部化优势和东道国区位优势三个维度，综合阐述了跨国公司在产业转移过程中可能采取的路径和战略。

外商直接投资是国际产业转移的重要载体。由于外商直接投资高度集中在少数国家和地区，其地理格局受东道国市场规模、贸易条件、交通成本、生产要素成本、基础设施、政策优惠、文化距离、政治稳定性等众多因素影响。这些因素的重要性又因投资类型、东道国特征、投资动机、公司战略以及涉及行业不同而存在较大差异。格里克曼和伍德沃德（Glickman and Woodward，1988）和比林顿（Billington，1999）等研究表明，成本最小化和利润最大化同样是外资区位选择的重要标准。除了传统区位论中强调的生产和运输成本外，交易成本、信息成本等也是外商直接投资考虑的重要因素（Caves，1971；Mariotti and Piscitello，1995）。与东道国企业相比，外国投资者处于"外来者劣势"地位，在购买原材料、发现和识别市场机会、获取熟练劳动力以及不可预见的不确定性方面，要比东道国企业承担更多的风险，支付更高信息成本。外资区位选择通常是对信息成本的一种理性反映。

集聚经济在跨国公司区位决策中扮演重要角色。跨国公司可以通过地方化经济、城市化经济等途径节约成本、提升效率。研究发现，外资区位行为与其供应商、竞争者或其自身已有的投资行为密切相关，投资自我强化行为促成了同一来源国的外资集聚，这一现象在日本、韩国跨国企业的汽车、电子行业有较多实证案例（Belderbos and Carree, 2002）。对爱尔兰制造业外资企业的研究发现，城市化经济对于技术密集型企业的区位选择意义重大，而地方化经济作用不明显；低技术产业的区位选择则只与地方化经济相关（Barrios et al., 2006）。

20 世纪 90 年代以来，经济地理文化制度转向将社会、文化、制度等因素引入跨国公司区位研究。如魏也华（Wei, 2000）发现，东道国的贪污腐败持续阻碍外资的进入；基诺西塔和坎波斯（Kinoshita and Campos, 2003）发现，法律完善程度和政府治理质量等制度因子是影响外资流动的重要因素。

全球生产网络重视跨区网络和外生力量与产业空间之间的复杂关系，认为产业格局是地域化关系网络与全球生产网络在变化区域结构中相互作用的动态结果。科等（Coe et al., 2004）提出区域与全球生产网络之间的"战略耦合"能力，认为领先企业及其策略合作伙伴、供应商之间的战略耦合对于区域产业的价值捕获、保持和增强至关重要，使得全球生产网络逐步成为全球化背景下产业发展的经典理论框架。杨伟聪（Yeung, 2007, 2009, 2015）认为跨国公司的全球生产网络、本土公司战略和公司所在地优势之间的战略协同，是理解全球化过程中产业空间的关键。对中国台湾地区 IT 产业发展及其向东莞、苏州转移的研究表明，融入全球生产网络在此系列过程中起到至关重要的作用，全球生产网络与本地制度环境的相互融合嵌入共同重塑了区域产业格局（Yang and Coe, 2009）。一些研究还基于全球生产网络与区域发展战略耦合的视角，分析了计算机、电子信息等不同行业生产网络的构建与重组，及其对地方产业地理格局的影响（Yang, 2009; Yeung, 2016）。

五、区域一体化与产业地理

区域一体化是 20 世纪 90 年代以来最具活力的空间经济现象，与经济全球化一同推进着世界经济快速发展，塑造了当今世界经济格局。维内（Viner, 1951）在著作《关税同盟理论》中，运用局部均衡方法考察了关税同盟的福利效应，关于贸易创造和贸易转移的阐述奠定了一体化效应的研究基石。西托夫斯基（Scitovsky, 1958）的大市场理论、罗布森（Robson, 1984）的自由贸易区理论也是极具代表性的区域一体化理论。20 世纪 80 年代以来，新贸易理论模型将规模经济、不完全竞争、多样化偏好等分析加入到传统的贸易模型中（Krugman, 1991; Ethier, 1998），重新定义了区域一体化效应的量化问题（Ascani et al., 2012; Krugman, 2011）。20 世纪 90 年代以后，区域一体化研究不再局限于国际贸易和政治关系的范畴内，新区域主义、新经济地理学、新制度经济学等范式深化了对日益复杂的区域一体化现象的理解（Telò, 2001）。

区域一体化进程通过影响贸易格局而影响产业地理。宏观上，区域一体化是一种歧视、排他的制度安排，可能扭曲国际分工关系，降低整体产业发展效率。维内（Viner, 1951）认为关税同盟使成员国之间贸易价格与非成员国相比较低，导致一国从生产效率最高的非成员国国家进口转向从生产效率较低的成员国进口，即贸易转移效应。科登（Corden, 1972）进一步提出了关税同盟的贸易抑制效应，即高效率成员国倾向于在本国生产，而不会从区外更便宜的国家进口。北美自由贸易协定（NAFTA）的案例验证了以上观点，各成员国间的贸易有较大幅度的增长，但加拿大与欧洲和亚洲的贸易额却有所下降（杨树明和刘会春，2007）。德本尼迪克蒂斯和塔托利（De Benedictis and Tajoli, 2011）对世界贸易网络研究发现，区域内部的贸易流密度高于世界均值。类似地，区域一体化制度安排会人为地扭曲正常贸易流，干预成员国和非成员国的产业地理。

对于特定国家来说，区域一体化可能导致国内发展空间不均衡。汉森（Hanson, 1997）以墨西哥为例，发现随着北美自由贸易协定的签订，贸易开放导致墨西哥工业转向更接近美国的北方区域，国内地区间发展差异不断扩大。印度尼西亚经历了相似过程，自 1983 年实行贸易开放政策以来，大量企业向爪哇岛聚集，拉大了地区间发展差距（Henderson, 1996）。较低行业关税使阿根廷产业从布宜洛斯艾利斯及周边区域向其他区域分散（Sanguinetti and Martincus, 2009）。

第四节　中国产业地理研究

20 世纪 70 年代末以来，中国经历了包含全球化、市场化和分权化等多重维度的经济转型。伴随经济改革和对外开放的日益深化，以发达国家跨国公司为载体的全球力量和以本土企业、地方政府为代表的地方力量之间互动不断强化，二者在中国独特的制度环境下相互作用，重塑了中国产业地理格局。

一、宏观视角：产业地理格局

改革开放以来，宏观产业地理格局经历了两个转变：一是产业结构从资源和劳动力密集型过渡到技术和知识密集型；二是产业集聚地由东部沿海地区向中西部地区梯度转移。依据传统区位理论，资源禀赋和交通区位是驱动中国产业地理格局演化的关键因素。除此之外，经济转型过程中的制度环境也是理解中国产业地理格局的重要视角（Poncet，2005）。

首先，市场化进程改变了中国产业地理格局的主体类型及其决策行为，让市场机制和价格信号在资源配置中发挥基础性作用。具有比较优势、区位优势和制度优势的区域将获得更大的产业发展机会。同时，市场化过程还激励了要素市场和商品市场发展，促进了跨区域、跨部门的要素流动，劳动力技能和产品知识可以通过劳动力、资本的自由流动以及区内、区际产品贸易得以溢出、扩散。产业内上下游生产联系以及区域内产业间的生产网络也可以通过共享劳动力市场、基础设施等途径，降低生产成本，提升生产率（Wei，2000）。因此，在市场化制度环境下，产业倾向于在区位优越、资源丰富、制度优惠的区域布局，而东部沿海地区则凭着这些优势，成为改革开放之后的产业集聚区（Fan and Scott，2003；Wen，2004）。

其次，经济转型通过分权化进程赋予地方政府发展经济自主权，激励地方政府竞相发展经济。周黎安和陶婧（2011）认为近30年中国经济的腾飞除了与资源禀赋、资本积累和技术创新有关以外，还与以绩效考核为目标取向的"晋升锦标赛"密切相关。政治晋升是零和博弈，处于政治和经济双重竞争之下的官员之间合作空间有限，而倾向于竞争（周黎安，2004）。激烈的区域竞争造成了严重的地方保护主义和重复建设，也激发了区域之间在产业发展战略与政策方面的相互模仿。区域分权导致地方保护主义和区域间模仿行为使得产业区位偏离比较优势与集聚经济引导下的空间模式，一定程度上削弱了市场化进程带来的产业地理集聚优势（Young，2000）。

全球力量同样是重塑中国产业格局的重要因素。中国融入经济全球化，引入了大量先进的外来知识技术和生产要素，并产生了不同程度的示范、溢出、关联和竞争效应，因此成为降低本土企业学习成本、提升本土生产效率，进而推动产业结构转型升级的有效途径（潘悦，2002；贺灿飞，2006；包群等，2015）。全球生产网络研究将关注点放在转型制度框架下中国企业、产业集群同全球尺度的跨国公司及其生产网络之间的耦合关系上（Wang and Lee，2007；Yang，2009）。从空间上来看，沿海地区本土企业更有可能与发达国家跨国公司达成战略耦合，进而融入国际市场（Yang，2007）。中西部地区由于产业基础薄弱、区位优势不明显、对外开放不够深入，对接全球生产网络的难度较大。

从产业结构来看，改革开放初期，以纺织业、服装业、食品工业、玩具制造业为代表的劳动密集型制造业，成为主导中国经济增长和产业地理格局演化的力量（Gereffi，2009；Gereffi and Frederick，2010）。20世纪90年代以来，资源、资本密集型的重工业比重逐步提升，黑色金属冶炼与压延、有色金属冶炼与压延业等行业作为其他工业中间投入部门，取得了长足发展（Worrell et al., 1997）。2000 年以来，资源环境约束日益趋紧，要素成本逐渐提升，特别是金融危机后，全球经济低迷，国内消费市场升级缓慢，发展重点逐步转向装备制造、生物医药、电子信息等战略性新兴产业，产业结构相应从资源、资本密集型产业向技术、知识密集型产业调整（Cimoli et al., 2009；李娜和王飞，2012）。

从产业地理空间来看，改革开放早期在沿海开放和经济特区政策的作用下，东部沿海地区利用区位优势，率先参与国际产业分工，成为中国集聚中心。相比之下，中西部地区产业基础较弱，经济活力不足。东西部发展差距逐渐拉大，令产业地理布局整体呈现出"核心—边缘"的集聚格局（吴学花和杨蕙馨，2004）。随着改革开放不断深入，虽然东部沿海地区凭借区位和政策优势，通过积极对接全球力量实现了率先发展，但是不断上涨的劳动力和土地成本导致原本集中分布的劳动密集型行业出现集聚不经济现象，日益严苛的资源环境约束又进一步强化了上述地区继续推动产业结构升级的需求，二者叠加形成强大推力，促使劣势产业逐渐向中西部地区转移，以寻求更低廉的成本和更宽松的环境规制（范剑勇，2004；冯根福等，2010；He and Wang，2012）。因此，部分企业开始从广东、上海、浙江等沿海省份向江西、湖南、安徽、河南、四川等中西部省份转移（He and Yeung，2011）。冯根福等（2010）的研究也表明，在地市尺度上，产业份额趋于增加的区域主要是中部省份内部产业基础较好的地市，以及沿海省份内部发展相对滞后的地市。

二、区域视角：产业地理集聚

改革开放以来，中国产业环境发生了本质变化，一些产业在空间中不断集聚，形成了许多具有国际竞争力的产业集群和产业集聚区（王缉慈等，2001）。不同于国外单纯强调外部规模经济促成产业集群的研究，伴随经济转轨而来的制度变化研究是理解中国产业地理格局的重要视角（Poncet，2005；He et al., 2008），这种视角十分符合 20 世纪 80 年代兴起的新区域主义和"新经济地理学"的主张，即强调根植于地方制度文化环境的本地产业集群对区域发展活力的带动。二者的契合促使产业集聚成为中国产业地理的研究热点。

在产业集聚的形成机制方面，中国产业地理集聚的形成和演变是以市场化、全球化为代表的集聚力和以分权化为主导的分散力共同作用的结果。中国经济转轨引入市场机制，令企业间竞争日益激烈，使得产业极有可能集聚在具有显著比较优势和能够充分利用规模经济的区位（钱学峰和梁琦，2007）。中国产业在不同空间尺度上越来越集聚，尤其是竞争性产业和参与经济全球化程度较高的产业（贺灿飞和刘洋，2006）。沿海省区如江苏、浙江和广东等地形成了众多产业集群，如温州鞋业集群、大唐袜业集群、昆山和东莞的电子产业集群（王缉慈等，2010）。贺灿飞等（2007）基于2004年第一次经济普查资料，发现中国制造业高度聚集在珠三角、长三角以及环渤海地区，在华北、东北、四川以及两湖地区有一些连片分布；此外，空间尺度越小，产业划分越细，制造业在空间上越集中。

不同学者采用不同指标和计量手段对不同尺度上的产业集聚现象进行测定，对中国产业集聚空间分布及其演化趋势进行了判断。如，文玫（Wen，2004）计算了两位数和三位数制造业的基尼系数，发现三位数行业集中程度高于两位数行业，资源、土地密集型产业集中程度更高，许多相对自由的产业集中在沿海地区。罗勇和曹丽莉（2005）计算了制造业EG集聚指数，发现集聚程度由高到低分别为，技术密集型产业、资本密集型产业、劳动密集型产业。还有学者借用胡佛系数、地区专业化水平、赫芬达尔指数衡量中国区域产业集聚水平（Bai et al.，2004；吴学花和杨蕙馨，2004；范剑勇，2004）。

产业集聚水平与一系列产业和区域特性显著相关，包括资源投入、市场需求与市场潜力、内部规模经济、外部规模经济、产业联系、贸易与投资自由化、政策制度等（He et al.，2008）。梁琦（2004）以空间经济学为理论分析框架，认为运输成本、收益递增、外部性、地方市场需求、产品差异化、市场关联度和贸易成本是影响产业集聚的主要因素。贺灿飞和朱晟君（2007）对北京市产业地理集聚的研究发现，产业内教育水平、技能水平和技术水平较高的劳动力比重越高，产业集聚水平越高。贺灿飞和谢秀珍（2006）还发现，外资比重高、全球化水平高的行业集聚倾向更强。贺灿飞和朱晟君（2008）对安徽及江苏产业集聚的比较研究也发现，区域间在经济发展水平、城市化水平、基础设施、地理位置、产业传统以及制度性方面的差异造成了区域间产业集聚水平的差异。

三、微观视角：企业地理研究

企业是产业地理格局形成的微观基础，企业动态驱动了中国产业地理格局，包括企业进入、退出、成长、衰退、兼并、衍生等动态过程，不仅推动了中国产业地理格局演变，也是中国产业全要素生产率变化的重要原因。微观视角的企业地理研究主要包括以下几个方面。

第一，基于企业异质性的企业地理研究。在国有企业方面，张晓平（1999）深入调查了中国一拖集团，从企业网络变化角度探讨国有大型企业改革对区域经济的影响。段致辉（2000）以2423家现代企业制度试点的国有企业为案例，研究国有企业改革对就业影响的区域差异与产业差异。除国有企业外，跨国公司的空间行为同样是企业地理学关心的重点。张文忠等（2000）以日本和韩国在华投资企业为例，通过实地考察、问卷调查和统计资料分析，研究了跨国企业在华投资的区位行为、投资模式和企业的空间组织联系特征。张晓平（2005）分析了跨国公司全球生产体系与地方生产体系链接的过程与方式，将其概括为滚动式、结盟式和跟随式三种模式。研究还涉及其他类型企业的空间问题。钱伯增等（1996）分析了浙江省538个建制镇的乡镇企业空间集聚区位。王兴平（2003）以江苏省江阴市为例，研究了在经济全球化背景下，乡镇企业密集区域的产业发展新趋势与空间结构调整的新要求。王缉慈（1996）研究了北京中关村新技术企业集聚区域的企业衍生、集聚与扩散，探讨了企业异地发展和地区内的商业化趋势。

第二，企业空间动态研究。研究主要分析企业进入、退出、成长和衰退的空间差异，并运用计量模型探讨影响因素。朱晟君和贺灿飞（Zhu and He，2014）探讨了全球、区域和地方三个不同尺度因素对中国服装业新企业选址的作用机制：在全球尺度，消费者驱动的全球价值链引发逐底竞争行为，迫使企业选择成本最低的区位；在区域尺度，产品更新速度加快导致交货周期缩短，企业为了快速应对市场变化，需要同时考虑信息获取难度与物流成本，不能选择偏远的区位；在地方尺度，产业集群可以产生集聚经济，促进新企业诞生，也会因为拥挤导致的集聚不经济，阻碍新企业诞生。杨汝岱和贺灿飞（Yang and He，2013）研究了政府政策与市场力量对中国企业退出的影响，发现财政补贴和产业园区政策可以降低企业退出的概率。贺灿飞和杨汝岱（He and Yang，2016）探讨了中国企业退出影响因素，发现企业年龄与企业失败呈现倒U形关系，表明竞争效应与学习效应在企业成长过程中此消彼长；发现补贴和贷款等地方扶持政策可以降低企业失败率，并且会缓和生产率和年龄对企业失败的影响。

第三，经济转型与企业地理格局研究。中国由计划经济向市场经济的转型过程中存在多种塑造中国制造业地理格局的力量（Naughton，2006；Wei，2001）。市场化转型强化了中国企业追逐利润的动机，企业行为日益符合新古典区位论。随着要素流动和商品交易限制的逐渐破除，以私有企业为主导的企业家精神受到了极大鼓励，私营经济如雨后春笋遍布在不同区域（Chang and Macmillan，1991）。随着企业家受教育水平和市场信息公开程度的提高，企业家收集和处理信息的能力不断增强，不确定性因素对企业空间动态的影响越来越小。然而，中国的市场化转型并不完全。市场竞争机制对企业惯例的筛选作用会同时受到政府与市场力量的影响。中国产权、合约和其他企业交易行为的法律法规尚不完善，不同所有制企业的竞争环境仍不够公平，企业依赖人际关系来获得资源的现象仍较普遍（Peng，2002；Huang，2003；Song et al.，2005）。

区域分权赋予地方政府更多自主权，促进了地方政府直接负责其管辖范围内的经济发展。一方面，区域分权赋予地方政府直接参与地方经济发展的权利，导致了制度条件和经济背景的区域不平衡（Zhao and Zhang，1999）；另一方面，区域分权同时赋予地方政府更大的权利以干预地方和区域经济发展。地方政府为了追求长期经济增长，将为新企业、新项目提供大量补贴。补贴不仅鼓励潜在新企业进入，同时也帮助新企业更好地生存发展。

中国积极融入经济全球化，改变了企业和产业结构，外资企业成为重塑产业地理格局的重要力量。外资企业由于其缺少对本地社会经济环境的了解，在获取信息、建立本地生产网络等方面都难以逃脱外国身份带来的先天劣势，经营不确定性和生存风险大大增加（He，2002）；同时，外资企业相比本土企业享有更多优惠政策和出口渠道，所以也有可能克服上述劣势，从而更容易进入和成长（Zhang and Song，2002）。大量外资企业进入带来溢出效应和竞争效应影响企业动态。一方面，外资企业可能加剧地方竞争，迫使国内企业退出市场（Aitken and Harrison，1999）；另一方面，外资企业可能通过知识溢出提升本土企业效率，使其生存机会得以增加（Blomström and Kokko，1998）。研究表明，外资企业对中国企业生存有正面影响（Lin et al.，2009），也有研究则发现，外资企业更可能对同行本土企业带来消极影响，且这种影响在低技术产业更加突出（Girma et al.，2008；Jeon et al.，2013）。

小 结

产业地理是经济地理学研究的核心内容。本章旨在通过介绍其发展脉络、理论基础和实证主题，明晰产业地理理论体系，梳理产业地理研究进展。产业地理不仅拥有扎实的理论和实证研究基础，未来仍将是重要研究领域。一方面，全球化进程和信息革命正逐渐渗透到国民经济和社会发展的各个方面。现代社会生产、生活方式也由传统模式向信息技术支撑的网络化模式转变。作为研究人类经济活动空间格局及组织优化的产业地理研究也不例外。传统的交通、成本、市场等影响因素的重要性下降，信息、制度文化正逐渐成为产业、企业区位决策的决定性变量；区位选择范围全球化，区位决策主体现实化，区位布局弹性化成为学者认知产业格局的共识。另一方面，近年来新自由主义驱动下的制度、文化、关系和演化转向极大地丰富了产业地理研究视角，产业地理研究呈现多元、开放的格局。未来，产业地理学必然会与社会学、文化学、人类学、经济学和管理学等学科碰撞出更多火花。产业地理也会在学科间的持续对话中，不断加深对经济活动空间行为和动态演化的理解，更深入地认知地理空间，为学术研究和规划实践提供指导。

参 考 文 献

[1] Abdon, A., J. Felipe (2011) The product space: what does it say about the opportunities for growth and structural transformation of Sub-Saharan Africa? Working Paper, 670.

[2] Aitken, S. C., E. M. Bjorklund (1988) Transactional and transformational theories in behavioral geography. *The Professional Geographer*, 40(1): 54-64.

[3] Aitken, B. J., A. E. Harrison (1999) Do domestic firms benefit from direct foreign investment? Evidence from Venezuela. *American Economic Review*, 89(3): 605-618.

[4] Akamatsu, K. (1962) A historical pattern of economic growth in developing countries. *Developing Economies*, 1(1): 3-25.

[5] Amin, A. (1998) Globalisation and regional development: a relational perspective. *Competition & Change*, 3(1-2): 145-165.

[6] Arthur, W. B. (1989) Competing technologies, increasing returns, and lock-in by historical events. *The Economic Journal*, 99(394): 116-131.

[7] Ascani, A., R. Crescenzi, S. Iammarino (2012) New economic geography and economic integration: a review. *Search WP*, 1/02.

[8] Bai, C. E., Y. Du, Z. Tao (2004) Local protectionism and regional specialization: evidence from China's industries. *Journal of International Economics*, 63(2): 397-417.

[9] Barnes, T. J. (2015) Retheorizing economic geography: from the quantitative revolution to the "cultural turn". *Annals of the Association of American Geographers*, 91(3): 546-565.

[10] Barrios, S., H. Gorg, E. Strobl (2006) Multinationals' location choice, agglomeration economies, and public incentives. *International Regional Science Review*, 29 (1): 81-107.

[11] Belderbos, R., M. Carree (2002) The location of Japanese investments in China: agglomeration effects, keiretsu, and firm heterogeneity. *Journal of the Japanese and International Economies*, 16(2): 194-211.

[12] Billington, N. (1999) The location of foreign direct investment: an empirical analysis. *Applied Economics*, 31(1): 65-76.

[13] Blomström, M., A. Kokko (1998) Multinational corporations and spillovers. *Journal of Economic Surveys*, 12(3): 247-277.

[14] Boschma, R. (2015) Towards an evolutionary perspective on regional resilience. *Regional Studies*, 49(5): 733-751.

[15] Boschma, R. A., K. Frenken (2003) Evolutionary economics and industry location. *Jahrbuch Für Regional Wissenschaft*, 23(2): 183-200.

[16] Boschma, R., K. Frenken (2011) The emerging empirics of evolutionary economic geography. *Journal of Economic Geography*, 11(2): 295-307.

[17] Boschma, R., R. Martin (2010) The aims and scope of evolutionary economic geography. *The Handbook of Evolutionary Economic Geography*, 3-39.

[18] Boschma, R. A., A. Minondo, M. Navarro (2013) The emergence of new industries at the regional level in Spain: a proximity approach based on product relatedness. *Economic Geography*, 89(1): 29-51.

[19] Boyer, R. (1990) *The Regulation School: A Critical Introduction*. Columbia University Press.

[20] Bryson, J., P. Daniels, B. Warf (2004) *Service Worlds: People, Organisations, Technologies*. London: Routledge.

[21] Buch, C. M. (2000) Why do banks go abroad? Evidence from German data. *Financial Markets, Institutions & Business*, 9(1): 33-67.

[22] Buenstorf, G., D. Fornahl (2009) B2C – bubble to cluster: the dot-com boom, spin-off entrepreneurship, and regional agglomeration. *Journal of Evolutionary Economics*, 19(3): 349-378.

[23] Carlsson, B. (1987) Reflections on "industrial dynamics": the challenges ahead. *International Journal of Industrial Organization*, 5(2): 135-148.

[24] Caves, R. E. (1971) International corporations: the industrial economics of foreign investment. *Economica*, 38(149): 1-27.

[25] Chang, W., I. C. Macmillan (1991) A review of entrepreneurial development in the People's Republic of China. *Journal of Business Venturing*, 6(6): 375-379.

[26] Chisholm, G. G. (1889) *Handbook of Commercial Geography*. Longmans, Green & Company.

[27] Christaller, W. (1933) *Die zentralen Orte in Süddeutschland: Eine ökonomisch- geographische Untersuchung über die Gesetzmässigkeit der Verbreitung und Entwicklung der Siedlungen mit Städtischen Funktionen*. University Microfilms.

[28] Cimoli, M., G. Dosi, J. E. Stiglitz (2009) *Industrial Policy and Development: The Political Economy of Capabilities Accumulation*. Oxford University Press.

[29] Clark, G. L. (1981) The employment relation and spatial division of labor: a hypothesis. *Annals of the Association of American Geographers*, 71(13): 412-424.

[30] Clark, G. L., M. P. Feldman, M. S. Gertler (2000) *The Oxford Handbook of Economic Geography*. Oxford University Press.

[31] Coe, N. M., M. Hess, H. W. C. Yeung, et al. (2004) "Globalizing" regional development: a global production networks perspective. *Transactions of the Institute of British Geographers*, 29(4): 468-484.

[32] Coffey, W. J., R. G. Shearmur (2002) Agglomeration and dispersion of high-order service employment in the Montreal metropolitan region 1981-1996. *Urban Studies*, 39(3): 359-378.

[33] Corden, W. M. (1972) Economies of scale and customs union theory. *Journal of Political Economy*, 80(3): 465-475.

[34] Crafts, N., A. Mulatu (2005) What explains the location of industry in Britain, 1887-1931. *Journal of Economic Geography*, 5(4): 499-518.

[35] Daniels, P. W. (1991) A world of services? *Geoforum*, 22(4): 359-376.

[36] Daniels, P. W. (2005) *Service Industries and Asia Pacific Cities: New Development Trajectories*. Routledge.

[37] De Benedictis, L., L. Tajoli (2011) The world trade network. *The World Economy*, 34(8): 1417-1454.

[38] Dennis, S., D. Marsland, T. Cockett (2002) Central place practice: shopping centre attractiveness measures, hinterland boundaries and the UK retail hierarchy. *Journal of Retailing and Consumer Services*, 9(4): 185-200.

[39] Dicken, P. (2011) *Global Shift: Mapping the Changing Contours of the World Economy (6th Edition)*. The Guilford Press.

[40] Dicken, P., A. Malmberg (2001) Firms in territories: a relational perspective. *Economic Geography*,

77(4): 345-363.

[41] Dixit, A. K., J. E. Stiglitz (1977) Monopolistic competition and optimum product diversity. *The American Economic Review*, 67(3): 297-308.

[42] Dosi, G. (1997) Opportunities, incentives and the collective patterns of technological change. *The Economic Journal*, 107(444): 1530-1547.

[43] Dunning, J. H. (1993) Assessing the costs and benefits of foreign direct investment: some theoretical considerations. In Artisien-Maksimenko, P., Rojec, M. (eds.) *Foreign Investment and Privatization in Eastern Europe.* Palgrave Macmillan.

[44] Essletzbichler, J. (2015) Relatedness, industrial branching and technological cohesion in US metropolitan areas. *Regional Studies*, 49(5): 752-766.

[45] Ethier, W. J. (1998) The new regionalism. *The Economic Journal*, 108(449): 1149-1161.

[46] Ettlinger, N. A. (2001) Relational perspective in economic geography: connecting competitiveness with diversity and difference. *Antipode*, 33(2): 216-227.

[47] Fan, C. C., A. J. Scott (2003) Industrial agglomeration and development: a survey of spatial economic issues in East Asia and a statistical analysis of Chinese regions. *Economic Geography*, 79(3): 295-319.

[48] Fang, Y., X. Yan, Z. Chen (2008) The research of service location factors system. *Economic Geography*, 28(1): 44-49.

[49] Florida, R. (2002) The economic geography of talent. *Annals of the Association of American Geographers*, 92(4): 743-755.

[50] Forstall, R. L., R. P. Greene (2007) Defining job concentrations: the Los Angeles case. *Urban Geography*, 18(8): 705-739.

[51] Frenken, K., R. A. Boschma (2007) A theoretical framework for evolutionary economic geography: industrial dynamics and urban growth as a branching process. *Journal of Economic Geography*, 7(5): 635-649.

[52] Fujita, M., D. Hu (2001) Regional disparity in China 1985-1994: the effects of globalization and economic liberalization. *The Annals of Regional Science*, 35(1): 3-37.

[53] Fujita, M., P. Krugman (2004) The new economic geography: past, present and the future. *Papers in Regional Science*, 83(1): 139-164.

[54] Fujita, M., P. Krugman, T. Mori (1999) On the evolution of hierarchical urban systems. *European Economic Review*, 43(2): 209-251.

[55] Galarraga, J. M. (2012) The determinants of industrial location in Spain, 1856-1929. *Explorations in Economic History*, 49(2): 255-275.

[56] Gereffi, G. (2009) Development models and industrial upgrading in China and Mexico. *European Sociological Review*, 25(1): 37-51.

[57] Gereffi, G., S. Frederick (2010) The global apparel value chain, trade and the crisis: challenges and opportunities for developing counries. World Bank Policy Research Working Paper No. 5281.

[58] Girma, S., Y. Gong, H. Görg (2008) Foreign direct investment, access to finance, and innovation activity in Chinese enterprises. *World Bank Economic Review*, 22(2): 367-382.

[59] Glaeser, E., J. Kolko, A. Saiz (2001) Consumer city. *Journal of Economic Geography*, 1(1): 27-50.

[60] Glickman, N. J., D. P. Woodward (1988) The location of foreign direct investment in the United States:

patterns and determinants. *International Regional Science Review*, 11(2): 137-154.

[61] Gold, J. R. (1980) *An Introduction to Behavioral Geography*. Oxford University Press.

[62] Golledge, R. G. (1981) Misconceptions, misinterpretations, and misrepresentations of behavioral approaches in human geography. *Environment and Planning A*, 13(11): 1325-1344.

[63] Golledge, R. G. (2006) *Approaches to Human Geography*：Chapter 6. SAGE Publications Ltd.

[64] Granovetter, M. (1985) Economic action and social structure: the problem of embeddedness. *American Journal of Sociology*, 91(3): 481-510.

[65] Greenhut, M. L. (1956) *Plant Location in Theory and in Practice: The Economics of Space*. University of North Carolina Press.

[66] Hanson, G. H. (1997) Increasing returns, trade and the regional structure of wages. *The Economic Journal*, 107(440): 113-133.

[67] Harvey, D. (1972) Revolutionary and counter revolutionary theory in geography and the problem of ghetto formation. *Antipode*, 4(2): 1-13.

[68] Harvey, D. (1973) *Social Justice and the City*. Edward Arold.

[69] Harvey, D. (1974) Class-monopoly rent, finance capital and the urban revolution. *Regional Studies*, 8(3-4): 239-255.

[70] Harvey, D. (1990) *The Condition of Postmodernity: An Enquiry into the Origins of Cultural Change*. Blackwell.

[71] He, C. (2002) Information costs, agglomeration economies and the location of foreign direct investment in China. *Regional Studies*, 36(9): 1029-1036.

[72] He, C., R. Yang (2016) Determinants of firm failure: empirical evidence from China. *Growth and Change*, 47(1): 72-92.

[73] He, C., G. Yeung (2011) Locational distribution of foreign banking in China: a disaggregated analysis. *Regional Studies*, 45(6): 733-754.

[74] He, C., J. Wang (2012) Regional and sectoral differences in the spatial restructuring of Chinese manufacturing industries in the Post-WTO period. *GeoJournal*, 77(3): 361-381.

[75] He, C., Y. Wei, X. Xie (2008) Globalization, institutional change and industrial location: economic transition and industrial concentration in China. *Regional Studies*, 42(7): 923-945.

[76] Henderson, J. V. (1996) Ways to think about urban concentration: neoclassical urban systems versus the new economic geography. *International Regional Science Review*, 19(1-2): 31-36.

[77] Hermelin, B. (2009) Producer service firms in globalising cities: the example of advertising firms in Stockholm. *The Service Industries Journal*, 29(4): 457-471.

[78] Hidalgo, C. A., B. Klinger, A. L. Barabási, et al. (2007) The product space conditions the development of nations. *Science*, 317(5837): 482-487.

[79] Howkins, J. (2001) *The Creative Economy: How People Make Money from Ideas*. Allen Lane.

[80] Holden, S., H. Yohannes (2002) Land redistribution, tenure insecurity, and intensity of production: a study of farm households in southern Ethiopia. *Land Economics*, 78(4): 573-581.

[81] Hoover, E. M. (1937) *Location Theory and Shoe and Leather Industry*. Harvard University Press.

[82] Hotelling, H. (1929) Stability in Competition. *Economic Journal*, 39(153): 41-57.

[83] Huang, Y. (2003) One country, two systems: foreign-invested enterprises and domestic firms in China.

China Economic Review, 14(4): 404-416.
[84] Hudson. R. (1994) *Globalization, Institutions, and Regional Development in Europe.* Oxford University Press.
[85] Illeris, S. (2003) Introduction: the role of services in regional economic growth. *The Service Industries Journal*, 13(2): 3-10.
[86] Isard, W. (1956) *Location and Space-economy: A General Theory Relating to Industrial Location, Market Areas, Land use, Trade, and Urban Structure.* Wiley.
[87] Isard, W. (1960) *Methods of Regional Analysis.* Wiley.
[88] Jacobs, J. (1969) *The Economy of Cities.* Vintage.
[89] James, A. (2009) Services, professional. *International Encyclopedia of Human Geography*, 24(3): 106-111.
[90] Jankowska, A., A. Nagengast, J. R. Perea (2012) The product space and the middle-income trap: comparing Asian and Latin American experiences. OECD Development Center Working Paper No. 311.
[91] Jeon, Y., B. I. Park, P. N. Ghauri (2013) Foreign direct investment spillover effects in China: are they different across industries with different technological levels? *China Economic Review*, 26(1): 105-117.
[92] Jonasson, O. (1925) Agricultural regions of Europe. *Economic Geography*, 1(3): 277-314.
[93] Kellerman, A. (1989) Agricultural location theory: relaxation of assumptions and applications. *Environment and Planning A*, 21(11): 1427-1446.
[94] Kinoshita, Y., N. F. Campos (2003) Why does FDI go where it goes? New evidence from the transition economies. CERC Working Papers No. 3984.
[95] Klein, A., N. Crafts (2011) Making sense of the manufacturing belt: determinants of U.S. industrial location, 1880-1920. *Journal of Economic Geography*, 12(4): 775-807.
[96] Klepper, K. S. (2007) Disagreements, spinoffs, and the evolution of detroit as the capital of the U.S. *Automobile Industry. Management Science*, 53(4): 616-631.
[97] Kobrin, S. (1987) Testing the bargaining hypothesis in the manufacturing sector in developing countries. *International Organization*, 41(4): 609-638.
[98] Kojima, K. (1978) *Direct Foreign Investment: A Japanese Model of Multinational Business Operations.* New York: Praeger.
[99] Konagaya, K., H. Moreta, K. Otsubo (1999) Chinese landuse predicted by the GTR-Model. Discussion paper in the 1999 Open Meeting of the Human Dimensions of Global Environment Change Research Community, Tokyo.
[100] Krugman, P. (1991) Increasing returns and economic geography. *Journal of Political Economy*, 99(3): 483-499.
[101] Krugman, P. (2011) The new economic geography, now middle-aged. *Regional Studies*, 45(1): 1-7.
[102] Krugman, P., A. J. Venables (1995) Globalization and the inequality of nations. *The Quarterly Journal of Economics*, 110(4): 857-880.
[103] Krumme, G. (1969) Notes on locational adjustment patterns in industrial geography. *Geografiska Annaler. Series B, Human Geography*, 51(1): 15-19.
[104] Lazzeretti, L., R. Boix, F. Capone (2009) Why do creative industries cluster? An analysis of the determinants of clustering of creative industries. *Iermb Working Paper in Economics*, 20(8): 1243-1262.

[105] Lee, L. (2000) Labor location and agricultural land use in Jilin, China. *Professional Geographer*, 52(1): 74-83.

[106] Leontief, W. (1966) *Input-output Economics*. Oxford University Press.

[107] Lester, R. K. (2006) *Universities, Innovation, and the Competitiveness of Local and National Economies*. Centre for Business Research.

[108] Lin, P., Z. Liu, Y. Zhang (2009) Do Chinese domestic firms benefit from FDI inflow? Evidence of horizontal and vertical spillovers. *China Economic Review*, 20(4): 677-691.

[109] Lipietz, A. (1979) *Crise et inflation, pourquoi?* Maspero.

[110] Longcore, T. R., P. W. Rees (2006) Information technology and downtown restructuring: the case of New York City's financial district. *Urban Geography*, 17(4): 354-372.

[111] Lösch, A. (1940) *Die räumliche Ordnung der Wirtschaft: Eine Untersuchung über Standort*. Wirtschaftsgebiete und internationalen Handel. G. Fischer.

[112] MacKinnon, D., A. Cumbers, A. Pike, et al. (2009) Evolution in economic geography: institutions, political economy, and adaptation. *Economic Geography*, 85(2): 129-150.

[113] Malmberg, A. (1994) Industrial geography. *Progress in Human Geography*, 18(4): 532-540.

[114] Malmberg, A. (1997) Industrial geography: location and learning. *Progress in Human Geography*, 21(4): 573-582.

[115] Malmberg, A., P. Maskell (1997) Towards an explanation of regional specialization and industry agglomeration. *European Planning Studies*, 5(1): 25-41.

[116] Mariotti, S., L. Piscitello (1995) Information costs and location of FDIs within the host country: empirical evidence from Italy. *Journal of International Business Studies*, 26(4): 815-841.

[117] Marshall, A. (1920) *Principles of Economics*. Macmillan Co. Ltd.

[118] Martin, R., P. Sunley (2006) Path dependence and regional economic evolution. *Journal of Economic Geography*, 6(6): 395-437.

[119] Maskell, P. (1998) Low-tech competitive advantages and the role of proximity: the Danish wooden furniture industry. *European Urban and Regional Studies*, 5(2): 99-118.

[120] Massey, D. B. (1984) *Spatial Divisions of Labor: Social Structures and the Geography of Production*. Psychology Press.

[121] Mathijs, A., G. Nico (2009) Spatial quality, location theory and spatial planning. Regional Studies Association Conference 2009 Understanding and Shaping Regions: Spatial, Social and Economic Futures, 1-12.

[122] McNee, R. B. (1960) Towards a more humanistic economic geography: the geography of enterprise. *Tijdschrift voor Economische en Sociale Geografie*, (22): 201-205.

[123] Mertens, B., R. Poccard-Chapuis, M. G. Piketty, et al. (2002) Crossing spatial analyses and livestock economics to understand deforestation processes in the Brazilian Amazon: the case of Sao Felix do Xingu in South Para. *Agricultural Economics*, 27(3): 269-294.

[124] Murmann, J. (2003) *Knowledge and Competitive Advantage. The Co-evolution of Firms, Technology, and National Institutions*. Cmbridge University Press.

[125] Naughton, B. (2006) The Chinese economy: transitions and growth. *Mit Press Books*, 1(4): 511-513.

[126] Neffke, F., M. Henning, R. Boschma, et al. (2011) The dynamics of agglomeration externalities along

the life cycle of industries. *Regional Studies*, 45(1): 49-65.

[127] Neilson, J., B. Pritchard, H. W. Yeung (2014) Global value chains and global production networks in the changing international political economy: an introduction. *Review of International Political Economy*, 21(1): 1-8.

[128] Nelson, R. (1995) Co-evolution of industry structure, technology and supporting institutions, and the making of comparative advantage. *International Journal of the Economics of Business*, 2(2): 171-184.

[129] Nelson, G. C., J. Geoghegan (2002) Modelong deforestation and landuse change: sparse data environment. *Agric. Econ.*, 27(3): 201-216.

[130] North, D. (1990) *Institutions, Institutional Change and Economic Performance.* Cambridge University Press.

[131] Nwafor, J. C. (1979) Agricultural land use and associated problems in Rwanda. *The Journal of Tropic Geography*, 48: 58-65.

[132] Ohlin, B. (1933) *Interregional and International Trade.* Harvard University Press.

[133] Ottaviano, G. I. P. (2011) "New" new economic geography: firm heterogeneity and agglomeration economies. *Journal of Economic Geography*, 11(2): 231-240.

[134] Palander, T. (1939) Konkurrens och marknadsjämvikt vid duopol och oligopol. i. fullkomlig marknad och "autonomt" handlande. *Ekonomisk Tidskrift*, 41(2): 123-145.

[135] Peng, M. W. (2002) Towards an institution-based view of business strategy. *Asia Pacific Journal of Management*, 19(2-3): 251-267.

[136] Pinch, S., N. Henry (1999) Discursive aspects of technological innovation: the case of the British motor-sport industry. *Environment and Planning A*, 31(4): 665-682.

[137] Poncet, S. (2005) A fragmented China: measure and determinants of Chinese domestic market disintegration. *Review of International Economics*, 13(3): 409-430.

[138] Pred, A. (1967) Behavior and location, part I. *Lund Studies in Geography, Series B*, 27.

[139] Puffert, D. J. (2002) Path dependence in spatial networks: the standardization of railway track gauge. *Explorations in Economic History*, 39 (3): 282-314.

[140] Riebsame, W. E., W. B. Meyer, B. L. Turner (1994) Modeling land use and land cover as a part of global environment change. *Climate Change*, 28(1-2): 45-64.

[141] Robson, P. (1984) *The Economics of International Integration.* George Allen & Unwin.

[142] Sanguinetti, P., C. V. Martincus (2009) Tariffs and manufacturing location in Argentina. *Regional Science and Urban Economics*, 39(2): 155-167.

[143] Saxenian, A. (1996) *Regional Advantage: Culture and Competition in Silicon Valley and Route 128.* Harvard University Press.

[144] Schamp, E. (2010) On the notion of co-evolution in economic geography. In Boschma, R. A., R. Martin (eds.) *Handbook on Evolutionary Economic Geography*. Edward Elgar.

[145] Scheer, T. (2004) *Applicability of the Theory of Central Places in the Automobile Industry in Germany.* Nova Southeastern University.

[146] Scitovsky, T. (1958) *Economic Theory and Western European Integration.* George Allen & Unwin.

[147] Scott, A. (1983) Industrial organizational and the logical of intra-metropolitan location: the theoretical consideration. *Economic Geography*, 59(3): 233-250.

[148] Scott, A. J. (1986) High technology industry and territorial development: the rise of the orange county complex, 1955-1984. *Urban Geography*, 7(1): 3-45.

[149] Scott, A. J. (1988) *New Industrial Spaces: Flexible Production Organization and Regional Development in North America and Western Europe.* Pion Ltd.

[150] Sinclair, R. (1967) Von thünen and urban sprawl. *Annals of the Association of American Geographers*, 57(1): 72-87.

[151] Skulason, J. B., R. Hayter (1998) Industrial location as a bargain: Iceland and the aluminum multinationals, 1962-1994. *Geografiska Annaler*, 80(1): 29-48.

[152] Smith, D. M. (1981) *Industrial Location: An Economic Geographical Analysis.* John Wiley & Sons.

[153] Song, L., S. Tenev, Y. Yao, et al. (2005) *China's Ownership Transformation: Proces.* Outcomes. Prospects.

[154] Stiglitz, J. E. (1977) Monopoly, non-linear pricing and imperfect information: the insurance market. *Review of Economic Studies*, 44(3): 407-430.

[155] Storper, M. (1995) The resurgence of regional economies, ten years later. *Social Science Electronic Publishing*, 2(3): 191-221.

[156] Storper, M., R. Walker (1989) *The Capitalist Imperative: Territory, Technology and Industrial Growth.* Basil Blackwell.

[157] Surborg, B. (2006) Advanced services, the new economy and the built environment in Hanoi. *Cities*, 23(4): 239-249.

[158] Swinton, S. (2002) Capturing household-lever spatial influence in agriculture management using random effects regression. *Agric. Econ.*, 27(3): 371-381.

[159] Telò, M. (2001) Introduction: globalization, new regionalism and the role of the European Union. In *European Union and New Regionalism.* Ashgate.

[160] Turner, B. L., W. B. Meyer, D. L. Skole (1994) Global landuse/land cover change: towards an integrated program of study. *Ambio*, 23(1): 91-95.

[161] Vernon, R. (1966) International investment and international trade in the product cycle. *The Quarterly Journal of Economics*, 80(2): 190-207.

[162] Viner, J. (1951) The customs union issue. *International Affairs*, 3(3): 93.

[163] Von Thünen, J. H. (1826) *Isolated State: An English Edition of Der Isolierte Staat.* Pergamon.

[164] Waitt, G., C. Gibson (2009) Creative small cities: rethinking the creative economy in place. *Urban Studies*, 46(46): 1223-1246.

[165] Wang, J. H., C. K. Lee (2007) Global production networks and local institution building: the development of the information technology industry in Suzhou, China. *Environmental and Planning A*, 39(8): 1873-1888.

[166] Weber, A. (1909) *Ueber den Standort der Industrien.* Рипол Классик.

[167] Wei, S. (2000) How taxing is corruption on international investors? *Review of Economics and Statistics*, 82(1): 1-11.

[168] Wei, Y. H. D. (2001) Decentralization, marketization, and globalization: The triple processes underlying regional development in China. *Asian Geographer*, 20(2): 7-23.

[169] Wen, M. (2004) Relocation and agglomeration of Chinese industry. *Economic Research Journal*, 73(1): 329-347.

[170] Wenting, R., K. Frenken (2011) Firm entry and institutional lock-in: an organizational ecology analysis of the global fashion design industry. *Industrial and Corporate Change*, 20 (4): 1031-1048.

[171] Werck, K., B. Heyndels, B. Geys (2008) The impact of "central places" on spatial spending patterns: evidence from flemish local government cultural expenditures. *Journal of Cultural Economics*, 32(1): 35-38.

[172] Worrell, E., L. Price, N. Martin, et al. (1997) Energy intensity in the iron and steel industry: a comparison of physical and economic indicators. *Energy Policy*, 25(7-9): 727-744.

[173] Yang, C. (2007) Divergent hybrid capitalisms in China: Hong Kong and Taiwanese electronics clusters in Dongguan. *Economic Geography*, 83(4): 395-420.

[174] Yang, C. (2009) Strategic coupling of regional development in global production networks: redistribution of Taiwanese personal computer investment from the Pearl River Delta to the Yangtze River Delta, China. *Regional Studies*, 43(3): 385-407.

[175] Yang, Y. R., N. M. Coe (2009) The governance of global production networks and regional development: a case study of Taiwanese PC production networks. *Growth & Change*, 40(1): 30-53.

[176] Yang, R., C. He (2013) Productivity, firm exit, and industrial dynamics in China. Presented at the Second International Workshop on Regional, Urban, and Spatial Economics in China, Beijing, China.

[177] Yeung, G. (2016) The operation of Global Production Networks (GPNs) 2.0 and methodological constraints. *Geoforum*, 75: 265-269.

[178] Yeung, H. (1994) Critical reviews of geographical perspectives on business organizations and the organization of production: towards a network approach. *Progress in Human Geography*, 18(4): 460-490.

[179] Yeung, H. (2000) Organizing "the firm" in industrial geography I: networks, institutions and regional development. *Progress in Human Geography*, 24(2): 301-315.

[180] Yeung, H. W. (2007) From followers to market leaders: Asian electronics firms in the global economy. *Asia Pacific Viewpoint*, 48(1): 1-25.

[181] Yeung, H. W. (2009) Regional development and the competitive dynamics of global production networks: an East Asian perspective. *Regional Studies*, 43(3): 325-351.

[182] Yeung, H. W. (2015) Regional development in the global economy: a dynamic perspective of strategic coupling in global production networks. *Regional Science Policy & Practice*, 7(1): 1-23.

[183] Yeung, W. C. (2009) Transnational corporations, global production networks, and urban and regional development: a geographer's perspective on multinational enterprises and the global economy. *Growth & Change*, 40(2): 197-226.

[184] Young, A. (2000) The Razor's edge: distortions and incremental reform in the People's Republic of China. *Quarterly Journal of Economics*, 115(4): 1091-1135.

[185] Zhang, K. H., S. Song (2002) Promoting exports: the role of inward FDI in China. *China Economic Review*, 11(4): 385-396.

[186] Zhao, X., B., L. Zhang (1999) Decentralization reforms and regionalism in China: a review.

International Regional Science Review, 22(3): 251-281.

[187] Zhu, S., C. He (2014) Global, regional and local: new firm formation and spatial restructuring in China's apparel industry. *Geojournal*, 79(2): 237-253.

[188] 包群、叶宁华、王艳灵："外资竞争、产业关联与中国本土企业的市场存活"，《经济研究》，2015 年第 7 期，第 102～115 页。

[189] 陈建军："中国现阶段的产业区域转移及其动力机制"，《中国工业经济》，2002 年第 8 期，第 37～44 页。

[190] 段致辉："国有企业改革对就业影响的地理分析"，《人文地理》，2000 年第 5 期，第 30～33 页。

[191] 范剑勇："长三角一体化、地区专业化与制造业空间转移"，《管理世界》，2004 年第 11 期，第 77～85 页。

[192] 方远平、闫小培："服务业区位论：概念、理论及研究框架"，《人文地理》，2008 年第 5 期，第 12～16 页。

[193] 冯根福、刘志勇、蒋文定："我国东中西部地区间工业产业转移的趋势、特征及形成原因分析"，《当代经济科学》，2010 年第 2 期，第 1～10 页。

[194] 贺灿飞："溢出效应还是挤出效应：对北京市制造业外商直接投资的实证分析"，《中国软科学》，2006 年第 7 期，第 96～104 页。

[195] 贺灿飞、李燕、尹薇："跨国零售企业在华区位研究：以沃尔玛和家乐福为例"，《世界地理研究》，2011 年第 1 期，第 12～26 页。

[196] 贺灿飞、刘洋："产业地理集聚与外商直接投资产业分布——以北京市制造业为例"，《地理学报》，2006 年第 12 期，第 1259～1270 页。

[197] 贺灿飞、潘峰华："产业地理集中、产业集聚与产业集群：测量与辨识"，《地理科学进展》，2007 年第 2 期，第 1～13 页。

[198] 贺灿飞、潘峰华、孙蕾："中国制造业的地理集聚与形成机制"，《地理学报》，2007 年第 12 期，第 1253～1264 页。

[199] 贺灿飞、谢秀珍："中国制造业地理集中与省区专业化"，《区域经济》，2006 年第 2 期，第 212～222 页。

[200] 贺灿飞、朱晟君："北京市劳动力结构和空间结构对其制造业地理集聚的影响"，《中国软科学》，2007 年第 11 期，第 104～133 页。

[201] 贺灿飞、朱晟君："制造业地理集聚的区域差异——江苏与安徽省对比研究"，《地理科学》，2008 年第 6 期，第 715～721 页。

[202] 华熙成："上海市郊区农业区位模式及农业生产问题的探讨"，《经济地理》，1982 年第 3 期，第 175～179 页。

[203] 李娜、王飞："中国主导产业演变及其原因研究：基于 DPG 方法"，《数量经济技术经济研究》，2012 年第 1 期，第 19～33+99 页。

[204] 李文彦："我国工业地理学研究的回顾与展望"，《地理学报》，1984 年第 4 期，第 370～379 页。

[205] 梁琦：《产业集聚论》，商务印书馆，2004 年。

[206] 柳坤、申玉铭："国内外服务业地理研究进展"，《人文地理》，2013 年第 1 期，第 48～55 页。

[207] 罗勇、曹丽莉："中国制造业集聚程度变动趋势实证研究"，《经济研究》，2005 年第 8 期，第 106～115+127 页。

[208] 吕拉昌、魏也华："新经济地理学中的制度转向与区域发展"，《经济地理》，2005 年第 4 期，

第八章　产业地理学　325

第 437~441 页。
[209] 潘悦："在全球化产业链条中加速升级换代——我国加工贸易的产业升级状况分析"，《中国工业经济》，2002 年第 6 期，第 27~36 页。
[210] 钱伯增、陈晓平、程进："乡镇企业空间集聚优越区位的选择研究——以浙江省为例"，《经济地理》，1996 年第 2 期，第 91~94 页。
[211] 钱学峰、梁琦："FDI、集聚与东道国利益：一个空间经济学的分析框架"，《经济理论与经济管理》，2007 年第 8 期，第 12~18 页。
[212] 史进、贺灿飞："企业空间动态研究进展"，《地理科学进展》，2014 年第 10 期，第 1342~1353 页。
[213] 田至美、朱容："一种普遍性因素影响下杜能环形变的讨论"，《首都师范大学学报（自然科学版）》，1995 年第 1 期，第 87~92 页。
[214] 王海文："服务业地理空间研究进展与文献述评"，《地理科学进展》，2010 年第 2 期，第 199~207 页。
[215] 王缉慈："关于企业地理学研究价值的探讨"，《经济地理》，1996 年第 4 期，第 11~14 页。
[216] 王缉慈等：《创新空间：企业集群与区域发展》，北京大学出版社，2001 年。
[217] 王缉慈等：《超越集群：中国产业集群的理论探索》，科学出版社，2010 年。
[218] 王鹏飞、徐文萍："村级尺度下土地集约度因素分析——以山东省东老庄村为例"，《地理研究》，2015 年第 6 期，第 1088~1096 页。
[219] 王兴平："乡镇企业主导的区域产业空间研究——以江苏省江阴市为例"，《经济地理》，2003 年第 3 期，第 299~303 页。
[220] 吴学花、杨蕙馨："中国制造业产业集聚的实证研究"，《中国工业经济》，2004 年第 10 期，第 36~43 页。
[221] 肖琛、陈雯、袁丰等："大城市内部连锁超市空间分布格局及其区位选择——以南京市苏果超市为例"，《地理研究》，2013 年第 3 期，第 465~475 页。
[222] 颜燕、贺灿飞、刘涛等："工业用地价格竞争、集聚经济与企业区位选择——基于中国地级市企业微观数据的经验研究"，《城市发展研究》，2014 年第 3 期，第 9~13 页。
[223] 杨树明、刘会春："区域贸易协定对非协定成员国隐性歧视的分析"，《中山大学学报（社会科学版）》，2007 年第 6 期，第 106~112 页。
[224] 张林、刘继生："信息时代区位论发展的新趋势"，《经济地理》，2006 年第 2 期，第 181~185 页。
[225] 张文忠、庞效民、杨荫凯："跨国企业投资的区位行为与企业空间组织联系特征——以在华投资的日资和韩资企业为例"，《地理科学》，2000 年第 1 期，第 7~13 页。
[226] 张晓平："国有大型企业网络变化及对区域经济发展的影响——以中国一拖为例"，《地理科学进展》，1999 年第 2 期，第 82~91 页。
[227] 张晓平："跨国公司在开发区的投资模式及区域影响"，《地理研究》，2005 年第 4 期，第 631~640 页。
[228] 张贞冰、陈银蓉、赵亮等："基于中心地理论的中国城市群空间自组织演化解析"，《经济地理》，2014 年第 7 期，第 44~51 页。
[229] 赵建吉、茹乐峰、段小微等："产业转移的经济地理学研究：进展与展望"，《经济地理》，2014 年第 1 期，第 1~6 页。
[230] 赵群毅、谢从朴："都市区生产者服务业企业区位因子分析——以北京为例"，《经济地理》，2008 年第 1 期，第 38~43 页。

[231] 周黎安、陶婧："官员晋升竞争与边界效应：以省区交界地带的经济发展为例"，《金融研究》，2011年第3期，第15～26页。
[232] 周黎安："晋升博弈中政府官员的激励与合作——兼论我国地方保护主义和重复建设问题长期存在的原因"，《经济研究》，2004年第6期，第33～40页。
[233] 朱文哲、杜萍萍、吴娜林等："传统农区蔬菜生产区位研究——以河南省开封市为例"，《人文地理》，2015年第2期，第89～96页。

第九章 产业集聚与集群

引　言

随着经济全球化发展和劳动地域分工深化，自然资源优势对区域经济发展的重要性逐步降低。由人口城市化和产业地理集中形成的集聚优势成为产业发展的主要动力，导致经济活动在空间上表现出高度不均衡性。产业集聚是指相关企业在一定地理空间的聚集，以获得集聚外部性，降低成本并提高效率。集聚外部性包括共享劳动力市场、形成中间产品市场以及知识溢出效应导致的企业经营成本降低（Rosenthal and Strange，2004）。集聚经济及其来源一直是空间经济学和经济地理学理解地方发展与产业空间分布的重要研究内容。"集聚经济"概念最早出现在古典区位论中，并被区域经济学家分解为地方化经济和城市化经济。随后，克鲁格曼等主流经济学家把集聚经济纳入一般均衡模型，奠定了集聚经济在空间经济学的特殊地位。

按照经济学假设的不同市场结构，产业集聚理论研究可以归纳为三类：完全竞争条件下的外部性、垄断竞争条件下的规模收益递增以及博弈条件下的空间竞争（Fujita and Thisse，1996）。新古典经济学的先驱马歇尔提出，完全竞争下的外部性主要源于企业在空间上相互聚集及其知识溢出；新经济地理学代表人物克鲁格曼提出，垄断竞争市场条件下，产业空间集聚源于交通成本、企业内规模经济和市场潜力的相互作用；霍特林（Hotelling，1929）提出空间博弈论，认为博弈条件下的空间竞争主要源于企业为了追求市场空间的最大化而集聚在一起。

与此同时，20世纪80年代，地理学界的"新区域主义"开启了经济地理学对产业空间集聚微观机制的探讨，创造了新产业区、产业集群、创新氛围、学习型区域等概念和理论，利用多样化案例研究极大地丰富了集聚经济的理论和实证研究。20世纪末，企业异质性理论被梅兹和鲍德温等国际贸易学者引入到集聚经济研究中，逐渐发展为"新"新经济地理理论，挑战了经典集聚经济理论，引发了集聚经济与选择效应的争论。21世纪初，演化经济地理学迅速发展，研究视角从地理邻近拓展到认知邻近，以技术关联为切入点将产业多样化区分为相关多样化和不相关多样化，为集聚经济机制研究提供了新视角；强调动态演化，发现产业或企业生命周期不同阶段的集聚外部性也不尽相同。

第一节 产业集聚：区位论视角

一、古典与新古典区位论

古典区位论最早探讨产业地理分布。古典区位论认为，企业是理性的且具有完全信息，基于最小成本或最大化利润进行区位选择。古典区位论视角下的空间决策行为可以一定程度上解释产业集聚现象。杜能（Thünen，1826）首次将土地按照交通条件的优劣划分为不同的区位，以此确定农业生产空间格局。他发现级差地租导致农业的圈层分布，造成了不同门类农业生产的空间集聚，但是他并没有涉及普遍意义的产业集聚问题。韦伯（Weber，1929）首次将集聚经济纳入工业区位论。他认为企业基于成本最小化选择区位，而企业空间集聚是成本降低的主要因素之一。除交通成本、劳动成本等因素外，生产密度也可以降低企业的生产成本。理性企业最终都会集中在总成本最低的区域。克里斯塔勒（Christaller，1966）的中心地理论解释了服务业产业集聚分布规律。他认为地区发展必须拥有不同等级职能的中心地，服务业空间分布围绕中心地形成不同等级、彼此嵌套的多层六边形结构，而中心地产业集聚规模取决于不同等级六边形的市场范围。廖什（Lösch，1954）提出市场区位论，认为市场需求是产业区位决定性因素，因为，相比于其他的生产要素，如劳动力、原料等，市场具有不可移动性，是产业集聚中的核心要素。

此外，众多学者进一步发展了区位论，丰富了区位论的内涵，提升了对产业集聚的解释能力。霍特林（Hotelling，1929）引入企业间相互作用，发现寡头企业可能会集中在同一区位，从而实现彼此竞争平衡，占据最大市场。艾萨德（Isard，1956）提出"替代原理"讨论了交通费用、劳动力成本等因素对企业布局的影响，通过对市场区的分析提出企业的竞争布局模式，并讨论了工业的集聚、规模经济和经济区的规模等。俄林（Ohlin，1933）提出"一般均衡理论"，指出交通成本较低的地区能吸引资本和劳动力，成为重要市场，因此，可以专门生产面向市场、规模经济明显且难以运输的产品。

总之，古典和新古典区位理论以成本最小化或利润最大化为区位目标，强调要素供给和市场需求等外部因素对产业集聚的影响，同时将集聚因素纳入产业区位均衡之中。新古典区位理论虽然提出"集聚经济"的概念，但并没有深入剖析集聚经济的内在机理和作用机制（贺灿飞和潘峰华，2007）。

二、行为区位论

行为区位论将企业看作是信息接收者、处理者和决策者。行为区位论放弃了古典区位论理性人假设，认为企业空间决策是有限理性的，取决于其对于区位的熟悉程度和知识积累，因为企业获取空间信息具有一定的成本（Hamilton，1974）。企业对特定区位信息可以通过前期投资经验的积累或者向其他先行投资者学习获得，而过去积累的关于特定区位投资经验会决定企业当前和未来的区位选择行为。随着对某些区位信息和知识的积累，信息成本会降低，导致企业在空间上高度集中。不同于古典和新古典区位论，行为区位论认为企业在寻求区位时不一定选择"最好"区位，而是退而求其次寻求"满意"区位（Pred，1967，1969）。克鲁姆（Krumme，1969）将心理学、行为科学等引入企业区位研究，更加强调企业决策者的个体特征对企业空间行为的影响，如年龄、企业经历、教育水平等。要素供给不确定性、市场不确定性、信息不确定性、制度不确定性等也将引发企业的避险行为并追随其他企业选择区位，从而促进企业的地理集聚。

三、战略区位论

战略区位论将区位选择看作是企业投资战略决策，企业区位决策取决于企业内部战略需求及其与其他组织的相互关系，如竞争者、政府、劳工组织和环保组织等。尼克布克（Knickerbocker，1973）深入研究了美国跨国公司的国际投资行为，发现跨国公司对外投资区位是寡头垄断的直接结果。对外投资的寡头公司通常会布局在相同的市场，分享产品和要素市场。高度地理集聚不仅能够维持市场份额，保持市场竞争平衡，也能分享先行者优势从而降低风险。

战略区位论中的企业区位选择不一定完全按照成本—收益最优原则，而是有可能将区位作为一种战略博弈的工具。例如，科布林（Kobrin，1987）发现，企业将区位选择作为一种与政府讨价还价的工具。克拉克（Clark，1981）发现，企业也可以采用空间策略与劳工进行博弈，从而提升资本对于劳动力的控制权。以上博弈过程将会显著影响企业的空间选择行为，从而改变产业集聚程度。

四、组织区位论

随着经济全球化和技术进步，生产范式从福特主义转向后福特主义。为了充分利用各个区位的比较优势和竞争优势，公司通常会将生产过程分解成多个片段并交由不同企业承担，因此企业之间的联系普遍强化。斯科特（Scott，1986）研究了产业组织对企业区位的影响，发现由于承担生产链上不同功能的企业之间的经济、技术联系非常强，企业会选择空间上相互接近以降低交易成本，形成同类产业的地理集聚。后福特主义的生产范式下大量中小企业在空间上集聚是典型的产业组织形式。

第二节 产业集聚：经济学视角

一、新古典主义视角：马歇尔及其发展

古典贸易理论和新古典贸易理论都探讨了产业集聚的经济机制。李嘉图（Ricardo，1817）的比较优势理论与俄林（Ohlin，1933）的要素禀赋理论都建立在完全市场竞争、产品同质化以及规模收益不变的假设之上。由于不同生产要素在空间上的分布不均衡，产业分布的集聚程度完全依赖于外生要素的空间分布格局。区域会按照自身的资源禀赋进行分工，从而导致特定类型的产业集聚。马歇尔（Marshall，1890）对产业集聚现象进行了深入系统的研究，将联系密切的中小企业集聚且生产活动专业化明显的区域称为产业区。在新古典经济学规模报酬不变、完全竞争的假设前提下，马歇尔提出产业集聚是由外部规模经济导致的，形成了一定规模的地方化经济，集聚在特定区域的相关企业可以共享专业化劳动力市场，形成企业间上下游联系以及知识溢出，从而降低企业的搜寻、生产、交通以及创新等各项成本，这种外部规模经济被称为马歇尔外部性。亨德森（Henderson，2003）将地方化经济主要来源总结为四种：第一，产业自身专业化带来的成本节约，即产业规模的增加可以促进中间产品市场、专业服务业以及金融市场的发展；第二，与劳动力市场相关的成本节约，即产业空间集聚可以利用熟练劳动力而减少劳动力搜寻、匹配和培训成本；第三，密集企业网络可以降低交通及通信成本；第四，通过共享公共产品和服务业享受规模经济的好处。

二、新贸易理论与新经济地理学

古典贸易理论难以解释现实中没有比较优势的区域产业集聚现象，也难以解释具有相似要素禀赋的国家之间较为频繁的贸易。克鲁格曼（Krugman，1980）假设规模报酬递增且存在不完全竞争市场，引入区位论中的运输成本，构建了新贸易理论，揭示了非完全竞争下的产业集聚机制。他认为国家之间相似产品贸易源于报酬递增过程中获得的专业化。在 Dixit-Stiglitz 垄断竞争模型的基础上，克鲁格曼建立了两地区、两部门和单一要素空间经济模型，发现在规模报酬递增、不完全竞争和存在运输成本的假设下，生产部门将会集聚在拥有较大国内市场的国家或地区。赫尔普曼（Helpman，1985）进一步构建了规模报酬递增和垄断竞争的贸易模型，证明没有明显比较优势的国家也可能因市场差异发展出不同的生产结构。由于运费的存在，规模报酬递增的产业将会集聚在需求较高的地区，厂商生产的比重将超过该地区的需求比重，递增的收益持续吸引新企业进入该地区，进而创造出更大的本地市场需求，形成"累积循环因果效应"，即该地区的产业集聚按自我强化的方式逐渐增长。克鲁格曼和维纳布尔斯（Krugman and Venables，1995）进一步指出，产业集聚程度会随着贸易成本的上升，先提高再降低。新贸易理论打破了传统理论中集聚对于自然资源、劳动力等外生优势的依赖，发现市场规模不对称导致的本地市场效应是集聚形成的根本原因，但是该理论并没有阐释集聚发生的微观机制。

克鲁格曼（Krugman，1991）建立了核心—边缘模型，标志着新经济地理学的诞生。他指出由规模报酬递增、贸易成本和商品需求规模等因素相互作用，导致产业地理集中，由此将产业集聚完全内生化。假设经济体只包含两地区、两部门（垄断竞争的制造业和完全竞争的农业），其中制造业具有规模经济属性，其产品的运输费用符合"冰山成本假说"，农产品不需要运输费用。劳动者既是生产者也是消费者，可以在两区域之间自由流动。短期均衡和长期均衡的分析显示，贸易成本、市场规模以及规模经济决定制造业均衡区位。制造业集聚会实现规模经济，同时也会增加贸易成本，因此制造业将权衡规模效应与贸易成本，选择接近市场潜力大的区域。市场潜力取决于劳动力数量及工资，劳动力在制造业厂商周边分布。在这种循环累积的模式下，地区经济的空间结构会最终形成核心—边缘结构。克鲁格曼和维纳布尔斯（Krugman and Venables，1995）进一步指出，产业集聚水平与贸易成本并不呈单调递减的趋势，而是倒 U 形关系，即当贸易成本很高和很低的时候，产业集聚水平都很低，当贸易成本达到一个适度的水平时，产业集聚水平达到最高。同时，只要劳动力不流动，企业在该区域的集聚就必然加剧当地劳动力市场的竞争，从而使当地工资水平上升。当工资水平上升到一定程度，一些企业会将被迫迁出本地。普加（Puga，1999）的模型也支持了贸易成本与产业集聚之间的倒 U 形关系。

此后，很多学者对核心—边缘模型进行了修正和补充。维纳布尔斯（Venables，1996）发现，核心—边缘模型过分依赖熟练劳动力的空间流动性假设。如果劳动力不可以流动，则集聚不会发生，那么核心—边缘模型就不能解释世界范围内的产业集聚。因此，企业也能通过"前向联系"和"后向联系"分别带来的投入品供给增加及需求扩大形成产业集聚。其次，为了解决核心—边缘模型中"冰山成本假说"与效用函数不符合现实的缺陷，奥塔维亚诺和普加（Ottaviano and Puga，1998）以及田渊和蒂斯（Tabuchi and Thisse，2002）提出在贸易成本足够低、产品差异化程度足够大、规模报酬足够高的条件下，产业就会在一个区域形成有效集聚。最后，核心—边缘模型认为劳动者仅仅关心他们当期的效用，只有历史因素才会对厂商定位和工人的迁徙决策发生影响，导致集聚过程严格依赖于地区中现有产业的临界规模。奥塔维亚诺等（Ottaviano et al.，2002）将预期因素及其条件和演化路径加入模型中，发现当贸易成本处于中等水平且初始禀赋的差别不大时，工人对未来的预期会成为某地区发展为核心区的主要动因。

三、城市经济学视角

很多经济学者认为仅仅基于产业内部的外部性来解释产业集聚是不充分的，因为很多城市尤其是特大城市具有非常多元的产业结构，一直保持着稳定的增长，所以集聚内部的产业多样化也具有重要的意义。城市经济学者据此对集聚经济进行了更加系统的分类：大规模经济，即公司内部扩大规模导致的生产效率提升；本地化经济，即同类产业集聚在一个城市导致的行业内溢出效应；城市化经济，即不同行业集中的同一个城市导致的行业间溢出效应。

城市化经济的概念最早由胡佛（Hoover，1937）提出，他认为城市化经济源于多种经济活动集中在一个地方，取决于地方经济规模带来的多样化程度。随后，雅各布斯（Jacobs，1969）对城市化经济的阐释做出了重要贡献，针对 20 世纪 50~60 年代美国城市建设忽视城市特性和内在功能多样化造成的后果，提出了城市多样性理论。她在1961 年出版的《美国大城市的死与生》中，将城市看作一个包含诸多要素的系统，认为"大城市的多样性是自然天成的"。要使城市充满活力，就必须注重城市的多样性发展，以满足不同人群的多种需求。雅各布斯认为重要的知识溢出发生在不同产业之间，有利于创新和采用新技术，因而产业多样化促进知识流动、溢出与创新，最终导致经济效率提升，城市化经济又被称为雅各布斯外部性。除了多样化以外，聚集在一个城市的不同产业共同分享基础设施和产业间的知识溢出，并接近城市中庞大的产品市场和多样化的劳动力市场，从而节约了企业成本，成为城市化经济的另一个来源（Henderson，2003）。

杜兰顿和普加（Duranton and Puga，2004）将城市化经济微观机制归纳为三个方面：共享（sharing）、匹配（matching）及学习（learning）。首先，共享意味着节约成本、多样化需求和分担风险。对于同行业企业而言，集聚在同一城市可以通过共享不可分割的公共资源、生产过程与市场达到规模经济，进而降低成本。对于不同行业企业而言，集聚在同一城市有助于增强分工与专业化并实现规模经济，也可以通过共享基础设施和公共服务等降低生产成本（Henderson，2003）。城市中人口规模和结构的多样化，保证了城市劳动力总供求的均衡，激发多样化的市场需求，对促进制造业的长期稳定发展和第三产业的发展具有十分重要的意义。此外，共享也意味着风险的分担，专业化模式往往依赖于单一要素，但这种发展模式存在一定的风险，受特定生产要素供求关系的影响较大，而多样化产业结构的城市可以分担这种风险，在关键时刻打破路径依赖，从而实现城市可持续增长。

其次，城市化经济来源于高效率的匹配。在城市的劳动力市场中，参与匹配的个体多样化越大，数量越多，则匹配效率就会越高，从而降低了匹配成本，企业和劳动力都得到更高收益，进一步吸引劳动力进入城市（Helsley and Strange，2002）。格莱泽等（Glaeser et al.，1992）对1956~1987年美国城市发展进行的研究发现，产业多样化能够显著促进就业增长。同时在多样化经济体系中，企业也更容易寻找到上下游企业的合作。

最后，城市化经济源于知识溢出效应。多样化知识的重新组合可以创造新知识，导致技术创新并促进地区经济的发展。城市多样化环境提供了多样化知识和更多的传播渠道，有助于知识创造及其传播和扩散和积累（Duranton and Puga，2001）。实证研究指出，相对于特定区域的专业化经济，具有一定学科基础的行业间多样化经济活动更有利于城市经济发展和企业的创新（Feldman and Audretsch，1999）。

第三节　产业集群理论：管理学与社会学视角

一、产业集群理论

波特（Porter，1990）基于新竞争经济理论对产业集群进行研究，将一国在国际上占据领导地位的产业称为国家竞争优势，并认为国家只能凭借特有的战略资源和国内产业竞争合作环境来培育特定领域的竞争优势。波特构建"钻石模型"，明确形成竞争优势的四个要素，在此基础上论述产业集群对竞争优势的影响（Porter，1998）。根据钻石模型，地区形成竞争优势需要四个必要的条件。首先是投入要素，不仅是自然资源、土地、资金、基础设施等一般性生产投入，更包含专业技术人才与科学研究基础等。在全球化的背景下，一般性生产要素相对丰富，可以通过区际要素流动得到补充；专业技术人才与科学研究基础等创新型资源更加稀缺，构成一个国家所特有的优势。国家需要不断投入创新性特殊资源从而有效构建特有的优势。其次是需求条件，国内市场对生产者至关重要，因为生产者需要不断接受消费者的信息反馈才能改进和升级产品。国内消费者如果更加挑剔、更有经验则可以代表该种产品的最新发展方向，有助于生产者快速升级产品从而形成领先于其他竞争者的国家竞争优势。再次是相关支持产业，企业不是孤立存在的，而是处在相应的价值链中，与上下游产业具有千丝万缕的竞争合作关系。一个企业的成功需要整条价值链的上下游企业合作，包括原材料、零部件以及部分服务产品。在产业集群内部，不同产业之间的信息可以快速传递，帮助产业内进行技术创新，进而促进关联产业发生变革。高效的相关支持性行业是行业获得竞争优势的有力保证。最后，企业战略与国家管制模式也是形成地区竞争优势的重要条件。国家体制及其倡导的价值观将影响企业及个人行为目标，进而影响企业建立、组织、管理和竞争等多方面的运营战略。四个要素相互制约，共同影响国家竞争优势，任何一个要素的强弱都会影响企业的运营和创新。同时，集群内部的地理邻近增强了四种要素的相互作用，帮助钻石模型系统产生活力（王缉慈等，2001）。

在全球化时代，企业可以全球采购生产要素，受到地理区位的制约更小。建立竞争优势的核心已经从生产要素投入转为如何高效利用生产要素，这取决于技术和创新。企业所采用的技术强度受到所在集群整体环境的影响，包括基础设施、文化环境、法律制度等，可概括为三方面：①集群帮助企业获得专业化的投入品、信息、技术并营造运营所需要的制度环境，显著提升本地企业的生产效率；②集群内的企业接近下游买家，可以通过信息反馈及时改良生产技术与产品，改变企业创新的节奏和方向，并影响企业未来增长率；③集群内的从业者可以及时建立企业来填补集群生产过程中的空白，同时享受集群内部资源和较低的创业壁垒，通过集群现存的巨大市场获利。因此，集群可以刺激内部出现新企业从而扩充集群自身，通过增强竞争与合作提升企业竞争力，从而形成正向循环。

波特的理论补充了原有产业集聚理论。不同国家的同产业生产率差异不仅来源于传统贸易理论中的要素禀赋差异，也来自于国家之间技术水平、创新、升级及其维持等竞争优势上的差异（Makino et al.，2004）。同时，波特将整个产业集群看成一个有机的系统，而不是一个要素投入-产出的黑箱，并通过产业集群内部运作机制的剖析发现集群内部各主体（企业、供货商、顾客、管制机构以及大学）的相互影响共同促进了产业集群的发展。

二、社会网络理论

社会网络理论强调企业合作与信任、嵌入性、网络关系、商业责任与义务等对企业地理集聚的重要性。企业信任关系和制度化商业实践可以降低交易投机行为，降低有限理性带来的风险，从而降低交易成本。在产业集聚区域，企业家容易建立社会网络关系，获取内部知识，因此企业成活率较高，从而促进企业进一步集聚（王缉慈，2001；Yeung et al.，2006）。社会学家格兰诺维特（Granovetter，1985）认为经济活动嵌入在社会关系网络结构中，并提出"嵌入性"的概念来描述使经济行为偏离效用最大化目标的社会因素。科尔曼（Coleman，1990）认为社会资本不仅有利于企业协调与合作，减少不确定性和交易成本并增强专业化，而且能够增加人力资本、物质资本和观念创新的投资并提高投资绩效。哈里森（Harrison，1992）认为，由于人际接触的需要，大量相互关联的小企业在生产过程实行专业化，相互之间密切合作，共享生产设备、信息和技术人员，由此形成一个密切关联的网络，造成产业集聚。在这种企业网络中，信任具有至关重要的作用，而企业关系的重建又进一步增进信任，产业集群实际是"信任最大化"行为的结果。

为了比较和区分社会网络、社会资本理论与其他理论，戈登和麦肯（Gordon and McCann，2000）将产业集聚与集群理论归纳为三种理想模型。第一种模型就是新古典主义经济学中的集聚经济模型，来源于马歇尔三要素理论。产业集群来自经济活动的自然集聚，相同以及不同行业的企业集聚在一起，由于他们"嵌入"在整个集群中获得外部经济，但是这些企业和集群里的其他企业可能并不存在贸易关系。第二种模型源自韦伯区位论，集群企业通过相互邻近降低交通和物流成本以及不确定性带来的风险成本。产业集群企业保持彼此之间的交易依赖性。第三种模型就是社会网络模型，强调本地网络中人际关系、信任和制度对促成企业邻近的重要性，同时也强调"新区域主义"学派提出的"制度厚度"对区域经济活动集群的影响。健全的社会网络和约定俗成的制度能够促进知识和创新产生及其在集群内传播，从而促进技术创新和知识发展（Yeung et al.，2006）。

第四节 产业集聚理论新发展

一、"新"新经济地理学：选择效应、筛选效应与企业异质性理论

产业集聚理论认为，由于集聚经济，大城市生产率往往高于中小城市。然而从20世纪末开始，集聚效应受到企业异质性理论的广泛挑战。鲍德温和大久保（Baldwin and Okubo, 2006）等将企业异质性理论引入集聚经济研究，逐渐发展成为"新"新经济地理理论基础，深化了集聚经济微观机制。他们将经济活动空间集聚效应归结为三大效应：第一，集聚经济效应，即企业在地理空间上邻近产生的规模经济和知识溢出有利于企业提高生产率；第二，人才选择效应，即高技术人才主动选择到大城市工作，从而吸引高效率企业选址大城市；第三，市场选择效应，即在激烈的市场竞争环境下，只有高生产率企业才能在大城市中生存，低效率企业将被淘汰。虽然集聚经济效应能够提高城市生产率，但是企业自主选择效应和被动筛选效应对集聚形成具有关键作用（Behrens et al., 2014）。高效企业自身倾向于大城市，产业集聚是企业自主选择的结果，从而导致了企业对生产空间的自主选择。同时，大城市平均企业效率高，竞争效应较强，导致低效率企业被挤出市场。

根据作用机制不同，选择效应可以分为两种：主动选择效应（selection effect）和被动选择效应（sorting effect）。主动选择效应，是指高效率企业受到大城市高素质劳动力、区域政策、区位优势等特定要素的吸引，主动选择进入大城市。鲍德温和大久保（Baldwin and Okubo, 2006）发现，高效率企业偏好规模较大的市场，尤其是核心城市；低效率企业更愿意选择边缘城市，区域扶助或补贴政策会有助于边缘城市吸引低效率企业。萨伊托和戈皮纳特（Saito and Gopinath, 2009）以智利食品行业为例，对比集聚经济效应与企业自选择行为对城市企业生产率的影响，发现企业主动选择行为比集聚经济效应更重要。与主动选择效应不同，被动选择效应是指大城市激烈的市场竞争使得低效率企业容易被挤出，而高效率企业更容易生存，从而提高城市整体生产效率。梅兹和奥塔维亚诺（Melitz and Ottaviano, 2008）在理论模型中证明了企业间竞争程度会根据市场规模的大小而变化，大城市高竞争和高成本可能会挤出低效率企业，因此小企业很难在大市场生存。瑟弗森（Syverson, 2004）研究美国混凝土行业，发现在市场需求密度高的地方，消费者很容易更换生产商，导致低效率企业难以持续运营。

"新"新经济地理学将企业异质性引入产业集聚研究，将研究从产业层面细化到企

业层面并深化集聚经济机制，校正了以往研究中被夸大的产业集聚效应，具有重要的理论贡献。

二、演化经济地理学

演化经济地理学从三个方面发展了集聚经济理论。第一，演化经济地理学将产业集聚看成一个动态演化过程，企业集聚可能是地方企业衍生的结果，而不是集聚效应所致（Klepper，2007；Boschma and Wenting，2007）。第二，演化经济地理学提出了演化集聚经济理论，认为处于不同产业生命周期的企业会从不同的集聚经济中获益。处于产业生命周期早期的企业需要多元化的环境，城市化经济更为重要；处于产业成熟期的企业更可能从专业化中获益，地方化经济更加重要（Potter and Watts，2011）。第三，演化经济地理学引入技术关联的概念，认为溢出更容易发生在技术关联较大的产业之间，深化集聚经济的技术溢出机制，从而提出相关多样化和非相关多样化等概念（Frenken et al.，2007；Boschma and Frenken，2011）。

1. 演化、技术关联与产业集群

演化经济地理学引入广义达尔文主义，认为企业衍生是集群形成的重要机制，地区产业会按照一定路径动态演化。类似于生物学上的基因，企业惯例是企业所特有的一套运作方式，包括企业所在行业和地区相关的知识、技术、人员组织形式、盈利模式等。由于不同企业的盈利能力有所差异，市场竞争会筛选出具有惯例优势的企业（Nelson and Winter，2009），而这种惯例可以通过衍生（spinoff）的方式传播，从而形成产业集群。

集聚经济理论关注企业地理邻近所带来的成本节约，但是对于同产业集聚的地方化经济和不同产业集聚的城市化经济，谁更重要始终没有一致结论（Beaudry and Schiffauerov，2009；De Groot et al.，2009）。城市化经济发挥作用的重要机制除了设施共享和上下游产业匹配以外，还包括多样化产业之间的知识溢出。不同产业在地理上的集聚可以通过面对面的社会互动快速传播信息，促进知识与技术外溢从而推动创新（Jaffe et al.，1993；Audretsch and Feldman，1996b）。然而，知识未必会在任意两个产业间溢出。诺特伯姆（Nooteboom，2000）认为不同产业之间存在认知距离（cognitive distance），认知距离太远不利于进行有效沟通，认知距离太近则容易产生路径依赖和锁定，只有产业之间的认知水平处于合适距离才能促进产业之间的有效学习和知识溢出。产业认知邻近指生产技术、管理机制、基础设施、生产要素等方面的相似性，在演化经济地理学中称为技术关联。因此，技术相关产业之间才更容易发生知识溢出，而技术不相关产业之间则很难发生知识溢出。波特（Porter，2003）也指出，将集聚经济划分为地方化经济和城市化经济过于简单，因为产业技术关联对集聚经济效应十分重要。结合技术关联和产业集群理论，他发现与集群产业存在技术关联的产业比专业化产业更能促进区域的发展。因此，技术关联概念的引入推动了演化经济地理学的发展（Frenken et al.，2007；Boschma and Frenken，2011）。

演化经济地理学进而提出了相关多样化的概念，强调技术相关性产业的多样化。弗伦肯等（Frenken et al.，2007）利用熵值法将荷兰区域产业的多样化指数分解为相关多样化和不相关多样化，表明相关多样化能够促进区域就业增长，而不相关多样化能够显著降低失业率。夸拉罗（Quatraro，2010）对意大利的案例研究得出了同样的结论。哈尔托格等（Hartog et al.，2012）对芬兰的案例研究发现了相关多样化对区域就业增长的作用局限在高技术产业范围内。内夫克等（Neffke et al.，2011a）发现相关产业多样化比专业化更能提高企业存活的概率。博什马和弗伦肯（Boschma and Frenken，2011）认为相较于不相关多样化区域，相关多样化区域所拥有的相关知识能够帮助企业获得更多机会，扩展规模或者转型到相关产业从而获得更高的存活率。郭琪等（Guo et al.，2016）利用中国产业数据发现城市化经济变量不显著是相关多样化和不相关多样化的影响方向不同导致的，相关多样化促进创新，而不相关多样化通常阻碍创新。但也有部分学者（孙晓华、柴玲玲，2012）认为，虽然相关多样化对区域经济和产业增长有重要作用，但不意味着不相关多样化不重要。埃斯利茨比希勒和里格比（Essletzbichler and Rigby，2007）认为不相关多样化更像是一种组合效应，更有利于应对某种特殊产业需求或供给骤降所带来的冲击。因此，相关多样化和不相关多样化反映的是城市化经济的不同方面，应在实证研究中被区别开来。

演化经济地理学除了研究区域多样化，也补充了地区专业化。内夫克等（Neffke et al.，2011c）认为马歇尔外部性能够影响产业使用通用技能、关联技术和互补资产。泼特和瓦特（Potter and Watts，2011）发现技术关联的产业共享专业化劳动力市场和供应商以及同行业企业之间的知识溢出现象，因此技术关联的产业之间也存在马歇尔外部性或者地方化经济，即相关地方化经济。

2. 生命周期理论

近年来，研究还发现集聚产生的规模递增或者规模递减效应取决于产业生命周期。亨德森（Henderson，1997）发现属于不同产业生命周期阶段的产业从集聚外部性中获得不同的好处，例如城市化经济对新兴部门很重要，地方化经济对成熟产业更为重要。内夫克等（Neffke et al.，2011b）研究发现新产业通过重组其他产业的技术来支撑产品创新，从而依赖多样化程度；随着产业走向成熟，地方专业化带来的好处逐渐凸显，多样化的重要性下降。而泼特和瓦特（Potter and Watts，2014）归纳总结提出了演化集聚理论，对于不同的产业生命周期，将集聚外部性的作用分成了四个阶段，分别是初始集聚、增长集聚、成熟集聚和衰退集聚，并在此基础之上，探讨了地方化经济对于处于衰退期的产业集群的作用。贺灿飞和潘峰华（2011）发现，专业化经济与多样化经济对增长率的影响均呈现出非线性关系，专业化经济在初始阶段促进产业增长，越过一定阶段后阻碍产业增长；而多样化经济则相反，在初始阶段阻碍产业增长，但一定阶段后促进产业增长。

集聚经济效应也取决于企业生命周期。亨德森等（Henderson et al.，1995）的研究表明，尽管城市化经济小于地方化经济，但城市化经济对年轻企业或者拥有先进技术的企业影响比较大。杜兰顿和普加（Duranton and Puga，2001）提出"孵化型城市"理论，认为企业能够从区域获得的集聚效应取决于企业成熟程度。成立初期的企业需要依赖城市产业多样化的知识溢出效应；随着企业成长，多样化意味着拥挤和成本上升，企业转而寻求地方化经济实现大规模生产并降低成本。内夫克等（Neffke et al.，2011）发现集聚外部性影响企业存活率，而且对不同年龄企业的影响不同：雅各布斯外部性显著影响年轻企业，但将雅各布斯外部性分解后发现技术关联产业的多样化并不显著，地方化经济没有表现出显著作用，但技术关联产业的专业化却显著提高了企业存活率。集聚外部性对不同年龄企业的影响印证了杜兰顿和普加对于"孵化型城市"的预测，即随着企业年龄增长，雅各布斯外部性的重要程度逐渐降低。

第五节 产业集聚效应实证研究

围绕产业集聚与集群理论，大量实证研究对产业集聚现象进行了描述、分析和解释，揭示了产业集群形成演化机制。

一、产业集聚现象

很多实证研究基于不同指数测算了产业集聚程度，发现不同行业、不同空间尺度的产业集聚差别较大。克鲁格曼（Krugman，1991）采用区位基尼系数测量了美国106个行业的空间集聚系数，发现低技术行业的空间集聚程度更高，其中地理集聚程度最高的行业是与纺织服装业相关的产业，如制鞋业、针织业、橡胶制品业等，而分散程度较高的行业为技术水平较高的重工业，例如机械设备制造业、专用设备制造、金属制品业等。毛雷尔和塞迪洛（Maurel and Sedillot，1999）采用基于距离的产业集聚指数计算法国四位数制造业企业的地理集聚程度，发现273个产业中有211个集聚系数大于0，说明产业在空间上有明显的集聚趋势，集中程度最高的行业是采掘业和造船业，仅有38个行业分散分布。艾里森和格莱泽（Ellison and Glaeser，1994）研究发现美国不同行业的集聚程度不同，不同产业共聚趋势也表现出显著差异。葛赢（Ge，2009）发现中国的产业集聚水平在1985~2005年持续升高，对外出口型企业和外资企业的集聚程度显著高于其他企业。这些研究基本证实了产业集聚是客观存在的，企业倾向于在空间上集聚而非分散，但存在国别、行业及时间差异性。

二、产业集聚的经济效应

更多实证研究探讨了产业集聚的经济效应，包括产业集聚对创业、企业和产业生产率、集群内部创新促进作用的影响以及对经济增长等方面的影响。

产业集聚能显著提高产业劳动生产率。谢弗（Shefer，1973）发现美国城市规模扩大一倍，其制造业劳动生产率提高14%~27%。另一些研究则发现，城市规模扩大一倍，制造业劳动生产率分别提高6%~7%、10%和2.7%（Sveikauskas et al.，1988；Fogarty and Garofalo，1978；Moomaw，1981）。奇科内和R. 霍尔（Ciccone and Hall，1996）采用美国区县层面产业数据进行分析，发现美国区县就业密度增加一倍，劳动生产率提高6%。随后，奇科内（Ciccone，2002）对法国、德国、意大利、西班牙和英国五个欧洲国家的分析显示，就业密度增加一倍，劳动生产率提高4.5%。基于欧盟国家的实证研究发现，人口密度和劳动生产率显著正相关，相关系数为13%（Brülhart and Mathys，2008）。

贺灿飞和朱晟君（He and Zhu，2007）也发现了中国产业集聚与劳动生产率的正相关关系。产业集聚通过多种渠道提升劳动生产率。一方面，市场规模扩大有助于增强企业需求联系，提高企业效率。制度环境变化也影响企业生产率。全球化促使企业向沿海地区集聚并融入全球价值链，据此获取国际信息和技术溢出（Coe and Helpman，1995），促进流程升级（Gereffi et al.，2005）。另一方面，地区良好的市场化环境有助于减少非市场行为的支出，降低经营风险和不确定性，从而提高企业经营效率（He and Zhu，2007）。但这些研究较少考虑过度集聚现象以及产业集聚与生产率的非线性关系。此外，产业集聚对不同行业存在不同影响：对劳动密集型产业，过度集聚往往会损害企业效率；对高技术产业，企业集聚可能有助于企业效率的提高。总之，产业集聚对企业生产率具有显著促进作用，但是两者之间的非线性关系以及产业和区域的差异需要深入探讨。

集聚经济影响产业增长。内生增长理论认为集聚可以显著促进地区经济增长，因为区域技术和知识是增长的核心要素（Martin and Ottaviano，2001）。集群可以产生明显的知识与技术溢出效应,集聚与增长相互促进。鲍德温和福斯利得(Baldwin and Forslid,2000)在劳动力自由流动和企业垂直联系的假定下研究集聚与经济增长的关系,得到集聚能促进经济增长的结论。藤田昌久和蒂斯(Fujita and Thisse,2003)构建了一个两地区内生增长模型,发现产业集聚会带来额外增长从而导致帕累托最优。当经济活动由分散到集聚时,创新速度显著提高,不仅集聚核心地区的经济增长会显著加速,而且处在边缘区的企业会改善自身经济状况,说明集聚所带来的经济增长十分显著。

但也有研究没能验证产业集聚能够促进经济增长。例如迪亚斯-鲍蒂斯塔(Díaz-Bautista,2005)运用工具变量法对墨西哥32个州的数据进行了分析,结果显示产业集聚水平对经济增长的影响并不明显,集聚水平与经济增长率之间不是简单的线性关系。研究发现区域经济增长率与市场潜力之间存在U形关系,较大和较小的市场规模都会阻碍经济增长(Futagami and Ohkusa,2003)。布吕哈特和斯倍加米(Brülhart and Sbergami,2009)运用工具变量法进行跨国实证研究的结果显示,在经济发展初期,产业集聚能够促进经济增长,超过某一临界值后,产业集聚对经济增长的影响不再显著。

产业集聚与创新具有千丝万缕的联系。创新水平与城市规模存在高度一致的空间分布,创新活动的集聚水平比生产活动更高(Paci and Usai,2000)。卡里诺等(Carlino et al.,2007)发现大城市地区人口密度每提高一倍,人均专利数会增加20%。从根本上讲,集聚的三种微观机制——分享、匹配和知识溢出与创新的关系十分紧密(Carlino and Kerr,2014)。诸多实证研究从不同方面验证了集聚对创新的促进作用。采用动态创新模型的研究发现,企业能够在集群中更便捷地寻求匹配的供应商从而降低实现创新的成本(Helsley and Strange,2002)。企业在集群中具有更强的研发投资意愿和风险承担能力(Gerlach et al.,2009)。斯特金(Sturgeon,2002)发现在集群企业利用高度专业化能力将生产模块化,促使各个企业专注于各自领域的创新。同时,知识溢出效应对于创新活动影响深远。实证研究还发现很多不能被编码的缄默知识需要依托于面对面交流,交流合作随着距离急剧降低(Olson and Olson,2003)。在美国,知识外部性对创新行为的空间集聚具有重要作用,并且高新技术产业的知识溢出更显著,创新的集聚程度显著更高。此外,集聚还可以增强内部企业的竞争压力,从而促使其改进产品并获得竞争优势,营造具有创业精神和鼓励创新的文化(Saxenian,1996)。

集聚经济促进创业。一方面,地方化经济为创业者或新创企业提供同产业集聚优势,包括共享专业劳动力、中间品投入与专业化知识与信息,帮助创业者在生产技术、市场行情、关系网络等方面享受已有企业的成功经验和失败教训,降低了新企业成本和风险(Johnson and Cathcart,1979);另一方面,城市化经济为新企业或创业者带来众多效益,促进企业创新、包容创业者失败并提供基础设施共享,降低新企业的创新、生产、运输等成本和失败的风险,从而降低了创业门槛(Scott,1986; Henderson,2003)。

三、产业集聚机制

实证研究对集聚机制及其影响因素进行了深入探讨。许多实证研究通过寻找影响产业集聚的因素解释产业集聚的形成机制。影响因素大致分为资源投入、市场需求、企业内部及外部规模经济、产业联系、区域经济一体化等方面。

从区位论视角出发的实证研究主要关注第一本性的自然资源、劳动力等生产要素对产业集聚的影响。金姆(Kim,1999)研究了美国1860~1987年的产业地理集中趋势,发现自然资源投入与产业区位熵存在显著正相关关系,说明自然资源依赖性可促进产业地理集中。艾里森和格莱泽(Ellison and Glaeser,1999)度量了自然资源对产业集聚的影响强度,研究发现自然资源空间分布能解释20%的产业地理集聚。奥德雷奇和费尔德曼(Audretsch and Feldman,1996b)也发现依赖于采掘业与农业产品投入产业更为地理集中。哈兰等(Haaland et al.,1998)综合资源投入因素对集聚进行了解释,在模型中引入劳动密集度、人力资本密集度、技术水平规模效益、非关税贸易障碍以及最终需求的集中程度等变量,来解释欧盟13个成员国间产业的地理集中程度,发现人力资本密集度与产业地理集中存在显著正相关关系。

基于贸易理论的实证研究主要关注贸易成本、制度以及市场等因素的影响。传统贸易理论认为,降低贸易成本有助于各个地区充分利用比较优势,促进产业地理集中。新经济地理理论则强调,贸易成本与产业地理集中存在非线性关系,贸易成本对产业地理集中的影响取决于规模经济与交通成本的相互作用。在贸易成本非常高或非常低时,产业可能比较分散;而贸易成本处于中间水平时,产业在空间上更加集中(Krugman,1991; Krugman and Venables,1995)。维纳布尔斯(Venables,1996)的研究证明当贸易成本处于一定水平时,具有上下游联系的产业会在区域上集中。贸易自由化和市场一体化带来的区域经济一体化和贸易成本降低,会推动国家与区域内部的产业集聚。帕卢齐等(Paluzie et al.,2001)发现,全球贸易扩张促进发展中国家的产业地理集中,因为贸易自由化为具有先发优势的区域提供更多机会。有研究发现贸易自由化显著促进了印度尼西亚制造业的地理集中(Sjöberg and Sjöholm,2004)。罗伯蒂斯(Robertis,2001)研究了欧洲一体化对意大利制造业地理的影响,1971~1991年,意大利产业活动整体上向边缘地区扩散,一些特定产业在空间更趋集中。阿米蒂(Amiti,1999)和布吕哈特(Brülhart,2001)证实了欧盟一体化发展促进了产业地理集中与区域专业化发展。汉森(Hanson,1994)发现,北美自由贸易协定吸引了企业逐渐向美国和墨西哥边境集聚。

基于新经济地理视角的实证研究探讨了"本地市场效应"和产业规模经济对产业集聚的影响。哈兰和伍顿（Haaland and Wooten，1999）发现市场规模与欧洲制造业的地理集中度成正相关关系，证实了市场规模效应的作用。布吕哈特（Brülhart，1998）也发现，在欧洲产业显著集中在市场潜力大的区域。戴维斯和温斯坦（Davis and Weinstein，1999）发现本地市场效应也是日本产业集聚的决定性因素。布吕哈特（Brülhart，1998）发现，1980~1990年，欧洲18个产业中的14个产业地理集中更加显著，内部规模经济显著的产业地理集中程度尤其明显。金姆（Kim，1999）研究了美国100多年来的产业地理集中趋势，发现企业平均规模是显著的影响因素。金姆等（Kim et al.，2000）研究了美国非都市区域的产业集聚现象，也发现企业平均规模与企业地理集中成正相关。帕卢齐等（Paluzie et al.，2001）对西班牙1979~1992年的制造业地理集中的研究发现，企业平均规模显著促进了产业地理集中，企业规模越大越倾向于在空间上集聚。福尔摩斯和史蒂文斯（Holmes and Stevens，2002）发现，美国地理集中度越高的产业，其企业规模经济效应越显著。布劳内耶尔姆和约翰孙（Braunerhjelm and Johansson，2003）发现企业规模与初始集中程度是瑞典产业集中的原因。

外部规模经济也是产业集聚的决定因素。产业集聚在一定空间范围内能促进产业协同合作、共同发展，产生外部规模经济效应。外部规模经济有多种作用途径。首先是知识溢出作用，谢斐等（Jaffe et al.，1993）通过分析专利引用数据，提供了直接的证据表明行业间知识溢出效应对于产业地理集中的重要性。然而，布吕哈特（Brülhart，2001）发现，欧洲最为集中的产业是技术含量较低的产业，没有足够证据表明产业间知识溢出导致产业集聚。其次是劳动力匹配的作用，杜马伊斯等（Dumais et al.，2002）发现具有类似劳动力构成的产业相互接近可以获得利益，证明了劳动力市场效应。汉森（Hanson，2001）也发现劳动力市场中受过良好教育的劳动力越多，个人工资越高，证明了人力资本的外部性促进了产业地理集中。最后，上下游产业联系也是重要的外部规模经济来源。福尔摩斯（Holmes，1999）发现，地理集中的产业通常有较高的"投入采购强度系数"，表明分享投入的外部经济性。阿米蒂（Amiti，1999）发现，在欧洲产业中间投入强度与其地理集中度成正相关。哈兰等（Haaland et al.，1999）发现，来自同一产业的投入比重越高，该产业地理越集中，说明产业内部联系可能与地理集中程度相关。但是，帕卢齐等（Paluzie et al.，2001）对西班牙1979~1992年的产业集聚的研究发现，产业中间投入强度与产业地理集中存在显著负相关关系，而产业内联系并不显著。

此外，大量研究争论外部规模经济到底源于地方化经济还是城市化经济。很多研究发现地方化经济更为显著。对日本制造业集聚的研究发现，城市规模增大显著有利于劳动生产率的提高，其中地方化经济更为重要（Nakamura，1985）。亨德森（Henderson，

1986）发现，地方化经济提高了美国和巴西的城市产业生产率，而城市化经济不重要。亨德森（Henderson，2003）证实了同产业就业规模的扩大有利于提高机械制造业的劳动生产率。综述文章发现，近一半的文章显示城市化经济的负面影响（De Groot et al.，2009）。然而，也有研究得出了相反结论，发现城市化经济更为重要。格莱泽等（Glaeser et al.，1992）使用美国170个城市六个工业部门的就业数据，检验了地方化经济和城市化经济对就业增长的影响，发现城市化经济起更大作用，城市的多样化会产生新的创意，成为创新和知识溢出的来源。因此，城市产业越多样，城市经济增长越快。基于创新活动的研究也得出了类似结论。费尔德曼和奥德雷奇（Feldman and Audretsch，1999）在产业与企业两个层面均发现美国城市互补性产业显著促进创新产出。杜兰顿和普加（Duranton and Puga，2005）研究1993~1996年法国城市专业化及多样化对工厂区位重新选择的影响，发现绝大多数新工厂创立在多样化水平较高的地区。

贺灿飞和潘峰华（He and Pan，2010）研究了集聚外部性对城市与产业增长的影响，发现地方化经济与城市化经济两者的作用过程不同，前者可以显著提升城市和产业的增长率，但超过一定范围之后将会产生抑制效应，而后者需要达到一定的水平之后才可以发生正向外部性。地区受到城市化经济和地方化经济两者的差别影响取决于产业与区域特性、经济发展阶段以及集聚水平等因素。亨德森（Henderson，1986）发现仅在某些产业中存在城市化经济，而多数的产业存在地方化经济，但也有一些产业两者都不显著。有研究通过引入二次项，发现劳动生产率与人口规模或就业密度之间的倒U形关系。例如奥和亨德森（Au and Henderson，2006）表明人均产出与就业人口呈倒U形关系。产业集聚的生产率效应也存在发展阶段性。有研究采用1860~1999年西班牙城市数据考察就业密度和劳动生产率之间的关系，发现1985年前两者具有显著相关关系，但1985~1999年没有显著关系（Martinez-Galarraga et al.，2008）。

四、主动选择与被动选择效应

实证研究基本证实企业主动选择效应和被动选择效应都是客观存在的，但没有得出关于选择效应对集聚经济影响程度的一致结论。如阿里莫托等（Arimoto et al.，2009）比较了日本纺织业在1906~1916年的企业生产效率，发现主动选择效应是集群中企业生产效率高的主要原因。因此，企业选择效应可能是某些城市企业生产率较高的主要因素，集聚经济作用长久以来可能被高估了（Ottaviano，2010）。但也有研究认为虽然两种选择效应都存在，但不能解释大部分产业集聚的正向外部性。如库姆斯等（Combes et al.，2012a）以法国制造业为例，发现大城市企业高效率主要源于集聚经济，并没有发现显著的自选择效应。

鲍德温和大久保（Baldwin and Okubo，2006）发现高效率企业偏好在规模较大的市场，而低效率企业偏好边缘的小市场地区。萨伊托和戈皮纳特（Saito and Gopinath，2009）以智利食品行业为例，比较了集聚经济与企业自主选择效应对城市企业生产率的影响。研究也发现，高效企业可以主动选择占据市场更大的地区，因为高效率企业有能力集聚在大市场并分享更多消费者。相反，低效率企业只能选择小市场国家以通过贸易障碍获取生存机会（Behrens et al.，2014；Combes et al.，2012b）。

有研究发现企业进入一个地区之后，会受到地区竞争的被动选择效应，导致留在大市场地区的企业往往具有较高的效率。罗森塔尔和斯特兰奇（Rosenthal and Strange，2004）证明企业生产率服从一定的概率分布函数，在大城市和集聚地区的企业生产率要显著高于小城市和非集聚地区。瑟弗森（Syverson，2004）采用混凝土制造业企业数据研究发现，较高的本地需求导致由于市场竞争挤掉效率较低的企业。

城市对企业的筛选效应不仅体现在把低效企业淘汰，而是体现出更复杂的规律。大久保和富浦（Okubo and Tomiura，2012）研究发现，集聚的程度会影响企业效率分布的偏态系数以及离散系数，随着地区集聚程度的提升，企业效率分布的均值逐渐变高，但方差也逐渐变大，说明集聚与大市场并不是简单地使得地区竞争变强并将低效率企业淘汰出去，而有可能使得马歇尔外部性和城市外部性增强，反而缓和了市场竞争，使得部分低效率企业和小企业更容易生存。产业集聚区域的产品差别化会使集聚外部性影响超过竞争效应。那么，产业集聚区就可以包容低效率企业，从而使得这些地区有各种效率的企业分布。比如，大市场具有多元的消费结构，一些差别化的厂商可以生存。同时，一些效率较低的小型供应商希望与大型的最终装配商保持较近的地理距离来保持面对面的接触，从而可以及时调整中间产品，满足下游大厂商的特殊要求。

除关注国家内部企业分布的尺度外，对于异质性企业的空间选择效应研究也关注其他空间尺度。在小尺度上，城市经济学研究发现，不同行业的企业会根据自身属性及其对市场、交通条件、劳动力等因素的不同需求达到空间竞争平衡，进而完成城市内部区位选择（White，1988；Stahl，1987；Gabszewicz and Thisse，1986）。在大尺度上，跨国公司的全球区位选择过程中，公司内部资源的差别会影响企业的空间战略。例如，发达国家的跨国公司一般具有所有权优势，更注重对东道国区位优势的利用，采取市场导向型的区位战略。新兴经济体国家的跨国公司不具备完备的竞争力，对外投资战略更重视积累战略资本和探索东道国资源。因此，发达国家和新兴经济体国家的跨国公司具有不同的空间选择倾向（Buckley et al.，2007；Deng，2007；Sutherland，2009）。

企业空间选择效应具有明显的时间趋势。对某地区而言，发展初期的企业需要集聚效应，此时集聚产生的正向外部性显著高于竞争效应，不同生产效率的企业选择集中以降低运营成本。但随着产业发展，核心区的竞争压力上升，选择机制可能导致区域一体化和地区间生产效率差异呈现倒 U 形分布（Okubo and Tomiura，2012）。企业会随着贸易成本变化经历"集聚、分散、再集聚"的过程，市场分割减弱时，低效率企业将重新布局在核心区（Okubo et al.，2010）。研究还关注其他维度的企业异质性对空间选择效应的影响。如谢佛和福莱尔（Shaver and Flyer，2000）认为不同创新能力的企业在集聚中获取的利润有明显差别。具有很强创新能力的企业在产业集群内的溢出效应较高，因为中小企业比大企业难以承担独立运营的风险和成本。

五、演化经济地理学的集聚机制

近年来，演化经济地理学开展了很多实证研究，验证了演化视角下的集聚机制，重点研讨了技术关联性对于产业、企业区域经济绩效的影响。

企业衍生是产业集聚形成机制。克莱伯（Klepper，2007）对美国底特律地区的汽车制造产业集聚进行了研究，发现这一巨大的产业集聚起源于最初进入的四家企业，之后企业内部员工逐渐在本地衍生出更多新企业。底特律汽车产业集群表明，集聚理论不足以解释产业集聚的形成。实证研究进一步发现衍生企业的存活率显著高于非衍生企业，同时衍生企业从母企业中继承的技术和市场信息将显著影响其未来的盈利能力与生存（Boschma and Wenting，2007；Klepper and Sleeper，2005）。

基于技术关联的集聚效应从宏观和微观两个层面进行了研究。宏观上，技术关联可以显著提高地区经济效率与发展水平。如弗伦肯等（Frenken et al.，2007）发现相关多样化能促进区域就业增长，而不相关多样化能显著降低失业率。夸拉罗（Quatraro，2010）发现相关多样化能提升全要素生产率。在微观上，技术关联可以影响企业进入与生存。博什马和温廷（Boschma and Wenting，2007）基于对英国汽车产业 1895~1968 年的演化发展研究发现，技术关联显著提升企业生存机会，而地方化经济泽不利于企业生存。博什马和弗伦肯（Boschma and Frenken，2011）认为，技术关联倾向于发生在拥有类似知识基础的产业区域，这种区域内的企业能够获得更多机会去扩展规模或者转型到相关产业而获得更高的存活率。内夫克等（Neffke et al.，2011a）的研究也发现相关多样化产业集聚能大幅提升企业存活率，一般城市化经济只对新成立企业有促进作用，而对其他阶段的企业具有显著的负向作用，地方化经济没有显著影响。

产业生命周期对集聚外部性有较大的影响。杜兰顿和普加（Duranton and Puga，2001）以及内夫克等（Neffke et al.，2011c）发现集聚外部性与产业所处的生命周期有很强的关系。在产业发展初期技术不成熟的阶段，需要吸收来自不同行业的知识溢出来完善自身，而处于成熟期的产业已经完成了技术的标准化，需要控制成本来进行价格竞争。随着产业成熟，其越来越依赖于专业化集聚和产业内溢出效应。产业多样化对处在初级阶段的产业有显著的正向影响，对中期产业影响不显著，而对成熟产业有显著负向影响。奥德雷奇和费尔德曼（Audretsch and Feldman，1996b）基于美国各行业的创新活动进行了研究，发现产品创新的空间分布趋势会随着产品生命周期而变化，产业初期创新更加依赖于缄默知识，地理邻近性具有重要意义。随着产品成熟，创新对缄默知识和地理邻近性依赖度降低，产业创新活动在空间上发生扩散。巴兰德等（Balland et al.，2012）对于电子游戏行业的研究发现，随着产品生命周期演进，不同企业之间的竞争与合作关系会发生显著变化，进而影响企业网络演化。随着生产技术不断成熟，企业越来越倾向于构建地理邻近性和认知邻近性关系，更加依赖于地区专业化外部性。坎皮等（Campi et al.，2004）对于西班牙新企业区位行为的研究，也发现处在产品生命周期不同阶段的新成立企业对多样化和专业化的倾向显著不同，技术成熟行业的大型企业更加依赖于产业内技术溢出，会规避多样化程度较高的大城市以降低成本。

六、产业集群研究

产业集群的研究主要关注集群形成的动力、发展过程以及创新能力。大量研究对硅谷、波士顿128公路区、剑桥等集群的形成动力进行了实证研究，发现集群内部的核心企业、支持性机构如大学、研究院之间的互动关系可以传播缄默知识，在集群发展过程中尤为重要（Saxenian，1991）。同时，集群发展是路径依赖的，依赖于地区长期的产业发展历程与制度环境，有时受到历史偶然事件较大影响（Kenney and Von，1999）。研究对产业集群的发展进行了界定，将集群分为临界、起飞、高峰、饱和四个阶段。而卡佩罗（Capello，1999）认为集群演进是一个由低级向高级不断晋升的过程，其基本路径为地理邻近型、专业化产品区、工业区和创新区。

研究尤为关注集群创新能力及其影响因素，集群创新能力取决于多方面因素。首先，产品生命周期影响集群创新能力。在新技术引入和发展阶段，集群创新能力最强。随着技术成熟，创新能力减弱，同时集群中不同类型的知识创新表现对产品生命周期的响应也有明显差别（Audretsch and Feldman，1996）。其次，集群内部合作和学习过程，包括各知识主体及其之间的合作模式对集群创新都十分重要（Henry and Pinch，2006）。再次，集群创新与升级受到其与外界的联系强度的影响。企业需要根据自身能力，建立外部知识获取渠道来完成创新（Bathelt et al.，2004）。在外部联系过程中，集群所参与的全球价值链分工体系以及价值链治理模式会影响集群创新与升级能力（Giuliani and Bell，2005）。此外，研究多采用社会网络视角，发现根植于地区的社会关系为集群可持续发展提供了有力保障，深刻地影响信息、劳动力以及资本的流动过程，塑造了集群中各主体之间的合作关系（Sorenson，2003）。

第六节　中国产业集聚与集群研究

改革开放 40 年来，中国产业环境发生了实质性变化，全球化、市场化和分权化三种作用力重构了中国产业地理格局（He et al., 2008）。具体体现为：①中国由传统的计划经济转变为市场经济，经济决策权下放到企业，市场竞争日益激烈；②外部因素发生了重大的变化，外国资本和国外市场对产业空间格局的影响显著，外资企业在许多产业内占据相当重要比重；③中央权力下放导致了地方政府的竞争，地方保护主义、重复建设、产业结构趋同现象严重。

一、中国产业集聚度研究

研究测算了中国产业集聚程度及其空间差异、行业差异以及时间变化趋势。研究普遍采用基尼系数或 EG 指数衡量产业集聚，基尼系数一般采用行业数据计算，而 EG 指数采用企业数据计算。吴学花和杨蕙馨（2004）测算了 2002 年 20 个两位数制造业集聚程度，发现中国部分制造业已显现出较强的集中性，且主要集中在东部沿海省区，但有些规模经济和范围经济性强、在国外具有显著集聚特征的行业集聚性还比较低。范剑勇（2004）从地区专业化的角度，利用两位数制造业数据，实证分析了中国 1980 年和 2001 年地区专业化与产业地理集中度的变化，发现改革开放以来中国地区专业化水平和市场一体化水平已有提高，产业布局已发生根本改变，绝大部分行业已经或正在转移进入东部沿海地区，并认为中国现阶段仍处于"产业高度集聚、地区低专业化"的状况，国内市场一体化水平总体上仍较低，这一状使得制造业集中于东部沿海地区，无法向中部地区转移，进而造成了地区差距不断扩大。罗勇和曹丽莉（2005）利用类似 EG 指数的方法与五省市集中度测算了中国 20 个制造业在 1993 年、1997 年、2002 年及 2003 年的集聚程度，表明 1993～1997 年集聚程度有所下降，1998～2003 年集聚程度呈增长趋势。集聚程度由高到低的行业分布依次为：技术密集型产业、资本密集型产业和劳动密集型产业。产业地域分布极不平衡，江苏、广东、山东、浙江、上海五省市集中度很高，西部边远地区则远远落后,两极分化严重。

路江涌和陶志刚(2006)基于 EG 指数考察了中国制造业在 1998~2003 年的集聚变化趋势,发现行业区域集聚仍处于上升阶段,同时还计算了一些大类产业中细分小类产业的共聚程度,发现其共聚程度近年来也在上升,表明相关行业由于行业间作用而产生共聚效果。葛赢(Ge, 2009) 计算产业集聚 EG 指数,发现 1985~2005 年中国的产业集聚水平显著上升。贺灿飞和潘峰华(2007)基于 2004 年第一次经济普查资料,计算不同地理尺度下的制造业产业分布基尼系数和 Moran's I 系数,发现中国制造业高度聚集在珠三角、长三角以及环渤海地区,在华北、东北、四川以及两湖地区有一些连片分布;空间尺度越小,产业划分越细,制造业在空间上越集中,并且省级、城市和区县级尺度的产业地理集中程度的相关系数更高。贺灿飞和潘峰华(2011)对中国地理产业集聚的时空规律进行了系统描述,现阶段中国制造业地理集聚程度较高,然而中国制造业地理集聚存在显著的产业差异,依赖于特定自然资源投入的产业,地理集聚程度相对较低,而依赖大量中间产品投入的资本技术密集型产业的地理集聚度则较高。劳动密集型产业由于是外资主导并且以出口为主,高度集中在沿海省区。中国的产业集聚变化趋势具有明显的阶段性特征,20 世纪 90 年代初开始,产业集聚程度上升进入了加速期,集聚程度在 2004 年左右达到顶峰后略微下降。总之,这些研究的时间跨度不一,总体上都发现中国的产业集聚呈逐渐上升的趋势。

二、中国产业集聚效应研究

实证研究探讨了中国产业集聚效应。基于 1995 年第三次全国工业普查数据的研究发现,集聚经济能够显著提升企业生产率,城市规模扩大一倍,企业生产率提高 3.6%,而且这种集聚经济来源于地方化经济(Pan and Zhang, 2002)。吉昱华等(2004)发现非农产业在大城市效益更高。城市规模扩大总体有利于生产效率的提高,但不同产业存在差异。城市规模效应作用机制是影响生产效率的关键。采用 2004 年中国第一次经济普查的企业数据,傅十和与洪俊杰(2008)发现,中等城市和大城市具有更为显著的地方化经济,特大城市和超大城市具有更为显著的城市化经济。小型企业在中等城市和大城市中从地方化经济获益较多,在特大和超大城市中从城市化经济获益较多。中型企业在大城市中不同程度地受益于地方化经济,大型企业即使在特大和超大城市中从城市化经济得益也较少。范剑勇(2006)利用中国 2004 年地级和副省级城市的数据,发现非农产业劳动生产率对非农就业密度的弹性系数为 8.8%。陈良文等(2007)采用 2004 年经济普查数据探讨了经济集聚密度对北京市内的劳动生产率差异的影响,发现劳动生产率与经济密度之间存在显著的正向关系，劳动生产率对单位面积上产出和单位面积上就业的弹性分别为 11.8%和 16.2%。

中国集聚经济来源也引起了较多的争议。张昕和李廉水（2006，2007）利用中国城市制造业数据，发现地方化经济对城市劳动生产率的影响比城市化经济更重要，城市化经济对产业区域创新影响甚至为负。刘修岩（2009）利用工具变量法处理内生性问题后也得到了同样的结论。吴玉鸣（2007）对中国省域研发、知识溢出与区域创新的空间计量分析表明，地方化经济对区域创新活动呈现出显著的正相关，而城市化经济对区域创新的影响不显著。另一部分学者认为城市化经济的外部性更明显。李金滟和宋德勇（2008）基于中国地级市面板数据的研究表明集聚经济更多地来源于多样化而非专业化。傅十和与洪俊杰（2008）发现城市化经济和地方化经济是否发挥作用也取决于城市和企业特征。贺灿飞和潘峰华（2011）发现，专业化经济与多样性经济对增长率均呈现出非线性关系，但初始阶段专业化经济促进产业增长，一定阶段后阻碍产业增长；而多样化经济则相反，在初始阶段多样性经济阻碍产业增长，但一定阶段后促进了产业增长。

三、中国产业集聚影响因素

研究对中国产业集聚影响因素进行了探讨。例如，贺灿飞和潘峰华（2007）研究发现，农产品投入多的产业较分散，金属矿物投入多的产业较为集中。王业强和魏后凯（2007）发现劳动密集度和产业集中度显著负相关，认为传统的劳动力等比较优势是导致中国制造业地理集中下降的重要因素。路江涌和陶志刚（2006）也发现运输成本和自然禀赋是影响行业集聚的重要因素。贺灿飞和谢秀珍（2006）考虑劳动力、技术等传统要素与规模经济、产业联系等集聚经济因素，以及中国参与全球化程度等指标，发现比较优势、规模经济和经济全球化是决定中国制造业空间分布的显著因素，认为经济全球化实际上强化了中国的比较优势，而且是最重要的影响因素。卡廷等（Catin et al., 2005）对 1988~1997 年中国制造业地理分布的研究表明，对外开放程度显著影响中国产业地理分布；同时，高技术产业有进一步向沿海发达地区集中的趋势，而劳动力密集型产业则逐渐从沿海发达地区向次发达地区转移。

一些学者引用新经济地理来解释中国产业集聚。例如，金煜等（2006）运用新经济地理分析框架讨论了经济地理和经济政策等因素对中国工业集聚的影响，并利用 1987~2001 年省级面板数据研究了影响中国地区工业集聚的因素。他们发现：①经济开放促进了工业集聚，而经济开放又与地理和历史因素有关；②市场容量、城市化、基础设施的改善和政府作用的弱化也有利于工业集聚；③沿海地区具有工业集聚的地理优势。此外，政策也是导致工业集聚的重要因素。林理升和王晔倩（2006）基于新经济地理的框架，发现运输成本差异形成了制造业在沿海地区的集聚优势。黄玖立和李坤望（2006）发现传统比较优势理论和新经济地理都对中国产业分布都具有一定的解释力，例如地区自然资源禀赋以及市场规模都对产业集聚具有显著的影响。

在中国转型经济背景下，制度是影响产业集聚的重要因素。中国的经济转型可以概括为市场化、全球化以及分权化过程（He et al.，2008）。改革开放以来，中国产业就是在这种经济转型背景下实现空间重组。

首先，市场化程度对中国产业集群具有显著影响。从宏观角度看，中国的市场化进程为比较优势和集聚经济成为产业集聚驱动力创造了条件。贺灿飞等（2010）发现在市场化程度高的产业中，新经济地理因素才会对产业集聚具有显著的促进作用，中国改革开放具有时间和空间的渐进性，导致不同地区和不同产业的市场化程度存在显著的差异，进而影响不同地区和产业的空间集聚。

其次，较高程度的经济开放状态有利于产业集聚的培育和发展，对外开放和贸易自由化能够充分发挥中国的比较优势，扩大产业专业化。研究发现出口对中国制造业的空间集聚具有显著推动作用，大量外商直接投资进入中国也极大地促进了中国制造业地理集聚（He and Wang，2010；Ge，2009）。随着中国对外开放程度的深化，外资和对外贸易对中国产业布局的影响及产业集聚的推动作用变得更加强大与显著（冼国明和文东伟，2006）。贺灿飞和潘峰华（2007）发现利用外资和参与国际贸易程度高的产业更为集聚。外资进入对中国制造业的发展起了重要作用，并且成为中国制造业的重要组成部分。因此，外资企业自身的区位选择也对产业集聚产生重要影响。

最后，分权化改革也显著影响产业集聚。杨宝良（2005）在中国渐进式市场一体化的背景下研究了主要工业品的地理集聚状况，考察中央行政性分权以及地方政府自主权扩大所产生的影响，发现一方面发挥地方政府积极性和信息优势，推动市场发育，可以纠正一些计划时期对市场的扭曲；另一方面，地方政府对地方利益的追求和寻租的动机又可能导致资源的错误配置，从而在改革进程中造成新的扭曲。在中国的分权结构下，产生了地方政府的保护主义，对产业集聚形成了不利影响。有研究关注地方保护主义的影响，发现地方保护可能有利于产业专业化发展，并强调在中国特殊的制度环境下，不能用一般的市场逻辑分析产业区位（Batisse and Poncet，2004）。

贺灿飞和潘峰华（2007）分析了分权化与全球化对不同尺度下产业集聚的影响，发现利用外资和参与国际贸易有利于产业集聚，区域分权促使制造业分散布局，在省级层次尤为显著。集聚经济显著推动制造业地理集聚，但在县级层次更为重要。高技能劳动力比重较高和外部科研力量依赖性较强的产业则较为分散，产业联系没能促进中国产业的地理集聚，可能与地方保护和模仿性政策等反市场力量有关。经济转型引致的制度变化对于理解中国制造业地理格局非常重要。总之，在经济转型背景下，市场力量、全球化力量以及地方力量相互交织，共同影响中国产业区位。市场力量激励企业根据比较优势与集聚优势进行布局，从而推动产业的地理集聚，而参与经济全球化能够充分发挥中国比较优势，推动了中国产业在宏观层面的地理集聚。地方力量可能促进了宏观层面的产业分散，但在地方层面，地方政府各类产业园区和产业集聚区的建设则可能提升了产业集聚水平（贺灿飞和潘峰华，2011）。

四、中国产业集聚效应与选择效应研究

此外，少量文献研究了企业选择效应。傅江帆等（2013）发现，中国城市生产效率具有显著的集聚效应，但大城市的高生产率也源于低效企业被动挤出和高效企业主动进入。李晓萍等（2015）发现中国制造业产业集聚力量在时间上发生了变化，1999~2002年表现出显著的集聚效应，而2003~2007年表现出显著的挤出效应，且在东部发达地区的挤出效应更加显著，导致低效率企业倾向于选择中小城市来回避市场竞争，呈现出显著的选择效应。刘颖等（2016）进一步研究了不同效率企业区位的差异，发现生产率较高的企业倾向于选择科技研发水平高、市场潜力大、产业相对集聚、政策条件优惠的城市，生产率较低的工业企业更容易因城市高昂的要素成本和激烈的行业竞争，尤其是同行企业竞争而被挤出。以上研究的结果说明，现有文献忽视了选择效应的影响，一定程度上高估了产业集聚效应。

五、中国产业集群研究

中国学者对产业集群进行了较广泛的实证研究。王缉慈等（2001）将产业集群定义为弹性专精的中小企业在一定地域范围内形成的集聚。集聚植根于当地不断创新的社会文化并结成密集的合作网络。对于中国产业集群的研究关主要包括集群的形成动力、创新、发展以及中国特殊的制度文化背景对产业集群的影响。

大量研究探讨了中国产业集群的形成动力。首先，从新古典经济学视角出发，认为集群存在的最大动力是可以改善内部企业的供给与需求条件，完善区域内的资源配置，影响企业间的竞争合作关系，促进其完成协同演化，从而增强企业和区域的竞争力（梁琦，2004；卢彩梅和梁嘉骅，2009）。其次，基于交易成本理论解释中国产业集群形成的动力，如盖文启和朱华晟（2001）将中国产业集群形成的动力概括为交易成本降低，获

得外部经济,增强创新功能。何雄浪(2006)研究发现产业集群可以显著降低资产专用性所带来的不确定性风险,进而显著降低交易成本。仇保兴(1999)分析了中国东南沿海小企业集群的内在机制及外部条件,认为产业集群的组织结构介于市场化与层级化之间,企业可以利用信任关系和契约来形成联盟,进而获得更快的市场反应速度、弹性化的生产模式以及更低的生产成本,进而面对剧烈的市场变化。

研究探讨了集群的发展与创新行为,关注于东南沿海地区的出口型产业集群如何从大规模的标准化生产转变为个性化的高效弹性专精生产模式(王缉慈和刘譞,2009),如何从低技术的加工业升级为高技术的创新型集群,如何从代工模式(OEM)升级为拥有自主品牌的集群(OBM)(康志勇,2009)。研究发现集群的升级需要依托于集群内部属性如技术能力、创新能力、外向关联、社会资本和创新系统,以及企业间的组织结构和分工体系(张杰和刘东,2006)。研究还关注于全球价值链视角下的中国集群升级,发现价值链驱动类型、层级治理模式以及产业集群在全球生产网络中位置都会显著影响产业集群的升级能力与模式。

此外,研究探讨了中国特殊制度背景以及社会文化网络在产业集群形成和发展中的特殊作用。中国地方政府通过改善企业间关系、建立公共支持体系,辅助解决竞争加剧、市场失灵、社会缺位方面的问题,在集群的培育和发展过程中发挥了重要作用(傅京燕,2003;邱海雄和徐建华,2004)。政府对集群干预的具体手段包括促进投资、增加资本收益率、提供和完善各种服务、建设发展环境等,并且对于不同类型和发展阶段的集群有不同的管制模式(刘筱等,2006)。研究也发现地方文化对于集群的发展具有重要作用,在一定程度上可以替代契约,降低交易成本。基于信任的本地文化的组织结构是集群形成的深层原因,并且集聚与其环境条件可以相互促进,形成不断增强的演化系统。此外,部分学者以社会网络视角对中国产业集群进行了研究,发现集群中的社会网络属性,如联系强度、中心性、异质性以及网络中的信任强度等属性,将会显著影响内部企业在集群中的进入、国际化、创新、空间迁移等方面的决策(符正平,2004;周小虎和刘冰洁,2012)。

最后,也有研究对中国产业集群进行了反思,如仇保兴(1999)发现中国东南沿海小企业集群内部存在产品质量信息分布不对称性所致的"柠檬市场"效应,过度的内部竞争损害了企业效率从而导致集群退化的恶性循环。王缉慈(2005)对于大规模建设工业园区和对产业集群概念的滥用进行了反思,指出产业集群不仅要重视企业的地理邻近,更重要的是增强产业联系,因为错误的集群发展模式不利于地区产业的发展。

小　　结

产业集聚是经济地理学研究的重要领域。不同的学派对产业集聚现象都提出了独特的解释，古典及新古典区位论以成本最小化或利润最大化为目标，强调要素供给及市场需求对产业集聚的作用。新古典贸易理论强调要素禀赋的区际差异；新贸易理论引入外部规模经济；新经济地理则突出规模报酬递增、市场需求扩大效应以及循环累积效应等机制。而"新"新经济地理则强调企业的异质性及其空间选择过程中主动和被动的筛选效应，演化经济地理则从衍生和技术关联的视角解释集群的形成与发展。各类理论差异很大，但归根结底，无论基于哪种理论，集聚经济的微观基础不外乎共享、匹配以及学习。共享作为城市集聚经济的微观基础之一，主要是指聚集在城市中的企业共享不可分割的产品或设施，共享多样性和专业化带来的外部效应以及分担风险等；匹配主要是指大量的企业和人口聚集在城市中，可以显著提升上下游企业、企业与劳动力等相互作用双方之间的匹配质量、匹配机会以及匹配效率，从而降低等待成本；学习是指企业集聚在城市可以促进知识的创造、扩散和积累，从而降低生产与创新成本。

经济学和地理学都对集聚经济进行了广泛的实证研究，但是两者的研究范式具有明显的差别，二者的最新进展分别是"新"新经济地理学和演化经济地理学，都强调集聚的自我强化过程和基于企业行为的微观影响机制。但不同的是，"新"新经济地理学基于一般均衡模型，将企业空间集聚的源头归于某一外生的历史原因（Krugman，2011），无法解释产业集聚为什么发生在某一特定区域，而不是发生在其他区域（Martin，1999）。而演化经济地理学将经济活动空间分布视为一个历史进化过程，本地企业的衍生与创造导致经济活动在区位选择上存在着区域路径依赖性（李福柱，2011），为集聚的起源提供了解释。两种研究范式各有利弊、相互补充，二者的交互发展将是未来集聚经济研究的重要理论支撑。

从企业行为切入研究集聚经济的微观机制仍然是未来的研究重点，无论是经济学的产品异质理论还是地理学的产品空间理论，都在打开企业边界、剖析企业—产品层面的研究方向上崭露头角。产品异质理论是国际贸易理论的最新进展，在企业异质性理论基础上对多产品企业假定的贸易理论模型做出开创性贡献（Mayer et al.，2014）。虽然其研究发现仅限定在国际贸易领域，但像新贸易理论一样，对集聚经济研究也存在有价值的启示。产品空间理论是演化经济地理学的最新进展，它强调产品技术关联网络对企业或区域产业发展的引导作用。研究产品空间如何影响集群及其企业的产品演化是未来的发展方向之一。

经济学者和地理学者都承认制度对区域发展的重要作用（Gertler，2010；Rodriguez-Pose，2013），但无论是理论上还是实证研究中，对制度的研究还远远不够，尤其在处于经济转型阶段的中国。实证研究中通常把制度简化为一个影响因素，但制度也会被企业之间复杂的交互作用所塑造，与产业和区域共同演化，同时它又通过向下的作用力影响和限制集群企业行为。因此，我们需要一个动态演化的视角来理解制度，强调它对微观个体的重要作用（Hodgson，2009）和多尺度的相互作用，而不是仅仅将制度和企业行为之间的关系简单线性化。

参 考 文 献

[1] Amiti, M. (1999). Specialization patterns in Europe. *Weltwirtschaftliches Archiv*, 135(4): 573-593.

[2] Arimoto, Y., K. Nakajima, T. Okazaki (2009) Agglomeration or selection? The case of the Japanese silk-reeling industry, 1909-1916. *Tokyo, Japan: The Research Institute of Economy, Trade and Industry*. Discussion Paper, (10-E): 003.

[3] Au, C. C., J. V. Henderson (2006) Are Chinese cities too small? *The Review of Economic Studies*, 73(3): 549-576.

[4] Audretsch, D. B., M. P. Feldman (1996a) Innovative clusters and the industry life cycle. *Review of Industrial Organization*, 11(2): 253-273.

[5] Audretsch, D. B., M. P. Feldman (1996b) R&D spillovers and the geography of innovation and production. *The American Economic Review*, 86(3): 630-640.

[6] Baldwin, R. E., R. Forslid (2000) The core-periphery model and endogenous growth: stabilizing and destabilizing integration. *Economica*, 67(267): 307-324.

[7] Baldwin, R. E., T. Okubo (2006) Agglomeration, offshoring and heterogenous firms. *Social Science Electronic Publishing*.

[8] Balland, P. A., M. De Vaan, R. Boschma (2012) The dynamics of interfirm networks along the industry life cycle: the case of the global video game industry, 1987-2007. *Journal of Economic Geography*, 13(5): 741-765.

[9] Bathelt, H., A. Malmberg, P. Maskell (2004) Clusters and knowledge: local buzz, global pipelines and the process of knowledge creation. *Progress in Human Geography*, 28(1): 31-56.

[10] Batisse, C., S. Poncet (2004) Protectionism and industry location in Chinese provinces. *Journal of Chinese Economic and Business Studies*, 2(2): 133-154.

[11] Beaudry, C., A. Schiffauerova (2009) Who's right, Marshall or Jacobs? The localization versus urbanization debate. *Research Policy*, 38(2): 318-337.

[12] Behrens, K., G. Duranton, F. Robert-Nicoud (2014) Productive cities: sorting, selection, and agglomeration. *Journal of Political Economy*, 122(3): 507-553.

[13] Boschma, R., K. Frenken (2011) The emerging empirics of evolutionary economic geography. *Journal of Economic Geography*, 11(2): 295-307.

[14] Boschma, R. A., R. Wenting (2007) The spatial evolution of the British automobile industry: does location matter? *Industrial and Corporate Change*, 16(2): 213-238.

[15] Braunerhjelm, P., D. Johansson (2003) The determinants of spatial concentration: the manufacturing and service sectors in an international perspective. *Industry and Innovation*, 10(1): 41-63.

[16] Brülhart, M. (1998) Trading places: industrial specialization in the European Union. *Journal of Common Market Studies*, 36(3): 319-346.

[17] Brülhart, M. (2001) Evolving geographical concentration of European manufacturing industries. *Weltwirtschaftliches Archiv*, 137(2): 215-243.

[18] Brülhart, M., N. A. Mathys (2008) Sectoral agglomeration economies in a panel of European regions. *Regional Science and Urban Economics*, 38(4): 348-362.

[19] Brülhart, M., F. Sbergami (2009) Agglomeration and growth: cross-country evidence. *Journal of Urban Economics*, 65(1): 48-63.

[20] Buckley, P. J., L. J. Clegg, A. R. Cross, et al. (2007) The determinants of Chinese outward foreign direct investment. *Journal of International Business Studies*, 38(4): 499-518.

[21] Campi, M. T. C., A. S. Blasco, E. V. Marsal (2004) The location of new firms and the life cycle of industries. *Small Business Economics*, 22(3-4): 265-281.

[22] Capello, R. (1999) Spatial transfer of knowledge in high technology milieux: learning versus collective learning processes. *Regional Studies*, 33(4): 353-365.

[23] Carlino, G. A., S. Chatterjee, R. M. Hunt (2007) Urban density and the rate of invention. *Journal of Urban Economics*, 61(3): 389-419.

[24] Carlino, G., W. R. Kerr (2014) Agglomeration and innovation. *Handbook of Regional and Urban Economics*, 349.

[25] Catin, M., X. Luo, C. Van Huffel (2005) Openness, industrialization and geographic concentration of activities in China. The World Bank.

[26] Christaller, W. (1966) *Central Places in Southern Germany*. Prentice-Hall.

[27] Ciccone, A. (2002) Agglomeration effects in Europe. *European Economic Review*, 46(2): 213-227.

[28] Ciccone, A., R. E. Hall (1996) Productivity and the density of economic activity. *American Economic Review*, 86(1): 54-70.

[29] Clark, G. L. (1981) The employment relation and spatial division of labor: a hypothesis? *Annals of the Association of American Geographers*, 71(3): 412-424.

[30] Coe, D. T., E. Helpman (1995) International R&D spillovers. *European Economic Review*, 39(5): 859-887.

[31] Coleman, J. S. (1990) Commentary: social institutions and social theory. *American Sociological Review*, 55(3): 333-339.

[32] Combes, P. P., G. Duranton, L. Gobillon, et al. (2012a) The productivity advantages of large cities: distinguishing agglomeration from firm selection. *Econometrica*, 80(6): 2543-2594.

[33] Combes, P. P., G. Duranton, L. Gobillon, et al. (2012b) Sorting and local wage and skill distributions in France. *Regional Science and Urban Economics*, 42(6): 913-930.

[34] Davis, D. R., D. E. Weinstein (1999) Economic geography and regional production structure: an empirical investigation. *European Economic Review*, 43(2): 379-407.

[35] Díaz-Bautista, A. (2005) Agglomeration economies, growth and the new economic geography in Mexico. *EconoQuantum*, 1(2): 57-79.

[36] De Groot, H. L., J. Poot, M. J. Smit (2009) Agglomeration externalities, innovation and regional growth: theoretical perspectives and meta-analysis, 256-287. In Roberta, C., N. Peter(eds.), *Handbook of Regional Growth and Development Theories*. Edward Elgar.

[37] Deng, P. (2007) Investing for strategic resources and its rationale: the case of outward FDI from Chinese companies. *Business Horizons*, 50(1): 71-81.

[38] Dumais, G., G. Ellison, E. L. Glaeser (2002) Geographic concentration as a dynamic process. *The Review of Economics and Statistics*, 84(2): 193-204.

[39] Duranton, G., D. Puga (2001) Nursery cities: urban diversity, process innovation, and the life cycle of products. *American Economic Review*, 91(5): 1454-1477.

[40] Duranton, G., D. Puga (2004) Micro-foundations of urban agglomeration economies. *Handbook of Regional and Urban Economics*, 4: 2063-2117.

[41] Duranton, G., D. Puga (2005) From sectoral to functional urban specialisation. *Journal of Urban Economics*, 57(2): 343-370.

[42] Ellison, G., E. L. Glaeser (1994) Geographic concentration in U.S. manufacturing industries: a dartboard approach. *Journal of Political Economy*, 105(5): 889-927.

[43] Ellison, G. E. L. Glaeser (1999) The geographic concentration of industry: does natural advantage explain agglomeration? *The American Economic Review*, 89(2): 311-316.

[44] Essletzbichler, J., D. L. Rigby (2007) Exploring evolutionary economic geographies. *Journal of Economic Geography*, 7(5): 549-571.

[45] Feldman, M. P., D. B. Audretsch (1999) Innovation in cities: science-based diversity, specialization and localized competition. *European Economic Review*, 43(2): 409-429.

[46] Fogarty, M. S., G. A. Garofalo (1978) An exploration of the real productivity effects of cities. *The Review of Regional Studies*, 8(1): 65-82.

[47] Frenken, K., F. Van Oort, T. Verburg (2007) Related variety, unrelated variety and regional economic growth. *Regional Studies*, 41(5): 685-697.

[48] Fujita, M., J. F. Thisse (1996) Economics of agglomeration. *Journal of the Japanese and International Economies*, 10(4): 339-378.

[49] Fujita, M., J. F. Thisse (2003) Does geographical agglomeration foster economic growth? And who gains and loses from it? *The Japanese Economic Review*, 54(2): 121-145.

[50] Futagami, K., Y. Ohkusa (2003) The quality ladder and product variety: larger economies may not grow faster. *The Japanese Economic Review*, 54(3): 336-351.

[51] Gabszewicz, J. J., J. F. Thisse (1986) Spatial competition and the location of firms. *Fundamentals of Pure and Applied Economics*, 5: 1-71.

[52] Ge, Y. (2009) Globalization and industry agglomeration in China. *World Development*, 37(3): 550-559.

[53] Gereffi, G., J. Humphrey, T. Sturgeon (2005) The governance of global value chains. *Review of International Political Economy*, 12(1): 78-104.

[54] Gerlach, H., T. Rønde, K. Stahl (2009) Labor pooling in R&D intensive industries. *Journal of Urban Economics*, 65(1): 99-111.

[55] Gertler, M. S. (2010) Rules of the game: the place of institutions in regional economic change. *Regional Studies*, 44(1): 1-15.

[56] Giuliani, E., M. Bell (2005) The micro-determinants of meso-level learning and innovation: evidence from a Chilean wine cluster. *Research Policy*, 34(1): 47-68.

[57] Glaeser, E. L., H. D. Kallal, J. A. Scheinkman, et al. (1992) Growth in cities. *Journal of Political Economy*, 100(6): 1126-1152.

[58] Gordon, I. R., P. McCann (2000) Industrial clusters: complexes, agglomeration and/or social networks? *Urban Studies*, 37(3): 513-532.

[59] Granoetter, M. (1985) Acción económica y estructura social: el problema de la integración. *Diario Americano de la Sociología*, 91: 481-510.

[60] Guo, Q., C. He, D. Li (2016) Entrepreneurship in China: the role of localisation and urbanisation economies. *Urban Studies*, 53(12): 2584-2606.

[61] Haaland, J. I. M., H. J. Kind, K. H. Midelfart, et al. (1998) *What Determines the Economic Geography of Europe?* Norwegian School of Economics and Business Administration.

[62] Haaland, J. I., I. Wooton (1999) International competition for multinational investment. *The Scandinavian Journal of Economics*, 101(4): 631-649.

[63] Hamilton, F. I. (1974) *Spatial Perspectives on Industrial Organization and Decision-making*. John Wiley & Sons.

[64] Hanson, G. H. (1994) Regional adjustment to trade liberalization. *Nber Working Paper*s, 28(4): 419-444.

[65] Hanson, G. H. (2001) U.S.-Mexico integration and regional economies: evidence from border-city pairs. *Journal of Urban Economics*, 50(2): 259-287.

[66] Harrison, B. (1992) Industrial districts: old wine in new bottles? *Regional Studies*, 26: 469-483.

[67] Hartog, M., R. Boschma, M. Sotarauta (2012) The impact of related variety on regional employment growth in Finland 1993-2006: high-tech versus medium/low-tech. *Industry and Innovation*, 19(6): 459-476.

[68] He, C., F. Pan (2010) Economic transition, dynamic externalities and city-industry growth in China. *Urban Studies*, 47(1): 121-144.

[69] He, C., J. Wang (2010) Geographical agglomeration and co-agglomeration of foreign and domestic enterprises: a case study of Chinese manufacturing industries. *Post-Communist Economies*, 22(3): 323-343.

[70] He, C., Y. Wei, X. Xie (2008) Globalization, institutional change and industrial location: economic transition and industrial concentration in China. *Regional Studies*, 42(7): 923-945.

[71] He, C., S. Zhu (2007) Economic transition and industrial restructuring in China: structural convergence or divergence? *Post-communist Economies*, 19(3): 317-342.

[72] Helpman, E. (1985) Multinational corporations and trade structure. *The Review of Economic Studies*, 52(3): 443-457.

[73] Helsley, R. W., W. C. Strange (2002) Innovation and input sharing. *Journal of Urban Economics*, 51(1): 25-45.

[74] Henderson, J. V. (1986) Efficiency of resource usage and city size. *Journal of Urban Economics*, 19(1): 47-70.

[75] Henderson, J. V. (1997) Externalities and industrial development. *Journal of Urban Economics*, 42(3): 449-470.

[76] Henderson, J. V. (2003) Marshall's scale economies. *Journal of Urban Economics*, 53(1): 1-28.

[77] Henderson, J. V., A. Kuncoro, M. Turner (1995) Industrial development in cities. *Journal of Political Economy*, 103(5): 1067-1090.

[78] Henry, N., S. Pinch (2006). Knowledge and clusters. *Clusters and Globalisation: The Development of Urban and Regional Economies*, 114-132.

[79] Hodgson, G. M. (2009) Agency, institutions, and Darwinism in evolutionary economic geography. *Economic Geography*, 85(2): 167-173.

[80] Holmes, T. J. (1999) How industries migrate when agglomeration economies are important. *Journal of Urban Economics*, 45(2): 240-263.

[81] Holmes, T. J., J. J. Stevens (2002) Geographic concentration and establishment scale. *The Review of Economics and Statistics*, 84(4): 682-690.

[82] Hoover, E. M. (1937) *Location Theory and the Shoe Leather Industries*. Harvard University Press.

[83] Hotelling, H. (1929) Stability in competition. *The Economic Journal*, 39(153): 41-57.

[84] Isard, W. (1956) *Location and Space-economy*. M I T Press.

[85] Jacobs, J. (1969) *The Economy of Cities*. Random House.

[86] Jaffe, A. B., M. Trajtenberg, R. Henderson (1993) Geographic localization of knowledge spillovers as evidenced by patent citations. *The Quarterly Journal of Economics*, 108(3): 577-598.

[87] Johnson, P. S., D. G. Cathcart (1979) New manufacturing firms and regional development: some evidence from the Northern Region. *Regional Studies*, 13(3): 269-280.

[88] Kenney, M., U. Von Burg (1999) Technology, entrepreneurship and path dependence: industrial clustering in Silicon Valley and Route 128. *Industrial and Corporate Change*, 8(1): 67-103.

[89] Kim, S. (1999) Regions, resources, and economic geography: sources of US regional comparative advantage, 1880-1987. *Regional Science and Urban Economics*, 29(1): 1-32.

[90] Kim, Y., D. L. Barkley, M. S. Henry (2000) Industry characteristics linked to establishment concentrations in nonmetropolitan areas. *Journal of Regional Science*, 40(2): 234-259.

[91] Klepper, S. (2007) Disagreements, spinoffs, and the evolution of Detroit as the capital of the US automobile industry. *Management Science*, 53(4): 616-631.

[92] Klepper, S., S. Sleeper, (2005) Entry by spinoffs. *Management Science*, 51(8): 1291-1306.

[93] Knickerbocker, F. T. (1973) Oligopolistic reaction and multinational enterprise. *Thunderbird International Business Review*, 15(2): 7-9.

[94] Kobrin, S. J. (1987) Testing the bargaining hypothesis in the manufacturing sector in developing countries. *International Organization*, 41(4): 609-638.

[95] Krugman, P. (1980) Scale economies, product differentiation, and the pattern of trade. *The American Economic Review*, 70(5): 950-959.

[96] Krugman, P. (1991) Increasing returns and economic geography. *Journal of Political Economy*, 99(3): 483-499.

[97] Krugman, P. (2011) The new economic geography, now middle-aged. *Regional Studies*, 45(1): 1-7.

[98] Krugman, P., A. J. Venables (1995) Globalization and the inequality of nations. *The Quarterly Journal of*

Economics, 110(4): 857-880.

[99] Krumme, G. (1969) Toward a geography of enterprise. *Economic Geography*, 45(1): 30-40.

[100] Losch, A. (1954) *Economics of Location*. Yale University Press.

[101] Makino, S., T. Isobe, C. M. Chan (2004) Does country matter? *Strategic Management Journal*, 25(10): 1027-1043.

[102] Marshall, A. (1890) *Principles of Economics*. MacMillan.

[103] Martin, R. (1999) Critical survey. The new geographical turn in economics: some critical reflections. *Cambridge Journal of Economics*, 23(1): 65-91.

[104] Martin, P., G. I. Ottaviano (2001) Growth and agglomeration. *International Economic Review*, 42(4): 947-968.

[105] Martínez-Galarraga, J., E. Paluzie, J. Pons, et al. (2008) Agglomeration and labour productivity in Spain over the long term. *Cliometrica*, 2(3): 195.

[106] Maurel, F., B. Sédillot (1999) A measure of the geographic concentration in French manufacturing industries. *Regional Science and Urban Economics*, 29(5): 575-604.

[107] Mayer, T., M. J. Melitz, G. I. Ottaviano (2014) Market size, competition, and the product mix of exporters. *The American Economic Review*, 104(2): 495-536.

[108] Moomaw, R. L. (1981) Productivity and city size: a critique of the evidence. *The Quarterly Journal of Economics*, 96(4): 675-688.

[109] Melitz, M. J., G. I. Ottaviano (2008) Market size, trade, and productivity. *The Review of Economic Studies*, 75(1): 295-316.

[110] Nakamura, R. (1985) Agglomeration economies in urban manufacturing industries: a case of Japanese cities. *Journal of Urban Economics*, 17(1): 108-124.

[111] Neffke, F. M., M. Henning, R. Boschma (2011a) The impact of aging and technological relatedness on agglomeration externalities: a survival analysis. *Journal of Economic Geography*, 12(2): 485-517.

[112] Neffke, F., M. Henning, R. Boschma (2011b) How do regions diversify over time? Industry relatedness and the development of new growth paths in regions. *Economic Geography*, 87(3): 237-265.

[113] Neffke, F., M. Henning, R. Boschma, et al. (2011c) The dynamics of agglomeration externalities along the life cycle of industries. *Regional Studies*, 45(1): 49-65.

[114] Nelson, R. R., S. G. Winter (2009) *An Evolutionary Theory of Economic Change*. Harvard University Press.

[115] Nooteboom, B. (2000) *Learning and Innovation in Organizations and Economies*. OUP Oxford.

[116] Ohlin, B. (1933) *International and Interregional Trade*. Harvard Economic Studies.

[117] Okubo, T., P. M. Picard, J. F. Thisse (2010) The spatial selection of heterogeneous firms. *Journal of International Economics*, 82(2): 230-237.

[118] Okubo, T., E. Tomiura (2012) Industrial relocation policy, productivity and heterogeneous plants: evidence from Japan. *Regional Science and Urban Economics*, 42(1): 230-239.

[119] Olson, G., J. Olson (2003) Mitigating the effects of distance on collaborative intellectual work. *Economics of Innovation and New Technology*, 12(1): 27-42.

[120] Ottaviano, G. I. (2010) "New" new economic geography: firm heterogeneity and agglomeration economies. *Journal of Economic Geography*, 11(2): 231-240.

[121] Ottaviano, G. I., D. Puga (1998) Agglomeration in the global economy: a survey of the "new economic geography". *The World Economy*, 21(6): 707-731.

[122] Ottaviano, G., T. Tabuchi, J. F. Thisse (2002) Agglomeration and trade revisited. *International Economic Review*, 409-435.

[123] Paci, R., S. Usai (2000) Technological enclaves and industrial districts: an analysis of the regional distribution of innovative activity in Europe. *Regional Studies*, 34(2): 97-114.

[124] Paluzie, E., J. Pons, D. A. Tirado (2001) Regional integration and specialization patterns in Spain. *Regional Studies*, 35(4): 285-296.

[125] Pan, Z., F. Zhang (2002) Urban productivity in China. *Urban Studies*, 39(12): 2267-2281.

[126] Porter, M. E. (1990) The competitive advantage of nations. *Harvard Business Review*, 68(2): 73-93.

[127] Porter, M. E. (1998) Clusters and the new economics of competition. *Harvard Business Review*, 76(6): 77-90.

[128] Porter, M. E. (2003) The economic performance of regions. *Regional Studies*, 37(6-7): 549-578.

[129] Potter, A., H. D. Watts (2011) Evolutionary agglomeration theory: increasing returns, diminishing returns, and the industry life cycle. *Journal of Economic Geography*, 11(3): 417-455.

[130] Potter, A., H. D. Watts (2014) Revisiting Marshall's agglomeration economies: technological relatedness and the evolution of the Sheffield metals cluster. *Regional Studies*, 48(4): 603-623.

[131] Pred, A. R. (1967) Behaviour and location, foundations for a geographic and dynamic location theory. Part I. *Lund Studies in Geography*, (27): 128.

[132] Pred, A. R. (1969) *Behaviour and Location*. Gleerup.

[133] Puga, D. (1999) The rise and fall of regional inequalities. *European Economic Review*, 43(2): 303-334.

[134] Quatraro, F. (2010) Knowledge coherence, variety and economic growth: manufacturing evidence from Italian regions. *Research Policy*, 39(10): 1289-1302.

[135] Ricardo, D. (1817) *Principles of Political Economy and Taxation*. London: John Murray, Albemarle-street.

[136] Robertis, G. D. (2001) European integration and internal economic geography: the case of the Italian manufacturing industry 1971-1991. *The International Trade Journal*, 15(3): 345-371.

[137] Rodríguez-Pose, A. (2013) Do institutions matter for regional development? *Regional Studies*, 47(7): 1034-1047.

[138] Rosenthal, S. S., W. C. Strange (2004) Evidence on the nature and sources of agglomeration economies. *Handbook of Regional and Urban Economics*, 4: 2119-2171.

[139] Saito, H., M. Gopinath (2009) Plants' self-selection, agglomeration economies and regional productivity in Chile. *Journal of Economic Geography*, 9(4): 539-558.

[140] Saxenian, A. (1991) The origins and dynamics of production networks in Silicon Valley. *Research Policy*, 20(5): 423-437.

[141] Saxenian, A. (1996) Regional networks: industrial adaptation in Silicon Valley and Route 128. *Cityscape: A Journal of Policy Development and Research*, 4: 41-60.

[142] Scott, A. J. (1986) Industrial organization and location: division of labor, the firm, and spatial process. *Economic Geography*, 62(3): 215-231.

[143] Shaver, J. M., F. Flyer (2000) Agglomeration economies, firm heterogeneity, and foreign direct

[144] Shefer, D. (1973) Localization economies in SMSA'S: a production function analysis. *Journal of Regional Science*, 13(1): 55-64.

[145] Sjöberg, Ö., F. Sjöholm (2004) Trade liberalization and the geography of production: agglomeration, concentration, and dispersal in Indonesia's manufacturing industry. *Economic Geography*, 80(3): 287-310.

[146] Sorenson, O. (2003) Social networks and industrial geography. *Journal of Evolutionary Economics*, 13(5): 513-527.

[147] Stahl, K. (1987) Theories of urban business location. *Handbook of Regional and Urban Economics*, 2: 759-820.

[148] Sturgeon, T. J. (2002) Modular production networks: a new American model of industrial organization. *Industrial and Corporate Change*, 11(3): 451-496.

[149] Sutherland, D. (2009) Do China's "national team" business groups undertake strategic-asset-seeking OFDI? *Chinese Management Studies*, 3(1): 11-24.

[150] Sveikauskas, L., J. Gowdy, M. Funk (1988) Urban productivity: city size or industry size. *Journal of Regional Science*, 28(2): 185-202.

[151] Syverson, C. (2004) Market structure and productivity: a concrete example. *Journal of Political Economy*, 112(6): 1181-1222.

[152] Tabuchi, T., J. F. Thisse (2002) Taste heterogeneity, labor mobility and economic geography. *Journal of Development Economics*, 69(1): 155-177.

[153] Thünen, J. V. (1826) *Der isolierte Staat in Beziehung auf Landwirtschaft und Nationalokonomie*. Wiegant, Hempel & Parey.

[154] Venables, A. J. (1996) Equilibrium locations of vertically linked industries. *International Economic Review*, 341-359.

[155] Weber, A. (1929) *Theory of the Location of Industries*. University of Chicago Press.

[156] White, M. J. (1988) Location choice and commuting behavior in cities with decentralized employment. *Journal of Urban Economics*, 24(2): 129-152.

[157] Yeung, H. W. C., W. Liu, P. Dicken (2006) Transnational corporations and network effects of a local manufacturing cluster in mobile telecommunications equipment in China. *World Development*, 34(3): 520-540.

[158] 陈良文、杨开忠："我国区域经济差异变动的原因：一个要素流动和集聚经济的视角"，《当代经济科学》，2007年第3期，第35～42页。

[159] 范剑勇："市场一体化，地区专业化与产业集聚趋势——兼谈对地区差距的影响"，《中国社会科学》，2004年第6期，第39～51页。

[160] 范剑勇："产业集聚与地区间劳动生产率差异"，《经济研究》，2006年第11期，第72～81页。

[161] 傅江帆、贺灿飞、沈昊婧："中国城市生产效率差异——集聚效应还是企业选择效应？"，《城市发展研究》，2013年第4期，第47～54页。

[162] 傅京燕："中小企业集群的竞争优势及其决定因素"，《外国经济与管理》，2003年第3期，第29～34页。

[163] 傅十和、洪俊杰："企业规模、城市规模与集聚经济"，《经济研究》，2008年第11期，第112～

125页。

[164] 符正平：《中小企业集群生成机制研究》，中山大学出版社，2004年。

[165] 盖文启、朱华晟："产业的柔性集聚及其区域竞争力"，《经济理论与经济管理》，2001年第10期，第25~30页。

[166] 何雄浪："基于新兴古典经济学、交易成本经济学的产业集群演进机理探析"，《南开经济研究》，2006年第3期，第129~144页。

[167] 贺灿飞、潘峰华："产业地理集中、产业集聚与产业集群：测量与辨识"，《地理科学进展》，2007年第2期，第1~13页。

[168] 贺灿飞、潘峰华："中国制造业地理集聚的成因与趋势"，《南方经济》，2011年第6期，第38~52页。

[169] 贺灿飞、谢秀珍："中国制造业地理集中与省区专业化"，《地理学报》，2006年第2期，第212~222页。

[170] 贺灿飞、朱彦刚、朱晟君："产业特性、区域特征与中国制造业省区集聚"，《地理学报》，2010年第10期，第1218~1228页。

[171] 黄玖立、李坤望："对外贸易、地方保护和中国的产业布局"，《经济学（季刊）》，2006年第2期，第733~760页。

[172] 吉昱华、蔡跃洲、杨克泉："中国城市集聚效益实证分析"，《管理世界》，2004年第3期，第67~74页。

[173] 金煜、陈钊、陆铭："中国的地区工业集聚：经济地理、新经济地理与经济政策"，《经济研究》，2006年第4期，第79~89页。

[174] 康志勇："全球代工体系下我国地方产业集群升级研究——基于GVC与NVC的比较视角"，《科学学与科学技术管理》，2009年第10期，第66~72页。

[175] 李福柱："演化经济地理学的理论框架与研究范式：一个文献综述"，《经济地理》，2011年第12期，第1975~1980页。

[176] 李金滟、宋德勇："专业化，多样化与城市集聚经济——基于中国地级单位面板数据的实证研究"，《管理世界》，2008年第2期，第25~34页。

[177] 李晓萍、李平、吕大国等："经济集聚、选择效应与企业生产率"，《管理世界》，2015年第4期，第25~37页。

[178] 梁琦："中国制造业分工、地方专业化及其国际比较"，《世界经济》，2004年第12期，第32~40页。

[179] 林理升、王晔倩："运输成本、劳动力流动与制造业区域分布"，《经济研究》，2006年第11期，第115~125页。

[180] 刘筱、王铮、赵晶媛："政府在高技术产业集群中的作用——以深圳为例"，《科研管理》，2006年第4期，第36~43页。

[181] 刘修岩："集聚经济与劳动生产率：基于中国城市面板数据的实证研究"，《数量经济技术经济研究》，2009年第7期，第109~119页。

[182] 刘颖、郭琪、贺灿飞："城市区位条件与企业区位动态研究"，《地理研究》，2016年第7期，第1301~1313页。

[183] 卢彩梅、梁嘉骅："产业集群协同演化模型及案例分析——以中山小榄镇五金集群为例"，《中国软科学》，2009年第2期，第142~150+172页。

[184] 路江涌、陶志刚："中国制造业区域聚集及国际比较"，《经济研究》，2006年第3期，第103~114页。

[185] 罗勇、曹丽莉："中国制造业集聚程度变动趋势实证研究"，《经济研究》，2005年第8期，第106~115+127页。

[186] 仇保兴："发展小企业集群要避免的陷阱——过度竞争所致的'柠檬市场'"，《北京大学学报（哲学社会科学版）》，1999年第1期，第25~29页。

[187] 邱海雄、徐建牛："产业集群技术创新中的地方政府行为"，《管理世界》，2004年第10期，第36~46页。

[188] 孙晓华、柴玲玲："相关多样化、无关多样化与地区经济发展——基于中国282个地级市面板数据的实证研究"，《中国工业经济》，2012年第6期，第5~17页。

[189] 王缉慈："产业集群和工业园区发展中的企业邻近与集聚辨析"，《中国软科学》，2005年第12期，第91~98页。

[190] 王缉慈等：《创新的空间：企业集群与区域发展》，北京大学出版社，2001年。

[191] 王缉慈、刘䜣："经济危机背景下对我国专业化产业区的反思——重温意大利式产业区的价值"，《地域研究与开发》，2009年第3期，第1~6页。

[192] 王业强、魏后凯："产业特征、空间竞争与制造业地理集中——来自中国的经验证据"，《管理世界》，2007年第4期，第68~77页。

[193] 吴学花、杨蕙馨："中国制造业产业集聚的实证研究"，《中国工业经济》，2004年第10期，第36~43页。

[194] 吴玉鸣："县域经济增长集聚与差异：空间计量经济实证分析"《世界经济文汇》，2007年第2期，第37~57页。

[195] 冼国明、文东伟："FDI，地区专业化与产业集聚"，《管理世界》，2006年第12期，第18~31页。

[196] 杨宝良：《我国渐进式改革中的产业集聚与国际贸易》，复旦大学出版社，2005年。

[197] 张杰、刘东："我国地方产业集群的升级路径：基于组织分工架构的一个初步分析"，《中国工业经济》，2006年第5期，第48~55页。

[198] 张昕、李廉水："我国城市间制造业劳动生产率差异的解释"，《中国软科学》，2006年第9期，第105~110页。

[199] 张昕、李廉水："制造业聚集，知识溢出与区域创新绩效——以我国医药，电子及通讯设备制造业为例的实证研究"，《数量经济技术经济研究》，2007年第8期，第35~43页。

[200] 周小虎、刘冰洁："社会网络、产业集群竞争力与中小企业国际化"，《经济管理》，2012年第4期，第78~86页。

第十章 劳动力地理学

引　言

　　劳动力是具有劳动能力的人口，是经济活动的基本要素。早在18世纪，佩蒂（Petty，1769）就提出了"劳动是财富之父"的著名论断。之后，塞伊（Say，1803）也在《政治经济学概论》中明确将劳动定义为生产要素之一。随着时代的发展，科学技术日新月异，机器、电脑在很多方面取代了人工劳动，但是一些生产活动仍然需要劳动力的介入（Castree et al.，2004）。正如斯托伯和沃克（Storper and Walker，1989）所说："劳动力，作为生产中的重要因素……不可能被完全替代。"

　　在经济系统中，劳动力既是生产者，也是消费者；劳动力既具有经济属性，也具有社会文化属性。劳动力不纯粹是一种生产要素，他们是有意识、有感情的社会人。首先，他们在工作之外还涉及社会再生产，有着不可削减的需求，如健康、快乐、食物、住所、娱乐等（Castree et al.，2004）；其次，劳动力能发挥自身的能动性，为维持自身的生计、提升工作和生活条件而努力（Herod，1997；Cumbers et al.，2010；Katz，2004）；最后，劳动力是一个社会群体（Castree et al.，2004）。这些特殊属性重叠使劳动力成为诸多学科关注的话题，包括政治学、经济学和社会学等。劳动力地理差异性以及劳动力对经济地理景观的塑造使其成为经济地理学重要的研究对象。

　　经济地理学对劳动力问题的关注最早可追溯到19世纪的商业地理学时期。随着时代的发展和学术潮流的演替，经济地理学研究劳动力问题的视角经历了多次调整。在新古典经济地理学研究框架下，劳动力与土地、矿产等自然资源一样仅仅被看作一种影响企业布局的区位要素。20世纪70年代中后期，马克思主义政治经济学的引入给经济地理学者带来了更为广阔的阐释空间。这一时期的研究强调资本积累、劳动过程和社会关系生产机制，将区域产业重构与劳动力地理结合起来，如马西（Massey，1984）从劳动地域分工出发探索了产业区位与经济社会体系的关系。但是这些研究仍然将资本看作经济地理景观的主要塑造者，未能充分认识到劳动力在此过程中的能动作用。

直至 20 世纪 90 年代末，在赫罗德（Herod，1997）的大力倡导下，从劳动力视角考察资本主义经济地理的研究才得以正式确认，以此为核心思想的"劳工地理学"（labor geography）在一批著名学者的推动下蓬勃发展（Castree et al.，2004；Castree，2007；Coe and Jordhus-Lier，2011；Coe，2013）。20 世纪 80 年代以来，顺应社会制度和管制主义转向，劳动力市场成为经济地理学者关注的焦点（Martin，2000）。随着全球化的不断深入，劳动力迁移的相关研究也有了突破性进展。总体来说，劳动力地理学的发展受到各种学术思潮的影响，呈现出多元发展的态势。虽然劳动力地理研究关注的热点有所变化，但已形成的各个研究方向依旧不断推进，并未因学术思潮的更迭而停滞。即使在当今，劳动力成本（Barbosa et al.，2004）、人力资本（Cheng and Stough，2006）等因素对产业区位的影响也依然值得探索。

第一节　劳动力地理学发展脉络

经济地理学对劳动力的关注由来已久，随着学术思潮的演替更新和社会、经济、技术的发展变革，学者们不断调整对于劳动力问题的研究视角和方法，推动劳动力地理学蓬勃发展。回顾文献，劳动力地理学研究大致可以归纳为三个阶段，即新古典经济地理学阶段、激进经济地理学阶段和新经济地理学阶段（图 10-1）。

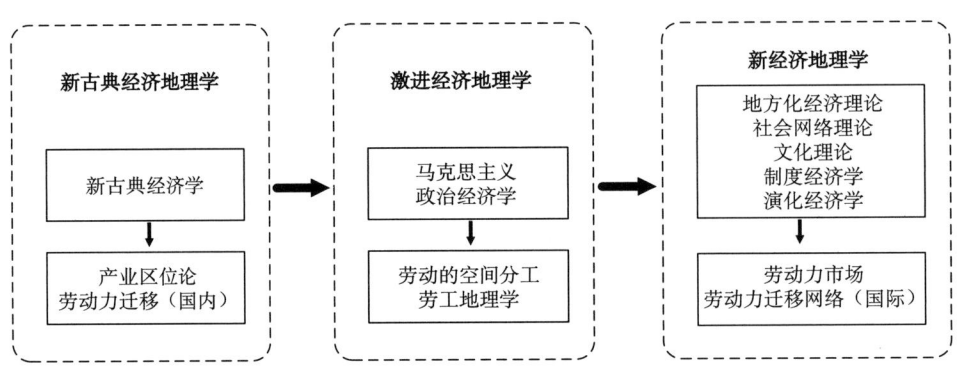

图 10-1　劳动力地理学发展脉络

一、新古典经济地理学视角

经济地理学关于劳动力问题的研究最早可以追溯到 19 世纪商业地理学。它是地理学中较为系统地探讨劳动力问题的分支学科，重点关注的内容包括劳动生产率、劳动力技能以及各殖民地劳动力的维持成本（金利霞和李郇，2013）。这一时期的研究主要服务于帝国主义的殖民掠夺，重在描述地理事实，没有形成明确的理论体系。

19 世纪后半叶，新古典经济学的发展对地理学理论体系的形成起到了非同寻常的作用。在个体主义方法论的基础上，雷文斯坦（Ravenstein）提出了著名的迁移规律，将个体作为分析单元，对英国国内的人口迁移进行研究。他的迁移理论今天仍然影响采用新古典经济学方法研究劳动力迁移的学者。20 世纪 70 年代中期之前，经济地理学视劳动力为一种区位要素，其"要素成本"因区位而异（Martin，2000）。在韦伯（Weber，1909）的工业区位论中，合理的企业布局便是在给定原料地、市场区位、市场规模和劳动力分布及价格的条件下选择生产成本最小化的区位。当由廉价劳动力带来的成本节约大于从运费最小化地点迁移带来的成本增加时，企业迁移就有利可图。尽管随着产业结构的演进和教育水平的提高，劳动力人力资本在企业区位选择过程中所起的作用逐渐得到关注，但新古典经济学思想影响下的经济地理学者无一例外地将劳动力抽象为一种影响企业区位决策的生产要素。新古典经济地理学视角下的劳动力基本上与土地、矿产等自然资源无异，只能通过影响资本家的区位选择来间接作用于资本主义经济地理景观。

二、激进经济地理学视角

20 世纪 70 年代以来，经济地理学受到社会学和政治学的影响，引入了马克思主义政治经济学的结构主义和历史唯物主义的框架，以激进经济地理学的姿态出现。这一时期的经济社会也发生着深刻的变革。第二次世界大战后资本主义发展的黄金时代逐渐结束，与福特主义危机相关的破坏性社会空间转型以及跨国公司为主导的新型国际劳动分工逐渐形成（Brenner and Keil，2014）。老工业区，例如美国的东北部制造业带、英国中部、德国鲁尔区等经历了工厂倒闭、失业率飞升、基础设施衰退等一系列危机，成为激进经济地理学者重点关注对象。

在马克思主义经济地理学的框架下，经济景观并非按照规律预先给定，而是通过资本主义生产关系不断地生产和再生产而成。这一时期研究极其依赖马克思主义政治经济学理论，强调资本积累、劳动过程和社会关系生产的机制，关注空间不均衡发展和劳动力空间分布。哈维是马克思主义经济地理学的代表人物，他认为资本主义危机是内生的，不可避免的，因此资本必须不断地寻找新的空间创造剩余价值，这个过程可能涉及老工业城市的再造，也会让资本主义体系不断把边缘地带纳入其核心体系，因此，全球化在这个过程中发挥了十分重要的作用。马西（Massey，1979，1984）在解释英国产业结构变化、区域发展不平衡等一系列问题时，提出了劳动地域分工的概念，认为资本在逐利过程中充分利用了地理要素的差异，生产变化会产生新的劳动力需求，从而形成新的区位，而重组后的劳动力景观又会进一步促进生产重构。所以，逐利资本与劳动力之间的不断更迭决定了产业区位。然而，这些研究都将资本视为空间不均衡发展的根本推手，劳动力只是作为资本家塑造经济地理景观时控制和剥削的对象。直至赫罗德（Herod，1997）提出"劳工地理学"的概念，这种分析视角才得以转变。劳工地理学认为，劳动力不仅是区位决定要素或是劳动交换价值，而是作为有感知力和能动性的社会人积极主动地塑造着资本主义经济地理景观（Herod，1997）。对劳工能动性作用的强调引来不少激进经济地理学者的响应，劳工地理学由此也作为经济地理学的一个分支不断发展（Castree，2007）。

三、新经济地理学视角

20世纪80年代，西方资本主义的发展对新概念和新理论的需求呼之欲出。资本主义已经从传统的产业资本主义转型到以服务业、知识、信息经济为主的发展模式。在经济全球化不断深化背景下，市场经历着去监管、自由化、文化产业兴起等一系列变化。这一轮资本主义发展的新模式也带动了经济地理学研究的概念、方法的更新。在这一时期没有主导的研究范式，呈现出多样化/异质性研究方法，主要包括文化转向、制度转向、关系转向以及演化转向等。

在此背景下，劳动力市场作为社会、制度及管制实践的重要场所，成为经济地理学者关注的热点（Martin，2000）。传统新古典理论中，劳动力市场仅仅受劳动力供需作用影响，存在于抽走历史和地理因素的真空之中（Reder，1989）。引入制度视角打破了这种过度简化的观点，把劳动力市场嵌入于政治、社会、经济、文化等制度背景之下，视为多重制度过程交织的产物。甚至认为劳动力市场本身就是社会经济现象，而非嵌入于社会经济背景或制度环境之中（Fleetwood，2011）。

与此同时，西方发达资本主义国家劳动力市场正在经历的剧烈变革，为劳动力市场研究提供了一个新的契机，推动了劳动力市场地理学的兴起。这些变革主要体现于以下四方面：①从大规模标准化生产转向弹性专业化生产，企业通过将劳动力分解为具有功能弹性的"核心"工人和具有数量弹性的"边缘"工人来提升生产率（Martin，2000）；②管制模式从凯恩斯福利国家转向熊彼特工作福利国家，从需求侧管理转向供给侧干预（Jessop，1993）；③服务业就业比例超过制造业，工作分化为全职的核心工作和多为兼职的边缘工作（Jessop，1991b）；④工会地位弱化，在劳资关系谈判中，跨国资本占有更大话语权（McBride，2000）。在全球化深入发展的背景下，劳动力迁移研究有了飞速的发展。首先，对劳动力迁移的研究在尺度上大幅度拓展；其次，对跨国迁移的人群也开始细分，不再把所有劳动力看作是同一类生产要素，例如，低技能和高素质劳动力的迁移行为和所产生的影响就会有很大的差异；最后，理论方法也有所突破，更多地从关系和空间的网络来考察劳动力的迁移。

第二节 劳动力与地方

一、地方中的劳动力

1. 从劳动力到人力资本

将人视为一种固定资本的思想最早可以追溯到佩蒂（Petty，1769），他首次尝试对人的经济价值进行估算。在他看来，劳动是"财富之父"，必须纳入国家财富的计算。亚当·斯密认为固定资本除了包括建筑、机器和土地改良之外，还应该包括所有居民或者社会成员后天习得的有用能力，这种能力的获取需要一定的费用。而这费用就像是固化于人的资本，就其高回报率而言，非常类似于其他形式的资本。在斯密看来，人力资本有两种来源：一种是在劳动分工准则下，劳动力通过加强专业化获得的经验；另一种是教育，既包括学校的正式教育，也包括学徒制的培养。也有一些学者将人本身看作资本。费雪（Fisher，1897）也认为人具有物质性，可以被占用，同时还有一定的用处，因此可以列入资本的范畴。

然而，大部分学者认为，无论是考虑人本身还是后天习得的技能或能力，都不应该将资本的概念应用于人。其中既有道德和哲学上的考虑，也有方便分析的原因。一方面，普遍存在的价值观念和信仰并不允许将奴隶以外的人看作资本品；另一方面，在边际生产率分析中，如果将劳动力看作一系列先天能力的总和而不考虑资本，处理起来比较方便（Schultz，1961）。例如，马歇尔就认为从抽象和数学的角度来看，人无疑属于资本，而在实际分析中，将人视为资本则会脱离市场（Marshall，1959）。虽然，在马歇尔是否重视人力资本概念的问题上存在一些争论（Blandy，1967；Kiker，1968），但人力资本概念未能得到足够的重视的情况可以归因于大多数经济学家接受马歇尔的资本概念（Savvides and Stengos，2009）。

20世纪中期之后，在西奥多·舒尔茨（Theodore Schultz）和加里·贝克尔（Gary Becker）的大力倡导下，人力资本理论才得以蓬勃发展。舒尔茨（Schultz，1961）反复强调人力资本在经济增长中的重要性，他认为"在经济增长研究中遗漏人力资本投资就像绕过马克思去谈苏联意识形态"。他还指出五种提高人力资本的途径：①医疗和保健；②在职培训；③正规教育；④非企业组织的成人学习项目；⑤个人和家庭为增加工作机会进行的迁移（Schultz，1961）。贝克尔（Becker，1962，1964）则从微观经济学出发，借助数学语言，为人力资本投资提供了一般性理论分析框架。贝克尔和奇西克（Becker and Chiswick，1966）一起将人力资本投资的概念融入收入分配理论中，假定每个人通过进行合适数量的人力资本投资最大化自己的经济福利，强调收入分配取决于投资分配和相应的回报率。随着时间推移，人力资本在经济增长过程中所起的作用受到了更多关注（Savvides and Stengos，2009）。索洛（Solow，1956）和斯旺（Swan，1956）首先在经济增长模型中考虑了人力资本的贡献。曼昆等（Mankiw et al.，1992）在索洛—斯旺模型的基础上进一步加入人力资本作为投入要素。卢卡斯（Lucas，1988）和罗默（Romer，1990）在其内生增长模型中系统性探讨了人力资本对经济增长作用。

2. 从劳动力到劳工

马克思主义地理学对劳工的概念化与马克思在《资本论》中发展的劳动价值论有关（Lier，2007）。马克思认为劳动力在资本主义生产中必不可少，劳动者和资本家通过雇佣关系相互依赖，劳动力可作为一种商品进行交换（Lier，2007）。尽管马克思主义地理学赋予了劳工特殊地位，但是此类研究往往并未注意到劳工在塑造资本主义地理过程中的积极作用。20世纪90年代后期，赫罗德（Herod，1997）首次提出了劳工地理学。在他看来，马克思主义经济地理与新古典范式一样，都在探讨劳工的空间分布如何影响资本家的决策过程进而影响资本主义的经济地理，只能称为劳动力地理学，而不能算作劳工地理学。相比之下，劳工地理学更为强调劳工能动性。劳工不仅仅是区位的决定要素或是劳动的交换价值，而是有感知力的社会人，能够有意或无意地塑造地理景观（Herod，1997）。

虽然赫罗德（Herod，1997）一再声明劳工是积极塑造资本主义地理的重要力量，但并未对劳工能动性展开解释。那么，究竟什么是劳工能动性呢？卡茨（Katz，2004）对于"韧性"（resilience）、"改造"（reworking）、"反抗"（resistance）实践的划分提供了一个很好的思路（Cumbers et al.，2010）。具体来说，"韧性"刻画了在现有生计无法维持的情况下帮助人们勉强度日、谋求新出路的一些措施（Cumbers et al.，2010），比如在入不敷出时求助亲朋好友;"改造"则涉及人们试图提升自己的生活条件,是关于权利关系再调整和资源再分配的尝试(Katz,2004),比如工会与企业谈判要求提高工资标准或提供更多的技能培训;而彻底的"反抗"则反映了人们试图重新控制劳动时间及其于社会生产和再生产领域的使用(Cumbers et al.,2010)。相比之下,"反抗"直接挑战了资本主义的社会关系,因而在现实生活中较为少见。

以上对于策略类型的划分大致勾勒出劳工能动性的轮廓。下面两个例子则有助于我们进一步理解这一概念。第一个例子来自赫罗德(Herod,1997)。20 世纪 50 年代之前,美国东海岸的码头工人与雇主的劳动合同是在单个港口基础上签订的。集装箱化大大改变了港口装卸行业的经济地理格局。引进这种新技术后,只有集装箱本身必须在码头装卸,劳动密集型的打包和拆包工作则可以转移到劳动力成本更低的内陆地区。纽约港的码头工人在装卸行业中拥有最高的工资,也最先面临集装箱化的威胁。起初,纽约港的码头工人试图通过强制施行各种工作保护协议来减少失业。但他们很快意识到只限于纽约港的工作保护协议注定走向失败,因为轮船运营商可以将货物运到其他港口。从 20 世纪 50 年代中期开始,码头工人工会努力将地方性的谈判体系扩展至整个海岸,试图形成使整个东海岸港口工资和许多工作条件均等化的总合同。最终,在 1977 年,工会终于迫使雇主接受了从缅因州(Maine)到德克萨斯州(Texas)34 个港口的工作保障计划,签订了整个海岸线的总合同。

在这个例子里,美国的码头工人采用了有益于自身的空间修复策略,有效维护了自己的生计,有意识地塑造了港口装卸行业的地理演化(Herod,1997)。在此过程中,谈判的地理尺度扩张对成功争取工人权益起到了非常重要的作用。在面对流动性更强的资本时,能动性策略的尺度升级是一个不错的选择。尤其是在全球化盛行的今天,跨国公司往往能够在全球范围搜寻合适的生产区位,加剧地方竞争,大大削弱了劳工和工会的谈判力量。即便某个地方的工人不接受公司的工作条款,也会有更多的其他地区愿意加入跨国公司的全球生产体系。在应对资本跨国流动的过程中,一些国际劳工组织发挥了重要作用,这其中既包括工会性质团体,如基于产业的国际产业联合会、世界工会联合会、国际自由工会联合会、世界劳工联合会等,也包括一些非工会团体,如国际劳工组织等。

在生产全球化的背景下,日益深化的分工协作以及紧密联系的生产网络同时也暴露出资本在地理上的脆弱性,某个生产环节的失误就可能引起整个系统的瘫痪。准时制生产方式(JIT)的引进更加剧了生产节点之间彼此依赖。从这个角度来说,地方性的劳工运动也可能牵制全球尺度的跨国公司。下面这个例子即展现了地方性罢工"牵一发而动全身"的图景(Herod,2000)。由于不满于通用汽车公司(GM)转变工作组织的计划及其未完成的工厂投资，1998年6月5日，美国密歇根州弗林特市（Flint）一家五金冲压厂的3 400名全美汽车工人联合会成员组织罢工行动。6月11日，弗林特市德尔菲汽车系统组件厂的5 800名成员也展开了罢工行动。对于GM公司来说，这两家工厂都很重要。第一家工厂用以生产北美市场最盈利的车型，第二家工厂则是GM公司在北美唯一制造许多关键组件的工厂。这两场罢工的影响迅速波及了整个公司结构。至6月中旬，公司在北美的几乎所有汽车装配操作都因缺乏零件而被迫停止。在争端高潮时，GM公司位于北美的27家装配工厂的193 517名工人被迫停工。GM下属公司的117家组件供应厂或停产或减产。这次事件同时也是美国历史上最"贵"的罢工之一，给GM公司同年的二、三季度分别带来11亿和12亿美元的税后损失。

上面两个例子不难看出劳工策略在地理上的灵活性，这种灵活性既可能体现在地方尺度，也可能体现在跨地方尺度。当然，更微观的工作场所尺度和社区尺度，或更广的全球尺度亦可能服务于劳工能动性。策略尺度的选择应视具体情况而定，在必要时，劳工和工会还可以采用多种尺度的组合甚至是尺度之间的变换来实现自己的目标，如第一个例子便展现了谈判尺度的升级过程。

正如科和约里胡斯-廖尔（Coe and Jordhus-Lier，2011）所说，"劳工能动性总是关系化的，从来都不完全是自发的。"劳工能动性并不是一个完全抽象的概念，而是在各种尺度空间上实实在在发生着的过程，与其他社会主体及一定制度背景有着千丝万缕的联系。能动性的实践和表达方式受到周围社会环境的深刻影响，需要置于其所"嵌入"的社会关系中去理解。具体来说，不同尺度的场所对劳工及其集体性组织具有重要意义，它们分别为全球生产网络、国家、劳动力市场中介、社区（Coe and Jordhus-Lier，2011）和工作场所（Hastings and MacKinnon，2017）。

总之，劳工也是积极塑造经济地理景观的一股重要力量，劳工能动性不容忽视，但这种能动性也受限于一定社会结构。因此，我们既要理解劳工能动性策略本身就是一种地理现象，也要认识到劳工能动作用的地理嵌入性。

二、劳动力与区位

1. 劳动力与产业区位

劳动力是生产活动的重要投入，产业区位选择离不开对劳动力因素的考虑。从古典区位论来看，劳动力主要通过成本影响产业区位。韦伯（Weber，1909）的工业区位论认为，劳动力成本作为影响所有工业的一般区位因子，能够使由运费最小化决定的工业区位格局发生偏移。当由廉价劳动力带来的成本节约大于从运费最小化地点迁移带来的成本增加时，劳动力费用指向占据主导地位。的确，对于追求利润最大化的资本家来说，低廉的劳动力成本具有显著的吸引力（Barbosa et al.，2004），一些外商甚至跨国挖掘这种成本优势（Barbosa et al.，2004）。中国之所以能成为"世界工厂"，其廉价的劳动力发挥了不可替代的作用（魏后凯等，2001）。而在中国内部的省区层面上，不少实证研究也发现了高劳动力成本对外资进入存在阻碍作用（Kim and Kim，2008）。

成本并不是劳动力的唯一"卖点"。马歇尔（Marshall，1920）在解释产业集聚时就曾指出劳动力技能匹配的重要意义。企业往往愿意投资在其所需技能类型劳动力丰富的地方，而劳动力自然也愿意去有很多需要他们技能企业的地方。产业集聚形成的劳动力"蓄水池"可以方便企业找到匹配的劳动力，而"一个孤立企业的所有者，即使拥有充足的一般劳动力供给，也常常由于缺乏某种特殊技能的劳动力而一筹莫展"。从事相同技术性劳动的工人彼此邻近同时还会带来知识溢出，"行业秘密不再是秘密，孩子们不知不觉地学到很多秘密"，"如果一个人产生某种新思想，其他人就会学习并融入自己的建议，从而形成进一步的新思路"（Marshall，1920）。的确，杜马伊斯等（Dumais et al.，1997）在研究20世纪70~90年代美国制造业企业的选址时发现，企业区位选择过程受到特定地区劳动力组合的主导，它们的区位倾向于靠近雇佣同种类型劳动力的其他企业。

随着教育、培训水平的提高以及地方产业结构的演进，劳动力质量亦即人力资本对产业区位的影响受到越来越多的关注。人力资本的概念不仅包含劳动力的技能，还包括劳动力的健康状况、受教育水平等。由于数据可得性等原因，多数关于人力资本的实证研究还是集中在受教育程度上。高素质劳动力除了自身可以直接作为生产投入外，还能通过促进技术创新和技术吸收为企业生产带来源源不断的活力（Benhabib and Spiegel，1994）。显然，企业往往更愿意布局于人力资本丰富的地区（Coughlin and Segev，2000；Cheng and Stough，2006；Alamá-Sabater et al.，2011）。即便是在中国这种依赖"人口红利"的国家，劳动力质量也会成为企业布局的重要考量标准（Cassidy and Andreosso-O'Callaghan，2006）。

劳动力成本与人力资本实际上是"一个硬币的两面"，企业在区位决策过程中，更多的是根据产业或职能的异质性在二者之间进行权衡。首先，劳动力成本，即工资，在某种程度上反映了劳动力人力资本水平（Basile et al.，2008）。工资越高，可能意味着劳动力的受教育程度或者技能越高，而高人力资本劳动力的知识创新及高生产率带来的高回报可能远大于高工资带来的成本增加额。如吉马莱斯等（Guimaraes et al.，2000）的研究发现，一旦控制了劳动力的受教育程度之后，劳动力成本对外企区位选择的正向作用大大减弱并不再显著。

其次，产业和职能也具有一定的异质性。一方面，不同产业对劳动力特征的需求存在差异。劳动密集型产业往往对劳动力成本更为敏感，这种类型的跨国公司往往在全球范围内搜寻廉价劳动力以降低生产成本，而技术密集型产业则更在乎劳动力的人力资本水平而非成本（Zucker et al.，1998）；另一方面，不同职能的企业对劳动力因素的考虑亦有不同，比如总部、研发、互联网数据中心职能的企业往往更为关注劳动力的能力、经验或技术水平，而呼叫中心、后勤职能的企业则可能对劳动力成本更为敏感，对人力资本水平却无太高要求。以信息技术产业为例，其生产过程涵括了不同的工序或阶段，知识密集型的研究设计生产阶段由于需要大量科技人员，往往倾向于高人力资本劳动力集中的区位；装配和测试生产阶段由于需要大量低技能劳动力，其区位选择更为灵活，劳动力成本仍然需要纳入考虑范围；处于中间生产阶段的先进制造业对劳动力数量需求较小，但与研究设计阶段的产品联系密切，故其区位往往邻近创新中心（闫小培，1996）。

最后，不同尺度下产业区位决策的关注点也可能存在差异。就外资而言，工资很可能对其在国家层面上的区位选择产生较大影响，而对其地方尺度上的区位选择并无影响。例如，工资可能是外资选择葡萄牙而不是欧共体其他国家的决定因素之一，但对选择葡萄牙的哪个城市并无影响（Guimaraes et al.，2000）。而受教育程度在较小尺度（例如县）上往往存在巨大差异（Woodward，1992）。

劳动力是一种特殊的生产要素，除了劳动力成本和人力资本水平以外，其在生产过程中展现出的能动性作用不可小觑。与分散的劳动力相比，工会作为一种相对成熟的集体组织具有更强的与企业和政府谈判的能力，对生产管理过程形成一定的约束。因而企业往往不愿进入工会化程度较高的地区（Bartik，1985），一些工会力量薄弱地区的政府甚至将此作为卖点吸引企业进入。

2. 劳动力与城市发展

产业升级是城市经济发展的源泉，而劳动力在地方产业升级过程中扮演着重要的角色。从劳动力成本的角度来说，地方劳动力成本的上升会迫使一些劳动密集型产业转移至劳动力成本相对较低的地区。这既"倒逼"了劳动力迁出地的产业转型升级，又拉动了劳动力迁入地的产业转型升级。对迁出地来说，劳动力成本上升会挤压劳动密集型产业的利润空间，促进资本、技术等生产要素替代劳动力要素，进而推动产业的转型升级（Hicks，1932）。这些转移的劳动密集型产业虽然对迁出地来说属于低技术、低利润的范畴，但是对承接地来说仍然具有技术学习价值且有利可图。在承接转移产业的过程中，承接地不仅能够吸纳大量劳动力就业，充分发挥自身的劳动力成本优势，还能吸收转移产业中蕴含的知识，利用转移产业带来的资本，实现自身的产业转型升级。

劳动力成本升高也意味着劳动者收入增加，劳动者收入条件的改善则会带动消费结构升级，从需求层面拉动地方产业结构转型升级。如 20 世纪 80 和 90 年代，不少香港企业为节约劳动力成本迁入珠三角地区，推动了珠三角经济的繁荣发展（Sit and Yang，1997）。然而，进入 21 世纪以来，面对珠三角地区劳动力成本上涨的压力以及政府政策的推动，一些迁入珠三角地区的香港企业再一次选择迁移（Liao and Chan，2011）。大多数企业迁往广东省内珠三角以外的地区，一些迁往中国中西部地区，还有少部分计划迁往越南。由于大部分的香港企业从事低技术产业，这种迁移行为给空间有限的珠三角腾挪出产业升级的位置，也给迁入地带去了良好的发展机遇，实现了两地的双赢。

然而，并非所有产业都对劳动力成本敏感，人力资本也是影响地方产业升级的因素之一。从生产角度来看，人力资本对技术创新和技术扩散均有促进作用（Benhabib and Spiegel，1994，2004），且更高的高技能劳动力比例暗示着更大的技能互补型技术的市场规模，能够引致更多此类技术的研发（Acemoglu，1998），因而人力资本能够为地方产业的转型升级提供技术支撑。与此同时，人力资本与物质资本之间存在互补性，人力资本丰富的城市自然能够吸引更多的物质资本投资（Acemoglu，1996），为地方产业的转型升级奠定物质基础。另外，人力资本的技术外溢效应也可进一步提高劳动力的生产率（Lucas，1988；Moretti，2004），使得技术密集型产业更为有利可图。

从消费角度来看，高学历或高技能劳动力往往具有高收入，而这种劳动力的增加会扩大对地方性商品和服务的消费需求，如医疗、教育、娱乐、餐饮、家政服务等（Kaplanis，2010；Winters，2013），这也可以从需求结构驱动供给结构的改变，促进地方服务业的发展，推动地方产业结构向后工业化演进。美国匹兹堡之所以没有像底特律那样走上衰败之路，人力资本起到了无可估量的作用。钢铁业曾是匹兹堡的支柱产业，在其支柱产业持续衰退的情况下，匹兹堡市政府同卡内基梅隆大学、匹兹堡大学、民间组织一起制定了"21 世纪发展战略"。以卡内基梅隆大学和匹兹堡大学为创新主体，发挥其学科专业优势，打造形成新的产业。而今其逐步兴起的机器人、医疗、生物技术、金融服务等产业成为带动匹兹堡新一轮城市发展的"火车头"。

劳动力成本的上涨在很大程度上反映了劳动生产率的提升，而这归根结底是人力资本在起作用。虽然劳动力成本较低的城市能够通过承接劳动密集型产业的转移而实现自身的产业升级，但这种劳动力成本优势难以为继。随着产业规模的不断扩大，地方劳动力需求的增加必然会导致劳动力成本的上升。如若没有足够的人力资本支撑产业的进一步转型升级，地方发展无疑将陷入困境。因此，从本质上来看，人力资本在促进地方产业转型升级，推动城市经济持续发展的过程中起着无法替代的作用。

人力资本对城市社会发展也具有重要推动作用。一方面，教育能够显著减少犯罪（Machin et al.，2011）。高人力资本劳动力可以为城市带来一个更为安全的环境。另一方面，教育可以提高公民参与程度（Milligan et al.，2004）。高人力资本劳动力由于具有更强的民主意识和参政议政能力，往往政治参与积极性更高且更容易在立法、规划方案征询和民主选举等过程中做出明智的决策，从而惠及整个城市发展。

3. 劳动力与区域不均衡

罗默（Romer，1990）曾说过："对增长来说重要的不是将很多人整合到经济中，而是将大量人力资本整合到经济中去。"既然人力资本是地方发展无可或缺的一环，那么人力资本在空间上的不均匀分布自然会导致区域不均衡发展。实际上，人力资本的空间分布的确极不均匀（McHenry，2014）。

反过来看，区域不均衡发展亦会导致人力资本的区域分布差异。首先，地方生产体系从根本上影响了地方人力资本水平。一方面，高人力资本劳动力在进行迁移决策时多少会考虑自身能力与地方经济专业化形式、劳动力需求之间的结构性匹配；另一方面，人力资本还可以通过获取集聚的外溢效应以及根据地方生产需要接受一定的教育和培训来内生创造（Storper and Scott，2009）。经济发达地区往往产业结构更为先进，对人力资本水平要求更高，能够为高人力资本劳动力提供更多的就业机会及更高的工资，因而更容易激励本地劳动力主动提升自身的人力资本水平并吸引高人力资本劳动力的进入。北京、上海、广州和深圳等集中了大量优秀企业，仅北京市的中国 500 强上榜企业就占到全中国 500 强企业营业收入的一半。优秀企业的行业结构也呈多元之态，为劳动者提供了广阔的就业平台和良好的职业前景，大批人才汇聚于此（钟业喜等，2017）。其次，随着经济发展，人们受教育程度的提高，城市舒适性对人才吸引力显著增强。这种舒适性来源很多，可能是某种自然条件，如怡人的气候（Glaeser，2005），也可能是诸如教育、安全之类的公共服务以及餐馆、剧院之类的消费性设施（Glaeser et al.，2001），甚至还可能是一种多元、开放的氛围（Florida，2002）。一般来说，越是发达地区，教育、医疗、安保等公共资源越为丰富，各种消费娱乐设施也越为齐全，越容易满足高端人才的生活质量要求。

发达地区往往还具有更高的社会开放度和文化包容性，这种洋溢多元氛围无疑能够招揽不同种族、不同国籍、不同性别、不同性取向的高端人才。硅谷就是一个很好的例子，1990 年其 1/3 的科学家和工程师出生于国外，到 1998 年，其 1/4 的科技企业由中国和印度的工程师运营（Saxenian，1999）。

因此，通常情况下，发展越好的地区越能够培育和吸引高端人才，实现自身人力资本水平的提升。而这又进一步促进了区域持续发展，区域发展又会再度引发人力资本水平的提升，由此循环累积，导致区域不平衡发展。当然，这并不是说缺乏人力资本的地区就永无"出头之日"。通过提供更好的公共服务、推崇多元包容的氛围等措施积极吸引人才，同时配合恰当的产业升级政策，落后地区还是有可能跳出"累积因果"窘境的。

第三节 劳动力市场地理学

一、劳动力市场变革

20世纪80年代后期以来，经济地理学对劳动力的关注重点再次发生改变，劳动力市场地理学成为关注焦点（Martin，2000）。这种研究兴趣兴起的一个重要原因便是发达国家劳动力市场所经历的剧烈变革。

发达国家的劳动力市场变革与其资本主义积累体制及管制模式的演变有着密切的联系。20世纪70年代中期开始，资本主义发展产生了阶段性的转变，支撑许多西方国家"二战"后经济繁荣的"福特主义"面临无法逆转的危机（Ash，1994）。"福特主义"这一术语的起源可追溯到20世纪20~30年代美国福特汽车厂开创的大批量生产方式和管理规则，20世纪50~60年代是"福特主义"发展的鼎盛阶段（Ash，1994）。在福特主义积累体系中，大批量生产构成了增长良性循环的基础：规模经济引发生产率的提高，生产率提高带来工资上涨并进一步导致大众需求的增加。能力的充分利用带来利润的增加并进一步导致投资的扩大从而实现大批量生产设备和技术的提升（Jessop，1991a）。与福特主义积累体制相对应的是凯恩斯福利国家管制模式，这种管制模式试图在一个相对封闭的国家经济体内通过需求侧管理促进充分就业，并通过福利权利和集体消费的新形式形成大规模消费的规范（Jessop，1993）。在这种背景下，福特制的劳动过程形成了浓重的泰勒主义色彩（Ash，1994；Martin，2000）。劳工去技能化是其重点特征，每个劳工不断重复简单工作，在特定时间内完成预先分配好的任务（Oberhauser，1990）。福特制劳动力市场中职位多为全职且多集中于制造业。鉴于其充分就业及福利保障的政策导向，劳动力容易组织成力量强大的工会，劳动力与资本之间构成高度正式化和对抗性关系（Martin，2000）。

不同于"福特主义"的大规模生产和大规模消费，"后福特主义"积累体系主要依靠弹性生产、范围经济带来的生产率提高，弹性技能劳动力和服务阶层的工资上涨、差异化收入带来的差异化产品和服务需求，技术提高和弹性能力利用带来的利润增加，对弹性生产设备、技术和新产品的再投资以及对范围经济的进一步推动构成增长良性循环的基础（Jessop，1992）。相应地，凯恩斯福利国家的管制模式也出现了向熊彼特工作福利国家管制模式转变的趋势，更为注重产品、过程、组织和市场的创新，试图通过供给侧干预来加强开放经济体的结构性竞争力，并大力推行旨在提高劳动力市场弹性和结构性竞争力的社会政策（Jessop，1993）。"后福特主义"体制下，去技能化的大量劳动力已不能满足弹性、专业化的生产方式，企业通过将劳动力分解为"核心""边缘"两类来获得生产率的提高。其中，核心工人具有功能弹性，边缘工人具有数量弹性（Martin，2000）。与此同时，"后福特主义"的就业结构也分化为全职的核心工作和多为兼职的边缘工作（Jessop，1991b）。服务业取代制造业，挑起了提供多数劳动力就业机会的重担（Martin，2000）。这些"后福特主义"的特征无疑弱化了工会的作用：具体可体现为工会密度的降低、国家工会组织权力的下放和分散化以及劳动力的极化（Jessop，1991b）。虽然对于是否已经进入"后福特主义"的稳定状态，以及"后福特主义"究竟是最终的解决方案还是暂时的过渡状态，一直存有较大的争议，这种"福特主义—后福特主义"的阶段性划分也在一定程度上显得过于武断。但是，不可否认，以上的分析给我们提供了一个理解西方发达国家"二战"后劳动力市场变革的有效背景。

与此同时，中国也发生着剧烈的变革。在1978年改革开放之前，中国并不存在劳动力市场，受单一的计划经济管理体制影响，城镇劳动力由政府通过"统包统配"的方式安排"终身制"就业，就业的调动受到严格的限制，国有部门是主要的就业渠道（李小瑛和赵忠，2012）。在此阶段的劳动报酬体系主要基于平均主义原则建立，晋升和加薪主要受工龄影响，劳动力工资较低，不过国企另外提供的一系列社会福利，如住房、医疗和养老金等，一定程度上补偿了较低的基本工资（Chen et al.，2005）。直至改革开放后向市场经济渐进转型的过程中，中国的劳动力市场才开始出现并逐渐发育（Démurger et al.，2009）。20世纪90年代初期之前的改革内容主要包括积极发展非公有制经济，培育市场竞争环境，同时扩大国企自主权，分享利润，激励国企的管理层和工人（Dong and Xu，2009）。20世纪90年代初期之后，国企的改革重点从决策权授予转向所有制及公司管理结构，改革策略分私有化和公司化两种，私有化的国企主要出售给民营企业家，公司化后的企业股权也并不一定完全国有，不过国家仍然是大部分公司化企业的主要股权持有人（Xu et al.，2005）。随着市场化进程不断推进，中国劳动力市场的资源配置方式愈发灵活，展现出由政府配置向市场配置的转变，通过非市场配置方式获得就业机会的比例急剧下降（罗楚亮，2012）。同样地，工资决定机制也表现出市场化的趋势，不过尽管私营企业的工资主要受市场力量驱动，但国企仍在一定程度上受政府力量左右，往往会提供更高的工资、福利及工作保障（Chen et al.，2005）。另外，雇佣关系也呈现出从单一、僵化、高稳定向多元、灵活、高流动演变的特征。1988年类终身雇佣关系几乎占据了整个中国劳动力市场，20世纪90年代初劳动合同制的引入打破了这一僵局，特别是在1995~2002年，短期、无合同等灵活雇佣形式在劳动力市场中的比例迅速增加（李小瑛和赵忠，2012）。

与经济转型过程相伴的还有中国户籍制度的松动。1958年1月全国人大常委会通过的《中华人民共和国户口登记条例》，正式确立了中国城乡统一的户籍制度。不同于其他国家的居住地登记制度，中国的户籍制度试图固定城乡的人口分布及劳动力配置，远超出通常意义上的维护治安和人口统计职能（王美艳和蔡昉，2008）。这一计划经济时期的政策产物在经济转型的大背景下弊端日显，很大程度上限制了城市化与工业化的协调发展。为了适应经济发展的需要，中国政府自20世纪80年代中期开始不断进行户籍制度的调整、改革，从严加限制农村向城市、集镇和集镇向城市的迁移，到允许农民自理口粮进集镇落户，到提供暂住证明的办理，再到允许满足条件的农村人口落户城镇……户籍管制的逐步松动为农民进城提供了前提条件，给城市劳动力市场注入了鲜活的血液。不过，户籍制度改革并非是一个全国统一的过程，不同类型城市的改革程度存在明显的差异。总体来说，小城镇、中等城市和特大城市的户籍制度改革力度依次降低（王美艳和蔡昉，2008）。尽管小城镇向广大农民敞开大门，但在大多数农民实际趋向的大城市，当地户籍仍然是他们难以企及的奢望（Song，2014），而这一纸户籍不仅将其置于城市福利体系之外（Chan and Buckingham，2008），还使其在劳动力市场中备受歧视（Lu and Song，2006）。

二、地方劳动力市场分割

纵观20世纪70年代之后的劳动力市场变革，无论是西方的"后福特主义"还是中国的"市场化"改革，都在将劳动力市场引向一个更富弹性、更为灵活、高度流动的发展方向，进一步推动了劳动力及工作的分化，加剧了劳动力市场分割。

劳动力市场分割理论起源于20世纪60年代末至70年代初（Harrison and Sum，1979）。不同于新古典视角下完全竞争的劳动力市场，劳动力市场分割观点认为劳动力市场是多个分割的子市场结合体，各个子市场拥有着不同的工作条件、晋升机会、工资和市场制度（Reich et al.，1973）。

劳动力市场的分割准则有很多，大致可归为劳动力需求和劳动力供给两方面。依据这些准则中的某项或多项，相关研究中将劳动力市场分割成两个或多个不同子市场。其中，最具影响力的是多林格和皮奥里（Doeringer and Piore，1971）提出的二元劳动力市场分割理论。在该理论中，劳动力市场根据工作特征的不同分割成主要劳动力市场和次要劳动力市场。主要劳动力市场的工作拥有高工资、好环境、就业稳定性、晋升机会以及秉持公平公正和正当程序原则的工作监管；反之，次要劳动力市场中的工作则往往工资低、附加福利少、工作条件差、员工流动率高、晋升机会少、工作监管武断专制且反复无常。"内部劳动力市场"在主要劳动力市场中非常普遍，但少见于次要劳动力市场，成为这两类劳动力市场之间的一个重要差异（Harrison and Sum，1979）。不同于传统经济理论中的竞争性"外部劳动力市场"，"内部劳动力市场"受到一系列的行政规则管控，这些规则给予已经身处内部市场中的劳动力一定的权利和特权，保护他们免受或减弱外部竞争的影响。

从供给角度来看，主要劳动力市场和次要劳动力市场之间的联系非常微弱，甚至不存在。主要劳动力市场的雇佣者主要通过分包和临时雇佣来实现两类市场间工作的转换（Doeringer and Piore，1971）。次要劳动力市场中弱势群体占有很大的比重，就业者多为少数民族劳动力、女性、青少年（Reich et al.，1973）。在之后的研究中，皮奥里（Piore，1975）又将主要劳动力市场分为上层和下层两部分。其中，下层部分的特征基本等同于主要劳动力市场，而上层部分则由专业工作和管理工作组成，相较于下层部分的工作，拥有更高的报酬和地位、更大的晋升机会以及和次要市场类似的高度流动性。与此同时，种族、性别等社会分异的存在进一步增加了劳动力市场分割的维度。在主要劳动力市场上层、主要劳动力市场下层以及次要劳动力市场的内部，不同性别或不同种族的劳动力往往面临不同的职业选择和工资回报机制（Reich et al.，1973）。随着劳动力市场分割理论的不断发展，关于劳动力市场分割动因的解释也愈发多元和深入（Peck，1996；Fine，1998）。最初的二元劳动力市场分割理论将劳动力市场分割归因于技术需要、产品市场以及产业结构（Fine，1998），对劳动力供给侧的解释较为简单。一般来说，主要劳动力市场的雇主往往市场势力强大，产品需求稳定，能够获得充足的利润，进而保证密集的投资和较高的工资。一方面，较高的工资使得劳动力倍加珍惜当前的工作；另一方面，密集投资导致的高额固定成本使得雇主也尽力确保工作的稳定性。反之，次要劳动力市场的雇主往往市场势力不足，产品需求易变，多依靠劳动密集型技术，所获利润较低，所能支付的工资水平和额外福利有限，导致雇员的流动性较高（Harrison and Sum，1979）。一些劳动力由于受到雇主歧视而进入次要劳动力市场，并在次要劳动力市场中沾染或强化那些与次要劳动力市场相关的行为特征，如不可靠，从而形成一种恶性反馈机制，使得部分劳动力深陷次要劳动力市场之中，难以逃脱（Piore，1970；Gordon，1972；Peck，1989）。

在激进的劳动力市场学者眼中，劳动力市场分割也可能是资本家企图控制劳动力及产品市场的策略表现（Reich et al.，1973）。一方面，为达到对劳动力"分而治之"的目的，垄断资本主义企业尝试通过强化等级控制、形成分割的内部劳动力市场，以及有意识地利用种族、性别、受教育程度甚至所入工会之间的差异，来破坏劳动力之间的团结；

另一方面，垄断企业控制产品市场的努力导致了产业结构的分化，进一步强化了前述的劳动力控制策略（Reich et al.，1973）。尽管激进的劳动力市场分割论考虑到更为广阔的历史进程，更多地聚焦于劳资冲突，但仍然与二元劳动力市场分割论存在不少相似之处，多将目光局限于劳动力市场的需求侧（Fine，1998）。

此后逐渐发展成熟的新一代劳动力市场分割理论清楚认识到已有理论的不足（Craig et al.，1985），在强调劳动力需求的基础上，进一步加深了供给侧动力机制的阐释（Rubery and Wilkinson，1981）。劳动力的一个特殊之处在于其在劳动力市场和社会结构中的双重身份。劳动力社会区隔一定程度上导致了劳动力市场分割，而劳动力市场分割反过来又强化了社会区隔，两种过程相互交织，彼此强化（Peck，1996；Bauder，2001）。比如，在父权社会中，"男主外，女主内"的观念深入人心，女性似乎生来就应该承担起更多的家庭责任（Mertes，1992）。这种不平等的家庭分工明显加重了她们工作之外的负担，将其排除于一些需要全身心投入的全职工作甚至是劳动力市场之外。而女性养育、照顾、支持他人的社会期待也将其局限于一些女性化的工作，如秘书、护士、保姆等（Auster，1996）。除了工作选择受到限制外，女性在劳动力市场中的工资回报也明显低于正常水平（Siphambe，2000）。反过来看，女性所承担的一些无薪工作或次等工作进一步强化了其在家庭和社会中所处的从属地位以及她们的工作预期，形成一种负向的反馈机制。另外，工会和职业联盟在维护集体组织内部劳动力工作机会和主导地位的同时（Fitch，2006），也不可避免地将其他一些工人置于不利境地，促成了劳动力之间的分化，加深了劳动力市场的分割。

新一代劳动力市场分割研究的另一亮点在于对政府角色的关注（Peck，1996）。作为劳动力市场管制者及雇主，政府对劳动力市场的影响不可小觑。通过提供福利体系、规定义务教育年限、限制劳动力流动性、引入劳动合同法等一系列措施，政府能够强烈影响劳动力市场分割。比如"福特主义"阶段之后的一些西方发达国家纷纷转向"工作福利"体系，强行增加了次要劳动力市场的供给（Peck and Theodore，2000），其去管制化的弹性劳动力市场政策非但没有带来新古典的竞争性劳动力市场，反而进一步加剧了不平等。

尽管愈发复杂的机制对劳动力市场分割现象的解释力不断提高，但地方劳动力市场的概念还是未能得到劳动力市场分割理论的重视（Peck，1996）。在派克（Peck，1996）看来，分割理论的一个惯用视角便是国家劳动力市场结构的历史发展。鉴于劳动力市场过程本身及其所嵌入的制度背景因地方而异，因此需要将地方性思维引入到劳动力市场分割的研究中。

参照劳动力市场分割理论，可以看出中国劳动力市场具有明显的分割性、不统一性和多层次性（李萍和刘灿，1999）。相比于其他国家，中国劳动力市场分割表现出独特的制度性分割特征（武中哲，2007）。一方面，改革开放后，中国走上了独具特色的社会主义市场化道路，在以国企为主的体制内单位组织中仍保留了一定的政府干预特征，形成了"体制内"和"体制外"两套不同的劳动力市场运行体系，从需求侧导致了劳动力市场的分割（李萍和刘灿，1999；武中哲，2007）；另一方面，中国严格的户籍制度又从供给侧强行将劳动力分为城市和农村两类（Chan and Buckingham，2008），致使后者同时处于社会经济和劳动力市场的底端。这些制度性分割相互交织，共同造就了中国独特的劳动力市场分割景观。

第四节 劳动力迁移

一、劳动力流动的理论模型

1. 地理学劳动力流动模型

（1）雷文斯坦迁移规律

雷文斯坦是最早提出迁移理论的学者，其迁移理论至今还影响着采用新古典范式研究劳动力迁移的学者。雷文斯坦（Ravenstein，1885）把个体作为分析单元，研究英国国内的人口迁移，发表文章"迁移规律"（"The laws of migration"），总结了七条规律：①距离对迁移存在影响；②迁移呈阶梯性；③"吸收"的过程是以"分散"为代价的；④每一股迁移流都会产生反向迁移流；⑤长距离迁移的移民通常会迁移到较大的商业和工业中心；⑥农村地区的人比城镇的人迁移地更多；⑦女性比男性迁移更频繁。

雷文斯坦总结的这些规律对于解释迁移，尤其是国际迁移，直到今天还有借鉴意义。首先，他认为经济因素会引起迁移，但是并不是唯一的驱动力。一些负面的社会因素也会引起迁移。其次，他对移民和迁移类型所进行的分类概念，在现今的迁移理论中能找到印记，例如他提出的"阶段性迁移"，可以看作是循环迁移的前身。它们都是指迁移并不是单向的流动，而是存在反向迁移流的。再次，他提到长距离迁移的移民通常会迁移到较大的商业和工业中心，这在20世纪末和21世纪初表现得尤为明显，弗雷（Frey，1998）提出的"移民门户城市"以及萨森（Sassen，1991）的"全球城市假说"也说明了迁移与经济充满活力的大城市之间的关系。最后，雷文斯坦通过观察发现，女性作为移民的角色不容忽视。女性比男性迁移频率更高，而且她们进入城市后所从事的工作其实并不是局限于家庭服务业，她们还能参与一些制造业的工作。雷文斯坦对女性移民的关注和强调十分可贵。在他之后的几百年间，大多数的迁移理论都忽视了女性在迁移中扮演的角色和经历。

（2）推—拉理论

李（Lee，1969）首次对劳动力迁移的推—拉观点进行较为详细阐述。推—拉理论认为，有一系列的因素将移民们从某一个地区"推"出去，而另外有一系列因素将移民们"拉"进另外一个地区。其中，推力因素可以是快速的人口增长、贫困、政治压迫、战争以及类似于资源枯竭等的"环境危机"；而拉力因素包括工作机会、"更好的"生活条件、医疗条件、政治自由等。在有些情况下，推、拉因素之间的边界是模糊的。比如，年轻移民寻求人生的"奇遇"，他们背后的推拉因素就交织在一起，比较难分清（Goss and Lindquist，1995）。

推拉因素依旧可以用来解释迁移，而且很多时候是用于解释从较贫困的地区迁往较富裕的地区（Hamilton et al.，2004）。尽管这一理论在主流学界日渐消退，但在解释迁移的驱动力时，它还是一项有力的工具。例如汉密尔顿等（Hamilton et al.，2004）研究法罗群岛（Faroe Islands，位于苏格兰和冰岛之间）周边水域鱼类资源的枯竭：在20世纪90年代早期，该地区的鱼类资源锐减，导致法罗群岛的国民生产总值减少了40%，失业率直线上升至25%，结果好多年纪较轻的人都"出走"了，其中包括有孩子的年轻人和大量女性。资源枯竭是一个相对直白的推力因素，但对其他推力因素的研究，例如战争，通常不能这么孤立地来看，而是需要与不同尺度上的文化、经济、政治以及社会等因素一起通盘考虑。例如，马勒（Mahler，1995）指出在20世纪80年代的萨尔瓦多内战结束后短期内，战争引发了就业机会的减少等情况，许多萨尔瓦多人迁移到美国纽约郊区的长岛。萨尔瓦多和美国通过一系列外交政策保持着联系，加上长岛有大量的低收入工作机会，从20世纪60年代开始，美国雇主就积极雇佣萨尔瓦多移民。经过多年的发展，萨尔瓦多移民在美国尤其是长岛地区已经形成了网络，并且不断吸引着更多的萨尔瓦多人迁移到长岛（Bailey et al.，2002）。看似战争是人们迁移的驱动因素，但事实上迁移是由迁出国和迁入国一系列同时发生的社会、政治、经济等事件共同引起的，交织在一起共同作用。尽管推—拉理论在解释迁移，尤其是现代社会中的迁移时，有一定的局限性，但是在新古典经济的方法中，推拉的概念依旧兴盛。

（3）泽林斯基迁移转型假说

美国人口地理学者泽林斯基（Zelinsky，1971）提出迁移转型假说，认为人口迁移与社会经济发展条件相关，也与人口出生率和死亡率密切相关。他主要从历史角度探讨了北美和欧洲人口迁移在不同历史时期所表现出来的特征，把人口迁移与"人口转型"理论结合起来，将人口迁移划分为五个阶段。

第一阶段是现代化前的传统社会时期：出生率和死亡率都很高；人口自然增长率低，迁移率很低；只有少数与传统实践相关的迁移。例如因为土地利用改变、经商或社交访问发生的迁移。

第二阶段是向工业社会转型初期：死亡率下降，人口迅速增加，出现了大量农村人口向城市迁移。在国内开拓边疆的殖民性迁移；迁往更吸引人的海外目的地；移民规模尽管小，但是产生的影响较大；移民的人群以具有特殊技能的工人为主；过程各异的循环流动增加。

第三阶段是向工业社会转型晚期：出生率持续下降，人们从农村向城市的迁移在持续，但不断减少；开拓边疆运动显著下降；向海外迁移的人口也在减少；人口的循环流动在进一步增加，但是呈现出的形式越来越复杂。

第四阶段是发达的后工业社会时期：死亡率和生育率都较低，从乡村向城市迁移的人口进一步减少；城市之间以及城市群内部出现了活跃的人口迁移；大量低技能的劳动力从欠发达国家迁往发达国家；国家之间高技能移民和专业人士的循环迁移增加；国内循环迁移显著增加，主要是受经济因素或舒适因素驱动。

第五阶段是高度发达的社会：通信技术和物流系统显著改善，导致居住性迁移减少，迁移更多是以循环的形式出现；大多数国内的迁移发生在城市之间或者城市内部；一些欠发达国家的低技能劳动力进一步向发达国家迁移；一些循环迁移在加速发生，甚至出现新的形式；会出现严格控制移民的政策。

泽林斯基模型突出的优点在于它把迁移与人口结构的变化、人口迁移的七种类型（农村—城市、城市之间、城市内部、开疆、迁出本国、迁入本国以及国内循环性迁移）以及社会经济发展五个阶段中会出现的各种事件结合起来。模型弊端在于它仅基于早期工业化国家的发展历史进行总结，对未来世界以及其他国家移民现象的解释存在较大的局限性（Champion，1989）。

2. 发展经济学人口迁移理论

（1）刘易斯二元结构模型

刘易斯（Lewis，1954）深入探索了在经济转型过程中，二元结构所发挥的作用，称为刘易斯模型。在这个模型中，经济部门分为现代部门和农业部门。劳动力在农业部门中数量充足，边际生产率为零；在现代部门中，劳动力边际生产率总为正。在两个部门中存在收入差异，因此农业部门的剩余劳动力就有迁往现代部门的动机。由于农业部门的劳动人口巨大，因此，有源源不断的劳动力从农业部门迁往现代部门，并且使得工资维持在最低水平。农业部门给现代部门无限制地供给劳动力，让现代部门的工资维持在较低的水平，保证了现代部门在较长的时期内能实现资本积累，直到最后达到经济转型

（Wang and Piesse，2013）。最终，农业部门的剩余劳动力会耗尽，劳动力工资也会上升，推高现代部门的工资，减少其收益水平，资本积累的速度放缓。当两个部门的劳动边际生产率差异消失，劳动能力转移停止，统一的劳动市场和经济体出现。在二元经济中，劳动力的无限供给解释了资本不断积累的过程，并为之后向一个同质经济体转型提供了基础。

刘易斯（Lewis，1954）还分别讨论了开放经济和封闭经济的情形。在开放经济模型中，假设其他国家有剩余劳动力，资本家就能通过鼓励移民或者将资本出口到那些在农业部门有充足劳动力的国家来避开现代部门工资上涨的拐点。开放经济模型在一定程度上可以解释国际贸易和人口迁移。尽管刘易斯二元经济模型是一个开创性视角，但是模型中的一些基本概念和微观机制还不太清晰，尤其是对于剩余劳动力的定义，两个部门中工资的决定机制以及两个部门之间劳动力流动的成因都缺乏详细、清晰的解释（Brown，2006）。

（2）拉尼斯—费景汉模型（Ranis-Fei Model）

拉尼斯和费景汉（Ranis and Fei，1961，1963）进一步发展了刘易斯模型。拉尼斯和费景汉模型强调刘易斯模型中所忽视的农业部门，而且拉尼斯—费景汉模型关注的是罗斯托增长阶段模型中的起飞阶段到持续增长阶段，同时关注在这一时期中技术对发展的影响（Choo，1971）。在拉尼斯—费景汉模型中，经济结构的转换包含三个阶段：第一阶段，农业部门中有大量剩余劳动力，边际生产率为零，因此劳动能力向现代部门转移并不会影响农业部门的生产；第二阶段，由于农业部门中劳动力减少，此时劳动力的边际生产率变为正值，由于农业部门依旧存在剩余劳动力，还会有劳动力向现代部门转移，但此时劳动力的进一步转移会提高农业部门劳动力的边际生产率，导致现代部门的相对劳动边际生产率下降，吸收劳动力的速度和规模都有所下降；第三阶段，农业部门的剩余劳动力转移结束，农业部门与现代部门的劳动力边际生产率持平，两个部门进入统一的市场。拉尼斯—费景汉模型在刘易斯模型基础上主要的改进是，强调农业部门劳动生产率是可以提高的，并且很重要，主要体现在农业部门不仅为现代部门提供剩余劳动力，还提供现代部门所需的原材料；资本积累和技术进步对扩大生产和经济发展起重要推动作用（Choo，1971）。该模型也存在缺陷，一些假设和推理与实际情况不符。例如，现代部门中不存在失业，而农业部门一定存在剩余劳动力；农业部门的剩余劳动力被现代部门完全吸收之前，现代部门的工资水平是保持不变的。

（3）乔根森模型（Jorgenson Model）

乔根森（Jorgenson，1961）尝试在新古典主义经济学的框架内探讨农业部门的发展如何推动现代部门增长。乔根森模型沿用了农业部门和现代部门的二元经济划分模式，有三个主要假设：第一，农业部门发展取决于自然资源和劳动力，不存在资本积累，现代部门的发展则取决于资本和劳动力；第二，农业部门和现代部门的产出都会在技术进步的推动下不断增长；第三，农业部门和现代部门的工资由技术进步率和资本累积率决定，并且呈上升趋势。乔根森模型否定了刘易斯模型中对于工资固定的假设，强调技术进步以及农业部门发展会不断提高部门边际产出。因此，乔根森模型的主要思想有两点：①农业部门的剩余是该部门产出增长超过人口增长极大值而产生的，农业部门的劳动力随着该部门剩余的增加而向现代部门转移，因为该部门没有资本积累；②农业部门剩余为现代部门的增长提供了原材料，同时现代部门的技术进步也会促进农业部门剩余的积累。

乔根森模型也留下一些争议点和模糊点：首先，没有对农业部门劳动力转移对该部门的技术进步以及现代部门的资本积累的影响进行分析；其次，技术进步和资本积累是决定农业部门和现代部门工资上升的观点也需要进一步探讨。

(4) 哈里斯—拓达罗模型（Harris-Todaro Model）

哈里斯—拓达罗模型是由拓达罗（Todaro，1969）、哈里斯和拓达罗（Harris and Todaro，1970）提出的，主要是用来解释在欠发达国家农村到城市人口流动现象。尽管欠发达国家城市的失业率很高，但是农村的劳动力依旧持续不断地向城市迁移。该模型论据较简单，即当正式部门工资固定在某一个远高于农业工资的水平，并且迁移的决策是基于预期收入的话，那么迁移到城市是理性的，即使迁移者也清楚迁移会遭遇较高概率的失业（Brueckner and Zenou，1999）。模型中最主要的三个假设是：第一，农村劳动力市场是完全竞争的，不存在剩余劳动力；第二，城市正式部门可以自由进入，但同时存在着失业；第三，城市和农村都使用资本和劳动力。模型具体机理如下：工业化发展初期，工业迅速发展使得城市就业增长率会超过人口自然增长率，而且城市平均工资也显著高于农村平均工资，在高就业率和高收入双重吸引之下，大量农村劳动力往城市流动；当人口机械增长率超过就业增长率，失业率增加，并且人口增加导致城市生活成本增加后，从农村向城市的迁移会受到抑制，直到城市就业率的增长与人口增长达到新的均衡。正式部门就业机会增加并不一定意味着城市失业率下降。最初的失业率下降、就业机会增长提高了城市的预期工资，这就会吸引更多的人从农村地区迁移到城市，城市人口不断增加，只有当人口数增加到能把城市失业率推高到原来的水平时，就再一次达到了平衡，这个结论是从静态模型中得到的。

之后有学者对哈里斯—拓达罗模型进行多样化的动态变换，得出的结论都更倾向于正式部门经济的增长实际上会增加失业率。总之，就业机会增加并不会带来失业率下降，这个现象被称为"拓达罗悖论"。很多学者对这一悖论进行了大量研究（Blomqvist，

1978)。在哈里斯—拓达罗模型中，正式部门中就业概率减少是调节迁移平衡的主要机制。当出现类似于工作数量或工资上涨这种扰动，导致城市对移民吸引力增加时，这种机制便会发挥作用。当城市人口扩张，城市中工作概率减少就能消除人们对预期的城市工资和农村工资之间的差异，限制了进一步的迁移。在真实的第三世界城市中，一些其他力量会紧跟着这一扰动让迁移恢复均衡。其中最重要的是城市人口增加会导致城市生活成本提升，这一影响最有可能通过土地市场的运作而发挥作用。当城市人口在正向扰动下增加时，土地价格升高，降低了所有城市居民的效用水平，不管他们是否有工作，都会受到影响。这种生活成本的增加缩减了留在农村的效用与迁移到城市的预期效用之间的差距，从而减少迁移，直至恢复均衡。哈里斯—拓达罗模型也存在一些缺陷。例如，它的隐含假设是农村剩余劳动力一旦迁移到城市就不会再发生迁移流动，但这与发展中国家的现实情况不符。

3. 其他劳动力迁移理论

（1）移民网络理论

社会网络在劳动力迁移中的重要性在20世纪80年代受到关注（Massey et al., 1987）。在这之前，人类学和社会学领域的学者也已经探讨了社会网络的重要性（Brettell and Hollifield, 2008）。移民网络研究放在"迁移系统"的研究范式中（Massey et al., 1987），这种范式主要是从迁出地与迁入地之间基于社会和网络的文化、经济、政治和社会联系的角度来考察迁移。

对于社会网络学者来说，迁移网络更像是"迁移链"，像一股纽带连接着迁出地和迁入地之间的当期移民、前期移民及非移民。这股纽带协调社会中结构化的力量与移民个人主观能动性之间的关系（Massey et al., 1993; Massey et al., 1999），也可以认为这股纽带连接了引发迁移的社会和个人因素（Goss and Lindquist, 1995）。而那些被称为"移民网络"（Massey et al., 1987）或者"以网络为媒介的迁移"（Wilson, 1993）中的网络，则包含了当地血缘和友情的纽带或者其他基于共同文化或族群感的网络。这两者都依赖于一定程度的相互信任。这两种社会网络都能够为移民提供食物、住所以及就业信息，同时还能提供医疗服务的信息以及情感上的支持。社会网络不仅为迁移提供了资金以及其他相关资源，而且在维持持续迁移上也发挥着重要的作用（Massey et al., 1993; Massey et al., 1999）。

（2）二元劳动力市场理论

二元劳动力市场理论可以追溯到皮奥里（Piore, 1979）。他认为驱动迁移的并非迁出国的"推动因素"，而主要是迁入国的"拉动因素"，尤其是较发达国家的二元劳动力市场。皮奥里（Piore, 1979）提出，二元劳动力市场由基本部门和次级部门组成。基本部门由当地居民主导，工作收入较高、较稳定，工作环境较好，并且有良好的晋升渠道。基本部门的雇主重视岗位培训，因此会增加解雇员工的成本和难度。相反，次级部门是由移民主导的，工作收入低而且不稳定，工作环境差，几乎没有任何晋升可能；雇主几乎不会对岗位培训有任何投入，因此解雇员工也就变得很容易。正是因为次级部门的工作收入低、条件差，很难吸引当地居民，雇主就雇佣移民来填补工作岗位。这些工作在移民到来之前就已经存在了。皮奥里（Piore，1979）能够有效地解释欧洲和美国的移民与劳动力市场，但对最初的移民和持续的移民解释力较弱。

（3）人力资本积累理论

舒尔茨（Schultz，1939）认为人力资本主要指凝聚在劳动者身上的知识、技能以及他们所表现出来的劳动能力，是现代经济增长的主要动力。舒尔茨系统地研究了人力资本形成的主要方式，并对教育投资收益率和教育对经济增长的作用做了定量研究，发现教育是人力资本中最重要的投资，并且这一投资对1929～1957年美国经济增长的贡献率高达33%。人力资本理论在新经济增长理论中也得到了广泛应用，主要代表人物是罗默和卢卡斯，他们强调人力资本存量和人力资本投资在内生性经济增长中发挥着重要作用，对推动欠发达经济向发达经济转变方面发挥着至关重要的作用。罗默（Romer，1990）把知识看作是独立于资本、劳动力之外的一种因素，并将其纳入生产函数，建立了内生经济增长模型。他将知识分为专业知识和一般知识。前者随着资本积累而增加，因为当资本积累增加时，生产规模扩大，分工进一步细化，工人能够从实践中习得更多的专业知识；后者则具有"溢出效应"，随着资本积累和生产规模扩大，知识也在企业之间扩散与流通，一般知识的这种外部性会增加整个社会的知识总量，这在一定程度上也可以解释发达国家与发展中国家经济发展水平扩大。

而卢卡斯（Lucas，1988）的人力资本积累增长模型则把每个人的固定时间分为两部分，一部分用于生产，另一部分则用于接受教育，即进行人力资本投资。人力资本投资既具有内部效应，也具有外部效应。内部效应使得人们自身从人力资本积累中获利，而外部效应则是指使得整个社会的生产要素的利用效率大为提高，弥补了物质资本的边际生产力递减。卢卡斯在模型中强调，劳动力从正规或非正规的途径接受教育所积累的人力资本，对于经济增长来说很重要。因此，这些移民从较落后地区迁往较发达地区，或者是从农村地区迁往城市地区的迁移现象可以解释为劳动力为了追求自身人力资本的积累。因为较发达地区和城市地区，既有较多的接受专业知识培训的渠道，也有更多接受到一般知识的机会，因此，这也会成为很多具有较强的自选择性迁移的因素之一（朱华晟等，2017）。

二、劳动力迁移实证研究

1. 劳动力迁移的空间特征

全球劳动力迁移体系在过去一百多年发生了巨大改变。在 20 世纪初期，欧洲是主要迁出地。大量欧洲人西进到美国，同时东进到西伯利亚和中亚地区。除此之外，还有其他的移民流。例如，一部分英国人迁移到澳大利亚，中国南方人迁移到东南亚国家。但总的来说，跨越大西洋迁移主导了全球迁移系统。一个多世纪以后，跨越太平洋迁移主导了全球迁移系统，主要是从亚洲向北美和澳大利亚的迁移以及从拉丁美洲向北美的迁移。欧洲不再是主要迁出地，而是成了非洲、亚洲和美洲移民的迁入地。在亚洲，几个最发达的经济体成为移民的主要目的地，其中包括日本、韩国、中国台湾、中国香港、新加坡和马来西亚以及西亚一些石油资源丰富的国家和地区。

全球迁移体系转变的重要基础之一就是城市化。城市化是人类社会的重要转型之一，以城市人口比重不断增加为标志。1900 年，发达国家的城市人口已经达到 30%，而发展中国家只有 9.1%（Bairoch，1988）；到 1950 年，发达国家城市人口比重增加到 52.5%，发展中国家为 17.9%（United Nations，2004）；到 2000 年，这两个比重分别增加至 73.9% 和 40.5%。这部分城市人口的增加，一部分是由人口自然增长引起的，更有将近 55% 是由人口迁移带来的（United Nations，2001）。

人口迁移的两大空间特征就是从农村向城市迁移以及从发展中国家向发达国家迁移。据估算，在 2000 年，大约有 1.75 亿人，约占世界人口的 3%（United Nations，2002），身处异国。在整个 20 世纪 90 年代，平均每年从发展中国家向发达国家净迁入人口 240 万（United Nations，2002）。然而，实际的移民数应该远大于这个净迁入人数。全球化在改变国际劳动分工的同时，加快了人口的空间流动（Massey，1988），信息技术的进步也使得劳动力更易于获取跨国就业信息（Tyner，1998）。

国内与国际迁移在某种程度上是可以串联的。大城市是这两段迁移的连接点：乡村移民迁移到城市地区，在城市工作的过程中，他们获得海外就业的信息，并且大城市也为他们提供了办理出国相关手续的机构和交通条件，让他们进一步踏上出国就业的道路。大城市就像这些移民的中转站，他们来自不同农村或小城镇，又经由这些城市前往不同海外目的地。萨森（Sassen，1998）通过研究在美国打工的加勒比海移民，发现了这种迁移的阶梯过程。资本在全球逐利流动的过程中流向了欠发达国家，在城市以及城市周边进行生产活动，形成出口加工区，不断吸引着农村地区廉价、无经验的劳动力至此工作。一旦劳动力因为经验和技能提高而导致成本升高以后，他们就会面临失业的风险，这部分"不甘心"被迫失业的劳动力就会迁移到发达国家工作。类似的过程在泰国等一些亚洲国家也出现（Wong，2000）。除了这种阶梯性模式外，还有些曾作为殖民地存在的发展中国家，会出现劳动力直接从农村地区输出到发达国家的情形，例如斯里兰卡（Gunatilleke，1995）和孟加拉国（Gardner，1995）。在这种直接输出的模式中，跨国公司，尤其是劳工中介/经纪人，扮演了重要的角色，他们在海外目的地与本国的小村镇之间牵线搭桥。

2. 劳动力迁移动机及其影响因素

雷文斯坦认为，由工业化和城市化交织形成的经济发展是导致移民的主要驱动力。地理学者一直在探索经济驱动力和个人特征对劳动力迁移决定的影响。早期在解释劳动力迁移决定时，会考虑人们从当地获得的效用，人们会权衡所在地和潜在迁入地之间的效用，以此来决定是否迁移（Brown and Moore，1970）。当潜在迁入地的预期效用与目前所在地效用的差值达到某个门槛值的时候，人们就会做出迁移的决定。效用中一个关键成分就是劳动力市场。劳里（Lowry，1966）迁移模型认为，就业和薪资相对水平会主导迁移；人们会从薪资较低、失业率较高的地方迁往薪资较高、失业率较低的地方。之后，有大量的实证研究在验证这一模型（Greenwood et al.，1991）。这些研究探索了不同人群对不同劳动力市场的响应；同时，将人力资本理论逐渐引入到研究中（Clark and Ballard，1981）。

另一些研究将地点或区位看作是限制迁移的因素。人们在其居住地建立起一定的社会关系网络，这些社会关系会因为他们的搬迁而丢失。特定区位的社会资本对于那些基于本地客户群的工作来说最为重要。迁移就意味着牺牲多年培育起来的地方性资源（Ladinsky，1967）。而且，一些地方性的进入许可要求会进一步提升迁移限制，迫使某些行业的劳动力只能迁往那些和当地有互惠许可协议的地方（Pashigian，1979）。因此，迁移不仅受当地的劳动市场和人力资本影响，某些行业还会受到地方性特定关系的影响。

尽管经济力量在大多数迁移理论框架中依旧是核心驱动力，但是相关研究也在逐渐纳入其他迁移动机。例如影响区域效用的要素在不断扩充，包括地方文化、环境等其他一系列能影响人们是否想在当地生活的要素，这些要素绝大部分可以归为"环境舒适度"。当人们面对若干个同样存在着经济机会的目的地时，他们会选择环境更舒适的地方（Nelson and Nelson，2011）。例如，莫里森和克拉克（Morrison and Clark，2011）发现，美国境内的劳动力迁移更关注其他要素，尤其是舒适度。

佛罗里达（Florida，2012）关于创意阶层的研究把环境舒适度为导向的迁移引向了另一个层次。他认为有创意人才选择居住地时主要考虑环境舒适度。人才在某地不断聚集会吸引更多资本，产生创新，进而推动当地发展。技术人才迁入是地方经济增长的驱动力,而不是对经济增长的响应。技术人才迁移的供给侧观点也受到了挑战。例如,斯科特(Scott,2010)发现工程师们的迁移就是对工程类就业机会在空间上变化的响应,而不是受到那些吸引创造性人才的舒适环境引导。总的来说,在劳动力迁移研究中,需求侧解释更多、更受青睐。

3. 中国劳动力迁移研究

中国的改革开放带来了经济飞速发展,其中劳动力流动管制的放松功不可没。大量涌入工厂和城市的农村剩余劳动力在很大程度上助推了中国的工业化与城市化。从20世纪90年代中期到2005年,流动人口的数量翻倍,平均每年增长的人数为500万人左右。预测到2025年,流动人口会增加到2.5亿,占中国总人口的17%(United Nations,2007)。在流动人口中,80%以上是农民工,而且多是迁往东部大中城市(Fan,2008)。

外出打工在中国农村几乎已经成为一种约定俗成的生活方式。因为外出打工是缓解农业剩余劳动力的重要途径(Wang and Fan,2006)。至于一部分返乡的人,主要是由于家庭需要或者难以在城市找到工作,几乎没有人是因为农村经济吸引而返乡(Fan,2008)。农民外出打工出现了代际之间的传递,为城市源源不断地输送劳动力,在一定程度上抑制了农民工工资增长(邱子邑等,2004)。

中国劳动力流动还有循环流动的特点。一种是在迁出地与打工地之间的循环;另一种是在不同的打工地之间的循环;而这两种循环通常会同时发生(Fan,2008)。大多数农民工返乡都是季节性的,主要集中在三个时间节点:春节、播种季节和收获季节。但后两个时间节点的返乡流随着务农的农民大幅度减少而相应减少。由于农民工的工作都是低技术、临时性的,在打工地也不太可能享受当地的社会福利,因此,工作所能带来的经济利益是他们在不同打工地点之间循环的主要驱动力(简新华和张建伟,2005)。因此,通过迁移和循环流动,中国农村人口充分挖掘城市和农村资源,努力实现自身利益的最大化。

中国劳动力迁移的这两大特征在很大程度上还要归因于中国户籍制度。中国户籍制度是计划经济的遗留物,尽管它已经不再把人们限制在户口所在地,允许他们自由迁移,但是它却依旧把人们能享受的社会福利牢牢地绑定在户口所在地(Chan and Buckingham,2008)。在目前户籍制度下,想要更改户籍也是一件难事。因此,绝大多数农民工尽管对中国城市化和工业化做出了很大的贡献,但是他们几乎不可能在城市长期定居,因为他们无法将他们的户籍从农村更改为城市。因此,户籍制度让这部分农民工成了流动人口(Zhu,2007)。户籍制度让农民工在城市分隔的劳动力市场上处于不利的地位。户籍制度带给农民工的负面影响很可能会让城市的有效劳动力缩减,阻碍进一步的工业化和城市化。

但是，这也并不是意味着取消户籍制度就能解决所有问题。中国人口规模巨大，农村人口占了很大比重。在资源依旧不充裕的情况下，户籍制度还是有它存在的必要性，并且可以预见它还会继续存在（Chan and Buckingham，2008）。但是政府可以采取一些措施，改善农民工的处境，例如提高农民工人力资本，改善农村的社会基础设施与经济基础设施；采取一些有力措施让农民工能够融入城市社会经济生活（Fan，2008）。早在"十一五"规划期间，中央就号召大家关注农村的发展，强调对农民工的社会保护，但是却没有给出实现这些目标的具体措施，因此收效甚微。迁移并不是问题所在，相反，恰恰是迁移让我们去检验、正视并解决世界不平等问题。在中国，沿海与内陆、城乡之间、男女之间长期存在着不平等，也许这些不平等才是问题实质所在。人口迁移流动反映了地区之间经济发展的不平等与劳动力的供求关系。迁移人口流动性、灵活性以及他们所具备的能力和毅力满足了迁入地对劳动力的需求（Fan，2008）。因此，在研究中国劳动力迁移的问题时，一个最核心的问题是如何在满足城市化和工业化对农村劳动力的需求的同时，保障农村劳动力应有的社会权益。

第五节　全球化背景下劳动力地理学

一、全球化背景下劳动力迁移动力的变化

经济全球化推动了全球劳动分工，信息与交通技术进步为信息、货物和劳动力流动提供了快速通道（Tyner，1998）。两者的结合加速了劳动力在全球范围内的流动（Massey，1988）。人口迁入新的国家与当地的政治、经济、社会和文化形成系统的联系，但同时也保留着与母国的联系（Beaverstock，1991），形成独特的跨国社区。学者们对全球移民的动机、对迁入迁出地的影响等进行了大量研究（Schiller et al.，1992）。与人类学和社会学对全球化进程中劳动力迁移现象的关注点不同，地理学者的关注更多地聚焦在高技术人才与精英阶层的跨国迁移。高技术人才与精英阶层的流动国家与地区的生产和创新活力密切联系（Beaverstock and Hall，2012），其迁移的方向以世界城市为主（Beaverstock，1991；Beaverstock and Hall，2012），他们的迁移也形成了跨国社区在东道国和母国之间的纽带，促进了共赢发展。

二、精英阶层的跨国流动及其影响

精英阶层主要是指在才能、经济或社会地位上有着较高地位的人，在跨国流动研究中，以具有较高技能和专业能力的人为主要研究对象，又称高素质人才。对精英阶层跨国流动的研究始于 20 世纪 60 年代中期的英国，当时英国有大量的高素质人才迁移到了美国，因此英国出现了对"人才流失"的恐慌。从 20 世纪 80 年代开始，随着全球化的发展和深入，经济组织形式的改变，尤其是跨国公司的出现，精英阶层的跨国流动开始变得越来越普遍（Plane and Rogerson，1994）。实证研究证明高素质人才的跨国流动能对母国和迁入国都会产生独特的影响（Dustmann et al.，2008）。

对于高素质移民所产生影响的研究首先集中在高素质移民与创新之间的联系（Kerr，2013）；其次是针对高素质移民企业家的研究，例如对"跨国企业家"、创业公司创业团队的研究（Acs and Szerb，2007；Saxenian and Sabel，2008；Kerr，2013）。部分学者研究高素质移民如何影响当地城市生活与经济发展（Card，2010）。

精英国际迁移对迁入国经济活动具有重要影响（Agrawal and Kapur，2008）。他们可以通过国际网络传播扩散新知识和创新。复杂的全球生产链也意味着较高的交易和管理成本（Mudambi，2008），而精英移民可以作为中间人帮助企业进入新的市场，协调复杂的商务活动（Saxenian and Sabel，2008）；高素质移民和当地人在生产上的互补性可以提高资本的回报率，产生更高的储蓄率，吸引更多外商直接投资（Chiswick，2005）。所有这些渠道都有助于提高迁入国的生产率和竞争力（Hanson，2012）。

上述研究主要从供给角度考察精英移民所带来的影响。一些学者从需求角度考察了精英移民的影响，但结论并不清晰，只是有可能会抬高当地非弹性供给商品的价格，例如住房、公共服务等（Ottaviano and Peri，2006）。从"供给"视角考察精英移民影响主要包括三个层面。一是个人层面，具有企业家精神的移民，能够创造新的商业模式，发现新的市场契机（Bonacich，1973），还有一些超优质人才，还能对科技、工艺等创新做出贡献（Borjas，1989）。二是企业层面，企业通过雇佣明星级的科学家，可以大幅度提高生产率（Hanson，2012）；多样化的人才聚集，更有可能产生创新的想法，尤其是在那些最能够产生高附加值的技术和知识密集型的部门（Page，2007）；此外，企业还能通过这些高素质移民的国际网络，扩散知识，获得进入国际市场的优势（Saxenian and Sabel，2008；Foley and Kerr，2011）。三是部门或市场层面的间接影响或是溢出效应，企业家移民会刺激国内市场竞争，激励创新，提高生产率（Aghion and Blundell，2009）。多样化外部性有利于整个区域创新，主要通过跨部门知识溢出实现（Jacobs，1969）。

关于精英移民影响的实证研究包括三个方向。

第一，关注高素质移民对东道国创业的影响。如以美国移民为例，研究发现大规模高素质移民群体对东道国企业成立会有较大影响（Saxenian and Sabel，2008）。萨克森尼（Saxenian，2004）发现在美国湾区的工程师中，有 1/3 是高素质移民，这其中 2/3 来自亚洲，且绝大多数是来自中国和印度。除此之外，美国公共风险企业中有 25% 是由移民成立的，科技风险企业中 40% 是由移民创立的（Anderson and Platzer，2007）。以美国 1 300 家"高影响力"科技企业和 2 000 个创始人为样本，研究发现 16% 的企业至少有一位创始人是移民，而这些移民创始人中超过 3/4 的人已经获得美国国籍（Hart and Acs，2011）。亨特（Hunt，2011，2013）以美国全国大学生调查的数据为样本，发现移民学生比本国学生更有可能创办企业，受教育水平高的移民进行创业的比例更高；卡恩等（Kahn et al.，2013）用对美国科学家调研的数据发现，即使在控制了偏好、教育、研究领域、人口特征和时间效应以后，移民还是更有可能成为"科学企业家"。

还有一些研究试图探索移民企业家的溢出效应。哈特和阿奇（Hart and Acs，2011）以美国"高影响力"企业为样本，发现有移民创始人的企业更有可能与国外企业有战略合作关系。杜莱普等（Duleep et al.，2012）发现高素质移民与创造就业、开启新业务等都有正相关关系。相反，邦德等（Bound et al.，2015）发现，在 20 世纪 90 年代晚期，计算机科学家移民与美国居民的工资和就业率水平有负相关性。在澳大利亚和加拿大的移民一般会在 10~20 年之内进行创业（Schuetze and Antecol，2007）。在瑞士，移民企业家尽管散布在不同城市，但是他们之间有很强的联系网（Guerra and Patuelli，2011）。在丹麦，移民企业家更多地出现在金融和商业服务业中，这些行业类别对种族多样性的包容更强（Marino and Parrotta，2012）。比较研究发现英国特有的文化因素会限制移民企业家的影响（Fairlie and Krashinsky，2012）。

第二，关注高素质移民、投资与贸易的关系。首先，移民与国际投资企业相互促进。例如，在丹麦，雇佣外国专家的企业，一般生产率会提高，出口货物和服务都会增加（Malchow-Moller and Munch，2011）。在中国，企业雇佣的主管如果有海外经历，那这些企业的价值会更高，生产率和盈利能力都更强，国际市场参与度也较高（Giannetti and Liao，2012）。美国高科技初创企业中，如果创业团队中成员来源地越多样化，那么之后进入国外市场能力也就越强，商业表现也会更优异（Nelson and Nelson，2011）。知识溢出也会发生在大企业内部。例如，在跨国企业工作的高素质移民能帮助企业在他们母国进行扩张，协调投资活动。弗利和克尔（Foley and Kerr，2011）通过调研分布在 45 个国家的 645 家美国跨国企业，发现企业的移民雇员越多，则在他们母国的相关商业活动就会开展得越好，使企业更具有竞争力。其次，高素质移民对贸易和对外直接投资有正面影响。例如，研究发现，一国高素质移民的集聚程度越高，则引发的贸易量也越大（Peri and Requena，2010）。高素质移民及其形成的网络可以帮助母国获得外资（Kugler and Rapoport，2007）。

第三，关注高素质移民与创新的关系。首先，高素质移民对知识创造的贡献，尤其是一些印度裔和华裔的美籍科学家，对美国科学做出了很大贡献（Chellaraj and Maskus，2008）；拥有博士学位的外国学生，他们之后发表的高引用率的文章也较多（Stuen and Mobarak，2012）。以专利数作为创新活动的表征，研究发现，在德国（Niebuhr，2010；Ozgen and Nijkamp，2012）以及整个欧盟（Bosetti and Cattaneo，2012），高素质移民的数量与创新呈正相关关系。其次，同种族的移民社群与知识扩散和创新产生有较强的关系。研究表明，同种族的高素质移民社群与突破性技术在美国城市中扩散呈现正相关（Kerr，2013）；带有国际背景的高素质移民，有助于编织起跨国界的优质信息和技术传播的网络，带动起创新（Scellato and Franzoni，2012）。最后，高素质移民的母国背景越多样化越有助于创新。已经有一些研究发现了两者的相关性（Ostergaard and Timmermans，2011），或者说团队组成与产品／工艺创新之间的因果关系（Pattotta and Pozzoli，2011）；也有研究从大区域角度切入，发现在欧盟地区，高素质移民母国背景的多样化与创新之间显著正相关（Ozgen and Nijkamp，2012）。

三、跨国社区

跨国社区主要由来自发展中国家的高素质移民形成。他们在东道国完成深造后，选择留在东道国，但仍与母国保持着联系，到母国进行投资、为母国引入生产和技术等，形成人才流转。跨国社区形成的大背景是技术进步带来的通信和交通成本的大幅度降低，极大地推动了信息交流。人们之间的合作不再受距离限制，世界不同角落的人们可以就同一个复杂任务进行实时合作（Faist，2000）。由此，来自发展中国家的高素质移民就可以通过技术转移、投资生产等形式与母国再次建立起联系，往返于母国和东道国之间，形成跨国社区（Castles，2010）。

20世纪后半叶，从发展中国家迁往发达国家的高素质移民主要目的地都是美国，而其中的绝大多数又是扎根硅谷（Saxenian，2004）。硅谷在20世纪70～90年代经历了技术飞速发展，"贪婪"地吸纳着来自世界各地的科学家和工程师。成千上万来自发展中国家的学生最初来到美国是进行工程技术等方面的深造，当他们学成之时，选择接受硅谷抛给他们的橄榄枝。2000年，硅谷的科学家和工程师中，53%是移民，仅印度裔和华裔的就占了1/4多，各有2万多名（Bound et al.，2015）。在全球化深化的大背景下，这些在硅谷落脚的移民开始回母国进行投资，开拓商机，同时又保持着与美国社会和职业联系的纽带。当这些在国外受教育的投资者在他们母国进行投资时，他们同时将发达国家的金融、管理体制，甚至是技术都传播到了欠发达国家，"人才流失"逐渐转变成"人才流转"（Mahmood and Singh, 2003）。当这些经验丰富的工程师、经理人回到母国，将他们从学习和工作中获得的世界观和价值观也带回去，深刻地影响了当地发展。这些跨国社区能够激发起母国的企业家精神，甚至能在母国与技术人员、企业家和政策制定者建立起联盟（Saxenian, 2004）。

在 20 世纪 80 年代，中国台湾和以色列的移民首先将硅谷的早期高风险投资模式拷贝到他们的家乡。一般来说，美国风险投资家是不会投资到这些地区的，因为他们有文化和语言的障碍，但是他们可以很好地利用他们的语言和文化优势在家乡市场上盈利（Saxenian, 2002）。除了资金之外，他们还有技术和运营的经验，深谙新商业模式，拥有美国人脉关系。在 21 世纪初，以色列和中国台湾的新企业如雨后春笋般出现并经历了快速成长。以色列出现了优秀的软件公司和网络公司，中国台湾则一度引领了个人电脑和集成芯片的生产，这一切都归功于跨国社区中的科学家和工程师以及风险投资人（Bardhan and Howe, 1998）。20 世纪末，中国和印度的市场化为跨国社区的形成创造了条件。华裔和印度裔投资者避重就轻，不和硅谷企业正面对战，巧妙地利用他们母国的技术和经济资源优势进行差异化发展。例如，印度裔投资者利用未充分就业印度工程师，为美国的企业提供软件开发的服务；而华裔投资者利用低成本劳动力进行生产，服务于国内和国际市场。这些跨国社区企业家能够发现细分市场，调动起母国的人力资源，与国际市场衔接，同时与政策制定者一起商讨发展战略，扫除发展中的障碍（Borjas, 1995）。

跨国社区利用母国网络和比较优势，从低成本、低技术产业入手，再逐步转向更高效、更有活力的部门。他们懂得如何在发展初期既能利用好发达经济的资源，又能避开与他们正面竞争，在获得最初的成长后，再开辟出自己的市场和道路。例如，中国在 20 世纪 90 年代是在模仿美国的互联网创业，而如今中国在无线技术开发领域已经领先于世界；印度在 20 世纪 90 年代仅仅是提供劳动密集型的软件编码和维护服务，而如今印度本土公司已经能为全球领先的企业管理大规模软件服务项目（Mahmood and Singh, 2003）；以色列在 20 世纪 80 年代是作为低成本的研发中心而存在，而如今它已经引领了尖端的网络安全技术（Saxenian, 2004）。美国的很多企业也是从跨国社区所建立的桥梁中获益的，他们可以利用那些新兴国家中的研发、生产优势等，实现全球化资源优化配置。跨国社区将在全球化越来越深入，政府越来越开放与合作的环境下发挥越来越重要的作用。

四、"留学潮"

最近几十年,全球范围内国际学生数量大幅度增加。根据OECD(2012)的数据,从1975年的80万增加到了2010年的400多万。根据UNESCO的数据,几乎每个国家在21世纪初都出现了"留学潮",国际学生已经成为当今国际人口流动的主要形式之一(Bhandari and Blumenthal,2011)。在过去十多年中,这种现象也引起了众多学者的关注,探讨国际学生流动是如何嵌入在全球化、教育和社会的复杂关系网络中(Brooks and Waters,2010)。

一些研究认为,学生的国际流动是个人决策,反映他们个人特征,例如性别、社会经济背景、语言能力和个性(Dreher and Poutvaara,2005)。这些个人特质又能够通过所处环境得到强化或者削弱(Christie,2007)。也有研究认为,国际学生流动不仅仅受到社会阶级的影响,同时还受到教育体系国家化(Yang,2003)、全球各国对人才的竞争以及文化资本的地理格局(Waters,2006)等影响。

"留学潮"的产生与全球化,尤其是教育全球化有紧密联系。教育全球化并不是一个孤立现象,不仅仅是学生和教师的国际流动(Acker and Gill,2008),而是更深层地缘政治与文化过程的复杂整合,改变着教育和社会关系的空间组织形式。更具体来说,所谓高等教育全球化不仅产生了空间上的表现,例如国际学生的流动,它还引起了大学文化表征的变化(Lefevre,1991)。高等教育资源不均匀的分布必然会引致一些通过利用全球化的教育系统来实现或者加强其社会优势的行为。这在某种程度上符合布尔迪厄(Bourdieu,1986)所认为的教育是传递代际"文化资本"的主要工具。而以教育形式出现的文化资本通常是社会包容和社会排斥的重要标志(Brown,1995)。例如,越来越多中国中产阶级家庭将他们的下一代送到国外一流大学学习来最大化他们的文化资本(Waters,2006)。因此,文化资本模型不同于传统的人力资本的观点。传统的人力资本观点认为,出国学习能够通过获得新知识、新技能等增加社会收益。而文化资本模型则认为出国留学能获得学历之外的东西,尤其是从海外经历中获得的,例如,国际大都市的身份等(Beck,2004)。文化资本等重要性也是会随着时空的变化而发生变化的。例如,中国中产阶级的家庭越来越看重国际学历,是因为他们发现他们从本国的高等教育中已经无法获得专属于他们这一阶层的奖励(Waters,2006)。

"留学潮"的产生,已经不单纯源于全球高等教育资源的不均衡分布(Bilecen and Mol,2017),越来越多高等教育之外的因素在推动着"留学潮"。全球化,尤其是跨国资产阶级的兴起(Sklair,2001)催生了对跨国高等教育的需求。他们希望子女通过教育系统能够产生或者强化他们的政治和社会优势。例如，他们能够在不同国家、不同文化背景下自如地生活和工作。有学者提出，要将留学放到其整个人生阶段去看，因为往往一个学生选择留学，很大程度上会考虑到留学之后的人生规划（Li et al.，1996）。所以，出国留学需要放在更宽泛的、与个人整个人生规划相关的流动文化中来进行考量（Brooks and Everett，2008）。当然，还有一些其他跨国的、文化的、社会经济的以及政治的过程也在影响着"留学潮"。例如欧盟的成立、IT 技术的发展、英语被用作全球的学术语言等（Mulder and Clark，2002）。"留学潮"也是一面观察世界变化的多棱镜。

小　　结

劳动力地理学的发展是一个多学科交叉推进的过程。也正是由于这种多学科的背景，它至今还未形成一个完整的成体系的分支学科，因而劳动力地理学的未来发展机遇与挑战并存。劳动力地理学研究的源头是新古典经济学和马克思主义政治经济学，它们派生出的新古典区位理论和马克思主义经济地理理论都没有把劳动力看作是社会经济活动的主动参与者（Herod，1997）；前者将劳动力看作一种产业/企业布局的影响因素，而后者将劳动力看作资本在塑造经济景观时控制和剥削的对象（Harvey，1972；Massey，1973）。20 世纪 70 年代出现了一批激进的经济地理学研究，以马克思主义、女权主义、反种族主义等理论为武器声张劳工能动性与权利。劳工在经济活动中所起的作用逐渐得到重视。20 世纪 90 年代末，赫罗德（Herod，1997）提出劳工地理学，进一步确认了劳工对资本主义经济景观的积极塑造作用，提倡以劳工的视角来考察经济景观的形成，重点关注劳动力的能动性、劳动力的空间性以及劳动力所处部门、国家的差异性。

激进是一把双刃剑，在给这些学者提供独特研究视角的同时，也把他们带入了主观、狭隘的陷阱，让他们更像一群热情高昂的社会活动家。他们的研究也有局限性。例如，这些研究未能明确能动性的具体概念，忽视了对劳动力迁移的研究，对政府角色的分析明显不足，对劳动力群体及其活动的关注过于狭窄，过度集中于制造业中的劳工以及他们与雇主的纷争，没有广泛关注工作人群以及他们广泛意义上的生存和生活的方式。尽管存在一定的局限性，这些新马克思主义地理学者的研究在劳动力地理学的发展中仍然是里程碑式的。到了 20 世纪 90 年代，在全球化全面深化的大背景下，经济地理学的制度和文化转向为劳动力地理学者打开了一扇窗。他们从只关注劳动力在产业区位中的行为和作用转向关注广泛的社会劳动门类、社会劳动组织、劳动力市场社会构建、地方劳动力市场管制、从地方到全球跨尺度的劳动力组织等（Herod et al.，2001）。

劳动力地理学从20世纪70年代开始，目前已经有了长足的发展。与此同时，全球的社会、经济、技术等各方面的变化也日新月异。劳动力既是这些变化的参与者，又是响应者。因此，他们的行为方式也势必会发生变化，给劳动力地理学的发展带来机遇和挑战。劳动力地理学未来发展的四个趋势：①在全球产业模式重组的大背景下，劳动力市场的重构以及劳动力在产业重构中的能动性都是值得研究的重要问题；②在对正规部门劳动力市场分割研究的基础上，可以拓展到非正规劳动力市场分割研究，除了关注产业、企业对劳动力的需求之外，更需要关注地方社会制度背景对劳动力供给的影响以及政府管制和社会规制过程对劳动力市场的作用；③高素质移民在全球化背景中发挥的作用越来越大，他们能构建起跨国网络，形成多个创新和经济发展的节点，他们的迁移与影响机制也是值得深入研究的主题；④劳动力迁移的国际化和活动的地方化使得地方劳动力管制体制愈发复杂，需要对政府的劳动力管制政策和行为进行更实质性的了解，同时也要加强对国内劳动力迁移的研究。

在中国，对劳动力地理学的拓荒刚刚开始。中国经济地理学者依旧以区位论为主导，把劳动力看作是生产区位的影响因素之一，尤其关注劳动力成本对于企业区位决策的影响。自20世纪80年代初以来，中国经济发生了翻天覆地的变化。在全球化的大背景下，工业化、市场化和城市化三股力量相互交织，共同塑造了新的经济景观。而劳动力的流动正是塑造新景观不可或缺的动力之一。新环境下势必也会有新问题。例如一向以廉价劳动力闻名的中国，在近年内频繁出现"用工荒"的问题。鉴于劳动力在空间上的不匹配会限制中国经济的发展，这些问题背后的社会、文化、制度等深层次原因值得经济地理学者深入探讨。除此之外，在创新引领经济发展的大趋势下，中国要实现产业升级和进一步发展，就迫切需要大批高素质人才，因此高素质人才的流动也是值得关注的问题。其中不仅涉及高素质人才在国内的流动，还会涉及人才的跨国流动，包括吸引国际人才、输送本国人才以构建跨国交流的网络、利用或培育跨国社区等。总之，劳动力地理学是一个还在不断发展完善的学科，在中国的发展仍显稚嫩，给经济地理学者留下了巨大的研究空间。

参 考 文 献

[1] Acemoglu, D. (1996) A microfoundation for social increasing returns in human capital accumulation. *The Quarterly Journal of Economics*, 111(3): 779-804.

[2] Acemoglu, D. (1998) Why do new technologies complement skills? Directed technical change and wage inequality. *The Quarterly Journal of Economics*, 113(4): 1055-1089.

[3] Acker, L., B. Gill (2008) *Moving People and Knowledge*. Edward Elgar.

[4] Acs, Z., L. Szerb (2007) Entrepreneurship, economic growth and public policy. *Small Business*

Economics, 28(2-3): 14.

[5] Aghion, P., R. Blundell (2009) The effects of entry on incumbent innovation and productivity. *Review of Economics and Statistics*, 91(1): 13.

[6] Agrawal, A., D. Kapur (2008) How do spatial and social proximity influence knowledge flows? Evidence from patent data. *Journal of Urban Economics*, 64(2): 12.

[7] Alamá-Sabater, L., A. Artal-Tur, J. M. Navarro-Azorín (2011) Industrial location, spatial discrete choice models and the need to account for neighbourhood effects. *The Annals of Regional Science*, 47(2): 393-418.

[8] Anderson, S., M. Platze (2007) *American Made: the Impact of Immigrant Entrepreneurs and Professionals*. National Venture Capital Association.

[9] Ash, A. (1994) Post-Fordism: models, fantasies and phantoms of transition. In A. Ash (ed.), *Post-Fordism: A Reader* (pp. 1-40). Blackwell.

[10] Auster, C. J. (1996) *The Sociology of Work: Concepts and Cases*. Pine Forge.

[11] Bailey, A., R. Wright, A. Mountz, et al. (2002) (Re)producing salvadoran transnational geographies. *Annals of the Association of American Geographers*, 92(1): 20.

[12] Bairoch, P. (1988) *Cities and Economic Development: From the Dawn of History to the Present*. Chicago University Press.

[13] Barbosa, N., P. Guimarães, D. Woodward (2004) Foreign firm entry in an open economy: the case of Portugal. *Applied Economics*, 36(5): 465-472.

[14] Bardhan, A. D., D. K. Howe (1998) Transnational social networks and globalization: the geography of California's exports. In Berkeley, C. A., *Fisher Center for Real Estate and Urban Economics*, University of Califomia at Berkeley, Working Paper No. 98-262.

[15] Bartik, T. J. (1985) Business location decisions in the United States: estimates of the effects of unionization, taxes, and other characteristics of states. *Journal of Business & Economic Statistics*, 3(1): 14-22.

[16] Basile, R., D. Castellani, A. Zanfei (2008) Location choices of multinational firms in Europe: the role of EU cohesion policy. *Journal of International Economics*, 74(2): 328-340.

[17] Bauder, H. (2001) Culture in the labor market: segmentation theory and perspectives of place. *Progress in Human Geography*, 25(1): 37-52.

[18] Beaverstock, J. V. (1991) Skilled international migration: an analysis of the geography of international seconments within large accountancy firms. *Environment and Planning A*, 23: 14.

[19] Beaverstock, J. V., S. Hall (2012) Competing for talent: global mobility, immigration and the city of London's labor market. *Cambridge Journal of Regions Economy and Society*, 5(2): 271-287.

[20] Beck, U. (2004) Cosmopolitan realism. *Global Networks*, 4: 26.

[21] Becker, G. S. (1962) Investment in human capital: a theoretical analysis. *Journal of Political Economy*, 70(5, Part 2): 9-49.

[22] Becker, G. S. (1964) *Human Capital: A Theoretical and Empirical Analysis*. National Bureau of Economic Research.

[23] Becker, G. S., B. R. Chiswick (1966) Education and the distribution of earnings. *The American Economic Review*, 56(1/2): 358-369.

[24] Benhabib, J., M. M. Spiegel (1994) The role of human capital in economic development evidence from aggregate cross-country data. *Journal of Monetary Economics*, 34(2): 143-173.

[25] Benhabib, J., M. M. Spiegel (2004) Human capital and technology diffusion. *Social Science Electronic Publishing*, 1(5): 935-966.

[26] Bhandari, R., P. Blumenthal (2011) *International Students and Global Mobility in Higher Education: National Trends and New Directions*. Palsgrave Macmillan.

[27] Bilecen, B., C. V. Mol (2017) Introduction: international academic mobility and inequalities. *Journal of Ethnic and Migration Studies*, 43(8): 1241-1255.

[28] Blandy, R. (1967) Marshall on human capital: a note. *Journal of Political Economy*, 75(6): 874-875.

[29] Blomqvist, A. G. (1978) Urban job creation and unemployment in LDCs: Todaro vs. Harris and Todaro. *Journal of Development Economics*, 5(1): 16.

[30] Bonacich, E. (1973) A theory of middleman minorities. *American Sociological Review*, 38(5): 12.

[31] Borjas, J. G. (1989) Economic theory and international migration. *International Migration Review*, 23: 29.

[32] Borjas, G. J. (1995) The economic benefits from immigration. *Journal of Economic Perspectives*, 9(2): 20.

[33] Bosetti, V., C. Cattaneo (2012) Migration, cultural diversity and innovation: a European perspective. *Working Paper*, 426(2): 248-254.

[34] Bound, J., Braga, B., J. M. Golden, et al. (2015) Recruitment of foreigners in the market for computer scientists in the US. *Journal of Labor Economics*, 33(1): 187.

[35] Bourdieu, P. (1986) The forms of capital. In J. G. Richardson (ed.), *Handbook of Theory and Research for the Sociology of Education*. Greenwood.

[36] Brenner, N., R. Keil (2014) From global cities to globalized urbanization. *Glocalism Journal of Culture Politics & Innovation*, 2014(3): 1-17.

[37] Brettell, C. B., J. F. Hollifield (2008) *Migration Theory: Talking Across Disciplines*. Routledge.

[38] Brooks, R., G. Everett (2008) The prevalence of life spanning: evidence from UK graduates. *British Journal of Sociology of Education*, 29(3): 13.

[39] Brooks, R., J. Waters (2010) Social networks and educational mobility. *Globalisation, Societies and Education*, 8(1): 143-157.

[40] Brown, P. (1995) Cultural capital and social exclusion. *Work, Employment and Society*, 9(1): 29-51.

[41] Brown, R. (2006) On labor market dualism in the Lewis model: a comment. *The Manchester School*, 74(3): 350-354.

[42] Brown, L. A., E. G. Moore (1970) The intra-urban migration process: a perspective. *Human Geography*, 52(1): 1-13.

[43] Brueckner, J. K., Y. Zenou (1999) Harris-Todaro models with a land market. *Regional Science and Urban Economics*, 29(3): 317-339.

[44] Card, D. (2010) How immigration affects US cities. In R. P. Inman (ed.), *Making Cities Work: Prospects and Policies for Urban America*. Princeton University Press.

[45] Cassidy, J. F., B. Andreosso-O'Callaghan (2006) Spatial determinants of Japanese FDI in China. *Japan and the World Economy*, 18(4): 512-527.

[46] Castles, S. (2010) Understanding global migration: a social transformation perspective. *Journal of Ethnic and Migration Studies*, 36(10): 22.

[47] Castree, N. (2007) Labour geography: a work in progress. *International Journal of Urban and Regional Research*, 31(4): 853-862.

[48] Castree, N., N. M. Coe, K. Ward, et al. (2004) *Spaces of Work: Global Capitalism and the Geographies of Labour*. London: SAGE.

[49] Champion, A. G. (1989) Counterurbanization in Britain. *The Geographical Journal*, 155(1): 8.

[50] Chan, K. W., W. Buckingham (2008) Is China abolishing the hukou system? *The China Quarterly*, 195: 582-606.

[51] Chellaraj, G., K. Maskus (2008) The contribution of international graduate students to US innovation. *Review of International Economics*, 16(3): 19.

[52] Chen, Y., S. Démurger, M. Fournier (2005) Earnings differentials and ownership structure in Chinese enterprises. *Economic Development and Cultural Change*, 53(4): 933-958.

[53] Cheng, S., R. R. Stough (2006) Location decisions of Japanese new manufacturing plants in China: a discrete-choice analysis. *The Annals of Regional Science*, 40(2): 369-387.

[54] Chiswick, B. (2005) *High Skilled Immigration in the International Arena*. Social Science Electronic Publishing.

[55] Choo, H. J. (1971) On the empirical relevancy of the Ranis-Fei model of economic development: comment. *The American Economic Review*, 53(3): 448-452.

[56] Christie, H. (2007) Higher education and spatial (im)mobility. *Environment and Planning A*, 39(10): 19.

[57] Clark, G. L., K. P. Ballard (1981) The demand and supply of labor and interstate relative wages: an empirical analysis. *Economic Geography*, 57(2): 95-112.

[58] Coe, N. M. (2013) Geographies of production Ⅲ: making space for labour. *Progress in Human Geography*, 37(2): 271-284.

[59] Coe, N. M., D. C. Jordhus-Lier (2011) Constrained agency? Re-evaluating the geographies of labour. *Progress in Human Geography*, 35(2): 211-233.

[60] Coughlin, C. C., E. Segev (2000) Location determinants of new foreign-owned manufacturing plants. *Journal of Regional Science*, 40(2): 323-351.

[61] Craig, C., E. Garnsey, J. Rubery (1985) Labour market segmentation and women's employment: a case-study from the United Kingdom. *International Labour Review*, 124(3): 267-280.

[62] Cumbers, A., G. Helms, K. Swanson (2010) Class, agency and resistance in the old industrial city. *Antipode*, 42(1): 46-73.

[63] Doeringer, P. B., M. J. Piore (1971) *Internal Labor Markets and Manpower Analysis*. Lexington Books.

[64] Dong, X. Y., L. C. Xu (2009) Labor restructuring in China: toward a functioning labor market. *Journal of Comparative Economics*, 37(2): 287-305.

[65] Dreher, A., P. Poutvaara (2005) Student flows and migration: an empirical analysis. IZA Discussion Paper No. 1612.

[66] Duleep, H. O., D. Jaeger, M. Regets (2012) How immigration may affect US native entrepreneurship: theoretical building blocks and preliminary results. IZA Discussion Paper No. 6677.

[67] Dumais, G., G. Ellison, E. Glaeser (1997) Geographic concentration as a dynamic process. *The Review of Economics and Statistics*, 84(2): 193-204.

[68] Dustmann, C., A. Glitz, T. Frattini (2008) The labour market impact of immigration. *Oxford Review of*

Economic Policy, 24(3): 18.

[69] Fairlie, R., H. Krashinsky (2012) India entrepreneurial success in the United States, Canada and the United Kingdom. In S. W. Polachek, K. Tatsiramos (eds.), *Research in Labor Economics*. Emerald Group Publishing Limited.

[70] Faist, T. (2000) Transnationalization in international migration: implications for the study of citizenship and culture. *Ethnic and Racial Studies*, 23(2): 35.

[71] Fan, C. (2008) *China on the Move: Migration, the State, and the Household*. Routledge.

[72] Fine, B. (1998) *Labour Market Theory: a Constructive Reassessment*. Routledge.

[73] Fisher, I. (1897) Senses of "Capital". *The Economic Journal*, 7(26): 199-213.

[74] Fitch, R. (2006) *Solidarity for Sale: How Corruption Destroyed the Labor Movement and Undermined America's Promise*. Public Affairs.

[75] Fleetwood, S. (2011) Sketching a socio-economic model of labour markets. *Cambridge Journal of Economics*, 35(1): 15-38.

[76] Florida, R. L. (2002) The economic geography of talent. *Annals of the Association of American Geographers*, 92(4): 743-755.

[77] Florida, R. L. (2012) *The Rise of the Creative Class: How It's Transforming Work, Leisure, Community and Everyday Life*. Basic Books.

[78] Foley, C. F., W. R. Kerr (2011) Ethnic innovation and US multinational firm activity. *Management Science*, 59(7): 1529-1544.

[79] Frey, W. (1998) *Emerging Demographic Balkanisation: Toward One America or Two?* Population Studies Center.

[80] Gardner, K. (1995) *Global Migrants, Local Lives: Travel and Transformation in Rural Bangladesh*. Clarendon Press.

[81] Giannetti, M., G. Liao (2012) The brain gain of corporate boards: a natural experiment from China. *Journal of Finance*, 70(4): 1629-1682.

[82] Glaeser, E. L. (2005) *Smart Growth: Education, Skilled Workers and the Future of Cold-Weather Cities*. Harvard University, Kennedy School, Policy Brief PB-2005-1.

[83] Glaeser, E. L., J. Kolko, A. Saiz (2001) Consumer city. *Journal of Economic Geography*, 1(1): 27-50.

[84] Gordon, D. M. (1972) *Theories of Poverty and Underemployment: Orthodox, Radical and Dual Market Perspectives*. D. C. Heath and Company.

[85] Goss, J., B. Lindquist (1995) Conceptualising international labor migration. *International Migration Review*, 29: 35.

[86] Greenwood, M. J., P. R. Museer, D. A. Plane, et al. (1991) New directions in migration research. *The Annals of Regional Science*, 25(4): 237-270.

[87] Guerra, G., R. Patuelli (2011) The influence of role models on immigrant self-employment: a spatial analysis for Switzerland. *Science Electronic Publishing*, 35(1/2): 187-215.

[88] Guimaraes, P., Figueiredo, O., Woodward, D. (2000) Agglomeration and the location of foreign direct investment in Portugal. *Journal of Urban Economics*, 47(1): 115-135.

[89] Gunatilleke, G. (1995) The economic, demographic, sociocultural and political setting for emigration from Sri Lanka. *International Migration*, 33: 32.

[90] Hamilton, L., C. Colocousis, S. F. Johansen (2004) Migration from resource depletion: the case of the faroe islands. *Society & Natural Resources*, 17(5): 443-453.

[91] Hanson, G. H. (2012) *Immigration, productivity and competitiveness*, American Industry, Competing for Talent: The United States and High-skilled Immigration. American Enterprise Institute.

[92] Harris, J. R., M. P. Todaro (1970) Migration, unemployment and development: a two-sector analysis. *The Economic Journal*, 60(1): 126-142.

[93] Harrison, B., A. Sum (1979) The theory of "dual" or segmented labor markets. *Journal of Economic Issues*, 13(3): 687-706.

[94] Hart, D. M., Z. J. Acs (2011) High-tech immigrant entrepreneurship in the United States. *Economic Development Quarterly*, 25(2): 14.

[95] Harvey, D. (1972) Revolutionary and counter revolutionary theory in geography and the problem of ghetto formation. *Antipode*, 4(2): 13.

[96] Hastings, T., D. MacKinnon (2017) Re-embedding agency at the workplace scale: workers and labour control in Glasgow call centres. *Environment and Planning A*, 49(1): 104-120.

[97] Herod, A. (1997) From a geography of labor to a labor geography: labor's spatial fix and the geography of capitalism. *Antipode*, 29(1): 1-31.

[98] Herod, A. (2000) Implications of just-in-time production for union strategy: lessons from the 1998 General Motors-United Auto Workers dispute. *Annals of the Association of American Geographers*, 90(3): 521-547.

[99] Herod, A., J. Peck, J. Will (2001) Geography and Industrial Relations. In P. Ackers, A. Wilkinson (eds.), *Understanding Work and Employment*. Oxford University Press.

[100] Hicks, J. R. (1932) *The Theory of Wages*. Macmillan.

[101] Hunt, J. (2011) Which immigrants are most innovative and entrepreneurial? Distinctions by entry Visa. *Journal of Labor Economics*, 29(3): 41.

[102] Hunt, J. (2013) *Are Immigrants the Best and Brightest US Engineers?* Retrieved from Cambridge, MA.

[103] Jacobs, J. (1969) *The Economy of Cities*. Vintage.

[104] Jessop, B. (1991a) Thatcherism and flexibility: the white heat of a post-Fordist revolution. In B. Jessop, H. Kastendiek, K. Nielsen, et al., *The Politics of Flexibility*. Edward Elgar.

[105] Jessop, B. (1991b) The welfare state in the transition from Fordism to post-Fordism. In B. Jessop, H. Kastendiek, K. Nielson, et al., *The Politics of Flexibility*. Edward Elger.

[106] Jessop, B. (1992) Fordism and post-Fordism: a critical reformulation. In M. Storper, A. J. Scott (eds.), *Pathways to Industrialization and Regional Development*. Routledge.

[107] Jessop, B. (1993) Towards a Schumpeterian workfare state? Preliminary remarks on post-Fordist political economy. *Studies in Political Economy*, 40(1): 7-39.

[108] Jorgenson, D. (1961) The development of a dual economy. *The Economic Journal*, 71(282): 309-334.

[109] Kahn, S., LaMattina, G., M. MacGarvie, et al. (2013) Hobos, stars and immigrant entrepreneurship. Working Paper.

[110] Kaplanis, I. (2010) Local human capital and its impact on local employment chances in Britain. Serc Disussion Paper No. 0040.

[111] Katz, C. (2004) *Growing Up Global: Economic Restructuring and Children's Everyday Lives*.

University of Minnesota Press.

[112] Kerr, W. R. (2013) US High-Skill Immigration, Innovation, and Entrepreneurship: Empirical Approaches and Evidence. *Social Science Electronic Publishing*, 72(35): 1-2.

[113] Kiker, B. F. (1968) Marshall on human capital: comment. *Journal of Political Economy*, 76(5): 1088-1090.

[114] Kim, S. K., J. S. Kim (2008) Major determinants of korean companies' foreign direct investment (FDI) toward China. *Journal of Korea Trade*, 12(3): 201-220.

[115] Kugler, M., H. Rapoport (2007) International labor and capital flows: complements or substitutes? *Economics Letters*, 94(2): 8.

[116] Ladinsky, J. (1967) Occupational determinants of geographic mobility among professional workers. *American Sociological Review*, 32(2): 253-264.

[117] Lee, E. S. (1969) A theory of migration. In J. A. Jackson (ed.), *Migration*. Cambridge University Press.

[118] Lefevre, H. (1991) *The Production of Space*. Blackwell.

[119] Lewis, W. A. (1954) Economic development with unlimited supplies of labour. *The Manchester School*, 22(2): 52.

[120] Li, L., A. Findlay, A. J. Jowett, et al. (1996) Migrating to learn and learning to migrate: a study of the experiences and intentions of internaitonal student migrants. *International Journal of Population Geography*, 2(1): 51-67.

[121] Liao, H. F., R. C. Chan (2011) Industrial relocation of Hong Kong manufacturing firms: towards an expanding industrial space beyond the Pearl River Delta. *GeoJournal*, 76(6): 623-639.

[122] Lier, D. C. (2007) Places of work, scales of organising: a review of labour geography. *Geography Compass*, 1(4): 814-833.

[123] Lowry, I. S. (1966) *Migration and Metropolitan Growth: Two Analytical Models*. Chandler Pub. Co.

[124] Lu, Z., S. Song, S. (2006) Rural-urban migration and wage determination: the case of Tianjin, China. *China Economic Review*, 17(3): 337-345.

[125] Lucas, R. E. (1988) On the mechanics of economic development. *Journal of Monetary Economics*, 22(1): 3-42.

[126] Machin, S., O. Marie, S. Vujić (2011) The crime reducing effect of education. *The Economic Journal*, 121(552): 463-484.

[127] Mahler, S. J. (1995) American dreaming: immigrant life on the margins. *International Migration Review*, 31(1): 191.

[128] Mahmood, I. P., J. Singh (2003) Technological dynamism in Asia. *Research Policy*, 32(6): 1031-1054.

[129] Malchow-Moller, N., J. R. Munch (2011) Do foreign experts increase the productivity of domestic firms? IZA Discussion Paper No. 6001.

[130] Mankiw, N. G., D. Romer, D. N. Weil (1992) A contribution to the empirics of economic growth. *The Quarterly Journal of Economics*, 107(2): 407-437.

[131] Marino, M., P. Parrotta (2012) Does labor diversity promotes entrepreneurship? *Economics Letters*, 116(1): 15-19.

[132] Marshall, A. (1920) *Principles of Economics*. Macmillan & Co. Ltd.

[133] Marshall, A. (1959) *Principles of Economics*. Macmillan & Co. Ltd.

[134] Martin, R. (2000) Local labour markets: their nature, performance, and regulation. In G. L. Clark, M. P. Feldman, M. S. Gertler (eds.), *The Oxford Handbook of Economic Geography* (pp. 455-476). Oxford University Press.

[135] Massey, D. B. (1973) Towards a critique of industrial location theory. *Antipode*, 5(3): 33-39.

[136] Massey, D. B. (1979) In what sense a regional problem? *Regional Studies*, 13(2): 233-243.

[137] Massey, D. B. (1984) *Spatial Divisions of Labor: Social Structures and the Geography of Production*. Psychology Press.

[138] Massey, D. S. (1988) Economic development and international migration in comparative perspective. *The Population and Development Review*, 14(3): 31.

[139] Massey, D. S., R. Alarcon, J. Durand, et al. (1987) *Return to Aztlan: The Social Process of International Migration from Western Mexico*. University of California Press.

[140] Massey, D. S., R. Alarcon, J. Durand, et al. (1999) *Return to Aztlan: The Social Process of International Migration from Western Mexico*. University of California Press.

[141] Massey, D. S., J. Arango, G. Hugo, et al. (1993) Theories of international migration: a review and appraisal. *Population and Development Review*, 19(3): 431-466.

[142] McBride, S. (2000) The politics of globalization and labour strategies. In S. McBride, J. R. Wiseman (eds.), *Globalization and Its Discontents* (pp. 24-37). St. Martin's Press.

[143] McHenry, P. (2014) The geographic distribution of human capital: measurement of contributing mechanisms. *Journal of Regional Science*, 54(2): 215-248.

[144] Mertes, C. (1992) There's no place like home: women and domestic labor. In J. Fuenmayor, K. Haug, F. Ward (eds.), *Dirt and Domesticity: Constructions of the Feminine*. Whitney Museum of American Art.

[145] Milligan, K., E. Moretti, P. Oreopoulos (2004) Does education improve citizenship? Evidence from the United States and the United Kingdom. *Journal of Public Economics*, 88(9): 1667-1695.

[146] Moretti, E. (2004) Human capital externalities in cities. In J. V. Henderson, J. F. Thisse (eds.), *Handbook of Regional and Urban Economics* (Vol. 4, pp. 2243-2291). Elsevier.

[147] Morrison, P. S., W. A. V. Clark (2011) Internal migration and employment: macro flows and micro motives. *Environment and Planning A*, 43(8): 1948-1964.

[148] Mudambi, R. (2008) Location, control and innovation in knowledge-intensive industries. *Journal of Economic Geography*, 8(5): 27.

[149] Mulder, C., W. Clark (2002) Leaving home for college and gaining independence. *Environment and Planning A*, 34(6): 981-999.

[150] Nelson, L., P. B. Nelson (2011) The global rural: gentrification and linked migration in the rural USA. *Progress in Human Geography*, 49(4): 441-459.

[151] Niebuhr, A. (2010) Migration and innovation: does cultural diversity matter for regional R&D activity? *Papers in Regional Science*, 89(3): 23.

[152] Oberhauser, A. M. (1990) Social and spatial patterns under Fordism and flexible accumulation. *Antipode*, 22(3): 211-232.

[153] OECD (2012) *Education at a Glance 2012: OECD Indicators*. OECD Publishing.

[154] Ostergaard, C. R., B. Timmermans (2011) Does a different view create something new? The effect of employee diversity on innovation. *Research Policy*, 40(3): 10.

[155] Ottaviano, G., G. Peri (2006) The economic value of cultural diversity: evidence from US cities. *Journal of Economic Geography*, 6(1): 9-44.

[156] Ozgen, C., P. Nijkamp (2012) Immigration and innovation in European regions. In P. Nijkamp, J. Poot, M. Sahin (eds.), *Migration Impact Assessment: New Horizons*. Edward Elgar.

[157] Page, S. (2007) *The Difference: How the Power of Diversity Creates Better Groups, Firms, Schools and Societies*. Princeton University Press.

[158] Pashigian, P. A. (1979) Occupational licensing and the interstate mobility of professtionals. *Journal of Law and Economics*, 22(1): 1-25.

[159] Pattotta, P., D. Pozzoli (2011) The nexus between labor diversity and firm's innovation. *Journal of Population Economics*, 27(2): 303-364.

[160] Peck, J. (1989) Reconceptualizing the local labour market: space, segmentation and the state. *Progress in Human Geography*, 13(1): 42-61.

[161] Peck, J. (1996) *Work-Place: the Social Regulation of Labor Markets*. Guilford Press.

[162] Peck, J., N. Theodore (2000) Workfare and the regulation of contingent labour markets. *Cambridge Journal of Economics*, 24(1): 119-138.

[163] Peri, G., F. Requena (2010) The trade creation effect of migrants: testing the theory on the remarkable case of Spain. *Canadian Journal of Economics*, 43(4): 27.

[164] Petty, W. (1769) *A Treatise of Taxes and Contributions* (Vol. 1, pp.34-34). Brooke.

[165] Piore, M. (1970) Manpower policy. In S. H. Beer, R. E. Barringer (eds.), *The State and the Poor*. Winthrop Publishing.

[166] Piore, M. (1975) Notes for a theory of labor market stratification. In R. C. Edwards, M. Reich, D. M. Gordon (eds.), *Labor Market Segmentation*. D. C. Heath and Company.

[167] Piore, M. (1979) *Birds of Passage: Migrant Labor and Industrial Societies*. Cambridge University Press.

[168] Plane, D. A., P. A. Rogerson (1994) *The Geographical Analysis of Population*. John Wiley & Sons Inc.

[169] Ranis, G., J. C. H. Fei (1961) A theory of economic development. *The American Economic Review*, 51(4): 33.

[170] Ranis, G., J. C. H. Fei (1963) The Ranis-Fei model of economic development: reply. *The American Economic Review*, 53(3): 3.

[171] Ravenstein, E. G. (1885) The laws of migration. *Journal of the Statistical Society of London*, 48(2): 69.

[172] Reder, M. W. (1989) How labor markets work: reflections on theory and practice. *Industrial and Labor Relations Review*, 42(3): 456.

[173] Reich, M., D. M. Gordon, R. C. Edwards (1973) A theory of labor market segmentation. *The American Economic Review*, 63(2): 359-365.

[174] Romer, P. M. (1990) Endogenous technological change. *Journal of Political Economy*, 98(5): 32.

[175] Rubery, J., F. Wilkinson (1981) Work and segmented labour markets. In F. Wilkinson (ed.), *The Dynamics of Labour Market Segmentation*. Athlone Press.

[176] Sassen, S. (1991) *The Global City*. Princeton University Press.

[177] Sassen, S. (1998) *The Mobility of Labor and Capital: a Study in International Investment and Labor Flow*. Cambridge University Press.

[178] Savvides, A., T. Stengos (2009) *Human Capital and Economic Growth*. Stanford University Press.

[179] Saxenian, A. L. (1999) *Silicon Valley's New Immigrant Entrepreneurs*. Public Policy Institute of California.

[180] Saxenian, A. L. (2002) The silicon valley connection: transnational networks and regional development in Taiwan, China and India. *Science Technology & Society*, 7(1): 117-149.

[181] Saxenian, A. L. (2004) From brain drain to brain circulation: transnational communities and regional upgrading in India and China. *Studies in Comparative International Development*, 40(2): 27.

[182] Saxenian, A. L., C. Sabel (2008) Venture capital in the periphery: the new argonauts, global search and local institution-building. *Economic Geography*, 84(4): 16.

[183] Say, J. B. (1803) *A Treatise on Political Economy*. 3rd. John Grigg.

[184] Scellato, G., C. Franzoni (2012) *Mobile Scientists and International Networks*. Bureau of Economic Research.

[185] Schiller, N. G., L. G. Basch, C. Blancszanton (1992) Towards a transnational perspective on migration. *Academy of Sciences*, 20: 57-66.

[186] Schuetze, H., H. Antecol (2007) Immigration, entrepreneurship and the venture start-up process. In S. Parker (ed.), *The Life Cycle of Entrepreneurial Ventures*. Springer.

[187] Schultz, T. W. (1939) Theory of the firm and farm management research. *American Journal of Agricultural Economics*, 21(3): 17.

[188] Schultz, T. W. (1961) Investment in human capital. *The American Economic Review*, 51(1): 1-17.

[189] Scott, A. J. (2010) Jobs or amenities? Destination choices of migrant engineers in the USA. *Papers in Regional Science*, 89(1): 43-63.

[190] Siphambe, H. K. (2000) Rates of return to education in Botswana. *Economics of Education Review*, 19(3): 291-300.

[191] Sit, V. F., C. Yang (1997) Foreign-investment-induced exo-urbanisation in the Pearl River Delta, China. *Urban Studies*, 34(4): 647-677.

[192] Sklair, L. (2001) *The Transnational Capital Class*. Blackwell.

[193] Solow, R. M. (1956) A contribution to the theory of economic growth. *The Quarterly Journal of Economics*, 70(1): 65-94.

[194] Song, Y. (2014) What should economists know about the current Chinese hukou system? *China Economic Review*, 29: 200-212.

[195] Storper, M., A. J. Scott (2009) Rethinking human capital, creativity and urban growth. *Journal of Economic Geography*, 9(2): 147-167.

[196] Storper, M., R. Walker (1989) *The Capitalist Imperative*. Blackwell.

[197] Stuen, E. T., A. M. Mobarak (2012) Skilled immigration and innovation: evidence from enrollment fluctuation in US doctoral programmes. *The Economic Journal*, 122(565): 34.

[198] Swan, T. W. (1956) Economic growth and capital accumulation. *Economic Record*, 32(2): 334-361.

[199] Todaro, M. P. (1969) A model of labor migration and urban unemployment in less developed countries. *American Economic Review*, 59(1): 138-148.

[200] Tyner, J. A. (1998) Asian labor recruitment and the world wide web. *The Professional Geographer*, 50(3): 14.

[201] United Nations. (2001) *The Components of Urban Growth in Developing Countries*. Population Division, Department of Economic and Social Affairs.

[202] United Nations. (2002) *International Migration Report 2002*. Population Division, Department of Economic and Social Affairs.

[203] United Nations. (2004) *World Urbanization Prospects: the 2003 Revision*. Population Division, Department of Economic and Social Affairs.

[204] United Nations. (2007) *World Population Prospects: the 2006 Revision. New York United Nations*, 10(3): 147-156.

[205] Wang, W. W., C. C. Fan (2006) Success or failure: selectivity and reasons of return migration in Sichuan and Anhui, China. *Environment and Planning A*, 38(5): 20.

[206] Wang, X., J. Piesse (2013) The micro foundations of dual economy models. *The Manchester School*, 81(1): 80-101.

[207] Waters, J. (2006) Geographies of cultural capital: education, international migration and family strategies between Hongkong, China and Canada. *Transactions of the Institute of British Geographers*, 31(2): 179-192.

[208] Weber, A. (1909) *Ueber den Standort der Industrien*. Рипол Классик.

[209] Wilson, T. D. (1993) Theoretical approaches to Mexican wage labor migration. *Latin American Perspectives*, 20(3): 98-129.

[210] Winters, J. V. (2013) Human capital externalities and employment differences across metropolitan areas of the USA. *Journal of Economic Geography*, 13(5): 799-822.

[211] Wong, D. (2000) Men who built Singapore: Thai workers in the construction industry. In S. Chantanavanich, A. Germershausen, A. Beesey (eds.), *Thai Migrant Workers in East and Southeast Asia 1996-1997*. Chulaongkorn University.

[212] Woodward, D. P. (1992) Locational determinants of Japanese manufacturing start-ups in the United States. *Southern Economic Journal*, 58(3): 690-708.

[213] Xu, L. C., T. Zhu, Y. M. Lin (2005) Politician control, agency problems and ownership reform. *Economics of Transition*, 13(1): 1-24.

[214] Yang, R. (2003) Globalisation and higher education development: a critical analysis. *International Review of Higher Education*, 49(3-4): 269-291.

[215] Zelinsky, W. (1971) The hypothesis of the mobility transition. *Geographical Review*, 61(2): 219-249.

[216] Zhu, Y. (2007) China's floating population and their settlement intenstion in the cities: beyond the hukou reform. *Habitat International*, 31(1): 65-76.

[217] Zucker, L., M. Darby, M. Brewer (1998) Intellectual human capital and the birth of US biotechnology enterprises. *American Economics Review*, 88(1): 290-306.

[218] Démurger, S.、M. Fournier、李实等："中国经济转型中城镇劳动力市场分割问题——不同部门职工工资收入差距的分析",《管理世界》,2009年第3期,第55~62页。

[219] 简新华、张建伟："从'民工潮'到'民工荒':农村剩余劳动力有效转移的制度分析",《人口研究》,2005年第2期,第49~55页。

[220] 金利霞、李郇："西方现代劳动力地理学研究进展及对中国研究的意义",《人文地理》,2013年第3期,第7~14页。

[221] 李萍、刘灿："论中国劳动力市场的体制性分割"，《经济学家》，1999年第6期，第18～22页。
[222] 李小瑛、赵忠："城镇劳动力市场雇佣关系的演化及影响因素"，《经济研究》，2012年第9期，第85～98页。
[223] 罗楚亮："城镇劳动力市场转型与谋职方式的转变"，《北京师范大学学报（社会科学版）》，2012年第4期，第111～125页。
[224] 邱子邑、谢平、周方连："人口流动对经济社会发展的影响"，《人口学刊》，2004年第1期，第47～52页。
[225] 王美艳、蔡昉："户籍制度改革的历程与展望"，《广东社会科学》，2008年第6期，第19～26页。
[226] 魏后凯、贺灿飞、王新："外商在华直接投资动机与区位因素分析"，《经济研究》，2001年第2期，第67～76页。
[227] 武中哲："双重二元分割：单位制变革中的城市劳动力市场"，《社会科学》，2007年第4期，第47～57页。
[228] 闫小培："信息产业的区位因素分析"，《经济地理》，1996年第1期，第1～8页。
[229] 钟业喜、陈琳、黄洁："中国500强的行业结构及其区域差异"，《地理科学》，2017年第2期，第190～199页。
[230] 朱华晟、徐凡、赵雪平等："不同等级城市的农民工人力资本增长差异及影响因素——基于河北省清苑县的调查分析"，《地域研究与开发》，2007年第1期，第78～83页。

第十一章 金融地理学

引　言

金融业凭借其在社会经济中与日俱增的影响力逐渐成为经济地理学重点关注的领域。莱松（Leyshon，1993，1995）在20世纪90年代初期强烈呼吁地理学者关注货币和金融地理现象，认为当时研究该现象的地理学者和主流研究背景是分割的，而这种"分割"状态和大部分地理学者"选择性忽略"货币金融的重要性无疑是不正确的。随后，金融业实现了飞速增长，金融化进程迅速推进，金融在各领域经济活动中占有愈发重要的地位。个人、家庭、企业乃至国家都成为国际金融系统的一部分。在此背景下，金融业造成的收入差距，金融危机的迅速扩散与其带来的灾难性后果，政府通过政策手段扶持金融业发展以减轻危机带来的冲击等现象，进一步激起了包括地理、社会和公共政策等领域学者对货币金融地理的研究兴趣（Hall，2011）。目前，金融地理学已经成为经济地理学的重要领域，用地理学视角来分析金融现象也符合当下经济地理学的主流研究方向。

学术界对金融地理学的定义并没有达成统一意见。国外学者多用"Geography of Money and Finance"（Leyshon，1995，1997，1998）来称呼早期货币金融地理研究。这个阶段货币金融地理研究只是经济地理学研究中一个规模有限的非主流分支。最近仍有学者沿用这个名称（Hall，2011，2012，2013），但没有直接对"Geography of Money and Finance"所研究内容进行定义性总结。近年来，越来越多的学者采用"金融地理学"（Financial Geography）（Lee et al.，2009；Aalbers，2015），将其视为一门交叉学科并尝试对其进行定义。例如，赖（Lai，2017）认为金融地理学主要研究当代资本主义重构过程中金融、货币和市场所扮演的角色。中国的金融地理学研究起步较晚，大部分学者是将金融地理学视为经济地理学领域的一门分支学科。又如，彭宝玉等（2016）认为金融地理学注重探讨区位和地方对金融交易与金融运行的影响，特别关注金融系统发展的不平等效应和金融空间中的社会与文化因素。总之，金融地理学经历了从经济地理学的研究现象升级成为一门重要分支交叉学科的转变。

第一节　金融地理学发展脉络

依据不同时期主流研究视角和研究领域的差异，金融地理学的发展历程可划分为三个阶段：萌芽发展阶段、政治经济学主导阶段和经济地理学文化转向影响阶段。

一、萌芽发展阶段

金融地理学研究起源于德国经济学家廖什于 1940 年发表的《经济空间秩序》。书中探讨了美国国内消费者产品价格、利率和信贷等金融主体或金融变量在空间分布的差异及变化过程（Lösch，1954），这是可追寻到的最早分析金融领域区位特征的研究。但当时经济地理学集中关注制造业的发展和集聚（Martin，1999a），从地理视角研究金融领域并没有引起广泛关注。随后，缪尔达尔（Myrdal，1957）提出了循环累积因果理论，重点关注了货币在区域内部和区域之间的流动对区域发展产生的影响，认为货币会从国家内部的欠发达区域流向发达区域，这种效应不利于发达地区外围的欠发达地区发展。循环累积因果理论对当时的经济地理学和区域经济学影响深远，但其关于货币金融的部分仍然没有引起相关学者的兴趣。克尔（Kerr，1965）通过一些标准来评价当时的金融中心城市，点明了不同的金融中心在自身特征与在资本主义世界中发挥的作用等方面存在明显差异。这是当时仅有的从地理学视角针对金融领域的实证研究，但仍然没有引起任何地理学者的特别关注。

关于金融地理学迟迟无法得到地理学者们关注的原因，理查森（Richardson，1972）认为这是由于经济地理学在 20 世纪 50~60 年代过于依赖经济建模的研究方法，埋没了货币金融的地理特性。模型往往设定劳动力和资本可以在区域内及区域间自由流动，信息能自由传播，不存在任何成本和不对称性。因此，货币在这些理论中无法充当针对结果产生影响的自变量，而只能是一个反映区域差异的结果变量。在 20 世纪 70 年代之前，金融只是作为经济地理学一个附属领域而偶然出现。

二、政治经济学主导阶段

经济地理学于 20 世纪 70 年代开始注意到金融主体与金融变量的空间差异性。区域经济学中出现了区域金融学以及城市金融学等研究分支，强调了城市化和区域化进程对不同尺度金融系统形成与发展的影响（Rockoff，1977），区域内各金融行业的空间分布和运营模式（Huallachain，1994），区域的利率差别（Hutchinson and Wckillop，1990）和区域间的货币流动等方面（Moore and Hill，1982）。此外，一些学者也关注了国家的货币政策制度对区域发展的影响（Beare，1976）。经济地理学和区域经济学逐渐将货币金融当作一个值得研究的结果变量。但是由于经济学主要依靠理论模型来研究货币金融，导致其研究视角和研究范围都十分有限。

20 世纪 70 年代开始，西方经济地理学经历了"政治经济学转向"：研究方法转向马克思主义政治经济学（Scott，2000）。在此影响下，一批激进地理学者开始基于马克思主义视角看待社会经济空间发展不均衡现象（Slater，1976）。哈维（Harvey，1973，1982）基于政治经济学视角开创性地探讨了货币在资本主义经济世界中的性质和地位、金融服务空间分配不均衡性、金融制度空间组织系统、金融流动、金融中心的建立与发展等方面，为金融地理学的研究奠定了基础。

金融地理学者莱松（Leyshon，1995）以哈维（Harvey，1985，1989，1990）为基础，将以政治经济学为主导视角的金融地理学研究总结地缘政治、地缘经济和金融排斥研究。

1. 地缘政治

地缘政治研究关注国家之间、国家和市场之间，监管体系和市场运作中的社会经济因素之间权力关系的地理与结构性转变（Corbridge and Agnew，1991）。对地缘政治研究有重要影响的是美国经济学家金德尔伯格（Kindleberger，1973）提出的霸权稳定理论，认为经济实力强大的国家会倾向于对国际金融系统施加影响，为全球资本的累积过程提供平台。地缘政治对金融研究包括三个方面：其一，布雷顿森林体系瓦解迎来一个对企业行为和国家区域经济发展更加不稳定的金融市场，重点关注欧洲国家为了维持市场稳定而采取的监管手段（Leyshon，1992；Clark，1993）；其二，研究新出现的对已有霸权的挑战以及日本的兴起是否形成新的金融霸权问题（Helleiner，1993）；其三，关注逐渐出现的后霸权时代，极力淡化政府对金融市场的监管（Agnew，1994；Thrift and Leyshon，1994），认为权力转移到了掌握着全球资本尤其是金融资本的跨国利益团体和社会精英手中（Underhill，1991）。以上研究都显示经济研究的"去领土化"（Walker，1993），经济地理学改变了以前关注金融资本的地理固定性和永久性，开始强调金融资本的地理流动性（Thrift and Johnston，1993）。

2. 地缘经济

地缘经济研究强调金融存在明显的空间差异性。在 20 世纪 90 年代早期，货币全球化和国际间金融流动的发展引起了"金融空间均质化"的趋势，奥伯里恩（O'Brien，1991）提出了著名的"地理已死"的论调，认为地理距离等空间因素在金融领域的研究中已不再重要。但是地理学者从诸多方面反驳了这一观点，突出金融投资方式仍然具有显著的国别特征（Agnew，1994）；即使在信用和债务已经实现全球流动的背景下，支付方式的地理边界特性仍十分明显（Strange，1988）；强调货币金融的全球化进程是全球和地方共同作用的结果（Amin and Thrift，1994）等。地缘经济研究主要探讨金融结构、工业组织和国家监管之间的关系（Cox，1986；Edwards and Fischer，1996），发现金融具有显著的空间差异与其所处的社会、经济与制度环境紧密相关（Storper，1993）。

3. 金融排斥

金融排斥研究源于 20 世纪 80 年代中期的英国（Leyshon et al.，1993），可以理解为金融服务的空间分配不均，部分客户主体被排除在服务范围之外的现象（Leyshon，1995）。当时英国民众长期积累财富的可靠平台是住房市场（Saunders，1990），但是到了 20 世纪 90 年代中期，由于政府未能正确处理金融主体与建房互助会之间的关系，导致英国住房市场几近崩溃（Corbridge，1994）。在当时放松管制的背景下，银行等金融主体通过发放低息住房贷款的形式与建房互助会进行竞争。为避免出现恶性竞争政府颁布了一系列的管制措施来稳定金融市场（Marshall et al.，1992；Daniels，1993）。在这种情况下，20 世纪 80 年代末期，英国国内银行利率迅猛上升。加之英国加入了欧盟的汇率交换体制，英国英镑与德国马克联系紧密。在当时德国政府调高利率以减轻吸收东德过程中所发生的通货膨胀的背景下，英国国内利率随之进一步上升，最终导致英国大范围的金融衰退（Leyshon，1993）。在这种情况下，英国的银行和建房互助会大量回收住房，使得房主陷入了极大的金融困境，难以归还住房贷款，导致不良贷款率猛增。

在此背景下，20 世纪 90 年代西方资本主义世界爆发了金融危机，企业债务、资产债务和个人负债都达到极高的水平（Ford，1988；Fagan，1990；Ball，1994）。金融危机驱使金融服务产业开始撤出在高风险区域的固定与可变资本投资，将金融活动安置在评估为安全的领域，进而激起了学者对金融排斥的地理研究。欧洲和美国的大部分银行只保留了最富裕的客户群，并且关闭了大量的分支机构和基础设施，大部分民众被排除在了金融服务范围之外（Leyshon and Thrift，1994），尤其是非洲裔和西班牙裔的美国人（Robinson，1991）。金融服务排除与隔离进一步加剧了城市内部的发展不均和种族隔离现象（Davis，1993）。

政治经济学研究方法在后续西方经济地理学文化转向的影响下逐渐让出了金融地理学研究主导方法的位置。但是直到现在，该方法仍然被部分地理学者用来研究金融地理学的特定领域。现今大部分的地理学者都认为金融地理学的研究起源于政治经济学研究方法主导阶段研究繁盛的 20 世纪 80 年代。

三、经济地理学文化转向影响阶段

马克思主义政治经济学视角与方法在 20 世纪 80 年代到 90 年代前中期主导了金融地理学的研究。但是过度地强调"经济原理"是其最明显的局限性（Thrift，2003）。随着社会经济的发展与演变，这种局限性逐步发生了改变。许多著名的经济模型开始强调社会和文化维度，特别强调经济的社会文化嵌入性（Granovetter，1985）以及信任、惯例、习俗、种族和性别（Williamson，1985；North，1990；Thrift，1997；McDowell，2003；Kain，2000）。上述研究视角的转变就是西方经济地理学在 20 世纪 90 年代逐步出现的文化转向（Thrift，2003）。

在经济地理学文化转向的影响下，金融地理学的研究也越来越多地运用社会学、人类学和政治科学等学科的研究视角和研究方法（Hall，2011），在研究金融系统、金融服务和金融市场时更多地考虑社会、文化、制度、人类和经济等因素的相互作用。金融地理学的发展进入了一个新的阶段。霍尔（Hall，2011，2012，2013）总结这阶段的研究为文化经济学研究方法、金融主体与金融化以及"新经济地理学"研究。

1. 文化经济学研究方法

文化经济学研究方法的核心是将金融市场看作"集合计算装置"（Callon and Muniesa，2005）或"维修设备"（Callon，2007），在研究电子交易平台、金融经济理论和信用评分技术等在 21 世纪前十年迅速增长以及后来又急剧衰退的金融市场中扮演关键角色。文化经济学方法建立在一种当时并非正统的经济视角之内，这种视角强调利用网络和根植性概念理解经济活动是如何在社会关系的背景下构建与运行的。网络可以帮助克服金融市场中信息不对称或不确定性（Clark，2005），主要用来研究金融体系、金融市场和金融中心。基于霍尔（Hall，2011）和莱松（Leyshon，1997）的工作，此处将基于网络的研究成果分为四个主要领域。

第一，基于人类学视角研究金融体系、金融市场和金融中心，致力于揭示表面上被远程交易和电子信息支配，结构合理且均质化发展的金融市场背后仍是由人主导的，且具有脆弱性与差异性。扎洛姆（Zaloom，2006）指明即使金融市场追随科技的脚步日趋现代化，互联网和股票、证券交易所的存在让"基于屏幕"的交易主导了市场的发展，但是不可否认市场价格总是被贸易商自身的经验和线下面对面的商谈所影响,这种社会背景鲜明的行为才是维持市场稳定、保护商人自身利益的根基。泽利泽(Zelizer,1994)则强调了从人类学与历史学的角度思考货币的意义,严厉批评经典社会学理论认为货币化是一种合理和均匀的体现的思想。这种思想淹没了货币的一切社会性质和社会关系。她提出"多重货币"的定义,着重突出货币与区域社会和文化的紧密相关性,强调即使不同区域使用统一货币和汇率,人们对货币的理解与他们对自身的认知以及当地的文化与制度环境有直接的关系。此外,人类学的研究视角也将学者们的目光从新自由主义金融资本吸引到了其他领域,关注了东亚(Hertz,1998)和伊斯兰国家金融(Maurer,2005)的发展历程、运转特征及其在全球金融体系中的角色。

第二,多德(Dodd,1994,1995)针对货币在全球范围内的流动提出了货币网络的概念,强调货币与当地文化制度环境紧密相连而体现出来的"特殊性",同时也认为货币是交易的一种工具,致力于将货币的一般性和特殊性相结合。在此基础上,提出了货币网络构成的五个要素:统一的会计准则、完善的监管体制、空间性、自反性和社会性。但是货币网络的概念并没有实现"将货币的特殊性和一般性相结合"的目标,只是为货币的经验研究提出了一种方法性框架。这与他追求的目标是相互矛盾的有关:他既想抽象出货币作为一种工具体现的一般性,又想突出货币与地方紧密相关的特殊性,导致他的工作摇摆不定(Neary and Taylor,1995)。

第三,关注在市场中出现的社会层面的技术,例如计价技术、顾客信用评分技术、电子信息技术等。这些技术可以让金融市场更加融入地方和全球体系。研究也关注技术和其他市场因素的相互作用,以探明其如何影响市场和交易结果。切蒂纳和布吕格尔(Cetina and Bruegger,2002)研究了交易所内部的各种"屏幕"是如何影响全球外汇交易市场,以及它们是如何将全球市场内部庞大复杂的关系"折叠"到一个交易室内部,从而实现了地理尺度上的巨大转变。

第四,重点关注经济金融理论如何影响金融市场的发展,这些经济金融理论不仅仅描述金融市场的运行原理,而且能够应用到金融体系和市场之中以影响交易过程(MacKenzie,2006)。开创性研究是麦肯齐(MacKenzie,2003)针对布莱克-斯科尔斯(Black-Scholes)期权定价模型的研究,认为该模型改变了金融市场的定价模式。同时,改变后的定价模式同样提升了该模型的准确性,帮助它通过了关键的显著性检验。

然而,网络研究方法忽略了金融市场的政治本质以及空间异质性(Pryke and Du Gay,2007)。地理学者则主要应用根植性概念来弥补这种不足。根植性研究建立在网络研究基础之上,包括社会根植性和区域根植性(Hess,2004)。社会根植性探讨不同尺度下的社会、文化和政治关系对经济活动的影响,地理学者应用社会根植性探讨金融中心对自身及其周边地区金融活动的影响（Amin and Thrift，1992；Thrift，1994，1996）。地理学者利用区域根植性来研究不同地区监管体制的差异对自身以及相互之间的金融活动的影响。根植性研究主要采取后结构主义的认识论，强调研究问题时必须注意社会、文化、政治和经济之间错综复杂的相互作用（Hall，2011）。地理学者还重点关注空间和地方在金融市场运行中扮演的角色，金融的文化维度等方面（Tickell，2003）。地理学者基于知识流动的研究视角来挑战传统关于金融知识的认识，即金融知识的强流动性和高均质性，强调金融知识的空间差异性存在于全球金融市场（Clark and Thrift，2005）和企业金融层面（Hall，2006），并且对塑造金融景观有至关重要的作用。网络和根植性的研究汇集了不同学科研究金融系统与金融市场的优势，让文化经济学研究方法在21世纪初兴起以后能够继续保持金融地理学主流研究方法的地位。

2. 金融主体与金融化

在文化经济研究方法的基础上，金融地理学研究开始转向关注金融主体。尽管研究金融主体根植于社会和经济环境中的活动不是一个新领域，但这一轮研究引入了"新福柯"式（Neo-Foucauldian）的视角（Langley，2008b），强调金融服务不再是以新自由主义国家福利的形式存在。个人金融财富以养老金、按揭贷款等形式存在于国际金融市场（Martin，2002；Clark，2003）。作为个人和机构的金融财富工具，银行、证券、保险等在国际金融系统内部涌现的金融主体也是重点研究对象。在21世纪初，对金融主体的研究仍处于初级阶段时，很少研究金融主体空间分布差异，也没有关注金融主体空间扩张规律特征（French and Kneale，2009）。近年来，地理学者主要关注各种金融主体区位的差异性，并着重在全球金融网络和系统下分析金融主体特征及其相互影响（Clark and Knox-Hayes，2009；Wójcik，2011）。

金融领域与实体经济的联系愈加紧密，金融机构和金融市场在政治、经济、社会生活中的影响力越来越大，个人和家庭也越来越多地利用甚至依赖金融业务来保障工作与生活。这种金融渗入社会生活的各个领域并具有重要影响力的现象即可称为金融化。金融化的研究范围广阔，涉及不同尺度，从比较不同的金融业领域对政治和社会生活的影响（Hall，2011），到普通家庭如何已经融入复杂的国际金融系统中（Aitken，2007）。金融化的研究同样会涉及外界因素，尤其是政府部门干预会如何影响金融化进程（French and Kneale，2009）。

金融化能够渗入社会经济生活各方面的原因就是金融具有较高的流动性，而金融循环与流动及其与实体经济之间的相互关系是金融化研究的一个重要分支领域（Hall，2013）。金融循环的研究可以认为是由克里斯多夫（Christopher，2011a，2011b）所"触发"的。他将货币看作是一种普通的商品，以揭示货币在流动和循环过程中与社会关系之间的相互关系。他的研究引发了学者们对于金融化过程中金融的循环流动和社会实体经济之间相互作用的研究。如皮克和波拉德（Pike and Pollard，2010）提出了两种具有独特地理学视角的方法，来理解金融循环流动和实体经济之间的相互关系：首先，必须关注和承认地理在金融网络与金融实践中的重要性；其次，研究被纳入国际金融系统的空间和地方概念具有显著的意义。

金融化研究也将地理学者们的目光吸引到企业金融（Hall，2013）。经济地理学者发现空间分布不均的经济增长与企业最大化股东利益的行为是高度相关的。波拉德（Pollard，2003）认为企业金融是企业行为和管理策略的一部分，尤其关注小型企业，认为地理学者需要根据金融网络中呈现出来的地理差异性对企业金融进行空间与社会特异性研究。公司内部的个人不仅仅可以通过掌握地区信息，还可以通过个人与金融中介的关系网络来获取金融和信用资源（Dicken and Malmberg，2001）。企业金融研究更注重企业内外部社会、文化与政策等因素对企业行为的综合影响，并强调企业在金融化过程中的中心地位。

3. "新经济地理学"研究

在西方经济地理学文化转向的同一时期，一些经济学者在区域经济学和区域金融学的影响下开始关注地理因素对经济发展的影响。20世纪90年代以来，以克鲁格曼为代表的经济学家们将其所研究的"经济地理学"称为"新经济地理学"。他们将收益递增、垄断竞争、"冰山成本"和规模经济等作为理论基础，运用核心—边缘模型等主流经济学模型，重点关注经济活动的集聚性与区域经济增长集聚的影响因素和驱动力。

基于上述"新经济地理学"的研究方法，一些经济学家开始研究金融体系的空间分布和组织结构，以及金融机构的发展演化与影响因素（Dow，1990；Porteous，1995）。"新经济地理学"相比于政治经济学方法主导阶段的区域金融学者，虽然将空间因素纳入到了经济模型之中，但却只是把空间和地方定义为抽象的点或区域。尽管把区位与地理距离等因素引进了金融地理学，但完全忽视了区域内部或区域之间的社会、文化、制度等因素在金融活动中所产生的巨大影响，仍然没有摆脱进古典经济学的束缚。

"新经济地理学"的研究视角和方法存在明显缺陷。但是不可否认这种方法的优势：严谨的逻辑，给予定量模型结果强说服力等。在金融地理学的研究中，地理学视角和经济学视角并非是完全对立的，也不能简单地进行转化，但却可以优势互补。在经济金融学原理的基础上，配合以特定的社会、文化、制度和人类因素，通过定性与定量模型相结合的研究方法，最终解决金融地理学问题，才是日后金融地理学的发展方向。

金融地理学不同发展阶段所具有的不同主流研究视角和方法是区分各阶段的主要特征，但这些视角和方法在应用上却存在跨阶段的延续性。即使目前的金融地理学受经济地理学文化转向影响较深，强调社会制度背景对金融景观的作用，但在解释金融业与实体经济之间的联系、政府对金融活动的干预等方面的现象时，政治经济学方法仍然可以揭示问题的本质。因此，现今研究金融地理学需要根据具体问题采取最为适合的研究方法，而不囿于发展阶段主流视角与方法的限制。

第二节　金融中心研究

地理学强调空间分布差异与演化过程，同时关注不同尺度要素之间的相互作用。纵观金融地理学的发展历程，金融中心、金融主体、金融网络与系统、金融化是各个阶段的主流研究领域，其中部分领域则在各个发展阶段都是研究的重点。

金融中心一直是金融地理学的重要研究领域。一个城市成为区域、国家乃至全球尺度的金融中心以后，不仅自身具备强大的金融实力，也对其他城市起到显著的辐射带动作用。在 2016 年公布的全球金融中心指数（GFCI，主要对全球范围内的主要金融中心的金融竞争力进行评价）排名中，伦敦、纽约、新加坡和香港稳居四强。排名靠前的多为发达现代城市，以完善的法治与监管措施、充足基础设施资源与人才储备、高生活质量等多方面优势，吸引了大量的跨国金融企业入驻（表 11-1）。

表 11-1　第 19 期全球金融中心指数（GFCI）排名前十位

金融中心	GFCI 排名	金融中心	GFCI 排名
伦敦	1	苏黎世	6
纽约	2	华盛顿	7
新加坡	3	旧金山	8
香港	4	波士顿	9
东京	5	多伦多	10

资料来源：Z/Yen 智库集团 2016 年 GFCI 研究报告。

不同学者对金融中心定义的侧重点不同，一部分学者着重于金融主体的地理集聚：金德尔伯格（Kindleberger，1974）认为金融中心内部集中分布有银行和证券商，是具有金融中介跨区域价值储藏功能的中心区域；波特尤斯（Porteous，1995）认为金融中心是高端金融服务业的集聚地，承担着区域甚至更高一级尺度的高端金融服务功能；格里克（Gehrig，2000）将金融中心定义为以银行业为主的金融中介的分支机构或衍生机构集中的区域。另一部分学者着重于信息视角：思里夫特（Thrift，1994）提出金融中心就是金融信息的产生、描述和传递的源头；克拉克（Clark，2005）认为货币金融在飞速流动的同时也会在某些地点集聚起来，在这些地点金融机构和个体的金融家可以通过共享知识与信息来打造集聚经济和规模经济；梅耶（Meyer，2016）认为金融中心就是集中了大量金融家和企业以网络的形式进行信息交换的集聚地。综上所述，学者们都强调了金融中心在金融主体集聚和信息交流方面的优势。

一、金融中心区位与发展研究

金融中心之所以能够集聚大量金融主体，源于其具有能够影响金融主体选址决策的比较优势。这种比较优势体现在产业集聚与规模效应以及信息优势两个方面。

（1）产业集聚与规模效应为金融中心带来的优势表现在企业可以通过共享基础设施和劳动力市场等方式显著降低运营成本，从而获得更多利益。波特尤斯（Porteous，1995）认为金融中心内部的产业集聚可以显著降低金融企业的运营成本，并且结合马歇尔的外部性效应，提出了这是金融中心吸引金融主体的一种"向心力"。帕克和埃塞亚德（Park and Essayyad，1989）认为金融中心内部金融主体集聚主要表现为银行等金融机构的相互协作、基础设施共享和便捷的相互交流等，这些也是金融中心的"向心力"。这种优势会形成正向马太效应，进一步巩固金融中心地位。阿瑟（Arthur，1994）基于路径依赖模型，结合金融中心存在规模经济和外部效应的事实，认为在某方面具有相对优势的金融中心会进一步吸引更多的金融机构，且会按照这种模式循环往复，形成递增的规模效应。

（2）信息优势研究与产业集聚研究有一定的重合。例如波特尤斯（Porteous，1995）和格里克（Gehrig，2000）的研究均说明了金融中心的"向心因子"同样包括了信息溢出效应。金融主体之间信息和知识更加快捷与低成本地流动，促进了新型的金融服务和金融主体的产生。信息不对称性也是金融中心的信息优势。金融中心内部的金融主体相互交流的信息往往是非标准信息，金融中心以外的金融机构或金融家很难触及这些信息，这同时也是金融中心的"向心力"之一。如赵晓斌等（Zhao et al.，2004）认为北京凭借政治中心的优势相比于其他地区掌握更多的非标准化政策信息，更可能在未来成为中国的金融中心。

少量研究也探讨了金融中心的发展历程。如福康布里奇等（Faulconbridge et al.，2007）以阿姆斯特丹为例，研究了欧洲金融中心的格局变化。他们从金融产品的互补性、金融中心内部民众的认知性和制度环境三个方面，阐述了阿姆斯特丹金融综合竞争力下降的原因。恩格伦和格罗特（Engelen and Grote，2009）以法兰克福与阿姆斯特丹为例，运用新经济地理学视角和比较政治经济学两种视角来解释了金融交易虚拟化，尤其是股票交易的虚拟化给两者发展带来的负面影响。金融交易虚拟化加之制度阻碍，使得金融资本更加向伦敦等高级金融中心集聚，法兰克福与阿姆斯特丹的金融中心地位不断下降。

二、金融中心等级与分类研究

金融中心存在等级体系，需要设定一定标准对金融中心进行等级划分。全球范围内金融中心等级评价体系主要是根据经济指标来实现的，如经济总量、金融业从业人员等。如雷德（Reed，1981）基于1900~1980年不同城市的数据，提取相关变量，根据评价结果定义了全球范围内金融中心的等级并分析了不同级别金融中心的演变过程。

不同层级的金融中心承担不同职能，国际金融中心扮演着全球金融网络指挥官的角色，是最大的资本流入地和输出地；不同尺度的区域性金融中心则多根据地方特征和实际情况承担区域特定功能，如香港主要承担离岸金融中心功能，而上海则主要承担中国乃至东亚地区金融中心的功能。学者对不同等级的金融中心做了针对性研究。全球金融中心主要关注纽约和伦敦（Faulconbridge，2004；Hall，2007b）；国际区域级金融中心，以阿姆斯特丹、法兰克福、新加坡和香港等为典型代表（Beaverstock，2002；Faulconbridge et al.，2007）；在国家级金融中心方面，中国的北京、上海、深圳和香港成为学者们关注的重点（Lai，2012；Meyer，2016）。

研究也探讨了不同等级金融中心之间的联系和差异。不同等级金融中心之间的相互联系主要体现在功能分工上。区域性金融中心的功能往往比国际金融中心具有更强的特定性，而差异则体现在金融规模与活动方式上。如有研究对1980~1998年43个全球范围内的金融中心城市进行了等级划分，发现随着时间推移，各金融中心之间的垂直联系与分工协作不断增强，金融中心等级由1980年的3个增加到了1998年的7个（Poon，2003）。戈德堡等（Goldberg et al.，1988）检验了不同等级的金融中心内部金融活动规模的影响因素，研究结果表明，经济基础、国际贸易水平、金融中介机构的规模和完善的监管法规是最主要影响因素。

三、金融中心社会文化网络研究

金融中心内部社会、文化环境为金融中心带来的优势主要体现在完善的制度和充足的资源两个方面。制度主要指大量的优惠政策和严谨法规，为金融活动创造了便利、公平和安全的环境；资源则涵盖基础设施、社会网络和人才储备等方面，为金融活动提供了"硬件"与"软件"的保障。金融中心的综合优势使得其在金融交易虚拟化的背景下仍能够吸引大量金融主体（Amin and Thrift，1992；Thrift，1994，1996）。金融中心内部完善的法规制度以及个体之间的相互信任对全球范围内金融活动的空间分布，尤其是金融中心的形成和稳定性十分重要（Hudson，1998）。金融人才的知识与经验积累，相互之间的社会网络带来的知识溢出是金融中心特有的社会优势（Beaverstock and Bostock，2000）。宏观经济条件以及特定金融中心内部的基础设施条件和人力资本集聚等都是刺激金融创新在特定地点产生的因素（Engelen et al.，2010）。雄厚的经济基础、强大的资源调配与重建能力以及合理地运用量化宽松政策，让伦敦在2007~2009年全球金融危机过后能够迅速恢复（Gordon，2016）。

金融中心社会网络研究主要突出金融中心之间的竞争和联系以及各自在更高层次的全球经济网络中所扮演角色的竞争性与互补性。克拉克和沃伊奇克（Clark and Wójcik，2001）研究了伦敦与华尔街两个金融中心之间的关系，认为在1997~1998年的亚洲金融危机中，华尔街体现出来的金融活力已经超过了伦敦，并极有可能在今后的发展中逐步替代伦敦而成为级别最高的国际金融中心。金融中心往往会尽量给出"弱干涉"的监管体制作为竞争手段，从而吸引更多的金融主体和流动的金融资本（French and Kneale，2009）。不同金融中心之间的金融隐性知识造就了各自不同的比较优势，而金融知识通过金融中心之间的网络实现流通时则可以影响金融中心的相互关系（Lai，2006）。赖（Lai，2012）研究了不同金融中心在更高尺度的经济金融网络中所扮演的角色，以企业上市为研究对象，分析了北京、上海和香港在中国金融网络中的作用及相互关系，认为北京、上海和香港虽然彼此存在竞争关系，但是在中国的金融网络中更多地扮演着相互补充的角色。

四、离岸金融中心研究

在金融循环流动愈发频繁、金融交易日益虚拟化的背景下，离岸金融中心成为金融中心研究的重要关注点。离岸金融中心是"一个可以为非本地的，与其本地金融规模和服务不相称的企业提供一定程度的金融服务的国家或区域"（Zoromé，2007）。部分离岸金融中心会为企业提供较低甚至零税率，且多为小型经济体，如开曼群岛、维尔京群岛、泽西岛、巴林岛、中国香港和新加坡（表11-2）等。罗伯茨（Roberts，1995）针对开曼群岛拥有的庞大金融资本进行了分析并探讨了当时国际金融系统的变迁，包括新出现的市场、金融工具和变化的金融风险等；S. 柯布（S. Cobb，1998）认为一些相对规模较小的离岸金融中心连接到全球经济中的方式包括建立完善的监管制度、丰富的金融知识与经验以及多层的金融网络；哈德森（Hudson，2000）基于地缘政治经济学视角考察主权国家与离岸金融中心的关系，基于巴哈马群岛和开曼群岛两个离岸金融中心的分析，认为它们是全球化背景下主权国家重新划分金融势力范围的产物，是理解当时国际金融政治格局的风向标。

表 11-2　传统离岸金融中心全球金融中心指数（GFCI）排名前十位

离岸金融中心	GFCI 排名	离岸金融中心	GFCI 排名
英属维尔京群岛	34	耿西岛	55
开曼群岛	39	马恩岛	58
百慕大	41	毛里求斯	68
直布罗陀	45	巴哈马	69
泽西岛	54	马耳他	71

资料来源：Z/Yen 智库集团 2015 年 GFCI 研究报告。

克拉克等（Clark et al.，2015）在总结离岸金融中心的研究成果时，对离岸金融的定义并不满意。他们明确表示企业为了摆脱本地政策约束是其在离岸金融中心开设机构的核心因素，并且强调从提供金融债权的角度来分析离岸金融中心功能。离岸金融中心只是大量金融债券快速"穿越"的区域，并在此过程中获得监管、制度等方面的利益，它们并不在这里产生任何的投资或服务。另外，可以基于全球金融网络来理解离岸金融和离岸金融中心（Coe et al.，2014），突出金融中介企业在将离岸金融中心和各类金融主体与全球经济体系相联系的重要作用（Wainwright，2011）。哈贝里和沃伊奇克（Haberly and Wójcik，2015）检验了外商直接投资的离岸金融中心网络。基于外商直接投资所持股份数据，他们总结出了全球范围内多层次化的外商直接投资离岸金融中心网络，最高层是英属维尔京群岛、卢森堡、开曼群岛、荷兰、瑞士和英国；第二层是东欧集团和英美联盟。科巴姆等（Cobham et al.，2015）设计出了"金融隐秘性指数"，主要通过综合一个区域金融活动的透明度和其在全球经济活动中的地位来衡量离岸金融活动的隐秘性。金融活动透明度主要与区域内企业信息的披露情况、税收制度的效率、资产拥有者的专业知识和该区域遵循国际金融准则的程度有关。卢森堡、瑞士和中国香港是隐秘度指数值最高的三个区域，而美国处于第六位是"令人惊讶"的。"金融隐秘性指数"得出的结果推翻了一些传统的认知，指明一些经济大国或区域同样具有"保密性"极高的金融活动，并且再次指明离岸金融中心是远比避税天堂复杂的概念，会涵盖更多的区域或国家。

第三节 金融主体地理分布与演化过程

在 21 世纪初,金融业发展迅猛,尤其是在金融中心内,涌现了各种新型的金融主体和金融服务,金融业创造出了前所未有的收益,吸引了包括学者和政府机关等社会各界的高度关注。金融地理学内部对金融主体的研究可主要总结为以下两个方面:不同行业主体的区位、行为特征与发展过程;企业金融行为特征与区域发展不均衡性。

一、不同行业主体的区位、行为特征与发展过程

金融业可以分成信贷行业、证券行业、保险行业和房地产金融行业(Wójcik,2012),而金融地理学对前三个行业研究较多。我们主要介绍银行、证券、保险和风险投资四个行业的金融主体区位特征。

1. 银行

银行是最基本的金融中介机构,也是信贷行业最主要的组成部分,主要经营货币信贷等业务。金融地理学领域对银行的研究由来已久,研究的主要领域包括两个方面。

(1)银行机构地理分布与变化特征。银行机构空间分布受制于盈利最大化为原则,因此会综合考虑不同地区的社会、经济、文化和制度背景,对未来的发展进行评估,从而做出最终决策。因此,影响银行机构空间分布的因素也涵盖各个方面。瓦拉金(Huallachain,1994)在综合考虑了资产结构、规模、类型以及不同区域外资银行存在的基础等方面,发现外资银行在美国主要集中于纽约、芝加哥、洛杉矶、旧金山、亚特兰大和迈阿密六个节点性城市;赫格蒂(Hegerty,2016)研究了美国"铁锈地带"的两个城市密尔沃基与水牛城内部传统银行网点的密度,发现这两个内陆城市的银行网点密度很低,且与人均收入、就业情况或其他经济变量呈现强相关性。

(2)银行行为与区域发展的相互影响。银行对区域发展的影响往往体现在通过特定的信贷策略以提升当地企业活力和人民生活水平,从而增强地区经济发展综合实力。而区域一般则通过政策手段给予银行业竞争压力或优惠条件以影响其在本地区发展。基于 1993~2005 年的面板数据对菲律宾银行业与当地经济发展的关系进行研究发现,农村银行对中等发达和欠发达地区的增长起到了关键作用,尤其是中等发达地区,暗示着存在门槛效应(Meslier-Crouzille et al.,2012)。布格施塔勒(Burgstaller,2013)研究了奥地

利地区的银行渗入、市场结构和银行行为，发现市场内较高的银行机构密度与激烈的竞争和低利润率有关，表明市场是高效率的；市场竞争的激烈程度可以反映一个区域的增长态势，而促进银行业合理的扩张和竞争是政府推行的重要区域发展政策之一。

2. 证券

证券是多种经济权益凭证的统一称谓，通过特定形式票券来表示持有人具有某种特定的经济权益。证券主要产品可以分为产权市场产品，如股票；债券市场产品，如债券；衍生市场产品，如股票期货、利率期货和期权等。而证券业即是从事证券发行与交易的金融行业。证券业主要由买方、卖方和交易中间商构成。卖方主要包括经销商、经纪人、投资银行等。他们主要和证券发行方在合适的时候进行沟通，例如当企业发行债券和股票，各级政府发行债券以及银行贷款转化为证券等时机；买方主要包括养老基金、互惠基金和投资顾问等，主要和投资者进行沟通；交易中间商主要负责联系卖方与买方，保证证券交易顺利进行，主要包括股票交易所和清算公司等（Wójcik，2012）。

据沃伊奇克（Wójcik，2011）的研究发现，1980～2007年美国证券业实现了快速发展，股本证券与私人债务证券占金融资产总额的比例由37%上升到了57%，私募证券占比则从45%上升到了62%。这种证券业迅速增长的现象被称为证券化，有三个特点：①证券化使得金融资产所有权在制度与地理空间方面呈现分散趋势；②证券行业能够通过集聚分布获取规模经济效益；③证券企业往往与企业总部分布在一起，并且不会因为时间推移而发生改变。证券化进程给传统金融中介，尤其是银行带来了很大的冲击。银行储蓄和贷款业务与将资本直接投入到市场中的证券业务相比，时效性与收益性都存在一定的差距。银行业务量下降这种现象被称为"去中介化"（French and Leyshon，2004）。证券化进程也推进了金融资本在日渐集中化的金融系统中的流动性，证券化就是将一些原本无法流动的，如住房抵押贷款和信用卡应收款等金融资产转变成可交易的市场债券（Mishkin，2007）。

（1）关于证券业的实证研究主要关注不同产品在发行过程中受到何种外界因素影响，进而呈现何种空间与行为特征。例如克拉克和思里夫特（Clark and Thrift，2005）基于1997～2001年DAX100企业数据，分析了德国股票市场所有权集中制对企业发展的影响。结果显示，企业日均盈利率与所有制集中制呈现显著负相关，且在英美股东权益最大化行为的影响下，德国股票市场所有权集中制受到了冲击，即区域系统和跨区域制度渗透对股票市场都有显著影响。沃伊奇克（Wójcik，2009）研究了股票市场区位特征，认为股票市场与区域内其他机构的相互关系显著地影响股票市场内主体的表现，且股票市场的演进是政治、科技、经济和文化交互错杂的过程，无法单纯地用经济模型解释；股票市场不仅反映社会经济发展，也发挥关键影响作用。

（2）投资银行由于其主要从事证券发行、承销、交易与投资分析等非银行机构业务，往往是证券业分析的重点之一。除了针对投资银行区位与流动性的研究（Beaverstock，2007）、投资银行的特定业务与产品（Hall，2007a）、投资银行与金融全球化的联系（Jones，2002）等方面之外，沃伊奇克（Wójcik，2012）从投资银行与证券业的相互关系方面分析了投资银行对美国金融结构的影响。他根据1978~2008年美国金融业就业数据，发现证券业，尤其是证券业内的投资银行，迅速成为人均工资最高的金融行业，是造成工资分配空间与行业不均的主要因素之一。同时，由于投资银行大量进行证券交易，大部分行为都是半透明甚至完全隐性的，使得其也是导致金融危机的元凶之一。

3. 保险

保险可总结为投保人与保险人通过合同约定，投保人在向保险人支付保险费以后，保险人在双方约定范围内的投保人发生财产损失的情况下承担赔偿约定数额的保险金的行为。保险能在近年来成为金融地理学重点关注的金融主体的原因是，投保人所支付的保险费被保险人投放到资本市场中用以获取利润。而这笔庞大的保险费往往能对不同尺度的金融市场和金融体系产生重大的影响。

保险主要可以分成两类：财产保险和人身保险。金融地理学针对财产保险的研究较少，主要将其视作投保行业与金融业的桥梁。L.约翰逊（L. Johnson，2013）认为指数保险将风险资本纳入了传统农产品流通过程，家庭选择的金融产品将生产活动中的资本与非资本环节联系在一起，让家庭与生产活动更容易参与到全球化进程中。

（1）人身保险中的人寿保险是金融地理学的主要研究对象，寿险公司广泛地参与到了证券、信贷、债券等交易过程中（Langley，2008a，2008b），并且提供从售卖传统的保险政策产品转变成针对家庭或企业的资产管理，加深了与资本市场的联系（Wissoker，2013）。维索克（Wissoker，2013）进一步总结了寿险公司的行为与金融化过程的关系，认为寿险公司主要服务的改变符合金融化研究以企业为中心的政治经济学视角，而其投资行为性质和渠道的改变，包括投资行为的风险性更大、使用创新的融资工具等则符合金融化研究以金融为中心的政治经济学视角。

（2）人寿保险下的养老保险由于自身庞大的资金规模在金融地理学内部是更加受到关注的研究分支领域。由于养老保险业务多为国家层面主导，是国家尺度金融化进程的典型代表之一，因此将其放在金融化部分进行阐述。

4. 风险投资

广义的风险投资可以总结为一切具有较高风险与潜在收益的投资行为，一般主要集中在高新技术或技术密集型产业。而风险投资企业对刺激高新技术产业和区域经济迅速增长起到的关键作用也吸引了学界对于该行业的关注。金融地理学主要关注风险投资企业空间分布、行为特征及其与区域发展的相互作用。

(1)风险投资企业往往倾向于集聚分布,其运营风险投资项目呈现显著的集聚特征,主要原因是集聚分布可以产生规模经济,体现在信息与基础设施的共享,从而降低运营成本。梅森和皮拉基斯(Mason and Pierrakis,2013)利用交易数据探究了2000年互联网泡沫危机以后英国风险资本的空间分布与组成特征,发现英国公共部门的风险资本份额迅速上升,风险投资行为在英国东南部的集中度较低,其投资活动主要是由私有部门主导;英国北部与米德兰的风险投资活动主要受到公共部门的主导,造成这些地区的交易规模较小。以投资总量来衡量风险投资规模的话,伦敦仍是英国风险投资行为最集中的地区。弗里奇和席尔德(Fritsch and Schilder,2012)基于2004~2009年德国风险投资的数据,探究了风险投资行为是否受到风险投资公司与投资组合公司之间空间邻近性的影响,发现与投资组合公司之间的地理距离对投资行为可能产生的影响,可以被风险投资公司与投资行为之间的邻近性及投资行为之间的集聚所克服,直接导致了风险投资活动倾向在空间上集聚。

(2)影响风险投资企业与行为分布的主要因素同样涵盖了社会、文化、制度等各方面。政府政策、社会文化环境、风险投资企业的关系网络等都可以显著影响投资企业及其行为。森利等(Sunley et al.,2005)研究了英国与德国风险投资政策体现出的区域差异性,发现德国的风险投资政策更依赖于风险缓解的思想,而英国则倾向于更加商业化的政策制定原则。两种政策的不同体现了两个地区不同的社会、文化、经济和制度环境,政策差别直接影响了风险投资行为在空间上的分布。雷(Wray,2012)则分析了英格兰北部和米德兰东部两个地区风险投资行为之间的联系网络,发现每一个金融集聚区都有不同的关系网络,而其内的风险资本能够通过该网络跨越空间尺度与其他地区相联系;不同地区投资者之间的关系邻近性可以克服地理距离带来的阻碍,从而促使风险投资行为的发生;而投资者与某地区企业家之间的关系网络是影响当地投资行为的关键,两者的相互联系强则更容易促进投资行为的发生。

总之,金融主体与区域紧密相连,相互影响。不同类型金融主体的区位和行为特征受到市场、区域特性与政府行为的多重影响。金融主体行为同样会影响区域发展,大部分都能够带动区域经济增长。但也会存在隐患,需要从主体自身、市场环境和政策手段等方面进行规范,避免产生负面效应。

二、企业金融行为特征与区域发展不均衡性

企业是经济地理学重要的研究对象(Dicken and Thrift,1992;Maskell,2001),但

是企业金融行为研究一直没有受到金融地理学者的关注（Pollard，2003；Hall，2013）。波拉德（Pollard，2003）把忽略企业金融行为的原因总结为以下两点：①新古典经济理论认为，金融业是不随空间变化的，企业金融行为在同质性理论前提下失去研究的意义；②政治经济学始终关注经济中的生产要素，关注企业的生产行为，忽视了不同尺度下货币和金融的流动对经济可能产生的影响。

（1）部分学者针对这种"忽略"提出了一些侧重点不同的弥补方式。企业金融是理解企业行为、管理体制和发展策略的一部分，经济地理学需要从空间和社会的视角去理解企业金融行为。企业不仅可以通过地方性的专业知识，还可以通过自身的关系网络来获取地方金融资源（Pollard，2003）。企业自身的网络关系是企业进行国际化扩张发展的关键，揭示了企业和资本家的社会与文化邻近性的重要作用（Glueckler，2006）。皮克和波拉德（Pike and Pollard，2010）从地理学视角出发，提出了两种理论视角来理解金融和实体经济之间的联系：①任何经济活动都存在显著地理异质性，因为它们都是由静态的研究单元和静态的流动要素组成；②在金融化迅速推进的背景下，需要检验新出现的金融主体、空间和金融系统之间的相互关系，且需要突出它们对金融系统的重要作用。企业金融行为研究需要强调不同尺度的金融网络与内部的金融流动和企业行为之间的相互影响，以及这种影响的空间差异性。

一些学者针对企业金融行为进行了实证研究，通过案例分析来印证企业决策或行为均受到了金融利益最大化原则的影响。克拉克和瑞格利（Clark and Wrigley，1995）分析了沉没成本对企业股东决策影响。他们提出了有关企业管控沉没成本的15种经济与空间原则，这些原则可以同时适应空间的不变性与流动性。他们还探究了企业所处的地区环境、新出现的金融工具对企业决策的影响，认为地区环境在一定程度上对企业决策起到限制作用，而后者则致力于将企业从传统生产过程中解放出来。穆勒雷尔（Muellerleile，2009）基于对金融化进程中波音公司总部从普吉特海湾迁址到芝加哥的原因及影响的分析，认为波音公司迁址的原因是芝加哥距离原料地更近，并且更能接触到来自国际金融市场的资源。J. 马歇尔等（J. Marshall et al.，2012）基于访谈与二手数据，研究了英国著名的零售业银行诺森罗克银行在2007年瓦解的原因，认为银行决策者们被金融化的过程和伦敦作为国际金融中心散发出的强大影响力"冲昏了"头脑，忽视了银行一直以来赖以生存的地区基础，混淆了零售业银行与其他金融主体的运营方式，盲目依赖于国际金融体系，轻易采用激进的、高风险的经营模式，从而制定出了背离自身发展规律与地区特征的决策，导致了银行的瓦解。

（2）企业决策行为中选择何时何地通过何种方法上市对企业自身和上市地区的发展都有显著的影响。上市企业是证券的主要发行者之一。随着近年来上市企业的数量越来越多，企业上市的行为特征和空间差异也成为金融地理学的重点研究领域之一。企业上市多选在海外市场中的金融中心城市，这些城市往往具有完善的基础设施和制度体系，能够为企业发展提供良好的氛围。新兴国家和市场内的企业更倾向于在海外市场上市以获得更多的资源与发展机会，例如更低的交易成本、更丰富的财务报告、更精确的分析预测以及更低的融资成本（Edison and Warnock，2008）。而企业上市会加剧全球范围内经济发展差异，促使资源进一步向发达地区集中。海外上市会给国内的中间商带来很大的压力，迫使他们与国外市场竞争。同时也驱使国内的管制机构打造一个对投资者更加友好的市场体系（Karolyi，2004）。海外上市可能会严重影响国内市场的贸易和证券发行情况，甚至减弱地方中间商的创新动力（Moel，2001）。21 世纪初，大量来自金砖国家的上市企业在美国、英国和卢森堡上市，并且在英美两国上市的企业主要集中在纽约和伦敦两个国际金融中心。企业海外上市格局进一步巩固了国际金融中心城市的地位，同时削弱了其他城市的实力，助长了区域发展的空间不平衡（Wójcik and Burger，2010）。由于各个国家之间的贸易和关税壁垒可能会阻碍企业在不同地点的上市，部分学者也研究了交叉上市对企业和区域带来的影响。帕加诺等（Pagano et al.，2002）研究了交叉上市企业的组成，发现交叉上市的企业大多来自资本高速增长的产业和出口密集型产业。克拉克和沃伊奇克（Clark and Wójcik，2007）则认为一些拥有高新技术企业集群的城市更容易成为企业的交叉上市地点，这样企业可以绕过企业所属国家的内部资本与管理体制。

企业金融行为会依据股东利益最大化原则呈现出不同的特征。比如选址在金融中心城市以更好地获取资源与降低成本，在提升企业自身效益的同时，进而促进区域经济发展。相应地，以社会、经济、文化与制度背景构成的区域环境则会直接影响企业金融行为，也是导致区域不均衡发展的根本原因。企业为了追求利益最大化而在某些地区增设或关闭分支机构进而影响地区发展的情况属于金融排斥，是金融地理学重点研究领域之一，将在后文介绍。

第四节　金融网络与区域发展

高流动性是金融业的显著特征，而分布在世界各地的金融主体加上在彼此之间流动的金融资本构成了国际金融网络和金融系统。随着金融业对各类经济产业的影响日益深化和全球化进程的迅速发展，不同尺度的金融网络和金融系统成为金融地理学研究的重点领域。

一、金融网络、金融系统与金融流动

最早的金融网络研究追溯到文化经济学研究方法兴起的初期。泽利泽（Zelizer，1994）首先从人类学的视角研究了货币与社会文化的紧密相关性，提出"多重货币"概念。多德（Dodd，1995）首先提出了"货币网络"的概念，致力于将货币的一般性和特殊性相结合，认为货币具有差异化的社会文化属性，但是同时也是均质化的交易工具。思里夫特（Thrift，1994）将货币网络研究上升到金融网络层面，主要研究了国际金融中心在金融网络中的重要地位并强调根植性在其中的应用，突出金融中心自身的制度和文化等方面的基础会影响金融网络及金融系统的构成与金融资本在其内的流动方式。在研究金融网络和金融实践的时候必须要用地理学的视角关注不同区域内不同背景与环境给其带来的影响（Pike and Pollard，2010）。

实证研究主要集中在金融主体或金融行为具有的网络特征及其影响因素。金融网络往往可以强化金融主体之间的相互联系，从而克服地理距离为金融活动带来的阻碍，主要体现在资源与人际关系领域。而针对金融网络的影响因素主要集中在网络内的信息传输机制和网络外不同尺度区域的社会、文化、制度及经济的外界环境因素。兰勒（Langley，2006）研究了美国按揭贷款的证券化过程，发现整个转换过程就是在庞大的抵押贷款网络和资本市场的多重网络综合作用下形成的。全球零售业市场的融合也是国内金融市场网络的"延伸"，国内金融资产乃至负债都和国际金融市场紧密结合，尤其是加强了与伦敦和纽约这样的国际金融中心之间的联系。有研究认为金融市场具有显著的关系性与网络性特征，发现关系网络更完善的风险投资组合公司能够做出更好的投资决策与实施过程，具体体现在这些公司的资金通过首次公开募股或售卖股份给其他公司的方式成功撤出的比例更高，并且这些公司在一系列的资金投入与撤出过后的存活率也更高（Hochberg et al.，2007）。科古特等（Kogut et al.，2007）分析了美国 1960~2005 年 159 561 笔风险投资交易行为，观察到风险投资企业在全国范围内逐渐形成的关系网，验证了布罗代尔针对企业区域集群功能的假设，即企业之间通过集聚后形成的关系网络和相互信任能够克服地区偏好为投资行为带来的阻碍。有学者研究了金融中介间形成的网络对减轻地理距离和地方保护对跨边界风险投资行为起到的作用，认为金融中介的"网络邻近性"能够中和较远的地理距离给跨境风险投资行为带来的阻力，主要体现在中介之间的关系网络能够超越地理尺度提供投资活动的信息，从而促生高质量投资行为的产生（Jääskeläinen and Maula，2014）。

金融资本体的流动性让不同金融主体之间建立起了相互联系，也让每一个金融主体成为国际金融系统的一部分。对金融流动的研究有助于更好地理解不同地区、不同尺度金融主体的行为以及金融网络和社会经济之间错杂的相互关系。金融流动研究可以归纳为两个部分：金融网络和金融系统内部的金融流动研究；超越金融网络和金融系统尺度，金融流动如何与社会经济发展进行互动。

（1）金融网络和金融系统内部金融流动的研究主要集中于网络与系统内资本流动的特征及影响因素。信息传输效率和信息不对称性使得金融流动性对地理距离与制度障碍具有很强的敏感性。例如，波特斯等（Portes et al.，2001）基于1989~1996年14个国家企业股票、企业债券和政府债券三种不同金融资产流动的数据，通过引力模型探讨了不同类别金融资产跨国流动的影响因素，表明地理距离和流动强度呈现显著的负相关关系。企业股票和债券的流动对距离的敏感性显著强于政府债券，原因是企业金融资产对信息的需求量更大，敏感度更高。因此，在地理距离增加而导致信息传输不畅或成本上升的过程中，其流动强度会迅速下降。进一步地，波特斯和雷伊（Portes and Rey，2005）分析了跨境股票流动的影响因素，显示流动总量和两国的市场规模与交易成本有直接关系，而交易成本主要与信息的不对称性和传输效率有关。因此，信息的空间分布成为跨国股票交易的主要决定因素。普伊（Puy，2016）研究了2001~2011年全球与区域尺度下国际互惠基金发行的股票和债权的流动特征，发现几乎所有国家都在国家互惠基金的投资覆盖范围之内，而当发达的金融市场发生条件或结构性转变时，新兴金融市场也会受到显著的影响。

（2）金融资本流动并不局限在金融网络或系统的内部，可以超越网络或系统的尺度而根植在更大尺度范围的社会经济中，并与之产生交互错杂的关系（Hall，2013）。在金融地理学领域中，部分学者一直担心针对金融的研究会脱离经济地理学背景（Leyshon and Thrift，1997a；Martin，1999b；Engelen and Faulconbridge，2009）。国际金融系统的迅速发展让学者们更加关注高端复杂的金融及其相互作用，反而忽略了最基本的日常经济行为（Hall，2011）。直到频繁的金融危机，尤其是2007年爆发的全球金融危机，才让金融地理学者们意识到必须将金融网络和系统内部流动的金融资本放到所处的社会经济环境中去。可以从以下三个方面来理解金融流动与实体经济交互错杂的现象（Hall，2013）。

第一，企业金融行为。企业金融行为既能很好地反映流动的金融资本如何影响企业决策与活动，同时受金融影响的企业行为又反作用于不同尺度的区域经济发展。

第二，强调地理学空间与地方的影响，关注金融流动与所处的社会、经济、文化乃至自然环境之间的相互关系。金融流动和循环的过程并不能抓住其自身与所处环境之间复杂的关系。尽管金融地理学研究多集中在国际金融中心内部的金融主体进行的金融投机行为，但却很少注意到这些投机行为的物质基础。研究重点关注了金融流动与所处的环境之间的关系。莱松和思里夫特（Leyshon and Thrift，2007）认为固定资产可以通过租金、抵押还债与信用卡债务等渠道产生可预测的收益流。一些学者也研究了普通资产直接转换为金融工具的现象，例如自然环境可以通过排污权交易和生产气象有关的金融产品而成为金融投机行为的对象（Pollard et al.，2008）。菲利普（Phillip，2010）将城市基础设施的生产与扩张过程看作一种投资策略，对澳大利亚麦格里银行集团进行了实例分析，认为该集团将城市基础设施建设从一种相对稳定的城市固定资产变成了一种具有高风险的金融产品，这种私人化与利益驱动的行为损害了城市基础设施应有的社会价值。

第三，强调各类金融主体将物质资产转换为收益流的现象，金融主体包括银行、证券和基金等机构。研究这些金融主体的空间与行为特征也是理解金融流动如何在金融网络与系统内部，或者超越该尺度与社会经济环境相互影响的关键。例如银行可以通过将房屋转换成抵押贷款的方式将固定资产转换为资金流，基金机构也可以将诸如养老金等存款投入到资本市场中进行投资盈利等。它们用不同的方式和渠道将金融与其他产业的资本相互转换，将金融流动注入到社会结构中，造就了两者相互错杂的关系。

二、外界因素对金融网络发展的影响

不同尺度区域发展环境对金融系统与网络的运行同样具有显著影响，主要体现在科学技术、制度、文化等方面。

（1）科学技术进步针对金融网络与系统的影响主要在于改变了金融交易方式，一定程度上克服了地理距离与信息不对称给金融业发展带来的阻碍，提升了金融资本的流动性与交易过程的效率，降低了交易成本。金融地理学主要以股票为对象研究技术进步对交易与资本流动方式的影响，股票贸易商一直是最先应用现代科技的金融交易者。例如，19世纪50年代他们用电报进行股票交易，19世纪80年代用电话进行交易，20世纪利用股票交易所内的电子显示屏在全球范围内进行交易等（Leinweber，2009）。基于光纤和计算机的高频交易（HFT）是最新一代交易技术的代表，它们凭借着超快的运算与信息传递速度，实现了全球范围内金融主体间迅速高效的交易行为，真正做到了"时空压缩"（Hall and Soskice，2001）。布迪什等（Budish et al.，2015）指出，尽管人类交易过程看起来是连续的，但在以计算机交易为主的微观尺度交易过程明显是离散的。这些离散点会造成交易过程中执行时间数毫秒的微小差异，就会成为"纯粹的技术套利机会"。技术是让交易能够在市场之前得以进行的关键，交易者们常常利用这种套利机会更快地获取信息从而得到更优惠的交易价格。有研究则认为交易者们甚至可以利用HFT获取一些非道德乃至违法的利益，如交易者的"煽风点火"行为（Tse et al., 2012）。技术进步的确让金融业在全球范围内的流动和交易超越了地理尺度，变得更加高效，但是也加剧了信息不对称可能带来的负面影响。

（2）不同尺度的政策制度也能对金融网络和金融流动产生显著影响。西方绝大多数地区为资本主义经济制度，市场经济体制较为完善，政府政策的干预较少，且随着时间推移，越来越多的政策都倾向于放松对金融市场的管制，使得政府放松管制对金融网络和系统产生的影响成为金融地理学研究的重要领域之一。金融放松管制影响金融网络的方式主要是通过增强金融市场的竞争程度，加速金融流动与循环，从而提升市场的活力。金融业放松管制对20世纪70年代以来金融景观的重新配置起到了至关重要的作用，各国政府竞相放松对金融业的监管力度以求引进更多的自由资本，从而增强自身的金融活力。如英国政府允许建房互助会进行股份制改革从而更好地与银行等金融主体进行竞争，直接导致了建房互助会创造出了更多的融资方式与融资工具，激活了英国垂危的住房市场（Martin and Turner, 2000）。西班牙政府实行的对境内银行业放松管制对低收入地区银行业的分布具有显著的影响。在实施了金融放松管制以后，低收入地区与其他地区银行机构的数量差距迅速缩小。储蓄银行相比于其他类型的银行更能体现出这种特征。因为放松管制以后，低收入人群能够更轻松地获取金融资本，储蓄银行相比于其他性质的金融主体面临更小的盈利压力，主营的储蓄和小额贷款业务更能切合低收入地区的实际（Bernad et al., 2008）。美国政府实行金融放松管制以后，处于垄断竞争模式的银行几乎没有受到影响，而市场竞争模式的银行则面临更激烈的竞争环境，所受益处大于弊端，市场的金融活力得到提升（Yildirim and Mohanty, 2010）。

金融放松管制能够增强市场活力，改善人们的金融业务能力和生活水平，但是单纯的放松管制并不能直接促进区域经济增长。研究考察了金融放松管制和区域经济发展之间的相互关系，发现政府针对金融业的放松管制的确可以增强金融市场的活力，提升竞争程度。但是各个区域经济发展的差别主要还是和各自不同的文化和制度背景有关，金融放松管制引起的金融市场变化并不能直接影响到区域经济发展之间的差别（Valverdie and Humphrey, 2003）。

（3）文化因素也能显著影响金融网络与系统的运行方式。金融地理学通过文化视角来研究金融网络与系统，典型代表是对"伊斯兰金融"的研究。这一新兴的金融主体是将主流的金融模式与伊斯兰教规所坚持的核心价值观相结合的产物，是对以英美为代表的西方主流金融网络的一个很好的补充，丰富了金融地理学的研究对象。首先，按照伊斯兰教规和伊斯兰传统文化价值理念的要求，金融机构无法进行一些特定的金融活动，如金融业务不能获取利润、各类金融主体不准进行任何种类的投机活动等。但同时，一些具有自身特色的金融业务也被创造出来，如共享利润或共享风险模式的银行储蓄业务等。其次，伊斯兰教规的学术权威具有重要的地位，他们的观点和思想对金融发展方向具有决定性的影响。这些学术权威具有如此重要的地位并不是因为他们创造了多少收益，而是他们所具有的宗教话语权。

金融地理学针对"伊斯兰金融"的研究，除了针对其自身的特性以外（Warde, 2000; Maurer, 2006），主要关注其如何在西方主流金融网络的包围中更好地生存。雷瑟尔（Rethel, 2011）分析了"伊斯兰金融"的"合法性"与其在主流金融环境下的发展前景。"合法性"即其自身特征与西方金融主流价值观的契合程度。她认为仅仅分析"合法性"是不够的，还需要关注其在全球化的金融网络中可能的演化方向。"伊斯兰金融"的确能够成为对西方主流金融体系的一个补充，但是它极有可能被日益同化，展现出越来越多与西方主流金融价值观相似的特征。当它遇到金融危机的时候是否还能坚持自身共享风险、共享利润等等的原则，抑或像其他主流金融机构一样土崩瓦解，都还需要进一步观察与讨论。波拉德（Pollard, 2013）研究了在英国和美国的"伊斯兰金融"的发展特征与影响因素。他们首先定义了"区域合法性"的概念，即区域内部能够影响金融实践的社会、经济、文化和制度等各方面因素。"伊斯兰金融"在英美两个国家内的运行即受到了这种区域合法性的影响。一方面，英美的主流金融主体为与"伊斯兰金融"主体开展合作，开辟了新的金融业务和金融渠道，例如汇丰银行开设了"伊斯兰窗口"以专门进行相关业务；另一方面，英美也通过政策等手段强制境内的"伊斯兰金融"主体做出一定程度的改变，以适应主流的金融体系，例如通过修改税收法案来强制取消双倍的印花税。

（4）金融排斥是金融主体利益最大化的思想和区域社会、文化、制度等多重因素作用的产物。肯普森和惠利（Kempson and Whyley, 1999）依据特定数据与相应的统计模型，发现金融排斥的影响因素涵盖各个方面。首先，金融排斥现象与居民收入显著相关，是否接受了收入补贴与收入水平高低的变量对金融排斥现象具有最强的解释力。其次，居民特性，如民族宗教信仰、语言通用性、文化素养等对金融排斥也有显著的影响。宗教文化中对援助或投机行为的禁止，语言适用范围小，文化素养低从而导致的自我排除等也是金融排斥的原因。金融排斥并不是一个绝对的过程，而是与金融包容同时存在。金融包容主要指金融服务能够覆盖到更广的人群和空间范围，最典型的表现形式是以银行账户、借记卡等代表的基本银行业务和以信用卡、未偿还贷款为代表的信用业务设立了更低的准入门槛，从而开辟了更多的服务对象（Kempson et al., 2007）。针对金融包容的研究集中在经济学、管理学和地理学领域，以银行业为主要研究对象，定性与定量兼备。在地理学领域中，萨尔马（Sarma, 2010）将金融包容程度分解为渗透性、接触性和使用性三个维度，对不同维度赋予不同权重，最终得出地区的金融包容程度。诸多学者计算了不同国家或地区的金融包容程度，关注其区域差异和影响因素（Chakravarty and Pal，2013；Gupte et al，2012；Wang and Guan，2017）。

金融网络与系统的发展演进就是金融排斥和金融包容交互作用的过程（Leyshon and Thrift，1997b），而更具包容性的金融网络能够缩小社会发展不均从而促进社会稳定，并引领更加富有活力的经济增长（Clarke et al.，2006；Beck et al.，2007）。近年来，金融包容得到了金融地理学者的重点关注。一方面，部分金融地理学者通过全球或国际区域尺度的宏观经济数据研究金融服务的可获得性，根据其空间分布差异提出提升金融包容性的具体建议（Kendall et al.，2010）；另一方面，也有学者利用具体到企业、家庭乃至个人层面的数据研究微观尺度金融包容特征与影响机制。有研究基于欧洲 25 000 个家庭的数据，分析了 2008~2010 年金融危机期间金融包容的影响因素，发现家庭尺度的金融包容同样受到多方面因素的影响，体现在收入、职业类别、婚姻状况、教育程度、年龄和民族宗教信仰等方面。金融危机期间受到收入冲击却又没有足够的固定资产储蓄的家庭常被排除在金融服务范围外，而社交能力强、关系网络广泛的家庭更容易获取金融服务（Corrado and Corrado，2015）。

三、金融生态研究

以莱松等人为代表的金融地理学者提出了金融生态的概念，综合了金融网络的特征与外界因素对其产生的影响，用以描述金融地理的特征要素与运行原理。金融生态认为金融网络和系统并非是单一维度的，或被全球尺度资本流动的时空逻辑而决定的，而是由一系列分散的、具有不同特征机制的"生态系统"构成。金融生态重点强调了金融专业知识、制度背景、技术进步、包括金融专家与金融中介在内的主流金融主体的作用，由于所处空间位置不同而呈现出的不同特征与功能是金融生态具有差异性的根本原因（Leyshon et al.，2004；Leyshon et al.，2006）。此外，金融生态强调社会空间关系的产生与流动，而非审视静态的因果关系，同时强调各因素在集聚或分散过程中彼此独立或相互联系而产生的作用。基于强调各因素异质性、流动性与独立作用的基础上，金融生态就可以采用关系地理学视角来解释为什么每个生态环境内的关系体系相比于其他生态更加持久和开放（Lai，2016）。

金融生态之间的差异主要体现在邻近性和连接性。例如某一金融生态下的金融主体具有更完善的关系网络，并且与生态外部主体的连接性更好，那么该金融生态就具有更强的恢复力（Langley and Leyshon，2017）。各因素综合作用会导致金融生态系统内的金融主体与其行为展现出不同的特征，使得金融生态常常应用于金融排斥与金融包容领域的研究（French et al.，2008；Appleyard，2011）。例如科波克（Coppock，2013）基于金融生态视角研究了英格兰三个农村地区金融排斥与包容现象的影响机制，发现不能简单二元化地归结为金融排斥或金融包容，而是根据不同的因素呈现出不同的状态。一方面，这些地区的家庭不会由于一套简单的指标而获取金融服务或被排除在金融服务之外，而是金融机构按照家庭收入和自身的实际准入门槛等多因素做出综合评估后再进行决策，这就导致了三个农村地区表现出不同的金融排斥程度；另一方面，这些家庭也可以通过选择主流金融服务以外的替代性金融服务来增强整个金融生态的金融包容度，而这种金融包容度的提升由于和家庭自身的金融业务能力与关系网络紧密相关，往往很难通过指标测量出来。

金融生态也被金融地理学者用以解释金融主体与金融行为发展特征和影响因素。例如兰勒和莱松（Langley and Leyshon，2017）基于金融生态研究了众筹基金的发展模式与运行过程中受到的影响，强调众筹基金运行模式的多重性，认为众筹基金并非一定要界定为资本主义融资主体或某种资本主义融资的替代品，而是在不同的情境下具有不同的特征，需要用关系的视角结合实际情况分析。他们认为需要将众筹基金运行过程中涉及的金融中介和信贷关系作为研究重点，强调各自独立与相互联系对其运转起到的作用，认为众筹基金这一新兴的金融主体并不会扰乱现存基金体系的制度和债务机制。

最后，金融生态常常与金融化研究相结合。家庭的金融决策，金融中介对企业行为的影响，政府职能在金融化过程中的转变，甚至金融全球化等领域都有学者应用金融生态的理念进行研究，强调不同的金融生态独特的作用机制对各尺度金融化进程产生的影响。

第五节　金融化

金融能够得到经济地理学者广泛关注的主要原因之一是金融对不同尺度社会经济结构的影响越来越大，在某些领域中正逐步占据支配地位，这种现象被称为金融化。金融化研究主要分析金融如何影响甚至主导从个人、家庭到全球尺度的经济活动。20世纪80年代以来的几次金融危机，尤其是2007~2009年的全球金融危机从反面展现出金融对经济稳定发展的重要性，金融化研究也因此反复被学者们推到金融地理研究的中心（Engelen and Grote，2009；Aoyama et al.，2011）。

一、金融化定义与研究内容

不同学者对金融化定义的侧重点不同，一些研究从较高尺度对金融化进行了宽泛的定义，例如布莱克本（Blackburn，2006）认为金融化可以简单地理解成金融与金融工程日益增长的力量及其在经济系统中的地位；爱泼斯坦（Epstein，2005）认为金融化是金融动机、金融市场、金融因素和金融机构在国内与国际经济中的角色愈发重要的过程。另一些研究则强调小尺度视角，如克里普纳（Krippner，2005）将金融化定义为："一种通过金融渠道而非传统的商品生产贸易渠道进行利润累积的模式"。还有一些研究看重金融化与资本主义经济之间的联系，如阿尔伯斯（Aalbers，2008）在"资本循环流动"概念（Harvey，1982）基础上，将金融化看成是资本由初级循环流动（生产过程投资）经由次级循环流动（固定资产投资）、三级循环流动（科技、教育、健康等方面的投资）后转换到四级循环流动（金融领域投资）的过程。弗伦奇等（French et al.，2011）则认为金融化是一种深刻的空间现象，是当代资本主义危机趋向的一种可能的解决方式。金融化代表了一种"时空修复"探索，在资本主义危机不可避免的前提下，正是通过这种时空间修复手段来推迟或绕开危机的发生。多样化的定义凸显了金融化是涉及多学科且分散化研究（Engelen，2008）。

弗伦奇等（French et al.，2011）将金融化的研究总结成为三个分支领域：规则理论主要探索金融化在社会累积过程中扮演的不同角色；社会会计准则主要分析金融市场和企业之间的关系；社会文化方法则聚焦在不同金融主体日常经济行为中的金融化现象。皮克和波拉德（Pike and Pollard，2010）归纳了两个金融化研究主题。①关注伴随金融市场的规模和影响扩张涌现的一系列金融中介和其他金融因素。金融市场与金融中介已经在塑造个人、家庭和企业的社会空间关系的过程中变得更加重要，金融已经成为理解这些主体经济空间行为的核心因素。金融化揭示了风险、不确定性和易变性已经以金融系统为载体深深地根植在了经济地理学当中。金融中介和金融实践凭借自身广泛的社会和空间可达性将风险、不确定性和易变性经由金融市场扩散到了数以万计的私人与公共领域。②关注金融化过程造成的经济、社会和政治领域的反响。不同个人、家庭和企业的金融能力与金融基础的差异性会导致其面临不同的金融状况。因此，金融化是引起个人、企业和社会机构在空间上呈现不均衡发展的重要原因之一。金融化研究中常常出现一些误区，如将金融化的研究和实体经济相分离，不注重其与经济实践的关联性，只强调金融系统内部的循环流动；忽略金融化的政治本质，只注重科技进步等方面对金融化进程的推动作用，而未分析政府和监管机构行为对金融化的影响（Buck-Morss，1995）；

认为金融化过程是超越地理尺度的,其相对标准化的实践准则令世界"扁平化",空间和地方特性对金融化进程的作用微乎其微(Pike and Pollard,2010)。

二、不同尺度的金融化研究

1. 个人和家庭尺度

个人或家庭的生活已经和更高尺度的社会乃至全球环境息息相关,其金融行为也越来越多地受到国际金融系统的影响(Clark,2005)。金融化是更加精细化、多样化的时空进程,而非均质化金融实践标准的扩张,地方和空间扮演着关键的角色(Peck and Theodore,2007)。在国家福利日渐退出的背景下,个人和家庭越来越多地依赖金融市场与金融工具来维持自身的经济利益(Martin,2002),使得金融化能够重新配置金融系统内部个人金融实践的地位和相互关系(Clark,2000)。而机构投资者通过运营中产阶级的保险费和养老金以获利的行为金融化进程则是推动力之一(Erturk et al.,2008)。中产阶级的金融行为,如其充足的存款,可以增强市场内金融资本的流动性(Leyshon and Thrift,2007),构成了具有其自身鲜明特征的金融生态。中产阶级的金融生态是解释金融化在个人和家庭尺度空间性的重要元素,实现了其与不同层次的金融网络和系统的相互连接(French et al.,2009)。

个体理财能力是一个针对性的研究对象。个体理财能力可以理解为个人和家庭对其日常生活中必须涉及的金融产品与服务的理解程度(Hood et al.,2009)。理财能力的高低往往决定了个人家庭的生活质量,从而间接影响整个社会的经济发展。理财能力的研究主要涉及两个方面:①特定主体金融理财能力的特征,如对美国年长妇女群体理财能力的特征及影响的差异性进行研究发现,美国年长妇女群体的理财能力普遍较低,大部分妇女没有针对退休以后的理财计划,而那些理财能力相对较高的妇女能够享有更舒适的生活(Lusardi and Mitchell,2008);②理财能力不同尺度地区性差异,如福尔纳罗和蒙蒂科内(Fornero and Monticone,2011)发现意大利国内大部分家庭的理财能力处于相对低下的水平,缺乏对类似于利率和通货膨胀等基本概念的理解,教育程度较高的男性和居住在中心北部的家庭拥有相对较高的理财能力。

2. 企业尺度

总体来说,企业层面金融化研究的典型代表即是企业受到"股东利益最大化"等原则的影响使得企业呈现出规律性的空间特征与行为模式。该部分内容在本章第三节"企业金融行为特征与区域发展不均衡性"部分已有相关论述,此处不再赘述。

3. 城市或区域尺度

城市或区域尺度金融化研究主要集中于政府在金融化过程中扮演的角色、所采用的融资工具及其社会影响。地方政府城市建设活动时需要大量资金支持，使得通过各种融资渠道获取资金成为地方政府的重要任务之一。不同地方政府采取的融资工具往往具有显著的地方特性，且能够将全球金融资本和地方财富市场相连。地方政府也能够通过政策工具对金融化进程产生关键的影响，使得金融化根植在本地的社会、经济、文化和制度环境之中。这也彰显了空间和地方在金融化进程中扮演着关键的角色。地方政府针对地方金融化进程所产生的影响可以总结为三个方面：首先，地方政府可以通过抵押基础设施资产或制造新型投资工具的方式参与金融市场的建设；其次，地方政府能够通过政策措施很好地保护和利用上述投资工具引来资本所创造的收益；最后，在金融市场一体化的浪潮下，地方政府仍有能力为公共产品供给创造出一片保留领域（Weber，2010）。

西方国家融资工具的典型代表是市政债券和公共风险投资。市政债券主要是地方政府将通过未来税收和基础设施建成后获取的两种收益作为抵押而发行的债券，是地方政府"出售未来收益"而进行融资的一种工具。R. 韦伯（Weber，2010）研究了美国市政债券的空间分布特征，发现能够更容易地将公共资产转换成新的融资工具从而最小化支付风险的城市政府更能通过债券融资工具吸引更多的资本。在此基础上，其研究了芝加哥政府1996~2007年通过税收增额融资的方式进行基础设施项目融资的过程，发现通过该融资方式并在过程中施加针对物业税评税强力的政治管控，芝加哥吸引到了全球范围内数以亿计的金融资本，但同时也造成了较为严重的房地产业过度供给。

公共风险投资是指政府对地方风险投资进行干涉以减轻由于信息不对称等因素造成的市场失灵而带来的损失。政府可以通过直接或间接的方式来影响风险投资，直接方式包括向各种政府风险投资基金注入公共资本来影响市场风险投资结构（Brander et al.，2014），间接方式主要是政府通过改变风险投资市场所处的制度和金融环境来影响市场运行模式（Leleux and Surlemont，2003）。实证研究主要集中在公共风险投资的特征和影响，如林姆和金姆（Lim and Kim，2015）基于1995~2005年463笔投资数据研究了公共风险投资对韩国以新工艺企业的影响，发现在风险投资市场发展初期，公共风险投资着重投资到成立周期较短的企业；在重建期则重点针对生物技术企业，即公共风险投资在不同阶段具有不同的产业针对性，对塑造地方产业格局有关键性的影响。

4. 国家尺度

中央或联邦政府将主权财富基金与养老金等国家掌控的公共财产投资到某一产业领域以带动经济发展。主权财富基金是指一国政府通过国际收支盈余、特定税收与预算分配和再生资源收入等方式进行积累所形成的，由政府支配，通常以外币形式持有的公共财富。传统上，主权财富基金管理的比较保守和松懈，对本国与国际金融市场影响非常有限。近年来得利于国际油价飙升和国际贸易扩张，主权财富基金作为庞大的资金储蓄受到了越来越多的关注。尤其是在金融危机爆发以后，主权财富基金成为稳定一国内部经济结构的重要资金来源（Clark et al.，2013）。主权财富基金相比于市政债券或公共风险投资等城市层面的融资工具拥有更加广泛的投资领域和更加多样化的投资策略。哈贝里（Haberly，2014）基于文献研究和半结构访谈研究了在 2007 年全球金融危机背景下德国主权财富基金对其汽车工业的作用，认为相比于英美两国金融资本占据主要地位的市场结构，德国传统工业资本在国内更具优势，而德国的主权财富基金也正是通过向面临危机的金融资本企业注入更多的资本，并将其纳入所有制更加多元化且运营周期更长的传统企业网络中，通过传统企业网络的比较优势和制度互补性来稳定金融资本企业的运营，从而达到稳定社会经济发展的目的。

养老基金是保险业金融主体的一个重要分支，养老基金是国家设置用来保障民众退休后生活的专项基金，由于其公益性质，受到国家立法的保护并享受到诸多优惠条件。例如将养老基金进行投资后获得的收益常常能够享受税收优惠（Clark，2000）。在大多数情况下，一个国家会集中设置一些基金储存养老金缴款，并将其交由专业机构进行投资以获取利润（Clark and Monk，2013）。养老金凭借着制度优势和庞大的资金基础，成为活跃在金融市场的重要金融主体之一。养老金成为提升个人和家庭的理财能力，并促使他们参与到国际金融市场的资本流动循环之中的媒介（Clark et al.，2009）。不同国家的养老金体系往往具有不同的特征，与其所处的社会、经济、文化和制度环境密切相关，且往往突出政府的影响（Burger，2014；Bradley et al.，2016）。如克拉克和蒙克（Clark and Monk，2014）研究了美国 120 个政府部门养老基金的特征和差异性，发现美国不同城市的养老金系统采取了不同的合同模式；同时，邻近城市或地区的养老金系统又具有一定程度的相似性，其原因是不同城市的政府会根据地区特征制定有关养老金系统的针对性政策制度，这些政策制度往往会突出地方特异性的经济和社会效益。

5. 全球尺度

主要集中在金融全球化现象和金融危机传播两个方面。金融全球化可以理解为世界各国、各地区在金融业务和政策等方面相互交流、渗透、竞争、制约与协调，进而使全球金融形成一个联系密切、不可分割之整体的过程。金融全球化将统一的金融实践准则和价值相近的金融资产扩散到世界各地，令全球范围内的金融业发展呈现同质化、一体化的趋势。这也是一些学者认为空间和地方特性在金融发展中不再重要的根源（O'Brien，1992）。但是地理学者已经从多角度来反驳了这种论调，在地理学者以多角度反驳的基础上，可以按照微观和宏观两个尺度来理解金融全球化现象（Dymski，2006）。

（1）微观尺度研究金融全球化可以从企业海外上市行为（Wójcik and Burger，2010）和跨国风险投资活动（Zademach，2009）两个领域入手。企业海外上市和跨国风险投资分别是企业上市风险投资行为中的一个分支，主要关注这些行为如何反映出金融资本在全球范围内流动，从而将不同尺度的区域均纳入国际金融系统的交易过程中。例如沃伊奇克和伯格（Wójcik and Burger，2010）针对金砖国家的企业在海外上市的研究，强调这些新兴的经济体改变了由欧洲北美主宰的国际金融格局，亚洲和南美洲的兴起使得更多的新增长极向英美等霸主发起了挑战；明确了多样化的经济体制影响了国际金融系统内的交易过程，因此金融交易需要考虑更加多样化的社会、文化和制度背景，适应地区特性，才能实现效益最大化；注意到这些新兴经济体内部的企业在何地上市又将怎样打破或巩固已有的金融格局。金砖国家的企业大多选择在伦敦和纽约上市，使得两个城市国际金融中心的地位更加巩固。在国家和企业两个尺度上，金砖国家的兴起对现存国际金融格局的影响不尽相同，也就使得金融全球化进程面临更加复杂的发展前景，需要更加综合化的分析来预测未来的发展方向。

（2）宏观尺度研究金融全球化可以从金融危机的传播和全球金融网络展开。由于美国次级抵押贷款激增以及房价泡沫化严重所引发的金融危机相比于20世纪90年代和21世纪初的金融危机危害更大，因此该次金融危机是金融地理学者的研究重点。早期针对金融危机的研究主要集中在金融危机的形成原因和机制，从银行系统的崩溃、金融全球化的潜在危险和政府监管体系的漏洞等方面进行分析（Dymski，2009；Skidelsky，2010）。金融地理学者们更强调金融危机的传播机制，强调空间和地方在其传播过程中扮演的重要角色（French et al.，2011）。他们认为正是空间和地方具有不同的特性才使得金融危机呈现出特定的传播机制。一些国家能够凭借自身经济结构和监管措施的优势将损失降到最低；另一些国家则因过深地植入全球金融系统以及应对能力和物质积累相对不足而受到严重的打击。马丁（Martin，2011）从金融泡沫化的角度分析了2007年由美国次贷危机引发蔓延至全球的金融危机，强调了地理视角在解析本次金融危机的重要作用，认为这次金融危机能够从三个方面进行分析和反思。第一，尽管全球一体化的趋势明显，但是空间和地方对金融来说仍至关重要；第二，需要关注金融泡沫和崩溃产生过程中的空间逻辑；第三，金融危机过后如何能重建和重新管理金融机构和金融市场仍然需要空间与地方的视角进行统筹。其他地理学者也从文化、制度和人类学的角度分析金融危机，探究金融危机产生的文化和制度根源。如波拉德（Pollard，2013）基于女权主义视角审视了金融危机的产生和特征，认为男性主义化严重的就业结构是金融危机爆发的原因之一，男性思考的局限性和男女之间收入的明显差距为金融系统崩溃埋下了隐患；金融发展造成的收入不均是社会稳定性的定时炸弹，而盲目追求利润和增长的金融业往往选择性忽略这一事实。同时，社会普通家庭在现如今的金融体系内承受着过高的金融风险，加之家庭的实体资产储蓄较低，一旦金融体系崩溃，这些家庭首当其冲受到危害，必然造成社会动荡。因此，金融系统发展乃至金融危机过后的重建过程中，都需要注重用文化、制度和人类学的视角分析稳定的发展道路和可能的隐患。

此外，全球金融网络（GFN）同样为理解金融化尤其是金融全球化提供了一个新的视角。全球生产网络（GPN）没有将金融纳入研究范围内，忽略了金融在全球经济网络中的重要作用（Yeung，2009）。科等（Coe et al.，2014）人开始尝试将金融整合进入 GPN 研究框架，强调高级商务服务业（ABS）、世界城市（WCs）和离岸金融区域（OJs）的核心作用，并提出了 GFN 这一概念。ABS 往往以中介或咨询的形式为非金融企业提供金融业务的建议，从而将金融和企业在更宽的经济背景下连接起来，代表企业如会计事务所、法律事务所与商务咨询机构等。而将 ABS 的功能空间化展现出来的结果就是世界城市和离岸金融区域。GFN 是在 GPN 已有元素的基础上，强调价值创造和价值捕获全球流动模式的研究框架。进一步地，他们考虑了 GPN 与 GFN 的交互作用。首先探究了企业的金融行为，即 GPN 内部的企业如何提供资金；其次是研究融资的外部环境，近年来针对小型企业、跨国公司和风险投资行为的研究都表明了东道国的金融环境塑造企业全球化战略。但是这种关系正在被破坏，GPN 内部越来越多的大公司都在全球金融环境下运转，东道国的金融环境和企业之间的联系逐渐减弱。最后，他们指出了 GFN 未来的研究方向包括：①GPN 中的企业如何利用 GFN 来获取并运用它们通过生产活动所获得的价值；②GPN 中的龙头企业通过自己的关系网络来处理金融相关活动，而非通过 ABS，这种现象出现的原因以及发展趋势。

不同尺度的金融化过程构成了庞大金融化研究框架，也奠定了金融化在金融地理学中主流研究领域的地位。不同尺度之间存在各自的研究重点，但并非表明各尺度之间是相互隔绝的。企业的金融行为、市政债券以及养老金等都是个人理财的选择之一，全球金融网络更是将各个尺度的金融活动纳入其中。因此，金融化的研究领域尽管极其广泛，但是也需十分注意整体性视角，不可将任何一处分割开来独立进行研究。

概括起来，国际金融地理学主要研究各类金融主体以及其集聚地（金融中心）和由其构成的网络系统的空间分布、行为特征、演化过程和区域发展的相互作用。其研究领域开放性强，只要是有助于理解金融景观地理特征的研究视角和方法都可以被金融地理学借鉴。这使得该学科较难总结出一套属于学科本身的基础理论，但并不妨碍其拥有巨大的发展潜力。金融地理学研究领域仍有多样化的特征，有助于进一步丰富和完善研究体系。

第六节　中国金融地理学研究

改革开放以来，中国从计划经济体制转向了政府与市场共同主导的社会主义市场经济体制，同时加强对外沟通与合作，将自身发展嵌入到全球发展体系中，使得中国在近40年成为世界经济增速最快的转型经济体之一。中国独特的政治和经济体制为金融地理学提供了丰富的研究内容，诸多中外金融地理学者针对部分领域进行了开创性的研究。但总体来说，以中国为对象的金融地理学研究仍然处于起步阶段，研究的广度和深度仍非常不足。

一、中国金融地理学理论研究进展

李小建（2006）针对中国金融地理学研究提出了一些理论性的切入点，具体为：①特殊环境对金融地理的影响，主要包括中国金融体制改革、区域发展的巨大差异、中国加入世贸组织带来的变化和中国民众接受新技术的滞后性等方面；②全球化对区域金融系统的影响，主要是外资与跨国银行进入中国后对区域金融发展带来的机遇和挑战；③行政格局与金融体系，主要是研究中国各级地方政府对金融发展的干预会产生怎样的后果，以及外来银行的地方根植性研究；④金融系统与区域发展，主要研究区域内不同的金融主体形成的网络系统对区域经济发展会有怎样积极或消极的作用；⑤金融企业地理，主要研究金融企业主体的区位演化特征和发展影响因素等。这些理论切入点都能够在国际金融地理学研究部分找到对应的内容，强调将金融地理学的研究同中国经济转型时期政府与市场相互协调的政治经济背景以及地区社会文化的根植性相结合，突出这些因素与金融业发展的相互作用，为中国金融地理的实证性研究指明方向。

二、中国金融地理学实证研究

1. 金融中心研究

针对中国金融中心的研究，大部分聚焦在北京、上海、深圳和香港四个金融中心城市特征与相互之间的关系（Karreman and Knaap，2012）。北京和上海是中国大陆地区重要的金融中心城市，承担金融中心职能的同时往往也兼具着中央或地方政府的政策诉求。

北京作为中国的首都，具有强大的信息优势，承担着更多总部功能（Zhao et al.，2004）。上海则凭借雄厚的服务业基础和区位优势，力求成为中国乃至国际的金融服务中心城市（Wang，2005）。深圳凭借着沿海与毗邻香港的区位优势成为中国对外开放的首批经济特区，进而积累下了雄厚的金融实力（Meyer，2016）。香港对于中国来说更多履行离岸金融中心的职能，众多的大型国企选择在香港上市以获取税收等诸多方面的优惠（Zhao，2003）。有学者研究了北京、上海、深圳三个城市竞争成为国际金融中心城市的过程，并强调政府在其中起到的作用，认为北京最主要的优势是通过拥有大量的国企总部而对中国国内外市场持有实际的控制权；上海的优势则是多样化的金融市场和扶持政策使其能够吸引大量的外资入驻，但相比北京则缺少对国家经济的话语权；深圳和北京与上海相比在经济力量上差距明显，但是国家优先发展政策与其沿海和邻近香港的区位优势令其金融业总额不输前两者（Chen and Chen，2015）。赖（Lai，2012）研究了上海、北京和深圳三个金融中心城市的相互关系，认为三个城市在竞争的同时，更多地承担着一种互补的角色，大型外资银行往往把办事处和投资部门设在北京，而分公司和商业银行设在上海，资金业务则在香港。这与北京具有总部集聚和信息优势，上海具有更雄厚的金融服务业基础，香港则具有相比中国大陆监管和制度体系更加成熟的金融业运营环境密切相关。香港是离岸金融中心，上海是商业金融中心，北京是政治金融中心。

也有学者对中国金融中心的体系特征进行了研究。程婧瑶等（2013）基于信息优势理论，采用2000、2005和2010年331个地级市相关数据，通过重力模型对中国金融中心体系进行了识别，确定了上海、北京、广州、重庆四个国家区域性金融中心，青岛、成都等27个省级金融中心，并将这些金融中心按照空间分布分成南北两个体系。他们从金融规模、腹地范围、体系结构和发展趋势对两个体系金融中心进行了比较，认为南部体系发展状况优于北部体系。

2. 各类金融主体区位研究

中国的金融主体无论是在种类还是成熟度方面与西方发达国家存在很大差距。学者倾向研究中国内部整体金融机构的空间分布特征。有学者基于2004年中国经济普查数据研究了包括银行、保险和其他类别的海外金融服务机构的空间分布特征，发现中国的海外金融机构显著集中在沿海城市，尤其是北京、上海和广州，而影响金融机构分布的因素主要包括城市经济水平、参与全球市场的程度以及通信基础设施水平（Chen et al.，2014）。林彰平和闫小培（2007）基于广州市普查数据识别出了四个各类金融机构的微观集聚地段，进一步地研究了天河北集聚地段金融机构的空间分布，发现各类金融机构主要集中在交通干道两侧，并多以银行为集聚中心。但该地段内金融机构总体集聚程度不高，且同行业之间交往的程度不深。

中国金融业尽管发展迅速，但整体仍处于发展初期。金融地理学研究也以银行为主，保险、证券和风险投资等行业在近年来才逐渐兴起，且研究数量和深度与银行业仍有差距。

（1）银行区位及其演化研究。常常会强调市场与政府的双重作用，市场会驱动银行遵循利益最大化原则而行动，政府则更多以社会公平和利益为指导通过政策工具影响银行行为（Yeung，2009）。贺灿飞和傅蓉（2009）发现外资银行所有权优势、内部化优势和中国城市的区位优势，尤其是制度优势和银行业规模经济优势共同影响外资银行分支机构在中国的区位选择。陈东和樊杰（Chen and Fan，2011）构建评价模型分析了中国银行业地理格局由于分布导向变化而发生的改变，表明市场因素驱动银行业遵循利益最大化原则而集聚分布在经济发达地区，但政府则扮演着一种稳定者的角色，阻碍集聚现象过分发生从而导致地区发展差距过大。银行业地理分布格局的改变并没有像经济结构改变那样明显。贺灿飞和戈弗雷·杨（He and Yeung，2011）研究了不同规模和类型的外资银行在中国的区位分布特征，发现在中国银监会实行了对银行业放松管制的政策以后，银行业不再局限在银行业先行开放城市。小型外资银行实行"跟随客户"战略，选址在距离客户更近的地点从而降低运营风险和建立起完善的客户商业网络；而大型银行而是倾向于实行"跟随竞争者"战略，与主要竞争对手选址在一起而形成集聚分布。大型外资银行也会按照城市比较优势的不同而设置不同类型的机构，如将总部设在北京以获取重要信息，营业分支机构设在上海从而获得最大的市场份额等。此外，贺灿飞和刘浩（2013）以中国工商银行与中国银行为例分析金融改革对国有银行空间布局策略的影响，表明不同网点的地理分布在股份制改革后均发生了较大的变化，基础网点数量减少且更加接近主要客户群体；支行数量不断增加、更加集中在经济发展较好的地区，两类网点均呈现分布集中化趋势。程和德格里斯（Cheng and Degryse，2010）基于1995~2003年中国省级金融面板数据，分析了银行业发展对区域经济的影响，发现银行发展，尤其是银行信贷业务的发展对省份经济增长有显著的推动作用；银行业的发展可能会减轻政府对地方发展的干预，推进地方商业化进程。

（2）部分学者研究了证券市场的区域特征。如田霖和金雪军（2004）基于2002年中国省份层面的相关数据评价了不同省份证券市场投资的发展潜力，将全国省区分成了七个"梯队"。各区域证券市场投资潜力主要与该地经济实力有关，且随时间呈现等级扩散趋势。在证券产品方面，针对股票产品相对较多。股票产品与整体证券市场的研究有较强的相似性，主要集中在分析不同区域股票市场的区域特征。如卡雷曼和克纳普（Karreman and Knaap，2009）研究了中国大陆和香港的股票市场特征，发现小型地方企业主要在上交所和深交所上市，而大型跨国公司主要在港交所上市。这种差别主要是信息披露和上市要求的不同所致，小型地方企业往往难以承担在港交所上市的成本；深交所或上交所上市的企业与在港交所上市的企业在行业上有很强的互补性。深交所或上交所上市的企业多为传统工业企业，如煤炭业企业等，港交所上市的企业更贴近高新技术行业，如金融和通信业企业等。黄瑜琴等（Huang et al., 2016）基于中国股票市场信息数据研究了投资者偏好，发现在地方股票市场投资者倾向于投资本地企业而非外地企业，这种偏好在落后地区更为明显，并且距离也是显著的影响因素，在500千米以内投资者地方偏好的边际效应非常明显。

（3）有关中国风险投资的研究是近年来中国金融地理学研究的新兴领域，而风险投资的区位特征和影响因素则是重点研究领域。风险投资在中国呈现集聚分布特征，上海、北京和深圳是主要的集聚地区。从供应和需求的角度来看，北京，上海和深圳是中国风险投资的集聚中心；而空间邻近效应、投资联合效应和中国独特制度环境下的区域间企业网络是造成该格局的主要原因（Zhang, 2011）。潘峰华等（Pan et al., 2016）通过网络分析方法研究了中国风险投资企业的空间分布特征，表明北京、深圳和上海是中国风险投资企业和活动的集聚中心。尽管长三角地区拥有最多的风险投资，但是北京和深圳拥有更多的风险投资企业和风险投资支持的上市企业，且由风险投资企业和相关企业构成的网络也更加完善。风险投资企业与各级政府之间的亲密程度对其投资效益有显著的影响，风险投资企业的投资效益非常依赖于企业网络。企业在网络中的位置是影响其投资效益的关键因素；中国地方区域文化和习俗，中国市场和制度独特性影响风险投资企业的投资效益（Liu and Chen, 2014）。

（4）在企业金融行为方面，大多研究局限在企业上市行为。关于企业上市行为研究可以分成两部分，第一是研究企业上市地点的空间分布特征，如潘峰华和布鲁克（Pan and Brooker, 2014）研究了中国企业海外上市选址的空间分布特征，并研究了背后的影响机制，发现香港、纽约、新加坡和伦敦是中国大型企业海外上市的主要集聚地，而德国、韩国、澳大利亚和加拿大则在近年来吸引着越来越多的中国企业在当地上市。影响企业海外上市选址的原因首先是中国政府，中国证监会通过政策和监管手段影响甚至决定企业海外上市选址，以达到某种政治性目标；其次是部分企业由于空间邻近性效应选择在特定地点上市从而达到降低运营成本获取溢出效应等。第二是地方政府将鼓励企业上市作为同级政府之间互相竞争的手段。

3. 金融排斥研究

中国金融排斥研究相比于西方面临着更加独特的制度背景。由于中国实行社会主义市场经济体制，因此政府往往会出于对社会公平和稳定的考虑而干预金融主体单纯追求利益最大化的商业行为，如在落后地区设立农村信用社等金融机构，减轻金融排斥现象发生而带来的不良后果。如戈弗雷·杨等（Yeung et al.，2015）基于 2009 年中国各区县农村信用社的数据，分析了中国农村银行业重组后金融排斥现象的特征，发现农村信用社尽管在空间上实现了最大限度的覆盖，但是它们仍设置了一系列的"贷款发放门槛"，导致相对贫困的农民客户仍然无法获得贷款，即地理上实现了"金融包容"，但是在实际上仍是"金融排斥"。这种现象也导致了贫困农村地区的"非正规金融"现象泛滥。这些金融机构能够给无法获得农村信用社贷款的农民提供小额贷款，但是这些机构大多不规范，对农村地区社会稳定性的危害较大。部分学者也对如何提高中国金融包容性进行了分析（李涛等，2010；李建军和卢盼盼，2016）。如基于世界银行 2011 年个人层面的金融指数数据的研究分析了中国金融排斥，发现更高收入、更好教育、性别为男性以及更久使用正规银行账户和银行信贷业务的群体更易不受金融排斥的影响。提升金融包容程度的方法则是针对上述群体的特征，为民众提供更好的教育、更高的社会福利保障以及拥有正规银行账户相对更低的门槛（Fungáčová and Weill，2015）。

4. 金融化研究

金融化研究集中在城市和国家两个尺度，而对个人和企业两个尺度关注较少。

（1）城市尺度的金融化主要是指各级地方政府通过鼓励企业上市和发行地方债等方式筹集资金推进地方经济建设的行为。中国地方政府在经济发展领域相互竞争的现象是中国独特政治经济体制作用下的产物。首先，中国独特政治体制，按照中央、省、市、县和乡镇五级政府体系，下级政府需要服从上级政府的政策命令并对其负责，上级领导对下级官员的任命拥有决定权。而上级领导考察下级官员的核心指标即是该官员任期内其辖区的经济发展水平，经济发展更好的地方官员往往相比于其竞争者更有可能得到升职，这种情况也成为"政绩锦标赛"（周黎安，2007）。其次，中国在历经改革开放政策、社会主义市场经济体制、分税制改革以后，地方经济发展已经脱离了计划经济体制时期统分统配的状态，在很大程度上需要依靠地方政府自身筹措发展资金。尤其是分税制改革以后，地方政府面临着更少的中央转移支付、更重的经济发展任务和更多的上缴税费（谢贞发和范子英，2015）。因此，地方政府领导有非常强的动力来通过各种手段提高地区经济发展水平，从而为自己今后的晋升道路增添砝码。

鼓励企业上市是地方政府促进地方经济发展的重要手段之一。金爱华和卢艳（2014）分析了地方政府鼓励企业上市的具体行为包括：第一，设立促进企业上市的组织机构，如金融办、上市办等，由地方政府主要领导亲自负责，协调企业上市事宜；第二，制定一系列优惠政策以降低企业上市的成本和风险，如税收优惠、用地优惠、上市奖励和上市过程费用减免补贴等；第三，为上市企业设置配套保障措施，如引入投资项目支持、优先申请扶植经费、优先发放贷款指标等。黎文靖等（2012）研究了地方政府如何干预当地企业上市过程，发现相比于买壳上市的企业，地方政府会给予直接上市企业更多的贷款资源和财政补贴，并针对其实行更加优惠的税率。原因是直接上市的企业拥有更高的资产报酬率和过度投资水平，并为社会创造更多的就业机会，更能促进地方经济发展，为地方政府官员的晋升提供有力的支撑。

地方政府发行债券是获得城市建设资金最快速的方式之一。由于中国资本市场仍处于初级发展阶段，不足以支撑起能够良好运转的城市债券市场，但地方政府发展经济的巨大压力又使得其不得不通过一切可能的方式筹措资金，这就导致了中国地方政府债务在短时间内迅速增长，庞大的地方债对中国经济的可持续发展是一颗危险的"定时炸弹"（Pan et al., 2017）。中国地方基础设施投资存在"土地—基础设施"的杠杆平衡模式，地方政府通过发信债券获得基础设施建设资金，随后通过出售土地来偿还债务。由于这种模式会保障地方经济的迅速增长，因此地方官员即使面对不可思议的地方债务累积，也很难叫停这种模式。这种意欲在短时间内提升地方经济水平的发展模式对城市的可持续发展是一种隐患（Tsui, 2011）。一些地方政府还会成立一些由自身实际控制的基础设施建设企业，这些公司与一些知名信托中介进行合作。信托中介通过发行有关基础设施建设的信托项目向社会筹措资金，从而达到为地方政府基础设施建设获取资金的目的。而一些地方政府官员通过自己的关系网络获取建设资金的事例也在一定范围内存在，而这些资金常常很难追踪与披露。

（2）国家尺度的金融化进程同样可以分成两个方面。首先是中国"国家干预主义"模式的金融化；其次则是中国持有的巨额主权财富基金。中国"国家干预主义"模式即是国家政府对经济活动都有很强的干预性，通过政策工具等对市场进行协调从而达到如维持社会稳定等的政治诉求。这种模式正在历经金融化进程，中国政府对经济活动的管控方式从行政干预和财政分配拨款转变成根据自身股东利益对国家资产进行监管，具体表现在国家资产管理部门的增多和这些部门之间逐渐增强的利益竞争。这种情况的结果是在部门的利益竞争中增添了许多官僚元素，大量政府机关担负有越来越多的主权债务，在固定资产投资过程中越来越多地应用金融工具和产品（Wang, 2015）。

中国以外币形式持有的主权财富基金数额非常巨大，但鲜有金融地理学者进行研究。衣长军和胡婷婷（2014）总结了中国主权财富基金在2007年国际金融危机后呈现出的投资趋势，发现投资区位逐步分散，注重新兴市场投资，投资区位不再集中于北美和欧洲，而是加强亚太、拉丁美洲和非洲的新兴地区的投资；降低金融业投资力度，分散投资行业，例如逐步涉及不同国家的自然资源、房地产、电力与公共事业等产业；加大委托投资比例，积极构建合作机制；寻求与国际经验丰富的投资公司进行合作从而降低投资行为的风险；投资战略定位的层次化；主权财富基金投资目的的多样化，例如以获取战略性资源为主而轻盈利;将投资战略与国家经济发展方针相结合,重点投资国内薄弱行业等。

综上所述,中国金融地理学研究相比于国际金融地理学在研究在广度和深度上都存在一定差距。随着中国经济的进一步发展,金融地理领域的研究也会继续拓宽和加深。中国独特的政治经济制度导致了区别于国外的金融景观,进而提供了不同于国外金融地理学的研究内容。

小　　结

金融地理学自廖什所著的《经济空间秩序》伊始进入萌芽发展阶段,一些经济学家基于经济模型以研究金融业的空间差异。而当时的地理学者重点关注制造业等生产性行业,往往忽略了金融业领域内表现出的区域差异和演化特征。直到20世纪70年代,经济地理学发生了政治经济学转向,促使一批激进的地理学者采用政治经济学方法研究社会发展的不均衡现象,而金融业作为造成社会差异的重要原因之一逐渐得到了地理学者的关注。以哈维的观点为基础,当时针对金融地理学的研究可划分为地缘政治、地缘经济和金融排斥三个方面,分别研究当时的霸权国家体系对国际金融结构的影响、金融业领域的空间异质性和金融业造成的社会发展不平衡现象。政治经济学研究方法主导时期对金融地理学研究具有开创性的意义,但是其过于强调生产过程与经济原理的局限性令其忽略了诸如社会、文化和制度层面能够影响金融地理学研究的外界因素。

在20世纪90年代后期,在政治经济学转向之后,经济地理学又发生了文化转向。学者们开始关注经济活动的社会文化嵌入性,并强调制度、习俗、创新、性别、种族等因素对经济发展的影响。金融地理学开始应用社会学、人类学和政治科学等学科的研究视角及方法分析不同尺度的金融网络与系统中各主体的相互作用。文化经济学研究方法主要综合人类学、行动者网络和根植性等理论视角来研究金融网络或金融系统的发展特征。金融主体和金融化则关注不断涌现的各类金融主体的空间与演化特征、金融业在不同尺度的经济结构中如何起到越来越重要的作用。"新经济地理学"研究则是一部分经济学者将空间因素加入到经济模型中以解释特定的金融现象。虽然相比政治经济学方法主导阶段有了一定的进步,但是他们仍然囿于新古典经济学的理论框架,存在较大的局限性。直到今天,金融地理学仍主要采用经济地理学文化转向影响下的研究视角和方法。但政治经济学研究视角仍然是学者们分析特定领域的理论基础,且合理运用计量经济模型也是对定性描述的良好补充。金融地理学虽然在不同阶段有不同的主流研究视角和方法，但它们之间并非替代关系，而是在一定程度上起到相互补充的作用。即使经过不同阶段的发展，金融地理学作为一门交叉学科，至今仍然在不断吸收其他学科的研究视角和方法来完善自身的研究体系。其今后是否会再一次经历主流研究视角与方法的改变，值得进一步跟踪关注。

西方金融地理学经过几个发展阶段后已经形成了多元化的研究视角和方法，目前仍然处在不断吸收和完善之中。未来可预见的发展方向，首先是不同尺度的金融化现象虽然得到了广泛的认可，但是如何合适地衡量各领域的金融化程度仍处于未曾探索的领域。尽管不同领域金融化程度的衡量指标会存在显著差异，但仍为金融地理学实证研究开辟了新的研究方向。其次，新兴的全球金融网络在概念和实证方面都有很大的完善空间。科等（Coe et. al.，2014）提出的全球金融网络框架着重强调了高级商务服务业、世界城市和离岸金融区域的核心作用，但在全球生产网络框架下，仍有多项其他环节可以进行深入探讨。对于中国金融地理学研究而言，首先需要进一步丰富研究领域。其次需要特别关注中国区别于西方的制度背景的影响。中国实行社会主义的政治体制和财政分权的经济体制，相比于西方国家，政府行为与政策工具对金融活动的影响更为显著。而政府的行为往往会为了维持社会公平与稳定而违背金融主体"利益最大化"的行事原则，从而导致不同于西方的金融景观出现。总而言之，金融地理学存在相对繁荣的发展前景。作为一门交叉学科，它开放性极强，研究视角、方法和领域都有很强的可塑性和拓展性。金融化进程推进迅速，金融在社会经济结构中的地位越来越重要，该学科值得更多的地理学者投身其中进行深入研究，为促进金融健康发展做出应有的贡献。

参 考 文 献

[1] Aalbers, M. B. (2008) The financialization of home and the mortgage market crisis. *Competition & Change*, 12(2): 148-166.

[2] Aalbers, M. B. (2015) Financial geography: introduction to the Virtual Issue. *Transactions of the Institute of British Geographers*, 40(2): 300-305.

[3] Agnew, J. (1994) The territorial trap: the geographical assumptions of international relations theory. *Review of International Political Economy*, 1(1): 53-80.

[4] Aitken, R. (2007) *Performing Capital: Toward a Cultural Economy of Popular and Global Finance*. Palgrave Macmillan.

[5] Amin, A., N. Thrift (1992) Neo-Marshallian nodes in global networks. *International Journal of Urban and Regional Research*, 16(4): 571-587.

[6] Amin, A., N. Thrift (1994) *Living in the Global*. Oxford University Press.

[7] Aoyama, Y., C. Berndt J., Glückler, et al. (2011) Emerging themes in economic geography: outcomes of the economic geography 2010 workshop. *Economic Geography*, 87(2): 111-126.

[8] Appleyard, L. (2011) Community development finance institutions (CDFIs): geographies of financial inclusion in the US and UK. *Geoforum*, 42(2): 250-258.

[9] Arthur, W. B. (1994) *Increasing Returns and Path Dependence in the Economy*. University of Michigan Press.

[10] Ball, M. (1994) The 1980s property boom. *Environment and Planning A*, 26(5): 671-695.

[11] Beare, J. B. (1976) A monetarist model of regional business cycles. *Journal of Regional Science*, 16(1): 57-64.

[12] Beaverstock, J. V. (2002) Transnational elites in global cities: British expatriates in Singapore's financial district. *Geoforum*, 33(4): 525-538.

[13] Beaverstock, J. V. (2007) W*orld City Networks from Below: International Mobility and Inter-City Relations in the Global Investment Banking Industry*. Routledge.

[14] Beaverstock, J. V., R. Bostock (2000) Expatriate communities in Asia-Pacific financial centres: the case of Singapore. *GaWC Research Bulletin*, 27.

[15] Beck, T., A. Demirgüç-Kunt., R. Levine (2007) Finance, inequality and the poor. *Journal of Economic Growth*, 12(1): 27-49.

[16] Bernad, C., L. Fuentelsaz, J. Gómez (2008) Deregulation and its long-run effects on the availability of banking services in low-income communities. *Environment and Planning A*, 40(7): 1681-1696.

[17] Blackburn, R. (2006) Finance and the fourth dimension. *New Left Review*, 39: 77-98.

[18] Bradley, D., C. Pantzalis, X. Yuan (2016) The influence of political bias in state pension funds. *Journal of Financial Economics*, 119(1): 69-91.

[19] Brander, J. A., Q. Du, T. Hellmann (2014) The effects of government-sponsored venture capital: international evidence. *Review of Finance*, 19(2): 571-618.

[20] Buck-Morss, S. (1995) Envisioning capital: political economy on display. *Critical Inquiry*, 21(2): 434-467.

[21] Budish, E., P. Cramton J. Shim (2015) The high-frequency trading arms race: frequent batch auctions as a market design response. *The Quarterly Journal of Economics*, 130(4): 1547-1621.

[22] Burger, C. (2014) Geography of savings in the German occupational pension system. *Regional Studies*, 48(7): 1176-1193.

[23] Burgstaller, J. (2013) Bank office outreach, structure and performance in regional banking markets. *Regional Studies*, 47(7): 1131-1155.

[24] Callon, M. (2007) *What does it Mean to say that Economics is Performative?* Princeton University Press.

[25] Callon, M., F. Muniesa (2005) Peripheral vision economic markets as calculative collective devices. *Organization Studies*, 26(8): 1229-1250.

[26] Cetina, K. K., U. Bruegger (2002) Global microstructures: the virtual societies of financial markets. *American Journal of Sociology*, 107(4): 905-950.

[27] Chakravarty, S. R., R. Pal (2013) Financial inclusion in India: an axiomatic approach. *Journal of Policy Modeling*, 35(5):813-837.

[28] Chen, K., S. Bao, Y. Mai, et al. (2014). Agglomeration and location choice of foreign financial institutions in China. *GeoJournal*, 79(2): 255-266.

[29] Chen, K., G. Chen (2015) The rise of international financial centers in mainland China. *Cities*, 47: 10-22.

[30] Chen, D., J. Fan (2011) Distribution orientation and driving mechanism of geographical pattern change of China's banking industry. *Chinese Geographical Science*, 21(5): 563-574.

[31] Cheng, X., H. Degryse (2010) The impact of bank and non-bank financial institutions on local economic growth in China. *Journal of Financial Services Research*, 37(2-3): 179-199.

[32] Christophers, B. (2011a) Follow the thing: money. *Environment and Planning D: Society and Space*, 29(6): 1068-1084.

[33] Christophers, B. (2011b) Credit, Where Credit's Due. Response to "Follow the Thing: Credit". *Environment and Planning D: Society and Space*, 29(6): 1089-1091.

[34] Clark, G. L. (1993) Global interdependence and regional development: business linkages and corporate governance in a world of financial risk. *Transactions of the Institute of British Geographers*, 18(3): 309-325.

[35] Clark, G. L. (2000) *Pension Fund Capitalism*. Oxford University Press.

[36] Clark, G. L. (2003) *European Pensions & Global Finance*. Oxford University Press.

[37] Clark, G. L. (2005) Money flows like mercury: the geography of global finance. *Geografiska Annaler: Series B, Human Geography*, 87(2): 99-112.

[38] Clark, G. L., A. D. Dixon, A. H. Monk (2013) *Sovereign Wealth Funds: Legitimacy, Governance, and Global Power*. Princeton University Press.

[39] Clark, G. L., J. Knox-Hayes (2009) The "new" paternalism, consultation and consent: expectations of UK participants in defined contribution and self-directed retirement savings schemes. *Pensions: An International Journal*, 14(1): 58-74.

[40] Clark, G. L., J. Knox-Hayes, K. Strauss (2009) Financial sophistication, salience, and the scale of deliberation in UK retirement planning. *Environment and Planning A*, 41(10): 2496-2515.

[41] Clark, G. L., K. P. Lai, D. Wójcik (2015) Editorial introduction to the special section: deconstructing offshore finance. *Economic Geography*, 91(3): 237-249.

[42] Clark, G. L., Monk A. H. (2013) The scope of financial institutions: in-sourcing, outsourcing and off-shoring. *Journal of Economic Geography*, 13(2): 279-298.

[43] Clark, G. L., Monk A. H. (2014) State and local pension fund governance and the process of contracting for investment services: the scope of diversity and the problem of embeddedness. *Territory, Politics, Governance*, 2(2): 150-172.

[44] Clark, G. L., N. Thrift (2005) *The Return of Bureaucracy: Managing Dispersed Knowledge in Global Finance*. Oxford University Press.

[45] Clark, G. L., D. Wójcik (2001) The City of London in the Asian crisis. *Journal of Economic Geography*, 1(1): 107-130.

[46] Clark, G. L., D. Wójcik (2007) *The Geography of Finance: Corporate Governance in the Global Marketplace*. Oxford University Press.

[47] Clark, G. L., N. Wrigley (1995) Sunk costs: a framework for economic geography. *Transactions of the Institute of British Geographers*, 30(2): 204-223.

[48] Clarke, G., L. C. Xu, H. Zou (2006) Finance and inequality: what do the data tell us? *Southern Economic Journal*, 72(3): 578-596.

[49] Cobb, S. C. (1998) Global finance and the growth of offshore financial centers: the Manx experience.

Geoforum, 29(1): 7-21.
[50] Cobham, A., P. Janský, M. Meinzer (2015) The financial secrecy index: shedding new light on the geography of secrecy. *Economic Geography*, 91(3): 281-303.
[51] Coe, N. M., K. P. Lai, D. Wójcik (2014) Integrating finance into global production networks. *Regional Studies*, 48(5): 761-777.
[52] Coppock, S. (2013) The everyday geographies of financialisation: impacts, subjects and alternatives. *Cambridge Journal of Regions, Economy and Society*, 6(3): 479-500.
[53] Corrado, G., Corrado, L. (2015) The geography of financial inclusion across Europe during the global crisis. *Journal of Economic Geography*, 15(5): 153-168.
[54] Corbridge, S. (1994) *Plausible Worlds: Friedman, Keynes and the Geography of Inflation*. Blackwell.
[55] Corbridge, S., J. Agnew (1991) The US trade and budget deficits in global perspective: an essay in geopolitical-economy. *Environment and Planning D: Society and Space*, 9(1): 71-90.
[56] Cox, A. W. (1986) *State, Finance and Industry: A Comparative Analysis of Post-war Trends in Six Advanced Industrial Economies*. Harvester Wheatsheaf.
[57] Daniels, P. W. (1993) *Service Industries in the World Economy*. Blackwell.
[58] Davis, M. (1993) Who killed LA? A political autopsy. *New Left Review*, 44(197): 3-28.
[59] Dicken, P., A. Malmberg (2001) Firms in territories: a relational perspective. *Economic Geography*, 77(4): 345-363.
[60] Dicken, P., N. Thrift (1992) The organization of production and the production of organization: why business enterprises matter in the study of geographical industrialization. *Transactions of the Institute of British Geographers*, 17(3): 279-291.
[61] Dodd, N. (1994) *The Sociology of Money: Econimics, Reason and Contemporary Society*. Polity Press.
[62] Dodd, N. (1995) *The Sociology of Money: Questions of Risk and Trust*. Sociology and the Limits of Economics Conference, University of Liverpool.
[63] Dow, S. C. (1990) *Financial Markets and Regional Economic Development: The Canadian Experience*. Avebury, Aldershot, Hants.
[64] Dymski, G. A. (2006) Targets of opportunity in two landscapes of financial globalization. *Geoforum*, 3(37): 307-311.
[65] Dymski, G. A. (2009) Why the subprime crisis is different: a Minskyian approach. *Cambridge Journal of Economics*, 34(2): 239-255.
[66] Edison, H. J., F. E. Warnock (2008) Cross-border listings, capital controls, and equity flows to emerging markets. *Journal of International Money and Finance*, 27(6): 1013-1027.
[67] Edwards, J., K. Fischer (1996) *Banks, Finance and Investment in Germany*. Cambridge University Press.
[68] Engelen, E. (2008) The case for financialization. *Competition & Change*, 12(2): 111-119.
[69] Engelen, E., I. Erturk, J. Froud, et al. (2010) Reconceptualizing financial innovation: frame, conjuncture and bricolage. *Economy and Society*, 39(1): 33-63.
[70] Engelen, E., J. Faulconbridge (2009) Introduction: financial geographies – the credit crisis as an opportunity to catch economic geography's next boat? *Journal of Economic Geography*, 9(5): 587-595.
[71] Engelen, E., M. H. Grote (2009) Stock exchange virtualisation and the decline of second-tier financial centres – the cases of Amsterdam and Frankfurt. *Journal of Economic Geography*, 9(5): 679-696.

[72] Epstein, G. A. (2005) *Financialization and the World Economy.* Edward Elgar Publishing.

[73] Erturk, I., J. Froud, S., Johal, A. Leaver, et al. (2008) *Financialization at Work: Key Texts and Commentary.* Routledge.

[74] Fagan, R. H. (1990) Elders IXL Ltd: finance capital and the geography of corporate restructuring. *Environment and Planning A*, 22(5): 647-666.

[75] Faulconbridge, J. R. (2004) London and Frankfurt in Europe's evolving financial centre network. *Area*, 36(3): 235-244.

[76] Faulconbridge, J., E. Engelen, M. Hoyler, et al. (2007) Analysing the changing landscape of European financial centres: the role of financial products and the case of Amsterdam. *Growth and Change*, 38(2): 279-303.

[77] Ford, J. (1988) *The Indebted Society: Credit and Default in the 1980s.* Psychology Press.

[78] Fornero, E., C. Monticone (2011) Financial literacy and pension plan participation in Italy. *Journal of Pension Economics & Finance*, 10(4): 547-564.

[79] French, S., J. Kneale (2009) Excessive financialisation: insuring lifestyles, enlivening subjects, and everyday spaces of biosocial excess. *Environment and Planning D: Society and Space*, 27(6): 1030-1053.

[80] French, S., A. Leyshon (2004) The new, new financial system? Towards a conceptualization of financial reintermediation. *Review of International Political Economy*, 11(2): 263-288.

[81] French, S., A. Leyshon, P. Signoretta (2008) "All gone now": the material, discursive and political erasure of bank and building society branches in Britain. *Antipode*, 40(1): 79-101.

[82] French, S., A. Leyshon, Thrift N. (2009) A very geographical crisis: the making and breaking of the 2007-2008 financial crisis. *Cambridge Journal of Regions, Economy and Society*, 2(2): 287-302.

[83] French, S., A. Leyshon, T. Wainwright (2011) Financializing space, spacing financialization. *Progress in Human Geography*, 35(6): 798-819.

[84] Fritsch, M., D. Schilder (2012) The regional supply of venture capital: can syndication overcome bottlenecks? *Economic Geography*, 88(1): 59-76.

[85] Fungáčová, Z., L. Weill (2015) Understanding financial inclusion in China. *China Economic Review*, 34: 196-206.

[86] Gehrig, T. (2000) Cities and the geography of financial centers. *Economics of Cities: Theoretical Perspectives*, 415-447.

[87] Glueckler, J. (2006) A relational assessment of international market entry in management consulting. *Journal of Economic Geography*, 6(3): 369-393.

[88] Goldberg, M. A., R. W. Helsley, M. D. Levi (1988) On the development of international financial centers. *The Annals of Regional Science*, 22(1): 81-94.

[89] Gordon, I. R. (2016) Quantitative easing of an international financial centre: how central London came so well out of the post-2007 crisis. *Cambridge Journal of Regions, Economy and Society*, 9(2): 335-353.

[90] Granovetter, M. (1985) Economic action and social structure: the problem of embeddednes. *American Journal of Sociology*, 91(3): 481-510.

[91] Gupte, R., B. Venkataramani, D. Gupta (2012) Computation of financial inclusion index for India. *Procedia-Social and Behavioral Sciences*, 37(1):133-149.

[92] Haberly, D. (2014) White knights from the gulf: sovereign wealth fund investment and the evolution of

German industrial finance. *Economic Geography*, 90(3): 293-320.

[93] Haberly, D., D. Wójcik (2015) Regional blocks and imperial legacies: mapping the global offshore FDI network. *Economic Geography*, 91(3): 251-280.

[94] Hall, S. (2011) Geographies of money and finance Ⅰ: cultural economy, politics and place. *Progress in Human Geography*, 35(2): 234-245.

[95] Hall, S. (2012) Geographies of money and finance Ⅱ: financialization and financial subjects. *Progress in Human Geography*, 36(3): 403-411.

[96] Hall, S. (2013) Geographies of money and finance Ⅲ: financial circuits and the "real economy". *Progress in Human Geography*, 37(2): 285-292.

[97] Hall, S. (2006) What counts? Exploring the production of quantitative financial narratives in London's corporate finance industry. *Journal of Economic Geography*, 6(5): 661-678.

[98] Hall, S. (2007a) "Relational marketplaces" and the rise of boutiques in London's corporate finance industry. *Environment and Planning A*, 39(8): 1838-1854.

[99] Hall, S. (2007b) Knowledge makes the money go round: conflicts of interest and corporate finance in London's financial district. *Geoforum*, 38(4): 710-719.

[100] Hall, P. A., D. W. Soskice (2001) *Varieties of Capitalism: The Institutional Foundations of Comparative Advantage*. Wiley Online Library.

[101] Harvey, D. (1973) *Social Justice and the City*. Edward Arnold.

[102] Harvey, D. (1982) *The Limits to Capital*. Blackwell.

[103] Harvey, D. (1985) *The Geopolitics of Capitalism*. Springer.

[104] Harvey, D. (1990). *The Condition of Postmodernity: An Enquiry into the Origins of Cultural Change*. Blackwell.

[105] Harvey, D. (1989) *The Urban Experience*. Blackwell.

[106] He, C., G. Yeung (2011) The locational distribution of foreign banks in China: a disaggregated analysis. *Regional Studies*, 45(6): 733-754.

[107] Hegerty, S. W. (2016) Commercial bank locations and "banking deserts": a statistical analysis of Milwaukee and Buffalo. *The Annals of Regional Science*, 56(1): 253-271.

[108] Helleiner, E. (1993) The challenge from the East: Japan's financial rise and the changing global order. *Finance and the World Politics: Markets, Regimes and States in a Post-Hegemonic Era*. Edward Elgar.

[109] Hertz, E. (1998) *The Trading Crowd: An Ethnography of the Shanghai Stock Exchange*. Cambridge University Press.

[110] Hess, M. (2004) "Spatial" relationships? Towards a reconceptualization of embedded ness. *Progress in Human Geography*, 28(2): 165-186.

[111] Hochberg, Y. V., A. Ljungqvist, Y. Lu (2007) Whom you know matters: venture capital networks and investment performance. *The Journal of Finance*, 62(1): 251-301.

[112] Hood, J., W. Stein, C. Mccann (2009) Low-cost insurance schemes in Scottish social housing: an empirical study of availability and tenants' participation. *Urban Studies*, 46(9): 1807-1827.

[113] Huallachain, B. O. (1994) Foreign banking in the American urban system of financial organization. *Economic Geography*, 70(3): 206-228.

[114] Huang, Y., H. Qiu, Z. Wu (2016) Local bias in investor attention: evidence from China's Internet stock

message boards. *Journal of Empirical Finance*, 38(A): 338-354.

[115] Hudson, A. C. (1998) Placing trust, trusting place: on the social construction of offshore financial centres. *Political Geography*, 17(8), 915-937.

[116] Hudson, A. (2000) Offshoreness, globalization and sovereignty: a postmodern geo-political Economy? *Transactions of the Institute of British Geographers*, 25(3): 269-283.

[117] Hutchinson, R. W., D. G. Mckillop (1990) Regional financial sector models: an application to the Northern Ireland financial sector. *Regional Studies*, 24(5): 421-431.

[118] Jääskeläinen, M., M. Maula (2014) Do networks of financial intermediaries help reduce local bias? Evidence from cross-border venture capital exits. *Journal of Business Venturing*, 29(5): 704-721.

[119] Johnson, L. (2013) Index insurance and the articulation of risk-bearing subjects. *Environment and Planning A*, 45(11): 2663-2681.

[120] Jones, A. (2002) The global city misconceived: the myth of global management in transnational service firms. *Geoforum*, 33(3): 335-350.

[121] Kain, J. (2000) *Racial and Economic Segregation in US Metropolitan Areas*. Oxford University Press.

[122] Karolyi, G. A. (2004) The role of American Depositary Receipts in the development of emerging equity markets. *Review of Economics and Statistics*, 86(3): 670-690.

[123] Karreman, B., B. V. D. Knaap (2009) The financial centres of Shanghai and Hong Kong: competition or complementarity? *Environment and Planning A*, 41(3): 563-580.

[124] Karreman, B., B. V. D. Knaap (2012) The geography of equity listing and financial centre competition in mainland China and Hong Kong. *Journal of Economic Geography*, 12(4): 899-922.

[125] Kempson, E., M. Crame, A. Finney (2007) *Financial Services Provision and Prevention of Financial Exclusion*. Eurobarometer Report, University of Bristol.

[126] Kempson, E., C. Whyley (1999) *Kept Out or Opted Out? Understanding and Combating Financial Exclusion*. West Sussex: The Polity Press in Association with the Joseph Rowntree Foundation.

[127] Kendall, J., N. Mylenko, A. Ponce (2010) *Measuring Financial Access around the World*. The World Bank.

[128] Kerr, D. (1965) Some aspects of the geography of finance in Canada. *The Canadian Geographer*, 9(4): 175-192.

[129] Kindleberger, C. P. (1973) *The World in Depression, 1929-1939*. Penguin Books.

[130] Kindleberger, C. P. (1974) The formation of financial centers: a study in comparative economic history. *Princeton Studies in International Finance*, 36: 1-78.

[131] Kogut, B., P. Urso, G. Walker (2007) Emergent properties of a new financial market: American venture capital syndication, 1960-2005. *Management Science*, 53(7): 1181-1198.

[132] Krippner, G. R. (2005) The financialization of the American economy. *Socio-economic Review*, 3(2): 173-208.

[133] Lai, K. P. (2006) "Imagineering" Asian emerging markets: financial knowledge networks in the fund management industry. *Geoforum*, 37(4): 627-642.

[134] Lai, K. P. (2012) Differentiated markets: Shanghai, Beijing and Hong Kong in China's financial centre network. *Urban Studies*, 49(6): 1275-1296.

[135] Lai, K. P. (2016) Financial advisors, financial ecologies and the variegated financialisation of everyday

investors. *Transactions of the Institute of British Geographers*, 41(1): 27-40.

[136] Lai, K. P. (2017) "*Financial Geography*". *International Encyclopedia of Geography: People, the Earth, Environment and Technology*. John Wiley & Sons, Ltd.

[137] Langley, P. (2006) Securitising suburbia: the transformation of Anglo-American mortgage finance. *Competition & Change*, 10(3): 283-299.

[138] Langley, P. (2008a) *The Everyday Life of Global Finance: Saving and Borrowing in Anglo-America.* Oxford University Press.

[139] Langley, P. (2008b) Financialization and the consumer credit boom. *Competition & Change*, 12(2): 133-147.

[140] Langley, P., A. Leyshon (2017) Capitalizing on the crowd: the monetary and financial ecologies of crowdfunding. *Environment and Planning A*, 49(5): 1019-1039.

[141] Lee, R., G. L. Clark, J. Pollard, et al. (2009) The remit of financial geography–before and after the crisis. *Journal of Economic Geography*, 9(5): 723-747.

[142] Leinweber, D. J. (2009) *Nerds on Wall Street: Math, Machines and Wired Markets.* John Wiley and Sons.

[143] Leleux, B., B. Surlemont (2003) Public versus private venture capital: seeding or crowding out? A pan-European analysis. *Journal of Business Venturing*, 18(1): 81-104.

[144] Leyshon, A. (1992) The transformation of regulatory order: regulating the global economy and environment. *Geoforum*, 23(3): 249-267.

[145] Leyshon, A. (1993) Crawling from the wreckage: speculating on the future of the European exchange rate mechanism. *Environment and Planning A*, 25(11): 1553-1557.

[146] Leyshon, A. (1995) Geographies of money and finance Ⅰ. *Progress in Human Geography*, 19(4): 531-543.

[147] Leyshon, A. (1997) Geographies of money and finance Ⅱ. *Progress in Human Geography*, 21(3): 381-392.

[148] Leyshon, A. (1998) Geographies of money and finance Ⅲ. *Progress in Human Geography*, 22(3): 433-446.

[149] Leyshon, A., D. Burton, D. Knights, et al. (2004) Towards an ecology of retail financial services: understanding the persistence of door-to-door credit and insurance providers. *Environment and Planning A*, 36(4): 625-645.

[150] Leyshon, A., M. Justice, N. J. Thrift (1993) *A Reversal of Fortune? Financial Services and the Southeast of England: Report to the South East Economic Development Strategy.* South East Economic Development Strategy.

[151] Leyshon, A., P. Signoretta, D. Knights, et al. (2006) Walking with moneylenders: the ecology of the UK home-collected credit industry. *Urban Studies*, 43(1): 161-186.

[152] Leyshon, A., N. Thrift (1994) Access to financial services and financial infrastructure withdrawal: problems and policies. *Area*, 268-275.

[153] Leyshon, A., N. Thrift (1997a) *Financial Desertification*. London.

[154] Leyshon, A., N. Thrift (1997b) *Money/Space: Geographies of Monetary Transformation.* Psychology Press.

[155] Leyshon, A., N. Thrift (2007) The capitalization of almost everything: the future of finance and capitalism. *Theory, Culture & Society*, 24(7-8): 97-115.

[156] Lim, S., Y. Kim (2015) How to design public venture capital funds: empirical evidence from South Korea. *Journal of Small Business Management*, 53(4): 843-867.

[157] Liu, Z., Z. Chen (2014) Venture capital networks and investment performance in China. *Australian Economic Papers*, 53(1-2): 97-111.

[158] Lösch, A. (1954) *The Economics of Location*. Yale University Press.

[159] Lusardi, A., O. S. Mitchell (2008) "Planning and financial literacy: how do women fare?" In *One Hundred Twentieth Annual Meeting of the American Economic Association*. National Bureau of Economic Research, 413-417.

[160] Mackenzie, D. A. (2003) An equation and its worlds bricolage, exemplars, disunity and performativity in financial economics. *Social Studies of Science*, 33(6): 831-868.

[161] Mackenzie, D. A. (2006) An engine, not a camera: how financial models shape markets. *Technology & Culture*, 48(4): 906-907.

[162] Marshall, J. N., C. S. Gentle, S. Raybould, et al. (1992) Regulatory change, corporate restructuring and the spatial development of the British financial sector. *Regional Studies*, 26(5): 453-467.

[163] Marshall, J. N., A. Pike, J. S. Pollard, et al. (2012) Placing the run on northern rock. *Journal of Economic Geography*, 12(1): 157-181.

[164] Martin, R. (1999a) The new economic geography of money. *Money and the Space Economy*, 3-27.

[165] Martin, R. (1999b) *Money and the Space Economy*. Wiley.

[166] Martin, R. (2002) *Financialization of Daily Life*. Temple University Press.

[167] Martin, R. (2011) The local geographies of the financial crisis: from the housing bubble to economic recession and beyond. *Journal of Economic Geography*, 11(4): 587-618.

[168] Martin, R., D. Turner (2000) Demutualization and the remapping of financial landscapes. *Transactions of the Institute of British Geographers*, 25(2): 221-241.

[169] Maskell, P. (2001) The firm in economic geography. *Economic Geography*, 77(4): 329-344.

[170] Mason, C., Y. Pierrakis (2013) Venture capital, the regions and public policy: the United Kingdom since the post-2000 technology crash. *Regional Studies*, 47(7): 1156-1171.

[171] Maurer, B. (2005) *Mutual life, limited: Islamic Banking, Alternative Currencies, Lateral Reason*. Princeton University Press.

[172] Maurer, B. (2006) *Pious Property: Islamic Mortgages in the United States*. Russell Sage Foundation.

[173] McDowell, L. (2003) *Feminists Rethink the Economic: The Economics of Gender/The Gender of Economics*. Oxford University.

[174] Meslier-Crouzille, C., E. Nys, A. Sauviat (2012) Contribution of rural banks to regional economic development: evidence from the Philippines. *Regional Studies*, 46(6): 775-791.

[175] Meyer, D. R. (2016) Shenzhen in China's Financial Center Networks. *Growth and Change*, 47(4): 572-595.

[176] Mishkin, F. S. (2007) *The Economics of Money, Banking, and Financial Markets*. Pearson education.

[177] Moel, A. (2001) *The Role of American Depositary Receipts in the Development of Emerging Markets*. Springer.

[178] Moore, C. L., J. M. Hill (1982) Interregional arbitrage and the supply of loanable funds. *Journal of Regional Science*, 22(4): 499-512.

[179] Muellerleile, C. M. (2009) Financialization takes off at Boeing. *Journal of Economic Geography*, 9(5): 663-677.

[180] Myrdal, G. (1957) *Economic Theory and Underdeveloped Regions*. Duckworth.

[181] Neary, M., G. Taylor (1995) *Money Changes Everything! Crime, Probation and the Limits of Sociology*. Liverpool.

[182] North, D. C. (1990) *Institutions, Institutional Change and Economic Performance*. Cambridge University Press.

[183] O'Brien, R. (1991) *Global Financial Integration: the End of Geography*. Pinter.

[184] O'Brien, R. (1992) *Global Financial Integration: the End of Geography?* Royal Institute of International Affairs.

[185] Pagano, M., A. A. Röell, J. Zechner (2002) The geography of equity listing: why do companies list abroad? *The Journal of Finance*, 57(6): 2651-2694.

[186] Pan, F., D. Brooker (2014) Going global? Examining the geography of Chinese firms' overseas listings on international stock exchanges. *Geoforum*, 52: 1-11.

[187] Pan, F., F. Zhang, S. Zhu, et al. (2017) Developing by borrowing? Inter-jurisdictional competition, land finance and local debt accumulation in China. *Urban Studies*, 54(4): 897-916.

[188] Pan, F., S. X. Zhao, D. Wójcik (2016) The rise of venture capital centres in China: a spatial and network analysis. *Geoforum*, 75: 148-158.

[189] Park, Y. S., M. Essayyad (1989) *International Banking and Financial Centers*. Springer Science & Business Media.

[190] Peck, J., N. Theodore (2007) Variegated capitalism. *Progress in Human Geography*, 31(6): 731-772.

[191] Phillip, O. (2010) Infrastructure financing and operation in the contemporary city. *Geographical Research*, 48(1): 3-12.

[192] Pike, A., J. Pollard (2010) Economic geographies of financialization. *Economic Geography*, 86(1): 29-51.

[193] Pollard, J. S. (2003) Small firm finance and economic geography. *Journal of Economic Geography*, 3(4): 429-452.

[194] Pollard, J. (2013) Gendering capital: Financial crisis, financialization and (an agenda for) economic geography. *Progress in Human Geography*, 37(3): 403-423.

[195] Pollard, J. S., J. Oldfield, S. Randalls, et al. (2008) Firm finances, weather derivatives and geography. *Geoforum*, 39(2): 616-624.

[196] Poon, J. P. (2003) Hierarchical tendencies of capital markets among international financial centers. *Growth and Change*, 34(2): 135-156.

[197] Porteous, D. J. (1995) *The Geography of Finance: Spatial Dimensions of Intermediary behaviour*. Avebury.

[198] Portes, R., H. Re (2005) The determinants of cross-border equity flows. *Journal of international Economics*, 65(2): 269-296.

[199] Portes, R., H. Rey, Y. Oh (2001) Information and capital flows: the determinants of transactions in

financial assets. *European Economic Review*, 45(4): 783-796.

[200] Pryke, M., P. D. P. Gay (2007) Take an issue: cultural economy and finance. *Economy and Society*, 36(3): 339-354.

[201] Puy, D. (2016) Mutual funds flows and the geography of contagion. *Journal of International Money and Finance*, 60: 73-93.

[202] Reed, H. C. (1981) *The Preeminence of International Financial Centers*. Praeger Publishers.

[203] Rethel, L. (2011) Whose legitimacy? Islamic finance and the global financial order. *Review of International Political Economy*, 18(1): 75-98.

[204] Richardson, H. W. (1972) *Regional Economics. Location Theory, Urban Structure and Regional Change*. World University.

[205] Roberts, S. M. (1995) Small place, big money: the Cayman Islands and the international financial system. *Economic Geography*, 71(3): 237-256.

[206] Robinson, C. J. (1991) Racial disparity in the atlanta housing market. *The Review of Black Political Economy*, 19(3-4): 85-109.

[207] Rockoff, H. (1977) Regional interest rates and bank failures, 1870-1914. *Explorations in Economic History*, 14(1): 90-95.

[208] Sarma, M. (2010) *Index of Financial Inclusion*. Indian Council for Research on International Economic Relations New Delhi Working Papers.

[209] Saunders, P. (1990) *A Nation of Homeowners*. Unwin Hyman.

[210] Scott, A. J. (2000) Economic geography: the great half-century. *Cambridge Journal of Economics*, 24(4): 483-504.

[211] Skidelsky, R. (2010) *Keynes: The Return of the Master*. Allen Lane.

[212] Slater, D. (1976) Anglo-Saxon geography and the study of underdevelopment. *Antipode*, 8(3): 88-93.

[213] Storper, M. (1993) Regional "worlds" of production: learning and innovation in the technology districts of France, Italy and the USA. *Regional Studies*, 27(5): 433-455.

[214] Strange, S. (1988) *States and Markets*. Pinter.

[215] Sunley, P., B. Klagge, C. Berndt, et al. (2005) Venture capital programmes in the UK and Germany: in what sense regional policies? *Regional Studies*, 39(2): 255-273.

[216] Thrift, N. (1994) *On the Social and Cultural Determinants of International Financial Centers: The case of the City of London*. Basil Blackwell.

[217] Thrift, N. (1996) *Spatial Formations*. SAGE.

[218] Thrift, N. (1997) The rise of soft capitalism. *Journal for Cultural Research*, 1(1): 29-57.

[219] Thrift, N. (2003) *Pandora's Box? Cultural Geographies of Economies*. Oxford University.

[220] Thrift, N. J., R. J. Johnston (1993) The futures of Environment and Planning A. *Environment and Planning A,* Anniversary Issue, 83-102.

[221] Thrift, N., A. Leyshon (1994) A phantom state? The de-traditionalization of money, the international financial system and international financial centres. *Political Geography*, 13(4): 299-327.

[222] Tickell, A. (2003) *Cultures of Money*. SAGE.

[223] Tse, J., X. Lin, D. Vincent (2012) *High Frequency Trading – Measurement, Detection and Response*. Credit Suisse.

[224] Tsui, K. Y. (2011) China's infrastructure investment boom and local debt crisis. *Eurasian Geography and Economics*, 52(5): 686-711.

[225] Underhill, G. R. (1991) Markets beyond politics? The state and the internationalisation of financial markets. *European Journal of Political Research*, 19(2-3): 197-225.

[226] Valverdie, S. C., D. Humphrey (2003) Deregulation, bank competition and regional growth. *Regional Studies*, 37(3): 227-237.

[227] Wainwright, T. (2011) Tax doesn't have to be taxing: London's "onshore" finance industry and the fiscal spaces of a global crisis. *Environment and Planning A*, 43(6): 1287-1304.

[228] Walker, R. B. (1993) *Inside/outside: International Relations as Political Theory*. Cambridge University Press.

[229] Wang, D. T. (2005) Multinational Corporations' (Mncs) Strategic Location and the Development of Financial Service Hubs in China. *Asian Geographer*, 24(1-2): 17-44.

[230] Wang, Y. (2015) The rise of the "shareholding state": financialization of economic management in China. *Socio-Economic Review*, 13(3): 603-625.

[231] Wang, X., J. Guan (2017) Financial inclusion: measurement, spatial effects and influencing factors. *Applied Economics*, 49(18): 1-12.

[232] Warde, I. (2000) *Islamic Finance in the Global Economy*. Edinburgh University Press.

[233] Weber, R. (2010) Selling city futures: the financialization of urban redevelopment policy. *Economic Geography*, 86(3): 251-274.

[234] Williamson, O. E. (1985) *The Economic Institutions of Capitalism Firms Markets Relational Contracting*. Free Press.

[235] Wissoker, P. (2013) From insurance to investments: financialisation and the supply side of life insurance and annuities in the USA (1970-2006). *Cambridge Journal of Regions, Economy and Society*, 6(3): 401-418.

[236] Wójcik, D. (2009) Geography of stock markets. *Geography Compass*, 3(4): 1499-1514.

[237] Wójcik, D. (2011) Securitization and its footprint: the rise of the US securities industry centres 1998-2007. *Journal of Economic Geography*, 11(6): 925-947.

[238] Wójcik, D. (2012) The end of investment bank capitalism? An economic geography of financial jobs and power. *Economic Geography*, 88(4): 345-368.

[239] Wójcik, D., C. Burger (2010) Listing BRICs: stock issuers from Brazil, Russia, India, and China in New York, London, and Luxembourg. *Economic Geography*, 86(3): 275-296.

[240] Wray, F. (2012) Rethinking the venture capital industry: relational geographies and impacts of venture capitalists in two UK regions. *Journal of Economic Geography*, 12(1): 297-319.

[241] Yeung, G. (2009) Hybrid property, path dependence, market segmentation and financial exclusion: the case of the banking industry in China. *Transactions of the Institute of British Geographers*, 34(2): 177-194.

[242] Yeung, H. W. (2009) Regional development and the competitive dynamics of global production networks: an East Asian perspective. *Regional Studies*, 43(3): 325-351.

[243] Yeung, G., C. He, P. Zhang (2015) Rural banking in China: geographically accessible but still financially excluded? *Regional Studies*, 1-17.

[244] Yildirim, H. S., S. K. Mohanty (2010) Geographic deregulation and competition in the U.S. banking industry. *Financial Markets Institutions & Instruments*, 19(2): 63-94.

[245] Zademach, H. (2009) Global finance and the development of regional clusters: tracing paths in Munich's

film and TV industry. *Journal of Economic Geography*, 9(5): 697-722.
[246] Zaloom, C. (2006) *Out of the Pits: Traders and Technology from Chicago to London.* University of Chicago Press.
[247] Zelizer, V. (1994) *The Social Meaning of Money: Pin Money, Paychecks, Poor Relief and Other Currencies*. Basic Books.
[248] Zhang, J. (2011) The spatial dynamics of globalizing venture capital in China. *Environment and Planning A*, 43(7): 1562-1580.
[249] Zhao, S. X. (2003) Spatial restructuring of financial centers in mainland China and Hong Kong: a geography of finance perspective. *Urban Affairs Review*, 38(4): 535-571.
[250] Zhao, S. X., L. Zhang, D. T. Wang (2004) Determining factors of the development of a national financial center: the case of China. *Geoforum*, 35(5): 577-592.
[251] Zoromé, A. (2007) *Concept of Offshore Financial Centers: In Search of an Operational Definition*. International Monetary Fund.
[252] 程婧瑶、樊杰、陈东："基于重力模型的中国金融中心体系识别"，《经济地理》，2013 年第 3 期，第 8～14 页。
[253] 贺灿飞、傅蓉："外资银行在中国的区位选择"，《地理学报》，2009 年第 6 期，第 701～712 页。
[254] 贺灿飞、刘浩："银行业改革与国有商业银行网点空间布局——以中国工商银行和中国银行为例"，《地理研究》，2013 年第 1 期，第 111～122 页。
[255] 金爱华、卢艳："府际竞争、政府行为与企业上市风潮——基于地方政府推动企业上市行为的思考"，《改革与战略》，2014 年第 6 期，第 38～40 页。
[256] 黎文靖、程敏英、黄琼宇："地方政府竞争、企业上市方式与政企间利益输送——来自中国家族企业上市公司的经验证据"，《财经研究》，2012 年第 9 期，第 27～36 页。
[257] 李建军、卢盼盼："中国居民金融服务包容性测度与空间差异"，《经济地理》，2016 年第 3 期，第 118～124 页。
[258] 李涛、王志芳、王海港等："中国城市居民的金融受排斥状况研究"，《经济研究》，2010 年第 7 期，第 15～30 页。
[259] 李小建："金融地理学理论视角及中国金融地理研究"，《经济地理》，2006 年第 5 期，第 721～725 页。
[260] 林彰平、闫小培："广州市金融机构微观集聚案例"，《经济地理》，2007 年第 1 期，第 84～88 页。
[261] 彭宝玉、蒋冰华、魏雪燕等："国外金融地理：地理学和经济学研究对比"，《人文地理》，2016 年第 2 期，第 18～23 页。
[262] 田霖、金雪军："金融地理学视角下的证券市场投资潜力分析"，《世界地理研究》2004 年第 1 期，第 102～108 页。
[263] 谢贞发、范子英："中国式分税制、中央税收征管权集中与税收竞争"，《经济研究》，2015 年第 4 期，第 92～106 页。
[264] 衣长军、胡婷婷："中国主权财富基金对外投资的新特点及发展对策"，《经济纵横》，2014 年第 1 期，第 77～80 页。
[265] 周黎安："中国地方官员的晋升锦标赛模式研究"，《经济研究》，2007 年第 7 期，第 36～50 页。

第十二章 创新地理学

引 言

随着人类社会步入知识经济时代,创新逐渐成为人类社会经济活动的核心竞争力。创新驱动的经济增长已经成为发达经济体和新兴经济体发展的主要动力,也是当前政策讨论的重点。然而,创新是一个社会和空间嵌入的交互式学习过程,不能独立于具体国家和地区的制度和文化背景。因此,创新政策必须基于创新与创新环境的研究,其中地理学者的参与尤为重要。

自熊彼特提出创新理论以来,创新经济学迅速发展。研究过程中,学者们逐渐意识到创新活动发生在空间之内和在空间上是有规律的。地理学研究人地关系和区域系统,探讨人类活动与地理环境之间相互作用的空间规律。人类活动既包括生产活动和生活活动,也涵盖创新活动。创新活动是人类与自然的重要联系之一,对其他人类活动产生重大影响。地理学者采用空间视角研究创新活动,研究其空间规律、空间组合特征、与地理环境的关系及其所产生的影响,此为创新地理学(吕拉昌等,2017)。

早期创新经济地理研究关注创新要素的地理分布及其空间特征。古典区位理论是西方经济地理学最重要的研究内容之一,主要分析经济活动的地理区位及其形成原因。随着新增长理论、新贸易理论和新经济地理学的发展,知识和技术溢出在经济增长过程中的作用受到更多重视,经济地理学者开始对创新活动的空间的特征、影响因素和机制进行研究(Audretsch and Feldman,1996a)。创新地理研究多关注区域创新投入与产出的空间差异和相互关系,关注研究开发活动的区位特征、创新扩散和高新技术产业的区位特征等。随后,学者开始系统性地关注创新活动,强调创新环境的重要性,提出了区域创新系统和国家创新系统,进而发展为全球生产网络。伴随社会科学的"空间转向",经济地理开始关注文化、制度、网络与关系。创新地理开始成为经济地理学主要研究方向之一。自从费尔德曼(Feldman,1994)提出创新经济地理学,创新地理已成为经济地理学研究的重要领域之一。

第一节 创新地理学兴起与发展

一、知识经济与全球生产转型

自20世纪末以来,以知识为基础的经济活动逐渐占据了人类经济活动的主导地位,知识经济时代已经到来。这一时期的经济发展依赖于知识的不断创新,即知识的生产、扩散和应用。知识和技术创新作为影响企业、地区和国家竞争力的关键要素,具有显著的地理集中性。世界上最先进的知识和技术人才以及相关的资源往往集中在几个大城市。同时,世界各国之间的收入和财富分配越来越不平等,这些不平等的程度与知识资源的获取难易程度具有较高关联性。

2006年澳大利亚创新研究机构"2thinknow"研制了162项评价指标体系,从文化资产、人力资本、市场网络三大方面,对全球城市创新能力进行评估(表12-1)。2010与2015年全球前50名创新城市的名次有稍微变动,但有影响力的创新城市名单总体趋势基本没变。2015年前十大创新城市分别为伦敦、旧金山、维也纳、波士顿、首尔、纽约、阿姆斯特丹、新加坡、巴黎和东京;入选全球最具影响50个创新城市的中国城市则有上海、香港和北京,分列全球创新型城市的第20位、22位和40位。创新活动空间分布具有显著的地理黏性。

表12-1 "2thinknow" 2010年和2015年全球最具影响50个创新城市

序号	2015年		2010年		序号	2015年		2010年	
	城市	国家	城市	国家		城市	国家	城市	国家
1	伦敦	英国	波士顿	美国	9	巴黎	法国	里昂	法国
2	旧金山	美国	巴黎	法国	10	东京	日本	汉堡	德国
3	维也纳	奥地利	阿姆斯特丹	荷兰	11	多伦多	加拿大	柏林	德国
4	波士顿	美国	维也纳	奥地利	12	慕尼黑	德国	多伦多	加拿大
5	首尔	韩国	纽约	美国	13	西雅图	美国	斯图加特	德国
6	纽约	美国	法兰克福	德国	14	柏林	德国	伦敦	英国
7	阿姆斯特丹	荷兰	旧金山	美国	15	哥本哈根	丹麦	慕尼黑	德国
8	新加坡	新加坡	哥本哈根	丹麦	16	芝加哥	美国	米兰	意大利

续表

序号	2015年		2010年		序号	2015年		2010年	
	城市	国家	城市	国家		城市	国家	城市	国家
17	斯德哥尔摩	瑞典	斯德哥尔摩	瑞典	34	莱比锡	德国	蒙特利尔	加拿大
18	悉尼	澳大利亚	香港	中国	35	温哥华	加拿大	西雅图	美国
19	特拉维夫	以色列	墨尔本	澳大利亚	36	京都	日本	南特	法国
20	上海	中国	东京	日本	37	法兰克福	德国	赫尔辛基	芬兰
21	洛杉矶	美国	罗马	意大利	38	费城	美国	马赛	法国
22	香港	中国	京都	日本	39	奥斯汀	美国	莱比锡	德国
23	迪拜	阿联酋	华盛顿	美国	40	北京	中国	科隆	德国
24	斯图加特	德国	上海	中国	41	蒙特利尔	加拿大	图卢兹	法国
25	赫尔辛基	芬兰	杜塞尔多夫	德国	42	阿布扎比	阿联酋	卡尔斯鲁厄	德国
26	曼彻斯特	英国	巴塞罗那	西班牙	43	罗利	美国	波尔多	法国
27	巴塞罗那	西班牙	首尔	韩国	44	达拉斯	美国	奥斯汀	美国
28	奥斯陆	挪威	悉尼	澳大利亚	45	莫斯科	俄罗斯	明尼阿波利斯	美国
29	华盛顿	美国	布拉格	捷克	46	布鲁塞尔	比利时	奥斯陆	挪威
30	里昂	法国	费城	美国	47	迈阿密	美国	芝加哥	美国
31	汉堡	德国	新加坡	新加坡	48	圣彼得堡	俄罗斯	惠灵顿	新西兰
32	大阪	日本	布鲁塞尔	比利时	49	米兰	意大利	德累斯顿	德国
33	墨尔本	澳大利亚	斯特拉斯堡	法国	50	圣地亚哥	美国	特拉维夫	以色列

资料来源：2thinknow2015年全球创新城市指数。

在知识经济时代，创新是经济发展的关键驱动力。为了促进地区经济发展，各国都提出了激励创新的政策，也呼吁学者们对创新以及创新空间进行深入研究。与此同时，为应对经济全球化带来的市场不确定性，企业推动生产范式从福特制逐渐转向后福特制，发展柔性专业化。柔性专业化的主要特点是高度的空间集聚、密集的地方企业网络、创新和经济增长。与传统的批量生产方式不同，柔性专业化生产非标准化的产品，基于产品的垂直分离、灵活性、多功能设备和技术劳动，创造出一种有利于产品创新的环境。柔性专业化推动了产业的空间集聚和内部结网，而区域发展正是依赖于区域网络的不断创新以及创新网络在区域环境中的发展（Piore and Sabel，1986）。在柔性专业化思想的影响下，新产业区理论和创新环境理论等进一步发展。

随着人类社会生产生活方式的不断演变，人地关系的变化与地理科学的发展密切相关。人类社会发展至今已经经历了农业经济时代、工业经济时代，正进入知识经济时代。作为研究"地球表面经济活动的空间分布"的一门学科，经济地理学的发展深受社会经济发展背景的影响,相继出现了多个与之相关的分支学科,如农业地理学、工业地理学、产业地理学、金融地理学等(吕拉昌等,2016)。知识经济时代的到来和全球生产方式的转变,为创新经济地理学提供了重要的社会经济基础,创新经济地理学应运而生。

二、从创新到创新地理

创新的概念首先由经济学家提出,随后广泛应用于经济学领域。20世纪初,经济学家熊彼特在《经济发展理论》一书中首次提出"创新理论"。主要观点包括:①"创新"是在生产体系中引入生产要素和生产条件的新组合,即"建立一种新的生产函数",目的是获取更多的利润;②创新主体是企业家,他们的创新活动是经济发展的主要动力,创新活动带动的经济增长体现出周期性;③"创新"是一种内部自发的过程,是一种"创造性的破坏",即创新的过程是不断破坏旧结构,不断创造新结构的过程。熊彼特(Schumpeter,1921)在此基础上定义了技术变化的三个阶段:一是发明,即生产过程背后的观念创造;二是创新,即发明的商业化应用;三是扩散,即创新从最初地点向外扩散。熊彼特(Schumpeter,1927)将创新划分为五种类型,分别为新产品、新工艺、新供应来源、开辟新市场以及新企业组织方式。然而,创新理论在当时并没有引起经济学家的重视。直到20世纪50年代,熊彼特的创新理论才受到当时技术创新经济学和制度创新经济学两派学者的重视,进而发展成为"新熊彼特主义"。

"新熊彼特主义"的两个学派提出了许多具有理论价值的观点,对后续的创新研究有深刻的影响。其中,技术创新经济学派把熊彼特创新理论与研究方法同新古典学派微观经济理论相结合,继承和发展了熊彼特的创新理论。具有代表性的理论有门施等(Mensch et al.,1987)提出的周期理论以及卡米恩和施瓦兹(Kamien and Schwartz,1982)的市场理论。门施赞同熊彼特的观点,即技术是经济增长和长期波动的主要原因。但门施认为熊彼特只强调了企业家的创新行为,忽略了创新所需要的外部环境条件,因此无法很好地解释技术创新周期性产生的原因。经济衰退促使技术创新出现高潮,危机会迫使企业寻求新技术,而大批创新的出现又成为经济复苏的基础。但以英国弗里曼(Freeman,1993)等为代表的制度创新学派则不同意门施的观点,提出政府技术创新政策对技术创新起到重要作用。这一观点也为之后的国家创新系统理论奠定了基础。制度创新学派认为经济组织形式或管理方式的改革,如社会保险制度、工会制度等,是经济增长的深层次原因。

与此同时,学者们逐渐意识到"空间"对于创新活动的重要性。地理学者从空间视角对创新经济活动进行研究要追溯到哈格斯特朗(Hägerstrand,1953)。哈格斯特朗研究了农业创新扩散的空间过程,总结出创新三阶段空间扩散模式。他认为新技术的传播首先到达中心城市,然后扩散到第一批中心的周边和次中心城市,最后到达次中心城市周边。但是当时这种观点并未引起地理学者们的重视,直到 20 世纪 60 年代相关研究才开始逐渐发展,并在数学方法、空间扩散过程中的障碍、阻力和特征研究等方面不断突破。在此基础上,普瑞德(Pred,1977)提出创新基于城市体系等级的扩散机制,认为大城市在扩散过程中具有循环优势。虽然其他学科的创新研究同样涉及空间问题,但并未将空间作为研究重点,因此,地理学者在研究创新活动的空间规律方面发挥着重要作用。

1994 年费尔德曼提出"创新经济地理学",标志着创新地理研究进入学科性的发展阶段。创新经济地理学的研究对象是由多维空间因素决定的复杂地理过程:首先,知识集聚有利于信息搜寻和项目合作;其次,创新地理的实质是具有创新所需的不同知识的组织在空间上的分布情况。随后创新经济地理学的相关研究开始迅速增长。

中国的创新地理研究起步相对较晚,20 世纪 90 年代才取得一些相关研究成果。甄峰等(2001)认为创新地理学的研究对象是创新要素,包括知识、技术、人才、信息等的生产、分配、交换和消费等,研究内容是创新要素在时空上的分布与组合及其地理环境的相互作用。王缉慈等(2001)提出空间非均衡发展以及由创新集群、创新空间的崛起与创新城市引领而造就的马赛克经济,已成为当今世界经济地图的重要特征表现,其中创新空间与创新城市崛起起到非常重要的作用。吕拉昌等(2017)梳理了创新地理学的学科内容、基本理论和实证研究,为中国创新地理学的发展做了系统性的总结。上述研究为中国的创新地理学发展立下基础。

三、创新地理学发展阶段

波伦斯克(Polenske,2007)提出创新地理学主要研究内容包括:①创新空间集聚或分散特征;②创新空间组织形成机制与影响因素;③创新空间效应。进入 20 世纪 90 年代,创新经济地理学迎来快速发展。根据研究内容的不同,可以大致分为四个阶段。从表 12-2 可以看出,创新地理研究首先从国家和区域角度入手,以 GREMI 小组为主的创新环境学派提出了创新环境理论,以伦德瓦尔(Lundvall,1988)和费尔德曼(Feldman,1994)为主的学者提出了国家创新系统理论。这一阶段主要研究创新地理分布特征和区域差异,认为创新存在普遍的地理空间差异,技术基础设施等其他因素影响创新空间分布;创新主体和创新环境的相互作用共同促进创新活动,尤其应该重视政府在国家层面的作用。随后,创新地理学研究视角开始转向地方—区域集群,库克(Cooke,1992)发展了区域创新系统等理论,更加深入研究了创新活动的空间机制和影响因素。他们认识到了不同知识类型对空间的影响,其中缄默知识传播的距离衰减特性导致了区域创新集聚。随着21世纪经济全球化的发展,创新地理的研究视角开始关注地方—全球的创新网络,深入剖析创新活动在各个尺度的活动。巴瑟尔特等(Bathelt et al.,2004)提出了"全球通道"(global pipeline)以及"本地蜂鸣"(local buzz)等概念。他们认为知识可以跨区域传播,全球通道可以向地方输入远方知识,从而促进地方创新。最近,博什马和弗伦肯(Boschma and Frenken,2009)等发现,创新具有动态演化规律,创新网络的演化受到根植于地方的知识、技术网络影响,可以通过创新政策进行针对性的引导,创新网络演化研究开始兴起。欧洲各国在此理论基础上提出了精明专业化政策,引导地区创新发展。

表 12-2 创新经济地理学发展四个阶段

时间	代表人物	空间尺度	研究内容	主要观点
1990~1995年	GREMI 小组,Feldman,Audretsch	国家、区域	创新环境、国家创新系统、创新的空间分布	创新存在着地理差异;技术基础设施、创新环境等影响创新分布
1995~2000年	Cooke,Storper,Morgan	地方、城市—区域	区域创新系统、学习型产业区、产业集群	隐性知识的本地传播导致区域创新集聚
2000~2005年	Bathelt,Gertler	地方—全球	全球创新网络、"全球通道"与"本地蜂鸣"	知识可以跨区域传播,全球通道可向地方输入远方知识促进创新
2006年以后	Boschma,Frenken	地方、区域和全球	创新演化研究、精明专业化	创新网络的演化受到根植于地方的知识、技术网络影响,可以通过创新政策进行针对性的引导

第二节 创新地理研究

创新经济地理学研究主要涉及创新空间及其与企业家、人才、资本、知识及技术等创新要素的内在关系。创新的实质是通过整合创新要素创造出新的产品并谋求利润。因此,创新要素的空间分布特征是创新地理研究的核心问题之一。研究的主要问题包括:创新要素地理集聚与分散研究;创新要素对国家和区域的经济发展的影响;创新的空间效应度量及产生机理等。

一、创新测度：创新投入、创新产出与创新主体

国内外创新地理研究主要利用创新投入、创新产出、创新主体等作为指标，来衡量创新空间集聚或分散程度（Sirilli and Evangelista，1998）。近年来，创新地理学开始关注创新网络，并借鉴社会学的社会调查方法进行创新调查，以弥补原有创新测量方法的不足。

创新投入常作为知识生产函数中的自变量以检验跨地区的知识溢出程度，主要包括研发费用、研发人员和雇员等。研发费用是指研究项目资金、实验室研究预算等；研究人员包括研发中科学家和工程师的数量以及高科技制造业人数等。最早以及最常用的创新活动实证研究是以"研究与开发"（R&D）活动为研究对象。谢斐（Jaffe，1989）利用企业和大学 R&D 经费支出作为创新生产函数的投入指标，衡量了大学研究开发向企业研发溢出的本地性。沃尔高（Varga，1998）以高技术产业雇员数作为知识生产函数自变量对美国区域创新的时空特征进行了研究。芬格尔顿等（Fingleton et al.，2003）使用创新部门或者行业雇员作为创新投入要素对创新空间分布进行分析。

创新产出主要包括专利数据和直接创新数量等。专利数据是科学、技术及创新研究领域尤其是创新领域最早和最广泛使用的数据（Godin，2002）。不过，使用专利数据进行研究具有局限性：一方面不是所有专利发明都有经济价值；另一方面不是所有创新都获得专利（Griliches，1998）。阿奇和沃尔高（Acs and Varga，2002）利用美国中小企业管理局（SBA）的创新数据检验了美国州及大都市统计区（MSA）大学 R&D 和高技术创新之间的空间溢出程度，并与专利的检验结果进行了对比；欣洛浦（Hinloopen，2003）利用欧盟赞助的公共创新调查项目（CIS）提供的创新产出数据对欧洲国家的创新分布进行了研究；纳尔逊和温特（Nelson and Winter，2009）分别利用专利、技术许可及出版物三个标准测度了 DNA 重组技术领域的知识流动情况；阿加瓦尔和科克本（Agrawal and Cockburn，2002）利用美国专利商标局提供的 1975~2000 年的专利数据，考察了公司规模多样性和研发实验室对美国大都市统计区创新的影响。

相比创新投入和创新产出，创新主体更加突出创新地理区位特征，是创新经济地理学研究区别于其他创新经济学研究的关键领域。由于新企业的形成与创新思想往往难以被现有企业接受，因此学者往往将新企业创立与创新活动相关联。创新主体包括创新相关机构，如大学、研发机构以及新企业等。奥德雷奇等（Audretsch et al.，1996a）首先将新企业创立与存活看作是创新活动的外在表现之一；马莱茨基（Malecki，1985）利用新公司创立的数量对美国大都市统计区的创新活动进行了研究；祖克尔等（Zucker et al.，

1998）研究生物技术产业中新成立企业在美国邮政编码层面的分布，检验了明星科学家、企业与大学及公共研究机构合作对新企业空间分布的影响；亚当斯和谢斐（Adams and Jaffe，2002）采用企业或企业研发实验室描述创新主体，并对知识溢出的区域化现象进行探讨。上述基于创新投入、创新产出和创新主体的分析较为静态和分散，对于创新活动联系研究较为薄弱。

但创新投入和产出研究的数据存在一定局限性（Polenske，2007）。首先，R&D活动只是创新投入的一种。虽然它与技术变化的相关性较为显著，但它并不能很好地测度这种变化，并且与创新产出之间的联系尚不明确；其次，专利指标也不能直接测度创新，因为并不是所有的发明和技术进步都申请了专利，不同公司申请专利的策略有所不同，不同国家的专利审批法律和制度也存在差异。因此，无论是申请还是授予的专利数据其实都不能真实反映创新产出。另外，基于文献的创新数据在获取时不能只看重数目。数据采集的方法应该使各类企业的创新具有相同的被采集概率，并且选择适当的报刊。由于企业一般不愿意对外公布工艺流程的创新，因此，上述方法仅限于收集产品创新数据，并不能很好地反映出生产过程中的创新。

许多学者对创新产出和投入地理分布特征进行了分析，讨论创新空间特征以及背后的机制和原因。谢斐等（Jaffe et al.，1993）发现产品创新的分布特征存在非常明显的地理集群现象。他以1982年美国商业产品创新的数据，研究了各州在创新活动上的不同表现，发现创新活动主要集中在加州和东北部各州，五大湖沿岸和南部也多有发生，而中西部则较少。

在此基础上，费尔德曼（Feldman，1994）探讨了创新地理来源，特别侧重于产品创新和相关的"技术基础设施"之间的关系。技术基础设施包括工业研发投入、大学机构研究、相关行业企业和商业服务，基础设施集聚汇集了创新过程中关键的资源和投入，提高了区域创新能力。另外，奥德雷奇（Audretsch，1996a）提出尽管创新活动存在集聚倾向，但对于创新集聚现象本身是否是产业集聚的表现无法有效证明。在控制了产业集聚之后，创新仍然呈现出集聚倾向，说明其中起着决定性作用的是知识溢出，而不是生产集聚，从而进一步完善了创新空间集聚的相关研究。

对中国创新空间研究也取得了丰富的成果，但相比国外研究，中国研究的尺度和数据、指标都过于单一。孙（Sun，2000）最早使用专利数据对中国省级尺度的专利空间分布模式进行了研究。李志刚等（2006）以省级专利数据衡量创新产出，分析了中国创新活动空间集中度和空间相关性。祝影和杜德斌（2008）从R&D角度分析创新活动空间活动特征，采用因子分析方法研究跨国公司全球创新空间等级体系，认为中国位列跨国公司研发全球化的高密集区域，但仍具有一定发展潜力。汪涛和曾刚（2008）从技术扩散角度研究对浦东新区跨国公司及其相关企业的进行研究，发现东道国利用跨国公司的技术溢出效应开展创新活动。魏守华等（2009）以长三角城市作为研究地理单元，以高技术产业的新产品销售额代表创新产出，研究长三角高技术产业创新绩效的影响因素。王庆喜和张朱益（2013）等分析了中国省级创新活动空间分布，指出省域创新活动区域差异很大，体现出明显的空间集中性和空间相关性。受到数据限制，首先，上述分析的空间尺度以省级为主，过于宽泛；其次，主要集中在专利数据代表创新产出，以引用国外已有的指标为主。

二、知识空间：知识流与知识网络

20世纪90年代以来，伴随着科学技术的发展，特别是高科技和知识密集产业的发展，知识创新受到越来越多的关注，知识创新理论受到学界的重视。知识和技术创新是任何重大经济增长的前提（Kuznets，1971）。知识创新是指通过科学研究（包括基础研究和应用研究）获得或创造新的自然科学知识、社会科学知识等，也包括创造、传播和应用新思想，使其转化成市场化的产品和服务的过程（张凤和何传启，2000）。

许多学者尝试对知识进行定义和分类。波兰尼（Polanyi，1958）认为人类的知识有两种：一种是常见的以书面文字、图表和数学公式表述的知识；另一种知识是那些未被表述的，例如我们在做某件事的行动中包含的知识。他把前者称为显性知识，后者称为隐性知识，并进一步在《隐含维度》中以"我们所知道的比我们所能表述的更多"来描述隐性知识和显性知识之间的区别。显性知识包含的是可以传达的正式技能、系统的语言等，可以通过编码的方式直接被传递，因此又有人将其称为编码知识。相反，隐性知识是一种意会的经验，需要通过经验和认知来学习，不能通过人工编码来传递，因此又有人将其称为缄默知识。

隐性知识和显性知识的不同之处使隐性知识的分布与传播具有特殊的空间性质。相比显性知识，隐性知识更不容易被传播，因此隐性知识的特殊性使得知识传播的社会背景变得重要（Howells，2002）。隐性知识只能通过实践获得，需要通过师徒之间的分享或针对解决某一实际问题展开讨论继而得出解决方案。因此，隐性知识的学习过程使得隐性知识和社会背景建立起深刻的联系，隐性知识只有在人们彼此之间具有共同的社会背景时才能被接受，共同的价值观、语言和文化在知识传播中起到举足轻重的作用（Maskell and Malmberg，1999）。格特勒（Gertler，2003）进一步总结了隐性知识的传播包括三个方面的特点：首先，由于隐性知识不能被清晰表达并只有在实践中获取，因此具有难以远距离传播的特性；其次，隐性知识具有基于特定社会联系的属性，因此只有在双方处于同一社会背景中才能有效地交换知识信息，且社会背景往往局限于本地，导致其不易传播；最后，创新基于互动，并且依靠知识在经济实体之间的流动，如公司、研究机构和其他公共机构等。

知识创新与知识溢出是创新经济地理研究的主要内容。知识创新是指创新主体创造、交换和应用新思路，并将其转化为市场化的产品和服务的过程（Amidon，1997）。"知识创新"包括技术创新、制度创新和组织创新等。巴瑟尔特等（Bathelt et al., 2004）基于空间角度阐述知识创新过程，即企业内部和集群内企业之间的知识创新、集群内部的知识创新、集群之间的知识创新。知识溢出定义为个人、企业、区域和国家之间发生的知识流动、转移或扩散。知识溢出可以理解为从一个地方到另一个地方的知识技术转移与扩散，如从一个企业、产业和区域到另一个企业、产业和区域，从大学、科研机构到企业、产业，又如从一个国家到另一个国家的知识转移或扩散，在这种情况下知识包含在组织惯例、思想、方法、技巧和技术中。此外，尽管经济主体的学习结果可能大不相同，但是，知识交换意味着知识流动是双向的，知识来源可以是由公共机构如大学或者私营企业研发的结果。

随着对知识溢出和创新的认识不断深化，空间对于知识创新的重要性越来越受到学界的重视。创新与知识的空间性体现出地方性的集中和全球性的传播两个看似矛盾的特点。首先，知识具有本地性，呈现区域集聚特征。海梅里克斯和博什马（Heimeriks and Boschma，2014）年提出知识生产具有显著地理集中性，由于隐性知识交流需要知识主体间具有"地理邻近性"，因此往往导致知识在空间上集聚。但阿明（Amin，1999）指出"地理邻近性"的影响通常不是直接的，涉及组织惯例和社会实践形成的"关系邻近性"有可能比地理邻近更为重要；同时，也要考虑到地理邻近对关系邻近的间接影响。其次，创新往往与知识分享息息相关，知识流动与传播变得非常重要。创新主体对知识的渴求，又促使知识在本地乃至全球流动，但这种传播不是无阻碍的，需要有传播的途径和媒介。巴瑟尔特等（Bathelt et al., 2004）提出"管道"在促进本地和全球知识流动过程中起着重要作用。马焦尼等（Maggioni et al., 2014）利用专利引用数据分析了区域之间的知识流动过程，指出区域之间的知识流动对区域创新产生积极影响。

三、技术空间：技术变革与空间扩散

20世纪70年代开始，技术创新成为经济地理学理论建构的核心，但当时技术学习与创新过程机制并不明确。技术可以定义为在创造产品和提供服务中使用的所有知识、产品、流程、工具、方式及方法。简而言之，就是我们做事的途径。泽列尼（Zeleny，

1987）认为技术除了硬件设施以外，还包括技能（know-how）。

技术变革具有周期性，可以划分为三个阶段，即新发明阶段、发展阶段和成熟阶段，技术成熟后并达到其发展极限将易于被取代而自然衰退（Khalil，2000）。克里斯滕森（Christensen，1997）把创新分为"维持性创新"和"破坏性创新"两种类型。前者基于对原有产品的修改，或在此基础上形成新产品，比如含氟牙膏、电动牙刷等；后者则是完全产生新产品以及新行为模式，例如电视机和计算机的出现。从一个技术生命周期到下一个周期的转变不是线性的。一个现有技术的生命周期可能依赖于"维持性创新"持续很久，也有可能被破坏性技术所打破。图12-1显示了技术周期的演化路径具有不确定性。达卢姆等（Dalum et al.，2005）以欧洲的移动通信技术发展为例，从一代的移动电话NMT技术到二代GSM的基本技术的重大变化，构成了一个移动的技术生命周期；同样之后的三代系统UMTS又是一个生命周期，不同技术生命周期的共存和变化是复杂的和充满破坏性的。

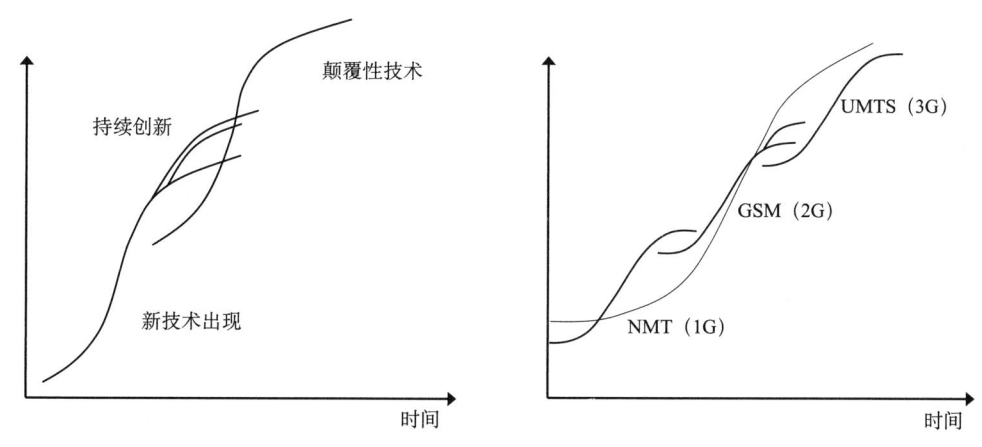

图12-1　理论技术周期曲线（左）以及欧洲移动通信产业技术周期曲线（右）

资料来源：Dalum et al.（2005）。

技术创新与空间密切相关。1953年哈格斯特朗（Hägerstrand，1953）从农业技术扩散出发，提出了三阶段空间扩散的观点。空间扩散有三种基本类型，即感染扩散、等级扩散和空间位移扩散。如图12-2所示，第一种是感染扩散，指从原点向外空间扩散，通常是一个逐渐的、连续的过程。一般来说，新技术刚开始出现时只有少部分人掌握，然后通过人与人之间的相互接触，新技术逐渐由原来的已知者传播给亲友、同事和邻居等。但由于距离的阻碍，新技术扩散速度随着距离增大而逐渐减弱。第二种是等级扩散。某些新技术往往跳过了地理邻近的小城市，直接向距离较远但规模相似的城市扩散，然后再向次一级城市扩散,原因是某些新技术具有较高的"认知门槛",只能采取逐级向下扩散的过程。第三种是空间位移扩散。前两种扩散方式都会让更多人了解和掌握新技术,因此都属于扩张型的扩散。如果接受新技术的人的数量没有增加,仅仅发生了空间位移,可称之为空间位移扩散,例如国际移民。

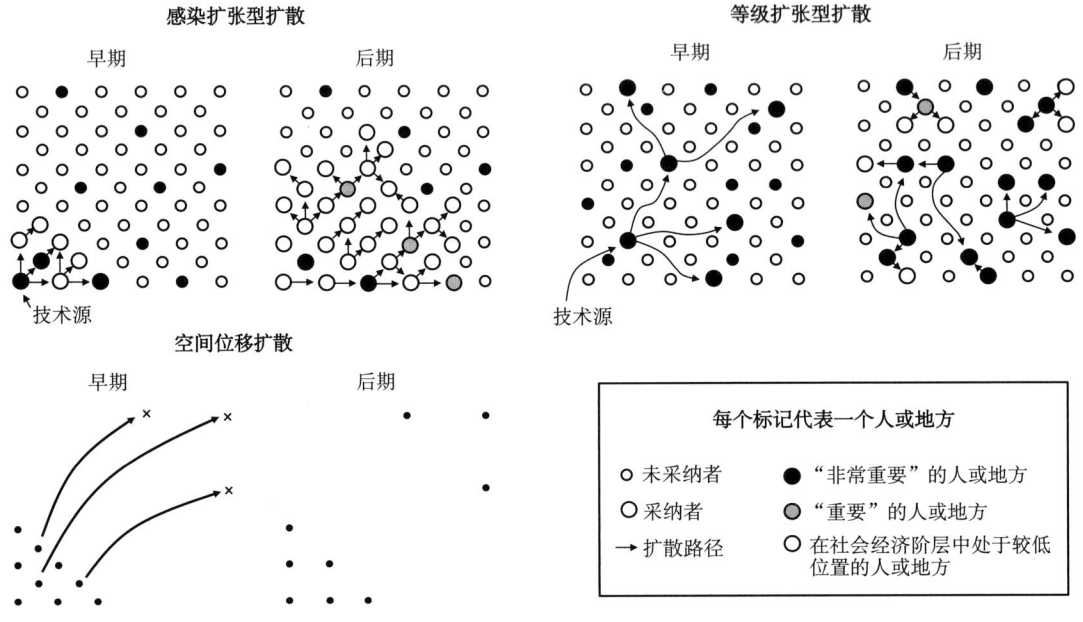

图 12-2　技术空间扩散的三个基本类型

资料来源:Jordan-Bychkov et al.(1999),汪明峰(2005)翻译并重新绘制。

基于上述分析,哈格斯特朗总结新技术的传播规律:新技术的传播先是到达主要城市,然后是第一批中心的周边和次中心,最后到达次中心周边。普瑞德(Pred,1977)提出技术通过城市体系的等级扩散,认为大城市在扩散过程中具有循环优势。奥德雷奇等(Audretsch et al.,1996b)指出,在技术生命周期的初始阶段,创新活动会呈现集群趋势,而成熟阶段则更加分散。

费尔德曼等(Feldman et al.,2015)对美国 rDNA 技术的空间扩散进行研究,重点关注了技术扩散的空间机制,尤其是地理邻近性、社会邻近性和认知邻近性的作用。研究发现,rDNA 技术专利数量在 20 世纪 80 年代后期和 20 世纪 90 年代早期急剧增加,在 20 世纪 90 年代后期出现起伏,随后持续下降。这一现象遵循了经典的 S 形扩散曲线的规律。费尔德曼等认为,在 rDNA 技术扩散中,社会邻近性起到了最为关键的作用,与专利相关的发明人将这一全新技术传播给全国各地的合作者。然而,这项技术的扩散也依赖于认知邻近性。rDNA 技术的专业化特征在一定程度上限制了早期在部分大都市区的传播。从图 12-3 中可以看出，早期 rDNA 专利在知识空间中与化学物质以及药物和医学专利类别密切相关。因此，rDNA 技术扩散受到城市中已有相关技术知识储备的影响，城市现有相关技术的邻近性越高，数量越多，那么技术扩散越快。

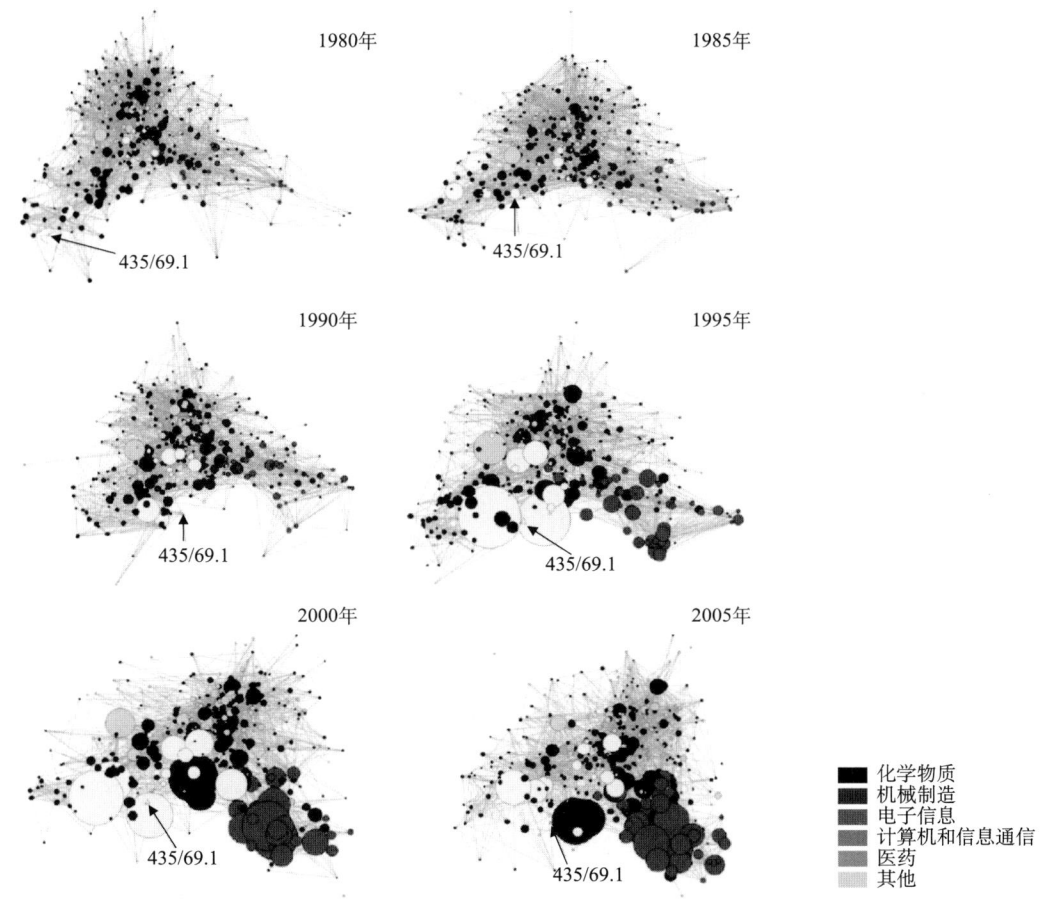

图 12-3　1975~2005 年美国 rDNA 的技术空间

资料来源：Feldman et al.（2015）。

第三节　创新环境

创新环境是一个复杂而动态的环境，由多种环境共同组成，为创新活动提供了支撑条件。创新地理研究区域创新环境，关注区域创新环境的基本理论，包括基本定义与概念、形成机制、对创新活动的影响以及区域差异等。

一、从创新要素到创新环境、创新氛围

"创新氛围"是由以艾达洛特（Aydalot，1986，1988）、卡马尼（Camagni，1991）等为代表的区域经济家组成的 GREMI 小组提出来的，因此，这一学术流派又名"创新氛围学派"。"创新氛围"定义为"在特定区域内，一系列非正式的社交关系组成的复杂网络，通过集体学习提升区域的创新能力"，"创新氛围"是指在创新过程中，影响创新主体进行创新活动的各种外部因素的总和，"创新氛围"存在空间差异，因此，在一些创新氛围浓厚的地区创新活动更加活跃（Camagni，1991）。

创新氛围学派内部在对"创新氛围具体定义和应用范围的认识"问题上存在一些分歧：一些学者认为创新氛围是指影响技术创新的区域制度、规则和背景条件，借鉴格兰诺维特（Granovetter，1985）提出的经济活动与社会背景的"嵌入"过程，认为企业创新网络是嵌入到创新环境之中的；而另一些学者则认为创新环境就是由企业、政府、科研机构等主体及其之间的互动关系组成的网络，这些网络通过市场、权力和合作等关系组织起来，形成统一的理解、价值观和文化，从而大大降低了创新过程的风险和不确定性，并为学习过程提供了可持续的保证（刘炜和李郇，2012）。

二、创新环境：技术、组织与区域范式

克瑞沃西耶（Crevoisier，2004）总结了"创新环境"理论的内容：在技术方面，认为一个区域如果长期连续地进行技术创新活动，就可能使区域内产生一种特有的技能和技术文化，使得区域内各个创新主体形成共同的技术理解与规范，引导各个创新主体的创新活动；在组织方面，他重点强调了"网络"的概念，认为区域创新主体（企业、供应商、客户、大学、政府部门）之间的社会关系网络是区域重要的资源之一，不仅是区域内部各行为主体之间重要的协调和合作机制，也是区域"创新环境"协调能力的体现（刘炜和李郇，2012）。

三、创新环境的形成与影响

创新环境的形成基于创新要素之间构造的复杂网络。斯托伯（Storper，1995）认为

区域制度、规则和惯例等因素是促进该区域创新的复杂社会网络关系的基础，是促使创新环境产生的根源。康威和斯图尔德（Conway and Steward，1998）认为创新主体的知识基础、思维模式、信息传播途径及文化等因素的组合为创新环境。创新环境并不仅仅是支撑创新活动发生的基础设施和物质条件，而是社会、经济、文化、法律和政策等因素相互交错、相互影响而形成的复杂网络关系。

创新环境对创新活动的影响可以通过政策环境、产业集聚和非正式网络等方面进行理解。国家政策环境有利于创造出具有重大战略意义的新产品、支撑国家重大工程建设或重大装备开发，引进重大技术和发明专利等。因此，国家政策环境是整个创新环境的重要要素之一。韦斯纳（Wessner，2007）研究了全球范围内技术创新政策环境，认为随着社会不断发展、科技不断进步，科技政策环境对于促进科技产品在全球范围的应用和推广起到重要作用。

创新环境有利于提升产业集群中企业的创新能力。产业集群企业能充分享有规模经济带来的好处和便利，能获得政府机构和其他相关组织的企业服务，还能更容易地获取专业化劳动力和高素质人才。这些都是集群内企业提高自身创新能力的坚实基础。萨克森尼（Saxenian，1994）认为由于企业集聚降低了交易成本，更容易实现规模经济效应，提高市场竞争力，最终促使企业从模仿中实现自我创新。巴普蒂斯塔和斯旺（Baptista and Swann，1998）认为产业集群具有明显的学习效应，一个企业成功往往会带动周边一大批具有合作关系的企业创新。

创新环境有利于减少创新活动的不确定性风险。劳森和洛伦兹（Lawson and Lorenz，1999）提出创新环境可以从四方面减少不确定性风险：①创新环境中企业之间非正式交流有利于企业收集和选择有用的信息；②区域劳动力市场和人与人之间面对面交流促进了信息传播，从而提高集体学习效果；③本地网络联系有利于管理的灵活性和进行集体决策；④个人之间、各种团体的联系有利于集体决策的协调。此外，创新环境理论也强调了社会关系的重要性，本地合作者之间的相互信任可以促进创新。

不少学者对创新环境的形成与影响进行了实证研究。如萨克森尼（Saxenian，1994）对硅谷和波士顿的128号公路进行研究，认为相比之下硅谷具有更为灵活的合作网络，有利于促进创新。基布等（Keeble et al.，1999）对牛津和剑桥地区高新技术中小企业进行研究，认为知识学习和流动通过以下三种机制：企业衍生、企业间相互作用以及有技能的劳动力流动。亨利和平奇（Henry and Pinch，2001）对英国赛车城进行研究，说明了产业集聚与知识流通的关系，进一步探讨知识传播的途径。

中国学者也对创新环境的理论和实证进行了探讨。刘伟和盖文启（2003）提出创新环境分为软环境与硬环境，软环境包括提高人才素质、构建良好的创新文化氛围等，相比之下，软环境更有利于高新技术企业的集聚和发展。章立军（2006）构建创新能力体系指标，从区域角度论证创新环境对地区创新活动的影响及共同学习行为对创新成果应用和推广的影响。李琳和陈文韬（2008）对全国 31 个省份区域创新环境差异进行了主成分分析和聚类分析，概括了区域创新环境差异的主要特征。

创新环境着重描述区域内特定社会文化背景、共同的技术理解与惯例等非正式制度以及企业之间的社会网络对于企业技术创新的推动作用，理论研究深度不足，过度强调"创新环境"的定义、属性和特征，因此更加类似一个抽象的比喻，而没有解释创新环境背后的逻辑，创新环境推动企业技术创新的过程和机制，也缺乏相关实证研究（刘炜和李郇，2012）。与其他创新理论相比，该理论的特色在于强调区域中创新环境的重要性和异质性，同时也应该认识到一成不变的地方创新环境并不能保证长期的创新活力，跨区域的网络和创新环境的结构动态变化对于持续创新非常重要。

第四节　创新系统

创新体系由具有不同空间尺度的系统组成，包括国家创新体系、区域创新体系和全球创新网络等。各个尺度的创新系统研究共同关注创新系统运行机制研究、创新政策研究和比较研究等。从创新地理视角更加关注创新系统的空间问题，主要研究国家创新系统的空间体系以及不同创新系统的区域背景对创新系统形成、运行的影响等。

一、创新网络与创新系统

"网络"这个概念早已被广泛用来理解区域创新的发展过程。"网络视角""网络方法""网络范式"是经济地理学者理论建构与经验分析的基本出发点。20 世纪 90 年代，一方面，那些致力于"新区域主义"和"区域创新系统"的学者，将网络与地方紧密地联系在一起，强调新产业区的基本特征是"地方网络"和"地方嵌入"；另一方面，那些致力于"跨国公司全球化"研究的学者同样也关注网络，将跨区和跨国网络与物质和信息的交流、R&D 布局和技术的转移联系在一起。

地方创新网络是指地方创新主体（企业、大学、研究机构、地方政府等）基于长期正式或非正式合作与交流关系基础上形成的区域系统，更加强调其中的制度、关系与文化的社会背景。区域创新网络的研究主要包括新产业区研究和新产业空间学派。新产业区是指由特定社会劳动分工紧密联系在一起的企业所组成的本地化网络，相关研究最早起源于 20 世纪 70 年代末提出的"第三意大利"的概念（Bagnasco，1977），后来贝卡蒂尼（Becattini，1979）将"第三意大利"的发展模式重新定义为"产业区"发展模式，认为产业区是具有共同社会背景的企业在一定地域上形成的社会地域生产综合体。新产业区理论强调根植性及产业的集聚发展与创新，认为企业柔性专业化是产业实现空间集聚的推动力和产业内部结网的动因，而区域发展则正是依赖于所形成的区域网络不断创新以及创新网络在区域环境中的发展与根植。新产业区理论强调了企业内部网络的提升和发展，并且认为网络促进了创新在整个城市中扩散。

除了地方创新网络外，全球创新网络同样重要。库克等（Cooke et al.，1992）表明"网络"视角在发达国家制造业区位选择中非常普遍。除了本地网络外，建立全球创新网络对区域和企业而言同样重要。因此，企业建立起从地方网络到国际的多层次网络体系是企业创新成功的关键。

近期创新网络研究主要与演化经济地理学结合。争论的焦点集中在邻近性对创新网络演化的影响上。国家、区域、产业和企业在地理、组织、技术上的邻近性及其相互联系，有利于经济主体交互学习和获取知识并取得创新的成功，但对于邻近性具体类型和作用机制的讨论仍旧颇具争议。邻近性的概念最早在 20 世纪 90 年代由法国邻近动力学派提出，通过邻近性概念进入外部性这个"黑箱"，研究创新地理中的协调机制。托尔和吉利（Torre and Gilly，2000）将邻近性分为三个更为具体的类型，即地理邻近性、组织邻近性和制度邻近性。博什马（Boschma，2005）对邻近性的类型进行了丰富，提出了认知邻近性、组织邻近性、社会邻近性、制度邻近性和地理邻近性的五维框架。

学者们普遍认同三种邻近性对创新网络演化的影响。创新主体的地理邻近和开放学习的观念是获取外溢知识的重要条件；组织邻近性是指经济主体之间组织管理的密切程度，从交易费用角度分析，组织邻近是一种规制结构，它能降低知识溢出过程中的交易成本和交易风险，抑制主体的机会主义行为，因此，组织网络是知识溢出的重要制度保证；技术邻近性是指经济主体在知识基础上的相似程度，也是沟通和交流知识的结构基础，是经济主体交流和获取外溢知识的前提。

在此理论基础上，欧洲各国提出了精明专业化的政策。2009 年，欧盟"知识驱动增长"专家小组提出，精明专业化是一个面向区域创新的政策概念。2011 年，精明专业化正式成为一项针对欧盟所有 28 个成员国的政策方案。精明专业化是指在充分考虑经济基础的空间差异性和不均衡性的前提下，通过政策引导的方式，指导主体其运用根植于地方知识、研究和技术网络，优先推动可能的创新活动，以此逐步提高区域经济的竞争力和活力。政策对推动欧洲区域创新发展起到了关键性的作用，是创新经济地理学理论在实践中的应用。

二、国家创新系统

20世纪80年代，创新研究与不同尺度的地域空间结合得到了进一步发展，这种地域首先体现在国家尺度。以伦德瓦尔（Lundvall，1988）、弗里曼（Freeman，1987）和纳尔逊（Nelson，1992）为代表的经济学家提出了国家创新系统理论，认为国家创新体系是由一个国家的公共和私有部门组成的组织及制度网络，其中政府、企业、科研机构、高校和中介机构是系统中最重要的要素。国家创新体系是为了创造、扩散和使用新的知识技术，最终推动企业技术创新。弗里曼（Freeman，1987）定义国家创新系统是由公共部门和私营部门中各种机构组成的网络，这些机构的活动和相互影响促进了新技术开发、引进、改进和扩散。1996年，弗里曼提出的"国家创新系统"概念为OECD（1996）正式接受，重新定义为"国家创新系统是政府、企业、大学、研究院所、中介机构等为了一系列共同社会和经济目标。通过相互作用而构成的机构网络，其主要活动是启发、引进、改造与扩散新技术。创新是这个体系变化和发展的根本动力"。自从国家创新系统这一概念出现后，全球范围内掀起了相关研究的热潮，并且指导许多国家制定了相应的创新政策，得到了较好的理论实践。

与创新氛围学派不同，国家创新体系更加强调各种正式的机构和制度，如大学、科研机构、金融机构、法律制度和社会管理体制等在创新方面的重要性。伦德瓦尔主编的《国家创新系统：建构创新和交互学习的理论》详细研究了国家创新系统的构成与运作，认为国家创新系统有广义和狭义之分：狭义的国家创新系统包括参与研究机构和组织，如从事R&D活动的企业、相关理工学院和大学机构；广义的国家创新系统包括经济结构、影响生产和创新的所有相关部门，包括生产系统、市场系统、财政系统及其子系统（张凤和何传启，1999）。

结合广义和狭义的视角，学者们对国家创新系统的影响进行了实证研究。弗里曼（Freeman，1987）认为，技术领先国家的发展不仅是技术创新的结果，还包括很多制度和组织上的创新，是一种国家创新体系演变的结果。纳尔逊（Nelson，1992）强调新材料、新产品、新技术的研发、生产、投放市场过程充满不确定性，为了避免制度风险，国家创新系统中的制度安排应当具有弹性、地区适应性和灵活性；同时，他侧重于非正式的因素，认为在创新和学习中除了正式的机构与制度之外，各种非正式的文化、习惯和惯例等也影响知识的积累与传播的效率。赫斯塔德等（Herstad et al.，2010）等人认为国家创新系统的核心是对创新活动发挥影响的法律、法规和政策。如果这些政策、法规得当，就会促进技术创新活动广泛的开展；反之，就会削弱区域内技术创新对于经济增长的贡献程度，创新政策必须提供激励机制来建立促进国家的创新发展与传播。

中国对国家创新系统的研究开始于 20 世纪 90 年代初期。柳卸林（1998）对国家创新体系的概念进行了描述，并分析其对中国的意义，提出了相关建议。刘燕华和李秀彬（1998）将国家创新系统与地理学进一步结合，认为知识生产和传播是一个空间过程，从创新系统的区域层次性、效应以及区域分工等现象中，可以探索地理学对于国家创新系统研究的切入点。李正风和曾国屏（1999，2004）进一步引入国家创新系统概念，使国家创新系统受到了更广泛关注。一些学者开始研究制度和国家创新系统的互动作用。国内学者结合对中国国家创新系统的研究，主要从要素、特点、中介服务机构等方面对国家创新系统进行理论与实证研究。

三、区域创新系统

区域创新系统从国家创新系统的研究发展而来，可以看作是国家创新系统理论在区域层面的延伸，但内部结构和影响机制并不相同。国家创新系统主要组织重大创新计划和项目，而区域创新系统则着眼于把科技创新转化为区域增长的动力，提升区域竞争力。区域创新系统由英国卡迪夫大学的库克教授于 1992 年提出，定义区域创新系统是一定地域空间中政府、企业、高等院校、科研机构以及中介服务机构等创新主体通过交互作用而形成的促进资源有效配置的社会网络系统。区域创新系统把创新视为一个系统的、非线性的、演化的过程，并且强调企业和其他机构的相互联系。区域创新系统构建的目的是实现资源的有效配置，推动产业结构升级，提高区域创新能力和竞争优势（Cooke，1992；黎振强，2013）。

关于区域创新系统概念的理论框架主要包括以下四个方面（图 12-4）。一是不对称知识。具体的知识专长是累积的，具有路径依赖性（Akerlof，1970），并且在规模效应的作用下导致空间知识垄断（Krugman，1995）。二是知识能力。潘罗斯（Penrose，1995）提出公司及其所在地区从实践动态的组织和知识网络专长的竞争中增长。三是开放创新。具有不对称知识能力的地方也产生了"开放科学"的局部化知识溢出效应，但增加了区域知识垄断，进一步使开放型创新者受益（Chesbrough，2003）。四是建构优势。经济治理提高了系统性区域创新能力，转向知识和环境优势之间的相互作用，从而提高吸引和保留"人才"与区域竞争力的可能性（Foray and Freeman，1993）。

研究采用"区域环境—学习创新—竞争优势—区域发展"的理论框架，借鉴国家创新系统理论，明确地从机制、产业结构和交易以及技术交换和学习等方面阐述了区域制定政策促进创新的重要性（Storper and Venables，2004）。在社会向知识经济转变的过程

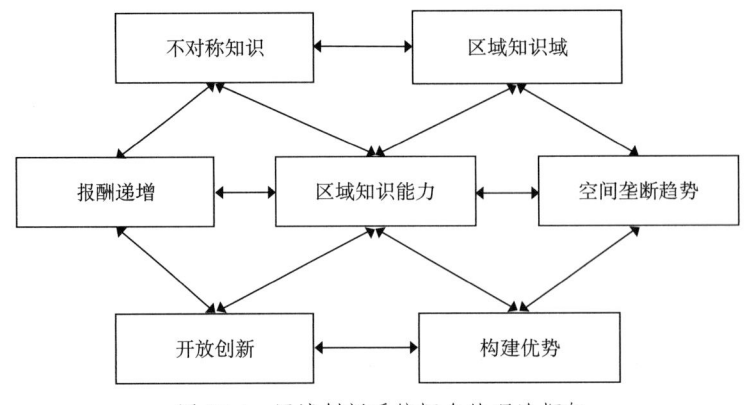

图 12-4　区域创新系统概念的理论框架

资料来源：Suriñach et al.（2007）。

中，区域学习创新能力是其竞争优势的关键来源，而创新是个体、企业、大学、政府研究机构等行动者之间相互作用而促发的知识流动和知识转化的过程，空间邻近和产业集群有利于这种知识流动和知识转化（苗长虹，2006）。

罗尔夫（Rolf，2007）进一步提出，现有区域创新系统的研究忽略了两个重要因素：一是缺乏对企业家精神在区域创新系统中的作用研究；二是缺乏对创新性经济主体之间的联系和区域内部网络的经验研究。他在分析区域创新系统内外联系的基础上认为区域内部联系尽管对区域创新系统的运行起着非常重要的作用，但是区域创新系统也面临"锁定"的风险。因此，在区域创新系统的建设过程中，为了保持其持续创新发展，必须加强区域的外部联系，使区域外部联系作为区域创新系统建设的补充条件。归国创业的企业家在建立区域创新系统的外部联系中起着决定性作用，这些企业家通过创立以知识为基础的创新型新企业，一方面通过与区域创新系统中的创新型企业、高等院校和科研机构的联系促进区域创新系统的建设；另一方面通过与国外高技术区域的联系可以防止区域锁定的风险。

中国学者对于区域创新系统和区域创新网络也进行了一些研究。如王缉慈等（2001）认为区域创新系统是"区域网络各个节点（企业、大学、研究机构、政府等）在协同作用中结网，并融入到区域创新环境中"。区域创新系统强调内生要素以及产学研一体化、根植性、信任、制度厚度，对促进企业创新、地方创新合作网络发展的决定作用。刘炜等（2010）更加关注企业创新网络的演变及其影响因素，通过对珠三角本土企业研究发现，受到全球化和地方化因素的共同影响，企业创新网络的演变差异巨大。此外，一些研究发现企业的协同创新网络的形成机制及效率研究也取得了较多成果。由于创新要素、创新主体、创新资源等在不同的行政区域间流动，区域创新体系的研究逐渐转向跨行政边界，大都市圈、城市群创新体系研究成为热点（廖倩等，2016），如吕拉昌等（2013）对中国三大都市圈的城市创新能级体系进行比较，分析了三大都市圈城市的创新联系。

四、全球创新网络

创新地理学研究日益强调，创新乃是嵌套在多种地理尺度上的过程。地理邻近和地方网络固然重要，但跨区联系与全球通道同样重要。只有采取多尺度与不同尺度之间相互联结、相互作用的视角，通过"本地蜂鸣"与"全球通道"的交互作用，才能正确认识创新空间过程（Bathelt et al., 2004）。

全球创新网络是在区域和国家创新系统基础上，结合跨国公司创新行为，寻求超越边界，运用网络思维，实现对国家和区域创新体系的拓展。巴瑟尔特等（Bathelt et al., 2004）提出"通道"在促进本地和全球知识流动过程中起着重要的作用，图12-5为一个相互关联的行动者和公司组成的集群。区域中行动者和公司通过互相交流和沟通联系在一起，促进了共同价值观、规范和制度安排的形成，知识在相同的社会背景下的本地

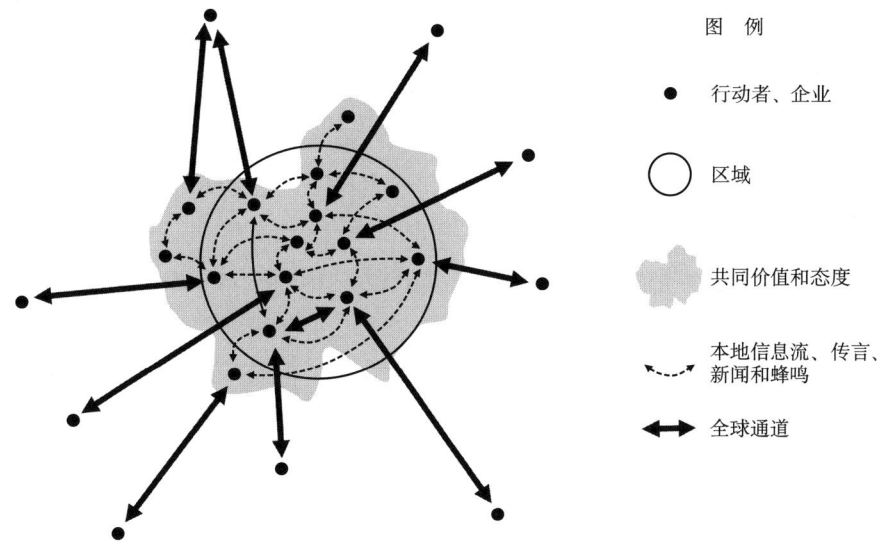

图 12-5　全球通道与本地互动模式

资料来源：Bathelt et al.（2004）。

集群中流动。本地集群和外部交流是通过全球管道产生的，一方面区域外的行动者和公司通过和区域内的行动者的持续互动，共享价值观、规范和制度安排，从而形成本地集群和外部的交流；另一方面，集群内的公司可以通过管道从外部集群中现有的知识关系中获利。因此，集群和远距离知识交流的管道越发达，本地获益更多，本地互动的质量也越高。

通过全球创新网络进行创新扩散和传播的渠道主要有两个。一是国际贸易，允许先进技术进口。通过正式交易将技术卖给另一个国家和通过贸易伙伴之间的非正式交流，促进了创新跨国交流和学习，这两种机制加速了贸易中的创新地理扩散，尤其是对于贸易更加开放的国家。二是通过跨国公司。由于在跨组织网络环境下参与跨国知识传播中具有优势，跨国公司被认为是一种独特的知识创造组织。跨国公司通过研发活动的扩张来增强企业知识基础，尤其是在基于科学发展的高科技产业，同世界一流学术机构和研究中心的合作成为企业发展战略的重要组成部分（Kaounides，1999）。跨国公司的全球学习具有"双网络"的特点，内部网络指研发单元之间的协调与融合组织机制；外部网络则由企业外部相关参与者的联系组成（Zanfei，2000）。

此外，还有三个决定创新在全球网络中传播的重要因素。一是国家地理区位。实证研究发现地理邻近性对于创新扩散的重要性，地理邻近性有助于信息交流，促进跨国学习和模仿（Soete，1985）。二是技术邻近性。本地如果有着相似的技术基础或者受过良好教育的工人，能够更快掌握新知识和技术（Kiiski and Pohjola，2002）。三是社会邻近性。如果创新接受双方有着良好的社会、文化基础，那么更有利于创新交流和扩散。

上述全球、国家、区域创新系统是具有空间尺度关系的创新系统。而技术创新系统被定义为一组要素，包括技术、行动者、网络和机构，这些要素积极地促进特定技术领域的发展（例如特定的技术知识领域或产品及其应用）（Bergek et al.，2007；Markard and Truffer，2008）。技术创新系统的观点强调了这些要素之间的系统性相互依存关系，各种形式的协同作用。例如不同行动者可以利用的集体资产，但是如果他们孤立地工作，他们就无法生产。技术创新系统已经倾向于分析技术的创新动力。作为补充，部门创新系统方法侧重于创新的部门特性。

第五节 创意产业与创意城市

创意是创新的重要组成部分，创意地理是目前创新地理的重要研究内容之一。创意地理主要研究创意产业集群的形成与发展机制，创新城市的形成和发展以及城市创意阶级的形成等方面的内容。

一、创意产业

20世纪90年代，具备创意特征的一类文化产业，伴随着社会消费倾向的改变而出现，就是如今的"创意产业"。1998年英国的"创意产业特别工作组"将创意产业界定为"任何源自个人创意、技术及才能，并有潜力通过知识创造和运用知识产权而创造财富及就业机会的产业"。理查兹和雷蒙德（Richards and Raymond，2000）认为，创意产业是提供宽泛的与文化、艺术和娱乐价值相联系的产品和服务。霍金斯（Hawkins，2001）从经济和法律角度把创意产业界定为其产品都在知识产权法的保护范围内的经济部门。

集聚是创意产业在城市分布的主要特征。从宏观角度来看，斯科特（Scott，2005）认为在全球化背景下，创意产业区位存在全球化分散趋势，特别是集聚在一些国际性特大城市。因此，创意产业区在全球范围内组织生产，构成开放的创意产业区生产系统。而在中观层面，创意产业趋向于开放的、多样性的、公共服务完善、容忍性高、具有休闲中心作用的城市地区，特别是大城市，并具独特性，一些特殊的城市可以吸引特定创意产业集群。佛罗里达（Florida，2002）提出，多样化加速了知识流动，创意资本集中在某些地区促进更多创新的产生，形成高技术企业、就业机会和经济增长。在微观层面，聚焦在城市内部，创意产业主要集中在大都市CBD边缘和内城地区。赫顿（Hutton，2000）研究表明，创意产业区主要集中在大都市CBD边缘和内城地区，但根据具体的创意产业分工区分不同地区，如高端设计企业集聚在CBD核心，一般创意设计企业集中在CBD边缘，创意生产服务业集中在中等城镇边缘，工业设计存在在更边缘的地区等。

关于创意产业集聚的作用与效果，学者们存在一些分歧。一种认为集聚更优，强调城市内部的集聚和大城市在创意产业中发挥的作用。例如斯科特（Scott，2005）认为集聚经济创造了很多便利。新通信技术和媒体不能代替人与人之间面对面的直接交流，特别是在学习、创新以及社交娱乐等方面。由于创意行业信息变化速度非常快，为了追赶潮流，生产者必须靠近消费者、竞争者和中介机构集中的创意环境，在交流信息的同时可以产生外部性，促进经济发展。赫顿（Hutton，2000）认为除了集聚经济外，创意产业集中在城市内还可以获得一些独特便利。创意产业需要良好的建筑环境，古建筑和有特色的建筑可以提供创意产业工作空间。城市里的画廊、展览馆和历史遗迹是知识集中的空间，可以赋予文化交流的便利。环境便利也是重要因素，小公园、广场等空间提供了非正式社会交往机会，促成了创意经济的发展。周边艺术学校、艺术家培训机构、非政府组织和社区组织等公共机构，增加了学习和交流上的便利。另外一种观点认为集聚的作用和效果被过分渲染。例如祖金（Zukin，1989）认为创意生产在大城市集聚加强了经济发展不均衡，牺牲了大城市以外地区的利益，造成了城市精英和其他阶层社会文化隔离。

中国创意产业研究主要基于政府发展创意产业的需要，对中观和微观尺度研究较多，对宏观尺度创意产业分布研究较少。各地区分别结合自身所处地域特点，提出当地创意产业发展的主要思路，其中尤以上海、北京、杭州等首先发展创意产业的城市居多。王洁（2007）选取部分创意产业的行业，运用区位基尼系数和行业集中率指标对中国创意产业的空间分布进行研究。认为中国文化产业及创意产业的集聚程度高于一般工业产业；且东部省市是创意产业的主要集聚区域，中西部地区产业集聚程度相差较远。王洁（2007）进一步对中关村创意产业先导基地、北京798等地区随机走访区内企业，总结得出创意产业集聚的四个主要影响因素为创新环境、区位环境、创意产业特性和政府扶持及参与等。李新安（2010）对中国东中西部一些省市发展文化创意产业的影响因素进行了对比研究，认为中国创意产业应该差异化发展，中西部地区应根据自身的特点和优势，发展不同类型的文化创意产业。厉无畏和王如忠（2005）从实证的角度，结合上海创意产业基地发展的现状，分析了中国创意产业集群新特征及趋势，探讨了创意产业集群发展的集群优势效益问题，并在研究基础上提出了促进创意产业发展的政策建议。蒋雁和吴克烈（2009）通过研究杭州创意产业区，认为影响创意产业区形成与发展的影响因素为产业特征、创新环境、网络环境和政府支持四大维度。

二、创意阶层

创意阶层是经济形式的动态变化和知识经济催生对于创意的渴求，从而衍生出来的一个新阶层。佛罗里达（Florida，2002）认为，"创意团体"已经成长为一个阶层，即"创意阶层"，并认为城市发展的核心动力是创意阶层的兴起。创意阶层是指从事的工作涉及制造新理念、新科技、新内容的人，包括了所有从事工程、科学、建筑、设计、教育、音乐、文学艺术以及娱乐等行业的工作者。这些人具有创新精神，注重工作创意以及对不断创新的渴求。他们与文化艺术、科技、经济等的发展都有不可分割的关系。派克（Peck，2005）在佛罗里达的创意阶层思想上进一步提出，城市发展的主要驱动力由"技术和组织"转变为"人的力量"，尤其是创意人才的力量。

佛罗里达（Florida，2002）认为创意阶层由两种类型的成员组成：一种是"超级创意核心"群体，包括科学家与工程师、大学教授、诗人与小说家、艺术家、演员、设计师与建筑师；另一种群体是现代社会的思想先锋，比如非小说作家、编辑、文化人士、智囊机构成员、分析家以及其他"舆论制造者"。还有一类只有创意头脑但缺乏创意方向的群体，目前还缺少明确的定义。

学者对创意阶层进行了实证分析，马莱和沃肯斯（Marlet and Woerkens，2004）基于荷兰的数据分析，发现创意阶层的相对规模与就业增长、城市宜居度之间存在正向联系，创意阶层对城市具有积极作用。佛罗里达等（Florida et al.，2008）分析美国 331 个城市数据，发现相对于以学历为测定标准而言，以职业划分的创意阶层更能显著地促进劳动生产率提升。安徒生和洛伦森（Andersen and Lorenzen，2009）利用欧盟国别数据的分析表明，创意阶层与经济增长间存在显著正相关性，可以在一定程度上促进经济增长。但是一些学者对创意阶层的作用产生了质疑，劳赫和内格雷（Rauch and Negrey，2006）对美国的研究表明，创意阶层的规模对城市经济增长的影响并不显著。斯科特（Scott，2006）也指出创意阶层的存在并不必然保证城市经济的长久繁荣，因此需要鼓励、动员和引导生产性的学习和创新活动。

鉴于数据难以获取，中国对于创意阶层研究较少。洪进等（2011）利用 1999～2007 年中国省际面板数据考察创意阶层的经济效应，发现创意阶层集聚通过区域技术创新、城市化和产业结构等渠道促进地区劳动生产率。

三、创意城市

城市创意产业异军突起，带动了城市功能的转型与城市内部空间的重构，使得一部分传统城市向"创意城市"转型。创意城市研究始于 20 世纪 80 年代末，到 90 年代时已成为西方关注的热点，比较具有代表性的学者有查尔斯·兰德里（Charles Landry）、汤姆·坎纳（Tom Kanna）、佛罗里达和彼得·霍尔。英国经济学家坎纳认为创意城市就是"人的城市"，奠定了创意城市理论和规划的人本主义导向。兰德里和佛罗里达等都明确提出应从人的角度出发来理解创意城市的理念。

基于对创意城市的不同理解，不同学者将创意城市解构为不同组成要素进行研究。兰德里（Landry，2000）是创意城市研究开拓者，他认为富有创意的人、意志与领导力、人的多样性与获取人才的机会、开放的组织文化、地方认同、城市空间与设施和网络机会构成了创意城市的七个组成要素。随后，佛罗里达（Florida，2002）归纳了创意经济发展的"3T"框架，即技术、人才和宽容。首先，这里的技术可以定义为城市创新和高科技产业的集中，城市技术水平影响了创意产业的发展；其次，人才正在成为当代社会创意创造的主要源泉，城市竞争力来源于创意人才的创造力，由此形成了城市新型阶层——创意阶层；最后，包容可以理解为开放、宽容和多样性的多重含义。包容在吸引创意人才以及支持高科技产业发展方面具有关键作用。多样性可以提高一个城市吸引创意人才的能力。有才干的人喜欢聚集到开放包容城市，从而进一步吸引创意产业的相关公司和产生更多的创新，实现当地的创意产业的循环发展。

关于创意城市类型，具有代表性的观点是霍尔和格特罗·霍斯珀斯（Gert-Jan Hospers）提出的。霍尔（Hall，2000）总结了不同时代的创意城市具有不同特征，创意城市可以划分为技术—生产创新型、文化—智能创新型以及文化—技术创新型。霍斯珀斯（Hospers，2003）从经济与城市发展的历史进程视角上，总结了四种类型的创意城市，即技术创新型城市、文化智力型城市、文化技术型城市以及技术组织型城市。

研究文献中有不少对于创意城市的评价。佛罗里达（Florida，2002）对美国大都市圈进行了实证分析，采用六项指标来测量城市的创新性，包括高科技、发明和人才等指标等，对人口100万以上的美国大城市圈进行排名。香港大学文化政策研究中心于2004年界定了香港"创意指数"，认为决定创意成果/产出的四个重要因素分别是结构/制度资本、人力资本、社会资本和文化资本。上海市创意经济中心结合上海创意经济的发展，于2006年编制完成了国内第一个城市创意指数框架。该体系借鉴了欧美、香港等发达国家和地区的经验，并结合中国的区域特点，综合考虑产业规划、科技研发、文化环境、人力资源、社会环境五方面共35个指标。

小　　结

自1994年费尔德曼提出创新地理学以来，创新地理已成为经济地理学研究的重要领域。地理学从"空间"视角探讨人类创新活动，研究创新活动空间规律、空间组合特征，研究其与地理环境的关系及其所产生的影响，取得了丰富的成果。总结和梳理西方经济创新地理学的进展，可以发现目前的研究呈现出以下四个特征。

一是研究内容与尺度多元化。20世纪90年代以来，创新经济地理学迎来快速的发展，无论是理论、方法，还是研究视角和内容，创新经济地理学都呈现出多元化趋势。研究视角和尺度从微观的企业、地方到宏观的国家和全球网络；内容涵盖创新的要素、环境、网络与系统。研究的多元化发展将引领创新经济地理学科走向繁荣。

二是强调制度、关系、文化以及演化转向。地理学者们在进行创新活动研究的过程中，日益认识到创新活动是嵌入在当地的社会、政治与文化系统中，并与之密不可分。学者们逐渐摸索出从制度、关系、文化以及演化的视角理解创新地理的现象的研究方法。

三是地理尺度走向宏观和微观的两端——全球与地方。在全球化的背景下，创新经济地理学研究的空间层次向全球和地方层面延伸,注重考查创新的全球网络及地方的集聚研究,强调全球—地方网络的重要性。

四是研究聚焦关注政策。近期的创新经济地理研究从将政策作为研究对象,逐渐发展为实践性更强的政策参与。研究主题聚焦于政策对创新活动的影响,并引导政府提出了基于创新经济地理理论的政策,例如精明专业化等,真正将理论付诸实践。

虽然创新经济地理学已经对区域内的知识创造、溢出和创新机制进行了深入剖析,但是豪厄尔斯(Howells,2002)认为,目前研究集中于创新的供给,忽略了对于创新的需求和消费的相关研究,未来可以在这个方面继续完善。

相对而言,中国创新地理研究起步较晚,研究成果较少,但近年来关注的热点越来越多。中国的创新地理研究热点与国家战略紧密结合,早期重点描述创新的地理分布特征以及探讨创新集群和创新环境的机制,随着"创新驱动发展战略""建设创新型国家"等一系列国家战略提出后,创新地理的研究内容更加多元化。此外,目前研究所使用的数据以专利数据为主,单一的数据类型和二手数据的性质,导致其难以反映创新的全貌,未来应重视一手资料的开发与多种数据的综合使用。未来中国创新地理的研究应把握创新活动与地理环境关系这一核心,进行内容拓展与深化。

参 考 文 献

[1] Acs, Z., A. Varga (2002) Introduction to the special issue on regional innovation systems. *International Regional Science Review*, 25(1): 3-7.

[2] Adams, J. D., A. B. Jaffe (2002) Bounding the effects of R, D: an investigation using matched firm and establishment data. *Rand Journal of Economics*, 27(4): 700-721.

[3] Agrawal, A., I. M. Cockburn (2002) University research, industrial R, D, and the anchor tenant hypothesis. NBER Working Paper, 9212, Cambridge.

[4] Akerlof, G. (1970) The market for "lemons": qualitative uncertainty and the market mechanism. *Quarterly Journal of Economics*, 84: 488-500.

[5] Amidon, D. M. (1997) Dialogue with customers: secret to innovation strategy. *International Journal of Innovation Management*, 1(1): 73-87.

[6] Amin, A. (1999) *An Institutionalist Perspective on Regional Economic Development*. Blackwell.

[7] Andersen, K., M. Lorenzen (2009) The Danish Creative Class: Who is It, How Does It Look, and Where is It Locates? Working paper.

[8] Aydalot, P. (1986) Milieux innovateurs en Europe, Paris: Groupe de Recherche Européen sur les Milieux Innovateurs. Milieux Innovateur en Europ. GREMI.

[9] Aydalot, P. (1988) *High Technology Industry and Innovation Environments*. Routledge.

[10] Audretsch, D. B., M. P. Feldman (1996a) R & D spillovers and the geography of innovation and production. *American Economic Review*, 86(3): 630-640.

[11] Audretsch, D. B., M. P. Feldman. (1996b) Innovative clusters and the industry life cycle. *Review of Industrial Organization*, 11(2): 253-273.

[12] Bagnasco, A. (1977) *Tre Italie: La Problematica Territoriale Dello Sviluppo Italiano.* Il Mulino.

[13] Baptista, R., P. Swann (1998) Do firms in clusters innovate more? *Research Policy*, 27(5): 527-540.

[14] Bathelt, H., A. Malmberg, P. Maskell (2004) Clusters and knowledge: local buzz, global pipelines and the process of knowledge creation. *Progress in Human Geography*, 28(1): 31-56.

[15] Becattini, G. (1979) *Dal Settore Industriale Al Distretto Industriale. Alcune Considerazioni Sull'unità Di Indagine Dell'Economia Industriale.* Il Mulino.

[16] Bergek, A., S. Jacobsson, B. Carlsson (2007) Analyzing the functional dynamics of technological innovation systems: a scheme of analysis. *Research Policy*, 37(3): 407-429.

[17] Boschma, R. (2005) Proximity and innovation: a critical assessment. *Regional Studies*, 39(1): 61-74.

[18] Boschma, R. A., K. Frenken (2009) Some notes on institutions in evolutionary economic geography. *Economic Geography*, 85(2): 151-158.

[19] Camagini, R. (1991) *Innovation Networks: Spatial Perspectives.* Beelhaven- Pinter.

[20] Chesbrough, H. (2003) *Open Innovation.* Harvard Business School Press.

[21] Christensen, C. M. (1997) The innovator's dilemma: when new technologies cause great firms to fail. *Social Science Electronic Publishing*, 8(97): 661-662.

[22] Conway, S., F. Steward (1998) Mapping innovation networks. *International Journal of Innovation Management*, 2(2): 223-254.

[23] Cooke, P. (1992) Regional innovation systems: competitive regulation in the new Europe. *Geoforum*, 23(3): 365-382.

[24] Crevoisier, O. (2004) The innovative milieus approach: toward a territorialized understanding of the economy. *Economic Geography*, 80(4): 367-379.

[25] Dalum, B., C. O. R. Pedersen, G. Villumsen (2005) Technological life-cycles: lessons from a cluster facing disruption. *European Urban, Regional Studies*, 12(3): 229-246.

[26] Feldman, M. P. (1994) *The Geography of Innovation.* Springer.

[27] Feldman, M. P., D. F. Kogler, D. L. Rigby (2015) rKnowledge: the spatial diffusion and adoption of rDNA methods. *Regional Studies*, 49(5): 798-817.

[28] Fingleton, B., D. C. Igliori, B. Moore (2003) *Employment Growth of Small Computing Services Firms and the Role of Horizontal Clusters: Evidence from Great Britain 1991-2000.* Springer.

[29] Florida, R. (2002) The economic geography of talent. *Annals of the Association of American Geography*, 92(4): 743-755.

[30] Florida, R., T. Gulden, C. Mellander (2008) The rise of the mega-region. *Cambridge Journal of Regions, Economy and Society*, 1(3): 459-476.

[31] Foray, D., C. Freeman (1993) *Technology and the Wealth of Nations: The Dynamics of Constructed Advantage.* Pinter.

[32] Freeman, C. (1987) *Technology Policy and Economic Performance: Lessons from Japan.* Pinter.

[33] Freeman, C. (1993) The economics of technical change. *Cambridge Journal of Economics*, 18(5): 463-514.

[34] Gertler, M. S. (2003) Tacit knowledge and the economic geography of context, or the undefinable

tacitness of being (there). *Journal of Economic Geography*, 3(1): 75-99.

[35] Godin, B. (2002) Outline for a history of science measurement. *Science, Tecnology and Human Values*, 27(1): 3-27.

[36] Granovetter, M. (1985) Economic action and social structure: the problem of embeddedness. *The American Journal of Sociology*, 91(3): 481-510.

[37] Griliches, Z. (1998) *Patent Statistcs as Economic Indicators: A Survey.* University of Chicago Press.

[38] Hägerstrand, T. (1953) *Innovation diffusion as a spatial process* (*Innovationsförloppet ur korologisk synpunkt*). Postscript and translation by Allan Pred; Translated with the assistance of Greta Haag. University of Chicago Press.

[39] Hall, P. (2000) Creative cites and economic development. *Urban Studies*, 37(4): 639-649.

[40] Hawkins, J. (2001) *The Creative Economy.* Allen Lane.

[41] Heimeriks, G., Boschma, R. (2014) The path- and place-dependent nature of scientific knowledge production in biotech 1986-2008. *Journal of Economic Geography*, 14(2): 339-364.

[42] Henry, N., S. Pinch (2001) Neo-Marshallian nodes, institutional thickness, and Britain's "Motor Sport Valley": thick or thin. *Environment and Planning A*, 33(7): 1169-1183.

[43] Herstad, S. J., C. Bloch, B. Ebersberger (2010) National innovation policy and global open innovation: exploring balances, tradeoffs and complementarities. *Science, Public Policy*, 37(2): 113-124.

[44] Hinloopen, J. (2003) Innovation performance across Europe. *Economics of Innovation and New Technology*, 12(2): 145-161.

[45] Hospers, G. J. (2003) Creative cities: breeding places in the knowledge economy. *Knowledge, Technology, Policy*, 16(3): 143-162.

[46] Howells, J. (2002) Tacit knowledge, innovation and economic geography. *Urban Studies*, 39(5-6): 871-884.

[47] Hutton, T. A. (2000) Reconstructed production landscapes in the postmodern city: applied design and creative services in the metropolitan core. *Urban Geography*, 21(4): 285-317.

[48] Jaffe, A. B. (1989) Real effects of academic research. *American Economic Review*, 79(5): 957-970.

[49] Jaffe, A. B., M. Trajtenberg, R. Henderson (1993) Geographic localization of knowledge spillovers as evidenced by patent citations. *The Quarterly Journal of Economics*, 108(3): 577-598.

[50] Jordan-Bychkov, T. G., M. Domosh (1999) *The Human Mosaic: A Thematic Introduction to Cultural Geography(8th ed.).* Addison Wesley Longman.

[51] Kamien, M. I., N. L. Schwartz (1982) *Market Structure and Innovation.* Cambridge University Press.

[52] Kaounides, L. C. (1999) Science, technology, and global competitive advantage: the strategic implications of emerging technologies for corporations and nations. *International Studies of Management, Organization*, 29(1): 53-79.

[53] Keeble, D., C. Lawson, B. Moore, et al. (1999) Collective learning processes, networking and institutional thickness in the Cambridge region. *Regional Studies*, 33(4): 319-332.

[54] Khalil, T. M. (2000) *Management of Technology: The Key to Competitiveness and Wealth Creation.* McGraw-Hill Science, Engineering, Mathematics.

[55] Kiiski, S., M. Pohjola (2002) Cross-country diffusion of the internet. *Information Economics, Policy*, 14(2): 297-310.

[56] Krugman, P. (1995) *Development, Geography and Economic Theory*. MIT Press.
[57] Kuznets, S. S. (1971) *Economic Growth of Nations: Total Output and Production Structure*. Harvard University Press.
[58] Landry, C. (2000) *The Creative City: A Toolkit for Urban Innovation*. Lodon Comedia Earth Publication.
[59] Lawson, C., E. Lorenz (1999) Collective learning, tacit knowledge and regional innovative capacity. *Regional Studies*, 33(4): 305-317.
[60] Lundvall, B. Å. (1988) Innovation as an interactive process: from user-producer interaction to national systems of innovation. In G. Dosi, C. Freeman, R. Nelson, et al. (eds.), *Technical Change and Economic Theory*. Pinter.
[61] Maggioni, V., J. Cruzgonzález, M. Delgadoverde (2014) Directions of external knowledge search: investigating their different impact on firm performance in high-technology industries. *Journal of Knowledge Management*, 18(5): 847-866.
[62] Malecki, E. J. (1985) Industrial location and corporate organization in high technology industries. *Economic Geography*, 61(4): 345-369.
[63] Markard, J., B. Truffer (2008) Technological innovation systems and the multi-level perspective: towards an integrated framework. *Research Policy*, 37(4): 596-615.
[64] Marlet, G. A., C. V. Woerkens (2004) *Skills and Creativity in a Cross Section of Dutch Cities*. Discussion Paper Series/Tjalling C. Koopmans Research Institute.
[65] Maskell, P., A. Malmberg (1999) The competitiveness of firms and regions: "ubiquitification" and the importance of localized learning. *European Urban and Regional Studies*, 6(1): 9-25.
[66] Mensch, G. O., W. Weidlich, G. Haag (1987) *Outline of a Formal Theory of Long-Term Economic Cycles*. Springer.
[67] Nelson, R. R. (1992) National innovation systems: a retrospective of a study. *Industrial and Corporate Change*, 1(2): 347-374.
[68] Nelson, H. H., S. G. Winter (2009) In search of useful theory of innovation. *Research Policy*, 22(2): 108.
[69] OECD (1996) *The Knowledge-based Economy*. OECD.
[70] Peck, J. (2005) Struggling with the creative class. *International Journal of Urban and Regional Research*, 30(1): 247-254.
[71] Penrose, E. (1995) *The Theory of the Growth of the Firm*. Oxford University Press.
[72] Piore, M. J., C. F. Sabel (1986) *The Second Industrial Divide: Possibilities for Prosperity*. Basic Books.
[73] Polanyi, M. (1958) *Personal Knowledge*. Routledge.
[74] Polenske, K. R. (2007) *The Economic Geography of Innovation*. Cambridge University Press.
[75] Pred, A. (1977) The choreography of existence: comments on Hägerstrand's time-geography and its usefulness. *Economic Geography*, 53(2): 207-221.
[76] Rauch, S., C. Negery (2006) Does the creative engine run? A consideration of the effect of creative class on economic strength and growth. *Journal of Urban Affairs*, 28(5): 473-489.
[77] Richards, G., C. Raymond (2000) Creative tourism. *ATLAS News*, 23(8): 16-20.
[78] Rolf, S. (2007) Entrepreneurship, proximity regional innovation systems. *Journal of Economic, Social Geography*, 98(5): 652-666.

[79] Saxenian, A. (1994) *Regional Advantage: Culture and Competition in Silicon Vally and Route 128*. Harvard University Press.
[80] Schumpeter, J. (1921) *The Theory of Economic Development*. Springer.
[81] Schumpeter, J. (1927) The explanation of the business cycle. *Economica*, 21(21): 286-311.
[82] Scott, A. (2005) *Creative Cities: Conceptual Issues and Policy Questions*. Spain: OECD International Conference on city competitiveness.
[83] Scott, A. (2006) Creative cities: conceptual issues and policy queation. *Journal of Urban Affairs*, 28(1): 17.
[84] Sirilli, G., R. Evangelista (1998) Technological innovation in services and manufacturing: results from Italian surveys. *Research Policy*, 27(9): 881-899.
[85] Soete, L. (1985) International diffusion of technology, industrial development and technological leapfrogging. *World Development*, 13(3): 409-422.
[86] Storper, M. (1995) The resurgence of regional economies, ten years later. *European Urban and Regional Studies*, 2(3): 191-221.
[87] Storper, M., A. J. Venables (2004) Buzz: face-to-face contact and the urban economy. *Journal of Economic Grography*, 4(4): 351-370.
[88] Sun, Y. (2000) Spatial distribution of patents in China. *Regional Studies*, 34(5): 441-454.
[89] Suriñach, J., R. Moreno, E. Vayá (eds.) (2007) *Knowledge Externalities, Innovation Clusters and Regional Development*. Edward Elgar.
[90] Torre, A., J. Gilly(2000) On the analytical dimension of proximity dynamics. *Regional Studies*, 34(2): 169-180.
[91] Varga, A. (1998) *University Research and Regional Innovation: A Sapatial Econometric Analysis of Academic Technology Transfers*. Springer Science, Business Media.
[92] Wessner, C. W. (2007) *An Assessment of the Small Business Innovation Research Program at the National Institutes of Health*. National Academies Press.
[93] Zanfei, A. (2000) Transnational firms and the changing organisation of innovative activities. *Cambridge Journal of Economics*, 24(5): 515-542.
[94] Zeleny, M. (1987) Management support systems: towards integrated knowledge management. *Human Systems Management*, 7(1): 59-70.
[95] Zucker, L., M. Darby, M. Brewer (1998) Intellectual human capital and the birth of US biotechnology enterprises. *Nonprofit Policy Forum*, 88(1): 290-306.
[96] Zukin, S. (1989) *Loft living: Culture and Capital in Urban Change*. Radius.
[97] 洪进、余文涛、赵定涛:"创意阶层空间集聚与区域劳动生产率差异",《财经研究》,2011 年第 7 期,第 92~102 页。
[98] 蒋雁、吴克烈:"基于因子分析的创意产业区影响因素模型研究——以杭州四大创意产业区为例",《上海经济研究》,2009 年第 1 期,第 65~72 页。
[99] 黎振强:"创新的局域性研究综述:基于经济地理学视角",《创新》,2013 年第 3 期,第 10~15 页。
[100] 李琳、陈文韬:"我国区域创新环境差异的实证分析",《中国科技论坛》,2009 年第 7 期,第 94~99 页。

[101] 李新安："文化资源向文化创意产业转化的支撑因子分析"，《经济经纬》，2010年第4期，第35～39页。
[102] 厉无畏、王如忠：《创意产业：城市发展的新引擎》，上海社会科学院出版社，2005年。
[103] 李正风、曾国屏：《中国创新系统研究：技术制度与知识》，山东教育出版社，1999年。
[104] 李正风、曾国屏："OECD国家创新系统研究及其意义——从理论走向政策"，《科学学研究》，2004年第2期，第206～211页。
[105] 李志刚、汤书昆、梁晓艳等："我国创新产出的空间分布特征研究——基于省际专利统计数据的空间计量分析"，《科学学与科学技术管理》，2006年第8期，第64～71页。
[106] 廖倩、吕拉昌、黄茹："基于文献计量的中国创新地理研究进展"，《地域研究与开发》，2016年第5期，第1～6期。
[107] 刘伟、盖文启："从区域创新环境视角看北京市高新技术产业的竞争力"，《北京社会科学》，2003年第2期，第3～12页。
[108] 刘炜、李郇："区域技术创新的非正式制度和联系：经济地理学的视角"，《人文地理》，2012年第2期，第107～112页。
[109] 刘炜、刘逸、李郇："全球化下珠三角本土企业创新网络的演变及影响因素研究——基于顺德东菱凯琴集团和珠海德豪润达集团的对比实证"，《经济地理》，2010年第8期，第1316～1321页。
[110] 刘燕华、李秀彬："国家创新系统研究中地理学的视角"，《地理研究》，1998年第3期，第2～5页。
[111] 柳卸林："国家创新体系的引入及对中国的意义"，《中国科技论坛》，1998年第2期，第28～30页。
[112] 吕拉昌等：《创新地理学》，科学出版社，2017年。
[113] 吕拉昌、黄茹、廖倩："创新地理学研究的几个理论问题"，《地理科学》，2016年第5期，第653～661页。
[114] 吕拉昌、谢媛媛、黄茹："我国三大都市圈城市创新能级体系比较"，《人文地理》，2013年第3期，第91～95页。
[115] 苗长虹："'产业区'研究的主要学派与整合框架：学习型产业区的理论建构"，《人文地理》，2006年第6期，第97～103页。
[116] 汪明峰："网络空间的生产与消费"（博士论文），华东师范大学，2005年。
[117] 王缉慈等：《创新的空间》，北京大学出版社，2001年。
[118] 王洁："我国创意产业空间分布的现状研究"，《财贸研究》，2007年第3期，第148～149页。
[119] 王庆喜、张朱益："我国省域创新活动的空间分布及其演化分析"，《经济地理》，2013年第10期，第8～15页。
[120] 汪涛、曾刚："地理邻近与上海浦东高技术企业创新活动研究——兼比较德国下萨克森州"，《世界地理研究》，2008年第1期，第47～52页。
[121] 魏守华、姜宁、吴贵生："内生创新努力、本土技术溢出与长三角高技术产业创新绩效"，《中国工业经济》，2009年第2期，第25～34页。
[122] 张凤、何传启：《国家创新系统：第二次现代化的发动机》，高等教育出版社，1999年。
[123] 张凤、何传启："第二次现代化与中国国家创新体系"，《中国软科学》，2000年第1期，第106～108页。

[124] 章立军:"区域创新环境与创新能力的系统性研究——基于省际数据的经验证据",《财贸研究》,2006年第5期,第1~9页。
[125] 甄峰、徐海贤、朱传耿:"创新地理学:一门新兴的地理学分支学科",《地域研究与开发》,2001年第1期,第9~18页。
[126] 祝影、杜德斌:"跨国公司研发全球化的空间等级体系研究——基于因子分析的结果",《世界地理研究》,2008年第1期,第85~93页。

第十三章 消费地理学

引　言

　　消费是社会再生产过程的重要环节，是利用社会产品来满足人们生活与生产需要的过程。随着消费的内涵越来越丰富，包含的情感越来越复杂，其过程也延长了。现今，"消费"包括商品和服务的购买、使用、浪费与处置。

　　地理学从空间视角研究消费活动，强调地方消费详细、复杂与差异化的呈现。无论商品是否丰富，消费对地方塑造均具有重要作用。地理意味着空间不均等，使消费实践和体验产生差异，是消费实践中不可或缺的一部分。消费需依托具体场所发生，空间是消费行为的载体，并天然地影响消费行为，零售商和消费者均受区位的影响。跨国界消费使其地理尺度拓展到更大的范围。消费空间尺度从小到大可以分为身体、城市、区域、国家和全球。

　　对于消费地理学，学界没有统一、明确的定义。从历史角度来看，消费地理学是不断发展和变化的。英国学者本·法恩（Ben Fine）在反思以消费为题材的研究数量逐渐减少时，指出这个领域过于广泛，以至于无法完全涵盖的问题。他认为："简言之，消费是一种瞬息万变、不断扩张且难以捉摸的研究题材"（Fine，2002）。当代人文地理学对于消费的研究相当多，囊括广泛多元的主题：休闲、旅游、工作、购物、零售以及广告；都市、乡村、工业与农业地理学；性别、老龄化、族群性研究。本章主要介绍消费地理学的发展历史、核心研究内容及中国消费地理学的发展。

第一节 消费地理学发展

第二次世界大战后，欧美国家战后重建，进入黄金增长时期，生产和消费不断繁荣，消费空间迅速扩张，新的消费景观和消费空间组织不断出现，促进了消费地理学的发展。地理学者将区位理论引入消费地理学，研究了零售空间组织及零售业区位模式，并受行为主义影响将行为理论引入研究中。20 世纪 80 年代以来，消费地理学出现两个发展趋势：一是随着经济全球化的推进，跨国公司开始在全球范围内组织销售活动，学者们开始关注大型跨国零售商的空间组织策略和合作模式；二是随着整个社会科学的文化转向，消费地理学拓展了研究框架，将文化、道德、伦理等因素纳入研究体系，指出消费及消费空间不能仅看作价格机制作用的结果，文化、道德、伦理、自我等观念也会影响消费需求，从而影响消费品零售及生产格局。

一、零售区位研究

谢泼德和巴恩斯（Sheppard and Barnes，2008）认为消费地理学与中心地理论伴生，中心地理论通过模型揭示零售业活动对城市居民规模与分布的影响，实质是研究零售商的区位，开启了消费地理学研究的先河。另一种说法认为，雷利（Reily）是最早研究消费地理的学者，他在 1929 年利用零售引力定律定义市场区，通过划分市场区来间接描述消费者的空间分布。

在生产范式上，第二次世界大战后到 20 世纪 70 年代，生产—消费系统被低价驱动，商品种类有限，发达国家以规模化、标准化的福特主义生产为特征。同时，通过工会集体谈判，工人工资率增长，促进其生产率的提高，这种良性循环也促进福特主义大生产和大消费的特点。20 世纪 20～70 年代，消费地理学思考范式是中心地理论、零售引力模型等理想化的空间模型，强调距离对消费空间的影响（Huff，1963；Rushton，1969）。

二、本地消费繁荣

20 世纪 70～90 年代，愈加繁荣的消费推动了消费地理学快速发展（Miller et al.，1998）。随着西方国家消费多样化发展、消费需求饱和、投资项目的日益庞大，凯恩斯主义国家干预政策和福利国家制度露出弊端，福特主义生产范式的缺陷也由于外部条件变化而显现,社会生产逐步由福特主义范式转变为后福特主义范式。后福特主义生产以满足个性需求为目的,以信息和通信技术为基础,其生产过程和劳动关系具有灵活性,产品具有多样性和差异性。

相较前一阶段,消费更加趋于多元化,消费产品的种类更加多样。消费区位受到文化的影响,显现出与中心地理论和零售引力模型理论不同的特点。消费模式被商品审美和符号价值所驱动,消费作为个人认同、自我表达与实现方式变得越来越重要。几乎每个城市都有超市、电影院、干洗店、餐馆、服装和娱乐场所等消费景观。消费空间大规模出现,取代生产场所成为城市标志。地理学界重视描述商店布局特征(Leach,1984;Buck-Morss,1989;Williamson,1992;Dowling,1993),同时开始研究消费者行为(Berry and Parry,1988)。

三、跨国零售扩张

20世纪60年代后,西方经济陷入"滞胀"的严重衰退中,"凯恩斯主义"的缺陷开始体现出来。自20世纪70年代开始,强调自由放任的新自由主义逐渐占据经济学主导地位,新自由主义理论盛行,投资范围逐渐超越国界。1960~1990年,各国外资、出口占GDP的比重、跨国企业数量均逐年增加。世界各国的产业合作从简单合作变成深度复杂融合。20世纪90年代初,零售企业也加入其中开始了跨国之旅。

20世纪90年代,沃尔玛、家乐福等零售巨头不满足于国内逐渐下降的资本回报率与市场规模,开始向其他国家扩张。在此过程中,跨国零售企业的销售模式和空间布局逐渐呈现新经济地理特征(Mackay,1997;Coe et al.,2007)。研究强调零售资本和转型的重要性(Ducatel and Blomley,1990),并关注大型跨国零售商的空间组织策略、合作模式(Christopherson,1993;Clark,1993,1994)及其在全球价值链中的作用。消费地理学的研究尺度扩展到了全球,研究重点从理论转向实证研究(Goss,2004)。

四、消费地理学文化转向

1. 消费者转向

20世纪70年代起,受社会科学文化转向的影响,90年代中期后经济地理学加速文化转向。受后现代主义和女性主义的影响,消费地理学的关注焦点逐渐从消费空间转移到消费者。原先被视为纯粹经济现象的消费被从人文学科的角度来解读,学者们开始关注消费对人的意义。这种转向在地理学中体现为更加关注人在消费空间中的主观能动性、消费者行为等；以性别、阶级、种族等消费者特征分类的研究增加；研究对象从消费空间研究转向消费者；研究尺度微观化；探讨消费者如何透过消费空间展现其经济—权力社会地位；消费空间如何引导消费者进行消费（Mansvelt，2010）。

2. 新文化主义转向

鲍德里亚（Baudrillard，1970）提出"消费社会"理论，从现代社会中人与物的关系入手，第一次超越消费实体，考虑商品的精神含义。鲍德里亚认为，相对于具体物体的使用价值而言，消费者更看重商品符号和象征意义。这听上去有些类似"爱慕虚荣"，但它又不完全是"爱慕虚荣"的行为，而是以社会心理为基础的人类社会整体系统行为。

20世纪80年代，新文化地理学开始兴起，认为文化是在特定社会情景或社会关系下由社会群体构建的，重视符号、象征意义及权力关系（Zukin，1989），关注消费空间非正义批判，强调消费空间的文化意义（Crang，1998），涉及社会/空间分隔、阶层化与不平等（Chatterton and Hollands，2002），注重性别关系及性别社会构建，讨论空间内部政治（Chaney，1990）、空间消费者认同（Williams et al.，1992）、空间与日常的相关性（Crewe，2000）、空间的地方性认同构建（Leach，1984）及空间意义的生产与再生产等（Gregson et al.，2001）。新文化地理学是对传统文化地理学研究范式的一种激进反思。

3. 伦理转向

随着经济地理学的文化制度转向，地理学者意识到消费不是中立的社会关系网络，而是行使和表达权力的舞台。这与计量革命时期，经济地理学者将消费看作是市场上以价格为调节机制的买卖行为不同。消费本身所带有的伦理属性不能仅仅将消费及其空间格局看作是价格机制的结果，家庭消费地理、绿色消费、可持续发展、公平贸易等话题逐渐出现，新的消费理念与价值标签实际上对消费需求、消费和生产格局均产生了深远的影响（Mansvelt，2017）。

20世纪80年代到90年代末，消费者运动逐渐流行，推动商业公司提高工人的工资标准，担负起和产品关联的一系列责任。如国际咖啡组织（ICO）、国际咖啡协定（ICAs）组织、ISO9000等产品标准影响国际贸易格局，鼓吹带有公平贸易认证的商品伦理优势，这些商品迅速在发达国家打开了市场，带动第三世界工厂也按照这些标准进行招工。然而实际上伦理道德消费市场的大众化、一刀切的标准大部分情况并不符合发展中国家国情，不利于其经济发展。

随着工业化和城市化进展，消费日渐繁荣，成为人们日常生活中最为常见的行为。在福特主义大生产与大消费的时代，地理学者主要关注消费空间区位布局。在生产转向后福特主义影响下，消费空间区位布局继续受到关注，但对于消费景观、消费与个人认同、消费行为等问题的研究日益被提上议程。在全球化的背景下，地理学者对大型跨国零售商的空间组织策略和合作模式感兴趣。随着地理学的文化制度转向，消费者、消费空间的非正义批判等进入经济地理学的视野。

第二节　消费地理学理论基础

消费地理学经历了计量革命时期、政治经济转向时期、文化转向时期、经济全球化时期，随着时间的推移，研究视角变得越来越多元化。早期，消费地理学关注中心地理论、零售引力定律和产业集聚现象；后期，消费地理学关注消费与生产、消费与消费者的关系。

一、中心地理论

中心地理论由德国城市地理学家克里斯塔勒和经济学家廖什分别于1933年和1940年提出，他们通过模型来揭示零售业活动对城市居民区规模与分布的影响，实质是研究零售商的区位。克里斯塔勒假设在资源均匀分布、无边界的平原上有一群理性经营者和消费者，最终形成了消费层级网络。中心地系统分为上、中、下三个层次，高等级中心地提供的货物和服务能够覆盖其他中心地的服务内容，其产品和服务功能最强。有效市场形状是六边形网络，在遵循市场原则、交通原则和行政原则下的中心地系统稍有区别。

廖什在1940年出版的《经济空间秩序》中提出了六边形的市场区位理论。他从平均生产费用和需求曲线出发，提出当企业间竞争达到均衡时，各企业的垄断市场区都呈现为六边形，以保证每个企业获得一般利润。当扩展到多种产品时，多个六边形市场结构会叠加形成一定等级结构，这与克里斯塔勒的中心地系统不谋而合。

二、零售引力理论

1. 雷利零售引力定律

1929年，雷利提出零售引力理论，借鉴万有引力定律计算两个城市商圈吸引力。在零售引力理论中，城市间距离和城市人口数量会影响城市商圈的吸引力。距离的影响为负，即商圈的地理吸引范围与中心的人口数量对消费的影响为负。零售设施规模越大、业态越齐全、商品组合越丰富、提供的服务越多、交通越便利，城市对消费者吸引力就越大。

2. 赫夫模型

1962 年，赫夫（Huff）和哈格蒂（Haggerty）建立"概率面"模型作为消费者购物地点选择过程中的决定性配置模型，使消费地选择的模型方法从引力模型的决定性分析转向概率分析（Huff，1963）。公式中，商店可能占有的市场份额与商店规模成正比，与消费者达到商店的时间成反比，说明扩大商圈规模和附近交通的便利程度对商店提高市场竞争力十分重要。

三、商业集聚理论

按照产业集聚的分类方式，商业集聚属于水平型集聚，一般是大量经营同类型产品或互补产品的零售企业在空间的集聚。商业可以通过集聚达到降低交易费用、方便消费者购买、促进平等竞争、活跃城市经济生活等目标，对消费者产生更大吸引力，产生较强区域竞争优势。商业集聚也包括同类业态集聚和异类业态集聚，前者是出售同类产品多家零售商聚集在同一地方，后者是出售不同种类产品的多家零售商聚集在同一地方。

商业集聚的主要理论根据包括中心地理论、最小差异原理和累积吸引原理。霍特林（Hotelling，1929）在《竞争稳定性》中首次引入了"同业集聚"的概念：其模型主要阐述两个零售商的选址行为，同类商店倾向于选择商圈的中心地区作为店铺，而差异化商品则使商家的选址趋于分离。但是当零售商的数量增加到两个以上时，商业自由分布的结果并不稳定，不一定是集聚分布。

博尔丁和贾勒特（Boulding and Jarratt，1966）首次引入"最小差异原理"的概念，M. J. 韦伯（Webber，1972）引入"不确定性"概念，假定消费者在特定商店找到满意商品可能性不确定的情况下，消费者为了降低不确定性，会倾向于到同类商品集聚的地区购买。伊顿和利普西（Eaton and Lipsey，1979）引入"比较购物"假设，说明在商店集聚的时候，消费者能够进行比较，此时同类集聚会产生正的集聚效应。德帕尔马等（De Palma et al.，1985）发现消费者偏好差异越大，同类产品需求越大。出售相同商品的零售商相互邻近能最大程度利用彼此客户带来的效益，增加彼此的比较与学习机会，扩大信息交流，共同分享因商圈扩大而增加的客流量，提高店铺的经营绩效。这也解释了为什么在现实生活中小的零售商总是选择以集群的方式存在，而大零售商则会选择经营品种广泛的业态，发挥规模经济和范围经济，不仅降低成本，还可吸引消费者进行一次性购齐的行动。

第三节 消费地理学研究

一、零售业区位

"计量革命"时期,区位理论被引入经济地理学。20世纪20～80年代,零售区位研究以中心地理论、零售引力理论、商业集聚理论等为理论基础(Thorpe and Rhodes,1966)。这些理论认为消费者为了降低在特定商店中找到满意商品的不确定性,会倾向于到同类商品聚集的地区。经营大量同类产品/互补产品/相关产品的零售企业在空间上集聚,对消费者产生更大的吸引力。在此阶段消费品供不应求,消费空间、商业中心的布局与工业生产区位的布局息息相关,联动发展。

20世纪80年代开始,地理学者发现早期区位理论"过度理想化",因为现实零售区位分布表现出去中心化和郊区化的特征。自1860年以来,英国城市零售业布局以惊人的速度发生改变:超市分散发展,大卖场和零售仓库逐渐频繁出现在城镇外的购物中心(Schiller,1988)。与此同时,美国城市消费空间也经历了郊区化过程。

20世纪90年代,社会科学对消费文化和消费空间的兴趣不断增长。同时,人文地理学完成了零售地理学的重建,转而重视零售地理经济和文化意义。欧洲地理学者对于20世纪90年代后期零售资本消费空间研究产生了显著的跨学科影响(Miller,1998)。瑞格利和罗威(Wrigley and Lowe,1996)称之为"新零售地理学",展现了零售和消费研究的吸引力与挑战性。他们关注零售业的经济与社会意义,而较少关注其区位。21世纪,零售业区位选择研究再度兴起,学者们还引入了GIS、智能化等新技术来探讨多尺度零售区位的选择(Birkin et al.,2002;Suarez-Vega et al.,2012),包括商店分区(Bermingham et al.,2013)、城市等级(Astbury and Thurstain-Goodwin,2014;Fekete,2014)等。

二、消费空间

1. 实体消费空间

消费空间指人们可以从事消费活动的空间,包括商场、百货中心、大型超市等整体性的空间,也包括居住区、学校、医院、博物馆等零碎的消费空间。库哈斯等建筑师将购物看作21世纪最后也是最普及的公共活动,认为购物活动已经渗透、克隆甚至重置了现代城市生活的方方面面，从市中心、主要街道、居住社区到机场、医院、学校、博物馆都有购物活动，无所不在的消费空间和人类贪婪的本质必定影响人们对城市空间的体验。

空间不应被看成静态、中性的容器，相反地，空间是由社会关系塑造的，人的实践赋予其意义（Harvey，1982；Massey，1984）。通过社会化过程，空间不仅是地图上的图景，而是由权力关系的运作而维持的社会和空间的集结（Massey，1993）。

关于消费空间研究，初期主要集中在饭店、购物商场、主题乐园、赌场、嘉年华、历史古迹等空间，它们的特点是休闲、消费和仿真。地理学者认为这些奇景空间具有典型的展演性，是集体做梦、享乐与娱乐消遣的地点，并研究如何通过景象、气味与音乐等特定的零售技巧唤起愉快的消费联想，形塑消费者的欲望（Hopkins，1990；Winchester，1992；De Nora and Belcher，2000）。消费空间是社会消费的象征符号，承担了广泛的文化联系、身份表征功能（Clarke and Bradford，1998）。消费空间之所以吸引人，不仅因为陈列其中的精美商品，更是因为空间所体现的生活方式及文化意义，空间实际上被塑造成了消费情景，也成为情感认同/区隔的多元化载体，成为人们社会交往、群体认同的基础。

折价销售中心、车辆后备厢市场、家庭消费空间、性别消费空间等具有普适意义的新形式消费空间也逐渐受到关注，此类空间同样具有剧场性、表演性、不可预测性，并折射出人类的节制、欢愉、欲望等精神追求（Thomas，2005；Karsten et al.，2015）。

消费空间地理学研究主要分为购物地理学和零售地理学两大流派。近年来，零售地理学和购物地理学的研究方向出现了差别，前者更加关注消费空间的零售区位，后者更关注于解释消费者如何谈论、理解与实践购物，而不是零售空间本身。其中零售地理学使用空间和市场域分析（Catchment Analysis）研究消费商店决策。伍德和雷诺兹（Wood and Reynolds，2012）通过半结构化访谈与焦点小组的调研方式研究零售实践。纽因等（Newing et al.，2014）运用空间互动模型（SIM），预测淡旺季不同购物模式下的销售数量。

2. 非正式消费空间

早期的消费研究集中于节庆场所、宾馆、主题公园、百货商店和超市，其中的购物商场是消费地理学的长期典型研究对象。从 20 世纪 90 年代开始，一些地理学者把研究推广到非正式的、平凡的、流动的、短暂的消费空间（Jackson and Thrift，2001）。如街头流动的摊贩和街边市场等过渡性和临时性的销售空间，比如说慈善商店和古董店等永久性建筑中的特色营业空间。以上经营有些合法，有些打擦边球，有些甚至属于非法经营。

发达国家的非正式消费指各种跳蚤市场，包括汽车后备厢、旧物义卖、后院甩卖、车房甩卖等我们耳熟能详的二手市场。其消费体验比正式消费随意，消费过程令人兴奋、具有不可预测性和高度互动性，它们仅为庞大的正式零售行业提供特殊市场的补充，属于小打小闹。发展中国家的非正式零售业不是消遣，而是民众谋生的重要手段。这些城市中的非正式零售业可能比正式零售业更加重要，是城市经济的主体，代表着数百万城市贫民的唯一谋生手段。因为发展中国家处在快速发展和快速城市化进程中，随着大量的农村人口往城市中迁移，城市岗位提供不足，非正式的经济活动能够使新迁入居民养家糊口，解决了社会矛盾。但这也产生了一些问题，如拉丁美洲厄瓜多尔的首都基多拥有范围广、密度高的非正式零售业，但同时产生了卫生和拥堵问题。

3. 网络消费与网络消费空间

（1）网络消费

自 1995 年 eBay 创立，电子商务平台逐渐增多，带动线上消费。网络消费与实体消费相比，首先，不需要面对面交易，因此商品质量、交易诚信度更难保证；其次，这也使得商店地理位置的重要度下降。网络消费作为一种新的零售形式，给实体零售带来了冲击和影响。主要研究两个主题：①什么因素会使消费者更加愿意在特定的网站上消费；②网络消费对实体消费的冲击是什么。

哈里达沙尼（Haridasani，2012）提到在全球网购的背景下，亚洲正在缓慢掉入网购陷阱。法拉格等（Farag et al., 2007）实证探究网络购物影响因素，发现自行车 10 分钟内可达的购物机会以及购物出行的频率会影响网络购物，并通过问卷调查发现部分网络购物者是任务导向的，以节省时间为主导；部分网络购物者则是休闲导向的。林姆（Lim，2009）研究网上购物和物流之间的相互依赖关系并利用地理信息系统模型进行模拟，填补了这个领域的空缺。

（2）网络空间地理学

现代网络技术带来了新连接，构造了新空间。线上虚拟游戏、交易图片、聊天室、电子化商品购买与服务等提供了新媒介，使得空间性、社会性与主体性的存在和建构推陈出新。网络空间改变了公共与私人的边界，因为个人资料可以在公共领域获得，私人世界可以在线上供集体消费。道奇和基钦（Dodge and Kitchin，2000）对网络空间进行研究，提出网络运用电信技术把全球电脑连接起来，每一台电脑都位于层级之中，由网络化的电脑构成的数位空间形成了网络可以闲逛的空间。网络空间是转换性媒介，在空间与尺度的生产上占有重要位置，并能改变人、地方与物体的关系，创造新的连接。网络空间的消费与生产还透过现实世界中的各种背景产生，即虚拟空间的产生需要依赖现实世界中的各种背景。网络空间的消费者同时也制造出社会性和特殊的认同。例如线上游戏玩家、模拟世界的人物、聊天室与论坛中的参与者等，这些产品也构建出与真实世界的社会、空间的联系。网络上的私人资料和私人空间也对外部敞开，供其他游览者消费。

网络空间引发时空压缩，但并没有造成地理的消失，地理对于消费等经济活动来说依然重要。技术的存在无法消除地理距离，网络消费空间依然不均衡，因为技术不仅是纯粹的技术过程，也是个人和组织通过应用技术来达到特定目的的社会过程。从长期来看，技术变革是长期演化的过程，每一次新技术所产生的空间格局与上一次技术变革留下的经济态势密切相关。这意味着后一轮信息化技术的发展和各个地区原先的技术发展程度相关，即在地区技术发展的过程中，对上一轮技术存在依赖。网络消费背后隐含的是现代网络设备、现代物流业等一系列基础设施。世界各地的基础设施建设情况不同，其空间压缩的情况也不同。交通运输的发展加强了世界主要城市和经济体的联系，对于欠发达地区和农村地区而言，这种趋势使它们更加边缘化，交通运输联系也仍然严重不足。这种不均衡的世界压缩加剧了空间的不均衡发展。

伯金等（Birkin et al., 2002）研究了电子商务的作用和增长，肯定地理因素对于网络零售业依然有效。瑞格利和库拉赫（Wrigley and Currah, 2006）研究了电子商务零售业对全球化零售和新经济组织的挑战，评估了在线分销与离线分销混合的"多渠道"范式，认为地方、空间和嵌入在新经济及多渠道范式的零售业分布中依然重要。辛格尔顿等（Singleton et al., 2016）构建了电子韧性（e-resilience）的框架，发现线上消费对不同层级零售业中心的冲击性存在分异，大零售中心和小零售中心受到的冲击相对较小，而中间等级的零售中心受到的冲击最大。帕克尔和 R. 韦伯（Parker and Weber, 2013）探究了易趣网等线上二手市场对实体二手市场的影响和冲击，认为线上与实体之间不是简单的取代关系，而是一种微妙而复杂的关系。

一些学者探究了电商进入的影响因素，对中国电子商务企业进行研究，发现北京、广东和浙江是三个地理集合组团，但区域经济情况和通信设施情况仅仅是电子商务发展的必要条件而非充分条件。中国电子商务行业的资本效应和地理集中并不取决于当地公共部门的努力，而取决于创始人的社会关系。戈弗雷·杨和昂（Yeung and Ang, 2016）认为，新加坡电商的兴起主要是由于较低的准入门槛、电商社区非正式的支持制度和自律机制的发展。这些非传统的店铺最终扩展到实体店，这种从网店到实体店的逆向发展一定程度说明了实体空间对于缄默知识的积累和转移的重要性。

三、消费者

1. 消费行为地理学

从 20 世纪 60 年代开始,消费行为对商业空间组织的重要性逐渐为西方学者所认可。消费行为地理学属于行为地理学,需要介绍一下西方行为地理学的发展历程,以理解消费行为地理学各发展阶段研究主题。西方行为地理学诞生于地理学计量革命浪潮中,从个人行为角度去理解地理空间及其形成,经历了发展、衰退与复兴的历程(柴彦威等,2008)。传统区位论和中心地理论过于绝对,与真实世界不符。人文地理学传统假设所有个人行为趋于一致,所有人对空间的理解相同,所以行为结果仅仅取决于区位机会(Golledge,1981)。早期的消费行为地理学解释消费者区位选择行为时,就如早期的传统区位论和中心地理论,不考虑消费者个人要素。20 世纪 60 年代开始的行为地理学研究打破了这种简单假设,认为行为结构不仅取决于区位机会,还取决于个人对空间的认知。在此背景下,以过程为导向的行为地理学研究揭开了序幕。

行为地理学经历了衰退与复兴等几个主要阶段,消费行为是其中重要的研究对象之一。早期行为地理学的研究重点是认知及偏好—选择研究。在认知领域,研究集中分析消费者对购物中心的认识;偏好—选择研究借助精密的模型方法和复杂的研究设计,直接用于模拟消费、居住地等空间行为的选择偏好和决策。基于购物行为实证研究而提出的多维态度理论认为个人对购物地的选择是根据多维度评价的排序及组合而产生的(Blommestein et al.,1980)。在衰退与复兴阶段,行为地理学集中于研究制约导向和社会关联的趋势,并具有跨学科趋势,此阶段对消费的研究并不多。在最新行为地理学研究进展中,其研究首要任务是理解上班、回家、购物等习惯/反复行为(Dijst,1997),并进行购物活动的模拟与预测(Tilman et al.,2007)。

2. 消费与认同

认同是多重且流动的,不只透过反身性定位产生,是在与他人的互动关系中产生。后现代状态导致了认同危机,因为消费在认同规范与结构中扮演了重要角色,所以消费认同及个人形象间就产生了联系。自我认同是身体在特定话语环境下,自我体现和外部侵入在思想意识形态领域形成的产物。后现代主要任务是帮助解决个人在社会语境中自我以及他在自己和别人心中的自我脱节问题(Pred,1996)。在后现代时代,自我被认为是短暂而且不持久的产物,较少依附于相对持久的社会结构和社会关系中。其更加常见的是暂时出现在一段关系当中,或者在人生的一个阶段。学者们重点关注消费对于人而言具有什么样的意义;消费行为所倡导的浮夸和浪费的风气对于社会的影响;消费对个人身体的影响；老龄人、素食主义者或女性等依照个人特点进行划分的人群的消费地理特点等问题。

（1）消费对个人形象的塑造

人作为消费行为主体，在消费中要付出相应时间和精力，消费对于个人的意义值得关注。消费除了原本的意义，也作为一种社会符号，代表了经济水平、社会阶层以及人对自身形象选择性塑造。通过商业文化向消费者展示和表达的大量支离破碎的身份会造成自我的不安全感。消费被欲望和幻想所驱动，而且这些欲望将永远得不到满足，最终结果是人们通过不断地搜索新商品来丰富自己的生活方式以及塑造自我。后现代主张自我形成和商品购买之间要产生一种必要的连接，然而自我塑造和商品购买之间的联系是复杂的、多面的、变化的，甚至是矛盾的。麦基（Mackay，1997）提出将自我和消费关系概念化的两种视角，即我们通过消费来塑造自我，消费什么取决于我们是谁。

我们通过消费来塑造自我。在这个语境下，我们通过消费来确认、巩固和辩驳自己的形象。这种想法被浓缩在"Lifestyle Shopping"这个术语里面（Shields，1992）。鲍德里亚（Baudrillard，1970）认为消费者最终将消失在势不可挡的贴满了标签的商品世界中。戈斯（Goss，1999）认为，最终人们的自我和行为会被作为产品和实物来售卖，这些商品贴上了他们个人特点的标签。这些沉迷于每天通过购买各式各样不同商品来构建自我的人，每天都在思考某件商品是否要买下来，想象自己如果拥有这件商品之后的生活质量是否会提升，最终他们也会对消费主体有一种肤浅且片面的认知，退化成为生活方式的购买者（Falk and Campbell，1997）。但随着地理学对消费者行为研究的不断深入，认为消费者频繁地选择商品来实现自我塑造的说法并不完全正确。购物通常作为我们生活中的一项例行公事，在日常生活中显得十分平凡，并且人们的自我身份常常是基于关系而不是位置来表达。消费实践也可能和社会生活的其他领域、其他实践、实践知识、流行经验和生活方式相交叉，并部分地获得它们的意义。

（2）个人特征对消费的影响

我们购买什么取决于我们是谁，这个角度并不关注主体是否通过有意识或者无意识的选择来塑造自我，而强调消费发生的原因受主体的个人特征影响。研究指出社会阶层、性别、文化、出生年代和家庭都显著影响个体自我（Livingstone，1992）。类似地，克朗普顿（Crompton，1996）认为人所处的阶层会塑造其所能获得的机遇。桑德斯（Saunders，1989）通过对有房阶级和消费鸿沟的研究，发现消费代替生产成为阶级分化的明显特征，社会结构影响消费。不少学者从人群划分的角度对消费进行了研究，例如麦克罗比（McRobbie，1993）研究了青少年的消费活动；宾尼（Binnie，1995）研究了同性恋相关的消费行为。通过我们是谁来进行消费，最终能够给我们呈现出一些多样化的主观性消费实践、方式和仪式。

以上两种概念化的说法是一个问题的两个方面，共同的主体为人的自我，而共同的客体为消费。前者是一个人必须通过"购买自我"来获得对自己的统一认知，后者是一个人作为一名消费者，其所处的阶级及其特有的特征和习惯成为其消费方式的来源。

（3）消费与身体

消费与个人身体之间的关系也很重要。这是因为身份建构需要依附于身体，身体对理解消费与主体形成过程之间的关系十分重要。近年来，地理学开始对肉体与消费关系这个话题进行破题，即研究尺度细化到人的身体。一系列文章将身体作为一个地理尺度，它既是物质性的，又具有隐喻特征和社会性，身体会在社会关系下产生，被训练和规范。身体是能力的来源和知识库，通过被放置在各种各样的空间和时代语境下，身处不同的政治社会环境中而变得有意义。身体是主体与客体的边界，是自我和他人的界限，身体的空间性密切地和对自我以外事物的欲望、厌恶和迷恋联系起来。

研究消费与身体的关系的代表性学者包括朱莉安娜·曼斯韦尔特（Juliana Mansvelt）、戈斯和克鲁，发表了大量成果，探讨个人特征与身体和认同的关系，并且观察消费者在消费空间中的权力和关系。曼斯韦尔特（Mansvelt，2008）认为消费者没有那么容易被取悦和控制，并根据体验式地陪伴年迈亲人一天的消费体验而验证了这个观点。戈斯（Goss，2004）则认为人们为了在纷繁的消费品中选择出性价比最高和最适合自己的产品，花费了大量时间和精力，以至于原先给人们提供选择和便利的消费变成了工作甚至是酷刑，这是消费过度化给人们带来的苦恼。克鲁（Crewe，2001）认为消费是自我创造的过程，也是一个被引导和选择的过程。为了使零售业实现增长和体量扩张，外界环境不断引导人们进行各种消费，导致人们的身体受到了围困。消费和身体的关系与身体管理高度相关，如时尚、舒适还有食物主题。消费对身体而言也是一种功能消耗，因此引导我们进行"去购物和去欲望的调节"。女性更容易受到有关身体与外在形象的困扰，她们被迫要进行符合时代特征的消费来打造符合时代审美的形象特点。

隆赫斯特（Longhurst，1997）将地理学研究和理解身体的意义的方式分为三种。一是通过人文地理学工作中的现象学方法，强调"消费的身体"；二是心理分析的方法，借鉴弗洛伊德的作品了解性别身份的创建，并结合法国女性主义者相关理论，该领域的主要研究学者是卢斯·伊利格瑞（Luce Irigaray）、朱莉亚·克里斯蒂娃（Julia Kristeva）和伊莲娜·奇克苏（Hélène Cixous）；三是社会建构，已经广泛地用于自我身份和消费问题研究，主要将身体视为一种文化结构和不断修改的物品。格罗希（Grosz，1994）研究人是如何通过自我建构，并通过特定的空间组织来产生自我认知。隆赫斯特（Longhurst，1997）批判了"消费的身体"，因为它倾向于将身体简化为意识系统。但实际上社会建构方法认为不能彼此剥离地去理解身体和空间,这为地理学者理解消费与身体的关系带来了启示。

四、消费与伦理/道德

1. 伦理/道德的定义

自20世纪70年代开始,消费与社会/环境的关系引起了社会学者的广泛关注(Kotler,1972;Crane and Desmond,2002)。最初讨论主要从微观角度展开,探讨消费者在提升社会环境的"善良"方面所扮演的角色(Minton and Rose,1997),但此阶段对伦理/道德的定义仍很模糊,认为道德是一种个体决策,是理性过程,伦理是在给定条件下做出关于对或错的基本判断(Rawls,1972)。关于道德最初多是在个人层面上定义,后期才转向集体化的道德观(Moisander and Pesonen,2002;Carrigan et al.,2004)。卡鲁阿纳(Caruana,2007)认为,社会学角度的道德,具有本质、目的和本体三个侧面。他总结道德定义的三个阶段为古典主义阶段、建构主义阶段和当代阶段。古典主义阶段认为,道德的本质是在特定社会中客观定义对、错和善良的潜在逻辑与规范。20世纪60年代出现的建构主义所认为的道德含义并没有发生变化,但更强调其主观性和可变动性。当代理论则认为,与建构主义时期相比,消费被赋予了更多符号化意义,诸如"享乐主义""独立""责任"等观念。伦理消费的定义变得更加多元化和主观化,更多地需要具体情况具体分析。

伦理消费的常见概念包括伦理/道德消费、公平交易、绿色消费、可持续性消费以及消费者责任等。伦理消费者群体包括伦理消费者、绿色消费者、生活简单派消费者和反消费群体等等。

2. 伦理消费

自20世纪70年代起,媒体迅速覆盖,信息快速增长和替代产品快速增多导致伦理消费的出现(Smith,1995;Roberts,1996;Strong,1996)。替代产品快速增多迫使商品必须找到不同于其他商品的特点,而媒体迅速覆盖和信息急速增长给了人们更多能力去接受与探寻消费品的来龙去脉,在供给方和需求方的双重激励下,伦理消费产品出现了。

社会消费条件变化也导致了消费方式的改变。随着时代的发展,当下的消费范式有脱离生产的趋势。相比于所提供的少量实用价值,更为重要的是产品需提供大量"快乐的承诺",强调产品应重新激起消费者正面的消费体验(Borgmann,2000)。海什坎和潘特扎尔(Heiskane and Pantzar,1997)认为,不断变化的消费潮流具有明显的倾向性,即在大多数富裕的社会中，消费者脱离了基本需求，更多地将消费考虑成自我行为的一部分，这种变化可以从马斯洛需求层次来理解（Brooker，1976）。在满足了基本需求之后，消费者倾向于通过社会意识消费行为来获得"自我实现"。帕金斯和克雷格（Parkins and Craig，2006）以及哈里森等（Harrison et al.，2005）借用"风险社会"的概念来解释伦理消费的崛起，其含义即在面对消费选择的个人文化中，我们越来越缺乏传统道德的引导。但同时，帕金斯和克雷格（Parkins and Craig，2006）也对此做了正面解释，即日常生活本身就具有创造性和伦理性。可以看出来学者们倾向于认为，伦理消费是物质发展和文化发展的必然结果。

3. 道德消费决策

如果把道德消费视为理性决策的过程，那么便可以将消费者行为模型化。研究试图收集信息并确定消费者态度、理解消费者需求并通过建立行为模型等方式来建立道德消费者决策模型，如 Hunt-Vitell 模型（Vitell et al.，2001），假定理性消费者是基于义务或目的来决策伦理问题。斯特朗（Strong，1996）提出理性消费者的概念，认为信息是道德消费的关键。明顿和罗斯（Minton and Rose，1997）认为，态度是消费者决策理论的核心。弗洛斯和乔伯（Follows and Jobber，2000）发现了价值—态度—意图—行为的递进层次关系。一些学者进行了以行为理论为基础的道德消费者决策研究，认为行为倾向能够被态度和主观规范所解释（Ajzen，1991）。随着社会信息化程度的提升，消费者不断提升制造商和零售商对产品的道德要求，消费者不仅要求产品的交易环节公平，也要求产品所涉及的其他环节公平，最终消费者对制造商和零售商的评价很大程度上取决于消费者所获得的信息（Creyer，1997；Folkes and Kamins，1999）。

但考虑到伦理消费者自我道德建构时，消费者选择不能仅理解为是一个理性计算过程。学者试图从消费伦理的话语体系来理解消费者认同。帕金斯和克雷格（Parkins and Craig，2006）认为，人自我实现的过程越来越多地与就业、劳动、消费和休闲等决策相关。消费者伦理问题是自我实现的一部分（Kozinets and Handlman，1998），其中绿色伦理消费者通过消费来获得自己的身份认同感（Thompson and Arsel，2004）。肖和凯拉克（Shaw and Clarke，1999）发现，选择、可达性以及信息障碍会阻碍伦理消费行为。后期研究也将"道德义务""自我认同"等内涵纳入研究范围（Sparks and Shepherd，1992）。埃伦（Ellen，1994）指出，消费者可能不具备识别道德消费产品的全部知识，需要营销人员、政府和非政府组织以及商品标签与广告计划的帮助。

4. 通过细分市场向消费者营销

消费者购买行为受到各种社会道德的强烈影响，这些社会道德包括劳资关系、土地权、环境、不负责任的市场营销、公平贸易、动物实验和政治捐款等。明特（Mintel，

1994）认为，关于伦理/道德消费市场的早期研究主要关注伦理/道德消费者及伦理消费的产生是否与经济衰退相关。罗伯茨（Roberts，1996）发现，美国市场上越来越多的环境问题和越来越突出的社会意识扩大了社会责任市场的规模。早期研究认为，道德消费者只是小规模群体（Dickson，2001），能为零售商营收创利，也能增强企业的竞争力（Nicholls，2002）。研究从社会人口统计角度着手，询问消费者是否愿意为社会产品支付溢价（Diamantopoulos et al.，2003）。更多研究试图去探索道德消费者的特征，而不是去理解道德/伦理消费本身（Newholm et al.，2000）。早期营销人员甚至认为道德消费不太会被消费者所接受（Peattie，1999），实际情况与之相反。自进入道德市场后，生产商和零售商变得更加谨慎，且以更加复杂的方式将商品呈现给消费者（Crane，2000）。除了新增超市货架分类、超市叙事等手段外，还使用了其他更加复杂的方法（Ozcaglar-Toulouse et al.，2006；Shaw and Newholm，2002）。

5. 道德消费市场

随着道德消费的日常化和广泛化，道德消费从细分市场逐渐转移到了大众市场。主流消费空间也开始以公平贸易来标榜自己的商品，学者们开始讨论廉价的自由贸易咖啡、高能耗的灯泡应不应该被消费。但部分学者对伦理消费的大众市场化持有谨慎与怀疑的态度（Fridell，2006），认为道德消费降低了消费者关于伦理消费愿景个人化的程度。戈尔丁和皮蒂（Golding and Peattie，2005）认为道德消费市场更适合解决公平贸易问题，而不太适合用来提高商品的价格和质量。

弗赖德贝格（Freidberg，2004）探讨了英国的非政府组织和大众媒体迫使英国的超市巨头对其全球供应链进行"伦理"改革的过程。古特曼（Guthman，2008）分析其负责的食品公平项目，发现这些项目针对非洲裔美国人社区，其水果和蔬菜的改革导向都是以"白人的欲望"为标准。唐勒（Dowler，2008）认为应该关注食物来源中潜在的不公平现象。蒙雷亚尔（Monrreal，2008）通过对墨西哥玉米粉蒸肉的研究显示，通过广告，美国文化成功渗透进资产阶级家庭和影响消费者行为，产生了独特的消费地理格局。

消费品地理格局与制度背景有很大的关系。在宏观尺度，各区域集团对区域内贸易和投资有相当大的影响。在全球尺度，世界贸易组织和国际货币基金组织等国际机构构建全球的金融与贸易格局。除国际咖啡组织（ICO）和国际咖啡协定（ICAs）等组织直接影响咖啡贸易与交易格局外，ISO9000 也极大地影响全球消费地理的格局。英国道德贸易组织制定了一套劳动力守则，规定其成员必须将其应用于产品供应链。公平贸易（fair trade）标签是由国际公平交易标签组织发起的一种认证标签，它只对采购自发展中国家并且符合国际公平贸易标准的产品颁发认证，其含义是"保障第三世界生产者更好待遇"，最终使得这些带有公平贸易标识的商品在英国以及其他周边国家的销售额迅速增加。

在全球化时代，供应链遍布世界各地，而道德倡议组织和道德标准组织往往以"一刀切"的统一标准来要求散布在各地的供应商，有时反而会催生出新的"道德问题"。这些标准脱离了部门和地域具体的实际情况，可能使特定地域特定群体的状况更加恶化，原本出发点为"保证第三世界生产者有更好待遇"的道德贸易，实际上从长远来说，反而在一定程度上限制了第三世界的发展。因此，道德消费市场是否应该大众化，应该在何种程度上大众化都值得进一步讨论。

第四节　经济全球化与消费地理

经济全球化是指世界各国在全球范围内的经济融合。国际贸易使得各国的消费者在享受低价的同时，可选择更多种类商品。经济全球化增加了消费者的福利，扩大了消费者的选择范围。虽然特伦特曼（Trentman，2009）批评了"二战"之后经济全球化中对经济增长率的过度追求，导致消费主义扩张的观点，但他也不得不肯定，人通过消费物品去发现和塑造自我的渴望是自古存在的。经济全球化只不过加速了这个过程，使消费成为民族主义、帝国主义、世界主义融合与冲突的表现舞台。

20世纪80年代以来，经济全球化的趋势改变了国家之间的经济联系方式，进一步加深了国际分工。传统国际贸易形式和性质发生了根本性的变化，产业内商品链延长并划分为多个连续的生产阶段，每个国家只在某个连续的特殊阶段进行专业化生产（刘志彪和刘晓昶，2001）。随着垂直专业化的发展，全球生产格局和消费格局均被改变。人们消费的产品不仅可能来自于国外，本地生产的某个商品的部分也极有可能来自于世界各地。生产和贸易全球化带动了消费全球化。克拉克等（Clark et al.，2006）指出，过去20年，食品零售的本地结构和全球供应结构均发生了根本性变化，消费者生活方式也随之改变。同时，消费形式也发生了巨大改变。随着20世纪90年代跨国零售商的大规模扩张，大型百货超市的消费模式进入世界各地，消费者不仅可以实现"一站式"购买，同时也识别了国际化零售品牌，跨国零售商在其中占据了主导作用。科和瑞格利（Coe and Wrigley，2007）搭建了研究零售业国际化扩张过程对东道国影响的讨论框架，认为零售业国际化扩张会影响到东道国供应链的动态变化、消费习惯和消费社会、政府制度和监管框架等维度。

一、全球商品链、全球价值链与消费地理学

全球商品链（GCC）是指在经济全球化背景下，商品生产过程被分解为不同阶段，并围绕此种商品的生产形成一种跨国生产体系，把分布在世界各地不同规模的企业、机构组织引入到一体化的生产网络中，进而形成的全球商品链。杰里菲和科尔泽涅维奇（Gereffi and Korzeniewicz, 1994）在对美国零售业价值链的研究基础上，将价值链分析法与产业组织研究结合起来，提出全球商品链分析法。其重点在于强调商品链的全球性与整体性，而非个别节点或地方特殊性，也是生产与消费的政治—经济体系。全球商品链强调生产/消费过程的空间性以及制造者、购买者与分销者之间的能动性。

在全球商品链中，消费与生产谁占主导地位，是随着组织类别变化的。杰里菲（Gereffi, 1999）主张，全球商品链有两种组织类别。首先生产者驱动型商品链是指跨国生产商在生产网络的建立与连接中起核心作用的全球范围的垂直分工体系。典型的生产者驱动的商品链通常是资本与/或技术密集型工业，它通常是垂直整合的，可能通过正式或非正式的协议与多个独立企业联系，如波音公司。其次是消费者驱动型商品链。消费者驱动型商品链产生于20世纪60年代，其出现与交通通信技术进步和发展中国家由进口替代转变为出口导向的成长有关。消费者驱动型商品链的形式与运作由大型零售商或品牌商主导。消费者驱动型商品链多为劳动密集型产品，此类公司多是品牌导向。在这类市场上，重要的是认同与符号意义，而不是产品或服务特色本身。消费者驱动型商品链的代表性企业是沃尔玛、家乐福等大型零售商和耐克、锐步等品牌运营商等跨国公司控制的全球商品链。

20世纪80年代，价值链理论被提出（Porter, 1985）。杰里菲（Gereffi, 2001）在 *IDS Bulletin* 杂志上推出了关于全球价值链（GVC）的特刊，从价值链角度分析全球化过程，认为应把商品和服务贸易看成治理体系。其后，许多学者从全球价值链的治理、演变和升级等角度来讨论全球价值链，从组织规模、地理分布和生产性主体等维度来界定全球价值链（Sturgeon, 2003）。杰里菲和科尔泽涅维奇（Gereffi and Korzeniewicz, 1994）认为其驱动类型与全球商品链基本一致，因此它和消费地理学的关系也基本一致。全球生产网络更注重生产的国际化分工，是生产过程和地理空间、社会制度相结合的生产组织形式，与消费的相关度较低。总体而言，全球商品链、全球价值链不仅为分析消费与生产间的关系搭建框架，还为消费者查找消费品生产的地理过程提供了线索。

二、零售业跨国公司及其地理扩张

跨国公司是经济全球化主要行动者，其中跨国零售公司在短时间内扩张到世界各地并引入新零售业态，深刻影响世界各地消费地理格局。在跨国零售商国际化发展的过程中，商店国际化和供应网络全球化同时进行（Coe and Hess，2005；Dawson and Mukoyama，2006；Durand and Wrigley，2009）。零售业海外扩张始于20世纪60年代，但一直到20世纪90年代，基本上是北美、西欧、日本的领先经济体之间互相投资。从90年代中期开始，世界零售商在其核心市场上遭遇了市场饱和、规制增强等致使零售商增长产生危机的状况。零售商们通过零售模式创新或向成熟度低的市场进行国际化扩张等方式获得新增长空间。20世纪90年代末期和21世纪初，零售业国际化活动爆发式增长，导致零售商在世界上主要东道国市场展开激烈的竞争（Wrigley and Lowe，2010）。

零售企业国际化动因最早分为两大阵营：被迫式国际化（Treadgold，1988）和积极主动国际化（Alexander，1990；Williams，1992；Alexander，1995）。前者强调由于母国市场发展有限而导致零售企业国外扩张，后者主张零售商因为发现国外市场才选择主动扩张。麦戈德里克和戴维斯（McGoldrick and Davies，1995）持中立的观点，综合了主动与被动扩张的说法，将零售商国际化影响因素归结为国内市场的"推力"和国外市场的"拉力"。亚历山大和多尔蒂（Alexander and Doherty，1998）将零售商的全球扩张动因归纳为分别以满足国内市场、被动对外扩张、主动对外扩张和全球化扩张为核心的四种类型。瑞格利（Wrigley，2000）认为零售业全球化由国内和东道国市场的动态与机遇同时驱动。实证研究中，推力和拉力都是显著影响因素（Quinn，1999）。

1. 跨国零售企业的东道国选择

跨国零售企业进入哪些市场和东道国的扩张顺序都具有显著的地理特征。企业发展战略将其分为地域发展和产品发展两个维度，无论哪个维度，零售企业扩张都是从原有地域市场和原有零售业态向邻近市场、熟悉领域扩张，最后进入不相关的市场和业态，这一发展模式体现了邻近性原则。

邻近性可分为地理邻近、文化邻近、经济邻近和商业治理环境邻近等维度。地理邻近是指母国和东道国在地理位置上的邻近性，能减少运输成本和信息沟通成本，提升跨国企业知识传递效率，有利于企业在东道国的销售绩效提升（Ghemawat，2001）。但随着全球经济化不断深入，地理邻近性已经不能很好地解释零售企业空间扩张规律。比安奇（Bianchi，2009）指出，在地理邻近性之外，跨国企业还应该充分考虑经营环境的差异性。各国消费者行为和员工行为等都存在差异性，这些差异性对企业选择合适的东道国以及在东道国创造的业绩产生影响。因此，零售企业偏好于选择文化距离近的市场，企业容易适应东道国市场竞争（Miecinskiene and Lapinskaite，2014）。

商业治理环境邻近性主要关注母国与东道国之间在治理政策、市场规范化和制度化管理水平等方面的差异（Campbell et al.，2012）。东道国在法律、政治、行政等方面的制度水平以及由制度差异所形成的与母国差异化的商业治理环境，构成了跨国企业适应东道国市场环境的制度成本。零售企业国际化市场策略的效率取决于零售企业与东道国市场商业治理环境的融合度（Musso and Francioni，2012）。在市场环境相似国家，不确定性风险降低，可以减少用于风险防范与解决的费用，提高企业进入积极性（Miecinskiene and Lapinskaite，2014）。

经济邻近性则认为相似的经济水平能够带来相似的消费者需求和顾客偏好，因为经济距离暗示了消费者财富、收入、产品成本与质量的国际差异。选择经济水平相近的东道国有利于零售企业的国际化扩张（Ghemawat，2001）。但实际上这种观点并没有很好地解释近年来发达国家零售企业进入发展中国家市场的现象，说明经济邻近性对东道国的选择影响不是简单的线性关系。此外，瑞格利和库拉赫（Wrigley and Currah，2006）提出通过网上销售渠道来组织国际扩张。但托尔斯泰等（Tolstoy et al.，2016）认为，虽然研究主张利用网上销售渠道作为国际扩张的驱动力，但电子商务与国际销售之间的关系仍需进一步探索。

2. 跨国零售企业融入东道国

跨国零售企业进入东道国需要面对市场、经济、文化、制度、政治等一系列差异，从适应到融入新环境需要一个过程。在这个过程中采取什么策略，如何根据东道国情况改变原有经营策略是经济地理学者要探究的问题。

（1）嵌入性

嵌入性是解释零售企业国际化对东道国市场适应过程的常见概念性框架（Tzeng and Uzzi，2000；Heidenreich，2012；Ferraris，2014）。嵌入性最初见于国际商务研究，后逐渐被应用于解释跨国零售公司融入全球的过程。瑞格利等（Wrigley et al.，2005）认为零售跨国公司必须嵌入本地才能更好地实现盈利。科和瑞格利（Coe and Wrigley，2007）、赫斯（Hess，2004）以及伯特等（Burt et al.，2017）把"嵌入"分解为社会嵌入、网络嵌入和地域嵌入。社会嵌入是指跨国零售企业在社会、经济、文化、历史和政治等维度的嵌入与适应。网络嵌入是指零售企业与东道国的各种政府组织和经济组织之间进行正式或非正式的谈判而形成的关系，而位于关系网络中的位置和与其他角色的关系质量决定其获得机会的能力（Sacks and Uzzi，2000）。个体关系的结构、持久性、稳定性和网络结构是网络嵌入程度的决定性因素。地域嵌入指跨国零售企业在某一特定空间"锚定"的程度，包括对当地文化、市场、房地产、土地利用规划法规、经营要求、劳动法、物流与供应链等因素的理解和适应（Wood and Reynolds，2014；Sirait，2014；Tacconelli and Wrigley，2009）。现有关于跨国零售企业嵌入性研究大多数集中在地域嵌入（Burt et al.，2016）。科和李永苏（Coe and Lee，2013）有研究基于地域嵌入研究了特易购在韩国的成功扩张，认为跨国协调和跨国零售公司的销售与供货环节是跨国零售业理论化的关键点。瑞格利等（Wrigley et al.，2005）认为跨国零售企业要在东道国取得成功，需要适应国家层次和地方层次上的房地产与土地使用规划、知识网络、供应网络及消费文化等。对地域嵌入的认同意味着在分析跨国零售业时，空间变量的设置是必要的（Leknes and Carr，2004）。

（2）本土化还是标准化

在零售业全球化时代，世界各地的零售空间和零售方式趋于一致，但仔细观察，又会发现其细微的差异。即使是在同一家零售企业，拥有相同的品牌，相似的店面配色和装修风格，但在不同地区的商店内商品的品种、摆放形式、店铺结构存在着很大差异。这意味着在消费空间全球均质化的同时，"本土化"的战略体现在更细微层面。

沿袭自20世纪60年代以来营销领域中标准化与本土化的激烈争论，在跨国零售业的研究领域也存在着两大对立的学派——标准化学派与本土化学派。跨国零售标准化学派主张零售商海外扩张时，应将在母国成熟的经营模式与策略向东道国进行标准化复制，有利于降低成本，获得更大的规模收益。此学派观点建立在两个假定基础之上：①世界市场越来越走向趋同，不同地域人们消费商品和服务大致相同，趋同的需求与欲望使零售专业技能的标准化成为可能和未来必然的趋势（Zou et al.，2002）；②随着各国文化相互融合的步伐日益加快，不同国家地区文化隔阂正在逐步缩小，使得各国消费者行为日渐趋同，意味着越来越多的产品能够以相同的方式销往世界各地，为零售业标准化提供了可能性（Laroche et al.，2001）。然而，现实很快否定了标准化学派的观点。沃尔玛于1997年通过企业收购进入德国市场，却在2006年亏损惨重，被迫全面撤出德国，其主要原因是企业误读了德国文化，忽略了美国和德国文化的差异（Christopherson，2007）。沃尔玛在美国超市门口增设迎宾人员的行为创造了个性化客户购物体验，然而在德国，消费者却认为雇佣迎宾人员的最终成本会转嫁给消费者，从而损害消费者福利。沃尔玛超市低估了本地廉价零售品牌Aldi。科和李永苏（Coe and Lee，2013）指出，产品设计、采购网络和员工/战略决策的有效本地化是韩国的三星—特易购公司成功的原因。相比之下，家乐福和沃尔玛对韩国的适应性远不如特易购。本土化不是一蹴而就、僵硬死板的过程，而是一个动态和长期的过程。

本土化是跨国公司在进入东道国市场以后，试图逐步转变成具有本地特色的经济主体,并最终达到融入当地经济体系的发展战略,其中包括企业文化本土化、劳动力资源本土化、生产本土化、研究开发本土化、资本运行本土化、经营销售本土化等。"战略性本地化"是跨国公司采用的在东道国建立地域嵌入的特殊战略。"战略性本地化"概念认为,零售跨国公司必须根据东道国市场条件对其业务进行不同程度的本地化。沃特曼(Wortmann,2011)认为,大卖场运营商较少实现跨境协同效应,因此,必须使他们的业务和种类适应不同的国家环境,从具体的法律法规到消费者口味都相应改变。这种本地化对于理解东道国消费文化、家庭结构、企业责任以及与供应商、竞争者和消费者建立良好关系至关重要(Bianchi,2009;Tacconelli and Wrigley,2009)。

鉴于跨国公司标准化和本土化战略各自存在的缺点,学者们提出了国际营销的权变性观点(Theodosiou and Leonidou,2003;Cavusgil and Zou,1994),即"全球本土化"的战略。它最早出现于20世纪80年代,简单来说就是思想上的全球化、行动上的本地化。全球本土化是指在商业思路上进行全球扩张和在企业结构上根据当地实际情况做出适应及改变的方式。

全球本土化包括两个过程,以跨国全球发展的眼光来推进每一地域的本土化过程而最终达到全球化发展的结果。实际上,全球本土化包含了文化杂交的因素,文化杂交是指文化以正确的方式穿越时间和空间,与其他文化形式和环境相互作用,互相影响,最终形成新的文化形式和环境的过程。例如沃尔玛通过文化杂交成功地适应了中国文化,中国同时也适应了沃尔玛文化,亦即本土商业文化也受到外来文化潜移默化的影响。另一个例子是比萨饼,比萨饼源于18世纪的那不勒斯,后逐渐普及整个意大利。19世纪末,移民潮中的意大利人把比萨饼带到美国,与当地食材结合,形成了美式比萨饼,成为文化杂交的产物。麦当劳在四川的辣味鸡翅也是一样的道理,都是为了迎合当地人的口味需求而采取的措施。显然,与全球化或本土化理论相比,全球本土化作为一种营销手段,其最终目的是引入同质化文化和东道国文化元素来最大限度地提高企业营业收入。全球本土化战略的核心要素依然是本土化,它站在更全面更广阔的视角来看待和考虑本土化,并敏锐地捕捉到本土化是动态、多次文化交流的过程。沃尔玛和家乐福的实证研究也指出,跨国公司融入东道国不是单向过程,而是涉及跨国零售商和东道国经济相互转化的制度杂糅过程(Marsden et al.,1998;Durand and Wrigley,2009;Wrigley et al.,2005)。

三、案例:沃尔玛和家乐福的全球化扩张

1. 沃尔玛的全球化扩张

沃尔玛是诞生于1962年的全球零售商巨头。1962~1990年,沃尔玛主要在美国国

内扩张，从1991年开始向海外扩张，如今在世界范围内已经拥有上万家门店。沃尔玛的东道国选择策略主要以邻近性为原则。沃尔玛跨国的第一步是进入与美国同属北美自由贸易区的墨西哥和加拿大；1992~1995年分别进入波多黎各、巴西、加拿大和阿根廷等地；2006年拓展了其在哥斯达黎加、危地马拉、萨尔瓦多、洪都拉斯和尼加拉瓜的业务，至此沃尔玛销售网络覆盖南北美洲市场。但当时沃尔玛在欧洲范围内仅在英国拥有门店。1992年，沃尔玛进入与美国本土文化差异最大的亚洲，首选日本，后进入泰国、中国香港和内地等国家和地区。2000年之后沃尔玛逐步向中国北方市场拓展并进入其在华的全面扩张时期。

可以看到，沃尔玛的全球化发展模式以邻近性、滚雪球式、本地化式为主。沃尔玛首先是选择与美国本土地域相邻的墨西哥，然后转向两个最大的市场——巴西和阿根廷，向北则转向与美国地理相邻的加拿大。随后，沃尔玛选择语言文化相近但地理相隔较远的欧洲市场，最后才走向地理、文化、语言都相差甚远的亚洲市场。进入亚洲市场的过程也体现出了邻近性思想，首先从日本、中国和印度尼西亚三个最大的市场入手。其中，沃尔玛首选日本的原因是其与美国较为接近的经济距离，然后才进一步扩展到中国和印度尼西亚。

滚雪球式扩展方式是指在沃尔玛现有市场的同一地理区域内尽可能设立多的门店后再转向新区域，在沃尔玛的案例上体现为美国本土市场—海外相邻市场—全球市场的路径。沃尔玛先稳定占领美国本地市场，后以墨西哥和加拿大为突破口，占领整个美洲大陆，待其基本饱和才继续选择欧洲市场，最后走向亚洲市场。进入某一大洲后不是浅尝辄止，而是深入挖掘、占领，直至饱和。

本地化适应模式。沃尔玛在进入德国时受标准化学派的影响，认为在全球化时代，本地特征已不再重要，结果遭受重挫。沃尔玛吸取经验教训，之后在1994年进入巴西市场时，转变为本地化战略，充分了解当地情况并进行调整。沃尔玛用了4年时间对日本市场进行研究，直到2002年才收购了日本西友百货的股权，大跨度切入日本市场。沃尔玛在中国的本土化包括了管理团队和采购的本土化。目前，整个沃尔玛中国总部的外籍管理人员占中国所有员工的1%，"采购中国"就是沃尔玛在中国发展战略的一部分，沃尔玛中国有95%以上的商品是中国生产的。2002年，沃尔玛在中国直接采购和通过供应商间接采购的中国产品总额，超过了任何一家外贸出口企业的业绩。与灵活的本地化模式相匹配的是沃尔玛较为丰富的业态：折扣百货店、山姆俱乐部、超级购物中心以及社区超市等配套机构共同构成了沃尔玛的成功密码。

杜兰德和瑞格利（Durand and Wrigley，2009）通过实证研究发现，沃尔玛比家乐福更擅长在国际市场上发挥市场力量，应对工人组织和降低劳动力成本。巴斯克（Basker，

2007）则认为，沃尔玛早期对信息技术的巨大投资导致其生产率的提高对整个零售行业产生了永久性的影响，随着其对手模仿沃尔玛的技术创新、与上下游客户建立联系等行为，零售业整体得以以更高的价格和更便利的方式服务消费者。布鲁姆和欣里希斯（Bloom and Hinrichs, 2017）运用嵌入性理论框架，揭示了沃尔玛适应东道国市场的过程，发现沃尔玛的精益零售模式也限制了沃尔玛自下而上的学习和适应当地环境的能力，因此，其本地化过程是一种混合了传统精益化零售模式的嵌入过程，而不是全面的本地化过程。

2. 家乐福的全球化扩张

家乐福成立于1959年，母国是法国，创立了著名的大卖场业态。它在20世纪70年代开始进行零售业的跨国发展，是最早进行国际化发展的零售企业。家乐福的全球化扩张与全球经济一体化的大环境有关，但其主要原因还是法国当时对本土超市的垄断经营进行了严格限制，使得家乐福本土连锁经营的计划难以实施，迫使其转向海外发展。家乐福的海外扩张历程有明显的上坡和下坡阶段。1969年，家乐福率先选择邻近的比利时作为全球扩张的第一站，成功开设了海外第一家大型综合超市。家乐福在1970年进入瑞士，1973年进驻西班牙和葡萄牙，而后挺进语言和文化较为相似的拉美市场。在亚洲市场，家乐福首先进入中国台湾，随后迅速扩张其中国香港和新加坡的市场份额。扩张过程中，家乐福选择避开各大跨国零售企业所在的母国，如美国、德国和英国。20世纪90年代，家乐福首先在北美遭遇了沃尔玛的阻击，被迫退出北美市场。从2000年败走中国香港开始，家乐福先后退出了智利、日本、墨西哥、捷克、韩国、葡萄牙、瑞士和俄罗斯等市场。

总体而言，家乐福的扩展模式可用抢占重点市场、邻近性扩张模式不明显、不灵活的本地化战略来概括。家乐福的海外扩展方式与沃尔玛的滚雪球式方法不同，更适合用采蘑菇来形容，表现为一种跨区域的跳跃式发展。企业在扩张时并不主要考虑前一个市场的地理因素或者企业在该地区的经验积累，而是按照目标市场本身的优劣条件来决定。家乐福的海外扩张地理路径并不明显。在欧洲地区的西班牙和葡萄牙试验成功后，家乐福并未考虑继续攻占欧洲，而是转向拉丁美洲。在中国，家乐福采取率先抢占一线城市，而后逐步向二三线城市展开的方式进入。总之，家乐福重点考虑竞争需要，先占领对企业建立全球市场优势的关键市场，再考虑其他位置。

家乐福在商业经济发达国家表现欠佳，但在发展中国家却比较容易取得成功。以中国为例，家乐福擅长在商业经济不发达的市场中打擦边球，1995～2001年，家乐福采取了绕道、假合资、借道地方政府等手段，利用地方政府对外资企业的浓厚兴趣，迅速增加商店数量，率先抢占中国市场。但2001年中国国家经贸委、外经贸部、国家工商总局联合发出了《关于进一步做好清理整顿非试点外商投资商业企业工作的通知》,家乐福就是被清理和整顿的对象(贺灿飞等,2011)。

虽然家乐福理念上认同不同地域顾客的独特性并试图适应各地不同的需求,但其本地化战略不灵活,在实际操作上,家乐福的做法往往不尽如人意。就业态而言,家乐福在欧洲的业态类型最多,包括大卖场、超级市场、大型折扣店、便利商店等;在拉丁美洲,拥有上述的前三种类型,但在亚洲就只剩下大卖场一种业态类型。家乐福在亚洲和拉丁美洲都固执地维持着大卖场模式,这使得其明显地表现出对市场的不适应性。

家乐福在新兴市场的竞争策略中产生了偏误,缺乏灵活性,最终不得不退出部分市场。家乐福退出这些表现欠佳的市场主要是由于收购 Comptoirs Modernes 公司和兼并 Promodes 公司带来的巨大财务负担,使其不得不保留经营业绩好的地区,而退出一些市场表现不佳的区域。克拉克和瑞格利(Clark and Wrigley,1997)认为,这相当于承受了嵌入东道国市场的沉没成本和无形投资。青山(Aoyama,2007)对家乐福和沃尔玛在日本案例的研究表明,家乐福的本土化使其与本地零售商失去差异,没有满足东道国消费者的期待;另外又牺牲了运作的效率,导致成本上升。沃尔玛试图规避风险,但高估了企业实力,低估了日本供应链的脆弱程度。零售业跨国公司要在东道国进行市场垄断是很困难的,尽管零售跨国公司可能通过成为某一特定市场的全球买家而取得垂直垄断,但它还远远没有完成水平垄断,即全球卖方的寡头垄断。由于零售业直接涉及人们的日常生活习惯,很难想象其在未来会走向统一的标准化。零售商的全球化是一个持续的过程,家乐福的后续发展如何还难以判断(Durand and Wrigley,2009)。

第五节 中国消费地理学研究

一、中国消费地理学的兴起

直到 20 世纪 90 年代初才开始有学者将消费地理学引入中国。20 世纪 90 年代,中国正处于从生产城市向消费城市转型的时期,消费行为的增加与复杂化、购物消费模式的转变及其对转型期中国社会、经济、制度、文化等方面产生的影响,使得购物消费行为逐渐成为社会学、经济学等学科研究的焦点(袁志刚和宋铮,1999)。20 世纪 90 年代初,中国消费地理学基本处于空白的状态,这种情况与中国国民经济建设的需要及经济地理学的发展都极不相称。尹世杰于 1987 年出版了《消费经济学》,开始关注消费现象,但是并未从地理角度探讨消费经济学。中国在 20 世纪 90 年代以前,长久以来重"生产"

轻"消费",生产与消费严重脱节。在这个阶段,仅有生产布局相关研究,没有关于消费地理研究。向清成(2002)指出,鉴于20世纪90年代国民经济建设和学科发展的需要,开展消费地理学研究势在必行。他建议从中国消费水平的地区差异及影响因素、消费结构地域类型、消费行为类型、消费者市场建设与商业网点布局、消费预测、地区消费模式、综合消费区等级划分等多个方面来开展消费地理学研究。

二、中国消费地理学研究

1. 消费者行为

消费地理学在中国被看作是消费经济学和地理学的交叉学科,其中消费者行为研究和消费空间的研究是消费地理学研究的核心内容。

消费者行为是指消费者为满足消费动机,在一定的收入水平下,表现出的消费倾向和消费决策以及对空间的利用格局(欧阳孔仁和汤惠君,1994)。消费者行为中重要的城市居民购物行为研究主要是对不同年龄、不同职业和不同收入的城市居民的购物商品类型、出行距离时间分布、出行频度、出行方式及相应的出行目的等进行的详细研究,属于现代城市商业研究的一部分(仵宗卿等,2000)。

各种地理因素对消费者行为的影响广泛而复杂,自然地理因素对消费者行为的影响主要体现在自然地带与气候两方面,比如热带、温带、寒带地区的居民由于地理环境差异,对商品的需求差别也比较大。寒带地区冬季时间长,对御寒商品的需求量极大,热带地区终年暖热,对御寒商品没有要求。人文地理因素如地理区位、经济地域差异和消费者习惯等也影响消费者行为。实际上消费者行为的物质基础是居民收入,这种差异体现在中国沿海与内地、发达地区与落后地区、平原与山区、城市与乡村。

地理空间范围影响消费者行为。一般而言,消费者首先在居住小区附近移动,然后在工作、购物、闲暇地点之间规则往复地移动,然后再向这些活动地点周边移动。距离因素对消费者行动空间有明显影响。欧阳孔仁和汤惠君(1994)将距离分为物理距离、时间距离、价格距离,其中物理距离指消费者与消费空间的实际距离;时间距离指消费者到达地理客体的时间;价格距离指消费者到达地理客体所需费用。除专门购物行为外,上班族、学生在各自日常活动中均伴随着购物行为。对于消费者而言,日用消费品可就近购置,而高级消费品需到商业中心购置,例如就小镇居民而言,高级消费品需要去邻近城市购置。实际上,消费者行为具有复杂性,不仅受购物地距离的影响,其他因素如服务质量、物资质量的重要性有时超过距离,因而不可能完全遵循就近利用的原则。消费者行为目的也不仅仅是购物,同时可能伴随旅游、交友等休闲活动。除个体性外,消费者行为也具有整体规律性，如杂货、日用百货、肉食蔬菜类消费品，距离消费者越近，利用频率就越高，而精品店、时装店、美发美容院以及银行等的消费选择与距离关系不大。

一些研究对居民购物出行空间特征进行了分析。孙樱等（2001）等对北京市区退休老年人四季休闲行为跟踪调查，发现老人所在家庭的收入状况影响其休闲行为，家庭收入越高，去公园的次数和外出旅游的频率也就越高。仵宗卿等（2001）以天津市居民购物出行为例，在空间、频度、时间、目的和方式等方面对中国城市居民购物出行活动进行综合分析。柴彦威等（2004）通过问卷调查和访谈资料揭示了北京城市老年人购物决策过程中的评价性认知特征，发现北京城市老年人在食品购物方面有低成本主导型的倾向，在日用品购物方面有低成本和高收益并重的特点。离家距离是老人们购物出行考虑的第一要素，但随着离家距离的增加，距离因素的重要程度有下降趋势。以北京、深圳和上海为例，以问卷调查为基础，运用经验行为主义的方法，研究发现北京市老年人购物频率随距离规律性衰减，深圳老年人购物行为随距离增加波动式衰减，而上海老年人购物活动空间的收敛性最强（柴彦威和李昌霞，2005）。研究还通过对比城市居民对不同类型商品的购物偏好，分析城市居民出行方式特征，认为居民出行具有圈层结构的特点（冯健等，2007）。申悦和柴彦威（2010）对近十年来深圳居民日常活动的时空特征进行描述，发现近十年来居民工作、移动、购物活动的实践增加，工作日出行频度下降，休息日出行频度上升，出行的多目的性显著增加。

2. 消费者决策

居民购物消费决策也是中国消费者地理学研究的焦点之一。购物决策受到来自外界环境和内在特征等多种因素的影响和制约，例如商业设施的物质空间结构（柴彦威等，2004；刘爱文等，2011）、城市商业环境设施与空间分布（周素红等，2008）、日常生活空间和居民的属性特征等（杨晓俊等，2010）。张文佳和柴彦威（2009）将家庭因素纳入研究范围，建立家庭和决策过程的嵌套分对数模型，发现家庭内部相互作用和决策层面要素对购物的时空间决策的影响比较显著。不少学者将模型方法运用到探讨购物决策上，其中应用最广泛的是多项分对数模型与嵌套分对数模型。如利用分对数模型建立消费者人口行为模型和回游行为模型，探讨商业街区微观地块特征对购物决策的影响（朱玮等，2006）；基于不同区位的 OLS 和 WLS 回归，探讨不同区位居民的出行影响因素与空间分异（马静等，2009）。

3. 消费空间

在宏观层面，现有研究主要偏重于研究供给层面的商业空间。对商业中心区位的研究发现，主要影响因素包括历史、人口密度、交通便捷性、地价、消费者购物行为等（宁越敏，1984）。杨吾扬（1994）运用中心地理论的原理与方法研究了北京城市的商业网点，探讨了北京市零售商业和服务业的形成机制、空间结构等。刘胤汉和刘彦随（1995）运用中心地理论、城市地理学和系统论原理对西安的城市商业网点的合理结构与优化布局进行研究。

在微观层面，白光润和李仙德（2008）提出了微区位研究，划分了商业微区位空间关联的类型，分析了影响商业微区位的因素。王德和张晋庆（2001）等分析了上海市消费者购物出行空间，发现上海市商业空间结构具有等级序列明确、空间分布不均和强中心线型结构的特征。微观层面的消费空间研究与消费者行为研究的内容重叠较大。

4. 跨国零售业

有关跨国零售业研究的关注点较为集中，主要是跨国零售企业在中国的本土化和发展战略。史伟等（2016）从宏观层面探讨跨国零售业的区位选择，在原有地理距离、文化距离、经济距离和商业治理距离影响因素的基础上，还区分了企业向相对强国正向扩张与向相对弱国负向扩张两种情况。不同扩张情况下，距离对跨国企业东道国市场竞争优势及经营风向的影响不同。在跨国零售的区位选择上，李彦峰（2017）认为跨国零售企业在中国主要分布在珠江三角洲、长江三角洲及环渤海湾、北部沿海地区，近年来有向北向西发展的趋势，房地产成本、工资成本、市场规模和集聚作用对区位选择的影响较大。在案例研究上，主要关注沃尔玛或家乐福在中国的地理扩张和地域嵌入（贺灿飞等，2011）。

5. 后现代主义视角

中国学者也引入了后现代视角探索了消费象征/意义。如王宁（2001）认为消费不仅是经济与实物使用的过程，更是涉及文化符号与象征意义的表达过程。林耿（2009）认为消费空间承载的文化意蕴和符号表征，已经远超"购物"本身的含义，具体的消费空间统一在一个由表层结构的能指和意义结构的所指所构成的符号系统之中，意指了一个具有社会建构价值的消费空间。在西方，列斐伏尔、哈维等学者推进了社会公正的"空间转向"，中国学者也引进其思想，研究了国内外消费空间的公正性。随着中国社会快速转型为消费型社会，消费者与分层消费空间的关系已成为城市社会地理学的一个新的研究领域。购物中心对不同社会阶层消费者的作用并不相同，对于中上层消费者来说，购物中心的功能主要是功利性消费、身份认同和身份建构，而对于下层消费者来说，其功能则是围绕着愉悦和享受。消费空间的象征性是购物中心具有社会建构功能的根本原因。

相对于西方消费地理学研究，中国消费地理学的研究起步较晚、研究滞后，且研究对象还比较传统，研究范围较窄，研究尺度主要在城市或者比其更小的尺度。随着中国进入大众化消费时代，消费地理学研究具有巨大的创新潜力，是拓展中国经济地理学研究的重要力量。

小　　结

消费地理学已经有近百年的发展历程，从雷利的零售引力模型，克里斯塔勒与廖什提出的中心地理论，到消费空间与消费景观的研究，再到网络消费兴起之后网络消费地理学的研究。20世纪后半叶后现代主义与后结构主义探讨消费与认同，消费与伦理，消费与生产的关系。消费地理学研究热点一直在随着社会经济变化和经济地理学思潮及研究主题的变化而变化。未来消费地理学走向将由整个时代的社会、政治、经济环境的变化以及经济地理学研究方法的创新所决定。同时，消费地理学研究十分多元，涉及现代社会的方方面面，随着人类物质的不断繁荣以及后结构与后现代主义哲学思潮对消费地理学的影响，消费地理学的研究必然会涉及更广内涵，并将对消费与社会、政治、权力的关系进行进一步的思考与讨论。消费地理学目前多元但碎片化的研究内容也会持续丰富和发展。随着中国进入消费时代，消费将成为经济发展的重要驱动力，将影响社会、经济、文化和政治发展各个方面，因此，消费也将成为重塑中国经济地理格局的重要力量。

参 考 文 献

[1] Ajzen, I. (1991) The theory of planned behavior. *Organizational Behavior and Human Decision Processes*, 50(2): 179-211.

[2] Alexander, N. (1990) Retailers and international markets: motives for expansion. *International Marketing Review*, 7(4): 75-85.

[3] Alexander, N. (1995) UK retail expansion in North America and Europe a strategic dilemma. *Journal of Retailing & Consumer Services*, 2(2): 75-81.

[4] Alexander, N., A. M. Doherty (1998) *International Retailing.* Wiley International Encyclopedia of Marketing, John Wiley & Sons.

[5] Aoyama, Y. (2007) Oligopoly and the structural paradox of retail TNCs: an assessment of Carrefour and Wal-mart in Japan. *Journal of Economic Geography*, 7(4): 471-490.

[6] Astbury, G., M. Thurstain-Goodwin (2014) Measuring the impact of out-of-town retail development on town centre retail property in England and Wales. *Applied Spatial Analysis and Policy*, 7(4): 301-316.

[7] Basker, E. (2007) The causes and consequences of Wal-mart's growth. *Journal of Economic Perspectives*, 21(3): 177-198.

[8] Baudrillard, J. (1970) *The Consumer Society.* SAGE Publications Ltd.

[9] Bermingham, P., T. Hernandez, I. Clarke (2013) Network planning and retail store segmentation: a spatial clustering approach. *International Journal of Applied Geospatial Research*, 4(1): 67-79.

[10] Berry, B. J. L., J. B. Parry (1988) *Market Centers and Retail Location: Theory and Applications*. Prentice Hall.

[11] Bianchi, C. (2009) Retail internationalisation from emerging markets: case study evidence from Chile. *International Marketing Review*, 26(2): 221-243.

[12] Binnie, J. (1995) Trading places: consumption, sexuality and the production of queer space. In Bell, D., G. Valentine (eds.), *Mapping Desire: Geography of Sexualities*. Psychology Press.

[13] Birkin, M., G. Clarke, M. M. Clarke (2002) Retail geography and intelligent network planning. *Wiley*, 18(12): 1946-1950.

[14] Blommestein, H., P. Nijkamp, W. V. Veenendaal (1980) Shopping perceptions and preferences: a multidimensional attractiveness analysis of consumer and entrepreneurial attitudes. *Economic Geography*, 56(2): 155-174.

[15] Bloom, J. D., C. C. Hinrichs (2017) The long reach of lean retailing: firm embeddedness and Wal-marts implementation of local produce sourcing in the US. *Environment & Planning A*, 49(1): 168-185.

[16] Borgmann, A. (2000) The moral complexion of consumption. *Journal of Consumer Research*, 26(4): 418-422.

[17] Boulding, K. E., H., Jarrett (1966) *Resources for the Future. Environmental Quality in a Growing Economy: Essays from the Sixth RFF Forum*. RFF Press.

[18] Brooker, G. (1976) The self-actualizing socially conscious consumer. *Journal of Consumer Research*, 3(2): 107-112.

[19] Buck-Morss, S. (1989) *The Dialectics of Seeing: Walter Benjamin and the Arcades Project*. MIT Press.

[20] Burt, S., U. Johansson, J. Dawson (2016) International retailing as embedded business models. *Journal of Economic Geography*, 16(3): 715-747.

[21] Burt, S., U. Johansson, J. Dawson (2017) Dissecting embeddedness in international retailing. *Journal of Economic Geography*, 17(3): 685-707.

[22] Campbell, J. T., L. Eden, S. R. Miller (2012) Multinationals and corporate social responsibility in host countries: does distance matter? *Journal of International Business Studies*, 43(1): 84-106.

[23] Carrigan, M., I. Szmigin, J. Wright (2004) Shopping for a better world? An interpretive study of the potential for ethical consumption within the older market. *Journal of Consumer Marketing*, 21(6): 401-407.

[24] Caruana, R. (2007) A sociological perspective of consumption morality. *Journal of Consumer Behavior*, 6(5): 287-304.

[25] Cavusgil, S. T., S. Zou (1994) Marketing strategy-performance relationship: an investigation of the empirical link in export market ventures. *Journal of Marketing*, 58(1): 1-21.

[26] Chaney, D. (1990) Subtopia in gateshead: the metrocentre as a cultural form. *Ethology Ecology & Evolution*, 7(4), 49-68.

[27] Chatterton, P., R. Hollands (2002) Theorising urban playscapes: producing, regulating and consuming youthful nightlife city spaces. *Urban Studies*, 39(1): 95-116.

[28] Christopherson, S. (1993) Market rules and territorial outcomes: the case of the United States. *International Journal of Urban & Regional Research*, 17(2): 274-288.

[29] Christopherson, S. (2007) Barriers to "US style" lean retailing: the case of Wal-mart's failure in Germany. *Journal of Economic Geography*, 7(4): 451-469.

[30] Clark, G. (1993) Costs and prices, corporate competitive strategies and regions. *Environment and Planning A*, 25(1): 5-26.

[31] Clark, G. (1994) Strategy and structure-corporate restructuring and the scope and characteristics of sunk costs. *Environment and Planning A*, 26(1): 9-32.

[32] Clark, G., N. Wrigley (1997) Exit, the firm and sunk costs: re-conceptualising the corporate geography of disinvestment and plant closure. *Progress in Human Geography*, 21(3): 338-358.

[33] Clark, G., D. Wojcik, R. Bauer (2006) Geographically dispersed ownership and inter-market stock price arbitrage-ahold's crisis of corporate governance and its implications for global standards. *Journal of Economic Geography*, 6(3): 303-322.

[34] Clarke, D. B., M. G. Bradford (1998) Public and private consumption and the city. *Urban Studies*, 35(5/6): 865-888.

[35] Coe, N. M., M. Hess (2005) The internationalization of retailing: implications for supply network restructuring in east Asia and eastern Europe. *Social Science Electronic Publishing*, 5(4): 449-473.

[36] Coe, N. M., P. F. Kelly, H. W. Yeung (2007) *Economic Geography: A Contemporary Introduction*. Blackwell Pub.

[37] Coe, N. M., Y. S. Lee (2013) "We've learnt how to be local": the deepening territorial embeddedness of Samsung-Tesco in South Korea. *Journal of Economic Geography*, 13(2): 327-356.

[38] Coe, N. M., N. Wrigley (2007) Host economy impacts of transnational retail: the research agenda. *Journal of Economic Geography*, 7(4): 341-371.

[39] Crane, A. (2000) Facing the backlash: green marketing and strategic reorientation in the 1990s. *Journal of Strategic Marketing*, 8(3): 277-296.

[40] Crane, A., J. Desmond (2002) Societal marketing and morality. *European Journal of Marketing*, 36(5/6): 548-569.

[41] Crang, M. (1998) *Cultural Geography*. Routledge.

[42] Crewe, L. (2000) Progress reports, geographies of retailing and consumption. *Progress in Human Geography*, 24(2): 305-322.

[43] Crewe, L. (2001) Progress reports the besieged body: geographies of retailing and consumption. *Progress in Human Geography*, 25(4): 629-640.

[44] Creyer, E. H. (1997) The influence of firm behavior on purchase intention: do consumers really care about business ethics? *Journal of Consumer Marketing*, 14(6): 421-432.

[45] Crompton, R. (1996) Consumption and class analysis. *The Sociological Review*, 44(1): 113-132.

[46] Dawson, J., M. Mukoyama (2006) The increase in international activity by retailers. In Dawson, J., R. Larke, M. Mukoyama (eds.), *Strategic Issues in International Retailing*. Routledge.

[47] De Nora, T., S. Belcher (2000) "When you're trying something on you picture yourself in a place where they are playing this kind of music": musically sponsored agency in the British clothing retail sector. *The Sociological Review*, 48 (1): 80-107.

[48] De Palma, A., V. Ginsburgh, Y. Y. Papageorgiou, et al. (1985) The principle of minimum differentiation holds under sufficient heterogeneity. *Econometrica*, 53(4): 767-781.

[49] Diamantopoulos, A., B. B. Schlegelmilch, R. R. Sinkovics, et al. (2003) Can socio-demographics still play a role in profiling green consumers? A review of the evidence and an empirical investigation. *Journal of Business Research*, 56(6): 465-480.

[50] Dickson, M. A. (2001) Utility of no sweat labels for apparel consumers: profiling label users and predicting their purchases. *The Journal of Consumer Affairs*, 35(1): 96-119.

[51] Dijst, M. (1997) Spatial policy and passenger transportation. *Netherlands Journal of Housing & the Built Environment*, 12(1): 91-111.

[52] Dodge, M., R. Kitchin (2000) *Mapping Cyberspace*. Routledge.

[53] Dowler, E. (2008) Food and health inequalities: the challenge for sustaining just consumption. *Local Environment*, 13(8): 759-772.

[54] Dowling R. (1993) *Femininity, Place and Commodities: A Retail Case Study*. Antipode.

[55] Ducatel, K., N. Blomley (1990) Rethinking retail capital. *International Journal of Urban & Regional Research*, 14(2): 207-227.

[56] Durand, C., N. Wrigley (2009) Institutional and economic determinants of transnational retailer expansion and performance: a comparative analysis of Wal-mart and Carrefour. *Environment and Planning A*, 41(7): 1534-1555.

[57] Eaton, B. C., R. G. Lipsey (1979) The theory of market pre-emption: the persistence of excess capacity and monopoly in growing spatial markets. *Economica*, 46(182): 149-158.

[58] Ellen, P. S. (1994) Do we know what we need to know? Objective and subjective knowledge effects on pro-ecological behaviors. *Journal of Business Research*, 30(1): 43-52.

[59] Falk, P., C. Campbell (1997) *The Shopping Experience*. SAGE Publications Ltd.

[60] Farag, S., T. Schwanen, M. Dijst, et al.(2007) Shopping online and/or in-store? A structural equation model of the relationships between e-shopping and in-store shopping. *Transportation Research Part A: Policy and Practice*, 41(2): 125-141.

[61] Fekete, E. (2014) Consumption and the urban hierarchy in the southeastern United States. *Southeastern Geographer*, 54(3): 249-269.

[62] Ferraris, A. (2014) Rethinking the literature on "multiple embeddedness" and subsidiary-specific advantages. *Multinational Business Review*, 22(1): 15-33.

[63] Fine, B. (2002) *The World of Consumption: The Material and Cultural Revisited*. London: Routledge.

[64] Folkes, V. S., M. A. Kamins (1999) Effects of information about firms' ethical and unethical actions on consumers' attitudes. *Journal of Consumer Psychology*, 8(3): 243-259.

[65] Follows, S. B., D. Jobber (2000) Environmentally responsible purchase behaviour: a test of a consumer model. *European Journal of Marketing*, 34(5/6): 723-746.

[66] Freidberg, S. (2004) The ethical complex of food power. *Environment & Planning D Society & Space*, 22(4): 513-531.

[67] Fridell, G. (2006) Fair trade and neoliberalism: assessing emerging perspectives. *Latin American Perspectives*, 33(6): 8-28.

[68] Gereffi, G. (1999) International trade and industrial upgrading in the apparel commodity chain. *Journal of International Economics*, 48(1): 37-70.

[69] Gereffi, G. (2001) Shifting governance structures in global commodity chains, with special reference to

the internet. *American Behavioral Scientist*, 44(10): 1616-1637.
[70] Gereffi, G., M. Korzeniewicz (1994) *Commodity Chains and Global Capitalism*. Greenwood Press.
[71] Ghemawat，P. (2001) Distance still matters. *Harvard Bussiness Review*, 86(3): 232-247.
[72] Golding, K., P. Peattie (2005) In search of a golden blend: perspectives on the marketing of fair trade coffee. *Sustainable Development*, 13(3): 154-165.
[73] Golledge, R. G. (1981) Misconceptions, misinterpretations, and misrepresentations of behavioral approaches in human geography. *Environment and Planning A: Economy and Space*, 13(11): 1325-1344.
[74] Goss, J. (1999) Consumption. In Cloke, P., P. Crang, M. Goodwin (eds.), *Introducing Human Geographies*. Routledge.
[75] Goss, J. (2004) Geography of consumption I. *British Medical Journal*, 2(616): 447-448.
[76] Gregson, N., L. Crewe, K. Brooks (2001) *Second Hand Worlds*. Routledge.
[77] Grosz, B. (1994) Utterance and objective: issues in natural language communication. In Zampolli, A., N. Calzolari, M. Palmer (eds.), *Current Issues in Computational Linguistics: In Honour of Don Walker*. Springer Science & Business Media.
[78] Guthman, J. (2008) Neoliberalism and the making of food politics in California. *Geoforum*, 39(3): 1171-1183.
[79] Haridasani, A. (2012) *Asian Players*. Business Traveller.
[80] Harrison, R., T. Newholm, D. S. Shaw (2005) *The Ethical Consumer*. SAGE.
[81] Harvey, D. (1982) *The Limits to Capital*. Blackwell.
[82] Heidenreich, M. (2012) The social embeddedness of multinational companies: a literature review. *Socio-Economic Review*, 10(3): 549-579.
[83] Heiskanen, E., M. Pantzar (1997) Toward sustainable consumption: two new perspectives. *Journal of Consumer Policy*, 20(4): 409-442.
[84] Hess, M. (2004) "spatial" relationships? Towards a reconceptualization of embeddedness. *Progress in Human Geography*, 28(2): 165-186.
[85] Hopkins, J. S. P. (1990) West Edmonton Mall: landscape of myths and elsewhereness. *The Canadian Geographer*, 34 (1): 2-17.
[86] Hotelling, H. (1929) Stability in competition. *Economic Journal*, 39(153): 41-57.
[87] Huff, D. L. (1963) A probabilistic analysis of shopping center trade areas. *Land Economics*, 39(1): 81-90.
[88] Jackson, P., N. J. Thrift (2001) Geographies of consumption. In Miller, D. (ed.), *Consumption: Critical Concepts in the Social Sciences*. Routledge.
[89] Karsten, L., A. Kamphuis, C. Remeijnse (2015) Time-out with the family: the shaping of family leisure in the new urban consumption spaces of cafes, bars and restaurants. *Leisure Studies*, 34(2): 166-181.
[90] Kotler, P. (1972) A generic concept of marketing. *Journal of Marketing*, 36(2): 46-54.
[91] Kozinets, R. V., J. M. Handelman (1998) Ensouling consumption: a netnographic exploration of the meaning of boycotting behavior. *Advances in Consumer Research*, 25(1): 475-480.
[92] Laroche, M., V. H. Kirpalani, F. Pons, et al. (2001) A model of advertising standardization in multinational corporations. *Journal of International Business Studies*, 32(2): 249-266.
[93] Leach, W. R. (1984) Transformations in a culture of consumption: women and department stores, 1890-1925. *Journal of American History*, 71(2): 319-342.

[94] Leknes, H. M., C. Carr (2004) Globalisation, international configurations and strategic implications: the case of retailing. *Long Range Planning*, 37(1): 29-49.

[95] Lim, C. J. (2009) *Newark Urban Regeneration + Visitor Centre Int. Competition*. Newark USA.

[96] Livingstone, S. (1992) The meaning of domestic technologies. In Hirsch, E., R. Silverstone (eds.), *Consuming Technologies: Media and Iinformation in Domestic Spaces*. Routledge.

[97] Longhurst, R. (1997) (Dis)embodied geographies. *Progress in Human Geography*, 21(4): 486-501.

[98] Mackay, H. (1997) *Consumption and Everyday Life*. SAGE.

[99] Mansvelt, J. (2008) Geographies of consumption: the unmanageable consumer? *Progress in Human Geography*, 33(2): 264-274.

[100] Mansvelt, J. (2010) Geographies of consumption: engaging with absent presences. *Progress in Human Geography*, 34(2): 224-233.

[101] Mansvelt, J. (2017) *Consumption. The International Encyclopedia of Geography*. John Wiley & Sons, Ltd.

[102] Marsden, T., Harrison, M., A. Flynn (1998) Creating competitive space: exploring the social and political maintenance of retail power. *Environment & Planning A*, 30(3): 481-498.

[103] Massey D. (1993) Power geometry and a progressive sense of placearticle-title. In Bird, J., B. Curtis, T. Putman (eds.), *Mapping the Futures: Local Cultures, Global Change*. Routledge.

[104] Massey, D. (1984) *Spatial Divisions of Labour*. Macmillan.

[105] McGoldrick, P. J., G. Davies (1995) International retailing trends and strategies. *Journal of Retailing & Consumer Services*, 5(4): 259-260.

[106] McRobbie, A. (1993) Shut up and dance: youth culture and changing modes of femininity. *Cultural Studies*, 7(3): 406-426.

[107] Miecinskiene, A., I. Lapinskaite (2014) The research on the impact of the changes of commodity price level in the world: commodity exchanges on variation of general price level. *Economics & Sociology*, 7(4): 71-88.

[108] Miller, D. (1998) *Theory of Shopping*. Polity Press.

[109] Miller, D., P. Jackson, N. Thrift (1998) *Shopping, Place, and Identity*. Routledge.

[110] Mintel (1994) *The Green Consumer*. Mintel Research.

[111] Minton, A. P., R. L. Rose (1997) The effects of environmental concern on environmentally friendly consumer behavior: an exploratory study. *Journal of Business Research*, 40(1): 37-48.

[112] Moisander, J., S. Pesonen (2002) Narratives of sustainable ways of living: constructing the self and the other as a green consumer. *Management Decision*, 40(4): 329-342.

[113] Monrreal, S. (2008) "A novel, spicy delicacy": tamales, advertising, and late 19th century imaginative geographies of Mexico. *Cultural Geographies*, 15(4): 449-470.

[114] Musso, F., B. Francioni (2012) How do smaller firms select foreign markets? *International Journal of Marketing Studies*, 4(6): 44-53.

[115] Newholm, T., F. W. A. Brom, B. Gremmen (2000) Consumer exit, voice, and loyalty: indicative, legitimation, and regulatory role in agricultural and food ethics. *Journal of Agricultural & Environmental Ethics*, 12(2): 153-164.

[116] Newing, A., G. P. Clarke, M. Clarke (2014) Developing and applying a disaggregated retail location

model with extended retail demand estimations. *Geographical Analysis*, 47(3): 219-239.

[117] Nicholls, A. J. (2002) Strategic options in fair trade retailing. *International Journal of Retail & Distribution Management*, 30(1): 6-17.

[118] Ozcaglar-Toulouse, N., Shiu, E., Shaw, D. (2006). In search of fair trade: ethical consumer decision making in France. *International Journal of Consumer Studies*, 30(5): 502-514.

[119] Parker, B., R. Weber (2013) Second-hand spaces: restructuring retail geographies in an era of e-commerce. *Urban Geography*, 34 (8): 1096-1118.

[120] Parkins, W., G. Craig (2006) *Slow Living*. Berg.

[121] Peattie, K. (1999) Trappings versus substance in the greening of marketing planning. *Journal of Strategic Marketing*, 7(2): 131-148.

[122] Porter, M. (1985) *Competitive Advantage: Creating and Sustaining Superior Performance*. Simon & Schuster.

[123] Pred, A. (1996) Interfusions: consumption, identity and the practices and power relations of everyday life. *Environment & Planning*, 28(1): 11-24.

[124] Quinn, B. (1999) Control and support, in an international, franchise network. *International Marketing Review*, 16(4-5): 345-362.

[125] Rawls, J. (1972) *A Theory of Justice*. Clarendon Press.

[126] Roberts, J. A. (1996) Will the real socially responsible consumer please step forward? *Business Horizons*, 39(1): 79-83.

[127] Rushton, G. (1969) Analysis of spatial behavior by revealed space preference. *Annals of the Association of American Geographers*, 59(2): 391-400.

[128] Sacks, M. A., B. Uzzi (2000) Networks, transaction costs, and the persistence of interfirm ties: the New York apparel industry, 1985 to 1995. In Tzend, R., B. Uzzi (eds.), *Embeddedness and Corporate Change in a Global Economy*. Peter Lang.

[129] Saunders, N. C. (1989) The aggregate structure of the economy. *Monthly Labor Review*, 112(11): 13-24.

[130] Schiller, R. (1988) Retail decentralization. A property view. *The Geographical Journal*, 154(1): 17-19.

[131] Shaw, D., I. Clarke (1999) Belief formation in ethical consumer groups: an exploratory study. *Marketing Intelligence & Planning*, 17(17): 109-120.

[132] Shaw, D., T. Newholm (2002) Voluntary simplicity and the ethics of consumption. *Psychology & Marketing*, 19(2): 167-185.

[133] Sheppard, E., T. J. Barnes (2008) *A Companion to Economic Geography*. Blackwell.

[134] Shields, R. (1992) *Lifestyle Shopping: the Subject of Consumption*. Routledge.

[135] Singleton, A. D., S. Spielman, C. Brunsdon (2016) Establishing a framework for open geographic information science. *International Journal of Geographical Information Science*, 30(8): 1-15.

[136] Sirait, G. M. (2014) Employment Relations in Indonesia's Retail Sector: Institutions, Power Relations and Outcomes. PhD thesis, University of Sydney.

[137] Smith, N. C. (1995) Marketing strategies for the ethics era. *Long Range Planning*, 28(6): 126.

[138] Sparks, P., R. Shepherd (1992) Self-identity and the theory of planned behavior: assesing the role of identification with "green consumerism". *Social Psychology Quarterly*, 55(4): 388-399.

[139] Strong, C. (1996) Features contributing to the growth of ethical consumerism–a preliminary

investigation. *Marketing Intelligence & Planning*, 14(5): 5-13.

[140] Sturgeon, T. (2003) What really goes on in Silicon Valley? Spatial clustering and dispersal in modular production networks. *Journal of Economic Geography*, 3(2): 199-225.

[141] Suarez-Vega, R., D. R. Santos-Penate, P. Dorta-Gonzalez (2012) Location models and GIS tools for retail site location. *Applied Geography*, 35(1-2): 12-22.

[142] Tacconelli, W., N. Wrigley (2009) Organizational challenges and strategic responses of retail tncs in post-wto-entry China. *Economic Geography*, 85(1): 49-73.

[143] Theodosiou, M., L. C. Leonidou (2003) Standardization versus adaptation of international marketing strategy: an integrative assessment of the empirical research. *International Business Review*, 12(2): 141-171.

[144] Thomas, M. (2005) Girls, consumption space and the contradictions of hanging out in the city. *Social & Cultural Geography*, 6(4): 587-605.

[145] Thompson, C. J., Z. Arsel (2004) The Starbucks brandscape and consumers' (anticorporate) experiences of glocalization. *Journal of Consumer Research*, 31(3): 631-642.

[146] Thorpe, D., T. C. Rhodes (1966) The shopping centers of the tyneside urban region and large scale grocery retailing. *Economic Geography*, 42(1): 52-73.

[147] Tilman, A. G., L. Schenk, R. Jürgen (2007) Agent-based simulation of consumer behavior in grocery shopping on a regional level. *Journal of Business Research*, 60(8): 894-903.

[148] Tolstoy, D., Jonsson, A., D. D. Sharma (2016) The influence of a retail firm's geographic scope of operations on its international online sales. *International Journal of Electronic Commerce*, 20(3): 293-318.

[149] Treadgold, A. (1988) Retailing without fronters: the emergence of transnational retailers. *International Journal of Retail & Distribution Management*, 16(6): 8-12.

[150] Trentmann, F. (2009) Crossing divides: consumption and globalization in history. *Journal of Consumer Culture*, 9(2): 187-220.

[151] Tzeng, R., B. Uzzi (2000) *Embeddedness and Corporate Change in a Global Economy*. Peter Lang.

[152] Vitell, S. J., A. Singhapakdi, J. Thomas (2001) Consumer ethics: an application and empirical testing of the hunt-vitell theory of ethics. *Journal of Consumer Marketing*, 18(2): 153-178.

[153] Webber, M. J. (1972) *Impact of Uncertainty on Location*. M I T. Press.

[154] Williams, D. E. (1992) Motives for retailer internationalization: their impact, structure and implications. *Journal of Marketing Management*, 8(3): 269-285.

[155] Williams, D. R., M. E. Patterson, J. W. Roggenbuck, et al. (1992) Beyond the commodity metaphor: examining emotional and symbolic attachment to place. *Leisure Sciences*, 14(1): 29-46.

[156] Williamson, J. (1992) I-less and gaga in the West Edmonton Mall: towards a pedestrian feminist reading. Anatomy of gender. *Women's Struggle for the Body*, 97-115.

[157] Winchester, H. (1992) The construction and deconstruction of women's roles in the urban landscape. In Anderson, K., F. Gale (eds.), *Inventing Places: Studies in Cultural Geography*. Longman Cheshire.

[158] Wood, S., J. Reynolds (2012) Leveraging locational insights within retail store development? Assessing the use of location planners' knowledge in retail marketing. *Geoforum*, 43(6): 1076-1087.

[159] Wood, S., J. Reynolds (2014) Establishing territorial embeddedness within retail transnational

corporation (TNC) expansion: the contribution of store development departments. *Regional Studies*, 48(8): 1371-1390.

[160] Wortmann, M. (2011) *Globalization of European Retailing*. The Market Makers.

[161] Wrigley, N. (2000) The globalization of retail capital: themes for economic geography. In Clark, G. L., M. P. Feldman, M. S. Gertler (eds.), *The Oxford Handbook of Economic Geography*. Oxford University Press.

[162] Wrigley, N., N. M. Coe, A. Currah (2005) Globalizing retail: conceptualizing the distribution-based TNC. *Progress in Human Geography*, 29(4): 437-457.

[163] Wrigley, N., A. Currah (2006) Globalizing retail and the "new e-conomy": the organizational challenge of e-commerce for the retail TNCs. *Geoforum*, 37(3): 340-351.

[164] Wrigley, N., M. S. Lowe (1996) *Retailing, Consumption and Capital: Towards the New Retail Geography*. Addison Wesley Longman.

[165] Wrigley, N., M. S. Lowe (2010) The "continuously morphing" retail tnc during market entry: interpreting Tesco's expansion into the United States. *Economic Geography*, 86(4): 381-408.

[166] Yeung, G., K. L. Ang (2016) Online fashion retailing and retail geography: the blogshop phenomenon in Singapore. *Tijdschrift Voor Economische En Sociale Geografie*, 107(1): 81-99.

[167] Zou, S. Cavusgil, S. Tamer (2002) The GMS: a broad conceptualization of global marketing strategy and its effect on firm performance. *Journal of Marketing a Quarterly Publication of the American Marketing Association*, 66(4): 40-56.

[168] Zukin, S. (1989) *Loft Living: Culture and Capital in Urban Change*. Contemporary Sociology.

[169] 白光润、李仙德："商业微区位空间关联类型与测度",《人文地理》, 2008 年第 4 期, 第 1～5 页。

[170] 柴彦威、李昌霞："中国城市老年人日常购物行为的空间特征——以北京、深圳和上海为例",《地理学报》, 2005 年第 3 期, 第 51～58 页。

[171] 柴彦威、林涛、龚华："深圳居民购物行为空间决策因素分析",《人文地理》, 2004 年第 6 期, 第 85～88 页。

[172] 柴彦威、沈洁、翁桂兰："上海居民购物行为的时空间特征及其影响因素",《经济地理》, 2008 年第 2 期, 第 221～227 页。

[173] 冯健、陈秀欣、兰宗敏："北京市居民购物行为空间结构演变",《地理学报》, 2007 年第 10 期, 第 1083～1096 页。

[174] 贺灿飞、李燕、尹薇："跨国零售企业在华区位研究——以沃尔玛和家乐福为例",《世界地理研究》, 2011 年第 1 期, 第 12～26 页。

[175] 李彦峰："关于跨国零售企业在中国区位选择的思考",《知识经济》, 2017 年第 4 期, 第 70～71 页。

[176] 林耿："居住郊区化背景下消费空间的特征及其演化——以广州市为例",《地理科学》, 2009 年第 3 期, 第 353～359 页。

[177] 刘爱文、赵雪雁、张文婷："兰州市居民购物行为的决策因素",《地理科学进展》, 2011 年第 2 期, 第 171～178 页。

[178] 刘胤汉、刘彦随："西安零售商业网点结构与布局探讨",《经济地理》, 1995 年第 2 期, 第 64～69 页。

[179] 刘志彪、刘晓昶："垂直专业化：经济全球化中的贸易和生产模式"，《经济理论与经济管理》，2001年第10期，第5~10页。

[180] 马静、柴彦威、张文佳："北京市居民购物出行影响因素的空间分异"，《经济地理》，2009年第12期，第2006~2011页。

[181] 宁越敏："上海市区商业中心区位的探讨"，《地理学报》，1984年第2期，第163~172页。

[182] 欧阳孔仁、汤惠君："论地理活动空间对消费者行为的影响"，《消费经济》，1994年第1期，第47~50页。

[183] 申悦、柴彦威："转型期深圳居民日常活动的时空特征及其变化"，《地理研究与开发》，2010年第4期，第67~71页。

[184] 史伟、李申禹、陈信康："国家距离对跨国零售企业东道国选择的影响"，《国际贸易问题》，2016年第3期，第117~127页。

[185] 孙樱、陈田、韩英："北京市区老年人口休闲行为的时空特征初探"，《地理研究》，2001年第5期，第537~546页。

[186] 王德、张晋庆："上海市消费者出行特征与商业空间结构分析"，《城市规划》，2001年第10期，第6~14页。

[187] 王宁：《消费社会学：一个分析的视角》，社会科学文献出版社，2001年。

[188] 仵宗卿、柴彦威、戴学珍等："购物出行空间的等级结构研究——以天津市为例"，《地理研究》，2001年第4期，第479~488页。

[189] 仵宗卿、柴彦威、张志斌："天津市民购物行为特征研究"，《地理科学》，2000年第6期，第534~539页。

[190] 向清成："中国居民消费水平的地域差异"，《地理科学》，2002年第3期，第276~281页。

[191] 杨吾扬："北京市零售商业与服务业中心和网点的过去、现在和未来"，《地理学报》，1994年第1期，第9~17页。

[192] 杨晓俊、周源、杨晓峰："居民消费行为与城市生活空间行为规律研究"，《人文地理》，2010年第2期，第50~53页。

[193] 袁志刚、宋铮："城镇居民消费行为变异与我国经济增长"，《经济研究》，1999年第11期，第20~28页。

[194] 张文佳、柴彦威："居住空间对家庭购物出行决策的影响"，《地理科学进展》，2009年第3期，第362~369页。

[195] 周素红、林耿、闫小培："广州市消费者行为与商业业态空间及居住空间分析"，《地理学报》，2008年第4期，第395~404页。

[196] 朱玮、王德、齐藤参郎："南京东路消费者的回游消费行为研究"，《城市规划》，2006年第2期，第9~17页。

第十四章　环境经济地理学

引　言

随着工业化、城市化和全球化的发展，不同地理尺度的环境问题愈发突出。工业化意味着工业活动的规模、结构和技术效应增加了环境负担（Grossman and Krueger，1995；Levinson，2009）；城市化引起的城镇人口增长导致污染排放量增加以及水资源、土地资源等利用量增长；全球化改变了城市化和工业化的环境响应尺度与程度。在经济全球化背景下，国际贸易将产品生产与远距离国际市场联系起来，导致生产和消费在空间上的分离（Gibbon et al.，2008）。尽管工业化和城市化所造成的许多资源环境问题是地方性的，但是伴随经济全球化尤其是交通与通信技术的发展，环境与经济活动互动的地理尺度得以突破。经济全球化强化了环境污染物排放与资源消耗的区域联系，国际贸易和全球产业转移造成的资源环境退化比人类历史上任何时候更具有全球性。例如，东南亚、巴西等热带雨林地表景观破坏是一个地方环境破坏问题，然而其根源在于大豆、甘蔗、燃料等产品的大量出口对环境造成的极大负担，需要在全球尺度寻找治理环境问题的方案。我们需要以更加综合的思维观察区域中经济活动与环境之间的关系，同时要从地方、地区、国家、区域等多个维度来考察两者的关系。经济地理学正是这样一个以综合思维、区域联系和尺度相互依赖视角认识经济活动空间规律的学科，而以经济地理学的思维和方法来研究环境问题也变得尤为重要。

环境经济地理学基于经济地理的理论与方法探讨环境变化和经济活动之间的关系（Bridge，2008；Soyez and Schulz，2008），既探讨经济活动对环境的影响，也研究环境变化对经济活动的制约（Lange and Quaas，2007）。具体而言，环境经济地理学研究经济活动的空间组织与重构导致的资源和污染在不同尺度的再分配，及其对经济空间组织的反馈。正是由于以往研究缺少对环境问题的综合分析，忽视环境问题的区域联系以及尺度依存等空间关系，导致污染治理很难达到预期目标。虽然试图建立环境与经济相互联系的各类研究快速兴起，但是尚处于萌芽阶段的环境经济地理学表现出"碎片化"的特征（Bridge，2008），影响力相对有限（Gibbs，2006）。然而，构建区别于资源环境经济学、生态经济学等研究视角以及人地关系、人地复合系统等研究对象的环境经济地理学，有助于更好地理解环境问题产生的根源。正因如此，对于环境经济地理学的理解，不应仅停留于环境、经济与地理空间问题的学科交叉层面，更应意识到环境经济地理学是适应于经济地理研究对象变化的自我完善。尽管尚未有相对成形的界定，环境经济地理学将环境系统嵌入既有社会经济过程，同时也应促进经济地理在区位、增长、分工、创新、制度和演化等一系列既有理论积累的拓展，进而衍生出对环境功能和资源管理的决策支持。

第一节 环境经济地理学发展

一、环境经济地理内涵与基础：人地关系认识的演变与发展

地理学思想史本质上是一部人地关系认知史。人地关系理论反映了对人类与地理环境关系的认识不断演进的过程，如环境决定论、环境或然论、环境适应论、协调论、和谐论和可持续发展理论等。中国自古以来的天命论、天人感应论和人定胜天论等都是不同时期对人地关系的认识。欧洲地理学者对人地关系进行了卓有成效的探索：德国地理学家洪堡关注人地之间的相互作用；德国人文地理学家李特尔认为地理学是一门以人与自然的有机统一为基础的科学。不同时期人地关系及其演化是环境经济地理学的重要思想基础。

1. 西方人地关系的认识与演变

天命论是人类在原始社会对自然规律超越当时认识水平的解释。原始社会生产力水平低下，人类被动依附于自然。当人们对自然界运动规律找不到合理解释时，先哲凭其"天才直觉"将这些现象归结为某种超自然力量的作用。此时，唯心主义和宗教神学的天命论成为统治者的治理哲学。神创论与主观唯心论分别认为自然界是上帝创造以及人类精神的产物，看不到自然界固有的客观规律及其对人类的客观影响。如古希腊哲学家柏拉图就主张地球上一切可以观察到的事物只不过是理念的拙劣摹象。在长达一千多年的整个中世纪，上帝意志一直笼罩着西方关于自然界和人类本身的认识。天命论人地关系思想是当时生产力水平、科学认识能力和哲学观点的反映，也符合奴隶主和封建阶级维护自己统治的需要。

欧洲进入文艺复兴时期后，环境决定论开始盛行。地理环境对人类社会、经济、政治的作用开始得到关注，被认为是社会发展的决定因素。法国哲学家查尔斯·孟德斯鸠（Charles Montesquieu）在《论法的精神》中特别强调了气候对人的生理结构产生重要影响，由此形成精神上的惯性，对各国的宗教、风俗习惯和法律也将产生影响，进一步指出炎热国家的人民像老人一样怯懦，而寒冷国家的人民则像青年人一样勇敢。气候炎热、身体疲惫、没有勇气，通常为专制主义所笼罩。寒带人体质和精神能从事长久、艰苦、宏伟和勇敢的活动，保持政治自由，所以多为民主政体。在宗教方面，寒带人有自由独立精神，热带人有顺从性格，所以北欧盛行新教，西欧盛行天主教，印度产生佛教，伊斯兰教则出现在亚洲。

达尔文生物进化论是环境决定论的另一起源。与达尔文同时代的赫伯特·斯宾塞（Herbert Spencer）把生物学观点引入社会学，把社会现象类比为生物有机体，被称为"社会达尔文主义"。深受达尔文和斯宾塞影响的拉采尔是德国著名的地理学家，明确提出人类是环境的产物，地理环境对人的生理和心理以及社会、经济等多方面产生影响。拉采尔的学生、美国地理学家森普尔以更加谨慎的态度解释和重述了拉采尔的观点，并于1911年出版《地理环境的影响》，认为人类历史上的重大事件是特定自然环境造成的。环境决定论是机械唯物主义哲学思潮的一种反映，有反对神权、反对唯心主义哲学的进步意义，但在解释人类社会历史发展时却又站到唯心史观阵营。这种观点也顺应了地理大发现后资产阶级掠夺殖民地，进行资本原始积累的需要。如纳粹德国地缘政治学家卡尔·豪斯霍费尔（Karl Haushofer）把拉采尔"生长的空间"解释为优等民族可以侵犯劣等民族来扩展它的"生存空间"，导致历史唯心主义的环境决定论臭名昭著。

当环境决定论在德国等一些国家流行时，法国思想家与地理学家白兰士却提出了另外一种人地观——环境或然论，认为地理环境对社会的影响只是提供了某种可能性。地理环境提供很多可能性，人类按照其需求、愿望和能力来选择这些可能性，即选择哪种可能性主要取决于人类。之后，其学生白吕纳在《人地学原理》中进一步指出这种人类的选择来自于"心理因素"，认为随不同社会和时代变化的心理因素是地理事实的源头，是人类与自然媒介的指导者。相较于地理环境决定论，环境或然论强调人的作用，但对环境作用的分析过于简单。同时，他们提出基于"心理因素"作为人地关系的媒介和行为指导也并没有得到深入探讨。

以上两种人地观存在的错误与不足为一些折衷观点提供了可能。英国珀西·罗士培（Percy Roxby）提出"环境适应论"，认为地理环境对人类活动产生影响的同时，也意味着人类利用地理环境的可能性。美国学者哈伦·巴罗斯（Harlan Barrows）提出，地理学是研究人类对自然环境的反应，是论述人与自然环境的相互影响。

20世纪以来，科学技术的进步帮助人类进一步利用自然环境，甚至有人认为人类可以征服自然。征服论的人地观认为上帝创造了人和世界万物，并赋予人特殊的地位，人类有充分的权力利用自然和改变自然秩序。这一思想在主体至上哲学思潮、工业主义思潮推动下成为现实的实践活动，并发展成征服自然的人地观。事实上，每一个发达国家在经济发展史上几乎都经历了不顾自然规律的掠夺式开发而忽略环境保护的发展阶段。美索不达米亚、希腊、小亚细亚等地的发展过程中，人类为了得到耕地而砍伐森林，但最终耕地却变成了荒芜的不毛之地。随着征服自然、改造自然过程中出现的伦敦烟雾事件、洛杉矶烟雾事件、日本的水俣病、北欧的酸雨等一连串环境事件的发生，人们意识到地理环境对人类的反作用将显著地影响人地关系，甚至是人类的福祉。

进入后工业文明时期，伴随全球人口急剧增长、资源紧缺匮乏、环境污染等问题的日益严峻，人类开始反思社会经济发展对地理环境造成的严重后果，也开始重新认识人地关系。可持续发展成为人类理解和认识人与环境关系的新理论。1983年12月，联合国成立了世界环境与发展委员会。1987年4月，《我们共同的未来》报告正式发表，提出为了保护全球的环境，各国经济发展必须坚持"可持续发展"的理念，即寻求一个"既满足当代人需求，又不损害后代人满足其需求的发展"的方法。1992年，联合国环境与发展委员会通过了《21世纪议程》，这是经济发展与环境合作的全球共识和最高级别的政治承诺，具有推进全球可持续发展的战略意义。可持续发展论提出的人与自然和谐发展、与环境资源相协调的思想，是对传统人地观的否定，为人地关系研究开拓了新的思路。

2. 中国人地关系的认识与演变

人地关系是中国地理学研究的核心命题。在中国人地关系认识的漫长过程中，出现了古代朴素的人地关系思想、近代的地理环境决定论、二元论、人地相关论（或然论、可能论）、适应论、人类生态理论、景观论、生产关系决定论、人地协调论等多种认识。这些不同的理论逐步深化了人地关系的认识，成为可持续发展理论的演化基础。相较于西方人地关系思想的起源，中国人的天命论起源更早。《殷虚卜辞》中"帝其令雨""帝其令风""帝令雨足年""帝令一雨弗其足年"，认为晴雨变化和年成好坏都是上天旨意，只能听天由命。孔子也认为"君子三畏"，第一就是"畏天命"。上天意志一直笼罩着人类关于自然界和人类本身的认识，也是封建阶级维护自己统治的需要。人类可以战胜自然的思想，也可以在古代思想家那里找到渊源。2000多年前的荀子就有"制天命而用之"的观点，孟子也认为"天时不如地利，地利不如人和"。这些思想有力地抨击了无所作为的天命论，减少了人们对自然环境及其发展规律开展研究的思想障碍，鼓励人们更好地去认识、利用和改造自然。

到了 20 世纪，随着中国科学技术和生产力的不断发展，征服论的人地观在国内也盛极一时。但这种观点发展到极端就走向地理虚无主义和唯意志论，例如"人有多大胆，地有多大产"之类的口号。1979 年，中国地理学会第四届代表大会在广州召开，吴传钧院士作了"地理学的昨天、今天和明天"的学术报告，并对人地关系的内涵进行了阐述，由此开启了中国人地关系研究的新方向。随后，在各个领域内的不同学者给予人地关系内涵不同的定义。

二、基于人地关系的环境经济地理学发展

1. 地理学：人与环境的关系

地理学以环境—社会—人类的综合思维，以区域相互依赖、尺度相互作用等视角系统研究地球表层的运动规律，其中人地关系是其研究核心。人地关系研究贯穿在地理学各个发展阶段，并越来越广泛地受到社会学、生态学、环境科学和复杂科学等交叉领域的关注。美国国家研究理事会的地理学发展报告《理解变化中的星球：地理科学的战略方向》提出，必须关注人与资源的相互关系，重视正在形成或已经形成的地球生物物理学和人类环境的演变特征。

在不同的文化及社会背景下，中西方学者对人地关系研究的侧重点存在着学科上和视角上的差异。西方学界多以"人类与环境相互作用"来表达人地关系，研究视角从人类活动与地理环境变化逐渐转向城市安全、城市环境变化、贫困与环境问题、资源可持续发展等相对具体的研究内容，研究的主导队伍也从人文—经济地理学家扩展到以环境科学、生态科学和复杂系统科学为主导的研究团队。中国学者研究人地关系更注重宏观层面的实证探索，并对主体功能区规划、生态文明建设和战略环境评价等国家战略及区域发展战略产生了重要影响。然而，"重实践、轻理论"的研究特点也在一定程度导致当前中国人地关系研究理论体系发展相对缓慢（李小云等，2016）。总体而言，人地关系研究的"人文化"与"社会化"趋势日益明显。其中，资源、生态、环境以及可管控的手段成为"人"与"自然"研究的桥梁，而地理学核心概念"空间"和"地域"也逐渐成为"人"与"环境"研究相结合的重要载体（李小云等，2016）。

地理学从其形成之初就具有研究人地关系的先进理念，通过综合的多维视角来研究地球表层人与环境相互作用的机理。作为人地关系研究的重要组成部分，地理学对人地关系问题的研究主要集中在自然地理等学科。自然地理学关注自然物质循环与地质气候变化所带来的环境问题，主要通过分析物质环境，如地壳活动与变化、大气环境变化、地球气候变化规律等方面，来分析环境污染、生态环境退化等现象的动因和本质（蔡运

龙，2010）。地理学不仅从自然角度研究环境的动态、从社会角度研究人类社会的动态，还从综合的角度研究环境和社会相互作用的动态，通过区域的综合、区域间的依赖、尺度间的相互作用等视角分析其动态演变过程，并利用图像、语言、数学、数字等多种方式进行空间表达（图 14-1）。地理科学以解决资源、环境及当前发展面临的复杂问题为使命，其意义不仅在于解释过去，更在于服务现在、预测未来。因此，地理学的综合性和系统性理念引领着现代地球系统科学与可持续发展研究的方向。

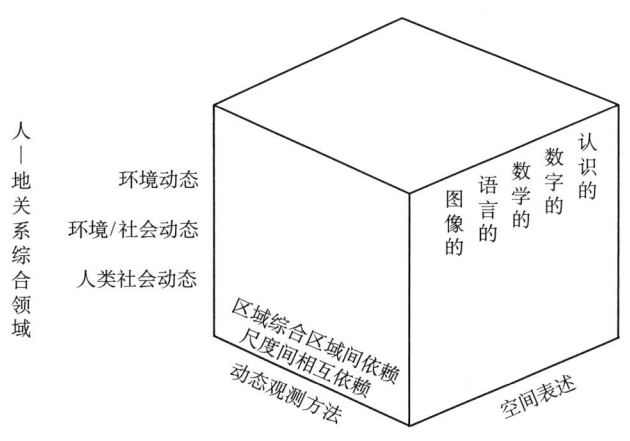

图 14-1　地理学的人地关系观察

资料来源：傅伯杰等（2015）。

2. 环境经济地理学提出的背景

环境问题一直伴随着人类社会的经济发展，但环境问题并非环境科学专家的研究专利。环境问题受到经济、管理、法律、物理、化学和生物等多领域跨学科的共同关注。最早关注环境问题并采取应对措施的是政府部门。随着人类开启全球大范围工业化进程，全球环境问题严重爆发，正在经历快速工业化的国家或地区都面临着严峻的环境问题。英国政府、美国政府在 20 世纪严重的大气污染和水污染事件发生后推出或改进了环境保护法。伴随更多国家环境法规体系的改进，经济学和法律学者开始讨论环境问题。20 世纪 60 年代，环境科学成为独立学科。初期研究环境问题的学者并非是环境科学专业的专家，而是由各领域关注环境问题的学者组成，并以环境污染带来的生态环境负担为主要研究内容。环境科学、环境工程等自然科学家关注自然物质循环与气候变化所带来的环境问题，从污染的物理机理上探讨环境问题；社会科学则将环境污染视为一个"社会事实"，分析环境污染发生的经济、社会、政治根源及其社会后果，例如开展环境影响评估和成本收益分析等。

现代科学技术尤其是交通与通信技术的发展扩大了经济活动的空间，带来了世界经济格局的重大变化，重塑了环境问题的空间范围与地理尺度。在经济全球化和现代信息网络技术的综合作用下，世界连接成一张由跨国公司主导、不同等级市场主体共同参与的全球生产网络（Dicken，1992）。在全球生产网络中，世界财富和资源依然集中于少数区域（Porter，2011），经济活动的地理集聚性并没有改变，改变的仅仅是生产空间与消费空间互动的尺度。经济全球化带来的资源环境要素流动，改变了辨识比较优势的空间尺度，拓展了环境问题的空间尺度，尤其是生产和消费的空间分离突破了资源环境与经济互动的空间尺度及模式，导致认识和解决区域环境问题变得更加复杂，而以往就城市论城市、就污染论污染的环境治理模式失去效果。全球环境形势的恶化促使经济地理学者意识到应该重视并积极参与环境问题的研究。例如，东南亚、巴西等热带雨林地表景观破坏属于自然地理问题，出口大豆、甘蔗、燃料则属于国际贸易问题，而两者的结合则为经济地理学研究环境问题打开了重要突破口。在中国，随着经济发展，一些污染严重的工业项目更是激发了人们的环境保护意识，多次发生抵制污染企业的民众行动，如厦门、大连和宁波二甲苯化工项目选址所引发的群体事件。2012年，江苏启东与四川什邡的环境污染抵制行动甚至演变为严重的社会冲突事件。在经济全球化背景下，经济活动与环境互动的空间变化以及社会各界对环境问题的重视都在推动环境经济地理学的产生与发展。

3. 环境经济地理学的发展

20世纪60年代以前，经济地理学者更多地关注劳动力，忽视环境要素的重要作用（Hanson，1999）。传统的资源禀赋论强调自然资源、劳动力、技术等外生资源禀赋对产业区位的影响。其中，自然资源对经济活动的影响是早期环境经济地理关注的核心内容之一，部分学者将环境条件看作直接作用于生产活动区位选择的影响因素（Thisse and Papageorgiou，1981；Stafford，1985；Hanink，1995；Perrings and Hannon，2001）。20世纪80年代后期，在农业经济地理、能源研究等学科引领下，经济地理的众多分支学科开始出现，环境问题开始成为经济地理学研究的内容。20世纪90年代以来，经济地理学对环境问题的研究大多以概念或者理论为导向（Hanink，1995；Gibbs and Healey，1997；Copeland and Taylor，2004），主要关注特定产业部门或者以案例研究为主（Braun，1998；Bridge，1998）。到21世纪初期，经济地理学将环境问题纳入新经济地理学研究框架，分析环境污染对于经济活动的空间模式的影响（Lange and Quaas，2007）。

"环境经济地理学"概念来自2004年德国科隆大学举行的"环境经济地理学"会议。随后，2006年于康涅狄格大学举行后续系列会议，2007年美国地理学会年会上的一系列报告都在不断完善环境经济地理的理论体系（Affolderbach et al.，2007）。2010年，出于跨学科理论研究和政策建议需要，*Economic Geography* 杂志举办研讨会指出，环境问题特别是全球环境变化问题是经济地理学研究的五个新兴主题之一（Aoyama et al.，2011）。目前，由于视角有限，经济地理对迅速发展的环境问题研究的贡献仍较小（Gibbs，2006）。但正如布里奇（Bridge，2008）所说，"环境经济地理学"的提出使经济地理学的研究目标从零散、宽泛逐渐走向一致。事实上，长期以来"环境"在经济地理研究中是抽象且边缘化的。经济地理更关注社会经济活动的空间过程与结果，而"环境"更多以资源禀赋的形式存于其间。随着环境对社会经济发展的制约日益显著，"环境"对于社会经济发展的影响不再囿于微观层面的生产要素，其在宏观层面对于社会福利的影响愈发不容忽视。这也促进了经济地理研究对于"环境"的再认识，对于经济地理学的完善以及环境问题的研究都将产生重要影响。

第二节　环境经济地理学

经济地理学研究经济活动空间分布差异及其机制，呈现出典型的学科交叉性和综合性特征。影响经济活动集聚与扩散的因素非常多元，包括各种自然、经济、社会、文化、制度等自然和人文要素。同时，人类在地表不同地区的经济活动强烈地改变自然格局，造成了不同空间尺度的环境变化，也成为改变自然环境最主要的动力（刘卫东和陆大道，2004）。因此，经济地理学成为人与自然环境关系研究的纽带和各类空间尺度可持续发展研究的基础。放弃对人类经济活动空间规律的探索，我们就无法正确认识不同空间尺度的可持续发展问题。

一、经济地理与全球环境变化：理解与重构人地关系新未来

在环境矛盾日益尖锐的背景下，试图建立环境与经济相互联系的各类研究快速兴起。对于环境经济地理学的理解，不仅需要从环境与经济问题的学科交叉中找到方向，更应意识到在全球化的今天，经济地理研究对象本身发生的变化。因此，重新认识"环境"与"空间"的内涵及关系是环境经济地理学明确研究对象和构建研究框架的基础。经济地理学是通过区域综合、区域相互依赖以及尺度间相互依存等视角来透视社会、自然与空间的关系（美国国家研究院地学环境与资源委员会地球科学与资源局重新发现地理学委员会，2002）。这三个视角也成为经济地理学处理广泛的科学问题和社会需求的重要基础。随着全球化在不同领域的渗透，生产与消费的空间分离更是强调了这三个视角在理

解自然、社会与空间关系中的重要性。

1. 重新认识环境与空间

长期以来，"环境"在经济地理研究中是抽象且边缘化的，不仅表现在忽略"环境"对经济活动的影响，还表现在忽视"环境"空间特征。经济地理学关注社会经济活动的空间过程与结果，而"环境"更多以资源禀赋的形式存其间。随着环境对社会经济发展的制约日益显著以及人们环境意识的不断提高，"环境"对于社会经济发展的影响不再囿于微观层面的生产要素，其在宏观层面对于社会福利的影响愈发不容忽视，这也激发了经济地理研究对于"环境"与"空间"的再认识。

首先是重新认识社会经济过程中的"环境"。天然存在的自然物和人类生产实践形成的环境都是人类认识与改造的客观存在，也是经济活动空间组织的塑造力量，前者被称为"第一自然"（first nature），后者称为"第二自然"（second nature）。在区域经济发展中常常把"第一自然"看作地区的自然禀赋，"第二自然"则是为了发展的需要在先天基础上进行后天人为改造而形成的环境条件。

在传统的经济地理研究中，环境以投入要素的形式存在，例如生物资源、生态环境以及矿物资源等（张善余，1983）。然而，近年来，除了区位中的资源禀赋、自然优势之外，环境中所隐含的成本、权力、福利等一系列属性开始受到越来越多的关注（Hanson，1999）。环境规制作为影响企业成本和居民生活福利的政策工具，开始出现在经济地理、国际贸易和环境经济学等研究中。对于企业，环境规制是推动企业将其环境负外部性影响内部化的政策工具；对于公众，环境规制是保障环境福利的政治手段；对于地方政府，"环境"的权利属性开始变成提升竞争力的重要杠杆。此时，"环境"已经超越了其作为投入要素的基本功能，更多体现在环境规制对企业环境成本的损失以及环境污染对当地居民福利的损害上，这成为"环境"新的标签和特征。环境经济地理中的"环境"在环境的资源要素属性的基础上，也开始展示出权力、成本和福利等更多的内涵。

其次是重新认识环境问题中的"空间"。环境资源在一定的时空范围内为人类利用，其空间分布本身具有不均衡性以及区域性（杨吾扬，1989）。因此，以地理空间为载体的经济活动被有限的地理空间限定了范围，并进一步将地理空间维度赋予环境问题，从而表现出环境问题的空间性。20世纪90年代末，经济活动的"空间"重要性得以重视，空间经济学即是经济学家关注空间问题的成果，新经济地理也因此诞生（Krugman，1991；Fujita et al.，1999）。虽然资源环境要素开始作为区位优势纳入经济地理区位选择、集聚经济和区域差异等研究中（Kim，1995；Ellison and Glaeser，1999；Mellinger et al.，1999；Kim，1999），但此处的区位空间是一个包含资源、环境、经济和社会活动的广义空间。当试图打开"空间"这个黑箱时，经典的新经济地理学模型框架就不再适用，极端的灾变型集聚预测也很难在该框架下得到解释。诚然环境与经济都具备空间特征,但从研究视角上,空间的意义不尽相同。空间之于环境视角是环境问题的来源,环境地理是过程与结果导向下的规律探索;空间之于经济视角则是环境问题的根源,是多方力量共同作用下的结果。

2. 重新认识环境、经济活动与空间的关系

20世纪90年代以前,西方经济地理学主要关注经济系统的空间组织以及经济过程的空间影响(Wheeler and Muller,1986;Hartshorn and Alexander,1988;Dicken and Lloyd,1990)。90年代以后,伴随着资源短缺和环境污染等问题日益严峻,资源环境开始出现在经济空间组织影响要素之列,经济过程的空间影响也成为利用和滥用地球资源的讨论话题。环境经济地理并非将环境与经济置于对等或对立的框架之中,而是将环境视为重塑经济空间的力量之一。与其说环境经济地理考察经济与环境的关系,不如说它更侧重于讨论环境矛盾与经济过程中其他矛盾的空间相互作用,通过不同尺度的空间组织依赖性来解决环境问题的冲突,实现区域或地方的合作。环境经济地理学通过超越国家尺度的分析,增进了我们关于全球经济对地方环境影响的认识,尤其是关于跨边界合作对经济和环境问题重要性的认识。因此,区域综合、区域相互依赖以及尺度相互依存是重新认识环境、经济与空间关系的三种重要原则和视角。

(1)区域综合视角

区域综合是理解环境、经济活动与空间之间关系最为重要的分析框架和思维。经济活动必然发生在一定的地域内,与特定的地理空间环境相关联,既包括各经济部门在地域上的布局,也包括各地区经济部门的结构、规模和发展以及地域布局和部门结构的相互联系。因此,经济地理学涉及自然、社会经济、技术条件多方面的综合性问题,需要运用综合的思维去理解该问题。环境问题本身就是区域自然环境与人类活动相互作用的结果,而人类活动纷纭复杂,在空间上的组合与联系多种多样。因此,环境经济地理学不能采用经济学基于"抽象的空间"、建立在严格假设条件基础上的"均质无差异"的空间思维方式,只有采用综合性分析思维才能使研究结论无限"逼近"地域的空间分异格局,即"真实的世界"。当然,这种综合思维不是量的累加,不是部门和要素的简单叠加与拼凑,而是部门和要素的有机联系与发展,是一种更深层次的分析视角。

一个典型的例子就是昆明滇池的污染问题:经济学家纷纷指责滇池地区的经济结构太"重",大量中小型化工厂是罪魁祸首;环境专家则指出化肥使用量过大,农业面源污染是造成蓝藻的主要原因;还有学者指出,持续的高温诱发了蓝藻的大面积肆虐;而经济地理学家则认为,滇池的污染不应该只看到污染本身,不是单纯的环境污染事件,而是人地关系不协调的结果。滇池是一个半封闭宽浅型湖泊,是一个主要靠降雨补给的典型贫水区，加之其位于昆明城区下游最低地带，流域所有的污水都会汇入滇池，导致昆明城市化进程加速的同时滇池水质也随之不断恶化。此外，滇池污染来源中，最初主要是工业污水和城市生活污水，后来工业污水得到控制，但生活污水仍是主要来源，而长雨季更是增加了滇池容纳废水的可能性。可见，"天灾"和"人祸"共同造成了滇池的污染。因此，治理滇池需要重新梳理污染与滇池流域经济发展以及空间布局的关系。

（2）区域相互依赖

区域相互依赖主要体现为区域之间相互作用。经济地理学是关于"流"的科学，世界不是空间单位的静态马赛克，而是由人流、物质流、信息流、资金流、知识流等交织的经济景观。20世纪中叶，厄尔曼（Ullman，1957）将空间相互作用发生的基础概括为互补性、可转移性和干扰机会。互补性是一种空间供求关系，地区的比较优势和生产规模优势是区域之间互补的基础。比如上海、北京和杭州的城市运行需要能源，而山西、陕西和内蒙古发挥能源比较优势，为上海、北京和杭州供应能源。于是这三个大城市就与这三个能源地区构成了地理上的供求关系，这种供求关系即是由区域之间的人流、物流、信息流、资金流以及知识流等构成。这些"流"组成"流空间"，而"流空间"为区域带来互补的同时，也推动了资源、污染在区域之间的流动。可转移性是指两地之间通过转移物资的基础设施进行连接，同时转移成本不高于从互补性中所获取的利益。干预机会是指对两地之间的互补性成为现实的干预，其影响取决于空间相互作用的其他地点的多少及影响力。例如，随着海上运输技术的发展，中东的石油是对上述煤炭需求的另一个干预机会。中国制造的产品也是美国的国内初级消费产品的干预机会。互补性、可转移性和干预机会导致全球经济活动的地理格局不断重构以及全球资源与污染格局的不断调整。

全球化激励人口、资源、货物、资本、知识和污染在更广阔的范围内流动。经济地理学对环境问题的关注则是通过了解这些"流"在空间上的互补性、可能的干扰机会以及可转移性来研究各区域可持续发展。经济全球化帮助经济活动主题扩大空间活动范围并突破区域自然资源与市场的约束。从这种意义上说，全球化增加了人类控制自然的能力。区域的环境资源以及环境质量与其他区域紧密相关。基于区域之间的相互依赖，从"经济流"和"环境流"发生可能的互补性、可干扰机会以及可转移性来研究环境问题产生的原因，是当今研究环境问题的重要视角。

（3）尺度相互依存

经济活动与环境问题的格局和过程在不同尺度上表现出不同特征。因此，选取不同观测和分析尺度，将检测到不同现象。与此同时，环境问题发生在不同尺度，并在尺度间转换和联系。首先，当试验、分析和模拟的空间尺度发生变化时，研究对象的系统特征也将随之发生变化。因此，明确尺度关系才能更好地了解环境与经济活动因果关系。然而，专注某一个尺度可能忽略其他尺度水平上存在的问题。例如，在全球气候变化问题上，大气圈温室气体组成和全球化后系统的相关变化、全球金融系统与控制格局以及技术与信息的运动等是作用于全球尺度上的，而在经济活动、资源利用和人口动力学等背后的个人决策，则是在地方尺度上被运作的。换言之，虽然全球过程对局部地方有影响，但地方行动是全球趋势的基础。

其次，不同尺度的社会经济和环境问题的过程又是相互依赖的。不同尺度的社会经济过程相互作用且具有复杂性，如大尺度上发现的许多全球和区域性生物多样性变化、污染物行为、温室效应等，都根源于小尺度环境问题。这种状况的一个极端又非常有名的例子就是"蝴蝶效应"——一只蝴蝶在巴西轻拍翅膀，可以导致一个月后德克萨斯州的一场龙卷风。同样，大尺度的改变也会反过来影响小尺度的现象和过程。例如全球气候变化对世界不同区域的影响表现得非常不平衡，在北美表现为飓风频发，而在非洲则表现为干旱频发。

尺度转换是不同尺度研究结果应用的重要过程。研究结果从小尺度到大尺度，例如把小流域的研究结果推广到大流域或把全球尺度的结果运用于某一区域。值得注意的是，经济活动以及环境问题还可能存在尺度不可递推性，即在一个尺度中得出的结论放在另一个尺度中可能就是不正确的（吕一河和傅伯杰，2001）。例如，杨昕和贺灿飞（Yang and He，2015）发现污染企业不存在在省域层面的边界布局特征。然而，周沂等（2014）发现深圳市的污染企业倾向于布局在城市的边界地区。区域内部的复杂性和差异性也是由尺度造成的。尺度间的相互依存性视角是分析可持续发展的不同空间尺度问题的出发点——从地方布局尺度到全球尺度，还包括分析全球变化对局部地方可持续发展的影响，以及局部地方事件对全球可持续发展的影响。这三种视角为不同区域的可持续发展提供了立体的、动态的、非线性的、系统的、综合的分析方法和途径。

二、环境经济地理学

目前，环境经济地理学还没有统一的定义。苏瓦耶和舒尔兹（Soyez and Schulz，2008）认为环境经济地理学是采用地理学方法研究自然和经济之间的关系，强调环境服务和资源管理的模式与趋势。布里奇（Bridge，2008）认为环境经济地理学描述了一个结构宽松的基础研究活动，用于阐述经济组织与环境之间的互惠关系。奥亚姆等（Aoyam et al.，2010）认为环境经济地理学是阐述关于社会经济、政治、技术驱动和环境变化含义的重要创新分支。兰格和夸斯（Lange and Quaas，2007）认为环境经济地理学研究环境污染对经济活动的空间模式产生的影响。伴随全球化、市场、企业、改革创新等专业知识的长期积累以及区域发展中关于环境经济关系的理论进展，出于理论和现实的需要，环境经济地理学逐渐得到重视和发展。

环境问题作为经济地理学领域边缘性研究主题之一，从兴起到发展并没有得到应有的关注。究其原因主要有以下几点。首先，环境经济地理尚未处理好地理学中自然与人文两大学科之间的分裂关系（赵楚年等，1997；Heidkamp，2008）。事实上，将环境要素纳入经济地理学核心研究范畴中一直以来都是一个矛盾的过程。欧美经济地理学的核心是人文和社会建构，并以对环境的主动排斥和对空间的优化为基础。因此，环境经济地理学试图纳入以往被经济地理所忽视的环境因素，其困难程度可想而知。一些学者认为号召经济地理学家加强对环境问题的研究本身就是一个天大的讽刺（Bridge，2008）。其次，经济地理研究的综合思维、空间视角与尺度互动是其研究环境问题的优势，但同时也容易在繁多的思绪上找不出最为核心的构建点。苏瓦耶和舒尔兹（Soyez and Schulz，2008）则认为经济地理学对环境问题研究缺乏系统性认识的重要体现，在于个人研究内容零散且相互隔离，研究者之间较难接触到各自的研究领域。但反观之，诸多挑战也正显示出环境经济地理研究的重要作用，表明了经济地理学对环境问题的研究可能将成为连接人文地理和自然地理的重要桥梁。

从现有研究来看，环境经济地理研究具有碎片化、多视角的特点（Bridge，2008），没有完整的理论体系、明确的研究范式以及明确聚焦的研究对象，导致环境经济地理没有得到应有关注。由于环境问题的特殊性，经济地理学者更容易从政策制度角度入手进行分析。因此，环境经济地理具有向制度方法演化的特征。环境经济地理的研究视角以宏观问题为主，关注的问题逐渐向相关学科的非竞争性领域拓展，如政治生态学等研究领域。由于环境经济地理学属于新兴研究领域，现有研究中存在一定数量的理论分析文章，他们奠定了现有研究的理论基础，为案例研究提供理论依据。但由于环境数据质量的限制，目前定量研究的研究范围较小，多见于国内分析，极少有多国的横向研究。

环境经济地理学主要以经济地理学理论和方法来研究经济活动与环境关系。具体来讲，环境经济地理学试图研究经济活动的空间组织与重构过程导致资源和污染在不同尺度的再分配，进而反过来对经济活动空间组织产生影响的过程。其中，经济地理学主要解决生产空间的重构，而在重构过程中不仅重新分配了资源和福利，还重新分配了污染。研究前景主要集中在以下四个方面。

（1）环境经济地理理论范式建构。吉布斯（Gibbs，2006）认为，结合经济地理学优势和其他学科的理论见解，尤其是生态现代化和管制理论，是经济地理学在环境方面进行潜在创新性研究的好机会。海德坎普（Heidkamp，2008）提出整合经济与环境在可持续发展战略的经济决策过程中的理论分析框架。海特（Hayter，2008）主张利用进化制度主义作为概念平台对环境经济地理学进行系统研究，认为环境经济地理学需要评估和描述区位如何形成绿色技术—经济范式的重要作用，并勾勒和推动集中于区域主题内的制度安排、重构资源利用方式和可持续发展价值链的研究议程。

（2）利用经济地理综合视角和区域视角，包括区域之间的相互依赖和尺度之间的相互依存，通过政治、经济、文化、制度等多维度要素对不同区域的环境问题进行综合透视。科斯塔蒂尼等（Costantini et al.，2013）认为国家环境成效很大程度上依赖于不同区域的特征，如经济专业化、管理强度、公共部门和企业的创新能力。

（3）探讨多元化主体包括生产者、消费者、政府组织以及非政府组织的行为的环境影响及其对环境规制的反应。

（4）全球化背景下环境政策制度对不同尺度经济地理格局的重塑，以及由此带来的"环境"在空间上的再分配。

三、环境经济地理学与空间环境经济学的区别及联系

空间环境经济学最早见于西贝特（Siebert，1985）从地理空间视角对环境经济学进行阐述，研究内容主要包括空间里的经济、环境与政治等要素的相互作用；污染扩散的空间经济模型；环境配置的空间模型；经济活动对环境空间配置的影响；空间环境经济政策的制定与绩效评估；不同制度安排在空间维度上对环境的影响等。简单地说，空间环境经济学是把地理空间因素纳入环境经济学，基于空间分析方法考虑环境经济问题，而环境经济地理学则是基于经济地理学理论和方法分析环境经济问题。二者在理论基础、研究方法、研究对象以及机制机理上，都有着明显的差异，主要区别如下。

（1）理论基础与研究方法。外部性和公共物品理论是分析环境经济问题的基础，也是空间环境经济学的理论基础。空间环境经济学研究环境经济的空间外部性，通过外部性对相邻空间影响的研究，制定合理制度来内化外部性带来的成本和收益不一致，从而影响企业、消费者以及政府行为，达到保护环境的目的。环境经济地理学基于经济地理学综合思维、区域联系以及尺度依存等理论基础和研究方法，侧重于讨论各种"环境"（包括环境的权力、成本和福利等内涵）与经济空间结构之间相互影响。

（2）研究对象。环境经济学主要研究经济活动对环境影响的作用机理，寻求解决环境问题的方法。秉承这一思想，空间环境经济学主要研究经济与环境的空间相互作用，以实现区域可持续发展为目的。环境经济地理学主要研究环境污染、环境管制和其他因素的共同作用与经济活动空间布局之间的相互影响。

（3）机制与机理。空间环境经济学往往只考虑经济对环境的静态影响，鲜少考虑内在机理。由于缺乏动态分析的理论基础，在研究资源要素的流动环境对经济绩效的直接或间接影响时，空间环境经济学相比环境经济地理学有所欠缺。环境经济地理学运用经济地理模型分析环境与经济相互作用从而实现动态均衡的过程。总的来说，空间环境经济学的研究更为宏观，试图通过制定制度政策影响企业、消费者等主体的行为，达到既促进经济发展又保护环境的目的。而环境经济地理学则通过分析环境与经济之间作用的微观机理，研究两者之间以及在不同尺度间存在的内部关联对要素流动的作用，同时也探讨这种作用将如何影响经济与环境的结构与布局。

第三节 环境经济地理研究主题

一、全球气候变化

20世纪70年代，科学家提出气候变暖问题需要得到全球的重视。从1979年的日内瓦第一次世界气候大会到2015年的巴黎联合国气候变化大会，国际社会一直深切关注全球气候变化及其对生物多样性、人类生存与发展等造成的影响。1988年，世界气象组织和联合国环境规划署共同建立了"政府间气候变化专门委员会"（IPCC），负责评估气候变化状况及其影响。随着对气候变化认识的不断加深，各国围绕温室气体排放规制达成了一系列协议（图14-2）。1992年里约热内卢环境与发展大会通过《联合国气候变化框架公约》，规定发达国家应率先在气候变化及其不利影响中做出应对，在20世纪末将温室气体减排到1990年水平，并确立了"共同但有区别的责任"原则。这一原则成为发

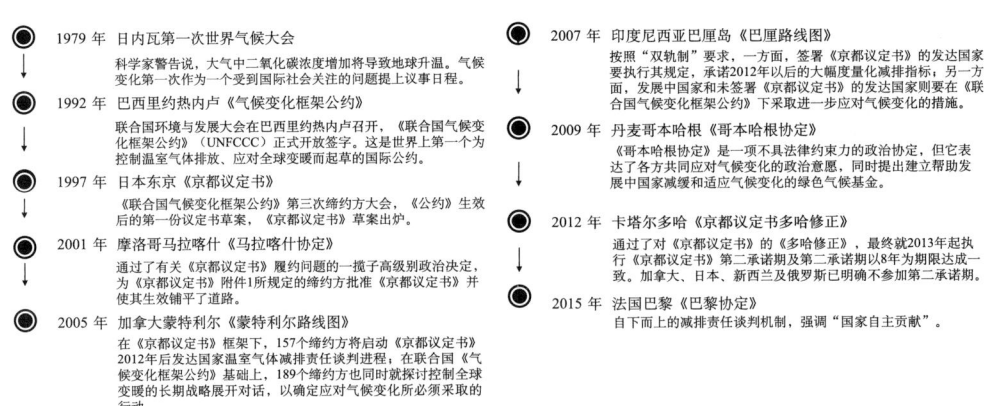

图14-2 全球气候大会及取得的成绩

达国家和发展中国家责任分担的基本依据。1997 年制定的《京都议定书》，要求发达国家在 2008~2012 年将温室气体的排放量在 1990 年基础上平减 5%。其中，欧盟削减 8%，美国削减 7%，日本和加拿大削减 6%。《京都议定书》的目标承诺期只到 2012 年，因此，2012 年之后的碳排放权如何分配成为国际社会争论的焦点。然而，在 2011 年的多哈会议上，加拿大、日本、新西兰及俄罗斯明确表示不参加《京都议定书》的第二承诺期。

无论是《联合国气候变化框架公约》还是《京都议定书》，都是从国际公平的角度出发，以国家为单位来界定一国的碳排放权，并在国家减排责任中区分了发达国家和发展中国家在不同阶段的排放总量目标。"共同但有区别的责任"原则是世界各国应对气候变化进行协商的基础。然而，随着几个发达国家的退出，该原则的执行面临着严峻挑战。一方面，协议中发达国家和发展中国家有区别的排放要求得不到主要排放国家的认可。例如，美国认为发展中国家也需要设定有约束力的减排目标，故而拒绝签署《京都议定书》。另一方面，在当今全球化影响下的全球温室气体排放格局中，基于生产者责任进行核算的减排目标削弱了"共同但有区别的责任"原则。考虑到"污染者负责"原则的缺陷以及国际社会对贸易污染排放问题的关注，一种相反的分配原则，即"消费者负责"原则被应势提出（Munksgaard and Pedersen，2001；Ferng，2003）。"消费者负责"原则认为如果消费者对产品生产过程中产生的整个生态影响负责，那么也应该为与此相关的全部温室气体排放负责。这种分配原则可以更好地避免发达国家向发展中国家"碳泄漏"（carbon leakage）（Bastianoni et al.，2004）。

各国减排争议从本质上看是对经济活动区域之间联系以及不同尺度之间联系的忽视造成的。IPCC 研究报告指出人为排放的 CO_2 和其他温室气体是导致当前气候变化的主要原因（Parry et al.，2007）。CO_2 排放的最大源头为化石燃料的燃烧，尤其是经济活动中的化石燃料的使用，因此 CO_2 排放与全球各地区的经济发展和社会调整能力之间具有重要关系。全球产业转移和国际贸易重塑了全球产业格局，也带动了全球碳排放格局的不断调整（Dicken，1992；Shui and Harriss，2006）。经济地理学注重经济活动的空间格局，在空间分析中运用区域综合、区域相互依赖和尺度相互依存的思维，突出了其在全球气候变化中的研究优势。近年来随着全球气候变化问题的凸显，更多经济地理学者开始研究产业转型及其空间迁移对全球及区域环境变化的影响程度和作用机理。全球气候变化的应对政策需要落实到减排的各个区域。产业转移与转型、国际贸易、土地利用及其与环境变化的耦合关系研究，正在成为经济地理学研究全球气候变化的前沿领域。

产业转型与碳排放的关系研究揭示了消费、投资、出口三大经济活动对中国碳排放水平的贡献程度，以及主要区域之间的碳排放总量、碳排放强度的空间差异及其规律（张晓平，2009；刘卫东等，2010）。李小平和卢现祥（2010）研究发现发达国家向中国转移的产业并不仅仅是污染产业，也有"干净"产业。在低碳经济发展研究中，产业结构调整对中国碳排放强度下降具有显著贡献。此外，在土地利用对全球环境变化的响应研究中，经济地理学者从土地利用的角度提出了适应全球气候变化的调控路径。

随着全球化的发展，国际贸易对环境的影响越来越显著，主要集中在贸易开放对环境—经济增长关系的直接影响、碳排放的区域再分配以及"碳泄漏"等问题。前者最有代表性的研究是基于环境库兹涅茨曲线（EKC）的研究，而碳排放的区域再分配主要集中在逐底竞争和污染避难所假说的研究。在贸易对全球 CO_2 排放影响的研究中，学者所得结论基本一致，即国际贸易中隐含的 CO_2 显著增加。传统的基于领土范围的 CO_2 排放统计方法极易歪曲一国 CO_2 排放的真实情况，不仅会引起发达国家对发展中国家"碳泄漏"现象的发生，也会间接地导致全球 CO_2 排放的增加（Wyckoff and Roop, 1994；Schaeffer and De Sá, 1996；Shui and Harriss, 2006）。怀科夫和罗普（Wyckoff and Roop, 1994）通过对 OECD 国家进口制造产品中隐含碳的评估，认为对于以进口满足国内消费的国家，减少国内温室气体排放的控制政策是无效的。舍费尔和德萨（Schaeffer and De Sá, 1996）的研究也发现，通过提高服务业的比重和从发展中国家进口更多能源密集型消费品的方式，发达国家正在向发展中国家转移其本国的部分碳排放，因此，利用国家统计数据判定温室气体排放的方法通常不能反映出国家进出口贸易流中的隐含碳量。

在关于中国碳排放研究中，魏本勇等（2009）对 2002 年中国对外贸易隐含碳的研究也发现，中国存在一个显著的隐含碳出口行为，用于出口的国内碳排放达到 261.19MtC，约占当年国内一次能源消费碳排放量的 23.45%。王涛和沃森（Wang and Watson, 2007）的研究也得到类似的结论，通过对外贸易，中国在 2004 年净出口了大约 11.09 亿吨的 CO_2 排放，占中国当年 CO_2 排放总量的 23%。其中，货物出口产生了大约 14.9 亿吨 CO_2 排放。中国 CO_2 排放的相当一部分是由其他国家消费中国制造的产品引起的。傅京燕和张春军（2014）、李小平和卢现祥（2010）则认为在碳泄漏问题上，整体来看"污染避难所"假说在中国不成立，对外贸易对中国制造业碳排放的总体影响是有利的，中国不需要为了减少 CO_2 排放而限制制造业的对外贸易。此外，学者还从排放源头和影响机制出发，寻求和识别造成排放的各类资源的利用尺度与发展问题之间的动态特性（Emel and Roberts, 1995），甚至对国家和地方的经济与政治结构的影响（Carney, 1993）。

二、经济全球化

经济全球化带来的资源环境要素流动,改变了资源比较优势的空间尺度。随着环境问题空间尺度被极大扩展,环境问题影响下的经济活动空间组织以及全球污染格局也得以重构。绝对优势理论、比较优势理论和要素禀赋理论,均致力于为产业区位、国际贸易的发生提供一般化解释。比较优势通过劳动力、技术、资本以及区位优势来展现,而区域资源环境体量、环境污染容量以及对环境重视程度的差异,导致环境规制引致的环境成本成为污染性产业全球区位选择的重要因素,这种区位选择的结果将通过贸易、外商直接投资以及产业转移来反映。一方面,如果一国实施较强的环境规制,被规制产业需要支付较高的环境成本,那该国所生产的商品价格将会增加,从而降低区域的比较优势。通常来说,发达国家的环境保护力度强于发展中国家,因此,发达国家有可能将污染密集型产业向发展中国家转移,从而使发达国家丧失这些产业的竞争力。沃尔特和厄格洛(Walter and Ugelow,1979)最早把这种现象称为"污染避难所假说"。虽然目前并没有对污染避难所假说的存在性形成统一认识,但越来越多的污染中心开始在发展中国家涌现。这一假说也暗示贸易会在欠发达国家增加环境污染,而在发达国家减少相应类型的环境污染(Cole and Elliott,2005)。发展中国家为提高竞争优势,甚至降低各自的环境质量标准以维持或增强竞争力,出现所谓"逐底竞争",甚至出现阻挠环境立法、生态倾销等漠视环境管制的现象。当然,污染产业或企业既可能从发达国家向发展中国家转移,也可能从同一国家发达地区转向不发达地区,甚至从城市核心区域转向边界区位。在产业转移过程中出现的跨界污染、污染避难所、逐底竞争等现象均是经济活动空间重组以及污染空间再分配的核心问题。

另一方面,全球化带来的环境影响也存在视角效应。全球化在短期内的环境效应是消极的,但随着时间的推移全球化将对环境产生长期的积极影响。对于这种影响,可以通过贸易、投资以及产业转移引起经济增长的三种效应来解释:规模效应、结构效应和技术效应。通常认为,规模效应会加重环境恶化。如果生产构成从所谓的"肮脏物品"向更清洁的物品转换或采用清洁生产技术,环境状况在实施贸易自由化后反而会得到改善。格罗斯曼和克鲁格(Grossman and Krueger,1991)最早研究了北美自由贸易协定对环境质量可能造成的影响,发现环境污染与人均收入符合倒 U 形曲线关系。随后,莎菲克和班德亚帕德耶(Shafik and Bandyopadhyay,1992)利用世界银行的数据得出了相似结论。

环境经济学家帕纳约图(Panayotou,1993)借用库兹涅茨(Kuznets,1955)关于人均收入水平与收入不等之间的倒 U 形曲线,将这种环境质量与人均收入水平间的关系称为环境库兹涅茨曲线。经济发展初期,随着收入上升,环境污染指标也上升;但当人均收入达到一定水平后,环境污染指标开始下降,环境质量逐渐改善。之后的 20 年里,研究主要是检验环境库兹涅茨曲线的存在性,但并没有得到一致的结论(Selden and Song, 1994,1995)。不一致的主要原因是实证方法,如污染物的选择和模型方法等与研究区域的差异,主要体现在拐点数值和曲线的形态上。经济学学者们从经济结构、市场机制、收入需求弹性、科技水平、国际贸易和政府政策等视角,对环境库兹涅茨曲线形成机制进行了研究,丰富了人们对环境库兹涅茨曲线形成机理的认识(Chari et al.,1995; Grossman and Krueger,1995; Jones and Manuelli,1995; Copeland and Taylor,2004; Torras and Boyce,1998)。国际贸易引起商品生产和消费分离,导致消费污染密集型产品的国家不需要承担生产过程中释放的污染,因此,自由贸易条件下的国际生产分工带来国家间环境的差异。

然而,对外直接投资、国际贸易和产业转移也能为新兴国家带来环境效益。作为传播的媒介,跨国公司可以加速环保商品的生产、科学管理技术、健康意识以及环境保护合作等在全球范围内的传播,有利于提升落后地区的环境质量(Shin,2004)。对外直接投资、国际贸易等为产品生产国带来的先进生产和环境技术不仅降低了自身污染排放,还可以通过学习、竞争和示范效应带动当地企业清洁生产,并提高本地企业资源利用效率,从而降低行业乃至整个地区的环境污染水平。

全球化对区域环境造成影响,同时重塑了全球资源的空间分布。随着全球化的加速,国际贸易引起生产与消费的空间分离,导致消费地的资源禀赋与生产地的丰裕程度分离,甚至完全脱节。全球化一方面有助于推动全球资源的重新分配,在一定程度上有助于解决消费和生产脱节的问题。例如,缺水流域、国家和地区可以通过进口水密集型产品来确保有限的水资源用于更有价值的地方。但另一方面,这会导致缺水国家尤其是以商品出口作为经济发展主要驱动力的地区过度开发净出口国的水资源,使得商品水需求凌驾于当地的基本需求以及自然承受能力之上(UNEP,2012)。这将增加生产地的资源环境压力,尤其是发展中国家或者经济欠发达地区,可能加剧地区资源的稀缺性甚至引起生态环境问题。全球自然资源分布极度不平衡,而伴随商品贸易发生的资源要素流动,可能更加加剧了可用资源的不平衡分布。例如,一些水资源缺乏的地区也是净虚拟水出口国,如澳大利亚或南非,而某些水资源很充足的国家也是净虚拟水进口国。彼得斯与赫尔特维奇(Peters and Hertwich,2006)追踪挪威消费影响时,发现家庭对进口国的环境影响占据了家庭间接排放的二氧化碳的 61%、二氧化硫的 87%以及氮氧化物的 34%。事实上,目前商品贸易的研究主要集中在国际贸易领域,经济地理领域更侧重于研究随贸易流产生的资源流,但是缺乏关于要素流如何影响贸易空间格局演化的相关研究。

无论是贸易、投资还是产业转移,空间相互依赖以及尺度转换视角是重新认识全球化环境效应的重要突破口。科普兰和泰勒(Copeland and Taylor,1994)利用南北贸易模型,从规模、结构以及技术等方面对国际贸易与环境质量的关系做了理论分析,发现:①自由贸易减轻了北方国家的环境污染,增加了南方国家的污染,但是北方国家和南方国家在大尺度空间范围内的污染物总量可能增加;②北方国家的生产扩张增加了污染,而类似的生产扩张在贫穷的南方国家却可能减少污染;③北方国家对南方国家的转移支付能够减少全球范围的污染总量。这里,国家间的转移支付就是所谓的"旁支付"(side payment)。旁支付是一种国际环境合作中的弥补机制,可以通过国家间的财政转移支付来弥补某些国家因为参加国际环境合作和履行国际义务时可能遭受的损失。生产与消费的空间分离引起全球经济活动的空间重构,而伴随其中的"环境"(资源、污染与福利)空间也得以重塑。在空间视角下,全球化所带来的环境效应是存量积累与流量变化共同作用的结果。伴随着贸易、投资和产业转移的资本与技术流的变化,形成了规模、结构和技术等效应的变化,体现"流量作用于存量"的特征,基于比较优势变化的地方化则构成"存量作用于流量"的特征(毛熙彦和贺灿飞,2016)。

三、污染企业区位研究

1. 环境污染与集聚效应

近年来,产业集聚与环境污染之间的关系引起了资源与环境经济学和产业经济学者的更多关注。短期内产业集聚的知识溢出等效应降低了环境污染。与此同时,环境污染也会反向抑制产业集聚,但长期内产业集聚与环境污染之间可能不具备必然的因果关系(闫逢柱等,2011;张可和汪东芳,2014)。产业集聚可能是导致污染的重要因素,而在保护环境的过程中也可能会损失掉集聚效应的外部性(Virkanen,1998;Verhoef and Nijkamp,2002)。

污染对集聚的抑制作用,在新经济地理的模型中可以得到更好的解释。在放开两部门模型的生产要素和要素所有者不能自由流动的假设下,加入环境污染后,产业空间可能存在一个更为现实的均衡状态,内部化环境污染的负外部性所产生的环境成本将使得大部分企业集聚在一个地区生产,而其他的企业留在另一个地区,环境污染作为离心力,削弱了完全集聚均衡的稳定性,从而走向新的稳定均衡空间结构(Quaas and Lange,2004;Marrewijk,2005;Rauscher,2009)。劳舍尔(Rauscher,2009)假设生产要素和要素所有者自由流动,要素所有者不需要居住在要素使用地,研究认为环境污染会引起离心力,从而减缓聚集趋势，但是这只影响居民或家庭的移动，并不影响产业的分布。在自由放任的条件下，区位的追逐和逃离成为可能。在环境污染的危害较大时，经济空间会形成追逐—逃离的模式，居民和产业在不同地区聚集。产业的分布仍遵循接近市场的原则，但人们为了追求优良的环境质量，会避免在产业聚集地居住。

2. 环境污染与边界效应

环境是典型的公共品，环境污染会产生高昂的社会成本，因而具有负外部性。当无法对排污行为完全监督时，污染的私人成本就不能充分反映其的社会成本。以利润最大化为目标的企业，缺乏将环境污染负外部性内部化的动机，可能会选择"搭便车"来超排或偷排污染物。而对于想要降低本地环境污染水平，同时又希望留住企业的地方政府而言，将污染型企业布局在行政区边界是最优的策略，因为这样能使部分污染物扩散至相邻行政区，从而降低本地承担的污染危害。由于行政边界环境监管力度较弱，污染型企业在行政区域边界处的排污成本更低，能够以较低的环境成本实现更大的污染排放量。已有不少实证研究验证了环境污染"边界效应"。事实上，政府通常也通过差异化的环境规制和环境规制执行力度来促成污染型企业到行政区域边界选址。科尼斯基和伍兹（Konisky and Woods，2010）考察了1990~2000年美国各县对《清洁空气法案》的执行情况，发现国际边界上的县的环境政策执行力度显著更弱。赫尔兰和惠特福德（Helland and Whitford，2003）使用美国1987~1996年污染物排放名录进行研究，发现位于州边界的县的空气和水污染物的排放量显著高于其他县，证实了行政管辖权是影响排污行为的重要因素。格雷和沙德贝吉安（Gray and Shadbegian，2004）重点调查了造纸企业的污染行为，选取了分布在美国38个州的409家造纸企业，研究1985~1997年的污染排放与邻近县的关系，发现与其他州毗邻的造纸厂会排放更多的废气和废水。西格曼（Sigman，2005）对美国河流水质监测数据的研究发现，若河流上游流经的州具有自主制定环境政策和执行环境监测的权利，将导致其下游的河流水质指数下降4%。这证实了各州之间通过环境负外部性转嫁污染从而导致跨行政区域河流污染的现象。

3. 集聚效应或边界效应

集聚效应和边界效应是影响污染型企业区位的两股作用方向相反的力量。集聚效应将污染型企业吸引至能获取集聚溢出效应的地区，并通过乘数效应来获得更高经济增长。一般来说，大城市或工业区是享受集聚外部性的重要地区。边界效应将污染型企业吸引至行政区边界，从而降低企业的环境成本以及对地方环境的影响。地方之间的相互依赖以及尺度之间的相互依存是平衡边界效应与集聚效应的重要依据。由于环境污染物会在一定范围内扩散，因此，环境污染的影响并不仅仅局限于污染源所在地（Hatzipanayotou et al.，2002，2005；Hirazawa and Yakita，2005）。环境污染的扩散范围与行政区划是不一致的，因此，将污染型企业放置在行政边界地区既能使污染物扩散至相邻国家或者行政区，从而减少留在本区的污染物，又能保住税收和GDP，最终达到地方政府的"最优污染量"均衡（周沂等，2014；Yang and He，2015）。然而，虽然本地环境污染可能会降低，但在更大的空间尺度上污染排放量可能会更大。边界地区容易发生排放方式粗放、治理动力不足、治理技术落后等问题，由此可能产生更严重的环境污染问题。对于污染问题，虽然环境工程科学对污染的治理可以达到减少污染的效果，但利用经济地理的研究方法分析污染主体的环境行为，并加强污染的治理动机以及减少污染排放，才能更加全面有效地从源头上减少区域尤其是边界区域的环境污染问题。

四、新经济地理视角的环境研究

自20世纪80年代以来，经济地理学领域取得了很大的理论进展，新经济地理学从传统的经济地理学分析中走出来，并逐渐吸收经济学及其他学科的发展成果。新经济地理学发展包括两大方向：一是关注制度、文化、社会以及演化特征，即所谓的"制度转向""文化转向"和"演化转向"；二是以克鲁格曼为代表的经济学家的新经济地理，强调规模报酬递增、市场潜力与交通成本相互作用是经济活动空间集聚的重要力量。文化、制度、演化等视角也是经济地理研究环境问题的重要切入点，同时也是探索经济活动环境效应以及环境对经济活动干预发展的重要切入点。

1. 环境管制与环境经济地理研究

随着人们对环境问题的重视，环境规制成为不同领域学者关注的热点问题。理解环境规制的经济活动响应也是一个多学科参与的命题。环境规制思想最早起源于经济学家对环境问题的关注和思考。马歇尔（Marshall，1890）的外部性理论、皮古（Pigou，1920）的福利经济学理论、科斯（Coase，1960）的产权理论，可以视为环境经济学理论的源头，同时也是环境政策研究最直接的理论依据。实行环境规制的依据正是环境资源的公共性和外部性原理。马歇尔（Marshall，1890）第一次正式提出外部性理论。随后，皮古（Pigou，1920）进一步提出由于边际个人收益和边际社会收益之间的差异，在追求自身利益最大化的过程中，经济个体以环境为媒介向外界转嫁负外部性。与此同时，环境资源作为一种公共物品，具有非排他性和非竞争性的性质，使得资源配置的价格机制不再起作用。科斯（Coase，1960）提出以交易为基础的外部性理论：在交易成本为零的条件下，只要合理界定产权，不需要政府的干预，私人之间可以通过谈判、由污染者向受害者赔偿或者由受害者出资治理环境等方式来解决问题。随后，哈丁（Hardin，1968）的"公地悲剧"引发人们对于环境问题的重新认识与高度重视。由于环境资源具有典型的公共产品性质，因此存在同样的问题。环境资源被滥用并产生负外部性，导致市场机制失灵。因此，政府参与非常关键，环境规制应运而生。保护环境最好的方法就是明确环境资源产权，通过市场为环境资源定价（Liverman，2004；Pagiola，2008）。

环境规制对经济活动的影响在空间上表现为"污染避难所"效应，污染产业倾向于聚集在环境规制标准相对较低的国家，故而环境规制的强度显著影响产业尤其是污染性产业的空间格局。在全球化以及自由贸易条件下，"南—北"环境规制水平及环境规制成本的差异将愈发明显。如果这种环境资源差异足以影响国际贸易流向，那么专业化分工将促使"资源"和"污染"在全世界范围内重新"配置"。此时，一个国家的环境规制程度很可能对另一个国家的环境质量造成影响。

然而，没有证据表明环境保护成本是外商投资的决定性因素，也没有关于贸易流动和外资流动的研究表明环境规制是工业区位选择的重要因素。托比（Tobey，1990）检验了环境规制对污染工业品贸易模式的影响，发现在20世纪60~70年代，严格的环境规制并没有显著地影响23个样本国家污染密集型工业的贸易模式。科尔和艾略特（Cole and Elliott，2003）采用1995年的截面数据及60个国家的总样本检验环境规制对污染品贸易模式的影响，发现钢铁和化工行业在资本丰裕的国家具有比较优势；非金属和造纸行业分别在矿产丰富与森林资源丰富的国家具有比较优势。在第一种情况下，由于发达国家资本相对丰裕，即使面对严格的环境规制，钢铁和化工行业也没有转移到发展中国家。在第二种情况下，非金属和造纸行业都依赖当地资源禀赋，因此污染工业也没有发生转移。科尔和艾略特（Cole and Elliott，2003）初步揭示了环境规制很难对国际贸易流向产生影响的原因是："污染避难所"假说与要素禀赋假说之间相互冲突。

到目前为止，实证研究并没有完全支持"污染避难所"效应。原因可归纳为以下几点。首先，由于受政府干预，严格的环境规制对出口的负向影响以及对进口的正向影响变得非常模糊。例如，对污染密集型行业给予补贴或者限制不能达到国内环境标准的产品进口（Van Beers and Van Den Bergh，1997）。其次，实证研究本身也存在一些缺陷。①环境规制的内生性问题。埃德灵顿和米尼尔（Ederington and Minier，2003）认为，如果将环境规制设定为内生变量，那么环境规制的差异能够显著地影响贸易流向。②环境规制成本只是总成本中很小一部分，并不足以影响国际贸易的比较优势（Jaffe et al.，1995）。如果治污成本与其他生产要素成本相比非常小，那么环境规制对国际贸易模式的影响就不甚清晰（Antweiler et al.，2001）。而治污成本在总成本中所占的比重通常不会超过4%（Busse，2004）。③卡夫和布隆奎斯特（Cave and Blomquist，2008）认为这两种解释都不是实证研究缺乏证据的原因，而是文献中对污染工业的测量方法问题，即内生的治污成本可能是导致该结果的重要原因。此外，模型估计方法也可能产生结果的偏差，例如行业异方差等问题。

另一个与"污染避难所"假说不同的观点向新古典经济学关于环境保护问题的理论框架提出了挑战，首创性地提出环境规制可能产生正外部性，认为恰当设计的环境保护政策不但不会增加企业成本，反而能够引发创新，产生净收益，进而提高企业国际竞争优势（Porter and Van der Linde，1995）。波特和范德林德（Porter and Van der Linde，1995）认为环境规制严格的国家能够从环境质量改善中受益，并且能够在发展环境敏感型工业的过程中产生比较优势。从长期来看，这些优势可能弥补短期的损失。因此，环境规制能够帮助企业获得长期竞争优势。谢斐和帕尔默（Jaffe and Palmer，1997）通过研究制造业行业环境支出与创新事实发现，滞后的环境合规性支出对研发支出具有显著的积极作用。滨本（Hamamoto，2006）发现污染控制支出与研发支出存在正相关关系，由规制严格性刺激的研发投资的增加对全要素生产率的增长率具有显著的积极影响。伯曼和布伊（Berman and Bui，2001）发现减排成本可能会夸大环境规制的经济成本，得出减排措施可以显著提高生产率的结论。然而，这个观点也遭到了不少反驳，认为尽管环境规制能够激励产品或工艺创新，但所获收益能否补偿这些创新所需要的投资尚不明确（Simpson et al.，1996）。

2. 演化视角与环境经济地理研究

演化经济地理学以多学科视角，借助生物学和环境科学的核心工具与方法，以一般达尔文主义或者达尔文的共同演化理论为基础来建构理论体系。环境经济地理以制度演化（Hayter，2008）、规制理论（Angel，2000）、生态现代化（Gibbs，2000，2006）以及产业生态学（Lyons，2007）建构学术语言体系。无论广义达尔文主义是否可能，环境经济地理与演化经济地理可以利用通用的方法论（Hodgson and Knudsen，2010），通过物料循环、累积因果关系（Myrdal，1957）和路径依赖（Martin，2010）来建立起自己的分析框架。演化经济地理侧重于通过企业、行业和集群之间的增长与多样化来解释其路径依赖行为（Martin，2010）。同样，环境规则制度和不恰当的环境技术使用、商业惯例、政策和消费习惯的路径依赖带来的额外成本，也可以成为环境经济地理解决环境问题的突破口。关于污染企业和绿色企业演化的研究能让我们更好地理解相关企业的发展与演化特征。

将环境规制所带来的环境成本加入企业的生产成本后，环境成本作为企业尤其是污染型企业生产成本的重要组成部分，开始影响污染密集型企业动态。传统观点认为严格的环境规制不利于企业发展，原因包括：①环境规制产生额外的生产成本并降低企业利润，从而影响企业结构，可能导致新企业进入以及在位企业的衰退，甚至退出（Dean and Brown，1995）；②环境规制要求企业对环境设备进行投资，从而挤占其他生产性投资，影响企业再生产并降低生产效率，有碍企业成长；③环境规制可能导致企业调整战略，做出错误决策（Wally and Whitehead，1994），甚至导致企业退出。与此相反，基于波特假说，尽管短期内严格的环境规制会增加企业成本，但长期以来可以刺激企业创新，提高企业竞争力，进而增强企业在市场中的比较优势并促进企业增长。一方面，环境规制和政策激励向某产业或产品倾斜，激励企业推出新产品，降低企业创新失败的风险；另一方面，严格的环境规制带来的成本压力迫使企业进行创新，改进现有的生产工艺，提高生产效率，为企业增长赢得先机。因此，环境规制也可能促进企业进入和成长等动态行为（Zhou et al.，2017）。污染型企业的进入、成长、衰退和退出累积到区域—产业层面，表现为污染产业在区域间再分配，进而反映污染密集型产业的地理空间格局的调整。

多尺度与共同演化是环境经济地理和演化经济地理联系整合的重要视角。长期以来，经济地理学以地理尺度为基础来理解决策与环境过程以及跨尺度的生态问题。因此，无论是演化经济地理还是环境经济地理，地方—区域等跨尺度的研究都是值得关注的。结合环境经济地理与演化经济地理，研究环境—经济活动问题的重要特征是通过联系环境与社会经济过程的多尺度框架，进行尺度缩放、尺度间相互依赖以及不同地理单元的重叠分析。需要指出的是，环境和社会经济进程共同演化的性质与程度互为因果关系，正如卡利斯和诺尔加德（Kallis and Norgaard，2010）所述，对生态—经济共同演化的理解需要更加重视空间（Foxon，2011），毕竟环境问题是全球性的，同时也是特定地点以及不同尺度之间相互联系和依存的结果（O'Riordan，2001）。

最近关于生态和制度经济学共同演化的研究开始清晰地讨论如何利用路径依赖过程研究关于社会与环境联系的问题。共同演化是人群及其相关系统多样化的演化（Kallis and Norgaard，2010），但共同演化分析的边界以及哪些过程和要素可以纳入分析则是值得进一步讨论的。福克森（Foxon，2011）指出共同演化研究一般侧重于对二元关系的讨论，例如捕食者和猎物之间的关系，更普遍的共同演化及交互作用可以分为生物、社会、基因文化、生物社会和社会生态进化体系。受创造性破坏思想的启发，推动经济长期发展的技术经济范式拓展包括技术、科学、经济、政治和文化维度（Freeman and Louçã，2001）。在社会生态演化的背景下，绿色范式或可持续性转型发展方式成为当代发展研究的主流，社会—生态共同演化发展范式进一步转型为相互依赖的生态系统（Foxon，2011）。然而，值得关注的是绿色经济转型发展范式虽然包含了社会—生态共同演化以及理性历史特征，却没突出地理空间特征。目前，这两种模型都受制于地理变异，而多尺度交互以及差异性可以为其提供更加丰富的解释视角与证据（图14-3）。演化经济地理为环境经济地理研究提供的不仅仅是演化的视角，对经济、社会、政治、技术和环境随时间的因果与相互依赖关系的变化，不同地理尺度的相互依赖对环境与经济活动空间组织的影响也有重要的意义。

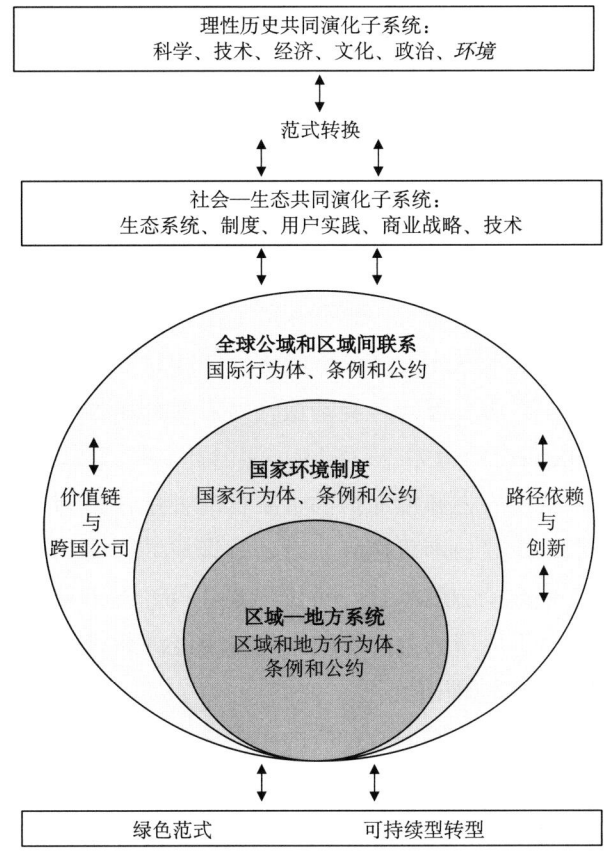

图 14-3　环境经济地理与演化经济地理的多尺度分析框架

资料来源：Patchell and Hayter（2013）。

3. 参与主体多元化与环境经济地理研究

在传统经济地理研究中，不同尺度上的不同利益主体承担经济活动空间组织的不同角色。在加入环境要素后，有形与无形的环境规制丰富了参与主体，因此，我们需要重新审视经济活动的空间组织者。由于"环境"的不同属性对不同主体产生差异化影响，政府、企业、居民、消费者、跨国组织、非政府环境组织（ENGO）的作用越来越重要。在面对经济发展与环境保护这一重要矛盾时，政府大多倾向于优先发展经济，在经济欠发达的国家或地区表现得更加明显。随着全球化力量的深入，造成"污染避难所"现象的国际贸易开始成为全球生产网络的一部分，欠发达国家或地区成为污染产业的理想区位。在地方力量的作用下，地方政府需要在全球竞争中争取一席之地（Cox and Mair，1988），也更倾向于以降低环境标准为代价来增强本土企业竞争力和吸引外来投资。因此，获取竞争优势成为地方政府竞争的重要筹码，"逐底竞争"成为全球力量地方化的重要体现，环境规制的权力属性开始成为地方政府实施环境活动空间组织的政策工具。因此，地方政府环境规制执行的能力、阻力和压力都将影响环境规制的执行结果（He et al., 2012b）。

无论是消费者还是 ENGO，主要是通过对政府环境规制的执行进行施压，将压力转化成环境成本，从而影响企业的环境行为。由于消费者愈加重视自身生活环境，他们开始弃购一些环境不友好的产品，并向非政府组织（NGO）表达环境诉求，因此，消费者也开始成为影响环境规制的重要力量。相关研究多见于生态现代化领域，倡导通过创新、生产者和消费者的行为与技术变化支持绿色经济（Gibbs，2000；Murphy and Gouldson，2000）。而区域教育水平、经济发展等差异造成消费者对环境行为响应的差异则是经济地理学研究的突破点（Ellen et al., 1991；Mainieri et al., 1997；Zsóka et al., 2013）。此外，随着经济全球化，跨国组织成为环境保护的重要推动力量并影响各国环境标准的制定。ENGO 也日益强大，组织形式日渐成熟和丰富，逐渐成为影响经济—地理—环境的新角色（Dalton and Rohrschneider，2002；Raustiala，1997；Rohrschneider and Dalton，2002）。因此，多元化参与主体对于环境的关注逐渐成为环境经济地理研究的重要内容。

4. 物料转向与环境经济地理研究

环境经济地理不仅仅关注能够创造价值的生产环节，还更多地考虑环境变化以及能源物料转型，并试图超越自然生产与社会结构的认识（Bakker and Bridge，2006；Lyons，2007）。物料文化与商品开启了生产和消费同时发生的新时代（Bakker and Bridge，2006）。与此同时，也延展了传统资源地理关于生产的认识。地理学者认识到地理调查往往无法对自然（环境）进行询问或者对其进行统计回归处理（Hanson，1999）。因此，这一领域的研究很难找到一个确切的方法或者数据进行处理和分析。

在概念延续上，全球价值链（GVC）和全球生产网络（GPN）似乎提供了一个有益参考，因为它们是将环境表现纳入全球生产、消费以及循环系统的重要载体。GVC 与 GPN 是经济地理学过去 20 年来的重要研究主题。GVC 和 GPN 通过分析从原料供应者通过核心企业到最终用户/消费者的生产流来构建不同空间的联系。在这个框架下，它们之间联系是多尺度的，集中关注生产过程嵌入本地的影响可以在一定程度上反映生产与环境的关系。然而，GVC 和 GPN 并不关注演化动态，还没有涉及相关的环境主体，如关于资源回收利用以及环境负外部性等话题。近年来关于企业通过提高其环境表现来推动绿色范式以突破环境限制成为保持竞争优势的重要战略，而企业通过价值链传播环境管理知识来推动产业升级以及产业绿色化成为 GVC 环境研究的重要突破口（Marchi et al., 2013）。跨国公司极大影响着世界经济，其环境绩效也是其对不同国度的影响组合而成。产品生命周期概念帮助 GVC/GNP 解释可持续发展技术和地方适应的多尺度共同演化，进而对环境经济地理研究做出贡献。事实上，大多数跨国公司积极参与设计、生产、分销以及回收等环节（图 14-4）。在产品生命周期的每个阶段，我们都需要降低能源消耗和废物排放。回收和再循环将生产过程转化为从提炼到废物处理的直线路径，从而进入材料和能源的循环。这部分功能与产品生产的终端公司有关。终端企业提供组成产品生命周期的材料、组件、商品和服务，并对产品的环境影响负责。

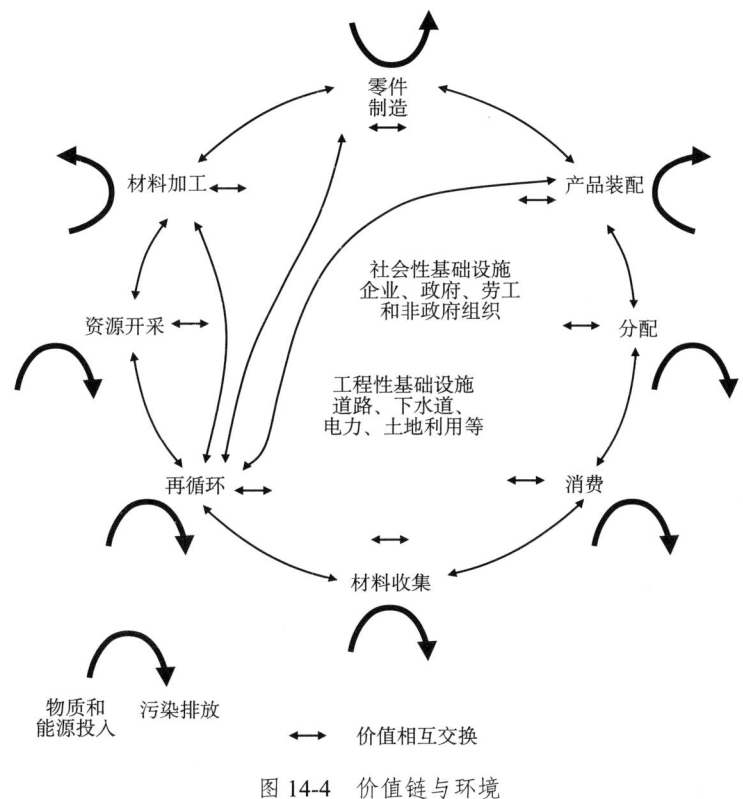

图 14-4 价值链与环境

第四节 中国环境经济地理研究

一、经济地理与人地关系研究

中国经济地理的发展走过比较独特的道路，重视与自然科学的分支学科的交叉研究（如自然地理、环境科学、生态科学等），与西方经济地理学的"文化"和"制度"转向形成了鲜明对比。自 20 世纪 90 年代中期以来，各种尺度的人地关系系统研究推动区域实现可持续发展,并逐渐成为中国经济地理学的重要研究对象。一方面,这是经济社会发展过程中的需求——可持续发展成为中国经济地理学的重要研究对象;另一方面,这也是中国地理学以研究地球表层自然要素和人文要素相互作用与关系及其时空规律等内容的结果。在人地关系领域,经济地理学者研究区域可持续发展的影响因素及其作用机制,构建了人口—资源—环境—发展协调理论和区域可持续发展测度指标体系等(贾若祥和刘毅,2003;张金萍等,2009;邬建国等,2014;樊杰和蒋子龙,2015)。此外,通过联合其他学科,经济地理学者还开展了全球环境变化的影响因素、区域发展基础的综合、土地覆被和土地利用变化等综合性研究(陆大道,2011;魏学琼等,2014)。如果说此前的经济地理学的综合性主要体现在学科本身的研究视角综合上的话,那么近期经济地理学则更多地开展了与地理学及相关学科的交叉研究,成为地球表层综合研究的重要活跃力量。

中国经济地理学集中在区域可持续发展研究,并为政府决策提供科学依据。一方面,区域可持续发展优化决策的约束条件越来越多,除传统资源供给约束增加外,环境容量和生态系统的约束日益强化(樊杰,2011)。同时,不同于以加速经济增长为主要目标的时期,区域可持续发展的目标日趋多元化,吸收了以人为本的理念,开始重视可持续发展理念下的生态环境效益,并将增长质量作为提升竞争能力的重要力量(牛文元,2012)。此外,发展的方式或模式多样,区域可持续发展各方面的关系更加复杂。另一方面,决策层对辅助决策的科技支撑也提出了更高的要求,包括快速准确的信息提供、应急的预警预测响应、规划方案的优化、情景和效果的可视化表达等(安凯等,2012;徐冠华等,2016)。

在具体的研究内容方面,中国经济地理学者针对人地系统的作用机理、人地系统的模型与调控建模以及不同区域类型的地区人地关系及区域发展差异等展开研究,取得了显著的进展。主要研究成果体现在区域发展及城市化进程的资源环境基础研究(张雷,2006;张雷和黄园淅,2009)、人地系统的模拟研究(Li et al.,2009;李娜等,2009)、流域尺度的分布式水资源—经济模型(石敏俊,2009)、流域多要素时空耦合模型等(李同升和徐冬平,2006)、半干旱地区社会—生态系统对干旱的适应演化机制研究(王俊等,2009;陈佳等,2016)、老工业基地经济发展与环境变化的关系及其区域差异性研究(苏飞和张平宇,2010)、内陆河流域及典型民族地区的人地关系研究(赵雪雁等,2005)等。

二、经济转型及其环境效应

中国经济转型造成了环境政策的差异性和不稳定性，显著影响了中国城市与区域环境。市场化、全球化与分权化是重构中国区域经济格局的三股强大力量，也是理解中国经济转型过程的重要视角（He et al., 2012a）。

1. 市场化与中国城市环境质量

在计划经济时期，资源配置由政府根据国家需要来决定。企业缺乏自主性，既没有追求利润最大化的强烈动机，也不承担相应的经济责任和风险。随着经济改革的推进，市场机制逐步被引入中国。非公有经济空前繁荣，企业逐步成为自主经营的主体。一大批非国有企业开始主导经济发展，包括股份合作企业、联营企业、有限责任公司、股份有限公司、私营企业和外商投资企业等。尽管在能源、装备制造业、钢铁制造和金属制造业、石油冶炼和加工业等重工业及资源密集型产业中，国有企业仍然占据主导地位，但非国有企业已经成为制造业和整个经济的重要形式。非国有企业的崛起对于改善环境质量具有有利的一面。相较于国有企业而言，非国有企业有更大的自主性，会激励其对资源实施有效的利用。因此，资源利用效率提高，使用等量资源产生的污染物可能更少。同时，非国有企业与地环境执法部门的议价能力普遍较弱（Wang and Jin，2002），只能严格按照当地环境标准进行生产和排污。因此在私有部门经济发达的地区，环境质量可能更好。不过，市场化也会给环境带来不利的影响。与国有企业相比，非国有企业更加以利润为导向，缺乏将环境外部性内部化的动机。在给定的环境规制下，追求利润最大化的企业会尽一切可能逃避环境污染治理的责任。

2. 全球化与中国城市环境质量

改革开放以来，中国积极融入经济全球化。全球化力量对环境的影响比较复杂。一方面，全球化将会影响污染型企业地理分布，从而影响区域的环境质量。"污染避难所"假说认为，国际贸易和外商投资对发展中国家的环境会造成损害，发展中国家环境规制普遍较弱，将成为"污染避难所"假说中的污染承接地。中国的环境政策相对宽松，监管力度和地方政府的重视程度也与欧美发达国家有较大差距，这成为中国吸引污染型外资企业的主要原因。甚至许多国家选择将垃圾出口，导致发展中国家成为西方国家的"垃圾场"。根据联合国 2005 年的报告，随着人们对电脑更新，每年大约产生 5 000 万吨电子垃圾。据中国质量新闻栏目预测，其中 72%的电子垃圾被运到了中国。

另一方面，全球化对中国环境质量也有积极影响。第一，全球化促进了清洁技术的全球性扩散，有利于中国污染型企业的节能减排。第二，全球化促进了信息、知识、文化的扩散。发达国家的环境与健康意识可以迅速传播到全球其他地方，人们的环保意识普遍得到提高。环保意识的提高增加了对环境管制的压力，促进当地环境质量的改善。第三，中国越来越多地参与到全球贸易中，环境贸易壁垒成为中国不得不面对的问题。环境贸易壁垒迫使环境标准宽松的国家接受更严格的国际环境标准，可以促使中国改进生产技术流程，提高产品的环境质量。同时，外资本身也是环境标准信息的载体。外资进入带来了发达国家的环境标准信息并产生知识溢出效应。第四，全球化促进了全球环境保护合作，帮助全球协作共同改善环境质量。在 2015 年召开的巴黎气候大会上，中国宣布 2030 年左右单位 GDP 碳排放将比 2005 年下降六成至六成半。

3. 分权化与中国城市环境质量

改革开放以来，中国由过去中央统一收支的财政政策改为划分收支、分级包干的"分灶吃饭"财税体制。在财税分权体制下，地方政府追求财政收入和经济增长，并以此为核心展开竞争。当经济发展与环境保护相互冲突时，地方政府往往会倾向于发展经济从而妨碍环境保护政策的执行。区域分权为地方"逐底竞争"培育了土壤。地方政府通过地方政策、法规和其他相关措施保护对地方财政及经济增长贡献大的产业与企业。而一些缴纳财税较多的行业往往是重化工业等重污染行业。研究发现，地方政府纷纷降低当地环境标准来吸引污染产业和企业入驻（Ma and Ortolano, 2000; He et al., 2012a; Taguchi and Murofushi, 2010）。如果充分考虑环境的溢出效应，分权化还可能导致跨地区污染的"搭便车"行为，从而给区域整体环境质量带来不利影响（Helland and Whitford, 2003; Sigman, 2005）。然而，分权化也可能促进局部地区环境质量的改善，因为并非所有的财政分权都会产生"逐底竞争"的效应，也可能产生"邻避主义"效应。当环境污染产生的社会成本太高时，地方政府可能会提高本地环境标准，通过采取更严格的环境政策迫使污染物转移到其他地区，从而提高地区环境质量。而对于地方政府，则需要权衡吸引企业在地建立工厂获得的消费者剩余与工厂产生的环境污染。如果消费者剩余比较大，两个地区都会对"游移性"企业以较低环境标准为筹码展开引资竞争，即"逐底竞争"，这将导致环境管制标准降低，从而产生环境污染。但是如果污染成本较高，两个地区都会试图使环境管制标准高于优标准，并将排污企业驱赶到其他地区，即"向好竞争"。

三、中国环境经济地理研究

近 10 年以来，中国经济地理学者开始重视环境问题的研究，并强调经济发展与资源环境的相互协调作用，因此可持续发展等概念成为热点研究问题。中国学者结合经济地理学的综合思维，从经济活动区位、空间组织和地理环境的互动的角度，探讨经济与"环境"的关系（李小建，1999）。以往基于区域资源、环境评价的资源环境与经济发展协调性讨论（唐海行，1999；张雷和刘毅，2004；陈雯等，2006），很难探及"环境"将如何影响经济活动的空间组织以及在此过程中环境承担的角色。而以人地关系综合作用视角为环境问题研究的切入口，涉及人口、资源、环境和发展的诸多问题，着实体现了经济地理学研究环境问题的重要优势（刘卫东，2013）。然而，很多研究对于环境的理解还处于抽象化阶段，需要厘清"环境"在经济活动空间组织过程中扮演的角色，才能从根本上理解"环境"对经济活动空间组织的影响。

目前，中国环境经济地理学研究还在起步阶段（倪外和曾刚，2010；秦耀辰等，2010；He et al.，2012；沈静等，2012；沈静和魏成，2012；周沂等，2014；贺灿飞和周沂，2016）。现有研究主要集中在经济增长与环境的关系（马丽等，2012；黄茂兴和林寿富，2013；盖美等，2013）、产业集聚与环境污染（张可和汪东芳，2014；王兴杰等，2015；杨仁发，2015）、转型制度与环境污染（He et al.，2012a；He et al.，2012b；Zhou et al.，2017）等问题。马丽等（2012）通过建立中国区域经济发展与环境污染耦合度评价指标体系，对中国350个地级单元的经济环境耦合度和协调度计算后进行空间格局分析，发现中国经济环境系统整体上处于低耦合低协调状态，东部沿海地区的都市经济区和中部重要人口产业集聚区耦合度和协调度相对较高，远西部和东中部偏远地区的耦合度及协调度相对较低。张可和汪东芳（2014）分析了经济集聚与环境污染的相互作用机制，发现经济集聚和环境污染均存在明显的空间溢出效应，且相邻城市间的经济集聚和环境污染交叉影响，城市间的经济发展和环境质量具有"一荣俱荣，一损俱损"的特征。贺灿飞等（He et al.，2012a）提出转型经济制度是解读中国环境污染的重要视角，区域分权不利于环境保护，而参与全球化则能改善环境质量。贺灿飞和周沂（2016）出版《环境经济地理研究》一书，探讨在经济转型背景下污染型企业区位、空间动态、影响机制以及污染型产业地理格局演化，丰富了经济地理学企业和产业动态研究，也为研究环境问题提供制度视角。

作为一个发展中大国，中国既需要在全球环境问题上承担责任和义务，也面临巨大的经济发展压力，需要充分发挥经济地理学的综合性特长，在不同尺度上将经济发展、产业地理与环境变化结合起来。同时，在开放的经济环境背景下，环境经济地理的研究需要将地方综合视角、空间相互作用以及尺度相互依赖关系引入到经济活动与环境的空间关系分析。这些视角深刻地影响城市发展过程中政府对城市与环境关系的认识。

小　结

环境经济地理研究为环境问题的研究做出了重要贡献。经济地理学家对于环境的忽略导致环境经济地理学的发展没有得到应有的关注。人文学科研究环境问题大多从人类行为出发，忽略了对环境污染物产生过程的研究。因此，很多情况下较难找到人文因素与环境问题之间的直接关联。忽略污染物种类及来源的分析，使污染的作用机制成为研究的"黑箱"。经济地理学的环境研究弥补了这一缺陷，通过识别"环境"的不同内涵，利用区域综合、区域相互依赖以及尺度依存视角来研究环境问题，从而在人文与自然学科架起了环境问题研究的沟通桥梁，为理解环境问题提供新的方法和思路。尤其是在如今众多思潮影响下，经济地理学无论在分析环境问题及其政策建议方面都有望做出突出贡献。

环境经济地理研究具有深远的理论意义和现实意义。尤其是随着经济全球化的发展，生产过程超越地区尺度，导致生产和消费在空间上分离，全球化过程中形成的全球生产网络使经济活动空间组织得以重构。体现在环境规制差异影响下的污染性产业空间结构调整以及伴随其中的污染转移，经济活动环境污染空间分布及其尺度响应受影响而不断改变。与此同时，环境规制等政策的普遍化和规范化导致环境政策对于经济活动的影响更加突出。除环境规制之外，企业发展理念也随之改变，环境成本逐渐成为企业必须考虑的重要因素并影响企业区位选择与环境行为。伴随经济发展，公众环境意识在不断提高，消费者、环保组织等社会其他利益主体，也开始影响经济活动与环境的关系，具有综合性、交叉性优势的经济地理学将能够推动环境问题综合研究。

参 考 文 献

[1] Affolderbach, J., R. Galt, W. Jepson (2007) *Economy and Environment: Environmental Perspectives in Economic Geography*. Presented at the Paper and Panel Sessions at the Annual Meeting of the Association of American Geographers, San Francisco.

[2] Angel, R. J. (2000) Equations of state. *Reviews in Mineralogy and Geochemistry*, 41(1): 35-39.

[3] Antweiler, W., B. R. Copeland, M. S. Taylor (2001) Is free trade good for the environment? *American Economic Review*, 91(4): 877-908.

[4] Aoyama, Y., C. Berndt, J. Glückler, et al. (2011) Emerging themes in economic geography: outcomes of the economic geography 2010 workshop. *Economic Geography*, 87(2): 111-126.

[5] Aoyama, Y., J. T. Murphy, S. Hanson (2010) *Key Concepts in Economic Geography*. SAGE.

[6] Bakker, K., G. Bridge (2006) Material worlds? Resource geographies and the matter of nature. *Progress*

[7] Bastianoni, S., F. M. Pulselli, E. Tiezzi (2004) The problem of assigning responsibility for greenhouse gas emissions. *Ecological Economics*, 49(3): 253-257.
[8] Berman, E., L. T. M. Bui (2001) Environmental regulation and productivity: evidence from oil refineries. *Review of Economics and Statistics*, 83(3): 498-510.
[9] Braun, B. (1998) A politics of possibility without the possibility of politics? Thoughts on Harvey's trouble with difference. *Annals of the Association of American Geographers*, 88(4): 712-719.
[10] Bridge, G. (1998) Excavating nature: environmental narratives and discursive regulation in the mining industry. In Herod, A. O., G. Tuathail, S. Roberts (eds.), *An Unrulyworld? Globalisation, Governance and Geography*. London: Routledge, 219-243.
[11] Bridge, G. (2008) Environmental economic geography: a sympathetic critique. *Geoforum*, 39(1): 76-81.
[12] Busse, M. (2004) *Trade, Rnvironmental Regulations, and the World Trade Organization: New Empirical Evidence*. The World Bank.
[13] Carney, J. (1993) Converting the wetlands, engendering the environment: the intersection of gender with agrarian change in the Gambia. *Economic Geography*, 69(4): 329-348.
[14] Cave, L. A., G. C. Blomquist (2008) Environmental policy in the European Union: fostering the development of pollution havens? *Ecological Economics*, 65(2): 253-261.
[15] Chari, V. V., L. E. Jones, R. E. Manuelli (1995) The growth effects of monetary policy. *Federal Reserve Bank of Minneapolis Quarterly Review*, 19(4): 18-33.
[16] Coase, R. H. (1960) The problem of social cost. In Gopalakrishnan, C. *Classic Papers in Natural Resource Economics*. Palgrave Macmillan.
[17] Cole, M. A., R. J. R. Elliott (2003) Do environmental regulations influence trade patterns? Testing old and new trade theories. *World Economy*, 26(8): 1163-1186.
[18] Cole, M. A., R. J. R. Elliott (2005) FDI and the capital intensity of "dirty" sectors: a missing piece of the pollution haven puzzle. *Review of Development Economics*, 9(4): 530-548.
[19] Copeland, B. R., M. S. Taylor (1994) North-South trade and the environment. *The Quarterly Journal of Economics*, 109(3): 755-787.
[20] Copeland, B. R., M. S. Taylor (2004) Trade, growth, and the environment. *Journal of Economic Literature*, 42(1): 7-71.
[21] Costantini, V., M. Mazzanti, A. Montini (2013) Environment performance, innovation and spillovers. Evidence from a regional NAMEA. *Ecological Economics*, 89: 101-114.
[22] Cox, K. R., A. Mair (1988) Locality and community in the politics of local economic development. *Annals of the Association of American Geographers*, 78(2): 307-325.
[23] Dalton, R. J., R. Rohrschneider (2002) *Political Action and the Political Context: a Multi-Level Model of Environmental Activism*, Bürger Und Demokratie in Ost Und West. VS Verlag für Sozialwissenschaften, Wiesbaden.
[24] Dean, T. J., R. L. Brown (1995) Pollution regulation as a barrier to new firm entry: initial evidence and implications for future research. *The Academy of Management Journal*, 38(1): 288-303.
[25] Dicken, P. (1992) *Global Shift: the Internationalisation of Economic Activity*. Paul Chapman.
[26] Dicken, P., P. E. Lloyd (1990) *Location in Space: Theoretical Perspectives in Economic Geography*.

Harper & Row.

[27] Eder, P., M. Narodoslawsky (1999) What environmental pressures are a region's industries responsible for? A method of analysis with descriptive indices and input-output models. *Ecological Economics*, 29(3): 359-374.

[28] Ederington, J., J. Minier (2003) Is environmental policy a secondary trade barrier? An empirical analysis. *Canadian Journal of Economics/Revue canadienne d'économique*, 36(1): 137-154.

[29] Ellen, P. S., J. L. Wiener, C. Cobb-Walgren (1991) The role of perceived consumer effectiveness in motivating environmentally conscious behaviors. *Journal of Public Policy & Marketing*, 10(2): 102-117.

[30] Ellison, G., E. L. Glaeser (1999) The geographic concentration of industry: does natural advantage explain agglomeration? *The American Economic Review*, 89(2): 311-316.

[31] Emel, J., R. Roberts (1995) Institutional form and its effect on environmental change: the case of groundwater in the southern high plains. *Annals of the Association of American Geographers*, 85(4): 664-683.

[32] Ferng, J. J. (2003) Allocating the responsibility of CO_2 over-emissions from the perspectives of benefit principle and ecological deficit. *Ecological Economics*, 46(1): 121-141.

[33] Foxon, T. J. (2011) A coevolutionary framework for analysing a transition to a sustainable low carbon economy. *Ecological Economics*, 70(12): 2258-2267.

[34] Freeman, C., F. Louçã (2001) *As Time Goes by: The Information Revolution and the Industrial Revolutions in Historical Perspective*. Oxford University Press.

[35] Fujita, M., P. Krugman, T. Mori (1999) On the evolution of hierarchical urban systems. *European Economic Review*, 43(2): 209-251.

[36] Gibbon, P., J. Bair, S. Ponte (2008) Governing global value chains: an introduction. *Economy and Society*, 37(3): 315-338.

[37] Gibbs, D. (2000) Ecological modernisation, regional economic development and regional development agencies. *Geoforum*, 31(1): 9-19.

[38] Gibbs, D. (2006) Prospects for an environmental economic geography: linking ecological modernization and regulationist approaches. *Economic Geography*, 82(2): 193-215.

[39] Gibbs, D., M. Healey (1997) Industrial geography and the environment. *Applied Geography*, 17(3): 193-201.

[40] Gray, W. B., R. J. Shadbegian (2004) "Optimal" pollution abatement – whose benefits matter, and how much? *Journal of Environmental Economics and Management*, 47(3): 510-534.

[41] Grossman, G. M., A. B. Krueger (1991) Environmental impacts of a North American Free Trade agreement. *Social Science Electronic Publishing*, 8(2): 223-250.

[42] Grossman, G. M., A. B. Krueger (1995) Economic growth and the environment. *The Quarterly Journal of Economics*, 110(2): 353-377.

[43] Hamamoto, M. (2006) Environmental regulation and the productivity of Japanese manufacturing industries. *Resource and Energy Economics*, 28(4): 299-312.

[44] Hanink, D. M. (1995) The economic geography in environmental issues: a spatial-analytic approach. *Program Human Geography*, 19(3): 372-387.

[45] Hanson, S. (1999) Isms and schisms: healing the rift between the nature-society and space-society traditions in human geography. *Annals of the Association of American Geographers*, 89(1): 133-143.

[46] Hardin, G. (1968) The tragedy of the commons. *Science*, 162(3859): 1243-1248.

[47] Hartshorn, T. A., J. W. Alexander (1988) *Economic Geography*. Prentice Hall.

[48] Hatzipanayotou, P., S. Lahiri, M. S. Michael (2002) Can cross-border pollution reduce pollution? *Canadian Journal of Economics/Revue canadienne d'économique*, 35(4): 805-818.

[49] Hatzipanayotou, P., S. Lahiri, M. S. Michael (2005) Reforms of environmental policies in the presence of cross-border pollution and public-private clean-up. *Scandinavian Journal of Economics*, 107(2): 315-333.

[50] Hayter, R. (2008) Environmental economic geography. *Geography Compass*, 2(3): 831-850.

[51] He, C., F. Pan, Y. Yan (2012a) Is economic transition harmful to China's urban environment? Evidence from industrial air pollution in Chinese cities. *Urban Study*, 49(8): 1767-1790.

[52] He, C., T. Zhang, W. Rui (2012b) Air quality in urban China. *Eurasian Geography and Economics*, 53(6): 750-771.

[53] Heidkamp, C. P. (2008) A theoretical framework for a "spatially conscious" economic analysis of environmental issues. *Environmental Economic Geography*, 39(1): 62-75.

[54] Helland, E., A. B. Whitford (2003) Pollution incidence and political jurisdiction: evidence from the TRI. *Journal of Environmental Economics and Management*, 46(3): 403-424.

[55] Hirazawa, M., A. Yakita (2005) A note on environmental awareness and cross-border pollution. *Environmental Resource Economic*, 30(4): 369-376.

[56] Hodgson, G. M., T. Knudsen (2010) Generative replication and the evolution of complexity. *Journal of Economic Behavior & Organization*, 75(1): 12-24.

[57] Jaffe, A. B., S. R. Peterson, P. R. Portney, et al. (1995) Environmental regulation and the competitiveness of U.S. manufacturing: what does the evidence tell us? *Journal of Economic Literature*, 33(1): 132-163.

[58] Jaffe, A. B., K. Palmer (1997) Environmental regulation and innovation: a panel data study. *The Review of Economics and Statistics*, 79(4): 610-619.

[59] Jones, L. E., R. E. Manuelli (1995) Growth and the effects of inflation. *Journal of Economic Dynamics and Control*, 19(8): 1405-1428.

[60] Kallis, G., R. B. Norgaard (2010) Coevolutionary ecological economics. *Ecological Economics: Theory and Applications*, 69(4): 690-699.

[61] Kim, S (1995) Expansion of markets and the geographic distribution of economic activities: the trends in U.S. regional manufacturing structure, 1860-1987. *The Quarterly Journal of Economics*, 110(4): 881-908.

[62] Konisky, D. M., N. D. Woods (2010) Exporting air pollution? Regulatory enforcement and environmental free riding in the United States. *Political Research Quarterly*, 63(4): 771-782.

[63] Krugman, P. (1991) Increasing returns and economic geography. *Journal of Political Economy*, 99(3): 483-499.

[64] Kuznets, S. (1955) Economic growth and income inequality. *American Economic Review*, 45(1): 1-8.

[65] Lange, A., M. F. Quaas (2007) Economic geography and the effect of environmental pollution on agglomeration. *The BE Journal of Economic Analysis & Policy*, 7(1): 1-33.

[66] Levinson, A. (2009) Technology, international trade, and pollution from U.S. manufacturing. *American Economic Review*, 99(5): 2177-2192.

[67] Li, N., M. Shi, F. Wang (2009) Roles of regional differences and linkages on Chinese regional policy effect in CGE analysis. *Systems Engineering – Theory & Practice*, 29(10): 35-44.

[68] Liverman, D. (2004) Who governs, at what scale and at what price? Geography, environmental governance, and the commodification of nature. *Annals of the Association of American Geographers*, 94(4): 734-738.

[69] Lyons, D. I. (2007) A spatial analysis of loop closing among recycling, remanufacturing, and waste treatment firms in Texas. *Journal of Industrial Ecology*, 11(1): 43-54.

[70] Ma, X., L. Ortolano (2000) *Environmental Regulation in China: Institutions, Enforcement, and Compliance*. Rowman & Littlefield.

[71] Mainieri, T., E. G. Barnett, T. R. Valdero, et al. (1997) Green buying: the influence of environmental concern on consumer behavior. *The Journal of Social Psychology*, 137(2): 189-204.

[72] Marchi, V. D., E. D. Maria, S. Micelli (2013) Environmental strategies, upgrading and competitive advantage in global value chains. *Business Strategy and the Environment*, 22(1): 62-72.

[73] Marrewijk, V. C. (2005) *Geographical Economics and the Role of Pollution on Location*. Social Science Research Network.

[74] Marshall, A. (1890) *The Principles of Economics*. Macmillan.

[75] Martin, R. (2010) Roepke lecture in economic geography–rethinking regional path dependence: beyond lock-in to evolution. *Economic Geography*, 86(1): 1-27.

[76] Mellinger, A., J. Sachs, J. Gallup (1999) *Climate, Water Navigability, and Economic Development*. CID Working Papers.

[77] Munksgaard, J., K. A. Pedersen (2001) CO_2 accounts for open economies: producer or consumer responsibility? *Energy Policy*, 29(4): 327-334.

[78] Murphy, J., A. Gouldson (2000) Environmental policy and industrial innovation: integrating environment and economy through ecological modernisation. *Geoforum*, 31(1): 33-44.

[79] Myrdal, G. (1957) The principle of circular and cumulative causation. In Myrdal, G. *Rich Lands and Poor: The Road to World Prosperity*. Harper.

[80] O'Riordan, T. (2001) *Globalism, Localism, and Identity: Fresh Perspectives on the Transition to Sustainability*. Earthscan.

[81] Pagiola, S. (2008) Payments for environmental services in Costa Rica. *Ecological Economics*, 65: 712-724.

[82] Panayotou, T. (1993) *Empirical Tests and Policy Analysis of Environmental Degradation at Different Stages of Economic Development*. ILO Working Papers. International Labour Organization.

[83] Parry, M., O. Canziani, J. Palutikof, et al. (2007) *Climate Change 2007: Impacts, Adaptation and Vulnerability*. Cambridge University Press.

[84] Patchell, J., R. Hayter (2013) Environmental and evolutionary economic geography: time for EEG2? *Geografiska Annaler: Series B, Human Geography*, 95(2): 111-130.

[85] Perrings, C., B. Hannon (2001) An introduction to spatial discounting. *Journal of Regional Science*, 41(1): 23-38.

[86] Peters, G. P., E. G. Hertwich (2006) The importance of imports for household environmental impacts. *Journal of Industrial Ecology*, 10(3): 89-109.

[87] Pigou, A. (1920) *The Economics of Welfare*. McMillan.

[88] Porter, M. E. (2011) *Competitive Advantage of Nations: Creating and Sustaining Superior Performance*.

Simon and Schuster.

[89] Porter, M. E., C. Van der Linde (1995) Toward a new conception of the environment-competitiveness relationship. *The Journal of Economic Perspectives*, 9(4): 97-118.

[90] Quaas, M., A. Lange (2004) *Economic Geography and Urban Environmental Pollution. Discussion Paper Series.* University of Heidelberg, Department of Economics.

[91] Rauscher, M. (2009) *Concentration, Separation, and Dispersion: Economic Geography and the Environment.* Thünen-series of applied economic theory.

[92] Raustiala, K. (1997) Domestic institutions and international regulatory cooperation: comparative responses to the convention on biological diversity. *World Politics*, 49(4): 482-509.

[93] Rohrschneider, R., R. J. Dalton (2002) A global network? Transnational cooperation among environmental groups. *Journal of Politics*, 64(2): 510-533.

[94] Schaeffer, R., A. De Sá (1996) The embodiment of carbon associated with Brazilian imports and exports. *Fuel & Energy Abstracts*, 37(3): 955-960.

[95] Selden, T. M., D. Song (1994) Environmental quality and development: is there a Kuznets curve for air pollution emissions? *Journal of Environmental Economics and Management*, 27(2): 147-162.

[96] Selden, T. M., D. Song (1995) Neoclassical growth, the J curve for abatement, and the inverted U curve for pollution. *Journal of Environmental Economics and Management*, 29(2): 162-168.

[97] Shafik, N., S. Bandyopadhyay (1992) *Economic Growth and Environmental Quality: Time Series and Cross-Country Evidence (No. 904).* World Bank Publications.

[98] Shin, S. (2004) Economic globalization and the environment in China: a comparative case study of Shenyang and Dalian. *The Journal of Environment & Development*, 13(3): 263-294.

[99] Shui, B., R. C. Harriss (2006) The role of CO_2 embodiment in US-China trade. *Energy Policy*, 34(18): 4063-4068.

[100] Siebert, H. (1985) *Spatial Aspects of Environmental Economics (Handbook of Natural Resource and Energy Economics).* Elsevier.

[101] Sigman, H. (2005) Transboundary spillovers and decentralization of environmental policies. *Journal of Environmental Economics and Management*, 50(1): 82-101.

[102] Simpson, R. D., I. Bradford, L. Robert (1996) Taxing variable cost: environmental regulation as industrial policy. *Journal of Environmental Economics and Management*, 30(3): 282-300.

[103] Soyez, D., C. Schulz (2008) Facets of an emerging environmental economic geography (EEG). *Geoforum, Environmental Economic Geography*, 39(1): 17-19.

[104] Stafford, H. A. (1985) Environmental protection and industrial location. *Annals of the Association of American Geographers*, 75(2): 227-240.

[105] Taguchi, H., H. Murofushi (2010) Evidence on the interjurisdictional competition for polluted industries within China. *Environment and Development Economics*, 15(3): 363-378.

[106] Thisse, J. F., Y. Y. Papageorgiou (1981) Reconciliation of transportation costs and amenities as location factors in the theory of the firm. *Geographical Analysis*, 13(3): 189-195.

[107] Tobey, J. A. (1990) The effects of domestic environmental policies on patterns of world trade: an empirical test. *Kyklos*, 43(2): 191-209.

[108] Torras, M., J. K. Boyce (1998) Income, inequality, and pollution: a reassessment of the environmental

Kuznets curve. *Ecological Economics*, 25(2): 147-160.

[109] Ullman, E. L. (1957) *American Commodity Flow*. University of Washington Press.

[110] United Nations Environment Programme (UNEP) (2012) *Global Environment Outlook GEO 5: Environment for the Future We Want*. United Nations Environment Programme.

[111] Van Beers C., J. C. J. M. Van Den Bergh (1997) An empirical multi-country analysis of the impact of environmental regulations on foreign trade flows. *Kyklos*, 50(1): 29-46.

[112] Verhoef, E. T., P. Nijkamp (2002) Externalities in urban sustainability: environmental versus localization-type agglomeration externalities in a general spatial equilibrium model of a single-sector monocentric industrial city. *Ecological Economics*, 40(2): 157-179.

[113] Virkanen, J. (1998) Effect of urbanization on metal deposition in the bay of Töölönlahti, Southern Finland. *Marine Pollution Bulletin*, 36(9): 729-738.

[114] Wally, N., B. Whitehead (1994) It's not easy being green. *Harvard Business Review*, 72(3): 46-52.

[115] Walter, I., J. L. Ugelow (1979) Environmental policies in developing countries. *Ambio*, 8(2/3): 102-109.

[116] Wang, H., Y. Jin (2002) *Industrial Ownership and Environmental Performance: Evidence from China*. World Bank Publications.

[117] Wang, T., J. Watson (2007) Who owns China's carbon emissions? *Tyndall Briefing Note*, 23: 1-7.

[118] Wheeler, J., O. Muller (1986) *Economic Geography*. John Wiley & Sons.

[119] Wyckoff, A.W., J. M. Roop (1994) The embodiment of carbon in imports of manufactured products. *Energy Policy*, 22(3): 187-194.

[120] Yang, X., C. He (2015) Do polluting plants locate in the borders of jurisdictions? Evidence from China. *Habitat International*, 50: 140-148.

[121] Zhou, Y., S. Zhu, C. He (2017) How do environmental regulations affect industrial dynamics? Evidence from China's pollution-intensive industries. *Habitat International*, 60: 10-18.

[122] Zsóka, Á., Z. M. Szerényi, A. Széchy, et al. (2013) Greening due to environmental education? Environmental knowledge, attitudes, consumer behavior and everyday pro-environmental activities of Hungarian high school and university students. *Journal of Cleaner Production*, 48: 126-138.

[123] 安凯、肖玉、谢高地等："中国可持续发展功能分区可视化系统研制",《资源科学》, 2012 年第 9 期, 第 1664~1670 页。

[124] 蔡运龙："当代自然地理学态势",《地理研究》, 2010 年第 1 期, 第 1~12 页。

[125] 陈佳、杨新军、尹莎等："基于 VSD 框架的半干旱地区社会——生态系统脆弱性演化与模拟",《地理学报》, 2016 年第 7 期, 第 172~188 页。

[126] 陈雯、孙伟、段学军等："苏州地域开发适宜性分区",《地理学报》, 2006 年第 8 期, 第 839~846 页。

[127] 傅伯杰、冷疏影、宋长青："新时期地理学的特征与任务",《地理科学》, 2015 年第 8 期, 第 940~945 页。

[128] 樊杰："优化中国经济地理格局的科学基础——对未来 10 年经济地理学学科建设问题的讨论",《经济地理》, 2011 年第 1 期, 第 1~6 页。

[129] 樊杰、蒋子龙："面向'未来地球'计划的区域可持续发展系统解决方案研究——对人文—经济地理学发展导向的讨论",《地理科学进展》, 2015 年第 1 期, 第 1~9 页。

[130] 傅京燕、张春军："国际贸易、碳泄漏与制造业 CO_2 排放",《中国人口·资源与环境》, 2014

年第 3 期，第 13~18 页。
[131] 盖美、胡杭爱、柯丽娜："长江三角洲地区资源环境与经济增长脱钩分析"，《自然资源学报》，2013 年第 2 期，第 185~198 页。
[132] 贺灿飞、周沂：《环境经济地理研究》，科学出版社，2016 年。
[133] 黄茂兴、林寿富："污染损害、环境管理与经济可持续增长——基于五部门内生经济增长模型的分析"，《经济研究》，2013 年第 12 期，第 30~41 页。
[134] 贾若祥、刘毅："中国区域可持续发展状态及类型划分"，《地理研究》，2003 年第 5 期，第 609~617 页。
[135] 李娜、石敏俊、王飞："区域差异和区域联系对中国区域政策效果的作用：基于中国八区域 CGE 模型"，《系统工程理论与实践》，2009 年第 10 期，第 35~44 页。
[136] 李同科、徐冬平："基于 SD 模型下的流域水资源—社会经济系统时空协同分析——以渭河流域关中段为例"，《地理科学》，2006 年第 5 期，第 5551~5556 页。
[137] 李小建：《公司地理论》，科学出版社，2013 年。
[138] 李小平、卢现祥："国际贸易、污染产业转移和中国工业 CO_2 排放"，《经济研究》，2010 年第 1 期，第 15~26 页。
[139] 李小云、杨宇、刘毅："中国人地关系演进及其资源环境基础研究进展"，《地理学报》，2016 年第 12 期，第 2067~2088 页。
[140] 刘卫东：《经济地理学思维》，科学出版社，2013 年。
[141] 刘卫东、陆大道："经济地理学研究进展"，《中国科学院院刊》，2004 年第 1 期，第 35~39 页。
[142] 刘卫东、张雷、王礼茂等："我国低碳经济发展框架初步研究"，《地理研究》，2010 年第 5 期，第 778~788 页。
[143] 陆大道："中国地理学的发展与全球变化研究"，《地理学报》，2011 年第 2 期，第 147~156 页。
[144] 吕一河、傅伯杰："生态学中的尺度及尺度转换方法"，《生态学报》，2001 年第 12 期，第 2096~2105 页。
[145] 马丽、金凤君、刘毅："中国经济与环境污染耦合度格局及工业结构解析"，《地理学报》，2012 年第 10 期，第 1299~1307 页。
[146] 毛熙彦、贺灿飞："'全球—国家—地方'尺度下的国际贸易环境效应研究进展"，《地理科学进展》，2016 年第 8 期，第 1027~1038 页。
[147] 美国国家研究院地学、环境与资源委员会地球科学与资源局重现发现地理学委员会：《重新发现地理学：与科学和社会的新关联》，学苑出版社，2002 年。
[148] 倪外、曾刚："国外低碳经济研究动向分析"，《经济地理》，2010 年第 8 期，第 1240~1247 页。
[149] 牛文元："可持续发展理论的内涵认知——纪念联合国里约环发大会 20 周年"，《中国人口·资源与环境》，2012 年第 5 期，第 9~14 页。
[150] 秦耀辰、张丽君、鲁丰先等："国外低碳城市研究进展"，《地理科学进展》，2010 年第 12 期，第 1459~1469 页。
[151] 沈静、魏成："环境管制影响下的佛山陶瓷产业区位变动机制"，《地理学报》，2012 年第 4 期，第 467~478 页。
[152] 沈静、向澄、柳意云："广东省污染密集型产业转移机制——基于 2000~2009 年面板数据模型的实证"，《地理研究》，2012 年第 2 期，第 357~368 页。
[153] 石敏俊、陶卫春、赵学涛等："生态重建目标下石羊河流域水资源空间配置优化——基于分布式

水资源管理模型",《自然资源学报》,2009年第7期,第1133~1145页。

[154] 苏飞、张平宇:"基于集对分析的大庆市经济系统脆弱性评价",《地理学报》,2010年第4期,第454~464页。

[155] 唐海行:"澜沧江—湄公河流域资源环境与可持续发展",《地理学报》,1999年第9期,第101~109页。

[156] 王俊、张向龙、杨新军等:"半干旱区社会—生态系统未来情景分析——以甘肃省榆中县北部山区为例",《生态学杂志》,2009年第6期,第1143~1148页。

[157] 王兴杰、谢高地、岳书平:"经济增长和人口集聚对城市环境空气质量的影响及区域分异——以第一阶段实施新空气质量标准的74个城市为例",《经济地理》,2015年第2期,第71~76页。

[158] 魏本勇、方修琦、王媛等:"基于投入产出分析的中国国际贸易碳排放研究",《北京师范大学学报(自然科学版)》,2009年第4期,第413~419页。

[159] 魏学琼、叶瑜、崔玉娟等:"中国历史土地覆被变化重建研究进展",《地球科学进展》,2014年第9期,第1037~1045页。

[160] 邬建国、何春阳、张庆云等:"全球变化与区域可持续发展耦合模型及调控对策",《地球科学进展》,2014年第12期,第1315~1324页。

[161] 徐冠华、柳钦火、陈良富等:"遥感与中国可持续发展:机遇和挑战",《遥感学》,2016年第5期,第679~688页。

[162] 闫逢柱、苏李、乔娟:"产业集聚发展与环境污染关系的考察——来自中国制造业的证据",《科学研究》,2011年第1期,第79~83页。

[163] 杨仁发:"产业集聚能否改善中国环境污染",《中国人口·资源与环境》,2015年第2期,第23~29页。

[164] 杨吾扬:"环境、规划与地理学",《地理环境研究》,1989年第1期,第18~25页。

[165] 张金萍、秦耀辰、张二勋:"中国区域可持续发展定量研究进展",《生态学报》,2009年第12期,第6702~6711页。

[166] 张可、汪东芳:"经济集聚与环境污染的交互影响及空间溢出",《中国工业经济》,2014年第6期,第70~82页。

[167] 张雷、黄园淅:"改革开放以来中国能源供需格局演变",《经济地理》,2009年第2期,第177~184页。

[168] 张雷、刘毅:"中国东部沿海地带人地关系状态分析",《地理学报》,2004年第2期,第311~319页。

[169] 张雷:"中国一次能源消费的碳排放区域格局变化",《地理研究》,2006年第1期,第1~9页。

[170] 张善余:"经济地理与自然资源",《经济地理》,1983年第1期,第68~71页。

[171] 张晓平:"中国对外贸易产生的CO_2排放区位转移分析",《地理学报》,2009年第2期,第234~242页。

[172] 赵楚年、郭廷彬、吕克解等:"自然地理与人文地理的交叉是现代地理学发展的趋势",《地球科学进展》,1997年第1期,第80~82页。

[173] 赵雪雁、周健、王录仓:"黑河流域产业结构与生态环境耦合关系辨识",《中国人口·资源与环境》,2005年第4期,第69~73页。

[174] 周沂、贺灿飞、王锐等:"环境外部性与污染企业城市内空间分布特征——基于深圳污染企业的实证分析",《地理研究》,2014年第5期,第817~830页。

第十五章 经济全球化

引　言

经济全球化带给人们最为直观的感受是全球经济在不同领域内日益增强的相互联系。交通通信技术快速发展，使得资源、资本、商品、信息等以更低成本、更快速度在不同国家和地区间流动，并进一步推动劳动分工和商业模式的革新，对现代生产与生活产生了深远影响。先观察以下几个典型的现象。

1. 全球生产

据香港《大公报》2007年12月5日刊文所载，在20世纪50年代，波音707飞机仅有2%的零部件在国外生产；时至今日，波音787飞机的生产仅有10%由波音公司自身完成，其余环节则由散布于全球各地的40余家合作伙伴完成。

2. 全球研发

据搜狐科技新闻2016年10月17日报道，华为公司早已于1999年在俄罗斯设立数学研究所，吸引俄罗斯数学家参与华为的基础性研发。目前，华为已经在全球发达国家设立16个研究所，包括美、英、德、法等。设置在德国慕尼黑的研究所拥有近400名专家，研发团队本地化率近80%。近年来，华为又进一步在迪拜设立研究中心，满足中东和北非市场的业务需求。

3. 全球零售

据《参考消息》2016年11月12日报道，中国于11月11日完成了被西方媒体称为"地球上购物最疯狂的24小时""一场万物互联没有边界的世界级狂欢"。阿里巴巴集团旗下的淘宝和天猫商城当天完成交易总额人民币1 207亿元。其中，线上成交额占比82%，覆盖全球235个国家和地区。这场"双11"购物狂欢节试图打造消费者"买遍全球"、商家"卖遍全球"的商业模式。当天共有94个国内外品牌成交额突破亿元。

在过去几十年快速全球化进程中，类似现象层出不穷，同时也对传统的地理认知形成挑战。一方面，交通通信技术发展极大地弱化了地理距离对经济活动的阻隔，导致一些学者认为地理在全球化进程中变得不再重要；另一方面，全球经济联系的强化以及生产和商业模式的变化，也使得地方的意义悄然改变。生产环节的空间分离导致基于地理单元的商品认知变得愈发困难，类似于"美国品牌—日本零件—中国制造"的产品比比皆是。一件商品不再代表特定地区的工艺与技术水平，而是一系列地区制造能力的集合。这同样导致部分学者认为，经济全球化对经济活动的整合势必弱化地方异质性。由此也衍生出了如"地球村""世界是平的"等关于全球化的象征性表述。

著名地理学家哈维于 1989 年提出了"时空压缩"的概念，挑战了传统的时空观念。哈维认为时间和空间并不一定具有客观性。经济全球化过程中，时间相对加速和空间相对缩小使得"世界有时显得内在地朝着我们崩溃了"（Harvey，1989）。世界收缩理论则梳理了时空压缩的逐步形成过程。不难看出，从书信、电报、电话、移动通信到社交网络和移动支付，通信技术发展减少了人与人之间"面对面"的需求；从人力、畜力、风力、蒸汽机到内燃机，从喷气式发动机到涡轮发动机，交通技术发展则极大地拓展了行为活动的空间范围。时空在这一过程中逐步"压缩"，进而对经济、社会、文化、政治等产生全方位的影响。

时空压缩特征同样催生了更为极端的全球主义表述。早在 20 世纪 70 年代，托夫勒（Toffler）就认为交通通信技术的发展和人口流动加速将导致地方快速趋同（Leyshon，1995）。类似地，奥伯里恩（O'Brien，1992）在其 1992 年发表的全球金融一体化研究中则以"地理终结"为题，强调信息技术发展将对资本市场自由化产生积极影响，并将以新的国际合作形式替代战后的地缘政治格局，经济活动区位的意义将被显著弱化。

然而，在地理学者看来，无论是"地球村""世界是平的"，还是"地理终结""地理已死"，或多或少都带有修辞色彩。在这些论述中，将地理简单地等同于绝对距离，忽视了地理学对空间、地方、尺度和区位等核心概念的构建（Murray，2006）。忽略这些概念实际上忽略了地理本身对经济全球化的影响，流于技术决定论。纵然经济全球化强化了地方之间的联系，但是这种联系实质上是一把"双刃剑"。它极可能缩小差距、消除差异，同样可能扩大差异，甚至形成两极分化，原因在于空间联系的形成仍旧以地方差异为先决条件。

从技术角度出发，现代经济全球化的理论建构大多建立在新自由主义的理论基础之上，强调技术对于经济全球化的驱动作用。然而，技术更新、扩散、吸收等过程绝非中性。它同时受到社会、文化、经济和政治等根植于地方的一系列因素影响，单纯认为经济全球化能够依托技术抹平这些因素的差异是片面的。

第一节 经济全球化

一、全球化发展脉络及其特征

全球化是一个具有鲜明时代特征的现象（Conversi，2010），其源头最早或可追溯至地理大发现时期。在不同时代背景下，全球化的动力来源、过程、主体和影响范围不尽相同。T. 弗里德曼（Friedman，2005）在其著作《世界是平的》一书中依据动力来源将全球化分为三个阶段：第一阶段（1482~1800年，全球化1.0），由国家在世界范围内追逐资源、开疆辟土所驱动的经济全球化；第二阶段（1800~2000年，全球化2.0），由企业在世界范围内充分利用要素禀赋、开拓市场所驱动的经济全球化；第三阶段（2000年至今，全球化3.0），由个人或群体在世界范围内即时沟通、信息共享所驱动的经济全球化。

此外，跨国公司在全球范围内的生产经营活动，国际组织的协调与治理（如世界银行、国际货币基金组织、世界贸易组织等），同样被视为现代经济全球化的重要标志（Fischer，2000；Sassen，2003）。

从空间内涵的角度看，学术界对全球化的认识同样存在一个不断深化的过程。斯科尔特（Scholte，1997）将其划分为三个阶段：跨越边界、开放边界与超越边界。

（1）跨越边界。在这一阶段，绝大多数研究将全球化等同于国际化，旨在理解日益增多的跨境要素流动现象，包括跨国人口、商品、资本、信息和技术，甚至是污染物的流动。国际化的概念建构以国际关系为基础，体现国家之间相互依存程度的持续提升。然而，这种认识将全球化进程中的社会和经济关系局限于国家之间，忽视了新兴主体如跨国公司、国际组织等对于社会经济关系的组织。

（2）开放边界。在这一阶段，研究侧重于将全球化与自由化相联系。一方面，交通与通信技术降低了地理距离所造成的分隔，使得跨国公司有能力在更大范围内组织生产；另一方面，国家为了从全球经济联系中获益逐步放松或取消了边境政策，如贸易壁垒、金融监管、入境许可等。在这一过程中，部分研究认为全球化在强化政府间协作的同时，也削弱国家治理能力，使得局部问题更容易受到外部力量干预和影响。归结起来，基于自由化的认识强调技术进步和制度变革对全球经济一体化的促进作用。然而，这种认识容易滑向极端全球主义，将"开放边界"视为全球化的唯一路径，忽视了全球经济相互依存带来的潜在风险。

（3）超越边界。跨越边界和开放边界的局限性激发了研究者对经济全球化的进一步探索，不再囿于领土边界，试图以社会经济关系理解空间的突破与重构。全球不只是由一系列地方、区域和国家等空间单元几何镶嵌而成的大尺度空间，同时也是一系列关系的集合，涵盖了各类经济主体之间的联系。基于关系的认识进一步催生了"网络化范式"，即空间单元不再单纯是一个由领土围合的平面，而是一个立体单元。"立体"的来源不仅代表空间本身的属性，也代表着与其他单元的联系。

值得注意的是，当代全球化亦逐步从"西化"转向"超越西方"。早期全球化因其追逐廉价初级产品的特征，被视为殖民主义的象征。而在全球经济一体化的变革过程中，发达国家凭借在资本、技术和制度等方面的优势在全球化过程中占据主导地位，成为全球"西化"的主要动因。然而，随着发展中国家尤其是东亚国家在经济全球化进程中的逐步崛起，基于西方中心主义构建的全球化理论体系凸显出其局限性，促使学界开始寻求建立更具空间包容性的全球化认知。

二、地理终结？

1. 地理终结的错觉

全球化"时空压缩"特征同样给学者带来了诸多"错觉"，产生了一系列具有极端全球主义倾向的表述，地理终结论调正是其中最具代表性的表述之一。时至今日，生活中有许多现象足以揭示"地理终结"论调中的修辞意味远大于说理。例如，从麦当劳、肯德基到星巴克，遍布全球的餐饮零售企业在世界各地有着截然不同的营销策略，绝大多数跨国零售企业都在努力寻求独特的本土化策略。此外，即便在中国移动支付快速发展的今天，移动支付的推广路径在空间上仍是一个渐进的过程，不同城市之间的普及程度同样存在差异。诸如此类的经验证据还有许多，那么，究竟是什么原因使得经济全球化催生了"地理终结"的错觉呢？

全球化极大地强化了空间联系，削弱了地理分隔所产生的影响。尤其是现代信息技术的发展，赋予了全球化同时性和瞬时性。同时性意味着一个地方发生的事件不仅对本地产生影响，可能同时作用于远在千里之外的其他地方；瞬时性则意味着一个地方发生的事件能够以最快的速度传递到另一个地方（Scholte，2005）。

"地理终结"论的第一个缺陷在于放大了瞬时性的作用，误将绝对距离当成了地理的全部。事实上，全球格局变化是地理差异与地理联系共同作用的结果。全球联系实质上是从地方到地方的联系，瞬时性加快了联系进程，却难以从根本上左右联系的流向，决定联系发生方向的是地方之间的差异。例如，交通与通信技术发展有能力使 BBC、

CNN、CCTV 制作的节目向世界的每一个角落传播，但这并不意味着所有人都有能力、兴趣和意愿去接收和观看。资源、技术、宗教、历史、语言等一系列要素直接影响着全球联系的方向与内容。换言之，"流"的空间仍旧具有鲜明的地理特征，绝对距离并非影响"流"空间的唯一因素。

"地理终结"论的第二个缺陷在于忽视了同时性的产生具有先决条件，而不是绝对的。"地理终结"论认为全球可能因为同时性的强化而变得趋同，但实际上趋同只是诸多可能性之一。空间联系强化同样有可能加剧地区间差异。以经济发展为例，部分观察者发现全球化催生俱乐部趋同的可能性是存在的。世界银行《2009 年世界发展报告》的成果表明，亚洲部分国家的经济增长表现出俱乐部趋同特征。由此可见，全球联系或许有助于促进发展水平相当的国家趋同，但同时可能加剧不同发展水平国家之间的差距。理论上，区位、地方、领土决定着国家和地区参与全球联系的优势。基础较好的地区可能获得先发优势并通过全球联系进一步收割全球化红利。相比之下，基础较为薄弱的地区在全球联系的过程中并不一定能够"被平均"，反而存在着"马太效应"的风险。

总体而言，地理差异与地理联系就像一枚硬币的两面，是一个相互作用的过程。地理终结论调的错误在于将二者视为单向决定的关系，即地理联系的增强将消除地理差异。实际上，地理差异是地理联系发生的前提，同时地理联系也将进一步重塑地理差异。

2. 全球化地理

建立在地理差异与地理联系相互作用的基本认识之上，全球化地理表现出鲜明的"块状分散"过程（Sunley，2011）。从地理差异的角度来看，趋同与分异并存，形成了"核心—半边缘—边缘"的世界体系结构；从地理联系的角度来看，块状分散是经济活动"脱嵌"和"再嵌入"作用的结果。

（1）世界体系理论

20 世纪 70 年代，以伊曼纽尔·沃勒斯坦（Immanuel Wallerstein）为代表的学者不满于现代化理论片面强调西方发展模式并偏见性地将全球化等同于西方化进程。为此，沃勒斯坦（Wallerstein，1974）提出将世界视为一个整体，以世界体系为单位理解现代化进程，而非以国家、民族为分析单元。在此基础上，沃勒斯坦提出世界体系的一体化并不意味着均质化。恰恰相反，资本积累的过程正是依托于体系内部空间不平等。核心地区凭借其优势能够通过不平等交换以较少的劳动换回较多的劳动，导致剩余在这一过程中从边缘地区流向核心地区。因此虽然世界体系处于动态变化之中，但是"核心—半边缘—边缘"的不均衡结构是其常态。在资本积累的过程中，中心持续通过剥削半边缘和边缘地区强化其核心地位，同时不断有新地区融入世界体系并被边缘化，以维持世界体系的资本积累，直至达到极限后消亡。

世界体系理论绝非完美的理论，但是它为社会科学理解资本主义世界的演变规律提供了新的视角。从地理学的角度来看，世界体系理论的贡献在于揭示了世界经济发展格局不均衡，强调了国际劳动分工对资本积累和商品交换的影响，从政治经济视角为全球经济地理格局演化的动力机制提供了一种解释。

（2）脱嵌与再嵌入

脱嵌是一个社会关系得以摆脱特定时空限制，从原有的地方结构中逐步剥离的过程（Giddens，1990）。例如，文字的发明使得根植于地方的文化得以记录、积累，并在更大范围内传播。脱嵌存在多种机制，总体上表现为从具象到抽象、从独特到遍在的过程。全球化"时空压缩"的特征为许多经济活动从固有的地方脱嵌创造了条件，表现出显著的一体化特征。

再嵌入是一个与脱嵌伴生的概念，指代一个社会关系要发挥作用需要赋予具体的时空前提，并置于特定的地方结构中（Eriksen，2007）。全球联系作为一个从地方到地方的过程，其实质上是一个脱嵌与再嵌入并存的过程。脱嵌赋予了经济活动跨越边界的能力，而再嵌入则是全球化对地方产生实质性影响的前提。"地球村""世界是平的"等一系列极端全球主义式的措辞正是片面强调了全球化过程中的脱嵌，而忽略了全球化仍显著存在的再嵌入过程。

在脱嵌与再嵌入的认识基础上，全球化地理实质上具有一种立体网络式的世界观。全球化地理呈现的是地理差异与地理联系的复合。其中，地理差异存在流动性强的部分与根植性强的部分。流动性强的部分在全球化进程中具备脱嵌的能力，从而成为全球联系的重要内容。当全球联系进入新的地方，并与当地根植性强的部分相互作用，形成再嵌入的过程，进而对地方产生实质性影响。

三、重建"经济"与"地理"的联系

要理解地理终结论中的谬误并不困难，然而地理学者的努力并不止步于此。如同格雷汉姆（Graham，1998）指出，"并不是世界在缩小，而是技术、经济和社会与空间之间的关系发生了变化。"可见，经济地理学者要参与全球化研究，首要任务当是理顺"经济"与"地理"的关系变化，为理解全球化下的地理格局与过程奠定认识基础。参照格雷汉姆（Graham，1998），可以将经济与空间之间的关系归纳为三类。

（1）技术与经济变革将取代传统地理。建立在新自由主义基础上的理论普遍以技术变革作为经济全球化的认识基础，强调时空关系在全球化进程中的变化。受此认识影响，地理空间在全球化进程中作为"被冲击"对象而存在。施加冲击的主体则是不可阻挡的技术进步（Hill，1988）。显而易见，这一认识视技术为独立于经济与社会空间之外的外生变量。从技术到空间的过程，是一个单向"决定论"式的过程。技术冲击的直接结果是技术空间将取代传统的地理空间，表现为技术联系消除地理分隔，降低经济密度。具体而言，技术进步使得经济活动能够摆脱固有的时空限制，在更大范围内流动，提升了经济要素遍在程度，扩大了市场范围。这在一定程度上削弱了经济活动在空间上集聚的需求，使得经济活动存在分散化倾向。

（2）技术、经济与地理协同演化。这一观点认为，技术变革对社会关系的调整将使得经济与地理同时发生变化，而不是简单的取代与被取代关系。地理空间无法直接被取代的原因在于，有些根植于地方的因素并不因为技术进步而变得遍在。具体而言，技术进步使得生产环节不断细分并垂直分离，因而在空间选择上具备更大弹性。与之相适应，生产活动的空间边界不再囿于传统领土边界，跨国公司在全球范围内的组织边界变得愈发重要。与此同时，不同地区的劳动分工亦随着要素流动而发生变化。由此可见，技术变革对经济关系的影响并未取代地理空间的作用，使得经济活动变得分散。相反，地理空间正从一种均衡转向另一种均衡。

（3）技术、经济与地理系统关联。这一观点在协同演化的基础上进一步引入了关系视角。行动者网络理论为这一观点的发展奠定了基础，使得技术、经济与地理空间之间不再呈现为二分状态，而是一个有机的整体。地理空间由传统的领土单元几何镶嵌转变为不同尺度下的关系网络，但地理空间并不是网络的全部。在这样一个关系网络中，节点与联系都是技术、经济、地理等一系列人与非人行动者共同作用下的结果。

总而言之，第一种关系模式与地理终结论的认知相似，片面强调技术的作用，忽视了地方的意义；第二种关系模式认识到了地方的意义，但其仍旧建立在经济与空间的二元对立之上，这种二元对立并不利于理解经济地理演化的过程机制；第三种关系模式通过网络化视角实现了经济与地理的有机统一。综合经济地理的关系转向、网络化范式的发展、尺度重构理论的推进，经济地理学在全球化研究中逐步为"经济"与"地理"建构出"立体网络化"的认知体系。

第二节　尺度重构下的"全球"与"全球化"

一、地理尺度

尺度是地理学的核心概念之一。不过，尺度的内涵在自然地理学、人文地理学与地理信息科学中存在不同程度的差异。在自然地理学和地理信息科学中，尺度一方面与制图技术相关，代表着对地观测的距离与地图图面信息之间的关系。这也赋予尺度以分辨率的内涵，即尺度越"小"意味着成像单元越精细。为此，研究者需要意识到"尺度变化"可能导致规律变化，并关注不同尺度之间的相互联系。另一方面，尺度也与地理范围相关，表示了研究基本空间单元的大小，体现着研究对象的系统边界。这同时也赋予尺度以采样频率的内涵，即尺度越"小"意味着采样频率越高。对此，尺度提醒研究者为研究问题寻找合适的分析单元。过小的尺度将导致过度采样，引入过多的信息噪声。反之，过大的尺度将导致采样不足，二者都将妨碍规律发现。

人文地理学中的尺度在一定程度上也表现为"地理范围"，但其内涵更侧重于社会经济关系的建构。换言之，尺度不只是由领土边界所围合的地理单元，更重要的是这一地理单元中所独有的社会、经济、文化和制度关系。对此，人文地理学词典（Johnston et al., 2000）将尺度简洁地定义为"表达的层次"，就如同"主权"之于国家，"方言"之于地方。豪伊特（Howitt, 1998）进一步将人文地理尺度划分为三个维度：规模、层级和联系。这三个维度揭示出 19 世纪 80 年代以来人文地理学对尺度内涵的争论与发展。

（1）规模：依据空间单元大小理解人文地理尺度，如街区、市区、城市、省区、国家、大洲等，这种理解方式与自然地理、地理信息科学相近。差异在于人文地理尺度不具备特定物质形态，其判定也无严格的物质过程，如流域等。相反，其更依赖主观感知且具有相对性。最为典型的"区域尺度"在规模上就具有极大的弹性，出于研究需求差异，不同研究中的"区域"规模存在显著差异。

（2）层级：依据"权力"关系所构筑的尺度层级，从小到大包括了"地方尺度""区域尺度""国家尺度"和"全球尺度"，这种理解方式将空间单元视为"权力的容器"（Giddens, 1985）。权力关系的细分/累加决定了尺度的下移/上推。由于权力关系在空间上往往由领土边界确定，因此领土单元自然地构成了此种人文地理尺度的空间单元。争议之处在于，将空间单元视为权力容器意味着空间单元先于社会关系存在，而非社会关系作用的结果。这导致了地方、区域和国家不再是特定历史条件下特定人为活动作用下的结果，反而成为一成不变的自然边界。

（3）联系：依据社会关系的空间表现所确认的尺度，尤其是资本运作的逻辑。这种理解方式将尺度视为社会关系的产物，并将尺度与空间、地方和环境相联系，强调特定社会关系的变化如何建构并改变地理尺度。例如，P. 泰勒（Taylor, 1982）认为城市尺度实质上是"经验尺度"，代表着日常生活的行为逻辑；国家尺度是"意识形态尺度"，代表着国家运作和劳动分工的逻辑；全球尺度则是"真实尺度"，代表着资本主义的组织逻辑。史密斯（Smith，1991）则进一步指出，资本一方面需要根植于特定空间完成积累；另一方面需要充分流动追逐利润最大化。这两股力量相互作用建构了从城市到全球的尺度特征，并使之处于不断变化之中。

从规模、层级到联系，人文地理学的尺度理论致力于与社会经济理论的内涵相适应，变得愈发抽象且充满"隐喻"。相应地，地理尺度所刻画的空间单元也逐步从欧式几何空间转向了抽象的空间建构，与自然地理、地理信息科学的尺度概念的区别愈发明显。此外，人文地理学的尺度更关注尺度的建构与重构，从而为不同尺度之间的联系提供系统性的解释。正是这一特性，为理解全球化的地理特征奠定了理论基础。

二、地理尺度中的全球

在全球化背景下，尺度理论研究的主要参与者是政治地理学者。他们先是基于政治经济分析，接着又引入了后结构主义视角，对尺度的建构和重构进行了批判性的发展。借助尺度理论，全球化地理学提出"全球化的过程实质上就是尺度重构的过程"。尽管政治经济方法与后结构主义视角使得尺度建构充满了各种隐喻，但尺度重构理论则避免了"全球尺度"过分简化、流于抽象，推动了全球化理论的进一步发展。具体而言，人文地理尺度的建构伴随着从规模、层级到联系的发展，呈现出以垂直体系为基础，向水平方向扩展，最终趋向立体网络式的结构特征。

基于规模和层级的尺度建构，普遍表现为垂直嵌套关系。每一个尺度都是由地方组成的地理单元。大尺度地理单元则是由小尺度地理单元几何镶嵌而成。据此理解，全球尺度是在"地方—国家"尺度之上拼贴而成的，表现为空间单元规模的扩大和层级的提升。在尺度概念从规模和层级向社会联系发展的初期，尺度结构同样沿袭了垂直体系式的建构。例如，P. 泰勒（Taylor，1982）提出了全球化的"三尺度结构"，从城市、国家到全球尺度逐级提升，并且将全球视为终极尺度。

然而，垂直式尺度建构在很大程度上忽视了尺度的流动性与开放性。换言之，基于联系的尺度建构区别于规模和层级的根本在于，前者并不认为尺度是天然存在的，而是社会关系作用的产物。因此，基于联系的尺度更关心尺度是如何被建构出来的。相应地，在全球化研究中，尺度的意义也就在于刻画全球化进程中，社会关系的变化将如何重新建构尺度。

史密斯（Smith，2004）将这一重构过程分别描述为"尺度跳跃"和"尺度弯曲"。前者指代特定的社会组织或群体具备在更高层级上行动的能力；后者指代特定的社会组织或个人有能力通过挑战并打破既定的制度安排，从而使得社会关系脱离了原有尺度。

在尺度重构的过程中，学者开始意识到人文地理尺度并不是一个个离散的垂直结构，尤其是在全球化进程中，水平联系同样重要。例如，豪伊特（Howitt，1998）将其比喻为音阶，指出全球尺度在垂直关系的基础上还存在着水平联系。莱特纳（Leitner，2004）则指出水平联系的存在使得尺度得以跨越空间，将分离且独立的单元构成一个有机的整体，而不像垂直尺度那样仅仅是空间单元的加总。马斯顿等（Marston et al.，2005）提出人文地理学不需要尺度概念，但其实质上依旧是对垂直式尺度的批判，以及对水平联系的认同。随着社会网络范式的兴起，越来越多的研究者以网络为喻来定义尺度。

卡斯特尔斯（Castells，1999）提出流空间和地方空间的概念，关注全球化进程中信息技术对空间的重构。在全新的信息技术支持下，资本和权力的流动不再依赖于国家或是企业，而是信息流和信息节点。流的空间代表着水平方向上的联系对尺度重构的影响。考克斯（Cox，1998）提出依存空间和交互空间的概念，强调尺度实际上是一系列权力关系的集合，存在不同维度的关系。一方面包含地方独有的利益关系；另一方面也包含与其他地方的关系。后者的存在足以使一个小范围内的事件在更大的范围内产生影响，从而改变前者。交互空间的概念代表着尺度建构中水平联系的作用。阿明（Amin，2002）提出从不同深度和广度的行动者网络出发对于理解全球化的地理特征至关重要。

在此基础上，学者进一步刻画了尺度的多维性和同时性，全球化的尺度表现出日益显著的立体网络化特征。这一点最为直观地反映在"全球地方化"（glocalization）概念中（Swyngedouw，2004）。在此理论建构下，全球化的尺度重构并不是一个纯地方化或纯全球化的过程，而是一个双向变化过程。既有朝着全球的扩展，也包括向个体和地方的细化。理解全球化的核心在于认识尺度的双向变化，基于经济网络联系和政治治理空间的重构，理解原有尺度的消解和新尺度的形成。布伦纳（Brenner，2001）则明确提出了尺度结构化的概念，刻画不同尺度之间的关系。这一理论明确了尺度结构既包含相互纠缠的垂直体系又包含相对分散的水平网络。尺度重构是向上联系、向下联系和水平联系共同作用的结果。

通过立体网络的隐喻理解尺度的多维性和同时性，有助于避免全球化研究中可能存在的一个偏见，认为地方相比于全球处于弱势地位。所谓"地球村""世界是平的"等论述的出发点就在于，认为全球力量的兴起将改变地方力量，迫使地方趋同。然而，尺度的多维性和同时性揭示出：①地方实质上是全球化进程中的行为主体，在全球纵横交错的权力网络中，地方并不是一味被动地接受全球化产生的影响，地方也绝非天然是与全球相抗衡的力量（Massey，2004）。东亚地区在 20 世纪 80 年代以来依托外向型经济发展模式实现的经济腾飞，足以说明地方在全球化进程中所具备的主动性；②全球实际上也面临着地方化的过程，例如，跨国公司进入异国市场始终面临本地化问题。从生产角度,跨国公司面临来自本地企业的竞争、培育或融入本地供应链等问题。从销售角度,跨国公司进入本地市场则往往需要迎合本地消费者的个性化需求而对产品和销售策略进行调整。例如,德国、日本的汽车生产在投资设厂的同时,在政府产业政策的约束下倾向于选择培育本地供应链。"洋快餐"进入中国在本土竞争的过程中开始研发和供应粥、米饭、油条、豆浆等独具中国特色的品种。

尽管对尺度重构的争议仍在继续,但是尺度重构理论仍奠定了人文地理学对全球化的认识基础。尺度理论明确了全球化研究并非寻求一个主导或最优尺度(Kelly,1999),全球化的本质是尺度重构。进一步地,尺度重构并不只是研究视角的延展。全球化切实反映出了社会关系变革。据此,尺度不只是由边界围合的空间单元,更是由社会关系所确定的空间联系。这一认识使得尺度在传统垂直式的建构基础上,引入了水平式尺度内涵,进而朝着立体网络式的尺度结构发展。

三、经济地理学中的"全球—地方"联系

长期以来,经济地理学的发展保持着鲜明的"区域传统"。在全球化与后福特主义的背景下,区域被公认为经济活动的基本单元(Storper,1995)。美国硅谷和128公路、"第三意大利"等区域发展的成功激发了"新区域主义"。经济地理学者通过广泛的经验研究和比较分析,关注区域内部的经济联系、知识生产和制度体系等对于区域发展的积极影响(苗长虹等,2002),聚焦于区域内部的发展能力构建,尤为关心后进地区通过知识学习和政策治理实现发展的路径(Wolfe and Gertler,2004)。

随着全球化进程的不断推进,经济地理学者意识到来自区域之外的联系与冲击对于区域经济活动的影响正在加强。尤其是在知识创新、外资进入和对外贸易等研究领域,逐步建构出"全球—地方"联系式的分析框架,试图将区域置于更为广阔的经济空间中。在此认识基础上,全球化下的区域成为不同主体相互联系、不同物质和信息流交互的场所,是"全球—地方"联系的容器(Jonas,2006)。

1. 知识创新的"全球—地方"联系

经济活动在区域集聚能够共享区域知识基础,形成知识溢出效应。由知识溢出效应衍生出对专业化集聚和多样化集聚的讨论。专业化集聚认为知识与信息更容易在同行业企业之间流动,从而鼓励创新,但同时也造成地区出现特定产业的垄断。相比之下,多样化集聚则认为不同行业之间的知识互补更有利于新企业进入和地方发展(Beaudry and Schiffauerova,2009)。多样化和专业化的分异引出了该领域研究的核心问题,即知识的生产与扩散是有条件的。地理邻近在多大程度上、多大范围内能够有效促进知识的生产

与扩散还存有疑问。

相较于多样化与专业化研究以行业差异和市场结构为切入，经济地理学者选择"邻近性"为切入点，进一步从空间视角反思区域中不同经济主体之间的联系作为知识生产与扩散的条件。研究明确指出，传统集聚研究高估了地理邻近性的作用。除了地理邻近性之外，技术层面的认知邻近性、结构层面的组织邻近性、关系层面的社会邻近性和体制层面的制度邻近性，都直接决定了知识是否能够在不同经济主体之间交流、传递，从而激励创新（Boschma，2005；李琳和雒道政，2013）。此外，过于邻近对于知识创新同样可能造成"锁定效应"，反而对知识创新产生不利影响（Balland et al.，2015）。不同种类的邻近性在知识传递过程中相辅相成（Huber，2012），这意味着非本地经济主体依旧能够凭借认知、组织、社会和制度等方面的邻近性对区域经济活动产生影响。

从知识网络的角度看，区域发展所需的知识与技术难以实现自给自足。尤其是随着区域经济结构逐步向更为复杂的形态演化，区域对知识与技术的要求不断提升。区域发展所需的知识与技术势必涉及一系列区域相互联系实现整合，表现出网络化形态（吕国庆等，2014）。在此理念下，一个具有代表性的"全球—地方"联系是"全球管道—地方蜂鸣"理论（Bathelt et al.，2004）。该理论认为成功的区域创新源于区域具备整合外部相关知识的能力。渠道即意味着本地企业从外部获取知识与技术的途径；地方蜂鸣则代表着知识由于地理邻近性而产生的地方传播机制，包括传统集聚经济所强调的面对面沟通，同时也包括地方通过创新系统构建所形成的"吸收能力"（Benneworth and Hospers，2007）。广泛的外部联系若无法通过内部网络加以转化吸收，那么对外联系的有效性同样将受到影响（曾刚和文嫮，2004）。

就区域知识创新而言，"全球—地方"联系的引入旨在明确知识与创新的主体是行动者，如企业、科研机构等，而非区域本身，从而避免陷入"学习型区域"等概念所隐含的区域崇拜之中（Hassink，2007）。随后，哈辛克和克勒丁（Hassink and Klaerding，2012）使用"在空间中学习"替代学习型区域等概念，同样试图通过尺度与空间的重构，以行动者为节点，增加对来自区域之外的跨尺度联系的考察。由此可见，"全球—地方"联系下的区域知识创新是跨尺度行动者所编织的知识网络在区域的交汇。

2. 外资进入的"全球—地方"联系

在网络化的经济空间中，区域具备鲜明的开放系统特征。本地与非本地行动者的相互作用成为塑造区域发展路径的关键力量。对此，"全球—地方"联系直观地表现出了区域生产组织与资源配置过程的"本地—非本地"分异。在现有研究中，外资利用则成为识别本地行动者与非本地行动者的核心变量。

外资的区位选择过程在一定程度上体现出"全球—地方"联系的过程。外资的区位选择过程具有显著的双边特征。在外资区位选择模型发展初期,地方特征占据主导地位。一方面,基于新古典贸易理论的选择模型强调外生地理区位因素的作用;另一方面,基于新经济地理模型的发展则进一步揭示了规模经济和交通成本等内生因素的影响。在此基础上,大量实证研究将外资区位选择从国家层面降至区域层面,从而进一步考虑了不同层面的制度、市场和技术分异对于外资区位选择的影响(黄肖琦和柴敏,2006)。

除了地方特征之外,现有研究进一步将母国特征以及东道国与母国联系引入区位选择模型,体现全球联系的影响。母国特征一方面决定了外资的投资动机,如追逐市场或生产要素等(Pan,2003),投资动机的差异使得来自不同地区的外商直接投资对于区域的影响存在直接差异(孙早等,2014);另一方面,母国特征影响东道国与母国的政治、社会和文化联系,进而影响外资进入东道国的可能性和行为特征。特别是资本在地区层面受地理距离影响较小的情况下,社会、文化与制度等方面的相似性将左右外资的区位选择(许和连等,2012)。研究者同时发现,来自发达国家的投资比来自发展中国家的投资对于陌生的制度环境具有更好的适应能力(Cezar and Escobar,2015)。

外资研究同时揭示出"全球—地方"联系包括了区域之间的相互联系。由于制度、市场和技术的分异是多层级、跨尺度的,外资区位选择过程中同样存在区域协同与竞争。区域协同表现在外资进入的"第三方效应",即外资进入可能存在垂直或水平分工的倾向,以充分利用各地区的比较优势(Baltagi et al.,2007)。为此,地区在吸收外资过程中存在相互联系,从而表现出明显的空间自相关特征(何兴强和王利霞,2008)。外资进入过程还可能引发区域竞争。中国实证结果表明,随着地方治理的自主性提升,区域之间可能出现产业模仿和外资竞争,从而导致市场分割、产业趋同,甚至出现环境逐底竞争(朱平芳和张征宇,2010)。

从区域外资利用所表现出的"全球—地方"联系特征来看,"全球—地方"联系具有垂直网络化的特征。从双边关系看,地方与全球是不对称的两个空间层次。具体地,在外资区位选择研究中,一方是国内的城市或区域,而另一方是外资来源国。值得注意的是,一国内部的区域联系可能易于跨国联系。为此,"全球—地方"看似不对称的空间联系背后,实际上隐含着不同区域之间的联系。区域内部的地方联系、区域之间的联系和区域对外的全球联系共同构成了"全球—地方"联系的立体网络。

3. 对外贸易的"全球—地方"联系

长期以来,贸易地理以国家为基本单元,通过扩展引力模型刻画双边或多边贸易联系,体现网络化经济空间的局部特征。随着网络化范式的发展,越来越多的研究开始尝试建构全球贸易网络描述贸易地理的格局与过程。研究源于两类截然不同的网络分析方法:社会网络分析和全球生产网络分析。基于社会网络分析建构的全球贸易网络,通过分析网络拓扑结构和国家节点属性，描述贸易流的分布特征（Benedictis and Tajoli，2011；Rauch，2001）。相比之下，基于全球生产网络建构的跨国贸易网络，偏向以网络为喻，旨在以跨国行动者为节点，通过分析不同行动者之间的经济、社会、文化、制度等联系，解释商品价值的增殖、捕捉与分配过程（Hughes，2000；Reiffenstein et al.，2002）。

区域对外贸易实质上是全球贸易网络的子网络。"全球—地方"联系的重点则在于揭示"全球—地方"之间的非对称地理结构。若基于拓扑结构分析，区域是贸易网络的节点。区域在经济规模、要素禀赋、人力资本等方面所形成的比较优势影响贸易流向与流量。非对称地理结构体现在运输成本差异，即部分地区相比于其他地区更接近国际市场，因而具备固有的地理优势（许德友和梁琦，2012；姚鹏，2016）。

若基于全球生产网络，区域则是不同行动者相互联系的场所。由于网络以行动者为节点，因此，贸易过程将受到区域内部、区域之间和区域与国家之间联系的影响，尤其是产品增值/升级的过程。早期关于产品升级的研究强调集聚经济的作用，即地理邻近使得企业、研发机构、政府等主体之间的有效联系加强，从而有利于出口学习和技术升级。施密茨（Schmitz，1999）据此提出了"集体效率"的概念，描述集聚外部性和集体行动所带来的贸易比较优势。

与此同时，越来越多的研究发现，在开放条件下，区域难以仅凭自身内部联系实现产品价值提升。区域参与价值链分工的方式将直接决定其产品价值的提升空间，如质量升级、过程升级、功能升级与结构升级等（Gereffi et al.，2001；Humphrey and Schmitz，2002）。此外，研究进一步发现接入全球价值链分工的方式与区域内部的集聚联系之间存在相互作用。一方面，地方联系的特征直接决定区域接入价值链的方式（Giuliani et al.，2005）；另一方面，价值链分工的变化也将进一步改变经济活动的集聚特征（Humphrey and Schmitz，2002）。

由此可见，在以行动者为节点的贸易网络中，"全球—地方"之间的非对称地理结构是复杂的。非对称性不仅表现在区域固有的交通区位差异，还表现在其所处价值链环节的差异。换言之，"全球—地方"的非对称地理结构还表现在，贸易在改变国际劳动分工的同时，也在改变一国内部的区域劳动分工。

综合区域发展过程中，资本、商品和知识流动所表现出的"全球—地方"联系，可以发现"全球—地方"联系中的区域并非传统垂直尺度建构中的一个层级，而是立体式网络联系交汇的场所。在这个场所中，区域作为"容器"本身所具备的自然优势是重要的。在此基础上，不同层级的联系则显著地影响着区域发展的路径，主要表现在三个方面：①区域内部不同行动主体的联系，基于地理邻近性和其他类型邻近性产生集聚经济；②区域之间的协同与竞争，基于区域异质性产生的区域专业化分工、地方保护与市场分割、逐底竞争或向上竞争等区际联系；③区域内部与外部主体的联系，基于劳动分工和非地理邻近性所形成的经济联系。三者综合勾勒出"全球—地方"尺度建构的立体网络化特征，而区际之间联系的存在则体现了"全球—地方"的非对称地理结构。

第三节　理解全球经济地理：相互依存的世界

一、全球联系强化

1. 跨国公司的全球行动

跨国公司能够在全球范围内调动资源、组织生产，成为经济全球化最为重要的主体之一，理解跨国公司的全球行为特征是全球化研究的核心议题之一，同样也是一个多学科参与的领域。经济学者较早对此现象展开研究，致力于回答跨国公司的成因及其形成条件。早在 20 世纪 60 年代初，海默（Hymer，1976）就以垄断优势和不完全竞争为核心创立了跨国公司理论，指出跨国公司逐利的根源在于其能够在东道国利用垄断优势排斥自由竞争以获取超额利润。弗农（Vernon，1966）结合产品生命周期理论和工业区位论，通过增加时间动态的分析解释了不同时期跨国公司扩张的国家差异特征。巴克利和卡松（Buckley and Casson，1976）提出跨国公司的形成主要源于克服外部障碍而将交易内部化的过程。邓宁（Dunning，1980）提出的国际生产折衷理论，将跨国公司的成因归结为所有权优势、内部化优势和区位优势三组变量的组合，对跨国公司理论进行了较好的整合。总体上，经济学研究主要以跨国直接投资为研究对象，较好地回答了跨国经济活动在何种条件下将以跨国直接投资的形态呈现，尤其是邓宁的国际生产折衷理论较好地解释了跨国公司形成所具备的条件。

管理学和商学试图从跨国公司内部切入，强调从动态视角分析其战略需求与组织特征。管理学者与经济学者对跨国公司的定义不同。在经济学的语境下，跨国公司的定义取决于出口、许可证交易和对外直接投资三者之间的比较优势，但管理学者认为这样的定义弱化了对现代企业竞争和管理模式的体现（Tallman，1992）。为此，管理学者更侧重于理解跨国公司的所有权和组织结构如何与其战略发展、外部环境相协调（Sundaram and Black，1992）。越来越多的管理学研究指出，跨国公司经营活动面临着来自东道国制度、政策和文化等一系列约束，其组织需要有效协调发展战略和当地环境之间的各项权衡（Meyer et al.，2011）。

然而，跨国公司不是"无地方性"的神话般存在（Dicken，2003）。地理学者所开展的大量工作则揭示了为何跨国公司需要地方性。东道国的制度环境、文化差异都是跨国公司进入地方所面临的问题。从地方尺度上看，跨国公司倾向于选择基础条件较好，并且与母国存在不同程度相似性的地区，包括制度、产业、创新、交通等多个维度。此外，跨国公司通过功能分离，为不同功能选择合适的区位，包括总部、研发、生产、物流和销售等环节。

跨国公司同样需要面对地方性所带来的潜在风险，导致了跨国公司并非完全根植于地方。应对这类风险，跨国公司有多样化的空间策略。首先，跨国公司可以选择在地方与同类企业集聚，并避免与本土企业集聚；其次，跨国公司也可选择在本地培育与自身需求相适应的供应链，打造合适的经营生态；最后，跨国公司可以选择"松脚型"策略，充分利用同类地区的替代性，抵御特定地区的固有风险。但直接结果是跨国公司不再依赖于当地资源，对区域发展的影响势必有限。

目前，学者正试图在跨国公司与地方的基础上进一步引入国家的影响。研究发现，跨国公司与国家之间的关系对于跨国公司空间策略的选择至关重要。同理，这种关系也将直接决定跨国公司是否能够使地方获益。然而，现阶段对跨国公司和国家的关系仍停留在"此消彼长"的认识上，忽视了国家与跨国公司之间相互作用积极的一面。由此可见，理解跨国公司、国家和地方之间在全球化进程中的复杂联系仍有待于更为深入的质询。

2. 国际组织的全球治理

全球联系包含了不同国家和地区的竞争与协作，衍生出资金融通、制度衔接、规制协商、争端仲裁等一系列全球治理需求。具体而言，时下备受关注的全球治理涵盖金融、贸易、文化、健康、环境、人权、军事等诸多领域，涉及金融危机、网络安全、恐怖袭击、难民安置、疾病防治、气候变化等议题。联合国机构、国际货币基金组织、国际清算银行、世界贸易组织、经济合作与发展组织、世界卫生组织等则构成了全球治理的主体（Scholte，2005）。

国际组织通过各国的参与协作，协调和平衡各国参与全球化进程的利益得失。更重要的是，对具有负外部性的全球公共事件进行干预，避免以他国为壑的情况发生。例如，国际货币基金组织在全球应对金融危机、援助欠发达国家发展等方面起到了积极作用。类似地，世界贸易组织在推进贸易自由化、减少贸易保护、解决贸易争端等方面同样意义重大。

以环境问题为例，自由贸易长期以来在发达国家和发展中国家之间存在明显的利益分歧。发达国家担忧发展中国家以牺牲环境的方式获取不正当的比较优势，加剧全球环境风险；发展中国家则担忧发达国家刻意操纵环境标准，实施隐性贸易壁垒。在此情况下，GATT/WTO 为协调此类贸易争端发挥了关键作用。具有代表性的案例包括 GATT 框架下的"金枪鱼和海豚"仲裁案和 WTO 框架下的"虾与海龟"仲裁案。由于金枪鱼和海豚具有共生关系，根据海豚出水换气位置围网捕捞金枪鱼是一种极为高产的捕捞方式。但围网同时也造成了海豚难以出水换气而大量死亡。为此，美国通过海洋哺乳动物保护法案设立海豚保护标准，通过停止进口鱼类产品的方式限制金枪鱼的"海豚捕捞法"。墨西哥作为主要出口国首当其冲，向 GATT 提出上诉。GATT 于 1991 年裁定美国的单方面行动属于越权行为而不予支持。无独有偶，热带海域的围网捕虾同样对海龟产生了极大威胁，误捕、误杀海龟的现象十分普遍。此次，美国以技术作为限制性要求，规定出口国应当采取与美国一致的捕捞技术。然而，该举措由于涉及美国对外技术转让而具有鲜明的贸易保护特征。整体而言，虽然从理论上贸易与环境关系的研究仍在持续推进，但 GATT/WTO 的存在为改善全球环境协作中的南北僵局奠定了重要制度基础（Parks and Roberts，2008）。

然而，同样要看到国际组织的全球治理并不独立。国际组织通常由成员国确定治理范围，并在各个成员国设立办事机构，部分国际组织的运营依赖于各成员国注入资本。这就导致国际组织的治理显著受制于国际关系的影响，并且发达国家通常拥有更大的话语权。在此背景下，国际组织势必对国家自身的治理能力存在干预，并且这种干预并不来源于国际组织本身，而来源于其他成员国通过国际组织联合起来形成的共同压力。虽然主权国家可以选择不成为国际组织成员国，但是在其他国家普遍联合的情况下，这种"拒绝加入"的自由是受限的，尤其是对于发展中国家和欠发达国家而言。由此可见，国际组织的全球治理相对松散，其成效通常依赖于多边国际合作。

3. 资本、货物、知识与劳动力的全球流动特征

"流"的空间是经济地理学开展全球化研究的核心内容之一，旨在理解各类要素在不同国家之间流动的特征及其影响，进而揭示经济全球化的发生机制与过程。从研究方法上看，网络方法因契合"流"的空间特征而得到广泛应用。由于全球联系实质上是地方与地方之间的联系，本质上是一个跨尺度联系的过程。为此，现有研究的关键点在于揭示要素流动的跨尺度特征，解读要素流动中的"去地方化"和"地方化"过程。

（1）贸易

国际贸易是贯穿经济全球化发展历程的要素流动形式。可以说，早期的经济全球化特征即是以对外贸易的拓展为标志。在全球化不断推进过程中，国际贸易领域的理论同样取得了长足发展。从绝对优势理论、比较优势理论、要素禀赋理论，发展到新贸易理论和"新"新贸易理论，经济学者致力于为国际贸易发生条件提供一般化解释。相比之下，地理学者更倾向于将贸易视为经济、社会、文化的复合过程，理解地方性对于贸易地理格局的作用机制。研究早期聚焦于发达国家之间资本与贸易流动，以美国—欧洲、美国—日本、美国—加拿大以及欧盟内部国家之间的贸易为热点（Huallachain and Reid，1992；Poon，1997；Pantulu and Poon，2003）。随着发达国家越来越多向发展中国家离岸外包，发达国家与发展中国家之间的贸易和资本流动出现显著提升。南北国家之间的投资与贸易特征成为多数研究的焦点。近年来，受南南国家之间贸易发展的影响，针对东亚、拉美、非洲等地区国家之间的南南贸易特征亦备受关注。

随着社会网络分析方法兴起，自2000年以来涌现出一批全球贸易网络研究，以贸易总量为依据，表达不同国家在贸易领域的亲疏关系。一个特定时点的全球贸易网络能够有效地揭示各国贸易地位。对比多时点下各国在贸易网络中的相对位置，则进一步揭示全球贸易格局的变化。德本尼迪克蒂斯和塔托利（De Benedictis and Tajoli，2011）分析了世界贸易格局的变化，通过社会网络分析直观地揭示出贸易地理的"核心—半边缘—边缘"格局，以及上述从"北—北""南—北"到"南—南"的动态特征。社会网络分析的优势还在于，针对特定国家节点的拓扑结构进行分析，能够辅助量化国家对外贸易的地理结构特征。

（2）资本

资本流动是全球化"同时性"和"瞬时性"的直观体现。地理学者首先从区位出发，基于经济、制度、文化和关系的视角为外资区位选择行为提供系统性解释，并通过全球、国家、区域和地方等尺度上的实证研究，辨识不同尺度上影响因素的差异性。

地理学者同样被世界金融体系的重构所吸引，从地方性的角度出发，对世界金融中心的形成、金融风险的全球传递等现象进行研究。从20世纪70年代开始，在放松管制、技术进步和金融创新的背景下，资本作为重要的生产要素在全球范围内流动，逐渐在全球范围内形成一个联系密切、不可分割的整体。资本在全世界范围内的重新分配使欧美等国的金融中心得以蓬勃发展，包括东京、纽约、伦敦等。与此同时，发展中国家从全球资本配置过程中获得资金。近年来，大量新兴经济体的企业在纽约、伦敦、卢森堡等证券市场上市，新兴经济体也获得国际风险投资的青睐并从中获益。

资本传递的瞬时性使得各国经济联系愈发紧密，同时也为风险传播与转嫁提供了便捷通道。无论是1998年东南亚金融危机，还是2008年美国次贷危机，都对全球经济产生了深远的影响。风险传播正随着资本流动性提升从"自作自受"转变成"一方有难，全球分担"的模式（Martin，2011）。以金融地理学者为代表的研究详细地审视了不同尺度下的危机传播过程，指出金融危机在全球和区域层面可能存在不同表现，不是一个单纯的全球化现象。区域和全球金融中心的联系、区域金融的网络化特征、区域自身金融体系都将对风险传递过程产生进一步影响。

（3）知识

知识与技术的跨国流动是现代全球化的焦点，是全球化拥趸的核心论据之一。表面上，全球化"时空压缩"的特征能够实现知识与技术的大范围传播，使得发展中国家在参与全球化过程中获益。事实上，知识与信息的传播并未随着经济一体化而在空间上呈现均质化特征。在更多情况下，知识与技术在空间上更倾向于沿着区域等级结构扩散，从核心向边缘传播（Mitchelson and Wheeler，1994）。

首先，从知识与技术诞生到推动地方发展，涉及创造、扩散、吸收、更新等一系列过程。全球化加速了知识与技术的扩散和共享过程。然而，全球化是否能够有效吸收、更新、甚至于推动区域提升知识与技术的创造能力，并非仅凭交通与通信技术发展所能够解决的问题。核心地区凭借较强的知识基础与创新体系，对知识与技术的创造、吸收与转化能力强于边缘地区。这一方面解释了为何知识与技术的传播路径存在等级结构；另一方面也意味着并非所有的区域都能够从创新全球化中获益。

其次，在知识传播过程中，交通与通信技术尚不足以完全替代"面对面沟通"。虽然知识与技术存在溢出效应，但溢出的知识与技术往往是隐性的。技术越复杂，隐性知识的含量就越高。隐性知识的获取依赖于面对面交流与传播，与地理邻近性密切相关，并且可能存在十分明显的距离衰减。例如，互联网经济发展过程中，创业企业在空间上普遍倾向于集聚，同时衍生出互联网咖啡、创客空间等一系列交流空间与共享空间形态。究其原因，在于共享空间有助于隐性知识，如创业经验、发展商机、行业信息的获取与传播。为此，创新活动的空间分布实际上并未随着技术进步而分散。

目前，地理学者致力于探索能够超越领土概念的理论和方法，来理解知识在全球范围内流动与扩散的过程。研究试图在传统的地方与国家创新系统的基础上，依托跨国公司的全球活动，建构全球创新网络。既实现对区域内部知识创造与扩散过程的描述，同时刻画出全球和地方之间在知识与技术方面的交互影响（Oinas and Malecki，2002；Coe and Bunnell，2003；Bathelt et al.，2004）。

（4）劳动力

经济全球化对于劳动力空间流动具有显著促进作用。首先，跨国公司进入为本地创造了大量就业机会，吸引其他地区劳动力持续流入。20世纪90年代以来，中国东部地区凭借在改革开放进程中的门户区位优势，加之一系列政策红利，创造了大量就业岗位，在全国层面形成了劳动力自西向东候鸟式迁移的景观。其次，跨国公司在创造本地就业机会的同时，仍存在高层管理、技术支持等环节的人才流动。在公司内部催生了高技术人才和精英阶层的跨国迁移。不同公司精英阶层在相同城市集聚进一步形成了跨国社区（Saxenian，2002）。最后，全球化的积极作用还表现在消除制度壁垒。最为典型的代表是欧盟一体化。实证研究发现，随着欧盟一体化进程的持续推进，劳动力在欧盟国家内部的流动持续增长，并显著高于欧盟国家对非欧盟国家的劳动力迁移。

劳动力迁移成本较高，制约劳动力迁移的因素也较为多样。这使得劳动力在全球化进程中的流动性明显弱于资本、技术和知识。地理学者的研究更为聚焦于劳动力迁移对迁出地和迁入地的影响。应当看到，劳动力的迁入与当地的政治、经济、社会和文化直接关联，但劳动力与母国的联系并未就此终止（Beaverstock，1991）。对于迁入地而言，外来劳动力是否融入、如何融入当地，本地劳动力市场是否受外来劳动力的冲击，都是学者们试图回答的问题。

地理学者目前更多地聚焦精英阶层与高技术人才的跨国迁移（Beaverstock，2002；Jones，2007）。这类群体的迁移往往与跨国公司战略布局、地方总部经济特征直接关联，在空间上普遍以世界城市为主要目的地。影响精英迁移的因素一方面来自母公司本地化策略；另一方面来自地方自身社会网络，例如家庭决策、企业需求以及社会关系等。

无论是商品、资本、知识还是地方，地理学视角下"流"的空间研究在放眼全球的同时，始终立足于地方。受地理学区域传统的影响，研究首先关注的是地方性对"流"的影响以及"流"对地方的影响。东道国与母国、外来行动者与本地行动者、行动者与本地环境等一系列分异成为研究普遍采用的分析视角。随着社会网络分析技术的引入，地理学者开始从全球层面观察"流"的地理特征。基于关系视角，全球生产网络、全球贸易网络、全球创新网络、全球金融网络、跨国人口迁移网络、全球城市网络等一系列概念应运而生。各种网络核心旨在同时揭示"流"在全球范围内的一体化与非均匀化，尤其是块状分散特征。

二、国家力量变革

1. 全球化背景下的国家力量

全球联系的强化对传统以领土边界为空间单元的国家治理形成了挑战。一方面，国际竞争与协作的持续增加催生了各类国际组织；另一方面，全球联系从地方到地方的特征使得国家次区域有一定的能力直接参与到全球治理环节。全球化实际上形成了一个多极治理体系，国家仍是这一体系中重要的一环，不过治理的形态逐步发生着变化（Scholte，2005）。

全球化对以领土为边界的国家力量形成了显著的冲击。全球化决定了对国家产生影响的主体或事件并不一定发生在领土范围内部。事件发生与传播的速度大大提升，增加了预判、追踪和响应难度。国家对于全球化所带来的一系列输入性风险缺乏治理经验，同样削弱了国家响应全球化风险的能力。全球化赋予治理对象更强的流动性，能够通过空间转移或分散而逃避国家治理的影响。全球化对地方的直接影响，将进一步削弱国家干预地方治理的能力。

此外，不同国家在应对全球化进程中，其能力存在差异。发达国家与发展中国家相比，通常在全球化议题中具备更强的话语权，导致全球化可能为发达国家提供了更丰富的国家治理工具，相比之下，处于弱势地位的欠发达国家则可能面临冲击。在上述冲击之下，国家力量实际上发生显著变革。在国际层面，国家针对不同的议题寻求双边与多边合作，通过推动区域化进程构筑新的治理边界。既满足资源要素配置和市场范围的双重扩大，又实现对经济发展过程的有效干预。在国内层面，国家同样在调整和完善制度体系和治理内容，寻求与开放条件相适应的发展模式，在"地方"管理的基础上，实现对"流"的管理。

2. 国家合作：区域化

要实现对"流"的管理，需要建构与之相适应的治理体系。不同国家之间通过制定共同的行动框架和治理规则，将"流"的主要范围限定于合作框架之内，极大地推动了区域化进程。区域化实质上基于国际合作网络构筑了新的治理边界，以代替传统的领土边界。因此，区域化是国家力量在全球化进程中的直观体现。

仅20世纪90年代的十年间，全球新增区域贸易协定93个。此外，各类出于国际关系、军事行动等目标提出的区域合作框架同样发展迅猛。在诸多一体化区域中，欧盟无疑是最为超前的。自1965年由6个国家组成的欧共体，发展到2016年拥有28个成员国的欧盟，欧洲一体化进程在探索中曲折前进。欧盟拥有独立的议会、央行和法院。对于19个欧元区国家，欧元还是唯一的法定货币。此外，中美洲地区、非洲南部地区、东南亚地区、加勒比地区、非洲西部地区、非洲南部地区、波斯湾地区、中亚地区、南亚地区、黑海地区、北美地区等都相继发展出区域性合作协定或框架。时至今日，欧盟、北美自由贸易协定和中国—东盟自由贸易协定已经成为全球三个最大的自贸协定。

近年来，区域化合作已不再囿于地理邻近（Guiso et al.，2005；Camagni，2014）。共同的发展目标、相似的发展条件、互补的发展需求同样能够催生区域合作集团的形成，例如以发达国家为主的经济合作与发展组织（OECD）、体现南北国家合作的亚太经合组织（APEC）、以发展中国家为主的上海合作组织、金砖国家、薄荷四国等。各类国家合作组织的出现，代表着世界各国通过协作应对全球化挑战的意愿，核心职能在于协调各国政府的政策制定，并就政府间合作达成正式协议。这一现象再次表明，国家力量并未在全球化过程中消弭。国家力量通过区域化的形式重新整合，以更加适应于全球化特征的形式重新呈现。

区域化实质上依托于国际协作为国家力量构筑了新的边界。相较于传统的领土边界，这个新的边界更有弹性，表现在两个方面。首先，同一个国家可以同时存在于不同的区域化集团中，使得国家可以根据不同的目标与问题，寻求有效的合作伙伴，构筑差异化的治理边界。其次，区域化的边界是相对松散的，并不阻隔与区域外国家之间的联系，就使得区域能够因应目标和问题的动态变化，做出合适的调整。例如，经济合作组织发展中心由成员国与非成员国组成，亚太经合组织设立观察员国家等举措，都体现出区域化边界的弹性。

3. 国家治理：经济政策与制度保障

国家力量依旧重要的另一个表现，在于其对全球化的政策响应。尤其是在全球竞争与协作过程中，国家力量对于培育竞争力、抵御外部风险、提升社会福利等方面仍旧发挥至关重要的作用。放眼全球，全球化推动了全球经济的快速发展，然而各国发展道路仍旧存在显著差异，其中就包括各国应对经济全球化进程中所持的政策立场不同。

迪肯在其 2003 年再版的经典著作《全球性转变：重塑 21 世纪的全球经济地图》一书中对此进行了系统性论述（Dicken，2003）。在欧美等老牌工业化国家中，美国秉持着对自由市场的信仰，尽可能减少政府对于经济的干预，相比之下欧洲大陆国家则对于中央集权式的产业政策有着更多的偏好，英国则兼有二者的风格表现出混合特征。在发达国家中，日本的经济增长则显著区别于欧美国家。政府将政策支持的重心放在技术进口层面，并对外资进行极为严密的管制，推动了日本产业逐步转向高附加值、高技术部门。

类似地，在发展中国家中同样存在显著的发展政策差异。最为典型的案例是拉美国家和东亚地区国家在工业化过程中战略取向的差异。图 15-1 对比了二者之间的差异。由于发展时间不同，拉美国家与东亚国家在延续初级进口替代战略时所面临的发展基础和外部环境存在显著差异。为此，拉美国家延续了高级进口替代工业化战略，而东亚国家则普遍转向了初级出口导向型的战略。

中国的发展同样能够揭示出国家力量在全球化进程中的积极作用。中国改革开放以来所取得经济发展是全球力量和国家力量共同作用下的成果。一方面，拓展海外市场极大缓解了由于国内劳动力收入增长缓慢、城镇化相对滞后所导致的内需不足、供给过剩，使得中国凭借相对廉价的初级生产要素收获全球化红利（姚洋和余淼杰，2009）；另一方面，中国外资利用、对外贸易的极大发展实际上以国内一系列市场化改革为前提，包括劳动力、外汇、金融、土地等市场的改革。近年来，在中国逐步从被动全球化转向主动全球化的过程中，国家力量在保障企业"走出去"的过程中同样发挥重要作用。例如，企业"走出去"对于外部环境要求较高。这就依赖于国家通过双边合作机制，签订经贸协定和投资保护协定；遇到纠纷时，同样需要国家对外交涉，维护企业的公平权益。此

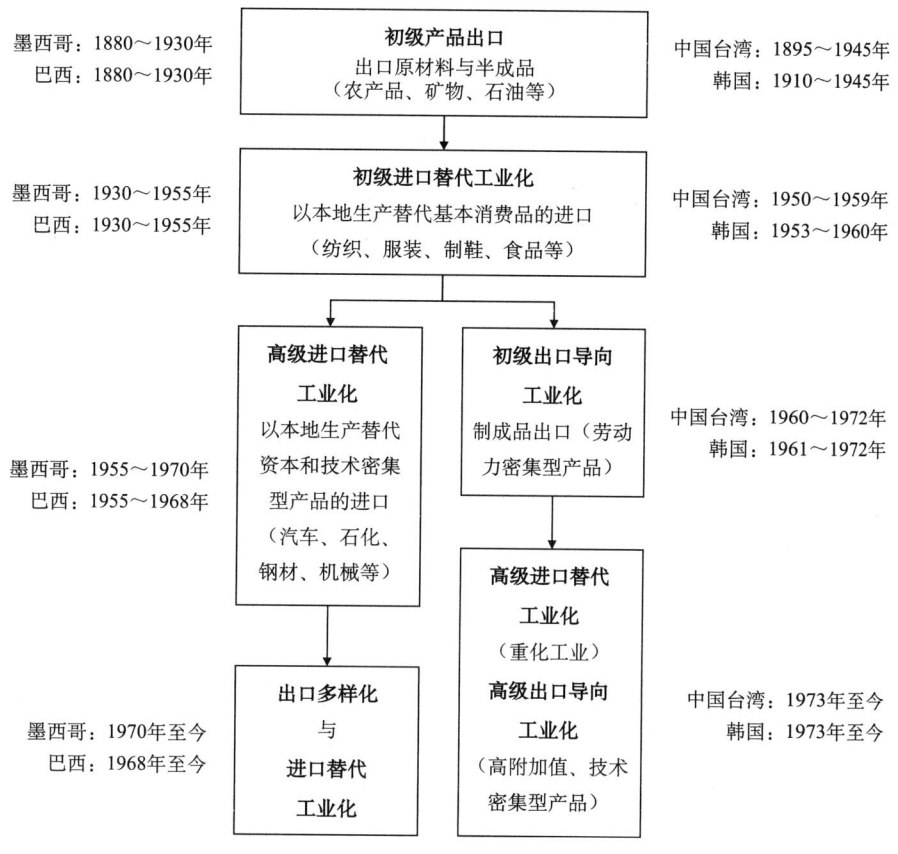

图 15-1 拉美国家与东亚国家（地区）工业化路径比较

资料来源：Dicken（2003）。

外，国家同样能够通过建立和完善管理体制，提供法律、财务、知识产权等方面的咨询服务，鼓励更多有能力的企业参与到海外市场的竞争中。

三、地方力量崛起

全球经济发展是一个全球化、区域化和地方化并存的过程。如果说全球化体现了全球联系的强化、区域化体现了国家力量的变革，那么地方化则进一步体现了全球化进程中地方力量的崛起。全球化、一体化并不等同于均质化。这一点既适用于国家，也适用于地方。地方具有自身独特的发展基础与路径，这种地方性在全球化进程中具有不可替代的重要性（Agnew，2002）。

经济全球化则强化了外部联系对于区域经济发展的重要性，赋予了区域发展日益增强的"全球—地方"联系特征。在"后福特主义"生产片段化的背景下,单个区域愈发难以覆盖生产所需的所有环节(Scott,2006),并且随着区域经济朝着愈发复杂的形态演进,发展所需的知识与技术同样难以实现自给自足。为此,区域需要接入全球生产网络,参与不同尺度下的国际劳动分工成为必然。

全球生产网络以行动者为主体对"全球—地方"联系进行了理论综合,从企业、劳动力、技术和制度四个维度入手,勾勒出全球和地方相互作用的基本内容(Coe et al., 2004)。区域内生因素对于区域发展而言是必要非充分条件,称之为区域资产。这些资产一方面能够产生规模经济,吸引生产要素的持续在本地集聚;另一方面能够形成范围经济,生产者由于地理邻近通过相互共享、匹配与学习过程形成积极的溢出效应,从而推动区域经济的整体发展。

区域资产仅为区域发展创造了优势,而决定区域发展方向的是区域如何与全球生产网络的战略需求相对接。在全球生产网络框架中,这一过程被称为"战略耦合"。战略耦合描述了区域如何通过接入全球生产网络实现地方价值链升级,是对地方如何将全球化进程地方化的有效表达。区域战略耦合的方式可以归纳为三类:国际合作、本地创新和生产平台(Yeung,2009)。对于区域发展而言,国际合作的耦合方式保留了区域的自主性。本地创新则有助于提升区域资产并强化区域自主能力。相比之下,生产平台的战略耦合模式可能成为区域发展路径依赖的主要来源,维持现有的产业发展轨迹。

除此之外,制度在全球化的地方发展过程中同样发挥重要作用。制度的作用体现在企业与其所在环境的交互作用,以及本地企业与外来企业之间的交互作用,整体表现为生产网络嵌入地方的过程。综合来看,劳动力、政府等本地行动者嵌入地方的程度较高,而跨国企业、资本等嵌入地方的程度较低。为此,生产网络整体嵌入区域的程度差异将导致其对于地方发展的带动作用存在天壤之别。一方面,倘若外来企业与本地环境之间缺乏交互作用,那么跨国企业对本地生产网络难以产生实质性的影响,区域发展亦无从谈起;另一方面,外来企业与本地企业之间若缺乏实质性的交流,那么即便对外联系能够有效地提升区域资产,本地企业亦可能难以吸收并从中获益。外来企业与本地企业之间并不总是存在积极的交互作用。在区域资源有限的情况下,二者之间可能存在相互挤出。为此,合理的制度设计是保障"全球—地方"形成积极联系的关键前提。

第四节　经济全球化与中国经济地理

一、全球经济景观中的中国经济

自改革开放以来，中国依托于外向型经济发展模式，通过积极参与国际劳动分工提升对外联系水平，极大地拓展了国际市场范围，成为一个以劳动密集型制造业为基础的"世界工厂"。这一发展模式极大地提升了中国在全球经济中的相对地位。与此同时，成为"世界工厂"的中国改变了全球要素的流向与布局（杨丹辉，2005）。世界贸易组织（WTO）的统计显示，1980年中国的对外贸易仅占世界贸易总量的1%，其出口在发展中国家中位列第10。截至2011年年底，中国对外贸易占世界贸易总量的比重增至11%，跃居发展中国家首位，同时也是全世界最大的出口国，贸易伙伴亦从欧美、东亚、东南亚等逐步扩展至非洲、拉丁美洲等地区国家（WTO，2013）。

中国在贸易总量上的超越并非如美国、德国、日本那般凭借技术和资本优势，主要原因在于承接离岸外包业务的持续增加。图15-2援引世界贸易组织年度报告数据揭示了这一特征。该图横轴体现各国在全球价值链中的后向联系变化率，纵轴则为前向联系变化率。中国前后向联系变化的相对比率高于美、德、日三国。中国的前向联系持续发展，后向联系为负值，体现出现阶段中国参与全球贸易网络的方式仍旧以加工贸易为主。

依托于外商资本和加工贸易为主体的出口导向型增长在国际层面发挥作用的同时，也重塑中国国内的经济地理格局。改革开放以来，中国产业发展经历了两轮空间重构和产业重构（Zhu and He，2014）。中国自东向西呈现出的"沿海—内陆"梯度格局决定了利用外资与对外贸易的空间不均衡。东部沿海地区在中国参与全球化的过程中，获得了显著的先发优势。与此同时，早期在发展政策支持下，出口部门大量向珠三角和长三角地区集中。2001年加入WTO后，中国更深入地参与经济全球化。沿海地区迎来新一轮发展高潮，在全球投资和贸易力量的驱动下形成了良好的产业专业化、技术升级和"干中学"效应。同时沿海地区的高速发展离不开中国不同区域内部地方性的重要作用。地方尺度的企业相互学习、知识创造、社会网络、劳动力共享等内生机制和外生力量共同决定了区域产业发展轨迹（王缉慈等，2001）。

随着中国的区域发展理念逐渐从非平衡模式转向再平衡模式，工业地理格局经历剧烈变化。受制于东部地区持续升高的要素成本、产业升级和环保压力，以及政府政策引

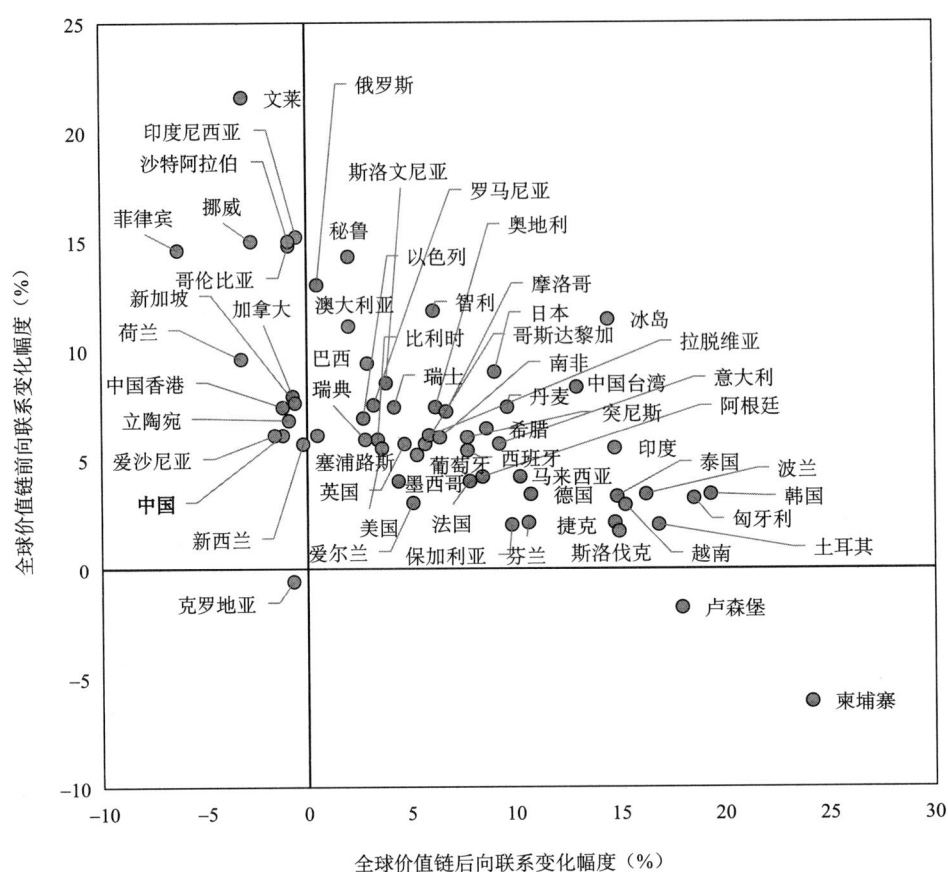

图 15-2 1995~2011 年世界主要经济体参与全球价值链的方式

资料来源：WTO（2015）。

导等因素，加上全球市场环境变化，"东企外移"和"东企西移"的特征日趋显著（魏后凯等，2010）。

归结起来，改革开放以来的第一轮区域发展是在被动参与经济全球化背景下发生的。区域通过吸引境外资本，推动跨国公司与区域有效"耦合"，发展外向型经济，实现产业转型、升级与演化，重塑中国经济地理格局。全球金融危机以来中国区域发展则与中国主动参与经济全球化并行，尤其中国陆续提出"走出去"战略和"一带一路"倡议，推进"包容性全球化"（Liu and Dunford，2016），为中国区域发展创造了新的契机。

二、中国对外开放的"引进来"

经济地理学长期以来关注中国在参与全球化进程中的"引进来"对经济地理格局的重塑。伴随着经济全球化不断深入，以投资、贸易等经济活动为主要载体的信息、要素流动，在地方产业集群同全球生产网络之间构建起日益紧密的经济联系（刘卫东等，2007），同时也对中国经济发展空间格局产生了深远影响（He et al.，2018）。

从外资利用的角度来看，中国各区域利用外资的区域性差异十分明显。东部沿海地区在利用外资方面占据明显优势，原因大体包括如下三个方面（贺灿飞和魏后凯，2001）：首先，沿海省份地区经济相对发达、市场体系发育相对完善，并且有较长的与外商投资者接触的历史，对于引进外资活动较为熟悉；其次，改革开放过程中，中央政府给予东部沿海地区先行先试的主动权，使得东部沿海地区对外商投资的利用相对灵活，政策性的限制条件较少，大大地增加了外商投资的机会，并节省了大量交易成本；最后，随着中国外商投资环境不断完善，跨国公司在中国市场的竞争趋于激烈。为了维护市场份额，外商投资倾向于追加同一市场的投资，在汽车行业表现尤为明显。

中国的外资利用为本地引入了大量先进的外来知识技术和生产要素，并产生了不同程度的示范、溢出、关联和竞争效应，成为降低本土企业学习成本、提升本土生产效率进而推动产业结构转型升级的有效途径（潘悦，2002；包群等，2015）。在外资利用空间不均衡的背景下，沿海地区的本土企业更有可能与发达国家跨国公司达成战略耦合，融入国际市场（Yang，2007）；而其他大多数外商直接投资则缺乏根植于中国地方产业环境的动机（Wei，2015）。

从对外贸易角度来看，对外贸易同样对产业集聚与迁移，区域分工和区域不均衡产生显著影响，直观地表现在中国东部沿海地区在改革开放以来的快速发展。理论上，在贸易过程中，距离海外市场较近的区域势必将因其门户位置而成为优势区域（Villar，1999）；类似地，本地市场规模较大的区域也将由于获益于本地市场效应成为优势区域（Zeng and Zhao，2010）。要素在对外贸易过程中向国内的优势区域流动构成了产业地理变化的关键动力。具体表现在如下三个方面。

（1）对外贸易与产业集聚。从发展的眼光看，当经济体逐步从封闭系统走向对外开放，其原有的经济地理结构将逐步消解并转向新的空间均衡，表现为原有产业的分散、迁移，并在新的地点形成集聚（许德友和梁琦，2012）。中国在这一方面表现得尤为典型。在对外开放过程中，中国拥有了广阔的海外市场，同时也拥有潜力巨大的国内市场。沿海地区凭借其区位优势表现出显著的制造业集聚（Ge，2009），并且集中体现在资本和劳动力密集型行业（贺灿飞和潘峰华，2011）。研究同时指出对外贸易对产业集聚的影响是传统经济地理因素、新经济地理因素和经济政策共同作用的结果（金煜等，2006）。

（2）对外贸易与区域联系。在产业集聚基础上，研究进一步讨论了贸易开放进程中区域联系的变化特征，包括对外贸易与区域专业化分工、区域市场一体化的相互作用等。具有代表性的观点认为，对外贸易有助于促进区域专业化分工，但是由于对外贸易提升了海外市场的重要性，反而可能加剧国内市场的分割，削弱区域之间的产业联系。例如，范剑勇（2004）基于2位数制造业的实证分析指出，中国处于产业高集聚、地区低专业化的状况，并且国内市场一体化程度滞后于对外的一体化水平。庞塞（Poncet，2005）进一步发现，中国各省级单元在对外贸易发展过程中表现出日益显著的地方保护主义。国内市场的分割尽管推动了各省从对外贸易中获益，但也造成了产业在区域层面的重复建设与分散布局。谭洪波（2013）通过细分贸易成本和行业类型的实证研究进一步揭示，尽管不同的行业对贸易成本的敏感程度不同，但是地方保护主义对中国制造业，特别是资本和劳动密集型行业的跨区转移和分工影响显著。黄玖立（2011）提出，对外贸易推动区域专业化分工是"沿海—内陆"分异的关键来源，而对外开放与市场一体化之间则存在U形关系。

（3）对外贸易与区域不均衡。在产业集聚和区域联系基础上，研究关注贸易开放对区域发展的作用机制以及后进地区通过贸易开放实现跨越式发展的可能性。在世界银行2009年发布的报告《重新发现经济地理》中，提出了密度（density）、距离（distance）和分隔（division）的3D模型（World Bank，2009）。其中，对外贸易对于距离遥远、密度较低的后进地区而言可能存在不利影响，源于其相对高昂的贸易成本和相对低下的经济效率。根据新经济地理模型所强调的规模经济与本地市场效应，对外贸易发展的过程可能进一步加剧后进地区在循环累积过程中所处的不利地位。藤田昌久和胡（Fujita and Hu，2001）发现，对外开放过程扩大了中国沿海和内陆地区之间的差距。随着资本和劳动力自内陆地区向沿海地区流动，对外贸易使得"沿海—内陆"地区的产业集聚表现出"马太效应"（魏浩和王宸，2011）。然而，近年来国外市场需求下降、国内要素成本上升的背景下，中国出口行业表现出向中西部地区转移的趋势（许德友，2015）。在贸易过程中，提升国内市场一体化水平，保障要素的充分流动，强化区域之间的分工与协作是后进地区从对外贸易中获益的关键前提（金煜等，2006；张明倩等，2007；Farole，2013）。

中国改革开放40年来，吸引了大量的跨国公司来华投资，极大地推动了中国参与经济全球化的进程。中国的经济地理学者对此围绕全球生产网络与地方发展、跨国公司与本土企业、跨国公司与地方、外商直接投资区位、贸易与区域经济发展、全球创新网络与区域发展、跨国移民等议题开展了一系列探索，形成了基于中国国情的解释。不过，现有的研究在尺度和视角方面还存在着进一步提升的空间。就尺度而言，现有针对中国的研究普遍停留在中观层面，未能朝着全球和地方纵深；就视角而言，现有研究对外资、创新的讨论较多，对于贸易、人口迁移等议题的研究并不充分。

三、中国对外开放的"走出去"

扩张对外贸易和对外直接投资是国家主动参与经济全球化的重要方式。随着中国参与全球化程度的逐步加深，越来越多的企业出于市场拓展、成本节约、资源获取等目标开始寻求更为积极的全球化战略，主动参与海外竞争，而不再被动地在本土与跨国企业竞争。在国家层面，中国同样以更为积极的姿态参与到国际多边合作与全球治理当中。例如，"一带一路"倡议构建了国际区域经济合作的新模式（刘卫东，2015）。

早在 2001 年，中国就提出了企业"走出去"战略。之后中国的对外贸易与对外直接投资都得到了极大发展。中国对外投资增长势头迅猛（图 15-3）。国有企业在带动对外直接投资的增长过程中发挥了重要的作用。2007 年的《中国对外直接投资统计公报》显示，当年国有企业对外投资存量占比高达 71%。不过，民营企业对外直接投资自 2014 年以来有了显著增长，投资金额从 2013 年的 392.29 亿美元增长至 1 042.38 亿美元，而 2015 年更是达到 3 963.19 亿美元。从区域分布来看，中国对外直接投资主要集中在亚洲、欧洲和北美地区。其中，美国是中国对外直接投资最为集中的国家。从行业特征来看，中国对外直接投资的领域从能源、资源逐步向高新技术和服务贸易等领域延伸。不过，资源和能源导向型的对外直接投资仍旧占据主导，成本和市场导向的对外直接投资仍不显著。

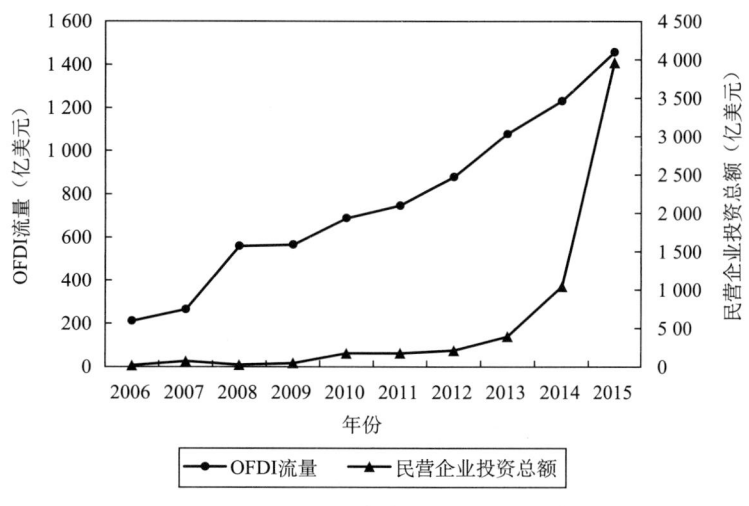

图 15-3 2006~2015 年中国对外直接投资情况

中国参与各类区域贸易集团或协定较晚，但近年来这一进程正在逐步加快。研究显示，加入区域贸易协定显著地促进了中国出口贸易（谢建国和谭利利，2014），尤其是 2001 年签订的亚太贸易协定和 2002 年签订的中国—东盟自贸协定。根据 2003 年和 2011 年中国出口贸易数据，中国对亚洲国家出口贸易分别占总出口的 50.85%和 47.46%，表现出显著的区域化特征。中国与东盟国家之间的贸易呈现出显著增长。在 2003～2011 年中国对亚洲国家出口占比下降的情况下，中国对新加坡、印度尼西亚、泰国、越南、马来西亚等东盟（ASEAN）国家的出口占比呈现明显增加。

从国别上看，美国、欧盟、日本等世界性贸易核心是中国最主要的出口市场，与世界贸易网络的等级体系化特征相符，但随着中国与发展中国家之间出口贸易的快速发展，中国对外贸易网络不断拓展，呈现出多元化特征。2003～2011 年，中国对美国出口所占比重从 21.14%下降至 17.12%；对日本出口占比亦从 2003 年的 13.56%锐减至 7.81%。相比之下，新兴市场对于出口的促进作用日趋显著。中国对巴西、俄罗斯、印度和南非等其他"金砖国家"的出口占比则从 3.09%上升至 7.09%；中国与拉丁美洲国家的出口占比亦从 2.47%增加至 6.12%。整体而言，中国南南贸易自 2003 年以来表现出快速增长的趋势，其占贸易比重自 2003 年的 15.89%快速增至 2008 年的 29.78%。尽管自 2008 年以来受到全球经济衰退的冲击，2011 年中国南南贸易占比已恢复至经济衰退之前的水平。与此同时，在中国新增的贸易伙伴中发展中国家的比重持续增加。由此可见，中国与不同地区发展中国家的贸易联系成为拓展中国对外贸易网络边界的重要动力。

从研究角度来看，相较于"引进来"，地理学对"走出去"的研究还在发展初期。已有研究对中国对外直接投资的特征、区位与路径进行理论解释。此外，"一带一路"倡议进一步激发了地理学者对中国企业"走出去"的探索。在中国逐步从"被动全球化"转向"主动全球化"转变过程中，"走出去"研究势必不再囿于中国企业对外投资。中国在诸多发展议题上的国际协作、中国参与各类区域一体化进程的加快都是"走出去"过程中不可忽视的关键环节。在这一方面，还有广阔的空间留待地理学者去挖掘和探索。

小　　结

经济全球化是一个社会科学共同关注并广泛参与的核心研究议题。尤其在当代的社会科学研究与理论建构中，经济全球化是无法回避的现实背景，也是不可或缺的关键变量。就地理学而言，参与全球化研究需要先"破"而后"立"。"破"在于厘清"地理终结"论调的谬误，准确把握经济全球化时空压缩特征对地理空间的影响。"立"则在于从经济全球化的特征出发，重新审视空间、地方、尺度等地理学基本概念内涵，建构对经济全球化地理的理解。

地理学者基于关系视角、网络化范式和尺度重构，提出了立体网络化的全球化空间认识，明确了"全球—地方"联系是经济全球化的关键特征（贺灿飞和毛熙彦，2015）。经济全球化地理实质上是全球联系强化、国家力量变革和地方力量崛起共同作用下的空间过程（毛熙彦和贺灿飞，2016）。针对全球联系，地理学者致力于在理解"地方的空间"的同时，进一步建构对"流的空间"的理解。网络化范式为分析"流的空间"提供了有力的工具。此外，地理学者提出全球化、区域化和地方化并存的基本认识，揭示了全球联系的强化并未消弭国家和地方力量，而是形成了多极治理体系。在这一体系中，国家力量通过国际联系为治理构筑新的区域边界，替代传统的领土边界。全球联系从地方到地方的特征，促使全球化进程中的区域发展模式从偏重内生发展逐步转向了内外相互作用，为区域发展与治理提供了新思路。

经济全球化研究对于中国现阶段的发展具有十分重要的现实意义。近年来，中国正逐步从经济全球化的被动接受者转变为全球竞争与协作的积极参与者。更多中国公司走出国门，对外投资和建设项目日益增多；中国不断深化国际合作，积极探索推动经济全球化的新模式。这一系列的转变对于中国的全球化研究提出了更高的要求。如何超越以西方国家为中心的全球化理论，构建包容、多元的全球化理论体系？如何超越现有的实证研究，将中国经验提炼为中国知识，探索适用于发展中国家的全球化道路？如何突破现有以中观尺度为主的区域研究，形成多尺度的全球化研究框架？这些问题与学科发展导向相契合，并与国家发展的战略需求密切相关，也是摆在中国人文—经济地理学者面前亟待思考的课题。

参 考 文 献

[1] Agnew, J. A. (2002) *Place and Politics in Modern Italy*. University of Chicago Press.
[2] Amin, A. (2002) Spatialities of globalisation. *Environment and Planning A*, 34(3): 385-399.
[3] Balland, P.-A., R. Boschma, K. Frenken (2015) Proximity and innovation: from statics to dynamics. *Regional Studies*, 49(6): 907-920.
[4] Baltagi, B. H., P. Egger, M. Pfaffermayr (2007) Estimating models of complex FDI: are there third-country effects? *Journal of Econometrics*, 140(1): 260-281.
[5] Bathelt, H., A. Malmberg, P. Maskell (2004) Clusters and knowledge: local buzz, global pipelines, and the process of knowledge creation. *Progress in Human Geography*, 28(1): 31-56.
[6] Beaudry, C., A. Schiffauerova (2009) *Who's Right, Marshall or Jacobs?* The localization versus urbanization.
[7] Beaverstock, J. V. (1991) Skilled international migration: an analysis of the geography of international

secondments within large accountancy firms. *Environment and Planning A*, 23(8): 1133-1146.

[8] Beaverstock, J. V. (2002) Transnational elites in global cities: British expatriates in Singapore's financial district. *Geoforum*, 33(4): 525-538.

[9] Benedictis, L. D., L. Tajoli (2011) The world trade network. *The World Economy*, 34(8): 1417-1454.

[10] Benneworth, P., G. J. Hospers (2007) The new economic geography of old industrial regions: universities as global-local pipelines. *Environment and Planning C: Government and Policy*, 25(6): 779-802.

[11] Boschma, R. (2005) Proximity and innovation: a critical assessment. *Regional Studies*, 39(1): 61-74.

[12] Brenner, N. (2001) The limits to scale? methodological reflections on scalar structuration. *Progress in Human Geography*, 25(4): 591-614.

[13] Buckley, P. J., M. Casson (1976) *The Future of the Multinational Enterprise*. Macmillan.

[14] Camagni, R. (2014) The regional policy debate: a territorial, place-based and proximity approach. *Chapters*, 317-332.

[15] Castells, M. (1999) Grassrooting the space of flows. *Urban Geography*, 20(4): 294-302.

[16] Cezar, R., O. R. Escobar (2015) Institutional distance and foreign direct investment. *Review of World Economies*, 151(4): 713-733.

[17] Coe, N. M., T. G. Bunnell (2003) "Spatializing" knowledge communities: towards a conceptualization of transnational innovation networks. *Global Networks*, 3(4): 437-456.

[18] Coe, N., M. Hess, H. W. C. Yeung, et al. (2004) "Globalizing" regional development: a global production networks perspective. *Transactions of the Institute of British Geographers*, 29(4): 468-484.

[19] Conversi, D. (2010) The limits of cultural globalization? *Journal of Critical Globalization Studies*, (3): 36-59.

[20] Cox, K. R. (1998) Spaces of dependence, spaces of engagement and the politics of scale, or: looking for local politics. *Political Geography*, 17(1): 1-23.

[21] Dicken, P. (2003) *Global Shift: Reshaping the Global Economic Map in the 21st Century*. 4th Edition. SAGE Publications.

[22] Dunning, J. H. (1980) Toward an eclectic theory of international production: some empirical tests. *Journal of International Business Studies*, 11(1): 9-31.

[23] Eriksen, T. H. (2007) *Globalization: The Key Concepts*. Berg.

[24] Farole, T. (2013) *The Internal Geography of Trade: Lagging Regions and Global Markets*. World Bank Publications.

[25] Fischer, S. (2000) *Globalization: Threat or Opportunity*. IMF Staff Paper.

[26] Friedman, T L. (2005) *The World is Flat: A Brief History of the Twenty-first Century*. Farrar Straus, Giroux.

[27] Fujita, M., D. Hu (2001) Regional disparity in China 1985-1994: the effects of globalization and economic liberalization. *The Annals of Regional Science*, 35(1): 3-37.

[28] Ge, Y. (2009) Globalization and industrial agglomeration in China. *World Development*, 37(3): 550-559.

[29] Gereffi, G., J. Humphrey, R. Kaplinsky, et al. (2001) Introduction: globalisation, value chains and development. *IDS Bulletin*, 32(3): 1-8.

[30] Giddens, A. (1985) *The Nation-State and Violence, Vol.2: A Contemporary Critique of Historical Materialism*. Polity Press.

[31] Giddens, A. (1990) *The Consequences of Modernity*. Polity Press.
[32] Giuliani, E., C. Pietrobelli, R. Rabellotti (2005) Upgrading in global value chains: lessons from Latin American clusters. *World Development*, 33(4): 549-573.
[33] Graham, S. (1998) The end of geography or the explosion of place? Conceptualizing space, place and information technology. *Progress in Human Geography*, 22(2): 165-185.
[34] Guiso, L., P. Sapienza, L. Zingales (2005) Cultural biases in economic exchange? *Quarterly Journal of Economics*, 124: 1095-1131.
[35] Harvey, D. (1989) *The Condition of Postmodernity: An Enquiry into the Origins of Social Change*. Blackwell.
[36] Hassink, R. (2007) *The Learning Region: Foundations, State of the Art, Future*. Edward Elgar.
[37] Hassink, R., C. Klaerding (2012) The end of the learning region as we knew it: towards learning in space. *Regional Studies*, 46(8): 1055-1066.
[38] He, C., Y. Yan, D. Rigby (2018) Regional industrial evolution in China. *Papers in Regional Science*, 97(2): 173-198.
[39] Hill, S. (1988) *The Tragedy of Technology*. Pluto.
[40] Howitt, R. (1998) Scale as relation: musical metaphors of geographical scale. *Area*, 30(1): 49-58.
[41] Huallachain, B., N. Reid (1992) Source country differences in the spatial distribution of foreign direct investment in the United States. *The Professional Geographer*, 44(3): 272-285.
[42] Huber, F. (2012) On the role and interrelationship of spatial, social and cognitive proximity: personal knowledge relationships of R, D workers in the Cambridge information technology cluster. *Regional Studies*, 46(9): 1169-1182.
[43] Hughes, A. (2000) Retailers, knowledge and changing commodity networks: the case of the cut flower trade. *Geoforum*, 31(2): 175-190.
[44] Humphrey, J., Schmitz, H. (2002) How does insertion in global value chain affect upgrading in industrial clusters? *Regional Studies*, 36(9): 1017-1027.
[45] Hymer, S. (1976) *The Location of Industry and International Competitiveness*. Oxford University Press.
[46] Johnston, R. J., D. Gregory, G. Pratt, et al. (2000) *The Dictionary of Human Geography*, 4th Edition. Blackwell.
[47] Jonas, A. E. G. (2006) Further reflections on the "scale debate" in human geography. *Transactions of the Institute of British Geographers*, 31(3): 399-406.
[48] Jones, A. (2007) More than "managing across borders?" The complex role of face-to-face interaction in globalizing law firms. *Journal of Economic Geography*, 7(3): 223-246.
[49] Kelly, P. F. (1999) The geographies and politics of globalization. *Progress in Human Geography*, 23(3): 379-400.
[50] Leitner, H. (2004). The politics of scale and networks of spatial connectivity: transnational interurban networks and the rescaling of political governance in Europe. *Scale and Geographic Inquiry: Nature, Society, and Method*, 236-255.
[51] Leyshon, A. (1995). Annihilating space? The speed-up of communications. *A Shrinking World*, 11-54.
[52] Liu, W., Dunford, M. (2016) Inclusive globalization: unpacking China's Belt and Road Initiative. *Area Development and Policy*, 1(3): 323-340.

[53] Marston, S. A., J. P. Ⅲ Jones, K. Woodward (2005) Human Geography without scale. *Transactions of the Institute of British Geographers*, 30: 416-432.

[54] Martin, R. (2011) The local geographies of the financial crisis: from the housing bubble to economic recession and beyond. *Journal of Economic Geography*, 11(4): 587-618.

[55] Massey, D. (2004) Geographies of responsibility. *Geografiska Annaler*, 86(1): 5-18.

[56] Meyer, K. E., R. Mudambi, R. Narula (2011) Multinational enterprises and local contexts: the opportunities and challenges of multiple embeddedness. *Journal of Management Studies*, 48(2): 235-252.

[57] Mitchelson, R. L., J. O. Wheeler (1994) The flow of information in a global economy: the role of the American urban system in 1990. *Annals of the Association of American Geographers*, 84(1): 87-107.

[58] Murray, W. E. (2006) *Geographies of Globalization*. Routledge.

[59] O'Brien, R. (1992) *Global Financial Integration: The End of Geography.* Pinter.

[60] Oinas, P., E. J. Malecki (2002) The evolution of technologies in time and space: from national and regional to spatial innovation systems. *International Regional Science Review*, 25(1): 102-131.

[61] Pan, Y. Y. (2003) The inflow of foreign direct investment to China: the impact of country-specific factors. *Journal of Business Research*, 56(10): 829-833.

[62] Pantulu, J., J. P. H. Poon (2003) Foreign direct investment and international trade: evidence from the US and Japan. *Journal of Economic Geography*, 3(3): 241-259.

[63] Parks, B. C., J. T. Roberts (2008) Inequality and the global climate regime: breaking the north-south impasse. *Cambridge Review of International Affairs*, 21(4): 621-648.

[64] Poncet, S. (2005) A fragmented China: measure and determinants of Chinese domestic market disintegration. *Review of International Economics*, 13(3): 409-430.

[65] Poon, J. P. (1997) The cosmopolitanization of trade regions: global trends and implications, 1965-1990. *Economic Geography*, 73(4): 390-404.

[66] Rauch, J. E. (2001) Business and social networks in international trade. *Journal of Economic Literature*, 39(4): 1177-1203.

[67] Reiffenstein, T., R. Hayter, D. W. Edgington (2002) Crossing cultures, learning to export: making houses in British Columbia for consumption in Japan. *Economic Geography*, 78(2): 195-219.

[68] Sassen, S. (2003) Globalization or denationalization? *Review of International Political Economy*, 10(1): 1-22.

[69] Saxenian, A. (2002) Transnational communities and the evolution of global production networks: the case of Taiwan, China and India. *Industry and Innovation*, 9(3): 183-202.

[70] Schmitz, H. (1999) Collective efficiency and increasing returns. *Cambridge Journal of Economics*, 23(4): 465-483.

[71] Scholte, J. A. (1997) Global capitalism and the state. *International Affairs*, 7(3): 427-452.

[72] Scholte, J. A. (2005) *Globalization: A Critical Introduction*. Palgrave Macmillan.

[73] Scott, A. J. (2006) The changing global geography of low-technology, labor-intensive industry: clothing, footwear, and furniture. *World Development*, 34(9): 1517-1536.

[74] Smith, N. (1991) *Uneven Development: Nature, Capital and the Production of Space*. Basil Blackwell.

[75] Smith, N. (2004) Scale bending and the fate of the national. *Scale and Geographic Inquiry: Nature, Society, and Method*, 192-212.

[76] Storper M. (1995) The resurgence of regional economies, ten years later: the region as a nexus of untraded interdependences. *European Urban and Regional Studies*, 2(3): 191-221.

[77] Sundaram, A. K., J. S. Black (1992) The environment and internal organization of multinational enterprises. *Academy of Management Review*, 17(4): 729-757.

[78] Sunley, P. (2011) The consequences of economic globalization. *The SAGE Handbook of Economic Geography*, 102.

[79] Swyngedouw, E. (2004) Globalisation or "glocalisation"? Networks, territories and rescaling. *Cambridge Review of International Affairs*, 17(1): 25-48.

[80] Tallman, S. B. (1992) A strategic management perspective on host country structure of multinational enterprises. *Journal of Management*, 18(3): 455-471.

[81] Taylor, P. (1982) A materialist framework for political geography. *Transactions of the Institute of British Geographers*, 7(1): 15-34.

[82] Vernon, R. (1966) International investment and international trade in the product cycle. *Quarterly Journal of Economics*, 80(2): 190-207.

[83] Villar, O. A. (1999) Spatial distribution of production and international trade: a note. *Regional Science and Urban Economics*, 29(3): 371-380.

[84] Wallerstein, E. (1974) *The Modern World-System I: Capitalist Agriculture and the Origins of the European World-Economy in the Sixteenth Century*. Academic Press.

[85] Wei, Y. H. D. (2015) Network linkages and local embeddedness of foreign ventures in China: the case of Suzhou municipality. *Regional Studies*, 49(2): 287-299.

[86] Wolfe, D. A., M. S. Gertler (2004) Clusters from the inside and out: local dynamics and global linkages. *Urban Studies*, 41(5/6): 1071-1093.

[87] World Bank (2009) *Reshaping Economic Geography*. The World Bank.

[88] World Trade Organization (WTO) (2013) *World Trade Report 2013: Factors Shaping the Future of World Trade*. World Trade Organization.

[89] World Trade Organization (WTO) (2015) *World Trade Organization International Trade Statistics 2015*. World Trade Organization.

[90] Yang, C. (2007) Divergent hybrid capitalisms in China: Hong Kong and Taiwanese electronics clusters in Dongguan. *Economic Geography*, 83(4): 395-420.

[91] Yeung, H. W. C. (2009) Regional development and the competitive dynamics of global production networks: an East Asian perspective. *Regional Studies*, 43(3): 325-351.

[92] Zeng, D. Z., L. X. Zhao (2010) Globalization, interregional and international inequalities. *Journal of Urban Economics*, 67(3): 352-361.

[93] Zhu, S. J., C. F. He (2014) Global, regional and local: new firm formation and spatial restructuring in China's apparel industry. *GeoJournal*, 79(2): 237-253.

[94] 包群、叶宁华、王艳灵："外资竞争、产业关联与中国本土企业的市场存活",《经济研究》,2015年第7期,第102～115页。

[95] 范剑勇："市场一体化、地区专业化与产业集聚趋势——兼谈对地区差距的影响",《中国社会科学》,2004年第6期,第39～51页。

[96] 何兴强、王利霞："中国FDI区位分布的空间效应研究",《经济研究》,2008年第11期,第

137~150 页。

[97] 贺灿飞、毛熙彦："尺度重构视角下的经济全球化研究"，《地理科学进展》，2015 年第 9 期，第 1073~1083 页。

[98] 贺灿飞、潘峰华："中国制造业地理集聚的成因与趋势"，《南方经济》，2011 年第 6 期，第 38~52 页。

[99] 贺灿飞、魏后凯："信息成本、集聚经济与中国外商投资区位"，《中国工业经济》，2001 年第 9 期，第 38~45 页。

[100] 黄玖立："对外贸易、区域间贸易与地区专业化"，《南方经济》，2011 年第 6 期，第 7~22 页。

[101] 黄肖琦、柴敏："新经济地理学视角下的 FDI 区位选择——基于中国省际面板数据的实证分析"，《管理世界》，2006 年第 10 期，第 7~13+26+171 页。

[102] 金煜、陆铭、陈钊："中国的地区工业集聚：经济地理、新经济地理与经济政策"，《经济研究》，2006 年第 4 期，第 79~89 页。

[103] 李琳、雒道政："多为邻近性与创新：西方研究回顾与展望"，《经济地理》，2013 年第 6 期，第 1~7 页。

[104] 刘卫东："'一带一路'战略的科学内涵与科学问题"，《地理科学进展》，2015 年第 5 期，第 538~544 页。

[105] 刘卫东、张国钦、宋周莺："经济全球化背景下中国经济发展空间格局的演变趋势研究"，《地理科学》，2007 年第 5 期，第 609~616 页。

[106] 吕国庆、曾刚、顾娜娜："经济地理学视角下区域创新网络的研究综述"，《经济地理》，2014 年第 2 期，第 1~8 页。

[107] 毛熙彦、贺灿飞："'全球—国家—地方'尺度下的国际贸易环境效应研究进展"，《地理科学进展》，2016 年第 8 期，第 1027~1038 页。

[108] 苗长虹、樊杰、张文忠："西方经济地理学区域研究的新视角——论'新区域主义'的兴起"，《经济地理》，2002 年第 6 期，第 644~650 页。

[109] 潘悦："在全球化产业链条中加速升级换代——我国加工贸易的产业升级状况分析"，《中国工业经济》，2002 年第 6 期，第 27~36 页。

[110] 孙早、宋炜、孙亚政："母国特征与投资动机——新时期的中国需要怎样的外商直接投资"，《中国工业经济》，2014 年第 2 期，第 71~83 页。

[111] 谭洪波："细分贸易成本对中国制造业和服务空间集聚影响的实证研究"，《中国工业经济》，2013 年第 9 期，第 147~159 页。

[112] 王缉慈：《创新的空间》，北京大学出版社，2001 年。

[113] 魏浩、王宸："中国对外贸易空间集聚效应及其影响因素分析"，《数量经济技术经济研究》，2011 年第 11 期，第 66~82 页。

[114] 魏后凯、白玫、王业强等：《中国区域经济的微观透析：企业迁移的视角》，经济管理出版社，2010 年。

[115] 谢建国、谭利利："区域贸易协定对成员国的贸易影响研究——以中国为例"，《国际贸易问题》，2014 年第 12 期，第 57~67 页。

[116] 许德友："中国出口型产业转移——基于时间—空间—行业的分析"，《国际经贸探索》，2015 年第 8 期，第 54~64 页。

[117] 许德友、梁琦："贸易成本与国内产业地理"，《经济学（季刊）》，2012 年第 3 期，第 1113~

1136 页。
- [118] 许和连、张萌、吴钢："文化差异、地理距离与主要投资国在我国的 FDI 空间分布格局"，《经济地理》，2012 年第 8 期，第 31~35 页。
- [119] 杨丹辉："中国成为'世界工厂'的国际影响"，《中国工业经济》，2005 年第 9 期，第 42~49 页。
- [120] 姚鹏："贸易开放如何影响经济活动的空间布局？——理论及中国的实证"，《世界经济文汇》，2016 年第 6 期，第 75~89 页。
- [121] 姚洋、余淼杰："劳动力、人口和中国出口导向的增长模式"，《金融研究》，2009 年第 9 期，第 1~13 页。
- [122] 曾刚、文嫮："上海浦东信息产业集群的建设"，《地理学报》，2004 年第 S1 期，第 59~66 页。
- [123] 张明倩、臧燕阳、张琬："传统贸易理论、新贸易理论和新经济地理框架下的产业集聚现象"，《经济地理》，2007 年第 6 期，第 956~960 页。
- [124] 朱平芳、张征宇："FDI 竞争下的地方政府环境规制'逐底竞赛'存在么？——来自中国地级城市的空间计量实证"，《数量经济研究》，2010 年第 1 期，第 79~92 页。

第十六章　跨国公司地理

引　言

在全球化背景下，资本、技术、商品等都在加速流动和融合。随着各国经济联系增强，经济活动早已打破了地理边界。跨国公司通过对外直接投资控制和协调全球经济一体化进程，加速了全球要素流动，重新组织全球分工。全球外商直接投资流量由20世纪80年代的1 000余亿美元迅猛增长至2016年的1.75万亿美元。跨国公司成为当代全球经济格局的主要推动者和塑造者（Dicken，2011）。

跨国公司雏形可以追溯到大航海时代，其海外经营活动主要是获取当地廉价的原材料，随后在当地进行简单加工或运回国内加工生产。第二次世界大战以后，发达国家通过大规模生产快速积累资本，为20世纪60年代以来的跨国公司迅速扩张奠定了基础。在过去30年中，跨国公司的数量呈指数增长，促进了世界经济从封闭分割走向开放合作、全球融通的繁荣发展。据联合国贸易和发展会议（UNCTAD）历年《世界投资报告》统计，20世纪90年代以来，对外直接投资持续大幅增长，远远超过同期世界贸易增长率，成为推动世界经济发展的主要力量。跨国并购交易规模自20世纪90年代中期以来急剧扩大，已成为外商直接投资的主要方式和实现经济增长的主要推动力量。尽管全球外商直接投资增长迅速，但其分布却很不平衡，世界排名前30位的东道国占世界外国直接投资总流入量的95%和存量的90%，排名前30位的母国占世界外国直接投资总流出量和存量的99%。

跨国公司具有经济、管理、技术和政治等多重属性，是一个复杂的多维度组织。研究跨国公司有多个视角（刘斌，2016）。组织理论、经济学、社会学和管理学等诸多学科围绕跨国公司的组织结构、企业文化与国际战略等方面展开了大量研究，且不同学科的研究视角、内容和范式不尽相同。经济学关注跨国公司的国际化战略、外资政策的影响、价值链的区位选择和服务外包等领域；社会学重点研究跨国公司的危机公关、人力资源管理、企业文化和社会责任等；管理学聚焦跨文化管理策略、财务共享服务和国际化经营等；法学则重点关注跨国公司的国际法规制、环境法律责任、反垄断、并购和国际避税等。

跨国公司行为与其所处的区位特征存在紧密联系。但已有的基于国际经济学的理论建构并不能很好地解释两者的相关性，尤其是传统的东道国与母国的二元化思维将跨国公司研究局限在特定地理尺度，忽视了其与区域内其他因素的相互作用。跨国公司复杂的部门类别和组织形式改变了国际劳动分工，其与区域制度、文化、社会、经济环境之间的相互作用重塑了全球经济地理格局，深刻地影响了区域经济发展。此外，跨国公司将发展中国家纳入世界经济网络之中，其管理、服务、知识、技术的溢出也让发展中国家获益。

第一节　跨国公司地理研究背景与发展阶段

世界经济正处在全球化和区域一体化飞速发展的进程中。20 世纪 80 年代以来，资本主义国家在世界范围内推行新自由主义，生产要素得以在全球范围内广泛流动，形成了以资本、信息、劳动力、商品等为典型代表的"流空间"（卡斯特，2003），为 20 世纪 90 年代后经济全球化席卷全球和跨国公司的全球扩张创造了条件。全球化以跨国公司的跨国经济活动为基础，在贸易、生产、技术、金融等国际化基础上发展成经济、社会和文化的一体化。经济地理学基于全球化与地方化之间矛盾统一的复杂关系，开始研究跨国公司全球化的空间战略及其对区域发展的影响。

为适应市场不确定性，获得更大利润，跨国公司呈现高度空间集聚、产品生产垂直分离和经济活动多层次特征，伴随创新发展、技术进步与行业关联，进而不断发展区域和行业网络。21 世纪初，地理学者提出全球生产网络框架，将全球化背景下全球、区域和地方多个尺度，企业、政府和社会组织多个对象，以及经济、制度和文化多个方面链接在一起，展开产业升级、治理与嵌入的相关研究，为研究跨国公司提供了坚实的理论指导。

跨国公司地理研究可归为三个阶段：第一是基于产业特征和市场需求的早期阶段，主要研究跨国公司经济活动空间差异及其影响因素；第二是经济地理学制度文化转向影响的成长阶段，强调东道国与母国的制度、文化、习俗等对跨国公司区位选择及其发展的影响；第三是从全球价值链到全球生产网络视角主导的成熟阶段，将跨国公司行为链条化与网络化，强调不同功能间的自身特征和相互影响，及其与区域乃至全球尺度经济发展的相互耦合。

一、早期阶段：生产组织和国际分工演化

早期经济学者关注跨国公司的内部组织和国际分工。20 世纪 70 年代，跨国公司以国际市场为导向，实现全球利润最大化。为降低交易成本，跨国公司通过控股的方式对境外的企业机构实行控制，这种母公司与国外子公司交易的内部专业化分工，令跨国公司实现了内部产品、原材料、技术与服务的国际流动。跨国公司内部贸易在 20 世纪 80～90 年代上升至 40%，目前世界贸易总量的近 80% 为跨国公司内部贸易。经济地理学也从生产组织和国际分工演化视角解释了跨国公司与对外直接投资的国际经济活动，强调跨国公司对全球经济地理空间格局的演化与重塑发挥的关键作用。一方面，经济地理学看到了影响跨国公司布局更深层次的原因（Peck and Yeung，2003）；另一方面，经济地理学探索了跨国公司活动与城市区域发展之间的关系，指明理解全球化进程中跨国公司活动是把握城市与区域发展的关键问题。

20 世纪 80 年代，西方经济地理学逐渐关注国际分工的变化趋势。哈维（Harvey，1982）和史密斯（Smith，1982）等人从资本主义形成的历史性前提与结构性条件中认识到了空间发展的不均衡性。马西（Massey，1984）从劳动过程、组织结构的角度发展了"地理不平衡"研究，揭示了国际地域分工从区域之间主导产业差异所形成的专业化分工向各地区间职业构成差异所形成的精细化分工转变。进一步地，马西（Massey，1984）表达了鲜明的层级观点，从劳动力社会关系内部差异化产生的分工和层级差异，引申出提高生产率和增强管理方控制权是通过分工精细化实现的。由于空间不平衡发展，跨国大型厂商形成了多地区的空间结构，即总部与加工组装等生产性部门出现在不同的地区，存在着所有者、监督者和控制者的科层体系（Massey，1984）。20 世纪 80 年代末以来，国际分工方式发生了巨大变化，产业间和产业内国际分工不断向产品内国际分工深化。价值创造体系出现了前所未有的全球范围垂直分离和重构，每个国家的产业都成为全球产业网络中的某个节点。

二、成长阶段：经济地理学的制度文化转向

20 世纪 90 年代以来，经济地理学发生了文化制度转向。制度包括正式性制度和非正式性制度，经济增长的研究离不开对制度创新和变迁的研究（North and Koboldt，1995）。制度学派通过观察第二次世界大战以后资本主义国家在制度层面的差异性，提出了"资

本主义多样化"理论（Hall and Soskice，2001），将以英国、美国为代表的高度竞争自由市场经济制度与以德国、日本为代表的适度竞争和协调市场经济制度进行区分，两种资本主义类型拥有不同的意识形态、市场运作机制、劳动力市场弹性，具有一定的制度互补性。跨国公司从制度差异的角度考察产业、区域、国家，从而做出区位选择。经济地理学将经济活动在空间上适应当地社会文化制度的过程称为"嵌入"。跨国公司在当地的经济活动受到独特的社会文化制度的影响，与区域内大量的企业、组织、机构、政府之间存在密切的联系。通过竞争、合作与讨价还价的过程，跨国公司更好地适应当地区域特征，最大限度地获得资源和提高生产效率。同时，由于经济活动嵌入到区域社会文化系统中，知识溢出、技术关联等也将反过来促进区域发展，一定程度上影响了当地的制度和文化。

三、成熟阶段：从全球商品链、全球价值链到全球生产网络

为了解释经济全球化背景下越来越复杂的国际劳动分工，20 世纪 90 年代中后期，经济地理学在制度文化转向以及新区域地理学的研究基础上逐渐发展了关系经济地理学。全球商品链、全球价值链以及全球生产网络等相关理论成为经济地理学研究跨国公司的主要理论支撑。全球生产网络是经济地理学者在批判性吸纳全球商品链和全球价值链理论的基础上提出的一个研究全球经济的分析框架（Coe et al.，2004），该框架将跨国公司、地方和区域发展相互关联问题纳入一个网络思考模式。"战略耦合"与"区域资产"的概念将"核心企业"的投资策略和"全球化"的区域发展联系起来（Pike et al.，2010）。因此，全球生产网络在经济地理学、地方和区域发展研究的基础上开创了一个有效且全面的研究范式（Yeung and Coe，2015）。

20 世纪 80 年代，沃勒斯坦（Wallerstein，1983）对资本主义世界体系进行解读时提出了"商品链"的概念。波特（Porter，1990）提出的"价值链"是将企业的竞争战略嵌套在更大的价值体系中。20 世纪 90 年代中期以来，"价值链"理论成为研究全球化背景下地方产业集群、产业结构升级、全球组织和治理的主流理论之一。然而，这种静态"价值链"忽视了企业在价值链结构中受到外界影响产生的动态变化。杰里菲（Gereffi，1994）提出了"全球商品链"（GCC）理论，对已有的价值链研究进一步细化，归纳出价值链组织结构的三个主要过程，即研究开发、生产加工与产品销售。而由全球少数处于主导地位的跨国公司构成的全球生产、分配等级体系，可以分为生产者驱动型和购买者驱动型两种模式（Gereffi，1994）。随后，汉弗莱和施密茨（Humphrey and Schmitz，2001）以更广泛的"价值"取代全球商品链中"商品"的范畴，形成了"全球价值链"

理论，以此解释嵌入其中的发展中国家的产品升级。全球价值链是一个理解和分析国际贸易和经济全球化的动态过程的有力工具，它将全球经济视作离散的价值链组合而不是自由市场的简单组合，包含从产品设计、生产、运输、销售及售后服务、回收与再利用等一系列价值创造活动。跨国公司出于降低交易成本和市场风险、追求规模经济的考虑，将产品生产加工的若干步骤内部化，控制生产链内的交易。现实中，更多产品生产链的组织形式介于完全外部化与完全内部化之间，形成了错综复杂的交易网络。

全球生产网络（GPN）对全球经济认识更加多维度、多样化、多功能和多层次（Tokatli，2013）。GPN 是以某行业的主导企业为核心，将不同层次的遍布全球的供应商、物流商、经销商等联系起来的全球业务网络（Ernst and Kim，2002），且存在网络内的知识交流机制。以迪肯、亨德森和科为代表的"曼彻斯特学派"推动了全球生产网络的发展（Henderson et al.，2002；Coe et al.，2004；Dicken，2011），从"全球—区域—地方"不同尺度的联系和互动，提出了"价值—权利—嵌入"的三维框架，重视跨国公司与全球生产网络的相互塑造，尤其是强调文化制度等非线性的影响和企业学习和适应的过程。在 GPN 1.0 的理论框架基础上，科和杨伟聪（Coe and Yeung，2015）提出了一个以企业为中心动态竞争的 GPN 2.0 理论框架，核心领导企业及其他相关企业，包括战略伙伴、专业化供应商、一般供应商，对于价值捕获、提升的过程尤为重要。在这种分工体系下，发达国家跨国公司通过价值链重构，将越来越多发展中国家纳入自己的全球生产网络，并凭借对价值链高端环节的垄断，把持全球生产网络的控制权。

总而言之，跨国公司地理研究的兴起是时代发展的必然产物。经济全球化进程极大地促进了要素在全球范围内的流动，进而提升了以跨国公司为载体的全球生产一体化。在此基础上，经济地理学者强调"地方"和"全球"两种空间尺度的对立统一，将跨国公司以精细化分工为代表的生产特征与经济活动和不同尺度的区域发展相联系，既研究跨国公司对区域经济动态的塑造作用，也关注区域通过正式或非正式制度对当地跨国公司部门的影响，进而影响全球范围内跨国公司职能分布。值得注意的是，虽然三个阶段兴起的时段并不相同，但每个阶段代表性的研究视角却并不"过时"。

第二节　跨国公司地理研究理论基础

20 世纪 60 年代以来，独立的对外直接投资理论逐步发展起来。早期的理论包括寡占反应理论、垄断优势理论、内部化理论、产品生命周期理论和国际生产折衷理论。这些理论虽提及了地理要素对跨国公司自身和行为特征的影响，但是并没有得到地理学者的足够重视。在当时的研究中，二元化的思想忽视了东道国和母国地理尺度层面的异质性，过分强调国际尺度的生产过程和跨国公司内部的经济行为。随着时间的发展，对外投资理论中的地理元素逐渐得到了应有的重视，如产品生命周期理论中的"核心—边缘"区域的跨国公司倾向于行使不同功能，这一观点指导了当时一批学者的实证研究。

此后产生的理论，如边际产业扩张、纵向和横向投资、新自由主义的新国际劳动地域分工等理论逐渐注意到了不同尺度地理要素的重要性，逐渐强调跨国公司的行为，如区位选择是综合了多尺度地理空间蕴含的各种要素的结果。

一、寡占反应理论

尼克布克（Knickerbocker，1973）深入研究了美国跨国公司的国际投资行为，发现跨国公司的对外直接投资是寡头垄断竞争的直接结果。为了保持市场竞争平衡，维持市场份额，降低风险和分享先行者优势，寡头公司通常会模仿首先进行直接投资的公司投资行为。跨国公司的防御性国际直接投资经常会选择与竞争者在相同市场上建立子公司，从而导致国际直接投资在空间上的高度集中。

认识到产品生产周期论对国际生产区位解释的局限性，弗农（Vernon，1974）也转而强调跨国公司的寡头垄断竞争及其区位行为，并提出了寡头垄断发展的三个阶段：创新期寡头、成熟期寡头以及衰退期寡头。在创新期寡头阶段，其生产区位主要在产品创新区位。在成熟期寡头阶段，生产厂家的区位行为主要是取决其他主要竞争者的空间行为。一个产业内的寡头公司很可能追随另一寡头公司在同一区位设立分公司。在衰退期寡头阶段，生产区位主要决定于生产成本的地理空间差异，寡头公司会将生产转移到低成本国家。

寡头垄断竞争论也存在一些不足。第一，它可以解释一些国际投资的"区位模仿行为"，但它不能解释为什么寡头公司要首先进行国际直接投资，为什么选择特定区位。第二，寡头垄断竞争导致的国际投资空间集中还可能存在其他的解释：如投资跟随者认为先行投资者已经对东道国市场做了充分的调查研究，先行者的直接投资表明一种可行的投资机会；先行投资者可能已经改善了当地投资环境；投资跟随者和先行投资者可能是对同样的外部刺激做出反应，如改革开放政策、市场自由化、投资激励和贸易壁垒等。第三，大量产业不是仅由几个寡头，而是由大量中小企业组成的，如中国众多外资项目都是由中小企业投资的，不存在寡头垄断竞争的问题。

二、垄断优势理论

垄断优势理论又称为所有权优势理论，由海默在 1976 年提出，并与其导师金德伯格合作完善。该理论强调，传统国际资本流动理论的完全竞争假设在现实世界中存在缺陷，认为跨国公司进行直接投资的根本动机源自不完全竞争市场，其控制国外经营权获得垄断利润，而非利息收入。首先，不同国家的企业常常彼此竞争，但市场缺陷意味着有些公司居于垄断或寡占地位，因此，这些公司有可能通过拥有并控制多家企业而牟利；其次，在同一产业中，不同企业的经营能力不同，当企业拥有生产某种产品的优势时，最先崛起的跨国公司将资源或能力优势通过对外直接投资发挥其所有权优势，取得超额利润。除此之外，从消除东道国市场障碍的角度看，跨国公司在品牌知名度、营销技巧、管理经验、专利和专有技术、融资渠道、规模经济、全球性营销网络等方面的优势有一定的补偿作用，足以抵消东道国当地企业的优势。海默还指出跨国公司对外直接投资必须依靠某种垄断优势，并将这种垄断优势划分为两类：知识资产优势和规模经济优势（Hymer，1976）。

垄断优势理论开创了对外直接投资的新研究，使对外直接投资理论独立于传统的资本流动理论。理论用垄断代替了完全竞争，明确提出了跨国经营的必要条件之一是"企业所有权优势"，既解释了跨国公司为发挥垄断优势而进行的横向投资，也解释了跨国公司为了维护垄断地位而进行的纵向投资。但该理论无法解释不具有垄断优势的发展中国家对外直接投资，也不足以解释中小企业的对外投资和相关东道国的区位特征。为了弥补上述缺陷，学者遵循"市场结构—企业行为—行为结果"的产业组织理论分析模式，丰富了企业不同垄断优势的来源，典型代表有约翰逊和塞夫·赫什（Seev Hirsh）的占有能力论、理查德·凯夫斯（Richard Caves）的产品差异能力论和斯蒂芬·梅纪（Stephen Magee）的信息占有论。

三、内部化理论

巴克利和卡松（Buckley and Casson，1976）从跨国经营企业的内部资源配置的角度，以发达国家跨国公司为研究对象，提出了市场内部化理论。理论认为，某些无形资产具有投资风险大、专用收益较大而又易于无偿扩散等特性，跨国公司会通过建立海外分公司，将一些中间产品的生产和交易转入组织体系内部，通过内部组织体系降低成本，提高效率。跨国公司的这种优势转移是对外直接投资的真正动因。

市场内部化的过程取决于四个因素：一是产业因素，指与产品性质、外部市场结构和规模经济等有关的因素；二是区位因素，指由于区位的距离、文化差异和社会特点等引起交易成本的变动；三是国家特定因素，指东道国的政治、法律和财经制度对跨国公司业务的影响；四是公司因素，指不同企业组织内部市场的管理能力。内部化理论解释了在何种情况下会发生对外直接投资，以及为什么对外投资是一种比出口产品和转让许可证更为有利的经营方式。在市场不完全的情况下，企业为了谋求整体利润的最大化，倾向于将中间产品，特别是知识产品在企业内部转让，以内部市场代替外部市场。将中间产品与最终产品市场不完全性进行区分也是内部化理论的主要贡献之一。

四、公司国际化过程理论

公司国际化过程论把跨国公司的国际化生产视为一个逐步推进的、不断增加投资的过程，其出发点是公司行为理论和公司增长理论。约翰松和瓦尔内（Johanson and Vahlne，1990）、韦尔奇和罗斯塔里宁（Welch and Luostarinen，1993）等为该理论研究做出了重要贡献。该理论认为，跨国公司对外直接投资取决于其对国外区位的熟悉程度与知识的积累。国外特定区位的知识对跨国公司投资非常重要，因为充分的知识可以降低投资风险，帮助辨识投资机会，减少进入国外市场的成本。

根据公司国际化过程论，跨国公司通常采取渐进方式进入外国市场，以零散的出口活动开始，进而通过代理出口，然后设立销售代理办公室，最后建立生产厂家。跨国公司最初进入与其母国"文化心理距离"较小的区位，即空间距离和文化语言等接近的市场。传统的经济联系也可以增加对外国区位的了解，从而增加直接投资活动。对一个市场的先期直接投资可以作为收集信息和积累知识的平台，从而为进一步投资创造机会。这样，随着对某些区位信息与知识的积累，也可能导致国际直接投资在空间上高度集中。

在区位选择上，跨国公司的后期投资与前期投资具有很强的正向相关性（Buckley and Casson，1981）。在中国的跨国公司，尤其是那些大型跨国公司，大多数采取渐进式的进入模式（Luo and O'Connor，1998）。区位特定信息和知识无疑是跨国公司选择区位的重要因素。尤其是在发展中国家，外国投资者面临诸多市场不完善和制度缺陷，他们的投资决策受到许多内部和外部不确定性的影响，收集信息成为跨国公司区位决策中不可或缺的一环，信息成本的空间差异在很大程度上决定了国际投资的空间模式（Mariotti and Piscitello，1995；He，2002）。

五、产品生命周期理论

产品生命周期理论由弗农提出，该理论通过主导产品类型的技术特点定义行业发展阶段，尤其重视创新的时机、规模经济和不稳定性等因素，并用于解释国际和区际投资的空间变化。弗农（Vernon，1966）以美国制造业为例，引入产品生命周期理论的动态分析方法，考察了跨国公司的投资行为，把产品发展分为三个阶段：新产品阶段、成熟产品阶段和标准化产品阶段。戈特和克莱伯（Gort and Klepper，1982）通过对美国 23 个产业的实证研究，提出产业生命周期理论，并将产业发展分为四个主要阶段：萌芽期、增长期、成熟期和衰退期。产业周期在不同技术水平的国家里，发生的时间和过程是不一样的，存在一个较大的差距和时差，正是这一时差，表现为不同国家的技术差距，反映了同一产品在不同国家市场上的竞争地位的差异，从而决定了国际贸易和国际投资的变化。

根据产业生命周期理论，随着产品成熟，产业空间表现出明显的扩散趋势，区位选择趋向于从高成本发达地区向低成本发展中地区推进（史忠良等，2004）。产品从创新到成熟再到衰退伴随着产业区位的空间转移，是由跨国公司对外直接投资推动，其动力来自于垄断优势，以市场导向型为主；当产品成熟到标准化生产时，投资驱动力主要是东道国提供的区位优势，以出口导向型为主。在产品生命周期中，其市场需求、资本技术密集度、关键生产要素、生产区位等方面存在一个演化过程。实际上，产品生命周期理论也是国际生产区位转移理论，新产品、新技术扩散，将从最初生产该产品的发达国家，依次向其他发达国家、新兴工业化国家、发展中国家和其他国家转移（Vernon，1966）。

美国大部分制造业公司最初的海外投资确实符合产品周期的顺序，但是 20 世纪 80 年代后不断出现跨国公司多样化的国际经营方式、创新产品的周期变化、发展中国家"逆向"投资等现象，产品周期理论对此存在解释的局限性。

六、国际生产折衷理论

由于直接投资的来源国、投资动机、公司战略、东道国环境等许多方面的差异，国际直接投资显得非常复杂，没有一个国际投资理论能够完善地解释直接投资的相关问题。要解释国际直接投资现象，至少需要回答三个相关问题：什么公司可以成功地对外直接投资？公司为什么到国外直接投资？跨国公司应该选择什么区位进行直接投资？因而，一个较全面的国际投资理论应该能将国际贸易理论、产业组织理论以及产业区位论等理论糅合在一起（Dunning，1993）。20 世纪 70 年代末，邓宁（Dunning，1977）结合有关经济理论提出了解释国际生产活动的折衷框架，并不断扩充和完善这个理论框架（Dunning，1993，1995，1998）。

国际生产折衷理论吸收新古典国际贸易理论对国际生产的解释，认为生产要素禀赋决定国际生产的空间分布，进而强调结构性市场不完善和中间产品市场不完善对国际生产的影响，强调市场结构、交易成本、公司组织形式等是重要的国际生产决定因素。根据该理论，一个跨国公司的国际生产水平与结构取决于其能否同时具备三个优势：①所有权优势，包括产权与无形资产优势、金融优势、品牌优势、企业组织优势和跨国性经营优势，这些优势可以使跨国公司克服在东道国的劣势；②将市场内部化的优势，通过将市场内部化，公司可以降低交易成本和市场所带来的不确定性等；③区位优势，包括东道国的资源禀赋、基础设施、市场潜力、贸易壁垒、技术水平、集聚经济以及友好的外资政策等，对外直接投资的区位选择在很大程度上取决于区位优势的空间分布。将所有权优势、内部化优势与区位优势结合，可以克服在东道国面临的劣势，从而提高公司的总体盈利水平。以上三种优势可以合称为 OIL 优势组合。产业组织理论主要分析各种所有权优势对国际生产的影响，产权理论和国际化理论着重强调公司对外投资可以充分发挥这些所有权优势及内部化优势，国际贸易理论与产业区位论可以解释国际生产的区位选择，垄断优势理论与公司管理战略论则可以阐述公司对不同的 OIL 优势组合的相应决策。国际生产折衷理论有机地融合了上述各理论，从而比较全面地解释了跨国公司的国际生产模式与水平。

跨国公司对外投资动机因公司不同而异。邓宁（Dunning，1993）将主要的投资动机归纳为四种：资源导向型、市场导向型、效率导向型和战略资产导向型。资源导向型对外投资主要是获得国外廉价的特定生产资源，主要集中在出口导向型的国际生产。资源导向型投资可以归纳为三种情况：自然资源开采，利用廉价的半熟练和不熟练工人以及寻求先进技术、管理和组织技能等，最后一种通常是对发达国家的直接投资。市场导向型投资的目的是保持已有的出口市场或开拓新的国外市场。市场规模及其增长潜力是市场导向型投资的主要区位因素。跨国公司进行市场导向型投资的直接原因包括：①需要生产出符合当地消费偏好的产品；②节省生产和交易成本，更有效地服务于当地市场；③维持与其他对外投资公司的商业关系；④构成全球化战略的组成部分（尤其那些具有垄断优势的跨国公司）。一些典型的市场导向型投资通常涉及制药业、汽车制造、食品加工、计算机制造等产业。效率导向型投资可以通过统一管理空间分散的经济活动而优化公司资产结构，从而分散风险，获得规模经济与范围经济等收益。效率导向型投资的目的是通过集中在几个区位的生产，服务于尽可能大的市场，充分利用资源禀赋、商业文化、制度安排、经济体系和市场结构等方面的国别差异。这类投资经常涉及汽车制造、电子设备、商业服务、研究与开发等经济活动。大型跨国公司为了追求国际一体化的生产战略，获得某些特定资产以提升其国际竞争力，通常会实行战略资产导向型投资。正如效率导向型投资，这种类型的投资也追求规模经济和范围经济。通常集中于那些具有很强规模经济和高固定资产的产业。可见，跨国公司的投资动机不同，所重视的区位因素不同，因而产生差异性的区位行为和区位模式（表 16-1）。

表 16-1　对外直接投资动机与区位选择因素

动机	所有权优势	区位优势	内部化优势	战略目标	投资领域
资源寻求型	资本、技术、市场、互补性资产、规模经济	资源禀赋、交通与通信设施、税收及其他投资激励	保证资源供给、监控市场	较其他竞争者优先获取生产资源	石油、铜、锌、香蕉、菠萝、可可、旅馆；劳动密集型产品的生产及加工等
市场寻求型	资本、技术、信息、管理与组织技能、开发研究能力、规模经济、商标品牌	原材料与劳动力成本、市场规模与特性、政府政策	降低交易成本和信息成本，降低市场不确定性，保护知识产权	保护现有市场；在新市场上排挤竞争者或潜在竞争者	计算机、医药、汽车、卷烟、加工食品、航运服务等
效率寻求型	上述所有权优势；范围经济、空间分散经营、利用国际资源	市场专业化与集聚经济、廉价劳动力、投资激励	降低交易成本和信息成本，降低市场不确定性，保护知识产权，发挥垂直一体化经济	实现地区或全球生产合理化；赢得加工专业优势	汽车、电气设备、商用服务、某些研究与开发活动；消费电器、纺织品及服装、照相机、医药等
战略资产寻求型	上述所有权优势	上述区位优势	发挥统一管理优势、竞争优势，降低和分散风险	增强全球和创新或生产竞争力；开辟新生产线或占领新市场	任何高成本及具有规模经济的行业

资料来源：根据邓宁（Dunning，1993，1995）整理。

七、边际产业扩张理论

边际产业扩张理论运用比较优势理论，把国际贸易与对外直接投资结合起来，是对国际直接投资的宏观解释（Kojima，1982）。边际产业是该理论中的核心概念，指一国经济中已经处于或即将处于比较劣势的产业。边际产业扩张理论认为，对外直接投资应该从母国已经处于比较劣势的产业依次进行，而边际产业是东道国具有比较优势的产业，这可以将东道国因缺少资本、技术和经营管理技能等未能显现出来的比较优势发挥出来，从而扩大母国和东道国的比较成本差距。边际产业论是新古典要素禀赋论在中间产品贸易中的运用，但因为具有鲜明的本国特色，局限于日本及其少数欧洲国家，不能解释发展中国家之间的对外直接投资行为（Dunning，1993）。

边际产业扩张理论还指出，对外直接投资可分为贸易创造型和贸易替代型两种。美国等投资国的大部分对外直接投资是贸易替代型投资，出自拥有垄断优势的产业或部门，目的是维护其寡占地位或者是对贸易壁垒做出反应，因此，这样的投资会替代投资国贸易。日本的对外直接投资则属于贸易创造型投资。日本对外直接投资大都来自日本已失去比较优势的产业或生产阶段，如自然资源开发、纺织服装、钢材加工等传统产业以及汽车、家用电器等加工工业的组装生产阶段等。由于东道国在这些产业获得了来自日本的资本、技术和管理经验，从而提升其出口（Kojima，1982）。这一投资理论给发展中国家产业发展带来了启示，即从转移边际产业开始，逐步优化国内产业结构，鼓励中小企业进行对外直接投资，发挥国家的比较优势。

八、纵向投资与横向投资理论

纵向投资和横向投资理论假定企业经济活动的不同阶段可以布局在不同国家，不同国家的生产完全相同。纵向跨国投资主要是生产中间产品，以降低成本或提高效率为目标，因此，有些环节需要接近原料地，有些环节需要利用廉价的劳动力，从而将不同生产环节布局到具备不同要素禀赋的国家。其区位因素包括生产要素的可得性、要素价格、要素质量、要素匹配、基础设施水平、要素替代性、产业配套、企业网络等。横向投资是以市场为目标的投资，把同样的经济活动扩散到不同国家，如雀巢咖啡在不同国家建立了多个相同的生产厂，麦当劳在全球各城市开设餐厅，以及沃尔玛在很多国家开设超市等。横向投资的区位因素包括市场规模、市场潜力、市场可达性、市场结构或竞争程度、市场挑剔度、市场容忍度等。

九、新国际劳动地域分工

自 20 世纪 80 年代以来，世界经济体系发生了重大变化。显著特征是出现了全球化背景下生产过程的分散布局，即国际垂直专业化分工（Keller，2002）。国际垂直专业化分工将分工深入到工序层面，生产过程的不同阶段被拆分到不同的国家与地区，这种市场一体化与生产分散化的统一促使国际贸易大幅增加。20世纪90年代以来，围绕生产工序为单位的国际分工主要研究"零散化生产""价值链的切片化""产品内国际分工"。其中，产品内国际分工包括纵向的垂直型国际分工和横向的水平型国际分工。与垂直专业化分工类似，发达国家跨国公司将低附加值的生产功能外包给发展中国家，将价值创造的核心环节留在母国。订单制造、国际生产分割、国际生产分散化、产品内分工等形成的"新国际劳动地域分工"，是跨国公司引导的基于跨国公司关系网络的国际劳动分工（孟庆民等，2000）。梅兹（Melitz，2003）和钱尼（Chaney，2013）等学者研究了一般均衡条件下的全球价值链生产模式，包括全球价值链外包与空间集聚、蛇形及蛛网生产方式等，主要结论为产品复杂度越高，包含的生产工序越多，其纵向维度就越长；产业专业化分工导致企业规模报酬递增，进而获得规模效益，其价值链横向维度更广，故而形成规模密集、结构庞杂的全球生产网络。

总之，随着跨国公司对外直接投资理论的发展，以东道国与母国在经济、文化、制度、人口等方面的差异为代表的地理空间要素愈发得到重视，逐步成为跨国公司对外直接投资的重要因素。同时，跨国公司作为全球与地方连接的载体，要求任何理论都需要以多维度和跨尺度的视角，将地方特异性与全球流动性相结合，既要关注跨国公司的行为特征，也要强调其与区域的相互影响，突出地理学差异化与普适化相结合的思想。

第三节 跨国公司地理实证研究

以跨国公司为载体的对外直接投资起源于20世纪60年代，在20世纪70年代得到了快速发展。地理学强调跨国公司及其分支机构及其对外直接投资的空间布局、演化特征和其与区域发展的相互作用。经济地理学对跨国公司地理研究历经了研究视角和范式的演变。早期，经济地理学者主要依托传统区位因素解读跨国公司地理格局；随着新贸易理论和新经济地理学的发展，集聚经济产生的规模效应与外部性成为跨国公司地理的研究重点。20世纪90年代以来，跨国公司地理研究逐步引入东道国文化制度和社会网络等因素。

一、跨国公司对外直接投资（FDI）区位研究

1. FDI 流向

跨国公司在全球市场不断渗透，然而其市场覆盖的广度和深度都不是全球性的，而

是区域性的，集中在北美、欧盟和亚洲三大市场（Rugman and Verbeke，2004）。在这种格局下，大量的研究也以这些区域的国家为研究对象（Thangavelu and Narjoko，2014）。外商直接投资的国家区位选择是一个非常复杂的问题。在许多研究成果的基础上，UNCTAD（1998）提出了一个外商直接投资区位因素的分析框架，将东道国因素归纳为三大类：外资政策因素、促进投资措施和经济因素（图 16-1）。外资政策因素包括政治经济稳定性、外资引进与经营政策、私有化政策、贸易政策以及税收政策等。促进投资措施包括引资措施、投资激励、交易成本（如腐败、行政效率等）、投资后期服务等。经济因素则因投资者动机不同而异，如市场导向型投资重视市场规模、人均收入、市场增长、区域性市场可达性、东道国消费者偏好以及市场结构等；资源与资产导向型投资则

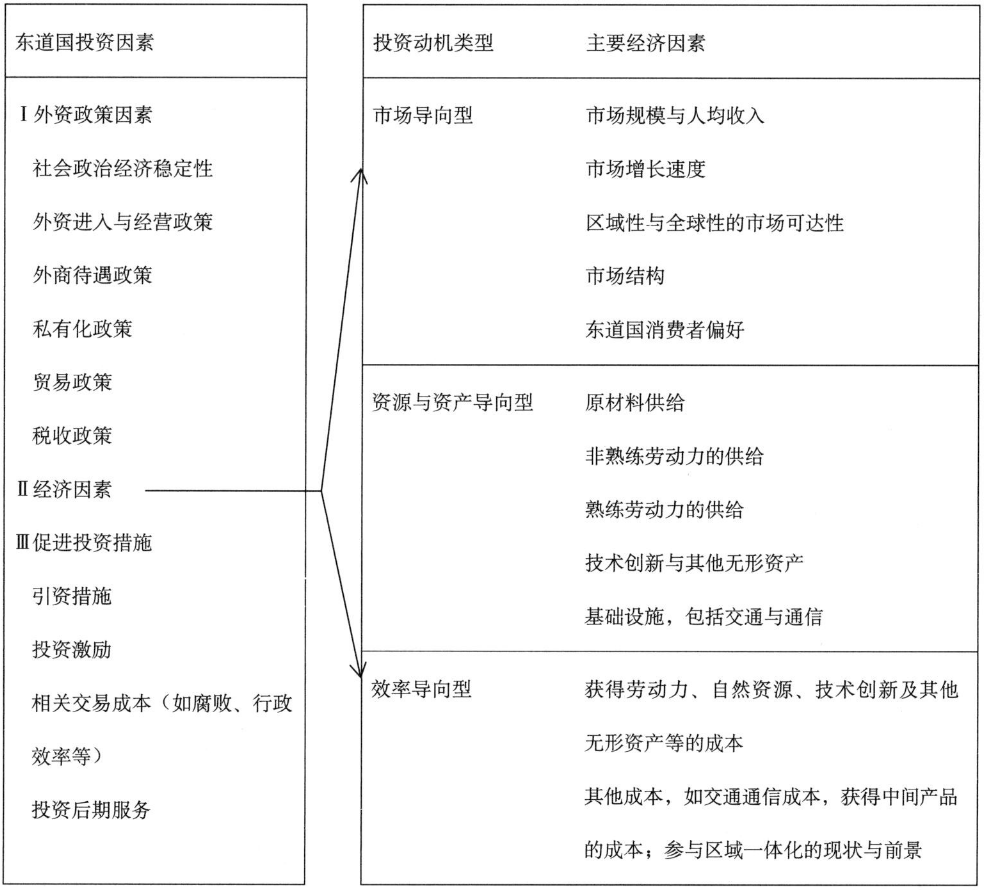

东道国投资因素	投资动机类型	主要经济因素
Ⅰ 外资政策因素	市场导向型	市场规模与人均收入
社会政治经济稳定性		市场增长速度
外资进入与经营政策		区域性与全球性的市场可达性
外商待遇政策		市场结构
私有化政策		东道国消费者偏好
贸易政策	资源与资产导向型	原材料供给
税收政策		非熟练劳动力的供给
Ⅱ 经济因素		熟练劳动力的供给
Ⅲ 促进投资措施		技术创新与其他无形资产
引资措施		基础设施，包括交通与通信
投资激励	效率导向型	获得劳动力、自然资源、技术创新及其他无形资产等的成本
相关交易成本（如腐败、行政效率等）		其他成本，如交通通信成本，获得中间产品的成本；参与区域一体化的现状与前景
投资后期服务		

图 16-1　外商直接投资国家区位影响因素

资料来源：UNCTAD（1998）。

强调原材料、廉价劳动力、熟练工人的供给以及技术与创新能力、基础设施水平等；效率导向型投资则追求廉价的资源与劳动力与其他生产投入，如交通通信成本、中间产品贸易成本、参与区域一体化的现状与前景等。

实证研究基于国际生产折衷理论，以区位优势和跨国公司 FDI 的四种区位决策类型为指导建立分析框架。如基诺西塔和坎波斯（Kinoshita and Campos，2003）强调制度、自然资源和集聚效应是吸引 FDI 最重要的因素。贝尔科兹和特克（Berkoz and Turk，2009）认为一个国家需要具备"传统优势"和"环境因子"来吸引跨国公司 FDI。其中"传统优势"包括市场潜力、劳动力成本、经济增长和政府政策，"环境因子"主要包含政治、经济、制度和基础设施水平等。坦加韦卢和纳尔乔科（Thangavelu and Narjoko，2014）的实证研究表明，高质量人力资本、市场活跃度、科技发展程度、是否签订双边贸易协定以及是否为国际组织成员国等对一个国家能否吸引大量 FDI 有显著影响。总的来说，FDI 总体流向的研究是在国际生产折衷理论指导下，以不同国家和地区为研究对象的实证研究。

2. 传统区位因素与 FDI 区位

传统区位因素包括成本和市场因素，如基础设施、资源可得性、劳动力成本、交通运输成本、市场规模等。一般认为，基础设施完善度高、劳动力水平高或成本低、交通运输成本高等多会提升 FDI 流入。博特里奇和什库弗利奇（Botrić and Škuflić，2006）基于东南部欧洲国家对外直接投资流入的面板数据发现，完善的基础设施有利于促进对外直接投资的流入。拉西亚（Rasiah，2000）研究发现廉价劳动力并不能影响跨国公司 FDI 区位决策，但熟练劳动力的确是关键因素。在博伦施泰因等（Borensztein et al.，1998）的针对人力资源和 FDI 关系研究成果的引领下，相关研究总结出了一套人力资源和 FDI 相互作用的模型。该类模型首先指出劳动力结构完善对 FDI 的流入有促进作用，随后基于劳动力综合水平设置一个阈值点，认为目的国政府会努力将本国劳动力水平提升至阈值以上从而吸引 FDI 流入（Iwai and Thompsonn，2012）。丹尼尔斯和冯德鲁尔（Daniels and Von der Ruhr，2014）基于 Hausmann-Taylor 模型，以美国为研究对象，探究了交通运输成本和本国 FDI 流出区位的关系，表明无论是海上运输还是空中运输成本，均与 FDI 有稳定的正相关关系。

实证研究也关注市场规模、市场潜力与市场竞争对 FDI 区位的影响。如何实现成本最小化或利润最大化是 FDI 区位选择的重要标准（Glickman and Woodward，1988）。因此，市场规模越大、潜力越高和竞争相对越强的市场，更能吸引 FDI 流入。如奥特谢尔等（Otchere et al.，2016）基于非洲金融市场的研究发现，一个完善运行、发展潜力大的金融市场可以吸引更多 FDI 流入非洲制造业。蔡等（Tsai et al.，2016）研究了一国国内市场竞争对国内福利环境和 FDI 的影响。在一般情况下，市场竞争有利于国内总体社会福利水平提高，但过高的市场竞争阻碍了 FDI 的流入，社会福利水平不升反降。

与东道国企业相比，外国投资者处于"外来者劣势"，在购买原材料、识别和发现市场机会、获取熟练劳动力以及许多不确定性方面比东道国企业承担更多的风险并支付更高信息成本。因此，FDI 区位选择通常是对信息成本的一种理性反映（刘作丽和贺灿飞，2009；Mariotti and Piscitello，1995）。如科瓦尔和莫斯科维茨（Coval and Moskowitz，1999）发现美国的投资更加倾向本地的企业，表明本地与非本地投资者之间的信息不对称性会导致对地理邻近性投资的偏向性。有研究也直接关注目的国或东道国的信息完善度，如奥尔登斯基（Oldenski，2012）基于美国的研究认为，需要直接与消费者进行交流从而获取信息的物品和服务，跨国公司更倾向于向目的国进行出口，而非进行 FDI。

3. 集聚经济与 FDI 区位

集聚经济对跨国公司区位选择具有显著影响。跨国公司选址在产业集中的区域，既可以利用规模效应降低生产成本，提高生产效率，也更容易融入区域市场，获得地方化资源优势（Dunning，1998）。跨国公司倾向在东道国少数地区集中布局得益于各类集聚经济效应。黑德等（Head et al.，1995）指出，集聚经济具备不同的类型，将各种类型一起分析，或者用单一变量来代表各种集聚经济等方式都不能很好地分析集聚经济对企业区位选择的影响，可以区分外资集聚经济包括外商投资集聚经济、城市化经济和地方化经济三个方面（刘作丽和贺灿飞，2011）。

首先，已有外资企业的知识溢出、产业联系等都可以帮助新投资者克服"外来者劣势"，这种集聚效益即为外商投资集聚经济。外商投资公司和与其有前后向联系的客户、竞争企业等之间存在一种相互吸引关系，因此，它们往往会选择集聚分布在特定的区位，以此弥补"外来者劣势"。外商投资集聚经济可以分为同行业集聚、同公司集聚和来源国集聚三个层次。黑德等（Head et al.，1995）基于日本跨国企业在美国的 FDI 数据，验证了产业内集聚是企业选择在美国国内集聚分布的重要因素。贝尔德博斯和卡里（Belderbos and Carree，2002）基于条件逻辑模型研究了日本电子制造业在中国的区位选择，表明中小规模的企业更倾向于集中分布在距离日本更近的地方，通过同行业的知识溢出来减少经营成本。塔恩和梅耶（Tan and Meyer，2011）通过分析越南境内跨国企业的集聚分布，认为跨国企业倾向于和来源国相同以及不同的其他企业进行集聚分布从而更好地获取地方知识，而来源国相同企业的集聚分布可以令企业更高效地获取地方商业环境内部的隐性知识。也有研究指出不同来源国的跨国企业集聚分布同样有利于获取地方知识从而融入地方市场（Crozet et al.，2004）。

其次，城市化经济吸引跨国公司直接投资。杜兰顿和普加（Duranton and Puga，2005）

指出，城市良好的经济产业环境促进知识溢出。罗森塔尔和斯特兰奇（Rosenthal and Strange，2001）基于此进一步指出，知识溢出对 FDI 在城市内或城市间的集聚有促进作用。巴尔塔吉等（Baltagi et al.，2007）的研究发现，美国企业可能会基于比较优势在目的国内相互邻近的地区设置生产链上的不同部门，从而充分利用地区的优势产业环境。李和黄（Lee and Hwang，2016）研究了集聚效应对 FDI 的影响，表明跨国公司存在显著的"水平集聚化"的现象，即以扩张分支部门、投资建厂等形式扩张的跨国公司倾向于集中分布，而"垂直集聚化"的现象并不明显，即跨国公司将不同生产过程进行外包的行为并未呈现出明显的集聚现象。埃克霍尔姆等（Ekholm et al.，2007）则设计了"三地区模型"来探讨不同地区的产业环境对地区内 FDI 的影响，认为邻近地区的市场潜力是跨国公司直接投资的重要考虑因素。吉马莱斯等（Guimaraes et al.，2000）以葡萄牙吸引 FDI 为案例，结果表明产业集聚效应是 FDI 区位的决定性因素，城市化经济所产生的外部性同样具有决定性的作用。

地方化经济来源于马歇尔外部性，指专业化地方产业环境会吸引跨国公司直接投资。一般来说，产业专业化的地区可以为跨国公司提供更多的专业化知识和便捷的上下游联系，从而吸引更多的 FDI。然而，针对地方化经济影响的实证研究没有得到统一的结论。刘作丽和贺灿飞（2011）基于全球 500 强企业在华投资数据研究了集聚经济对区位选择的影响，发现地方化经济对跨国公司直接投资影响并不显著，城市化经济则呈现明显的吸引作用。基于 2002~2013 年中国城市层面跨国公司 FDI 面板数据的研究发现，产业专业化区域由于会陷入路径锁定的困境而无法为跨国公司提供有效的知识溢出效应，而城市化经济发达的区域则更能吸引 FDI（Ning and Wang，2017）。基于 1999~2009 年企业层面跨国公司 FDI 数据的研究结果表明，采用不同方式衡量的地方化经济均对 FDI 的区位选择具有显著的影响，但是城市化经济则不明显（Song and Cieslik，2018）。

4. 多维邻近性、政策制度与 FDI 区位

20 世纪 90 年代经济地理的文化和制度转向将社会、文化、制度等"嵌入"区位研究（Hall，2011）。跨国公司地理研究也发现制度、文化、社会和政策因素对 FDI 区位选择的作用逐渐增大（Wei，1997）。

第一，跨国公司在东道国的投资大多数情况下考虑邻近性原则，包括距离邻近性、政治邻近性、文化邻近性以及认知邻近性等。文化距离方面，杜巨澜等（Du et al.，2012a）对中国香港和中国台湾以及美国等六个国家和地区在中国大陆的 FDI 分布研究表明，文化距离越大，FDI 越难发生。兰克惠森等（Lankhuizen et al.，2011）检验了多维邻近性对跨国公司 FDI 的影响，发现如果一个跨国企业在目的国面临语言不通、文化和制度障碍，其 FDI 行为会显著减少，地理邻近则呈现显著正向相关关系。舍夫勒等（Schäffler et al.，2017）对捷克与德国两个邻国的外商投资区位进行研究，发现两国共同边境区域因地理距离、文化距离和社会距离邻近，构成了极具吸引力的投资地，而对于邻国而言，非边境区域的吸引力没有这么大。

不同国家在制度环境上的差异形成了制度距离，制度距离大会提升跨国投资风险，增加经营成本。霍赫贝格等（Hochberg et al.，2010）发现制度距离会导致跨国公司面临外来者劣势，竞争力低于本地企业，影响其在当地的可持续发展。制度距离影响跨国公司在东道国的经营模式和多元化战略（Chao and Kumar，2010），在制度距离较远的东道国，跨国公司会对当地的分支机构安排更少的员工，同时该分支机构的业绩表现也更好。

第二，很多研究直接探讨东道国制度本身对跨国公司 FDI 区位决策的影响。FDI 倾向于流入对外资持欢迎态度、经济自由度高、自有财产保护度高、法律完善、企业运行障碍少、政府清廉程度高的国家或地区（鲁明泓，1999；刘作丽和贺灿飞，2009）。魏尚进和施莱费尔（Wei and Shleifer，2000）利用多国总体数据研究发现东道国的贪污腐败会持续阻碍外资进入。基诺西塔和坎波斯（Kinoshita and Campos，2003）利用 25 个转型东欧和苏联国家的面板数据，验证了法律和制度质量等制度因子是影响 FDI 流入的重要因素。金融风险因素，例如贸易自由度、税收优惠等也是外商直接投资影响因素。阿维图斯基和坦斯奥特（Avioutskii and Tensaout，2016）通过固定效应与动态调整两种模型，表明在转型经济体中，政治意识形态影响跨国公司的区位选择。在经济全球化进程中，大多数发展中国家通过自由化投资政策吸引 FDI（Cooray et al.，2014）。政治权利和公民自由权利的改善也会一定程度上促进外国直接投资（Kolstad and Villanger，2004）。

第三，国家双边关系等对跨国公司 FDI 也存在一定影响。良好的双边关系，高质量、高频率的协议签订可以促进跨国公司 FDI（Sauvant and Sachs，2009）。森和辛哈（Sen and Sinha，2017）基于 1984~2010 年流向 50 个国家的美国跨国公司 FDI 面板数据，探究了双边协定是否可以吸引美国跨国公司 FDI。结果表明，签订协议与协议的质量可以促进美国跨国 FDI 流入，并且良好的运营环境和执行效率同样会起到显著的促进作用。也有一些研究发现，双边协议的签订对跨国公司 FDI 并没有显著推动作用，真正起作用的是经济发展程度、政治和文化的相似性（Tobin and Rose-Ackerman，2011）。

5. 网络与 FDI 区位

在经济全球化和生产一体化的背景下，跨国公司嵌入在全球和地方生产网络中，体现在分支机构和母公司的网络、分支机构之间的网络、分支机构与地区的网络以及不同跨国公司之间的网络等。跨国公司利用不同层级的网络减少资本、物质、信息联系的成本，提升跨国公司经营效率。同时，网络常常与其他因素相伴出现，如集聚效应中的学习网络（Gassmann and Gaso，2004）等。

在全球尺度上，现有研究主要集中在跨国公司的全球网络特征。有研究基于全球尺度双边 FDI 数据分析了对外直接投资的全球网络分布，发现在 2008 年全球金融危机前后，FDI 网络发生了明显的变化，FDI 总量在急剧下降之后得到了缓慢的恢复，网络更加发散与多样化，更多国家成为流量节点（Li et al., 2018）。此外，各个国家的 FDI 特征差异更显著。哈贝里和沃伊奇克（Haberly and Wójcik, 2015）则从离岸 FDI 的视角关注了现有的 FDI 全球网络，发现 30%~50%的 FDI 是跨国公司在离岸金融中心的空壳公司实现的，认为现今离岸 FDI 网络高度全球化。

迪肯和马姆伯格（Dicken and Malmberg, 2001）将跨国公司作为组织间网络的组成个体，认为知识可以在跨国公司的总部和分支机构之间顺畅地流动，同时跨国公司分支机构嵌入到东道国制度环境中以吸收地方专业化知识，同样具有网络化特征。跨国公司间的信息和关系网络能够克服 FDI 活动所面临的困难（Bergin et al., 2009; Hanson, 1998）。因此跨国公司在不同地区的扩张是不同网络交织的体现。跨国公司可以通过嵌入到全球集群网络中吸收集群所在地区的隐性知识，并将其转换成编码知识。巴瑟尔特和李（Bathelt and Li, 2013）基于跨国公司 FDI 网络视角，定义了"全球集群网络"和"全球城市—区域网络"，认为集聚分布的跨国公司更倾向于在一些具有相似专业化特征的集群设立分支机构，以保证可以紧跟全球产业的动态变化，而相对独立分布的跨国公司则没有这种分布特征。同时，以跨国公司及其分支机构为主要组成成分的全球集群网络，可以通过"水平化"和"垂直化"两种形态存在于城市网络中，以帮助跨国公司实现不同的目标。

在地方尺度上，研究主要关注跨国公司与地方企业形成的商业网络、社会文化网络对 FDI 的影响。跨国公司与本地企业通过知识溢出而相互学习，从而促进共同发展，进一步提升地区吸引 FDI 的能力。吉罗德和斯科特-肯内尔（Giroud and Scott-Kennel, 2009）指出跨国公司与地方企业之间所建构联系网络的质量和规模对跨国企业发展至关重要。基米诺等（Kimino et al., 2014）研究了日本境内跨国企业通过地方企业网络得到的溢出知识，发现地方企业集聚，尤其是处于"企业联盟"（Keiretsu）内部的企业，可以很好地受益于纵向知识溢出，但这种溢出对技术类型变化非常敏感，且纵向知识溢出要明显多于横向知识溢出。

跨国企业需要更好地融入地区社会文化网络，从而获得更多地方支持，并且该网络也可以为地方跨国企业提供更多的隐性知识。如卡雷曼等（Karreman et al., 2016）通过对 2003~2010 年欧洲国家 NUTS-1 区域的分析发现，华侨华人社区规模与新一代中国移民社区投资概率之间的关系较强，其重要性在于利用关系网络增加获取战略信息的机会。基于陕西省利用外资的实证分析表明，在个人与企业层面，外商直接投资以个人网络的形式存在；在机构与组织层面，外商直接投资采取机构参与的形式存在；外国母公司越大，机构参与得越多，而外国母公司越小，涉及的个人网络就越多（Qiu，2005）。潘迪亚和勒布朗（Pandya and Leblang，2017）认为，跨国公司通过融入地方社会网络而实现的"关系契约"对于进行高风险 FDI 有重要影响，更好的契约关系可以提供更多保障。

6. 企业特性与 FDI 区位

跨国公司的企业异质性影响 FDI 区位选择。首先，研究发现不同生产力水平的跨国公司在进行区位选择时表现出异质性。梅兹（Melitz，2003）分析产业内异质性企业相互作用对国际贸易行为的影响，认为只有生产力高的企业才会进入国际出口市场，同时对市场内生产力较低的企业产生挤出效应。与此同时，生产力低的企业则只能聚焦在国内市场。赫尔普曼等（Helpman et al.，2004）基于相似的数据得到了相似的结果，但指出更高生产力的企业会选择进行 FDI，而中等生产力的企业则会选择出口。两篇研究虽然并未直接涉及 FDI 区位选择，但为后续的企业异质性研究提供了基本分类原则。

戈格等（Görg et al.，2009）研究了在捷克的德国跨国企业 FDI 行为，发现生产力更高的企业才会选择在捷克进行投资，而生产力低的企业则会留在国内市场。阿乌和李（Aw and Lee，2008）研究了生产力不同的台湾电子制造业企业对外直接投资区位选择特征，发现生产力更高的企业才会对国外市场进行投资，并且生产力最高的企业会同时投资中国大陆和美国市场。

其次，其他企业异质性也影响跨国公司 FDI。达米扬等（Damijan et al.，2013）按照学习能力、企业规模、生产力和科技能力水平等对跨国公司进行分类，研究了企业间的知识溢出对 FDI 的影响，发现水平 FDI 的知识溢出相比于垂直 FDI 更加显著，而水平 FDI 知识溢出带来的正向影响并不存在企业规模差异，但其带来的负面影响则对小型企业更加明显。郑等（Zheng et al.，2016）研究了多维邻近性对中国跨国企业区位选择的影响，发现投资低附加值产业的跨国企业更加倾向于文化距离低的目的国或地区，缺少 FDI 经验的跨国企业则更偏向于向制度距离更远的国家或地区进行投资，且集中投资于高附加值产业。

7. 行业特性与 FDI 区位

不同行业特性具有显著差异，利用总体数据研究跨国公司 FDI 区位不能反映行业差异性（Asiedu and Lien，2011）。服务业与制造业的 FDI 存在显著差异，甚至是制造业内部产业间差异也不小。制造业中的劳动密集型产业对廉价劳动力要求较高，FDI 会倾向于劳动力资源充足且价格较低的地区；资本密集型产业 FDI 倾向于产业基础良好、商业网络联系发达的地区；技术密集型产业 FDI 则会集中于人才占比高、研究开发能力强、基础设施完善的发达地区。而服务业 FDI 大多为市场导向型投资，看重东道国的市场需求和市场性质以及经济发展水平等。

早期外商直接投资主要集中在制造业，目的是利用东道国的自然资源、劳动力，并开拓国际市场。20世纪50年代以来，发展中国家的制造业占全球的比重逐渐上升，发达国家的制造业比重逐渐下降，全球制造业总部集中在北美、西欧、日本，但生产逐渐向发展中国家转移，东亚和东南亚国家成为制造业增长最快的区域。对印度尼西亚制造业的研究表明，产品差异化程度、技术水平、资本条件、规模经济以及国内政策等因素会决定外资制造业产业分布（Aswicahyono and Hill，1995）。比较优势、研发密度、产品差异、规模经济、产业利润率、产业销售额和产业增长率等对英国制造业吸引外资具有显著作用，而产业集中度高以及国内资本投资多不利于外资进入（Driffield and Munday，2000）。霍尔等（Holl et al.，2012）分析了西班牙制造业企业区位选择的影响因素，结果表明跨国企业更加倾向于聚集在大型产业集群中，能够合理嵌入当地社会文化网络的企业发展得更好。

20世纪80年代开始，全球FDI逐步转向服务业，特别是20世纪90年代以来，世界服务业投资以每年15%的幅度增长，目前已占全球FDI流量的一半以上。伴随交通和通信技术的飞速发展以及各国贸易政策、投资政策、产业政策的自由化，生产要素国际流动显著增强，这些流动主要由交易和金融服务跨国公司主导。其他服务部门，如电信、供水和商业服务，也已经上升到突出地位。由于服务业的非贸易性、不可分割性以及生产与消费同时性等特点，服务业的国际扩张一般是市场导向型投资（Bagchi-Sen，1995）。如房地产外商投资偏好于市场规模大、发展潜力好的区位（Ford et al.，1998；刘作丽等，2009）。根据服务业FDI具有对人力资本的较高要求、服务交易过程中的信息不对称性等特征，朱彦刚和贺灿飞（2012）提出了一个适用于服务业FDI的分析框架，把影响服务业跨国公司的指标分为七大类，包括市场规模、母国已有基础、文化距离、政策环境、东道国服务业水平、寡占效应和企业规模。

研究也比较了不同行业FDI差异性。如巴比克·霍德维克等（Babic-Hodovic et al.，2010）比较了服务业和制造业FDI的差异，发现通货膨胀指数、金融基础设施、自由化和规制对于服务业FDI显著而对于制造业外资不显著，说明服务业FDI更看重稳定的市场环境；工资水平、私有化程度对于二者的影响则相反，即对制造业FDI显著而对服务业没有影响；市场规模和经济开放程度对于服务业和制造业FDI同样重要（贺灿飞和傅蓉，2009；朱彦刚和贺灿飞，2012）。琼斯和雷恩（Jones and Wren，2016）研究了英国地区制造业与服务业FDI的区位分布差异，结果表明，相比于制造业，服务业FDI区位趋向于更大的市场。梅利西亚尼（Meliciani，2016）关注了跨国企业内部不同部门之间的FDI投资差异性。商业服务企业与制造业部门及其他服务业部门之间存在紧密的前向联系，因此制造业部门会在一定程度上吸引服务业 FDI。除此之外，高科技制造业专业化程度越高，越能吸引商业服务类 FDI。在缺乏当地中间产品供应的情况下，通过区域优惠政策来吸引商业服务业的 FDI 是无效的。

二、跨国公司空间扩张与撤资研究

跨国公司的发展与扩张过程是渐进式的，可总结为五个关键阶段：预进入、进入、进入后、同质化和退出（Dawson，2007）。公司国际化水平、进入策略、东道国经济对本地嵌入的影响、标准化与地方化的结构性矛盾等均影响跨国公司的空间扩张（Coe，2004；Hess，2004）。杨和尼德齐尔斯卡（Yang and Niedzielska，2017）分析了源于新兴市场的跨国公司快速扩张的现象。他们认为，企业自身优势、策略以及外部的制度、经济、文化等因素综合影响跨国公司扩张的速度与质量。以波兰为例的实证研究结果表明，部分企业自身优势和地理与文化距离等对跨国公司扩张有显著影响，这也表明了跨国公司并没有标准化的扩张策略，需根据实际情况制订针对性计划。泽勒和范哈梅特纳（Zeller and Van-Hametner，2018）研究了奥地利制药业的国际扩张，发现产业自身市场能力及其在全球价值链中所处位置决定了其能否成功进入国际市场。

在跨国公司的扩张过程中，需要在东道国实行"本土化策略"，即嵌入本地制度与文化环境，从而获得更好的发展机会。本地嵌入包括三种互相关联的类型：社会嵌入、网络嵌入和地域嵌入（Hess，2004）。外资零售业跨国公司致力于"全球化＋本土化"并重的运作战略来实现其本土布局，在渗透大城市市场的同时以等级式扩散方式向内陆地区中小城市扩张（贺灿飞等，2011）。金微微（2017）通过跨国零售企业区位演变过程分析了跨国零售业企业在中国的嵌入过程，发现跨国零售企业从东部沿海地区到中西部地区拓展，同时沿着中国城市等级体系从一线和二线城市蔓延到三、四线城市，契合了改革开放以来的经济发展格局。

跨国公司空间扩张的另一典型代表是研发机构国际化，这是跨国公司功能分化的结果。具体而言，跨国公司改变过去的基础研究、应用研究、产品开发、中试等研发活动完全由集团技术中心一包到底的模式，将这些活动按研究过程的上下游分散在集团总部、事业部、子公司、关联企业等各级组织中。与此同时，上述组织进一步将其研发过程分割成各个不同且相对独立的阶段，依据各个阶段对研发要素的不同需求和研发收益的最大化为原则进行空间组织。秦岩（2008）以 90 家《财富》世界 500 强跨国公司及其在华设立的 215 家研发机构为研究对象，验证了跨国公司研发机构在东道国的功能演化符合由简单到复杂、由低级到高级、数量由少到多的发展过程。

在后金融危机时代，跨国公司出于抵御风险的考虑，出现"归核化"战略的反垂直一体化倾向，国际外包逐渐成为内部化的替代方式，扩张出现了逆向模式。一方面，跨国公司对外完全转移比较劣势的工序，仅专注于中高端环节的研发和高素质人力资本的培养，强化了对全球价值链高附加值环节的控制权和贸易利益分配格局的支配权；另一方面，作为接包方的广大发展中国家则凭借技术模仿和成本竞争等手段竞相承接来自发达国家的相对低附加值的生产环节。发展中国家之间的竞争已经造成发达国家跨国公司的海外生产布局呈现出"候鸟迁徙"特征。伴随着人口红利的逐渐消失和代工成本的日益上升，源于中国的传统劳动密集型出口产品在欧洲、日本和美国的市场份额正逐步被南亚及东南亚的一些国家企业挤占（顾磊，2013）。

随着全球经济增长放缓，出现跨国公司"撤资"现象。一些经济学者与管理学者对此进行了研究，大致认为企业自身经营战略和外界影响因素驱使跨国公司在某一地区撤资（Haynes et al.，2003）。如贝里（Berry，2010）基于1981~2000年190家美国跨国公司的面板数据探讨了企业撤资决策，认为降低生产成本、应对当地恶劣的经营环境和开发新市场是影响企业撤资的最主要因素。地理学者还很少涉及跨国公司撤资研究，有限的研究多为个案分析。如索尔等（Soule et al.，2014）研究了缅甸境内跨国公司FDI撤资行为，结果表明除了企业自身特征和策略，跨国公司的撤资行为也受到东道国制度环境和其他跨国公司撤资模式的影响，如东道国内的抗议游行活动、政治自由度和制度透明性等。除此之外，东道国在全球生产网络中的位置和拥有的资源也是影响跨国公司撤资的因素。

三、跨国公司分支机构区位研究

随着跨国公司组织结构的复杂化，需考虑各生产环节的所有权与组织结构对区位选择的影响。理解跨国公司及其分支机构的区位决策行为需要整合国际资源配置和经济组织等多方面的理论（刘作丽和贺灿飞，2009）。对于一个发展完善的跨国公司来说，公司总部和区域性总部、研发机构、生产部门和销售部门四大功能部门是公司重要的组织架构，其区位选择得到了较多关注。

1. 公司总部

公司总部是整个跨国公司的核心控制点，负责制定公司发展战略与决策。总部的视野是全球和长期的，一般扮演资产管理与重组者、协调者和能力开发者等角色。在战略决策层面，决策主体分为公司总部、区域总部与国别业务单位，其中很大一部分战略是地区总部和国别业务单位制定的。

在参与全球竞争和地方竞争的过程中，总部区位选择是一个战略性问题，总部的特殊功能决定了其特定的区位要求。首先，跨国公司总部除了需要顾及经营成本外，还需考虑区位在全球运输和通信网络上的战略位置，以便与全球不同地区的部门保持密切联系。此外，总部需获得金融、法律、广告等方面的高质量外部服务和特定范围的劳动力市场，特别是高素质的管理人才。世界范围内只有为数不多的超大城市能够达到要求，因此，跨国公司总部的空间分布呈现高度集聚特征。例如，世界500强跨国公司总部集中分布在125个城市，其中，纽约、东京、伦敦和巴黎四个城市占据首要位置，成为全球经济的控制地（Friedmann，1986）。其他主要总部城市分布在世界三大经济区域：欧洲的阿姆斯特丹、法兰克福，北美的洛杉矶、旧金山、多伦多，亚洲的北京、香港、首尔和新加坡。这些城市成为全球经济运行中的指挥和控制中心，大多数属于"全球城市"或"世界城市"（Knox and Taylor，1995）。"全球城市"相比于其他城市具有更高的可达性、更优越的资源条件、更便捷的产业间联系和信息获取渠道，以及相对有利的制度环境（Pred，1974），因此，成为跨国公司总部集聚的重要节点。近年来，考虑到商务成本、生活环境、安全等因素，很多大公司开始将总部迁往郊区或者其他中小城市。少量研究开始关注跨国公司地区总部区位。如恩莱特（Enright，2005）研究了跨国公司设置地区总部的原因，认为释放由于地理距离上升而被限制的企业自身优势是跨国公司设置地区总部的主要驱动力。

2. 研发机构

在全球化进程中，国际竞争逐渐变成了创新竞争。研究与开发（R&D）是跨国公司技术创新的源泉，是跨国公司保持国际竞争力的重要组成部分。因此，跨国公司的R&D部门必须充分考虑各方因素进行科学选址，确保在最大效率、最低成本的情况下完成研发任务。

跨国公司R&D的区位选择表现出显著的集群趋势。其主要有三种空间组织形式：一是在具备集中研发优势、高素质劳动力聚集的地区，如大学和研究机构，同时促进产学研结合，产生新的创新；二是布局在公司总部附近或靠近生产单位，以最大限度地保障沟通和分享渠道的畅通与便利；三是最大限度地接近客户，了解客户需求、品位和想法。坎特韦尔和皮斯基泰洛（Cantwell and Piscitello，2005）发现研发部门集中分布在拥有庞大的科学和教育基础、收集同一行业的技术和信息便利性、行业多元化的地区，显示溢出效应和专业化外部性、多元化外部性对于研发部门区位的重要性。克雷森齐等（Crescenzi et al.，2015）分析了跨国公司在欧盟地区R&D投资的区位，发现社会经济条件对价值链中知识密集阶段的区位决策至关重要。

杜德斌（2001）根据投资动机和投资引力的交互作用，将跨国公司海外 R&D 投资区位归纳为三种模式，即生产支撑型、技术跟踪或获取型以及资源寻求型。三种模式的区位指向在宏观层次和微观层次上均存在十分明显的差异。生产支撑型的 R&D 投资在宏观区位选择上倾向于市场规模较大的国家或地区，在微观上倾向接近海外生产基地，资本流向以"平行流"或"混合流"为特征。技术跟踪或获取型的 R&D 投资以较发达国家或地区为宏观区位，以接近竞争对手的 R&D 机构为微观区位，资本流向以"上行流"为特征。资源寻求型的 R&D 投资则以人才资源丰富和技术环境良好的国家或地区为宏观区位，微观上以东道国科技中心为理想选址，资本流向具有"下行流"特征。发达地区在高科技研发方面具有比较优势，而新兴经济体在中低水平研发方面具有优势，跨国 R&D 投资区位选择时，应该利用这种互补性（D'Agostino et al.，2013）。

从不同空间尺度来看跨国公司 R&D 分布可以得到不同的特征。首先，从全球尺度来看，尽管关键技术仍主要集中在美国、日本和欧盟，但是 R&D 空间呈现不断分散的趋势，且在亚洲的 R&D 投入增大（Dicken，2011）。发展中国家，尤其是新兴工业化国家正在成为发达国家投资 R&D 的新兴市场。20 世纪 90 年代后期，美国公司对海外研发的投资增长了三倍，尤其是亚洲市场，在某些研发领域发挥了越来越重要的作用。亚洲最大的整体优势是科学家和工程师数量庞大，尤其是在中国和印度。美国和欧洲的公司通过在亚洲建立研发中心或与亚洲公司和大学合作，利用亚洲受过专业培训的员工。印度和中国研究人员的薪酬是美国的 1/4 左右，低廉的高素质劳动力也是亚洲研发投资增加的原因之一。尼科利尼（Nicolini，2007）认为新兴经济体在国内实行的改革，主要是经济自由化、知识产权保护运动等，同样显著地影响了跨国公司 R&D 的区位选择，因为改革可以促进经济和科技的快速进步。其次，从城市尺度来看，R&D 仍然集中在大城市。中国的外资研发机构高度集中于上海和北京，这种研发机构区位的地理集聚属于模仿的产物。总的来说，研发活动从技术外溢和专业化劳动力中获益，而较少受到本地竞争的影响（贺灿飞和肖晓俊，2011）。

3. 生产部门

随着经济全球化，跨国公司逐步建立国际一体化生产模式，把产品生产过程的不同环节布局到合适的国家或地区，从而充分利用不同国家和地区在要素禀赋、政策制度与基础设施等方面的比较优势。跨国公司在布局生产部门时，主要考虑东道国的资源禀赋和制度优势，其地理分布较为分散，且不同行业差异很大。迪肯（Dicken，2011）认为，跨国公司的海外扩张活动驱使产品内贸易呈现两种形态：一是通过直接投资在东道国建立垂直一体化的子公司；二是与国外非关联企业签订契约，以外包方式先向东道国企业出口部分非核心生产工序。垂直型 FDI 和业务外包都源于产品生产过程的不同工序被布局于不同区位，扩散到不同的国家或地区，其实质是生产布局国际化。

跨国公司在东道国设立子公司，不仅仅服务于东道国市场，而且服务于区域性或全球性市场。跨国公司通常在发展中国家布置一些简单劳动密集型的生产活动，同时在相对发达国家布置技能与技术密集型的生产活动。如果生产链上不同功能环节涉及紧密的供求关系，需要按时供货，那么生产功能将会布置在接近供应商与基础设施完善的区位。跨国公司在全球范围内搜寻生产成本较低的区位，将同一产品的不同生产阶段布置在相应区位，在不同的生产区位之间相互输送零部件、半成品以及最终成品，从而形成跨国垂直一体化生产。例如英特尔、摩托罗拉、IBM 等公司将复杂的技术密集型生产保留在母国，而将一些技术成熟的生产转移到中等发达国家，劳动密集型的组装与测试集中在发展中国家。然而，生产链上不同功能环节的区位偏好存在差异。琼斯和基尔兹科夫斯基（Jones and Kierzkowski，2005）研究发现，劳动力成本和素质、技术环境、司法体系等区域特征与集聚模式是重要的区位因子。

4. 销售部门

跨国公司最后的增值过程在于产品销售，涉及产品营销管理、广告、商标管理、批发与零售以及售后服务等一系列过程。理论上，跨国公司生产链中的每个功能都有承担该功能的组织，这些组织分离出来并布局于不同区位是因为其具有不同的区位需求。销售部门往往在空间上较为分散，并与公司其他部门共享区位（Dicken，2011）。不同于企业生产和决策部门较强的空间敏感性，销售和客户服务部门表现出空间非敏感性（贺灿飞和肖晓俊，2011）。

近年来，本土化成为跨国公司销售功能主要特征。跨国公司销售功能本土化的原因可归结为政治、经济、市场和文化四个方面的因素。政治因素包括东道国存在的贸易壁垒、区域一体化进程和东道国政府的特定要求；经济因素主要是采用地方生产原料与劳动力、营销体系；市场因素为东道国的市场准入体系和占领一定市场份额；文化因素则指文化差异乃至文化壁垒对跨国公司产品生产和定价、市场形象、销售模式和资源获取等产生的阻碍作用。如沃尔玛在中国的经营始终坚持本地采购，目前，沃尔玛中国与超过 7 000 家供应商建立了合作关系，销售的产品中本地产品超过 95%。麦当劳和肯德基的区位选择倾向于追随对手，也是出于集聚效应的考虑，选择适合它的社会文化环境，同时也针对不同国家文化做出适当调整。

第四节　跨国公司直接投资与地方经济发展

跨国公司直接投资对东道国经济发展产生直接影响和间接影响。前者主要表现在影响区域经济增长、出口贸易和就业等，后者则体现为溢出效应和挤出效应，其影响机制视具体情况而存在差异。

一、跨国公司直接投资对地方经济发展的直接影响

1. 对区域经济增长与发展的影响

跨国公司直接投资能够推动东道国产业结构调整，促进产业转型升级，进而促进经济发展。跨国企业FDI可以通过补缺资源、转移传统产业、培育新兴产业、增强产业关联和辐射、积累人力资本、提高城市生产力等效应带动产业结构调整与升级，促进区域经济增长（Sit and Yang，1997）。FDI同样改变了城市中心的功能，在城市内部分布的差异引发了多中心城市的增长（Wu，2000）。岩崎和菅沼熏（Iwasaki and Suganuma，2015）研究了FDI与本地研发潜力之间的协同效应，表明外商直接投资对俄罗斯区域经济发展起到了重要作用。福德和罗克（Ford and Rork，2010）发现外商直接投资可以提高美国各州的专利申请，为外商直接投资促进经济增长提供了可能。恩瓦奥古和瑞恩（Nwaogu and Ryan，2015）利用动态空间框架，控制FDI、外援和汇款三个因素进行回归分析，发现只有外商直接投资才能影响非洲的经济增长。相对落后区域可以借助外商直接投资对高等教育水平、产业结构、政府收入、开放程度和贸易顺差等方面的影响来缩小与发达地区的差距。

也有研究指出，FDI对本地经济发展的影响并不显著，甚至还会产生抑制作用。研究也发现外商直接投资与本地经济增长并没有必然联系，只是少数处于特定区位的地区，两者才有显著的正向相关关系。研究发现FDI对东部地区经济增长有显著增长作用，但对中西部地区经济增长没有显著的影响（Sun and Chai，1998）。安瓦尔和阮（Anwar and Nguyen，2014）研究了越南八个地区FDI对要素生产率的影响，结果表明只有南部中海岸等四个地区有显著促进作用。卡尔博内尔和维尔纳（Carbonell and Werner，2018）通过分析外商直接投资、银行信贷、欧元进入等潜在的解释变量，认为没有证据表明外商直接投资促进西班牙经济增长。

外商直接投资还可能会挤出国内投资，增加技术创新的机会成本，对经济增长产生负面影响，并通过影响物质资本积累和技术进步扩大区际增长差距，导致区域发展不平衡。有研究指出，FDI 对本地的经济存在潜在的负向影响，主要表现在减少总体就业，导致本地企业破产等，主要原因是外资企业会凭借企业自身优势迅速占领市场，从而令本地企业无力继续生存（Mencinger，2003）。维斯涅夫斯基（Wisniewski，2005）以波兰境内的 FDI 为例，发现 FDI 对波兰经济发展影响为负，主要是由于 FDI 空间分布不均导致地区间经济发展差距过大所致。

2. 对国际贸易的影响

20 世纪 60 年代开始，国际贸易引致跨国公司对外直接投资。此后，国际贸易与对外直接投资的因果关系似乎发生了扭转。FDI 对东道国出口贸易有显著的促进作用（Shahbaz and Rahman，2012）。FDI 提供了极具竞争力的出口模式，不仅可以提升出口产品质量，还可以帮助东道国渗入并占领一定份额的新市场。FDI 还可以通过输送知识和培训劳动力的方式来促进地区经济增长，引致更多贸易（Sun，2001）。基于 1986～1997 年中国省级面板数据的研究发现，提高 FDI 水平对省级制造业出口业绩产生积极影响（Zhang and Song，2001）。此外，外资企业集聚会有效促进本土企业参与出口贸易（Fernandes and Tang，2014）。

随着交通和通信技术的发展，在地理空间上一体化的传统生产过程开始分离，逐渐布局在不同国家或地区。信息技术的发展、贸易和投资的自由化大大降低了交易成本，促使跨国公司外包其生产流程并在全球组织其价值链，跨国零部件贸易和中间产品贸易快速稳步增长（Kimura and Ando，2005）。处在同一生产链的上下游企业可能会由于 FDI 产生相应的产品需求，下游企业对外投资可能产生对零部件的需求，从而促使本国上游企业的出口需求增加。上游企业的对外直接投资有利于促进中间产品从国内出口到东道国，短期外国投资往往趋向于增加进口，长期才可能出现出口增长。这种互补关系的程度可能因国家而异，如美国的对外投资比欧洲国家的对外投资更具有明显的补充作用（Nishitateno，2013）。FDI 也可能会抑制出口，影响东道国潜在的一些出口产业，抑制其出口贸易，其主要原因是 FDI 的流入会抑制本地产业发挥已有比较优势（Zhang，2009）。

3. 对本地就业的影响

跨国公司在东道国设立生产部门，可以为当地创造大量就业，培养大批本土化的技术人才和管理人才，提高整体就业水平。劳动密集型产业，如初级加工、服装、零售和鞋类等的直接投资在创造就业机会方面尤为重要，在 2000～2014 年中国投资创造显著的就业增长。根据对非洲和中国公司的多次访谈，研究发现中国与非洲本地在制造业的招聘比例约为 1∶15（Shen，2015）。科尼利奥等（Coniglio et al.，2015）基于 19 个非洲国家的企业数据研究了外资企业和本地就业之间的关系，结果表明，外资企业促进了本地就业的增长，但是以低端劳动力居多，且这种现象存在地区差异，南部的低端劳动力比重更高。

但跨国公司直接投资对地区就业的影响呈现阶段性特征，特定时期内会显著带动就业增长，而在其他阶段也会降低地区就业水平。从跨国公司项目建设到建成投产，再到完善销售渠道一般持续3~5年，直接产生了新的就业岗位。然而，由于本地企业适应国际市场变化的能力较差，近期内有可能加剧企业重组、兼并、关闭甚至破产，在某种程度上会造成一定范围内的就业减少和结构性失业。在长期内，随着国内企业技术进步和竞争能力的增强，与跨国公司的差距逐渐缩小，技术和资本的冲击逐渐消失，对就业产生了"拉动效应"（刘维林和胡晓鹏，2005）。

一些实证研究发现FDI对本地劳动生产率、劳动技能和工资水平等有显著的正向影响。吉尔玛和戈格（Girma and Görg，2007）认为外资企业相比于本地企业具有显著的生产力优势，因此，FDI的流入即意味着劳动力生产率的提高。FDI对本地就业的另一个促进作用是外部性。外资企业可以通过聘用本地劳动力从而提高他们的素质和技能水平（Görg and Strobl，2005）。菲戈利奥和布洛尼根（Figlio and Blonigen，2000）分析跨国公司对当地劳动力市场的影响，显示外商投资比国内投资显著提高了当地实际工资。基于中国的证据显示，外商直接投资不仅对城市实际工资增长作用明显，而各城市外商直接投资强度的差异也是城市间工资不平等的关键因素（Ge，2006）。有研究也发现FDI影响取决于人力资本水平，人力资本低于门槛水平，FDI将对相对贫穷国家产生积极影响，改善收入分配；高于门槛水平，FDI对非贫困人口造成较大伤害，从而加剧收入不平等（Lin et al.，2013）。

二、跨国公司直接投资对地方经济发展的间接影响

1. 溢出效应

外商直接投资的溢出效应是指本地企业由于外资进入本行业或相关行业而引起的绩效提升（贺灿飞和潘峰华，2006），可体现在提升生产率、技术创新和出口贸易水平等方面。跨国公司可以通过进入某个产业，优化产业内资源配置，提升地区企业生产率，发挥FDI的溢出效应（Kosteas，2008）。外资企业进入也可通过竞争或示范效应激励地区原有企业生产率的提升（Caves，1974）。跨国公司通过水平关联、前后向关联对本地出口产生溢出效应（Du et al.，2012b），且多以高端产业的中低端环节非技能劳动力技术溢出为途径。

跨国公司 FDI 在创新层面的溢出效应对推动区域发展具有更加重要的意义（Malmberg，2003）。一些东道国由于历史或现实原因，属于相对落后的地区，往往具有劳动力成本低、资源丰富、市场广阔的特征。跨国公司直接投资可以弥补东道国资金短缺、技术落后的不足。同时，跨国公司的企业家精神、管理技能、竞争合作规范等通过当地网络进行知识和技术溢出，在当地形成优良的创新环境（Malecki，1991），从而更容易吸引外资和资本（Smith and Thomas，2016）。对外直接投资对区域创新具有积极影响，多元化产业结构增强外商直接投资的溢出效应（Wang et al.，2016）。

外商直接投资促进跨国公司与目标公司的技术共享，但同时也阻碍了非目标公司的技术采用（Mukunoki，2013）。跨国公司与本地企业之间的互动关系是有层次性的，也是相互依赖和共同演进的，技术溢出效应与当地企业吸纳能力有关。跨国公司提供重要的技术和组织培训，本地公司通过发展市场网络提升创新能力。如果当地企业的吸纳能力不足，就不能形成联系效应。跨国公司与当地企业的技术差距越大，建立后向联系的难度也就越大（Borensztein et al.，1998；Zhou and Xin，2003）。此时，外商直接投资企业更有可能为供应商提供多种类型的技术支持（Jordaan，2017）。

跨国公司与本地企业在创新层面存在相互博弈与相互促进作用。跨国公司与本土企业博弈的纳什均衡结果是跨国公司倾向于抑制技术溢出。本土企业的技术创新能力越高，与跨国公司之间技术差距越小，越有利于吸收跨国公司的技术溢出，同时也有可能对跨国公司的研发活动产生一定的挤压效应（Blomström and Sjöholm，1998）。一些中国学者的研究成果也表明，FDI 技术溢出效应对当地技术或生产力进步的促进作用并不显著。蒋殿春（2004）发现外商直接投资竞争效应往往会弱化国内企业的技术研发动机和能力，产生抑制作用。季颖颖等（2014）以通信设备、计算机和其他电子设备制造业城市面板数据建立门槛回归模型，发现 FDI 对内资企业生产效率的技术溢出效应是随时间变化的动态过程，FDI 引入在 3~4 年后才会由挤出效应向溢出效应转变。

因此，FDI 在东道国，尤其是发展中东道国的溢出效应是不确定的。科克（Kokko，1994）构建了一系列产业指标，基于两种计量模型观察了墨西哥境内 FDI 对产业发展的溢出效应，但是两种模型的结果相反。一种认为溢出效应与产业增长没有显著相关关系，另一种则认为会产生负向效应。在后续的研究中，他将研究区域变换为乌拉圭，发现 FDI 只对一小部分高科技产业存在溢出效应（Kokko，1996）。如果本地产业与 FDI 技术差距过大，则 FDI 不能很好地发挥溢出效应，而技术差距不大的产业 FDI 溢出效应更显著。

值得一提的是，亚沃克（Javorcik，2004）认为，研究 FDI 的溢出效应出发点有误。理论上，跨国公司为保护公司特定优势会采取措施抑制水平方向的技术溢出，而有动力促进垂直方向技术溢出。溢出渠道更可能发生在行业间而不是行业内（Javorcik，2004），溢出效应可能通过当地中间品供应商和跨国公司的子公司直接联系而产生。何鸣等（He et al.，2017）运用空间计量经济模型，研究了1999～2007年中国电器工业企业生产率的影响因素和空间溢出效应，发现区域内企业间溢出效应遵循距离衰减律。FDI后向关联溢出相比行业内溢出是更重要的溢出途径，FDI通过后向关联对当地供应商生产率提高有正向促进作用，通过水平方向对内资企业产生了"挤压效应"（杨亚平，2007）。基于英国电子行业的工厂级数据研究表明，外商直接投资对生产率的溢出效应受到地域限制，外商直接投资对区域内的工厂产生了行业内和行业间的溢出效应，而超出了地域范围则不存在这种溢出效应（Girma and Wakelin，2007）。

2. 挤出效应

相当部分研究表明外商直接投资并不能促进东道国经济增长。从跨国公司与本地企业相互竞争的视角来看，外资企业也可能会挤占市场份额，竞争优质劳动力，从而对本地产业发展不利，这是跨国公司FDI对本地企业的挤出效应。艾特肯和哈里森（Aitken and Harrison，1999）发现外商投资企业通过水平竞争挤压本地企业的生存空间，从而使当地企业的总体生产率降低。外资企业拥有技术优势、高级人力资源和先进金融管理技能等，与本地中小企业形成强力竞争，并阻止新企业进入本地市场，从而间接阻碍经济发展。有研究基于1996～2009年46个发展中国家数据分析了跨国公司和本土企业的相互影响，结果表明，FDI对本地投资，尤其是私人投资有严重的挤出效应，在一定程度上阻碍了东道国经济增长（Morrissey and Udomkerdmongkol，2012）。

跨国公司的挤出效应表现在几个方面。首先，贸易与外商直接投资之间存在一定替代效应。外商直接投资在一定程度上抵消国内投资的可能性，对贸易产生潜在的影响（Stevens and Lipsey，1992）。例如，资本密集型东道国的比较优势可能随时间而减少，投资下滑进一步减少了产品的产量、品种和创新，导致了东道国市场份额的降低和非价格竞争力的下降。其次，跨国公司的投资也会取代一些应由当地企业提供的就业机会。跨国公司在海外投资，将零件供应和生产部门转移到海外，取代本国的中间出口，从而剥夺当地工业企业的就业机会（Yamashita and Fukao，2010）。此外，服务业部门外资企业对当地就业的取代性更大（李小建，1997）。FDI也会通过招揽本地人才，占用本地创新资源等来阻碍本地企业的创新。如张和林（Cheung and Lin，2002）的研究表明中国沿海地区的FDI对区域创新产生了负面影响，进口技术对国内创新程度高的地区反而会产生挤出效应。位于经济发达地区的国内企业获得外商直接投资产生的知识溢出效应，但跨国公司的竞争压力对国内企业的生产力产生了负面影响。最后，FDI可能会通过进一步加深东道国的制度缺陷来阻碍本地产业发展。当跨国公司是以掠取自然资源为目的时，倾向于选择制度管理存在漏洞的地区或国家。在这种情况下，布鲁恩等（Bruhn et al.，

2010）认为跨国公司会间接阻止国内投资者进入市场，从而延缓市场结构多样化发展，破坏经济整体可持续增长。

第五节　基于中国的跨国公司地理研究

改革开放以来，中国积极融入经济全球化，大力吸引外商直接投资，显著推动了中国经济发展。21 世纪初，中国企业开始大量对外直接投资，获取国外资源和战略性资产，进入国外市场。基于中国的跨国公司地理研究包括两个方面，一方面研究进入中国的跨国公司的区位选择及其影响；另一方面研究中国公司对外直接投资的区位选择及其效应。

一、中国吸引外资和对外直接投资

自中国改革开放以来，尤其是加入 WTO 后，中国对世界所有国家开放商品、资本、技术和劳务市场，已逐渐成为外商直接投资的热土。中国改革开放之路表现出由东到西、由点到线、由线到面、由沿海到内地逐步推进的过程，形成了全方位、多层次、宽领域的对外开放格局，外向型经济取得了显著成效。中央政府也出台了一系列吸引外资的政策，积极推动全球化进程。党的十五届五中全会首次提出实施"走出去"战略，党的十六大进一步提出"在更大范围、更广领域和更高层次上参与国际经济技术合作与竞争，充分利用国际、国内两个市场，优化资源配置，拓宽发展空间，以开放促改革促发展。实施'走出去'战略是对外开放新阶段的重大举措"。在此基础上，形成了以对外直接投资核准政策、鼓励政策、日常监督与服务政策为基础的新的政策体系。区域导向型的开放政策以及逐步推进的市场化进程为吸引外资创造了条件。税收优惠和外汇资金对外资企业让利，在外汇管制和紧缺的情况下，为外资企业培育良好的微观环境；财政信贷资金和审批权限则创造了良好的外部环境（殷华方和鲁明泓，2004）。外商直接投资在中国经济中已经占据了相当重要的地位。

在 20 世纪 80 年代，外商直接投资主要来源于港澳台地区中小投资者，占外商投资总额的 75%左右。1992 年后，大型跨国公司在华投资大幅提高，外商投资来源及其投资规模显著扩大，在华投资企业的技术水平明显提高（Poncet，2010）。20 世纪 90 年代初期以来，跨国公司投资大多数进入产业结构升级过程中大力发展的产业，其中投资最密集的是微电子、汽车制造、家用电器、通讯设备、办公用品、仪器仪表、制药、化工等行业，均属于技术密集型和资金密集型行业（江小涓，2004）。20 世纪 90 年代中期以后，跨国公司在中国投资的领域集中在制造业，但产品的技术含量和附加值提高，开始在中国设立独立的研发机构（Fung et al.，2004）。全球主要的笔记本电脑制造商在中国开始进行大规模、先进化生产（江小涓，2004）。

中国通过接纳以外商直接投资为主体的全球产业转移，并发展对外贸易，国民经济实现高速增长，形成了贸易联系在沿海地区高度集聚的对外开放格局（刘卫东等，2007）。1995 年，中国实际利用外商直接投资 375 亿美元，成为发展中国家接受外商直接投资最多的国家。2014 年，中国取代美国成为全球外商直接投资第一目的国家，达到 1 280 亿美元。跨国公司直接投资壮大了中国支柱产业，改变了产业结构与产业组织等，对中国融入经济全球化影响深远。

中国大量接受外资的同时，中国企业"走出去"，对其他国家进行直接投资。2002 年中国对外直接投资仅为 27 亿美元，2014 年增至 1 231.2 亿美元，占全球流量的比重由 0.5%增至 9.1%。对外直接投资存量由 229 亿美元增至 8 826.4 亿美元，占全球存量的比重由 0.3%增至 3.4%，投资区域多达 186 个国家和地区，成为仅次于美国和日本的资本输出国。第一代中国跨国公司主要是大型国有企业，集中在金融服务、航运经营、国际贸易、自然资源等垄断行业。香港地区通常是中国内地公司"走出去"的第一站，内地跨国公司可以在香港积累国际化经验和调整管理模式。事实上，港澳地区是中国资本"走出去"的中转站。20 世纪 90 年代初，第二代中国跨国公司出现在竞争性制造业，尤其是电子、信息和通信技术行业，如海尔、TCL、联想、华为和中兴等（Poncet，2010）。近年来，中小私营企业成为中国对外直接投资主力军（黎明等，2017）。

2013 年，习近平主席在中亚和东南亚国家进行国事访问时提出"一带一路"倡议，计划通过成立亚洲基础设施投资银行和丝路基金，为"一带一路"沿线国家和地区之间的互联互通提供资金支持。2015 年，《推动共建丝绸之路经济带和 21 世纪海上丝绸之路的愿景与行动》正式发布，标志着"一带一路"建设开始正式实施。"一带一路"倡议将开启中国在全球范围内对外直接投资的新时代，经济全球化也将进入新时代。

二、中国外商直接投资地理研究

中国作为世界上最大的发展中国家，在改革开放初期，凭借廉价的劳动力、广阔的潜在市场等优势，吸引跨国公司纷纷投资。目前，中国已经拥有世界排名前列的所有汽车巨头的投资，同时 IT 行业的全球前 100 强企业已有 90 多家在中国投资。跨国公司在华投资不仅仅局限在产品生产领域，越来越多的跨国公司开始在中国设立投资公司、地区总部和研发中心。随着经济发展，跨国公司直接投资也转向服务业。

1. 跨国公司在华投资动机

相对廉价的劳动力、广阔的消费市场、优惠政策是早期外国跨国公司来华投资的最主要因素。随着时间推移，基础设施水平和劳动力素质等"软条件"也逐步成为重要的影响因素（黄肖琦和柴敏，2006）。帝斯（Dees，1998）利用 1983~1995 年 11 个国家的面板数据，以市场规模、劳动力工资和汇率等指标为自变量构建计量模型，分析得出中国巨大的市场、低成本劳动力、实际汇率水平等会吸引外商直接投资流入。曾国军（2005）利用 1997~2002 年的截面数据对中国内地省份吸引外资的能力进行了评价，发现劳动力成本和政府优惠制度的影响越来越小，而基础设施和工业化水平等指标对在华 FDI 的吸引作用在逐渐增强。林姆（Lim，2001）的研究表明，在财政优惠政策、宽松的投资环境、较低的投资成本和开放程度高的市场等多种因素差异性不再明显的时候，自由贸易区政策对于在华 FDI 的影响便趋于显著。

不同投资母国或地区在华投资的动机不尽相同。香港地区在内地投资的领域主要分布在纺织业、服装业和电子行业等，其中大部分企业的首要投资动机是降低生产成本，少部分企业强调开拓内陆市场（李小建，1996）。冯等（Fung et al.，2000）基于日本跨国公司的研究结果表明，国民生产总值、工资水平和劳动力素质会影响在华直接投资流入。范非凡（2015）指出，欧盟在华投资企业区位选择的主要影响因素中，首先是产品市场，随后是政府政策、原料市场和劳动力素质，最后是基础设施水平和政府的办事效率。在华跨国公司投资行为是综合考虑各种要素的最佳决策，跨国公司会根据自身属性和行为特征做出符合当时情景的最合理选择。魏后凯等（2001）对中国秦皇岛市 135 个外资企业投资动机进行的问卷调查，结果显示，在华直接投资动机依次为生产投入与市场、生产服务、文化联系和感情、利用优惠政策与降低风险、竞争和出口动机等。

2. 在华 FDI 区位选择及影响因素

改革开放初期，FDI 主要集中在东部沿海地区，逐渐向内陆扩张。魏也华等（Wei et al.，2012）认为，影响在华 FDI 的主要因素是外资政策和地区发展规划。这些因素在中国具有明显的空间差异性，决定了在华外资的区位布局。20 世纪 80 年代，中国外资政策始于改革开放，4 个经济特区、14 个沿海开放城市、长三角、珠三角、环渤海经济区等区域均制定优惠政策吸引外资，导致在华 FDI 集中在东部沿海地区。随后，中央政府进一步提出了沿江沿边开放、西部大开发、中部崛起战略等支持内陆地区发展的政策。因此，以重庆、武汉等为代表的中西部城市和以其为核心的城市群同样成为外资聚集区域。此外，魏也华等（Wei et al.，1999）认为"经济开发区""自由贸易区""出口加工区"等也是影响 FDI 区位选择的主要影响因素。在这些开发区中，诸如税收减免、简化申请程序、宽松的人力管理规则和较完善的配套基础设施等对吸引 FDI 起重要作用。

鲁明泓（1997）利用 1988~1995 年 29 个省份外商直接投资数据，分析了投资环境对 FDI 区位的影响，结果表明，广西、陕西、江苏等省区属于外商过度投资地区，而新疆、福建、河南等地区则属于外商投资不足地区。上述 FDI 政策在中国加入 WTO、经济全球化进程不断深入的背景下，作用逐渐下降（Wei et al.，2012）。

实证研究也系统地探讨了 FDI 的城市区位选择。在华 FDI 从北京、上海和深圳等核心城市逐步扩散到副省级、一般省会等城市（魏后凯，2003）。李国平和杨开忠（2000）基于企业调查与二手数据，研究了外商对华直接投资的产业与空间转移特征及其机制，认为外商对华直接投资空间高度集中在东部沿海，但随时间推移逐步转向内陆，从大城市向周边地市转移。劳动等生产要素成本在不同区域之间的差异性是外商在华 FDI 空间转移的主要推动力。黄和魏（Huang and Wei，2016）基于中国区域与城市尺度 1990~2010 年 FDI 数据观察了 FDI 的区域布局特征及影响因素，结果表明，尽管在区域尺度上 FDI 区位呈现区域均质化，但在三大经济区域内部，FDI 倾向于集中在城市群中，且集聚要素正在取代政策因素成为 FDI 区位选择的最主要考虑的因素。

在中国投资的跨国公司倾向于形成集群，通过彼此之间的共享、匹配与学习等微观机制以节约成本和提升效率（He，2002；Duranton and Puga，2005）。贺灿飞和魏后凯（2001）基于中国城市层面实际利用外资额及协议外资额探讨了信息成本与集聚经济对在华 FDI 区位选择的影响，结果表明，外商倾向于在全国和地区性的经济中心城市、沿海地区和已有大量 FDI 的区位投资，从而降低信息成本，减少外部不确定性。基于 1999~2009 年在华外企企业数据的研究表明，集聚外部性是相比于地区专业化和竞争外部性更显著的区位因素（Song and Cieslik，2018）。

文化制度也是影响在华 FDI 区位的重要因素之一。文化制度邻近性往往促进投资发生。贺灿飞和陈颖（1997）发现港澳地区对中国内地的直接投资趋向于沿海地区及与之有特殊社会文化联系的地区。李新春（1999）发现直接文化关联是广东吸引港澳台地区等海外华人资本的主要原因之一，而上海由于其商业文化氛围和制造业传统则成为国际大资本的理想投资地。

在华 FDI 区位及其影响因素存在来源地差异。魏后凯（2000）对主要国家和地区在华制造业的投资进行了分析，发现欧美国家在华制造业投资更多地看重中国巨大的国内潜在市场，致力于开发和占领当地市场；日韩则更多地看重中国丰富的自然资源和廉价的劳动力，倾向于落地在生产成本最低的区位。

随着中国全方位融入经济全球化，服务业跨国公司开始大规模进入中国市场，导致在华 FDI 发生结构性变化。与制造业不同，服务业的生产与销售在空间不能分离，因此，服务业对外直接投资一般是市场导向型（贺灿飞，2012）。服务业跨国公司需要高度嵌入到本地市场，面临着较高的信息成本和制度障碍，可能引致跟随竞争者和先行者区位行为，或跟随客户投资到东道国，这种跟随的区位行为导致服务业外资地理集聚，并取决于东道国服务业的业务开放程度和地域开放程度，以及宏观的市场化程度、法制完善程度和政府干预程度等制度环境。与制造业外资高度集聚在沿海地区不同，服务业外资沿中国城市体系布局，并以等级式扩散向内陆地区扩张，以蔓延式在都市圈内扩张（贺灿飞等，2011）。根据贺灿飞和傅蓉（2009）对外资银行分支机构在中国分布的研究，外资银行分支机构表现出高度集聚态势，同时向内陆延伸。其中，珠三角、长三角和京津冀等经济较发达区域的外资银行最为集中，并向中西部内陆区域重点城市进一步扩展。

跨国公司的不同部门由于承担不同功能，往往也有差异化的区位选择偏好。王俊松和颜燕（2016）基于1997~2012年在华跨国公司直接投资数据研究了其在华功能区位的变化特征，发现跨国公司所有的分支机构中有39%集中在北京和上海，尤其是总部与研发机构，主要原因是北京和上海的信息、人才与制度优势。90%以上的商务服务部门和办事处布局在一般省会与副省级或更高等级的城市。具体来说，总部一般集中在地区性中心和省会城市；东部沿海地带作为改革开放的先行者，集中了较多跨国公司研发投资，由集聚形成的内生效应促进了投资环境不断改善，成为中国跨国公司研发投资部门最密集区域（张战仁和杜德斌，2010）。生产机构倾向于成本较低的区域，分散在各个等级的城市，除京津冀、长三角、珠三角等标志性城市群外，还遍布中西部的一般省会和地级市；销售机构会"追随"消费者，一方面集聚在大型都市圈，另一方面集中在地区性中心城市；而跨国公司的商务服务部门需要面向客户，其功能受到信息成本和市场规模等要素的影响，倾向于高度集中在北京、上海、广州、深圳等大城市或区域性中心城市。

总体而言，生产功能区位选择被动式嵌入特征明显，其在受制度约束的同时十分关注部门集聚效益，地方化经济对其具有很强的解释力，城市化经济也在一定程度上发挥作用；而服务功能区位选择尤其关注功能集聚和城市化经济，靠近政策布局也是其区位抉择的重要参考依据（刘作丽和贺灿飞，2011）。电子信息和医药化工行业全球500强跨国公司在华投资倾向于在已有投资的城市追加投资，区域性总部和商务功能聚集在一线城市，生产功能布局于省会和一线城市周边地区，研发功能追随生产功能（贺灿飞和肖晓俊，2011）。与投资动机相类似，影响跨国公司及其分支机构区位选择的因素复杂多样，其区位决策同样是综合考量了政治、经济、制度、文化、市场和劳动力等因素的结果（Wei et al.，1999；Cheng and Kwan，2000；He，2002；Zhou et al.，2002）。

3. 在华 FDI 对区域发展的影响

跨国公司在华投资可以通过资本积累，影响技术进步，推动产业演化和创造就业机会等影响地区发展，同时存在正向与负向作用。实证研究了 FDI 对中国经济增长的总体影响，大多研究得到了 FDI 可以促进中国经济增长的结论（Wei et al., 1999; Zebregs and Tseng, 2002）。沃利和贤（Whalley and Xian, 2010）发现，2003 和 2004 年，在华 FDI 贡献了 40% 以上的 GDP，若没有 FDI，GDP 的增长率会下降 3.4%。但在华 FDI 高度集聚在沿海地区，在某种程度上拉大了地区间的发展差距。魏后凯（2002）研究发现，外商投资贡献了大约 90% 的东部发达地区与西部落后地区之间 GDP 增长率的差异。

研究也关注了在华 FDI 对促进就业的影响。20 世纪 90 年代以后，外商投资直接增加就业的作用明显弱化，主要原因是在华 FDI 由劳动密集型加工行业向资本和技术密集型行业转型，相应就业带动效应则显著下降（邱晓明，2004）。在华跨国公司 FDI 对就业的影响不只体现在数量上，还可以通过提升劳动力素质和人力资本积累提高劳动能力，间接影响到劳动力的就业水平、结构和生产率（蔡昉和王德文，2004）。

外商直接投资与中国出口贸易之间存在着显著的正相关关系，两者相互促进。中国加入 WTO 以后，全方位的对外开放体制吸引了大量外商直接投资，出口快速发展（张广兴，2001）。奚君羊和刘卫江（2001）基于在华 FDI 的贸易效应实证分析发现，外商直接投资对中国的进出口贸易，尤其是工业制成品的进出口促进作用明显。杨全发和陈平（2005）基于 1979~2003 年数据分析了中国出口贸易与外商直接投资的相关关系，结果表明，在华 FDI 有利于提升出口竞争力、保持出口贸易的可持续增长和促进商品结构优化。中国 GDP、制造业产品出口与外商直接投资流呈现显著的正相关关系，促使中国迅速成为世界闻名的"世界工厂"（詹晓宁和葛顺奇，2002）。

外资进入与退出等空间动态显著促进了本土产业演化，带动了产业升级，进而直接促进了区域经济增长。这种带动效应具有显著区域差异，中西部最强，东部最弱，东北地区外资进入作用相对明显，主要原因是技术邻近度削弱了外资空间动态对本土产业演化的积极影响，东部地区的技术关联反而有利于外资进入带来的知识溢出和外资退出带来的资源释放，表现为典型的"战略耦合"（罗芊，2016）。贺灿飞和潘峰华（2006）以北京地区为例研究了 FDI 对当地产业的影响，表明跨国公司加剧了地区市场竞争，对产业可持续发展产生了不利影响。但是对于国企来说，外资企业则呈现出带动效应，主要是因为国企基础更为雄厚，学习能力强，也享有政府的优惠政策。

在华 FDI 对区域发展的间接影响体现在技术与知识溢出方面，进而促进区域创新能力，驱动区域增长和结构调整。跨国公司技术溢出效应可以归结为示范效应、竞争效应、前后向关联效应、人员流动和技术贸易等（曾刚和林兰，2007；郑德渊和李湛，2002）。

知识溢出效应则主要体现在人才示范与竞争效应、外资企业与本地企业的"被迫"式联系效应（张战仁等，2010）以及合作关系网络路径，包括企业间的合作研发网络、科学与技术共同体、非正式的学术交流和关系网络等。

在华 FDI 也会产生挤出效应。在华跨国公司会在一定程度上抑制本土企业创新，主要是由于跨国公司对核心技术严格保密，造成本土企业对其技术的依赖性，并丧失创新研发的主观能动性。跨国公司会加速对中国市场的垄断，因为其在生产技术、营销手段、品牌效应等方面相比于本土企业都具有明显优势，并且其倾向于适应中国市场，开发更加符合中国消费群体的产品，很大程度上导致其对市场的垄断。跨国公司也会侵占本土的研发资源，如通过工资待遇吸引本土人才，令地区企业失去进行研发创新的基本资源与保障。

中国必须充分利用在华跨国公司带来的利益，趋利避害，促进经济的繁荣发展。与此同时，面临全球经济发展新常态，中国经济发展新战略和增长方式发生转变，形成了以产业结构升级为核心战略，以供给侧改革和去产能为主要方针的"新常态"。跨国公司为保持在中国市场长期竞争力，需要及时做出调整，承担更多社会责任，提高企业形象并保持可持续发展。

三、中国对外直接投资地理研究

20 世纪 90 年代以来，中国政府加大了对外直接投资和企业"走出去"的政策激励以及其他外汇审批等方面的便利措施，掀起了中国企业对外直接投资（OFDI）的热潮。

影响中国对外直接投资区位选择的因素可以分成企业、行业和东道国三个层面。企业和行业因素研究较少。刘慧和綦建红（2015）指明，在企业层面，中国企业在选择投资区位时存在"重复性"。中国企业在某东道国市场的投资经验会提高其跟进投资的可能性，且中国企业倾向于投资到相似市场。芮博澜等（Ramasamy et al.，2012）研究企业异质性对 OFDI 区位选择的影响，发现国有企业更倾向于选择资源禀赋好、制度不完善的东道国，私有企业则更注重开拓新市场，倾向于劳动力资源充足且廉价、基础设施条件较好、法律制度较为完善的东道国。在行业层面，中国企业可通过同行业企业的投资获取东道国市场的相关信息，从而降低投资成本和风险；同行业企业可通过共享技术、资源，进而降低企业在东道国的运行成本，提升生产效率。

一些研究构建模型整体评估中国对外直接投资的区位因素。如张小溪和达利（Zhang and Daly，2011）基于 2003~2009 年中国 OFDI 面板数据探究区位选择因素，结果表明，双边或多边贸易关系、市场规模、经济增长、开放程度和资源禀赋等方面均影响中国 OFDI

的区位决策。大部分研究更关注某个方面因素的研究，可总结为经济、政策制度和文化等方面（程惠芳和阮翔，2004）。

经济因素主要包括东道国的市场、劳动力、货币等因素。端木（Duanmu，2012）发现人民币对东道国的汇率和市场规模能够吸引中国企业投资，而失业率过高则会降低中国的投资可能性。东道国的经济风险和经济自由度对中国企业投资影响并不显著。东道国的市场规模和能源可以吸引中国投资，资源因素也会对其区位选择产生一定影响。姚树洁等（Yao et al.，2017）指出东道国对中国技术的需求也是影响中国 OFDI 区位选择的重要因素。但也有研究发现了经济因素不同的影响，如东道国市场规模对中国企业投资区位选择的影响非常有限，但经济自由度能够显著吸引中国企业投资（Kang and Jiang，2012）。

中国对外直接投资模式与其他国家或地区不同，倾向于投资到拥有丰富自然资源、制度环境不完善的国家。如贺灿飞等（He et al.，2015）从东道国制度视角探讨了中国 OFDI 区位选择因素，表明在其他条件均符合预期的情况下，中国企业会避免投资到制度完善的国家，以减小当地市场的排斥作用。但长期以来中国对外投资仍能持续快速上升的原因是，国有大型企业是中国海外投资的重要投资者，直接地体现政府的宏观发展战略，也因此更易于获得政府各项优惠政策和制度便利，可以有效抵消东道国市场各种不利因素给对外投资带来的成本和风险（Buckley，2004）。以中建集团在阿尔及利亚的对外直接投资为例，中建集团 1982 年在当地建立分支机构，20 世纪 90 年代当地十余年内乱期间，中建集团没有撤资，赢得了东道国的信任和民心，在当地战后重建和民生改善的过程中做出了贡献，由于内战结束后对基础设施开发和投资的巨大需求，中国在阿尔及利亚的对外直接投资流量占比从 3.3%急剧增至 20.8%。到 2014 年年底，中建阿尔及利亚分公司累计实现合同额 146 亿美元（黎明等，2017）。

由于对东道国市场制度环境的不熟悉，中国企业无法根植于东道国市场制度环境并获得"合法性"地位，是中国企业海外市场投资失利、运营低效的主要原因。例如华为、中兴的在美投资项目因涉及国家信息安全受阻；受国家执政党换届的影响，中国企业投资非洲的矿业合同无效；西班牙政府和商界在积极吸引中国资本的同时，民间对华人及中资企业的排斥反感情绪激化（刘娟，2016）。中国企业在实际投资之前，制度因素在投资决策中起着更为重要的作用，中国投资者更倾向于在发展中国家寻求市场和资源，并对制度质量进行认真评估（He et al.，2015）。

中国跨国公司更倾向于选择人文环境相似的东道国，通常依靠社会关系网络获取外部资源，以弥补外部市场机制的欠缺，例如运用东道国的族裔优势在当地有效获取资源、降低经营风险（Dunning，2002）。中国在海外华人比较集中的国家有大量对外直接投资，因为中国与东道国之间存在密切的政治、社会和经济关系，具有更强内部化优势（Wright et al.，2005；贺灿飞等，2013）。

政策制度对中国 OFDI 往往更重要。"一带一路"部分沿线国家和地区由于其不稳定的政治经济环境，过去并不会成为中国企业 ODFI 的优先选择。在"一带一路"倡议的引导下，中国企业逐渐将目光投向这些国家和地区（郭烨和许陈生，2016）。李宇等（2016）从经济社会发展程度、交通等基础设施建设、信息化水平、资源赋存、政治和安全环境等方面评估"一带一路"沿线国家和地区的投资环境，结果表明，俄罗斯、蒙古、巴基斯坦、中亚各国以及欧洲的德国、荷兰、意大利、匈牙利为优先投资区域，东欧国家、印度和伊朗等国为重点投资区域。孟庆强（2016）利用 2003~2013 年中国对"一带一路"沿线 42 个国家和地区的 OFDI 数据分析了中国投资动机，发现对市场、效率和自然资源的寻求是中国对"一带一路"沿线国家和地区直接投资主要动机，同时，基础设施建设市场和较高的关税水平也是中国企业对其进行直接投资的原因。

小　　结

跨国公司是经济全球化的塑造者和推动者。跨国公司通过对外直接投资达成企业国际化发展的目标，建立起全球尺度的、服务于公司发展战略的复杂的企业网络结构，打破了国家界限，将世界各国的资本、资源、人力等经济活动要素紧密地联系在一起，构建了国际一体化的生产和经营体系，从而实现产业链协调、要素重组和资源优化配置。通过跨国公司的组织和经营方式，将发展中国家引入全球化过程，缔造了新的国际地域分工，让世界经济格局动态变化形成了一个复杂多元的结构——"不连续、不均匀的马赛克"（Massey，1984）。

全球化的根源至少可以回溯到 19 世纪。跨国公司加速了全球化进程。然而，2008 年全球金融危机后，随着新自由主义的衰落、国有化浪潮兴起、民族主义以及贸易保护主义抬头，全球化的迅猛扩张势头有所减缓，人们心中产生了世界经济危机是否将导致未来"全球化的终结"的疑问，跨国公司不得不重新制定全球战略（Dicken，2011）。

自 20 世纪 60 年代以来，学者们意识到传统的资本流动理论不能很好地解释跨国公司的对外直接投资，他们开始结合产业组织理论、贸易理论、区位理论等提出了不同的跨国公司对外直接投资理论，如产业周期理论、内部化理论、寡头垄断理论、公司国际化过程理论、国际生产折衷理论等。经济地理学以跨国公司对外直接投资理论为基础，关注跨公司对外直接投资的区位选择及其对东道国的影响。总体而言，跨国公司对外直接投资在不同地理尺度上是比较集聚的，其区位选择受到地理、经济、文化、技术、制度等综合因素影响。跨国公司直接投资对东道国的经济增长、就业创造、生产效率、国家贸易、技术创新、管理提升等具有一定促进作用，但是也可能通过竞争效应和示范效应间接途径产生挤出效应与溢出效应。

改革开放以来，中国积极融入经济全球化，基于比较优势和制度优势吸引了大量外商直接投资，成为全球重要的 FDI 目的地；20 世纪 90 年代末以来，中国的国有企业和民营企业积极，寻找资源、市场和战略资产，进行对外直接投资。基于中国视角的研究，拓展和补充了跨国公司地理。然而，中国视角的研究多为实证研究，理论探讨不足。中国经济地理学者应积极响应"一带一路"倡议，结合世界经济变化形势和中国经济转型特征，构建中国视角的跨国公司地理研究理论范式，丰富跨国公司地理研究和经济全球化研究。

参 考 文 献

[1] Aitken, B. J., A. E. Harrison (1999) Do domestic firms benefit from direct foreign investment? Evidence from Venezuela. *American Economic Review*, 89(3): 605-618.

[2] Anwar, S., L. P. Nguyen (2014) Is foreign direct investment productive? A case study of the regions of Vietnam. *Journal of Business Research*, 67(7): 1376-1387.

[3] Asiedu, E., D. Lien (2011) Democracy, foreign direct investment and natural resources. *Journal of International Economics*, 84(1): 99-111.

[4] Aswicahyono, H. H., H. Hill (1995) Determinants of foreign ownership in LDC manufacturing: an Indonesian case study. *Journal of International Business Studies*, 26(1): 139-158.

[5] Avioutskii, V., M. Tensaout (2016) Does politics matter? Partisan FDI in central and eastern Europe. *Multinational Business Review*, 24(4): 375-398.

[6] Aw, B. Y., Y. Lee (2008) Firm heterogeneity and location choice of Taiwanese multinationals. *Journal of International Economics*, 75(1): 167-179.

[7] Babic-Hodovic, V., E. Mehil, E. Agic (2010) Do FDI patterns differ between manufacturing and service sector in CEE countries? *Journal of US-China Public Administration*, 7(3): 11-25.

[8] Bagchi-Sen, S. (1995) FDI in US producer services: a temporal analysis of foreign direct investment in the finance, insurance and real estate sectors. *Regional Studies*, 29: 159-170.

[9] Baltagi, B. H., P. Egger, M. Pfaffermayr (2007) Estimating models of complex FDI: are there third-country effects? *Journal of Econometrics*, 140(1): 260-281.

[10] Bathelt, H., P. F. Li (2013) Global cluster networks–foreign direct investment flows from Canada to China. *Journal of Economic Geography*, 14(1): 45-71.

[11] Belderbos, R., M. Carree (2002) The location of Japanese investments in China: agglomeration effects, keiretsu, and firm heterogeneity. *Journal of the Japanese and International Economies*, 16(2): 194-211.

[12] Bergin, P. R., R. C. Feenstra, Hanson G. H. (2009) Offshoring and volatility: evidence from Mexico's

maquiladora industry. *American Economic Review*, 99(4): 1664-1671.

[13] Berkoz, L., S. S. Turk (2009) Locational preferences of FDI firms in Turkey: a detailed examination of regional determinants. *European Planning Studies*, 17(8): 1243-1256.

[14] Berry, H. (2010) Why do firms divest? *Organization Science*, 21(2): 380-396.

[15] Blomström, M., F. Sjöholm (1998) Technology transfer and spillovers: does local participation with multinationals matter? *European Economic Review*, 43(4-6): 915-923.

[16] Borensztein, E., J. D. Gregorio, J. W. Lee (1998) How does foreign direct investment affect economic growth? *Journal of International Economics*, 45(1): 115-135.

[17] Botrić, V., L. Škuflić (2006) Main determinants of foreign direct investment in the Southeast European countries. *Transition Studies Review*, 13(2): 359-377.

[18] Bruhn, M., D. Karlan, A. Schoar (2010) What capital is missing in developing countries? *American Economic Review*, 100(2): 629-633.

[19] Buckley, P. J. (2004) Asian network firms: an analytical framework. *Asia Pacific Business Review*, 10(3-4): 254-271.

[20] Buckley, P. J., M. Casson (1976) *The Future of the Multinational Enterprise after 30 Years*. London: Palgrave Macmillan.

[21] Buckley, P. J., M. Casson (1981) The optimal timing of a foreign direct investment. *The Economic Journal*, 91(361): 75-87.

[22] Cantwell, J., L. Piscitello (2005) Recent location of foreign-owned research and development activities by large multinational corporations in the European regions: the role of spillovers and externalities. *Regional Studies*, 39(1): 1-16.

[23] Carbonell, J. B., R. A. Werner (2018) Does foreign direct investment generate economic growth? A new empirical approach applied to Spain. *Economic Geography*, 2018(2): 1-32.

[24] Caves, R. E. (1974) Multinational firms competition and productivity in host-country. *Economica*, 41(162): 176-193.

[25] Chaney, E. (2013) Revolt on the Nile: economic shocks, religion, and political power. *Econometrica*, 81(5): 2033-2053.

[26] Chao, C. H., V. Kumar (2010) The impact of institutional distance on the international diversity-performance relationship. *Social Science Electronic Publishing*, 45(1): 93-103.

[27] Cheng, L. K., Y. K. Kwan (2000) What are the determinants of the location of foreign direct investment? The Chinese experience. *Journal of International Economics*, 51(2): 379-400.

[28] Cheung, K. Y., Lin, P. (2002) Spillover effects of FDI on innovation in China: an analysis of provincial data. *CAPS Working Paper Series*, 132.

[29] Coe, N. M. (2004) The internationalisation/globalisation of retailing: towards an economic-geographical research agenda. *Environment & Planning A*, 36(9): 1571-1594.

[30] Coe, N. M., M. Hess, H. W. Yeung, et al. (2004) "Globalizing" regional development: a global production networks perspective. *Transactions of the Institute of British Geographers*, 29(4): 468-484.

[31] Coe, N. M., W. C. Yeung (2015) *Global Production Networks 2.0*. Oxford University Press.

[32] Coniglio, N. D., F. Prota, Seric A. (2015) Foreign direct investment, employment and wages in sub-Saharan Africa. *Journal of International Development*, 27(7): 1243-1266.

[33] Cooray, A., A. Tamazian, K. C. Vadlamannati (2014) What drives FDI policy liberalization? An empirical investigation. *Regional Science & Urban Economics*, 49: 179-189.

[34] Coval, J. D., T. J. Moskowitz (1999) Home bias at home: local equity preference in domestic portfolios. *The Journal of Finance*, 54(6): 2045-2073.

[35] Crescenzi, R., C. Pietrobelli, R. Rabellotti (2015) Innovation drivers, value chains and the geography of multinational corporations in Europe. *Journal of Economic Geography*, 14(6): 1053-1086.

[36] Crozet, M., T. Mayer, J. L. Mucchielli (2004) How do firms agglomerate? A study of FDI in France. *Regional Science and Urban Economics*, 34(1): 27-54.

[37] Damijan, J. P., M. Rojec, B. Majcen, et al. (2013) Impact of firm heterogeneity on direct and spillover effects of FDI: micro-evidence from ten transition countries. *Journal of Comparative Economics*, 41(3): 895-922.

[38] Daniels, J. P., M. von der Ruhr (2014) Transportation costs and US manufacturing FDI. *Review of International Economics*, 22(2): 299-309.

[39] D'Agostino, L. M., K. Laursen, G. D. Santangelo (2013) The impact of R&D offshoring on the home knowledge production of OECD investing regions. *Journal of Economic Geography*, 13(1): 145-175.

[40] Dawson, J. A. (2007) Scoping and conceptualising retailer internationalisation. *Journal of Economic Geography*, 7(4): 373-397.

[41] Dees, S. (1998) Foreign Direct Investment in China: determinants and effects. *Economics of Planning*, 31(2-3): 175-194.

[42] Dicken, P. (2011) *Global Shift: Mapping the Changing Contours of the World Economy*. SAGE Publications Ltd.

[43] Dicken, P., A. Malmberg (2001) Firms in territories: a relational perspective. *Economic Geography*, 77(4): 345-363.

[44] Driffield, N., M. Munday (2000) Industrial performance, agglomeration, and foreign manufacturing investment in the UK. *Journal of International Business Studies*, 31(1): 21-37.

[45] Du, L., A. Harrison, G. H. Jefferson (2012b) Testing for horizontal and vertical foreign investment spillovers in China, 1998-2007. *Journal of Asian Economics*, 23(3): 234-243.

[46] Du, J., Y. Lu, Z. Tao (2012a) Institutions and FDI location choice: the role of cultural distances. *Journal of Asian Economics*, 23(3): 210-223.

[47] Duanmu, J. L. (2012) Firm heterogeneity and location choice of Chinese multinational enterprises (MNEs). *Journal of World Business*, 47(1): 64-72.

[48] Dunning, J. H. (1977) Trade, location of economic activity and the MNE: a search for an eclectic approach. *The International Allocation of Economic Activity*, (1023): 203-205.

[49] Dunning, J. H. (1993) *Multinational Enterprises and the Global Economy*. Addison Wesley.

[50] Dunning, J. H. (1995) Reappraising the eclectic paradigm in an age of alliance capitalism. *Journal of International Business Studies*, 1995, 26(3): 461-491.

[51] Dunning, J. H. (1998) Location and the multinational enterprise: a neglected factor? *Journal of International Business Studies*, 29(1): 45-66.

[52] Dunning, J. H. (2002) *Regions, Globalization, and the Knowledge-Based Economy*. Oxford University Press.

[53] Duranton, G., D. Puga (2005) From sectoral to functional urban specialisation. *Journal of Urban Economics*, 57(2): 343-370.
[54] Ekholm, K., R. Forslid, J. R. Markusen (2007) Export-platform foreign direct investment. *Journal of the European Economic Association*, 5(4): 776-795.
[55] Enright, M. (2005) Regional management in the Asia-Pacific. *Management International Review*, 45(Special Issue): 57-80.
[56] Ernst, D., L. Kim (2002) Global production networks, knowledge diffusion, and local capability formation. *Research Policy*, 31(8-9): 1417-1429.
[57] Fernandes, A. P., H. Tang (2014) Learning to export from neighbors. *Journal of International Economics*, 94(1): 67-84.
[58] Figlio, D. N., B. A. Blonigen (2000) The effects of foreign direct investment on local communities. *Journal of Urban Economics*, 48(2): 338-363.
[59] Ford, D., H. G. Fung, D. A. Gerlowski (1998) Factors affecting foreign investor choice in types of U.S. real state. *Journal of Real Estate Research*, 16(1): 99-112.
[60] Ford, T. C., J. C. Rork (2010) Why buy what you can get for free? The effect of foreign direct investment on state patent rates. *Journal of Urban Economics*, 68(1): 72-81.
[61] Friedmann, J. (1986) The world city hypothesis. *Development and Change*, 17: 69-83.
[62] Fung, K. C., I. Hitomi, Y. T. Sarah (2004) Foreign direct investment in China: policy, recent trend and impact. *Global Economic Review*, 33(2): 99-130.
[63] Fung, K. C., H. Iizaka, J. Lee, et al. (2000) Determinants of US and Japanese foreign direct investment in China. *University of California at Santa Cruz, Working Paper*, (456).
[64] Gassmann, O., B. Gaso (2004) Insourcing creativity with listening posts in decentralized firms. *Creativity and Innovation Management*, 13(1): 3-14.
[65] Ge, Y. (2006) The effect of foreign direct investment on the urban wage in China: an empirical examination. *Urban Studies*, 43(43): 1439-1450.
[66] Gereffi, G. (1994) The organization of buyer-driven global commodity chains: how U.S. retailers shape overseas production networks. *Commodity Chains and Global Capitalism*. Praeger Publishers.
[67] Girma, S., H. Görg (2007) Multinationals' productivity advantage: scale or technology? *Economic Inquiry*, 45(2): 350-362.
[68] Girma, S., K. Wakelin (2007) Local productivity spillovers from foreign direct investment in the U.K. electronics industry. *Regional Science & Urban Economics*, 37(3): 399-412.
[69] Giroud, A., J. Scott-Kennel (2009) MNE linkages in international business: a framework for analysis. *International Business Review*, 18(6): 555-566.
[70] Glickman, N. J., D. P. Woodward (1988) The location of foreign direct investment in the United States: patterns and determinants. *International Regional Science Review*, 11(2): 137-154.
[71] Görg, H., H. Mühlen, P. Nunnenkamp (2009) Firm heterogeneity, industry characteristics and types of FDI: the case of German FDI in the Czech Republic. Kiel working paper.
[72] Görg, H., E. Strobl (2005) Spillovers from foreign firms through worker mobility: an empirical investigation. *Scandinavian Journal of Economics*, 107(4): 693-709.
[73] Gort, M., S. Klepper (1982) Time paths in the diffusion of product innovations. *The Economic Journal*,

92(367): 630-653.

[74] Guimarães, P., O. Figueiredo, D. Woodward (2000) Agglomeration and the location of foreign direct investment in Portugal. *Journal of Urban Economics*, 47(1): 115-135.

[75] Haberly, D., D. Wójcik (2015) Regional blocks and imperial legacies: mapping the global offshore FDI network. *Economic Geography*, 91(3): 251-280.

[76] Hall, P. A., D. W. Soskice (2001) Varieties of capitalism: the institutional foundations of comparative advantage. *Oup Catalogue*, 28(3): 515-517.

[77] Hall, S. (2011) Geographies of money and finance I: cultural economy, politics and place. *Progress in Human Geography*, 35(2): 234-245.

[78] Hanson, G. H. (1998) Regional adjustment to trade liberalization. *Regional Science &Urban Economics*, 28(4): 419-444.

[79] Harvey, D. (1982) *The Limits to Capital*. Basil Blackwell.

[80] Haynes, M., S. Thompson, M. Wright (2003) The determinants of corporate divestment: evidence from a panel of UK firms. *Journal of Economic Behavior & Organization*, 52(1): 147-166.

[81] He, C. (2002) Information costs, agglomeration economies and the location of foreign direct investment in China. *Regional Studies*, 36(9): 1029-1036.

[82] He, C., X. Xie, S. Zhu (2015) Going global: understanding China's outward foreign direct investment from motivational and institutional perspectives. *Post-Communist Economies*, 27(4): 448-471.

[83] He, M., Y. Chen, R. Schramm (2017) Technological spillovers in space and firm productivity: evidence from China's electric apparatus industry. *Urban Studies*, 55(11): 2522-2541.

[84] Head, K., J. Ries, D. Swenson (1995) Agglomeration benefits and location choice: evidence from Japanese manufacturing investments in the United States. *Journal of International Economics*, 38(3-4): 223-247.

[85] Helpman, E., M. J. Melitz, S. R. Yeaple (2004) Export versus FDI with heterogeneous firms. *American Economic Review*, 94(1): 300-316.

[86] Henderson, J., P. Dicken, M. Hess, et al. (2002) Global production networks and the analysis of economic development. *Review of International Political Economy*, 9(3): 436-464.

[87] Hess, M. (2004) "Spatial" relationships? Towards a reconceptualization of embeddedness. *Progress in Human Geography*, 28(2): 165-186.

[88] Hochberg, Y. V., A. Ljungqvist, L. U. Yang (2010) Networking as a barrier to entry and the competitive supply of venture capital. *Journal of Finance*, 65(3): 829-859.

[89] Holl, A., R. Pardo, R. Rama (2012) Comparing outsourcing patterns in domestic and FDI manufacturing plants: empirical evidence from Spain. *European Planning Studies*, 20(8): 1335-1357.

[90] Huang, H., Y. D. Wei (2016) Spatial inequality of foreign direct investment in China: institutional change, agglomeration economies, and market access. *Applied Geography*, 69: 99-111.

[91] Humphrey, J., H. Schmitz (2001) Governance in global value chains. *IDS Bulletin*, 32(3): 19-29.

[92] Hymer, S. H. (1976) International operations of national firms. *Journal of International Business Studies*, 9(2): 103-104.

[93] Iwai, N., S. R. Thompson (2012) Foreign direct investment and labor quality in developing countries. *Review of Development Economics*, 16(2): 276-290.

[94] Iwasaki, I., K. Suganuma (2015) Foreign direct investment and regional economic development in Russia: an econometric assessment. *Economic Change and Restructuring*, 48(3-4): 209-255.

[95] Javorcik, B. S. (2004) Does foreign direct investment increase the productivity of domestic firms? In search of spillovers through backward linkages. *American Economic Review*, 94(3): 605-627.

[96] Johanson, J., J. E. Vahlne (1990) The mechanism of internationalisation. *International Marketing Review*, 7(4): 11-24.

[97] Jones, J., C. Wren (2016) Does service FDI locate differently to manufacturing FDI? A regional analysis for Great Britain. *Regional Studies*, 50(12): 1980-1994.

[98] Jones, R. W., H. Kierzkowski (2005) International fragmentation and the new economic geography. *North American Journal of Economics & Finance*, 16(1): 1-10.

[99] Jordaan, J. A. (2017) Producer firms, technology diffusion and spillovers to local suppliers: examining the effects of foreign direct investment and the technology gap. *Environment and Planning A*, 49(12): 2718-2738.

[100] Kang, Y., F. Jiang (2012) FDI location choice of Chinese multinationals in East and Southeast Asia: traditional economic factors and institutional perspective. *Journal of World Business*, 47(1): 45-53.

[101] Karreman, B., M. J. Burger, F. G. V. Oort (2016) Location choices of chinese multinationals in Europe: the role of overseas communities. *Economic Geography*, 93(2): 131-161.

[102] Keller, W. (2002) Geographic localization of international technology diffusion. *American Economic Review*, 92(1): 120-142.

[103] Kimino, S., N. Driffield, D. Saal (2014) Spillovers from FDI and local networks: the importance of transactional linkages and vertical keiretsu in Japan. *The Multinational Business Review*, 22(2): 176-193.

[104] Kimura, F., M. Ando (2005) Two-dimensional fragmentation in East Asia: conceptual framework and empirics. *International Review of Economics & Finance*, 14(3): 317-348.

[105] Kinoshita, Y., N. F. Campos (2003) *Why Does FDI Go Where It Goes? New Evidence from the Transitional Economies.* Social Science Electronic Publishing.

[106] Knickerbocker, F. T. (1973) Oligopolistic reaction and multinational enterprise. *The International Executive*, 15(2): 7-9.

[107] Knox, P. L., J. P. Taylor (1995) *World Cities in a World-System.* Cambridge University Press.

[108] Kojima, K. (1982) Macroeconomic versus international business approach to direct foreign investment. *Hitotsubashi Journal of Economics*, 23: 630-640.

[109] Kokko, A. (1994) Technology, market characteristics, and spillovers. *Journal of Development Economics*, 43(2): 279-293.

[110] Kokko, A. (1996) Productivity spillovers from competition between local firms and foreign affiliates. *Journal of International Development*, 8(4): 517-530.

[111] Kolstad, I., E. Villanger (2004) How does social development affect FDI and domestic investment? *Chr. Michelsen Institute Reports*.

[112] Kosteas, V. D. (2008) Foreign direct investment and productivity spillovers: a quantile analysis. *International Economic Journal*, 22(1): 25-41.

[113] Lankhuizen, M., H. L. F. de Groot, G. J. M Linders (2011) The trade-off between foreign direct

[114] Lee, K. D., S. J. Hwang (2016) Regional characteristics, industry agglomeration and location choice: evidence from Japanese manufacturing investments in Korea. *Asian Economic Journal*, 30(2): 123-145.

[115] Li, B., Z. Liao, L. Sun (2018) Evolution of FDI flows in the global network: 2003-2012. *Applied Economics Letters*, 25(20): 1-7.

[116] Lim, M. E. G. (2001) Determinants of, and the relation between, foreign direct investment and growth: a summary of the recent literature. IMF Working Paper.

[117] Lin, S. C., D. H. Kim, Y. C. Wu (2013) Foreign direct investment and income inequality: human capital matters. *Journal of Regional Science*, 53(5): 874-896.

[118] Luo, Y., N. O'Connor (1998) Structural changes to foreign direct investment in China: an evolutionary perspective. *Journal of Applied Management Studies*, 7: 95-110.

[119] Malecki, E. (1991) *Technology and Economic Development: the Dynamics of Local, Regional and National Change*. Longman Scientific and Technical.

[120] Malmberg, A. (2003) *Beyond the Cluster – Local Milieus and Global Connections*. SAGE Publications.

[121] Mariotti, S., L. Piscitello (1995) Information costs and location of FDIs within the host country: empirical evidence from Italy. *Journal of International Business Studies*, 26(4): 815-841.

[122] Massey, D. (1984) *Spatial Divisions of Labour*. Palgrave Macmillan.

[123] Meliciani, V. (2016) The determinants of inward foreign direct investment in business services across European regions. *Regional Studies*, 50(4): 671-691.

[124] Melitz, M. J. (2003) The impact of trade on intra-industry reallocations and aggregate industry productivity. *Econometrica*, 71(6): 1695-1725.

[125] Mencinger, J. (2003) Does foreign direct investment always enhance economic growth? *Kyklos*, 56(4): 491-508.

[126] Morrissey, O., M. Udomkerdmongkol (2012) Governance, private investment and foreign direct investment in developing countries. *World Development*, 40(3): 437-445.

[127] Mukunoki, H. (2013) Market access and technology adoption in the presence of FDI. *Journal of Economics*, 122(3): 199-238.

[128] Nicolini, M. (2007) Institutions and offshoring decision. Cesifo Working Paper, (8).

[129] Ning, L., F. Wang (2017) Does FDI bring environmental knowledge spillovers to developing countries? The role of the local industrial structure. *Environmental and Resource Economics*, 71: 381-405.

[130] Nishitateno, S. (2013) Global production sharing and the FDI-trade nexus: new evidence from the Japanese automobile industry. *Journal of the Japanese & International Economies*, 27(1): 64-80.

[131] North, D., C. Koboldt (1995) Institutionen, institutioneller Wandel und Wirtschaftsleistung. *Jahrbücher Für Nationalökonomie Und Statistik*, 214(1): 122-124.

[132] Nwaogu, U. G., M. J. Ryan (2015) FDI, foreign aid, remittance and economic growth in developing countries. *Review of Development Economics*, 19(1): 100-115.

[133] Oldenski, L. (2012) Export versus FDI and the communication of complex information. *Journal of International Economics*, 87(2): 312-322.

[134] Otchere, I., I. Soumaré, P. Yourougou (2016) FDI and financial market development in Africa. *The*

World Economy, 39(5): 651-678.

[135] Pandya, S., D. Leblang (2017) Risky business: institutions vs. social networks in FDI. *Economics & Politics*, 29(2): 91-117.

[136] Peck, J., W. C. Yeung (2003) *Remaking the Global Economy: Economic-Geographical Perspectives*. SAGE.

[137] Pike, A., A. Rodríguezpose, J. Tomaney (2010) *Handbook of Local and Regional Development*. Taylor & Francis.

[138] Poncet, S. (2010) Inward and outward FDI in China. In Feng, X. (ed.) *China and the World Economy*. Palgrave Macmillan.

[139] Porter, M. E. (1990) *The Competitive Advantage of Nations*. Free Press.

[140] Pred, A. (1974) Major job-providing organizations and systems of cities. *Association of American Geographers, Commission on College Geography. Resource Paper 27*.

[141] Qiu, Y. (2005) Personal networks, institutional involvement, and foreign direct investment flows into China's interior. *Economic Geography*, 81(3): 261-281.

[142] Ramasamy, B., M. Yeung, S. Laforet (2012) China's outward foreign direct investment: location choice and firm ownership. *Journal of World Business*, 47(1): 17-25.

[143] Rasiah, R. (2000) Globalization and private capital movements. *Third World Quarterly*, 21(6): 943-961.

[144] Rosenthal, S. S., W. C. Strange (2001) The determinants of agglomeration. *Journal of Urban Economics*, 50(2): 191-229.

[145] Rugman, A. M., A. A. Verbeke (2004) perspective on regional and global strategies of multinational enterprises. *Journal of International Business Studies*, 35(1): 3-18.

[146] Sauvant, K. P., L. E. Sachs (2009) *The Effect of Treaties on Foreign Direct Investment: Bilateral Investment Treaties, Double Taxation Treaties, and Investment Flows*. Oxford University Press.

[147] Schäffler, J., V. Hecht, M. Moritz (2017) Regional determinants of German FDI in the Czech Republic: new evidence on the role of border regions. *Regional Studies*, 51(9): 1399-1411.

[148] Sen, K., C. Sinha (2017) The location choice of US foreign direct investment: how do institutions matter? *Journal of Institutional Economics*, 13(2): 401-420.

[149] Shahbaz, M., M. M. Rahman (2012) The dynamic of financial development, imports, foreign direct investment and economic growth: cointegration and causality analysis in Pakistan. *Global Business Review*, 13(2): 201-219.

[150] Shen, X. (2015) Private Chinese investment in Africa: myths and realities. *Development Policy Review*, 33(1): 83-106.

[151] Sit, V., C. Yang (1997) Foreign-investment-induced exo-urbanisation in the Pearl River Delta, China. *Urban Studies*, 34(4): 647-677.

[152] Smith, N. (1982) Gentrification and uneven development. *Economic Geography*, 58(2): 139-155.

[153] Smith, N., E. Thomas (2016) Regional conditions and innovation in Russia: the impact of foreign direct investment and absorptive capacity. *Regional Studies*, 51(9): 1412-1428.

[154] Song, T., A. Cieslik (2018) Determinants of city choice of foreign direct investment into China: the role of specialisation, diversification and competition externalities. *Tijdschrift Voor Economische En Sociale Geografie*, 109(3): 449-462.

[155] Soule, S. A., A. Swaminathan, L. Tihanyi (2014) The diffusion of foreign divestment from Burma. *Strategic Management Journal*, 35(7): 1032-1052.

[156] Stevens, G. V. G., R. E. Lipsey (1992) Interactions between domestic and foreign investment. *Journal of International Money and Finance*, 11(1): 40-62.

[157] Sun, H. (2001) Foreign direct investment and regional export performance in China. *Journal of Regional Science*, 41(2): 317-336.

[158] Sun, H., J. Chai (1998) Direct foreign investment and inter-regional economic disparity in China. *International Journal of Social Economics*, 25(2/3/4): 424-447.

[159] Tan, D., K. E. Meyer (2011) Country-of-origin and industry FDI agglomeration of foreign investors in an emerging economy. *Journal of International Business Studies*, 42(4): 504-520.

[160] Thangavelu, S. M., D. Narjoko (2014) Human capital, FTAs and foreign direct investment flows into ASEAN. *Journal of Asian Economics*, 35: 65-76.

[161] Tobin, J. L., S. Rose-Ackerman (2011) When BITs have some bite: the political-economic environment for bilateral investment treaties. *The Review of International Organizations*, 6(1): 1-32.

[162] Tokatli, N. (2013) Toward a better understanding of the apparel industry: a critique of the upgrading literature. *Journal of Economic Geography*, 13(6): 993-1011.

[163] Tsai, Y., A. Mukherjee, J. R. Chen (2016) Host market competition, foreign FDI and domestic welfare. *International Review of Economics & Finance*, 42: 13-22.

[164] UNCTAD (1998) *World Investment Report 1998: Trends and Determinants. United Nations Conference on Trade and Development*. United Nations.

[165] Vernon, R. (1966) International Investment and international trade in the product cycle. *The Quarterly Journal of Economics*, 80(2): 190-207.

[166] Vernon, R. (1974) The location of economic activity. In J. H. Dunning (ed.) *Economic Analysis and the Multinational Enterprise*, 89-114. London: Routledge.

[167] Wallerstein, I. (1983) *Historical Capitalism, with Capitalist Civilization*. Verso.

[168] Wang, Y., L. Ning, J. Li, et al. (2016) Foreign direct investment spillovers and the geography of innovation in Chinese regions: the role of regional industrial specialization and diversity. *Regional Studies*, 50(5): 805-822.

[169] Wei, S. J. (1997) How taxing is corruption on international investors? *Review of Economics & Statistics*, 82(1): 1-11.

[170] Wei, S. J., A. Shleifer (2000) Local corruption and global capital flows. *Brookings Papers on Economic Activity*, (2): 303-354.

[171] Wei, Y. H. D., X. Liu, D. Parker, et al. (1999) The regional distribution of foreign direct investment in China. *Regional Studies*, 33(9): 857-867.

[172] Wei, Y. H. D., Y. Zhou, Y. Sun, et al. (2012) Production and R&D networks of foreign ventures in China: implications for technological dynamism and regional development. *Applied Geography*, 32(1): 106-118.

[173] Welch, L. S., R. K. Luostarinen (1993) Inward-outward connections in internationalization. *Journal of International Marketing*, 1(1): 44-56.

[174] Whalley, J., X. Xian (2010) China's FDI and non-FDI economies and the sustainability of future high

Chinese growth. *China Economic Review*, 21(1): 123-135.

[175] Wisniewski, A. (2005) The impact of foreign direct investment on regional development in Poland. IWE Working Papers.

[176] Wright, M., I. Filatotchev, R. E. Hoskisson, et al. (2005) Strategy research in emerging economies: challenging the conventional wisdom. *Journal of Management Studies,* 42(1): 1-33.

[177] Wu, F. (2000) Modelling intrametropolitan location of foreign investment firms in a Chinese city. *Urban Studies*, 37(13): 2441-2464.

[178] Yamashita, N., K. Fukao (2010) Expansion abroad and jobs at home: evidence from Japanese multinational enterprises. *Japan and the World Economy*, 22(2): 88-97.

[179] Yang, O. S., M. J. Niedzielska (2017) Rapid FDI expansion of firms from emerging markets: evidence from Poland. *Argumenta Oeconomica*, 2(39): 373-402.

[180] Yao, S., F. Zhang, P. Wang, et al. (2017) Location determinants of China's outward foreign direct investment. *China & World Economy*, 25(6): 1-27.

[181] Yeung, H. W., N. Coe (2015) Toward a dynamic theory of global production networks. *Economic Geography*, 91(1): 29-58.

[182] Zebregs, M. H., M. W. Tseng (2002) Foreign direct investment in China: some lessons for other countries. IMF Policy Discussion Papers.

[183] Zeller, C., A. Van-Hametner (2018) Reorganizing value chains through foreign direct investment: Austria's pharmaceutical industry international expansion. *Competition & Change*, 22(5): 529-557.

[184] Zhang, K. H. (2009) FDI and export performance. In Reinert, K. A., R. S. Rajan (eds.) *The Princeton Encyclopedia of the World Economy*. Princeton University Press.

[185] Zhang, K. H., S. Song (2001) Promoting exports: the role of inward FDI in China. *China Economic Review*, 11(4): 385-396.

[186] Zhang, X., K. Daly (2011) The determinants of China's outward foreign direct investment. *Emerging Markets Review*, 12(4): 389-398.

[187] Zheng, Y., Yan, D., Ren, B. (2016) Institutional distance, firm heterogeneities, and FDI location choice of EMNEs. *Nankai Business Review International*, 7(2): 192-215.

[188] Zhou, C., A. Delios, J. Yang (2002) Locational determinants of Japanese foreign direct investment in China. *Asia Pacific Journal of Management*, 19(1): 63-86.

[189] Zhou, Y., T. Xin (2003) An innovative region in China: interaction between multinational corporations and local firms in a high-tech cluster in Beijing. *Economic Geography*, 79(2): 129-152.

[190] 蔡昉、王德文："外商直接投资与就业——一个人力资本分析框架",《财经论丛》, 2004 年第 1 期, 第 1~14 页。

[191] 程惠芳、阮翔："用引力模型分析中国对外直接投资的区位选择",《世界经济》, 2004 年第 11 期, 第 23~30 页。

[192] 杜德斌：《跨国公司 R&D 全球化的区位模式研究》, 复旦大学出版社, 2001 年。

[193] 范非凡："外商在华直接投资的区位选择与影响因素研究"（硕士论文）, 上海社会科学院, 2015 年。

[194] 顾磊："产品内贸易、市场结构与福利效应：跨国公司海外扩张模式的解读",《国际贸易问题》, 2013 年第 3 期, 第 104~114 页。

[195] 郭烨、许陈生："双边高层会晤与中国在'一带一路'沿线国家的直接投资",《国际贸易问题》,

2016 年第 2 期，第 26～36 页。
[196] 贺灿飞：“经济转型与服务业跨国公司区位战略”，科学出版社，2012 年。
[197] 贺灿飞、陈颖："港澳地区对中国内地直接投资的区位选择及其空间扩散"，《地理科学》，1997 年第 3 期，第 193～200 页。
[198] 贺灿飞、傅蓉："外资银行在中国的区位选择"，《地理学报》，2009 年第 6 期，第 701～712 页。
[199] 贺灿飞、郭琪、邹沛思："基于关系视角的中国对外直接投资区位"，《世界地理研究》，2013 年第 4 期，第 1～12 页。
[200] 贺灿飞、李燕、尹薇："跨国零售企业在华区位研究——以沃尔玛和家乐福为例"，《世界地理研究》，2011 年第 1 期，第 12～26 页。
[201] 贺灿飞、潘峰华："溢出效应还是挤出效应——对北京市制造业外商直接投资的实证分析"，《中国软科学》，2006 年第 7 期，第 96～104 页。
[202] 贺灿飞、魏后凯："信息成本、集聚经济与中国外商投资区位"，《中国工业经济》，2001 年第 9 期，第 38～45 页。
[203] 贺灿飞、肖晓俊："跨国公司功能区位实证研究"，《地理学报》，2011 年第 12 期，第 1669～1681 页。
[204] 黄肖琦、柴敏："新经济地理学视角下的 FDI 区位选择——基于中国省际面板数据的实证分析"，《管理世界》，2006 年第 10 期，第 7～13 页。
[205] 季颖颖、郭琪、贺灿飞："外商直接投资技术溢出空间效应及其变化——基于中国地级市的实证研究"，《地理科学进展》，2014 年第 12 期，第 1614～1623 页。
[206] 江小涓："吸引外资对中国产业技术进步和研发能力提升的影响"，《国际经济评论》，2004 年第 2 期，第 13～18 页。
[207] 蒋殿春："跨国公司对我国企业研发能力的影响：一个模型分析"，《南开经济研究》，2004 年第 4 期，第 62～66 页。
[208] 金微微："零售业空间渗透、本地嵌入与结构矛盾——基于在华外资大型超市的分析"，《商业经济研究》，2017 年第 20 期，第 27～30 页。
[209] 卡斯特：《网络社会的崛起》，社会科学文献出版社，2003 年。
[210] 黎明、夏昕鸣、朱晟君等："中国对非直接投资时空演化及其影响因素"，《经济地理》，2017 年第 11 期，第 19～27 页。
[211] 李国平、杨开忠："外商对华直接投资的产业与空间转移特征及其机制研究"，《地理科学》，2000 年第 2 期，第 102～109 页。
[212] 李新春："直接投资的文化因素分析——上海与广东的比较"，《中山大学学报（社会科学版）》，1999 年第 5 期，第 106～113 页。
[213] 李小建："跨国公司对区域经济发展影响的理论研究"，《地理研究》，1997 年第 3 期，第 101～111 页。
[214] 李小建："香港对大陆投资的区位变化与公司空间行为"，《地理学报》，1996 年第 3 期，第 213～223 页。
[215] 李宇、郑吉、金雪婷等："'一带一路'投资环境综合评估及对策"，《中国科学院院刊》，2016 年第 6 期，第 671～677 页。
[216] 刘斌：《21 世纪跨国公司新论：行为、路径与影响力》，知识产权出版社，2016 年。
[217] 刘慧、綦建红："中国企业如何选择对外直接投资的延迟时间?——基于实物期权的视角"，《经

济评论》，2015 年第 4 期，第 109~121 页。
[218] 刘娟："跨国公司在东道国市场的'合法化'：研究述评与展望"，《外国经济与管理》，2016 年第 3 期，第 99~112 页。
[219] 刘维林、胡晓鹏："论跨国公司的就业效应"，《世界经济研究》，2005 年第 12 期，第 64~68 页。
[220] 刘卫东、张国钦、宋周莺："经济全球化背景下中国经济发展空间格局的演变趋势研究"，《地理科学》，2007 年第 5 期，第 609~616 页。
[221] 刘作丽、贺灿飞："在华外商直接投资区位研究述评"，《地理科学进展》，2009 年第 6 期，第 952~961 页。
[222] 刘作丽、贺灿飞："集聚经济、制度约束与汽车产业跨国公司在华功能区位"，《地理研究》，2011 年第 9 期，第 1606~1620 页。
[223] 刘作丽、贺灿飞、王俊松："市场、制度与中国房地产外资企业的区位选择"，《经济地理》，2009 年第 9 期，第 1512~1517 页。
[224] 鲁明泓："外国直接投资区域分布与中国投资环境评估"，《经济研究》，1997 年第 1 期，第 37~44 页。
[225] 鲁明泓："制度因素与国际直接投资区位分布：一项实证研究"，《经济研究》，1999 年第 7 期，第 57~66 页。
[226] 罗芊、贺灿飞、郭琪："基于地级市尺度的中国外资空间动态与本土产业演化"，《地理科学进展》，2016 年第 11 期，第 1369~1380 页。
[227] 孟庆民、李国平、杨开忠："新国际分工的动态：概念与机制"，《中国软科学》，2000 年第 9 期，第 112~116 页。
[228] 孟庆强："中国对'一带一路'沿线国家直接投资动机的实证研究"，《工业经济论坛》，2016 年第 2 期，第 136~144 页。
[229] 秦岩："跨国公司在华 R&D 机构功能演化机制研究"（博士论文），华东师范大学，2008 年。
[230] 邱晓明："外商直接投资的就业效应变迁分析"，《中国软科学》，2004 年第 3 期，第 55~58 页。
[231] 史忠良、柯维达等：《产业兴衰与转化规律》，经济管理出版社，2004 年。
[232] 王俊松、颜燕："在华跨国公司功能区位的时空演化研究"，《地理科学》，2016 年第 3 期，第 352~358 页。
[233] 魏后凯："欧美日韩在华制造业投资的区位决定"，《中国工业经济》，2000 年第 11 期，第 65~73 页。
[234] 魏后凯："外商直接投资对中国区域经济增长的影响"，《经济研究》，2002 年第 4 期，第 19~26 页。
[235] 魏后凯："加入 WTO 后中国外商投资区位变化及中西部地区吸引外资前景"，《管理世界》，2003 年第 7 期，第 67~75 页。
[236] 魏后凯、贺灿飞、王新："外商在华直接投资动机与区位因素分析——对秦皇岛市外商直接投资的实证研究"，《经济研究》，2001 年第 2 期，第 67~76 页。
[237] 奚君羊、刘卫江："外商直接投资的贸易效应实证分析"，《上海财经大学学报》，2001 年第 6 期，第 3~11 页。
[238] 杨全发、陈平："外商直接投资对中国出口贸易的作用分析"，《管理世界》，2005 年第 5 期，第 65~69 页。
[239] 杨亚平："FDI 技术行业内溢出还是行业间溢出——基于广东工业面板数据的经验分析"，《中

国工业经济》，2007 年第 11 期，第 73~79 页。

[240] 殷华方、鲁明泓："中国吸引外商直接投资政策有效性研究"，《管理世界》，2004 年第 1 期，第 39~45 页。

[241] 曾刚、林兰："跨国公司技术溢出与溢出地技术区位研究——以上海浦东新区为例"，《世界地理研究》，2007 年第 4 期，第 98~105 页。

[242] 曾国军："外商直接投资在华区位选择的影响因素研究"，《学术研究》，2005 年第 11 期，第 38~42 页。

[243] 詹晓宁、葛顺奇："出口竞争力与跨国公司 FDI 的作用"，《世界经济》，2002 年第 11 期，第 19~25 页。

[244] 张广兴："加入世贸组织与我国利用外资"，《国际经贸探索》，2001 年第 2 期，第 38~42 页。

[245] 张战仁、杜德斌："在华跨国公司研发投资集聚的空间溢出效应及区位决定因素——基于中国省市数据的空间计量经济研究"，《地理科学》，2010 年第 1 期，第 15~21 页。

[246] 张战仁、杜德斌、黄力韵："国际研发投资与我国城市经济发展的空间规律和关联分析"，《经济地理》，2010 年第 3 期，第 409~413 页。

[247] 郑德渊、李湛："R&D 的溢出效应研究"，《中国软科学》，2002 年第 9 期，第 77~81 页。

[248] 朱彦刚、贺灿飞："服务业外商直接投资研究综述"，《地理科学进展》，2012 年第 4 期，第 498~509 页。

第十七章　国际贸易与区域一体化

引　言

国际贸易作为经济全球化的加速器和重要成果，已经成为世界经济发展的主要推动力。2016 年，世界商品贸易出口总额为 15.46 万亿美元，占全球国内生产总值总量的 1/5。当年中国货物贸易进出口总值达到了 24.33 万亿人民币，是国内生产总值的 1/3。随着经济全球化发展，国际贸易规模不断扩张，贸易网络不断拓展，世界各个国家和地区的产品已经能够通过国际贸易进入千家万户。中国的孩子可以穿着越南生产的美国品牌球鞋，法国巴黎的餐厅后厨烹饪着最新鲜的阿根廷牛排，澳大利亚的家庭也点亮了源自北欧的灯具。国际贸易还提供了大量就业机会，改善了商品市场的供需关系，提升了全球福利水平，并成为在不同地理尺度上联系和分隔世界经济的纽带。

肇始于斯密，古典经济学就试图从理论上解释国际贸易，提出了绝对优势和比较优势理论。经过两百多年的发展，国际贸易理论从古典贸易理论发展为要素禀赋理论，进而到新贸易理论和"新"新贸易理论。在新的贸易理论不断涌现的同时，地理在贸易中的特殊角色也逐渐被发掘和重视，越来越多的经济学者和地理学者开始关注贸易地理，试图发掘贸易中的地理特征，并基于地理视角来解释贸易产生和发展的原因。

在国家间自由贸易和贸易保护的博弈之下，区域一体化成为很多国家和地区发展经济的最优选择，经济全球化伴随着区域一体化，共同推进世界经济快速发展，塑造当今世界经济地理格局。

第一节 国际贸易理论

一、古典贸易理论：从绝对优势到比较优势

国际贸易理论的渊源可以追溯到 15 世纪末的重商主义学说。重商主义是西欧封建制度向资本主义过渡时期的资产阶级早期经济思想的集中体现。早期重商主义以"货币差额论"为其主要思想，认为一国出口值超过进口值时，一国货币即失去平衡，应当采取国家干预政策控制商品进口，禁止货币输出以积累货币财富。重商主义晚期的观点是"贸易差额论"，认为所有购买都会减少货币，所有售卖都会增加货币。因此，一国在对外贸易中，必须坚持扩大出口、减少进口甚至不进口，这样才能使贵金属或者货币流入国内，增加一国财富。15 世纪至 17 世纪中叶，西欧封建社会开始没落，资本主义生产方式逐渐体现出其先进性，以货币关系为基础的商品经济飞速发展，商业活动范围随着地理大发现而不断扩展。

英国古典经济学家斯密于 1776 年出版《国富论》（全名为《国民财富的性质和原因的研究》）一书，提出了绝对优势理论（Smith，1776），并对自由贸易的合理性与可行性进行论证，被后人公认为自由贸易理论的先驱。斯密的贸易理论主要包括三方面的观点。①商品交换与分工。人类可以从商品交换中得到绝对利益，商品交换推动社会分工，进而促进劳动生产率的快速提升。②国际分工。斯密进一步把社会分工扩大到国际范围，认为国际分工应当建立在先天自然优势和后天技术优势之上。每个国家都有适宜于生产某些特定产品的绝对有利条件，国家间应按照这种生产条件进行专业化生产，彼此进行商品交换，这样可以最大化增加资源、资本和劳动的利用率，从而提高生产率，积累更多物质财富。③自由贸易。市场是一只"看不见的手"，能够支配生产和交换的全过程，实现利益最大化。相应地，斯密主张自由贸易主义，反对贸易保护。应该停征一切税，例如关税、消费税等，应该准许和一切国家通商和自由贸易。

绝对优势理论认为生产成本的绝对差别主导了国际分工和国际贸易，在当时具有先进性，但工业革命已不再能适应英国工业资产阶级最大限度地扩展市场的需要。一方面，工业革命解放了英国工业生产力，英国产生了进口原材料和出口制成品的巨大需求，成为名副其实的"世界工厂"；另一方面，以《谷物法》为代表的贸易保护法案损害了资产阶级的利益，在这种情况下，英国古典经济学家李嘉图的比较优势理论应运而生。

李嘉图在 1817 年出版了《政治经济学及赋税原理》，提出了比较优势理论。比较优势理论建立在劳动价值论的基础之上，生产商品所需的劳动力与劳动生产率有关。李嘉图认为，各个国家的劳动生产率是不同的，一国即使不能生产成本绝对低的产品，也能生产成本相对低的产品，并与其他国家进行交换；每个国家应集中力量生产那些有利程度较大或不利程度较小的产品，通过国际贸易进行商品交换，即国际贸易遵循"两利取其重，两害取其轻"的原则。

麦克杜格尔（MacDougall，1951）对比较优势理论进行了第一次实证检验。他基于 1937 年英美两国 25 个产业的生产率和出口发现，劳动生产率与出口之间有明显的正相关关系，国际贸易的基础是两国间不同产业劳动生产率的差异性。尽管比较优势理论被多次证明是正确的，但它不能解释劳动生产率和国家比较优势的差别，也不能解释国际贸易对生产要素获利的影响。在这两个问题上，赫克希尔—俄林模型给予了更清晰的解答。

二、新古典贸易理论：要素禀赋论

赫克希尔于 1919 年发表"对外贸易对国民收入的影响"，揭示了要素禀赋与国际贸易的关系。1933 年，赫克希尔的学生俄林出版《地区间贸易和国际贸易》，全面阐述了要素禀赋与国际贸易的关系，在 1977 年获得诺贝尔经济学奖。俄林提出，一个国家资源禀赋的相对丰裕程度决定了该国不同产品的生产成本。劳动并不是唯一的生产要素，资本、土地和其他生产要素都是重要的投入要素。不同商品生产需要不同的生产要素配置，各国生产要素禀赋不同，造成了生产成本的差异。因此，生产成本可以由劳动生产率差异决定，但更主要由生产中使用的要素比例和一个国家的要素禀赋决定。要素禀赋理论以多生产要素代替李嘉图的单一生产要素假设，解释力更强，该理论也被称为"赫克希尔—俄林理论（H-O 理论）。

H-O 理论的逻辑思路可以概括为：生产成本所决定的商品价格差异是国际贸易发生的直接原因，而要素价格差异决定了各国商品生产成本的差异；各地的要素禀赋不同，决定了各国要素价格的差异，所以，各地区的要素禀赋不同是地区间或国际间进行贸易的前提。因此，如果一个国家在本国充裕要素密集型的产品生产上具有比较优势，就应该集中生产本国充裕要素密集型的产品并出口，而进口本国稀缺要素密集型的产品。要素禀赋理论的假设条件主要包括：完全竞争市场、规模报酬不变、需求偏好相同、国家使用相同的技术、无运输成本、无贸易壁垒的限制、生产中投入资本和劳动两种生产要素，以及要素在国内可以自由流动但在国际间不能自由流动。

H-O 理论建立在比较优势基础之上，要素流动假设也与比较优势理论相一致。H-O 理论在两个方面发展了比较优势理论。首先，H-O 理论建立在多种生产要素投入的基础上，与现实更加接近；其次，H-O 理论假设各国生产同一产品的技术水平是相同的，强调生产成本的差异源自要素禀赋的差别，而比较优势理论建立在各国劳动生产率差异之上。在 H-O 理论之后，萨缪尔森、塔德乌什·罗伯津斯基（Tadeusz Rybczynski）等学者对 H-O 理论进行了拓展，提出了斯托帕—萨缪尔森定理、罗伯津斯基定理等延展理论，这些理论被统称为新古典国际贸易理论。

要素禀赋理论是国际贸易理论由古典向新古典发展的标志，其构建的 2×2×2 模型从一国的基本经济资源优势解释了国际贸易发生的原因。然而，要素禀赋理论也存在局限性，比如过分突出要素供给差异，单纯强调生产要素的供给，忽略需求对国际贸易的影响；假设条件过于苛刻；过于强调静态分析等，这些局限性很大程度上造成了其对现实的解释力下降，遭到了后来经济学家的挑战。

三、新贸易理论

1. 里昂惕夫之谜

H-O 理论的基本结论是，一个国家出口其使用本国相对丰裕生产要素的产品，进口本国相对稀缺生产要素生产的产品。1953 年，美国经济学家华西里·里昂惕夫（Wassily Leontief）以其首创的投入—产出方法对美国 1947 年 200 个行业的资本与劳动比例进行了研究。按照要素禀赋理论，美国作为资本雄厚和技术发达国家，应进口劳动密集型产品，出口资本技术密集型产品，但检验的结果却恰恰相反（Leontief, 1953）。无论是 1947 年还是 1951 年，美国进口商品的资本劳动比都高于出口商品的资本劳动比。由此，里昂惕夫指出："美国参与国际分工是建立在劳动密集型而非资本密集型生产专业化基础之上的。换言之，美国实际上是利用对外贸易来节约资本和安排剩余劳动力。"里昂惕夫得出的这个检验结果与 H-O 模型对美国贸易结构的预测截然相反，被称为"里昂惕夫之谜"。

针对里昂惕夫之谜，学术界提出了不同的理论解释，包括消费偏好、要素密集度逆转、公司海外返销、研究开发和技术差距等。而对要素禀赋理论的执念是里昂惕夫的检验结果如此令人震惊的根本原因。事实上，H-O 理论只能用来解释初级产品和部分工业产品的贸易，新产品和大部分差异化工业产品的贸易则需要其他理论来解释。

2. 技术差距论和产业生命周期理论

20 世纪 50 年代以来，随着科学技术和生产力不断发展以及国际政治经济形势趋于稳定，国际贸易规模越来越大，国际贸易商品结构和地区分布发生了很大变化，传统的国际贸易理论已难以给出有力解释。经济学家基于战后国际贸易的新趋势，寻找其他路径解释国际贸易，从修正要素禀赋理论的前提条件入手，提出新学说来解释当代国际贸易。贸易理论发展放松了包括技术水平相同、要素不能在国际间自由流动等假设条件，使得理论具有更强的现实解释力。迈克尔·波斯纳（Michael Posner）的技术差距论不再假设各国技术水平相同，并由此解释国际贸易产生的原因。弗农的产品生命周期理论考虑要素在国际间的流动，诠释了比较优势的动态演进，并一定程度上解释了国际投资流动。

技术差距论将技术看作一种生产要素，由于每个国家技术水平不同，技术领先的国家具有技术比较优势，从而出口技术密集型产品。随着技术逐渐被进口国模仿，比较优势消失，基于技术优势的贸易也随之结束。事实上，工业化国家工业品贸易大多以技术差距为基础。

技术差距产生到技术差距引起的国际贸易终止的间隔称为模仿滞后时期，全期又分为反应期和掌握期两个阶段。其中，反应期阶段初期为需求滞后阶段。反应期是技术创新国家开始生产新产品到技术模仿国模仿其技术开始生产新产品的时间。掌握期是其他国家开始生产新产品到其新产品进口为零的时间。需求滞后是指技术创新国开始生产新产品到开始出口新产品的时间（图17-1）。

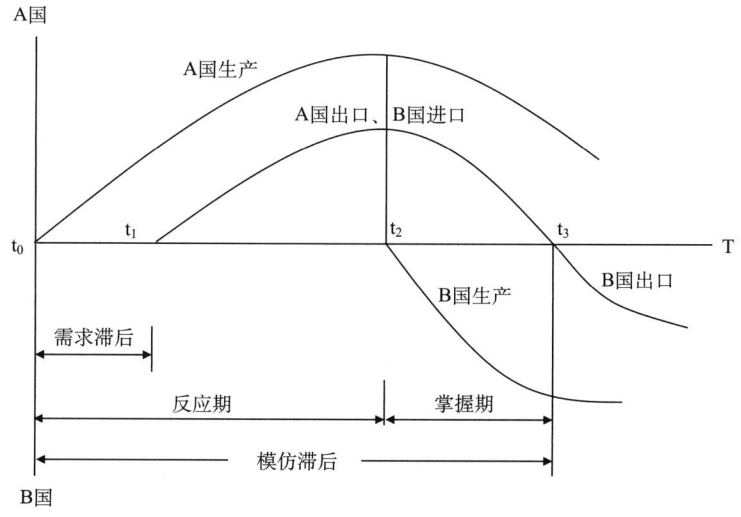

图17-1　技术差距论与国际贸易

产品生命周期是一种新产品从开始进入市场到被市场淘汰的整个过程，其在不同技术水平的国家间发生时间和过程不一样，期间存在一个较大的技术差距和时差。这一时差表现为不同国家在技术上的差距，反映了同一产品在不同国家市场上的竞争地位的差异，从而决定了国际贸易和国际投资的变化。产品生命周期一般可以分成五个阶段，即引入期、成长期、成熟期、衰退期和让与期（图 17-2）。作为工业制成品贸易的动态理论，产品生命周期理论对第二次世界大战后制成品贸易模式和国际直接投资提出了令人信服的解释。它考虑了生产要素密集性质的动态变化、贸易国比较优势的动态转移以及进口需求的动态变化，对落后国家利用直接投资和劳动成本优势发展制造业生产具有重要的指导意义。日本经济学家赤松要继而把这种比较优势在不同国家之间的变化概括为亚洲经济发展的"雁行模式"。

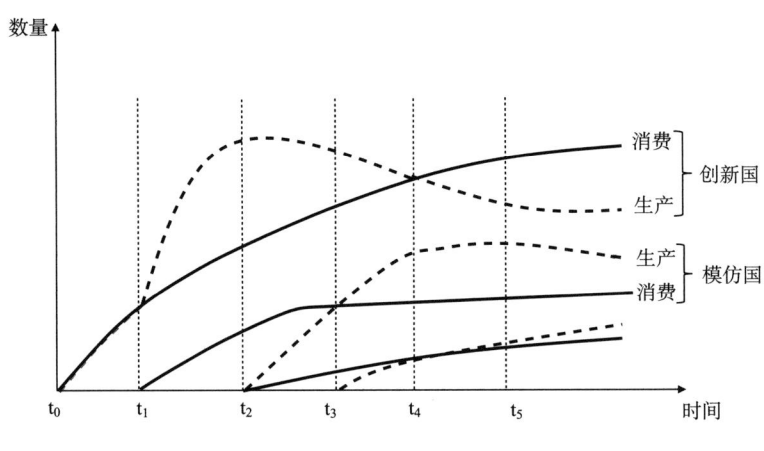

图 17-2　产业生命周期理论

3. 新贸易理论

20 世纪 50 年代以来，国际贸易在经济结构相似、技术水平接近的发达国家之间得到迅速发展，使发达国家之间的分工在国际分工格局中居于主导地位，改变了第二次世界大战前发达国家主要从事工业制成品生产，发展中国家主要从事初级产品生产的工业国与农业国之间的分工模式。同时，发达国家之间又出现了对于同类产品既出口又进口的现象。到 20 世纪 90 年代，产业内贸易已经占到了世界贸易的 60%，开始取代产业间贸易成为发达国家间国际贸易的主要利益来源。

以克鲁格曼为代表的一批经济学家进一步放松完全竞争市场和规模报酬不变的假定，采用垄断竞争、规模经济、产品差异等因素合理地解释了当今大量存在的产业内贸易现象。克鲁格曼等人吸取了传统贸易理论的合理因素，采用产业组织理论和市场结构理论对国际贸易新现象进行解释。新贸易理论的分析建立在三个与理想化的传统贸易理论完全不同的假设上，分别是：①以市场不完全竞争代替完全竞争市场；②以厂商生产的规模报酬递增代替规模报酬不变；③以产品差异性代替同质性。

在以上三个假设下构建新的贸易理论模型，引发了一场贸易理论的革命，并得到主流经济学界的普遍认同，被称为"新贸易理论"（Brander and Krugman，1983）。新贸易理论认为规模经济是国际贸易发生的基础，如果一个国家某产品生产规模足够大，就会降低平均成本，使该国获得比较优势从而出口这种产品。因此，即便在要素禀赋、技术条件和消费者需求等方面都无差别的两国之间，也会发生贸易。发达国家具有相似的市场需求，但消费者对产品种类的偏好是多样的。这一逻辑解释了发达国家之间的产业内贸易，同时也意味着新贸易理论更强调出口增长中产品种类的重要性。

四、"新"新贸易理论：企业异质性与产品内贸易

20世纪80年代以来，经济全球化深入推进。在经济全球化背景下，国际贸易迅速发展，形成了一个包含不同部门之间、同一部门不同产业之间、同一产业不同产品之间以及同一产品不同工序之间多层次国际贸易格局体系。其中，同一产品不同工序之间的价值链分工是国际分工深化的成果，跨国公司成为贸易主体。企业经营活动是一个创造价值的过程，可以分解为一系列互不相同但又互相关联的活动，如研发、采购、制造、分销、服务等，形成企业价值链。生产经营活动进一步专业化造成国际贸易从最终产品分工向价值链中不同活动之间的分工发展，遍布世界各地的各分支机构分别从事其中一项或几项活动。企业在很多方面都是异质的，因此，考虑企业异质性对于理解国际贸易至关重要。同一产业内部企业之间的差异可能比不同产业间的差异更加显著，而且并非所有企业都会出口。

梅兹（Melitz，2003）扩展了克鲁格曼（Krugman，1980）的贸易模型，将企业异质性引入理论模型，建立异质性企业模型，回答了在现实中存在的只有少数企业才能出口的现象，进而解释了零出口如何转变成出口的过程。新贸易理论的发展被称为"企业异质性贸易理论"，又被称为"'新'新贸易理论"（Baldwin，2005）。"新"新贸易理论将研究重点放在异质性企业上，考虑用企业异质性来解释更多新的企业层面的贸易现象和投资现象。

梅兹（Melitz，2003）发现，只有高效率的企业才能进入出口市场，低效率的企业只能供应国内市场。这是因为企业向目的国出口某种产品需要付出固定成本，该固定成本在企业进入目的国市场以后就变成了一种沉没成本。企业为了进入出口市场，必须达到能够承担这种沉没成本的门槛值，否则只能供应国内市场或者直接退出市场。

企业在国际化过程中面临着两个关键选择：其一，是否进入国际市场？其二，以何

种方式进入国际市场？现有理论无法解释企业边界内的海外生产，而不是通过常见的市场交易、分包或许可的形式进行海外生产。"新"新贸易理论的企业内生边界模型从单个企业组织选择问题入手，将国际贸易理论和企业理论结合起来。安特拉斯（Antras，2003）探讨了企业异质性对企业边界、外包以及内包战略选择的影响，为研究企业全球化和产业组织提供了全新视角。企业内生边界模型考虑南北两国贸易，并假定企业会选择不同组织形式、不同产权结构和不同生产地，这些差异反映了企业异质性。生产率差异影响了企业进入国际市场的决策。对于北国企业来说，高生产率的企业选择在南国生产中间产品，而低生产率企业只能在本国生产产品。对一国内部企业的组织形式选择上，低生产率企业倾向于外包，高生产率企业则倾向于垂直一体化。而对于跨国外包地选择上，低生产率企业选择本国，高生产率企业则选择外国。行业特征依赖于生产率分散程度，生产率越分散，越依赖进口中间产品，并且行业内部服务密集程度越高，行业越倾向于一体化（Antras，2003；Antras and Helpman，2004）。

"新"新贸易理论虽然放弃了企业同质性假设，但仍然假定企业只出口一种产品。在现实中，国家贸易中的多产品企业广泛存在。伯纳德等（Bernard et al.，2007）发现多产品企业在美国制造业出口企业中占 57.8%，其出口额占制造业总出口额的 99.6%。伯松和丰塔涅（Berthou and Fontagné，2013）发现 1998 年法国多产品企业占所有出口企业的 70%。阿科拉基斯和穆恩德勒（Arkolakis and Muendler，2010）、伯纳德等（Bernard et al.，2011）、迈耶等（Mayer et al.，2014）等在企业异质性贸易理论基础上对多产品企业假定的贸易理论模型做出了开创性研究。他们不仅关注了企业异质性，而且考虑企业内产品异质性，同时考虑不同目的国对特定产品的偏好或在目的国—产品层面具有差异的固定进入成本。高效率企业因为利润较高而有能力支付沉没成本，可以出口更多种类的产品到更多目的国市场；中等效率的企业因为只能负担国内市场固定成本而服务国内市场，效率最低的企业因付不起国内市场进入成本而退出市场。不同目的国对特定产品的偏好决定了企业内产品间的自我选择，企业会选择目的国市场偏好程度高的产品进行出口，而将偏好程度低的产品供应国内。即使出口更多种类的产品存在额外成本，大企业仍然选择进行出口扩展，这是因为范围经济的存在，即进入出口市场的固定成本可以被多种产品分摊。企业出口多样化会降低风险，避免单一产品出口增长所带来的竞争效应。企业多产品假定使企业维度的生产率扩展到企业—产品—目的国市场维度的生产率，即企业内每个产品出口到每个国家的成本以及所获得的利润都不同。因此，市场均衡的结果也从企业维度的简单均衡扩展到企业—产品—目的国市场层面的均衡。也就是说，模型的均衡最终以不同企业出口不同产品到不同国家而告终。

表 17-1　不同国际贸易理论的比较

	传统贸易理论	新贸易理论	"新"新贸易理论
基本假设	同质企业、同质产品、完全竞争市场、规模报酬不变	同质企业、产品差异化、不完全竞争市场、规模报酬递增	企业异质性、产品差异、不完全竞争市场、规模报酬递增
主要结论	按照比较优势和资源禀赋差异进行贸易；解释了产业间贸易	市场结构差异和规模经济存在以及产品差异化扩大了贸易；解释了产业间贸易	企业的异质性导致企业的不同贸易决策；解释公司内贸易和产业间贸易，也解释了产品间贸易

第二节　国际贸易地理研究

一、传统贸易地理

传统的贸易地理研究以世界各国生产力布局和经济发展为基础，通过对世界主要国家自然资源、经济结构和技术水平、工农业部门的生产和分布特点的分析，研究国际贸易商品流通的区域结构和区域差异。贸易地理学的理论基础包括国际分工理论、国际市场理论和区位论等。

国际贸易与地理因素有着千丝万缕的联系。国际贸易历史可以追溯到奴隶社会兴起之初。由于生产力进步，出现了阶级和私有制，随着商品经济的发展以及货币和商人的出现、国家的形成，最初的物品交换逐渐发展成了国家、地区之间的贸易。在国际贸易萌芽阶段，以奴隶和奢侈品为主要商品的贸易模式使得军事、科技与交通优势主导了贸易格局，而这些优势很大程度上依赖地理上的先天优势，平原和临海地区成为贸易的中心。

运输费用在国际贸易的成本结构中一直占据相当比重。海洋运输相对于陆路、航空等其他运输方式而言，具有运量大、运费低的优势，因而临海成为发展贸易，尤其是国际贸易的最主要自然条件。近代以来，海洋资源和海运条件成为主导世界经济走向的重要自然禀赋。位于美洲大陆的美国具有得天独厚的地理优势，濒临大西洋和太平洋，狭长的海岸线带来了巨大的贸易优势。同时，美国 2/3 的土地属于平原和丘陵，为农业快速发展创造了条件；且长期的和平与稳定也保证了经济的顺利发展。同样，日本也具有优越的地理位置，丰富的海洋资源和便利的海运条件弥补了陆地资源的匮乏，使其能够迅速崛起成为世界经济强国。从一国内部看，经济中心和城市群的形成也与通达的地理位置与稳定的地理环境有关，如位于长江入海口的上海、处于墨累—达令河冲积平原的澳大利亚悉尼、地处哈德逊河出海口的美国纽约、位于莱茵河三角洲地区的阿姆斯特丹等城市，它们都具备优良的国际航运基础、平坦的地形及广阔的腹地（于志达，2010）。

随着生产力的提高和科学技术的进步，越来越多的内陆地区成为经济发展的"异常点"，如美国硅谷、德国法兰克福，这些地区虽然地处内陆，但在互联网和信息产业、航空产业等行业的带动下成为新的经济和贸易中心。不仅如此，第三次产业革命使得亚太各国经济快速崛起，国际贸易格局也不再以欧美地区为中心，而是呈现出了多极化的发展趋势。

在这样的背景下，各国在国际贸易中所处的地位和发挥的作用因为其不同的自然禀赋与社会文化背景而各有差异。研究这种差异的形成、发展和变化是贸易地理最根本的学科任务。传统贸易地理的主要研究领域包括两个方面。

（1）以世界各国和地区的生产力与经济发展水平为基础，研究国际贸易商品流通的区域结构和区域差异。

（2）以国际贸易中重要的原材料及加工产品的产销联系为对象，研究如粮食、主要经济作物、石油、煤炭、重要矿产及尖端技术、高加工度商品的生产、运输、贸易和消费形成的空间流动。由于运输是国际贸易的媒介，对世界航线、港口、商船、铁路干线、航空运输的研究是国际贸易地理研究的组成部分之一。自由港、自由贸易区、出口工业加工区、自由边境区、过境区和保税仓库区等各种形式的经济特区是促进国际贸易的特殊形式，研究其作用、产生的条件、类型及布局，亦为国际贸易地理的重要内容（黄森才，2012）。

二、地理与贸易

无论是自然地理还是人文地理特征，都在很大程度上影响了全球范围内的产业结构、国际贸易和直接投资，进而决定世界贸易格局变化（Bagchi-Sen and Wheeler，1989；贺灿飞和梁进社，1999；Overman et al.，2001）。19世纪末20世纪初，关注国际贸易和商品交易的商业地理学成为红极一时的贸易理论经典（Chisholm，1889；Smith，1913）。尽管自此之后地理学者对贸易研究的兴趣不复往日（Grant，1994），但关注贸易区位、跨国企业、政府行为、边界效应、区域一体化等主题的经济地理研究却从未停止（Dicken，2004；Venables，2005；Martin，2010；Rodríguez-Pose，2012；Baldwin et al.，2012；Sheppard，2012；Dunford et al.，2014；Berndt，2017；Kashiha et al.，2017）。

20世纪80年代以来，麦康奈尔（McConnell，1986）和格兰特（Grant，1994）等尝试对贸易地理的研究范围和理论框架进行概括，倡导地理学者参与全球贸易和区域发展讨论。同时，国际贸易学者将区位选择纳入一般贸易模型（Krugman，1991），并试图通过引入地理因素，如邻近性和连续性来解释国际贸易（Frankel，1991；Schott，1991；Poon，1997）。这为学科之间的对话提供了机会，也进一步明确了地理学者参与国际贸易讨论的独特视角和其理论体系的作用。

引力模型被经济学和地理学广泛用于国际贸易研究，用来探讨地理距离对国际贸易的影响。社会物理学最初将万有引力原理应用到国家、地区或城市之间人口迁移的研究（Ravenstaein，1885），发现规模越大的地区会吸引更多的人口，地区之间距离越近则人口迁移越明显。廷伯根（Tinbergen，1962）首次将引力模型引入到国际贸易研究中。随后一些学者对贸易引力模型的理论基础进行了完善和改进（Andersen，1979；Bergstrand，1985；Hummels and Klenow，2005）。典型的贸易引力模型如下：

$$\mathrm{E}(x_{ij}) = A_i^X A_j^M D_{ij}^{-\theta} \exp(\lambda L_{ij})$$

其中：i、j 表示参与贸易的两个国家；$\mathrm{E}(x_{ij})$ 代表对 i 国与 j 国双边贸易流量的预测值；A_i^X 和 A_j^M 代表贸易双方的经济变量指数；$D_{ij}^{-\theta}$ 代表双边地理距离；θ 是地理距离对贸易流量的弹性系数，代表了地理距离对贸易流量的阻滞效应；L_{ij} 代表贸易双方的其他变量，例如贸易双方是否陆地接壤、是否讲共同语言等；λ 是变量 L_{ij} 的系数向量。

一般认为，地理距离会阻碍国际贸易的发生。迪迪埃和黑德（Disdier and Head，2008）对相关文献中涉及1 467个距离弹性的103篇实证研究论文进行了分析，发现90%的地理距离对国际贸易流量的弹性系数介于0.28~1.55，10%的距离增长会阻滞9%的双边贸易。研究也发现，随着交通成本下降和经济一体化发展，地理距离对国际贸易形成的阻碍作用会减小（Cairncross，1997）。研究发现，在国际贸易关系中，地理因素影响了国际贸易流量，并且存在复杂影响机制（Dicken，2004；Novy，2006；Findlay and O'Rourke，2009；Disdier and Head，2008）。

国际贸易中存在显著的国家边界效应，经济学者和地理学者在这一领域做了大量探索。麦卡勒姆（McCallum，1995）考察了美国—加拿大自由贸易协定签订前（1988年）和签订后（1993年）加拿大省际贸易以及各省与美国各州的贸易情况，发现1988年加拿大的省际贸易是各省与美国各州贸易的22倍，而到了1993年，这个差距仍然达到15.7倍，这意味着强烈的国家边界效应。国际贸易中国家边界的阻滞作用被学术界称为"边界之谜"（Border Puzzle）。基于与麦卡勒姆（McCallum，1995）相同的数据和估计模型，安德森等（Anderson et al.，1999）发现加拿大境内不同省份的国家边界效应程度不尽相同。他们提出，区域特征和区域差异是理解国家边界效应的重要因素，出口贸易和进口贸易具有不尽相同的边界效应。娜塔莉·陈（Chen，2004）对欧洲内部的跨境贸易与境内贸易进行了对比研究，发现国家之间的技术壁垒、产品特性、企业生产区位等影响国家边界效应。吉尔-帕雷亚等（Gil-Pareja et al.，2005，2006）基于西班牙数据发现了边界效应的存在，国家内部区际贸易密度明显更高。此外，在一些国家内部也存在显著的边界效应。例如，沃尔夫（Wolf，2000）发现，在控制了经济规模、距离和其他影响因素的情况下，美国各州内部贸易明显大于美国州际贸易。

随着相关研究的深入，地理因素背后涵盖的制度和文化因素在国际贸易中的深远影响也被不断发掘出来。地方政府在贸易关系中的角色日益得到学界的重视，一些研究强调地方政策环境和不完全竞争市场下的贸易模式，并分析政府和国际贸易的关系。在这些研究中，对传统的土地、劳动和资本等要素禀赋的解读被进一步下沉为对地方政府与制度的理解。例如，迪肯（Dicken，1992a，1992b）提出，跨国公司试图利用国家监管制度的差异来建立全球竞争优势，并且在这种制度和公司的联系中，存在着双向关系，即跨国公司在响应监管层面制度变化的同时，政府也针对跨国公司的战略做出响应。一般认为，文化因素可以通过降低贸易成本，促进国际贸易，共同文化背景能够降低交流成本和信息成本，更容易产生信任，从而降低契约执行和安全性成本（施炳展，2016）。一些实证研究发现，具有移民网络、语言、宗教等认同确实有助于提升国际贸易水平（Rauch and Trindade，2002；Melitz，2003；Hellmanzik and Schmitz，2015）。

在关于战后国际贸易快速增长的讨论中，空间和区域等概念被地理学者广泛用于解释战后国际贸易格局的巨大变化（Martin，2010）。吉布和米查拉克（Gibb and Michalak，1996）以及米查拉克和吉布（Michalak and Gibb，1997）认为，后福特主义的柔性分工和全球分工使得全球资本的地域特征更加显著。国家产业地理集中化和区域一体化发展导致生产和劳动分工的空间特征发生变化，加之区域生产专业化的深化，对国际贸易产生了深远影响。

然而，随着跨国公司的出现以及生产组织的信息化和网络化，新型贸易方式不断出现，地理距离的作用似乎被削弱了，甚至出现了所谓"边界弱化"和"地理消亡"的论调（O'Brien，1992；Graham，1998；Greig，2002；Bethlehem，2014）。施炳展（2008）发现，1995~2006年，地理距离对中国对外贸易流量的弹性系数为0.276，且这一弹性系数呈现下降趋势。但也有学者认为，在国际贸易流量增加和区域贸易集团同步增长这一看似矛盾的国际贸易背景之下，地理的重要性更加凸显（Poon，1997；Martin，2010）。例如，被视作国际贸易三大中心的美国、德国和日本以及围绕它们形成的国际贸易集团的空间特征是经济地理学者关心的热点问题（O'Loughlin and Anselin，1996；Poon，1997；

Dicken,2004；Shin,2002）。布卢姆和戈德法布（Blum and Goldfarb,2006）对网络消费的数字产品进行了研究，发现地理距离对贸易流量的弹性是1.1，甚至高于地理距离对贸易流量的平均弹性水平。

三、贸易的地理研究

以经济地理学者为主力的贸易地理在其发展过程中与时俱进、兼容并包，形成了独具特色的理论框架（McConnell,1986；Grant,1994；Martin,2010）。麦康奈尔（McConnell,1986）提出，贸易地理应该是涵盖贸易流向、区位特征、文化传播、交通运输、政策制定、商业活动等元素的复杂科学。格兰特（Grant,1994）着重从政府和制度、产业和跨国企业两个视角来构建贸易地理研究框架。马丁（Martin,2010）则主要分析了经济学者和地理学者共同关注的贸易理论、边界和区域等问题，并提出地理学对于了解国际关系仍然重要。总体而言，贸易地理同时强调地理和贸易关系，主流研究方向包括贸易格局、全球化、地方发展、关系和网络等。

1. 国际贸易格局

贸易格局是贸易地理在国际贸易研究中一个十分重要的贡献。这些研究分析国际贸易模式变化和贸易流变迁，讨论影响国际贸易演变的决定因素，诸如地理距离、制度、文化和语言差异等因素的相对重要性。国际贸易关系形成于充满国际谈判、制度结构和政治联盟等复杂政治元素的舞台，因而不可避免地与制度变化产生相互影响（North,1990）。地理位置邻近的地区往往共享类似的语言和文化，沟通成本较低，利于创造人际关系和商业信任，便于发展国际贸易（Grant,1994）。基于时间序列数据探索国际贸易流的结构变化，有助于分析国际环境中特定事件对国际贸易的影响（McConnell,1986）。一些学者研究了贸易格局变化对地区发展的影响，包括对对外贸易和吸引投资的影响（Loeve et al.,1985）。

对国际贸易流分析是贸易地理研究的一个重要主题。这些研究通常聚焦国际贸易中的商品流动，旨在描绘全球贸易分布，分析贸易流向和流量的影响因素（McConnell,1986）。佩谢尔和埃默里（Peschel and Emery,1981）研究了德国与其贸易国之间的实际距离对贸易流的作用，发现除地理距离外，政治和历史关系以及文化和语言认同也会影响贸易流的空间结构。同样，斯蒂德（Steed,1981）对国际服装贸易的研究也得到了类似的结论。赖芬施泰因等（Reiffenstein et al.,2002）将贸易概念化为经济、政治和文化的复合进程，研究了不列颠哥伦比亚与日本之间的预制房屋贸易，发现出口不仅与市场需求相关，文化交流也起到决定性作用。潘图鲁和潘（Pantulu and Poon,2003）分析了

1996～1999年日本与美国对其他国家的对外投资情况，发现对外投资推动了国际贸易。

在更宏观尺度上，快速发展的区域间贸易也很大程度上改变了当今世界的贸易格局（Helpman，1999）。区域贸易集团通过规模经济和高生产率提高竞争优势，通过不断加深区域政治与经济合作，最终形成更高程度的一体化。区域贸易集团通过贸易转移影响了国际贸易格局，成员国从其他成员国进口商品，提高了区域内贸易水平。区域间贸易研究证实了空间邻近度、距离与国际贸易联系的高度相关性（Poon，1997）。区域集团的区域内贸易非常活跃，其中一些著名集团包括欧盟（EU）、南方共同市场（MERCOSUR）、东盟自由贸易区以及北美自由贸易协定（NAFTA）等。事实上，区域内贸易增长通常高于全球国际贸易增长（Frankel et al.，1997）。潘（Poon，1997）还发现跨国公司等促进了全球联系深化，带来了国际贸易的飞速发展，与此同时，国际贸易流越来越地理集中。阿查里亚（Acharya，2011）研究了全球19个区域一体化组织内贸易，发现加勒比共同体（CARICOM）、东非和南非共同市场（COMESA）、南部非洲发展共同体（SADC）及中欧自由贸易区（CEFTA）存在明显贸易转移效应。德本尼迪克蒂斯和塔托利（De Benedictis and Tajoli，2011）研究了世界贸易网络，发现区域内部贸易流密度高于世界均值，同一区域国家间贸易比其同其他大洲国家的贸易更多。

2. 全球化和地方

交通与通信技术快速发展降低了不同主体空间联系的时间成本，拓展了空间联系范围（Harvey，1990），重塑了全球生产、国际关系、文化交流、知识传播等过程的空间结构（MacLeod，2001）。同时，这些参与主体呈现出鲜明的多元化特征（Kettl，2000；Sassen，2003）。以跨国公司为代表的全球化力量成为国际贸易中不可或缺的参与者。跨国公司独特的部门和业务结构设计可以结合地域多样性，灵活考虑生产和销售的范围，以减少诸如贸易政策变更等不利事件的影响；同时，基于产业内贸易和地区专业化布局的跨国公司对国际贸易模式产生了深远的影响，因而对跨国公司的理解也是国际贸易地理研究的核心（Evans，1997；Kettl，2000；Sassen，2003；Mathews，2006）。

在这种全球化的背景之下，贸易地理研究对象被置身于一个更为广阔的空间与更为复杂的联系之中。汉密尔顿（Hamilton，1981）总结了影响全球贸易结构的三大力量：①日益国际化的工业生产；②运输、通信和制造技术创新；③世界政治经济结构的变化。林厄和汉密尔顿（Linge and Hamilton，1981）进一步强调了全球工业生产格局调整与传统国际分工的颠覆对商品和资本的国际流动产生的重大影响。地理学者鲜明反对"地理终结"的论调（O'Brien，1992；Graham，1998），指出全球化不仅代表跨国联系的强化，同时还推动代表异质性的地方力量崛起和国家力量变革。

自20世纪70年代开始，地理学者开始关注在区域发展过程中来自区域外部的力量，包括外资和外贸等（Dicken，1976）。对外贸易是国内经济和产业格局变化的重要推动力。通过对外贸易实现经济增长是近现代许多国家走向强盛的主要途径。从地理大发现的西班牙和葡萄牙，到工业革命时期的英国，再到"二战"后依靠出口导向经济崛起的日本和"亚洲四小龙"，都是依靠国际贸易创造经济奇迹的典范。对于发展中国家而言，国际贸易不仅能够快速积累财富，创造工作机会；同时，"干中学"与知识溢出等机制也能够帮助国家和地区提升生产效率、改进科技水平，对提升国际地位和实现长远发展有着重要作用。在国际贸易成为一国经济增长驱动力的同时，其对国内的经济地理也产生了深刻且复杂的影响。汉森（Hanson，1998）发现美国和墨西哥的贸易削弱了墨西哥城的经济中心地位，而使得边界地区的城镇获得了长足发展。法尔切奥奥卢和阿克恩古尔（Falcıoğlu and Akgüngör，2006）也发现欧盟提高了区域贸易自由化程度，极大地影响了土耳其内部产业区位模式。国际贸易不仅影响国内产业的空间分布，还会对国内地区间收入差距造成影响，甚至会作用到国内的政策和政治格局（孙哲和刘建华，2007）。

20 世纪 80 年代以来，国际贸易格局所呈现的全球范围内流量增加和区域贸易集团快速增长，使得关注地方联系和区位特征的经济地理学愈发凸显其重要性。随着全球化进程的不断推进，以跨国公司为载体的要素流动更多表现为地方之间的直接联系（Murray and Overton，2014）。在这种背景之下，贸易地理研究呈现出鲜明的地方化特色，形成了"全球—地方"联系的理论研究范式，对于理解在全球贸易中的地方发展以及区域差异和不均衡现象具有重要意义（Yeung，2009；Wei，1996）。

3. 空间结构和全球网络

贸易地理研究的另一个极具地理特色的理论贡献是将国际贸易分解成由节点、链接和流等元素构成的空间结构。一个基本的范式是，国际贸易中卖方和买方被定义为起点和终点，中间节点则为中间买卖方，链接和流代表了节点之间的传输，第三组要素是被交易的商品或服务，第四组要素是时间和空间层面的国家和全球环境。这四组要素共同描述了全球贸易体系的基本结构。基于这种结构，地理学者眼中的贸易地理意味着交易主体间的互动，意味着贸易分布和产业区位，甚至知识、文化、管理和价值观等的传播（McConnell，1986）。地理学者以重要的地方为节点，以关系为纽带，构建网络化的尺度体系，提供了理解全球经济发展的全新视角（Kelly，1999；Marston，2000；Yeung，2000；Amin，2002；Jessop et al.，2008）。不仅如此，空间结构认识也是贸易地理之后出现的网络化方法的理论基础之一。

基于网络方法研究国际贸易地理是近年的热点方向。南北国家甚至南南国家间贸易的兴起，强化了政治、制度、文化、关系等要素对于理解贸易格局的重要性。贸易不再仅仅是经济活动，而是一个包含经济、政治和文化的复合过程（Reiffenstein et al.，2002）。

网络成为地理学者对制度、关系、国家等要素进行整合分析的重要手段（Hughes et al.，2000）。洛维特等（Lovett et al.，1999）在 20 世纪 90 年代就提出，"关系"网络对中国未来在世界的经济活动至关重要。布鲁克斯（Brooks，2013）运用网络化方法，分析了企业、个体、慈善团体之间的不同权力关系，揭示了低价值商品如何通过"北—南"国家之间的出口贸易逐步增值。休斯等（Hughes et al.，2000）针对肯尼亚鲜花生产商和英国零售商的研究亦指出，网络方法能够有效将跨国贸易过程中相互独立的关系进行有机联系，从而较好地揭示英国零售商在国际贸易过程中影响肯尼亚鲜花市场能力的来源。朱和皮克尔斯（Zhu and Pickles，2014）分析了中国服装产业网络的经济活动组织和区位变化，并揭示了中央和地方政府、国内和国际资本、区域竞争以及劳动力等因素对服装业区位的配置。

跨国公司全球组织生产的进程和区域贸易集团的涌现，使得新型国际劳动分工理论等传统全球生产组织理论难以满足现实需求。一些学者将产业经济、经济地理、社会学等相关学科概念和框架与国际劳动分工的演变形态及组织机制整合，衍生出了价值链、全球价值链（GVC）和全球商品链（GCC）等概念。以亨德森等（Henderson et al.，2002）、迪肯（Dicken，2003）、科等（Coe et al.，2004）、杨伟聪（Yeung，2009）为代表的经济地理学者，在批判吸收全球价值链和全球商品链概念的基础上，提出了全球生产网络（GPN）的分析范式，成为经济地理领域适用于全球化、国际贸易和区域发展问题的代表性分析框架。GPN 关注价值如何被创造、提高和捕获，以及行动者如何嵌入地方并与地方耦合，明确体现了其对制度背景和政策行动的重视，强调了地区之间的相互依赖性。"全球—地方"联系和地方与生产网络的再耦合及退耦合，是地方与全球经济建立联系的重要机制（Kelly，2009；Yang and Coe，2009；MacKinnon，2012）。学者们对 GPN 理论框架的不断丰富和拓展，使之更加适用于剖析多层次、多尺度、多样化和复杂化的全球经济景观（Dicken，2005；Brunner，2009；Krapohl and Fink，2013；Bank，2014）。

与传统国际贸易研究不同，地理学更善于探索世界贸易的空间分布和空间结构。经济学往往致力于探究国际贸易流动，包括跨国贸易、区域贸易集团、区域贸易协定及多个贸易集团之间的决定因素（Frankel et al.，1997），而地理学则关注国际贸易中的地理格局。地理学者长于理解贸易流的空间分异，并在全球化和区域一体化的经济背景下强调地方在国际贸易中的重要性（Dicken，2004）。但同时迪肯（Dicken，2004）也提出，与社会科学等其他学科相比，地理学对全球化的探究相对较少。他认为全球化包括国际贸易的空间分布，这本应是地理学者一直以来的关注视角，但实际上地理学却很少参与全球化的讨论。

地理思维和地理分析视角对于研究国际贸易至关重要。由于国际贸易本身涵盖了社会科学的方方面面，因而深化贸易理论和贸易实践的认识离不开学科间的协作。地理视角对贸易的研究不仅仅是对于贸易现有理论体系的补充和验证，更以强调空间、边界的学科特色和网络化、多主体的分析范式成为贸易研究中独树一帜的理论力量，对于加深我们对贸易实践的认识，提高对整个贸易系统的普遍认识具有重要作用。

第三节　区域一体化

一、区域一体化的概念与类型

区域一体化是 20 世纪 90 年代以来最具活力的国际经济现象，与经济全球化共同推进世界经济快速发展，塑造了当今世界的经济地理格局。一般认为，诺贝尔经济学奖获得者、荷兰经济学家廷伯根最早在其著作《国际经济一体化》中提出区域一体化的概念。他认为区域一体化是通过国家或区域之间相互协作，将阻碍贸易活动有效进行的因素加以弱化或消除，以创造最优的国际经济结构的过程。区域一体化是"过程"与"状态"并存的概念，既是指采取旨在消除区域内各国差别待遇措施的过程，又是上述差别待遇消失的一种状态（Balassa，1961）。学界对区域一体化的定义并不统一，不同学科之间对一体化的定义各有侧重。

根据巴拉萨（Balassa，1961）和帕纳加里亚（Panagariya，1999b）的观点，区域一体化存在五种形式，根据一体化程度由低到高分别是：优惠贸易安排（PTA）、自由贸易区（FTA）、关税同盟（CU）、共同市场（CM）和经济联盟（EU）。

优惠贸易安排是经济一体化最低级和最松散的一种形式，商品流动的障碍并没有完全消除。最典型的例子是英国与其自治领成员加拿大、澳大利亚等国在 1932 年建立的英联邦特惠制。另外一个案例是印度尼西亚、马来西亚、菲律宾、新加坡和泰国等东盟成员从 1977 年起在成员国间实施的特惠贸易安排协议。

自由贸易区是指由签订自由贸易协定的两个或两个以上的国家或地区组成的贸易区域。在自由贸易区内，各成员国通过逐渐减免直至废除关税与进口数量限制，使区域内各成员国商品可以完全自由流动，但同时又保留了成员国各自独立的对外贸易关税结构和其他贸易保护措施，以防止某些非成员国通过贸易壁垒较低的成员国进入区域内，以逃避壁垒较高成员国贸易限制的经济活动。

关税同盟指由两个或两个以上国家通过签订协定的形式取消区域内关税或其他贸易壁垒，并对非成员实行统一的关税税率而缔结的贸易同盟。相关国家结盟的目的在于，使成员国的商品在统一关税及其他贸易壁垒保护下的市场上处于有利的竞争地位，排除非同盟国商品的竞争。相较于自由贸易区，关税同盟将经济一体化向前推进了一步，不仅消除了区域内部贸易壁垒，而且每个成员都需要调整各自的关税和配额制度，建立起统一的对外贸易壁垒。

共同市场是指成员国之间不仅完全废除关税与进口数量限制，还建立起对非成员国的统一关税，以及允许劳动力、资本等生产要素在成员国之间自由流动。

经济同盟是一种较高层次的区域一体化组织形式，成员间在实行关税、贸易和市场一体化的基础上，还要进一步协调彼此间的经济政策和社会政策，使一体化程度从商品交换扩展到生产、分配乃至整个国民经济，并拥有一个制定和执行上述政策的超国家机构。

区域一体化的最高级形式是完全经济一体化。完全经济一体化的成员国在经济、金融、财政等政策上完全统一。各成员国完全取消在商品、资金、劳动力流动及服务贸易等方面的各种障碍，并进而在政治、经济上结成更紧密的联盟，建立起统一的对外政治、外交和防务政策及经济政策，设立统一的金融管理与调节机构，发行统一的货币（表17-2）。

表17-2 同类型区域一体化的特征

合作特征	优惠贸易安排	自由贸易区	关税同盟	共同市场	经济联盟	完全的经济一体化
全部取消关税	否	是	是	是	是	是
设立共同壁垒	否	否	是	是	是	是
不限制要素流动	否	否	否	是	是	是
统一经济政策	否	否	否	否	是	是
统一政治政策	否	否	否	否	否	是

二、经济全球化和区域一体化

区域一体化蓬勃发展使得区域一体化和经济全球化之间的关系备受关注。一方面，区域一体化组织形成了贸易保护的区域集团，违背了全球自由贸易的原则，阻碍了经济全球化；另一方面，区域一体化内涵的深化则呈现出区域一体化向全球化过渡的趋势，促进经济全球化。

区域一体化在于提高区域福利，提升成员国的合作与协调，通过建立区域性对外经贸合作壁垒以达到局部最优。因而，区域一体化是歧视性、排他性的制度安排，成员国之间的优惠不适用于区域外部国家。贸易协定和关税同盟等一体化形式产生的贸易转移效应使得国际分工关系发生扭曲，商品生产和销售效率下降，这与 WTO 所倡导的自由贸易原则相矛盾。巴格瓦蒂（Bhagwati，1993）发现，区域一体化实践并不能体现其理论模型中的福利促进，经济全球化更能有效推进全球经济发展。克利须那（Krishna，1998）发现区域贸易自由化损害了多边贸易合作，贸易转移带给成员国的福利效应越大，区域一体化就越有可能阻碍多边贸易自由化。许多区域一体化组织通过强化非关税壁垒来维护其成员国利益，削弱了多边自由贸易倡导的关税减让所带来的积极效果。甚至在区域一体化内部，贫富差距也在不断加大（Koffs，2008）。

研究发现，区域一体化在要素流动的跨国配置等很多方面表现出了与全球化高度一致性，加速了经济全球化发展步伐。克鲁格曼（Krugman，1994）认为区域一体化带来的生产转移效应和投资转移效应尽管会对部分国家或组织产生负面影响，但是总体来说，世界福利水平得到了提高。艾肯格林和弗兰克尔（Eichengreen and Frankel，1995）对 20 世纪 30 年代和 90 年代的区域一体化与经济全球化的关系进行了分析，发现在 20 世纪 30 年代，区域一体化是对多边贸易的一种尝试；而在 20 世纪 90 年代，区域一体化则成了一种克服多边贸易阻力的手段。萨扎纳米（Sazanami，1997）研究日本跨国公司在亚太地区的发展策略时指出，区域一体化与经济全球化是相同的经济动力导致的结果。WTO（1995）在关于区域一体化发展和世界贸易的报告中，也认为没有证据表明区域一体化组织或区域贸易协定会对世界贸易体系产生威胁。鲍德温（Baldwin，1997）提出"区域主义的多米诺理论"认为，区域互惠贸易协定会产生一种"多米诺骨牌"效应，即某一区域经济集团的建立会引来大量非成员国申请加入，并且区域本身会不断扩张蔓延，在区域之外也会形成相互效仿的区域经济。近年来，大量实证分析证实区域一体化是全球化进程的一个阶段（Oh and Selmier II，2008；Pomfret and Sourdin，2009；Chen and Lombaerde，2014）。

还有研究认为，应该辩证看待区域一体化和经济全球化的关系。朴光姬（2000）认为区域一体化是阻碍还是促进经济全球化的发展取决于区域一体化所带来的内外部影响，最终归结于国家力量控制一体化进程的能力。孙烽（2000）认为，区域一体化和经济全球化本质上都是因市场制度内在缺陷而引致的制度变迁。总体而言，尽管存在形式上的封闭性和排他性，但区域一体化与经济全球化被大多数学者认为是同一个动态过程的两种表现形式。区域一体化同经济全球化相互促进、相互制约、相互补充，二者之间并不是一种单纯的阻碍或者推动力量。

三、区域一体化理论研究

关税同盟是区域一体化最具代表性的形式,其理论也是区域一体化相关研究的核心。维内(Viner,1950)在其著作《关税同盟理论》中首次运用定量方法分析贸易创造与贸易转移现象,认为关税同盟效应取决于上述两者的差值,并通过定量工具得出了关税同盟可以提高福利水平的结论,从而奠定了关税同盟理论在经济一体化理论中的重要地位。自此之后,很多学者也对关税同盟的福利效应进行了考察(Meade,1955;Lipsey and Laneaster,1956),并总结了关税同盟的建立达到次优,即贸易创造大于贸易转移的条件。随后,研究引入规模经济、消费效应等,构建三国、两商品和三国、三商品的一般化模型,进一步对理论分析的局部均衡和单一产品市场假设等进行了改进(Meade,1955;Cooper and Massell,1965;Corden,1972)。

除了关税同盟理论,自由贸易区理论也是分析区域一体化的重要工具。英国学者罗布森对自由贸易区理论进行了比较全面的阐述(梁双陆和程小军,2007;李欣红,2007)。他在关税同盟理论的"贸易创造"和"贸易转移"基础上,提出了贸易偏转效应,即成员国从区外最低关税的非成员国以较低的价格进口商品,再以较高的价格出口给区域内其他联盟内的成员国所造成的贸易转向,并认为成员国之间差异化的对外关税所产生的贸易偏转效应可以弥补非成员国福利水平的下降,从而不改变世界福利水平。他还强调规模效应和不完全竞争,具体分析了发展中国家的南南型区域一体化现象,填补了原先完全以发达国家为对象的区域一体化模型。

在此基础上,西托夫斯基等学者又将竞争效益、规模效应和累积循环效应同时引入区域一体化分析框架,提出了市场大小直接决定竞争强度的大市场理论。他们认为,在大市场情况下,激烈的竞争可以实现规模经济,从而使区域经济在滚雪球效应作用下不断扩张(梁双陆和程小军,2007)。大市场理论不仅描绘了一幅区域合作不断深化后为各成员国带来巨大福利的美好图景,更为重要的是,它摆脱了纯粹经济模型的抽象分析,要素在区际自由流动的假设更加符合现实世界。

此外,罗伯特(Robert)关注了区域一体化与货币流动之间的关系,主张固定汇率或建立一个货币区。他认为,这比浮动汇率更能有效地实现内外平衡、降低资源成本、增加经济效益并加速经济发展,这一理论观点被称作最佳货币区理论。该成果不仅奠定了国际一体化的理论基础,还推动了当今欧洲建立欧元区的实践。除了经济领域取得较大进展外,20世纪60~70年代在国际政治关系方面出现的新功能主义、政府间主义、自由政府主义等又为欧洲的区域一体化道路提供了政治保障。此外,关于发展中国家参与经济一体化的研究不断增多，涌现出探讨发展中国家和谁实行经济一体化以及如何实行经济一体化的中心—外围理论（Prebisch and Unies，1950）和国际依附理论（Baran，1962）。

20 世纪 90 年代，区域一体化理论研究已经不再局限于国际贸易和政治关系的讨论，新区域主义、新经济地理学、新制度经济学等不同流派为区域一体化研究注入了新的活力。作为对旧区域主义的改进，以经济一体化为基础的，强调环境、社会保障、安全和民主等多元非经济要素的新区域主义成为一种重要的研究范式。它通过对内调节国家和企业策略，对外提供国际体系变动的动力（Telò，2001），鼓励各成员之间形成高度相互依赖性，积极主动地融入世界经济体系，尤其倡导发展中国家由进口替代策略转变为出口导向型和外资导向型策略（Lawrence et al.，1997）。在这种强调自上而下和自下而上相结合的区域管制模式中，突出了国家、国际性机构组织以及非政府主体的作用，区域组织形式和手段进一步多样化（Hettne，1999）。新区域主义成为国家应对经济全球化的重要策略。

同时，以克鲁格曼和维纳布尔斯为代表的新经济地理学者将运输成本及其他贸易壁垒等地理因素纳入到经济模型中，考察了贸易成本下降过程中的厂商区位选择和劳动力迁移，创建了区域一体化的核心—边缘理论（Krugman，1995）。理论认为，在经济一体化初期，两个区域的福利水平保持同等幅度增长；随着非对称均衡的出现，区际之间会产生差异并持续扩大；当一体化达到某一临界值时，空间差异又会开始缩小，核心区和边缘区的福利水平趋同（Combes et al.，2011）。经济一体化的这种钟状曲线模型纠正了以往认为区域一体化是成员国之间直线性趋同的错误认识，指出了区际差异存在的必然性和发展的非线性过程。

区域一体化组织不断涌现，区域成员及非成员之间矛盾加剧与合作提升，区内管理、协调、谈判等行为成为研究焦点。新制度经济学从交易成本、制度变迁和公共选择等视角解释了区域一体化的动力源与效应（李景峰和刘英，2004；刘澄和王东峰，2007）。交易费用理论则通过将区域一体化过程中协议起草、谈判、维护以及争端出现后的争吵、组织机构的建立等核算为交易成本，扩展了原有以缩小贸易成本为主要推动力的区域一体化分析框架。该理论基于交易费用下降所带来的要素自由流动、产业分工和企业间互动关联、产业集聚和市场容量的扩大等一系列效应，解释了区域一体化持续推进的原因（Coase，1960）。制度变迁理论阐释了区域一体化产生的源动力，认为区域一体化实际上是市场结构性失效所引起的一种理性选择，即当潜在利润大于制度变革带来的预期成本时，区域成员就会采取合作方式将旧制度安排外的利润内部化，以实现帕累托最优（孙烽，2000）。公共选择理论还从成本—收益的角度指出，成员数增多引发的协商解决成本加大、搭便车的动机增强会抑制集体行动的实现,从而回答了为何欧盟这样的区域一体化典范也曾面临举步维艰的境况(Olson et al.,1995)。

随着区域一体化进程的不断深入,一些学者专注从制度构建和文化认同上拓展对区域一体化的认识(Linklater,1998;Erll,2010;Israel et al.,2017)。丰富和多元的理论认知与分析框架指导了全球范围的区域一体化实践(表17-3)。

表17-3 区域一体化的主要理论

时期	主要代表	主要理论	主要观点
20世纪30~40年代	维内	关税同盟理论	关税同盟的"贸易创造"和"贸易转移效应"影响全球福利水平
20世纪60~70年代	罗布森	自由贸易区理论、共同市场理论	自由贸易区的"贸易偏转"将保持全球福利水平,同时自由流动的要素有助于形成统一的市场
	西托夫斯基	大市场理论	大市场的规模经济效应将激发成员间的良性竞争,放大经济增长速度
	罗伯特	最佳货币理论	成员国之间实行统一货币,促发欧洲货币联盟的出现
	普雷比施(Prebisch)和尤尼斯(Unies)	中心—外围理论	发展中国家必须一体化形成广阔市场,与"中心"国家抗衡
	巴兰(Baran)	国际依附理论	改革内部制度和结构,实行内部的经济一体化
20世纪90年代以来	哈特向	新区域主义	区域一体化趋势下,国家疆界将淡化、区域地位逐渐上升并成为全球重要的行动者
	克鲁格曼和维纳布尔斯	核心—边缘理论	区域一体化的过程并不是经济活动线性的集聚过程,贸易成本在一定范围内的下降将增大区域的不平衡,但当贸易成本足够小时,区域的经济空间将达到稳定均衡状态
	科斯	交易费用理论	区域一体化将有效降低交易成本费用,促进要素流动和市场范围的扩张,产业集聚和市场容量的扩大又会反过来加深产业的分工,促进区域一体化
	科斯和诺斯	制度与制度变迁理论	区域一体化作为一种制度安排产生于市场和政府的双重失灵,其过程反映了成员国之间利益博弈和利益共享的制度变迁
	奥尔森	公共选择理论	区域一体化危机的制度根源在于"搭便车"行为
	林克莱特(Linklater)等	文化转向	以文化视角理解区域一体化,引入文化指标

资料来源:王珏和陈雯(2013)。

四、区域一体化效应

区域一体化对于地方和全球经济发展产生了深远影响。区域一体化的影响涉及贸易创造与转移效应、投资创造与转移效应、经济增长效应、收入分配效应等。

1. 区域一体化静态效应

维内（Viner，1950）分析关税同盟对贸易流动影响的贸易创造和贸易转移效应，这两种效应被认为是区域一体化的静态效应，在区域一体化经济效应分析中一直占据主导地位。贸易创造和贸易转移效应最初是纯粹的理论分析，直到廷伯根（Tinbergen，1962）将引力模型应用到对外贸易分析后，才开始逐渐转向实证研究。鉴别区域一体化内成员间如何分配利益及其对世界其他地区的影响时，贸易条件是重要的评估标准。温特斯和常（Winters and Chang，2000）、常和温特斯（Chang and Winters，2002）分析了西班牙加入欧盟、巴西加入南方共同市场的情况，结果都表明，一体化集团外国家的出口价格下降，集团内国家贸易条件改善。阿查里亚（Acharya，2011）研究了全球 19 个区域一体化组织，发现东非和南非共同市场、加勒比共同体、中欧自由贸易区及南部非洲发展共同体都存在明显的贸易转移效应。

2. 区域一体化动态效应

区域一体化还具有多方面的动态效应，主要表现为规模经济效应和竞争效应（Balassa，1961；Corden，1972；Krauss，1972；小岛清，1988）。区域一体化规模经济效应最著名的理论是小岛清的协议性分工理论。该理论认为，为了使经济一体化集团获得规模经济效益，并能和谐地扩大成员国之间的分工和贸易，单纯依靠传统的国际分工理论是不够的。因为传统的国际分工理论是以成本差异和规模报酬递减为基础，没有考虑成本相同和规模报酬递增的情况。为弥补这一缺陷，他提出了协议性分工理论，认为在规模报酬递增的部门，不同国家之间可以通过协议，相互提供市场，从而共同分享规模经济效益。区域一体化的竞争效应是指，建立区域性经济集团之后，原来的贸易和投资壁垒被废除，原有一国范围内的垄断随之被打破，国内企业不得不面临成员国企业的强大竞争。在这个问题上，西托夫斯基的"大市场理论"最为著名。

伴随区域一体化的深入实践，关于其动态经济和社会效应的研究也不断向跨国投资、经济增长、收入分配、生产率、就业、贫富差距、集聚与区位配置等领域延展，取得了很多有价值的研究成果。

（1）投资创造与投资转移效应

金德尔伯格（Kindleberger，1966）进行了开创性研究，提出了"投资创造"和"投资转移"两个概念。大多数实证研究验证了区域一体化对区域内外商直接投资有促进作用（Baldwin and Venables，1995；Francois and Rombout，2000）。布罗斯多姆和科克（Blomström and Kokko，1997）认为区域一体化对外资有直接影响和间接影响，前者表现在区域一体化中有关投资便利化措施的规定，后者主要体现在贸易自由化。一方面，区域一体化内部成员国关税下降可能扩大外来投资；另一方面，对外关税水平的降低，可能导致"关税避让"型投资者撤资。全毅和高军行（2009）探讨了由于东亚区域一体化带来的贸易与投资效应，指出东亚贸易受到外国直接投资的积极影响。塞克凯特和葛高（Sekkat and Galgau，2004）基于1980~1994年欧盟外商直接投资数据的研究发现，欧盟的建立大大提升了区内国家吸引外来投资的能力，产生显著的投资创造效应。邵秀燕（2009）发现东盟地区老成员国和新成员国吸收外资的情况有很大差异：老成员国吸收的外资占整个东盟的80%以上，新成员国加入后，外资流入并无显著提升，这主要与不同国家的经济发展水平有关。贺灿飞等（2013）强调关系对于贸易和投资联系的重要性，地理接近以及经济一体化能够降低贸易成本，从而促进区域间贸易往来和投资发展；发展中国家跨国公司走出母国、选择在东道国进行投资，与其说是为了接近市场，不如说是为了促进贸易合作。

（2）经济增长效应

早期区域一体化促进了发达国家的经济增长，但在发展中国家的表现并不明显（Baldwin and Venables，1995；Henrekson et al.，1997）。梅洛等（Melo et al.，1992）基于跨国比较和回归分析方法进行研究，表明早期发展中国家的区域一体化实践并没有增加收入或促进经济增长。对于20世纪90年代以后成立或复兴的区域一体化，瓦姆瓦基迪斯（Vamvakidis，1999）指出，新兴的南北区域一体化对经济增长应该具有促进作用，因为在更为开放和自由的前提下，南北区域一体化相对于南南区域一体化来说，更容易获得发达国家的溢出效应，从而对经济增长产生积极影响。布伦纳（Brunner，2009）指出，面对金融危机和经济衰退，东南亚地区需要结构性变革来提供经济增长动力，而区域一体化无疑是很好的机遇。范赫亚（Van Hoa，2010）发现，加入WTO、参与区域贸易合作促进了中国的对外贸易和经济增长。戴维斯和桥本（Davis and Hashimoto，2016）考察了垄断力量、区域一体化和经济增长的关系，发现区域一体化提高了制造业集聚，而当垄断力量强大时，生产率增长和国家福利增加会进一步加速。

（3）收入分配效应

在收入水平差别很大的国家之间实行区域一体化，成本和收益的分配是一个主要问题。经济学者对自由贸易是否加剧了两极分化进行了研究。卡拉斯（Karras，1997）对1960~1990年东盟、欧盟、拉丁美洲自由贸易联盟三个区域一体化成员国之间的人均收入进行了考察，结果显示欧盟内部出现强劲的人均收入趋同现象，拉丁美洲自由贸易联盟趋同效果较弱，东盟没有趋同现象，甚至出现分化。区域一体化并不必然带来成员国收入水平趋同。维纳布尔斯（Venables，1999）同样发现了这一现象，欧盟内部成员国的人均收入水平趋同，而中美洲共同市场（CACM）、西非国家经济共同体（ECOWAS）成员国却出现了分化。陈可达等（2011）运用 σ 检验与 β 检验方法测度 1993 年以来欧盟成员国经济增长的趋同效应，发现欧盟国家在制度、科技、贸易与投资等方面的全方位一体化促进了经济增长趋同。总体来说，"北—北"区域一体化带来了成员国之间的趋同效应，"南—南"区域一体化却加大了成员国之间的差距；而"南—北"型区域一体化组织在经济改革、技术转移、投资效应等方面的天然优势使其经济趋同，为发展中国家的发展提供了重要契机（Venables，2016）。

（4）区位配置效应

尼布尔（Niebuhr，2008）发现欧盟国家边界地区比非边界地区获得更多一体化效应。段春锦（2014）等发现区域一体化进程能够促进产业转移、刺激投资，从而使中国边境地区经济发展加快。除了刺激成员国边境地区经济发展，区域一体化的长期效应也改变了成员国的产业区位和产业结构。布吕哈特的托斯特森（Brülhart and Torstensson，1996）对欧盟成员国的 18 个制造业进行了分析，发现欧盟一体化提高了 11 个产业的地理集中度。维纳布尔斯等（Venables et al.，2000）认为欧洲一体化使得国家间的产业差异与产业专业化程度不断提升，大量在地理分散的行业变得更加集中。但关于区域一体化对于产业集聚和分散的影响尚未有定论，尤其在发展中国家，对外贸易削弱了原有的经济中心地位，促进了接近市场的地区的经济发展，可能导致产业空间分散。汉森（Hanson，1998）研究了北美自由贸易协定内成员国内部产业分布，发现美国产业分布愈加分散，贸易自由化削弱了墨西哥城的中心地位，提高了边界城镇的贸易影响力和产业集聚水平。法尔切奥奥卢和阿克恩古尔（Falcıoğlu and Akgüngör，2006）也发现欧盟贸易自由化极大地影响了土耳其内部产业区位模式。中国学者分析了东亚、东盟和"一带一路"沿线等区域一体化组织所产生的产业格局影响（陈建军和肖晨明，2004；韩永辉等，2015；李玉举，2013；孙林和李岳云，2003）。

五、区域一体化地理研究

1. 尺度

尺度是地理学独特的思考视角和核心的学科概念。传统地理学认为尺度之间的关系是垂直且相互嵌套的（Taylor，1982；Delaney and Leitner，1997；Smith，2000）。垂嵌套的尺度建构意味着每一个尺度都具有清晰的边界和较强的边界效应。然而，在经济全球化"时空压缩"的影响下，全球经济发展伴随着全球与地方之间的复杂联系，而不是尺度的垂直叠加。跨国公司改变了原有地理空间结构及组织形式，塑造了更加复杂和多元的经济格局，并且全球贸易越来越多地被组织、制度、文化和认知等多维度的联系所渗透，国家—国家、地区—地区之间的联系愈发水平化（贺灿飞和毛熙彦，2015；毛熙彦和贺灿飞，2016；陈航航等，2018）。

现有研究更多地复合了垂直和水平的尺度建构，呈现出立体的构造态势，如史温吉道（Swyngedouw，2004）所提出的"全球地方化"就包含复合的尺度，既有朝着全球范围的尺度扩展，也包括向区域、地方和个体的延伸。区域一体化的核心是国家力量驱动下的联系，呈现出鲜明的"关系"特征，因而体现了关系式的水平尺度，构成一个二维网络化的空间（Swyngedouw，2004）。当然，在"时空压缩"的影响之下，区域一体化在尺度上仍然存在一定的"全球—地方"联系，包括国家内部为响应一体化进程而开展的一系列空间治理等，即认为区域一体化以水平联系为主，同时存在由国家力量在全球协作和地方治理上所主导的立体网络尺度构建。封闭或半封闭的一体化制度安排成为立体尺度建构的一个典型实例——在内部，区域一体化成员之间在经济、文化、制度和地理上的多维邻近关系形成了特殊的水平联系，从而构成了多样化的一体化组织形式；在外部，区域一体化的制度安排形成了全球化时代不同于传统地理边界的崭新边界，而国家力量和"全球—地方"联系主导了区域一体化尺度的垂直扩展。

2. 联系

地理学所关注的主体联系和邻近性能促进对区域一体化的认识（Frankel，1991；Schott，1991；Poon，1997；Martin，2010）。在全球经济日益复杂的新形势下，国家不再是发展和建立跨国性经济合作关系的唯一主体，区域一体化不再是主要由国家力量驱动的协调和平衡国家利益的手段，而成为政府、企业和国际组织等多种行为主体交互作用的结果（贺灿飞和毛熙彦，2015）。在此背景下，传统的基于贸易协定的分析框架显得捉襟见肘。

一些学者创新了基于关系的尺度建构，运用网络化的分析方法，为全球和区域发展提供了一个多尺度、全景式的分析框架（贺灿飞和毛熙彦，2015）。全球生产网络（GPN）是其中的代表性分析框架（Henderson et al.，2002；Dicken，2003；Coe et al.，2004；Yeung，2009）。GPN认为区域发展是一个多元综合的过程。学者们对这个理论框架的不断丰富和拓展使之成为全球化背景下区域发展研究的经典理论，形成了理解不同尺度上区域一体化的形成和发展以及区域一体化内部联系与外部影响的独特视角（Brunner，2009；Dicken，2005；Krapohl and Fink，2013；Zhu and Pickles，2014）。

3. 边界

在全球化背景下，对于"边界弱化"和"地理终结"的讨论是近年来社会科学的热门话题（Bethlehem，2014；Graham et al.，1998；Greig，2002；O'Brien，1992）。地理学者尤为重视尺度、联系和边界的研究，强调全球化背景下的地方力量和国家权力变革，借此反驳边界弱化和地理终结的论调，而区域一体化的广泛实践就是边界未曾消失的一个有力证据。

一方面，边界正在区域一体化的进程中以全新的形式出现，区域一体化所形成的贸易壁垒形成了全球化时代新的边界。维内（Viner，1950）认为关税同盟使得成员国之间的贸易价格与非成员国相比较低，导致一国从生产效率最高的非成员国国家进口转向从生产效率较低的成员国进口，即贸易转移效应。科登（Corden，1972）进一步提出了关税同盟的贸易抑制效应，高效率的成员国倾向于用本国生产取代向区外较便宜的国家进口。帕纳加里亚（Panagariya，1999a）的分析也指出，有相当数量的经验数据表明区域一体化提高了对区域外国家的关税水平。圣路易斯联邦储备银行的研究报告也提出，在北美自由贸易协定成员国中，相互之间的贸易有较大幅度的增长，但加拿大与欧洲和亚洲的贸易却减少了（杨树明等，2007）。这种基于关系联结形成的边界效应并不像传统的领土边界那样强，各地区的区域一体化组织并未形成孤立的地区经济集团；相反，它们都与其他国家和地区保持贸易往来并加深经济、政治联系。区域一体化组织如雨后春笋般涌现，与经济全球化交织发展，出现了很多重叠性组织，同一国家在各个制度安排网络中的地位不尽相同，因而形成了相互交叉、重叠的关系网络，被经济学者称为"意大利面条碗"（Spaghetti Bowl）。"意大利面条碗"带来了贸易效率降低、成本增加等诸多问题，也是区域一体化所形成的新边界带来的贸易流复杂化的集中体现。

另一方面，跨国公司和全球生产分工不仅使经济活动的尺度不断重组、转换，也改变了国家力量的作用。一些学者认为，一体化进程必然涉及国家主权的让渡或损失，国际政治学家将其称为"主权成本"（Abbott and Snidal，2000）。但事实上，基于区域一体化的实证研究证据显示，国家边界从未消失。麦卡勒姆（McCallum，1995）考察了美国—加拿大自由贸易协定签订前（1988年）和签订后（1993年）加拿大各省间的贸易量以及各省与美国各州间的贸易量，结果发现强烈的跨国边界效应依然存在。魏尚进（Wei，1996）、尼奇（Nitsch，2000）和娜塔莉·陈（Chen，2004）在经济合作与发展组织和欧盟内部也发现了类似的国家边界效应，在一体化组织内部的贸易往来存在较强的本国偏好（Home Bias）。克鲁格曼（Krugman，1991）对比欧盟和美国的产业集聚与专业化程度差异时发现，美国制造业的空间集聚与分工程度明显高于欧盟，各地区的收入差距也明显小于欧盟各成员国。克鲁格曼认为，欧盟各国内部市场虽然逐步统一，但相比美国而言，仍存在明显贸易障碍，即国界一定程度上阻碍了贸易和要素流动。

网络分析也提供了类似证据，在欧盟，贸易网络仍然存在核心—边缘结构，国家力量依然主导区域一体化组织内部的贸易格局（De Benedictis and Tajoli, 2011）。可以看到，国家边界作为传统的地理边界，在全球贸易中依然产生极强的壁垒作用。同时，区域一体化为国家边界赋予了深刻的经济意义，区域内部跨边界的合作能够更方便地展开，而一体化区域与其外部的边界效应仍然显著。这就使得国家力量与一体化组织力量的博弈产生了美妙的均衡。国家力量尽管一定程度上被弱化，却从未消失，而且与区域一体化基于制度和协议建构的"边界"相比，国家边界的力量更加显著和持久（王亮和刘卫东，2010）。

区域一体化导致了新边界与传统边界共存的特征。区域一体化的制度安排和贸易协定是新边界，这种边界实质上是基于关系的网络边界，它依托于国家力量对联系的发生进行干预和调控（Brenner, 1998），是一个具备选择性、方向性和动态性的网络边界，是"再领土化"的体现。然而，这一边界并没有阻断区域对外联系，一体化区域内外的经济、政治联系也在不断深化。同时，传统基于欧式空间的领土边界依然重要。不仅成员国的领土边界产生了强烈的边界效应，而且考虑到一国可以处于多个不同的区域一体化组织中，区域一体化边界构成了国家边界的缓冲，实质上强化了全球化背景下的国家力量。

六、代表性区域一体化组织

1. 欧盟

欧盟是当今世界最具代表性的区域一体化组织。截至2020年1月30日，欧盟共有28个成员国，拥有24种官方语言。欧盟是世界上经济最发达的地区之一，促进了欧洲的商品、劳务、人员、资本自由流通，使得欧洲的经济增长速度进一步提高。2013年，欧盟28个成员国国内生产总值达到12万亿欧元，人均国内生产总值为23 100欧元。欧盟为世界货物贸易和服务贸易的最大进出口方。在欧盟的对外贸易中，美国、中国、俄罗斯、瑞士为主要贸易伙伴。同时，欧盟也是全球最不发达国家的最大出口市场和最大援助者，是多边贸易体系的倡导者和主要领导力量。

自欧盟诞生以来，其区域一体化实践覆盖范围之广、影响之深远，使得关注其区域一体进程中创造的一系列经济发展、贫富差距、产业格局、社会福利等经济效应的研究层出不穷。鲍蒙特等（Baumont et al., 2003）对欧洲138个地区1980~1995年的经济增长过程进行详细分析，指出欧洲地区的经济增长过程与区域政策具有必然的联系。邓宁

（Dunning，1997）从国际直接投资视角研究了主导欧盟地区直接投资的因素。科克斯等（Kox et al.，2004）通过研究欧盟内服务贸易、直接投资和政策的关系，指出欧盟虽作为世界最高级的区域一体化的组织，但成员国之间的政策壁垒阻碍了其内部服务贸易和直接投资的发展。布朗查德和贾瓦齐（Blanchard and Giavazzi，2002）认为，随着一体化进程的加深，国际资本大范围跨境流动，使欧盟地区的金融市场产生了结构性变革。鲍德温和维纳布尔斯（Baldwin and Venables，1995）等从新经济地理学视角研究区域一体化对直接投资地理分布的影响。博什马和卡波尼（Boschma and Capone，2014）分析了欧盟地区的产业多样化进程，发现出口的演变呈现出极强的路径依赖性，各国往往在与目前生产结构密切相关的产品中保持着比较优势。

许多学者关注欧盟的产业地理变迁，尤其是近些年欧盟不断东扩的过程中其成员国产业地理的变迁。布吕哈特和托斯特森（Brülhart and Torstensson，1996）对欧盟成员国的 18 个制造业进行分析，发现欧盟的一体化进程提升了其中 11 个产业的地理集中度。法尔切奥奥卢和阿克恩古尔（Falcıoğlu and Akgüngör，2006）也发现欧盟贸易自由化极大地影响了土耳其内部产业区位。马格里尼（Magrini，1999）通过实证研究发现，欧盟成员国之间的人均收入呈现出极化的趋势，展现出明显的贫者越贫、富者越富的马太效应。霍林斯基等（Holinski et al.，2012）认为，欧洲经济一体化进程对外围国与核心国的经济发展的影响不同，扩大了外围国与核心国的通胀差异。欧盟国家社会保障支出占 GDP 的比重在过去 20 年间一直较为稳定，几个北欧国家实现了比世界上其他国家更高的就业率，并维持了较高程度的社会公平和收入平等，保持了较大规模的公共福利。但近年来，欧盟地区诸如移民问题、女权问题等社会问题凸显，学界对这些问题的关注愈发增多。

尽管尚存在诸多经济和社会发展困境，但作为区域一体化的先行者和领路人，欧盟的一体化程度仍在日益加深，各成员国之间的经济发展也越来越紧密，面对深刻影响和改变当代经济格局的全球化力量，欧盟未来的发展充满挑战，但也不乏机遇。

2. 北美自由贸易区

北美自由贸易区是世界上经济规模最大的自由贸易区之一。超级大国主导、南北合作的独特格局使之成为自 20 世纪区域一体化浪潮兴起以来的一朵独具特色的奇葩。美、加两国在签署协定前一体化程度已经很高，从协定签署的内部动因来看，美、加、墨三国经济互补，因此三国间有较高的贸易合作意愿。而国际经济环境压力如贸易保护主义升级、区域经济集团化、国际竞争压力等则是促使协定签署的外部动因（周文贵，2004；Tornell and Esquivel，1995）。

大多数研究认为北美自由贸易协定签署后，美、加、墨三国的贸易总量及三个国家间的相互贸易量明显增长，尤其是相对弱势的墨西哥经济取得了快速增长（Kruger，1999；Soloaga and Winters，2001）。圣路易斯联邦储备银行的研究报告也提出，NAFTA 在加强区域内贸易合作的同时，也产生了一定的阻碍效应（杨树明和刘会春，2007）。朱润东和张彬（2009）对美国与墨西哥在美加自由贸易区及北美自由贸易区中贸易流变化进行了实证分析，发现北美经济一体化总体上更有利于美国的贸易增长，而不利于墨西哥的贸易发展，且这种收益差距越来越大，但在投资动态效应上却存在完全相反趋势。布罗斯多姆和科克（Blomström and Kokko，1997）分析了北美自由贸易区成立前后加拿大、墨西哥的外资流入变化，指出一体化并没有给加拿大带来明显的投资效应，但是墨西哥却得到了很多好处。希诺霍萨等（Hinojosa et al.，1995）认为北美经济一体化还产生了非传统收益，例如墨西哥的民主原则、自由化等。布朗等（Brown et al.，1995）分析了北美经济一体化的战略选择，认为参与并主导北美自由贸易区是美国维持其世界霸权地位、打开他国国内市场的重要途径。汉森（Hanson，1998）发现，北美自由贸易区使得美国产业愈加分散，而贸易自由化则削弱了墨西哥城的中心地位，提高了边界城镇的贸易影响力。尤科维茨等（Yoskowitz et al.，2002）也发现一体化增加了北美自由贸易区边境地区，尤其是美墨边境地区的福利和企业效率。

一般而言，战后出现的关税同盟、自由贸易区等形式的区域一体化组织，其成员国一般是经济水平相近的国家。从国际产业分工的角度分析，成员国之间多是水平分工方式，以达到较高层次上的竞争和互补关系。例如，欧盟在东扩以前由清一色的发达国家组成，是社会制度、经济发展水平和历史文化传统均相对接近的机制，是大多数成员国共同推动的，没有一个国家能起绝对的主导作用，因而其组织化和规范程度均远远高于其他区域组织，这也是其赖以成功的基本原因之一。相比之下，北美自由贸易区由两个属于七国集团成员的发达国家和一个典型的发展中国家组成，它们之间在政治、经济、文化等方面差距很大。因此，北美自由贸易区是通过垂直分工来体现美、加、墨三国之间的经济互补关系，促进各方经济发展。北美自由贸易区是发达国家和发展中国家在区域内组成自由贸易区的第一次尝试，其实践对于世界范围内的区域经济合作都有很大的意义。

3. 东盟和中国—东盟自由贸易区

东盟成员国包括马来西亚、印度尼西亚、泰国、菲律宾、新加坡、文莱、越南、老挝、缅甸和柬埔寨。其前身是马来亚（现马来西亚）、菲律宾和泰国于 1961 年 7 月 31 日在曼谷成立的东南亚联盟。

中国自改革开放以来，积极改善和发展与东盟及其成员国的友好关系，相互间政治关系、经济关系不断发展，尤其是自 1991 年中国与东盟建立对话伙伴关系以来，相互间合作关系进入了一个新的发展阶段。2002年11月，第六次中国—东盟领导人会议在柬埔寨首都金边举行，双方签署了《中国与东盟全面经济合作框架协议》，标志着中国—东盟建立自由贸易区的进程正式启动。2010年1月1日，中国—东盟自由贸易区（CAFTA）正式全面启动。自贸区建成后，东盟和中国的贸易占到世界贸易的13%，成为一个涵盖11个国家、19亿人口、GDP达6万亿美元的巨大经济体，是目前世界人口最多的自贸区，也是发展中国家间最大的自贸区。目前，欧盟、北美自由贸易区以及中国—东盟自由贸易区协议是世界上三大区域经济合作区。

唐宗（Tongzon，2001）利用可计算一般均衡模型分析，发现中国的加入将对东盟成员国带来益处。克罗姆和哈拉斯（Krumm and Kharas，2004）也认为中国与东盟组建自由贸易区给双方均带来正的福利影响，并且对东盟的好处要远大于中国。福高等（Fukao et al.，2003）研究了东亚地区的垂直产业内分工和直接投资，认为中国与东盟间的贸易大多建立在双方的比较优势与资源禀赋基础上。双方产业内贸易与国际分工、亚洲的"雁行模式"以及东盟对中国投资有关。李和帕克（Lee and Park，2010）分析了亚洲可能存在的自由贸易区的贸易效应，认为"中日韩+东盟"自由贸易区能够产生更优的贸易效应。徐婧（2008）通过将自贸区内生化对1999~2007年中国和东盟五国贸易流量的截面数据进行回归分析发现，中国—东盟自由贸易区显著促进了中国从这五个国家的进口。陈雯（2009）通过引入国土面积的乘积、是否属于自由贸易区等虚拟变量，运用引力模型分析了中国和133个贸易伙伴2002~2006年的贸易数据，发现中国—东盟自由贸易区有很强的贸易创造效应。浦田和冈部（Urata and Okabe，2013）考察了区域贸易协定对产品层面贸易流动的影响，发现东盟地区的纺织品贸易产生了更为明显的贸易创造效应。史智宇（2004）、周曙东和崔奇峰（2010）发现中国—东盟自由贸易区的建立有效促进了中国和东盟双边贸易，尤其是农产品贸易的快速增长，且在双边贸易利益迅速发展的同时并未对中国国内产业造成冲击，这与双边互补性的贸易结构是分不开的。

对中国与东盟间直接投资影响因素及前景的分析认为，自20世纪90年代后，中国和东盟的经济联系进一步强化，吸收的外资也达到了新水平（Shu and Zeng，2006）。汪占熬和陈小倩（2013）采用倍差法对中国—东盟自由贸易区的生产转移效应进行了实证研究，发现中国—东盟自由贸易区对成员国外资流入有明显的正向促进作用，但影响较小，远低于市场规模、消费潜力等更为直接的因素。杨宏恩（2011）发现东盟对中国出口及由此带来东盟的外资流入是东盟经济增长的最重要因素；东盟十国的发展水平不同，与中国经济合作时获得投资的机会存在差异，但东盟所有国家与中国经济合作的积极性都在提高。帕克等（Park et al.，2009）对中国—东盟自由贸易区的前景进行了定性及定量分析，认为全球金融危机促进了东亚国家间的经济一体化发展。劳伦塞松

（Laurenceson，2003）提出，尽管东盟和中国在商品与服务上达到了较高的一体化水平，但在金融领域的一体化依旧不完善，随着中国未来实现金融自由化步伐加快，相关领域的改革与升级可能是需要着重解决的问题。

作为世界第三大自由贸易区，中国—东盟自由贸易区经历了多年的发展，为中国和东盟各国的经贸发展做出了巨大贡献，各经济体进出口量逐年增加且增速明显。随着新一轮合作的到来，中国与东盟应该继续深化合作，开展全方位、多层次的交流往来，向建设更高程度的经济共同体稳步迈进。

4. 中国参与区域一体化进程

中国参与区域一体化建设起步于20世纪90年代。1991年，中国加入APEC，打开了中国参与区域经济合作的大门。同年，中国正式开始了与东盟的对话。1996年，中国、俄罗斯、哈萨克斯坦、吉尔吉斯斯坦和塔吉克斯坦五国共同创建了上海合作组织。1997年，席卷亚洲的金融危机又直接催生了东亚合作机制——"10+3"框架（东盟+中日韩）。这一时期中国参与区域合作的意愿开始增强，但参与程度有限，合作深度不足。例如，APEC作为一个区域性合作论坛，缺乏约束性；上海合作组织是一个地区性安全组织，缺少对经济发展和经济合作的关注；"10+3"会议还仅是一个合作框架，缺乏实质进展。

2000年，在新加坡举行的第四次中国—东盟领导人会议上，中国首次提出建立中国—东盟自由贸易区的构想，从而正式开启了中国区域经济一体化进程。2001年5月23日，中国正式加入《亚太贸易协定》。2002年11月4日，中国与东盟签署《中国与东盟全面经济合作框架协议》，这是中国第一个正式缔结并付诸实施的自由贸易区。2003年6月29日和10月29日，中国内地与香港、澳门特区政府分别签署《关于建立更紧密经贸关系的安排》（CEPA），是第一个全面实施的自由贸易协议。2005年11月18日，中国和智利签署《中华人民共和国政府和智利共和国政府自由贸易协定》，是中国与拉美国家的第一个自由贸易安排。2006年11月，中国与巴基斯坦签署《中华人民共和国政府和巴基斯坦伊斯兰共和国政府自由贸易协定》，已于2007年7月起开始实施。

2007年10月，党的十七大报告明确提出要"实施自由贸易区战略，加强双边多边经贸合作"。自此，中国的区域经济合作开始上升为国家战略，中国开始谋划布局自由贸易区建设。在这一方针指引下，中国自由贸易区所涵盖的领域不断扩大，版图迅速扩张。2008年4月7日，中国与新西兰签署《中华人民共和国政府和新西兰政府自由贸易协定》，是中国与发达国家达成的第一个自由贸易协定，也是中国与其他国家签署的第一个涵盖货物贸易、服务贸易、投资等多个领域的自由贸易协定。2006年9月，中智自贸区服务贸易谈判启动，历时一年半，经过六轮谈判，双方最终于2008年4月13日签署《中智自由贸易协定关于服务贸易的补充协定》，是中国与拉美国家签署的第一个自由贸易区服务贸易协定。2008年10月23日，中国和新加坡签署《中华人民共和国政府和新加坡共和国政府自由贸易协定》《中华人民共和国政府和新加坡共和国政府关于双边劳务合作的谅解备忘录》，涵盖了货物贸易、服务贸易、人员流动、海关程序等诸多领域，是中新双方在中国—东盟自由贸易区的基础上进一步加快贸易自由化进程，拓展双边自由贸易关系与经贸合作的深度及广度的结果。

2008年10月15日，中国和巴基斯坦签署《中国—巴基斯坦自由贸易协定补充议定书》；2009年2月21日，中国与巴基斯坦签署《中国—巴基斯坦自由贸易区服务贸易协定》，这是迄今两国各自对外国开放程度最高、内容最为全面的自由贸易区服务贸易协定。2009年4月28日，中国和秘鲁签署《中国—秘鲁自由贸易协定》，该协定不仅涵盖货物贸易、服务贸易和投资领域，还在知识产权、贸易救济、原产地规则、海关程序、技术性贸易壁垒、卫生和植物卫生措施等众多领域达成广泛共识。2009年8月15日，中国—东盟自由贸易区的《投资协议》正式签署，标志着双方已成功完成自由贸易协定的主要谈判。2010年，中国—东盟自由贸易区如期全面建成。2010年4月8日，中国与哥斯达黎加签署《中国—哥斯达黎加自由贸易协定》，是中国与中美洲国家签署的第一个一揽子自由贸易协定。2013年4月15日，中国与冰岛在北京签署了《中华人民共和国政府和冰岛政府自由贸易协定》，是中国与欧洲国家签署的第一个自由贸易协定，涵盖货物贸易、服务贸易、投资等诸多领域。2015年6月1日，中国和韩国正式签署《中华人民共和国政府和大韩民国政府自由贸易协定》，是中国迄今为止对外签署的覆盖议题范围最广、涉及国别贸易额最大的自贸协定。

2013年，"一带一路"倡议正式提出。截至2016年5月，已有70多个国家和组织对"一带一路"倡议表达了支持和参与，形成了具有广泛影响的国际合作框架。据商务部统计，截至2016年年底，中国与"一带一路"国家新签合同额占比已达到51.6%，比2015年3月提升了18.3%。截至2016年5月，已收录以"一带一路"沿线国家为主的海外项目共计544个，总投资超过6 400亿美元。从地区分布看，非洲、东南亚和南亚三大区域项目数量最多，在俄罗斯的投资规模最大。从行业分布看，电力和交通类项目数量合计占比达到60%，其中火电项目数量最多，轨道交通项目投资额最大。亚洲基础设施投资银行（AIIB，以下简称"亚投行"）是一个政府间性质的亚洲区域多边开发机构。亚投行和"一带一路"倡议是"孪生兄弟"，基础设施建设需要大量资金投入，单个国家很难完成，设立亚投行可以推动"一带一路"倡议的落地实施。亚投行重点支持成员国的基础设施建设，成立宗旨是促进亚洲区域的建设互联互通化和经济一体化进程，并且加强中国及其他亚洲国家和地区的合作，是首个由中国倡议设立的多边金融机构，其总部设在北京，法定资本1 000亿美元。截至2017年5月，亚投行有77个正式成员国。亚投行是继提出建立金砖国家开发银行（NDB）、上合组织开发银行之后，中国试图主导国际金融体系的又一举措，体现了中国尝试在外交战略中发挥资本在国际金融中的力量。更值得期待的是，亚投行将可能成为人民币国际化的制度保障，方便人民币"出海"。

中国早期凭借在劳动力成本和劳动力素质方面的天然优势参与到全球分工体系中，并在纺织、玩具等劳动密集型产业建立起竞争优势。这期间，中国开始试水有限多边和双边贸易合作，与东盟国家、日本、韩国、澳大利亚等建立起相对稳固的贸易合作关系，并且在跨国投资领域势头良好（楼朝明，2014；高潮，2008；林玲和王炎，2004）。加入APEC 积极推动了亚太地区贸易及投资的自由化和便利化，在推动经济技术合作方面做出了贡献，同时也在 WTO 谈判上起到了积极的推动作用（Shen，1999；Adams et al.，2010）。与东盟的区域合作给中国进出口贸易和经济发展带来了全面的福利提升（Park，2007；陈雯，2009）。更为深远的是，在区域协作推动下的频繁贸易往来中，中国企业不断积累经验，同时地方和中央政府大力推动技术进步与产业升级，这使得中国在许多技术和资本密集型产业的国际市场上取得了一席之地，在世界贸易格局中地位不断抬升。

伴随着中国融入全球经济，参与和主导区域合作的意愿也不断加强。关注中国与东盟、日韩等的区域贸易合作和贸易演变的研究指导了中国的区域一体化实践。一些中国学者对东亚、东盟和"一带一路"倡议等区域一体化组织对产业格局的影响进行了分析，尤其关注成员国之间产业的互补和竞争性，这种竞争、互补差异可能会改变一国产业外部联系，从而重塑产业地理格局（孙林等，2003；陈建军和肖晨明，2004；李玉举，2013；韩永辉等，2015）。这种对产业地理重塑作用在边境地区格外明显，区域一体化所带来的产业转移和跨国投资使中国边境地区经济发展加快（段春锦，2014）。与此同时，一些学者还关注了中国区域协同发展下的产业特征，发现长三角及环渤海地区的区域协同战略产生了产业结构趋同化的效应（刘传江和吕力，2005；彭飞和韩增林，2012）。尽管中国参与区域一体化起步较晚，中国所在的东亚地区区域一体化发展也尚处于较低层次的起步阶段（宋兰旗，2012）。但目前来看，中国正在引领区域合作新一轮的浪潮。长期以来，关于区域一体化和地方发展的研究以欧美地区为主要对象，而随着中国参与世界范围内区域一体化进程的加快，以及国内省际、市际的协同发展战略不断铺开，洞悉这种背景下中国参与区域一体化所带来的动态和静态经济效应以及对地方发展模式和产业格局变迁的影响显得尤为重要。

中国参与区域一体化实践，机遇与挑战并存。40 多年改革开放的曲折道路与经验表明，融入经济全球化、实施国际经贸合作是实现经济崛起的主要途径。在现有的区域合作协议基础之上，并以此为发展支点，寻求更大范围和更深层次的区域一体化发展是中国经济和社会实现大发展的必经之路。中国必须制定自己的区域经济合作战略，推进中国区域经济合作的发展，尤其是推进亚洲地区的区域经济合作和一体化，构建起以自由贸易区为起点的立体、多元、深度的区域一体化网络。

小　　结

贸易地理涵盖了国际贸易和贸易地理的内涵，是经济学和地理学关注的重要领域。本章首先介绍了贸易理论以及不同视角的贸易地理研究，结合实证研究，对主流贸易理论观点进行了阐述；其次，本章介绍了国际贸易中所体现出来的地理特征，进而介绍了地理对贸易的影响以及贸易地理的研究成果；最后，本章比较了地理和经济视角下贸易地理的异同，以便于全面了解贸易地理，加深对贸易实践的认识。

多边自由贸易体制进入艰难的调整期，区域内贸易协作蓬勃发展成为当今世界贸易格局的一个鲜明特征。尤其是20世纪90年代以来，区域贸易协定数量在全球的迅猛增加在某种意义上重构了世界地图。本章梳理了区域一体化的发展和区域一体化理论，介绍了欧盟、北美自由贸易区、中国—东盟自贸区等典型的区域一体化及相关贸易地理研究，并梳理了中国参与区域一体化的进程。伴随着全球范围内区域一体化进程的加快，中国正逐步从区域一体化的被动接受者转变为主导区域内双边和有限多边自由贸易的积极参与者，这种转变需要我们不断深化对区域一体化的认识，并探讨区域一体化对全球经济格局和国内产业地理的深刻影响。

参 考 文 献

[1] Abbott, K. W., D. Snidal (2000) Hard and soft law in international governance. *International Organization*, 54(3): 421-456.

[2] Acharya, R. (2011) 19 Multilateralisation of regional trade agreements. *The Future of the World Trading System: Asian Perspectives*, 157.

[3] Adams, P. D., M. Horridge, B. R. Parmenter, et al. (2010) Long-run effects on China of APEC trade liberalization. *Pacific Economic Review*, 5(1): 15-47.

[4] Amin, A. (2002) Spatialities of globalisation. *Environment & Planning A*, 34(3): 385-399.

[5] Andersen, J. F. (1979) Teacher immediacy as a predictor of teaching effectiveness. *Annals of the International Communication Association*, 3(1): 543-559.

[6] Anderson, J. W., B. M. Smith, C. S. Washnock (1999) Cardiovascular and renal benefits of dry bean and soybean intake. *The American Journal of Clinical Nutrition*, 70(3): 464s-474s.

[7] Antràs, P. (2003) Firms, contracts, and trade structure. *The Quarterly Journal of Economics*, 118(4): 1375-1418.

[8] Antràs, P., E. Helpman (2004) Global sourcing. *Journal of Political Economy*, 112(3): 552-580.
[9] Arkolakis, C., M. A. Muendler (2010) The extensive margin of exporting products: a firm-level analysis. National Bureau of Economic Research.
[10] Bagchi-Sen, S., J. O. Wheeler (1989) A spatial and temporal model of foreign direct investment in the United States. *Economic Geography*, 65(2): 113.
[11] Balassa, B. (1961) *The Theory of Economic Integration*. Richard D. Irwin.
[12] Baldwin, R. (2005) Heterogeneous firms and trade: testable and untestable properties of the Melitz model. National Bureau of Economic Research.
[13] Baldwin, R. E. (1997) The causes of regionalism. *World Economy*, 20(7): 865-888.
[14] Baldwin, J. R., W. M. Brown, W. Gu (2012) Geographic market access and the effects of trade on length of production run, product diversity and plant scale of Canadian manufacturing plants, 1974-1999. *Journal of Economic Geography*, 12(2): 455-484.
[15] Baldwin, R. E., A. J. Venables (1995) Regional economic integration. *Handbook of International Economics*, 3(4): 1597-1644.
[16] Baran, P. (1962) *On Distributed Communication Networks*. Rand Corporation.
[17] Bank, A. D. (2014) Global production networks and economic corridors: can they be drivers for south Asia's growth and regional integration? Adb South Asia Working Paper Series.
[18] Baumont, C., C. Ertur, J. L. Gallo (2003) *Spatial Convergence Clubs and the European Regional Growth Process, 1980-1995*. Springer Berlin Heidelberg, 131-158.
[19] Benedictis, L. D., L. Tajoli (2011) The world trade network. *World Economy*, 34(8): 1417-1454.
[20] Bergstrand, J. H. (1985) The gravity equation in international trade: some microeconomic foundations and empirical evidence. *The Review of Economics and Statistics*, 474-481.
[21] Bernard, A. B., J. B. Jensen, S. J. Redding, et al. (2007) Firms in international trade. *Journal of Economic Perspectives*, 21(3): 105-130.
[22] Bernard, A. B., S. J. Redding, P. K. Schott (2011) Multiproduct firms and trade liberalization. *The Quarterly Journal of Economics*, 126(3): 1271-1318.
[23] Berndt, C. (2017) Assembling export markets: the making and unmaking of global food connections in west Africa. *Economic Geography*, 93(2): 202-208.
[24] Berthou, A., L. Fontagné (2013) How do multiproduct exporters react to a change in trade costs? *The Scandinavian Journal of Economics*, 115(2): 326-353.
[25] Bethlehem, D. (2014) The end of geography: the changing nature of the international system and the challenge to international law. *European Journal of International Law*, 25(1): 9-24.
[26] Bhagwati, J. (1993) Regionalism and multilateralism: an overview. *New Dimensions in Regional Integration*, 22: 51.
[27] Blanchard, O., F. Giavazzi (2002) Current account deficits in the Euro area: the end of the Feldstein-Horioka puzzle? *Social Science Electronic Publishing*, 33(2): 147-186.
[28] Blomstrom, M., A. Kokko (1997) Regional integration and foreign direct investment. *National Bureau of Economic Research*.
[29] Blum, B. S., A. Goldfarb (2006) Does the internet defy the law of gravity? *Journal of International Economics*, 70(2): 384-405.

[30] Boschma, R., G. Capone (2014) Relatedness and diversification in the EU-27 and ENP countries. *Papers in Evolutionary Economic Geography*, 14(7): 1-43.
[31] Brander, J., P. A. Krugman (1983) "Reciprocal dumping" model of international trade. *Journal of International Economics*, 15(3): 313-321.
[32] Brenner, N. (1998) Global cities, glocal states: global city formation and state territorial restructuring in contemporary Europe. *Review of International Political Economy*, 5(1): 1-37.
[33] Brooks, A. (2013) Stretching global production networks: the international second-hand clothing trade. *Geoforum*, 44: 10-22.
[34] Brown, D. K., A. V. Deardorff, R. M. Stern (1995) *Estimates of a North American Free Trade Agreement*. Springer Netherlands, 59-74.
[35] Brülhart, M., J. Torstensson (1996) Regional integration, scale economies and industry location in the European Union. *CEPR Discussion Paper*, 1435.
[36] Brunner, H. P. W. (2009) South Asia Regional Integration in Global Production Networks as Effective Response to the Economic Crisis. *Ssrn Electronic Journal*.
[37] Cairncross, F. (1997). *The Death of Distance: how the Communications Revolution will Change Our Lives (No. C20-21)*. Harvard Business School.
[38] Chang, W., L. A. Winters (2002) How regional blocs affect excluded countries: the price effects of MERCOSUR. *American Economic Review*, 92(4): 889-904.
[39] Chen, N. (2004) Intra-national versus international trade in the European Union: why do national borders matter? *Journal of International Economics*, 70(1): 334-335.
[40] Chen, L., P. D. Lombaerde (2014) Testing the relationships between globalization, regionalization and the regional hubness of the BRICs. *Journal of Policy Modeling*, 36(S1): 111-131.
[41] Chisholm, G. G. (1889) *Handbook of Commercial Geography*. Longman, Green.
[42] Coase, R. H. (1960) The problem of social cost. *Classic Papers in Natural Resource Economics*. Palgrave Macmillan, 87-137.
[43] Coe, N. M., M. Hess, H. W. C. Yeung, et al. (2004) Globalizing regional development: a global production networks perspective. *Transactions of the Institute of British Geographers*, 29(4): 468-484.
[44] Cooper, C. A., B. F. Massell (1965) A new look at customs union theory. *Economic Journal*, 75(300): 742-747.
[45] Combes, P. P., M. Lafourcade, J. F. Thisse, et al. (2011) The rise and fall of spatial inequalities in France: a long-run perspective. *Explorations in Economic History*, 48(2): 243-271.
[46] Corden, W. M. (1972) Economies of scale and customs union theory. *Journal of Political Economy*, 80(3): 465-475.
[47] Davis, C., K. I. Hashimoto (2016) Economic integration, monopoly power and productivity growth without scale effects. *Review of Development Economics*, 20(1): 152-163.
[48] Delaney, D., H. Leitner (1997) The political construction of scale. *Political Geography*, 16(16): 93-97.
[49] Dicken, P. (1976) The multiplant business enterprise and geographical space: some issues in the study of external control and regional development. *Regional Studies*, 10(4): 401-412.
[50] Dicken, P. (1992a) *The Global Shift-Internationalization of Economic Activity*. Paul Chapman Publishing, 130-139.

[51] Dicken, P. (1992b) International production in a volatile regulatory environment: the influence of national regulatory policies on the spatial strategies of transnational corporations. *Geoforum*, 23(3): 303-316.

[52] Dicken, P. (2003) *Global Shift: Reshaping the Global Economic Map in the 21st Century*. SAGE.

[53] Dicken, P. (2004) Geographers and "globalization": (yet) another missed boat? *Transactions of the Institute of British Geographers*, 29(1): 5-26.

[54] Dicken, P. (2005) Tangled Webs: Transnational Production Networks and Regional Integration. In Harald, B., S. Strambach (eds.) *Spatial Aspects Concerning Economic Structure*.

[55] Disdier, A. C., K. Head (2008) The puzzling persistence of the distance effect on bilateral trade. *The Review of Economics and Statistics*, 90(1): 37-48.

[56] Dunford, M., W. Z. Liu, G. Yeung (2014) Geography, trade and regional development: the role of wage costs, exchange rates and currency/capital movements. *Journal of Economic Geography*, 14(6): 1175-1197.

[57] Dunning, J. H. (1997) The European internal market programme and inbound foreign direct investment. *Journal of Common Market Studies*, 35(1): 1-30.

[58] Eichengreen, B., J. A. Frankel (1995) Economic regionalism: evidence from two 20th century episodes. *North American Journal of Economics & Finance*, 6(2): 89-106.

[59] Erll, A. (2010) Regional integration and (trans)cultural memory. *Asia Europe Journal*, 8(3): 305-315.

[60] Evans, P. (1997) The eclipse of the state? Reflections on stateness in an era of globalization. *World Politics*, 50(1): 62-87.

[61] Falcıoğlu, P., S. Akgüngör (2006) *Geographical Concentration Patterns and Innovativeness of Turkish Manufacturing Industry*. In Selected Proceedings of the Second International Conference, İzmir, Turkey. Yaşar University.

[62] Findlay, R., K. H. O'Rourke (2009) *Power and Plenty: Trade, War, and the World Economy in the Second Millennium*. Princeton University Press.

[63] Francois, J., M. Rombout (2000) Preferential trade arrangements, induced investment, and national income in a Heckscher-Ohlin-Ramsey model. Tinbergen Institute Discussion Paper.

[64] Frankel, J. A. (1991) Is a yen bloc forming in Pacific Asia? *Finance and the International Economy*, 5: 5-20.

[65] Frankel, J. A., E. Stein, S. J. Wei (1997) *Regional Trading Blocs in the World Economic System*. Peterson Institute.

[66] Fukao, K., H, Ishido, K. Ito (2003) Vertical intra-industry trade and foreign direct investment in east Asia. *Journal of the Japanese & International Economies*, 17(4): 468-506.

[67] Gibb, R., W. Michalak (1996) Regionalism in the world economy. *Area*, 28: 446-458.

[68] Gil-Pareja, S., R. Llorca-Vivero, J. A. Martínez-Serrano, et al. (2005) The border effect in Spain. *World Economy*, 28(11): 1617-1631.

[69] Gil-Pareja, S., R. Llorca-Vivero, J. A. Martínez-Serrano (2006) The border effect in Spain: the Basque Country case. *Regional Studies*, 40(4): 335-345.

[70] Graham, S. (1998) The end of geography or the explosion of place? Conceptualizing space, place, and information technology. *Progress in Human Geography*, 22(2): 336-349.

[71] Grant R. (1994) The geography of international-trade. *Progress in Human Geography*, 18(3): 298-312.

[72] Greig, J. M. (2002) The end of geography? Globalization, communications, and culture in the international system. *Osteoarthritis & Cartilage*, 46(2): 225-243.

[73] Hanson, G. H. (1998) North American economic integration and industry location. *Oxford Review of Economic Policy*, 14(2): 30-44.

[74] Hamilton, K. (1981) A note on the observed diurnal and semidiurnal rainfall variations. *Journal of Geophysical Research: Oceans*, 86(C12): 12122-12126.

[75] Harvey, D. (1990) *The Condition of Postmodernity: An Enquiry into the Conditions of Cultural Change*. Blackwell Publishers.

[76] Hellmanzik, C., M. Schmitz (2015) Virtual proximity and audiovisual services trade. *European Economic Review*, 77: 82-101.

[77] Helpman, E. (1999) The structure of foreign trade. *Journal of Economic Perspectives*, 13(2): 121-144.

[78] Henderson, J., P. Dicken, M. Hess, et al. (2002) Global production networks and the analysis of economic development. *Review of International Political Economy*, 9(3): 436-464.

[79] Hettne, B. (1999) *Globalization and The New Regionalism: the Second Great Transformation*. In Björn, H., I. András, S. Osvaldo (eds.) *Globalism and the New Regionalism*. Palgrave Macmillan.

[80] Henrekson, M., J. Torstensson, R. Torstensson (1997) Growth effects of European integration. *European Economic Review*, 41(8): 1537-1557.

[81] Hinojosaojeda, R. A., S. Robinson, J. D. Lewis (1995) Regional integration options for Central America and the Caribbean after NAFTA. *North American Journal of Economics & Finance*, 6(2): 121-148.

[82] Holinski, N., Kool, C. J., Muysken, J. (2012) Persistent macroeconomic imbalances in the Euro Area: causes and consequences. *Federal Reserve Bank of St. Louis Review*, 94.

[83] Hughes, A., N. Henry, J. Pollard (2000) Retailers, knowledges and changing commodity networks: the case of the cut flower trade. *Geoforum*, 31(2): 175-190.

[84] Hummels, D., P. J. Klenow (2005) The variety and quality of a nation's exports. *American Economic Review*, 95(3): 704-723.

[85] Israel, S., F. Buttler, C. Ingensiep, et al. (2017) Connected Europe (ans): does economic integration foster social interaction? *Journal of Contemporary European Studies*, 25(1): 88-106.

[86] Jessop, B., N. Brenner, M. Jones (2008) Theorizing sociospatial relations. *Environment & Planning D Society & Space*, 26(3): 389-401.

[87] Karras, G. (1997) Economic integration and convergence: lessons from Asia, Europe and Latin America. *Journal of Economic Integration*, 12(4): 419-432.

[88] Kashiha, M., C. Depken, J. Thill (2017) Border effects in a free-trade zone: evidence from European wine shipments. *Journal of Economic Geography*, 17(2): 411-433.

[89] Kelly, P. F. (1999) The geographies and politics of globalization. *Progress in Human Geography*, 23(3): 359-400.

[90] Kelly, P. F. (2009) From global production networks to global reproduction networks: households, migration, and regional development in Cavite, the Philippines. *Regional Studies*, 43(3): 449-461.

[91] Kettl, D. F. (2000) The transformation of governance: globalization, devolution, and the role of government. *Public Administration Review*, 60(6): 488-497.

[92] Kindleberger, C. P. (1966) European integration and international corporation. *Columbia Journal of World Business*, 1(1): 65-73.

[93] Koffs, L. S. (2008) Going all in: the gamble of globalization and European economic integration. *Pepperdine Policy Review*, 1(1): 6.

[94] Kox, H., A. Lejour, R. Montizaan (2004) Intra-EU trade and investment in service sectors, and regulation patterns. *International Trade*.

[95] Krapohl, S., S. Fink (2013) Different paths of regional integration: trade networks and regional institution-building in Europe, southeast Asia and southern Africa. *Journal of Common Market Studies*, 51(3): 472-488.

[96] Krauss, M. B. (1972) Recent developments in customs union theory: an interpretive survey. *Journal of Economic Literature*, 10(2): 413-436.

[97] Krishna, P. (1998) Regionalism and multilateralism: a political economy approach. *The Quarterly Journal of Economics*, 113(1): 227-250.

[98] Kruger, A. (1999) *Trade Creation and Trade Diversion Under NAFTA*. Social Science Electronic Publishing.

[99] Krugman, P. (1980) Scale economies, product differentiation, and the pattern of trade. *The American Economic Review*, 70(5): 950-959.

[100] Krugman, P. (1991) Increasing returns and economic geography. *Nber Working Papers*, 99(3): 483-499.

[101] Krugman, P. (1994) *Rethinking International Trade*. MIT Press.

[102] Krugman P. (1995) Increasing returns, imperfect competition and the positive theory of international trade. *Handbook of International Economics*, 3: 1243-1277.

[103] Krumm, K. L., H. J. Kharas (2004) East Asia integrates: a trade policy agenda for shared growth. World Bank, 675-676.

[104] Laurenceson, J. (2003) Economic integration between China and the ASEAN-5. *Asean Economic Bulletinm*, 20(2): 103-111.

[105] Lawrence, P., M. Bouzeghoub, F. Fabret, et al. (1997) *Workflow Handbook*. In Proc. Intl. Workshop on Design and Management of Data Warehouses DMDW'99.

[106] Lee, J. W., I. Park (2010) Free trade areas in east Asia: discriminatory or non-discriminatory? *World Economy*, 28(1): 21-48.

[107] Leontief, W. (1953) Domestic production and foreign trade: the American capital position re-examined. *Proceedings of the American Philosophical Society*, 97(4): 332-349.

[108] Linklater, A. (1998) *The Transformation of Political Community: Ethical Foundations of the Post-Westphalian Era*. University of South Carolina Press.

[109] Linge, G. J. R., F. E. I. Hamilton (1981) *Spatial Analysis, Industry and the Industrial Environment: Progress in Rsearch and Applications. Vol. 2. International Industrial Systems*. Wiley.

[110] Lipsey, R. G., K. Lancaster (1956) The general theory of second best. *Review of Economic Studies*, 24(1): 11-32.

[111] Loeve, A., J. D. Vries, M. D. Smidt (1985) Japanese firms and the gateway to Europe: the Netherlands as a location for Japanese subsidiaries. *Tijdschrift voor Economische en Sociale Geografie*, 76(1): 2-8.

[112] Lovett, S., Simmons, L. C., Kali, R. (1999) Guanxi versus the market: ethics and efficiency. *Journal of*

International Business Studies, 30(2): 231-247.

[113] MacDougall, J. A. (1951) *U.S. Patent No. 2,551,751*. U.S. Patent and Trademark Office.

[114] MacKinnon, D. (2012) Beyond strategic coupling: reassessing the firm-region nexus in global production networks. *Journal of Economic Geography*, 12(1): 227-245.

[115] Macleod, G. (2001) New regionalism reconsidered: globalization and the remaking of political economic space. *International Journal of Urban and Regional Research*, 25(4): 804-829.

[116] Magrini, S. (1999) The evolution of income disparities among the regions of the European Union. *Regional Science & Urban Economics*, 29(2): 257-281.

[117] Marston, S. A. (2000) The social construction of scale. *Progress in Human Geography*, 24(2): 219-242.

[118] Martin, A. A. (2010) Geographies of international trade: theory, borders, and regions. *Geography Compass*, 4(2): 94-105.

[119] Mathews, J. A. (2006) Dragon multinationals: new players in 21st century globalization. *Asia Pacific Journal of Management*, 23(1): 5-27.

[120] Mayer, T., M. J. Melitz, G. I. Ottaviano (2014) Market size, competition, and the product mix of exporters. *American Economic Review*, 104(2): 495-536.

[121] McCallum, J. (1995) National borders matter: Canada-U.S. regional trade patterns. *American Economic Review*, 85(3): 615-623.

[122] McConnell, J. E. (1986) Geography of international trade. *Progress in Human Geography*, 10(4): 471-483.

[123] Meade, J. E. (1955) *The Theory of Customs Unions (Vol. 1)*. North-Holland Publishing Company.

[124] Melitz, M. J. (2003) The impact of trade on intra-industry realloctions and aggregate industry productivity. *Econometrica*, 71(6): 1695-1725.

[125] Melo, J. D., C. Montenegro, A. Panagariya (1992) Regional integration old and new. Policy Research Working Paper.

[126] Michalak, W., R. Gibb (1997) Trading blocs and multilateralism in the world economy. *Annals of the Association of American Geographers*, 87(2): 264-279.

[127] Murray, W. E., J. Overton (2014) *Geographies of Globalization*. Routledge.

[128] Niebuhr, A. (2008) The impact of EU enlargement on european border regions. *International Journal of Public Policy*, 3(3): 163-186.

[129] Nitsch, V. (2000) National borders and international trade: evidence from the European Union. *Canadian Journal of Economics*, 33(4): 1091-1105.

[130] North, M. (1990) The public as sculpture: from heavenly city to mass ornament. *Critical Inquiry*, 16(4): 860-879.

[131] Novy, D. (2006) *Is the Ceberg Melting Less Quickly? International Trade Costs After World War II*. Social Science Electronic Publishing.

[132] O'Brien, R. (1992) Global financial integration: the end of geography. *International Affairs*, 68(3): 225-243.

[133] Oh, C. H., W. Selmier II (2008) Expanding international trade beyond the RTA border: the case of ASEAN's economic diplomacy. *Ssrn Electronic Journal*, 100(3): 385-387.

[134] O'Loughlin, J., L. Anselin (1996) Geo-economic competition and trade bloc formation: United States,

German, and Japanese exports, 1968-1992. *Economic Geography*, 72(2): 131-160.

[135] Olson, E. M., O. C. Walker Jr, R. W. Ruekert (1995) Organizing for effective new product development: the moderating role of product innovativeness. *The Journal of Marketing*, 59(1): 48-62.

[136] Overman, H. G., S. J. Redding, A. J. Venables (2001) The economic geography of trade, production, and income: a survey of empirics. *CEPR Discussion Paper*, 353-387.

[137] Panagariya, A. (1999a) *Preferential Trading and Welfare: The Small-union Case Revisited*. University of Maryland (unpublished).

[138] Panagariya, A. (1999b) The regionalism debate: an overview. *World Economy*, 22(4): 455-476.

[139] Pantulu, J., J. P. Poon (2003) Foreign direct investment and international trade: evidence from the US and Japan. *Journal of Economic Geography*, 3(3): 241-259.

[140] Park, D. (2007) The prospects of the ASEAN-China Free Trade Area (ACFTA): a qualitative overview. *Journal of the Asia Pacific Economy*, 12(4): 485-503.

[141] Park, D., I. Park, G. E. B. Estrada (2009) Prospects for ASEAN-China Free Trade Area: a qualitative and quantitative analysis. *China & World Economy*, 17(4): 104-120.

[142] Peschel, I., V. J. Emery (1981) Calculation of spin correlations in two-dimensional Ising systems from one-dimensional kinetic models. *Zeitschrift für Physik B Condensed Matter*, 43(3): 241-249.

[143] Pomfret, R., P. Sourdin (2009). Have Asian trade agreements reduced trade costs? *Journal of Asian Economics*, 20(3): 255-268.

[144] Prebisch, R., N. Unies (1950) *The Economic Development of Latin America and Its Principal Problems*. UY.

[145] Poon, J. P. (1997) The cosmopolitanization of trade regions: global trends and implications, 1965-1990. *Economic Geography*, 73(4): 390-404.

[146] Rauch, J. E., V. Trindade (2002) Ethnic Chinese networks in international trade. *Nber Working Papers*, 84(1): 116-130.

[147] Ravenstein, E. G. (1885) The laws of migration. *Journal of the Statistical Society of London*, 48(2): 167-235.

[148] Reiffenstein, T., R. Hayter, D. W. Edgington (2002) Crossing cultures, learning to export: making houses in British Columbia for consumption in Japan. *Economic Geography*, 78(2): 195-219.

[149] Rodríguez-Pose, A. (2012) Trade and regional inequality. *Economic Geography*, 88(2): 109-136.

[150] Sassen, S. (2003) Globalization or denationalization? *Review of International Political Economic*, 10(1): 1-22.

[151] Sazanami, Y. (1997) Globalization and regionalization: Japanese multinational enterprises in the Asia-Pacific. *Journal of Asian Economics*, 8(1): 1-13.

[152] Schott, J. J. (1991). Trading blocs and the world trading system. *World Economy*, 14(1): 1-18.

[153] Sekkat, K., O. Galgau (2004) The impact of the single market and the single currency on foreign direct investment in the European Union. *Ulb Institutional Repository*, 94(1): 641-661.

[154] Shen, H. (1999) Economic integration in APEC and the role of China. *J Struct Biol*, 117(1): 70-72.

[155] Sheppard, E. (2012) Trade, globalization and uneven development: entanglements of geographical political economy. *Progress in Human Geography*, 36(1): 44-71.

[156] Shin, M. E. (2002) Measuring economic globalization: spatial hierarchies and market topologies.

Environment & Planning A, 34(3): 417-428.
[157] Shu, Y., K. Zeng (2006) FDI flows between China and ASEAN: emerging factors and prospect. *China & World Economy*, 14(6): 98-106.
[158] Smith, A. (1776) *The Wealth of Nations*. The Modern Library.
[159] Smith, J. R. (1913) *Industrial and Commerrcial Geography*. H. Holt.
[160] Smith, M. (2000) *Transnational Urbanism: Locating Globalization*. Blackwell Publishers.
[161] Soloaga, I., L. A. Winters (2001) *How Has Regionalism in the 1990s Affected Trade?* Social Science Electronic Publishing.
[162] Steed, G. P. (1981) International location and comparative advantage: the clothing industries and developing countries. *Spatial Analysis, Industry and the Industrial environment: Progress in Research and Applications*, 2: 265-303.
[163] Swyngedouw, E. (2004) Globalisation or "glocalisation"? Networks, territories and rescaling. *Cambridge Review of International Affairs*, 17(1): 25-48.
[164] Taylor, P. J. (1982) A materialist framework for political geography. *Transactions of the Institute of British Geographers*, 7(1): 15-34.
[165] Telò, M. (2001) *Introduction: Globalization, New Regionalism and the Role of the European Union*. European Union and New Regionalism, Aldershot: Ashgate.
[166] Tinbergen, J. J. (1962) *Shaping the World Economy: Suggestions for an International Economic Policy*. The Twentieth Century Fund, New York.
[167] Tongzon, J. (2001) Efficiency measurement of selected Australian and other international ports using data envelopment analysis. *Transportation Research Part A Policy & Practice*, 35(2): 107-122.
[168] Tornell, A., G. Esquivel (1995) The political economy of Mexico's entry to NAFTA (No. w5322). National Bureau of Economic Research.
[169] Urata, S., M. Okabe (2013) Trade creation and diversion effects of regional trade agreements: a product-level analysis. *World Economy*, 37(2): 267-289.
[170] Vamvakidis, A. (1999) Regional trade agreements or broad liberalization: which path leads to faster growth? *Imf Staff Papers*, 46(1): 42-68.
[171] Van Hoa, T. (2010) Impact of the WTO membership, regional economic integration, and structural change on China's trade and growth. *Review of Development Economics*, 14(3): 577-591.
[172] Venables, A. J. (1999) Regional integration agreements: a force for convergence or divergence? The World Bank.
[173] Venables, A. J., K. H. M. Knarvik, H. G. Overman, et al. (2000) The location of european industry. *Economic Papers*, 142: 1-76.
[174] Venables, A. J. (2005) Spatial disparities in developing countries: cities, regions, and international trade. *Journal of Economic Geography*, 5(1): 3-21.
[175] Venables, A. J. (2016) Regional integration agreements: a force for convergence or divergence? *Social Science Electronic Publishing*, 113(490): 747-761.
[176] Viner, J. (1950) The customs union issue. *International Affairs*, 3(3): 93.
[177] Wei, S. J. (1996) Intra-national versus international trade: how stubborn are nations in global integration? Nber Working Papers.

[178] Winters, L. A., W. Chang (2000) Regional integration and import prices: an empirical investigation. *Journal of International Economics*, 51(2): 363-377.

[179] Wolf (2000) *Transboundary Freshwater Dispute Resolution: Theory, Practice and Annotated References*. United Nations University.

[180] Yang, Y. R., N. M. Coe (2009) The governance of global production networks and regional development: a case study of Taiwanese PC production networks. *Growth and Change*, 40(1): 30-53.

[181] Yeung, H. W. (2009) Regional development and the competitive dynamics of global production networks: an east Asian perspective. *Regional Studies*, 43(3): 325-351.

[182] Yeung, W. C. (2000) The dynamics of Asian business systems in a globalizing era. *Review of International Political Economy*, 7(7): 399-443.

[183] Yoskowitz, D. W., J. R. Giermanski, R. Pena-Sanchez (2002) The influence of NAFTA on socio-economic variables for the US-Mexico border region. *Regional Studies*, 36(1): 25-31.

[184] Zhu, S., J. Pickles (2014) Bring in, go up, go west, go out: upgrading, regionalisation and delocalisation in China's apparel production networks. *Journal of Contemporary Asia*, 44(1): 36-63.

[185] 陈航航、贺灿飞、毛熙彦："区域一体化研究综述：尺度、联系与边界"，《热带地理》，2018年第1期，第1～12页。

[186] 陈建军、肖晨明："中国与东盟主要国家贸易互补性比较研究"，《世界经济研究》，2004年第8期，第22～28页。

[187] 陈可达、杜德斌、张战仁："欧盟一体化与经济增长趋同性研究"，《经济地理》，2011年第4期，第548～554页。

[188] 陈雯："中国—东盟自由贸易区的贸易效应研究——基于引力模型'单国模式'的实证分析"，《国际贸易问题》，2009年第1期，第61～66页。

[189] 段春锦："CAFTA背景下中国边界地区一体化效应"（博士论文），山东大学，2014年。

[190] 高潮："澳大利亚：矿业之外投资天地宽"，《中国对外贸易》，2008年第8期，第70～73页。

[191] 韩永辉、罗晓斐、邹建华："中国与西亚地区贸易合作的竞争性和互补性研究——以'一带一路'战略为背景"，《世界经济研究》，2015年第3期，第89～98页。

[192] 贺灿飞、郭琪、邹沛思："基于关系视角的中国对外直接投资区位"，《世界地理研究》，2013年第4期，第1～12页。

[193] 贺灿飞、梁进社："中国外商直接投资的区域分异及其变化"，《地理学报》，1999年第2期，第97～105页。

[194] 贺灿飞、毛熙彦："尺度重构视角下的经济全球化研究"，《地理科学进展》，2015年第9期，第1073～1083页。

[195] 黄森才：《国际贸易地理（第2版）》，暨南大学出版社，2012年。

[196] 李景峰、刘英："国际贸易的新制度经济学分析"，《国际经贸探索》，2004年第2期，第11～14页。

[197] 李欣红："国际区域一体化的经济效应分析理论综述"，《财经政法资讯》，2007年第3期，第50～57页。

[198] 李玉举："中国双边自由贸易区建设的进展、成效及建议"，《国际经济合作》，2013年第4期，第34～38页。

[199] 梁双陆、程小军："国际区域经济一体化理论综述"，《经济问题探索》，2007年第1期，第

40～46 页.

[200] 林玲、王炎："贸易引力模型对中国双边贸易的实证检验和政策含义",《世界经济研究》,2004 年第 7 期, 第 54～38 页.

[201] 刘澄、王东峰："区域经济一体化的新制度经济学分析",《亚太经济》, 2007 年第 2 期, 第 27～28 页.

[202] 刘传江、吕力："长江三角洲地区产业结构趋同、制造业空间扩散与区域经济发展",《管理世界》, 2005 年第 4 期, 第 35～39 页.

[203] 楼朝明："影响中国企业在澳大利亚投资的政治经济因素分析",《国际商务研究》,2014 年第 1 期, 第 86～96 页.

[204] 毛熙彦、贺灿飞："'全球—国家—地方'尺度下的国际贸易环境效应研究进展",《地理科学进展》, 2016 年第 8 期, 第 1027～1038 页.

[205] 彭飞、韩增林："区域一体化背景下的环渤海地区制造业产业同构性分析",《世界地理研究》, 2012 年第 1 期, 第 121～130 页.

[206] 朴光姬："经济全球化与区域化的关系",《首都经济贸易大学学报》, 2000 年第 4 期, 第 11～12 页.

[207] 全毅、高军行："东亚经济一体化的贸易与投资效应",《国际贸易问题》, 2009 年第 6 期, 第 64～70 页.

[208] 邵秀燕："区域经济一体化进程中东盟投资效应分析",《世界经济与政治论坛》, 2009 年第 22 期, 第 43～50 页.

[209] 施炳展："我国与主要贸易伙伴的贸易成本测定——基于改进的引力模型",《国际贸易问题》, 2008 年第 11 期, 第 24～30 页.

[210] 施炳展："文化认同与国际贸易",《世界经济》, 2016 年第 5 期, 第 78～97 页.

[211] 史智宇："中国东盟自由贸易区贸易效应的实证研究"(博士论文), 复旦大学, 2004 年.

[212] 孙烽："再论区域经济一体化和经济全球化的关系: 一种新制度经济学角度的解释",《当代财经》, 2000 年第 9 期, 第 14～17 页.

[213] 孙林、李岳云："中国与东盟主要国家农产品的贸易、竞争关系分析",《世界经济研究》, 2003 年第 8 期, 第 81～85 页.

[214] 孙哲、刘建华："产业地理与结盟游说——考察美国对华贸易政策的新视角",《世界经济与政治》, 2007 年第 6 期, 第 28～36 页.

[215] 宋兰旗："亚太区域经济一体化的进程与影响因素",《经济纵横》, 2012 年第 12 期, 第 87～89 页.

[216] 王珏、陈雯："全球化视角的区域主义与区域一体化理论阐释",《地理科学进展》, 2013 年第 7 期, 第 1082～1091 页.

[217] 王亮、刘卫东："西方经济地理学对国家边界及其效应的研究进展",《地理科学进展》, 2010 年第 5 期, 第 601～608 页.

[218] 汪占熬、陈小倩："中国—东盟自由贸易区投资效应研究",《华东经济管理》, 2013 年第 6 期, 第 65～69 页.

[219] 小岛清:《对外贸易论》, 南开大学出版社, 1988 年.

[220] 徐婧:"CAFTA 对中国和东盟贸易扩大效应的实证研究",《世界经济研究》, 2008 年第 10 期, 第 63～68 页.

[221] 杨宏恩："中国—东盟经济合作与东亚金融危机后的东盟经济增长"，《财贸经济》，2011年第12期，第89~96页。
[222] 杨树明、刘会春："区域贸易协定对非协定成员国隐性歧视的分析"，《中山大学学报（社会科学版）》，2007年第6期，第106~112+133页。
[223] 于志达：《国际贸易地理》，清华大学出版社，2010年。
[224] 周曙东、崔奇峰："中国—东盟自由贸易区的建立对中国进出口贸易的影响——基于GTAP模型的模拟分析"，《国际贸易问题》，2010年第3期，第54~59页。
[225] 周文贵："北美自由贸易区：特点、运行机制、借鉴与启示"，《国际经贸探索》，2004年第1期，第16~21页。
[226] 朱润东、张彬："美国和墨西哥在CUSTA和NAFTA中的贸易增长效应"，《国际贸易问题》，2009年第8期，第45~51页。

第十八章　区域经济发展理论

引　言

　　区域经济发展是经济地理学研究的经典领域。在早期，经济地理学借鉴主流经济学理论和方法探讨区域发展的趋同与趋异以及区域发展不平衡等问题。20 世纪 80 年代，经济地理的"新区域主义"转向开始关注产业集聚、产业集群、创新学习、知识创造等与区域发展的关系，从微观层面揭示区域发展机制。同时，经济地理学从演化经济学、制度经济学和经济社会学吸收营养，拓展区域经济发展的"非经济"理解，区域发展研究转向了对文化、社会和制度重要性的关注。在经济全球化的背景下，区域成为直接参与国际竞争的主体，全球—地方互动是区域发展的动力源泉。区域需要适应快速变化的技术和经济环境，并在资本全球流动中展现自己的竞争策略。目前，区域经济发展理论呈现出多元化视角，如政治经济学、全球生产网络、演化、知识与创新、可持续发展以及后发展主义视角等。

第一节　区域增长理论

一、区域趋同理论

　　新古典区域增长理论认为，区域增长决定其收入、经济和社会福利水平。长期来看，区域产出人均收入的差异将逐步减少，最终走向经济趋同并达到均衡（Martin and Sunley, 1998）。新古典增长理论以产出增长来评价区域增长，产出增长指区域内生产能力的提高，反映了该地区对资本和劳动力的吸引力；人均产出增长则是一个生产率指标，与该地区全员劳动技能密切相关并反映劳动力经济和社会福利水平；人均产出能够解释地区资源有效利用程度，体现地区竞争力水平。地区产出增长取决于三个生产要素：资本、劳动力和技术。

新古典增长理论认为，地区增长差异主要是因为技术进步速率，即资本—劳动力比率的不同。劳动人均产出随着人均资本率的增加，先提高，后随着边际收益的递减而减缓。当边际生产的增加值为零时，人均资本率和劳动者人均产出达到均衡。长期来看，技术进步是地区产出增长的关键因素（Armstrong and Taylor，2000）。新古典增长理论认为，技术进步与其他决定性因素如人力资本、储蓄率和人口增长率等互不关联，因而也经常被称为外源性增长理论。

新古典增长理论隐含三个基本假设：①交易双方具有经济理性；②生产要素可以在不同区域之间充分流动；③规模报酬不变。这种完全理性、健全的市场机制和生产要素的自由流动能够减小地区间的社会经济差异，其逻辑是：当一个地区拥有较高的资本—劳动力比率时，该地区的工资水平上升，资本回报率降低，资本外流，但同时，高工资可以吸引劳动力流入；相反，在资本—劳动力比率较低的地区，工资水平低，资本回报率高，资本流入，但是低工资导致劳动力外流。与单位劳动力占有较高资本的地区相比，单位劳动力占有较低资本的地区有较高的投资和较高的增长率，在长期内这种市场机制将缩小地区之间资本—劳动力比率，从而实现区域趋同（Barro and Sala-i-Martin，1995）。同时，技术的跨区域传播使落后地区能够赶上先进地区，最后区域内的技术达到同一水平（Malecki，1997）。当区域产出增长趋同时，区域发展也就达到了均衡。新古典增长理论指导下的区域政策属于"自由市场"政策，认为政府干预可能阻碍也可能加速区域均衡，但不论政府干预与否，在长期内，区域均衡总会实现。

区域发展趋同有四种形式。①绝对 β 趋同假设由不同经济体组成的群体中，不同国家和地区具有完全相同的投资率、人口增长率、资本折旧率和生产函数等基本经济特征，因此具有完全相同的增长路径和均衡状态。随着时间推移，所有国家或地区将收敛于相同的人均收入水平。②条件 β 趋同放弃了不同区域具有相同基本经济特征的假设，不同经济体按照不同速度收敛于不同的人均收入水平。③ σ 趋同认为，不同国家和地区的人均收入水平将达到同一水平。④俱乐部趋同认为，结构特征相似且初始收入水平也相同的国家和地区，其长期人均收入水平也将实现趋同。从比较优势理论视角来看，新古典增长理论认为国家或地区通过专注于自身拥有的自然资源、劳动力、资本等资源进行专业化和贸易，能够促进资源的优化配置和区域发展的趋同。

实证研究表明，不同时间、不同区域趋同的速度和水平不同（Armstrong and Vickerman，1995；Scott and Storper，2003），而且是一个缓慢而不连续的过程（Barro and Sala-i-Martin，1991；Martin and Sunley，1998）。经济快速发展时，区域趋同加快；经济

发展变慢或陷入萧条时，区域趋同变慢。从 20 世纪 80 年代开始，区域趋同总体变慢（Dunford，1993）。实证研究发现，在区域之间出现了"俱乐部趋同"现象，OECD 成员国、发展中国家和欠发达国家之间形成了相互分割的俱乐部趋同。在区域内部，美国和欧洲内部出现了增长速度不同的区域集群（Armstrong and Vickerman，1995）。

新古典增长理论的局限性是显而易见的。首先，其假设不符合实际情况，生产要素不可能在区域之间完全自由流动（Armstrong and Taylor，2000）。一方面，不同区域有不同的资本可获得性和可用性（Mason and Harrison，1999），即使资本可以自由流动，劳动力也可能因为家庭、住房和子女教育等原因形成地域依赖；另一方面，投资者和劳动者不可能掌握完全信息并对价格信号做出及时反应，买卖双方市场也不是完全竞争的，商品、服务提供者和购买者可能影响市场交易。基于资源禀赋的静态均衡模型、新古典主义的要素收益递减、区域之间拥有同等技术的假设等同样存在局限性（Kitson et al.，2004）。

其次，新古典增长理论把技术和劳动力作为外生要素降低了模型的实用价值。实际上，技术在区域之间存在巨大差异且新技术的传播遵循距离衰减定律（Malecki，1997）。新古典主义理论假设，在既定生产力水平下，收益率随着规模扩大而不变，但是尖端技术的收益率有可能是规模递增的，区域增长差异可能是因为区域创新能力和吸收转移技术能力不同导致的（Armstrong and Taylor，2000）。区域差距的减小也可能是因为后发国家吸收发达国家的技术转移导致的（Williamson，1965；Richardson，1980），因此，技术和人力资本应该是增长模型的内生因素。

最后，新古典主义的调节机制只有在长期或者特定时期才有效，资本存量、劳动力和技术都带有区域特征（Martin and Sunley，1998）。然而，新古典增长理论仍强调有条件趋同，即不同区域具有相同基本经济特征（Barro and Sala-i-Martin，1995）。尽管受到批评和质疑，新古典增长理论仍然极大地影响了区域发展政策。

二、区域趋异理论

1. 出口基础理论

出口基础理论强调外部对本地区产品和服务的需求决定了本地区增长率，地区出口增长的不同导致了地区增长差异。出口基础理论最早强调对自然资源的开发，将资源依赖型地区纳入国际贸易体系（Innis，1920；North，1955）。随后出口基础理论发展了区域专业化分工理论来解释区域持续增长和衰退现象，认为地区可以充分利用相对丰富的资源，如原材料、劳动力、资本或技术进行专业化生产并用于出口，从而推动经济增长（Armstrong and Taylor，2000）。

外部需求可以刺激本地基础产业和非基础产业，并通过收入与消费乘数效应带动地方和区域经济增长。这种效应既可能是正面的，也可能是负面的。正面的乘数效应包括投资增长、人口流入、对本地产品和服务需求增加、本地产业链扩展等；但是，外部产品需求改变、技术变化、同类产品竞争也可能导致这种乘数效应向相反方向累积发展。地区出口产品外部需求可能受到本地出口产品价格、产品质量和售后服务、产品出口地区收入水平、替代产品价格等多种因素的影响。从产品生产要素看，工资、资本、原材料、中间投入和技术都会影响该地区的出口竞争力，要提高产品竞争力，需要降低成本、提高生产率或开发新的出口市场。只有在需求和供应都处于良性的状态下，地区出口和经济才能保持稳定增长。

2. 累积因果理论

卡尔多（Kaldor，1970，1981）明确否定了新古典增长理论规模收益不变或递减的观点，认为规模收益是递增的，投入增加将带来超过正常比例的收益。建立在收益递增基础上的增长过程具有累积效应，因为快速增长地区通过不断扩大的规模逐渐掏空了其他地区，从而强化自身专业化优势。因此，地区增长取决于地区专业化程度、规模经济效应和产业结构。制造业是地区"增长的飞轮"，能够培育新技术，提高生产率。

缪尔达尔（Myrdal，1957）提出的累积因果理论关注增长过程的累积效应以及由此导致的区域非均衡发展，强调规模经济、集聚经济和外部经济带来的收益递增。发达地区通过占有优质生产要素并牺牲落后地区的发展强化自身增长，落后地区则通过"涓滴效应"接受发达地区的技术传播或出口产品到发达地区市场（Hirschman，1958）。但在累积因果理论中，发达或核心地区强大的集聚经济对包括资本的生产要素吸引力过于强大，甚至抵消了落后地区对资本的吸引力，因此，落后地区可能面临着资本和劳动力双重流失的危险，进一步加大区域间的不平衡。累积因果理论认为，贸易自由化、完全市场化将以牺牲落后地区为代价，加剧核心地区和边缘地区的极化发展，而不是新古典增长理论所认为的区域趋同。当然，一旦某一地区因为外部生产要素价格上升等原因丧失出口产品的竞争力，这种负面效应累积将加速地区衰退。

3. 内生增长理论

由于不认同新古典增长理论将生产要素如技术、人力资本、人口增长、储蓄率等作为外生性变量，经济学者开始将这些生产要素融入到内生增长模型中以解释经济增长现象（Martin and Sunley，1998）。内生增长理论将收益递增引入新古典增长理论的内生模型中以确定长期增长率，重点关注区域趋异的动态变化过程。内生经济增长模型认为科技进步既是经济增长的原因，也是经济增长的结果（Armstrong and Taylor，2000）。包含在资本或产品中的外源性技术可以通过购买获得，而且成为决定一个地区技术水平的主要因素，比如改革开放以来，中国主要依靠引进欧美先进生产技术来提高劳动生产率。然而，不包含在资本或产品中的隐性技术却会加剧区域经济差异，隐性知识更可能产生在知识积累丰富和创新氛围环境中，因而发达地区和落后地区的差异是二者将创新与增长相关联能力的差异。

既然市场机制将扩大区域经济差异，那么政府就有必要对此进行干预（McCrone，1969；Kaldor，1970）。内生经济增长理论对内生要素的强调促使政策制定者将关注点转移到调动本土潜能上来，强调利用各种手段促进技术进步和人力资本提升。传统模式主张将增长从增长型地区引导到落后地区，但是这种模式投入成本太高，重新分配地方利益的过程复杂。新的增长导向型政策提倡对国家经济体系内的所有地区给予同样的关注，并提高区域内每寸领土上的经济绩效，以改善地方、区域和国家的总体经济产出。此外，技术和创新能力的不均衡分布导致了地域间差异，落后地区可能因为经济规模小、生产能力和投资溢出不足而产生"增长边缘化"危机（Rodríguez-Pose，2001），因此，区域间的交流合作至关重要，可以为落后地区带来先进的生产技术和理念。

区域趋异理论也存在诸多局限性。尽管出口基础理论考虑外部需求和生产要素供给两方面的要素，但模型过于简化，没有考虑区域经济发展中具有重要作用的因素，如创业精神、公共政策等，而且也没有解释需求对地区出口的决定性影响（Armstrong and Taylor，2000）。累积因果理论认为，极化效应将加剧区域发展区域差异，但核心地区对周围地区产品和劳动力的需求将产生"涓滴效应"，从而带动周边区域的发展，并且借助政府有意识的权力下放，促进地区工业发展的政策有利于地区均衡发展，从而抵消极化效应（Townroe and Keen，1984）。内生经济增长理论因为坚持新古典模型框架，如经济人理性假设而遭到批评（Martin and Sunley，1998）。内生增长理论只关注供给方因素，忽略了出口需求、就业和生产平衡等（McCombie and Thirlwall，1997），也无法解释区域趋同或趋异过程（Martin and Sunley，1998）。同时，内生增长理论在解释社会历史和制度如何影响经济增长方面也是薄弱的。

第二节 区域发展理论

一、发展阶段理论

1. 胡佛区域发展阶段理论

早期发展阶段理论将产业结构变动运用到区域发展中。随着时间推移，地区的经济将从低级向高级发展，经历从农业到制造业到服务业再到知识经济的发展过程，经济结构变动将带动经济增长（Clark，1939；Fisher，1939）。

胡佛和费雪（Hoover and Fisher，1949）提出区域经济发展存在"标准阶段次序"。①自给自足阶段。经济活动以农业为主，区域间相对封闭，缺少交流贸易，人口按照资源基础分布。②乡村工业崛起阶段。随着交通条件日益改善和农业剩余增加，地区专业化和区域贸易发展起来，手工业劳动者出现，但原材料、劳动力来自于农民，手工业基本为农民服务，且集中在农业发展水平较高的地区。③农业生产结构转换阶段。地区专业化和区域贸易加强，区域农业生产结构由粗放的畜牧业向集约化、专业化的种养殖业转型，如种植水果、发展蔬菜农场和生产日用农产品等。④工业化阶段。人口的增长、农业生产和采掘业效益的下降迫使区域进行工业化变革，早期的工业化建立在原有农产品基础上，以食品加工、木材加工和纺织等行业为主，后期由于廉价水电的保障，发展以工业原料为主的石油加工、冶炼、机械制造和化学工业，工业成为区域增长的主导力量。⑤服务业输出阶段。服务业成为推动区域经济增长的重要动力，区域开始输出资本、熟练技术人员、为欠发达地区提供专业化服务。

2. 罗斯托经济起飞模型

罗斯托（Rostow，1971，1990）的经济起飞模型是美国宣扬发展主义和自由市场式民主的标志性理论。经济起飞模型将一个国家或区域的经济增长划分为六个阶段。①传统社会阶段。社会生产能力有限，经济活动围绕生存展开，相对封闭和孤立，仍然采用牛顿时代以前的技术和世界观，对现代化缺少兴趣。目前许多非洲原始部落国家仍处于这个阶段。②准备起飞阶段。以农业或劳动密集型制造业为主导产业，最重要的任务是进行经济体制改革，关键是获得发展急需的资金。③起飞阶段。是一个国家或地区摆脱落后状态的关键阶段，大量劳动力从农业转移到制造业，外国投资明显增加，国家或地区以某些成长速度快的产业为基础，出现若干增长极，开始出口劳动密集型产品如服装鞋帽、玩具等。经济起飞需要具备四个基本条件：生产性投资占国民收入的10%以上；具有若干个增长率很高的产业部门；发明创新很活跃，并与生产过程紧密结合；有适宜的政治、社会和文化环境。④向成熟推进阶段。现代技术普及大部分产业部门，投资增长超过人口增长，产品种类增多，产品附加值提高，从劳动密集型产业向资本密集型产业转型，企业开始对外投资。⑤大众消费阶段。越来越多的资源用于生产耐用消费品及服务业，居民在教育、休闲、社会保障、国民安全中的花费增加。⑥超越大众消费阶段。强调居民对生活质量的追求，需要解决妨碍经济增长的社会问题。

罗斯托的经济成长阶段理论强调了国际贸易对国家或地区的重要性，在一定程度上指导了落后国家的发展。但是，这个理论是在总结世界特别是发达国家的发展历程后提出的,对欠发达地区也许有借鉴意义,并未回答"发达国家未来该往何处去"的问题。同时,经济成长阶段理论是一种线性的发展理论,忽略了经济发展模式是多种多样的(Kuznets,1966)。

3. 威廉姆森倒 U 形曲线

J. 威廉姆森(Williamson,1965)以罗斯托的经济成长阶段理论为基础,研究了英格兰东部 110 年的经济统计资料,对全世界 24 个国家的经济数据进行了"剖面和时间序列分析",提出了倒 U 形曲线理论:在国家经济发展初期,随着经济增长,区域间的差异将逐渐扩大;当经济发展成熟后,区域间差异趋于收敛。倒 U 形假设也是新古典均衡增长理论中最有影响力的理论。

威廉姆森将地区间差异呈先扩大后缩小的现象归结于四个原因。①劳动力迁移。经济发展初期,交通条件落后,迁移成本高,只有受过高等教育、有一定技能或企业家精神的劳动力才能实现迁移。当经济发展成熟后,交通条件改善,劳动力可以自由迁移,发达地区劳动力市场饱和,开始向欠发达地区回流。②资金流动。在新古典增长理论的分析,落后地区资本—劳动力比率低,劳动力价格便宜,资本回报率高,将吸引资本流入。但是在国家或地区经济发展初期,全国资本市场分割,无法自由流动,同时发达地区因为集聚经济、规模效应反而有更高的资本回报率,吸引资本流入。经济发展后期,全国资本市场统一,发达地区资本回报率下降,资本流入欠发达地区。③国家政策。经济起飞阶段,国家资源有限,利用财政、税收、贸易、关税等政策"让一部分地区先富起来"。随着经济发展,区域差异扩大,影响国家和社会稳定,国家开始追求社会公平而非经济效率,通过转移支付、产业转移等方式支持落后地区发展。④区域间沟通渠道改善。经济发展早期区域间相对独立,全国市场分割为许多地方市场,发达地区的先进技术、社会及体制变革、收入乘数效应无法扩散到落后地区;当建成全国统一市场后,交流逐渐顺畅,"先富带动后富,最终实现共同富裕"。

4. 雁行理论

雁行理论由日本经济学家赤松要在 1935 年提出,用来说明日本产业的成长模式,后经过山泽逸平扩展修改。该理论认为,日本的产业通常要经过引进新产品、进口替代、出口成长、成熟、逆进口五个阶段,并呈周期性循环(山泽逸平,1991)。①引进阶段。新商品进入国内市场,刺激国内需求,虽然有部分国内厂商引进技术并仿照生产,但拥有质量和成本优势的国外产品仍占据垄断地位。②进口替代阶段。国内需求继续增长,国内厂商扩大生产规模,并提高质量、降低成本,国内政府也利用关税政策保护民族产业,进口商品逐渐被国产商品替代。③出口成长阶段。国内需求放缓,为消化过剩产能,国内厂商开辟海外市场。④成熟阶段。国内需求停滞,其他后发国家竞争,出口下滑,国内生产萎缩。⑤逆进口阶段。后发国家占领国内市场。

近年来中国智能手机的发展可以明显看出这一过程，先是 iPhone4 引进国内，引发换机狂潮，苹果公司赚取超额利润。2011 年第一代国产小米手机发布，OPPO、vivo、金立、魅族、华为等手机相继崛起，并占领国内 50%以上市场份额。近几年，国内智能手机市场已经处于饱和状态，许多手机厂商纷纷"出海"印度、巴西、俄罗斯等国。

20 世纪 60 年代后，特别是 70 年代，一些日本学者开始关注东亚区域内投资、贸易的产业关联，小岛清对比了日本对外直接投资和美国跨国企业对外投资的不同点，以"比较优势论"的比较成本和比较利润解释日本通过对外投资带动贸易增长的现象，将雁行理论推向新高度（小岛清，1973）。20 世纪 70 年代以来，日本将失去比较优势的产业通过对外投资和技术转移对外迁移，首先向"亚洲四小龙"地区进行转移，其次转向东南亚和中国沿海地区。在东亚地区经济和科技发展的每一阶段及产业转移的每一周期，都由日本扮演"领头雁"的角色，"亚洲四小龙"居中，东南亚及其他国家和地区位于雁尾。日本通过经济援助、对外直接投资、对外贸易等途径强化其在亚太地区的核心地位。随着日本的经济成功和"亚洲四小龙"的崛起，雁行理论研究从产业循环和区域经济方面向国际政治领域渗透，成为日本政府鼓吹东亚经济圈的理论依据。

雁行理论是指导后发国家进行赶超的理论，曾经发挥过重要作用，但是该理论强调后发国家吸收先进国家——主要是日本的新技术、新产品，进行国产化研究和进口替代，最终实现国产产品出口，实现完整的产业移植的过程，这是一个不平等的过程。这意味着后发国家的技术研发、市场两头在外，必须完全依赖发达国家的技术转移和市场需求，一旦"领头雁"发生政治、经济危机，尾随的雁阵也将受到冲击。

5. 产业结构演变理论

除了早期的克拉克和费雪的产业结构转换模型，将产业结构与区域发展结合起来的理论还有周期理论和长波理论。产品生命周期理论认为，不同区域的空间要素成本与其所处的产品、产业生命周期直接相关（Storper and Walker, 1989）。理论以美国跨国公司为例，从微观视角考察其投资地点的选择，将出口导向型地区的产业结构与其发展联系起来（Norton and Rees, 1979；Storper, 1985）。产品生命周期理论将产品生命分为初期、成长期、成熟期、饱和期和衰退期五个阶段。①初期。初创企业选址往往具有随机性，一般分布在创新者居住地、主要供应商或研发机构周边，具有高度创新性公司、密集研发部门、高技能科研人员或工程师的区域具有明显优势。②成长期。开始大规模生产，最初的工厂仍靠近研发机构，此时技术稍有改进但变化不大，企业靠管理和资本取胜，拥有先进管理经验、丰富资本、熟练劳动力和规模经济的区域能够实现快速增长。③成熟期。产品技术稳定，极少创新，产品生产流程标准化，资金实力、低廉的劳动力成为竞争优势，产品生产转移到核心国家外围地区或欠发达国家，再返销到核心国家，这个时期核心地区已经开始新一轮的产品生命周期。④饱和期。情况与成熟期类似，但市场需求衰退，产量开始下降。⑤衰退期。产量急剧下降。

然而产品生命周期理论只关注产品个体，仅适用于某一特定历史时期，而且其将劳动力作为主要成本因素，并过于强调技术的决定性作用，缺乏对创新的概念界定（Sayer，1985；Schoenberger，1989）。为了弥补这些缺陷，马尔库森（Markusen，1985）在借鉴熊彼特创新主义和非均衡发展理论的基础上，提出了盈利周期理论，更多地关注市场和企业战略的作用（Gertler，1984）。盈利周期理论将区域产业结构分为零利润、超额利润、平均利润、平均利润上下波动、亏损五个阶段，对区域发展的影响过程与产品周期理论类似，但在理论解释上更灵活，更能适应复杂的工业化过程（Schoenberger，2000）。

长波理论最早由尼古拉·康德拉捷夫（Nikolai Kondratiev）提出。他利用计量手段分析了1780~1920年共140年的资本主义发展历程，并将其划分为两个半长波，1780年到1844~1851年为第一个长波，1844~1851年到1890~1896年为第二个长波，1890~1896年到1920年为半个长波。康德拉捷夫认为资本主义的经济波动是由固定资本产品如蒸汽机、发电机和电动机的更新换代引起的。熊彼特（Schumpeter，1994）进一步运用技术创新理论解释了这种波动：经济周期性波动是由影响大、历时长的技术创新活动引起的，两个长波浪之间的过渡阶段为"创造性破坏"，衰退虽然会对创新造成"打击"，但能够刺激创业活动，从而为产业结构变化和后继"技术—经济"范例奠定基础。熊彼特将经济长周期分为上升波和下降波，重大技术发明创新和普及将会引发大的创新活动浪潮，提高劳动生产率，刺激需求，引起经济高涨，形成"上升波"。当新技术发展成熟并普及到一定程度后，产量大幅增加，需求饱和，价格下降，超额利润消失，许多企业亏损甚至破产，经济不景气，形成经济长周期的"下降波"，同时也在孕育催生下一个经济成长周期的新技术，如此循环往复前进。

纵观过去二三百年的世界经济发展史，可以将其划分为五个周期（Dicken，2007），不同周期对区域发展的影响也不一样。①18世纪80年代晚期到19世纪40年代，以纺织机、蒸汽机、钢铁为基础的产业革命时期，英国兰开夏郡（纺织工业），布莱克康特（煤炭、钢铁）等地崛起；②19世纪50~90年代，大陆工业兴起，以钢铁生产创新和蒸汽机广泛使用为标志，因此也被称为世界铁路化时代，英格兰东北部、德国鲁尔、加拿大安大略湖等地迅速发展；③19世纪90年代到20世纪30年代，帝国主义扩张，以电力、化工和内燃机的使用为标志，大伦敦地区、美国五大湖等地区成为新的增长极；④20世纪40~70年代，战后繁荣期，石油化工、汽车制造业发展迅速，西班牙加泰罗尼亚和韩国釜山等欠发达地区发展速度超过发达地区；⑤20世纪70年代至今，被称为"康德拉捷夫第五波浪",电子信息技术广泛使用,出现了许多高科技产业集聚地带,如美国硅谷、英国剑桥和"M4走廊"、法国法兰西岛、印度班加罗尔地区等。

长波理论印证了马尔库森的盈利周期理论。由于技术成熟和普及,创新带来的超额利润降到平均利润线附近甚至出现亏损,寡头垄断取代自由市场竞争。克拉夫茨(Crafts,1996)认为两个长波浪之间的过渡阶段即经济衰退,但创新萌芽时期是区域趋异的阶段,区域创新能力差异导致了经济增长失衡。当然,也有人批评长波理论是"唯技术决定论"(Malecki,1997),忽视了地方和区域的复杂性、差异性,缺少对社会—体制演变过程的深入探讨(Dawley,2003)。

二、不平衡发展理论

1. 增长极理论

增长极指经济增长过程集中的地方,其增长可以带动周围地区的经济增长。增长极的概念最初由法国经济学家佩鲁于1955年提出,原指在特定环境中推动经济增长的企业或产业。1966年,其学生雅克·布德维尔(Jacques Boudeville)把地理概念引入增长极,提出形成增长极的产业可能在地理上聚集于一个都市区域。此后,增长极被广泛应用于区域研究和区域规划及政策中。

发达国家和发展中国家都采用过各种增长极战略。这些战略都寄希望于在欠发达地区的一个或若干个城市布局一组带动性工业,形成增长极,从而推动整个区域经济的增长。但由于核心—边缘机制的存在以及其他一些现实性问题,如地区的基础结构等,增长极战略成功的例子很少(John,1999a,1999b)。采用增长极战略必须要有一定的区域条件,即必须以发达的城市经济作为依托,包括比较完备的工业体系、较为成熟的技术力量、较为广阔的市场以及发达的交通运输网络。该理论所针对的区域不是贫困落后地区,而是处于比较成熟阶段的区域。在落后地区,用增长极理论模式来指导区域开发是不适合的(安虎森,1997)。20世纪80年代,增长极思想广泛地影响中国区域发展战略和区域规划。

2. 赫希曼的区域发展不平衡

赫希曼(1991)把非均衡发展看作是经济发展的常态。他认为经济发展不会在各处同时出现,一旦在某一点出现,强大的经济增长力将在这个最初的增长点周围集中。增长极的动力来自于核心企业家善于发挥集聚经济优势和"动态增长气氛"。在一部分国土上的经济增长显然会变为促进其他部分国土经济增长的动力。赫希曼将增长地区设为

"北方",将落后地区设为"南方",北方的增长对南方将有很多有利或不利的直接经济影响。有利的影响称为"滴涓效应",而不利的影响称为"极化效应"。滴涓效应形成的原因主要是北方对南方的购买力和投资增加,在这个过程中,由于贫困地区隐蔽失业和外向移民,南方地区的边际劳动生产率和人均消费水平也有可能增加。极化效应的形成则是由于北方有效率的生产者通过竞争抑制南方地区的经济活动,同时,由于选择性移民,使得南方失去了关键的技术人员、管理人员和有进取心的年轻人。赫希曼在分析中也意识到,某些非地方性的增长效应也可能是消极的,经济增长的累积集中将加大地区间的经济差异。不过,他认为长期的地理滴涓效应将足以缩小这种差异。

3. 政治经济学的区域不均衡发展理论

20世纪60年代末,资本主义发生的结构性改变及其对区域发展的影响引起了马克思主义学者极大兴趣。去工业化、向服务业转型、生产要素国际流动性提高,以及社会、经济、性别和种族等方面的区域不平衡发展,招致了激进派对区域发展理念的强烈批判(Harvey,1982)。

马克思主义学者将区域发展的研究重点转向理解和解释地区产业结构的周期性调整及"社会劳动空间分工"变化,即以地域空间为依托的资本、劳动力和国家之间的社会关系组织结构(Lovering,1989;Massey,1995)。地方和区域的综合增长数字掩盖了空间结构的相互关系及其对专业化区域功能分工的影响。各区域分别承担某种专业化分工职能,例如总部、研发部门或装配线,并在此基础上形成了地方之间的等级关系。传统意义上集所有功能于一地的区域产业专业化被不断重新分割,打破了原有的空间分工。资本主义发展固有的周期性危机孕育了新的危机并导致区域发展的空间、技术和社会因素不稳定性(Harvey,1982;Storper and Walker,1989)。区域增长只不过是区域趋异或趋同的一个过程或历史阶段(Martin and Sunley,1998)。区域产业专业化的地域分布不平衡意味着核心地区和边缘地区之间的区域分工协作以及相应的职业分工(Massey,1995)。"发展"意味着提升区域的专业化功能,使其涉足更高级别的经济活动,比如培育对区域发展具有更积极影响的企业总部和研发机构,提供工资水平更高的就业机会等。地区在区域间社会分工中地位和角色的变化决定了区域发展的变化(Sawers and Tabb,1984)。

资本积累和阶级矛盾带来的社会动力是马克思主义政治经济学的核心,它强调外部力量在地方和区域经济、社会中的关键作用(Dunford and Perrons,1994;Perrons,2004)。空间和地方是马克思发展理论的研究重点(Beynon and Hudson,1993)。对马克思主义理论的批判焦点集中在其试图以社会劳动的地域分工来平衡社会结构的决定性作用和社会主体的作用；以国家为中心的制度设计；较少关注地方劳动力市场规制和劳动力再生产等（Sunley，1996；Dawley，2003）。建立在马西（Massey，1995）开创性工作的基础上，政治经济学仍然对经济地理、区域发展研究产生了深远影响（Pike，2005；MacKinnon and Cumbers，2007）。

4. 依附理论

依附理论可以划分为悲观的"古典依附论"和具有乐观色彩的"依附发展论"。前者认为外围不发达国家已经沦为核心发达国家的附属，根本没有任何现代化的前景，后者认为发达国家通过向不发达国家或地区输出资本、积累资本的制度，实现经济扩张和政治统治甚至是军事资源的结合，控制不发达国家和地区的生产活动，从而建立起发达世界与不发达世界的不平等关系。普雷比施（Prebisch，1950）认为，世界经济是由以西方发达资本主义国家为核心，以非西方不发达国家或地区为边缘的"核心—边缘"体系，核心国家通过不正当的贸易条件剥削欠发达国家，也是导致不发达国家贫穷落后的根本原因。

通过对核心国家和外围国家间不平等贸易关系的实证研究，阿明（Amin，1976）发现，欧洲殖民地国家逐渐形成了外围形态的一部分，拉丁美洲从一开始就建立起外围结构，后来其他地区的民族社会也趋向这种结构，形成了第三世界。外围国家对中心国家存在严重商业依附、金融依附和技术依附。这种结构关系是"大都市"与"卫星城"之间的关系，作为"大都市"的发达资本主义国家剥削作为边缘"卫星城"的国家和地区的经济剩余，造成后者处于欠发达地位（Frank，1967）。第三世界国家的上层领导者加入了这种依附体系，是富裕的消费者和贫困的生产者之间的买办阶级。这样一条"依附的链条"从世界上高度发达的中心地区，通过附属于这些地区的大都会，伸向贫困的城镇和农村，经济剩余沿着这个链条向外转移，由贫国转移到富国。

随着新兴工业国家的发展，乐观的"依附发展论"认为，依附与经济增长之间存在复杂关系（Cardoso and Faletto，1979）。在具有强有力的政府和国内工业化战略和谐一致的地方，多样化经济增长得以实现。在进口替代的工业化战略之后，国内市场和资产阶级国际化，私营民族产业、国外部门和公共经济部门进行有分化的扩张。埃文斯（Evans，1979）经过对巴西长达五年的调查研究，展示了一个"依附性发展"的案例，通过国际资本和国内当地资本的联合，国家也积极参与其中，巴西实现了"出口型增长"。这既不是传统的依附关系，也不是脱离依附，而是依附与发展结合的结果。

第三节 转型理论与区域发展

20 世纪 70 年代中期到后期,新古典增长理论越来越无法解释区域趋同减缓乃至出现逆转的现象。这种转变到底是一种周期性变化、一个特例,还是根本性的系统转变,学者们对此产生了争论(Dunford and Perrons,1994)。20 世纪 80 年代中期,争论焦点从区域增长和衰退的长期演化转移到其他领域(Martin and Sunley,1998)。同时,关于生产和技术的阶段理论、周期理论和波浪理论也得到了进一步发展。各种转型理论试图解释资本主义本质的结构变化以及这种变化对区域发展的影响。这些理论最重要的主题是,区域经济发展模式以及这些模式特有的社会、技术和制度基础,决定了某些地区在 20 世纪 80～90 年代能否有更好的经济增长(Scott,1986;Becattini,1990)。"发展"被重新定义为区域能够在多大程度上模仿那些经济相对较为成功的"产业区",这些地区可以手工业为基础、以高科技为基础,也可以金融产业为基础。"区域复兴"成为区域发展理论与政策的焦点(Storper,1995)。

一、弹性专业化

早期具有影响力的制度转型理论提出了"产业分工"理念。在前工业化时期、大规模机械化生产和弹性专业化之间都存在这种产业分工(Piore and Sabel,1984)。每个工业时期都对应独特的区域发展特征。不同于大规模机械化生产时代基于劳动空间分工理论的区域功能分工,弹性专业化预示着以区域产业专业化为标志的"产业区"发展。与大规模机械化生产时代的那种呆板、僵硬和垂直一体化的社会组织方式不同,密集的本地化小型企业网络更能以灵活、专业、契合的方式,对高度差异化、快速变化的市场需求做出反应(Hirst and Zeitlin,1991)。弹性专业化带来的纵向分工和横向集聚能够降低交易成本,增加企业灵活性以及降低供需双方的不确定性。从政策角度来看,在 20 世纪 80 年代,弹性专业化在复兴本地产业、抵抗大企业垄断等方面的作用受到左翼倾向政策制定者的青睐(Best,1991;Cochrane,2012;Geddes and Newman,1999)。

二、交易成本与新区域主义

建立在科斯和威廉姆森交易成本及马歇尔外部性的理论基础上,新马歇尔理论被用来解释"新产业空间"的形成与区域复苏（Scott，1988）。在大规模机械化生产、福特制消费模式和凯恩斯国家监管机构被不断打破的背景下，不断增强的市场不确定性以及由技术变化带来的市场分割削弱了内部规模经济和范围经济（Storper and Walker，1989）。横向和纵向劳动分工、生产外包促进了企业的灵活性与适应性，以应对快速变化、高度差异化的市场需求，避免大规模机械化的社会组织结构。

马歇尔外部经济包括共享劳动力市场、专业的供应商、技术知识溢出等，能够为相关企业带来经济收益，进而促进相关产业向该地区集聚。这种空间集中对于那些非正规的、无法预料的、需要面对面交流的交易来说是相当有益且高效的，能够有效降低交易成本。外部经济和空间集聚为"地域生产综合体"或空间集中生产系统的形成和发展打下了基础（Scott and Storper，2003）。基于"新产业空间"理论，区域发展的成败取决于其在多大程度上拥有这些特征。正因如此，集聚理论越来越受到不论发达国家、发展中国家还是转型经济体的认可，产业集聚已经成为"不同发展阶段经济体成功发展不可或缺的基本因素"（Scott and Storper，2003）。

三、规制理论与后福特主义

宏观规制理论用来解释福特主义向后福特主义转变的过程，后福特主义有时也被称为"弹性积累"。"弹性积累"一般与"积累体制"或"社会规制模式"相对应（Scott，1988；Dunford，1990；Peck and Tickell，1995）。福特制与后福特制有明显不同的经济、社会、政治和制度组织特征。规制学派关注的是如何通过制度嵌入和社会规制规范资本主义的发展，以调和经济因素和超经济因素的关系，而不考虑资本主义固有的矛盾（Peck，2000）。在规制主义者看来，国家或地区增长率完全取决于生产组织与规章制度、社会结构之间的耦合程度（Martin and Sunley，1998）。

在规制学派看来，经济和社会结构的变化打破了福特主义大规模机械化生产与大众化消费模式，也打破了与这种生产、消费模式相适应的凯恩斯需求管理和社会福利主义（Martin and Sunley，1997）。强有力的国家经济管理和支撑这种模式的福利制国家被削弱，进而助长了区域增长速度的分化。福特制的产业区开始衰退，后福特制的"弹性生产综合体"开始崛起。后福特制在社会和空间特征上明显区别于福特制增长中心（Storper and Scott，1992），其制度和管制结构开始转向强调竞争和创新的熊彼特主义劳动福利制（Jessop，2003），政府更加鼓励竞争和国际竞争，同时其将焦点从社会目标转向经济目标。当然，资本主义国家有着不同的制度结构和历史进程，因此，它们的经济、社会、政治和文化变革过程也各不相同（Peck and Theodore，2007）。

在政策方面，转型理论对区域经济复兴的强调引起了人们对内生的"自下而上发展"政策的关注。基于转型理论的空间政策的主要关注点在于如何刺激本地生产网络、集聚经济、信任网络以及合作网络的形成，如何提高本地的社会学习能力、社会适应能力、创新能力和企业家精神（Stöhr，1990；Pyke and Sengenberger，1992；Cooke and Morgan，1998；Becattini，1990）。区域发展政策提倡发展新产业区以及与之相配套的地方发展机构和创新型商业服务业，因为新型产业能够通过横向和纵向劳动分工以及一系列制度安排帮助区域提高竞争力和灵活性，以应对快速的全球经济和技术变化（Bellini et al.，2012）。

转型理论也招致了不少批评，特别是在20世纪80~90年代（Gertler，1992；Amin，1994）。虽然它对资本主义积累方式的本质更具灵活性的解释得到了许多学者的认可，但是它的概念和理论建构却并不被认同（Harvey，1989）。由于转型理论解释方式比较特殊，如弹性专业化，描述的区域也有限，无法解释区域发展的复杂性和多样性，因此，转型理论关于资本主义宏观结构变化及其对地方和区域增长影响解释的普适性也遭到了质疑（Sunley，2000）。转型理论过度依赖宏观结构的决定性作用，无法充分解释社会主体在区域发展中的连续性和变化过程（Hudson，2001）。在塞耶（Sayer，1989）看来，转型理论的分析逻辑是福特主义和后福特主义在生产方式、社会组织、空间结构等方面完全不同。转型理论将福特制产业区与后福特制产业区截然分开的方式并不可信，因为在现实世界中，地方和区域的发展是分散的、多元的与不平衡的（Peck，2000）。

对转型理论的批评除了其从有限的成功案例总结出一般性规律外，相关实证研究也对其产业集聚的本质和动力机制产生了质疑。转型理论过于依赖小企业活力，而忽视对大企业的研究，比如大企业社会生产关系的地理延伸，忽视了内外部力量对本地产业集群演化的影响，忽视了小企业的适应能力（Harrison，1994；Amin and Thrift，1995；Cooke and Morgan，1998）。虽然转型理论吸引了政策制定者广泛的持续关注（Becattini et al.，2009），但是批评者认为，其忽视了地方的特殊性，有"一刀切"的"照搬照抄"之嫌（Hudson et al.，1997；Storper，1997；Vale，2012）。

第四节 制度主义与区域发展

出于对转型理论的不满，许多学者开始关注地方和区域具体特征以及地方化特性对区域发展的影响（Sunley，2000）。区域发展理论的研究重点从区域整体系统的演进，如区域增长是趋异还是趋同、核心—边缘结构等，转移到对有发展条件的特定区域的研究

(Martin and Sunley，1998）。这些理论试图解释经济增长的根本原因和经济增长的多种形式，尤其强调地方特色资源和本土经济能力是决定区域发展，构建区域竞争力的基础性因素（Maskell et al.，1998）。

受老制度主义（Martin，1999）和"新经济社会学"（Granovetter and Swedberg，1992；Grabher，1993）的影响，制度主义理论关注地方和区域增长中社会行为的嵌入性（Grabher，1993；Pike et al.，2000；Wood and Valler，2001；Hess，2004），即个体行为是在既定社会关系和社会制度背景下进行的，不同背景下的社会行为将导致区域增长速度不同。制度主义认为各种正式和非正式制度能够减少系统中的不确定性与风险，同时增进经济交往中的相互信任。新制度经济学认为，由于人的有限理性和机会主义倾向，在追求效用最大化的时候需要制度加以约束，以创造人们相互作用的稳定结构来降低不确定性。技术不断进步使劳动分工和专业化生产日益扩大，同时也增加了交易成本，而制度是交易成本的决定因素。在福特主义时代，企业通过垂直一体化降低交易成本，而在后福特主义时代，小企业之间通过水平和垂直的合作建立本地合作网络，降低交易成本。区域不同的制度环境和制度安排将导致其在创造与吸收新技术能力上的差异，从而直接影响区域经济发展（Martin，1999）。

制度主义认为区域特定形式的制度结构是促进或抑制其发展的根本因素。任何对"经济"的理解和解释都是对"社会"的理解和解释，割裂社会背景谈经济是不现实的（Grabher，1993）。在制度主义看来，市场要素不像新古典增长理论宣称的可以自由流动。相反地，市场是通过社会制度和惯例进行建构的，对区域发展影响也不同（Sunley，2000）。市场形成过程受到社会制度和惯例的影响，不同区域将形成不同特征的市场，比如中国维吾尔族劳动力到汉族聚集区时往往较难融入本地劳动市场，因而也影响了维吾尔族劳动力向沿海经济发达地区的大规模流动。从理论上讲，新古典主义能够通过市场机制有效配置资源，但市场失灵却经常存在，因为个体的行为和决策可能是理性和有效的，但是集体决策却经常是非理性和无效的。克服市场失灵往往需要加大公共产品投资，开展职业培训，培养高技能劳动力，推广新的通用技术或者扶持小企业等。

一、网络、信任与社会资本

受制度主义和经济社会学的启发，许多学者关注社会网络。网络作为社会组织的媒介和制度化形式，既不是市场也不是等级化的组织，而是一种互利互惠的合作形式（Cooke and Morgan，1998）。合作互惠的网络建立在参与者相互信任的基础上，可以共享信息、采取互利行动而不需要严格的合同约束。信任度高的地方可以共担成本和风险、交换信息以解决问题,因此这些地区更具创新能力,更能适时进行调整以适应发展的需要(Saxenian,1994)。通过培育低成本的本地信用体系与合作一致的劳资关系,信任网络能够降低参与主体的监督成本和合同成本(Sunley,2000)。相反地,那些低信任度的地区则需要正式的合同关系来约束交易双方的市场交换行为。因此,这些地区的适应能力和发展前景不容乐观。

基于信任基础上的"社会资本"能够加强地区的集体智慧、学习能力以及应对外界变化的能力(Cooke and Morgan,1998)。法尔(Farr,2004)认为不论是从广义还是从狭义的角度来看,社会资本的概念都可以归结为网络、规范和信任。通过活动和交流网络、规范和心理活动将人凝结成一个共同体,对现代文明社会和进行集体行动是相当有必要的。社会资本可以通过高度本地化的信任网络降低交易成本,促进创新过程,进而帮助区域经济发展(Maskell,2002)。广泛的本地网络也可能形成区域锁定,导致经济效率低下(Szreter,2002)。早期形成的密集内部网络虽然给地方带来了很多好处,但是随着时间的推移,地区必须发展与外部联系的网络(Mohan and Mohan,2002)。然而,过早发展与外部的联系或沉湎于本地网络都将损害地方经济升级(Woolcock,1998)。制度主义试图寻找一种新的方式,将无形或"软因素"纳入到区域发展解释框架(Barnes and Gertler,1999;Barnes and Sheppard,2000;Clark et al.,2000)。这些无形软因素更不容易度量,很难在官方统计数据里找到,限制了制度主义的定量分析(Sunley,2000)。

二、路径依赖与演化理论

演化理论借鉴演化经济学理论阐述区域发展过程中的结构和时间变化,核心目的是为了更好地理解经济格局的持续与变化(MacKinnon et al.,2009;Grabher,2009;Coe,2010)。演化理论重点关注历史路径为什么重要,如何对现实产生影响,何时以及在何地对现实产生影响。演化理论强调多样性,这种多样性将在代际之间遗传,适应能力强的个体将在自然选择过程中存活下来,其他个体则被淘汰(Essletzbichler and Rigby,2007;Boschma and Martin,2010)。

路径创造、路径依赖和路径中断是演化理论解释区域发展的三种主要方式。路径创造是指新发展轨迹的出现,通常包括新企业家、新公司和其他新机构以及新知识或新经济活动。路径创造一直是地区复兴、建立地区新增长路径和提高地区适应能力的核心问题(Hassink and Klaerding,2012)。路径依赖指现有系统特性受到历史背景的强烈塑造(Martin and Sunley,2006),强调了区域经济过去事件和路径对未来发展轨迹的影响。区域过去的产业分工、劳动技能和制度将决定该地区能够利用的资源、未来经济发展的机会和潜能。路径中断指发展路径停止，既包括因为外部冲击，如技术变革或市场转变，而导致的快速崩溃，也包括长期转变，如气候变化、民主化转型等带来的缓慢分解。区域经济演化路径并不像发展阶段理论、周期理论和波浪理论所说的那样能够预测未来发展。受各种社会主体的影响，区域经济可能经历不同的路径（Martin，2010）。区域经济也完全可以通过制度和政策干预，"跳"到另外一条路径上。路径是一种过程，更加开放和动态的理念强调路径创造、路径依赖和路径中断三者之间永不停止的互动过程。

路径锁定是区域过去的关系和制度将地区经济活动主体"锁"到既定轨道中（Grabher，1993）。路径锁定有多种形式，如认知锁定、功能锁定和政治锁定。对于区域经济来说，路径锁定解释了不同区域对外界变化的不同适应能力（Grabher，1993）。当然，地区可以通过各种方式解除锁定，如开发利用新兴技术创造本地新路径，地区主体之间各种形式的混合、互动促进创新，引进或移植新企业、新产业和技术，升级现有产业，生产高附加值产品，从事高精尖经济活动，进行基于相关产业的多元化扩张，重新盘活区域特有资源等（Martin and Sunley，2006；Dawley et al.，2015）。

相关多样化指区域经济基于相关的互补的能力、知识和技术进行的多样化（Boschma，2009）。相关多样化能够促进经济发展，因为它能够促进互动、学习和知识溢出，从而帮助产生创新，帮助区域产生新的经济活动分支，进而"跳"到新的增长路径（Boschma and Iammarino，2009）。过去的能力和资源也可以重新组合，为新路径创建提供基础（Martin and Sunley，2006）。产业衍生可以通过企业多样化、创业、公司和部门之间的劳动力流动与社会交往的形式实现（Boschma and Frenken，2010）。当地方和区域经济活动高度专业化或多样化，且这种多样化是缺乏能力、知识和技术联系的时候，这种多样化是不相关的。不相关多样化不利于地方和区域经济发展，因为这将限制区域的互动、学习和知识溢出，区域无法在不断变化的环境中创建新路径（Neffke et al.，2011）。

演化理论影响区域发展政策的制定（Hassink and Klaerding，2012；Pike et al.，2015）。博什马和弗伦肯（Boschma and Frenken，2007）认为演化理论影响是有限的，因为"演化经济学本身就很难有什么政策含义"，我们很难从历史路径的演化分析中得出可以用到当下的一般性理论，而且这种成功经验也是独特的且难以复制的。将演化思想运用到政策中的关键是对区域的空间背景具有敏感性，不同区域干预政策的性质和干预的程度应该有所差别，因为区域的历史是不同的，而且区域干预必须"建立在区域的制度背景上，从而决定哪种类型的政策干预更适合这个地区"（Boschma，2009）。比如，"区域优势"理论强调，相关多样化和跨部门平台政策推动产业衍生过程，支持区域发展根植于本地知识基础和分散知识网络的新兴产业部门（Neffke et al.，2011；Cooke，2012；Boschma，2013）。

演化理论免不了受到其他学者的批评。第一，演化学者只进行了不同微观、中观和宏观层面的分析，确定了不同研究对象（Boschma and Frenken，2007），但对哪些主体和机制在进行演化、在哪里演化、为什么演化以及如何演化仍然存在分歧（Pike et al.，2015）；第二，如何通过区域主体的互动和地理背景的差异性来解释经济格局演化过程的偶然性与特殊性仍然不清楚（Barnes et al.，2007）；第三，对演化概念从演化经济学引进的研究方式以及特殊性、描述性和隐喻性的使用方式感到不满（Essletzbichler and Rigby，2007；Grabher，2009；MacKinnon et al.，2009）；第四，作为一个时间较短的研究领域，演化理论缺少比较研究和实证研究，只在国际范围内对经济活动和地理环境进行比较（Grabher，2009）；第五，在定量和定性研究中，演化理论的方法论、研究设计和分析框架有明显的二元论倾向（Coe，2010）；第六，演化理论很少考虑到如何与政治学、政策和事件相结合（Pike et al.，2015）。

制度主义重视区域制度的重要性，主张开发本土资产，培养适应外界变化的能力（Storper and Scott，1992；Amin and Thrift，1995；Scott，2004）。其实早在20世纪50~60年代就有学者强调应该充分认识区域独特的结构性问题，挖掘地区、区域和国家的独有资产，制定具有地区特色的发展政策（Hirschman，1958）。本地网络的建设是经济繁荣地区和老工业基地实现经济增长的关键路径（Cooke，1995；Cooke and Morgan，1998）。制度能够影响供给侧的行为主体以帮助地方或区域获取更大的份额，从竞争对手手里夺取外来投资，利用集聚效应来创造和维持本地经济增长（Sunley，2000）。总之，基于制度主义的区域发展政策主要是基于微观经济层面的，关注对供给侧的影响，如企业政策、小企业增长、创新和劳动力技能开发等。

对区域发展理论来说，制度主义是相对较新的，许多概念、理论和实证研究仍有待进一步完善（Wood and Valler，2001）。这些理论常常被质疑在概念和理论上无法保持前后一致（Pike，2004）。网络对区域发展的普适性作用也受到质疑，因为这些理论解释是从有限的案例研究中总结出来的（Sunley，2000）。制度主义忽视了网络内部、网络组织的竞争与合作关系，没有回答分散化的制度结构能否对外界经济变化做出协调一致的集体应对（Harrison，1994；Glasmeier，2000）。根植于地方和区域体制中的社会关系在早期促进了区域的增长与创新，但是这种基于高度信任的网络也会约束区域的适应能力，进而将区域"锁定"在既有轨道上，比如鲁尔地区（Grabher，1993）。对于区域发展来说，制度环境是必要但不充分条件，一个发展良好的区域一般也具有较好的制度体系，但是一个良好的制度体系并不能保证区域实现快速发展，还有很多其他重要因素影响区域发展进程。目前制度对经济发展的影响仍然是不明确的，也很少有研究说明成功区域的制度网络能否移植到落后地区（Hudson et al.，1997；Sunley，2000）。

第五节　创新、知识、学习与区域发展

创新、知识和学习已经成为理解当代区域发展的主流思潮。这种理论跳出了新古典主义的静态成本优势框架，没有把技术进步对经济增长的影响过程当成一个"黑箱"，而是把创新、知识和学习运用到区域发展中（Lundvall and Marskell，2000；Power and Scott，2012）。"发展"的内涵被拓宽，指区域通过学习提高了生产、吸收并利用创新技术和知识的能力。"硅谷"和"剑桥"现象的突出表现吸引了大量学者研究其经济模式、潜能与经验（Saxenian，1994）。创新被定义为引入新产品或服务、新生产流程，采用新技术或组织形式。创新的类型可以分为渐进性技术改造和"创造性破坏"。

一、创新：从线性模型到互动模型

区域发展对创新理论的理解经历了从线性模型到互动模型的转变（Lundvall，1992）。线性模型强调知识在公共、私营组织内的单向流动，从基础研究到最初的想法，再到应用研究、产品设计、大规模生产和销售。为了理解创新过程更复杂的社会和空间过程，互动模型强调创新在不同组织、不同产品生产阶段的紧密互动。互动模型认为，创新作为一种社会和空间过程，在不同地域特征和制度条件下均可发生。最新研究对比了基于科学、技术和创新，即 STI（Science，Technology，Innovation）的线性模型，以及基于做、使用和互动，即 DUI（Doing，Using，Interacting）的互动模型的区别（Rodríguez-Pose and Fitjar，2013）（表 18-1）。

表 18-1　创新的 STI 和 DUI 模型

	科学、技术和创新（STI）	做、使用和互动（DUI）
概念和理论基础	线性创新模型	区域创新系统、工业区、学习型区域、创新环境
核心机制	知识溢出	行动者与制度的互动
核心变量	R&D 投资、人力资本、与科技合作者之间的联系	非正式互动、社会资本、组织、制度、市场
核心技能	技术原理（know-why）、技术事实（know-what）	技术诀窍（know-how）、人际知识（know-who）
地理	对知识的搜寻要求带有目的性而建立的联系（全球渠道，global pipeline）；分析和编码的知识传递顺利；地理距离不再是必然问题；研发中心经常位于遥远的区域	基于共同问题和经历；隐性知识；在产业中有更多基于综合知识或符号知识的"本地蜂鸣"、非正式互动和"在这儿"（being there）；地方性合作带来高附加值

资料来源：Fitjar and Rodríguez-Pose（2013）。

线性模型经常与劳动空间分布理论的地域专业化功能等级划分类比，有些区域专门从事研发活动并以此带动区域就业结构、工资水平和地区繁荣等方面的积极连锁反应（Massey，1995）。相反地，互动模型强调知识创造者和使用者通过地理邻近性进行紧密互动（Boschma，2005），因此，地方和区域制度背景是理解地方创新潜力与创新表现的重要因素。互动模型认为某些地方更具创新性，更有能力产生并吸收创新，并最终反映在区域经济活力上（Malecki，1997；Armstrong and Taylor，2000）。

二、创新与区域发展

大量研究试图进一步解释创新不均衡性及其对区域发展的影响。国家创新体系被扩展到区域创新体系，以对比不同区域在学习能力方面的一致性、可持续性和适应性差异（Cooke and Morgan 1998；Lundvall and Maskell，2000）。为了将根植于区域创新潜力和表现理论化，一些新概念、新模型被先后提出，如创新氛围（Camagni，1996）、技术社会（Castells and Hall，1994）以及生产世界（Storper，1997）。在解释地方和区域创新上，这些概念既关注有形的和技术上的基础条件，如企业和大学的研发、相关产业和服务业、地方高技能劳动力市场、风险资本的可用性，以及一些无形的非物质因素，如区域文化、专门化技术以及共有的表达体系（Storper，1997；Gertler，2004），这些因素能够降低创新过程的不确定性，有助于协调集体行动。

最近的研究不仅仅关注区域内，更关注区域间的创新网络，将研究尺度从特定地方拓展到国家乃至全球以及不同技术和产业部门等多尺度层面（Vale，2012）。研究重点包括：①对支持创新的各种邻近性的识别，包括认知邻近、组织邻近、社会邻近、制度邻近以及地理邻近（Boschma，2005）；②跨国公司在全球创新、知识网络中的重要作用；③连接"本地蜂鸣"与"全球通道"的多尺度网络出现（Bathelt et al.，2004），使得更大范围内的不同地方、不同背景的创新主体之间的互动成为可能（Amin and Cohendet，2004；Vallance，2007）。

三、知识与区域发展

越来越多的学者认识到知识在经济增长和区域发展中的作用。知识通常被定义为个人或社会团体所拥有的信息，可以是数据、事实、经验或技能等。从数据到信息再到知识，其含义和价值逐渐上升（Burton-Jones，2001）。关键知识是缄默的，不能用符号进行表达，只能通过暗示和推测来理解。缄默知识在不同制度背景下有不同的含义，很难长距离传播，根植于本地，具有地方黏性，因此需要双方面对面交流和各种形式的地理邻近性（Boschma，2005；Storper and Venables，2004）。相反地，抽象和一般知识具有更大的灵活性，在发达的信息通信技术作用下，在空间上更加分散（Vale，2012）。

经济发展是一个从依赖初级产品、非技能型劳动力到依赖知识创造、技能型劳动力的过程（Amsden，2001）。在知识经济时代，信息被看成重要产品，知识被认为是稀有资源（Lundvall and Maskell，2000）。在"知识经济"理论中，知识创造、使用和传播往往表现为迅猛的社会、技术与制度变革；同时，公司、劳动力市场中介、公共机构和大学等组织能够为创新主体的沟通、互动提供共同的活动背景、行动框架，从而促进地方和区域形成具有丰富知识的环境（Gertler and Wolfe，2002）。对区域来说，它们在知识经济时代所扮演的角色以及对知识资产的管理，将直接关系到它们的发展轨迹和未来的繁荣程度。

四、学习与区域发展

学习能力是区域实现发展的关键（Lundvall，1992）。学习通常被理解为获取知识或技能的过程。学习更多地被理解为一个社会和空间过程，将改变个人及组织的能力以及对事物的理解（Cooke and Morgan，1998）。在科技全面革新，特别是信息通信技术快速发展，资本主义具有高度不确定性和波动性的背景下，学习能力是保持可持续创新力的核心。

有自知之明并时常进行反省的区域往往更能够适应经济变化，它们能够意识到并摒弃过时的、没有竞争力的做法（Cooke and Morgan，1998）。地理邻近性对促进各种形式复杂、新颖和缄默知识的传播、运用，并对地方和区域企业、机构创造正向外部环境必不可少（Boschma，2005）。

表 18-2 从大规模生产到学习型区域展示了学习或知识创造型区域和福特制大规模生产型区域的区别。

在大量关于创新、知识和学习研究的基础上，学者们转而关注创意以及创意产业对城市和城市集聚的作用（Power and Scott，2012）。创意通常被定义为对旧想法或新奇想法的创造性使用以产生新的效果。对区域发展来说，这种创意性指运用个人技能和天赋以创造、发展智力财富并将其商业化（Power and Scott，2012）。创意理论强调人力资本重要性及其对区域发展的作用。佛罗里达（Florida，2002）提出"创意阶层"，认为人力资本能够创造新的思想和知识，增加产品价值，进而成为经济新的驱动力。在全球竞争加剧的"认知—文化资本主义"时代，创意价值越来越得到认可，因为具有更高"认

表 18-2 从大规模生产到学习型区域

	竞争力基础	生产系统	制造基础	人力基础	物理和交流基础	产业治理系统	政策系统
大规模生产区域	基于自然资源和体力劳动力的比较优势	大规模生产：体力劳动作为价值源泉、创新和生产的分离	市场交易（Arm's Length）、供应关系	低技能、低成本劳动力；泰勒式的训练和教育	本国市场导向	对抗性关系、自上而下的控制	特殊的零售政策
学习型/知识生产型区域	基于知识创造和持续改进的持久优势	基于知识的生产、持续创造、知识作为价值源泉、创新和生产的结合	作为创新源泉的供应者有网络	知识性劳动力、人力资源的持续改进、教育和训练	全球导向	共同依赖的关系、网络式组织	系统/基础设施导向

资料来源：Florida（2002）。

知—文化"内涵的商品总是更具有独特性，更能垄断市场。如迪士尼乐园以动漫角色为主题进行全球扩张，漫威漫画则更擅长创造各类超级英雄并构架出宏大的虚拟世界观。在"创意经济"时代，全球各地都在培养、吸引、留住高素质劳动力，以培养本地的新兴经济部门，包括广告、建筑、品牌、设计、电影、录像和摄影以及出版、电视和广播等。

区域发展的创新、知识、学习和创意理论也受到了不少批评。第一，模糊的核心概念阻碍了清晰思考和进一步理论建构（Markusen, 2003; Hudson, 2003; Peck, 2003）；第二，关键过程的因果关系不清楚且解释力不足，如关键过程在经济增长中的相对重要性、行为主体、网络或地方之间的相互权力关系，国家和其他机构在各种地理尺度上所扮演的角色（Peck, 2005; Christopherson and Clark, 2007; Hassink and Klaerding, 2012）；第三，关于创新、知识、学习和创意实证研究主要关注成功案例，且局限在有限的区域或部门（Amin, 2000; MacKinnon et al., 2002）；第四，虽然也有一些学者试图转向社会问题，如老龄化、气候变化、民主化转型和资源枯竭等（Moulaert and Mahmood, 2012），但研究领域仍主要集中在经济方面；第五，许多基于区域发展概念、理论的实用性和有效性受到质疑（Markusen, 2003），例如不考虑区域多样性，推荐"一刀切"政策（Tödtling and Trippl, 2005），特别是在一些经济困难、实力较弱的地区，由于缺少相应的资产、网络及行为主体来启动或提高它们的创新、知识、学习和创意能力，"一刀切"政策并不一定合适。

第六节　全球化时代的区域发展理论

一、"本地蜂鸣"和"全球通道"

在新区域主义的背景下，研究主要强调本地要素的重要性以及地方产业集群对创新的重要性。近年来，一批学者对此产生了质疑，对如何协调产业集群根植性和外部联系的关系展开了激烈的讨论（Amin and Cohendet，2004；Bunnell and Coe，2001；Cumbers et al.，2002；Bathelt et al.，2004；Wolfe and Gertler，2004）。其中最具有代表性的是巴瑟尔特等（Bathelt et al.，2004）提出的"本地峰鸣—全球通道"模型，批判了过去片面强调本地化互动学习的重要性，尝试协调本地互动与全球联系，强调知识创造不仅需要本地企业之间、人与人之间面对面的知识交流，更需要建立跨区域的全球通道。"本地蜂鸣"指同行业或同一地区内部的企业和个人，通过面对面接触或者共同参与本地活动而创建的信息和沟通环境。这种"蜂鸣"既可以是有组织或者偶然会面中有意无意的学习过程，也可以是某一特定技术领域文化传统和习惯的共享，以及新知识和技术开发过程中的"互通有无"，这些过程都将在本地建立起共同的制度和行为准则（Bathelt et al.，2004）。产业集群内的行为主体仅仅因为"在那里"就可以促进或受益于信息的扩散与传播（Gertler，1995）。实际上，在巴瑟尔特（Bathelt，2004）之前，已经有学者用"蜂鸣""噪声"和"本地传播"的概念来形容"本地蜂鸣"（Storper and Venables，2003；Owen-Smith and Powell，2002）。

欧文-史密斯和鲍威尔（Owen-Smith and Powell，2002）首次使用"全球通道"的概念来形容本地产业集群的远距离互动渠道。巴瑟尔特等（Bathelt et al.，2004）将其与"本地蜂鸣"联系起来。首先，集群内企业通过与区域外部产业集群的跨区域联系，从中获取信息和知识，因而收益。如巴瑟尔特（Bathelt，2013）发现波士顿生物技术产业不仅从本地互动中获取新知识，更多的是与区域外和国际上有影响力的生物公司建立战略合作伙伴关系获得新知识。朱利安尼和贝尔（Giuliani and Bell，2005）通过对智利制酒产业集群的研究发现，集群中很多企业都独立于创新网络，只有部分企业能与集群外的组织产生紧密联系。卢卡斯等（Lucas et al.，2009）对加拿大ICT产业的研究和胡贝尔（Huber，2011）对剑桥信息技术集群的研究也证明了相同的结论。通过全球通道获取知识和信息的企业将在集群内部通过"本地蜂鸣"的方式，将这些信息和知识传播给集群内的企业。集群与远距离知识的联系通道发展得越好，集群内企业从"本地蜂鸣"中的受益也就越多。

在"本地蜂鸣—全球通道"基础上，舒尔特和巴瑟尔特（Schuldt and Bathelt，2011）又提出了"全球蜂鸣"的概念。与"本地蜂鸣"类似，"全球蜂鸣"主要由五个因素构成：专业化共存、密集的面对面交流、多重观察、认知交叉社区、多重会议和多重关系。以国际博览会为例，来自全球不同国家和地区的企业家聚集在一起，通过正式会议和非正式会面，参展商、竞争对手可趁机考察其他企业的产品并监视其营销策略（Bathelt and Schuldt，2008）。与其他行为主体的面对面交流能够帮助企业系统获取供应商、竞争者、潜在客户以及产品未来发展趋势等有用信息。马斯克尔等（Maskell et al.，2006）认识到这种临时性集群具有与永久性产业集群类似的知识、信息交换机制，于是将这种临时性的人类集聚、社会经济的周期性行为、具有组织邻近性的国际博览会称为"临时性产业集群"。

二、全球商品链、全球价值链与全球生产网络

沃勒斯坦（Wallerstein，1983）指出，资本主义世界已经出现了广泛的商品化过程，"不仅是交换过程的商品化，而且包括了生产过程、流通过程和投资过程的商品化，而这些过程在以前都是通过市场来实现的"。"商品链"被用来形容这种相互联系而又日益复杂的商品化过程（Bair，2005）。"世界体系"理论不仅讨论广泛的物质产品的商品化过程，也关注人力资本的社会再生产过程，认为决定世界各地实际工资水平的主要因素不是市场，而是特定地理区位和产业部门被雇佣者与雇主之间的力量对比。

波特（Porter，1990）提出了"价值链"的概念。科古特（Kogut，1984）在研究企业的全球化战略时提出"附加值链"的概念，认为附加值通过技术、原材料和劳动力的投入组合过程，得以在组装、加工、运输和销售等环节中实现。全球价值链是指从产品设计、生产、运输、销售到售后服务，乃至最终废物回收再利用等一系列价值创造活动，在全球范围内的组织动态和价值分配机制（Gereffi et al.，2001）。全球价值链的理论渊源包括商品链、价值链、附加值链、世界体系、价值网络、全球商品链和资本主义多样性等理论（Gereffi，2005）。全球价值链理论认为，当今世界经济体系是由少数全球领先企业主导的全球生产等级体系，这些企业的权力和价值链治理结构决定了全球价值链的分配，并从根本上影响了嵌入全球价值链发展国家产业升级的前景路径（Gereffi，1994，2001）。杰里菲（Gereffi，2005）系统总结了全球价值链理论的基本框架，并提出全球价值链的治理结构，即价值链上企业与企业之间的组织和协调关系，尤其是全球购买商与本土供应商之间的关系是全球价值链理论的核心问题。全球价值链有五种基本治理结构：市场、模块化网络、关系型网络、俘获型网络和科层制网络。发展中国家的中小企业在

嵌入全球价值链后，其实现产业升级的机会取决于它们所在价值链的治理结构（Giuliani and Bell，2005；Hess，2004；Ponte and Gibbon，2005；Pietrobelli and Rabellotti，2010）。

全球生产网络是以行业的主导企业为核心，将遍布全球的不同层次的供应商、物流商、经销商、代理商等相关企业联系起来的企业系统和全球网络（Ernst，2002）。由迪肯（Dicken，2007）、亨德森等（Henderson et al.，2002）、科等（Coe et al.，2004）等人组成的"曼彻斯特学派"（Bathelt，2006）对全球生产网络理论进行了重构，提出"价值—权力—嵌入"的三维分析框架，将全球、区域、地方不同尺度的经济和社会联系整合起来，强调价值创造、价值分配及权力执行机制的重要性，同时重视组织制度嵌入的影响，以企业为中心的网络结构受到地方化的社会、政治和经济环境影响，以应对全球化压力。

三、全球可持续发展

可持续发展近年来已经成为区域发展的主流思潮，被大多数发达国家和发展中国家所接受（Gibbs，2002；Haughton and Morgan，2008；Krueger and Gibbs，2008）。可持续发展一般采用世界环境与发展委员会1987年的定义，即在满足当代人需求的同时不能妨碍子孙后代的需求的发展。但是目前在概念、理论和实践上，仍然很难对可持续发展做出明确的定义（Williams and Millington，2004）。可持续发展作为一个全新的理论视角和价值理念依然引起了全世界的共鸣。作为一个规范性概念，可持续发展理论表明了我们应该追求什么样的发展目标（Morgan，2012）。

可持续发展不仅是经济增长，而是实现一种有质量的发展，包括降低原材料和能源的消耗，减少社会财富分配的不平等现象，减少社会危机的发生，同时通过改革保有"生态资本"。这些理念对传统的只关注经济增长的区域发展理论提出了挑战（Morgan，2004）。随着全球气候变化、民主化转型、越来越严重的社会和空间不平等现象以及现有的资源利用模式带来的资源短缺和环境问题，许多学者开始寻找更加可持续的发展模式。在某种程度上，可持续发展模式意味着一种更加长期、更加集约、对环境破坏更少的发展模式，既关注经济增长，也要考虑社会和环境效益。

由于单一的经济增长指标无法反映更广泛和更可持续的发展理念，区域开始考虑新的评价体系（Perrons and Dunford，2013）。新的评价体系试图将经济和社会、环境、健康、福利和生活质量等因素纳入进来（Morgan，2012），而且严格区分了哪些是真正有意义的指标，如健康、福利和教育，哪些是只有一般性意义的指标，如就业和收入（Morgan，2004）。虽然不同地方和区域的收入水平、人均GDP可能相同，但是生活质量却是不一样的（Morgan，2004）。因此，地方和区域的可持续发展理论开始尝试将经济目标、环境目标和社会目标统一起来，平衡三者之间的关系（Carter，2007）。

区域可以采取"温和"或者"激烈"的可持续发展政策，从而最终达到理想的可持续发展状态（Chatterton，2002；Williams and Millington，2004）。温和的可持续发展政策以人类为中心或从人类的角度出发，将自然当成一种资源，将经济增长理解为进步（Carter，2007）。温和的可持续发展政策的核心是通过技术方案扩大存量的同时，不改变现有的资本主义结构，原则是开发可再生能源和替代能源，提高资源利用效率。生态现代化认为资本主义可以通过绿色生产的方式，在实现经济增长的同时保护环境（Morgan，2012），已经被认可为是一种能够实现精明增长的可持续发展方式（Deutz and Lyons，2008）。环境正义也是一种温和的可持续发展政策，主张在经济增长的同时分担成本和收益，特别是实现代内和代际之间的公平（Krueger and Gibbs，2008）。

激烈的可持续发展政策挑战现有的资本主义社会组织，倡导进行深层次的政治生态改革（Harvey，1996）。从这个角度来看，人和自然的关系将被颠倒过来，即不再是自然臣服于人类，而是人类顺应自然（Williams and Millington，2004）。"生命平等主义"主张赋予自然同等的生物权力，以阻止人类的掠夺性开发。财富在这里是一种非物质形式，是与大自然的和谐相处（Carter，2007）。激烈的可持续发展政策主张降低资源的需求和消耗，其关注点已经从20世纪70年代的环境主导论和反增长论，转移到对经济增长目的的质疑上，即质疑经济增长是我们的最终目的，还是我们实现更高生活质量的手段（Jackson，2009）。

可持续发展理论影响了区域发展政策。与生态现代化相关的温和可持续发展政策强调发展基于低碳、资源有效利用和社会包容性的"绿色经济"，通过公共和私人投资，降低碳排放和污染，提高资源利用效率，防止生物多样性和生态系统功能的流失。绿色和低碳的倡议主张使用更少自然资源、市场管制，以及通过环境保护来刺激新经济活动和创新的出现，进而实现更高效率的经济增长（Gibbs，2002）。具体政策包括环保产业集群、脱碳和分散化能源系统、自给自足的食物系统以及变废为宝的产业生态（Cumbers，2012；Morgan，2012）。2008年全球金融危机之后，人们开始重新审视凯恩斯主义在可持续发展方面的作用，一些新措施如"绿色新政"（New Economics Foundation，2008）、"绿色刺激"（Jackson，2009）被推出，通过训练工人建设更加环保的商业和居住住宅，进行金融管制和创新，以刺激经济走上低碳发展之路。

激烈的可持续发展理念也影响了区域发展。其中"生物多样性经济"理念被运用到一些物种丰富的地区，如南非厄加勒斯平原开发利用了当地野花物种，为本地弱势群体创造就业岗位，实现经济增长和社区发展（Bek et al.，2013）。环境正义理论寻求公平收入分配，比如利用现有农业和食物生产系统，整治环境退化地区，提高产业衰退区的循环能力，培训落后地区劳动力，提供就业机会。激烈的可持续发展理论推动了小范围、分散化和本地化的社会组织实现自给自足和互帮互助（Chatterton，2002）。具体政策包括建立本地贸易网络，对能源、资源消耗和污染征收生态税，降低非本地化的消费以及加强社区内部交流（Hines，2000；North and Longhirst，2013）。

近年来，可持续发展理论也受到也不少批评。首先，对于实践来说，可持续发展理论太过抽象、宽泛和模糊，不具有实操性（Morgan，2012）。温和可持续发展理论是改良主义，没有挑战深层次的和根本上的资本主义结构，对于统合经济、环境和社会三方面目标的贡献有限（Harvey，1996；Haughton and Counsell，2004；Krueger and Gibbs，2008）。激烈可持续发展理论则被认为太过乌托邦，缺乏现实考量和可操作性，只在小规模范围内被成功验证。其次，可持续发展被认为是相对富裕或发达地区的奢侈品，对那些还处在早期发展阶段的发展中国家或地区来说，提高经济发展水平才是最迫切需求。最后，单靠市场显然无法解决区域可持续发展问题，问题的关键是如何建立起一个"绿色的政体"，一个将可持续发展理念贯彻到底的政体（Morgan，2012）。但是我们处在一个公众对公权力不信任的时代，在多层权力体系中，地方和区域行政机关经常没有权力与资源以施行可持续发展政策（Morgan，2012）。

四、后发展主义

20世纪90年代，基于后结构主义和后现代主义哲学范式的后发展主义展开了对传统发展理论的批判，倡导了一系列新的发展取向，为我们理解地方发展提供了全新的理论视角。在后结构主义的影响下产生了许多关于发展的新概念，如"新发展主义""后殖民主义"和可持续发展，但这些概念与"后发展主义"存在本质区别。新发展主义主要思考在传统发展理论内部如何处理当代发展"瓶颈"的问题，没有超出传统发展理论的范畴；而后发展主义直接挑战发展本身，从根本上替代原来的发展范式；后殖民主义主要将矛头指向资本主义，尤其是西方资本主义发展大潮，而后发展主义不仅批判资本主义，也包括那些反对资本主义，但是支持传统发展目标的流派；可持续发展理论更多的基于发达国家自身发展困境，提出一种带有乐观情绪的发展观，是发展理论内部的升级，后发展主义则直接源于对第三世界不发达国家的观察和思考。

在方法论上，后发展主义采用福柯的话语分析方法，带有强烈的后现代主义特质（马东亮，2017）。后发展主义认为，发展理念之所以能够成为一种话语体系，与其精心构造的一系列核心概念不无关系，如平等、贫困、进步、人口等。后发展主义整体抛弃了传统发展范式，发展自己的替代理论，而不是成为传统发展理论的一部分。对现代主义发展观的批判引发了"后发展主义"的思想，也直接影响了对区域发展问题的研究（Gibson-Graham et al.，2014）。后发展主义认为，传统的发展理论，如现代化、结构主义和附属理论，是一种外部主导型的发展模式，通过国际货币基金组织和世界银行，强加给发展中国家。这种模式与新自由主义的全球化扩张相联系，推行放任自由的多边贸易，确保发展中国家市场向发达国家的制造商开发以便其出口和投资。这种"发展"观念贬低了"欠发达"国家和地区的价值（Escobar，1995），进一步强化了殖民主义时代遗留下来的"发达"和"发展中"国家的不平衡关系。与后殖民主义一样，它批评工业化国家和发达国家走过的及试验过的发展路径就是最好的发展路径的观点（Pollard et al.，2009）。实际上，发展作为西方发达国家惯用的话语体系已经成为一种现代意识形态和新型控制机制（Escobar，1995）。

其次，与全人类发展相对，后发展主义主张从地方和内生性文化看待问题，认为管理和治理技术的提升并不能真正解决不发达国家与地区的问题；相反，可能是更隐蔽的控制。弗格森（Ferguson，2006）研究了世界银行非洲南部国家莱索托发展项目，发现项目执行者只是不断向该国官僚传递其不发达的事实，虽然注重科学管理，但并没有深入了解当地文化背景，从而导致了最终的失败。同时，执行者还借助官僚体系加强对当地的控制。后发展主义提出了一系列区域发展政策，包括重视"地方知识和地方文化"、权力下放、反对大规模现代动员、提倡多元化"草根"的主导地位以及适应本地区的区域发展模式等。

由于尚处于发展初期，加上思想激进，后发展主义受到了不少批评。首先，就其哲学范式而言，后结构主义是基于哲学上的相对主义，其故意缺乏或拒绝元理论如马克思主义和其他一些普遍的原理（Harvey，1996）。后结构主义的核心是对现代主义认识论非生产性元叙事方式的批判（Sheppard，2011）。其次，后发展主义的资本主义概念是矛盾的。一方面，资本主义被认为是主导性的和不可逾越的，如西方资本主义世界对第三世界的控制；另一方面，后发展主义又认为资本主义是局部的、脆弱的，容易受到地方性影响。再次，后结构主义其实是一种幼稚的相对主义，是一种哲学上的理想主义和政治上的唯意志主义，没有认识到外部因素和社会结构对区域发展的影响（Scott，2004；Glassman，2003）。最后，后发展主义主张调动地方积极性替代资本主义发展方式，忽略了与主流经济的联系，如何为参与地方性经济建设的劳动者提供收入保障将成为一个问题。

小　　结

早期区域发展理论研究主要局限在企业、产业和城市的区位选择、空间行为和组织结构等。第二次世界大战之后，福特制大规模机械化生产体制趋于成熟，配合凯恩斯国家福利体系，传统工业区的核心地位加强，全球和各国经济中核心—边缘格局强化，加剧了区域发展不均衡，人们开始关注如何促进边缘地区的经济增长。同时，凯恩斯主义盛行，促使经济地理学研究从传统的微观区位分析转向中观和宏观层面的区域发展研究。

20 世纪 70 年代末，福特制生产体制向后福特制生产体制转变，西方发达国家核心工业区衰退，制造业向区域内边缘地区或发展中国家转移，服务业比重上升，基于弹性生产、地处边缘地区的一系列新产业区迅速发展。新区域发展理论侧重研究特定区域，研究重点从核心与边缘的关系转向区域内部的特定问题，如核心区的经济振兴、新产业区的形成、地方环境和创新能力的培育等。同时，环境运动深入开展，区域可持续发展理论成为区域发展研究的新兴领域。在理论方法上，新区域发展理论强调特定技术、制度和社会基础对区域发展的影响，强调"结构主义方法"与区域发展的动态过程；受交易费用经济学、制度经济学、演化经济学的影响，新发展理论又非常强调集聚经济、交易费用、学习创新和路径依赖在区域增长中的作用。进入 21 世纪以后，经济全球化加速，信息时代来临，可持续发展思想在全球普及，人们关注如何在激烈的全球竞争中获取优势，全球生产网络、"本地蜂鸣"与"全球通道"、全球可持续发展等理论被相继提出。

总而言之，西方区域发展理论研究的重点已经逐渐从过去强调规范研究逐步转向实证研究，研究主体也越来越深入细化，研究内容极其广泛，几乎涉及区域发展的所有方面。区域发展理论作为地理学和区域科学研究的一个焦点，仍将具有旺盛的生命力，多种理论方法的融合和更加详尽的经验案例研究将是区域发展理论的两个基本发展方向（苗长虹，1999）。

中国是一个发展中大国，有着深厚的文化传统和较为特殊的制度变迁历史，目前又处于社会和经济转型时期，区域经济发展实践为区域发展理论研究提供了难得的经验案例。中国区域发展理论研究与经济建设实践结合十分紧密。中华人民共和国成立，进行大规模社会主义经济建设，首要任务是摸清家底。因此，经济地理学者结合国家经济建设需求，开展了一系列大规模区域资源综合考察，为随后区域经济开发提供了翔实的第一手资料。自 20 世纪 50 年代起，中国效仿苏联计划经济模式，建立起高度集中的指令性计划经济体制，不仅各经济环节、部门之间，各地区之间都要求有计划、按比例地发展。与此相适应，学术界借鉴苏联学者"在全国平衡配置生产"的社会主义生产布局原则，研究如何在"全国一盘棋"的情况下进行生产力布局。

随着改革开放与经济增长，中国区域经济格局发生了根本性变化，理论界对沿海与内地问题、集中与分散问题以及均衡布局问题的经验教训进行了理论总结。许多学者从不同角度提出了以不平衡发展理论为基础的多种区域开发模式，如梯度推移模式、点轴开发模式、地区产业主导模式、优区位开发模式和城市中心模式等（何金玲，2007）。随着中国改革开放的不断深入，出现了一系列区域性问题，如区际差距、城乡差距、产业转移、老工业基地衰退、区域协调发展、城乡统筹、城市化、"三农"问题等，中国学者在此基础上不断拓展区域发展研究的新领域。

但是，中国区域发展理论只是针对具体区域问题的具体解释，尚未总结一般性区域发展理论。改革开放40余年，中国经济迅速增长，已经成为全球第二大经济体。纵观西方区域发展理论可以发现，学术理论总是伴随着社会经济实践共同发展，对经济实践中的疑惑进行解释，或对现实区域发展问题进行总结。中国区域发展理论的创新，需要中国学者关注中国实践，总结中国经验。过去几十年来，中国学术界的主要工作是介绍和引进西方最新理论，验证其在中国的解释力，对理论的适用性进行一定程度的修正，鲜有原创性理论贡献。中国的区域发展背景、发展历程与西方发达国家存在极大差异，比如中国执政党是以追求"共同富裕"为目标的共产党，对区域不平衡问题极为警惕，过去几十年来我们一直奉行的"严格控制大城市规模，合理发展中等城市，积极发展小城市"政策即为一例。又比如，2008年全球金融危机发生后，西方发达国家恢复缓慢，但中国实现了触底反弹。当然，亟须关注的话题还包括全球—地方互动下的区域产业演化、老工业区的衰退、环境污染治理、可持续发展、互联网对实体经济的改造等。

参 考 文 献

[1] Amin, A. (1994) *Post Fordism: A Reader.* Blackwell.
[2] Amin, A. (2000) *Industrial districts.* In E. Sheppard, T. J. Barnes (eds.) *A Companion to Economic Geography.* Blackwell.
[3] Amin, S. (1976) Unequal development: an essay on the social formations of peripheral capitalism. *Asa Review of Books*, 4: 219-222.
[4] Amin, A., P. Cohendet (2004) *Architectures of Knowledge.* Oxford University Press.
[5] Amin, A., N. Thrift (1995) Globalization, institutional "thickness" and the local economy. In P. Healey, S. Cameron, D. Davoudi, et al. (eds) *Managing Cities: The New Urban Context.* Wiley.
[6] Amsden, A. H. (2001) *The Rise of "The Rest": Challenges to the West from Late-Industrialising Countries.* Oxford University Press.
[7] Armstrong, H., J. Taylor (2000) *Regional Economics and Policy (3rd edn.).* Blackwell.

[8] Armstrong, H., R. Vickerman (1995) *Convergence and Divergence Among European Regions*. Pion.
[9] Bair, J. (2005) Global capitalism and commodity chains: looking back, going forward. *Competition & Change*, 9(2): 153-180.
[10] Barnes, T. J., M. Gertler (1999) *The New Industrial Geography: Regions, Regulation and Institutions*. Routledge.
[11] Barnes, T., J. Peck, E. Sheppard., et al. (2007) Methods matter. In A. Tickell, E. Sheppard, J. Peck, et al. (eds.) *Politics and Practice in Economic Geography, Thousand Oaks*. SAGE, 1-24.
[12] Barnes, T. J., E. Sheppard (2000) *A Companion to Economic Geography*. Blackwell.
[13] Barro, R. J., X. Sala-i-Martin (1991) Convergence across states and regions. *Brookings Papers on Economic Activity*, 2: 107-158.
[14] Barro, R. J., X. Sala-i-Martin (1995) *Economic Growth*. McGraw Hill.
[15] Bathelt, H. (2006) Geographies of production: growth regimes in spatial perspective 3 – toward a relational view of economic action and policy. *Progress in Human Geography*, 30(2): 223-236.
[16] Bathelt, H. (2013) *Schlüsseltechnologie-Industrien: Standortverhalten und Einfluß auf den Regionalen Strukturwandel in den USA und in Kanada*. Springer-Verlag.
[17] Bathelt, H., A. Malmberg, P. Maskell (2004) Clusters and knowledge: local buzz, global pipelines and the process of knowledge creation. *Progress in Human Geography*, 28 (1): 31-56.
[18] Bathelt, H., N. Schuldt (2008) Between luminaires and meat grinders: international trade fairs as temporary clusters. *Regional Studies*, 42(6): 853-868.
[19] Becattini, G. (1990) The Marshallian industrial district as a socio-economic notion. In F. Pyke, G. Becattini, W. Sengenberger (eds.) *Industrial Districts and Inter-Firm Cooperation in Italy*. International Institute for Labour Studies, 37-51.
[20] Becattini, G., M. Bellandi, L. De Propris (2009) *A Handbook of Industrial Districts*. Elgar.
[21] Bek, D., T. Binns, E. Nel (2013) Wild flower harvesting on South Africa's agulhas plain: a mechanism for achieving sustainable economic development? *Sustainable Development*, 21(5): 281-293.
[22] Bellini, N., M. Danson, H. Hkier (2012) *Regional Development Agencies: The Next Generation? Networking, Knowledge and Regional Policies*. Routledge.
[23] Best, M. (1991) *The New Competition: Institutions of Industrial Restructuring*. Polity.
[24] Beynon, H., R. Hudson (1993) Place and space in contemporary Europe: some lessons and reflections. *Antipode*, 25(3): 177-190.
[25] Boschma, R. (2005) Proximity and innovation: a critical assessment. *Regional studies*, 39(1): 61-74.
[26] Boschma, R. (2009) Evolutionary economic geography and its implications for regional innovation policy. *Papers in Evolutionary Economic Geography*, 912.
[27] Boschma, R. (2013) Constructing regional advantage and smart specialisation: comparison of two European policy concepts. *Papers in Evolutionary Economic Geography*, 13: 22.
[28] Boschma, R., K. Frenken (2007) Applications of evolutionary economic geography. In K. Frenken (ed.) *Applied Evolutionary Economics and Economic Geography*. Elgar.
[29] Boschma, R., K. Frenken (2010) The emerging empirics of evolutionary economic geography. *Journal of Economic Geography*, 11: 295-307.
[30] Boschma, R., R. Martin (2010) The aims and scope of evolutionary economic geography. In R. Boschma,

R. Martin (eds.) *The Handbook of Evolutionary Economic Geography*. Elgar.
[31] Boschma, R., S. Iammarino (2009) Related variety, trade linkages and regional growth. *Economic Geography*, 85 (3): 289-311.
[32] Bunnell, T. G., N. M. Coe (2001) Spaces and scales of innovation. *Progress in Human Geography*, 25(25): 569-589.
[33] Burton-Jones, A. (2001) *Knowledge Capitalism*. Oxford University Press.
[34] Camagni, R. (1996) *Regional Strategies for an Innovative Economy: The Relevance of the Innovative Milieu Concept*. SIR.
[35] Cardoso, F. H., E. Faletto (1979) *Dependency and development in Latin America*. University of California Press.
[36] Carter, N. (2007) *The Politics of the Environment*. Cambridge University Press.
[37] Castells, M., P. Hall (1994) *Technopoles of the World: The Making of 21st Century Industrial Complexes*. Routledge.
[38] Chatterton, P. (2002) "Be realistic, demand the impossible". Moving towards "strong" sustainable development in an old industrial region? *Regional Studies*, 35(5): 552-561.
[39] Christopherson, S., J. Clark (2007) Remaking regional economies: power, labor, and firm strategies in the knowledge economy. *Journal of Economic Geography*, 9: 433-435.
[40] Clark, C. (1939) *The Conditions of Economic Growth*. Macmillan.
[41] Clark, G. L., M. Feldman, M. Gertler (2000) *The Oxford Handbook of Economic Geography*. Oxford University Press.
[42] Cochrane, A. (2012) Alternative approaches to local and regional development. In A. Pike, A. Rodríguez-Pose, J. Tomaney (eds.) *Handbook of Local and Regional Development*. Routledge, 97-106.
[43] Coe, N. (2010) Geographies of production 1: an evolutionary revolution? *Progress in Human Geography*, 35(1): 81-91.
[44] Coe, N. M., M. Hess, H. W. Yeung, et al. (2004) Globalizing regional development: a global production networks perspective. *Transactions of the Institute of British Geographers*, 29(4): 468-484.
[45] Cooke, P. (1995) Keeping to the high road: learning, reflexivity and associative governance in regional economic development. In P. Cooke (ed.) *The Rise of the Rustbelt*. UCL Press.
[46] Cooke, P. (2012) Transversality and transition: green innovation and new regional path creation. *European Planning Studies*, 20: 817-834.
[47] Cooke, P., K. Morgan (1998) *The Associational Economy: Firms, Regions and Innovation*. Oxford University Press.
[48] Crafts, N. (1996) *Endogenous Growth: Lessons for and from Economic History, Discussion Paper 1333*. Centre for Economic Policy Research.
[49] Cumbers, A. (2012) *Reclaiming Public Ownership: Making Space for Economic Democracy*. Zed Books.
[50] Cumbers, A., K. Chapman, D. Mackinnon (2002) Learning, innovation and regional development: a critical appraisal of recent debates. *Progress in Human Geography*, 26(3): 293-311.
[51] Dawley, S. (2003) High-tech industries and peripheral region development: the case of the semiconductor industry in the North East Region of England. Unpublished PhD thesis, Newcastle upon Tyne: Centre for Urban and Regional Development Studies (CURDS), University of Newcastle.

[52] Dawley, S., D. Mackinnon, A. Cumbers, et al. (2015) Policy activism and regional path creation: the promotion of offshore wind in North East England and Scotland. *Cambridge Journal of Regions. Economy and Society*, 8 (2): 257-272.

[53] Deutz, P., D. I. Lyons (2008) Editorial: industrial symbiosis–an environmental perspective on regional development. *Regional Studies*, 42(10): 1295-1298.

[54] Dicken, P. (2007) *Global Shift: Mapping the Changing Contours of the World Economy*. SAGE.

[55] Dunford, M. (1990) Theories of regulation. *Environment and Planning D: Society and Space*, 8: 297-321.

[56] Dunford, M. (1993) Regional disparities in the European Community: evidence from the REGIO databank. *Regional Studies*, 27(8): 727-743.

[57] Dunford, M., D. Perrons (1994) Regional inequality, regimes of accumulation and economic integration in contemporary Europe. *Transactions of the Institute of British Geographers*, 19: 163-182.

[58] Ernst, D. (2002) Global production networks and the changing geography of innovation systems. Implications for developing countries. *Economics of Innovation and New Technology*, 11(6): 497-523.

[59] Escobar, A. (1995) *Encountering Development: The Making and Unmaking of the Third World*. Princeton University Press.

[60] Essletzbichler, J., D. L. Rigby (2007) Exploring evolutionary economic geographies. *Journal of Economic Geography*, 7: 549-571.

[61] Evans, P. B. (1979) *Dependent Development: The Alliance of Multinational, State, and Local Capital in Brazil*. Princeton University Press.

[62] Farr, J. (2004) Social capital: a conceptual history. *Political Theory*, 32(1): 6-33.

[63] Ferguson, J. (2006) *Global Shadows: Africa in the Neoliberal World Order*. Duke University Press.

[64] Fisher, A. (1939) Primary, secondary, tertiary production. *Economic Record June*, 24-38.

[65] Fitjar, R. D., A. Rodríguez-Pose (2013) Firm collaboration and modes of innovation in Norway. *Research Policy*, 42(1): 128-138.

[66] Florida, R. (2002) *The Rise of the Creative Class: And How It Is Transforming Work, Leisure, Community and Everyday Life*. Basic Books.

[67] Frank, A. G. (1967) *Capitalism and Underdevelopment in Latin America (Vol. 93)*. NYU Press.

[68] Geddes, M., I. Newman (1999) Evolution and conflict in local economic development. *Local Economy*, 13(5): 12-25.

[69] Gereffi, G. (1994) *The Organization of Buyer-Driven Global Commodity Chains: How U.S. Retailers Shape Overseas Production Networks*. Commodity Chains and Global Capitalism.

[70] Gereffi, G. (2001) Beyond the producer-driven/buyer-driven dichotomy: the evolution of global value chains in the internet era. *IDS Bulletin*, 32(3): 30-40.

[71] Gereffi, G. (2005) The global economy: organization, governance, and development. *The Handbook of Economic Sociology*, 2: 160-182.

[72] Gereffi, G., J. Humphrey, R. Kaplinsky, et al. (2001) Introduction: globalisation, value chains and development. *Ids Bulletin*, 32(3): 1-8.

[73] Gertler, M. (1984) Regional capital theory. *Progress in Human Geography*, 8(1): 50-81.

[74] Gertler, M. (1992) Flexibility revisited: districts, nation states, and the forces of production. *Transactions of the Institute of British Geographers*, 17: 259-278.

[75] Gertler, M. (1995) Being there: proximity, organization, and culture in the development and adoption of advanced manufacturing technologies. *Economic Geography*, 71(1): 1-26.

[76] Gertler, M. (2004) *Manufacturing Culture: The Institutional Geography of Industrial Practice.* Oxford University Press.

[77] Gertler, M., D. Wolfe (2002) *Innovation and Social Learning: Institutional Adaption in an Era of Technological Change.* Palgrave Macmillan.

[78] Gibbs, D. (2002) *Local Economic Development and the Environment.* Routledge.

[79] Gibson-Graham, J. K., J. Cameron, S. Healy (2014) *Take Back the Economy: An Ethical Guide for Transforming Our Communities.* University of Minnesota Press.

[80] Giuliani, E., M. Bell (2005) The micro-determinants of meso-level learning and innovation: evidence from a Chilean wine cluster. *Research Policy*, 34(1): 47-68.

[81] Glasmeier, A. (2000) Economic geography in practice: local economic development policy. In G. L. Clark, M. Feldman, M. Gertler (eds.) *The Oxford Handbook of Economic Geography.* Oxford University Press.

[82] Glassman, J. (2003) Rethinking overdetermination, structural power and social change: a critique of Gibson-Graham, Resnick and Wolff. *Antipode*, 35(4): 678-698.

[83] Grabher, G. (1993) The weakness of strong ties: the lock-in of regional development in the Ruhr Area. In G. Grabher (ed.) *The Embedded Firm: On the Socio-Economics of Industrial Networks.* Routledge.

[84] Grabher, G. (2009) Yet another turn? The evolutionary project in economic geography. *Economic Geography*, 85: 119-127.

[85] Granovetter, M., R. Swedberg (1992) *The Sociology of Economic Life.* Westview Press.

[86] Harrison, B. (1994) *Lean and Mean: Corporate Power in the Age of Flexibility.* Basic Books.

[87] Harvey, D. (1982) *Limits to Capital.* Basil Blackwell.

[88] Harvey, D. (1989) *The Condition of Postmodernity.* Blackwell.

[89] Harvey, D. (1996) *Justice, Nature and the Geography of Difference.* Blackwell.

[90] Hassink, R., C. Klaerding (2012) Evolutionary approaches to local and regional development policy. In A. Pike, A. Rodríguez-Pose, J. Tomaney (eds.) *Handbook of Local and Regional Development.* Routledge.

[91] Haughton, G., D. Counsell (2004) *Regions, Spatial Strategies and Sustainable Development.* Routledge and Regional Studies Association.

[92] Haughton, G., K. Morgan (2008) Sustainable regions. *Regional Studies*, 42(9): 1219-1222.

[93] Henderson, J., P. Dicken, M. Hess, et al. (2002) Global production networks and the analysis of economic development. *Review of International Political Economy*, 9(3): 436-464.

[94] Hess, M. (2004) "Spatial" relationships? Towards a reconceptualization of embeddedness. *Progress in Human Geography*, 28(2): 165-186.

[95] Hess, M. (2004) *Local Enterprises in the Global Economy–Issues of Governance and Upgrading Hubert Schmitz.* Edward Elgar.

[96] Hines, C. (2000) *Localization: A Global Manifesto.* Earthscan.

[97] Hirschman, A. O. (1958) *The Strategy of Economic Development.* Yale University Press.

[98] Hirst, P., J. Zeitlin (1991) Flexible specialization versus post-Fordism: theory, evidence and policy

implications. *Economy and Society*, 20(1): 1-56.

[99] Hoover, E. M., J. L. Fisher (1949) Research in regional economic growth. *Problems in the Study of Economic Growth*. NBER.

[100] Huber, F. (2011) Do clusters really matter for innovation practices in information technology? Questioning the significance of technological knowledge spillovers. *Journal of Economic Geography*, 12(1): 107-126.

[101] Hudson, R. (2001) *Producing Places*. Guilford Press.

[102] Hudson, R. (2003) Fuzzy concepts and sloppy thinking: reflections on recent developments in critical regional studies. *Regional Studies*, 37(6/7): 741-746.

[103] Hudson, R., M. Dunford, D. Hamilton, et al. (1997) Developing regional strategies for economic success: lessons from Europe's economically successful regions. *European Urban and Regional Studies*, 4(4): 365-373.

[104] Innis, H. (1920) *The Fur Trade in Canada*. Yale University Press.

[105] Jackson, T. (2009) *Prosperity Without Growth: Economics for a Finite Planet*. Routledge.

[106] Jessop, B. (2003) *The Future of the Capitalist State*. Polity.

[107] John, B. P. (1999a) Growth-pole strategies in regional economic planning: a retrospective view (Part 1. origins and advocacy). *Urban Studies*, 36(7): 195-1215.

[108] John, B. P. (1999b) Growth-pole strategies in regional economic planning: a retrospective view (Part2. implementation and outcome). *Urban Studies*, 36(8): 1247-1268.

[109] Kaldor, N. (1970) The case for regional policies. *Scottish Journal of Political Economy*, 18: 337-348.

[110] Kaldor, N. (1981) The role of increasing returns, technical progress and cumulative causation in the theory of international trade and economic growth. In F. Targetti, A. Thirlwall (eds.) *The Essential Kaldor*. Duckworth.

[111] Kitson, M., R. Martin, P. Tyler (2004) Regional competitiveness: an elusive yet key concept. *Regional Studies*, 38(9): 991-999.

[112] Kogut, B. (1984) Normative observations on the international value-added chain and strategic groups. *Journal of International Business Studies*, 15(2): 151-167.

[113] Krueger, R., D. Gibbs (2008) Third wave sustainability? Smart growth and regional development in the USA. *Regional Studies*, 42(9): 1263-1274.

[114] Kuznets, S. (1966) *Modern Economic Growth: Rate, Structure and Spread*. Yale University Press.

[115] Lovering, J. (1989) The restructuring debate. In R. Peet, N. Thrift (eds.) *New Models in Geography*. Unwin Hyman.

[116] Lucas, M., A. Sands, D. A. Wolfe (2009) Regional clusters in a global industry: ICT clusters in Canada. *European Planning Studies*, 17(2): 189-209.

[117] Lundvall, B. A. (1992) *National Innovation Systems: Towards a Theory of Innovation and Interactive Learning*. Pinter.

[118] Lundvall, B. A., P. Maskell (2000) Nation states and economic development: from national systems of production to national systems of knowledge creation and learning. In C. Clark, M. Feldman, M. Gertler (eds.) *The Oxford Handbook of Economic Geography*. Oxford University Press.

[119] MacKinnon, D., A. Cumbers (2007) *An Introduction to Economic Geography: Globalisation, Uneven*

Development and Place. Pearson.

[120] MacKinnon, D., A. Cumbers, Chapman, K. (2002) Learning, innovation and regional development: a critical appraisal of recent debates. *Progress in Human Geography*, 26(3): 293-311.

[121] MacKinnon, D., A. Cumbers, A. Pike, et al. (2009) Evolution in economic geography: institutions, political economy and adaptation. *Economic Geography*, 85: 129-150.

[122] Malecki, E. (1997) *Technology and Economic Development: The Dynamics of Local, Regional and National Competitiveness (2nd edn.)*. Addison Wesley Longman.

[123] Markusen, A. (1985) *Profit Cycles, Oligopoly and Regional Development.* MIT Press.

[124] Markusen, A. (2003) Fuzzy concepts, scanty evidence, policy distance: the case for rigour and policy relevance in critical regional studies. *Regional Studies*, 37(6-7): 701-717.

[125] Martin, P. (1999) Public policies, regional inequalities and growth. *Journal of Public Economics*, 73(1): 85-105.

[126] Martin, R. (2010) Rethinking regional path dependence: beyond lock-in to evolution. *Economic Geography*, 86: 1-27.

[127] Martin, R., P. Sunley (1997) The Post-Keynesian state and the space-economy. In R. Lee, J. Wills (eds.) *Geographies of Economies.* Edward Arnold.

[128] Martin, R., P. Sunley (1998) Slow convergence? Post neo-classical endogenous growth theory and regional development. *Economic Geography*, 74(3): 201-227.

[129] Martin, R., P. Sunley (2006) Path dependence and regional economic evolution. *Journal of Economic Geography*, 6(3): 395-437.

[130] Maskell, P. (2002) Social capital, innovation and competitiveness. In S. Barron, J. Field, T. Schuller (eds.) *Social Capital: Critical Perspectives.* Oxford University Press.

[131] Maskell, P., H. Bathelt, A. Malmberg (2006) Building global knowledge pipelines: the role of temporary clusters. *European Planning Studies*, 14(8): 997-1013.

[132] Maskell, P., H. Eskelinen, I. Hannibalson, et al. (1998) *Competitiveness, Localized Learning and Regional Development.* Routledge.

[133] Mason, C., R. Harrison (1999) Financing entrepreneurship: venture capital and regional development. In R. Martin (ed.) *Money and the Space Economy.* Wiley.

[134] Massey, D. (1995) *Spatial Divisions of Labour: Social Structures and the Geography of Production (2nd edn.).* Macmillan.

[135] McCombie, J., A. Thirlwall (1997) The dynamic Harrod foreign trade multiplier and the demandorientated approach to economic growth: an evaluation. *International Review of Applied Economics*, 11: 5-26.

[136] McCrone, G. (1969) *Regional Policy in Britain.* Allen & Unwin.

[137] Mohan, G., J. Mohan (2002) Placing social capital. *Progress in Human Geography*, 26(2): 191-210.

[138] Morgan, K. (2004) Sustainable regions: governance, innovation and scale. *European Planning Studies*, 12(6): 871-889.

[139] Morgan, K. (2012) The green state: sustainability and the power of purchase. In A. Pike, A. Rodríguez-Pose, J. Tomaney (eds.) *Handbook of Local and Regional Development.* Routledge.

[140] Moulaert, F., A. Mahmood (2012) Spaces of social innovation. In A. Pike, A. Rodríguez-Pose, J.

Tomaney (eds.) *Handbook of Local and Regional Development*. Routledge.

[141] Myrdal, G. (1957) *Economic Theory and Underdeveloped Regions*. Duckworth.

[142] Neffke, F., M. Henning, R. Boschma(2011) How do regions diversify over time? Industry relatedness and the development of growth paths in regions. *Economic Geography*, 87(3): 237-265.

[143] North, D. C. (1955) Location theory and regional economic growth. *Journal of Political Economy*, 63: 243-258.

[144] North, P. J., N. Longhurst (2013) Grassroots localisation? The scalar potential of and limits of the "transition" approach to climate change and resource constraint. *Urban Studies*, 50(7): 1423-1438.

[145] Norton, R. D., J. Rees (1979) The product cycle and the spatial decentralisation of American manufacturing. *Regional Studies*, 13: 141-151.

[146] Owen-Smith, J., W. W. Powell (2002) Knowledge networks as channels and conduits: the effects of spillovers in the Boston biotechnology community. *Organization Science*, 15(1): 5-21.

[147] Peck, J. (2000) Doing Regulation. In G. L. Clark, M. S. Gertler (eds.) *The Oxford Handbook of Economic Geography*. Oxford University Press.

[148] Peck, J. (2003) Fuzzy old world: a response to Markusen. *Regional Studies*, 37(6/7): 729-740.

[149] Peck, J. (2005) Struggling with the creative class. *International Journal of Urban and Regional Research*, 29(4): 740-770.

[150] Peck, J., A. Tickell (1995) The social regulation of uneven development: "regulatory deficit", England's South East and the collapse of Thatcherism. *Environment and Planning A*, 27: 15-40.

[151] Peck, J., N. Theodore (2007) Variegated capitalism. *Progress in Human Geography*, 31(6): 731-772.

[152] Perrons, D. (2004) *Globalisation and Social Change: People and Places in a Divided World*. Routledge.

[153] Perrons, D., R. Dunford (2013) Regional development, equality and gender: moving towards more inclusive and socially sustainable measures. *Economic and Industrial Democracy*, 34(3): 483-499.

[154] Pietrobelli, C., R. Rabellotti (2010) *Upgrading to Compete Global Value Chains, Clusters, and SMEs in Latin America*. Harvard University Press.

[155] Pike, A. (2004) Heterodoxy and the governance of economic development. *Environment and Planning A*, 36: 2141-2161.

[156] Pike, A. (2005) Building a geographical political economy of closure: the closure of R&DCo in North East England. *Antipode*, 37(1): 93-115.

[157] Pike, A., M. Coombes, P. O'Brien, et al. (2015) Austerity states; institutional dismantling and the governance of sub-national economic development: the demise of the Regional Development Agencies in England. Draft Paper. Newcastle University.

[158] Pike, A., A. Lagendijk, M. Vale (2000) Critical reflections on "embeddedness" in economic geography: the case of labour market governance and training in the automotive industry in the Northeast region of England. In A. Giunta, A. Lagendijk, A. Pike (eds.) *Restructuring Industry and Territory: The Experience of Europe's Regions*. The Stationery Office.

[159] Piore, M. J., C. F. Sabel (1984) *The Second Industrial Divide: Possibilities for Prosperity*. Basic Books.

[160] Pollard, J., C. McEwan, N. Laurie, et al. (2009) Economic geography under post-colonial scrutiny. *Transactions of the Institute of British Geographers*, 34(2): 137-142.

[161] Ponte, S., P. Gibbon (2005) Quality standards, conventions and the governance of global value chains.

Economy and Society, 34(1): 1-31.
[162] Porter, M. E. (1990) The competitive advantage of nations. *Harvard Business Review*, 68(2): 73-93.
[163] Power, D., A. Scott (2012) Culture, creativity and alternative development. In A. Pike, A. Rodríguez-Pose, J. Tomaney (eds.) *Handbook of Local and Regional Development*. Routledge.
[164] Prebisch, R. (1950) The economic development of Latin America and its principal problems. *Geographical Review*, 2010(1): 171-173.
[165] Pyke, F., W. Sengenberger (1992) *Industrial Districts and Local Economic Regeneration*. International Institute for Labour Studies.
[166] Richardson, H. W. (1980) Polarization reversal in developing countries. *Papers of the Regional Science Association*, 45: 67-85.
[167] Rodríguez-Pose, A. (2001) Is R&D investment in lagging areas of Europe worthwhile? Theory and empirical evidence. *Papers in Regional Science*, 80(3): 275-295.
[168] Rodríguez-Pose, A., R. D. Fitjar (2013) Buzz, archipelago economies and the future of intermediate and peripheral areas in a spiky world. *European Planning Studies*, 21(3): 355-372.
[169] Rostow, W. W. (1990) *The Stages of Economic Growth: A Non-Communist Manifesto*. Cambridge University Press.
[170] Rostow, W. W. (1971) *The Stages of Economic Growth: A Non-Communist Manifesto (2nd edn.)*. Cambridge University Press.
[171] Sawers, L., W. K. Tabb (1984) *Sunbelt/Snowbelt: Urban Development and Regional Restructuring*. Oxford University Press.
[172] Saxenian, A. (1994) *Regional Advantage: Culture and Competition in Silicon Valley and Route 128*. Harvard University Press.
[173] Sayer, A. (1985) Industry and space: a sympathetic critique of radical research. *Environment and Planning D: Society and Space*, 3: 3-29.
[174] Sayer, A. (1989) Dualistic thinking and rhetoric in geography. *Area*, 21(3): 301-305.
[175] Schoenberger, E. (1989) Thinking about flexibility: a response to Gertler. *Transactions of the Institute of British Geographers*, 14: 98-108.
[176] Schoenberger, E. (2000) The management of time and space. In G. L. Clark, M. P. Feldman, M. S. Gertler (eds.) *The Oxford Handbook of Economic Geography*. Oxford University Press.
[177] Schuldt, N., H. Bathelt (2011) International trade fairs and global buzz. Part II: practices of global buzz. *European Planning Studies*, 19(1): 1-22.
[178] Schumpeter, J. L. (1994) *Capitalism, Socialism and Democracy*. Routledge.
[179] Scott, A. J. (1986) High technology industry and territorial development: the rise of the Orange County complex, 1955-1984. *Urban Geography*, 7: 3-45.
[180] Scott, A. J. (1988) *New Industrial Spaces*. Pion.
[181] Scott, A. J. (2004) A perspective of economic geography. *Journal of Economic Geography*, 4: 479-499.
[182] Scott, A. J., M. Storper (2003) Regions, globalization, development. *Regional Studies*, 37(6-7): 579-593.
[183] Sheppard, E. (2011) Geographical political economy. *Journal of Economic Geography*, 11: 19-31.
[184] Stöhr, W. B. (1990) *Global Challenge and Local Response: Initiatives for Economic Regeneration in*

Contemporary Europe. United Nations University.

[185] Storper, M. (1985) Oligopoly and the product cycle: essentialism in economic geography. *Economic Geography*, 61: 260-282.

[186] Storper, M. (1995) The resurgence of regional economies, ten years later: the region as a nexus of untraded interdependencies. *European Urban and Regional Studies*, 2(3): 191-221.

[187] Storper, M. (1997) *The Regional World. Territorial Development in a Global Economy*. Guilford.

[188] Storper, M., A. J. Scott (eds.) (1992) *Pathways to Industrialization and Regional Development*. Routledge.

[189] Storper, M., A. J. Venables (2004) Buzz: face-to-face contact and the urban economy. *Journal of Economic Geography*, 4(4): 351-370.

[190] Storper, M., R. Walker (1989) *The Capitalist Imperative: Territory, Technology and Industrial Growth*. Blackwell.

[191] Sunley, P. (1996) Context in economic geography: the relevance of pragmatism. *Progress in Human Geography*, 20(3): 338-355.

[192] Snley, P. (2000) Urban and Regional Growth. In T. Barnes, E. Shepherd (eds.) *A Companion to Economic Geography*. Blackwell.

[193] Szreter, S. (2002) The state of social capital: bringing back in power, politics and history. *Theory and Society*, 31(2): 573-621.

[194] Tödtling, F., M. Trippl (2005) One size fits all? Towards a differentiated regional innovation policy approach. *Research Policy*, 34(8): 1203-1219.

[195] Townroe, P. M., D. Keen (1984) Polarization reversed in the State of São Paulo. *Regional Studies*, 18: 45-54.

[196] Vale, M. (2012) Innovation networks and local and regional development policies. In A. Pike, A. Rodríguez-Pose, J. Tomaney (eds.) *Handbook of Local and Regional Development*. Routledge.

[197] Vallance, P. (2007) Rethinking economic geographies of knowledge. *Geography Compass*, 1(4): 797-813.

[198] Wallerstein, I. (1983) The three instances of hegemony in the history of the capitalist world economy. *International Journal of Comparative Sociology*, 24: 101.

[199] Williams, C. C., A. C. Millington (2004) The diverse and contested meanings of sustainable development. *Geographical Journal*, 170(2): 99-104.

[200] Williamson, J. G. (1965) Regional inequalities and the process of national development. *Economic Development and Cultural Change*, 13: 1-84.

[201] Wolfe, D. A., M. S. Gertler (2004) Clusters from the inside and out: local dynamics and global linkages. *Urban Studies*, 41(41): 1055-1077.

[202] Wood, A., D. Valler (2001) Turn again? Rethinking institutions and the governance of local and regional economies. *Environment and Planning A*, 33: 1139-1144.

[203] Woolcock, M. (1998) Social capital and economic development: toward a theoretical synthesis and policy framework. *Theory and Society*, 27: 151-208.

[204] 安虎森："增长极理论评述",《南开经济研究》, 1997年第1期, 第31～37页。

[205] 何金玲："中国区域经济发展的理论与实践",《工业技术经济》, 2007年第2期, 第10～11页。

[206] 赫希曼：《经济发展战略》，经济科学出版社，1991年。
[207] 马东亮："后发展主义理论视角下的中国民族发展研究：意义与启示"，《中央民族大学学报（哲学社会科学版）》，2017年第2期，第26~34页。
[208] 苗长虹："区域发展理论：回顾与展望"，《地理科学进展》，1999年第4期，第296~305页。
[209] 山泽逸平："日本的经济发展与国际劳动分工"，《日本学论坛》，1991年第1期，第74页。
[210] 小岛清：《日本贸易的结构与发展》，至诚堂，1973年。

第十九章 区域政策与空间治理

引 言

经济活动的空间差异性除了与资源禀赋、地理区位、基础设施等相关外，政策制度的空间异质性也是重要原因。中央政府出台财政、金融、投资、贸易等政策手段来改善问题区域的发展前景，促进区域协调可持续发展；地方政府制定地方性政策以提升区域竞争力，改善投资环境，吸引外部投资，促进地方经济发展。为了优化配置空间资源，提升资源利用效率，政府、市场和社会组织等利益相关者需要协商互动以实现良性空间治理。

经济地理学是从空间视角研究经济问题，本质上离不开对于区域政策与空间治理研究（罗静和曾菊新，2003）。经济地理学丰富的理论建构为区域政策和空间治理研究提供了坚实理论基础。经济地理学如何与政策和治理研究相结合一直是困扰经济地理学者的问题。政策研究是经济地理学应该关注的重要方向，然而什么样的地理理论指导何种政策这个基本的问题一直没有系统地梳理（Harvey，1974）。经济地理学在政策分析领域不存在唯一的理论，也不存在唯一的方法（Martin，2001）。

不同时期经济地理学的政策实践也各有侧重。商业地理学关注商品来源与国际贸易，为殖民主义提供基础资料。区域科学侧重有界、封闭、实体的地方，重点描述区域特征及差异（Livingstone，1993；Barnes，2000）。商业地理学和区域科学为工业化初期的劳动地域分工、土地规划、重要工程设施布局提供了重要科技支撑。"计量革命"以后，地理学从"地方"转向"空间"，研究方法从经验主义的实地调研转为实证主义的数学模型，科学支撑了土地、交通、经济区等区划工作（Garrison，1962）。区域科学扬弃计量革命的机械化思维，空间可以从多个维度打开，不再是属性单一的点，政策研究开始受到重视（Isard，1966）。将空间看成物理实体的区划研究也摇身变成综合考虑空间与社会、环境互动的规划研究。

20 世纪 70 年代，马克思主义地理学兴起，关注区域环境、贫困、住房、种族、性别、公共服务等的空间不均衡问题，强调政策实施的公平性。在应对环境问题的过程中，治理理念首次出现。激进地理学所体现的"社会关切"是推动欧美社会福利提升、国家社会主义兴起的重要力量。随后的新经济地理学在区域差异、产业集聚等领域显现政策内涵（Baldwin，2013）。随着区域经济发展，后福特主义和知识经济兴起，个性化和差异化的需求成为主流的消费方式。应运而生的新区域主义再次强调区域研究，基于地方的政策、规划措施逐步与空间中性政策相融合。在此背景下出现的空间治理，融合了政府、市场以及企业和民众的多方诉求，成为国家和区域管理的重要主题。中国的经济地理学有着"以任务带学科"的传统，在农业区划、国土开发、资源环境承载力、主体功能区划、空间治理等领域做出了杰出理论与实践贡献（陆大道，2009；刘卫东等，2011）。

第一节　西方经济地理学政策研究历程

一、西方经济地理学政策研究

西方经济地理学随着社会经济环境不断变迁而经历多个思潮转向。自 20 世纪 60 年代，经济地理学经历了区域主义、科学主义、行为主义、政治经济学、文化制度和关系转向以及演化转向。经济地理学政策研究受到这些思潮的影响。经济地理学不同研究范式在政策分析领域有各自优势和劣势（Martin and Sunley，2010）。20 世纪 50~60 年代，经济地理学兴起"区域主义"，出现应用性政策研究，为项目选址提供政策咨询，开始意识到经济地理研究能够对公共政策产生影响。20 世纪 60 年代的"行为转向"批判理性人假设、数学模型和见物不见人的思想。基于个体决策的经济地理研究兴起，政策研究在经济地理中被边缘化。行为主义忽略了政治结构和经济制度对于经济活动的影响（Scott，2000；Wolpert，2015）。源于经济地理学者对于"行为转向"的反思，以哈维为代表的学者开始关注政策制度的作用，开启了政策分析的先河（Harvey，1974）。"激进经济地理转向"在 20 世纪 70~80 年代盛极一时，通过政治经济分析解释经济空间不均衡，并提出相应政策建议（Harvey，1973；Massey，1984；Lefebvre and Nicholson，1991；Debord and Nicholson，2004）。

20 世纪 80 年代以来，西方经济地理学兴起了"新区域主义"，推动了经济地理学的文化、制度和关系转向，更加关注地方政策制度对区域发展、产业集聚和创新活动的影响（Scott，1988；Piore and Sabel，1984；苗长虹和魏也华，2007）。经济地理学的政策研究迎来了新的发展机遇，区域管制与空间治理机制研究大量采用了政策研究的范式，提出"制度""嵌入"和"社会网络"等概念（Bathelt and Gluckler，2003）。20 世纪 90 年代，以克鲁格曼为代表的经济学家将空间变量纳入到一般均衡模型之中，揭示经济活动集聚的内生机制，是为新经济地理学。从学科发展来看，新经济地理学是对区位论的延伸和发展，规模报酬递增、垄断竞争和冰山成本的假设在区域经济领域无疑是重大进步，但却忽视地理学者强调的制度、文化和关系的重要影响（Martin and Sunley，1996）。随着新经济地理学的不断发展，其政策意义逐步获得了关注，并在一些政策的制定和分析上起到了重要的指导作用（Ottaviano，2003；Bornatico et al.，2009）。20 世纪 90 年末以来，经济地理研究出现了"演化转向"，强调历史因素对区域发展的作用（Boschma and Frenken，2006；Frenken and Boschma，2007）。在政策研究方面，演化经济地理学注重通过已有产业基础和技术关联对产业发展路径进行预测，同时强调政府与市场的调节作用。近年来欧盟地区实施的"精明专业化"政策即体现了演化经济地理学的思想（Ortega-Argilés and Raquel，2015；Ketels，2015）。

西方经济地理学政策研究范式演变依托其所处的时代背景。自第二次世界大战结束以来，社会政策研究与实践在西方取得突飞猛进的发展，社会规划成为社会福利发展的主要工具。20 世纪 70 年代，西方社会迎来整体性的政治动荡，包括人权运动、越南战争、种族歧视、高失业率和通胀等一系列社会现象与问题。西方学者针对这些现象和问题对资本主义制度进行反思。伴随经济地理学者对"行为转向"的批判，经济地理研究迎来了"激进经济地理转向"，基于马克思主义政治经济学解释地理问题，公共政策分析出现并成为短暂的学科热点（Harvey，1992）。20 世纪 80 年代，西方发达国家进入后工业化社会的转型期，去工业化、知识经济、后福特制生产方式兴起等一系列社会经济制度巨变。在新自由主义、经济全球化和信息化的复杂背景下，经济活动越来越受到政策的影响。经济全球化、区域一体化政策、各类自由贸易区的建立等一系列的政策改变了全球经济格局。经济地理研究无法绕开政策对经济的影响。众多经济地理学者开始借鉴公共政策研究方法，主动介入空间政策研究（Pike and Tomaney，2004；Hudson，2005）。

二、透视西方经济地理学政策研究

基于文献研究和知识图谱分析可以透视 20 世纪 70 年代以来西方经济地理学政策研究。依据 CiteSpace 对数据来源的要求，选择 Web of Science 作为文献搜索引擎。为了将研究范围限定在经济地理学政策研究中，根据研究经验选取最具代表性及权威性的四本经济地理学杂志作为文献来源，*Environment and Planning A*，*Economic Geography*，

Journal of Economic Geography 和 *Regional Studies*。用"政策"（policy）作为关键词，文献类型选择 Article，Proceeding paper 和 Review。CiteSpace 参数设定为：1970～2013 年，以 2 年为一个时间跨度，选择 Pathfinder 方法对每年的网络进行精简。数据获取时间为 2014 年 3 月，共获得文献 1 582 篇，其中 *Environment and Planning A* 包括 791 篇，*Economic Geography* 包括 102 篇，*Journal of Economic Geography* 包括 65 篇，*Regional Studies* 包括 624 篇。

如图 19-1 所示，与"政策"具有共同引用关系（直接连线关系）的关键词包括全球化、区位、政府、空间、科学和性别等。其中，全球化和区位共引次数最多，也是近年兴起的研究热点。在此二者基础上引发了多个延伸领域的研究，包括经济发展、经济增长、地区治理、区域发展、产业集聚、知识创新、就业等；研究尺度包括全球、区域和地方，主要的研究区域集中在英国和美国。

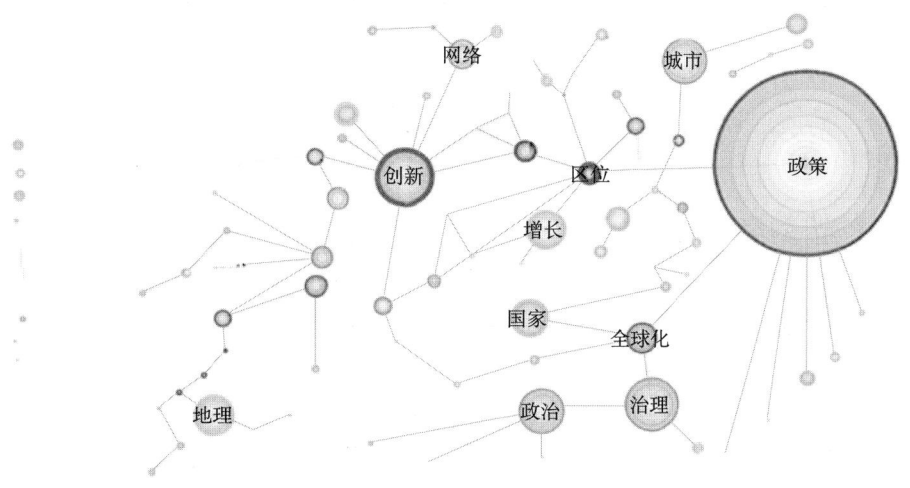

图 19-1 论文关键词及其相互联系

1990 年以来，知识创新、经济发展、集群与集聚是政策研究的重点；2000 年之后，治理、经济全球化、城市发展等问题成为研究的热点。20 世纪 90 年代的热点话题在 21 世纪并未受到冷落，体现在热点关键词间连接线密集。

西方经济地理学政策研究主题不断变化，研究范畴不断拓展，应用性更强，归纳起来主要研究主题包括如下四个方面。

（1）理论分析。在经济地理学政策研究早期，对理论研究分析较多，具体问题探讨不常见。以哈维为代表的经济地理学政策分析的早期拓荒者和以马丁为代表的公共政策地理倡导者，主要探讨经济地理学者为什么要研究政策以及经济地理学者如何研究政策的问题（Harvey，1974；Martin，2001）。

（2）管制研究。新区域地理学基于结构主义视角，提出了"地域体"的概念，倡导经济、政治、社会、政策和地理学的交织，将超越"国家干预"与"市场调节"的多种组织及中间管制形式当作政策优化的主要因素，强调社会管制变革对区域经济发展的历史性影响，研究领域涉及城市信息化、生态环境与可持续发展、管治、体制与制度以及现代服务地理等领域（Amin，1999）。

（3）制度研究。经济地理学的文化制度与关系转向推动了区域制度研究，经济地理学者提出"制度网络""制度厚度"等概念，并将政策蕴含在制度中开展研究（Amin and Thrift，1995；Morgan，2008）。

（4）权力关系和全球化治理。随着经济全球化和区域一体化发展，经济地理学者逐渐聚焦到全球化和区域化研究，兴起了国家权力关系和全球化治理研究。欧洲融合政策、全球化、区域一体化政策成为研究热点（Gereffi et al.，2005；Kuus，2011）。

第二节　计划经济与经济地理学政策实践

一、苏联的计划经济时期

在政治经济分析中，"空间"是重要的分析维度，苏联经济地理学者在此基础上形成了生产力布局理论，通过行政计划手段合理分配社会资源来协调区域发展。生产力布局理论最早形成于苏联大规模电气化建设实践中。十月革命胜利后，列宁认为苏联经济发展最大的问题是地区和部门不均衡，因此，一方面要"最充分和最完善地利用辽阔土地上所拥有的生产资料和劳动力"（克尔日查诺夫斯基，1961），发挥各地区的比较优势，形成专门化的生产和管理；另一方面，要以大城市为中心，集中配置生产要素，带动全国性的工业化和各地区的经济建设，并逐渐消除城乡差异。1918年，苏联科学院成立自然生产力研究委员会，负责全国的生产力研究和规划工作，各加盟共和国也设立了相应的机构。经济地理学者们将经济和地理结合起来，从宏观层面考察地区间的经济联系和生产力布局，提出不少开创性观点。如亚历山大·恰亚诺夫（Aleksandr Chayanov）建立了以自然历史特点、市场距离、人口距离为主要变量的模型，通过模型计算寻找平衡点，确定布局位置；亚历山大·雷布尼科夫（Aleksandr Rybnikov）将社会劳动分工引入经济地理研究，认为劳动地域分工规律和经济现象的分布规律是经济区划最重要的环节。这些理论形成了苏联早期的生产力布局理论。

"地域生产综合体"理论是早期苏联生产力布局理论最具影响力和最具代表性的理论，为苏联宏观层面的生产力布局提供了理论依据。尼古拉·科洛索夫斯基（Nikolay Kolosovsky）在总结电气化建设经验后，提出"地域生产综合体是能达到某一效果的许多企业在一个工业点或整个区域内经济上相互协调的组合，并且企业选择要与区域的自然条件、经济条件、运输和地理位置相协调"（费洪平，1992）。科洛索夫斯基认为，地域生产综合体应以专业化产品为动力，围绕主要生产过程在各部门间建立链状联系，并以此为基础将生产网络拓展为综合的生产循环体系。"地域生产综合体"理论非常强调经济区之间的协调和平衡，从"一五"计划开始，苏联就将生产力布局重心转向人口稀少但资源丰富的东部地区，同时限制大城市的过度扩张，扶持中小城市发展，改善了落后地区的经济情况。早期生产力布局理论研究较为破碎，对经济建设影响较小。

20世纪50年代以后，苏联学者形成了完善的生产力布局理论体系，不再一味强调资源均等，而是更加关注多种经济要素在区域中的协同演进。涅克拉索夫提出，生产力布局要以当前的社会经济水平为基础，进行生产力布局时不仅要考虑自然因素，还要考虑科技因素，"科学—技术进步最重要的成果是使国土经济开发不依赖地区的自然和气候特征"（涅克拉索夫，1987）。禹·萨乌什金（Yu Saushkin）认为，对生产力布局的研究不应当只关注工业部门，农业部门和交通因素对经济区划的影响将越来越重要；此外，还要统筹考虑民族、人口迁移、资源环境保护等社会问题。在研究方法上，学者们把数学工具作为研究地域生产综合体最有效的手段。

生产力布局理论对苏联生产力布局实践产生了重大影响，地域生产综合体成为社会主义地域组织的指导方针。在这一方针指导下，苏联境内组建了大规模地域生产综合体。20世纪60年代以后组建的地域生产综合体中，除了工业部门，还包括农业和非生产部门，并有统一协调的管理机构。20世纪70年代以来，苏联对新开发区组建的地域生产综合体特别强调合理的经济结构和经济的综合发展，既要优先发展在全国劳动地域分工中占有优势地位的专业化部门，又要求各部门按比例发展，做到经济和社会发展同时进行。在这些研究成果的基础上，苏联逐步形成了由经济区划、总体规划和地域规划组成的三重布局体系，促进了生产力在全国层面的合理分配。但是，苏联生产力布局理论带有明显的"生产关系决定论"特征，认为在社会主义制度下应该而且可以实现区域平衡发展。实际上，行政力量的过分干预导致个体活力难以释放，区域劳动力流失现象严重。此外，大规模、高水平的区域调配需要大量的资金和极高的管理水平，这是苏联难以满足的。

二、中国的计划经济时期

在计划经济时期，受苏联经济地理学影响，中国经济地理学"以任务带学科"为己任，结合国家各个时期经济建设和国土整治问题，进行了大规模的规划、调查和理论总结，主要包括农业区划、地区资源评价和综合开发、生产力布局和地域生产综合体（陆大道，2000）。

农业区划是1949年后经济地理学者最早参与的经济建设实践，包括资源调查、区域划分、区域规划与开发等工作，根本目的在于合理配置和布局中国的农业生产力（于彦亮，1993）。为了配合"一五"计划，1953年农业部正式开展农业区划研究，1955年出版了《中国农业区划的初步意见》和《关于划分中国农业经济区划的初步方案》。经济地理学者进一步实地考察了农业区区界划分难度较大的西北、西南、内蒙古农牧交错带（周立三和吴传钧，1958；赵松乔，1958）。"二五"计划开始以后，竺可桢主持编写了《自然区划方法论》，有助于查明中国自然条件及其分异规律；在农业部门区划研究方面，有丁颖的《中国稻作区域之划分》和姜成贯的《中国马铃薯栽培区域》（丁颖，1958；周立三，1993）；在农业区划理论探讨方面，有周起业的《我国农业区划基本问题的探讨》（周起业，1957）。国民经济经过调整恢复后，地理学界也开展了为农业服务的自然区划和农业区划的意义、目的、方法及任务的探讨（周立三，1964）。"七五"时期，中国传统农业向现代化农业转型，从自给自足经济向商品经济转化，为了适应农村改革和农业发展的时代需要，农业区划的工作重点转移到区域规划和区域开发上来，形成了以《全国农业区域开发总体规划》为代表的一系列研究成果。

20世纪50~70年代，经济地理学者大规模参加到综合考察活动中，帮助摸清各地的资源状况及其开发利用条件。在前期，资源评价主要针对土地、水、气候、草场等农业资源，以及煤、石油、天然气、铁、有色金属等能源资源和矿产资源，并在此基础上提出资源开发利用设想。矿产资源的经济评价一般体现在四个方面：储量大小以及供应能力，特别是在现阶段技术条件下的可开采量，在适当开发强度下的服务年限；品种质量，对用户的适合程度，加工工艺特性；空间分布及其地域组合特征；矿产地与开发利用的建设条件，特别是自然地理和经济地理条件（陆大道，2000）。20世纪70年代末到80年代初，经济地理学者开始积极参与国土开发规划，涉及地区建设和生产力总体布局、资源开发和有效利用、各项生产和生活设施的合理安排、不同地域范围的综合治理和保护以及大规模改造自然工程的可行性论证与效果预测。

中国生产力布局理论是20世纪50年代从苏联引入，形成了以计划和行政手段为主要方式，以社会效益为主要目标的平衡布局理念。在 20 世纪 50~60 年代，生产力布局理论研究内容主要包括社会主义生产力布局的原则问题、生产地域综合体理论及应用、生产力布局均衡化与国土开发的战略转移问题（陆大道，2000）。区域平衡发展理念改变了中国生产力布局畸形的局面。改革开放以后，西方生产力布局理论传入中国，中国的区域发展战略也从均衡发展战略转向非均衡战略，陆大道（2001）提出了"点—轴"系统和"T"形开发战略，深刻影响了中国国土开发计划格局。此后，中国经济地理学者大量参加政策与规划实践，如国土规划、区域规划、主体功能区划、空间规划、城市群规划、资源环境承载力评估、灾后重建规划与评估、精准扶贫政策评估等。

第三节 经济地理与区域政策研究

一、空间中性与空间特定政策

政府对经济活动的干预通常具有空间意义，引起资源、资本、劳动力、服务和商品生产的空间差异性。空间中性政策致力于消除阻碍要素流动的制度障碍，鼓励人们迁往发达区域，谋求区域整体的高水平、高质量发展。空间特定政策强调地方异质性，认为不同地区应因地制宜制定发展策略。从目标看，空间中性政策，如财政分权政策，并非为解决区域问题，但其执行过程往往具有明显的空间影响（Wei and Ma，1996）；空间特定政策，如扶贫政策，直接针对区域差距或问题区域（刘彦随，2016；Puga，2002）。经济地理研究空间政策及其效果，政策执行结果影响经济地理格局（Harvey，1974）。

经济学主张通过政府的"有形之手"应对市场不完善问题，如市场垄断、外部性、公共产品供给等。伴随交通和通信技术的发展，市场不完善的问题愈演愈烈，经济发展和要素资源更加集中于少数"黏性"强的区域，导致区域差距过大。为应对"空间失灵"问题，经济政策的制定越来越注重因地制宜，马丁和森利（Martin and Sunley，2010）甚至认为经济地理学出现了政策转向。空间中性政策建立在一般均衡理论基础上，基于要素自由流动的前提，认为区域政策无需考虑空间，应消除制度障碍鼓励劳动力和要素流动（Gill，2011）。如 2009 年世界银行发布的《世界发展报告：重塑经济地理》，提倡通过区域一体化推动要素流动，以实现区域之间的均衡发展，主张空间中性发展政策。吉尔（Gill，2011）发现爱尔兰致力于缩小区域差异的努力十分有效，原因在于爱尔兰的区域一体化政策。因而，随着国家经济发展，集聚力量得到强化，区域间经济总量差异将不可避免地扩大，然而通过合理的政策调整，区域间福利的差别可趋于缩小。平衡好区域发展和居民福利的地理格局，空间中性政策能够促进区域高效发展，同时应对区域差异问题。

事实上，政府尤其地方政府倾向于制定空间特定政策。空间特定政策认为交通和信息技术进步并不能够消弭区域间社会、经济、文化与制度差异，反而强化了经济集聚趋势。空间特定政策逐步受到重视，如 OECD 将利用本地禀赋作为刺激区域发展的重要途径，主张多主体、多重管治的政策手段。欧盟 2020 发展战略中提出的精明专业化政策，也主张识别本地比较优势，基于地方特征制定发展和创新策略。在政策实践中，区域特定政策更是随处可见。

空间中性与空间特定政策的争论焦点在于是否存在空间均衡状态。区域主义强调区域异质性，认为区域特征是区域发展和政策制定绕不开的因素。理想状态是空间特定政策促进根植于本地产业发展，从而实现经济增长。然而在实践中空间特定政策在扶植区域经济发展、创造就业的同时扭曲了区域资源配置（Kline and Moretti，2013；Moretti，2010）。区域科学强调差异化区域的共性，在政策层面以缩小人均福利差异为目标，主张通过消除制度障碍，促进人口流动，提升整体经济水平，空间上经济总量虽不均衡，但人均福利同质化（Glaeser and Gottlieb，2008）。相较于欧洲，美国劳动力能够更为自由地移动，因而基于美国的研究往往支持空间中性政策，而在欧洲则发现空间特定政策更为适用（Rowthorn and Glyn，2006；Blanchard and Katz，1999）。

空间中性政策与空间特定政策讨论本质上是公平与效率的问题。区域政策的目标可以分成两类：一类是促进经济发展，如发展激励政策、区域创新政策等；另一类是平衡区域发展，如转移支付、扶贫政策等。实际上，由于空间尺度的差别和关注点不同，许多区域政策既可能是空间中性的，又可能是空间特定的。比如从全国来看，振兴东北老工业基地政策是空间特定的，而在东北地区则是空间中性的。区域政策终归要执行，完全意义的空间中性政策是不存在，区域政策总是空间中性与空间特定政策的某种组合。

二、区域政策

经济地理学的区域政策研究主要包括发展激励政策、区域创新政策、均衡发展政策和政策借鉴研究等。

1. 发展激励政策

发展激励政策在于打破产业发展门槛、培育区域发展环境、实现规模效应、突破路径依赖等，最终减少企业生产成本，吸引企业投资。典型的激励政策包括企业生产补贴、产业园区税收减免、优先采购等，从原材料、生产到运输、销售一系列环节保障企业运营和发展。事实上不同政策之间存在一定重叠关系，比如税收减免可以看作是补贴的一种形式，产业园区往往配套有土地政策、税收政策等一揽子优惠措施，因而将不同政策彻底分离进行探讨存在困难。

（1）补贴政策

广义补贴政策包含经济、财政、贸易、福利等多种形式。经济补贴是指政府通过提供金钱，降低厂商、消费者支付的价格，通常为公共利益相关的产品获取的补贴。财政补贴是面向特定社会阶层或区域提供的补偿，是调节国民经济空间格局和结构的手段。贸易补贴在于刺激出口，给予出口企业经济上的支持以获取竞争优势。福利补贴包含住房、车船补助等，是补偿职工特殊劳动消耗所支付的津贴。福利经济学认为完全竞争环境下社会福利最大化难以实现，政府需要以补贴的方式进行代偿。随着市场竞争的加剧，地方政府对企业的态度越来越积极，为了实现地方利益，政府倾向于扶植本地企业赢得竞争优势（Perotti et al.，1999）。由于不同地方经济发展水平不同，政府对企业的支持力度存在差别，因而区位将影响企业获得补贴金额（陈冬华，2003）。此外，企业异质性也将影响补贴程度，一般认为政治关联强的国有企业更加容易获得支持（李传宪和干胜道，2013）。对战略性产业和新兴产业进行扶植也是各国产业政策的基本内容（Zúñiga-Vicente et al.，2013；陆国庆等，2014）。

补贴政策效果研究由来已有，争论点在于补贴能够在多大程度上促进企业发展和新企业建立（Greene and Storey，2010）。佩莱格里尼和穆奇格罗索（Pellegrini and Muccigrosso，2016）对意大利资助初创企业的488法案进行研究，发现补贴政策能够降低初创企业退出的风险。普兰特尔（Prantl，2006）检验了德国联邦政府在资助新企业时采用的中期和长期贷款政策所取得的成果，发现贷款能够迅速增加企业的投资，但对就业的拉动作用并不明显。格劳等（Grau et al.，2012）发现不同类型政策对光伏产业的技术创新都有促进作用。不难推断，在补贴政策的作用下企业容易获得竞争优势，从而扩大生产形成规模效应，最终在产品规模、生产工艺、技术创新等方面取得成绩，实现快速发展。

然而，政策制定者往往具有多重目标，不同目标在初始阶段相安无事，而历经一段时间后，可能出现目标冲突的现象，这是政策具有负面影响的内在原因（André and Cardenete，2011）。作为打破市场原则的潜在力量，补贴政策在理论和实践上均存在不少问题。政府直接资助企业创新的政策，往往由于信息不对称和企业的逆向选择行为，政策效果不明显（安同良等，2009）。如一些地方政府借助新能源题材，追求政绩跟风上马光伏项目，最终导致中国区域产业同构和重复建设问题（余东华和吕逸楠，2015）。

补贴政策重塑了产业发展方向，或导致地方产业发展对补贴的依赖，然而不能因此否定补贴政策的作用。对于落后地区或者新兴产业，不同层级的政府可以通过种种补贴政策吸引企业进入，其中既有竞争力强，发展势头好的企业，也有依赖补贴政策，浑水摸鱼的企业，良莠不齐的企业虽然并非最为经济的发展模式，但客观上提升了区域经济规模，形成了规模效应。随着产业发展，政府逐步降低直至取消补贴政策，此时具有竞争力的产业集群已经形成，经过竞争和淘汰，竞争力低的企业逐步退出（Zhi et al., 2014）。

（2）工业园区政策

工业园区是中央或者地方政府根据经济发展要求，通过行政手段划出一块区域，聚集各种生产要素和多元化的企业，成为现代化产业分工协作生产区（Arauzo-Carod et al., 2018）。工业园区类型众多，包括国家级经济技术开发区、高新技术产业开发区、保税区、出口加工区等（Bellavista and Sanz, 2009）。图 19-2 展示了不同时期不同类型中国经济开发区类型。

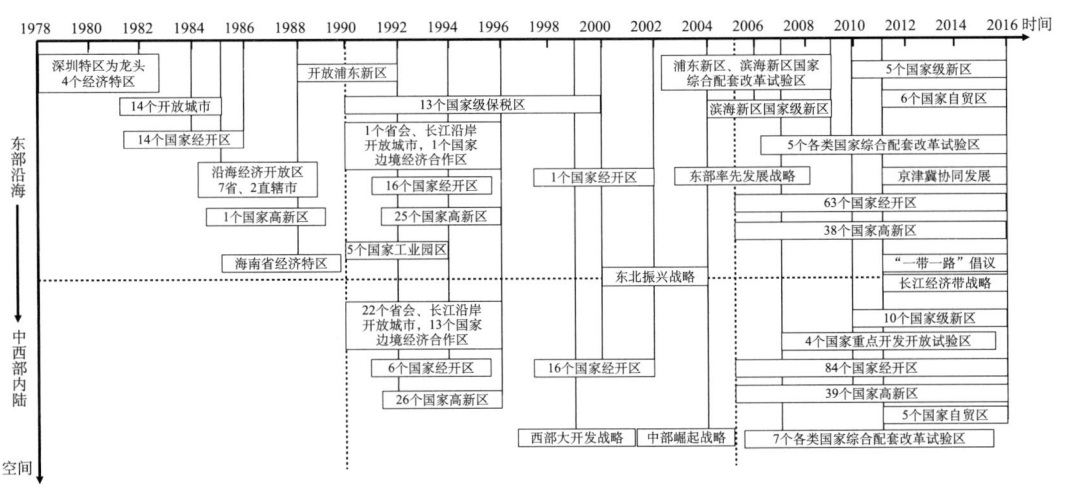

图 19-2 中国工业园区发展历程

资料来源：齐元静等（2016）。

马歇尔外部性即专业化劳动力市场、相互关联的企业和知识技术溢出效应是支持工业园区的理论基础。专业化劳动力市场能够有力支撑相似企业的生产经营，相似企业密集分布易于实现上下游企业关联，形成外部规模效应（Baptista and Swann, 1998）；相互关联的企业聚集能够提升企业之间以及企业与科研机构、高校之间的合作，促进知识溢出（Díez-Vial and Fernández-Olmos, 2015）。园区品牌对企业和消费者也具有示范效应，和园区作为一个整体具有网络效应（Ferguson and Olofsson, 2004；Yang et al., 2009）。园区效应能够提升企业应对复杂问题的能力（Salter and Martin, 2001）。为了吸引投资，工业园区通常配备一整套政策，包括投资优惠、税收优惠、贸易优惠、土地政策等。多数研究发现工业园区政策是有效的，能够提升区内企业生产率，促进企业创新和区域创新（Lindelöf and Löfsten，2003）。德特韦勒等（Dettwiler et al.，2006）指出园区企业高生产率可能是选择效应导致的，与园区本身不一定直接相关，因为能够进入园区的企业大多为高效企业。

工业园区政策也可能产生一些负面作用，如园区企业选择不一定顺应经济发展大潮，园区生产模式在一开始可能刺激经济发展，随着时间的推移，园区路径依赖越来越严重，最终会抑制经济发展（Löfsten and Lindelöf，2002）。工业园区的成功可能与本地技术关联并没有必然联系（Siegel et al.，2003）。工业园区仅仅是地理边界，园区内企业完全可以透过园区与相关机构进行合作。一些学者认为工业园区的实际作用远远小于预期，本身不足以支撑企业的发展，其他的相关政策必须加以执行（Díez-Vial and Fernández-Olmos，2015）。尽管存在种种争论，政策制定者倾向于相信工业园区为企业经营提供了优良环境。从世界范围来看，工业园区数量巨大，增长迅速，对高科技企业的增长有着显著促进作用，常常被看作是区域增长动力。在相当长的一段时间内，工业园区将一直是区域经济增长的重要手段。

2. 区域创新政策

现代经济增长理论认为，技术进步和知识积累是经济增长的关键决定因素（Baumol，2002；Romer，1990）。然而技术和知识具有公共物品属性，创新活动常面临市场失灵和资本不足问题（Tassey，2004）。内亚里（Neary，1998）认为创新溢出效应降低了企业创新动力，政府可以通过政策激励企业进行创新投资，提升整个社会的创新氛围（Neary，1998）。罗马诺（Romano，1989）认为专利制度是政府创新补贴政策的前提，对于谋求区域发展的地方政府而言，对企业进行创新补贴是最优选择（Romano，1989）。

在企业层面，创新政策效应得到了众多研究认可。阿尔克-卡斯特尔斯（Arqué-Castells，2013）发现，研发补贴对1998~2009年西班牙制造业公司的创新活动具有诱发作用，尤其对于小企业而言，政策激励显著促进企业创新。陈林和朱卫平（2008）则认为，创新补贴虽有利于创新产出，但长远来看劳动者素质是决定国家创新能力的根本因素。戴晨和刘怡（2008）发现相较于财政补贴，税收优惠对企业创新投资的刺激更为强烈。

创新是区域经济发展的根本动力（Pater and Lewandowska，2015）。在欧洲，20世纪90年代的区域创新战略要求各区域制定各自创新政策（Asheim，2012），其中落后地区的创新激励被称为"沙漠里的大教堂"（Cathedral in the Desert）（Morgan，1997）。随后在欧洲区域发展基金的支持下，通过综合考虑企业家、创新活动、政策实施等帮助落后地区寻找合适的创新途径，标志政策干预开始借助创新解决区域不平衡问题（Huggins et al.，2018）。在里斯本框架下，欧洲区域依托政策谋求技术创新进而促进经济发展成为主流方式（Cooke and Piccaluga，2006）。福雷等（Foray et al.，2009）提出"精明专业化"政策，成为面向区域创新的重要概念。精明专业化政策一方面致力于缩小欧洲区域在创新和生产率方面的差距；另一方面强调精明、可持续和包容性增长。"精明专业化"既不是忽略区域差异的"一刀切"政策，也不是"挑选赢家"的跨区域学习模式，而是帮助区域找到自身比较优势，提升区域创新和发展水平。创新政策在区域发展中的重要作用已经被广泛认可，40年来的研究重塑了我们对经济发展中创新效应的理解（Bellini and Landabaso，2005）。

然而，落后区域的创新扶植政策引起了诸多争议，尤其是对于发展停滞、财政困难的地区（Pugh et al.，2018）。哈金斯和A.约翰斯顿（Huggins and Johnston，2009）认为落后地区缺乏创新型企业、网络型商业文化等，因而创新补贴往往效率较低。之所以多数实证研究显示成功的创新政策很多，是因为学者倾向于探讨已经成功的区域，而忽视众多创新失败的案例（Benneworth and Hospers，2007）。落后区域碎片化的组织和缺乏交流合作机制导致难以将学术成果转化为生产力（Zhang et al.，2016）。落后地区创新需求和创新条件之间存在重大矛盾，即对创新需求越迫切的地方，越不具备创新能力和条件（Oughton et al.，2002）。从空间中性立场来看，落后地区创新政策常常错配创新资源，损害了整体经济发展。尽管存在一些争议，区域创新政策仍然是不少地方政府刺激发展的重要方式（Ortega-Argilés，2015）。随着对地方嵌入性认识的加深，政策制定者依托本地特征量身定制个性化创新政策成为提升区域发展品质的有效途径（Aranguren et al.，2017）。

3. 区域均衡发展政策

区域差异是经济地理学研究的核心问题。学界对区域差异的认识可分为两类：一类认为区域差异是一定社会、经济和政治结构相互作用的结果，这种看法多见于发展理论，诸如现代化理论、依附理论、不平衡交换理论和世界体系理论；另一类是激进地理学所认为的区域差异是资本主义生产方式的一部分。区域差异过大将降低区域发展品质，激化社会矛盾，阻碍整体发展，由此激发了区域均衡发展政策。早期地理学研究认为，区域可以实现同步发展，政策方面主张均匀用力，从而获取最佳发展效果。后续研究中不均衡发展理论占据上风，以政策倾斜的方式帮扶落后地区成为实现均衡发展的重要途径。

在均衡发展理论中，"临界最小努力"理论主张发展中国家冲破经济低水平均衡状态，实现长期持续增长（Leibenstein，1957）。纳尔逊（Nelson，1956）则在马尔萨斯理论基础上提出"低水平陷阱"以解释发展中国家低水平人均收入反复徘徊的现象。罗森斯坦-罗丹（Rosenstein-Rodan，1943）的大推动理论则强调国家产业投资的速度和规模对持续发展的影响。纳克斯（Nurkse，1966）提出贫困恶性循环论与平衡增长理论给出了供给和需求两个贫困循环，还指出贫困循环并非一成不变，扩大市场和投资能够有力打破循环。上述经典理论均强调区域和产业间的平衡同步发展，具有空间均衡化思想。均衡发展策略显然与现实难以相符。对大部分区域而言，不可能推动所有产业发展。在市场化背景下，区域差异往往趋于增加而非减少，区域发展的"马太效应"十分常见。区域均衡发展理论无法解释现实经济发展过程，政策实践也较少。

一般认为经济活动先发生在某些特定的地区，然后扩散至周边区域，促成了非均衡的发展现象。非均衡发展理论包括缪尔达尔的累积循环因果论、赫希曼的不平衡增长论、佩鲁的增长极理论、弗里德曼的核心—边缘理论、威廉姆森的倒 U 形理论等（Berger，2009）。适度的区域非均衡发展具有积极的影响。区域通过集中资源在某些特定的空间和部门，实现规模效应，促进技术进步，形成比较优势。在实践中，法国、英国、意大利、韩国等通过运用"增长极""梯度转移"等战略较好地开发了落后地区，实现了经济现代化（刘尚希，2006）。但过度的区域差距将会造成一系列的负面影响，如区域差距过大将激活不同政治身份的认同，不同群体通过攻击对方强化己方的归属感，分裂倾向得到加强。矛盾激化体现在落后地区和发达地区之间的对立，这是世界许多国家面临的重要课题（表19-1）。当经济发展到一定水平时，要防止区域贫富差距的扩大，政府必须制定一系列政策来刺激落后地区的发展，缩小经济差异。

表 19-1　由区域差距所致的国家分裂问题典型案例

	案例	原因
落后地区分裂	英国北爱尔兰问题	区域差距、民族问题、宗教问题
	巴基斯坦分裂	区域差距、外国势力介入
	墨西哥恰帕斯（Chiapas）问题	区域差距、政府不当改革
	前南斯拉夫科索沃问题	区域差距、政府不当改革、民族问题
发达地区分裂	比利时佛拉芒（Flemings）问题	区域差距、语言问题
	西班牙巴斯克（Basque）问题	区域差距、民族问题、历史问题
	印度旁遮普（Punjab）问题	区域差距、民族问题、宗教问题
	苏联波罗的海三国问题	区域差距、历史问题

资料来源：李猛（2011）。

如何应对区域差异是空间中性与空间特定政策争论的焦点。早期对落后地区的扶植政策并非严格意义上空间中性政策或者空间特定政策，而是面向地方的普适性政策。如在第二次世界大战欧洲和北美实施的自上而下的区域政策，通过投资基础设施的方式补贴落后地区的发展。直到20世纪70年代，区域政策的重点一直是通过增加基础设施、补贴、投资、税收减免等政策吸引企业进驻，这些直接激励措施起到一定成果，但仍属于对硬性条件的改善，作用有限。

在新经济地理学的支撑下，空间中性政策研究得到重视（Baldwin et al., 2011）。2009年世界银行发布的世界发展报告强调了以新经济地理学为理论基础的政策制定思路。空间中性政策重视区域均衡过程中的经济效益，认为鼓励人口向经济水平高的区域流动是改善居民生活，促进经济增长的最佳方式。由于落后地区集聚收益小于发达地区，对落后地区进行支持并非最优决策，因而集聚经济并不支持空间特定的政策（Neumark and Simpson, 2015）。空间特定政策源于经济地理学的区域主义，认为不同区域可以通过适当的经济活动实现高水平的生产率，因而可以通过挖潜地方特征，制定相应的政策实现整体均衡发展的目标。精明专业化是空间特定政策的典型代表，强调识别地方知识积累和比较优势，实现高水平发展。沃尔高（Varga, 2017）认为有效区域政策绝大部分是空间中性和空间特定政策的交织混合。对斯里兰卡的研究发现，空间特定政策有利于降低区域差距，而空间中性政策能够有效促进经济增长（Wijerathna, 2015）。

一些学者对区域均衡发展政策持怀疑态度。如对欧洲融合政策的研究表明，政策在整合欧洲区域方面的正面影响并不突出（Hagen and Mohl, 2009；Varga and Schalk, 2004）。普加（Puga, 2002）认为政策作用低于预期的原因在于对交通基础设施的投入增加了要素流动，促使要素向已有的优势地区汇集。巴尔卡等（Barca et al., 2012）指出，落后地区对夕阳产业的继续支持效果不佳，且浪费了社会资源。乌尔夫等（Wolfe et al., 2011）认为自上而下的组织结构缺乏不同层级的有效协商沟通是区域政策失败的另一个重要原因。

4. 区域政策借鉴

经济全球化让孤立主义失去市场，面对诸如环境、发展和城市问题等共同挑战，政策制定者愿意学习其他国家和地区的政策经验与教训（Rose, 1993）。发展中国家经常借鉴发达国家的政策经验应对本国类似问题（Dąbrowski et al., 2018）。以欧盟成员国为代表的发达国家也乐于出口成功的政策，强化与一些国家间的联系。2007年欧盟与多个国家之间建立了"政策对话"机制以促进政策合作。中国在对外开放过程中，除了引进资本、技术和人才，学习和借鉴成功政策经验也是重要内容。中国—新加坡苏州工业园项目是一个政府间合作的典范，苏州工业园见证了不同制度之间的合作与融合。最初苏州工业园中新加坡持股较多，在决策层有很大权力，能够在园区具体政策方针上充分移植新加坡经验（Miao，2018）。

自20世纪90年代以来，跨国政策移植研究广泛展开，不同类型的跨区域政策学习得到了充分的讨论，包括政策趋同（Bennett，1991）、政策扩散（Marsh and Sharman，2009）、政策模仿（Stone，2012）、政策移植（Jong et al.，2002）以及政策学习（Bennett and Howlett，1992）等。东布罗夫斯基等（Dąbrowski et al.，2018）对政策学习动机、机制和后果进行了细致研究。政策移植受到多种因素的影响，不仅包括显性的标准、规范和技术，也受到文化、制度、语言以及政治等隐性条件制约（Dąbrowski et al.，2018）。托马斯等（Thomas et al.，2018）认为影响政策移植中隐性的社会关系、信息共享要比显性的技术工具更难以转变，故政策学习和移植经常阻力很大。例如交通领域最为著名的TOD模式（以公共交通为导向的开发，transit-oriented development）在理论上非常成熟，但其应用在许多地方依然滞后。

在政策移植之前，"老师"与"学生"互相了解至关重要，只有双方都有交流意愿时政策移植才能顺利开展（Thomas et al.，2018）。"学生"要与"老师"建立广泛的伙伴关系，摸清目标政策本身特征及其支持因素，同时组建团队开展政策本土化研究，与本地特征相结合的基础上进行创新（Miao，2018）。政策学习过程是创造性过程，需要在现实情境下学习，而非机械地复制和适应（Dolowitz and Marsh，2000）。政策移植同时要考虑到政策与环境的互动关系，灵活调整政策使之与环境背景匹配是政策成功移植的关键（Thomas et al.，2018）。

随着经济全球化，不同国家和地区的联系日益紧密，政策移植成为不少学科的重要课题。*Policy Studies*杂志在2009年和2012年分别发布特刊，汇集了政策移植领域的理论和实证研究成果。*Regional Studies*杂志在2018年第9期以"International policy-transfer initiatives in regional development and planning"为题关注了区域发展与规划方面的政策移植问题。未来政策移植研究首先需要加强对失败的政策移植研究，失败的政策移植往往能够提供更为深刻的学习经验，避免不必要的损失（McConnell，2010）。其次要评估政策移植效果。为了适应本地的环境，政策借鉴过程不可避免地出现修正和融合现象，随着时间推移，外国起源的政策逐步被冠以本地特色（Evans and Davies，1999）。最后是创新方法论，政策移植研究应该超越实证主义、理性主义等方法，谋求根植于社会结构和文化层面的探索（Dolowitz and Marsh，2012；McCann and Ward，2012）。

第四节 空间治理理论与实践

一、治理理论

空间治理概念源于治理，是治理理论的一部分。20 世纪 30 年代，西方在自由资本主义发展过程中，出现了外部不经济、不能完全承担公共产品的供给、信息不对称、忽视公共福利以及难以界定市场主体的产权边界等古典自由主义无法解释的市场失灵问题，爆发了经济大萧条。为了应对自由竞争引起的经济危机以及进行"二战"之后的经济重建，西方国家越来越多地采用法制、行政规章等手段对微观经济进行干预，以优化资源配置，实现区域经济协调发展。规制概念由此诞生，意指"依据一定规则对构成特定社会的个人和构成特定经济的经济主体活动进行限制的活动"（植草益，1992）。20 世纪 30 年代起，政府干预成为资本主义国家调节市场失灵的普遍对策。但是政府管制跟市场一样也会失灵，"治理"的概念最早就是为了应对市场和政府双重失灵而提出的。

20 世纪 60 年代以来，经济全球化进程加快，国际贸易的范围和规模不断扩大，跨国公司、国际组织和国家间互动越来越频繁。世界经济活动空间不仅跨越国界和区域，更需要协调不同的个体和组织，但是西方发达国家已经开始进入以平等、多元化等社会价值观为基础的后工业化社会。20 世纪 70 年代，以大规模生产为特征的福特制生产体系以及与之相对应的凯恩斯主义福利体系破产，传统市场调节机制和政府管理体制已经无法适应快速变化且日益复杂的政治、经济和文化环境（Marsh，2002）。在经济全球化和新自由主义的影响下，政府再造成为许多西方国家的普遍特征（Worthington and Dollery，2002；Fuller and Geddes，2010），将市场调节与政府干预、集权与分权、正式组织与非正式组织相结合的治理理念逐渐被接受。

20 世纪 70 年代末 80 年代初，新自由主义经济时代开启，主张削弱国家的地位和作用，向市场和社会分权，更加重视基于市场经济的政策手段，提倡公共、私人和非官方部门之间的合作，"企业家政府""市场导向公共行政"等新的治理理念应运而生。20 世纪 80 年代中期以后，新自由主义陆续向外传播，并被联合国、世界银行等国际组织作为改善国家行政管理状况的治理手段推广到其他发展中国家。1989 年，世界银行用"治理危机"形容非洲紧张的环境局势。此后治理理念被引入到国际、国家、城市等各种空间尺度多种力量的协调和平衡上，成为西方国家适应其民主传统和后工业社会的制度管理模式，如威廉·克林顿（William Clinton）、安东尼·布莱尔（Anthony Blair）、格哈德·施罗德（Gerhard Schroder）在"第三条道路"中主张的"少一些统治，多一些治理"（张京祥和黄春晓，2001；俞可平，2002）。

治理作为政府与企业、个人和非政府组织一起参与社会管理的过程，可以分为六类（Rhodes，2000）：①作为公司管理的治理，是指导、控制和监督企业运行的组织体制；②作为新政治经济的治理，指削减国家公共开支，以最小成本获得最大效益；③作为新公共管理的治理，指将私人部门的管理手段和市场的激励机制引入公共服务体系；④作为社会控制体系的治理，指政府与民间、公共部门与私人部门之间的合作和互动；⑤作为善治的治理，强调效率、法制、负责任的公共服务系统；⑥作为自组织网络的治理，是建立在信任与互利基础上的社会协作网络。

二、空间治理理论

1. 空间治理的研究方向

地理学、城市规划和区域科学将空间思维引入治理理论，应用到城市、跨区域等空间尺度上，形成了空间治理的概念。学术界对空间治理还未形成统一明确的概念，但总体上指利益相关者通过协调对话，实现土地、资本、劳动力等生产要素在地域空间上的优化配置。一方面，空间治理的实现需要政府、市场和社会等利益相关者之间的互动和协商；另一方面，空间治理表现为区域资源和生产要素在空间上的合理配置。20 世纪 70～80 年代，西方国家经历了从福特制到后福特制生产方式的转变过程，社会管理也从凯恩斯主义转向新自由主义，引起了地理学者的关注，形成了传统区域主义、新区域主义和公共选择学派三个空间治理的主要研究方向（唐燕，2011）。

（1）传统区域主义

传统区域主义认为行政单位的破碎化、分散化导致区域隔离和区域分裂。因此，行政区划调整，组建统一的跨区域政府，可以促进区域合作，优化区域公共产品供给。西方国家一直有地方自治的传统，但是这导致了政治"破碎化"现象。城市或区域内部存在大量拥有独立自治权利的地方政府单位。自主分散的多中心政府追求各自利益，造成了"有组织的混乱"。在共同问题上缺乏一致行动、责任混乱、无计划发展、基础资源欠缺、管理能力和专业技能匮乏、种族与社会隔离、财政不均财政剥削等等，阻碍了城市或区域发展（李国平，2004）。因此，把区域重组为更大的行政单位可以促进区域在一个行政主体的管理下有序发展，这种理论被称为"巨人政府"论（麦金尼斯，2000）。在实践中，传统区域主义导向下的空间治理主张通过合并、兼并或联合的方式来调整行政边界，建立"跨城市"或"城市间"的各种理事会、管理区或规划实体，也可以通过上级政府颁发法律条文来管理城市扩张，并同时加强政府间和公私机构间的互动协作（Brenner，2002）。

（2）公共选择学派

与传统区域主义相反，公共选择学派认为多中心分散的行政体系有利于引入竞争机制，进行权力制衡，从而实现区域协调和区域善治。区域内多个地方政府并不是杂乱无章地运行；相反，政府之间因为彼此竞争，形成了相互依赖的关联体系。政府之间会彼此考虑，并展开多种合作性和契约性的事物，建立解决冲突的机制，使得相互之间的行为变得协调和可预期（Ostrom et al.，1961）。与"巨人政府"相比，分散的、地方自主的公共支出模式可以更好地反映当地居民的需求偏好；多样化的城市政府可以提供更多种多样的公共服务；公民可以通过"用脚投票"促使地方政府相互竞争，实现高效、合理、有针对性的公共物品和公共服务供给（Tiebout，1956）。因此，公共选择学派不主张将权力集中到单一的机构，而是建立一套完善的以多中心为特征的民主行政机制来实现区域的有效管理。公共选择学派将人们的关注点从"正式的政府结构调整"转移到对"居民的需求和偏好"上来，认为集权化的政府在提供公共物品时将出现无效率、低效能和责任心匮乏等现象。当然，公共选择理论也受到了人们的批评：现实生活中的居民并不是理性的效益最大化的经济人；"用脚投票"成本太高，在现实中往往难以实现；"多中心都市地区"夸大了地方政府官僚主义者协调服务的能力；难以评估公共服务的效益和效率。

（3）新区域主义

20世纪90年代，在经济全球化的影响下，地区经济景观发生巨变，如何在全球化时代提升区域竞争力成为地方政府的核心议题。基于对传统区域主义和"新自由主义"政策的反思，新区域主义应运而生。新区域主义是一条有别于科层制与市场竞争的第三条治理道路（Wallis，2010），综合并改进了传统区域主义的集权式区域政府模式和公共选择学派的分权式市场竞争模式，主张建立起由政府、私人部门、公众、学者、非政府组织等多角色参与的社会合作网络，通过持续的社会实践过程和集体行为来实现区域一体化。与传统区域主义一样，新区域主义同样批判地区政治管理权力的碎片化，不同的是新区域主义更强调通过自愿合作、网络建构、跨部门安排等方法来实现区域治理。新区域主义针对区域内各地方政府共同面临的问题，或者为了规划区域内产业布局和经济增长，主张建立起不同层次政府间、地方公民团体间或地方政府与私营机构间的社会网络（张紧跟，2010）。新区域主义有三条主要实践途径：①功能链接模式，区域按照功能进行分工合作，签署地方政府间的合作协议；②多层级政府模式，不同层级的政府提供与之相对应的不同范围的公共服务；③综合网络模式，利用多层次、多主体的合作协议网络来促进区域治理（Savitch and Vogel，2000）。对新区域主义的批评在于其简单地将区域治理等同于区域合作。

除了上述三种空间治理研究方向，其他学科也从各自的角度丰富空间治理研究，如城市政治学的城市政体理论。城市政体理论起源于20世纪80年代的美国，认为城市政体或决策系统由三种主要利益集团组成：代表政治利益的政府、代表经济利益集团的企业和代表社会利益的社团。为了实现各自的利益目标，三股力量必须展开竞争或合作，其互动过程和结果将影响城市的空间治理结果。S. 法因斯坦和 N. 法因斯坦（Fainstein and Fainstein，1989）最早考察了不同时期美国不同城市的政府—市场—社会三元博弈关系，总结为三种政体：指导型政体（directive regimes）、妥协型政体（concessionary regimes）和保守型政体（conserving regimes），并探讨不同政体类型对城市经济发展政策的影响。后来的学者基于三元政体关系，将研究层次扩展到社区尺度、城市尺度、国家尺度甚至全球尺度（Elkin，1988；Stone，2005；Clark，2001；Ward，1996）。

在空间治理的研究方法上，莫里森（Morrison，2014）借鉴了公共管理学、新制度主义研究范式，采用政策工具的多样化和协同水平，制度设计的稳健性和适应性，区域网络参与程度，行政、财政和民主支持水平等指标构建了区域治理指数，研究区域治理潜力。赫夫蒂（Hufty，2013）提出基于治理分析框架研究治理过程，框架包括问题、参与者、流程、节点和社会规范等。还有一些学者采用社会网络分析方法定量研究区域治理中的利益相关者问题（Valler et al.，2000；Vries and Priemus，2003；Bodin and Crona，2009；Cheung，2015；Scott，2015）。

空间治理作为发展中的理论，难免受到批评和质疑。空间治理理论认为，空间治理不是单一的、有限的安排，而是伴随着时间和规模变化，空间治理也会利用不同的政策工具，设计不同的制度。因此，空间治理需要根植于本地，与特定情境相关联，挑战了传统观念中对决策合理性和有效性的理解，而且这样的治理是难以理解、难以操作的。在空间治理中，新的治理结构和正式的政府机构之间存在本质差别。后者是经过民主程序选举出来的，而前者缺少明确的问责机制。这些治理网络很容易受到市场力量左右（Bekkers et al.，2007；Azmi and Tolba，2010；Swyngedouw，2016）。同时，决策权被分散在多个参与者网络中，这些决策参与者也往往没有明确的规则或规范以达成一致的决议（Hajer，2003）。事实上，目前空间治理研究仅是提出一些泛泛的原则，还无法取得具有一般意义的理论成果（Morrison，2014）。

2. 空间治理实践——欧盟空间规划体系

（1）空间规划的提出

欧盟一体化进程导致区域社会经济和空间特征发生了重大变化，体制各异的组织甚至跨越了国界，传统的空间规划体系和管理机构已经无法描述与解决欧盟一体化所带来的社会问题（Kearns and Paddison，2000；Hajer，2001；Warf，2002）。首先，随着交通和通信技术的发展，经济社会行为的流动性增强，区位限制相对减弱，地区之间"流"的种类和数量增加，地区之间的联系更为复杂，动态性更强（Albrechts and Mandelbaum，2005；Nadin，2007）。传统规划体系面临两个新的问题：一是规划的地理范围发生了变化，不同层面的跨区域协调问题受到越来越多的关注，"功能区"比"行政区"意义更大（Wong，2002）；二是空间发展是一个复杂动态过程，规划需要了解各个部门的战略和政策对空间发展的影响，而传统的单向线性规划无法应对这种挑战（Healey，2008）。

其次，可持续发展的理念日益受到重视，实现可持续发展必然是一个跨部门和跨区域的长期协作过程，比如河流的治理往往涉及如何协调上中下游各个地区乃至国家之间的利益。因此，作为政策整合和实施评价工具的空间规划被赋予了更高要求（Cowell and Owens，1998；Nadin，2007）。

再次，经济全球化和新自由主义促使欧盟开始检讨内部的行政组织形式（Deas and Lord，2016）。一方面，国家企图与全球经济体系接轨；另一方面，又必须落实到地方治理并且正视城市以及区域在经济发展上所扮演的重要角色（Brenner，2001）。经济全球化对地方发展的强烈压力已经彻底改变了传统的国家公共行政模式，更多的治理权力被下放到区域和城市（Hudson，1997；Amin，2002；Swyngedouw，2004）。欧盟区域一体化呈现出"微观区域化"（microregionalism）的趋势，治理层级由超国家延伸到国家、次国家甚至区域，超国家、国家、次国家、区域、地方政府和各利益相关者在政策制定中相互博弈，形成了"多层次治理"格局。同时，发展的复杂性、不确定性给地方政府带来了巨大的挑战，因此，提供一个合理平台，促使各个部门和机构通过相互协调、合作以实现区域的可持续发展成为地方政府最务实的选择（Healey，1997）。

最后，空间规划不仅包括对土地利用的安排，而且整合了各种经济政策，如欧盟基金，因此成为空间治理的重要工具，迅速在欧盟推广。

（2）空间规划的定义和目标

欧共体委员会（CEC）认为"空间规划"是协调不同部门政策以及跨区域合作的手段。这种协调不仅是横向平级部门之间的协调，也是纵向不同层级政府之间的协调和区域内以及区域间跨行政边界的协调与合作。因此，空间规划工作的重心在于抓住那些影响地区功能和本质的因素，致力于有效利用发展资源，实现地区可持续发展（Wong et al.，2006；Morphet et al.，2007；Wong et al.，2008）。当然，也有不少学者认为空间规划是一个具有政治性质的空间治理过程。政府、市场和相关机构在地方发展过程中相互作用，这些机构包括官方的规划政策部门、其他政策部门以及利益相关者（Friedmann，2004）。

(3)欧盟空间规划体系演变过程

欧盟的空间规划可以以划分为五个时期(Dühr et al.，2010)。

①1949~1985 年。成立了区域规划部长会议(CEMAT)协调欧洲共同体活动，干预投资活动和产业活动的空间分布，促进区域平衡和综合发展(Bachtler and Turok，1997)。

②1986~1991 年。欧洲共同体权限扩大，在环境问题上的政策和立法剧增。欧洲共同体的结构基金预算大幅增加,且被集中分配给那些人均收入低于欧盟平均75%的地区，试图以此抵消单一市场带来的区域不平衡(Bisin，2005)。随着单一市场逐步形成，欧共体内部开始关注欧洲一体化发展的趋势和影响。法国提出了"蓝色香蕉"概念，探讨跨国发展趋势中国家的意义(Illeris，1991)；荷兰发表了"欧洲展望"报告，探讨如何使用积极的空间发展政策减少国界限制；德国制定了一系列东西德统一后影响和发展模式的规划研究(Fit and Kragt，2010)；丹麦针对东欧国家融入西欧社会的趋势，探讨如何与波罗的海沿岸国家合作。这些变化也促进了跨界合作理念的形成，并由欧洲委员会通过共同倡议的方式扩散到整个欧洲共同体。因为要解决相似的问题，许多空间规划和城市发展中的跨国利益联盟在这个时期形成，比如空间发展委员会(CSD)。空间发展委员会虽然是欧洲委员会体系外的非正式安排，但是依然在国家和地区间的区域合作中做出了巨大贡献。

③1992~1999 年。欧盟正式成立，欧洲尺度的空间发展模式被整合到"欧洲2000+：欧洲区域发展合作"中，首选多中心发展模式，避免城市蔓延，避免因农业不发展而造成的农村地区荒废，复兴贫困邻里地区，保护本地文化遗产和传统的发展模式，以及更严格地保护区域环境。在这一时期，虽然不断尝试跨国空间规划合作，但是由于这些组织不是正式行政机构，空间发展战略政策无法强制或者限制成员国和欧盟机构的行动。委员会主席由成员国轮流派代表担任，任期六个月，主席在任期内有优先权，因此都设法推进于本国有利的空间发展政策。而且法国、荷兰和德国在委员会内部也有更多的发言权。欧盟在1999 年出版的《欧洲空间发展展望》打开了欧洲规划发展的新局面。"空间规划"作为一种新的规划理念逐渐成为欧洲规划发展的焦点，推动了欧洲国家空间治理体系从传统的土地利用规划向"空间规划"体系变革(钱慧和罗震东，2011)。

④2000~2008 年。欧盟空间规划体系议程转向区域整合。随着欧盟东扩以及整个欧盟内部差距扩大，成员国对经济增长信心不足，不愿意在空间规划上接受欧盟的引导。同时，欧盟主导政策中对经济议题关注较少。面对欧洲在全球经济竞争中的地位恶化，2000 年欧盟通过了《里斯本条约》，旨在使欧盟成为世界上最具竞争力和活力的经济实体，拥有更多更好的就业机会、更大的社会凝聚力以及可持续的经济增长能力。欧盟优

先考虑的问题大大超出原有空间规划的范畴，更加强调研发、环境管理、风险防范、交通和通信的便捷使用等等（卡林沃思和纳丁，2011）。2008年全球金融危机对欧盟经济同样造成了强烈冲击，人们认识到私营部门不太可能继续维持发展，转而期待公共部门通过基础设施投资加强经济和社会凝聚力，空间规划的作用再次得到重视。

⑤2009年至今。空间规划体系在欧洲内部出现了分裂：在欧洲中东部，规划的想法并不流行；在英国，战略空间规划经过一段时间发展已有所复苏；法国和德国的空间规划更多受到新自由主义的影响，越来越关注社会凝聚力和平衡发展，法国的国家规划机构的名称甚至从"国家空间规划与区域行动"转变为"空间规划与竞争力"。传统上没有战略规划体系的国家，现在开始建立各种形式的区域或次区域战略规划来处理城市化造成的问题，比如西班牙的加泰罗尼亚地区；空间规划的先驱国家荷兰和丹麦在20世纪90年代进行了积极的国际化展望后回归关注国内治理安排，主要是如何提高区域经济竞争力（Dühr et al.，2010）。虽然欧盟空间规划出现了摇摆，但寻求合作仍然是大多数成员国的共识。新加入的成员国也希望通过合作的方式应对环境退化和经济衰退等严重问题（卡林沃思和纳丁，2011）。

"空间规划"变革了欧洲传统规划体系，对中国的空间治理实践同样有重要的启示。规划不应局限于行政界线，而应关注有着密切经济社会联系的功能性区域，促进跨区域不同行政主体的合作。规划不应仅作为一项技术，而应作为空间治理的有效工具，协调各个部门的政策，促进部门合作，反映利益相关者诉求，促进地区有序发展。规划不应仅限于各个部门对物质空间的安排，而应当成为政府指导地区未来发展的主要依据（钱慧和罗震东，2011）。

三、中国空间治理理论与实践

21世纪以来特别是2013年以后，空间治理成为中国经济地理、区域科学、城市规划等学科的研究热点之一（刘克华和陈仲光，2005）。中国经济地理学者将空间治理作为有效配置国土空间资源的手段，并将其运用解决区域发展问题中（刘卫东，2014）。张京祥（1999）首次比较了城市和区域治理体系与传统行政管理模式的差异。此后更多学者将治理内涵、特征、发展背景、理论基础、国外治理理论的研究进展引入地理学学科中，以空间治理解决转型期所面临的问题（张京祥，2000；顾朝林，2000；罗小龙和张京祥，2001）。

在全球尺度上，中国的"一带一路"倡议正在推动全球治理体系的变革。在国家尺度上，中国政府有四种主要的空间治理手段：①规划体系，用以缩小区域差异，约束地方发展，如全国国土规划、主体功能区划、城镇体系规划等；②土地制度，中央政府通过建设用地配额制度约束地方政府，地方政府垄断土地增值收益分配；③户籍制度，限制人口的城乡流动；④财税体制，协调中央—地方关系（刘卫东，2014）。

在跨区域治理方面，研究热点集中在珠三角、长三角、京津冀和厦漳泉等经济发达地区的城市群。张京祥等（2002）借鉴西方经验，认为应该调整行政区划，建立双层制区域管理架构，以解决中国城市密集区的行政区经济现象。顾朝林（2000）认为国外区域管制的经验在于建立统一的大都市区政府、组建具有某一特殊职能的跨界组织、发挥城市联合组织的横向合作能力以及政府职能重组。李潇（2014）分析了德国项目导向型的"区域公园"战略，发现战略成功在于跨行政边界、跨职能部门、跨利益主体的协作平台，多元化的融资渠道，法定规划与弹性规划的融合。唐燕（2010）研究了德国大都市地区的区域治理与协作，得到启示，认为北京都市区应该加强跨区域协调、行政区划调整，建立正式的区域协调机构和多元化的社会协作网络，重视非正式的区域制度。靖学青（2002）总结西方国家不同类型的都市区组织管理模式，认为长三角城市群也应该建立具有跨界职能的协调管理机构。许瑞生（2006）对比中美大都市区治理的经验和教训，认为中国的区域治理关键在于调整行政区划，合理分配财权和事权。安树伟和吴银峰（2012）认为实现善治需要提高大都市区的治理效率，降低治理成本。

在城市尺度上，空间治理被运用到行政区划、城市规划、组织管理体制调整和协调利益相关者等方面，以优化城市空间资源（韩增林等，2011；符文颖等，2013）。因为缺乏制度保障和法律支持，地理学者很少涉及社区层面的空间治理问题。在实践上，2003年编制的《珠江三角洲城镇群协调发展规划》建立了跨行政区的政府协商互动机制，是区域空间治理在中国的第一次探索。此后空间治理在中国的应用研究也以规划领域居多（韩守庆等，2004；宋劲松和罗小虹，2006；黄卓等，2007）。

总体而言，中国地理学者对空间治理的研究还处在学习借鉴西方理论、经验的过程中。在中国的空间治理中，政府往往居于主导地位，其他利益主体缺位，缺少多元互动，常常是被动参与或事后参与，中国的空间治理实践难以反映治理的本质。中国的地理学者在解决空间治理问题时更强调空间规划、空间结构在区域发展中的重要性，在政策工具上主张组建区域联合政府，以自上而下的方式实现空间治理。

小　　结

经济地理学关注经济活动的空间差异及其支配力量，组织特征及其调控。塑造经济地理格局的力量包括市场力量和政府干预。从其发端开始,经济地理学就是一门学以致用的学科,早期的商业地理学为殖民主义国家提供世界各地的资源、人口与社会状况等信息,随后不同历史时期的经济地理学介入到区域政策、空间规划与空间治理,为优化空间资源配置提供科技支撑。

经济地理学又是时代性很强的学科,不同时代具有不同的政策关切,政策目标也存在差异性,从提升效率、促进增长与发展,到协调区域发展,促进区域合理分工与合作,推动社会公平与空间均衡发展。随着经济全球化,区域发展将面临更复杂的挑战,需要综合的思路应对挑战。经济地理学可以发挥学科的综合性,在区域政策和空间治理上开展更多理论研究、比较政策研究、政策评估研究以及政策设计探讨等。

参 考 文 献

[1] Albrechts, L., S. Mandelbaum (2005) *The Network Society: A New Context for Planning.* London: Routledge.

[2] Amin, A. (1999) An institutionalist perspective on regional economic development. *International Journal of Urban and Regional Research*, 23(2): 365-378.

[3] Amin, A. (2002) Spatialities of globalisation. *Environment & Planning A*, 34: 385-399.

[4] Amin, A., N. Thrift (1995) Globalisation, institutional "thickness" and the local economy. In Healey, P., P. S. Cameron, S., A. Madani-Pour (eds.) *Managing Cities: The New Urban Context.* Wiley.

[5] André, F. J., M. A. Cardenete (2011) Designing efficient subsidy policies in a regional economy: a multicriteria decision-making (MCDM)-computable general equilibrium (CGE) approach. *Regional Studies*, 43(8): 1035-1046.

[6] Aranguren, M. J., E. Magro, J. R. Wilson (2017) *Regional Competitiveness Policy in an Era of Smart Specialization Strategies.* Edward Elgar Publishing.

[7] Arauzo-carod, J-M., A. Segarra-Blasco, M. Teruel (2018) The role of science and technology parks as firm growth boosters: an empirical analysis in Catalonia. *Regional Studies*, 52(5): 645-658.

[8] Arqué-castells, P. (2013) Persistence in R&D performance and its implications for the granting of subsidies. *Review of Industrial Organization*, 43(3): 193-220.

[9] Asheim, B. (2012) The changing role of learning regions in the globalizing knowledge economy: a theoretical re-examination. *Regional Studies*, 46(8): 993-1004.

[10] Azmi, M. M., H. Tolba (2010) The interactive state: democratisation from above? *Political Studies*, 52(1): 82-95.

[11] Bachtler, J., I. Turok (1997) *The Coherence of EU Regional Policy: Contrasting Perspectives on The Structural Funds.* Jessica Kingsley.

[12] Baldwin, A. (2013) Vital ecosystem security: emergence, circulation, and the biopolitical environmental citizen. *Geoforum*, 45: 52-61.

[13] Baldwin, R., R. Forslid, P. Martin, et al. (2011) *Economic Geography and Public Policy.* Princeton University Press.

[14] Baptista, R., P. Swann (1998) Do firms in clusters innovate more? *Research Policy*, 27(5): 525-540.

[15] Barca, F., P. Mccann, A. Rodríguez-Pose (2012) The case for regional development intervention: place-based versus place-neutral approaches. *Journal of Regional Science*, 52(1): 134-152.

[16] Barnes, T. J. (2000) Inventing anglo-american economic geography, 1889-1960. *A Companion to Economic Geography*. Blackwell Publishing Ltd.

[17] Bathelt, H., J. Glückler (2003) Toward a relational economic geography. *Journal of Economic Geography*, 3(2): 117-44.

[18] Baumol, W. J. (2002) Entrepreneurship, innovation and growth: the David-Goliath symbiosis. *Journal of Entrepreneurial Finance*, 7(2): 1-10.

[19] Bekkers, V., G. Dijkstra, M. Fenger. (2007) *Governance and the Democratic Deficit: Assessing the Democratic Legitimacy of Governance Practices.* Ashgate.

[20] Bellavista, J., L. Sanz, (2009) Science and technology parks: habitats of innovation: introduction to special section. *Science and Public Policy*, 36(7): 499-510.

[21] Bellini, N., M. Landabaso (2005) Learning about innovation in Europeâ's regional policy. Working Papers, IN-SAT Lab, Italy.

[22] Bennett, C. J. (1991) What is policy convergence and what causes it? *British Journal of Political Science*, 21(2): 215-233.

[23] Bennett, C. J., M. Howlett (1992) The lessons of learning: reconciling theories of policy learning and policy change. *Policy Sciences*, 25(3): 275-294.

[24] Benneworth, P., G. J. Hospers (2007) The new economic geography of old industrial regions: universities as global-local pipelines. *Environment & Planning C Government & Policy*, 25(6): 779-802.

[25] Berger, S. (2009) *The Foundations of Non-Equilibrium Economics: The Principle of Circular and Cumulative Causation.* Routledge.

[26] Bisin, A.（2005）Efficiency, stability, and equity: a strategy for the evolution of the economic system of the European Community. *Antimicrobial Agents & Chemotherapy*, 43: 300-303.

[27] Blanchard, O., L. F. Katz (1999) Wage dynamics: reconciling theory and evidence. *American Economic Review*, 89(2): 69-74.

[28] Bodin, Ö., B. I. Crona (2009) The role of social networks in natural resource governance: what relational patterns make a difference? *Global Environmental Change*, 19(3): 366-374.

[29] Bornatico, R., J. Hussy, A. Witzig, et al. (2009) *The New Introduction to Geographical Economics.* Cambridge University Press.

[30] Boschma, R. A., K. Frenken (2006) Why is economic geography not an evolutionary science? Towards an evolutionary economic geography. *Journal of Economic Geography*, 6(3): 273-302.

[31] Brenner, N. (2001) The limits to scale? Methodological reflections on scalar structuration. *Progress in Human Geography*, 25(4): 591-614.

[32] Brenner, N. (2002) Decoding the newest "metropolitan regionalism" in the USA: a critical overview. *Cities*, 19(1): 3-21.

[33] Cheung, P. T. (2015) Toward collaborative governance between Hong Kong and Mainland China. *Urban Studies*, 52(10): 1915-1933.

[34] Clark, J. (2001) Six urban regime types: the effects of state laws and citizen participation on the

development of alternative regimes. *Public Administration Quarterly*, 25(1): 3-48.

[35] Cooke, P., A. Piccaluga (eds.) (2006) *Regional Development in the Knowledge Economy*. Routledge.

[36] Cowell, R., S. Owens (1998) Suitable locations: equity and sustainability in the minerals planning process. *Regional Studies*, 32(9): 797-811.

[37] Dąbrowski, M., I. Musiałkowska, L. Polverari (2018) EU-China and EU-Brazil policy transfer in regional policy. *Regional Studies*, 52(50): 1169-1180.

[38] Deas, L., A. Lord (2016) From a new regionalism to an unusual regionalism? The emergence of non-standard regional spaces and lessons for the territorial reorganisation of the state. *Urban Studies*, 43(10): 1847-1877.

[39] Debord, G., D. Nicholson (2004) The society of the spectacle. *Society of the Spectacle*, 51(1): 68-73.

[40] Dettwiler, P., P. Lindelöf, H. Löfsten (2006) Utility of location: a comparative survey between small new technology-based firms located on and off science parks–implications for facilities management. *Technovation*, 26(4): 506-517.

[41] Díez-vial, I., M. Fernández-Olmos (2015) Knowledge spillovers in science and technology parks: how can firms benefit most? *The Journal of Technology Transfer*, 40(1): 70-84.

[42] Dolowitz, D. P., D. Marsh (2000) Learning from abroad: the role of policy transfer in contemporary policy-making. *Governance*, 13(1): 5-23.

[43] Dolowitz, D. P., D. Marsh (2012) The future of policy transfer research. *Political Studies Review*, 10(3): 339-345.

[44] Dühr, S., C. Colomb, V. Nadin (2010) European spatial planning and territorial cooperation. *Circulation Cardiovascular Interventions*, 5(3): 357-364.

[45] Elkin, S. L. (1988) City and regime in the american republic. *Contemporary Sociology*, 17(4): 498.

[46] Evans, M., J. Davies (1999) Understanding policy transfer: a multi-level, multi-disciplinary perspective. *Public Administration*, 77(2): 361-385.

[47] Fainstein, S. S., N. I. Fainstein (1989) The racial dimension in urban political economy. *Urban Affairs Review*, 25(25): 187-199.

[48] Ferguson, R., C. Olofsson (2004) Science parks and the development of NTBFs–location, survival and growth. *The Journal of Technology Transfer*, 29(1): 5-17.

[49] Fit, J., R. Kragt (2010) The long road to european spatial planning: a matter of patience and mission. *Tijdschrift Voor Economische En Sociale Geografie*, 85(5): 461-465.

[50] Foray, D., P. A. David, B. Hall (2009). Smart specialization–the concept. *Knowledge Economists Policy Brief*, 9(85): 100.

[51] Frenken, K., R. A. Boschma (2007) A theoretical framework for evolutionary economic geography: industrial dynamics and urban growth as a branching process. *Journal of Economic Geography*, 7(5): 635-649.

[52] Friedmann, J. (2004) Strategic spatial planning and the longer range. *Planning Theory & Practice*, 5(1): 49-67.

[53] Fuller, C., M. Geddes (2010) Urban governance under neoliberalism: new labour and the restructuring of state-space. *Antipode*, 40(2): 252-282.

[54] Garrison, W. L. (1962) Toward simulation models of urban growth and development. *Lund Studies in*

Geography, 24: 91-108.
[55] Gereffi, G., J. Humphrey, T. Sturgeon (2005) The governance of global value chains. *Review of International Political Economy*, 12(1): 78-104.
[56] Gill, I. (2011) Improving regional development policies. In OECD (ed.) *Regional Outlook 2011*. Paris: OECD.
[57] Glaeser, E. L., J. D. Gottlieb (2008) *The Economics of Place-Making Policies*. National Bureau of Economic Research.
[58] Grau, T., M. Huo, K. Neuhoff (2012) Survey of photovoltaic industry and policy in Germany and China. *Energy Policy*, 51(4): 20-37.
[59] Greene, F., D. Storey (2010) Entrepreneurship and small business policy: evaluating its role and purpose. *The Oxford Handbook of Business and Government*, Oxford LOUP, 601-621.
[60] Hagen, T., P. Mohl (2009) How does EU cohesion policy work? Evaluating its effects on fiscal outcome variables. ZEW Discussion Papers, 9-51.
[61] Hajer, M. (2003) Policy without polity? Policy analysis and the institutional void. *Policy Sciences*, 36(2): 175-195.
[62] Hajer, M. (2001) *In Search of New Public Domain-Analysis and Strategy*. NAI.
[63] Harvey, D. (1973) *Social Justice and the City*. Edward Arnold.
[64] Harvey, D. (1974). What kind of geography for what kind of public policy? *Transactions of the Institute of British Geographers*, 63(63): 18-24.
[65] Harvey, D. (1992) Social justice, postmodernism and the city. *International Journal of Urban and Regional Research*, 16(4): 588-601.
[66] Healey, P. (1997) *Making Strategic Spatial Plans*. Routledge.
[67] Healey, P. (2008) The treatment of space and place in the new strategic spatial planning in europe. *Urban Planning International*, 28(1): 45-67.
[68] Hudson, R. (1997) Global production systems and European integration: de-regionalizing, re-regionalizing and re-scaling production systems in Europe. *Neuroreport*, 12(18): 4113-4116.
[69] Hudson, R. (2005) Region and place: devolved regional government and regional economic success? *Progress in Human Geography*, 29(5): 618-625.
[70] Huggins, R., A. Johnston (2009) The economic and innovation contribution of universities: a regional perspective. *Environment & Planning C: Government & Policy*, 27(6): 1088-1106.
[71] Huggins, R., D. Waite, M. Munday (2018) New directions in regional innovation policy: a network model for generating entrepreneurship and economic development. *Regional Studies*, 52: 1294-1304.
[72] Hufty, M. (2013) A political ecology of Latin American forests though time. In Claude, A.，A. HelgLatin (eds.) *America 1810-2010: Dreams and Legacies*. Social Science Electronic Publishing.
[73] Illeris, S. (1991) Urban and regional development in western europe in the 1990s: a mosaic rather than the triumph of the "blue banana". *Finisterra Revista Portuguesa De Geografia*, XXVI(52): 201-215.
[74] Isard, W. (1966) *Methods of Regional Analysis*. Рипол Классик.
[75] Jong, M. D., K. Lalenis, V. Mamadouh (2002) *The Theory and Practice of Institutional Transplantation: Experiences with the Transfer of Policy Institutions*. Springer Science & Business Media.
[76] Kearns, A., R. Paddison (2000) New challenges for urban governance. *Urban Studies*, 37(5-6): 845-850.

[77] Ketels, C. (2015) Smart specialisation: opportunities and challenges for regional innovation policy. *Regional Studies*, 49(3): 480-482.

[78] Kline, P., E. Moretti (2013) Place based policies with unemployment. *American Economic Review*, 103(6): 238-243.

[79] Kuus, M. (2011) Policy and geopolitics: bounding Europe in Europe. *Annals of the Association of American Geographers*, 101(5): 1140-1155.

[80] Lefebvre, H., D. Nicholson (1991) *The Production of Space*, 27(79): 175-192.

[81] Leibenstein, H. (1957) The theory of underemployment in backward economies. *Journal of Political Economy*, 65(2): 91-103.

[82] Lindelöf, P., H. Löfsten (2003) Science park location and new technology-based firms in Sweden – implications for strategy and performance. *Small Business Economics*, 20(3): 245-258.

[83] Livingstone, D. (1993) *The Geographical Tradition: Episodes in the History of a Contested Enterprise.* Wiley-Blackwell.

[84] Löfsten, H., P. Lindelöf (2002) Science Parks and the growth of new technology-based firms – academic-industry links, innovation and markets. *Research Policy*, 31(6): 859-876.

[85] Marsh, D., J. C. Sharman (2009) Policy diffusion and policy transfer. *Policy Studies*, 30(3): 269-288.

[86] Marsh, I. (2002) Governance in Australia: emerging issues and choices. *Australian Journal of Public Administration*, 61(2): 3-9.

[87] Massey, D. (1984) *Spatial Divisions of Labour.* Macmillan.

[88] Martin, R. (2001) Geography and public policy: the case of the missing agenda. *Progress in Human Geography*, 25(2): 189-210.

[89] Martin, R., P. Sunley (1996) Paul Krugman's geographical economics and its implications for regional development theory: a critical assessment. *Economic Geography*, 72(3): 259.

[90] Martin, R., P. Sunley (2010) The new economic geography and policy relevance. *Journal of Economic Geography*, 11(2): 357-369.

[91] McCann, E., K. Ward (2012) Assembling urbanism: following policies and "studying through" the sites and situations of policy making. *Environment and Planning A*, 44(1): 42-51.

[92] McConnell, A. (2010) Policy success, policy failure and grey areas in-between. *Journal of Public Policy*, 30(3): 345-362.

[93] Miao, J. T. (2018) Parallelism and evolution in transnational policy transfer networks: the case of Sino-Singapore Suzhou Industrial Park (SIP). *Regional Studies*, 52: 1191-1200.

[94] Moretti, E. (2010) Local multipliers. *American Economic Review*, 100(2): 373-377.

[95] Morgan, K. (1997) The learning region: institutions, innovation and regional renewal. *Regional Studies*, 31(5): 491-503.

[96] Morgan, K. (2008) Greening the realm: sustainable food chains and the public plate. *Regional Studies*, 42(9): 1237-1250.

[97] Morphet, J., M. Tewdwr-Jones, N. Gallent, et al. (2007) Shaping and delivering tomorrow's places: effective practice in spatial planning. *Jones*, (2007): 318.

[98] Morrison, T. H. (2014) Developing a regional governance index: the institutional potential of rural regions. *Journal of Rural Studies*, 35: 101-111.

[99] Nadin, V. (2007) The emergence of the spatial planning approach in England. *Planning Practice & Research*, 22(1): 43-62.

[100] Neary, J. P. (1998) Pitfalls in the theory of international trade policy: concertina reforms of tariffs, and subsidies to high-technology industries. *Scandinavian Journal of Economics*, 100(1): 187-206.

[101] Nelson, R. R. (1956) A theory of the low-level equilibrium trap in underdeveloped economies. *The American Economic Review*, 46(5): 894-908.

[102] Neumark, D., H. Simpson (2015) Place-based policies. *Handbook of Regional and Urban Economics*, 5(2): 1197-1287.

[103] Nurkse, R. (1966) *Problems of Capital Formation in Underdeveloped Countries.* Basil Blackwell.

[104] Ortega-Argilés, P. M. R. (2015) Smart specialization, regional growth and applications to european union cohesion policy. *Regional Studies*, 49(8): 1291-1302.

[105] Ostrom, V., C. M. Tiebout, R. Warren (1961) The organization of government in metropolitan areas: a theoretical inquiry. *American Political Science Review*, 55(4): 831-842.

[106] Ottaviano, G. (2003) Regional policy in the global economy: insights from New Economic Geography. *Regional Studies*, 37(6-7): 665-673.

[107] Oughton, C., M. Landabaso, K. Morgan (2002) The regional innovation paradox: innovation policy and industrial policy. *The Journal of Technology Transfer*, 27(1): 97-110.

[108] Pater, R., A. Lewandowska (2015) Human capital and innovativeness of the European Union regions. *Innovation: The European Journal of Social Science Research*, 28(1): 31-51.

[109] Pellegrini, G., T. Muccigrosso (2016) Do subsidized new firms survive longer? Evidence from a counterfactual approach. *Regional Studies*, 51(10): 1483-1493.

[110] Perotti, E. C., L. Sun, L. Zou (1999) State-owned versus township and village enterprises in China. *Comparative Economic Studies*, 41(2-3): 151-179.

[111] Pike, A., J. Tomaney (2004) Subnational governance and economic and social development. *Environment & Planning A*, 36(12): 2091-2096.

[112] Piore, M., C. Sabel (1984) The second industrial divide. *Reviews in American History*, 13(4): 612-615.

[113] Prantl, S. (2006) *The Role of Policies Supporting New Firms: an Evaluation for Germany after Reunification.* WZB Discussion Paper.

[114] Puga, D. (2002) European regional policies in light of recent location theories. *Journal of Economic Geography*, 2(4): 373-406.

[115] Pugh, R., N. G. Mackenzie, D. Jones-Evans (2018) From "Techniums" to "emptiums": the failure of a flagship innovation policy in Wales. *Regional Studies*, 52: 1009-1020.

[116] Rhodes, R. A. (2000) Governance and public administration. *Debating Governance*, 54: 90.

[117] Romano, C. A. (1989) Research strategies for small business: a case study approach. *International Small Business Journal*, 7(4): 35-43.

[118] Romer, P. M. (1990) Endogenous technological change. *Journal of Political Economy*, 98(5): 71-102.

[119] Rose, R. (1993) *Lesson-Drawing in Public Policy: A Guide to Learning across Time and Space.* Chatham House Publishers Chatham.

[120] Rosenstein-Rodan, P. N. (1943) Problems of industrialisation of eastern and south-eastern Europe. *The Economic Journal*, 53(210/211): 202-211.

[121] Rowthorn, R., A. J. Glyn (2006) Convergence and stability in US employment rates. *Contributions in Macroeconomics*, 6(1): 1-43.

[122] Salter, A. J., B. R. Martin (2001) The economic benefits of publicly funded basic research: a critical review. *Research Policy*, 30(3): 509-532.

[123] Savitch, H. V., R. K. Vogel (2000) Introduction: Paths to new regionalism. *State & Local Government Review*, 32(3): 158-168.

[124] Scott, A. J. (1988) *New Industrial Spaces: Flexible Production Organization and Regional Development in North America and Western Europe.* Pion Ltd.

[125] Scott, A. (2000) Economic geography: the great half-century. *Cambridge Journal of Economics*, 24(4): 483-504.

[126] Scott, M. (2015) Re-theorizing social network analysis and environmental governance: insights from human geography. *Progress in Human Geography*, 39(4): 449-463.

[127] Siegel, D. S., P. Westhead, M. Wright (2003) Assessing the impact of university science parks on research productivity: exploratory firm-level evidence from the United Kingdom. *International Journal of Industrial Organization*, 21(9): 1357-1369.

[128] Stone, C. N. (2005) Looking back to look forward. *Urban Affairs Review*, 40: 309-341.

[129] Stone, D. (2012) Transfer and translation of policy. *Policy Studies*, 33(6): 483-499.

[130] Swyngedouw, E. (2004) Globalisation or "glocalisation"? Networks, territories and rescaling. *Cambridge Review of International Affairs*, 17(1): 25-48.

[131] Swyngedouw, E. (2016) Governance innovation and the citizen: the janus face of governance-beyond-the-state. *Urban Studies*, 42(11): 1991-2006.

[132] Tassey, G. (2004) Policy issues for R&D investment in a knowledge-based economy. *The Journal of Technology Transfer*, 29(2): 153-185.

[133] Thomas, R., D. Pojani, S. Lenferink, et al. (2018) Is transit-oriented development (TOD) an internationally transferable policy concept? *Regional Studies*, 52(9): 1201-1213.

[134] Tiebout, C. M. (1956) A pure theory of local expenditures. *Journal of Political Economy*, 64(5): 416-424.

[135] Valler, D., A. Wood, P. North (2000) Local governance and local business interests: a critical review. *Progress in Human Geography*, 24(3): 409-428.

[136] Varga, A. (2017) Place-based, spatially blind, or both? Challenges in estimating the impacts of modern development policies. *International Regional Science Review*, 39(5): 495-504.

[137] Varga, A., H. Schalk (2004) Knowledge spillovers, agglomeration and macroeconomic growth: an empirical approach. *Regional Studies*, 38: 977-989.

[138] Vries, J. D., H. Priemus (2003) Megacorridors in north-west Europe: issues for transnational spatial governance. *Journal of Transport Geography*, 11(3): 225-233.

[139] Wallis, A. D. (2010) The third wave: current trends in regional governance. *National Civic Review*, 83: 290-310.

[140] Ward, K. (1996) Rereading urban regime theory: a sympathetic critique. *Geoforum*, 27(4): 427-438.

[141] Warf, B. (2002) Splintering urbanism: networked infrastructures, technological mobilities and the urban condition. *Annals of the Association of American Geographers*, 93(1): 246-247.

[142] Wei, Y., L. J. C. Ma (1996) Changing patterns of spatial inequality in China, 1952-1990. *Third World Planning Review*, 18(2): 177-191.

[143] Wijerathna, D. (2015) Place-based versus place-neutral policies for promoting regionally balanced economic growth: a Sri Lankan case using CGE based simulations. PhD unpublished. Griffith University.

[144] Wolfe, C. D., S. L. Crichton, P. U. Heuschmann, et al. (2011) Estimates of outcomes up to ten years after stroke: analysis from the prospective South London Stroke Register. *PLoS Medicine*, 8(5): e1001033.

[145] Wolpert, J. (2015) Departures from the usual environment in locational analysis. *Annals of the Association of American Geographers*, 60(2): 220-228.

[146] Wong, C. (2002) Is there a need for a fully integrated spatial planning framework for the united kingdom? *Planning Theory & Practice*, 3(3): 277-300.

[147] Wong, C., M. Baker, S. Kidd (2006) Monitoring spatial strategies: the case of local development documents in england. *Environment & Planning C Government & Policy*, 24(4): 533-552.

[148] Wong, C., H. Qian, K. Zhou (2008) In search of regional planning in China: the case of Jiangsu and the Yangtze Delta. *Town Planning Review*, 79(2/3): 295-329.

[149] Worthington, A. C., B. E. Dollery (2002) An analysis of recent trends in Australian local government. *International Journal of Public Sector Management*, 15(6): 496-515.

[150] Yang, C. H., K. Motohashi, J. R. Chen (2009) Are new technology-based firms located on science parks really more innovative? Evidence from Taiwan. *Research Policy*, 38(1): 77-85.

[151] Zhang, Q., N. G. Mackenzie, D. Jones-Evans, et al. (2016) Leveraging knowledge as a competitive asset? The intensity, performance and structure of universities' entrepreneurial knowledge exchange activities at a regional level. *Small Business Economics*, 47(3): 657-675.

[152] Zhi, Q., H. Sun, Y. Li, et al. (2014) China's solar photovoltaic policy: an analysis based on policy instruments. *Applied Energy*, 129: 308-319.

[153] Zúñiga-Vicente, J. Á., C. Alonso-Borrego, F. J. Forcadell, et al. (2013) Assessing the effect of public subsidies on firm R&D investment: a survey. *Journal of Economic Surveys*, 28(1): 36-67.

[154] 安同良、周绍东、皮建才："R&D 补贴对中国企业自主创新的激励效应"，《经济研究》，2009 年第 10 期，第 87~98 页。

[155] 安树伟、吴银峰："我国大都市区管治成本研究"，《青岛科技大学学报（社会科学版）》，2012 年第 1 期，第 1~4 页。

[156] 陈冬华："地方政府、公司治理与补贴收入——来自我国证券市场的经验证据"，《财经研究》，2003 年第 9 期，第 15~21 页。

[157] 陈林、朱卫平："出口退税和创新补贴政策效应研究"，《经济研究》，2008 年第 11 期，第 74~87 页。

[158] 戴晨、刘怡："税收优惠与财政补贴对企业 R&D 影响的比较分析"，《经济科学》，2008 年第 3 期，第 58~71 页。

[159] 丁颖："大力扩种北方水稻"，《中国农业科学》，1958 年第 4 期，第 183~184 页。

[160] 费洪平："地域生产综合体理论研究综述"，《地理与地理信息科学》，1992 年第 1 期，第 40~44 页。

[161] 符文颖、Javier、Revilla 等:"区域创新系统的管治框架演化——来自深圳和东莞的对比实证",《人文地理》, 2013 年第 4 期, 第 83~88 页。
[162] 顾朝林:"论城市管治研究",《城市规划》, 2000 年第 9 期, 第 7~10 页。
[163] 韩守庆、李诚固、郑文升:"长春市城镇体系的空间管治规划研究",《城市规划》, 2004 年第 9 期, 第 81~84 页。
[164] 韩增林、郭建科、仇培宏:"沈阳城市空间优化与管治策略",《城市发展研究》, 2011 年第 4 期, 第 91~98 页。
[165] 黄卓、宋劲松、杨满伦:"'协调规划'与'规划协调'——珠三角'一级空间管治区'的规划与实施",《城市规划》, 2007 年第 1 期, 第 15~19 页。
[166] 靖学青:"西方国家大都市区组织管理模式——兼论长江三角洲城市群发展协调管理机构的创建",《社会科学》, 2002 年第 12 期, 第 22~25 页。
[167] 卡林沃思(英)、纳丁(英):《英国城乡规划》, 东南大学出版社, 2011 年。
[168] 克尔日查诺夫斯基著, 王守礼译:《苏联经济区划问题论文集: 1917~1929》, 商务印书馆, 1961 年。
[169] 李传宪、干胜道:"政治关联、补贴收入与上市公司研发创新",《科技进步与对策》, 2013 年第 13 期, 第 102~105 页。
[170] 李国平:《首都圈结构、分工与营建战略》, 中国城市出版社, 2004 年。
[171] 李猛:"中国区域非均衡发展的政治学分析",《政治学研究》, 2011 年第 3 期, 第 111~126 页。
[172] 李潇:"德国'区域公园'战略实践及其启示——一种弹性区域管治工具",《规划师》, 2014 年第 5 期, 第 120~126 页。
[173] 刘克华、陈仲光:"区域管治的新探索: 厦泉漳城市联盟规划战略",《经济地理》, 2005 年第 6 期, 第 843~846 页。
[174] 刘卫东:"经济地理学与空间治理",《地理学报》, 2014 年第 8 期, 第 1109~1116 页。
[175] 刘卫东、金凤君、张文忠等:"中国经济地理学研究进展与展望",《地理科学进展》, 2011 年第 12 期, 第 1479~1487 页。
[176] 刘尚希:《公共政策与地区差距》, 中国财政经济出版社, 2006 年。
[177] 刘彦随:"精准扶贫当实事求是讲成效",《人才资源开发》, 2016 年第 10 期, 第 3 页。
[178] 陆大道:"50 年来我国经济地理学的发展",《经济地理》, 2000 年第 1 期, 第 1~6 页。
[179] 陆大道:"论区域的最佳结构与最佳发展——提出'点—轴系统'和'T'形结构以来的回顾与再分析",《地理学报》, 2001 年第 2 期, 第 127~135 页。
[180] 陆大道:"关于我国区域发展战略与方针的若干问题",《经济地理》, 2009 年第 1 期, 第 2~7 页。
[181] 陆国庆、王舟、张春宇:"中国战略性新兴产业政府创新补贴的绩效研究",《经济研究》, 2014 年第 7 期, 第 44~55 页。
[182] 罗静、曾菊新:"空间稀缺性——公共政策地理研究的一个视角",《经济地理》, 2003 年第 6 期, 第 722~725 页。
[183] 罗小龙、张京祥:"管治理念与中国城市规划的公众参与",《城市规划学刊》, 2001 年第 2 期, 第 59~62 页。
[184] 麦金尼斯(美):《多中心体制与地方公共经济》, 上海三联书店, 2000 年。
[185] 苗长虹、魏也华:"西方经济地理学理论建构的发展与论争",《地理研究》, 2007 年第 6 期, 第 1233~1246 页。

[186] 涅克拉索夫（俄）：《区域经济学》，东方出版社，1987 年。

[187] 齐元静、金凤君、刘涛等："国家节点战略的实施路径及其经济效应评价"，《地理学报》，2016 年第 12 期，第 41～56 页。

[188] 钱慧、罗震东："欧盟'空间规划'的兴起、理念及启示"，《国际城市规划》，2011 年第 3 期，第 66～71 页。

[189] 宋劲松、罗小虹："从'区域绿地'到'政策分区'——广东城乡区域空间管治思想的嬗变"，《城市规划》，2006 年第 11 期，第 51～56 页。

[190] 唐燕："德国大都市区的区域管治案例比较"，《国际城市规划》，2010 年第 6 期，第 58～63 页。

[191] 唐燕：《德国大都市地区的区域治理与协作》，中国建筑工业出版社，2011 年。

[192] 许瑞生："都市区的区域管治——地区发展中政府间的协调与管理"，《城市规划》，2006 年第 11 期，第 82～88 页。

[193] 于彦亮："关于'农业区划'概念的现代思考"，《中国农业资源与区划》，1993 年第 1 期，第 37～39 页。

[194] 余东华、吕逸楠："政府不当干预与战略性新兴产业产能过剩——以中国光伏产业为例"，《中国工业经济》，2015 年第 10 期，第 53～68 页。

[195] 俞可平："全球治理引论"，《马克思主义与现实》，2002 年第 1 期，第 20～32 页。

[196] 周立三："试论农业区域的形成演变、内部结构及其区划体系"，《地理学报》，1964 年第 1 期，第 16～26 页。

[197] 周立三：《中国农业区划的理论与实践》，中国科技大学出版社，1993 年。

[198] 周立三、吴传钧："甘青农牧交错地区农业区划的初步研究"，《地理学报》，1958 年第 3 期，第 131 页。

[199] 周起业："我国农业区划基本问题的探讨"，《地理学报》，1957 年第 2 期，第 127～144 页。

[200] 张紧跟："新区域主义：美国大都市区治理的新思路"，《中山大学学报（社会科学版）》，2010 年第 1 期，第 131～141 页。

[201] 张京祥："西方城镇群体空间研究之评述"，《国际城市规划》，1999 年第 1 期，第 31～33 页。

[202] 张京祥："城市与区域管治及其在中国的研究和应用"，《城市问题》，2000 年第 6 期，第 40～44 页。

[203] 张京祥、黄春晓："管治理念及中国大都市区管理模式的重构"，《南京大学学报（哲学·人文科学·社会科学）》，2001 年第 5 期，第 111～116 页。

[204] 张京祥、沈建法、黄钧尧等："都市密集地区区域管治中行政区划的影响"，《城市规划》，2002 年第 9 期，第 40～44 页。

[205] 赵松乔：《内蒙古自治区农牧业生产配置问题的初步研究》，科学出版社，1958 年。

[206] 植草益（日）著，朱绍文等译：《微观规制经济学》，中国发展出版社，1992 年。

第二十章　中国经济地理研究

引　　言

经济地理学发展根植于广泛的社会经济和制度环境背景。为理解不同国家经济地理发展脉络、建立良好的对话，必须关注学科发展的社会环境背景。从这种观点出发，我们试图重新思考中国经济地理学的发展，并揭示中国体制和经济条件变化对其发展的影响。一个国家的经济地理学研究本质上由其社会经济发展所决定。中国作为最具代表性的典型案例，真实反映出学科发展与国家经济发展步调紧密相关的特征。中华人民共和国成立之初，中国经济地理学受苏联经济地理学影响较深，带有浓重的社会主义生产建设色彩；同时，中华人民共和国成立初期的经济发展需求决定了其"以任务带学科"的特征，因此，中国经济地理学的整体发展一直与国家战略紧密结合，以满足国家需求为导向，以实践任务促进学科发展和建设。

1949年后，百业待兴，农业恢复发展、资源开发与工业建设逐步展开，在此背景下，经济地理学者借鉴苏联经济地理学，推动了农业区划、生产力布局及国土资源开发等方面的研究。改革开放以来，中国逐步融入全球分工之中，经济社会发展经历了一系列重要转型。工业化与城镇化迅速推进、生态环境急剧恶化、农村逐步衰落，是经济地理学发展的广阔背景。一方面，经济地理学者沿袭之前的研究传统，进一步探讨了人地关系、国土规划与开发、国土空间结构，提出主体功能区等理论；另一方面，改革开放后中国经济地理学研究受到西方经济地理学影响，吸收了西方经济地理学制度转向、文化转向、关系转向以及演化转向的前沿理论与研究成果，开始运用这些新的视角来研究中国的现实问题，并更加侧重于理论提升和探索。

一个具有持久生命力的学科，不应当停留在实践经验的总结之上，而应当在格物的基础上实现致知。我们希望未来中国经济地理学者能利用好独具典型性和多样性的中国案例，由"中国经验"提炼出"中国知识"，推动中国经济地理学学科发展的同时，为经济地理学贡献来自于中国的理论。

第一节　国家任务与学科发展

一、区位论及其应用

中国经济地理学者较早地引进了区位理论。任美锷（1944）介绍了西方工业区位理论中运费与劳动力在工业区位选择中的影响力。改革开放后，中国经济地理学者出版了一系列有关区位论的著作，如陆大道的《区位论及区域研究方法》、杨吾扬的《区位论原理》、杨吾扬和梁进社的《高等经济地理学》、张文忠的《经济区位论》以及王缉慈编著的《现代工业地理学》，梳理了西方区位论发展的脉络及特点，对中国经济地理学发展起到了重要的推动作用。杨吾扬（1989）将区位论划分为古典区位论（起始于19世纪20年代）、近代区位论（起始于20世纪30年代）和现代区位论（起始于20世纪70年代）。这三大阶段的区位论的研究对象遵循从早期的第一、第二产业转向第二、第三产业以及城市发展研究的规律。

区位论为中国社会经济发展提供支撑。早期区位论为农业区划和工业布局工作提供了坚实的理论基础。1949后中国的经济发展经历了加速工业化的过程，在20世纪50~70年代，农业、重工业和铁路公路等基础产业的发展推动国民经济的发展。因此，中国的经济地理学者深入参与了自然资源调查、工业基地发展、交通道路规划等。这些实际的国家发展任务使得中国经济地理学的研究得以迅速扩张。20世纪80年代初，为了矫正过去30年发生的重工业发展过热的问题，中国的经济发展进入持续调整的新阶段。为了满足这种产业重构的实际需要，国土和区域规划成为经济地理学者的主要领域。20世纪90年代以来，伴随着区域差异的扩大、高新技术产业的不断崛起以及中国参与全球经济程度的加深，相关领域的研究受到中国经济地理学者的关注。21世纪以后，中国经济地理学者参与全国主体功能区划、西部大开发、东北振兴以及城市群等重大地域空间规划工作。

过去中国区位论思想的实践应用于宏观和战略层面，侧重产业、空间和城市规划方面。而随着理论的深入、尺度的精细化以及现代企业在中国的影响力逐渐提升，与企业相关的区域经济行为决策成为区位论应用实践的方向。关于企业集团的组织结构及空间演化、布局，企业与区域发展关系，均需要应用区位思想分析运输成本、信息成本、贸易成本等因素（李小建，2011）。

二、农业区划研究

中国经济地理在发展初期主要学习了苏联的理论。这期间，中国经济地理学者对全国不同地区的农业区划和生产力布局的相关问题展开了大量的探讨，如任美锷（1950）关注农作物生产力的布局问题，以四川等地区为研究对象进行案例考察；周起业（1957）探讨了中国农业区划的基本问题等。

如何在全国范围内科学布局农业生产，是早期中国经济地理学界的一大重要问题。早在 20 世纪 30 年代，"农业区划"的概念便已在中国出现，其具体一般指农业的"分区划片"，是农业区域划分的简称。农业区划的工作突出了地理知识在经济规划中的重要性，从而使经济地理学受到国家相关政府部门的支持，在当时得到迅速发展。在农业区划中，经济地理学者主要研究了当地自然条件和资源、农业结构、土地利用、作物组合、耕作制度、生产效率及现存问题的特征。区划基于三个原则进行：①生产条件相似性；②农业生产特征相似性；③行政单元完整性。胡焕庸（1934，1936）发表的《江苏省之农业区划》和《中国之农业区域》是中国的农业区域划分研究的首创之作。但真正有组织、有计划性的农业区划工作起始于 20 世纪 50~60 年代。秉承以国家重大战略需求为导向的原则，周立三、吴传钧等人开展了大量的农业区划科学研究与应用示范，《中国农业区划方法论》（周立三和吴传钧，1958）、《江苏省农业区划》（周立三，1993）、《中国农业区划方法论》（邓静中等，1960）等成果的编撰，系统梳理了中国农业区划工作的理论方法，为因地制宜地开展农业区划工作提供理论指导。吴传钧 1994 年主持的《1∶100 万中国土地利用图》是世界上第一个全国规模的小比例尺土地利用图集，系统反映了中国土地利用现状和地域分异规律。

中国经济地理学者在农业区划理论方面的贡献主要包含两方面。一是从农业区域的性质分类、规模等级、结构功能方面丰富农业区划的科学内涵。周立三（1993）曾提出农业区域是生物和人类最基本的生存空间，由农业自然—经济相关因素有机结合而成的。从一个综合的视角来看，农业区划是基于地域分异规律进行合理划分农业区域，通过各区域农业资源优势组合及其生产现状的分析与研究以进行农业生产力的合理配置与布局。

二是梳理并明晰农业区划的基础理论。马忠玉和高如嵩（1991）等提出农业区划的理论基础包括农业地域分异规律、农业生产力配置理论、人地关系理论、农业生态经济理论和农业发展预测理论等。李晓等（2010）构建了以资源禀赋理论、产业结构理论、比较优势理论和农业调控理论为内容的链式理论框架。樊杰（2016）将中国农业区划体系分为纵向体系和横向体系。纵向体系指国家—省市—县级等多层次农业区划；横向体系包含自然区划—部门农业区划—综合农业区划。

在过去的几十年中，中国农业区划在理论和实践方面取得了重大进展。一方面，基于自然要素和空间分异规律，结合社会经济条件，形成了综合区划理论体系与方法，体现了地理学区域性和综合性的学术思想；另一方面，也开辟了以任务带学科和地理学为国民经济发展服务的新道路，为日后中国经济地理学注重国家发展需求，坚持贯彻科学研究为国民经济服务的理念奠定了基础。随着社会经济的发展和科技的进步，农业区划的研究范围不断扩展，研究思路也不断创新。过去研究内容侧重于农业自然条件区划、农业技术改革区划和农业部门区划，而在注重新农村建设、耕地保护和城乡土地统筹配置的现实背景之下，农业区划更加注重生态服务、乡村功能多样性以及城乡关系与空间结构重构等内容（刘彦随等，2011）。

三、工业布局研究

工业地理学是描述各类工业部门及其生产活动的空间分布特征、组织结构和演进规律，探究背后影响因素和作用机制的科学（李文彦，1990）。20世纪60~70年代，中国进行的大规模工业化建设为工业地理学的发展提供了一片沃土。经济地理学者为及时满足国家经济建设的需求，开展了一系列以联合选厂和重点工业项目布局为中心的工业生产综合体与工业开发区的规划工作，在学习和引进国外理论的同时，结合实际积极探索中国工业布局问题，如自然与技术经济因素对工业布局的作用、工业企业成组布局和地域工业综合体并对其进行了理论与方法的总结。

随着改革开放的实施，工业生产再次成为国家建设的主导力量。经济地理学研究对象由单一工矿城镇转向城市工业生产综合体、城市工业开发区和科技园区等；研究内容也逐步从资源评价和重点企业布局，扩展为工业布局原则、相关因素和条件影响的系统分析以及宏观战略研究等方面。经济地理学在这一时期在各地的工业布局工作中发挥着重要作用。比如胡序威（1984）、陆大道（1990）等人研究了辽宁中部地区资源合理利用开发，京津唐地区国土规划中的工业生产布局；李文彦和陈航（1983）等人探讨了山西能源基地综合开发与经济区划。典型代表著作有李文彦主持编写的《中国工业地理》以及陆大道等编写出版的《中国工业分布图集》。1989年，陆大道编写的《中国工业布局的理论与实践》作为前两部著作的补充，详细介绍了中国工业发展和工业布局的若干重要关系，系统地阐述和揭示了中国工业空间过程及理论基础。

1. 影响中国工业布局的主要因素

现代工业地理学关注的问题主要包括：工业生产过程和工业部门的空间组织模式；影响工业空间组织的主要因素，包括自然因素、劳动力因素、市场因素、社会制度因素等。传统工业地理以运输成本为核心，提出原料、市场、运费、劳动力和集聚是影响工业布局的五个因素。改革开放前，中国的商品和要素投入市场缺乏，工业布局和厂商选址并非按照比较优势而进行决策的，影响因素非常复杂，可归纳为三个方面：自然资源、经济技术条件以及制度因素。

新古典区位论提出，工业区位是由诸如劳动力和自然资源等外生禀赋所驱动的。依赖于本地资源的工业在布局时应当接近包括矿产资源、能源资源、水资源、土地等自然资源。中国大部分的工业发展受制于能源、矿产资源、水资源等自然条件基础。不同于世界其他工业化国家，中国能源的生产结构和消费结构始终以煤炭为主。同时水资源空间分布的严重不平衡，影响工业企业的选址、区域和城市工业发展方向与结构，进而影响到工业的宏观空间结构（陆大道，1990）。

运输因素作为经济技术的最重要因素之一，受到中国经济地理学者的长久关注。中国国土辽阔，地区之间资源条件、经济实力、产业结构与技术水平相差很大，客观上要求密切的物资和技术交流。合理的工业布局必须以减少原料、燃料运输工作量和降低运费为目标。工业企业布局尽可能接近主要原料地、燃料地和产品消费市场，逐步使国家和地区的工业布局总体空间结构与资源分布、经济宏观格局相协调。根据运输因素对工业企业布局的影响，形成以下三种空间模式：一是企业选址沿交通线，形成密集工业走廊或工业带；二是建设"临海型"工业综合体，实现工业与港口的联合开发；三是"临空型"工业区和"临路型"工业区。对于中国东部地区，建立"临海型"工业综合体，是缓和当时集聚区面临各种矛盾的重要路径。

然而，制度环境也改变自然资源、运输条件对工业地理布局的影响。20世纪60年代后期，中国经济地理的发展几乎停滞不前，许多工业项目被搁置破坏。直到1973年，由于经济发展制度环境的变化，研究工作才得以恢复。以重工业和能源生产为重点的新型大型工业基地建设成为20世纪70年代经济规划与发展的关键，为工业地理学提供了实践应用发展的机会。经济地理学者在中央和地方政府的资助下，对丰富矿产资源的主要工业基地进行了全面的调查。这些研究中，学者们开始注意工业布局、城镇建设和环境保护的重要性。

2. 工业地域综合体

工业地理学把工业布局中存在着有规律的地域组合现象称为地域工业综合体，是一个或一组工业企业及与这些工业生产有关的要素在地域上的有机结合（陆大道，1990）。

工业地域生产综合体实际上也是一种典型的产业集聚，由某种具有专门化生产特征的产业或企业引入相关的企业及其生产所需的基础设施。其根本思想是区域生产的专业化分工和综合发展相结合，立足于各地区的自然资源特点，是工业生产的地域组织形式。工业生产地域综合体主要有三大主体功能部分组成。

（1）主体部分。由一个或几个形成综合体的工业企业组成，决定了整个综合体的性质。一般是大型的能源和原材料工业，如大型水电站、钢铁厂等。

（2）配套生产企业。一般指为主体部分提供原料、半成品、辅助材料和加工主体部分生产出来的产品的生产企业，可以看作是综合体的前配套部分。

（3）基础设施。主要包括生产性基础设施、社会性基础设施以及机构性基础设施。通过基础设施的建设，为主体部分和配套生产企业的正常运营提供基础环境，是地域综合体的重要组成部分。

中国经历大规模的工业化建设，在建设工业生产地域综合体方面积累了大量经验。早期以联合选厂形式确定工业综合体的规模和内部组成，后来则通过工业区的区域规划和城市规划。工业生产地域综合体的发展具有阶段性和不确定性。任何一个工业综合体的发展都是一个由简单到复杂的过程。同一个综合体在不同的时间点上，规模和结构也会有所不同。

四、国土整治与区域规划

随着20世纪80年代以来社会主义市场经济的逐步建立和地区经济实力的不断增强，中国区域经济发展进入新阶段。无论是中华人民共和国成立初期开展的农业区划工作，还是20世纪70~80年代的工业建设及生产力布局问题，都涉及国土整治及区域规划。因此，中国政府在20世纪70年代末80年代初提出"开展国土规划，实施国土整治的战略任务，开启理顺人与自然关系，实现人口、资源环境协调发展"的方针。

1. 国土整治发展历程

随着中国工业化和城市化的高速推进，人口快速增长带来的资源供需失调和环境问题日益严峻，为了从根本上解决这些问题以适应现代化的需要，政府部门以及地理工作者意识到需要把国土开发整治置于综合规划基础之上。从改革开放到20世纪90年代末，中国经济地理学者参与了大量国土开发整治工作。第一阶段主要是摸清和盘查土地资源状况。经济地理学者针对土地利用的研究，不仅摸清了土地资源的分布特征，为今后开展的土地资源的开发整治工作奠定科学基础；同时，在学术研究上，关于人地关系的探讨解释了不同地区人地关系的作用规律，有力地推动了中国经济地理学的发展，人地关系理论也成为中国经济地理理论研究的重要成果。典型成果是 1990 年由吴传钧主持完成的《1：100 万土地利用图》和《中国土地利用》专著，成为国土资源综合整治的重要依据，为区域可持续发展奠定基础。

第二个阶段是进入 21 世纪以来的发展阶段，在原有土地资源调查工作的基础上，有序地展开了区域综合开发，实现土地利用的优化配置。比如中国经济地理学者开展的土地利用研究支撑了《全国土地利用总体规划纲要（2006~2020 年）》的编撰和"18 亿亩耕地红线"的政策制定。近期，经济地理学者又揭示了农村"空心化"的特征，其关于"中国农村土地制度改革总体思路研究"的工作引导了政府在中国农村土地综合整治上的改革方向（樊杰，2016）。

2. "点—轴"系统理论与"T"形空间结构

"点—轴"系统理论是由陆大道院士提出并成功应用于"T"形国土开发格局的战略设计，在解释空间结构演变规律、表达国土空间重组原理方面具有重要意义（樊杰，2016）。"点—轴"系统理论的提出离不开当时的时代背景。20 世纪 80 年代以来，西方发达国家大范围地向外进行资本和产业转移，而中国沿海地区凭借区位优势，成为国际产业和资本的承接基地。沿海地区本身比中西部地区拥有更优越的基础设施、对外贸易、人才优势等条件，因而成为国民经济的发展重心。在国内外力量助推之下，在沿海发展若干中心城市（点）的同时辅之以合理的轴线设计，一方面可充分发挥集聚经济的作用，同时也拉动内陆地区的发展。

增长极理论认为，社会生产集中而优先增长的先发地区为增长极。增长极的关键产业具有很强的增长推动力，拉动地区的其他产业开始增长，同时对周围地区也会有极化作用和扩散作用。增长极理论是"点—轴"系统理论"点"的思想源泉，而松巴特生长轴理论则是"轴"的理论基础。生长轴理论认为交通经济带是利用交通干线连接主要中心城市，形成有利区位使集聚经济发挥最大效用，降低生产成本。陆大道将轴线思想进一步提升为"发展轴"，"点—轴"系统理论初具雏形。"点—轴"系统理论提出一个地理集群驱动增长和发展的模式，与增长极理论相比更强调空间作用，即强调经济活动往往发生在特定的集群以及重大基础设施沿线的分布地区。相较于增长极理论鼓励建设增长极来推动区域发展，"点—轴"系统理论则认为区域的增长和发展应当是点轴之间协同发展的。

"点—轴"系统理论的基本内涵包括以下几点：第一，社会经济主体会在空间中存在集聚和扩散两种作用；第二，在国家和区域发展过程中，大部分社会经济要素会集聚于"点"，即经济中心首先集中在少数条件较好的区位如各级中心城市，是带动各级区域发展的龙头。"轴"则是一定方向上由若干不同级别的中心城市形成的经济带和产业集聚带。因此，空间集聚和空间扩散既是社会经济客体运动的基本特征，也是"点—轴"系统的形成机理。因为在空间集聚的作用下，使区域内的要素集中，在获得规模效应和正外部性之下形成典型的具有增长极特征的"点"；然而空间集聚并不总是有效率的，当集聚负外部性占据主动地位时，空间扩散成为优势选择，从而形成以点沿线带动面的发展。

陆大道在 1984 年首次提出"点—轴"系统理论时即强调以沿海和长江沿岸为一级轴线组成国土开发与经济布局的宏观架构，使中国的生产力布局和交通运输、水土资源、国内外市场实现最佳的空间组合。这是在"点—轴"系统理论的基础上，结合中国具体国情提出的"T"形区域开发模式，随后这一模式被采纳入 1987 年试行的《全国国土总体规划》。"T"形空间结构科学地构建了中国经济发展潜力的空间分布框架，促进中国的生产力布局与交通运输、水土资源、城市内部要素以及对外联系实现最佳空间组合，推动中国地区开发开放的同时，也解决了中国空间资源分布不均的矛盾，对国民经济发展产生了深远影响。

五、交通运输地理与空间组织

运输因素是影响工业发展的最重要因素之一，交通运输业是社会生产重要支撑部门。1986 年，杨吾扬等出版《交通运输地理学》，将交通运输地理学分为理论交通运输地理学、部门交通运输地理学、区域交通运输地理学和城市交通运输地理学。中华人民共和国成立初期，经济地理学者根据国家的需要，积极参与大量交通运输问题的调查与研究工作，如黑龙江流域综合考察中航运问题的调查，以及国家组织的一些重点地区的交通运输发展的研究等（吴传钧，1957）。研究和调查集中于铁路、水运等部门，这些探索有力地推动了中国交通地理学的发展。

20 世纪 50 年代末至 60 年代，吴传钧、杨吾扬等经济地理学者开始研究关于货物流向、流量的问题，探讨交通运输与生产布局、区域规划的关系。在以往的任务实践和调查分析基础上，张国伍等编著的《中国经济地理总论》（张国伍，1965）以及《中国河运地理》（张国伍，1962）等交通运输地理著作，对当时中国的交通运输地理状况做了较为系统的总结。

改革开放以来，中国大规模的交通基础设施建设和快速经济发展为中国交通运输地理学的发展创造了良好的环境，学科研究内容也得到进一步深入和拓展。研究逐渐扩大到交通运输网的布局规划、运输与生产配置、港口发展布局与地域组合、城市交通规划等方面，从不同尺度研究交通运输布局与区域规划的问题。陆大道（1990）在《中国工业布局的理论与实践》中，系统阐述了交通运输与工业布局关系。陈航（1981）、张文尝（1981）等人在交通运线网的规划以及不同类型工业与交通运输的配置方面提出了一系列的方案和总结；金凤君（1991）则针对中国空间运输联系与经济区划进行了一系列研究；韩增林（1994）、王曙光（1993）关注交通运输地理具体的空间效应，如港口城市的发展战略等，从较小尺度来丰富交通运输地理的研究内容。

进入 21 世纪以来，中国交通运输地理学进入新阶段。研究主要集中在交通运输与发展、港口地理研究、航空运输地理研究、物流地理、城市交通运输地理以及新技术、新方法的引进与创新等。如王成金和金凤君（2005）研究了物流网络、民航网络，并模拟了这些新的交通方式对区域经济发展的影响；金凤君等（2016）开始关注高速铁路网络建设对城市网络结构和集聚空间格局及演化的影响；金一等（2017）从港口城市体系的演化探讨了环渤海地区城市经济发展趋势。中国经济地理学者在交通运输地理形成了若干优势研究方向，如城市交通组织规律、交通优势度、区域物流网络、空间流的模拟与评价、运输网络的复杂性等（金凤君等，2009）。

第二节　中国经济地理理论探讨

一、人地关系与区域可持续发展理论

随着社会经济的发展，人类活动与自然环境的相互作用程度越来越深，关系愈加复杂，人地关系在不同环境、事件和尺度下呈现更加多元的表现。学者们也从单纯关注自然环境变化转向关注以人为主导的环境变化，即自然过程、环境系统和人类活动的相互作用。为了进一步把握人—地系统相互作用机理以增强经济地理学科的科学性和综合性，中国经济地理学者针对人地系统理论的机制分析、模型建立以及空间差异等方面展开了深入研究。

可持续发展问题成为中国经济地理学研究的重点对象。吴传钧在此基础上提出了"人地关系地域系统"。在此基础上延伸出的区域均衡发展、功能区划以及空间互动的研究方向均是地理学研究的重要内容。相关研究主要体现在人地系统的各类影响因素拓展及发展模式研究、区域差异分析方面。比如：区域发展与城市化进程的资源环境基础研究、人地系统的模拟研究、半干旱地区社会—生态系统对干旱的适应演化机制研究、老工业基地经济发展与环境变化的关系及其区域差异性研究、内陆河流域及典型民族地区的人地关系研究等（刘卫东等，2011）。近年来，有部分学者如哈斯巴根等（2013）、程钰等（2015）关注人地系统的脆弱性及其发展模式。

1. 人地系统的作用机理

（1）人地系统的组成。多数研究采用吴传钧的分类方法：人口与社会经济要素为一端，资源与自然环境为另一端。两大主体及其内部作用密切，相互联系。

（2）人地系统的结构。人地系统的结构可分为三个部分。①地理系统对人类活动的影响。地理环境通过资源和环境为人类生产和社会活动提供物质基础和生存空间，并制约人类活动规模、强度和效果。②人类活动对地理系统的影响。一方面，人类需要不断适应其生存的地理环境；另一方面，人类活动的作用也会深刻影响地理环境的结构、性质和功能。③地方政府的干预。地方政府一方面针对地理系统因地制宜地实施不同的生态调控措施，另一方面则控制人类活动，通过约束或引导人类行为实现人地系统的优化。

（3）人地系统的功能。人地系统的功能是通过优化人地系统从而保证人地系统的良性循环，最终实现可持续发展（王成超，2010）。人地系统优化的途径主要是通过控制人类需求在环境容量之下，依靠自然资源的社会化再生产，建立自然资源供求平衡的经济机制以平衡供需矛盾，配合政府干预与公众参与（蔡运龙，1995）。方创琳（2003）在PRED系统理论的基础上提出$P_DR_DE_DE_DE_DS_D$系统，包括人口、资源、生态、环境、经济和社会六大子系统，坚持"以人为本"的原则进行人地系统优化调控，将追求和谐发展至上确定为人地系统调控目标。

2. 人地系统关系及区域发展的空间差异

人地关系地域系统是以地球表层一定地域为基础的系统，地域分异规律决定了人地关系系统的空间分异，因此，人地系统关系在不同区域之间呈现差异性表现。近年来许多学者也从统一的规律和机制探讨转向考察不同地域类型间的人地关系，考虑中国各地自然资源、经济社会、政策环境等条件的空间差异，有针对性地探讨人地关系的发展特点及目标，为区域发展提供建设性的科学意见。如探讨中西部不同地区社会生态系统对环境的适应演化机制研究（李真等，2017）；以能源条件的分布状况划分，探讨东北矿业城市经济发展与环境变化的关系及其差异性研究（张平宇，2011）；以河流流域划分，探讨不同河流域的人地关系研究等（赵雪雁等，2005）。

二、国土规划与开发

为积极响应国家要求，中国经济地理学者自20世纪50年代起就多次参与不同尺度的地域空间规划工作，结合时代需求探索并发展了若干空间规划方法，特别是主体功能区划、资源环境承载力评价以及城市群规划等方面，为地域空间规划的理论及应用贡献了重要力量。

1. 主体功能区划

主体功能区划是经济地理学者依托学科优势为国家战略服务的重大成果,是 20 世纪 80~90 年代国土规划工作的延续和拓展。主体功能区划是 21 世纪以来中国空间规划的重要尝试,也被提升到国土开发领域的国家战略层面。在全国主体功能区划工作中,经济地理学者的主要贡献可归纳为三方面:首先是主体功能的内涵及形成机制;其次是关于指标体系的选择、功能区的空间组织及发展方向;最后是指导省级主体功能区划方案的制定和实施。

(1) 主体功能区划的内涵与特点

地域功能是指一个地区在自然资源、生态环境和人类生产生活中所能发挥的功能及作用。因此,其内涵是自然系统和人类社会经济系统需求的整合叠加后形成完整的地域功能。主体功能区规划是一项综合性的空间规划,其任务是确定地域功能,开展主体功能区划分,明确各主要功能区的定位。主体功能区规划旨在重塑中国国土空间格局,以此扩展和完善中国的国土空间规划体系。其主要工作可分为:主要功能的识别、主要功能区的空间组织和发展方向的确定。

国家主体功能区分区评价指标体系由 10 个指标组成,包括可利用土地资源、可利用水资源、环境容量、生态系统的脆弱性、生态重要性、自然灾害的危险程度、人口集聚度、经济发展水平和交通优势以及一项定性指标——战略选择,不仅是为了使评价结果客观,而且也考虑到政策取向。

根据上述评价指标及各区域的发展趋势,可以规划确定城市区域、农村地区以及保护区的边界,优化居住空间、工业空间和生态空间的划分及空间结构。主体功能区可根据开发方式分为优化开发区域、重点开发区域、限制开发区域和禁止开发区域四大类;按开发内容的不同,则可分为以提供工业品和服务产品为主体功能的城市化区域、以提供农产品为主体功能的农业地区、提供生态产品的生态地区、提供自然和文化遗产的保护区域;按地域功能层级划分可分为国家级和省级。可以说主体功能区是以提供某类特定功能的产品为主,具有特定的开发方式和要求的职能空间。除具象的地理空间的概念,还有学者认为主体功能区具有特别的政策意味。

(2) 主体功能区理论基础体系

樊杰(2015)认为主体功能区的主要理论基础是地域功能理论和"空间结构有序法则"。地域功能理论基础是指,结合地域功能理论,以发展条件的地域分异为依据,综合区域的经济、社会、生态效益,按照各类功能成因机理,综合采取定量和定性指标进行地域功能适宜性评价,在此基础上,开展主体功能区的划分。第二大理论基础是空间支撑方面的理论,任何区划工作都需要空间组织提供支撑。其中包括"点—轴"系统理论、双核结构理论、全球化下的"城市区域"理论以及空间有序性法则等。

由此可见,开展主体功能区划,就是要依据地域功能分异规律,因地制宜地识别地域特定功能,并且在空间组织理论的支撑下,促进空间协调发展,推进形成主体功能区发展格局,最终实现可持续发展战略。

2. 资源环境承载力评价

人地系统理论旨在解决人口、资源与环境三者之间的关系。随着区域经济的迅速发展,在资源约束趋紧、环境污染加剧、生态系统问题频发的现实背景下,资源环境承载力作为连接人类社会与自然生态系统的纽带,是协调人口、资源与环境之间矛盾的关键,也为经济地理学者更好地拓展"人地系统"理论提供参考。经济地理学者相关的理论研究主要集中于构建资源环境条件适宜性架构及评价体系,改进人口合理容量的测算方法,创建以资源承载力为平台的功能分区以及提供区位选择方案的优化方法方面。

资源环境承载力是资源环境各要素承载能力的总和,包括影响人类生产生活活动的所有自然条件,如资源、环境、生态、灾害等(樊杰,2016)。20 世纪 60~70 年代,自然资源与环境问题激化了生态系统和人类之间的矛盾。随后,国内外学者及相关组织机构相当重视资源环境承载力研究,提出一系列定义和量化方法进行应用。中国资源环境承载力的研究最先实践于土地、粮食与人口关系的土地承载力研究方面。至 20 世纪 80 年代末期,由于中国北方地区干旱问题凸显,水资源需求增加,生态环境面临恶化,在此情形下国内广泛开展了水资源承载力研究工作,尤其重视针对北方干旱地区的研究。20 世纪末期,人们更加关注环境问题,学者针对大气、水、土壤环境进行了广泛研究,承载力评价也在人口、资源、环境与社会经济的各个领域中得到了不同程度的延伸。进入 21 世纪后,"自然—经济—社会"综合性承载力研究逐渐成为国内地理和环境学者研究的热点。

资源环境承载力研究的核心内容是评价指标体系的构建。通过构建科学、系统、动态性、可量化的指标体系,及时观察区域环境承载力的变化状况,为发展决策提供指导。目前国际组织如可持续发展委员会等提出了代表性的可持续发展指标体系,如 DPSIR 概念模型等。国内学者则针对单要素或综合要素、不同应用方向和区域等情况,建立了不同的评价指标体系,涉及资源、环境、生态、社会经济等诸多系统。例如,樊杰(2016)构建了包含自然地理、地质与次生灾害危险性、生态环境以及社会经济发展基础在内的 12 项综合指标,对汶川、舟曲等地区进行承载力评价,为灾后重建规划提供重要参考依据。

不同学者基于不同研究目标采取不同方法。现阶段国内外常用的资源环境承载力评价方法有农业生态区域法、系统动力学法、生态足迹法、水足迹法、能值分析法等。资源环境承载力的研究广泛应用于国土功能区划、城镇化建设与布局、人口空间布局以及土地资源、矿产资源等诸多领域，是可持续发展观的重要方法论，也是衡量人地关系的重要工具。在经济全球化的时代背景下，人类社会发展与资源环境的作用关系日益凸显，未来资源环境承载力要承担更多的任务，为保护资源环境、支撑国土空间开发，实施生态文明建设和实现可持续发展目标提供理论支撑。

3. 城市群规划

在经济全球化时代背景下，迅速发展的区域经济和日益完善的市场经济、现代化的交通运输以及信息化的各项技术推动了新的城市网络群体形成，突出表现为城市化、城市群化的趋势。城市群是一个或多个大城市以及与该城市有较密切的经济、社会、空间整合联系的区域，是由城市集聚与扩散发育而成的网络中心。基于城市群尺度的规划安排即为城市群规划，主要以城市群的经济、社会、环境等整体发展制定策略，为城市空间发展提供框架，打破行政界线的束缚，在更大的空间范围内协调城市发展和合理配置资源。

城市群规划理论的创新是探索全球化、信息化条件下城市新经济活动空间的区位分析理论与方法，研究新型经济活动空间形成及演化机制。主要内容包括以下三个方面。

（1）新经济活动空间的区位分析理论与方法，如空间测度、空间结构、空间扩散机制研究等。如珠江三角洲城市群曾表现出明显的轴线性和空间指向性（叶嘉安和黎夏，1999），长三角城市群的空间发展现处于扩散阶段，空间要素跨区流动特征明显，已形成大城市主导、大中小城市联动的状态（胡序威，2000；曹广忠和刘涛，2011）。关于内陆地区城市群的研究指出大部分城市群仍然以强集聚为主要趋势，要素中心指向性明显。城市群规划是区域发展实现"增加密度""缩短距离"和"减少分割"的重要战略与政策工具，城市群化的核心是进一步"增加密度"，实现集聚发展（姚士谋等，2011；陆大道，2013）。经济地理学一直探寻经济系统的内生力量（生产要素、产业联系、知识技术）和外生力量（制度环境、外部联系）以及这些力量的作用机制。

（2）城市群对中国城市空间区位的影响研究。如主要城市集群形成的新增长中心、出口加工区、农产品加工区和旅游区对中国区域发展的影响，其与全球国际市场的联系等。

（3）城市群规划的研究方法。经济地理学者运用区域要素综合分析法研究城市群的功能和总体架构；对城市群内部以及之间的关系差异对比分析，研究空间分工以及要素配置的方案；同时也不断探寻新的规划方法，包括 GIS 空间分析、系统分析法等以加强规划和决策的科学性。

三、区域双核结构

区域双核结构模式是一种重要的经济地理现象，广泛存在于中国沿海地区，具体是指某一区域中由区域核心城市和港口核心城市及其连线所组成的一种空间结构，也可以成为港城空间结构模式（陆玉麒，1998）。作为一种典型的港城关系，区域双核结构实现了中心城市的向心性与港口城市的边缘性的有机结合，成为区域经济发展过程中的新型空间结构模式。

关于双核结构的形成机制，陆玉麒和董平（2011）归纳为两方面：一是港口城市作为区域对外交往的通道和窗口，为中心城市寻求与区域外联系提供有效的途径；二是港口城市的发展依赖区域中心城市的支撑。即港口城市与区域中心城市通过空间组合可以实现区位和功能上的互补，因此，双核结构的出现成为区域发展过程中一种较为高效的空间结构形态，综合了中心城市的趋中性和港口城市的边缘性特点。

空间结构的形成根据动力来源分为两种：内源性模式和外生性模式。双核结构的模式便分为两种类型。外生性双核结构主要依靠外力形成，如美国的扩张轨迹是由海岸向内陆，在此发展过程中形成芝加哥—纽约这一典型的外生型双核结构；中国的发展进程则以流域为主导，由内陆走向海洋。一方面，区域中心城市的地位和作用不可忽视；另一方面，港口城市凭借其便利的对外交流条件，在二者双重力量的综合作用下，形成内源性的沿江、沿海地带双核结构。内源性双核结构中，区域中心城市与港口城市的规模大致相当；而外生型双核结构中二者则很不对称，港口城市由于其优先发展基础，其规模明显大于中心城市。

中国不同时期大运河和海陆作为货运与贸易的主通道，使得一些沿江沿海城市，如苏州、上海、扬州等成为重要的港口城市，形成苏州—扬州、苏州—上海等双核结构。除传统研究聚焦沿海的港口城市外，随着港城关系的内涵不断丰富，双核结构不再局限于基于沿海地区的港口城市与中心城市的有机结合，空间度扩大，区域效应增强。如成都—重庆双核结构同样也具有典型性（杜娟和戴宾，2006）。成都作为四川省省会，是重要的经济、政治中心，而重庆是西部地区最大的港口城市，自然资源丰富。二者产业结构不同，分工明确，通过加强合作形成较强的互补态势。在两个城市的发展过程中，需要发挥互为支撑的功能，带动经济腹地的发展，为整个西部地区的经济发展提供保障，实现打造双核空间结构模式的成都—重庆经济带的目标。

四、"一带一路"倡议

2015 年发布的《推动共建丝绸之路经济带和 21 世纪海上丝绸之路的愿景与行动》(简称《愿景与行动》)标志着"一带一路"倡议进入全面推进建设阶段。"一带一路"将对促进中国经济发展方式和产业结构转型、保障国内经济持续稳定发展、解决中国区域发展不均衡问题具有重要意义。根据《愿景与行动》,"一带一路"旨在促进经济要素有序自由流动、资源高效配置和市场深度融合,推动开展更大范围、更高水平、更深层次的区域合作,共同打造开放、包容、均衡、普惠的区域经济合作架构。"一带一路"的内涵不再局限于传统丝绸之路的明确指向、特定的线路和空间走向。"21 世纪海上丝绸之路"以及"丝绸之路经济带"代表的是一种"和平、合作、发展、共赢"的理念,是一种抽象意义的文化符号。"一带一路"的空间内涵具有多层含义,是一个跨尺度的概念。首先,"一带一路"不是一个封闭体系,没有绝对边界,因此,无法在空间上准确定位其具体范围。它从根本上是一个开放、包容的国际区域经济合作网络,贯穿欧亚非大陆。其次,"一带一路"是一个国际区域经济合作组织,以国家间的合作为主,而不是相邻国家的次区域合作。最后,"一带一路"涉及共建联通的基础设施,这部分内容有具体的空间指向和空间范围。例如,共同打造新亚欧大陆桥、中蒙俄、中国—中亚—西亚、中国—中南半岛等国际经济合作走廊等(刘卫东,2015)。"一带一路"是统筹中国与沿线国家和地区打造开放、包容的国际区域经济合作的重要战略,将增强中国与世界的联系,为进一步推动经济全球化开辟新模式。

"一带一路"倡议的意义不止于发展国内地区经济、保障国内经济持续稳定发展,更是推进经济全球化的新尝试,是为搭建区域共赢发展的国际合作平台实现"包容性全球化"的积极探索。"一带一路"倡议致力于维护全球自由贸易体系和开放型世界经济,提倡"包容性全球化"(刘卫东,2015)。在全球化的语境中,包容性发展是在不同的国家地区、民族之间,以谋求共同发展为目标,实现平等参与和成果共享的发展模式。这是在面对全球能源消耗、环境污染等难题涌现下的时代命题,实现包容性发展是各个国家达到互利共赢的必然诉求。"一带一路"倡议正是在这一大背景下诞生,成为推动包容性全球化的重要推力。"一带一路"倡议于国内而言是中国实现进一步对外开放、全方位统筹中国发展路径和模式的战略部署;于世界而言则是改革现有国际经济治理模式,实现包容性发展的尝试,未来将有可能改变世界经济格局。

第三节 中西经济地理学对话

20世纪90年代以来，经济全球化推动着资本、知识、劳动力等生产要素跨越国家边界，在更广阔的空间范围内自由流动（Dicken，2003；贺灿飞和毛熙彦，2015），但与此同时，经济活动越来越向特定地区集聚。这些变化推动了西方经济地理学的"新区域主义"以及"文化转向""制度转向""关系转向"和"演化转向"。经济地理学与经济学、政治学、社会学、管理学等社会科学进行了广泛融合，呈现出空前繁荣的局面。

改革开放以来，中国从农村工业化开始，不断吸收外来资本，壮大民营经济，工业化进程迅速推进。尤其是20世纪90年代中期以来，东部沿海地区融入全球化进程之中，外商直接投资迅速增加，产业集聚程度不断提高。随着工业化进程的不断推进，知识经济在中国初步兴起，创新与创业氛围初现端倪，这为中国经济地理学的发展提供了现实背景。中国特殊的政治经济制度与社会文化传统是促进经济活动空间集聚、推动经济空间格局演变的重要力量。中国经济地理学在引入和借鉴西方理论的同时，也逐渐形成了独具特色的解释框架。

一、产业地理集聚与产业集群

产业集群一直是产业区位研究的重要议题。马歇尔是最早关注产业集聚现象的经济学家。他认为，在完全竞争市场中，企业为追求地方化的外部规模经济会做出在空间上相互邻近的决策，而中间投入品共享、劳动力共享和知识溢出是外部规模经济得以实现的三个来源（Marshall，1890）。新贸易理论引入规模经济和市场效应（Krugman，1979，1980），而"新经济地理"则突出规模收益递增、需求联系效应、成本联系效应以及积累循环机制等。此外，运输成本和集聚也存在密切关系。运输成本越低，企业所在行业在经济中所占份额越大，规模经济越明显，越有利于集聚（Krugman，1991）。

进入21世纪以来，中国学者开始借鉴西方产业集聚理论，对产业集聚现象进行研究，其研究成果大致可分为三类。

第一，对国外产业集聚理论及现象进行阐述。如王缉慈（2002）比较了几代产业集聚理论，从工业区位论出发，综述了纯经济学与经济地理学的集聚理论。苗长虹等（2002）论述了新区域主义，并重点分析了产业政策与产业集群发展的关系。李小建和李庆春（1999）对克鲁格曼主要经济地理学观点进行了分析与介绍。梁琦（2003）对"新工业区"理论、波特集聚理论、克鲁格曼的集聚理论以及其他主要集聚理论进行了介绍。此外,还有许多学者介绍了国外学者对产业集群的定义和分类以及国外产业集群的发展。例如:陈剑锋和唐振鹏(2002)从技术创新、组织创新、社会资本、经济增长等方面理顺了国外产业集群的关联研究,综述国外产业集群的研究成果。熊军(2001)则在简要回顾西方国家集群理论研究的基础上,介绍其理论背景和理论假设。邱成利(2001)对国外产业集聚理论进行了评述等。

第二,以中国的产业空间格局为研究对象,围绕产业集聚理论的微观机制及分析框架展开研究。王缉慈(2002)从经济全球化和本地竞争优势的角度出发,分析了产业集群的发展机制,并论述实施产业集群过程中的创新问题以及政策影响。贺灿飞和谢秀珍(2006)系统实证分析了中国制造业的空间格局、影响因素及其对区域经济发展的效应等,发现比较优势、规模经济和经济全球化、地方的政治分权是主导中国制造业空间分布的主要因素。刘卫东(2003)提出的"被动嵌入"很好地解释了跨国公司在发展中国家通过与本地制度环境的互动,从而形成产业集聚的空间格局。文玫(2004)发现新经济地理的市场规模、运输成本等因素对工业集聚的影响作用十分明显。梁琦(2003)以空间经济学为理论分析框架,系统实证分析了中国制造业产业集聚现象,从基本因素、市场因素和知识溢出三个层面考察了产业集聚的影响因素,具体包括运输成本、收益递增、外部性、地方市场需求、产品差异化、市场关联度和贸易成本等。卡廷等(Catin et al., 2005)对1988~1997年中国制造业地理分布的研究表明,对外开放程度明显地影响了中国产业的地理分布,同时发现高技术产业有进一步向沿海发达地区集中的趋势,而劳动力密集型产业则逐渐从沿海发达地区向次发达地区转移。李植斌(2003)认为独特的区域"文化基因"、特定性知识沉淀和产业氛围是浙江产业集聚形成的核心原因。

经济转型过程中的制度变化是理解中国产业集聚现象的重要视角(Poncet, 2005)。中国产业地理集聚的形成和演变是以市场化、全球化为代表的集聚力以及以分权化为主导的分散力共同作用的结果。中国经济转型过程中引入市场机制,企业间竞争日益激烈,使得产业极有可能集聚在具有显著比较优势和能够充分利用规模经济的区位(钱学锋和梁琦,2007)。然而区域竞争导致的地方保护驱动了很多地方发展不符合比较优势的产业,降低了产业地理集中度(Bai et al., 2004)。伴随着中国转型经济的发展,全球化、市场化、分权化三股力量深刻地影响着中国的产业发展。杨宝良(2005)考察中央行政性分权以及地方政府自主权扩大所产生的影响,认为一方面地方政府可以发挥积极性和信息优势,推动市场发育,不断纠正历史扭曲;另一方面,地方政府有可能在对地方利益的追求和寻租的动机之下错误配置经济资源,不利于产业集聚的培育和发展。贺灿飞等(2007)基于传统理论框架提出比较优势、规模经济和经济全球化等是决定中国制造业地理集中格局的显著因素，还指出由于交通成本高、市场不完善以及地方政府的干预，比较优势和集聚经济在中国没有充分发挥作用，导致中国部分产业在空间上还比较分散。因此可以看出，市场的完善程度以及地方政府的行为能够直接影响产业的集聚特征。

第三，围绕产业集聚现象展开创新和政策研究。自1998年波特提出"产业集群"概念开始，西方国家研究的相关理论已经形成一套较为丰富的研究成果。对产业集群的类型探讨可将其概括为三种理想模型：①新古典主义集聚经济模型，即产业集群来自经济活动的自然集聚；②韦伯的区位论模型，集群是为降低交通和物流成本所形成；③社会网络模型，强调本地网络对产业集群形成的重要性（Gordon and Mccann，2010）。改革开放后，在全球化和市场化的推动下，在中国尤其是东部沿海发达地区出现了一大批产业集群，并迅速成为中国"经济奇迹"的引擎。因此，国内学者积极加入西方学者对产业集群的探讨，从宏观上探讨产业集群对地区（国家）的发展作用，在中观层面揭示集群现象的整体特征及发展趋势，深入到集群内部微观层面集群组成要素的剖析及其行为机制，抽象集群的创新行为及知识溢出，进一步挖掘集群的内在机理（黄晓和胡汉辉，2013）。

近些年，中国地理学者关注产业集群现象以及集群所体现出的国家竞争优势。赵等（Zhao et al.，2009）分析大连软件产业集群对当地产业经济发展的影响。王缉慈（2002）多年致力于产业集群的研究，提出了地方产业群战略，认为一个国家可以从本地化的产业群发展中获得全球性的竞争优势。产业集群可以通过网络化的互动，加强企业在培训、技术开发、产品设计、营销、出口分配等方面的合作，有助于建立国际战略联盟。随着知识经济与网络经济的发展，学者在产业集群推动产业升级、创新和就业等方面已经验证产业集群可以提升区域竞争力，尤其对区域创新具有重要作用。

国内学者认为，比起地方化的联系，全球或者国际化的知识联系更能促进企业技术创新。研究通常从本地生产网络、创新环境以及知识溢出三个不同的视角来解释产业集群对创新的影响。首先，产业地理集聚有利于地方生产网络的形成，促进地理相邻的企业之间的合作和竞争，加强企业与科研单位的合作，促进区域经济发展和创新；其次，地方化的制度环境能通过良好的企业文化、创新相关的政策、研究性导向的大学等促进集群内企业的创新活动；最后，知识溢出是本地化的过程，地理邻近性很大程度上促进知识溢出，从而促进企业创新，进一步有利于集群的转型升级。

二、区域发展的新动力与新路径

20世纪80年代以来，西方地理学者对"经济"和"区域"的重新解读推动西方经济地理学研究从新古典经济地理学走向"新区域主义",乃至"文化转向""制度转向""关系转向"和"演化转向"。

1. 新区域主义

基于 20 世纪 80 年代以来全球社会经济活动的新认识以及高度垂直分工、产业区的实践经验,区域研究很快成为西方经济地理学的主流,而其中基于生产技术和组织变化以提高区域竞争力的一系列理论、方法和政策构成了"新区域主义"。在新兴后福特主义时代,区域发展的竞争优势可以来源于并嵌入于区域内部的社会文化环境,而不仅仅是新古典经济学所强调的比较优势或要素禀赋优势。特定区域内的规则、风俗、习惯、文化、惯例、制度、信任以及熟人之间的互惠主义等都是促进和维持经济快速发展的重要因素,这些因素不同于福特制下分支厂商所不断寻求的最低成本区位。由于这些社会文化因素往往是地方性的且不容易被其他区域复制,因此,它将导致地理发展的持续不平衡,这一论断体现在了 20 世纪 90 年代以后新区域主义与全球化学者的争论中。但新区域主义的研究表明,即使全球化力量不容忽视,在一个全球地方化的过程中(Swyngedouw,1997),区域社会文化系统的独特性和难以复制性仍会吸引经济要素向特定地区集聚,并产生经济发展的持久不平衡(Amin and Thrift,1992)。

国内学者积极总结西方经济地理学的研究成果并结合中国的区域发展情况展开案例研究,积极投入新思潮。王缉慈(2004)深入中国传统工业区和新兴产业区,关注各类特色产业集群,研究新产业区理论在中国的应用和实践。殷为华等(2007)基于新区域主义,提出中国的区域规划转型应着重从功能转型、模式转型和体制转型三方面开展。汪涛和曾刚(2003)也从"新区域主义"的框架下,认为中国的区域经济发展战略应当融入世界经济,加入各种超国家的区域合作组织积极开展以城市为中心的经济区,通过跨国公司增强与其他地区和国家的经济技术联系,同时进一步加强国内的管理组织机构的运作。这些探索既为新区域主义的理论提供了很好的实证平台,又为中国的区域发展提供了可能的发展方向和建议。

2. 制度、文化与关系转向

20 世纪 90 年代以来,伴随着社会科学交叉化趋势的加深,经济地理学与多个学科融合。虽然经济要素对产业区位的影响仍然是经济地理学研究的核心内容,但是区位因子逐渐"软化",社会制度、文化等环境因素的重要性不断上升,也就推动了之后的制度与文化转向。经济活动并非发生在真空,而受到特定文化、社会与制度背景的影响(Granovetter,1985)。一方面,非经济的社会文化环境是经济要素得以良好组合的基础,社会文化往往具有区域独特性,难以复制,因而特定类型的经济活动会被吸引到具备特定社会文化的系统中,进而深深嵌入,难以向其他地方扩散;另一方面,在特定制度环境中，企业不仅是生产活动的基本单元，更是相关利益方进行博弈和战略决策的场所，以及诸多社会关系交织影响的空间（McNee，1960）。经济地理学的制度转向强调正式、非正式制度对产业空间的塑造；制度"路径依赖"和"锁定"机制作用下产业活动的空间动态演化过程；以及区域和地方发展的社会管制与治理机制对经济活动空间的塑造作用。制度转向对经济地理学的影响巨大，极大地拓展了经济地理学研究的理论视角，使经济地理学从抽象的一般化走向真实的社会经济活动，为文化转向、关系转向奠定了理论基础。

文化转向是制度转向更为宽广和深远的探讨，其研究核心不仅包括制度，也包括社会文化传统、编码和规范，甚至还包括物质文化，因而文化转向是制度转向的扩展。从20世纪90年代中期开始，经济地理学者提倡经济活动不只是经济的，同时也是社会文化的，经济活动过程实际上也是一个社会文化过程。经济地理的文化转向认为经济过程根植于社会文化之中，经济活动受到行为主体之间的相互关系及这种关系形成的网络结构的影响（Grabher，1993）。文化转向学派认为经济过程应当被置于文化、社会和政治关系中理解，主要从劳动分工、劳动力市场、女性主义等多个方面阐述了产业空间变化的机制，研究地方文化传统、生活方式和认知对产业空间的作用。

关系转向关注行为者的空间行为、网络关系与其所处的制度结构之间的复杂关系，还包括全球—地方的尺度关系。杨伟聪（Yeung，2003）将经济地理学关系转向研究归纳为三个方面：①地方与区域发展中的"关系资产"，涉及新产业空间、产业区、集群、学习型区域等；②社会行为者、企业和组织网络的关系根植性，涉及全球—地方关系、组织空间的差别化生产、路径依赖、社会网络的关系杂合性与片段化；③关系尺度，主要涉及地理学中的尺度问题，有关学者提出"地理尺度是一种关系建构"、尺度"关系化"等理论视角。

传统上，国内学者分析中国经济活动的空间分布时，通常将影响因素分为自然资源条件、经济社会条件、交通运输条件以及地理环境状况、政治环境等因素等。在西方经济地理新思潮的影响下，越来越多的学者开始将制度、文化和社会等因素纳入考虑范围（苗长虹等，2002；汪涛和曾刚，2003；王缉慈，1998，1999；王缉慈和林涛，2007）。而在中国这样一个市场条件发育并不成熟的国家，制度扮演了重要的角色。贺灿飞等发现社会制度环境的外部干预将为产业突破式的发展提供新的可能（He et al.，2015）。也有学者，如李琳（2014）、党兴华和弓志刚（2013），从制度、组织、社会等维度探讨产业集群创新的影响机制。

3. 演化经济地理学

经济地理学的"演化转向"，是以遗传、变异和选择作为解释社会经济演化的理论基石，强调经济活动的空间组织随时间变化的过程，并强调这一过程中"新奇"（创新、新企业、新产业）对经济空间系统的作用。演化经济地理学基于广义达尔文主义、路径依赖理论以及复杂科学等研究成果，将时间与空间要素、微观企业与宏观制度内在地联系起来，从企业的进入、增长、衰落和退出及其区位行为入手，解释企业、产业、网络、城市和区域的空间演化，不仅关注演化过程对产业地理的影响，也关注经济系统对演化过程的影响（Boschma and Frenken，2011）。

近年来，中国的经济地理学者针对中国区域产业发展演化发表了一系列成果。刘志高等在 2005 年便已关注到演化经济地理学在西方的发展，将其核心概念如"新奇""路径依赖"等多个概念引入，并梳理了其兴起的背景、影响及相关议题。尹贻梅等（2012）从路径依赖理论出发，探讨其与地方经济发展的关系及相应研究进展。朱华友和吕飞（2010）则重点关注了产业集群的演化，拓宽了演化经济地理的研究领域。贺灿飞等基于演化经济地理学理论和方法系统性地探究了区域产品演化、区域企业动态以及区域产业演化（贺灿飞等，2016；Zhou et al.，2017；Guo and He，2017；Zhu et al.，2017；贺灿飞，2018）。他们的研究主要从产品、企业和产业三个层面检验了技术关联对区域产业演化的显著影响，确认了中国区域产业发展的路径依赖性。总体而言，研究从以下几个方面为现有区域产业发展研究做出了补充。首先，研究超越了基于认知邻近性的技术关联，检验了社会邻近、制度邻近、组织邻近和地理邻近等多维邻近性对企业动态与产业演化的作用。其次，研究超越了内生发展模式，发现外生力量可以为区域带来新知识，引入新产业，创造新路径；结合市场力量，研究检验了一系列政策如主导产业政策、出口补贴政策、地方政府竞争等对产业发展演化的显著影响；发现地方政府的政策干预可以帮助区域实现路径突破，回应了学界对演化经济地理学不够重视制度的批评。最后，研究还探讨了区域制度环境如市场化环境、语言文化差异性、政治管治差异性等对区域产业演化的影响。总之，基于中国的实证研究发现，中国区域产品、产业以及企业动态确实受到技术关联的显著影响，显示路径依赖式发展。更重要的是，研究发现了诸多路径突破的方式，如政府补贴，加强外部联系，建设开放包容性的制度环境，加强创新和人力资本积累等，为中国区域产业发展找到了更多发展机会。

西方经济地理学在 20 世纪 80 年代以后进入了空前繁荣的快速成长期，对中国经济地理学的发展具有重要启迪。总的来看，无论是新区域主义还是制度、文化、关系以及演化转向，经济地理学在研究中越来越关注制度和文化因素对经济活动的影响。中国在过去 30 多年经历了社会经济制度环境的巨大变迁，经济转型是企业面临的最大制度环境，重塑了中国的经济地理格局。因此，为了系统深入地解读中国经济地理格局的形成与演变，更需要将制度、文化和关系纳入研究框架，用演化的动态视角来加强理论探索，为实践发展提出建议。

三、跨国公司与外资区位

20世纪中后期以来，信息通信与交通运输技术的快速发展带来学习、交易和交通成本的大幅缩减，推动生产要素在更广阔的范围内自由流动，为跨区域联系的建立提供了更多可能（贺灿飞和毛熙彦，2015）。利用外商直接投资实现价值捕获，是国际劳动分工及发达国家跨国公司在全球范围开展资源整合最重要的途径之一。外资与地区发展之间是一种双向互动的关系：一方面，各类传统区位因素以及新的地理环境因素会对外资的区位选择产生重要的影响；另一方面，全球化通过外商直接投资的区位选择实现地方化，会重塑国内地理空间和地方经济，改变中国经济地理格局。

1. 不同地理尺度对外商投资区位选择的影响

传统外商直接投资理论认为，东道国的市场规模、生产要素禀赋、政策环境是影响外商直接投资区位选择的重要因素（Cheng and Kwan，2000；贺灿飞和魏后凯，2001）。邓宁提出国际生产折衷理论，认为区位优势、内部化经营优势以及跨国公司的所有权优势是导致外商直接投资的原因。外商直接投资在进行区位选择时不仅要考虑传统的要素及生产成本，同时更重视交易成本、动态的外部经济、知识积累和外部创新等因素。随后也有其他学者通过实证研究发现其他本地因素，如制度厚度、产业集中度等，也会影响外商直接投资的区位选择。地理空间在全球化的发展过程中仍然发挥着重要作用。区域作为经济活动重要的空间载体，也是经济活动赖以展开的基础。国内的地理学者从国家、地方、企业等不同尺度多角度分析影响外商投资的关键因素。

（1）国家尺度

研究表明，东道国政策对吸引跨国公司投资有直接影响，政策连续性和稳定性、法律及程序的公开透明度对吸引外资起重要作用。这类研究主要是在中国企业对外直接投资的区位选择上，发现贸易政策、税收政策、金融环境等可以直接吸引外商直接投资（张晓平和刘卫东，2003）。中国也以其利用外资与发展外贸政策的成功实施，成为发展中国家参与全球化的典范（杨艳红，2005）。

（2）区域尺度

在新经济地理学视角下，研究发现地方地理特征、产业特征及经济基础是影响外资在中国区位选择的主要因素（李小建，1996；He，2002；Qiu，2005）。当代复杂的技术系统要求跨国公司与全球生产系统及地方生产系统能有机融合，密切的产业联系可以帮助跨国公司更好地进入（罗芊等，2016）。贺灿飞和魏后凯（2001）发现外资的区位决策是对信息成本和集聚经济的理性反映，与集聚经济相关的变量等可以单独解释 55%的外资空间差异。黄肖琦和柴敏（2006）发现传统区位变量，如劳动力成本、地区优惠政策等因素，对外资企业的影响力不大，而市场规模和运输成本具有显著影响力。在经济转型背景下，中国省区市的市场化水平和开放度等制度因素对在华外商直接投资区位决策中扮演重要角色。地区经济外向度（贺灿飞和梁进社，1999；张长春，2002；黄肖琦和柴敏，2006）、政府的各项激励措施、优惠政策是影响外商直接投资的重要因子（黄肖琦和柴敏，2006）。

集聚经济是实证研究发现的外商直接投资区位关键变量，如地方化经济、城市化经济以及外资集聚经济等（Head and Ries，1996；贺灿飞和梁进社，1999；Wei et al.，1999；张长春，2002；黄肖琦和柴敏，2006）。20 世纪 90 年代以来，一些学者开始尝试从文化、关系等非经济因素角度解释外资进入中国的区位选择。实证研究发现，中国东南部沿海吸引外资时，并非是纯粹经济理性因素作用的结果，文化、血缘等因素也可以产生影响。例如，李小建（1996）通过对香港企业在大陆直接投资区位的研究发现，个人关系是香港企业投资时所考虑的主要因素之一。

（3）企业尺度

跨国公司全球劳动分工体系的形成不是纯经济理性决策，外资区位决策受跨国公司分支机构在国家和地方等尺度所形成的企业—区域关系的影响。在当地，是否具有大、中、小型企业高效协作的生产体系和相互约束竞争的关系，将直接影响外资的空间动态。外资在发展中国家进行"战略耦合"既有阻力，又有动力。研发水平较低、预防核心技术外溢、母国集聚倾向成为阻碍外资企业同本土企业建立联系的关键因素（包群等，2015）。而在后金融危机全球消费市场萎缩的大环境下，为了发掘发展中国家广阔的市场潜力，外资企业又不得不同本地企业合作，以适应当地的社会经济环境，降低经营风险（Yeung，2014）。因此，本地企业的组织方式、企业规模、网络联系程度以及企业家之间的互动均会影响跨国公司在空间上的区位选择。如张晓平等（2002）研究温州企业集群发现，根植于地方生产系统的小企业，以其密切的内部联系网络提高了地区参与全球化程度，因而更易吸引到外资。

2. 外商投资对地理空间的重塑

外商直接投资是开放经济系统的重要发展动力，由资本流引起的物质、技术、信息、人才的流动，不仅对城市经济发展产生全面的直接效应，而且还会通过其技术、知识、资本等溢出效应重塑东道国的经济空间。改革开放以来，外商直接投资大量涌入中国，深刻地影响了中国的经济地理格局，国内外学者对外商直接投资对中国经济的效应展开了大量的研究。

中国对外资本贸易联系为本地引入了大量先进的外来知识技术和生产要素，并发生了不同程度的示范、溢出、关联和竞争效应，因此，成为降低本土企业学习成本、提升本土生产效率，进而推动产业结构转型升级的有效途径（贺灿飞，2006；包群等，2015）。一方面，外资流入通过溢出、示范效应，推动本土产业发展，外资退出则可能剥夺地方学习模仿来源而不利于本土产业演化；另一方面，外资也会挤占甚至抑制本土产业的发展空间。而外资退出通过资源释放，对本土产业演化产生积极作用。外资企业进入会加剧市场竞争，尤其会加剧稀缺性投入要素的竞争。早期外资企业享有超国民待遇，与内资企业之间形成了不公平竞争。来自发达国家的外资企业在经营管理、技术水平、融资方式、生产营销、售后服务等诸多方面可能会优于内资企业，能够对内资企业产生示范效应和溢出效应，并能够提升内资企业的生产率水平、创新能力等。但如果外资企业的竞争效应强于溢出效应也可能将原有企业挤出市场。理性引入外资企业可以使得本土企业更好地从跨国公司的外部经济中获益，提高本地企业的生产效率，或者通过溢出效应或挤出效应的作用，加速中国产业结构的调整。李等（Li et al., 2001）发现集体和私营企业可以从外资企业的示范效应与扩散效应获益，而国有企业则主要从外资企业的竞争效应中获益。刘懿（2015）的研究发现，外资企业的空间集聚效应能够极大地改变本土市场的竞争结构，使得市场中的资本要素，尤其是国有资本重新配置，以达到适应外部竞争的效果。罗芊等（2016）从演化的视角发现，外资的进入和退出均会显著地促进中国本土产业的演化。

从空间上来看，沿海地区的本土企业更有可能与发达国家跨国公司达成战略耦合，融入国际市场。相比之下，中西部地区由于产业基础薄弱、区位优势不明显、对外开放不够深入，因而对接全球生产网络的难度较大。李小建（1999）发现中国外资集中于经济发达的东部沿海地区，在早期，广东、福建这两个原先经济并不发达的省份因开放政策和区位优势，获得外商的青睐，从而成为集中的外商投资地之一。在这种背景之下，外资进入减缓了中国区域经济的省际差异，而后随着沿海地区经济的发展，外资在这些发达地区的集中加大了中国区域经济的省际差异。中国各区域由于发展差距较大，外资的作用效果也呈现明显的空间分异规律。东部沿海地区由于产业基础较好，技术优势较为明显，外资所投资的产业与城市的原有主导产业匹配度较高，因此外资投资的注入会提高城市竞争力。而中西部欠发达地区一般主要从事资源、劳动力甚至资金密集型产业，其发展受限较大，且往往伴随各种棘手的生态问题，因此，中西部地区如果接受大量的外资，容易受先进国家的支配，自身的人才和资源优势被抢占，反而有可能降低城市的竞争力（杨永春和吴文鑫，2005）。在区域环境污染方面，魏龙和潘安（2016）的研究表明，出口贸易显著地加剧了中国资源型城市的环境污染，外商直接投资则在一定程度上加剧了环境污染。资源型城市实际使用外资在一定程度上增加了环境污染排放，外资进入资源型城市的主要目的或许在于绕过相关贸易壁垒，进一步导致中国资源城市的环境污染。

3. 全球生产网络

伴随经济全球化的推进，生产技术的提高进一步引导社会生产组织变革和国际劳动分工深化，"全球生产网络""全球商品链""全球价值链"可以更好地解释当今全球生产组织模式。21 世纪以来，经济全球化极大推动了跨国经济活动的发展，货物、资本、技术甚至劳动力逐步具备在更大范围内流动的能力。同时，生产日趋片段化形成了跨区域的生产链条或体系，使得区域能够跨越国家层级而直接参与国际劳动分工。在此背景下，区域之间的联系方式、强度和范围势必将得到极大拓展。全球生产网络以企业、制度、关系、空间为主要考察维度，以技术、时间为外在影响因素，着重分析价值如何被创造、提高和捕获，权利如何被创造和维持，以及行为主体和结构如何嵌入地方等问题，强调文化、知识、制度等因素在一般理论发展中的重要性，具有浓厚的地理学色彩，是早期行动者网络理论以及后期新经济地理学和政治经济学相关理论的集中体现。国内学者以中国为案例推动发展中国家的跨国生产网络的理论研究（Henderson and Nadvi，2011）。

20 世纪 80 年代后，国际制造业资本快速向中国大陆扩散，中国缺乏全球资源整合能力的企业迅速融入全球生产网络，推动了中国经济的快速增长。中国沿海区域，如珠三角、长三角，分别通过廉价的生产要素成本或建立工业园区等策略加入全球生产网络，从而实现迅速发展。全球生产网络理论综合、全面的特点正好为中国各个区域复杂的自然、社会、制度环境以及迥异的发展路径提供了较好的分析框架。由于此阶段中国与全球生产网络结构型的耦合模式使得其区域发展高度依赖外部网络，区域发展的关键在于如何协调好外部力量与本土力量的关系。经济地理学者关注以下三方面内容。第一，从全国范围内整体分析中国在全球生产网络中的分工与贸易地位。如岑丽君（2015）借鉴全球价值链指数和显性比较优势指数，发现中国已较大程度融入全球生产网络，但处在全球价值链链条较低位置，并呈现"V"形趋势发展。第二，以具体某一产业为研究对象，检验中国区域发展过程中全球与本地网络的互动行为及效应。童昕和王缉慈（1999）分析了信息技术产业中全球网络与地方产业网络的关系，着重阐述全球—本地网络中的知识流动、积累和创新，并认为已经初步形成了硅谷—新竹—东莞的计算机产业全球生产网络新干线。文嫱和曾刚（2005）以浦东集成电路地方产业网络为研究对象，分析全球领导厂商的治理行为对地方产业网络升级的影响。李健等（2008）以价值链—微笑曲线为对象对计算机产业全球生产网络的价值分配和空间竞争性进行实证分析，探讨中国大陆计算机产业融入全球生产网络的情况。第三，由于随着经济发展进入新的阶段，土地资源匮乏、环境污染、区域恶性竞争等一系列问题逐渐凸显，全球生产网络研究的焦点开始转向跨国公司的地方脱嵌及产业动态升级等问题（Henderson and Nadvi，2011）。如朱华友和王缉慈（2014）针对中国沿海地区一些外贸加工集群企业出现的逐订单而居的"俘获型"的转移现象，对全球生产网络下企业去地方化的作用力和形式以及去地方化的影响进行分析，提出网络权力的拉力和社会资本的黏性是推动全球生产网络企业去地方化的主要动力，而企业去地方化会导致地方生产网络断裂。

中国作为一个典型的强政府、弱市场国家，其制度框架和社会文化对全球行动者嵌入地方过程的制约作用表现得十分明显。刘卫东（2003）提出的"被动嵌入"概念反映了外资与地方环境之间的相互作用关系。与传统"嵌入"观点认为的跨国公司子公司自由选择供应商以及东道国主动发展供应网络不同，"被动嵌入"强调"制度约束"是造成外资"嵌入"本地的主要原因。当外资以适应当地的制度约束为目的而建立联系时，发生的即为"被动嵌入"。刘和迪肯（Liu and Dicken，2006）以中国汽车产业发展为案例，探讨了中国政府如何利用制度力量使外国投资者嵌入国家经济体系并推动国民经济发展，进而提出了"强制嵌入"的概念以讨论地方文化、政治和制度环境对全球生产网络的影响。从中国案例中发现，全球化对地方经济的作用效果很大程度上受当地制度环境的影响。

4. 知识创造与技术创新

创新是驱动区域和国家经济发展的重要力量，从熊彼特（Schumpeter，1954）到罗默（Romer，1994），经济学家都在强调创新的作用不容忽视。新增长理论和内生增长理论的兴起再次强调了技术领先在经济的时空演变过程中的战略地位，技术差距也是解释区域差异和国家差异的重要因素，因此，创新也逐渐成为一个国家经济发展战略的重要组成部分。经济地理学对创新的研究贡献与主流经济学不同。主流经济学通过计算得到全要素生产率或技术对经济增长的贡献，但无法解释创新是如何发生的，技术是如何积累的。经济地理学的研究能在一定程度上按照由地方尺度到国家、全球尺度，从空间与网络联系视角打开知识创造与技术创新的黑箱。

（1）不同地理尺度对创新活动的影响

在对创新地理进行研究之初，人们关注地方性因素对创新的影响，如区域创新系统、创新环境、学习型区域。后来由于认识到创新的知识来源还可以来自区域之外，全球及国家特性对知识创造及技术创新的影响逐渐进入人们的视野。

①地方特性

本地创新网络的支持者认为地方行为主体在长期正式或非正式的合作交流基础上形成稳定的系统，强调其中的制度、文化与社会对创新的作用。如区域创新网络的研究主要有新产业区和新产业空间学派,强调根植性及产业的集聚发展与创新,认为本地知识溢出是创新活动必不可少的一部分(Griliches,1979;Jaffe et al.,1993;Audretsch and Feldman,1996)。欧洲创新环境研究小组(GREMI)学派在产业区理论的基础上,强调了区域创新环境内共同学习对创新的作用,认为创新不是外生给定的,而是依赖隐形的知识与技能并在主体相互作用过程中渐进增长的。萨克森尼(Saxenian,1994)对美国代表性高技术区硅谷和波士顿128号公路进行研究,认为相比之下硅谷具有更为灵活的合作网络,有利于促进创新。隐性知识和地方性的特定知识是导致地理集聚与地区专业化的关键。地理邻近才能产生信任,从而推动形成网络,使得地方主体之间相互学习并积累知识,产生创新。

国内许多学者在本地创新环境对创新影响的理论及实证上展开积极探讨。苗长虹等(2011)认为区域创新网络应由创新的主体、创新的资源、创新的基础设施、创新环境及创新内容组成,知识流动和地方产业集群可促进区域创新主体之间的相互学习,进而实现创新。一些学者也通过对中国创新活动的动态分析,分别对比区域环境、企业联系以及企业特性等因素的作用,验证得到创新的主要来源是企业间的知识流动。王缉慈(2002)认为区域创新系统强调内生要素以及产学研一体化、根植性、信任、制度厚度,对促进企业创新、地方创新合作网络发展起着决定作用,较好地解释了"第三意大利"等创新空间的黏性。

②企业全球网络

除了本地创新环境的影响外,全球特性要素对创新活动同样重要。库克(Cooke,1992)研究表明"网络范式"在发达国家的制造业区位调整中非常普遍。在区域创新的制度分析中,除了本地网络外,企业全球网络的建立同样重要。因此,企业建立起从本地到国际的多层次网络体系是创新成功的关键。对于大多缺乏资本和能力展开最先进研究的发展中国家来说,创新来源主要是发达国家的技术转移和外商投资的溢出效应。中国作为一个发展中国家,在过去30年中实现了巨大的经济增长,成为全球外商直接投资的重要目的国。研究认为,经济发展模式也逐渐由20世纪90年代的资源消耗型转向以研发和全球合作为主。外资的溢出效应以及来自先进国家的技术转移推动了中国的创新发展。王琳和曾刚(2006)等从技术扩散角度研究浦东新区的创新活动发现,东道国通过跨国公司的技术溢出开展创新活动,其创新支持主要来源于外商投资。

中国创新活动在空间上也存在明显的地理差异和集聚特征。创新在空间上的集聚性与区域经济的空间集聚紧密相关,技术外溢强度随空间距离递减(符淼,2009)。创新活动空间分布最大的两个特点就是空间集中和空间依赖,且其程度随着时间加强。比如,王庆喜和张朱益(2013)通过专利创新活动的分析发现,中国创新活动的空间分布比较集中，且集中程度随年份增强；空间相关性与空间集中之间存在比较强的影响，具有一定的循环累积效应，故呈现较强的增强趋势。中国创新活动水平的省间差异较大，东部省份大于中部省份，也大于西部省份。知识资本的空间集聚也是东中西部非均衡发展的重要原因（许培源和魏丹，2015）。

（2）创新的空间溢出效应

在知识经济时代背景下，各区域进行创新活动的过程主要依托两条路径：一是直接利用区域内自身积累的资源进行创新活动；二是间接利用区域外的创新要素，如技术的转移、创新活动的示范和带动作用等外部因素影响，促进本区域的创新活动。通过调查不同尺度区域内研发溢出的空间分布，发现周围研发机构的创新对企业的知识溢出效应较为明显（Youtie and Shapira，2008），但哈根（Hagen，2002）通过案例研究分析认为大学和经济复苏具有直接因果关系的观点存在较大争议。

中国学者从对外直接投资溢出、产学研合作溢出、贸易溢出等方面探讨创新活动与经济发展间的关系，也从区域或者城市层面论证创新要素及创新活动的空间溢出与经济增长间的关系，并得到与西方学者类似的结论。胡曙虹等（2016）发现中国高校创新产出在空间分布上存在明显的集聚特征和空间自相关性，城市技术创新能力存在显著的空间溢出效应，邻近城市技术创新能力的提升将有助于提升本市的创新能力（王俊松等，2017）。

凭借区域间创新溢出，区域创新发展除了依靠自身政策、资源禀赋及集聚经济外，也可以通过依靠周边地区的协同发展创造新的发展路径。因此，加强区域合作，构建多尺度创新体系也是创新地理学者研究的重点（刘云等，2015）。创新体系研究是一个较为庞大的系统，包括国家创新体系、生命周期理论、技术体系、区域创新体系、部门创新体系、网络价值或生态体系以及产业集群等。上述理论均以创新体系为研究重点，将创新视为多要素相互作用的结果。为进一步明确创新体系的研究内容，表20-1列出各类研究分支的主要观点。

表20-1 创新体系研究分支

研究分支	主要观点
国家创新系统	国家内部组织、机构、制度以及技术基础设施等要素之间相互作用共同影响国家创新力和竞争力
生命周期理论	受到知识和资金的限制，行业创新体系自动从不稳定阶段过渡到产品创新阶段，再到工艺创新阶段，最后到无创新阶段。解释行业创新体系演变的规律
技术体系	参与生产和开发同一类别产品的各参与者之间相互作用共同创造利润，决定了该技术的演变过程以及行业的发展机会
区域创新体系	某一区域内的企业群、相关机构制度等相互作用，影响区域创新类型和方式，共同实现技术知识、物质产品和效益输出

续表

研究分支	主要观点
网络、价值网、生态体系	网络成员（包括竞争者和合作者）之间的互动产生创新，他们之间的连接方式直接决定知识循环和研究效果
部门创新体系	产业内企业、非企业组织和制度等各要素形成的联系与网络，强调对产业创新的作用
产业集群	在地理位置上集中且互相联系的公司和机构的集合，以彼此的共通性和互补性相联结，共同促进技术创新和绩效水平的提高

资料来源：Miller and Floricel（2007）。

中国在创新体系理论研究和实践方面起步较晚。早期重点研究区域创新系统的建设及评级问题。如吕拉昌等（2013）对中国三大都市圈的城市创新体系进行比较分析；于晓宇等（2013）则探讨了大都市圈创新系统的理论框架及前沿问题。王松等（2013）基于区域经济理论、创新经济学、创新系统论等界定了区域创新体系的定义、结构和运行问题。考虑到中国特有国情和社会经济发展背景，不能照搬其他国家的成功模式，应当建立自身独特的创新体系。中国应该加大部门创新体系、区域创新体系和创新产业集群等不同层级创新体系构建力度，同时与国家创新体系形成一个纵向链接的多层次互动创新系统（林海芬和苏敬勤，2010）。第一要突显政府政策的核心作用；第二是强化企业创新主体作用；第三是增强高效和科研机构的基础性作用和推动作用，形成一个以政府为核心，企业为主体，高校为基础，科研机构为引领的彼此互补互动的系统。

第四节 中国经济地理学致知之路

《礼记·大学》中讲道："致知在格物，物格而后知至。"近代中国视西方自然科学为格致之学，通过研究自然世界中事物的规律而获得知识、道理。在千百年来传统的儒家思想影响下，中国学者积极学习西方理论科学，不断探索我们身边的世界并寻找规律，从而打造科学的世界。同时，国人一直践行着"知行合一"的观念，强调"理论和实践"的统一，而西方世界则追寻抽象的知识世界，因此，我们的经济地理学在发展过程中形成了与西方地理学显著的区别，即"知"和"行"的侧重不同。受国家经济发展需求的影响，中国经济地理学的发展范式自学科引入以来即以应用需求为导向，以解决国家和地区发展过程中面临的重大任务为目标，在实践过程中归纳总结出关键的科学问题从而推动学科发展。因此，当我们惊叹于西方经济地理学界在不到50年间经历了多个理论转向，哲学基础和方法论随着社会科学思潮经历着一系列跌宕的转换时，发现中国经济地理学科发展则主要以跟随国家发展模式变化为主，完成对经典的传承与接力。但随着改革开放以来中国与国际接轨程度增加，中外学术对话加深了西方经济地理学思潮对中国地理学研究的影响，我们的学科方向变得更加多样。总结现有的研究发现，我们目前所取得的成果大多是引用西方理论来检验中国的发展过程，描述性经验概括大过于系统性理论的构建。因此，未来经济地理学科最重要的发展任务应当是探索如何利用好独具典型性和多样性的中国案例，由"中国经验"提炼出"中国知识"，推动学科发展。当前中国经济地理学界已经做了零星的尝试，本书试图提出未来中国经济地理走向的六种可能的趋势，为未来实现"致知之路"提出几点拙见。

一、视野"全球化"

当今社会经济网络呈现高度动态性，全球化是现代生产结构最重要的趋势。从资源开采到商品消费，都经历着跨国界比较、大规模流动、跨文化主体的知识交流，地理界限逐渐模糊，取而代之的是纳入全球各个国家各个主体的系统和网络。因此，全球化成为各界讨论的热点，经济地理学者应当从全球化的视野，对新兴现象进行积极探讨和总结。随着全球力量不断扩张，与之相对应的地方力量的发展路径成为新热点。同时，研究各个国家和地区如何通过嵌入全球价值链与全球生产网络实现价值捕获，是我们需要努力的方向。从马歇尔产业区到经济地理有关新产业区、产业集群以及新的产业空间的研究，这些研究是从地方的视野出发，探讨如何通过地方的集聚经济实现效益最大化，传承对地方生产关系、地方生产结构的关注。因此，我们可以将地方产业区重新放在全球化的背景之下，将全球与地方产业区相联系，用全球价值链将各个地方和区域的经济活动分布、产业结构升级、集群演化与创新相互联系，用一个更为全面和广阔的视野理解现象之下社会结构的深层机制。

中国正逐步从全球化的被动接受者转变为全球竞争的积极参与者和塑造者，"一带一路"倡议标志着更多的中国企业将走出去，以中国为中心的全球化 4.0 时代即将到来（刘卫东，2015）。对主动全球化下的区域需要有"超越边界"的理解，当本土企业具备在更大范围内整合资源的能力，区域发展的关键转向如何在日益强化的区域竞争与区域联系中寻求共赢，如随着海外市场的极大拓展，如何强化本土区域联系以避免"全球—区域"联系造成的国内市场分割；随着区域联系与竞争的逐步提升，如何理解区域发展政策成效等。中国的制度空间变革与经济格局演化有其特殊性，对这些关键问题的思考也能大大丰富中国经济地理学科的内涵。

二、尺度"微观化"

经济地理学是研究人类经济活动在空间分布的学科。在相当长时间内，中国经济地理学界侧重于宏观层面的研究，如20世纪50年代的农业区划，60年代的工业区划，70和80年代的国土整治、资源承载力研究等，研究的综合性、区域性和应用性得以强调。但随着研究进程的发展，需要对事物现象进行不断深入和细化的解构。借鉴科学还原论理论，复杂的经济地理现象可以还原为经济活动的基本单元及组合。区域经济活动实则为产业的动态变化，而企业作为产业的基本组织单元，其行为影响着区域经济的规模、结构及质量。沿着这一思路，中国经济地理学未来的研究将与以往重宏观轻微观的特征不同，趋向从更小的尺度，以企业为研究对象来研究经济地理现象的形成机理。

演化经济地理对企业动态的关注即是一种很好的尝试。演化经济地理学关注企业如何影响经济的空间结构（Boschma and Frenken，2006）。为了规避风险，企业行为一般受限于惯例，而惯例具有累积性质，不易改变，其他企业很难模仿。演化经济地理学从微观视角出发，研究新惯例如何产生以及如何进行时空演变（Boschma and Frenken，2003）。演化经济地理从企业角度的解释不仅能回答产业为什么集聚，也能回答一个产业为什么会出现在这个地方而不是其他地方。因为产业集群源于成功企业的衍生过程，并且这种集群只受母企业的区位选择影响（Klepper，2007；Buenstorf and Klepper，2009）。

三、方法"科学化"

经济地理现象涉及面广，研究内容复杂，所运用的方法相对更为综合。来自地理学的经济地理学者多采用实地考察法、案例分析法、遥感技术、GIS 空间分析以及计量分析等技术和方法，对经济地理问题进行类型分析和机理分析。这类方法在当今中国经济地理学界已经较为成熟，运用较广。例如，利用实地演化调查方法和计量模型对某一地区的产业链、社会网络、产业集群的形成及演化进行研究，探究知识溢出与企业的创新、效率的关系问题等；借助地理信息系统以及遥感技术，探究劳动力的分布与转移，从点位角度研究区域可持续发展问题等（李小建，2011）。

信息技术正在重塑我们这个时代的经济景观和社会景观。信息化、大数据与社会经济空间组织问题是新时代的大课题、大方向。经济地理学者也积极把握时代大方向，总揽当今国内外信息化发展的态势，将更"科学化"的方法与学科研究内容结合，发展新的空间经济模式研究的理念和方法。

大数据是信息时代的产物，大数据化已经渗透至全球经济的各个领域，改变了人们的生活生产和思维方式，无疑也影响着经济地理的研究。目前，大数据的挖掘及其应用已经成为西方人文地理与社会学研究的前沿内容，西方研究主要集中在利用用户的位置数据基础展开对城市居民出行模式的探讨（Becker et al.，2011；Sagl et al.，2012），利用社交网络数据分析社会空间结构（Wakamiya et al.，2011；Tsou et al.，2013），以及利用企业日常生产过程中产生的数据和客户数据来提升企业的外部发展环境，降低运营成本，加速创新等方面（Manyika et al.，2011；Dijcks，2012）。西方的大数据在经济地理方面已经渗透至城市的空间组织、社会文化、物流交通及规划管理等多方面。随着近年来互联网经济的发展，中国成为全球最重要的大数据市场之一。经济地理学作为研究经济组织活动在空间分布规律的学科，大数据的出现无疑将为其在理论探讨和实践应用上提供新的发展机遇。经济地理学界可以构建以居民个体或企业行为分析核心的大数据应用支撑平台，系统模拟企业生产、经营、迁移等行为活动及其对区域或城市生产力空间的影响。大数据的使用将为企业带来巨大的商机，制造业、金融服务业、零售和批发业、交通运输服务等产业部门也会因此产生大量的即时数据。应用大数据这一前沿方法，为企业发展、组织模式以及空间布局优化提供科学依据，是中国经济地理学者未来研究中不可忽视的方向。

四、内容"特色化"

与西方经济市场环境显著不同的是，中国的制度环境对于中国经济地理格局的形成有极为重要的影响力。一方面，中国政府具有较大的资源分配权，可以影响很多经济活动空间布局。如政府对于产业的补贴政策，对于区域的投资力度，以及基础设施建设等都影响着生产要素的自由流动，从而干预经济活动的空间分布；另一方面，政府通过制定经济发展政策干预经济活动的空间格局。还有一点不容忽视的是，中国特殊的政治制度给予地方发展经济的激励，促使地方官员竭尽全力吸引各种重要资源，从而引导相关投资以促进区域经济的发展。与此相应，各地方政府组织管理能力和协调能力的差异也会一定程度上影响经济活动的空间格局。比如，上级政府需要进行项目布局时，在多个候选区位中选择哪一个，很大程度上取决于地方政府争取资源的能力。

伴随制度转向，人们逐渐关注到制度这一非经济因素对经济活动的影响力。经济地理学的制度转向辨析了各种制度在塑造经济活动空间中的作用，如在制度"路径依赖"和"锁定"机制作用下经济活动的演化动态，以及区域和地方发展的社会管制与治理机制。关注制度的力量可以拓展经济地理学研究的理论视角，使经济地理学从抽象的一般化走向真实的社会经济活动。国外学者发现制度在市场经济中发挥着关键作用，因为通过制度的设置可以帮助解决复杂的问题，协调劳动力市场（Freeman，2007）、金融市场（Porta，1998）以及产品市场（Nicoletti and Scarpetta，2005）中企业与其他经济主体之间的关系。现有研究发现，制度框架决定了地区的经济和技术专业化的格局。因此，作为一个制度力量发挥着重要作用的国家，中国的经济地理学者应当积极把握中国特色的政治制度环境，从而拓宽中国经济地理理论研究内容。

五、研究"理论化"

经济地理研究的基本目的无论是经世致用，还是格物致知，都强调了抽象思考的重要性。所有实践经验要达到深层真实状态和事态内在机理的研究，都必须超越事物表层的探究，深入运用比较、联想、抽象和总体性想象等思想方法思考，最终提炼出理论知识，还原事物本质，从而经得起时间的锤炼。理论对于具体的实践操作有优越的启示、总结和升华功能，从研究得到的历史经验和教益能更有力地发挥推广作用，不断推进人类和社会进步。

中国经济地理学习和跟随西方经济地理30多年，现在到了基于中国视角建构理论的时代。中国学者应当扎根中国大地，利用一系列理论建构的条件，推进经济地理学发展。在过去的几十年中，学者们提出了有相当解释力的理论。比如点—轴系统理论、区域双结构模型等，这些基于中国现实建构起来的理论是中国经济地理研究"理论化"做出的初步尝试和努力。

随着中国改革的深化、经济的不断发展和国内外环境的变化，中国经济地理格局将面临前所未有的机遇与挑战。就外部环境而言，中国与全球经济、社会、政治联系密切，易受外界的重大影响。就内部环境而言，中国内部差异明显，具体体现在经济、文化、社会、政治与生态等多方面——中国工业发展面对与发达国家间的竞争与合作；中国特殊的政治—经济体制使其拥有独一无二的经济系统，经济行为主体多元化；中国自然地理条件复杂，生态系统脆弱。身处这一复杂、独特的内外环境之下，中国经济地理研究未来大有可为。未来中国经济地理研究应当加强与政治经济学、制度经济学、演化经济学等非主流经济学的结合，运用多理论视角和新技术、新方法，结合国家战略需要，展开多方面的研究，在现实经验的基础上，抽象剥离事物表层信息，深入本质，提炼出更多基于中国视角而构建的理论知识。

六、知行"合一化"

深入的理论和方法对话是学科重构的关键一环，是一个学科发育成长的必须元素。中西方经济地理学的一个显著差别在于其"知"与"行"的侧重点不同。西方地理学通过探索新知与新奇不断推动学科发展，而中国由于在引入学科之初就强调"师夷长技以制夷"，注重应用实践。1949年后，中国经济地理学者又积极参与国家重大资源调查与开发、农业区划，承担起国家建设的大任，以服务国家发展为宗旨，保持对"行"的高度重视，侧重提升学科在服务社会的能力。改革开放以来，中国经济地理学受西方文化思潮影响，逐渐意识到"知"的重要性，展开了一些探索。学者指出，这一时期中国的研究多是"粗糙的创新"，有思想却没有规范表达，方法不够科学；进入21世纪后，一些研究则变成了"精致的平庸"（刘云刚和王丰龙，2013），形式上科学规范了，但缺少创新。如何面向"知行合一"，实现"精致的创新"则是中国经济地理学要解决的重要议题。

理论来源于创新，丰富、复杂而多变的现实世界，正是创新性研究最好的沃土，而应用则是这一互动机制的渠道与路径。中国经济地理学者若要实现知行"合一化"，应首先理清现实与知识生产之间的关系，需要服务国家战略需求，但又保持适当的独立性和自主性。中国的经济地理学研究在借鉴西方的成果与方法的同时，需要根植于本土的主要矛盾和制度环境。即一方面继续保持学科的连贯性，注重从实践过程中提炼独具中国特色的理论方法；另一方面则对西方前沿理论时刻保持着理性学习的态度，以此来解决学术与应用之间的关系问题。

知行"合一化"必定是未来中国经济地理发展的重要趋势。实现理论与现实之间的深度交流，才能实现"精致的创新"，真正地让中国经验转换为学科知识。

参 考 文 献

[1] Amin, A., Thrift, N. (1992) Neo-Marshallian nodes in global networks. *International Journal of Urban and Regional Research*, 16(4): 571-587.

[2] Audretsch, D., M. Feldman (1996) R&D spillovers and the geography of innovation and production. *The American Economic Review*, 86(3): 630-640.

[3] Bai, C. E., Y. Du, Z. Tao (2004) Local protectionism and regional specialization: evidence from China's industries. *Journal of International Economics*, 63(2): 397-417.

[4] Boschma, R. A., K. Frenken (2003) Evolutionary economics and industry location. *Jahrbuch für Regionalwissenschaft*, (23): 183-200.

[5] Boschma, R. A., K. Frenken (2006) Applications of evolutionary economic geography. DRUID Working Paper.

[6] Becker, R. A., R. Caceres, K. Hanson (2011) A tale of one city: using cellular network data for urban planning. *IEEE Pervasive Computing*, 10(4): 18-26.

[7] Boschma, R. A., K. Frenken (2011) The emerging empirics of evolutionary economic geography. *Journal of Economic Geography*, 11(2): 295-307.

[8] Buenstorf, G., S. Klepper (2009) Heritage and agglomeration: the Akron tyre cluster revisited. *The Economic Journal*, 119(537): 705-733.

[9] Catin, M., X. Luo, H. C. Van (2005) *Openness, Industrialization and Geographic Concentration of Activities in China*. The World Bank.

[10] Cheng, L., Y. K. Kwan (2000) The location of foreign direct investment in chinese regions: further analysis of labor quality. In Ito, T., A. O. Krueger (eds.) *The Role of Foreign Direct Investment in East Asian Economic Development*. University of Chicago Press.

[11] Cooke, P. (1992) Regional innovation systems: competitive regulation in the new Europe. *Geoforum*, 23(3): 365-382.

[12] Dicken, P. (2003) *Global shift: Reshaping the Global Economic Map in the 21st Century*. SAGE Publications.

[13] Dijcks, J. P. (2012) *Oracle: Big Data for the Enterprise*. Oracle White Paper.

[14] Du, J., Y. Lu, Z. Tao (2010) FDI location choice: agglomeration vs institutions. *International Journal of Finance & Economics*, 13(1): 92-107.

[15] Freeman R. (2007) *Labor Market Institutions*. New Palgrave Dictionary of Economics Second Edition.

[16] Gordon, I. R., P. Mccann (2010) Industrial clusters: complexes, agglomeration and/or social networks? *Urban Studies*, 37(3): 513-532.

[17] Grabher, G. (1993) The weakness of strong ties: the lock-in of regional development in the Ruhr area. *The Embedded Firm: On the Socioeconomics of Industrial Networks*. Routledge.

[18] Granovetter, M. (1985) Economic action and social structure: the problem of embeddedness. *American Journal of Sociology*, 91(3): 481-510.

[19] Griliches, Z. (1979) Issues in assessing the contribution of R&D to productivity growth. *Bell Journal of Economics*, 10(1): 92-116.

[20] Guo, Q., He, C. (2017) Production space and regional industrial evolution in China. *GeoJournal*, 82(2): 379-396.

[21] Hagen, R. (2002) Globalization, university transformation and economic regeneration: a UK case study of public/private sector partnership. *International Journal of Public Sector Management*, 15(3): 204-218.

[22] He, C. (2002) Information costs, agglomeration economies and the location of foreign direct investment in China. *Regional Studies*, 36(9): 1029-1036.

[23] He, C., Y. Yan, D. Rigby (2015) *Regional Industrial Evolution in China: Path Dependence or Path Creation?* Utrecht University, Section of Economic Geography.

[24] Head, K., J. Ries (1996) Inter-city competition for foreign investment: static and dynamic effects of China's incentive areas. *Journal of Urban Economics*, 40(1): 38-60.

[25] Henderson, J., K. Nadvi (2011) Greater China, the challenges of global production networks and the

dynamics of transformation. *Global Networks*, 11(3): 285-297.

[26] Jaffe, A. B., M. Trajtenberg, R. Henderson (1993) Geographic localization of knowledge spillovers as evidenced by patent citations. *The Quarterly Journal of Economics*, 108(3): 577-598.

[27] Klepper, S. (2007) Disagreement, spinoffs, and the evolution of Detroit as the capital of the U.S. automobile industry. *Management Science*, 53(4): 15-32.

[28] Krugman, P. (1979) Increasing returns, monopolistic competition, and international trade. *Journal of International Economics*, 9(4): 469-479.

[29] Krugman, P. (1980) Scale economies product differentiation, and the pattern of trade. *American Economicc Review*, 70(5): 950-959.

[30] Krugman, P. (1991) History and industry location: the case of the manufacturing belt. *American Economic Review*, 81(2): 80-83.

[31] Li, X., X. Liu, D. Parker (2001) Foreign direct investment and productivity spillovers in the Chinese manufacturing sector. *Economic Systems*, 25(4): 305-321.

[32] Liu, W., P. Dicken (2006) Transnational corporations and "obligated embeddedness": foreign direct investment in China's automobile industry. *Environment and Planning A*, 38(7): 1229-1247.

[33] Manyika, J., M. Chui, B. Brown (2011) *Big Data: The Next Frontier for Innovation, Competition, and Productivity*. Technical report, McKinsey Global Institute.

[34] Marshall, A (1890) *Some Aspects of Competition*. Harrison and Sons.

[35] McNee, R. B. (1960) Towards a more humanistic economic geography: the geography of enterprise. *Tijdscbrift voor Economiscbe en Social Geografic*, 51: 201-206.

[36] Miller, R., S. Floricel (2007) Gomes of innovation: a new theoretical perspective. *International Journal of Management*, 11(1): 1-35.

[37] Nicoletti, G., S. Scarpetta (2005) Regulation and economic performance: product market reforms and productivity in the OECD. OECD Economics Department Working Papers.

[38] Poncet, S. (2005) A fragmented China: measure and determinants of Chinese domestic market disintegration. *Review of International Economics*, 13(3): 409-430.

[39] Porta, R. L. (1998) Capital markets and legal institutions. *Beyond the Washington Consensus: Institutions Matter*, 73-92.

[40] Qiu, Y. (2005) Personal networks, institutional involvement, and foreign direct investment flows into China's interior. *Economic Geography*, 81(3): 261-281.

[41] Romer, P. M. (1994) The origins of endogenous growth. *The Journal of Economic Perspectives*, 8(1): 3-22.

[42] Sagl, G., B. Resch, B. Hawelka (2012) From social sensor data to collective human behaviour patterns: analysing and visualising spatiotemporal dynamics in urban environments. Proceedings of the GI-Forum 2012: Geovisualization, Society and Learning.

[43] Saxenian, A. (1994) Regional advantage: culture and competition in Silicon Valley and Route 128. *Science*, 264: 1614-1615.

[44] Schumpeter, J. A. (1954) *History of Economic Analysis*. Psychology Press.

[45] Swyngedouw E. (1997) Neither global nor local: "glocalization" and the politics of scale. *Space of Globalization: Reasserting the Power of the Local*, 115-136.

[46] Tsou, M., T., J. Yang, D. Lusher, et al. (2013) Mapping social activities and concepts with social media (Twitter) and web search engines (Yahoo and Bing): a case study in 2012 U.S. Presidential Election. *Cartography and Geographic Information Science*, 40(4): 337-348.

[47] Wakamiya, S., R. Lee, K. Sumiya (2011) *Urban Area Characterization Based on Semantics of Crowd Activities in Twitter.* GeoSpatial Sematics.

[48] Wei, Y., X. Liu, D. Parker (1999) The regional distribution of foreign direct investment in China. *Regional Studies*, 33(9): 857-867.

[49] Yeung, H. W. C. (2003) Practicing new eco nomic geographies: a methodological examination. *Annual of the Association of American Geographers*, 92(2): 442-462.

[50] Yeung, H. W. C. (2014) Governing the market in a globalizing era: developmental states, global production networks and inter-firm dynamics in East Asia. *Review of International Political Economy*, 21(1): 70-101.

[51] Youtie, J., Shapira, P. (2008) Building an innovation hub: a case study of the transformation of university roles in regional technological and economic development. *Research Policy*, 37(8): 1188-1204.

[52] Zhao, W., C. Watanabe, C. Griffy-Brown (2009) Competitive advantage in an industry cluster: the case of Dalian Software Park in China. *Technology in Society*, 31(2): 139-149.

[53] Zhou, Y., S. Zhu, C. He (2017) How do environmental regulations affect industrial dynamics? Evidence from China's pollution-intensive industries. *Habitat International*, 60: 10-18.

[54] Zhu, S., C. He, Y. Zhou (2017) How to jump further and catch up? Path-breaking in an uneven industry space. *Journal of Economic Geography*, 17(3): 521-545.

[55] 包群、叶宁华、王艳灵："外资竞争、产业关联与中国本土企业的市场存活",《经济研究》, 2015 年第 7 期, 第 102～115 页。

[56] 蔡运龙："持续发展——人地系统优化的新思路",《应用生态学报》, 1995 年第 3 期, 第 329～333 页。

[57] 曹广忠、刘涛："中国城镇化地区贡献的内陆化演变与解释——基于 1982～2008 年省区数据的分析",《地理学报》, 2011 年第 12 期, 第 1631～1643 页。

[58] 岑丽君："中国在全球生产网络中的分工与贸易地位——基于 TiVA 数据与 GVC 指数的研究",《国际贸易问题》, 2015 年第 1 期, 第 3～13 页。

[59] 陈航："煤炭基地类型区交通运输特点及其运网规划的某些问题",《经济地理》, 1981 年第 2 期, 第 37～40 页。

[60] 陈剑锋、唐振鹏："国外产业集群研究综述",《外国经济与管理》, 2002 年第 8 期, 第 22～27 页。

[61] 程钰、任建兰、徐成龙："资源衰退型城市人地系统脆弱性评估——以山东枣庄市为例",《经济地理》, 2015 年第 3 期, 第 87～93 页。

[62] 党兴华、弓志刚："多维邻近性对跨区域技术创新合作的影响——基于中国共同专利数据的实证分析",《科学学研究》, 2013 年第 10 期, 第 1590～1600 页。

[63] 邓静中:《中国农业区划方法论研究》, 科学出版社, 1960 年。

[64] 杜娟、戴宾："双核结构模式与成渝双核城市",《西部论坛》, 2006 年第 2 期, 第 19～22 页。

[65] 樊杰："中国主体功能区划方案",《地理学报》, 2015 年第 2 期, 第 186～201 页。

[66] 樊杰:《中国人文与经济地理学者的学术探究和社会贡献》, 商务印书馆, 2016 年。

[67] 方创琳："区域人地系统的优化调控与可持续发展",《地学前缘》,2003年第4期,第629~635页。
[68] 符淼："外商直接投资技术溢出效应的空间计量分析",《国际经贸探索》,2009年第4期,第65~70页。
[69] 哈斯巴根、李同昇、佟宝全："生态地区人地系统脆弱性及其发展模式研究",《经济地理》,2013年第4期,第149~154页。
[70] 韩增林："试论大连港的发展战略",《海洋与海岸带开发》,1994年第1期,第6~10页。
[71] 贺灿飞:《演化经济地理研究》,经济科学出版社,2018年。
[72] 贺灿飞、董瑶、周沂："中国对外贸易产品空间路径演化",《地理学报》,2016年第6期,第970~983页。
[73] 贺灿飞、梁进社："中国外商直接投资的区域分异及其变化",《地理学报》,1999年第2期,第97~105页。
[74] 贺灿飞、毛熙彦："尺度重构视角下的经济全球化研究",《地理科学进展》,2015年第9期,第1073~1083页。
[75] 贺灿飞、潘峰华、孙蕾："中国制造业的地理集聚与形成机制",《地理学报》,2007年第12期,第1253~1264页。
[76] 贺灿飞、魏后凯："信息成本、集聚经济与中国外商投资区位",《中国工业经济》,2001年第9期,第38~45页。
[77] 贺灿飞、谢秀珍："中国制造业地理集中与省区专业化",《地理学报》,2006年第2期,第212~222页。
[78] 胡焕庸："江苏省之农产区域",《地理学报》,1934年第1期,第96~212页。
[79] 胡焕庸："中国之农业区域",《地理学报》,1936年第1期,第1~17页。
[80] 胡曙虹、黄丽、范蓓蕾等："中国高校创新产出的空间溢出效应与区域经济增长——基于省域数据的空间计量经济分析",《地理科学》,2016年第12期,第1767~1776页。
[81] 胡序威:《城市发展的区域研究》,福建人民出版社,1984年。
[82] 胡序威："有关城市化与城镇体系规划的若干思考",《城市规划》,2000年第1期,第16~20页。
[83] 黄肖琦、柴敏："新经济地理学视角下的FDI区位选择——基于中国省际面板数据的实证分析",《管理世界》,2006年第10期,第7~13页。
[84] 黄晓、胡汉辉："产业集群问题最新研究评述与未来展望",《软科学》,2013年第1期,第5~9页。
[85] 金凤君："我国中国空间运输联系的实验研究:以货流为例",《地理学报》,1991年第1期,第16~25页。
[86] 金凤君、王成金、曹有挥等："中国交通地理研究进展(英文)",Journal of Geographical Sciences,2016年第8期,第1067~1080页。
[87] 金凤君、王成金、王姣娥等："新中国交通运输地理学的发展与贡献",《经济地理》,2009年第10期,第1588~1593页。
[88] 金一、郭建科、韩增林等："环渤海地区港口体系与其城市经济的偏移增长及重心耦合态势研究",《地理与地理信息科学》,2017年第1期,第117~123页。
[89] 李健、宁越敏、汪明峰："计算机产业全球生产网络分析——兼论其在中国大陆的发展",《地理学报》,2008年第4期,第437~448页。

[90] 李琳：《多维邻近性与产业集群创新》，北京大学出版社，2014 年。
[91] 李文彦：《中国工业地理》，科学出版社，1990 年。
[92] 李文彦、陈航："中国能源经济区划的初步研究"，《地理学报》，1983 年第 4 期，第 327～340 页。
[93] 李小建："香港对大陆投资的区位变化与公司空间行为"，《地理学报》，1996 年第 3 期，第 213～223 页。
[94] 李小建："外商直接投资对中国沿海地区经济发展的影响"，《地理学报》，1999 年第 5 期，第 420～430 页。
[95] 李小建："经济地理学的微观研究"，《经济地理》，2011 年第 6 期，第 881～887 页。
[96] 李小建、李庆春："克鲁格曼的主要经济地理学观点分析"，《地理科学进展》，1999 年第 2 期，第 97～102 页。
[97] 李晓、林正雨、何鹏等："区域现代农业规划理论与方法研究"，《西南农业学报》，2010 年第 3 期，第 953～958 页。
[98] 李真、潘竟虎、胡艳兴等："甘肃省生态资产价值和生态—经济协调度时空变化格局"，《自然资源学报》，2017 年第 1 期，第 64～75 页。
[99] 李植斌："浙江原发性产业集群的形成机制与持续发展"，《地域研究与开发》，2003 年第 6 期，第 34～36 页。
[100] 梁琦："中国工业的区位基尼系数——兼论外商直接投资对制造业集聚的影响"，《统计研究》，2003 年第 9 期，第 21～25 页。
[101] 林海芬、苏敬勤："国家创新体系研究评介及启示"，《管理学报》，2010 年第 4 期，第 562～569 页。
[102] 刘卫东："论全球化与地区发展之间的辩证关系——被动嵌入"，《世界地理研究》，2003 年第 1 期，第 1～9 页。
[103] 刘卫东：" '一带一路'战略的科学内涵与科学问题"，《地理科学进展》，2015 年第 5 期，第 538～544 页。
[104] 刘卫东、金凤君、张文忠等："中国经济地理学研究进展与展望"，《地理科学进展》，2011 年第 12 期，第 1479～1487 页。
[105] 刘彦随、龙花楼、张小林等："中国农业与乡村地理研究进展与展望"，《地理科学进展》，2011 年第 12 期，第 1498～1505 页。
[106] 刘懿："外资企业集聚对本土企业国有占股比例的影响——基于区域禀赋差异分析"，《地理研究》，2015 年第 9 期，第 1721～1732 页。
[107] 刘云、谭龙、李正风等："国家创新体系国际化的理论模型及测度实证研究"，《科学学研究》，2015 年第 9 期，第 1324～1339 页。
[108] 刘云刚、王丰龙："西方主义与实证主义幻象：近三十年来中国人文地理学理论研究透视"，《人文地理》，2013 年第 1 期，第 14～19 页。
[109] 陆大道：《辽宁资源开发与工业交通布局研究》，中国计划出版社，1990 年。
[110] 陆大道："地理学关于城镇化领域的研究内容框架"，《地理科学》，2013 年第 8 期，第 897～901 页。
[111] 陆玉麒：《区域发展中的空间结构研究》，南京师范大学出版社，1998 年。
[112] 陆玉麒、董平："区域空间结构模式的发生学解释——区域双核结构模式理论地位的判别"，《地理科学》，2011 年第 9 期，第 1035～1042 页。

[113] 罗芊、贺灿飞、郭琪："基于地级市尺度的中国外资空间动态与本土产业演化"，《地理科学进展》，2016 年第 11 期，第 1369~1380 页。
[114] 吕拉昌、谢媛媛、黄茹："我国三大都市圈城市创新能级体系比较"，《人文地理》，2013 年第 3 期，第 91~95 页。
[115] 马忠玉、高如嵩："农业区划学科理论体系雏形探讨"，《经济地理》，1991 年第 2 期，第 79~83 页。
[116] 苗长虹、樊杰、张文忠："西方经济地理学区域研究的新视角——论'新区域主义'的兴起"，《经济地理》，2002 年第 6 期，第 644~650 页。
[117] 苗长虹、魏也华、吕拉昌：《新经济地理学与区域发展》，科学出版社，2011 年。
[118] 钱学锋、梁琦："本地市场效应：理论和经验研究的新近进展"，《经济学》，2007 年第 3 期，第 252~273 页。
[119] 邱成利："制度创新与产业集聚的关系研究"，《中国软科学》，2001 年第 9 期，第 100~103 页。
[120] 任美锷："工业区位的理论与中国工业区域"，《地理学报》，1944 年，第 15~24 页。
[121] 任美锷："四川省农作物生产力的地理分布"，《地理学报》，1950 年第 1 期，第 1~22 页。
[122] 童昕、王缉慈："硅谷—新竹—东莞：透视信息技术产业的全球生产网络"，《科技导报》，1999 年第 9 期，第 14~16 页。
[123] 汪涛、曾刚："新区域主义的发展及对中国区域经济发展模式的影响"，《人文地理》，2003 年第 5 期，第 52~55 页。
[124] 王成超："基于人文视角的人地关系地域系统机理研究——以福建省长汀县为例"，《亚热带资源与环境学报》，2010 年第 2 期，第 12~18 页。
[125] 王成金、金凤君："从航空国际网络看我国对外联系的空间演变"，《经济地理》，2005 年第 5 期，第 667~672 页。
[126] 王缉慈："高新技术产业开发区对区域发展影响的分析构架"，《中国工业经济》，1998 年第 3 期，第 54~57 页。
[127] 王缉慈："知识创新和区域创新环境"，《经济地理》，1999 年第 1 期，第 11~15 页。
[128] 王缉慈："地方产业群战略"，《中国工业经济》，2002 年第 3 期，第 47~54 页。
[129] 王缉慈："中国地方产业集群及其对发展中国家的意义"，《地域研究与开发》，2004 年第 4 期，第 1~4 页。
[130] 王缉慈、林涛："我国外向型制造业集群发展和研究的新视角"，《北京大学学报（自然科学版）》，2007 年第 6 期，第 839~846 页。
[131] 王俊松、颜燕、胡曙虹："中国城市技术创新能力的空间特征及影响因素——基于空间面板数据模型的研究"，《地理科学》，2017 年第 1 期，第 11~18 页。
[132] 王琳、曾刚："浦东新区中小高新技术企业创新合作网络构成特征研究"，《地域研究与开发》，2006 年第 2 期，第 35~38 页。
[133] 王庆喜、张朱益："我国省域创新活动的空间分布及其演化分析"，《经济地理》，2013 年第 10 期，第 8~15 页。
[134] 王曙光："港口发展的区域观点"，《经济地理》，1993 年第 1 期，第 33~37 页。
[135] 王松、胡树华、牟仁艳："区域创新体系理论溯源与框架"，《科学学研究》，2013 年第 3 期，第 344~349 页。

[136] 魏龙、潘安："出口贸易和 FDI 加剧了资源型城市的环境污染吗?——基于中国 285 个地级城市面板数据的经验研究"，《自然资源学报》，2016 年第 1 期，第 17～27 页。

[137] 文嫱、曾刚："全球价值链治理与地方产业网络升级研究——以上海浦东集成电路产业网络为例"，《中国工业经济》，2005 年第 7 期，第 20～27 页。

[138] 文玫："中国工业在区域上的重新定位和聚集"，《经济研究》，2004 年第 2 期，第 84～94 页。

[139] 吴传钧：《黑龙江省黑龙江及乌苏里江地区经济地理》，科学出版社，1957 年。

[140] 熊军："群的概念、假设、理论及其启示"，《外国经济与管理》，2001 年第 4 期，第 2～7 页。

[141] 许培源、魏丹："知识创新的空间分布、空间溢出及其对区域经济发展的影响"，《东南学术》，2015 年第 4 期，第 88～96 页。

[142] 杨宝良：《我国渐进式改革中的产业地理集聚与国际贸易》，复旦大学出版社，2005 年。

[143] 杨吾扬：《区位论原理：产业、城市和区域的区位经济分析》，甘肃人民出版社，1989 年。

[144] 杨艳红："外商直接投资对我国产品出口竞争力的影响"，《贵州财经学院学报》，2005 年第 3 期，第 6～9 页。

[145] 杨永春、吴文鑫："外来投资与西部城市发展的关系——以兰州市为例"，《地理研究》，2005 年第 3 期，第 443～452 页。

[146] 姚士谋、武清华、薛凤旋等："我国城市群重大发展战略问题探索"，《人文地理》，2011 年第 1 期，第 1～4 页。

[147] 叶嘉安、黎夏："珠江三角洲经济发展、城市扩张与农田流失研究——以东莞市为例"，《经济地理》，1999 年第 1 期，第 67～72 页。

[148] 殷为华、沈玉芳、杨万钟："基于新区域主义的我国区域规划转型研究"，《地域研究与开发》，2007 年第 5 期，第 12～15 页。

[149] 尹贻梅、刘志高、刘卫东："路径依赖理论及其地方经济发展隐喻"，《地理研究》，2012 年第 5 期，第 782～791 页。

[150] 于晓宇、杜旭霞、李雪灵等："大都市圈文化异质性对企业创新行为的影响研究"，《科研管理》，2013 年第 5 期，第 32～38 页。

[151] 张国伍：《中国河运地理》，商务印书馆，1962 年。

[152] 张国伍：《中国经济地理总论：运输地理部分》，科学出版社，1965 年。

[153] 张平宇：《矿业城市人地系统脆弱性》，科学出版社，2011 年。

[154] 张文尝："工业基地交通运输布局问题"，《地理学报》，1981 年第 2 期，第 39～52 页。

[155] 张长春："影响 FDI 的投资环境因子分析"，《管理世界》，2002 年第 11 期，第 32～41 页。

[156] 张晓平、金凤君、刘卫东："全球竞争与地方传统产业的竞争力构建——以温州为例"，《地理科学进展》，2002 年第 4 期，第 383～390 页。

[157] 张晓平、刘卫东："全球化、跨国公司投资与地区发展关系研究进展"，《地理科学进展》，2003 年第 6 期，第 627～638 页。

[158] 赵雪雁、周健、王录仓："黑河流域产业结构与生态环境耦合关系辨识"，《中国人口·资源与环境》，2005 年第 4 期，第 69～73 页。

[159] 周立三：《中国农业区划的理论与实践》，中国科技大学出版社，1993 年。

[160] 周立三、吴传钧："甘青农牧交错地区农业区划的初步研究"，《地理学报》，1958 年第 3 期，第 131 页。

[161] 周起业:"我国农业区划基本问题的探讨",《地理学报》,1957年第2期,第127~144页。
[162] 朱华友、吕飞:"文化生态视角下的产业集群演化与升级",《经济地理》,2010年第6期,第965~969页。
[163] 朱华友、王缉慈:"全球生产网络中企业去地方化的形式与机理研究",《地理科学》,2014年第1期,第19~24页。

外国人名对照表

Aalbers 阿尔伯斯

Acharya 阿查里亚

Acs 阿奇

Adams 亚当斯

Adler, Alfred 阿尔弗雷德·阿德勒

Adorno 阿多诺

Aglietta, Michel 米歇尔·阿格利塔

Agrawal 阿加瓦尔

Aitken 艾特肯

Akamatsu, Kaname 赤松要

Akgüngör 阿克恩古尔

Alexander 亚历山大

Alonso 阿朗索

Althusser, Louis 路易·阿尔都塞

Amable 阿玛布尔

Amin 阿明

Amiti 阿米蒂

Andersen 安徒生

Anderson 安德森

Andriesse 安德里埃塞

Ang 昂

Antras 安特拉斯

Anwar 安瓦尔

Aoyam 奥亚姆

Aoyama 青山

Arimoto 阿里莫托

Arkolakis 阿科拉基斯

Arqué-Castells 阿尔克-卡斯特尔斯

Arthur, Brian 布莱恩·阿瑟

Au 奥

Audretsch 奥德雷奇

Avioutskii 阿维图斯基

Aw 阿乌

Aydalot 艾达洛特

Babic-Hodovic 巴比克-霍德维克

Bacon, Francis 弗朗西斯·培根

Balassa 巴拉萨

Baldwin 鲍德温

Balland 巴兰德

Baltagi 巴尔塔吉

Bandyopadhyay 班德亚帕德耶

Baptista 巴普蒂斯塔

Baran 巴兰

Barca 巴尔卡

Barnes, Trevor 特雷弗·巴恩斯

Barrows, Harlan 哈伦·巴罗斯

Basker 巴斯克

Bathelt 巴瑟尔特

Baudrillard, Jean 琼·鲍德里亚

Baumont 鲍蒙特

Becattini, Giacomo 贾科莫·贝卡蒂尼

Becker, Gary 加里·贝克尔

Beckman, Martin 马丁·贝克曼

Belderbos 贝尔德博斯

Bell 贝尔

Bergen, Peter 彼得·伯格

Berkoz 贝尔科兹

Berliant 贝利南

Berman 伯曼

Bernard 伯纳德

Berry, Brian 布莱恩·贝里

Berthou 伯松

Bhagwati 巴格瓦蒂

Bhaskar, Roy 罗伊·巴斯卡

Bianchi 比安奇

Billington 比林顿

Binnie 宾尼

Birkin 伯金

Blache 白兰士

Blackburn 布莱克本

Blair, Anthony 安东尼·布莱尔

Blanchard 布朗查德

Blomquist 布隆奎斯特

Blomström 布罗斯多姆

Blonigen 布洛尼根

Bloom 布鲁姆

Blum 布鲁姆

Borensztein 博伦施泰因

Boschma 博什马

Bosker 博斯克

Botrić 博特里奇

Boudeville, Jacques 雅克·布德维尔

Boulding 博尔丁

Bound 邦德

Bourdieu 布尔迪厄

Boyer 波伊尔

Brakman 布雷克曼

Braunerhjelm 布劳内耶尔姆

Breinlich 布雷尼西

Brenner 布伦纳

Bridge 布里奇

Brooker 布鲁克

Brooks 布鲁克斯

Brown 布朗

Bruegger 布吕格尔

Bruhn 布鲁恩

Brülhart 布吕哈特

Brunhes, Jean 让·白吕纳

Brunner 布伦纳

Buch 布赫

Buchanan 布坎南

Buckley 巴克利

Budish 布迪什

Bui 布伊

Bunge, William 威廉·邦奇

Burger 伯格

Burgstaller 布格施塔勒

Burt, Ronald 罗纳德·伯特

Callon, Michel 米歇尔·卡龙

Camagni 卡马尼

Campi 坎皮
Campos 坎波斯
Cantwell 坎特维尔
Capello 卡佩罗
Capone 卡波尼
Carbonell 卡尔博内尔
Carlino 卡里诺
Carnap, Rudolf 鲁道夫·卡尔纳普
Carree 卡里
Caruana 卡鲁阿纳
Casson 卡松
Castells 卡斯特尔斯
Castree 卡斯特里
Catin 卡廷
Cave 卡夫
Caves, Richard 理查德·凯夫斯
Cetina 切蒂纳
Chaney 钱尼
Chaplin, Charlie 查理·卓别林
Chayanov, Aleksandr 亚历山大·恰亚诺夫
Chisholm, George 乔治·奇泽姆
Chiswick 奇西克
Christaller 克里斯塔勒
Christensen 克里斯滕森
Christopher 克里斯多夫
Ciccone 奇科内
Cixous, Hélène 伊莲娜·齐克苏
Clark 克拉克
Clarke 凯拉克
Claver 克拉弗
Clinton, William 威廉·克林顿
Coase, Ronald 罗纳德·科斯

Cobb 柯布
Cobham 科巴姆
Cockburn 科克本
Coe 科
Cole 科尔
Coleman 科尔曼
Combes 库姆斯
Commons, John 约翰·康芒斯
Comte, Auguste 奥古斯特·孔德
Conant, James 詹姆斯·科南特
Coniglio 科尼利奥
Conway 康威
Cooke 库克
Copeland 科普兰
Coppock 科波克
Corbin 卡宾
Corden 科登
Costantini 科斯塔蒂尼
Coval 科瓦尔
Cox 考克斯
Crafts 克拉夫茨
Craig 克雷格
Crescenzi 克雷森齐
Crevoisier 克瑞沃西耶
Crewe, Louise 路易丝·克鲁
Crompton 克朗普顿
Crozet 克罗泽特
Culler 卡勒
Currah 库拉赫

Dąbrowski 东布罗夫斯基
Dalum 达卢姆

Daly 达利	Duleep 杜莱普
Damijan 达米扬	Dumais 杜马伊斯
Daniels 丹尼尔斯	Dunnig 邓宁
Darwin, Charles 查尔斯·达尔文	Durand 杜兰德
David, Paul 保罗·大卫	Duranton 杜兰顿
Davidson 戴维森	Durkheim, Émile 爱弥儿·涂尔干
Davies 戴维斯	
Davis 戴维斯	Eaton 伊顿
De Benedictis 德本尼迪克蒂斯	Ebenau 埃贝瑙
Dees 帝斯	Ederington 埃德灵顿
Deleuze, Gilles 吉尔·德勒兹	Edquist 艾德奎斯特
Denzin 丹津	Eichengreen 艾肯格林
De Palma 德帕尔马	Einstein, Albert 阿尔伯特·爱因斯坦
Derrida, Jacques 雅克·德里达	Ekholm 埃克霍尔姆
De Sá 德萨	Ellen 埃伦
Descartes, René 勒内·笛卡尔	Elliott 艾略特
Dettwiler 德特韦勒	Ellison 艾里森
Degryse 德格里斯	Emery 埃默里
Díaz-Bautista 迪亚斯-鲍蒂斯塔	Engelen 恩格伦
Dicken 迪肯	Engels, Friedrich 弗里德里希·恩格斯
Dilthey, Wilhelm 威廉·狄尔泰	Enright 恩莱特
Disdier 迪迪埃	Epstein 爱泼斯坦
Dixit, Avinash 阿维纳什·迪克西特	Ernst 恩斯特
Dixon 狄克逊	Essayyad 埃塞亚德
Dodd 多德	Essletzbichler 埃斯利茨比希勒
Dodge 道奇	Ettlinger 埃特林格
Doeringer 多林格	Evans 埃文斯
Doherty 多尔蒂	
Dotcom, Kim 金·多特康姆	Fainstein 法因斯坦
Douglas 道格拉斯	Falcıoğlu 法尔切奥奥卢
Dowler 唐勒	Farag 法拉格
Duanmu 端木	Farkas 法卡斯

Farr 法尔	Frey 弗雷
Faulconbridge 福康布里奇	Frisch, Ragnar 拉格纳·弗里希
Feddersen 费德森	Fritsch 弗里奇
Fei 费景汉	Fujita, Masahisa 藤田昌久
Feldman 费尔德曼	Fukao 福高
Felsenstein 费尔森斯坦	Fung 冯
Ferguson 弗格森	
Figlio 菲戈利奥	Galarraga 加拉瑞嘉
Finch, Vernor 弗劳·芬奇	Galgau 葛高
Fine, Ben 本·法恩	Garrett 加勒特
Fingleton 芬格尔顿	Garriso, William 威廉·加里森
Fisher 费雪	Gehrig 格里克
Florida 佛罗里达	Geoghegan 盖根
Flyer 福莱尔	Gereffi, Gary 加里·杰里菲
Foley 弗利	Gertler 格特勒
Follows 弗洛斯	Giavazzi 贾瓦齐
Fontagné 丰塔涅	Gibb 吉布
Foray 福雷	Gibbs 吉布斯
Ford 福德	Gibson, Katherine 凯瑟琳·吉布森
Fornero 福尔纳罗	Gibson-Graham 吉布森-格雷汉姆
Forslid 福斯利得	Giddens, Anthony 安东尼·吉登斯
Foster 福斯特	Gill 吉尔
Fotheringham 福瑟林厄姆	Gilly 吉利
Foucault, Michel 米歇尔·福柯	Gil-Pareja 吉尔-帕雷亚
Foxon 福克森	Girma 吉尔玛
Frank, Philipp 菲利普·弗兰克	Giroud 吉罗德
Frankel 弗兰克尔	Giuliani 朱利安尼
Freeman 弗里曼	Glaeser 格莱泽
Freidberg 弗赖德贝格	Glickman 格里克曼
French 弗伦奇	Glückler 格吕克勒
Frenken 弗伦肯	Godelier 戈德利尔
Freud, Sigmund 西格蒙德·弗洛伊德	Goldberg 戈德堡

Goldfarb 戈德法布
Golding 戈尔丁
Gonzalez-Val 冈萨雷斯-瓦尔
Gopinath 戈皮纳特
Gordon 戈登
Görg 戈格
Gort 戈特
Goss 戈斯
Götz 戈茨
Graham, Julie 茱莉亚·格雷汉姆
Granovetter, Mark 马克·格兰诺维特
Grant 格兰特
Grau 格劳
Gray 格雷
Greenhut 格林哈特
Gregory 格雷戈里
Grossman 格罗斯曼
Grosz 格罗希
Grote 格罗特
Guimaraes 吉马莱斯
Guthman 古特曼

Haaland 哈兰
Haavelmo, Trygve 特里夫·哈维默
Haberly 哈贝里
Habermas, Jurgen 尤尔根·哈贝马斯
Hacking, Ian 伊恩·哈金
Hagen 哈根
Hägerstraand 哈格斯特朗
Haggerty 哈格蒂
Hahn, Hans 汉斯·哈恩
Hall, Peter 彼得·霍尔

Hall, Stuart 斯图亚特·霍尔
Hamamoto 滨本
Hamilton 汉密尔顿
Hammersley 哈默斯利
Hanson 汉森
Haraway 哈拉维
Hardin 哈丁
Haridasani 哈里达沙尼
Harris 哈里斯
Harrison 哈里森
Hart 哈特
Hartshorne, Richard 理查德·哈特向
Harvey, David 大卫·哈维
Hashimoto 桥本
Hassink 哈辛克
Haushofer, Karl 卡尔·豪斯霍费尔
Hausmann 豪斯曼
Hawkins 霍金斯
Hayter 海特
Head 黑德
Heckscher 赫克希尔
Hegerty 赫格蒂
Heidegger, Martin 马丁·海德格尔
Heidkamp 海德坎普
Heimeriks 海梅里克斯
Heiskane 海什坎
Helland 赫尔兰
Helpman 赫尔普曼
Henderson 亨德森
Henry 亨利
Hermelin 赫梅林
Herod, Andrew 安德鲁·赫罗德

Herodotus　希罗多德
Herstad　赫斯塔德
Hertwich　赫尔特维奇
Hess　赫斯
Hettner, Alfred　阿尔弗雷德·赫特纳
Heyes　海斯
Hidalgo　伊达尔戈
Hinloopen　欣洛浦
Hinojosa　希诺霍萨
Hinrichs　欣里希斯
Hirschman　赫希曼
Hirsh, Seev　塞夫·赫什
Hobbes, Thomas　托马斯·霍布斯
Hochberg　霍赫贝格
Hodgson　霍奇森
Hoggart, Richard　理查德·霍加特
Holden　霍尔登
Holinski　霍林斯基
Holl　霍尔
Holmes　福尔摩斯
Hoover　胡佛
Horner　霍纳
Hospers, Gert-Jan　格特罗·霍斯珀斯
Hotelling　霍特林
Howell　豪厄尔
Howells　豪厄尔斯
Howitt　豪伊特
Howkins　豪金斯
Huallachain　瓦拉金
Huber　胡贝尔
Hudson　哈德森
Huff　赫夫

Hufty　赫夫蒂
Huggins　哈金斯
Hughes　休斯
Humboldt, Alexander　亚历山大·洪堡
Hume, David　大卫·休谟
Humphrey　汉弗莱
Hunt　亨特
Huntington　亨廷顿
Hutton　赫顿
Hwang　黄
Hymer　海默

Iammarino　亚马里诺
Illeris　伊乐里斯
Irigaray, Luce　卢斯·伊利格瑞
Isard, Walter　沃尔特·艾萨德
Iwasaki　岩琦

Jacobs　雅各布斯
Jaffe　谢斐
James　詹姆斯
Jarratt　贾勒特
Javorcik　亚沃克
Jessop, Bob　鲍勃·杰索普
Jevons, William　威廉·杰文斯
Jobber　乔伯
Johanson　约翰松
Johansson　约翰孙
Johnson　约翰逊
Johnston, Ronald　罗纳德·约翰斯顿
Jonasson　乔纳森
Jones　琼斯

Jordhus-Lier 约里胡斯-廖尔
Jorgenson 乔根森

Kahn 卡恩
Kaldor 卡尔多
Kallis 卡利斯
Kamien 卡米恩
Kanna, Tom 汤姆·坎纳
Kant, Immanuel 伊曼努尔·康德
Karras 卡拉斯
Karreman 卡雷曼
Kato 加藤
Katz 卡茨
Keeble 基布
Kempson 肯普森
Kerr 克尔
Keynes, John 约翰·凯恩斯
Kharas 哈拉斯
Kierzkowski 基尔兹科夫斯基
Kim 金姆
Kimino 基米诺
Kind 金德
Kindleberger 金德尔伯格
King 金
Kinoshita 基诺西塔
Kitchin 基钦
Klaerding 克勒丁
Klein 克莱因
Klepper 克莱伯
Knaap 克纳普
Knickerbocker 尼克布克
Kobrin 科布林

Kogut 科古特
Kojima, Kiyoshi 小岛清
Kokko 科克
Kolosovsky, Nikolay 尼古拉·科洛索夫斯基
Konagaya 科纳加亚
Kondratiev, Nikolai 尼古拉·康德拉捷夫
Konisky 科尼斯基
Korzeniewicz 科尔泽涅维奇
Kox 科克斯
Krippner 克里普纳
Krishna 克利须那
Kristeva, Julia 朱莉亚·克里斯蒂娃
Krueger 克鲁格
Krugman, Paul 保罗·克鲁格曼
Krumm 克罗姆
Krumme 克鲁姆
Kuznets 库兹涅茨

Labbé, Marine 玛蒂娜·拉伯
Laclau, Ernesto 厄尼斯特·拉克劳
Lai 赖
Landry, Charles 查尔斯·兰德里
Lange 兰格
Langley 兰勒
Lankhuizen 兰克惠森
Latour, Bruno 布鲁诺·拉图尔
Laurenceson 劳伦塞松
Lawson 劳森
Lazzeretti 拉泽雷蒂
Leblang 勒布朗
Lee 李
Lefebvre, Henri 亨利·列斐伏尔

Leibniz 莱布尼兹	Magee, Stephen 斯蒂芬·梅纪
Leitner 莱特纳	Maggioni 马焦尼
León 里昂	Magrini 马格里尼
Leontief, Wassily 华西里·里昂惕夫	Mahler 马勒
Levine 莱文	Malecki 马莱茨基
Lewis 刘易斯	Malmberg 马姆伯格
Leyshon 莱松	Mankiw 曼昆
Lim 林姆	Mansvelt, Juliana 朱莉安娜·曼斯韦尔特
Lincoln 林肯	Markusen 马尔库森
Linge 林厄	Marlet 马莱
Linklater 林克莱特	Marois 马洛瓦
Lipietz, Alain 阿兰·利皮茨	Marshall, Alfred 阿尔弗雷德·马歇尔
Lipsey 利普西	Marston 马斯顿
Locke, John 约翰·洛克	Martin 马丁
Longhurst 隆赫斯特	Martin, Ron 罗恩·马丁
Lorenz 洛伦兹	Martinez 马丁内斯
Lorenzen 洛伦森	Marx, Karl 卡尔·马克思
Lösch 廖什	Maskell 马斯克尔
Lovett 洛维特	Mason 梅森
Lowe 罗威	Massey, Doreen 多琳·马西
Lowry 劳里	Maurel 毛雷尔
Lucas 卢卡斯	Maxwell 麦克斯韦
Luckmann, Thomas 托马斯·卢克曼	Mayer 迈耶
Ludema 露德玛	Mayhew 梅休
Lundvall 伦德瓦尔	McCallum 麦卡勒姆
Luostarinen 罗斯塔里宁	McCann 麦肯
Lyotard, Jean-Francois 让-弗朗索瓦·利奥塔	McCarty, Harold 哈罗德·麦卡蒂
	McConnell 麦康奈尔
MacDougall 麦克杜格尔	McDowell 麦克道尔
Mackay 麦基	McGoldrick 麦戈德里克
MacKenzie 麦肯齐	McRobbie 麦克罗比
MacKinnon 麦金农	Meliciani 梅利西尼亚

Melitz 梅兹	Negrey 内格雷
Melo 梅洛	Nelson, Richard 理查德·纳尔逊
Menger 门格尔	Neurath, Otto 奥托·诺伊拉特
Mensch 门施	Newing 纽因
Mertens 默滕斯	Nguyen 阮
Metcalfe 梅特卡夫	Nicolini 尼科利尼
Meyer 梅耶	Niebuhr 尼布尔
Michalak 米查拉克	Niedzielska 尼德奇尔斯卡
Mill, John 约翰·穆勒	Nietzsche, Friedrich 弗里德里希·尼采
Miller 米勒	Nitsch 尼奇
Mills 米尔斯	Nooteboom 诺特伯姆
Minier 米尼尔	Norgaard 诺尔加德
Mintel 明特	Norman 诺曼
Minton 明顿	North, Douglass 道格拉斯·诺斯
Mitchell 米切尔	Nurkse 纳克斯
Monk 蒙克	Nwafor 纳瓦佛
Monrreal 蒙雷亚尔	Nwaogu 恩瓦奥古
Montesquieu, Charles 查尔斯·孟德斯鸠	
Monticone 蒙蒂科内	O'Brien 奥伯里恩
Moretti 莫雷蒂	Ohlin, Bertil 伯梯尔·俄林
Morrison 莫里森	Okabe 冈部
Moskowitz 莫斯科维茨	Okubo 大久保
Muccigrosso 穆奇格罗索	Oldenski 奥尔登斯基
Muellerleile 穆勒雷尔	Olson 奥尔森
Muendler 穆恩德勒	Otchere 奥特谢尔
Mulatu 穆拉图	Ottaviano 奥塔维亚诺
Muth 缪斯	Owen-Smith 欧文-史密斯
Myrdal 缪尔达尔	
	Pagano 帕加诺
Narjoko 纳尔乔科	Painter 佩因特
Neary 内亚里	Palander 帕兰德
Neffke 内夫克	Palmer 帕尔默

Paluzie 帕卢奇
Panagariya 帕纳加里亚
Panayotou 帕纳约图
Pandya 潘迪亚
Pantulu 潘图鲁
Pantzar 潘特扎尔
Park 帕克
Parker 帕克尔
Parkins 帕金斯
Peattie 皮蒂
Peck 派克
Pellegrini 佩莱格里尼
Penrose 潘罗斯
Perroux 佩鲁
Peschel 佩谢尔
Peters 彼得斯
Petty 佩蒂
Phillip 菲利普
Pickles 皮克尔斯
Pierrakis 皮拉基斯
Pigou 皮古
Pike 皮克
Pinch 平奇
Piore, Michael 迈克尔·皮奥里
Piscitello 皮斯基泰洛
Plato 柏拉图
Polanyi, Karl 卡尔·波兰尼
Polenske 波伦斯克
Pollard 波拉德
Poncet 庞塞
Poon 潘
Popper, Karl 卡尔·波普尔

Porteous 波特尤斯
Porter, Michael 迈克尔·波特
Portes 波特斯
Posner, Michael 迈克尔·波斯纳
Potter 泼特
Powell 鲍威尔
Prantl 普兰特尔
Pratt 普拉特
Prebisch 普雷比施
Pred, Allan 艾兰·普瑞德
Puga 普加
Puy 普伊

Quaas 夸斯
Quatraro 夸拉罗

Rafiqui 拉菲基
Ragin 拉金
Ramasamy 芮博澜
Ranis 拉尼斯
Rasiah 拉西亚
Ratzel, Friedrich 弗里德里希·拉采尔
Rauch 劳赫
Rauscher 劳舍尔
Ravenstein 雷文斯坦
Raymond 雷蒙德
Reagan, Ronald 罗纳德·里根
Redding 雷丁
Reed 雷德
Reiffenstein 赖芬施泰因
Reilly 赖利
Reily 雷利

Rethel 雷瑟尔	Said 赛义德
Rey 雷伊	Saito 萨伊托
Reynolds 雷诺兹	Samuels 塞缪尔斯
Ricardo, David 大卫·李嘉图	Samuelson, Paul 保罗·萨缪尔森
Richards 理查兹	Sarma 萨尔马
Richardson 理查森	Sassen 萨森
Riebsame 里布萨姆	Saunders 桑德斯
Rigby 里格比	Saushkin, Yu 禹·萨乌什金
Ritter, Carl 卡尔·李特尔	Saussure, Ferdinand 弗迪南·索绪尔
Robert 罗伯特	Saxenian 萨克森尼
Robertis 罗伯蒂斯	Say 塞伊
Roberts 罗伯茨	Sayer, Andrew 安德鲁·塞耶
Robson 罗布森	Sazanami 萨扎纳米
Rogers 罗杰斯	Sbergami 斯倍加米
Roland-Holst 罗兰-霍尔斯特	Schaefer, Fred 弗莱德·舍费尔
Rolf 罗尔夫	Schäffler 舍夫勒
Romano 罗马诺	Schamp 尚普
Romer 罗默	Schilder 席尔德
Roop 罗普	Schleiermacher, Friedrich 弗里德里希·施莱尔马赫
Rork 罗克	
Rorty, Richard 理查德·罗蒂	Schlick, Moritz 莫里茨·希克
Rose 罗斯	Schmitz 施密茨
Rosenstein-Rodan 罗森斯坦-罗丹	Schneider 施耐德
Rosenthal 罗森塔尔	Schoenberger 舍恩伯格
Rostow 罗斯托	Scholte 斯科尔特
Roxby, Percy 珀西·罗士培	Schroder, Gerhard 格哈德·施罗德
Rutherford 卢瑟福	Schuldt 舒尔特
Ryan 瑞恩	Schultz, Theodore 西奥多·舒尔茨
Rybczynski, Tadeusz 塔德乌什·罗伯津斯基	Schulz 舒尔兹
Rybnikov, Aleksandr 亚历山大·雷布尼科夫	Schumpeter, Joseph 约瑟夫·熊彼特
	Schwartz 施瓦兹
Sabel, Charles 查尔斯·萨贝尔	Scitovsky 西托夫斯基

Scott, Allen　艾伦·斯科特
Scott-Kennel　斯科特-肯内尔
Sedillot　塞迪洛
Sekkat　塞克凯特
Semple　森普尔
Sen　森
Shadbegian　沙德贝吉安
Shafik　莎菲克
Shaver　谢佛
Shaw　肖
Shefer　谢弗
Sheppard　谢泼德
Shleifer　施莱费尔
Siebert　西贝特
Sigman　西格曼
Simon, Herbert　赫伯特·西蒙
Sinclair　辛克莱尔
Singleton　辛格尔顿
Sinha　辛哈
Škuflić　什库弗利奇
Smelser　斯默瑟
Smith, Adam　亚当·斯密
Smith, David　大卫·史密斯
Smith, Neil　尼尔·史密斯
Smith, Russell　拉赛尔·史密斯
Soja, Edward　爱德华·索杰
Solow　索洛
Soskice, David　大卫·索斯凯斯
Soule　索尔
Soyez　苏瓦耶
Spencer, Herbert　赫伯特·斯宾塞
Spinoza　斯宾诺莎

Steed　斯蒂德
Stevens　史蒂文斯
Steward　斯图尔德
Stewart, John　约翰·斯图尔特
Stigliz, Joseph　约瑟夫·斯蒂格利茨
Storper, Michael　迈克尔·斯托伯
Strange　斯特兰奇
Strauss　施特劳斯
Strauss, Levi　列维·施特劳斯
Strong　斯特朗
Sturgeon　斯特金
Suganuma　菅沼熏
Sunley　森利
Surborg　苏尔堡
Svantesson　斯万特松
Swan　斯旺
Swann　斯旺
Swedberg　斯威伯格
Swinton　斯温顿
Swyngedouw　史温吉道
Syverson　瑟弗森

Tabuchi　田渊
Tajoli　塔托利
Tan　塔恩
Taylor　泰勒
Tensaout　坦斯奥特
Ter Wal　特尔·沃尔
Thangavelu　坦加韦卢
Thatcher, Margaret　玛格丽特·撒切尔
Theodore, Nik　尼克·西奥多
Thisse, Jacques-François　雅克-弗朗索瓦·蒂斯

Thomas	托马斯
Thrift	思里夫特
Thünen	杜能
Tinbergen, Jan	简·廷伯根
Tobey	托比
Todaro	拓达罗
Toffler	托夫勒
Tolstoy	托尔斯泰
Tomiura	富浦
Tongzon	唐宗
Torre	托尔
Torstensson	托斯特森
Trentman	特伦特曼
Trionfetti	特乌姆费蒂
Tsai	蔡
Turk	特克
Turner	特纳
Ugelow	厄格洛
Ullman, Edward	爱德华·厄尔曼
Unies	尤尼斯
Urata	浦田
Vahlne	瓦尔内
Vamvakidis	瓦姆瓦基迪斯
Van der Linde	范德林德
Van Hoa	范赫亚
Van-Hametner	范哈梅特纳
Varga	沃尔高
Veblen, Thorstein	托斯坦·凡勃伦
Venables	维纳布尔斯
Vernon	弗农
Viner	维内
Von der Ruhr	冯德鲁尔
Walker, Richard	理查德·沃克
Wallerstein, Immanuel	伊曼纽尔·沃勒斯坦
Walras, Léon	里昂·瓦尔拉斯
Walter	沃尔特
Warntz, William	威廉·恩兹
Watson	沃森
Watts	瓦特
Weaver, John	约翰·韦弗
Webber	韦伯
Weber	韦伯
Weber, Max	马克斯·韦伯
Weder	韦德
Weinstein	温斯坦
Welch	韦尔奇
Wenting	温廷
Werck	威尔克
Werner	维尔纳
Wessner	韦斯纳
Westphal, Merold	默罗阿德·韦斯特法尔
Whalley	沃利
Whitbeck	惠特贝克
White	怀特
Whitford	惠特福德
Whyley	惠利
Williams	威廉姆斯
Williamson, Oliver	奥利弗·威廉姆森
Winter, Sidney	西德尼·温特
Winters	温特斯
Wisniewski	维斯涅夫斯基

Wissoker　维索克
Wittgenstein, Ludwing　路德维希·维特根斯坦
Woerkens　沃肯斯
Wójcik　沃伊奇克
Wolf　沃尔夫
Wolfe　乌尔夫
Wood　伍德
Woods　伍兹
Woodward　伍德沃德
Wooton　伍顿
Wortmann　沃特曼
Wray　雷
Wren　雷恩
Wrigley　瑞格利
Wyckoff　怀科夫

Yang　杨
Yapa　雅帕
Yeung　杨伟聪
Yohannes　约翰内斯
Yoskowitz　尤科维茨

Zaloom　扎洛姆
Zeleny　泽列尼
Zelinsky　泽林斯基
Zelizer　泽利泽
Zeller　泽勒
Zucker　祖克尔
Zukin　祖金

Ленин　列宁